Handbook of Service Science

サービスサイエンスハンドブック

Paul P. Maglio, Cheryl A. Kieliszewski, James C. Spohrer 編
日高一義 監訳　IBM東京基礎研究所サービスサイエンスハンドブック翻訳チーム 訳

東京電機大学出版局

Copyright © Springer Science+Business Media, LLC 2010
Translation Copyright © 2014 Tokyo Denki University Press.
All rights reserved.
Japanese translation rights arranged with Springer-Verlag GmbH
through Japan UNI Agency, Inc., Tokyo.

推薦のことば

サービス科学という言葉が最近多く使われるようになった．サービス産業の歴史は古い．というのは，人類が社会を作って互いに助け合い，また都市を作って資源を共有することはサービスの基本であり，それは人類の起源とともにあったからである．すなわち，サービスは新しく現れたものではなく，我々のそばに常にあったものである．これらの人が集まってする行為は人類に安全と豊かさをもたらす主要な行為であった．しかし，それが今急に科学の対象になってきたのはなぜか．その理由は大きく分けて二つあるであろう．一つは政治，経済，産業が複雑化し，その中のサービスが複雑に絡み合い，直観では扱えなくなってきたこと，もう一つは，情報化の進展により，従来は行為として人の中に内在していて不可視的で定義できなかったものが，外化し，対象として定義可能になったことである．

そうなると，従来から大きかった金融，流通，販売，観光などのサービス産業や，病院，輸送，放送のような公共サービス，そして国家として重要な治安や各種の法にかかわる国家サービスなどがサービス科学の対象となる．これらはいずれも巨大で重要な社会的セクターであるにもかかわらず，例えば「生産性」を議論してこなかったことは，社会に貢献すべき科学の重大な「忘れ物」であったと言うしかない．したがって，遅ればせながら，今サービス科学が重要な課題になったのは当然である．

このようにして始まったばかりのサービス科学は，物理学や生命科学のように固有の方法を持つ自立した科学領域にはまだなっていない．しかしながら，巨大な社会的セクターであるサービスに含まれる産業や事業には，それぞれに固有の行為や事象を対象として科学的な研究がなかったわけではない．金融科学や流通科学などがあり，病院経営論，劇場経営論などもある．そして，企業経営にかかわる経営学は，企業の領域を超えた広い領域を対象としている．しかし，これらはいずれもローカルな視点での議論であり，人間の基本的行為であるサービスを対象とする一つの科学であるためには十分でない．

サービスが人間の基本的行為で，しかも人類に安全と豊かさをもたらすものであるとするなら，その高度化，良質化，持続化，効率化などが必要である．そのための基礎として科学が不可欠である．つまり，製造業における産業革命以来の急速な進化が科学のおかげであったことを考えると，科学をサービスに求め，サービスイノベーションを実現しようとすることは当然である．

本ハンドブックは，このサービスイノベーションに不可欠なサービス科学を樹立することを目的としている．本ハンドブックの特徴として，すでに行われてきた個別分野のサービス研究による実証的な知見に基づいてより一般的なサービスを考える論文の集まり（コレクション）という構成をとっている点が挙げられる．サービスという分野は多様であるが，このように，まず各分野の実証的知見のコレクションが作られ，それを

通して共通な概念を創出してゆくことは「科学」を作る一つの方法であり，その意味で本ハンドブックはオーソドックスな方法に従っていると言ってよい．さらに，章の構成が，サービスの範囲決定，サービスという科学領域作成，領域内の研究，設計，実装，デリバリ，運用となっており，これは明らかに科学の形式を想定している．しかも，その先に経済，法律，企業，教育など現実問題が触れられていて，これは科学とその応用，そしてイノベーションという体系をなしている．したがって，現在のところ，サービス科学は多くの科学領域の融合体であり，物理学や生命科学のように固有の方法を持つ整合的体系ではないが，本ハンドブックは固有のサービス科学を見据えた野心的な書である．したがって，読者は個々の章から多くを学ぶだけでなく，サービス科学を志す者にとって，通読することによってサービス科学の輪郭をはっきりと見定めることができると思われる．

　私は，このような新しい学問領域を作るために異なる分野の専門家たちが集まり，科学者として協力したことに大きな感銘を受け，また，きわめて難しいと思われる固有の「サービス科学領域」創出の拠点として今後活動してくれることを期待している．

科学技術振興機構研究開発戦略センター長
産業技術総合研究所最高顧問
東京電機大学学術顧問
吉 川 弘 之

訳者序文

　2004年はサービスサイエンスが誕生した年と言えるだろう．もちろん，この書籍に現れる多くの経営学のサービスの研究者たちは20世紀後半に彼らの研究を活発に行っているし，サービス研究のトップジャーナルの一つである Journal of Service Research は1998年に創刊されている．しかしながら，IBMを中心とした2004年の Service Science の提唱がなければ，この書籍は世に現れることはなかったであろうし，また，経営学者以外をも巻き込んだ現在の大学におけるサービスサイエンスに関する様々な活動も起きなかったであろう．

　ではなぜ，サービスサイエンスに関する活動がこのように注目を集めるようになったのであろうか？　この答えは，サービスサイエンス (service science) という言葉が初めて公式の文書に記載されたアメリカ競争力評議会の "Innovate America"（National Innovation Initiative Summit and Report, May 2005）という提言書を見れば理解できる．以下，該当箇所を引用する．

> Nowhere is the need for new multidisciplinary approaches clearer than in the area of emerging "services science" – the melding together of the more established fields of computer science, operations research, industrial engineering, mathematics, management sciences, decision sciences, social sciences and legal sciences that may transform entire enterprises and drive innovation at the intersection of business and technology expertise.

また，他の部分の記述を見ると，以下のように続く．

> Services science can begin to address major questions at the heart of 21st century innovation: How do organizations continue to recreate themselves? How do they manage technological innovation? Can we simulate the most complex behavioral systems? Developing the intellectual basis for solving problems in business process design and organization, and providing an analytic basis for decision-making and leadership have the potential to spur entirely new innovation frontiers.
>
> Recognize "services science" as a new academic discipline – and encourage universities, community colleges and industry to partner in developing curricula and in training a workforce focused on services and enterprise transformation.

　これらの記述からサービスサイエンスを位置づける三つの特色を見て取ることができる．一つ目は，サービスサイエンスを様々な学術領域の融合として考えていることであり，二つ目は，そのような新たな学術領域を次世代のイノベーションと強く結び付けて考えていることである．三つ目の特色は，大学と産業界が一体になって次世代の労働力

を確保し，企業の転換を図る教育カリキュラムの確立を提言していることである．

　米国においても日本においても，いわゆる分野融合による新たな学術の発展の必要性は長い間議論されてきたが，その具体的な成果に関してはまだまだという感が強い．コンピュータサイエンスやスーパーコンピュータを自然科学と融合させて誕生する"computational ××××"（例えば computational biology（計算生物学）など）は，比較的融合が進んでいる分野だと思われるが，特に理系・文系の融合に関しては未開の領域であり，学術そのものの発展と社会への価値の還元を考えると，異分野融合を加速する必要があると思われる．上記のレポートは，まさにこの観点から，サービスサイエンスを異分野融合の上に成立する新時代の科学として位置づけており，学術の新たな系譜を確立する意気込みが感じられる．

　イノベーションに関しては，経済界を中心に，次の経済・社会の成長のドライバーとして，多くのことが語られて久しい．ところで，イノベーションにおける科学の役割とは何であろうか？ 材料科学，分子生物学，電子工学など，また，その基礎となる物理学，化学などが新たな製品を生み出すのに貢献していることは疑いようもない．しかしながら，これら自然科学は厳密には製品開発における新しい機能のインベンション（発明・発見）に貢献しているのであって，それが消費者や市場に受け入れられ，経済的・社会的価値の創造をもたらすプロセス，すなわちイノベーションの場面では，限定的な役割しか果たしていないのである．それでは，イノベーション，すなわち科学・技術に基づく経済的・社会的価値の創造の場面において，どのような新たな「科学」の役割が期待できるのであろうか？ この疑問に「サービス」と言う切り口からチャレンジしているのがサービスサイエンスであることが，上記のレポートからわかる．すなわち，組織の再設計，技術によるイノベーション，複雑性の解析，ビジネスプロセスと組織の変革のための知見，意思決定やリーダーシップのための新たな方法論などが，新しい科学としてのサービスサイエンスに期待されていると理解できる．このようにイノベーションの場面における科学としての取り組みをサービスサイエンスの役割として捉えたことが，サービスサイエンスへの関心を高めることにつながった第二の特色であると思われる．

　三つ目の特色である産学連携による教育カリキュラムの確立に関しては，サービスサイエンスの教育的な側面における将来の価値の創造という役割をよく表している．大学教育において，社会からの独立性を担保しつつ高い専門性を教育しようという側面と，企業における成長のための人材確保は，本来矛盾するものではない．なぜなら，高い専門性は企業において有効に活用されうるからである．しかしながら，「組織の将来の成長にとって必要な専門性は何か？」という問いは，現代において大変に答えを見つけるのに窮する問いになった．それは不確実性の時代，市場の見えにくい時代，予測よりも創造が重要になる時代を反映している．すなわち，将来の成長にとって必要な専門性を見極め教育すること，そのカリキュラムを確立することは新たな創造的作業なのであって，これを産学連携で行うことが重要となる．いわゆるビジネススクールや技術経営など，経営系大学院における新たな展開も示唆されていると言える．現在のように，実務家が大学の講義をオムニバス的に受け持つこと以上のより有機的な産学の創造的共同作業が，教育の場においても必要になるのである．

　以上，三つの特色は，サービスというものと人類・社会との深い関連性に依存してい

る．なぜならば，サービスは人がより良く生きるための，潜在的価値の提供者との日常的な相互作用のプロセスであって，それは，研究，教育，企業活動や社会の成長と発展に大きく依存する部分だからである．

この翻訳書は，サービス研究を一歩リードしている米国を中心とした海外の研究者による，今までの研究成果の報告が中心となっている．次回，サービスサイエンスのハンドブックが出る際には，日本のサービス研究に関する報告も多く取り入れられるよう期待したいし，私自身そのように努めたいと思っている．経済産業省による「サービス科学・工学の推進に関する検討会」および「サービス産業生産性協議会」，文部科学省による「サービス・イノベーション人材育成推進事業」，科学技術振興機構による「問題解決型サービス科学研究開発プログラム」，そして「サービス学会」の設立など，過去から現在に至る日本の取り組みをさらに発展させる必要性を強く認識させられる翻訳書となった．

サービスサイエンスが成長し発展することを，また，その結果としてのサービスの成長と発展によって，人類が過去にあった豊かさとは異次元の新たな豊かさを享受する時代を迎えることを願ってやまない．それは，持続的で人に優しいものでなければならないだろう．なぜならば，サービスは人を取り巻く日常的なプロセスだからである．

2014年初春 横浜にて
日 高 一 義

序文

　アメリカ経済の最近の20年から30年にわたる変化は，サービス経済の拡大として特徴づけることができる．アメリカ合衆国は，19世紀は農業の国，20世紀は製造業の国として存在し，そして21世紀初頭にはサービスの国へと変化してきたと言われている．サービスはいまや経済活動の約80%を占め，一方で農業は1, 2%にまで下がり，残りを製造業が占めているのが実情である．

　この変遷は肯定的に語られることもあれば，否定的に語られることもある．北米経済に楽観的な予想を持つ人は，これを，より多くの人々が農場を離れ，工場を出て，マズローの欲求階層におけるより高次の充実した職業へと移り変わり発展する過程だと捉えている．それによって，ずっと以前に John Maynard Keynes が提唱した，誰もがより多くの楽しみ，余暇，そして幸福を享受できる理想（Keynes, 1930）を実現する入口についに我々が到達するという見方である．しかしながら，もっと懐古的で悲観的な見方によれば，このサービス経済への変革を社会的・経済的な退化であり，そこでは我々が単純作業や相互のサービスを行うだけの空虚な世界でしかないと捉えられている．我が国家を強化し，輝かしい未来を描くためには，我々は今一度，製造業を基盤とした経済に立ち戻らなければならないという主張である——この頑とした視点では，ものづくりが経済発展の必須条件とされている．

　これらの主張はどちらもあまり真実を捉えていない．我々が向かっていくはるか彼方に有閑の理想郷が存在するという最初の主張は，おそらく短絡的な見方と言えよう．経済発展の恩恵は間違いなくもたらされるであろうが，それはしばしば予想（あるいは期待）されるものとは異なる．そのため，サービス経済がより多くの余暇をもたらすことは期待できるが，結局のところ人々は実際には労働することを好むので，それゆえ仕事と余暇の間の時間配分はあまり変わらないこともありうる．同様に，製造業への懐古主義もひどい誤りである．現在の仕事は，50年前や100年前の工業経済のものより，概してより保証されており，多くの場合，労働者の心理的な要求を満たすようになっている．我々は，大方に信じられている見方とは違い，単にハンバーガーの調理係や店先の送迎係の国にいるわけではない．製造業が経済的繁栄をもたらすという見方は，戦後まもない数十年にアメリカが経験したことに基づいている．それはもちろん急速な経済発展の時代であったが，同時にアメリカの人口の半分近くが経済の主流から締め出された時期でもあった．とにかく，製造業が経済生産の史上最高のシェアを占めていたときでさえ，サービスのシェアはそれに匹敵しており，経済において製造業のシェアがサービスを凌駕したことは一度もなかったのも事実である．

　それでは，サービス経済が意味するものとは何であろうか？　近年，経済の成長モデルでは，知識，人財（教育とスキル），そしてイノベーションが，過去になかったほど経済の推進に大きな役割を担っていると断定されている．しかしながら，これらの要素

は多かれ少なかれ常に経済成長にとって重要であったと言える．今日違うのは，アメリカ合衆国と世界経済全体の構造が従来とは異なったものになっている点にある．著者の一人が述べているように，「経済システムの一つのタイプと他のものを区別しないモデルは，控え目に言ってもそれだけでハンディを負っている」（Baumol, 2002）と考えられている．

アメリカ合衆国が一度は「官僚資本主義」のシステムとして特徴づけられたとしても，我々は現在「起業家資本主義」の時代の中にいることは確かである（Baumol, Litan, & Schramm, 2007）．その名が示すように，新しい会社の設立と成長という起業家精神が，かつてないほど我々の社会と経済に重要になってきている．加えて，この変革は経済においてサービスが占める割合の拡大，さらにはサービスの特徴の変遷と密接に関係しているのである．そして，サービスサイエンスという新興の学問領域が研究し，促進しようとしているのが，まさにこの変化である．我々はサービスの世界に生きているが，同時に，絶えず拡大し続けるネットワーク化された世界に生きている．まさに，ネットワークと起業家精神は，新しく，とてつもなく革新的なサービス経済の双子の特徴と言えよう．

我々の経済が単にサービスという言葉によってのみ定義されるものと考えるのは，もはや正確ではない．なぜなら，イノベーションやビジネスの種類はあまりに多様で，全体を分類しようとする試みをことごとく寄せ付けない．IBM のサービスリサーチへの取り組みをアルマデンリサーチセンターで創設した所長であり，サービスサイエンスの名づけ親の一人でもある Jim Spohrer が指摘するように，我々の今日の経済と社会は，サービスシステムの複雑なネットワークによって支配されている．これは相互作用と価値の創造を休むことなく行う重なり合ったシステムである．もし我々が製造業とサービスの二分法に執着し，そして，そのどちらをどれだけ持つべきかという観点で考えることに固執するなら，経済の変化する性質やこれらのサービスシステムのネットワークをより深く理解することはできないだろう．これらのネットワークの複雑性と相互作用の機能は増大し続けているので，我々は，サービスイノベーションとサービスシステム相互の統合のために，より広い可能性を探求していく必要がある．そこでの理解を誤ることは決定的に有害な結果をもたらしうるだろう．

現在の不況やそれを助長する世界的な金融危機を取り上げてみよう．批判的な文献における一般的なテーマは，世界の金融システムが，防げていたかもしれず，そしていくつかのケースでは予見もされていた，多くの脆弱性に苦しめられてきたというものである．サービスシステムネットワークのより深い理解は，そうした危機を未然に防ぐ助けにはならなかったかもしれないが，影響を軽減することはできたかもしれない．このように，金融危機はサービスサイエンスの一分野への動機づけともなりうるのである．

それゆえ，サービスサイエンスが経済変動のような危機的で短期間の現象にとって重要な役割を果たすことは明らかである．一方で，経済の長期間のパフォーマンスにとっても，これはやはり同じくらい重要である．実際，イノベーションのプロセスはそれ自体サービスであり，そこでは明らかに発明が生産プロセスへの重要な入力の役割を果たしている．発明は，機械ではなく，人間によって作り出される．それゆえ，サービスとしての質の評価が問われる．さらには，イノベーションの効果的な活用を担当する起業家的活動もまたサービスである．人類が行った発明なしでは，我々の社会は 17 世紀か

それ以前の原始的な生活水準にいまだ留まらざるを得なかったであろう．

本書に描かれている，経済におけるサービスシステムのネットワークの役割は，ますます重要になってきている．経済学の教科書における経済の生産プロセスに関する記述は，いまだに製造業と農業に重点を置く傾向がある．しかし，サービスセクターの分析が今日の経済問題を理解するために不可欠な鍵になると信じるに足る根拠は十分にある．経済の将来と社会の幸福にとって，このセクターが最も重要であると思われる．

本ハンドブックは，世界経済の短期および長期の健全性にとって深い洞察がますます重要性を持つこの今という時期に世の中に出ることになる．継続する景気後退を深く考える手段として，あるいは変化を続ける経済活動における折り返し点を見定める手段として，この本は貢献できるかもしれない．我々は，Jim，Paul，Cheryl，および世界中のサービスサイエンティストの科学的活動への絶え間ない努力に感謝する．

Carl J. Schramm
Ewing Marion Kauffman Foundation

William J. Baumol
Berkley Center for Entrepreneurial Studies
New York University

参考文献

Baumol, W. J. (2002). Services as leaders and the leader of the services. In Jean Gadrey & Faiz Gallouj (eds.), *Productivity, Innovation and Knowledge in Services*. Edward Elgar.

Baumol, W. J., Litan, R. & Schramm, C. J. (2007). *Good Capitalism, Bad Capitalism and the Economics of Growth and Prosperity*. Yale University Press.

Keynes, J. M. (1930/1963). Economic Possibilities for our Grandchildren. In J. M. Keynes, *Essays in Persuasion*, pp. 358-373. Norton.

はじめに

　我々はサービスについて学ぶ者である．IBMがPrice Waterhouse Coopers Consultingを買収し，IBM基礎研究部門がIBMのサービスビジネスについて初めて本格的に取り組むようになったことをきっかけに，我々のサービスサイエンスに関する教育的観点からの活動は始まった（Horn, 2005）．教育活動が進むにつれ，サービスについて学ぶべきことは非常に多いことが判明したが，この状態は今でも変わらない．この本はサービスサイエンスの教育的観点からのごく最近の記録にすぎない．おそらくそれは，最終的な結論ではないだろう．

　「サービスに関する科学・マネージメント・工学・設計」（service science, management, engineering, and design; SSMED）とも呼ばれるサービスサイエンスは，サービスを研究し，サービスを向上させ，サービスを創造し，サービスを革新するために，分野をまたいだ新たなアプローチを目指している（Spohrer & Maglio, 2008, 2009）．古くからサービスに対する様々なアプローチが存在するが（Delaunay & Gadrey, 1992; Fisk, Brown, & Bitner, 1993; Smith, Karwan & Markland, 2007などを参照），サービスサイエンスは比較的新しいものである（Chesbrough, 2005）．しかしながら，学会誌の特集号や，サービスサイエンスに関する論文を集めた本がすでに出始めている（例えば，Hefley & Murphy, 2008; Spohrer & Riecken, 2006）．実は，この本が最初に構想されたときのアイデアは，我々がゲストエディターとして関わった*IBM Systems Journal*の特集号から選んだ論文と，いくつかの古典的な論文（特に二つだけ挙げるなら，Shostack, 1977; Heskett, Jones, Loveman, Sasser, & Schlesinger, 1994）を再掲し，さらに何人かの新しい研究成果を加えて，サービスサイエンスの発展における重要な足跡を記した本を作るというものであった．出版元であるSpringer社も，サービスサイエンスに関する論文を集めた本を作りたいという我々の考えを気に入ってはいたが，彼らはもっと包括的なものを思い描いていた．最終的に，Springer社は我々を説得することに成功し，サービスサイエンスハンドブックは，すべて新たに書き下ろされた論文で構成され，サービスサイエンスの歴史，実践，可能性を完全に網羅した大作となった．結局，当初考えていたより大幅に分量は多くなった．信頼できるものになったかは，今後の評価に任せたい．

　ハンドブックを企画するにあたっての我々のアプローチは単純であった．まず，サービスに関する重要な論文や本をできる限りリストアップした．次に，その中から30～40編を選択し，それらの著者に対して，彼らの原論文やその拡張，さらにその先にある展望についての論文の執筆を依頼した．本当に単純なやり方であるが，このアプローチが非常にうまく機能した．サービス研究の先駆者や著名な学者が寄稿に同意してくださったことは非常にうれしかったし，どのような本ができ上がるかと胸が躍った．読者の皆さんもそうであることを願っている．

　本書を完成させるにあたって，我々を助け，励ましてくれたすべての人に感謝する．

Springer 社のサービスサイエンスシリーズの共同編集者である Bill Hefley と Wendy Murphy，Springer 社における我々のコンタクト先であった Melissa Fearon と Jennifer Maurer，IBM における我々の上司である Josephine Cheng, Mark Dean, Jai Menon, そして Robert Morris に感謝する．Carl Schramm と William Baumol は前書きを書いてくれた．最後に，卓越した業績をあげ，本書で紹介できたすべての方々に感謝したい．

Paul P. Maglio, Cheryl A. Kieliszewski, James C. Spohrer
カリフォルニア州サンノゼ
2009 年 9 月 1 日

参考文献

Chesbrough, H. (2005). Toward a science of services. *Harvard Business Review,* 83, 16-17.

Delaunay, J. & Gadrey, J. (1992). *Services in economic thought.* Boston: Kluwer.

Fisk, R. P., Brown, S. W., & Bitner, M. (1993). Tracking the evolution of the services marketing literature. *Journal of Retailing,* 69, 61-103.

Hefley, B. & Murphy, W. (2008). *Service Science, Management and Engineering: Education for the 21st Century.* Springer, New York.

Heskett, J. L., Jones, T. O., Loveman, G. W. , Sasser, W. E. J., & Schlesinger, L. A. (1994). Putting the Service-Profit Chain to Work. *Harvard Business Review,* 72(2), 164-174.

Horn, P. (2005). The new discipline of services science. *Business Week,* Jan 21, 2005.

Maglio, P. P., Spohrer, J., Seidman, D. I, & Ritsko, J. J. (2008). Special Issue on SSME. *IBM Systems Journal, 47.*

Shostack, G. L. (1977). Breaking free from product marketing. *Journal of Marketing, 41,* 73-80.

Smith, J. S., Karwan, K. R., & Markland, R. E. (2007). A note on the growth of research in service operations management. *Production and Operations Management,* 16(6), 780-790.

Spohrer, J. & Maglio, P. P. (2008). The emergence of service science: Toward systematic service innovations to accelerate co-creation of value. *Production and Operations Management, 17*(3), 1-9.

Spohrer, J. & Maglio, P. P. (2009). Service science: Toward a smarter planet. In W. Karwowski & G. Salvendy (Eds.), *Introduction to service engineering.*

Spohrer, J. & Riecken, D. (2006). Special Issue on Services Science, *Communications of the ACM,* 49(7).

著者紹介

Melissa Archpru Akaka Hawaii 大学 Manoa 校にある Shidler College of Business でマーケティングを専攻する博士課程の学生．興味分野は価値と価値との共創および文化・国際問題である．修士課程と博士課程の研究の前に，旅行業界と非営利団体で働いていた．Hawaii 大学 Manoa 校で経営学士と経営学修士を取得．

John H. Bailey CA Technologies のシニアユーザーエクスペリエンスアーキテクト．CA Technologies で，IT 管理のための最先端のユーザーエクスペリエンスを作成している．その前は IBM Almaden Research でサービスシステム，特に IT サービスの開発・提供に関連する人間工学の研究を行っており，また，IBM WebSphere Application Server のリードユーザーエクスペリエンスアーキテクト，およびユーザー中心設計のマネージャーを務めていた．IBM に入社する前はワシントン都市圏の大学コンソーシアムのリサーチフェローであり，アメリカ陸軍研究所でシミュレーション，トレーニング，バーチャルリアリティ技術の研究を指揮していた．論文を発表している分野には，バーチャルリアリティ，ヒューマン−コンピュータインタラクション，自動化，シミュレーションと教育，システム管理，サービスサイエンスがある．Central Florida 大学で人間工学心理学の博士号を取得．

Guruduth Banavar IBM の IRL（India Research Laboratory）の所長で，IBM インドおよび南アジアのチーフテクノロジスト．Utah 大学でコンピュータサイエンスの博士号を取得している．かつてはニューヨークにある IBM Thomas J. Watson Research Center で研究員およびマネージャーを務めていた．興味分野と業績は，サービスサイエンス，パーベイシブコンピューティング，分散システム，プログラミングモデルと多岐にわたる．

Rahul C. Basole Georgia 工科大学の Tennenbaum Institute の研究者．研究分野はビジネスエコシステムおよび巨大企業，特に通信，生物工学，医療，グローバル製造業などの成熟業界における技術，イノベーション，および情報マネージメントである．エンジニアリング，マネージメント，コンピュータサイエンスの有名な論文誌に広く論文を発表しており，*Enterprise Mobility: Technologies, Applications, and Strategies*（IOS, 2008）の編集委員でもある．INFORMS（Institute for Operations Research and Management Science），AIS（Association for Information Systems），DSI（Decision Sciences Institute）の会員．

William J. Baumol New York 大学の Berkley Center for Entrepreneurial Studies の経営学の教授およびアカデミックディレクター．500 の論文と 40 の専門

書を執筆しており，代表的なものに *Performing Arts: The Economic Dilemma* や，*Contestable Markets and the Theory of Industry Structure*，*The Free-Market Innovation Machine*，*Good Capitalism Bad Capitalism* がある．11 の名誉学位を持ち，過去には American Economic Association の会長を務め，National Academy of Science を含むアメリカで最も優れた三つの学術機関の会員に選ばれている．また，世界で最も古いイタリアの名誉学会 Accademia Nazionale dei Lincei の会員にも選ばれている．

Mary Jo Bitner PetSmart 社のサービスリーダーシップ担当，および Arizona 州立大学 W. P. Carey Business School のサービスリーダーシップセンターのアカデミックディレクター．これまでのキャリアにおいてはサービスリサーチに熱心に従事しており，特に注力している分野として，サービスにおける顧客満足，顧客-従業員間の相互作用，サービス現場への技術導入がある．

Gaurav Bhalla 顧客主導型のイノベーションおよび価値共創を専門とする会社である Knowledge Kinetics 社の社長．Kantar-TNS でグローバルイノベーションディレクターを務め，また Nestle 社，Richardson Vicks 社，Burke 社の管理職にも就いている．

Jeanette Blomberg IBM Almaden Research のリサーチスタッフメンバー．現職に就く前は，Xerox 社の PARC（Palo Alto Research Center）の Work Practice and Technology グループの設立メンバーとなり，また，Sapient 社の Experience Modeling Research のディレクターや，スウェーデンの Blekinge 工科大学の企業提携教授を務めていた．IBM 研究所に入社してからは，IT サービス提供者とその顧客間のインタラクション，グローバルに展開したセールスチームにおける協力活動，企業が持つ物語的イメージの導入，ワークベースドラーニングの新しい手法に関するプロジェクトを指揮している．彼女が行った研究は，技術の作成と利用の社会的側面，民族学的観点に基づく組織介入，一般参加型設計，ケースベースドプロトタイピング，サービスイノベーションという幅広い分野にわたっている．Participatory Design コミュニティのメンバーであり，会議のプログラム委員長を 2 回務め，Copenhagen IT 大学のフォーサイトパネル，Wayne 州立大学のデザイン人類学プログラム，EPIC（Ethnographic Praxis in Industry Conference）など，多くの諮問委員会に参加している．California 大学 Davis 校で人類学の博士号を取得しており，ハイテク業界に従事する前は，同校で文化人類学および社会言語学の講師をしていた．

David E. Bowen Michigan 州立大学の博士であり，Thunderbird 校のグローバルマネージメントに関するチェアー（G. Robert & Katherine Herberger Chair）．専門は，サービスにおける組織の振る舞いとヒューマンリソースマネージメント，およびグローバルリーダーシップの有効性に対する「グローバルマインドセット」の役割である．近年の受賞には，American Marketing Association の 2008 Christopher Lovelock Career Contributions to the Services Discipline Award や，2008 年にフランスで行われた 10th International Research Seminar in Services Management の最優秀論文賞，2007 年の Academy of Management Perspectives

の最優秀論文賞がある．*Journal of Service Research* および *Journal of Service Management* の編集委員でもある．

John R. Bryson　Birmingham 大学の教授で，社会・経済・環境研究グループ担当．専門は企業および経済地理学．European Association for Research on Services (www.RESER.net) の副社長．興味分野は先進的サービスの成長，サービスアクティビティ，高付加価値生産．Edward Elgar 出版の *Services, Economy and Innovation* の編集者，また，*Regional Science Policy and Practice* のヨーロッパ編集者．著書には，*Service Worlds: People, Organizations and Technologies* (Routledge, 2004)，*The Handbook of Service Industries* (Edward Elgar, 2008)，*Industrial Design, Competition and Globalization* (Palgrave Macmillan, 2009) などがある．

Richard B. Chase　Southern California 大学 Marshall Business School の名誉教授で，専門はオペレーションズマネージメント．サービスプロセスにおける顧客の接触理論の提唱者であり，関連する論文を *Management Science and Operations Research* や HBR (*Harvard Business Review*) で発表している．最新の HBR での論文は "Want to Perfect Your Company's Service? Use Behavioral Science" である (Sriram Dasu と共著)．Robert Jacobs とともに *Operations & Supply Management* (12 版) を執筆している．2009 年の POMS でサービスオペレーションズマネージメントへの貢献を称えられた．

Eng K. Chew　Sydney 工科大学のビジネス/IT の教授．オーストラリアの Optus 社の前 CIO で，通信業界において 20 年にわたる経験を持つ．オーストラリアの Melbourne 大学と Sydney 大学で，電気工学の学士と博士号をそれぞれ取得している．

Henry Chesbrough　California 大学 Berkley 校 Haas ビジネススクール Center for Open Innovation のエグゼクティブディレクター．研究分野はテクノロジーとイノベーションのマネージメント．2003 年刊行の書籍 *Open Innovation* で，研究開発の組織・経営に関する新しいパラダイムを提唱した．*Open Innovation* のアカデミック版として，Wim Vanhaverbeke, Joel West とともに *Open Innovation: Researching a New Paradigm* を 2006 年に刊行している．最新の著書 *Open Business Models* では，ビジネスモデルのイノベーション，知的財産の管理，イノベーションのマーケットに，その分析を拡張している．*Research Policy*, *California Management Review* の編集委員．

Daniel Connors　ニューヨークにある IBM Thomas J. Watson Research Center の Business Analytics and Mathematical Science 部門のリサーチスタッフメンバー．電気工学の学士・修士・博士号を持つ．興味分野はモデリング，シミュレーション，ビジネスプロセスのデザインおよび最適化，製造業の意思決定支援ツールの設計，サプライチェーンロジスティクス，ワークフォースアナリティクスである．

P. W Daniels　Birmingham 大学の地理学の教授であり，副学長代理である．過去に，オーストラリア，アメリカ，香港，イタリアで特別研究員・客員研究員を

数多く務めてきた．サービスと空間を専門とする RESER（European Research Network on Services and Space）の元会長であり，高度なサービスの成長，および，都市・経済の開発におけるサービスの役割に関心を注ぐ．イギリス，ヨーロッパ，北アメリカ，そしてアジアパシフィックの経済におけるサービス産業（特に先進的なサービス）の誕生，ならびに，グローバリゼーションと国際的な取引におけるサービスの役割に関する論文・書籍を数多く発表している．

Andrew Davies　Imperial College London のビジネススクールにある Innovation and Entrepreneurship Group の准教授．また，EPSRC イノベーション研究センターの共同センター長を務めており，プロジェクトビジネスでのイノベーションに関する研究におけるテーマリーダーでもある．書籍 *The Business of Projects: Managing Innovation in Complex Products and Systems*（Cambridge University press, 2005）を Michael Hobday とともに，*The Business of Systems Integration*（Oxford University Press 2003, 2005）を Andrea Prencipe, Michael Hobday とともに執筆しており，雑誌 *Industrial and Corporate Change* の副編集長でもある．

Faridah Djellal　フランス Tours 大学の経済学教授であり，CLERSE-CNRS と GERCIE のメンバー．研究分野は，サービスにおけるイノベーションとテクノロジー，サービスの地理学，サービスにおける雇用である．*Urban Studies, International Journal of Urban Research* や，*Research Policy*, *Revue francaise de gestion*, *Revue d'économie industrielle* といった雑誌に多くの論文を発表している．また，*Measuring and improving productivity in services: issues, strategies and challenges*（Edward Elgar 2008），*The Handbook of Innovation and Services*（Edward Elgar, 2009）（いずれも Faïz Gallouj と共著）などを含む何点かの書籍の著者/編集者でもある．

Bo Edvardsson　スウェーデン Karlstad 大学 Service Research Center（CTF）の所長であり，*Journal of Service Management* の編集者．また，17 冊の書籍の著者・共著者であり，例えば *Customer Involvement in Service and business development*（Imperial College Press, 2007），*Values-Based Service for Sustainable Business: Lessons from IKEA*（Routledge, 2009）などを出版している．また，80 編の論文を学術雑誌に発表している．フィンランドの Hanken School of Economics，アメリカの Arizona 州立大学の W. P. Carey ビジネススクール Center for Service Leadership，および台湾の国立清華大学のフェローでもある．現在の研究対象分野は，新しいサービスの開発，サービスイノベーション，顧客関係におけるダイナミクスなどである．

Raymond P. Fisk　Texas 州立大学 San Marcos 校のマーケティング学部の教授・学部長である．Arizona 州立大学で学士号，MBA，博士号を取得している．*Journal of Marketing* や，*Journal of Retailing*, *Journal of the Academy of Marketing Science*, *Journal of Service Research*, *European Journal of Marketing*, *Service Industries Journal*, *International Journal of Service Industry Management*, *Journal of Health Care Marketing*, *Journal of Marketing Education*, *Marketing Education Review* などに論文を発表している．また，5 冊の本 *Interactive Services Marketing*

(3 版)，*Services Marketing Self-Portraits: Introspections, Reflections and Glimpses from the Experts*，*Marketing Theory: Distinguished Contributions*，*AIRWAYS: A Marketing Simulation*，*Services Marketing: An Annotated Bibliography* を出版している．AMA（American Marketing Association）の学術会議の元議長であり，AMA のサービスマーケティンググループから Services Discipline Award を受賞している．

Faïz Gallouj　フランス Lille 大学の経済学教授であり，CLERSE CNRS のメンバー．また，サービスおよびイノベーション経済学の二つの修士課程のディレクターである．現在の主な研究分野は，サービス産業におけるイノベーションとパフォーマンスであり，それに関する書籍を数多く執筆・編集している．最近では，*Measuring and improving productivity in services*（Edward Elgar, 2008），*The Handbook of Innovation and Services*（Edward Elgar, 2009）（いずれも Faridah Djellal と共著）などを出版した．フランスの学術雑誌 *Economies et Sociétés*（Services Economics and Management Series）の編集者でもある．

Susanne Glissman　ビジネスプロセス管理，ビジネスデザイン，情報管理，アプリケーション開発において，10 年以上の実務経験を持つ．IBM Almaden Research のリサーチサイエンティストとして，先進的ビジネスアーキテクチャとエンタープライズアーキテクチャの概念に実務経験の知見を組み入れた．ドイツ Paderborn 大学から Wirtschaftsinformatik の学位（経済学とコンピュータサイエンスにおける BS と MS の二重学位に等しい）を得ている．2009 年冬にスイス St. Gallen 大学から博士号を取得予定であり，博士号プログラム中には Stanford Artificial Intelligence Lab で客員研究者として研究に従事した．

Robert J. Glushko　California 大学 Berkeley 校 School of Informatio の非常勤正教授．1979 年に UCSD から認知心理学の博士号を，1985 年に Wang 研究所からソフトウェア工学の MS を取得している．企業の研究開発部門を 10 年経験し，三つの会社の創立者・共同創立者として，約 10 年間を起業家として過ごした．研究者としても，ちょうど 10 年を経たところである．

Michael E. Gorman　Virginia 大学のサイエンス・テクノロジー・社会学部の教授であり，倫理，イノベーション，ディスカバリー，コミュニケーションを講義している．主な研究対象は，科学の実験的シミュレーション，および倫理・発明・発見であり，これらの研究内容は，それぞれ彼の本 *Simulating Science*（Indiana University Press, 1992）と *Transforming Nature*（Kluwer Academic Press, 1998）に著されている．National Science Foundation の支援を受け，システム工学において，学生が倫理および政策問題に関する事例を研究するための，大学院レベルの重点研究領域クラスを創設した．これらの事例研究は，Gorman, M. E., M. M. Mehalik, P. H. Werhane による *Ethical and environmental challenges to engineering*（Englewood Cliffs, NJ: Prentice-Hall, 2000）に記載されている．彼は *Scientific and Technological Thinking*（Lawrence Erlbaum Associates, 2005）の編集委員である．現在の研究対象は，技術的・社会的進歩に必要となる分野横断的な交流圏（特にサービスサイエンス，ナノテクノロジー，環境などの領域）であ

る．この話題に関する最先端の研究成果は，彼が編集している *Trading zones and interactional expertise: Creating new kinds of collaboration*（MIT Press, 2010）に記載される予定である．

Mike J. Gregory　1998 年から Cambridge 大学の工学部 Manufacturing and Management 部門長および IfM（Institute for Manufacturing）所長．IfM では，理学，工学，マネージメントと経済学とを関連づけた総合教育，研究，実践が行われており，230 人以上のスタッフと研究生，100 人の学部生・大学院生が所属している．産業と政府を関連づける仕事をしており，マニュファクチャリング戦略，テクノロジーマネージメント，国際的な製造と製造政策の分野の論文を発表している．また，英国 Manufacturing Professors Forum の議長を務めており，英国政府の Ministerial Advisory Group on Manufacturing のメンバーでもある．

Dwayne D. Gremler　現在，オハイオの BowlingGreen 州立大学マーケティング分野の教授．以前は，ソフトウェアエンジニアとして 10 年間働いていた．研究の関心は，サービスビジネスにおける顧客忠誠心，サービスデリバリーにおける顧客と従業員の相互交流，サービス保証，サービスケープ，口コミを介したコミュニケーションなどである．

Stephen J. Grove　Clemson 大学のマーケティングの教授．Texas Christian 大学の B.A，M.A であり，Oklahoma 州立大学の Ph.D である．*Journal of Retailing*，*Journal of the Academy of Marketing Science*，*Journal of Service Research*，*Journal of Public Policy and Marketing*，*Journal of Macromarketing*，*Journal of Business Research*，*Journal of Personal Selling and Sales Management*，*Journal of Advertising*，*The Service Industries Journal*，*European Journal of Marketing*，*Journal of Services Marketing*，*Managing Service Quality*，*Marketing Management* などに論文を発表しており，また，テキスト *Interactive Services Marketing*（3 版），書籍 *Services Marketing Self-Portraits: Introspections, Reflections and Glimpses from the Experts* の共著者である．American Marketing Association の SERVSIG（Services Marketing Special Interest Group）の議長を 2 度務め，AMA の学術会議のメンバーでもある．

Gerhard Gudergan　ドイツの Aachen 工科大学企業経営研究所（FIR）のサービスマネージメント部門長．サービス工学，リーンサービス，コミュニティマネージメントの研究を行っている．

Evert Gummesson　スウェーデン Stockholm 大学経営学部のマーケティングとマネージメントの教授である．研究領域には，サービス，関係性と多対多のマーケティング，定性的方法論などがある．

Anders Gustafsson　スウェーデン Karlstad 大学 Service Research Center の経営管理論の教授．著書は *Competing in a Service Economy: How to Create a Competitive Advantage through Service Development and Innovation*（Jossey-Bass, 2003），*Improving Customer Satisfaction, Loyalty and Profit: An Integrated Measurement and Management System*（Jossey-Bass, 2000），*Conjoint Measurement - Methods and Applications*（4 版）（Springer, 2007）など，9 冊ある．さらに，100 を超える学

術記事，共著書籍，産業レポートを発表している．論文は *Journal of Marketing*，*Journal of Economic Psychology*，*Journal of Service Research* などに掲載されている．

Alan Hartman IBM India Research Laboratory におけるサービスサイエンスの中心人物．数学を専攻し，オーストラリア Newcastle 大学で博士号を，Israel 工科大学で修士号を取得している．1983 年よりハイファの IBM リサーチ部門および India Research Laboratory に勤務．Toronto 大学と Telstra Research Laboratories の客員研究員でもある．サービスサイエンス，ソフトウェア工学，ハードウェア検証，数理最適化などの研究を行っている．

James L. Heskett Harvard ビジネススクール名誉教授 (Baker Foundation Professor Emeritus)．Stanford 大学で博士号を取得し，Ohio 州立大学で教職に就いた後，現職の教員となった．Logistics Systems 社の社長も務めた．マーケティング，ロジスティクス，サービスマネージメント，および一般的なマネージメントを対象とした講義を行っている．著書には，*Business Logistics* (1962)，*Marketing* (1976)，*Managing in the Service Economy* (1986) があり，共著では *Service Breakthroughs* (1990)，*Corporate Culture and Performance* (1992)，*The Service Profit Chain* (1997)，*The Ownership Quotient* (2008) などがある．コンサルタントとして多くの企業で活動し，Limited Brands 社の重役を務めるなど，10 以上の営利・非営利団体の役員に就任している．

日高一義 東京工業大学大学院イノベーションマネジメント研究科教授．博士（理学）．1984 年 日本アイ・ビー・エム株式会社東京基礎研究所入所．最適化技術，離散アルゴリズム，数理解析技術，ビジネスソリューション，計算組織論などの研究プロジェクトの指揮にあたる．IBM Thomas J. Watson Research Center の戦略部門での海外勤務を経て，東京基礎研究所ビジネスサービスリサーチ担当に就任．2009 年 8 月 北陸先端科学技術大学院大学教授．文部科学省科学技術政策研究所客員研究官．科学技術振興機構 社会技術研究開発センター 問題解決型サービス科学研究開発プログラム プログラムアドバイザー．サービス学会理事．IEEE 会員．情報処理学会会員．日本オペレーションズ・リサーチ学会会員．SRII Japan Chapter 代表．2010 年 10 月より現職．

Barbara Jones European Work and Employment 研究センターのメンバーであり，リサーチフェロー．現在の関心は，専門化し様々な知識が分散している環境における新しい技術，新しい仕事の獲得方法である．これには，技術がもたらす変化により職業の専門化が引き起こされる状況において，様々な種類のレガシーな暗黙知を融合するための対処方法といった事柄が含まれる．

Uday S. Karmarkar UCLA Anderson School of Management の Technology and Strategy 部門教授 (LA Times Chair Professor)．16 か国 20 機関と連携して情報産業の研究を行う UCLA BIT Global Research Network を設立し，ディレクターを務めている．IITB（インド工科大学 Mumbai 校）で工学の学士を，MIT Sloan School で博士号を取得しており，また，Chicago 大学のビジネススクール大学院および Rocgester 大学の Simon ビジネス大学院に在籍していた．興味分野は

情報経済学，情報産業，技術経営，オペレーションズストラテジーなどである．75以上の論文・記事を発表し，アメリカやアジアの50以上の企業・組織のために，研究やプロジェクトを実施している．IITBにおける名誉フェローおよびDistinguished Alumnusである．

Cheryl A. Kieliszewski　IBM Almaden Researchの科学者であり，ビジネスインテリジェンスとアナリティクステクノロジーのチームマネージャー．研究対象は，人間とシステム間の関係（さらに，人間とコンピュータ間のインターフェースの設計や仕様）を改善するための，技術デザインと組織のデザインに関する実践の重要性の理解にフォーカスしている．2000年11月よりIBMに所属し，研究部門とシステムテクノロジー部門で働く．10年以上にわたる研究活動において，人間工学の経験を活用することで，テクノロジーの設計・実装に対するエンドユーザーの振る舞い・期待・含意を調査してきた．輸送およびドライバーエラー，ヒューマンコンピュータインタラクション，システム管理，サービスシステムおよびサービスサイエンスの分野で論文を発表している．Virginia工科大学のIndustrial and Systems Engineering学科で，人間工学の研究分野において博士号を取得．

Per Kristensson　スウェーデンKarlstad大学心理学部およびService Research Center（CTF）の准教授で，心理学が専門．Gethenburg大学で心理学の博士号を，Luleå工科大学で修士号を取得している．30以上の論文を著名な雑誌および会議で発表している．主な研究分野は，消費者行動，技術経営，認知心理学である．顧客関与に関する論文を数例挙げるなら，*Journal of Product Innovation Management*, *Journal of Service Research*, *Creativity and Innovation Management and Journal of Services Marketing*での発表がある．

Robert F. Lusch　Arizona大学Eller College of Managementの教授（Lisle & Roslyn Payne Professor）で，マーケティングが専門．研究分野はマーケティングにおけるサービスドミナントロジック，競争戦略，販売経路である．*Journal of Marketing*の編集者を務め，また，125の学術論文と18の書籍を執筆している．AMA（American Marketing Association）から，マーケティングに関する理論的貢献に対してAMA/Maynard Awardを，Academy of Marketing Scienceからマーケティングの著名な教育者に贈る賞を，それぞれ受賞している．AMAの元会長．

Linda Macaulay　Manchester Business SchoolのCentre for Service Research所長であり，システムデザインの教授．eビジネスパターンに関する業績に対して，名誉あるIBM Faculty Awardを2004年と2006年に受賞している．専門は数学および計算で，興味分野はユーザーや他の関係者のニーズに合致するシステムの設計手法である．www.ssmenetuk.orgで，イギリスのサービスサイエンスにおける主要な役割を果たしている．

Paul P. Maglio　サンノゼにあるIBM Almaden ResearchのService Systems Researchシニアマネージャー．彼のグループの研究分野はソーシャル，認知，コンピュータおよびビジネス科学にわたっており，価値創造のために人々が技術を用いて協業する方法に関する研究の基盤作りを目的としている．MITでコン

ピュータ科学・工学の学士号を，California 大学 San Diego 校で認知科学の博士号を取得し，現在は California 大学 Merced 校で非常勤准教授を務め，サービスサイエンスを教えている．

Richard Metters　　Emory 大学 Goizueta Business School の准教授．研究分野は，サービス業における国民文化の役割，サービス部門における棚卸，レベニューマネージメントである．

Ian Miles　　Manchester 大学のビジネススクールの教授として技術イノベーションおよび社会変革の研究に携わっており，サービス研究所の共同所長も務めている．技術イノベーションでは新しい情報技術の研究をしており，特にイノベーションの源泉や利用先としてサービス産業に関心を持っている．一般的なサービスの分析とは別に，特に KIBS（knowledge-intensive business services；知識集約型ビジネスサービス）において先駆的な研究を行っている．サービスの管理的な側面，政策的な側面をケーススタディや調査分析を通して研究している．

Aleksandra (Saška) Mojsilović　　IBM Thomas J. Watson Research Center のビジネス数理科学部門のメンバー．電子工学の博士号を持ち，信号処理や数理モデルの研究に携わる．50 以上の論文を発表しており，11 の特許を取得している．IEEE Young Author Best Paper Award（2001），European Conference on Computer Vision Best Paper Award（2002），IBM Market Intelligence Award（2004），IBM Outstanding Technical Achievement Award（2007）を受賞．*IEEE Signal Processing Magazine* の編集委員も務めている．

Claire Moxham　　Manchester ビジネススクールで決定科学・業務管理グループの講師を務めている．成果測定，プロセス改善，産業界における管理技術の公共部門への適用を専門分野としている．

Rogelio Oliva　　Texas A&M 大学 Mays Business School においてオペレーションズマネージメントの准教授，および MIT Zaragoza Logistics Program の非常勤教授を務めている．

Lakshmish Ramaswamy　　Georgia 大学コンピュータサイエンス学部の助教を務める．2005 年に Georgia 工科大学で博士号を取得し，2008 年 IBM India Research Laboratory の客員研究員．WWW best paper award（2004）および Pat Goldberg Memorial best paper award（2005）を受賞．インターネット分散システム，サービスサイエンス，スパム対策などの研究に興味を注ぐ．

Guangjie Ren　　Cambridge 大学工学部製造技術研究所で博士課程を修了し，2009 年より IBM Almaden Research のサービスリサーチグループ研究員．Cambridge Overseas Trust より Overseas Research Studentship と Raymond and Helen Kwok Scholarship を授与．上海に生まれ，中国の改革開放政策とともに育ち，国の劇的な変化を経験した．製造技術者として業務管理の分野で経験を積み，製造業におけるサービスビジネスの発展（サービス化）について研究を進めている．

William B. Rouse　　Georgia 工科大学 Tennenbaum 研究所の所長．また，計算機学科および産業システム工学科の教授．数百に及ぶ論文や著書があり，最近のものとして *People and Organizations*（Wiley, 2007），*Essential Challenges of Strategic*

Management (Wiley, 2001), *Don't Jump to Solutions* (Jossey-Bass, 1998) が挙げられる. *Enterprise Transformation* (Wiley, 2006) の編集者, *Organizational Simulation* (Wiley, 2005) および *Handbook of Systems Engineering and Management* (Wiley, 2009) の共同編集者である. National Academy of Engineering のメンバーであるとともに, IEEE (Institute of Electrical and Electronics Engineers), INCOSE (International Council on Systems Engineering), INFORMS (Institute for Operations Research and Management Science) そして HFES (Human Factors and Ergonomics Society) の 4 学会のフェローである.

Roland T. Rust　Maryland 大学の教授であり, Robert H. Smith ビジネススクールのマーケティング学部長 (David Bruce Smith Chair) でもある. Maryland 大学では, Center for Excellence in Service と Center for Complexity in Business の所長を務める. *Journal of Service Research* と Frontiers in Service Conference の創設者.

Scott E. Sampson　Brigham Young 大学のビジネスマネージメント教授 (James M. Passey Professor) であり, 最上位の MBA および大学院プログラムでサービスマネージメントとサプライチェーン管理を教える. サービスの理論的枠組み, サービス設計, サービス品質管理の研究に取り組む. *Management Science* や *Operations Research* といった一流学術誌に論文があり, また, UST (Unified Service Theory) に関する著書がある. UST に関する 2006 年の論文で Most Influential Service Operations Paper Award を受賞するなど, 様々な最優秀論文賞を受賞している. Virginia 大学で MBA と博士号を取得.

Pamela Samuelson　California 大学 Berkeley 校の法律情報の教授 (Richard M. Sherman Distinguished Professor). Berkeley Center for Law and Technology の所長を務めるとともに, 1990 年より *Communications of the ACM* の編集委員を務める.

Jorge Sanz　学術機関, 研究所, 企業において複数の役職を経験し, 様々な国でグローバルな役割を果たしてきた. 1984〜1993 年はサンノゼの IBM Almaden Research に, 1993〜1995 年は IBM Systems Integration & New Technologies 部門に勤め, 1996〜1998 年は IBM Alliances in Telecommunications and Media 部門の所長を務めた. その後, 1998 年から 2000 年までラテンアメリカにおける IBM Telecom 部門の戦略マネージャーを務めた. また, 2000〜2001 年に新興企業である Medcenter Solutions で COO として事業設立, ヘルスケアソリューションの立ち上げ, そして企業買収に関わるなど, 起業家でもある. また, 1981〜1983 年, 1993〜1994 年は Illinois 大学 Urbana-Champaign 校で教授職, 2001〜2002 年はアルゼンチンの St. Andrews 大学の学長も務めた. 1991 年より IEEE のフェローメンバーであり, いくつもの著書, そして学術誌および国際会議において 100 以上の論文を発表している. 2003 年より, IBM Almaden Research でビジネスモデリング, ビジネスアーキテクチャ, 産業の進化, ビジネスパフォーマンスの研究チームを率いている.

Earl I. Sasser, Jr. Harvard ビジネススクールの教授（Baker Foundation Professor）．1969 年より教員を務める．1972 年，サービスオペレーションの管理に関する最初の教育課程を作った．サービス管理の分野において，*Service Breakthroughs: Changing the Rules of the Game*, *Management of Service Operations*, *The Service Management Course*, *The Service Profit Chain and The Value Profit Chain* といった本を共同執筆している．最近では，*The Ownership Quotient: Putting the Service Profit Chain to Work for Unbeatable Competitive Advantage* を出している（James L. Heskett, Joe Wheeler との共著）（Harvard Business School Press, 2008）．*Harvard Business Review* に，"Putting the Service Profit Chain to Work"，"Zero Defections: Quality Comes to Services"，"Why Satisfied Customer Defect" など，10 の論文を共著で発表している．北米，アジア，ヨーロッパのいくつもの企業にコンサルティングを行っている．

Benjamin Schneider Valtera 社の上級研究フェローであり，Maryland 大学名誉教授．サービス品質，組織の風土・文化，人員配置の問題，組織におけるマネージャーの個性が果たす役割などに興味を持つ．学術誌の論文や共著書籍が 140 あるだけでなく，9 冊の著書があり，最近では，*Employee engagement: Tools for analysis, practice and competitive advantage*（Wiley-Blackwell, 2009）が出版されている（W. H. Macey, K. M. Barbera, S. A. Young と共著）．学術貢献に対する多数の受賞歴があるほか，Chase-Manhattan Bank, Citicorp, IBM, Allstate, American Express, Giant Eagle, Microsoft, Toyota といった多数の企業に対してサービス品質に関するコンサルティングを行っている．

Carl J. Schramm 起業家の育成・発展に関して世界で最も知られた思想的指導者で，2002 年より Ewing Marion Kauffman Foundation の社長兼 CEO を務める．経済学者，そして法律家として研鑽を積んだ後，Johns Hopkins 大学に勤める．活動的な起業家として，HCIA および Patient Choice Health Care の共同創始者となった．多くの主要な学術雑誌のほか，*Foreign Affairs* や *Wall Street Journal* に論文がある．Will Baumol, Robert Litan とともに *The Entrepreneurial Imperative*, *Good Capitalism, Bad Capitalism*（7 か国で第 2 版が出版）を執筆した．

James C. Spohrer 2002 年に IBM で最初のサービスリサーチグループをシリコンバレーの Almaden Research に設立し，2009 年より IBM Global University Programs の責任者を務める．彼が率いるグループは，パフォーマンス指標，複雑で組織横断的なサービスプロジェクトのコスト・価格見積もり，分析・情報サービスイノベーション，プロセス改善に関する方法論，イノベーションの洞察に関する方法論など，顧客のモデリングやグローバルなサービスシステムの対応づけにおいて，IBM 社内の賞を多数受賞した．幅広い学問分野にわたるサービスリサーチの先駆者とともに，能力開発，経済発展，科学の発展のための統合フレームワークとして，SSMED（service science, management, engineering, and design）を提唱している．

John D. Sterman MIT Sloan School of Management の教授（Jay W. Forrester Professor of Management）であり，MIT System Dynamics Group の責任者．

Stephen L. Vargo Hawaii 大学 Manoa 校の教授（Shidler Distinguished Professor of Marketing）．主要な研究エリアはマーケティング理論と顧客評価の参照指標である．*Journal of Marketing*, *Journal of the Academy of Marketing Science*, *Journal of Service Research* といった主要なマーケティング雑誌に論文を発表するとともに，*Journal of Marketing*, *Journal of the Academy of Marketing Science*, *Journal of Service Research* を含む6誌の編集委員を務める．Australia and New Zealand Marketing Academy より Best Article of the Year Award を，そして，マーケティング理論とその考察についての重要な貢献に対して American Marketing Association より Harold H. Maynard Award を受賞．

Lars Witell スウェーデン Karlstad 大学 Service Research Center（CTF）の准教授．また，スウェーデン Linköping 大学の管理工学科において，サービスの品質および開発に関する准教授も務める．サービスイノベーション，顧客共創，製造業企業におけるサービス変革などの研究に携わる．約30に及ぶ共著書籍があり，*Wall Street Journal* のような有名な新聞だけでなく，*Journal of Service Management*, *Quality Management Journal*, *Managing Service Quality*, *International Journal on Technology Management* などの学術雑誌に論文を発表している．

Valarie A. Zeithaml North Carolina 大学マーケティング学科の教授（David S. Van Pelt Family Distinguished Professor）で，数々の受賞歴がある．サービスマーケティングにおける研究で，マーケティング学への長年に及ぶ顕著な貢献から，AMA Irwin/McGraw-Hill Distinguished Marketing Educator Award（2009）と Paul Converse Award（2008）を受賞．

Anatoly Zherebtsov 2004年にロシア Novosibirsk 州立大学において数理計算機科学の修士号を取得し，2004年より XJ Technologies Company の上級コンサルタント．鉄道輸送，サプライチェーン管理，商品保管所のモデリング，IT 基盤のモデリング，ビジネスプロセスモデリング，資産管理などのエリアで，シミュレーションに基づいたプロジェクトに数多く参画．現在，MODELPLEX と呼ばれるヨーロッパの共同プロジェクトの開発管理に従事している．

目次

推薦のことば　iii
訳者序文　v
序文　ix
はじめに　xiii
著者紹介　xv

序　章　はじめに――ハンドブックの意義

1　サービスサイエンスは価値の共創についての研究である 1
2　本ハンドブックの構成 3
　参考文献 6

第Ⅰ部　背景：起源

第1章　再検討：顧客はサービスオペレーションに組み込まれているのか？――サービスと顧客の接触理論の背景と今後の展開

1.1　製造業とサービスシステムの分類 11
1.2　ハイコンタクトがデザイン決定に及ぼす影響 13
1.3　現在の顧客接触戦略を分析するための質問 14
1.4　概念の適用 15
1.5　著者からのコメント（2008年）：顧客接触理論とサービス分類の今後の展開 16
　参考文献 17

第2章　サービスプロフィットチェーン――満足度からオーナーシップへ

2.1　サービスプロフィットチェーン 19
2.2　戦略的サービスビジョン 21
2.3　現在の状況：満足度からオーナーシップへ 23
2.4　今後の課題 25
　参考文献 28

第3章 サービスのゲームに勝つために——価値共創のルールを再考する

- 3.1 はじめに 31
- 3.2 サービスのコモディティ化を回避したのも束の間… 32
- 3.3 ［第1章］ゲームのルールを極めて，勝てるサービス組織を築く 35
- 3.4 顧客層：［第2章］顧客の期待に応える 37
- 3.5 顧客層：［第3章］顧客のニーズの尊重 39
- 3.6 顧客層：［第4章］顧客の才能の活用 42
- 3.7 境界層：［第5章］採用とトレーニングを通じたパーソナルコンタクトの管理 44
- 3.8 境界層：［第6章］報奨を通じたパーソナルコンタクトの管理 47
- 3.9 境界層：［第7章］顧客が触れる非パーソナルコンタクトの管理 50
- 3.10 調和層：［第8章］顧客中心のサービスシステムの設計 51
- 3.11 調和層：［第9章］サービス文化の醸成 53
- 3.12 サービスの成功とは，引き続き「人対人のゲーム」を制することである 55
- 参考文献 56

第4章 カスタマーエクイティ——顧客の価値を高めて企業の価値を活性化させる

- 4.1 はじめに 59
- 4.2 顧客生涯価値とカスタマーエクイティ 60
- 4.3 カスタマーエクイティと時価総額 64
- 4.4 カスタマーエクイティのモデル化と活性化 65
- 4.5 実現に向けた問題点 67
- 4.6 おわりに 73
- 参考文献 73

第5章 サービスワールド——「サービスの二面性」と「製造サービス」経済の台頭

- 5.1 序論 76
- 5.2 製造業におけるサービス：ギャップを埋めるもの 79
- 5.3 用語と計測方法の問題：制約要因と実現要因 81
- 5.4 製造業からサービス，そして「製造サービス」へ 84
- 5.5 「サービスの二面性」：製造に関わるサービスと製品に関わるサービス 87
- 5.6 全体的製造とサービスの二面性：プロジェクトとタスクのアプローチ 88
- 5.7 サービスの二面性を計測するには 92
- 5.8 結論 92
- 参考文献 94

第II部　背景：理論

第6章　統一サービス理論──サービスサイエンスのためのパラダイム
- 6.1　パラダイムの必要性 ... 103
- 6.2　統一サービス理論（UST） ... 106
- 6.3　USTとIHIPの関係 ... 114
- 6.4　その他のUST関連事項 ... 118
- 6.5　サービスイノベーション ... 122
- 6.6　まとめ ... 123
- 参考文献 ... 123

第7章　サービスドミナントロジックによるサービスサイエンスの促進──解説と概念構築
- 7.1　はじめに ... 128
- 7.2　サービスサイエンスに関する対照的な二つの論理 ... 129
- 7.3　サービスサイエンスにおけるS-Dロジックの役割 ... 134
- 7.4　S-Dロジックの用語によるサービスサイエンスの促進 ... 138
- 7.5　サービスサイエンスの確立に向けて ... 147
- 参考文献 ... 148

第8章　サービスシステムの科学──価値と記号
- 8.1　序論：価値と記号 ... 151
- 8.2　背景：込み入った歴史 ... 154
- 8.3　サービスシステムの複雑な次元 ... 171
- 8.4　進展させること：構造とメカニズムの共進化 ... 174
- 8.5　結論 ... 180
- 参考文献 ... 182

第 III 部　研究と実践：デザイン

第 9 章　サービス品質のギャップモデルに対するテクノロジーの影響
- 9.1　はじめに ... 191
- 9.2　サービス品質のギャップモデル ... 192
- 9.3　テクノロジーとサービス ... 194
- 9.4　個々のサービスギャップ戦略に対してテクノロジーが与える影響 ... 196
- 9.5　おわりに ... 208
- 参考文献 ... 209

第 10 章　サービスシステムデザインのための七つのコンテキスト
- 10.1　はじめに ... 213
- 10.2　「情報集約型」サービス ... 215
- 10.3　サービスデザインのための七つのコンテキスト ... 215
- 10.4　情報集約型サービスシステムのためのデザインコンセプトと方法 ... 227
- 10.5　サービスシステム設計事例："Bookland" ... 231
- 10.6　結論と今後の研究 ... 236
- 参考文献 ... 237

第 11 章　エンタープライズサービスシステム設計のためのビジネスアーキテクチャ
- 11.1　動機 ... 242
- 11.2　背景 ... 243
- 11.3　ビジネスアーキテクチャ ... 244
- 11.4　現在までに提案されている BA アプローチ ... 247
- 11.5　調査結果 ... 260
- 11.6　結論 ... 268
- 参考文献 ... 269

第 12 章　サービスの実践的アプローチ —— 高度に協調化された知識集約型サービスシステムにおける人，活動，情報
- 12.1　はじめに ... 273
- 12.2　実践的アプローチ ... 274
- 12.3　ケーススタディ：IT アウトソーシングにおける組織的な取り組み ... 283
- 12.4　考察と今後の方向性 ... 288
- 参考文献 ... 290

第 IV 部　研究と実践：運用

第 13 章 オペレーションズマネージメントの領域における
　　　　　 サービスサイエンスの軽視

- 13.1　はじめに 295
- 13.2　オペレーションズマネージメント研究がサービス領域をおろそかにしている理由 297
- 13.3　何をすべきか 302
- 　　　参考文献 304

第 14 章 悪循環と好循環
　　　　　 ——知識ベースサービスにおけるヒューマンリソースダイナミクス

- 14.1　はじめに 308
- 14.2　サービスキャパシティ 310
- 14.3　タスクの進行とワークプレッシャー 315
- 14.4　残業の副作用：疲労と燃え尽き症候群 318
- 14.5　手抜きの副作用：品質の低下と標準の劣化 322
- 14.6　市場のフィードバック 332
- 14.7　金銭面でのプレッシャー 335
- 14.8　推奨される方策 337
- 14.9　おわりに 341
- 　　　参考文献 342

第 15 章 サービスサイエンス ——テレコムサービスの観点から

- 15.1　はじめに 345
- 15.2　サービスサイエンスの概念と原則 346
- 15.3　テレコムサービス開発 350
- 15.4　テレコムサービスプロセス 352
- 15.5　次世代ネットワーク 359
- 15.6　テレコムサービスイノベーション 361
- 15.7　まとめ 366
- 　　　参考文献 367

第 16 章 サービスエンジニアリング
　　　　　 ——新しいソリューション設計のための総合学術フレームワーク

- 16.1　序論：ソリューションの効率化を目指した産業転換 371
- 16.2　ソリューション設計への体系的な取り組みのためのサービスエンジニアリング
　　　 フレームワーク 377
- 16.3　新しいソリューションを目指す組織的なアーキテクチャ 391
- 16.4　まとめ 393
- 　　　参考文献 393

第 V 部　研究と実践：デリバリー

第 17 章　情報サービスの工業化

- 17.1　はじめに 399
- 17.2　製造業の工業化 400
- 17.3　情報プロセスの工業化 401
- 17.4　サービスの工業化を推進するもの，および工業化の戦略について 403
- 17.5　工業化がもたらすもの 404
- 17.6　工業化と雇用の関係 405
- 17.7　産業界の再編 407
- 17.8　情報連鎖の融合，垂直方向の分化，および水平方向の統合化 409
- 17.9　情報サービスの規模，範囲，構造 411
- 17.10　おわりに 412
  - 参考文献 413

第 18 章　サービス経済における労働力分析

- 18.1　はじめに 415
- 18.2　労働力分析の基礎：IBM 社におけるケーススタディ 418
- 18.3　サービスのライフサイクルにおける統合された労働力分析 420
- 18.4　次世代の労働力分析 426
- 18.5　考察と今後の課題 432
  - 参考文献 434

第 19 章　製品やサービスの複雑なデリバリーシステムを理解する

- 19.1　はじめに 439
- 19.2　全体論的視点 440
- 19.3　還元論的視点 443
- 19.4　モデルの利用法と価値 451
- 19.5　まとめ 452
  - 参考文献 454

第 20 章　サービスデリバリーのフォーマルモデル

- 20.1　はじめに 457
- 20.2　サービスデリバリーシステムとコンピューティングシステムの比較 459
- 20.3　提案モデル 460
- 20.4　モデルの定性的な応用例 467
- 20.5　サービスのシミュレーション実験 471
- 20.6　考察と関連研究 475
- 20.7　結論 476
- 20.8　付録 477
  - 参考文献 479

第 VI 部　研究と実践：イノベーション

第 21 章　サービスイノベーション
- 21.1　はじめに：二重の曖昧性 483
- 21.2　サービス活動，産業，企業におけるイノベーション 486
- 21.3　サービスイノベーションのマネージメント 494
- 21.4　結論と考察 499
  - 参考文献 500

第 22 章　サービスにおけるイノベーションと起業家精神
　　　　　——持続可能な発展に対する産業・技術主義的な考えを越えて
- 22.1　はじめに 507
- 22.2　サービスと持続可能な発展：類似点と概念的な考えの合致 510
- 22.3　サービス内のイノベーションと持続可能な発展 514
- 22.4　サービスによるイノベーションと持続可能な発展 521
- 22.5　イノベーションに基づいたサービスにおける起業家精神と持続可能な発展 523
- 22.6　まとめ 524
  - 参考文献 525

第 23 章　サービスのイノベーションと，顧客との共同開発
- 23.1　はじめに 530
- 23.2　サービスロジックと顧客との価値の共同生産 531
- 23.3　顧客の役割の変化 534
- 23.4　サービスドミナントロジックを通じた価値創造における顧客の役割 534
- 23.5　組織から見た顧客の捉え方 536
- 23.6　議論とまとめ 541
  - 参考文献 543

第 24 章　サービスのイノベーションを促進する五つのキーコンセプト
- 24.1　はじめに 547
- 24.2　複雑性の役割 550
- 24.3　流動性の役割：製品からサービスへ 552
- 24.4　モジュール化とシステムインテグレーションの役割 556
- 24.5　オープン性の役割 561
- 24.6　組織構造の役割 563
- 24.7　結論 566
  - 参考文献 566

第 25 章　法律はサービスイノベーションにどのような影響を与えるか
- 25.1　はじめに 571
- 25.2　製品やサービスに影響を与える知的財産法 572

 25.3 製品とサービスにおける欠陥に対する法的責任 580
 25.4 おわりに 586
    参考文献 587

第VII部　展望

第26章　サービスの未来が現実になるとき
 26.1 サービスマネージメントからサービスサイエンスへ 591
 26.2 人類を月に送ることには成功した――今度はサービスを地球に持ってくるときだ 594
 26.3 サービス部門：過去の分野は未来を導いてはくれない 595
 26.4 事例研究とネットワーク理論に必要な三つの要素：複雑さ，コンテキスト，変化 597
 26.5 価値の共創：サービス接遇の拡大 601
 26.6 サービスマネージメントからサービスサイエンスへ：(現時点での) 最後の言葉 605
    参考文献 608

第27章　サービスの進化と未来――学際的領域としての構築と普及
 27.1 はじめに 611
 27.2 最初の時代：サービスマーケティング 615
 27.3 次の時代：新たな学際的領域の出現 617
 27.4 サービス領域の未来：コミュニティの構築 619
 27.5 結論 627
    参考文献 628

第28章　交易圏，規範的シナリオ，そしてサービスサイエンス
 28.1 協業者としてのIT：規範的シナリオの例 633
    参考文献 642

第29章　Cambridge–IBMによるSSMEホワイトペーパー再考
 29.1 要旨 646
 29.2 はじめに 647
 29.3 論拠の明確化と領域の定義 649
 29.4 共通基盤の認識とギャップの同定 652
 29.5 ギャップを埋めるための共同作業 654
 29.6 提言 657
 29.7 用語集 661
 29.8 附記 668
    参考文献 669

第 30 章 日本におけるサービスサイエンスの動向

30.1 はじめに 673
30.2 日本の大学におけるサービスサイエンス 675
30.3 産業における動向 677
30.4 邦訳に伴う補足 678
　　 参考文献 678

第 31 章 イノベーションとスキル——将来のサービスサイエンス教育

31.1 はじめに 681
31.2 サービスの多様性 683
31.3 将来必要とされるスキルの需要の見通し 687
31.4 高等教育における課題 692
31.5 おわりに 696
　　 参考文献 697

索引　699

謝辞　703

序章

はじめに──ハンドブックの意義

- **Paul P. Maglio**
  IBM Research-Almaden, San Jose, California, USA
- **Cheryl A. Kieliszewski**
  IBM Research-Almaden, San Jose, California, USA
- **James C. Spohrer**
  IBM Research-Almaden, San Jose, California, USA

なぜハンドブックなのかという問いかけに対して，我々は次の質問によって答えることができる．サービスサイエンスの研究者は何を知っているべきか？ 本ハンドブックでは，サービスの本質やサービスの研究および実践，研究の将来についての学際的な見方を示す．本ハンドブックは一種の参考文献目録，すなわちサービス研究のすべての領域に関する一流の思想家や研究者たちによる論文集となること，つまり新進のサービス科学研究者のための基礎的な蓄積となることを目的としている．

1 サービスサイエンスは価値の共創についての研究である

サービスサイエンスは，サービスに関する研究や改善，創造，およびイノベーションを行うための学問領域をまたいだアプローチである（Spohrer & Maglio, 2008, 2009）．我々はサービスを価値の共創であると考える．このイノベーションは大まかに言えば，個人あるいは企業といった個別の主体の間のコミュニケーションやプランニング，あるいは意図的かつ知識中心的な相互作用の結果として生じる有益な変化である（Spohrer & Maglio, 2009）．それゆえ，我々はサービスサイエンスを，あらゆる種類の価値共創を理解し，それらを改善する助けとなる原則とアプローチを体系的に探求することであると捉えている．

世の中には多くの種類の価値の共創が存在する．様々な人間の活動に関連する専門知識や労働，そしてリスクを分割するための多くの方法がある．伝統的なサービスセクターの活動には，輸送，小売，医療，娯楽，専門サービス，情報テクノロジーサービス，銀行および保険などが含まれる（US Census Bureau, 2007 も参照）．一つの企業は，例えば銀行業務のような一つのサービスを提供し，顧客が資金を安全に保管し，アクセスできるようにすることによって利益を得る．銀行は顧客が保管する資金なしでは存在で

きず，顧客も銀行が提供する機能なしには様々な仕組み（小切手，ATM，支店）によって資金にアクセスする利便性を享受できない．価値は二者間の相互作用によって共創される．より広い視点からは，すべての経済活動は異なる主体間の価値の共創に依存しており，すべての経済活動は基本的にサービスのためのサービスの交換であると言える（例えば，Vargo, Maglio, & Akaka, 2008 および，本ハンドブックの第7章を参照）．重要なのは，異なる主体が異なる能力とリソースに影響を与え，それらの相互作用から生じる成果を引き出し，その成果の価値を高めている点である．

価値の共創を理解し改善するための原則とアプローチを探す上で，有益かもしれない理論や手法が多数存在する．サービスに重点を置いた学問領域には，例えばマーケティングやオペレーションズリサーチ，生産工学，情報システム，コンピュータサイエンス，および経済学が含まれる．マーケティングにおいては，ある種のサービス活動は製品とは異なるやり方で特徴づけられ取引される必要があると，以前より考えられてきた（例えば，Shostack, 1977）．オペレーションズリサーチと生産工学において，サービスプロセスは製品の製造プロセスとは異なる形で構成される必要があり（例えば，Levitt, 1972），それは特定のテクノロジーの文脈において顕著である（例えば，Mills & Moberg, 1982）と理解されている．近年のコンピュータサイエンスでは，ウェブサービスとサービス指向コンピューティングに重点が置かれているが（例えば，Marks & Bell, 2006; Zhang, 2007），そこではプログラムとアプリケーションが小さな要素から構築される方法を変革することが目的とされている．また，経済学では，有形の製品と無形のサービスを長年区別して扱ってきた（例えば，Smith, 1776/2000; Delaunay & Gadrey, 1992）．

すべてのサービスをカバーできる単一の科学，すなわちこれほど広範囲にわたる既存の学問領域の理論と手法を結合し，これほど広範囲にわたる価値の共創現象へとそれらを適用することができる単一の科学が存在するかもしれないと考えることは，野心的で，そしておそらくは少し愚かしいことなのかもしれない．だが，少なくともサービスサイエンスは，サービスに焦点を置く多様な人々および異なる学問領域との間の対話をすでに深めている（Rust, 2004; Hefley & Murphy, 2008; IfM & IBM, 2008; Spohrer & Riecken, 2006）．いくつかの共通点はすでに明白であり，いくらかの進展はすでに実現されている．例えば我々は，Vargo & Lusch（2004）によるサービスドミナントロジックをサービスサイエンスの基礎の一つと見なしている（Maglio & Spohrer, 2008）．その主たる定義は，サービスとは他の主体の利益のために能力を適用することであり，そして主たる理念は，すべての経済活動はサービスのためのサービスの交換であるということである．その論理的な帰結により，従来の一般的な「製品ドミナントロジック」による世界観は事実上逆転し，サービスが第一の経済カテゴリとなる．サービスドミナントロジックによれば，サービスをある種の下位に位置する無形の製品と見なすのではなく，むしろ製品それ自体がサービスコンピテンシーの有形な側面の表れであり，サービスに内在している本質を覆い隠している．このような根底からの世界観の変革を成し遂げることは困難であり，誰もが賛同するものではない（例えば，Achrol & Kotler, 2006; Levy, 2006）．より重要なことは，正しく理解することは必ずしも容易ではなく，過去数年間にわたる我々のサービスの見方においては一貫性が欠けていたことを認めることである（本ハンドブックの第7章を参照）．しかしながら，ようやく我々はここへたどり着いたのである．

サービスサイエンスのもう一つの基礎となる可能性があるものは，サービスシステムである（Maglio, Srinivasan, Kreulen, & Spohrer, 2006; Maglio & Spohrer, 2008; Maglio, Vargo, Caswell, & Spohrer, 2009; Spohrer, Maglio, Gruhl, & Bailey, 2007）. サービスが相互作用する要素から構成されたシステムからなるというこのアイデアは，我々よりもはるか以前までさかのぼる．ある人たちは，待機と待ち行列プロセスを最適化するサービスシステムに注目した（例えば，Riordan, 1962）．他の人たちは，企業と顧客の両方を含んだ生産プロセスにおける要素間の相互作用のためのサービスシステムに注目した（Chase, 1978）．また，相互価値の創造において協力する利害関係者（供給者，競合他社，顧客など）からなる，より大きな集まりのためのサービスシステムに注目した者もいた．我々にとって重要な点は，価値の共創が多くの要素の相互作用から生じることであり，そして，その複雑性にもかかわらず，定式化し，解析し，そしてデザインすることができるということである．

2　本ハンドブックの構成

いかなる構成も完全ではない．我々がどのような構成を選択したとしても，その一部は場違いに見えるであろう．それを念頭に置きつつ，本ハンドブックは「背景」「研究と実践」「展望」という三つのパートによって構成される．順を追ってその概要を示す．

最初のパートは「背景」である．その後に現れるもののために舞台を準備し，全体を通して繰り返し現れる，サービスに関する多くの基礎的な概念を紹介する．このパートは第Ⅰ部「起源」と第Ⅱ部「理論」の二つのセクションから構成される．第Ⅰ部では，サービス研究における金字塔や先駆的な研究の一部を紹介し，いくつかの古典的研究のアップデートも行う．

第1章「再検討：顧客はサービスオペレーションに組み込まれているのか？――サービスと顧客の接触理論の背景と今後の展開」において，Richard Chase は Harvard Business Review に掲載された彼の重要な論文（Chase, 1978）について解説する．Chase の顧客接触理論はいまだに重要であり，影響力を持ち続けている．この章ではこの論文についてレビューを行い，現代のサービスの文脈に対する位置づけを行う．第2章「サービスプロフィットチェーン――満足度からオーナーシップへ」において，James Heskett と Earl Sasser は，Harvard Business Review に掲載された彼らのサービスプロフィットチェーンに関する重要な論文のアップデートを行い，後続の新しい研究による発見と新しい概念についても述べる．第3章「サービスのゲームに勝つために――価値共創のルールを再考する」において，Benjamin Schneider と David Bowen は彼らの有名な本（Schneider & Bowen, 1995）の要約を紹介し，サービスの成功の鍵は人，フロントステージ，バックステージ，クライアントサイドなど，あらゆる場所にあることを示す．第4章「カスタマーエクイティ――顧客の価値を高めて企業の価値を活性化させる」において，Roland Rust と Gaurav Bhalla は，カスタマーエクイティと顧客生涯価値という重要な概念について概要を説明する．ここでは，コスト面（運用）よりも収入面（カスタマー）に正面から取り組んでいる（Rust, Zeithaml, & Lemon, 2000 も参照）．第5章「サービスワールド――「サービスの二面性」と「製造サービス」経済の台頭」に

において，John Bryson と Peter Daniels は，彼らの書籍（Bryson, Daniels, & Warf, 2004）の一部を要約することによって，広範囲のサービスの背景を説明する．そして，さらに発展させて，サービスは分離したカテゴリではないかもしれないが，製造業と融合されるものであり，それゆえ我々はより詳細にサービスを理解する必要があると主張する．

第 II 部「理論」では，サービスの包括的なアプローチと理論を組み上げるために，いくつかの関連したアプローチを取り上げる．

第 6 章「統一サービス理論——サービスサイエンスのためのパラダイム」において，Scott Sampson は Chase からの伝統に則り，サービスを理解するための強力なフレームワークの構築を目的として，サービスオペレーションにおける顧客の役割を強調する．第 7 章「サービスドミナントロジックによるサービスサイエンスの促進——解説と概念構築」において，Stephen Vargo, Robert Lusch, Melissa Akaka は，影響力のあるサービスドミナントロジックをサービスサイエンスの基盤へとつなげる．最後に，第 8 章「サービスシステムの科学——価値と記号」において，James Spohrer と Paul Maglio はサービスシステムを取り巻く概念と理論を構築する（Maglio, Vargo, Caswell, & Spohrer, 2009; Spohrer & Maglio, 2009 も参照）．

2 番目のパートは「研究と実践」である．実社会におけるサービスの実装を通じて，経験的データと実務経験に焦点を当てる．このパートは，第 III 部「デザイン」，第 IV 部「運用」，第 V 部「デリバリー」，第 VI 部「イノベーション」の四つのセクションに分けられる．第 III 部「デザイン」では，サービスの観点から効果的なサービスの創造と開発における課題について主に考える．

第 9 章「サービス品質のギャップモデルに対するテクノロジーの影響」において，Mary Jo Bitner, Valarie Zeithaml, Dwayne Gremler は，特に現代のサービステクノロジーの文脈におけるサービス品質の新しい標準であるギャップモデルについて，レビューとアップデートを行う．第 10 章「サービスシステムデザインのための七つのコンテキスト」では，Robert Glushko がサービスデザインのための一種の分類法を開発する．これは，多様なサービスにおけるフロントステージとバックステージの問題の解決の一助となることを目的としている（Glushko & Tabas, 2009 も参照）．第 11 章「エンタープライズサービスシステム設計のためのビジネスアーキテクチャ」において，Susanne Glissmann と Jorge Sanz は，特にビジネスサービスの観点からビジネスアーキテクチャを支える基礎について述べる．第 12 章「サービスの実践的アプローチ——高度に協調化された知識集約型サービスシステムにおける人，活動，情報」において，Cheryl Kieliszewski, John Bailey, Jeanette Blomberg は，サービス業務の実践に関する彼らの研究と洞察，およびサービスシステムデザインのための議論を行う．

第 IV 部「運用」では，サービスシステムにおけるマネージメントとエンジニアリングに関連する様々な研究を紹介する．

第 13 章「オペレーションズマネージメントの領域におけるサービスサイエンスの軽視」では，Richard Metters が，運用における教育者と研究者によるサービスの教育と研究の必要性について，彼のエッセイに基づき詳しく述べる（Metters & Maruchek, 2007 も参照）．第 14 章「悪循環と好循環——知識ベースサービスにおけるヒューマンリソースダイナミクス」において，Rogelio Oliva と John Sterman は，サービスパフォーマンスと品質における人間的側面とビジネス的側面の関係を理解するために，彼らのシス

テムダイナミクスモデリングのアプローチについて説明する（Oliva & Sterman, 2001 も参照）．第 15 章「サービスサイエンス——テレコムサービスの観点から」において，Eng Chew は，テレコムサービスに対してサービスサイエンスのアイデアを適用したケーススタディを紹介し，プロセス，イノベーション，および価値におけるサービスサイエンスの可能性と潜在的な価値の両方を示す．第 16 章「サービスエンジニアリング——新しいソリューション設計のための総合学術フレームワーク」において，Gerhard Gudergan は，サービスエンジニアリングへの様々なアプローチの概念と背景について述べる．

第 V 部「デリバリー」では，主にサービスデリバリーが実際にどのように機能するのかに重点を置いて，実装の観点から議論を行う．

第 17 章「情報サービスの工業化」において，Uday Karmarkar は，情報サービスの工業化がどのように行われたかを述べた Harvard Business Review の論文（Karmarkar, 2004）を発展させ，さらにその社会的・ビジネス的な含意についても述べる．第 18 章「サービス経済における労働力分析」では Aleksandra Mojsilović と Daniel Connors が，現代の大規模なサービスデリバリーにおいて，労務管理における最適化に基づいたアプローチがいかに重要かを示す．第 19 章「製品やサービスの複雑なデリバリーシステムを理解する」において，William Rouse と Rahul Basole は，IBM System Journal の論文（Basole & Rouse, 2008）を拡張し，どのようにサービスバリューがネットワークフローとして可視化できるのかについて，多くの具体的な産業を例示して述べる．第 20 章「サービスデリバリーのフォーマルモデル」において，Guruduth Banavar, Alan Hartman, Lakshmish Ramaswamy, Anatoly Zherebtsov は，フロントステージとバックステージのプロセスをともに考慮し，デザインに関する分析と理論化を可能とするようなサービスデリバリーのフォーマルモデルを構築する．

第 VI 部「イノベーション」では，新しいサービスの開発とサービスの改善の性質とプロセスに関する様々な見方をまとめる．

第 21 章「サービスイノベーション」において，Ian Miles はサービスイノベーション研究について広くレビューを行い，現代のサービスの文脈へ当てはめる（Miles, 2008 も参照）．第 22 章「サービスにおけるイノベーションと起業家精神——持続可能な発展に対する産業・技術主義的な考えを越えて」において，Faridah Djellal と Faïz Gallouj は，持続可能性とイノベーションのモデルがいかにサービスを軽視してきたかを議論し，そしてサービスからの視点がどれだけ多くのものを提供できるのかを示す．第 23 章「サービスのイノベーションと，顧客との共同開発」では，Bo Edvardsson, Anders Gustafsson, Per Kristensson, Lars Witell が，サービスイノベーションにおける顧客の役割を理解するためにサービスドミナントロジックを適用する．第 24 章「サービスのイノベーションを促進する五つのキーコンセプト」において，Henry Chesbrough と Andrew Davies は，価値共創の考え方に直接的に基づいたサービスイノベーションの新しいモデルを構築する．第 25 章「法律はサービスイノベーションにどのような影響を与えるか」において，Pamela Samuelson はサービス，特にデジタル情報サービスとソフトウェアに関連する知的財産法，契約法，不法行為法の歴史と背景を簡潔に述べて，法的な展望が向かいうる未来について示唆し，サービスイノベーションのための含意を導く．

第三のパートは第 VII 部「展望」である．真に学問領域間を連携するサービスサイエンスを構築する上で現れる問題と将来像に焦点を当てる．

第 26 章「サービスの未来が現実になるとき」において，Evert Gummesson はサービスの背景や分野としての歴史，学問領域の真の統合のための見通しについて見解を述べる．第 27 章「サービスの進化と未来——学際的領域としての構築と普及」において，Raymond Fisk と Stephen Grove は，サービス研究における彼ら自身の歴史的観点と多様な研究の軌跡がどのように交わりうるか，あるいは交わらないのかについて述べる（Fisk, Brown, & Bitner, 1993 も参照）．第 28 章「交易圏，規範的シナリオ，そしてサービスサイエンス」において，Michael Gorman はサービスサイエンスを，異なる分野の知識を仲介する一種の商業圏として特徴づける．第 29 章「Cambridge–IBM による SSME ホワイトペーパー再考」において，James Spohrer，Mike Gregory，Guangjie Ren は，最近出版された "Cambridge Report"（IfM & IBM, 2008）を再検討し，サービスサイエンスの主要な用語を定義して，すべての国のためのサービスイノベーションのロードマップ構想に向けたグローバルな進展について述べる．第 30 章「日本におけるサービスサイエンスの動向」において，日高一義は日本におけるサービス研究と教育の活動について述べる．第 31 章「イノベーションとスキル——将来のサービスサイエンス教育」において，Linda Macaulay，Claire Moxham，Barbara Jones，Ian Miles は，特定のスキルとサービスサイエンス教育の必要性とを関連づける．

現在あるいは将来において単一の統合されたサービスサイエンスが存在するかどうかは，当然ながら確実ではない．しかしながら，進展があることは確実である．価値共創における実世界の中心的な現象へと収束する共通の要素とテーマ，および共通の懸念事項とアプローチが存在する．サービスを見通すためのより深い科学的基盤，すなわち重要な用語の定義と，それらを基盤の洞察や原則へと組み入れようとする試みを熱望する多くの賛同者の間で議論が活発になってきている．我々は本ハンドブックに集めた論文がそうした議論を促進すること，そして，すべてのサービス科学の研究者たちが知るべきことの大部分を捉えていることを期待している．

参考文献

Achrol, R. & Kotler, P. (2006). The service-dominant logic for marketing: A critique, in Robert F. Lusch and Stephen L. Vargo (Eds.), *The Service-Dominant Logic of Marketing: Dialog, Debate, and Directions*, Armonk, New York: M.E. Sharpe, 320-333.

Basole, R. C., & Rouse, W. B. (2008). Complexity of Service Value Networks: Conceptualization and Empirical Investigation. *IBM Systems Journal*, 47(1), 53-70.

Bryson, J. R., Daniels, P. W., & Warf, B. (2004). *Service worlds: People, organisations, and technologies.* New York: Routledge/Taylor & Francis.

Chase, R. B. (1978). Where does the customer fit in a service operation? *Harvard Business Review* 56, 137-142.

Delaunay, J. & Gadrey, J. (1992). *Services in economic thought.* Boston: Kluwer.

Fisk, R. P., Brown, S. W., & Bitner, M. (1993). Tracking the evolution of the services marketing literature. *Journal of Retailing*, 69, 61-103.

Gluhsko, R. J. & Tabas, L. (2009). Designing Service Systems by Bridging the "Front Stage" and "Back Stage." *Information Systems and E-Business Management*, 7.

Hefley, B. & Murphy, W. (2008). *Service Science, Management and Engineering: Education for the 21st Century.* Springer, New York.

Heskett, J. L., Jones, T. O., Loveman, G. O., Sasser, W. E., Schlesinger, L. A. (1994). Putting the service profit chain to work. *Harvard Business Review*, 72, 164-174.

IfM & IBM. (2008). *Succeeding through Service Innovation: A Service Perspective for Education, Research, Business and Government.* Cambridge, UK: University of Cambridge Institute for Manufacturing. ISBN: 978-1-902546-65-0.

Karmarkar, U. (2004). Will you survive the services revolution? *Harvard Business Review*, 82, 100-107.

Levitt, T., (1972). Production-line approach to services. *Harvard Business Review*, September-October, 41-52.

Levy, S. J. (2006). How new, how dominant?, in Robert F. Lusch and Stephen L. Vargo (Eds.), *The Service-Dominant Logic of Marketing: Dialog, Debate, and Directions.* Armonk, New York: M.E. Sharpe, 57-64.

Maglio, P. P. & Spohrer, J. (2008). Fundamentals of service science. *Journal of the Academy of Marketing Science*, 36, 18-20.

Maglio, P. P., Srinivasan, S., Kreulen, J. T., Spohrer, J. (2006). Service systems, service scientists, SSME, and innovation. *Communications of the ACM*, 49(7), 81-85.

Maglio, P. P., Vargo, S. L., Caswell, N. & Spohrer, J. (2009). The service system is the basic abstraction of service science. *Information Systems and e-business Management*, 7.

Marks, E. A., & Bell, M. (2006). *Service-Oriented Architecture: A Planning and Implementation Guide for Business and Technology.* Wiley. Hoboken, NJ.

Metters, R., & Marucheck, A. (2007) Service Management - Academic Issues and Scholarly Reflections from Operations Management Researchers, *Decision Sciences*, 38, 195-214.

Miles, I. (2008). Patterns of innovation in service industries. *IBM Systems Journal*, 47, 115-128.

Mills, P. K. & Moberg, D. J. (1982). Perspectives on the technology of service operations. *Academy of Management Review*, 7, 467-478.

Normann, R. (1984). *Service Management: Strategy and Leadership in the Service Business* New York: Wiley and Sons.

Oliva, R. & Sterman, J. D. (2001). Cutting corners and working overtime: Quality erosion in the service industry. *Management Science*, 47, 894-914.

Parasuraman A., Berry, L. L. & Zeithaml, V. A. (1990). *Understanding Measuring and Improving Service Quality: Findings from a Multiphase Research Program.* The Free Press.

Riordan, J. (1962). S*tochastic Service Systems.* New York: Wiley.

Rust, R. T. (2004). A call for a wider range of service research. *Journal of Service Research*, 6.

Rust, R. T., Zeithaml, V. A., & Lemon, K. N. (2000). *Driving Customer Equity.* New York: The Free Press.

Sampson, S. & Froehle, C. M. (2006). Foundations and implications of a proposed unified services theory. *Production and Operations Management*, 15, 329-343.

Schneider B. & Bowen, D. E. (1995). *Winning the Service Game.* Boston, MA: Harvard Business School Press.

Shostack, G. L. (1977). Breaking free from product marketing. *Journal of Marketing*, 41, 73-80.

Smith, A. (1776/2000). The Wealth of Nations. New York: The Modern Library.

Spohrer, J. & Maglio, P. P. (2008). The emergence of service science: Toward systematic service innovations to accelerate co-creation of value. *Production and Operations Management*, 17, 1-9.

Spohrer, J. & Maglio, P. P. (2009). Service science: Toward a smarter planet. In W. Karwowski & G. Salvendy (Eds.), *Introduction to service engineering*.

Spohrer, J., Maglio, P. P., Bailey, J. & Gruhl, D. (2007). Steps toward a science of service systems. *Computer*, 40, 71-77.

Spohrer, J. & Riecken, D. (2006). Special Issue on Services Science, *Communications of the ACM*, 49(7).

US Census Bureau (2007). North American Industry Classification System (NAICS). US Department of Commerce Publication PB2007100002. Available at http://www.ntis.gov/products/naics.aspx.

Vargo, S. L. & Lusch, R. F. (2004). Evolving to a new dominant logic for marketing. *Journal of Marketing*, 68, 1-17.

Vargo, S. L., Maglio, P. P., and Akaka, M. A. (2008). On value and value co-creation: A service systems and service logic perspective. *European Management Journal*, 26(3), 145-152.

Zhang, L. J. (2007). *Modern Technologies in Web Services Research*. IGI Publishing. Hershey, PA.

# 第Ⅰ部

背景：起源

第1章

再検討：
顧客はサービスオペレーションに組み込まれているのか？
——サービスと顧客の接触理論の背景と今後の展開

□ **Richard B. Chase**
　　Marshall School of Business
　　University of Southern California

　　　　1978年，私は「サービスの合理化のための合理的なアプローチ」には，第一にあるサービス活動システムとそれ以外とを区別する分類システムが必要であると主張した（Chase, 1978）．私が考案した分類は，ビジネスの分類体系を導出するために構築されており，サービス提供過程における「サービスシステム」および「その従事者」の「顧客接触」範囲に基づいた分類である．私はオープンシステムの理論に基づき，最も効率的にシステムが動いているときには，顧客がサービスシステムに直接接触する機会が少なくなるだろうと指摘した．逆に，顧客がシステムに直接接触する機会が多いところでは，高いレベルのシステムの効率化を実現する能力が不足している．本章では，先の文献で議論されていた顧客接触アプローチ（customer contact approach）を確認し，その将来の発展のためにいくつかの提案を行う．

1.1　製造業とサービスシステムの分類

　　　　顧客接触アプローチは，ほとんどの製品分類で基本となっているものと異なり，顧客の役割および影響を明示的に捉える分類システムを導き出すために作成された．標準的なアプローチとして，HayesとWheelwrightは，1978年に工業システム分類の標準的なアプローチを，そして1979年には現在においても標準的なアプローチとなっている製造プロセス行列を発表した．製造プロセス行列においては，プロセス効率が生産規模によってどれくらい変化するかを規定するために，ユニット，バッチ，および量産に関して明確な用語を使用している．サービスシステムについては，これらとは対照的で，北米産業分類システム（NAICS）コードで示されているように，サービスシステムが提供しているサービスに応じて通常は分類される．この分類は経済集計データを提示して比較する場合には便利であるが，サービスが実行・生産される工程を扱っていない．

もちろん，製造業の用語を駆使して特定のサービスシステムを記述することは可能である．しかし，どのようにサービスシステムを改良すべきかを診断したり考えたりするには，NAICS コードだけでは困難で，追加情報が必要になる．その追加情報とはサービスの創造（creation）における顧客接触の程度である．私は「何を効率的に達成できるか」という観点であるサービスシステムと別のサービスシステムを運用上区別できると信じている．顧客接触の程度とは，大まかに言えば「システムが顧客にサービスを提供するのにかかる合計時間に対して，その顧客がサービスを受けるためにシステムに関わらなければならない時間の割合」である．一般的に，サービスシステムと顧客との接触時間の割合が大きければ大きいほど，サービス製造における 2 者間の相互作用の度合いは大きくなる．

この概念から，顧客との接触が密接なハイコンタクトのサービスシステムは，顧客との接触が密接ではないローコンタクトのシステムよりも，制御や合理化が難しくなる．図 1.1 に示すハイコンタクトのシステムにおいては，顧客はサービス製造プロセス自体に関与する傾向がある．したがって，需要時間，サービスの正確な性質およびサービスの質に，顧客は影響を与えうる．定義上，ローコンタクトのシステムにおいてシステムと顧客の間の相互作用は短時間または稀であるため，稼働中のシステムにほとんど影響を与えない．

純粋なサービス （一般にハイコンタクト）	混合サービス （一般にミディアムコンタクト）	準製造 （一般にローコンタクト）
娯楽施設 保健センター ホテル 公共交通機関 小売店 学校 個人向けサービス 刑務所	支店 　金融機関 　政府 　コンピュータ企業 　法律事務所 　広告代理店 　不動産会社 駐車場サービス 警察と消防 清掃サービス 引越会社 修理店	本社 　金融機関 　政府 　コンピュータ企業 　法律事務所 　広告代理店 　不動産会社 卸売 郵便サービス メールオーダーサービス ニュース連盟

← 高い接触頻度　　　　　低い接触頻度 →
効率的な製造手順を設計する自由度が増加 →

図 1.1 　サービスプロダクトの作成過程で必要な顧客接触度によるサービスシステムの分類

異なる観点から見れば，バックオフィス（例えば顧客に見えないところで行われる処理）とフロントオフィス（例えば顧客との接触を含むプロセス）では，要求される操作がそれぞれ異なっていることをサービスマネージャーは常に意識している．しかし，これらの要求の具体的な影響は，歴史的にバックオフィスに焦点を当てた 1970 年代の運用および操作の文献では明らかにされていなかった．企業役員，マーケティング学者，組織理論家という 3 者による以下の三つの指摘は，この問題を考える上でとても役に立った．City Bank の CEO だった John Reed はこの考えに着目し，1970 年の Banker

Magazine 上に発表した記事 "Sure It's a Bank but I think of it as a Factory"（そう，それは銀行だ．しかし私は工場のように考える）の中で，生産管理の手法がバックオフィスのチェック処理に容易に適用できることについて述べた．ハーバード大学のマーケティング学の教授である Ted Levitt は，すべてのサービスはサービスのフロントステージと，バックステージのコンポーネントのような製造工程を持つと指摘した（Levitt, 1976）．インディアナ大学の経営学と社会学の教授である James D. Thompson は，オープンシステム論の観点から，「顧客やクライアントは，（長期にわたって連結された大量の）技術のせいで，難しい標準に則った操作をやむなく実行している」と指摘した．これらの指摘から私は，フロントオフィスは少なくともバックオフィスよりは効率的でないと考えた．Thompson によって追加された設計視点は，ローコンタクトのためのシステムは，ハイコンタクトのためのシステムとは異なる，非結合の操作，および環境から分離され独立した「技術的なコア」の仕組みを持ったシステムだというものである．Thompson は「あたかも市場が継続的な速度で単一種類の製品を受け入れるかのように，技術的なコアは，定められた品質を持ち一定の速度で，連続的な入力がされているかのように動作できなくてはならない」と指摘している（Thompson, 1967）．

1.2　ハイコンタクトがデザイン決定に及ぼす影響

　顧客との接触という考え方の重要な特徴は，顧客の存在が，サービスを提供する企業の実質すべての作業や活動の決定に対して仮想的に影響を与えることである．以下にいくつかの例を示す．

- 施設の場所：ハイコンタクトの作業は，ローコンタクトの作業よりも，一般的に顧客により近い場所で起きる．
- 施設のレイアウト：ハイコンタクトの作業は，単に生産を拡大するのではなく，顧客の物理的および心理的なニーズに対応する必要がある．
- 製品の設計：ハイコンタクトの作業はサービスの環境も含めて設計される必要があるので，ローコンタクトの作業よりも設計に関する属性はむしろ少ない．
- プロセスの設計：ハイコンタクトのシステムでは，顧客は作業プロセスに直接即時に影響を及ぼすが，ローコンタクトのシステムでは顧客はプロセスに直接関与しない．
- 労働者のスキル：ハイコンタクトサービスで働く労働者は，サービス製品の主だった部分を占め，社会と相互のやり取りができなくてはならない．一方，ローコンタクトの作業に携わる労働者は，技術スキルのみが必要とされる．
- 品質管理：ハイコンタクトのサービスの品質標準はしばしば人々の目にさらされていて，そのため変更されやすい．ローコンタクトのサービスの品質標準は一般的に測定可能であり，そのため固定されている．
- キャパシティプラン：ローコンタクトの作業は平均需要のレベルでキャパシティを設定できるが，ハイコンタクトのシステムのキャパシティレベルは，販売機会の損失を避けるために，需要のピークに一致するように設定する必要がある．

これらの違いがもたらす経営への影響は次のとおりである．第一に，システムが予約制で運営されている場合以外で，ハイコンタクトのシステムのキャパシティがどんなときも要望に対応できるというのは，単なる幸運な偶然でしかない．スーパーマーケットのマネージャーや，銀行の支店長，娯楽施設のマネージャーは，火曜日の午後2時に，あるサービスを求める列に並んでいる人の数を統計のみから予測することができる．したがって，使用するサーバの（多すぎても少なすぎてもいけない）正確な数は，確率にも依存してしまう．一方，ローコンタクトのシステムでは，例えばフォームの記入，信用格付けの分析，家庭用品の出荷などの業務が行われ，そこでは作り手と製品の間に直接の関連があるため，リソース指向のスケジューリングができ，サービスに対する需要と供給を正確に一致させられる．

第二に，定義上，ハイコンタクトのシステムの労働力として必要とされるスキルは，重要な渉外的要素によって特徴づけられる．実際，顧客とのあらゆるやり取りにおいて顧客と対面する従業員は製品の一部であり，そのため従業員の態度がそこで提供するサービスに対する顧客の評価に影響する．言うまでもなく，顧客はハイコンタクトの状況では，「人と人」との関係を持ちたいのである．

第三に，ハイコンタクトのシステムは，ローコンタクトのシステムよりも費やす時間がはるかに長くなる．ハイコンタクトのシステムの操作では，数分の遅れや違法な待ち行列（入力順に処理されなくてはならない）が顧客に即座に影響を及ぼすため，効率的な生産スケジューリングに基づくバッチ処理によって注文を処理できることはほとんどない．確かに，チケット購入の行列で「不公平な優遇措置」が行われると，普段は表に出ない人間の暗い感情が表に出てきて，稀にチケットの不正販売などを引き起こすことがある．

1.3　現在の顧客接触戦略を分析するための質問

次の質問に答えることによって，現在の組織における顧客接触戦略を，前述の概念を用いて分析できる．

- 現在の顧客接触混合戦略は何か？　それは純粋なサービス，混合サービス，または準製造のどれに当たるか？　労働時間の面であなたのビジネス活動の何％が顧客への直接接触に使われているか？——ワークサンプリングやシステムマッピングといったインダストリアルエンジニアリング手法を使うと，生産システムが連続する顧客接触の中のどの部分で機能しているかを示す良い指標を得ることができる．
- 必要のない直接的な顧客サービスを減らすために作業を再編成できるか？　顧客の目の前で行う作業をバックオフィスに移行できるか？　労働力を，頻繁に接触する部分と接触不要な部分に分割できるか？　サービス組織のサブユニットごとに限られた仕事のための特有な構造を作ることを許すような，工場内に工場を作るようなことができるか？
- 低接触度の作業によってもたらされる効率化を有効活用できるか？　特に，バッチスケジューリング，在庫管理，作業測定，バックオフィス業務の簡素化につい

てオペレーションマネージメントの概念を適用できるか？ フロントオフィス業務をサポートするために，組立，包装，料理，テストなどに対して最新技術を使用できるようになっているか？

- **業務のデザインや報酬は現状を反映して構成されているか？** 接触度の多少によって業務を相応に割り振っているか？ 報酬システムはサービスのその本質に即しているか？ 例えば，ハイコンタクトの業務は時間によって支払い，ローコンタクトの場合は成果によって支払うなどがこれに相当する．コストと利益という二つの基準が現場のマネージャーによって管理されているコストセンターや利益センターを使用しているか？

- **提供しているサービスの顧客接触度を高めることはできるか？** すべての不要な顧客接触業務を他の労働者に移すことで作業の速度を上げられるか？ パートタイム労働者やより専門性の高い労働者をピーク時間帯に投入し，営業時間を延長することによって，展開している顧客との接触に個人的な嗜好を入れられるか？ Sesser & Pettway (1976) は次のように記している．「銀行の出納係，客室係のメイド，短期契約の料理人には共通点がほとんどないかもしれないが，彼らは全従業員の公的なイメージを代表しているのである」．もし，労働者の仕事のうち顧客接触度が低い部分を別の労働力に移行できれば，決定的に重要な対人関係の仕事に労働者を集中させることができる可能性がある．

- **サービス業務の一部をより低い設備コストへと移せるか？** 顧客に見えないオペレーションを低価格の借用地区に移せるのか？ 顧客との接触が発生する事務所を 1970 年代に Fotomat によって有名になったフィルムの現像ボックスのような小さな立ち寄り場所のドロップオフ事務所に代替できるか？ あるいは，自動販売機や問屋をフル活用して，顧客接触設備事業から撤退できるか？

1.4　概念の適用

こういったポリシーに関する質問に答えることは，サービス組織の運営やミッションに関するさらなる質問のきっかけになるはずである．特に，組織の強みがハイコンタクトにあるのかローコンタクトにあるのかといった質問を経営陣に問うことにつながる，そして，資源配分と市場における重点に関する 2 種類のオペレーションの最適なバランス構成の実現を促進する．また，そのプロセスは，サービス事業の組織全体と同様に，個々の部門を効率的に運営管理するために必要な組織構造の分析へとつながるはずである．例えば，もしハイコンタクトの部門とローコンタクトの部門の間の緊密な調整が必要とされないなら，おそらくそれぞれの部門は別の経営者のもとで活動したり，社内で分離された部門構造をとったりするだろう．厳格な調整が必要とされる場合には，部門間での資材や情報の円滑なやり取りを保証するために，労働者と管理者の境界領域の作業に関して，特に注意を払わなければならない．

1.5 著者からのコメント（2008年）： 顧客接触理論とサービス分類の今後の展開

　　セルフサービス技術と通信技術は，顧客接触理論にとってさらなる改良あるいは再概念化が必要とされる領域である．セルフサービスでは，常にハイコンタクトと高効率化という相反する取り組みが要求されるので問題が起こる．しかし，ATM やセルフサービスの洗車（これらの例は私が 1978 年の論文執筆時に考えた）の場所において販売機会が少ないという事実は，一般的な議論に影響を与えないマイナーなポイントのように思えた．しかし今日，セルフサービスは，スーパーマーケットにおけるセルフレジや空港のセルフチェックイン，薬局の血圧計など，幅広く普及している．このような技術はサービス組織と同様に，顧客を顧客自身の利益を生む効率的な生産者とすることができる．顧客接触の進化と同じく重要なのは，インターネットを介して行われる遠距離からの接触を販売機会や生産効率に影響させる方法についてである．このことをより良く理解するためには，ビジネスにおける顧客との遠距離の相互作用だけを考慮するのではなく，遠距離にいる顧客との他の相互作用についても同様に考慮して，分類体系を拡張しなければならない．Sampson（2008）が提案したとおり，顧客との接触は次の三つに分類することができる．(1) eBay や SecondLife のような，ある企業が提供するオープンな環境における顧客同士の相互作用を可能にするような「純粋に仮想的な顧客の接触」，(2) YouTube や Wikipedia のようにサーバが統制する世界において，例えばある製品について討議するグループのように，サーバが適度に管理する環境で顧客同士が相互作用をするような「仮想・現実入り混じった顧客接触」，(3) サービス提供者のコンサルタントが遠距離にある顧客のコンピュータをリモートコントロールして，カスタマーデスクから顧客側の問題を解決するような「技術によって拡張された顧客との接触」．

　　上記の仮想上の出会いに関する知識に加えて，分類体系の大幅な進化により，顧客心理をより良く理解できるようになる．例えば心理学の文献のレビューをもとに，Chase & Dasu（2001）は，高い意識のもとで出会えるために広範囲にわたる支援を発見した．したがって，分類をまとめることは，直面する様々な構造に対してハッピーエンドを達成するための困難さに基づいている．この問題の簡単な例は，サーバが最初に伝えるのは良いニュースであるべきか，悪いニュースであるべきかである．コールセンターにおいては，即座に重要な点をつかむために，出荷が遅れているというような悪いニュースを伝えるのが良いと思われる．一方，医者が伝えなくてはならない悪いニュースがあるときには，徐々に伝えるのが一番良いと思われる．

　　最後に，最近唱えられている二つのサービス理論の概要を見てみる．一つは Vargo & Lusch（2004）によるマーケティングのための Service Dominant Logic であり，もう一つは，Sampson & Froehle（2006）による運用管理に着目した Unified Service Theory である．これらの理論の批評は他の文献を参照されたい．このような理論の出現は歓迎されるだけでなく，必要とされるが，それらが実際に運用される際に有益な分類システムの作成にどのように寄与できるかが，これらの理論やサービス工学の他の理論の有用性を計測する主要な指標になると思われる．例えば，すべてのビジネスプロセスを一つのカテゴリに分類し，すべてを「サービス」と呼ぶような理論は，経営的な価値はほとんどないだろう．有益な分類システムが持つ能力とは，(a) 物理プロセスを設計する産業エ

ンジニアと同じ厳密さでサービスエンジニアが相互作用を設計できるようにすること，(b) マネージャーによる経済的な取引のガイドをすること，(c) サービスイノベーションを促進すること，の三つである．

参考文献

Chase, R. B. 1978. Where Does the Customer Fit in a Service Operation? *Harvard Business Review* 56 (6), November-December, pp.137-142.

Chase, R.B. and Dasu, S. 2001. Want to Perfect Your Company's Service? Use Behavioral Science. *Harvard Business Review*, 79 (6), June, pp.78-85.

Hayes, R. H. and Wheelwright, S.C., 1979. The Dynamics of Process-Product Life Cycles. *Harvard Business Review*, 57, (2), March-April, pp. 127-136.

Levitt, T. 1976. The Industrialization of Service. *Harvard Business Review* 56, (5). September-October, pp. 63-71.

Sampson, S. E. 2008. Personal Communication.

Sampson, S. E., and Froehle, C.M., 2006. Foundations and Implications of a Proposed Unified Services Theory. *Production and Operations Management* 15(2), Summer, pp. 329-343.

Sasser, W. E. and Pettway, S. 1974. Case of Big Mac's Pay Plans, *Harvard Business Review* 54, (6), November-December, pp 30 - 36.

Thompson, J. D. 1967. *Organizations in Action* (New York: McGraw-Hill), p. 20.

Vargo, S. L. and Lusch, R. F. 2004. Evolving to a New Dominant Logic for Marketing. *Journal of Marketing*, 68, 1-17.

第2章

サービスプロフィットチェーン
—— 満足度からオーナーシップへ

□ James L. Heskett
　Harvard Business School
□ W. Earl Sasser, Jr.
　Harvard Business School

　サービスマネージメントに関する研究は1970年代初頭に初めて設立された．それ以前にもモノづくりの組織に関する研究は広く行われていたが，それとは明らかに異なるサービス活動の性質を研究しようとする試みはほとんどなかった．サービスの経営者にとって製造マネージメントに使われる伝統的な技術が非常に役立つものである一方で，サービスの経営者は伝統的な製造マネージメントの道具立てでは解けない問題に取り組まなければならないこともすぐに明らかになった．

　サービス研究の初期には，研究の指標となるような基準はほとんど存在せず，概念的なフレームワークはまったく存在していなかった．統一的で組織横断的なアプローチが必要なことは明らかだった．サービスプロフィットチェーンやその「姉妹」である戦略的サービスビジョンの出現は，そうしたアプローチの必要性に端を発している．サービスプロフィットチェーンと戦略的サービスビジョンは双方とも，単に研究を行うだけでなく，実際のベストプラクティスの形成を助け，実現することを目的としていた．この目的は，研究の体系が発達しアイデアが普及するとともに実現されつつある．研究の進歩に従って，サービス効率を測る新たな基準が現れた．顧客と従業員の満足度の探究から始まったこれらの研究は，顧客と従業員のコミットメント（または参画意欲），そして究極には「オーナーシップ」が，成長や利益性，組織の全体的な成功を予測するための良い指標であるかどうかの検証の段階へと発展している．

2.1　サービスプロフィットチェーン

　サービスプロフィットチェーンが前提とする仮定は，簡単に言うと，顧客満足度はサービスを提供する企業から顧客が受け取った価値の関数であり，その満足度から顧客ロイヤルティが生まれ，そのロイヤルティの結果として営利組織における利益や

成長がある，というものである．成長は，営利組織や非営利組織の成功に関する他の基準に置き換えてもよい．一方，顧客にとっての価値は従業員ロイヤルティと生産性の結果として生じるものであり，従業員のロイヤルティや生産性は従業員の満足度の関数であり，従業員の満足度は企業内で従業員のために生み出される特性（価値と言い換えてもよい）と直接に関係する（Heskett, Jones, Loveman, Sasser, & Schlesinger, 1994）．この関係は単なる相関関係ではなく，因果関係である．利益と成長の拡大を目指すマネージメントがとるべき行動は，まず内部的に従業員に向けられるものになる．このような価値と従業員満足度との関係は，組織全体だけではなく，組織の各部門に対しても成り立つ．また，製造業のサービス部門や非営利組織にも同様に適用可能である．

顧客や従業員にとっての価値と満足度とロイヤルティの関係は，研究者が最初にその存在を提起して以来，ずっと研究の焦点となってきた．1970年代後半から1980年代半ばにかけて，こうした関係の様々な側面について調査が行われた（Schneider & Bowen, 1985; Parkington & Schneider, 1979; Heskett, 1986）．その一部は，1985年に開かれた「サービスにおける接遇」[1]に関する分野開拓的なシンポジウム（Czepiel, Soloman, & Surprenant, 1985）に貢献した人々（Shostack, Johnson, Seymourを含む）によるものである．後にサービスプロフィットチェーンとして知られるようになった要素は，当初は「自己強化サービスサイクル」（Heskett, Sasser, & Hart, 1990）として解説され，その後，その性質を特徴づけるサービスプロフィットチェーンという名前で呼ばれるようになった（Heskett, Sasser, Schlesinger, Loveman, & Jones, 1994）．最近では，新興的なサービスサイエンスの文献において，win-winや価値共創といったサービスシステム間の相互作用など，サービスの自己強化的な性質が注目を集めている（Spohrer, Maglio, Bailey, & Gruhl, 2007; Spohrer & Maglio, 2010）．

サービスプロフィットチェーンの関係に関する初期の研究のほとんどは事例ベースのものであり，チェーンの構成要素間の相互関係を実証するような，個々の組織から得られたデータに基づいていた．このような初期の研究の後，チェーン全体における因果関係を計測する研究が行われた．大規模な小売企業において，従業員の満足度と，顧客の満足度と，店舗ごとの利益との間の影響に時間差があることを調査したAnthony Rucciの論文（Rucci, 1997）は，こうした研究成果の一つである．また，サービスを専門とする29の企業の139の職場における数千の雇用者を対象に，チェーン全体で因果関係の計測を行ったDavid Maister（2001）は，従業員の満足度が財務業績と「品質と顧客の関係」を決定づけるとしている．

サービスプロフィットチェーンの構成要素は，運営戦略として知られるものを通して実現される．では，その目的は何だろうか？　その答えは，戦略的サービスビジョンとして知られる概念の集合から読み取れる．

---

1. 【訳注】service encounter. 顧客がサービス提供者と接触して相互に作用すること，またその時間．

2.2 戦略的サービスビジョン

戦略的サービスビジョンは，サービス企業の戦略に関する体系的な思考方法であり，

(1) 対象市場：市場フォーカスの必要性が強調される
(2) サービスのコンセプト：基本的にはビジネス定義であり，製品や顧客に提供されるサービスに対してではなく，顧客が望むものと競合他社が提案するものとに対して位置づけられる「成果」に対して定められる
(3) 運営戦略：サービスプロフィットチェーンに関連する組織，統制，ポリシー，プラクティスを通して，価値創造のコストを投じることで顧客にとっての価値を得るよう企画される
(4) 支援システム：最前線のサービス提供者に優秀な能力を提供するために作られる

からなる．このビジョンは，サービスオファリングを成功裏に企画・実行するために，包括的で内部的に一貫したアプローチをとることを提唱している．このフレームワークは，組織の外に存在するものだと伝統的に考えられてきた顧客だけでなく，内部的な顧客（内部の部署だけでなく従業員も含む）にも適用される．

戦略的サービスビジョンを構成する概念群は，サービスプロフィットチェーンに関する概念群と同時に進歩してきた．数名の研究者がこれに関連する概念的なフレームワークを提唱している（例えば Sasser, Olsen, & Wyckoff, 1978; Normann, 1984 を参照）．こうした考え方は，Heskett (1986) によって拡充された．戦略的サービスビジョンは，マーケティング（対象となる市場フォーカス），オペレーション（プロセスデザイン），人事（組織理論），経営管理（バランストスコアカードによる計測や報告）などの分野で長年検証されてきたいくつかの概念と明確な関連があり，依存関係にある．この依存関係は，サービスマネージメントがこれらのビジネス機能や学問分野の交点に位置していることを如実に反映している．

サービスプロフィットチェーンが，その本質上，戦略的サービスビジョンに内包された運営戦略を考えるための体系的な手段であるとすれば，これに関連して，従業員と顧客と財務業績との間のつながりを説明する概念がさらに二つ挙げられる．この二つの概念とは，(1) 顧客と従業員の価値公式と，(2) ミラー効果として知られる状態である．

2.2.1 価値公式

サービスプロフィットチェーンにおける二つのリンクは，企業にとっての外的価値（顧客にとっての価値）と内的価値（従業員にとっての価値）の双方に関係している．これらを説明するためには，まず価値の定義を定めなければならない．こうした価値定義の必要性に応えるために価値公式が作られた．価値公式は，顧客にとっての購買行動や企業との関係，あるいは従業員にとっての仕事において，顧客や従業員がそれぞれ何に対して最も価値を置くかに基づいて定式化されている．公式を構成する要素は，数多くの要因の中でも最も重要なものを選んで組み込んだものである．これらによって，顧客と従業員の要望に合う戦略に関する企画と実行の双方を行うための指針となる基盤を提供することを目的としている．

具体的には，顧客にとっての価値公式を以下のように定める．

$$顧客にとっての価値 = \frac{結果 + 顧客経験の質}{価格 + 利用コスト}$$

初期の研究 (Sasser, Olsen, & Wyckoff, 1978) の表現によると，「サービスレベルとは消費者がサービスの質をどう知覚しているかを示すものである．サービスレベルは，消費者の要望を満たすための明示的な属性と暗黙の属性とを複合的に束ねたものである．(中略)．消費者はサービスレベルと価格に基づいて，明示的または暗黙にサービスをランクづけする」．

この顧客価値公式は，良いサービス経験をしているとき，顧客は製品やサービスではなく成果を買ったり賃借したりしようとしている (Christensen & Raynor, 2003; Levitt, 1960) のであって，その際，その成果を得るための明示的な価格と暗黙のコストとの双方を考慮に入れていることを前提としている．暗黙のコストには，サービスを提供する組織やそこに属する人とのビジネスのしやすさ（アクセスのコスト）なども含まれている．あいにく経営者は，消費者がどのような結果を購入するかを総合的な観点から考えるのではなく，自分たちの製品のことしか考えないことが多い（例えば「我々はハンバーガーを売っているのです」）．単に「ハンバーガー」だけを売るファーストフード店があるとしたら，のろのろした無愛想な店員や，汚い店内のせいで，リピーターはほとんどいないだろう．

同様に，従業員に対するサーベイ (Schlesinger & Zornitsky, 1991) によると，人によって順序は異なるものの，従業員は一般に次のものを特に重要視していることがわかった．(1) 人々に対する上司の決定（公正さ），(2) 自己啓発の機会（近年重要度が増している），(3) 仕事が評価される度合い，(4) 作業をする同僚の質，(5) 顧客の問題を解決するために認められた自己裁量やと自由度，(6) 正当な報酬．

この研究から，従業員にとっての価値公式は，以下のように定式化できる．

$$従業員にとっての価値 = \frac{結果を提供する際の裁量度 + 職務経験の質}{1/総収入 + 仕事を行うコスト}$$

この場合，従業員の満足度に影響を与える要因の多くが，職場環境の質とともに顧客の問題解決のために与えられた自己裁量の度合いに関連している．しかしこうした要因は，得られる報酬や雇用の継続性，ワークライフバランスの維持のしやすさなど，仕事を行う際のコストによって補正される．

これら二つの価値公式が注目に値する理由の一つに，「ミラー効果」として知られるようになった現象に関心が集まったことが挙げられる．

2.2.2 ミラー効果

複数部門で構成される組織から集められた様々な条件下におけるデータからは，サービスプロフィットチェーンにおいて顧客満足度と従業員の満足度に相関関係があること，および顧客満足度と従業員の転職率には強い逆相関関係があることが同時に読み取れる (Schneider & Bowen, 1985, 1993, 1995; Schlesinger & Heskett, 1991)．さらに，こうした性質は財務業績にもつながっている．「ミラー効果」と呼ばれるこの知見は，例えば，業績が振るわない部門が，好調な部門のベストプラクティスを学ぶ際の基礎とし

て活用できると考えられる.

しかし,「ミラー効果」を検証する上で,性質の異なる部門同士を比べることは有効なのかという正当な疑問も生じる.例えば,いくつかの先行研究では,提供されるサービスの特性（顧客がどのような種類の価値を求めているか）が従業員満足度と顧客満足度の関係の強さに影響する（Bowen & Lawler, 1992）と結論づけられている.これらの関係の強さに影響を与える他の要因としては,店舗や部門の規模,ある店舗での利益や成長への力の入れ具合,顧客が経験している競合他社によるサービスの標準レベルやサービスにおける接遇が技術に支えられている度合いなどが考えられる.このような研究から,調査対象のサンプルを注意深く作成し,使用する計測基準の特性に十分に注意を払わなければならないことがわかる（Silvestro & Cross, 2000; Loveman, 1998）.

サービスプロフィットチェーンおよび関連する概念フレームワークは,これまでの研究に基づいて,今後しばらくの間は仮説として扱われると考えて差し支えないだろう.サービスプロフィットチェーンや概念フレームワークは,これまでほとんど体系的な取り組みがなされていなかったサービスマネージメントの分野で,計測可能な関係を明確にする目的で定められたものであった.したがって,これらは検証を必要とするものである.これらの概念が最初に発表されて以来,そこに表現されている関係の様々な側面が多くの研究によって検証されてきた.これらの研究のほとんどは最初の仮説の多くの側面を支持するものであったが,一部には,ある仮説のほうが他よりもうまく当てはまる場合もあった.このような検証の過程で,新たな概念の提案や計測も行われ,この分野の研究はより充実した.

2.3　現在の状況：満足度からオーナーシップへ

サービスプロフィットチェーンの最も基本となる形態は,能力があり意欲の高い従業員がオーナーシップを持って行動し,顧客と相互に影響し合うことで,競合他社よりもはるかに優れた顧客価値を生み出す環境を作ろうとすることにより生まれる.その結果,優れた価値を手にすることができた顧客はそのまま顧客であり続けるし［Retention（保持）］,他の商品を購入したり［Related sales（関連販売）］,周囲の人々にプラスの顧客経験を語ったり［Referrals（口コミ）］,新たな製品やサービス,プロセス向上について顧客経験を向上させるような提案を行ってくれる［Research & Development（研究開発）］.顧客の行動に関するこれら四つのRは,長期的な利益性や成長の糧である.こうした環境で働く従業員は,顧客の四つのRの行動をミラー（反射）するかのように,職に留まる率が高く,他の人を一緒に働くよう誘ったり物事を向上させるための提案に尽力したりするなど,勤務の質を向上する強い意欲を持っている.

さらに近年の研究ではサービスプロフィットチェーンの概念はより進歩しており,実務を行う経営者にとってこの概念がより魅力的なものになるような指標の提案が行われている.このような指標の研究は,やがて個々の部門と組織全体のパフォーマンスを計測する際のベンチマークとなるような,より体系的なデータを生み出した.さらに,こうした研究が従業員と顧客の態度や行動に関する満足度（態度）,ロイヤルティ（行動）,コミットメント（態度）,オーナーシップ（ある種の行動を特徴とする態度）を含

む「階層」の探求にもつながった．

　今日までの研究は，財務指標と態度の関係よりも財務指標と行動の関係のほうが強いことを示している．この分野に関する研究は，満足度が業績に与える影響に関する初期の検証から，オーナーシップの効果に関する近年の研究へと進歩を遂げている．

2.3.1　満足度

　例えば，顧客の感じ方を測定することを考えてみよう．長年，人々の興味は，製品やサービスに対する顧客の満足度に集まっていた．満足度を単独で測定してもたいていの場合役に立たないが，測定した満足度の推移を調べると，ある組織とその顧客との関係の評価に有効であることが明らかになっている．

　満足度がロイヤルティに影響するという点で，顧客満足度は将来の実績とも密接につながっている．しかし，ある条件下での研究においては，顧客満足度と財務実績との関係は確認されていない（Silvestro & Cross, 2000）．従業員満足度と財務実績との比較からも，同様の結果が得られている（Keiningham, Aksoy, Daly, Perrier, & Solom, 2006）．こうした結果から「顧客の感じ方（顧客満足度など）は，より直接財務実績に関係する行動（例えば顧客のロイヤルティ）などに直結するのか」という疑問が生まれ，もっとはっきりと財務実績につながる指標を見出す研究を促すもととなっている．そのような指標の一つが，ネットプロモータースコアである．

2.3.2　ネットプロモータースコア

　顧客満足度と利益との関係を混乱させている問題の一つは，利益がどのように獲得されるかという点にあるとされている．この主張は，利益には，顧客との関係を犠牲にして獲得されるもの（悪しき利益）と，顧客との強固な関係の結果として生み出されるもの（良き利益）とがある（Reichheld, 2006）ということを仮定している．顧客の感じ方と利益とのつながりをより強く示すような指標を模索する過程で，Reichheld らは，顧客のコミットメントもしくは顧客の参画意欲と呼ばれる関係性の指標を開発した．この指標はネットプロモータースコアと呼ばれ，「あなたは友人に（この企業・体験・製品・サービスを）どれくらい積極的に薦めますか？」という質問への答えに基づいて測定される．このスコアは，推薦に非常に積極的な人々の比率から推薦にあまり積極的でない人々の比率を引くことによって算出される．

　顧客コミットメントが顧客満足度よりも財務指標に強く関係しているかどうかは，議論の対象となっている．問題の一つとして，顧客コミットメントと顧客満足度が測定しているのは双方ともロイヤルティなどの行動ではなく顧客の感じ方であるため，顧客が「将来こうする」と言っていることと顧客が実際に行うこととに乖離が生じる可能性をはらんでいることが挙げられる．にもかかわらず，ネットプロモータースコアは経営者層にとって比較的単純で管理が簡単であり，理解しやすい指標を提供しており，組織の業績を測定する際に基準となるベンチマークとして使えるくらいに広く使用されている．また，ネットプロモータースコアの有効性を検証する新たな研究を巻き起こし，ネットプロモータースコアなどに関する概念へのさらなる注目を促している（例えば Keiningham, Cooil, Andreassen, & Aksoy, 2007 を参照）．

2.3.3 オーナーシップ

　行動と対比させて感じ方を測定することに重点を置くやり方に対する不信感が，アイデア交換のための新技術と組み合わされることで，顧客と従業員における「オーナーシップ」というべき行動の意味とその解釈に関する研究につながった（Graf, 2007; Heskett, Sasser, & Wheeler, 2008; Cook, 2008）．顧客におけるオーナーシップは，新規顧客を実際に紹介したり，新しい製品やサービスの提案から既存の製品やサービスの向上のための指摘に関わる建設的な批判をしたりする頻度や，それらの価値によって特徴づけられる．従業員のオーナーシップは，自分の組織に新たな人材を紹介したり，プロセスや製品やサービスを向上させるための指摘をする行動に表れる．

　オーナーシップを持つ顧客は，たまたまサービスや製品を使用した往々にして価格を重視しがちな顧客よりも何倍もの生涯価値があるという仮説がある．これは，顧客による他の顧客の紹介と製品やサービス，プロセスの向上のための指摘との双方を総合して，生涯価値を推定する研究をもとに立てられたものである．一方，従業員の生涯価値については，顧客の生涯価値に比べて，現在まであまり研究が進んでいない．

　顧客のオーナーシップに関する初期の研究によると，多くの産業において，比較的少人数の顧客を当事者として獲得できた場合に優れたビジネス成果を残すことが示されている．また，組織へのオーナーシップを持って取り組めるような活動に良い顧客を巻き込むことによって，その顧客との関係が向上することも示されている．一般に，これを実現するには，従業員の多くが当事者として行動することが求められるため，従業員の満足度と活動への参画意欲を高めるような雇用環境が，より重要になる．

　オーナーシップの指標は，感じ方（満足度）や意図（推薦の意思）に関する指標よりも，財務的な成果に直接的に関係する．一方で，オーナーシップの指標は，顧客や従業員の最近の行動に関する（ある程度自己申告による）記録に基づいて計測する必要がある．こうした自己申告に基づく指標がどこまで正確かは，さらなる検証が必要である．しかし，最近のある研究において，ネットプロモータースコアで顧客のオーナーシップや利益性をうまく予測できない状況でも，顧客の利益性と，顧客・従業員双方の当事者としての行動レベルとの間に強い関連があることが立証されている（Heskett, Sasser, & Wheeler, 2008）．これらの研究結果はどれも，感じ方や行動に関して，従業員と顧客の各階層レベルにおけるサービスプロフィットチェーンの関係性をさらに研究する必要性を示している．

2.4　今後の課題

　サービスプロフィットチェーンに関する今後の研究の課題は，指標・検証・応用を含むいくつかのテーマとして，次のようにまとめることができる．

2.4.1　指標

　サービスプロフィットチェーンの関係性についての研究のほとんどは，チェーンのごく一部分を検証する場合においても大量のデータを必要としている．このため研究者

は，必要とされるデータの少なくとも一部については自身でのコントロールをあきらめ，研究対象の組織における既存のデータにある程度頼ることが必要になるかもしれない．経営者がデータを集めるのは研究以外の目的であることが多いため，データが目的に適合しているかや，データが正確であるかなど，様々な疑問が生じうる．

　チェーン内の因果関係を研究する方法の一つは，経年的研究を手段として使うことである．一つの組織内で経年的研究を行うには，組織やその経営陣との非常に密な接触が必要とされ，さらに比較的長期間にわたって一貫性のある計測を行うことが必要になる．結果として，現象を探究する際には遡及的もしくは予測的な行動に関する意見の要因分析がより多く使われるだろう．人が何かを「やった」もしくは「やる」と言うことと，実際に行動することとの間に有効な関係があるかどうかについては，常に批判の対象になる．これを確認するためには，おそらく，実際の行動を選択的にサンプリングし，そうした行動サンプルとサーベイの返答との比較を通して，観察対象である人間の申告をもとにしたデータの妥当性をさらに検証する作業が必要だろう．

　さらに大きな問題として関心を集めているのは，違う組織を対象にして行われた研究同士で比較ができない点である．理想的には，このような問題に対する関心が高まることによって，この種の研究を行う人々により何らかのカテゴリの「定義」や推奨されるデータ収集手法が定められることが期待される．おそらくこれらには，データ収集の際にサーベイの質問文で用いることが推奨される表現まで含まれるだろう．これを実現するには，何らかの協会や学術団体のリードが必要であろう．

　価値に関わるチェーンにおける関係性については，さらに注意が必要である．顧客と従業員の双方に関する価値公式を定義する研究はこれまでにも行われているが，先に述べたとおり，これらの式の定義には概念的な指標が含まれている．例えば，成果や経験の質，研究目的のアクセスコストなどを計測・比較するには，おそらく顧客と従業員に尋ねて定量化してもらう方法が一番良いが，そのためには，成果・経験の質といった用語が指す正確な意味をもっと明確に定義する必要があるだろう．

　価値のチェーンにおいて「当事者」となる顧客や従業員が与える影響についての研究や，その延長として，それらの顧客や従業員の行動が互いにどこまで「ミラー」し合うかに関する研究をさらに進めるためには，顧客や従業員の生涯価値のより総体的な指標が必要になるだろう．特に，従業員の生涯価値の指標の開発が望まれる．従業員の生涯価値の指標については，採用の際の従業員退職率やトレーニングのコストの影響を考慮するだけでなく，生産性や従業員と接する顧客の行動，心理的なオーナーシップが組織にもたらす利益などに関連する影響についても考える必要がある．

2.4.2　検証

　サービスプロフィットチェーンの仮説は，今まで多くの研究によって検証されてきている．こうした研究は，部分的か全体的か，対象が単一企業か産業全体や複数企業か，ある時点の「スナップショット」か経時的観察か，企業レベルか部門レベルかといった点で，その性質を分類できる．

　サービスプロフィットチェーンにおける特定の関係性を選択して研究した結果は，一般的に Lau（2000）や Hallowell（1996）の仮説を裏づけている．先に述べたとおり，包

括的な検証も少数だが行われている．それによると，「弱いつながり」と見なされる関係が特定の点で作られる傾向にある（Silvestro & Cross, 2000）．こうした研究は，ある特定の条件下では財務実績と関係の組み合わせとの間の関連が成り立たないかもしれないことを示す．言い換えれば，これは外部要因を排除した，同じビジネス分野内で比較できる組織を対象としたベンチマークの必要性があることを示唆している．

検証に関する課題は，サービスプロフィットチェーンのデータ収集条件から，あるデータを使用するか除外するかの方針に至るまで多岐にわたる．あらためて言っておくが，いくつかの部門である決まった時点のスナップショットを対象にしている研究を検証する際の課題と，経時的な研究を検証する際の課題とは異なる．例えば，経営陣による施策の実施と，従業員や雇用者の満足度・参画意欲・オーナーシップへの影響との間に生じる時間差などの外部要因は，指標によって強い関連性を持つものも弱い関連性しか持たないものもあるだろう．データを長期間収集しない限り（Rucci, 1997），時間の影響についての情報は失われてしまう．

複数の部署を持つ組織のパフォーマンスは部署ごとに大きく違う．これは，非常にうまく回っている組織についても言えることである．例えば，ある研究においては，データを店舗の規模別に検証するまで，従業員の満足度と店舗実績の間の重要な関連性を見出すことができなかった．今まで，サービスプロフィットチェーンの指標から見てスペクトラムの半ばに位置する部門を省き，成績が一番良い部門と一番悪い部門だけを比較する研究が，すべての指標において最も統計的に有意な対比を示すことに成功している．

例えば，顧客に対面する従業員の態度や行動は，顧客の感じ方や行動に非常に強い影響を与える可能性が高い．顧客と接触のない上層部のデータと，顧客と対面する従業員のデータが混在してしまうと，得られる知見は薄まってしまうだろう．

2.4.3 応用

皮肉にも，経営者層がサービスプロフィットチェーンの概念を受け入れて実際に適用する速度は，研究者がサービスプロフィットチェーンの関係性を検証する速度を上回っている．これは，この概念フレームワークが直感的な魅力を持っていることや，コンサルタントによって学術界から経営者へ概念が伝えられていること，特定の適用例に対する肯定的な「口コミ」など，複数の理由によるものだろう．どのような理由にせよ，オーストラリアからフランスまでを含む多くの企業がサービスプロフィットチェーンの考え方に基づいて戦略を打ち出しており，企業の年次報告などでも説明に使用されているケースもある．

サービスプロフィットチェーンの適用例の拡大は，学術研究にとってはチャンスと課題との双方を示すものである．適用例が拡大することは，検証を待っている膨大なデータが利用可能であることを意味する．しかし，誤解を招くデータや収集方法に問題があるデータによって，誤った仮定に基づいた経営施策が行われることは非常によく起こりうる．このことは，今の研究を発展させ，サービスプロフィットチェーンの概念の適用手法を体系化して，実際の適用者へより良い手引きを提供するという義務につながる．このような手引きを作成するには，(1) サービスプロフィットチェーンの各要素を記述

する用語の定義，さらに言えばサービスサイエンス文献でも必要とされているオントロジーや認識論的用語集の向上，(2) データを収集して体系づけるための推奨手法，(3) 新しい，標準化された分析アプローチ，(4) 研究者と実際の適用者の間で広く結果を共有できることが必要だろう．今後，これらが行われることが望まれる．

参考文献

Bowen, David E., and Edward E. Lawler III, "The empowerment of service workers: what, why, how and when," *Sloan Management Review*, Vol. 33, No. 3 (1992), pp. 31-39.

Christensen, Clayton M., and Michael E. Raynor, *The Innovator's Solution: Creating and Sustaining Successful Growth* (Boston: HBS Press, 2003), at p. 74.

Cook, Scott, "The Contribution Revolution: Letting Volunteers Build Your Business," *Harvard Business Review*, October, 2008, pp. 60-69.

Czepiel, John A., Michael R. Soloman, and Carol F. Surprenant, eds., *The Service Encounter* (Lexington, MA: D. C. Heath & Company, 1985).

Graf, Albert, "Changing roles of customers: consequences for HRM," *International Journal of Service Industry Management*, Vol. 18, No. 5., 2007.

Hallowell, Roger, "The relationships of customer satisfaction, customer loyalty, and profitability: an empirical study," *International Journal of Service Industry Management*, Vol. 7, No. 4, (1996), pp. 27-42.

Heskett, James L., *Managing in the Service Economy* (Boston: HBS Press, 1986).

Heskett, James L., W. Earl Sasser, Jr., and Christopher W. L. Hart, *Service Breakthroughs: Changing the Rules of the Game* (New York: The Free Press, 1990), pp. 12-13.

Heskett, James L., Thomas O. Jones, Gary W. Loveman, W. Earl Sasser, Jr., and Leonard A. Schlesinger, "Putting the Service Profit Chain to Work," *Harvard Business Review*, March-April, 1994, pp. 164-174.

Heskett, James L., W. Earl Sasser, Jr., and Joe Wheeler, *The Ownership Quotient* (Boston: Harvard Business Press, 2008).

Johnson, Eugene M., and Daniel T. Seymour, "The Impact of Cross Selling on the Service Encounter in Retail Banking," in John A. Czepiel, Michael R. Soloman, and Carol F. Surprenant, eds., *The Service Encounter* (Lexington, MA: D. C. Heath & Company, 1985), pp. 225-239.

Keiningham, Timothy L., Lerzan Aksoy, Robert M. Daly, Kathy Perrier, and Antoine Solom, "Reexamining the link between employee satisfaction and store performance in a retail environment," *International Journal of Service Industry Management*, Vol. 17., No. 1, 2006, pp. 51-57.

Keiningham, Timothy L., Bruce Cooil, Tor Wallin Andreassen, and Lerzan Aksoy, "A Longitudinal Examination of Net Promoter and Firm Revenue Growth," *Journal of Marketing*, Vol. 71, July, 2007, pp. 39-51.

Lau, R. S. M., "Quality of work life and performance: an ad hoc investigation of two key elements in the service profit chain model," *International Journal of Service Industry Management* Vol. 11, No. 5, 2000, pp. 422-437.

Levitt, Theodore, "Marketing Myopia," *Harvard Business Review*, July-August, 1960, at p. 45.

Loveman, Gary W., "Employee satisfaction, customer loyalty, and financial performance: an empirical examination of the service profit chain in retail banking." *Journal of Service Research* Vol. 1, No. 1, August, 1998, pp. 18-31.

Maister, David, *Practice What You Preach: What Managers Must Do To Create A High Achievement Culture* (New York: The Free Press, 2001), pp. 77-84.

Normann, Richard, *Service Management: Strategy and Leadership in Service Businesses* (Chichester, England: John Wiley & Sons, 1984).

Parkington, J. J., and B. Schneider, "Some Correlates of Experienced Job Stress: A Boundary Role Study," *Academy of Management Journal*, vol. 22, 1979, pp. 270-281.

Reichheld, Fred, *The Ultimate Question: Driving Good Profits and True Growth*, (Boston: HBS Press, 2006).

Rucci, Anthony, presentation at 25th Anniversary Conference, New York Human Resources Institute, February, 1997.

Sasser, W. Earl Jr., R. Paul Olsen, and D. Daryl Wyckoff, *Management of Service Operations* (Boston: Allyn and Bacon, 1978), pp. 8-21.

Schlesinger, Leonard A., and Jeffrey Zornitsky, "Job Satisfaction, Service Capability, and Customer Satisfaction: An Examination of Linkages and Management Implications," *Human Resource Planning*, Vol. 145, No. 2 (1991), pp. 141-149.

Schlesinger, Leonard A., and James L. Heskett, "Breaking the cycle of failure in services," *Sloan Management Review*, Vol. 32, No. 3 (1991), pp. 17-28.

Schneider, Benjamin, and David E. Bowen, "New Services Design, Development and Implementation and the Employee," in William W. George and Claudia E. Marshall, eds., *Developing New Services* (Chicago: American Marketing Association, 1985), pp. 82-101.

Schneider, Benjamin, and David E. Bowen, "Human Resources management Is Critical," *Organizational Dynamics*, 1993, pp. 39-52.

Schneider, Benjamin, and David E. Bowen, *Winning the Service Game* (Boston: HBS Press, 1995).

Shostack, G. Lynn, "Planning the Service Encounter," in John A. Czepiel, Michael R. Soloman, and Carol F. Surprenant, eds., *The Service Encounter* (Lexington, MA: D. C. Heath & Company, 1985), pp. 243-253.

Silvestro, Rhian, and Stuart Cross, "Applying the service profit chain in a retail environment: Challenging the 'Satisfaction mirror'", *International Journal of Service Industry Management* Vol. 11, No. 3, 2000, pp. 244-268.

Spohrer, Jim, Paul P. Maglio, John Bailey, and Dan Gruhl, Steps toward a science of service systems. Computer, 40, (2007), 71-77.

Spohrer, Jim and Paul P. Maglio, Service science: Toward a smarter planet. W. Karwowski & G. Salvendy, eds., *Introduction to service engineering* (Wiley Publishing, 2010), pp. 3-30.

第3章

サービスのゲームに勝つために
── 価値共創のルールを再考する

- **Benjamin Schneider**
  Valtera Corporation and University of Maryland, La Jolla, CA, USA
- **David E. Bowen**
  Thunderbird School of Global Management, Glendale, AZ, USA

本章の内容は，Harvard Business School Press から 1995 年に出版された *Winning the Service Game*（Schneider & Bowen, 1995）の要約および拡張である．この書籍は，主に消費者サービスの生産および提供に関する「ゲームのルール」について論じている．我々は，人こそが，すなわち顧客，従業員，経営者こそが，依然としてサービスにおける成功に最重要な鍵であること，そして，より技術的に洗練されてきたサービスサイエンスにおいてこのことを肝に銘じるべきであることを強調したい．この主張の根底には，卓越したサービスやイノベーションの促進には，人による人のための価値共創について理解する必要があるという考え方がある．さらに言えば，価値共創が最も効果的に発生するのは，サービスプロセスを生産・提供・経験している人々の間で，適切な心理的・社会的コンテキスト（文化・風土）が醸成されているときである．このようなコンテキストの醸成は，サービスデリバリーシステムの主要要素である人の複雑さを理解することにほかならない．

3.1 はじめに

消費者サービスはしばしば人から人へ提供される．また，提供する人も，人とともに働いている．人は消費者サービスデリバリーの主役であり，我々の研究の焦点でもある．人こそが，我々の書籍 *Winning the Service Game*（Schneider & Bowen, 1995）において大きな役割を占めていた．そして我々は，その後もよりいっそう，サービスにおける人に焦点を当ててきた．一方で，サービスサイエンスという新領域が進展する中で，線形計画法やオペレーションマネージメント（operation management; OM），工学的ソリューション，情報技術，規模の経済性，数式などの効用が強調されているように見える．マスマーケットおよびそこでのビジネスに向けたサービスデリバリーシステムの設

計を効率化する点で，これらのアプローチには戦術的な利点があるかもしれない．しかし，それらのアプローチでは，消費者サービスデリバリーのコンテキストや関係する人（顧客，従業員，経営者）の間の関係など，社会心理学的な観点が抜け落ちてしまっていることが多い．

経営者らは複雑な問題を単純化する方法を常に探しているが，消費者サービスデリバリーは複雑な問題の最たるものの一つである．この複雑さの根源は，社会心理学的なコンテキストの中で互いに影響し合う人が関与していることにある．それにもかかわらず，サービスサイエンスが技術的・工学的なアプローチに傾倒し，社会心理学的な観点を見過ごしている点にパラドックスがある．サービスサイエンスのコンテキストで人について言及する場合，通常，それはスキルや知識について言及しているか，あるいは，他のシステムパラメータとの統合方法を検討している．「サービスを創造し提供する際には，いくつかの資産の集合の活用が必要である．資産には，情報技術基盤などの固定資産，サービス部品や材料などの消費する資産，熟練技術者などの労働力資産，個人のスキルや組織独自のデータプロセスなどの無形資産などがある」（Dietrich & Harrison, 2006）という記述はその典型であろう．

この種の「スキルとしての労働者」という狭い考え方は，イギリスでの最近の研究を思い出させる．この研究では，OM とヒューマンリソース（HR）マネージメントの手法が企業の生産性にもたらした影響を精査している．この研究者らは，HR 手法（エンパワーメント，広範囲なトレーニング，チームワーク）や OM の取り組み（総合的品質管理，ジャスト・イン・タイム製造，先進的製造技術，サプライチェーンの提携）を実施した 308 社から，22 年分のデータを入手して分析した．その結果は実に印象的であるので，論文から引用してみよう．「エンパワーメントや広範囲なトレーニングがパフォーマンスの改善をもたらしたことを確認できた．これらをチームワーク手法と組み合わせた場合には，いずれにおいても効果が高まっていた．それに引き替え，オペレーション上の手法で直接的に生産性の改善と関連づけられるものは一つもなかった…」（Birdie et al., 2008, p.468）．

3.2　サービスのコモディティ化を回避したのも束の間…

我々は，OM や工学的な方式がサービス組織に役に立たないことをここで主張しているわけではない．我々の論旨は，サービス OM がサービスマネージメントにおいて大きな効果を発揮するためには，サービスマーケティングやサービスヒューマンリソースマネージメントと組み合わせることが重要だということにある．このことこそが，サービスサイエンスよりも長い歴史を持つサービスマネージメントの領域における，変わらぬ基本的な結論である．サービスのゲームに勝つためには，以下の 2 点を正しく認識することが必要である．(a) オペレーション上の手法は，組織がより効率的かつ効果的に活動することを支援するが，(b) 全員が同じことをしていれば，そこに競争優位は存在しない．イギリスでの研究結果は，企業全体においてオペレーションの手順の採用と企業の成功との間に何ら関係が見出せないことを明らかにしている．つまり，オペレーションの手順には，競争優位は存在しないのである．これは，組織が自身の効率や有効性の

改善に努めてこなかったことを意味するのだろうか？ そうではない．これらの技法の採用が，彼らの競争優位性の改善につながらなかったことを意味しているのである．さらに言えば，サービスサイエンスの実施がより技術的で，よりオペレーション的であるほど，競合他社は容易に真似ることができると考えられる．一方で，人の複雑さや人対人のインタラクション，組織の価値観などに対する取り組みは，競合他社に真似されにくい．したがって，サービスデリバリーに関わる様々な団体の社会心理学的な側面や彼らの相互作用の場面を見過ごすことは，サービス組織の長期的な繁栄に重大な影を落とすと，我々は断言する．社会心理学的な側面や相互作用の場面こそが「持続可能な」競争優位をもたらすからである．より具体的には，消費者サービスにおいて人的側面を無視することは，以下の三つの理由から危険である．第一に，顧客は人であり，特にカスタマイゼーションが大切な場合，顧客の心理を見過ごすと，すべてのサービス提供に差異がなくなる．第二に，人的側面を無視すると，顧客にサービスを提供する従業員もコモディティ化し，経営者も従業員をコモディティとして扱うことになる．最近起こったCircuit City 社の失敗事例は，この点をよく表している．Circuit City 社は，給料にスキルと経験が見合わないという理由で営業およびサービス担当の正規従業員を解雇した．しかし，解雇実施から半年もしないうちに，Circuit City 社は倒産してしまった．営業員の知識不足に対して顧客から不満が噴出し，売上が急落してしまったのである．第三に，人こそが彼らが働く組織そのものであるからである．経営者がなぜ自身の組織をそこで働く人とは別のものとして捉え，また，人が属している組織の存在を忘れて人を管理しようとするのか，我々はいつも驚かされる．著者の一人であるSchneider は "The People Make the Place"（人が場を作る）と表現し，本を書いた（Schneider, 1987）．もし，人が働いている場が適切なサービス風土や文化を生み出していなければ，顧客のために奉仕することができなくなり，顧客も不満を感じて立ち去り，長期的な利益や市場価値は得られなくなるであろう．これは，我々の中でますます高まってきた懸念である（Schneider, Macey, Lee, & Young, 2009b）．

　我々は，サービスサイエンスが人や人が活動する社会システムの重要性を軽視してきた事例を誇張しているのだろうか？ Spohrer et al.（2007, p.75）が，人の重要性について言及した記述を引用してみたい．

> 3種類の主要な資源がすべてのサービスを作り出す．[1] 人：より多く必要とされる，もしくは，教育やトレーニングに長い時間を要するほど，人的資源は通常より高価になる．例えば，専門スキルをより多くの人に身につけさせるためには多くの教育投資と時間がかかるので，各専門職は限られた人数しか雇用されない．したがって，人的資源に依存したサービスシステムの規模を拡大するためには，より賃金が低い他の地域に労働力を求めるか，あるいは他の産業の労働者を配置換えして訓練する，または，まだ労働力として活用できていない人口統計的なセグメントを見出すといった方策が必要になるかもしれない．

　我々の判断では，この記述は，マーケティングやヒューマンリソースの科学者たちが定義してきた，複雑さを有する人を的確に描写しているとは言えない．ここで言う複雑さの構成要素としては，才能はもちろんのこと，動機，姿勢，彼らが相互作用するサービス風土や文化などがあり，彼らが属する組織や他者のために価値を創造する上で使用

する技術的システムも含まれる（Lovelock & Wirtz, 2004）．

　本章は，サービスサイエンスに対するいくつかの側面からの訓話と見ることができる．第一にサービスサイエンスという新しい学問領域が，人の役割や社会心理，組織の振る舞い，産業/組織心理などの相互に関係する学問領域を軽視し，技術的なアプローチや技術に関連した学問領域に偏りすぎていることへの警告である．Jim Spohrer や他のサービスサイエンス領域を定義してきた人々の名誉のために言えば，彼らが定義したサービスサイエンスの中でも，人に関わる課題が時折言い添えられている．しかし，依然として人的資源や人に関わる課題が，スキルや才能という狭い焦点でのみ取り組まれているように見える．また，コンテキスト（組織風土や組織文化）の重要性に関する文献については，まったく検討されていない．

　第二に，サービスサイエンスが人を重視していない原因になっているとも考えられる要素について，注意を喚起することである．例えば，サービスサイエンスは主として B2B ビジネスのコンテキストで出現した．このコンテキストでは，規模の経済やそれにつながる技術が強調されやすい．一方で，これらは人々の独自性や貢献，期待をわかりにくくし，また場合によっては積極的に均一化する方向に作用する．最後に我々は，サービスサイエンスにとっての究極の挑戦であるサービスイノベーションについて留意すべきことを勧告する．我々の判断では，真のイノベーションの源泉は，価値の共創の継続的な改善に注力している人，すなわち顧客・従業員・経営者の考え方や気持ちにある．

　まとめると，論点はサービスサイエンスが新領域としての称号を冠することの良し悪しではなく，新領域としてどこを目指すかである．例えば，新しいウェブベースの論文誌である Service Science（2009）が最初の特集号を出版したが，掲載された論文は，自動最適コントロール，ハイパーネットワーク，計算的思考，ネットワークトランスフォーメーションサービスなどである．Spohrer（2009）は巻頭言の中で相互依存性について正しいことを述べているが，新しい論文誌の最初の特集号は「B2B の課題と情報技術システム」という焦点が狭いものである．経済学の領域は，この 10 年の間にますます振る舞い（人間）指向になってきた．サービスサイエンスという領域は，サービスマネージメントよりも振る舞いに着目しないのであろうか？　それゆえ，我々はここに警告の旗を掲げるのである．

　以下，これらのポイントについて詳しく述べていく．これは，1995 年に刊行された書籍の中で主要課題としてまとめられた内容であり，このハンドブックの企画にあたって依頼されたことでもある．書籍では，これまでに述べた課題について様々な方法で説明しているが，本章ではより直接的に説明する．我々は書籍の章単位で要約を行い，興味を持った読者が書籍の構造と中身に対して適切なイメージが持てるように配慮した．我々の書籍では，53 個の「サービスゲームのルール」を提案している．これらは各節の要約の冒頭に，各節のわかりやすい概略として再掲されている．これらの「ルール」は主として B2C を念頭に策定されたが，多くの B2B サービスにおいてもきわめて良く当てはまる．B2C と B2B のどちらの環境においてもサービスが有効であるためには，（適切なセグメントの）顧客，従業員，経営者を引き付け，留まらせるためのルールを知らなければならない．その際，すべてのステークホルダーを貫く一つの価値命題となるような，心理的かつ社会的なコンテキスト（文化，風土）が重要な役割を果たす．我々の

「ルール」の多くは，個人や組織の心理に関する基本的な原理に基づいている．これらの「ルール」は，B2C と B2B の双方の環境において，経営者がどのように人々や組織のコンテキストを管理すればよいかを知る上で役立つ．

最後に，1995 年に提案したこれらのルールの多くは，今日（2009 年）においてはもはや常識として響くかもしれないと想像している．今日，その常識が実践されているならよいのだが！ 我々は，サービスのゲームに勝つために新しいサイエンスを作り上げるだけでなく，むしろ，すでに知っているサイエンスをより上手に実行することが必要であると提言する．

3.3　［第1章］ゲームのルールを極めて，勝てるサービス組織を築く

本節の要旨は，サービスのゲームのルールが製造業のゲームのルールとは異なるということである．極端に言えば，サービス組織は有形のモノではなく経験を顧客に提供する．サービス組織の挙動について異なる考え方が求められるとしたら，それは，組織のあり方と振る舞い方に関して異なる考え方が，マネージャーに求められていることになる．サービス組織はマネージメントを含めて，製造業の組織とは異なる振る舞いをしなければならない．なぜならば，サービスにおいて顧客は，従業員と同様に企業組織の一部となるからである．

我々は 1995 年の書籍で，サービス組織を動的かつ機能的に統合された資源の組み合わせと見なすことを提唱した．これは，近年のサービスサイエンスにおけるサービスシステムに対する考え方と一致するものである．シームレスなサービスシステムを開発することを目標に掲げ，以下のように論じた（Schneider & Bowen, 1995, pp.2-8）．

> … サービス組織について一つの独特な見方を示す．サービス組織は，サービスビジネスを営み，顧客層，境界層，調和層という三つの層で構成される．この3層モデルは，機能別に組織を分割する従来の考え方（例えば，マーケティング，ヒューマンリソースマネージメント，OM など）とはきわめて対照的である．… サービスゲームに勝つために，3層にわたって何百もの必要項目をいかに戦略的・全体的に管理するかについて，この書籍で論じる．機能ではなく透過性のある3層としてサービス企業を抽象化する考え方は，シームレスなサービスデリバリーを考える上で有効である．ここで，シームレスとはサービスがすべての次元および特性において，継ぎ目なく提供されることを意味している．

顧客層は，品質への期待やニーズという観点を概念化したものである．ここでは安心感や自尊心，公平感という顧客ニーズに重きを置いた．境界層は，顧客から見たサービスデリバリー企業のすべての接点を概念化したもので，人，装置/技術，物理的な場所などを含む．さらに，境界層を支援する「バックオフィス」や装置/技術の設計者も，サービスデリバリーの従業員を通じて顧客につながっているのであるから，境界層の一部である．我々の枠組みでは，手順やシステムの設計者はサービス風土の創造において非常に重要である．なぜなら，従業員は顧客にサービスを提供する際に手順やシステムを使用しなければならず，また，それらのシステムが顧客にとってどの程度役立つかを経験するのは，顧客だからである．

調和層は，意識的に「管理」ではなく「調和」と名づけた．これは，様々な団体やサービス要素を管理するのではなく，まとめ上げることこそがサービスの考え方であることを強調したかったためである．サービスデリバリーにおいて顧客のために創造されるものは経験であり，その中身を完全に管理することはできない．製造業の環境においては，製造プロセスを停止して修正を加えることが可能である．しかし，サービスデリバリーにおいては，いったんプロセスが始まると停止することは難しい．管理の役割は，オーケストラの指揮者のようにすべての要素がまさに必要とされるタイミングで出現するように調和させることである．

我々は，調和層の目的はサービス風土およびサービス文化を創造することであると強調したい．すなわち，会社のすべての部門やサブシステム（マーケティング，オペレーション，財務，ヒューマンリソースマネージメント）に，サービス品質にこそ各部門および組織全体の存在理由があると考えさせるためである．このようにサービス風土に焦点を当てることは，銀行の支店に関する初期の研究に基づいている．この研究では，境界層の従業員が自身の組織に前向きなサービス風土があると感じている場合に，「顧客」も高いサービス品質を提供されていると回答していることを示した（Schneider, 1980）．

図3.1は，従業員のレポートと顧客のレポートの関係を明らかにした最初の研究結果である．従業員が「会社のすべての活動はサービス品質を重視したものである」と回答した場合，彼らの顧客は「高いサービス品質を経験している」と回答していることが図から読み取れる．

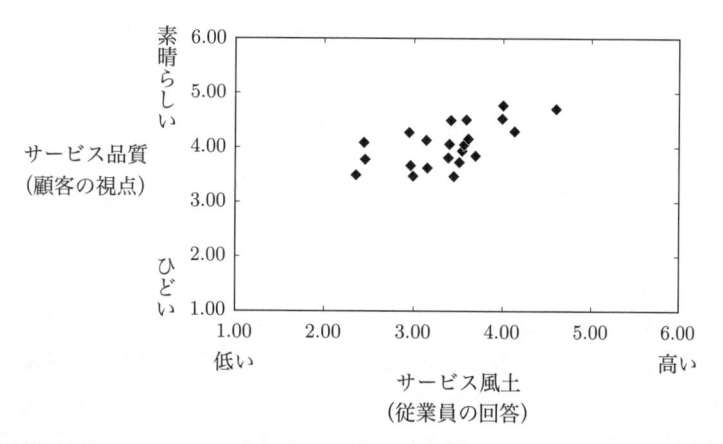

図3.1 個人向け銀行支店におけるサービス風土への従業員の認識と，サービス品質への顧客の認識との関係

今日，多数の学術文献が類似の結果を公式に報告しており（Dean, 2004; Schneider & White, 2004），この手の研究は「リンケージ研究」（Wiley, 1996）と呼ばれるようになっている．研究には，ホテル，銀行の支店，自動車のディーラー，保険代理店，スーパーマーケットなど，顧客にサービスを提供する店舗を複数持つ多種多様な組織の事例が用いられてきた．また，多様なサービス産業（航空業，テレコミュニケーション業，小売業，金融業など）における個別企業レベルで，サービスに従事する従業員のサービス風土への認識が顧客満足度に直接的に関係していること，さらに，財務的かつ市場

的パフォーマンスに間接的に関係していることを示した研究もある（Schneider et al., 2009b）.

要するに，自分たちのすべての活動に関してサービス品質の向上を推進している企業や企業内の部署は，従業員が顧客と「信頼関係を築ける」（engaged）環境を作り出しており，結果として顧客もそのサービス品質を高く評価している．もちろん，この顧客からの高い評価が重要なのは，それが顧客満足度，ロイヤルティ，売上，そして最終的には財務的および市場的パフォーマンスの向上につながるからである（Anderson, Fornell, & Mazvancheryl, 2004; Gruca & Rego, 2005）.

続く各節では，まずゲームのルールを示し，次に対応する書籍の章の要点をまとめ，最後に必要に応じて拡張や最近の検討内容を示す.

3.4　顧客層：［第2章］顧客の期待に応える

1. 無形のものを管理せよ
2. 「当たり前の」期待に細心の注意を払え
3. 顧客の「2層にわたる」期待を識別せよ
4. 「あなたの」顧客の複雑な「品質心理」を分析せよ
5. システム障害からの回復を計画せよ
6. 誰が顧客を本当に知っているかを知れ
7. データのためではなく改善のために品質を観察せよ
8. 特定の市場に専念せよ，さもなくば低迷する

サービスはモノよりも目に見えにくい傾向があり，だからこそ「何を」提供するかと同程度以上に「どのように」提供するかを理解することが，経営上きわめて重要である．レストランを例にとって考えてみると，提供される対象として「料理」がある一方，その「料理」が「どのように」提供されるかが重要である．企業がどの特定市場を狙うべきかを検討することは，提供される対象と，提供のされ方の双方に関する顧客の期待を理解することにほかならない．ここでの問題は，無形なものに対する期待が，有形なもののそれに比べて明確ではないことである．つまり，有形なものは触ったり，感じたり，使ったりすることができるのに対して，無形なものは経験するのみだからである．

ビジネスにおいては，ターゲット市場に属する「自分の」顧客の期待値を知ることが重要である．我々は本節で，顧客の期待に関連した競争優位の鍵は，以下に述べることを知ることであると提案したい．

- 企業固有の顧客の期待
- 企業固有の顧客によるサービス品質の評価
- 企業固有の顧客による，主要な競合他社のサービス品質の評価

要点は，企業が競争に勝つためには，主要競合他社を上回らなければならないということである．目標は完全であることではなく，競合を上回ることである．

顧客は，顧客自身の期待を下回る事態に遭遇して初めて自身の期待に気づくことが

ある．我々は，人々が気づいていない日々の期待を「当たり前の」期待（habituated expectations）と呼んだ．この期待は潜在意識下に存在し，事態がそれを下回って初めて表出する．例えば，我々が部屋に入り照明スイッチをカチっと操作したとき，照明が点くことを潜在意識下で期待している．照明が点かなかったときに初めてそのような期待を抱いていたことを認識する．実際，時間とともにサービスの信頼性が高まるほど，より多くの顧客の期待が当たり前になる．しかし，想定外の出来事は，評価を下げるだけでなく上げることもある．サービス提供を改善することで，そのサービスが素晴らしい体験を提供してきたことを顧客に気づかせることもある．

サービスの研究者および実務家たちは，サービス提供の信頼性低下に悩む状況に頻繁に遭遇しており，失敗状態からの「回復」問題と名づけて取り組んでいる．顧客の期待が裏切られたとき，企業は少なくともミスが発生した時点より前の状態に回復させなければならない．回復は迅速でなければならず，また，二度とミスを発生させてはならない．サービス経験への不満に関する半数近くの報告は，サービス提供の失敗時からの回復が不十分であったことに起因する（Tax & Brown, 2000）．回復には，関連するすべての組織の調整が必要とされ，非常に難しい（Michel, Bowen, & Johnston, 2009）．

サービスの回復を適切に実施した場合，その企業に良い結果をもたらしうるかという点は，いくつか議論されてきた．これは「サービス回復パラドックス」と呼ばれる考え方である．つまり，企業がいかにすごいかを見せつけ，顧客満足度やロイヤルティを高めるために，企業はあえてミスをするべきかという問いである．優れた回復が，顧客満足度やロイヤルティの改善につながる可能性があることを示す研究がいくつかあることはある．しかし，大多数の証拠によれば，それは例外的であり，サービス回復が不十分な場合は深刻な損害となることが示唆される（Michel & Meuter, 2008）．

顧客の期待に関して興味深いことは，期待については「種類」と「形態」の二つの観点で考える必要があるということである．ビジネスホテルに行く人も，リッツカールトンに行く人も，サービスに関して高い信頼性と反応の素早さという同じ種類の期待を持つ．しかし，企業が「ゲームの戦場」としている特定市場ごとに，顧客が求めるものは大きく異なるため，その期待を提供する形態は大きく異なる．同じ人が，異なるとき，異なる理由で，異なる複数の戦場の共通顧客になることもある．ただし，その場合も，それぞれのサービスに対して異なる期待を保有している．企業は自身の顧客の期待を知らなければならない．そうして初めて，その期待に応えることに集中できる．企業は，特定分野やセグメントに専念していなければ早晩行き詰まる．どんな組織であっても，すべての市場セグメントに効果的にサービスを提供することは不可能なのである（Davidow & Uttal, 1989）．

最後に付け加えると，我々は，顧客視点でのサービス品質を観測することの信奉者であったし，今もそうである．特に重要なのは，その企業が応えるべき期待の適切な種類と，その形態は何かという観点から観測することである．また，観測したデータは改善に役立てなければならない．そして，サービス提供の改善の鍵は，サービス提供に従事する従業員にある．このことはこの後の節で論じる．

3.5　顧客層：[第3章] 顧客のニーズの尊重

9. 品質はニーズに基づくことを認識せよ
10. ニーズを満たさなければ顧客を失うことを認識せよ
11. 安心感に関する顧客ニーズを尊重せよ
12. 自尊心に関する顧客ニーズを尊重せよ
13. 公平感に関する顧客ニーズを尊重せよ

　顧客満足は「期待に応える」というモデルによって暗黙的に，また時には明示的に築かれてきた．我々は書籍の中で，顧客満足を理解する際の追加的要素（代替ではなく追加）として，顧客ニーズが重要な役割を果たすという考え方を導入した．我々は，期待がしばしば「潜在」意識である一方で，ニーズはしばしば「無」意識であることに気づいた．ニーズは，人が抱えるより一般的な心理学上の懸案に基づいている．(1) 自尊心：アイデンティティに関わる課題など，(2) 安心感：どれくらい安心できるか，(3) 公平感：どれくらい世の中から公平に扱われていると感じられるか．我々は，期待を裏切ることよりも，ニーズを裏切ることのほうが強い否定的反応をもたらしうることに気づいた．後の論文（Schneider & Bowen, 1999）でこの考え方を発展させ，顧客の喜びや憤り，さらには満足や不満を理解する上で，ニーズを満たすこと・裏切ることがどのような役割を果たすかについて詳細に説明した．

　ここで重要な点は，ニーズは期待よりも根源的だということである．これは，顧客としてというより人としての側面に関係している．顧客ニーズは顧客自身の人生にとって根源的であり，人の存在に関わることである．したがって，すべての企業はこれを尊重しなければならない．期待の場合は顧客ごとに異なるものなので，その把握に焦点を当てる必要があるが，ニーズの場合この考え方は当てはまらない．ニーズはすべての人が共有するものである．論点は，どれくらい上手にシステムを設計し，ニーズを満たすもしくは超えるかにある．

　我々が焦点を当てたニーズは以下の三つである．

- **安心感**：安全で，物理的・心理的・経済的に脅かされていないと感じることへのニーズ
- **自尊心**：自尊心を維持・向上したいというニーズ
- **公平感**：公平かつ正しく扱われたいというニーズ

　「安心感へのニーズ」は，ヘルスケア（救急車サービスを含む）や警察・消防などの政府サービスなどと特に関係が深い．また，保険・銀行・投資などの金融サービス業も，人の「安心感」のニーズに直接的に関係している．例えば，本節を執筆している時点においてダウ工業株30種の平均は8か月の間にほぼ50％にまで減り，合衆国の金融サービス業は株価暴落のさなかにある．人々，特に退職者は，彼らの安心感が侵されてひどく怯えた．財務長官の Henry Paulson が Lehman Brothers 社を破綻させたときに，金融サービスの極端な低下が起きたことは注目に値する．Lehman Brothers 社の一件により，人々は「いかなる銀行」も破綻しうること，そして自分たちの安心感が間違いなくそれにより脅かされることを理解した．ごく一部を例示するとしても，人々は以下のように様々な側面から，安心を感じている．

- ホテルのエレベータにある火災への対応の標識
- 飛行機のフライト中の客室乗務員による指示
- クルージングにおいて，必要時にいかに船から退去するかの演習

　一見，人々は気にも留めていないようにも見えるが，実はこうした反復が人々に「安心できる」という印象を与える．より理解されていないこととしては，レストランやその他の店舗において，清潔さへの配慮不足，破れたカーペット，剥がれたペンキ，汚い食器類などが人々に「安心できない」という印象を与えてしまう．このことはおそらく，ディズニーランドの「汚れていることは安心できないことと同義」という信念が，最もよく総括している．

　「自尊心へのニーズ」は，顧客が不適切な対応で馬鹿にされたと感じるとき，常に侵される．例えば，企業側のミスなのに顧客が責められる，子ども扱いされる，などである．このことは，サービスにおける顧客と提供者の接触のすべて，すなわち，自身のサービスを顧客と共同生産する際のすべてにおいて当てはまる．この事例としては，ATMでの入出金操作，マクドナルドでの食事の注文，ビジネスコンサルタントとの協業，主治医への容態の説明などが挙げられる．つまり，顧客がサービス経験の一部を担わなければならないとき，すなわち価値の共創をしなければならないときは，常に潜在的に「自尊心」が脅かされる可能性がある．したがって，サービスにおいては最低限自尊心が維持されるように，顧客と提供者の接触が設計されなければならない．さらには，顧客が価値の共創の役割を完全かつ適切に果たし，自尊心を高揚させることができれば最高である．

　書籍の対応する章では，新規顧客に対する新しいサービス施設への不適切な案内に着目した．銀行や病院，スーパーマーケットなどは常連客を基準としており，実際，彼らは迷いなく利用している．しかし，初めての顧客はどうであろうか？ 我々は，Costco社があらゆる商品を顧客に見て回ってもらえるように，あえてどこにどの商品があるかを表示していないことを知っている．しかしそうであっても，少なくとも顧客に地図を提供するべきであろう．初めての顧客をいらいらさせたり，目的なくウロウロさせられて馬鹿にされたと感じさせたりすることがあってはならない．このことは，ユーザーが企業のウェブサイト内で迷子にならないように，十分な案内を提供すべきであるという話にも当てはまる．

　また，顧客がいるのに，サービス提供の担当者がアイコンタクトや会釈を怠り，顧客の存在に気づいていることを示さないことも顧客にとっての不満の種となる．我々にとってアイデンティティは重要であり，大事にされていると感じたい．しかし，それ以前に存在を認識してもらえないことはがっかりする経験であり，自尊心を根本から傷つけられる．

　自尊心に関連して最後に，顧客サービスの提供に際して人種・性別・年齢に関わる問題についても，企業は注意を払う必要がある．ここでは例として，女性が自身の車を修理してもらう際の扱いをどれほど不快に感じているかを述べる．USA Today（1994）は，以下のようなデータを示している．

- 57％の女性は，自動車整備士が女性に対して男性ほどの敬意を払っていないと感じている

- 35％の女性は，自動車整備士が彼女らを馬鹿にしたと感じている
- 33％の女性は，彼女らに知識がないことに関して，自動車整備士から不快な思いをさせられたと感じている

類似した問題が，少数民族が多数派の施設を訪れた際に起きることを，Butz & Deitch (2005) の研究が明らかにしている．

- アパートに空室があることが明らかなのに，入居を拒否される
- 仕事に空きがあり，適任であっても応募を拒否される

最後に，年齢がますます重要な焦点になっている点に言及したい．これは，例えばマリオットやハイアットが提供している様々な種類の長期介護の居住施設などに限定されない，すべての種類のサービス組織にとっての話である．我々は齢を重ねる生き物であり，齢をとるほどより裕福になりたいと願っている．そして最も重要なことは，高齢者であるほど，若者に比べて自尊心が揺らぐことである．高齢者は，視力・聴力・肉体などが衰えてきても，自分の自尊心を保つためにその衰えを認めたがらない．しかし，ソーダのボトルのふたが開けられなくなったり（缶のタブのことは置いておく），飛行機でスーツケースを頭上のラックに持ち上げられなくなったり，エスカレータの故障で階段を昇る羽目になったりしたとき，自尊心の喪失を感じることになる．企業はこうした問題に，もっと細心の注意を払ってサービスを提供すべきである．そのためには，年老いた顧客や従業員に助言を求めることが有効であろう．

「公平感へのニーズ」は，分配や手続き，やり取りなどにおける公平さに関するものである．公平な取り扱いかどうかについて判断する上では，「エクイティ」（equity），「必要性」（need），「同一性」（equality）の3種類の基準があるが，人々が真っ先に頭に思い浮かべるのは「エクイティ」である．「エクイティ」は以下の問いに関係する．私が受け取るもの（例えば昇給）と私が捧げたもの（尽力やパフォーマンスなど）の比率は他者と同じか？　ただし，顧客の立場では，「エクイティ」よりも「必要性」や「同一」のほうが公平さの判断基準となる．「必要性」は以下の問いで示される．他の人がどうであれ，私は私が必要とするものを得ているか？　そして「同一」は以下の問いで示される．私は他の人と同じものを得ているか？　「エクイティ」「必要性」「同一」の三つは，すべて人が公平さを判断する際に関係する．ただし，上述のように，顧客サービスにおいては後者の二つが主たる要因である．

おそらく，顧客にとっての公平感に関する最も一般的な課題は「待ち時間」である．人は，待たねばならないときに常に公平に扱われていないと感じうる．例えば，レストランの予約，コールセンターでの取り次ぎ待ち，診療所や郵便局での待ち行列などである．顧客が公平と感じるように待ち時間を管理するためには，それぞれの状況を調査する必要がある．

また，サービス施設との暗黙的（時には明示的）な合意が満たされなかったと顧客が感じた際にも，不満は生じる．この問題は，研究者たちが「心理的契約」（psychological contract）の違反（Rousseau, 1990）と呼ぶものである．「心理的契約」とは，ある関係における各当事者が，それぞれその関係から当然受け取れると感じているものである．「心理的契約」の問題は，その名のとおりめったにその内容が明示化されないため，違反が起きやすいことである．企業は，顧客が企業に対して持っている「心理的契約」や

その違反を把握し，以後違反が起きないように計画を立てる必要がある．

　最後に，前述の「回復」の問題が公平な取り扱いにも関係することを述べる．これは，「心理的契約」とも関連する．なぜなら，迅速な「回復」のために企業がどのように行動するべきか，顧客は暗黙の期待を持っている．ここでも，サービスビジネスはどのような回復が求められているかを把握し，同じことが二度と起きないように備える必要がある．また，当然のことながら，サービスビジネスは「回復」が必要とされるすべての状況を予測することはできない．このため，回復を必要とする事象についての原則を持つべきである（Tax & Brown, 2000）．例えば，サービスに従事する従業員に権限委譲（empowerment）し，あるレベルまでの賠償は即座に実施できるようにしてもよい．従業員への権限委譲について，リッツカールトンでは「選ばれたお客様のための選ばれた従業員」と謳っている．

　まとめると，顧客の根源的なニーズは，サービスマーケティングの研究や実践の中で十分に取り扱われてきたとは言えないが，それでもその概要調査は，顧客がサービスを提供される場面において抱えている根源的な心理上の課題を明らかにしている．企業はこの警告に注意を払い，顧客の期待を考えるだけでなく，顧客のニーズについても考えていくとよいだろう．そのような認識や関心が，女性・高齢者・少数民族などの対象セグメントに対する戦術や戦略につながる．そして，彼らが安心であると感じ，自尊心が保たれ，あわよくば高揚され，公平に扱われていると感じる．このような戦術は，顧客は顧客である前にニーズを持った人間であることを認識することである．

　読者には，顧客のニーズ（本節）と期待（前節）こそがサービスビジネスの肝であると強調したい．ニーズと期待に応えることが満足度やロイヤルティを生み出し，さらに持続的な競争優位性につながる．ハイパーネットワークや自動最適管理に焦点を当てすぎることは，暗黙のうちに顧客のニーズや期待への意識が低下する危険性をはらむ．もちろん，特定の企業の顧客の期待やニーズに応えるように情報技術を活用することは，市場での潜在的な差別化を生み出す助けとなる．ただし，企業は自身の顧客をよく理解した上で，情報技術活用の決断をしなければならない．

3.6　顧客層：[第4章] 顧客の才能の活用

14. 共同生産を行う上での顧客の役割を明確にせよ
15. 選択とトレーニングを通じて顧客の能力を改善せよ
16. 顧客に参画を動機づけよ
17. 顧客のパフォーマンスを評価せよ
18. 顧客の力をさらに引き出すための糸口を探れ
19. リーダーシップの代わりに顧客を頼れ
20. 顧客をサービスデリバリーシステムの共同設計者として巻き込め

　本節では，単なる享受者としての顧客ではなく，共同生産者としての顧客について考察する．言い換えれば，奉仕を受ける主人としての顧客ではなく，共通の利益を追求する関係としての顧客についての考察である．この顧客に対する考え方は，サービスサイエンスという新領域の中で，少なくとも言葉上では採用されてきた．つまり，サービス

サイエンスの理論を概説する様々な論文において，サービスサイエンスの目的は価値の共創に顧客を関与させることであると明言してきた（Gadrey, 2002; Sampson & Froehle, 2003; Spohrer et al., 2006; Tien & Berg, 2003）．しかし，これらの論文をさらに読んでみると，現在までのところ，焦点は明らかに，仮定された顧客の要件を満たすサービスシステムの概念化と実行にあり，顧客や彼らのスキル・知識を価値の共創に関与させるという点に焦点はないと感じられる．

本節に対応する我々の書籍の章を振り返ってみると，マーケティングの「サービスドミナントロジック」（service dominant logic; S-D ロジック）（Vargo & Lusch, 2004）の中心的原理の一つである顧客との価値共創について言及していたと見なせる．S-D ロジックによれば，価値は消費経験の際にのみ現れ，製造過程やその成果物に組み込むことはできない．サービスを提供する組織の従業員やその他の資源とともに，顧客は常に価値の共創者である．サービスは顧客のために「顧客とともに」価値を作る，相互関係を伴うプロセスである．

我々は，顧客が果たす共同生産に関する三つの役割を概念化した．

- 人的資源としての役割：サービスの生産のもう一つの源として，また，ある種の従業員として
- リーダーシップの代替：サービスの従業員への指示の源として
- 組織に関するコンサルタント：効率的なサービスデリバリーシステムの設計パートナーとして

人的資源としての役割に関しては，Lovelock & Young（1979）に基づいている．彼らは，「生産性向上のために顧客に目を向ける」やり方について，詳細かつ網羅的な説明を早期に行った．我々による拡張は，実際に，顧客を人的資源として注意深く選択し，きちんと訓練し，強く動機づけし，注意深く評価し，もし彼らが失敗した場合には助けてあげる必要があるという考えである．顧客の選定に関しては，市場セグメンテーションの変形と考えている．つまり，サービス企業は自身がターゲットとする市場を定義するとともに，その市場における生産性向上のための顧客の役割を明確に定義しなければならない．企業が特定の市場を選定する際にこのような戦術を踏まえることで，サービスを提供しようとしている顧客の属性を認識し，これらの属性をマーケティングや広告の仕組みづくりに組み込むことができる．

我々は，顧客のトレーニングについて特に懸念があった．というのも，前述のように，顧客は自身の力が足りないと感じることを嫌がるからである．そして，何をすべきか，どうすべきかわからないときに能力の不足を感じるものである．人々が空港のセルフチェックインの端末をいまだに使わないのは，正しく使えないことを恐れているからである．彼らはトレーニングを必要としている．そう考えれば，使い方を教える特別端末の列があって然るべきである――見たことはないが．また，顧客は自分たち自身の生産性を高めることができて，そのことによって顧客と企業の双方の能力を高められるということにほとんど気づいていない．例えば顧客は，電話やケーブルテレビなどの契約が彼らにとって最も適したものになるように，定期的に様々なサービス同意書を確認するように促してもらうことができる．顧客と取引している企業が必要な情報をわかりやすく添えて，サービス同意書の確認を促せば，顧客のロイヤルティを高めることができ

る．また，サービス同意書の確認に関してコールセンターの従業員が電話相談を受ける時間の節約にもなる．情報やその他の戦術を共有し，顧客を巻き込むことにより，新しいサービスの開発やサービスデリバリーのイノベーション，その他様々な点において顧客とアイデアの共有を促進することができる．

　リーダーシップの代替としての顧客という考え方は，サービスの従業員が顧客の要望に注意を払うという事実を明確にすることを意図していた．いくつかの研究は，従業員は正式なリーダーの指示よりも顧客の要望に注意を払っていることを示唆している（Bowen, 1983）．もちろん，企業が従業員に望むことに反する積極的・消極的な振る舞いを，顧客が従業員に要求してくることも考えられる．では，どのようにして顧客にリーダーシップの代替を担ってもらうべきだろう？　企業と顧客の双方にとって有用となるやり方を顧客に身につけさせることは可能であると考えている．

　サービス企業の組織に関するコンサルタントとして，顧客を活用すべきである．実際，B2Bの業界ではこの戦術が頻繁に採用されている．しかしながら，消費者向けサービスでは，企業のサービスデリバリーシステムを高めるための手段としてこの戦術が採用されることは少ない．我々は消費者パネルを整備し，顧客と企業の双方に有益なサービスデリバリーシステムの設計を支援してもらうことを推奨した．ここで言いたかったことは，企業は多くの場合，自己満足に陥り，顧客が必要とする以上，あるいは望む以上のデータを提供するサービスシステムを設計しがちだということである．例えば，銀行の窓口における小切手の精算では，窓口係に多数の処理が必要とされ，非常に時間がかかる．これは口座開設でも同様である．このようなシステムの設計に顧客を参画させることで，おそらく双方にとってより有用な仕組みとなるだろうし，双方が望む長期的な関係構築にもつながる．

　最後に，本節に「顧客の才能の活用」というタイトルをつけた暗黙の動機について述べたい．自尊心へのニーズに関する議論で先に論じたように，人々は有能でありたいし，自分が有能だと感じたいものである．したがって，顧客を有能にする，あるいは顧客に自身を有能だと感じさせるように企業が最大限努めることで，全体の生産性や顧客のロイヤルティの向上という成果を享受できる可能性が高い．ただし，何もせずに実現できるわけではない．顧客を適切に選択し，訓練し，顧客の振る舞いを改善するために監視する方法の設計に投資しなければならない．また，自社の従業員に対して，顧客と効率的に協業するやり方を教育することも必要である．

3.7　境界層：[第5章]
採用とトレーニングを通じたパーソナルコンタクトの管理

21. 境界層の従業員を，経営者と顧客の板ばさみにするな
22. 自社のビジネスに合致した自社独自のやり方で採用せよ
23. 従業員の質を高めるために，多くの応募者を集めよ
24. 採用プロセスの中での振る舞いに基づき，採用の可否を判断せよ
25. 適切な人格タイプを採用せよ（厳格に）
26. スタッフの質と数の両方を管理せよ

27. 非公式のトレーニングとは文化を学ぶことと知れ
28. 公式なトレーニングを行うことによる，仕事への二つの主要な見返りを高めよ

境界層とは，サービス企業が顧客と（たいていは）直接的にやり取りしている層である．本節では，境界層に関する三つの論点の1番目である，採用とトレーニングについて論じる．3.8節では報奨システムについて，3.9節ではサービス企業と顧客の境界の特徴（物理的で，有形で，相対的に普遍的特徴）について，それぞれ論じる．

我々の書籍では，サービスを提供する人の属性，その中でも採用とトレーニングに関わる属性に特に注目した．とりわけ，各企業に固有の，採用とトレーニングの重要性を強調した．我々は，汎用的な採用とトレーニングには，それが企業の特定の仕事や価値向上に有効であると示されていない限り，懐疑的である．これには二つの重要な理由がある．

第一に，汎用的な採用やトレーニングの手順は，従業員をコモディティ化する．汎用的な手順で採用・訓練された人は，他の企業の類似の仕事に関して同様に採用・訓練された人との差がなくなる．このようなやり方は，従業員に誤ったメッセージを発することになる．

第二に，ある企業の仕事について効果が立証されていないやり方で採用することは，企業にとって最も望ましい人材を獲得することを難しくする．また，もしその手順が差別的であれば，法的訴訟に発展しかねない．企業が採用について自社独自のやり方を設計すれば，より生産性の高い人材を，より法的に安全なやり方で獲得することができる（Ployhart, Schneider, & Schmitt, 2006）．

採用とトレーニングに関わる問題を詳細に説明する上では，採用とトレーニングが組織の境界で働く人のためであること，そして彼らは，境界にいるがゆえに多様で潜在的に相反する要求に影響されやすい立場にあることを理解することが重要である．要するに，境界層の労働者は，顧客と経営者の双方の要求（加えて看護のような職業においてはプロフェッショナルとしての規範）を同時に満たそうとするときに，高いストレスを経験しうるのである．特に経営者が，サービス従業員がすべきことについて矛盾するメッセージを送ると，高いストレスはより顕在化する．例えば，「卓越したサービスを提供せよ．ただし，各顧客に時間をかけすぎないように」などのメッセージである．採用されて仕事についた労働者は，有能で知識があることに加えて，これらの複雑な仕事の矛盾と要求を取り扱うことに適応できるパーソナリティを持っていることが肝要である．もちろん，経営者にとっての一つの戦術は，従業員にどのようにサービスを提供してほしいかはっきり述べ，また，そのような振る舞いに対して明白に報奨と支援を与えることで，前述の矛盾を減らすよう努めることである．

すべての採用とトレーニングの土台は，その業務を分析し，「特定の」仕事で高い業績を上げるために必要な知識とスキル/能力や，それらの「特定の」仕事で必要な顧客との関係，特定の種類のサービス作業につきものの矛盾を扱うためのパーソナリティを識別することである．ここで，業務分析はきちんとしたプロセスとして実行すべきものであり，オフィスに座って職務記述書を書いている数人の管理職により行われる類のものではない．その仕事を行う上で必要な知識，スキル/能力，パーソナリティを詳細に特定する業務分析こそが，効果的な採用とトレーニングの土台となるのである（Goldstein

& Ford, 2002).

　ここでいったん，我々の書籍ではなく，サービスサイエンスにおいて一般に議論されている，サービスで高い業績を上げるために必要な知識とスキル/能力に関する考え方について言及しておこう．サービスサイエンスは，「T型」プロフェッショナルが効果的なサービスシステムを担う人材のタイプであると提案している．「T型」人間とは，「…自分の専門分野において熟練した思考スキルで深い問題を解決でき，かつ，多様な専門分野や機能領域の専門家と協業するための複雑なコミュニケーションスキルも持ち合わせている人間」(Succeeding through service innovation, White Paper, 2008, p.19) である．明らかに，これは重要な考え方であるが，我々がここで着目している顧客サービスなどには必ずしも当てはまらない．

　この有名な文献は，パーソナリティが顧客サービス業務における高い業績に寄与すると我々に信じさせたいのだろう．パーソナリティが重要であるというのは正しい．しかし，実際は，仕事の業績のためにはスキル/能力のほうがより重要であり，またこれは新しい仕事についた直後には特に当てはまる (Ployhart et al., 2006)．また，我々は，テストやインタビューよりも，その仕事のシミュレーションの中でその人がどう振る舞うかを観察することによって選抜するほうがはるかに有効であると主張した．管理職レベルのシミュレーションは，検定センターと呼ばれる (Ployhart et al., 2006)．しかし我々は，サービス業務そのものに関するシミュレーションが非常に役立つと強く信じている．なぜなら，企業は意地悪な顧客や，回復に取り組む際の相反する要求など，現実世界に即した状況において応募者がどのように振る舞うかを観察できるからである．企業は，自身の業務に特に関連するシミュレーションを設計できるし，実際，設計している企業もある．

　ここで，選抜において重要な点を二つ述べる．

1. 企業は応募者の中から選抜する以上，採用者のレベルは応募者の全体集合で制約される．サービス品質について良い評判を得ている企業にはより多くの応募者が集まる．人々の個性は彼らの職場に集約されるため，ポジティブな特徴を持って知られる企業は，従業員のみならず職を求めている人にも好感を与えるのである．
2. 我々はいくつもの会社と一緒に仕事をしてきたが，人材の配置が適性レベルであると感じている従業員には会ったことがない．あらゆる従業員が，経営者のせいで人手不足の状況にあると感じている．ここで問題は，どの程度人手不足なのかである．サービス組織において，各作業者による企業利益への特定の貢献を算出することは困難である．そのため，サービス組織の人材配置のレベルは，コスト削減の影響を受けやすい．我々は，「生産的ではない」受付係を解雇し，受付係の仕事を生産的な者にすべて任せた，ある企業と協業したことがある．どのような結果となったか想像できるだろうか？　生産性は低下したのである！

　本節では，主に採用時の人材の選抜に焦点を当てた．これは，企業がどのような人を採用するかが，(a) 企業の内側から見た，また (b) 顧客から見た，その企業の将来の姿の土台となるからである．とはいうものの，いくら採用の判断が素晴らしくても，その後のトレーニングや社員間の連携に問題があったり，優れたサービスを提供することを強

く推奨する風土がなかったりすれば，優れたサービスの労働力は生み出されない．我々は，トレーニングに関して以下の3点を論じた．

1. トレーニングは，新しい仕事や職場への適応や溶け込みも含む．人は他の人がしていることを見てお手本とし，何を重要と見なすかに関する他の人の発言から新しい職場の印象を得る．このため，組織において手本となる社員がいて，気軽に話すことができる環境に新しい社員を置くことが重要である．ここで手本となる社員とは，企業が顧客に体験してほしいことを提供できている社員である（Louis, 1990）．
2. 教室でのトレーニングはほとんど時間の無駄である．受講者が仕事に戻った後，トレーニングで学んだことが活かされないからである．新しい社員は，トレーニングから戻ると，多少の違いはあれど次のような言葉をかけられる．「教室で今講師が教えたことは忘れろ．俺たちが実際のやり方を見せてやる」．
3. 仕事全体に対する業務分析に基づかないトレーニングは，簡単に識別できるスキル，特に技術的スキル（例えば，コンピュータスキル）に焦点を当て，サービス業務に関連した対人関係のスキルについては無視するであろう．しかし，これは大きな間違いである．たとえ適切なパーソナリティを持った人を採用したとしても，彼らが対人関係のスキルを学ぶことを支援する必要がある．その仕事において，具体的にどうすれば顧客に役立てるかを学ぶこと，苦情を言ったり態度が悪かったりする顧客への対応を知ることなどである．前述のように，企業の生産性の改善効果は必要な投資に見合うと思われる．適切なトレーニングは，直接的な業績/生産性の向上に留まらない．サービスの従業員が，その仕事に関わる技術的・対人的など様々な要素を取り扱う能力があると感じられるようになれば，彼らの自尊心が高まるのである．トレーニングは，企業自身，顧客，従業員のすべてに利益をもたらすもう一つの何かなのである（Goldstein & Ford, 2002）．

我々は，企業が誰を採用するか，そして，採用した人をどのように新しい仕事や会社に馴染ませるかについて強調した．それは，企業が誰を採用するか，彼らを新入社員としてどのように扱うかによって，顧客が経験するものが決まるからである．大半の企業において，新入社員が電話を含む顧客対応の最前線に配置され，顧客からの緊急な連絡を受けることになる．つまり，新入社員こそがサービスデリバリーの基盤なのである．世界中のあらゆるシステムで，採用に関する誤った判断や，不十分でときには不適切なトレーニングが横行している．同時に，従業員が卓越したサービスの風土に身を置いていなければ，彼らのスキルのすべてが無意味になる．

3.8　境界層：［第6章］報奨を通じたパーソナルコンタクトの管理

29. 元来，従業員はやる気を有しているという事実を活かせ
30. すべての報奨は七つのテストを通じてその有効性を確認せよ
31. 報奨システムを多様化せよ
32. 顧客へのサービス品質を高めるために，従業員の心理的契約を大事にせよ

本章にまつわるいくつかの基本的な課題を，以下に簡潔にまとめる．

- 従業員は，仕事を遂行することや顧客に尽くすことに高いやる気を持っている．管理職の仕事は，「従業員を動機づける」ことではなく，やる気を高め，自由に発揮できる状況を作ることである．
- 管理職や経営者は，主に金銭面での報奨を考えている．彼らは報奨の概念を広げ，目標の達成や PR（praise and recognition; 称賛と正しい評価）も含めて考える必要がある．
- 報奨としての金銭は，以下に示す報奨システムに関する七つの基本テストの観点からすれば十分ではない．
    1. 入手しやすさ：報奨は豊富であり，容易に配布できなければならない．金銭はゼロサムゲームで管理が難しい．
    2. 柔軟性：報奨は，誰にでも，どんな理由でも与えられるように，柔軟でなければならない．金銭は，異なる給与レベルの人をまたがって与える場合，金額に柔軟性がない．
    3. 取消可能性：報奨は一度与えても永続的であるべきではない．給与などの増加は永続的で，またボーナスも繰り返されると想定される．
    4. 業績の変化への対応：給与水準は通常，身分や地位に強く結び付けられている．給与をインセンティブとして使うような運用をしない限りは，業績の変化に対応するための余地はほとんどない．一方で，給与を業績と連動させると，給与のために必要な成果だけを求め，それ以外を無視するようになってしまう．
    5. 可視性：報奨は公平な判断に基づいているべきもので，全員に見えなければならない．一方，給与は隠されている．
    6. 適時性：報奨が効果をあげるためには，業績が出た直後に実施されなければならない．毎年の昇給やボーナスでは，適時性がない．
    7. 持続性：報奨は渡した瞬間だけでなく，その後に残存効果を持つべきである．給料は，獲得した後，受け取り手の意識から消えがちである．

組織が給料を主要な報奨戦略として用いると，従業員は，自分たちが給料のみのために働いている存在と管理職から見られていると感じる．ある研究によれば，人は給料のために出社しているとしても，仕事に給料以上の何かを求めている．実際，給料は人を会社に向かわせる良い手段ではあるが，彼らに高いレベルで職務を遂行させるための，最良の手段もしくは唯一の手段ではない．高い業績のためには，他の多様な戦術が有効である．すなわち，仕事が重要で取り組み甲斐があるように設計されていること，業績のフィードバックや評価と関連づけられる形で，目標が組織の中で具現化され，認められ，明確にされていること，そして報奨が量的（貢献に応じた公平さ）にも判断基準的（プロセスを通じた公平さ）にも公平であること，などである．

3.8.1　仕事への没頭の新ルール

我々は，書籍の対応する章の冒頭で，やる気（motivation）を構成する三つの要素は「活力」「目標」「振る舞いの持続性」であると定義した．近年，これらは従業員の仕事

への没頭度（engagement）というトピックで議論されるようになってきた．Macey & Schneider（2008）によれば，従業員の仕事への没頭度は，没頭している「気持ち」と，「行動」の没頭という二つの構成要素からなる．没頭している気持ちとは，夢中になり愛着を持つひたむきな気持ちを意味する．一方，行動の没頭とは，持続的で積極的で枠を越えた行動を指している．つまり，自身の裁量によって，規則上で定められている業務要件を越えて取り組むことであり，企業に人材面から競争力をもたらす．Macey と Schneider の概念は，我々の書籍での論理や，このハンドブックにおける報奨システムに関する論理と通ずるものである．つまり，従業員は元来仕事に没頭したいと考えているものであり，管理職はそのための適切な状況を作らなければならないということである．仕事への没頭が実現されるための一つのモデルは，従業員が金銭面のみならずすべてにおいて公平に扱われていると感じ，直属の上司およびより上位の管理職を信頼し，その信頼が従業員に心理的安心を与え，没頭する「気持ち」と「行動」をもたらすというものである（Macey et al., 2009）．

　従業員の仕事への没頭度という新しい指標を用いた複数の企業をまたぐ近年の研究により，従業員の仕事への没頭度と，ROA（return on assets; 資産収益率），収益率，市場価値などの財務指標との間の統計的に有意な関係が示された（市場価値の指標としては Tobin の q 理論（Tobin, 1969）が利用されている．これは市場価値と資本の再取得価格とを比較したものである）．これらの結果を図 3.2 に示す（Schneider, Macey, Barbera, & Martin, 2009a）．

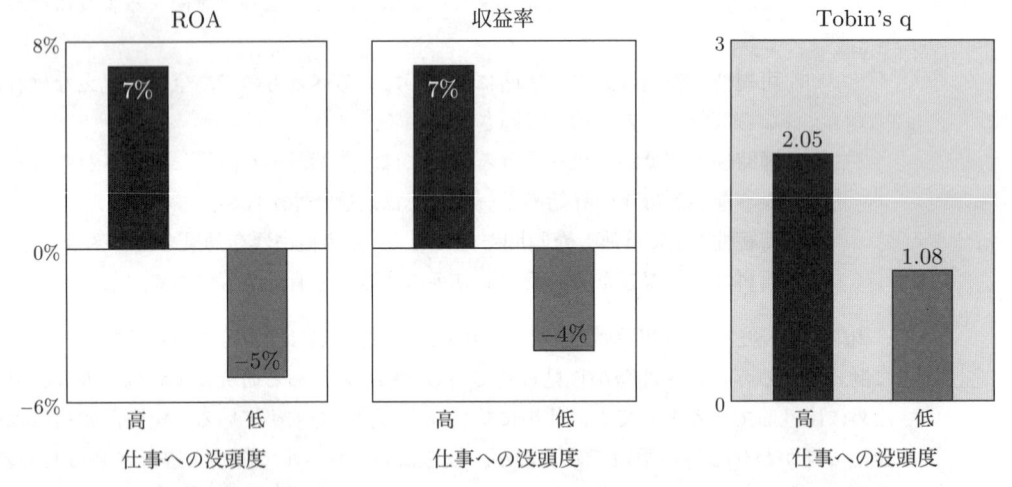

図 3.2　65 社を対象とした従業員の仕事への没頭度と，財務的・市場的な結果との関係．従業員の仕事への没頭度の上位・下位 25% の企業について，ROA，収益率，Tobin's q を考察している．

　仕事への没頭度に関する研究で特に興味深いことは，データを収集・分析した結果，没頭度につながる要素と満足度につながる要素は異なることがわかった点である．没頭度は，我々の書籍で挙げたとおり，公平な取り扱い，取り組み甲斐のある業務，称賛と正しい評価などと関わりが深い．一方，満足度は，福利厚生・給与・その他金銭的保証とつながっている．これは非常に興味深いと言えよう．なぜならば，下位の管理職は，没頭度に関係する公平な取り扱い・正しい評価・業務に裁量を有する一方，満足度につ

ながる要素には何ら裁量を持たないからである！

　要約すると，仕事における報奨は多様な形態をとらなければならない．また，これらの報奨は，従業員自身の仕事への意欲につながるように，従業員への感謝を示すものでなければならない．このことは，15年前に書籍を執筆したときより，いっそう明らかになっている．さらに言えば，従業員がやる気を自由に発揮でき，没頭できる適切な職場の状態を作ることが管理職の責任である．管理職がこの論理を理解すれば，従業員はより良い仕事をするためのやる気を支える職場環境を体験し，顧客は高い品質のサービスを体験し，企業も収益を享受できるであろう．

3.9　境界層：[第7章] 顧客が触れる非パーソナルコンタクトの管理

　　　33. すべてを人材の問題に帰着させる罠を回避せよ
　　　34. サービスにおける有形物と顧客との間の心理的なつながりを管理せよ
　　　35. サービスの品質は宣伝せずに提供せよ
　　　36. 主たるサービスがビジネス全体を左右すると思って管理せよ
　　　37. サービスをひとまとまりで提供せよ
　　　38. 顧客とのすべての接点に細心の配慮をせよ

　多くのビジネスは，顧客との多様な「接点」を詳細に検討していない．このことは，特にサービスビジネスにおいては重大な誤りである．サービスが無形であればあるほど，ますます顧客はサービスがいかに良いかを判断する有形の手がかりを求めるからである．弁護士はこのことをよく理解していて，自分たちのオフィスに木の羽目板を施し，革張りの椅子を用意し，高い品質を暗示する本を並べている．劇場や交響楽団のオーナーも同様にこの論理を理解しており，卓越さと品質を暗示するために，劇場に美しい内装を施し玄関から赤いベルベットを敷いている．一方，駐車場の路面の穴，店内の剥がれた壁，汚れていたり壊れていたりするショッピングカートなどをそのままにしているスーパーマーケットは，このことを理解しているだろうか？　また，汚れた乗客の座席，コーヒーの染みがついたトレーテーブル，荷物受取所の無愛想なターンテーブルなどをそのままにしている航空会社もこのことを理解しているだろうか？

　悪いほうについてはさらなる例を挙げることもできるし，実際に我々の書籍では挙げているが，ここでは要点だけを述べたい．それは，多くのサービス企業において，人間以外に問題があって顧客に我慢を強いているようでは，たとえサービスを提供する人が笑顔を絶やさず有能であっても台無しになるであろうことである．ここまで，我々は人的側面が肝要であると力説してきたが，重要なことは，人について理解することがサービスの卓越さや顧客満足の「唯一無二」の鍵なのではなく，「一つ」の鍵だということである．これこそが，我々が「すべてを人材の問題に帰着させる罠を回避せよ」と表現した真意である．適切なサービス品質を有する企業は，サービスシステムのすべての面で優れている．例えば，主たるサービスそのもの（レストランにおける食べ物の質），サービス提供に用いられる装置や機械類（銀行におけるコンピュータやIT），顧客が訪れる施設（演劇の劇場），施設の雰囲気や「基調」（tone）（全米の高級デパートのノードストロームのピアノ）などである（Bitner, 2000を参照）．言い換えると，優れたサービ

ス企業は，顧客のために「ひとまとまり」の経験を作ることで，顧客が最初に企業を訪れる理由であるところの主たるサービスをできる限り洗練させようとしている．

系統立てて検討するために，サービスの「ひとまとまり」の経験をその構成要素へと分解してきたが，ここで重要なことは，顧客は要素個別ではなく「ひとまとまり」として経験するということである．顧客は「あらあら，あそこの壁，剥がれてるわ」「なぜカーペットを破れたままにしておくのかしら」「この広告は最低ね」などと個別に意識したりはしない．顧客は，「ひとまとまり」の経験から企業に対する全体的な印象を形成し，その印象を保持するのである．このため，顧客が触れるすべてのものに綻びがあってはならないことを理解することが，企業にとってきわめて重要である．これは，布を縫い合わせて作られている衣服において，縫い合わせ部にほつれが一つでもあれば，衣服全体の品質への印象に影響があるのと同じである．

3.10　調和層：[第8章] 顧客中心のサービスシステムの設計

39. すべての機能に「サービスロジック」を採用せよ
40. 顧客接点の度合いに応じて相反するロジックのバランスをとれ
41. OM によるサービスデリバリーへの焦点と，ビジネスの戦略的焦点とを適合させよ
42. マーケティング部門に不適切なターゲット顧客を決めさせるな
43. 市場指向であるために，本当にマーケティング部門が必要か決断せよ
44. 市場指向の企業となるための三つの鍵を採用せよ
45. HRM（人材管理）機能を「サービス化」せよ
46. 情報技術と人に関する技術の研究開発に（もっと）投資せよ
47. 社内のサービス監査やサービスマップを通じて，自社のサービスロジックを診断せよ

本節は，「顧客が接する境界の背後で作用するすべての力」に関する内容であるとも言えよう．人材管理（human resource management; HRM），マーケティング，OM などと相互に関係する役割を述べ，それらが (a) サービスを提供する従業員の経験と，(b) サービスを受け取る顧客の経験にもたらす影響について論じている．簡単に言えば，本節の「調和」層では，サービスの実践や研究が部門横断的かつ学際的である必要があり，その際，今日のサービスサイエンスやサービスドミナントロジックで示されているルールに基づく必要があることを論じている．

本節の基本的なメッセージは，これらの機能がサービスロジックを取り入れて活動していることが重要だという点にある．「サービスロジック」は，統合されたサービスシステムがどのように，そして何のために機能するのかを説明するものである．また，サービスロジックは，顧客や従業員のサービス経験を統治するための組織化の原理の集合である（Kingman-Brundage, George, & Bowen, 1995）．例えば，もし HRM が従業員に対して「礼儀正しさ」「公正さ」「迅速な対応」などを訓練せず，技術的な問題（例えば情報技術）に関してのみ訓練すると，従業員が顧客に提供するサービスには人間味がなくなるであろう．そこで，サービスロジックの観点でマーケティングの役割を考えて

みよう．もし，新しい製品/サービスについて，その提供方法を従業員にトレーニングする前に顧客に宣伝を行っているとしたら，そのマーケティングにはサービスロジックはない．同様に OM でも考えてみよう．もし，OM が自身の主要な役割を，サービス施設に顧客をできる限り迅速に出入りさせることであると考えてしまうと，顧客視点での品質は損なわれるかもしれない．1995 年の書籍では「すべてのレストランがカフェテリアであれば，効率は最大化されるだろう．しかし，失われるものも計り知れないのではないか？」と述べた．

　サービス提供の観点と顧客満足度の観点の両面から，サービスシステム活動の結果を最適化したければ，HRM，マーケティング，OM というサービスシステムの三つの主要機能が調和すべきであることは明らかなはずである．うまく調和されていない例として，トレーニング前に製品/サービスの宣伝を行うことを直前に挙げた．もちろんこれには，製品/サービスを提供するシステムが整う前に製品/サービスの宣伝を行うことも含めることができる．また，求人への応募者の質を，HRM が OM にきちんと伝えていないかもしれない．そうすると，OM は担い手である従業員の受容能力を超えたシステムや手順を設計してしまう．ほかにも，サービスセンターの顧客への電話応対が決して 30 秒以上にならないように，管理職が命令するかもしれない．効率の向上とコスト削減が目的であるわけだが，同時に顧客サービスの品質に大きなダメージを与えるかもしれない．

　基本的にこれらの三つの機能は，自身のアプローチを決める異なる「ロジック」を持っている．ここで問題は，この「ロジック」がしばしば互いに相反することにある．マーケティングは，競争上の優位性を獲得するために物事を早急に進めたがる．OM は，生産プロセスからできる限り顧客を締め出して，すべての効率を高めたがる．HRM は，従業員の考え方調査，新しい採用・評価プログラム，トレーニングなどに関する適切な実施に大変な時間をかける．我々が HRM に対して頻繁に耳にする疑問は，「なぜ HRM は，サービス指向になろうとしてこなかったのか」である．マーケティングに対しての疑問は「なぜマーケティングは，社内へのマーケティングを多少でも行って，全員に同じ考えを持たせられないのか」である．そして，OM に対しての疑問は「なぜ OM は顧客に奉仕する上で従業員が簡単かつ効率的に使える IT システムを作れないのか？」である．

　OM とマーケティングのロジックの違いに対する解決策の一つは，生産における顧客との接触や顧客の参画の程度を考慮することである．顧客との接触度が高ければ，OM の主たる目的は効率にはなり得ない．「例外」は，組織が共同生産者としての顧客の取り扱いに並外れて熟練しており，顧客が関与していても影響を受けずに十分に制御できる場合のみである．また，マーケティング戦略が市場における差別化である場合，OM の目標は効率やコストのリーダーシップを追うことではなく，品質に重きを置いたものでなければならない．さらに，マーケティング自身についても，差別化が戦略であるならば，社外と同等に社内に対しても注力しなければならない．なぜならば，サービス提供の品質は，最高の顧客経験とは何か理解してそれに全力を傾けている従業員一人ひとりにかかっているからである．

　顧客を引き付けて留めるために多くの選択肢を提供したがるマーケティングが HRM と衝突することもある．HRM の懸念は，あまりに多くの選択肢があると，多くの異な

る種類の能力が必要となること，すなわち，異なる種類の人の選抜や異なる種類のトレーニングの用意などが必要となることである．マーケティングにおいて，戦略的に狙う市場セグメントが明確であればオファリングがより絞られているため，これらの対立の一部は解消される．実際，戦略的なセグメントが明確であれば，マーケティングが組織の隅々まで行き届いた「市場（顧客）指向の会社」（Shah et al., 2006）となり，マーケティング部門は不要になるかもしれないことを以前の書籍の中で述べた．以下には，我々が挙げた「市場（顧客）指向の会社」の三つの鍵を示す．

1. マーケティングを一つのライン機能とせよ
2. 社外と同じくらい真剣に社内のマーケティングに取り組め
3. 顧客満足度と従業員満足度を観測し，両者の関係を理解せよ

これらの対立を緩和するための一つの鍵は，三つの機能が調和できているかについて内部監査を行うことである．多くの組織は，顧客へのサービス提供の良し悪しについて顧客から情報を得ようとしている．一方で，機能が互いに役立っているかについての内部監査は，本来行われるべきであるにもかかわらず，実際に行っているところは多くない．このような監査を行うことによって，異なる部門の調和が実現し，シームレスな顧客視点のサービス提供が可能になる．結局のところ，競争上の優位性の鍵は，実際に顧客に提供するサービスなのである．また，このような監査によって，狙っている市場セグメントにはどのような顧客がいるのか，その顧客に各機能はいかに貢献するのか，サービス品質はどのように定義できるのか，サービス品質に各機能はどのように貢献するのかなどを明確化することができる．さらに，策定した案を検証するため，顧客と率直な相談などを行っていく．加えて，このような監査は企業のサービス提供の良し悪しの判断に利用できる．また，サービス提供の手順を定義した「サービスマップ」の策定や，その際の各部門の役割を明示的に定義した文書の作成にも利用できる．

3.11　調和層：[第9章] サービス文化の醸成

48. 管理職ではなく，文化を通じて管理せよ
49. 文化の統合失調症を避けよ
50. 従業員を市場調査の情報源として活用せよ
51. 従業員に権限を委譲せよ――それが王道である
52. サービスの一つの側面を単独で管理することは，サービスに「継ぎ目」を生むことになることを認識せよ
53. サービス文化の統合を徹底せよ

1995年の書籍の中で我々が達成したかったこと，そして本節の中で明らかにしようとしていることに関して，オーケストラを例に引くと有益な比喩となる．以下にその理由を示す．

1. オーケストラには指揮者がいて，様々なパートの演奏を調和させ，全体としての卓越さに必要な「継ぎ目のなさ」（seamlessness）を実現する．そしてそのために，奏者全員が指揮者のビジョンに従う．

2. 異なる奏者が演奏を担当するパートは同じではない．しかし，彼らの個別の卓越さと優れた調和から，継ぎ目がなく卓越した何かが出現する．人々が「同じ意識を持つ」(on the same page) べきだとしばしば言われるが，これは適切な表現ではない．人々は他の人が演奏した音に気を配りながら，自身が担当する音を演奏する．そして指揮者の仕事は，全員が継ぎ目なく機能するようにすることである．
3. 指揮者は各パートを演奏できないし，各パートの演奏や奏者を個別に監視することもできない．その曲についていったん指揮棒を振り下ろせば，流れ出した曲は止まらない．奏者は譜面上のあらゆる音符を個々に管理されなくても，自身のパートを全体と調和するようにうまく演奏できなければならない．すなわち，奏者には演奏の権限が委譲されていなければならない．

本節では，担当者間でのサービスロジックの共有が文化を醸成し，顧客へのサービス提供において，表面上はバラバラな構成要素をその文化が調和させることを論じる．

多数のレイヤーにおいて，組織のどのような文化・風土が機能するかを図3.3に示す (Schneider & Bowen, 1995, p.239)．組織内の人々の心理の最深レベルには，彼らが共有することを願っている価値観・意義・仮定が存在する．そしてその上に，組織の異なる機能において彼らが実施する日常業務や振る舞いが存在し，これらは最終的に彼らが顧客と直接やり取りする際の振る舞いに波及する．どのような基本的価値観・意義・仮定を採用するかは，経営者の責任である．そして，基本的価値観・意義・仮定は，サービス組織において従業員か顧客かにかかわらず，すべての人々の扱われ方に影響する．基本的価値観・意義・仮定が根づいていれば，すべての人々の振る舞いは調和するはずである．

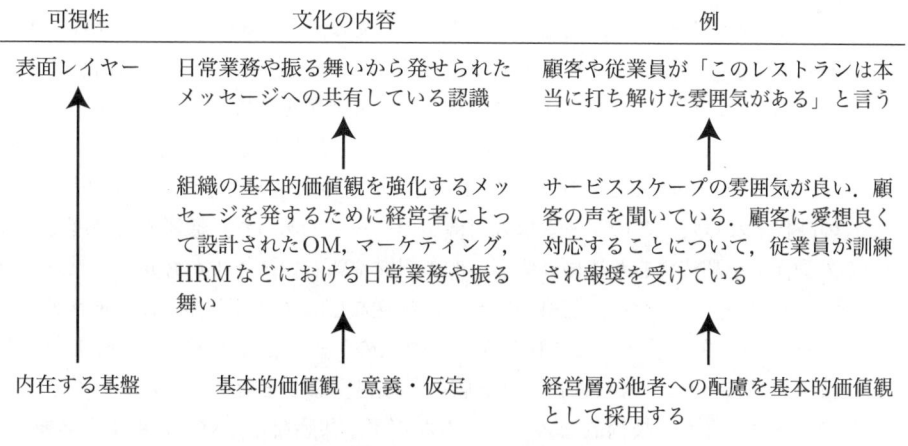

可視性	文化の内容	例
表面レイヤー	日常業務や振いから発せられたメッセージへの共有している認識	顧客や従業員が「このレストランは本当に打ち解けた雰囲気がある」と言う
↑	↑	↑
	組織の基本的価値観を強化するメッセージを発するために経営者によって設計されたOM, マーケティング, HRMなどにおける日常業務や振る舞い	サービススケープの雰囲気が良い．顧客の声を聞いている．顧客に愛想良く対応することについて，従業員が訓練され報奨を受けている
	↑	↑
内在する基盤	基本的価値観・意義・仮定	経営層が他者への配慮を基本的価値観として採用する

図3.3 サービス文化

では，誰が調和を実施するのであろうか？ 我々の考えは，この調和に責任を持つべきなのはスタッフマネージャー（間接部門のマネージャー）ではなく，ラインマネージャー（ビジネスを直接推進する部門のマネージャー）のチームである．彼らは，適切な顧客指向のサービス文化が確立されるように，基本的価値観が何であるかを認識する

ことと，スタッフ機能からの必要な支援を通じてその基本的価値観が実現されることに責任を持たなければならない．1995年の書籍の第8章で論じたように，異なる機能は異なる責任を有しており，ラインマネージメントの調整チームは必ず全員が同じ曲を演じるように，すなわち，必ず適切な顧客指向の文化が醸成されるようにしなければならない．

ここで我々は，「適切な顧客指向の文化」という表現を用いた．これは，競争に勝つためのサービス文化が一つとは限らないことを意図している．例えば，コストリーダーを指向するサービス企業もあれば，品質リーダーを指向するサービス企業もあるだろう．成功の鍵は「選ばれた戦略」ではない，言い換えれば「演奏される曲」ではない．その戦略を競合他社よりも効果的に実行することである．また，各戦略における従業員への権限付与の度合いも戦略によって異なる．例えば，コストリーダーシップを指向し，顧客との接触が少ない場合には，従業員への権限付与は少なくてよい．一方，高品質を指向し，顧客との接触が多い世界では，従業員により多くの権限付与が必要となる．実際，最近の研究では，無形性が高く顧客との接触が多い場合と比べて，顧客との接触が少なくきわめて有形なサービス施設は，サービス品質を追及する文化を醸成する有用性が低いことが示されている（Mayer, Ehrhart, & Schneider, 2009）．したがって，あなたが醸成するサービス文化はあなたの戦略にとって適切なものでなければならない．すべてのサービス文化は共通であるべきではなく，「あなたの」サービスゲームに勝つために醸成されるべきである．

3.12　サービスの成功とは，引き続き「人対人のゲーム」を制することである

我々は，本章を1995年の書籍の書き出しと同様の方法で締めくくりたい．つまり，サービスを「ゲーム」の比喩で考えることにする．この比喩は，Daniel Bellの先見性のある本 *The Coming of Post-Industrial Society*（Daniel Bell, 1973）に由来する．彼はこの本の中で，長年にわたる仕事や組織の性質の変革を分析するのに，ゲームの比喩を用いた．最初は「自然相手のゲーム」であり，農業や漁業などの仕事には筋力やエネルギーのスキルが必要とされた．次に，産業革命の到来とともに「人工物相手のゲーム」の時代となった．このゲームは人対機械のゲームであった．機能や難易度で分割された労働作業を調整するために，新しい形の組織や新しいスキルが必要とされた．特に経営科学やマーケティング，組織のモデル，配送などのエリアが非常に洗練された．

そして1970年代となり，Bellが「人対人のゲーム」と表現した，脱工業的な仕事の特性が高まった．「人対人」とは「店員と顧客」などを指す．このゲームはきわめて知識ベースであり，技術的なスキルのみならず，共感などの対人スキルも必要とされる．本章の主題は，新しいサービスサイエンスが出現した今日であっても，サービスや価値の共創は，依然として人対人のゲームのままだということである．もしエンジニアリング，線形計画法，オペレーションなどを「過度に」重視すれば，サービスを「人工物相手のゲーム」として扱う危険を冒すことになる．

サービスサイエンスの素晴らしい貢献の一つは，人々がサービスゲームを行う上でのルールを設計するための，統合されたシステム的な見方を強く提唱していることであ

る．システム的な見方をどのように適用するかに関する考え方の要点は，内在する別々のロジックから「サービスロジック」を浮かび上がらせる，以下の三つの問いに答えることである．

- 顧客ロジック：顧客は何をしようとしているのか，そしてそれはなぜか？
- 従業員ロジック：従業員は何をしようとしているのか，そしてそれはなぜか？
- 技術的ロジック：サービスの成果はどのように生み出されるのか？

サービスサイエンスはこれらの質問に対して，すべてのステークホルダーの利益に一致した回答を浮かび上がらせるための原理や技法を設計することを支援する．もちろん，多くの原理は高度に手法化され，洗練される必要があるだろう．しかし，我々は人が基本であることを常に心に置いておく必要がある．この基本は，本章で説明した，関連する人々や状況に基づく単純なルールでほぼ網羅されている．サービスサイエンスのすべてがロケットサイエンスになってしまうべきではない．

参考文献

Anderson, E. W., Fornell, C. C., & Mazvancheryl, S. K. (2004). Customer satisfaction and shareholder value. *Journal of Marketing, 68,* 172-185.

Bell, D. (1973). *The coming of post-industrial society: A venture in social forecasting.* New York: Basic Books.

Birdie, K., Clegg, C., Patterson, M., Robinson, A., Stride, C. B., Wall, T. D., & Wood, S. J. (2008). The impact of human resource and operational management practices on company productivity: A longitudinal study. *Personnel Psychology, 61,* 467-501.

Bitner, M. J. (2000). The servicescape. In T. A. Swartz & D. Iacobucci (Eds.), *Handbook of services marketing and management* (pp. 37-5). Thousand Oaks, CA: Sage.

Bitner, M. J., Booms, B. H., & Tetreault, M. S. (1990). The service encounter: Diagnosing favorable and unfavorable incidents. *Journal of Marketing, 54,* 71-84.

Bowen, D. E. (1983). *Customers as substitutes for leadership.* Ph. D. Dissertation, East Lansing, MI: Michigan State University.

Brief, A. P., Butz, R. M., & Deitch, E. A. (2005). Organizations as reflections of their environments: The case of race composition. In R. L. Dipboye & A. Colella (Eds.), *Discrimination at Work: The psychological and organizational bases* (pp. 119-248). San Francisco: Jossey-Bass.

Davidow, W. H., & Uttal, B. (1989). Service companies: Focus or falter. *Harvard Business Review, 67,* 77-85.

Dean, A. (2004). Links between organisational and customer variables in service delivery: Evidence, contradictions, and challenges. *International Journal of Service Industry Management 15,* 332-350.

DeWitt, T., Nguyen, D. T., & Marshall, R. (2008). Exploring customer loyalty following service recovery: The mediating effects of trust and emotions. *Journal of Service Research, 10,* 269-281.

Gadrey, J. (2002). The misuse of productivity concepts in services: Lessons from a comparison between France and the United States. In J. Gadrey & F. Gallouj (Eds.), *Productivity, innovation and knowledge in services: New economic and socioeconomic approaches*. Edward Elgar Publishing.

Goldstein, I., & Ford, J. K. (2002). *Training in organizations* (4th Edition). Wadsworth.

Gruca, T. C., & Rego, L. L. (2005). Customer satisfaction, cash flow, and shareholder value. *Journal of Marketing, 69*, 115-130.

Kerr, S. (1975). On the folly of rewarding A while hoping for B. *Academy of Management Journal, 18*, 769-783.

Kingman-Brundage, J., George, W. R., & Bowen, D. E. (1995). Service logic: Achieving service system integration. *International Journal of Service Industry Management, 6*, 20-39.

Lawler, E. E., III (2003). Reward practices and performance management system effectiveness. *Organizational Dynamics, 32*, 396-404.

Louis, M. (1990). Acculturation in the work place: Newcomers as lay ethnographers. In, Schneider, B. (Ed.), *Organizational climate and culture* (pp. 85-129). San Francisco: Jossey-Bass.

Lovelock, C. & Wirtz, J. (2004). *Services marketing: People, technology, strategy, 5th ed.* Upper Saddle River, NJ: Pearson/Prentice-Hall.

Macey, W. H., & Schneider, B. (2008). The meaning of employee engagement. *Industrial and Organizational Psychology: Perspectives on Science and Practice, 1*, 3-30.

Macey, W. H., Schneider, B., Barbera, K., & Young, S. A. (2009). *Employee engagement: Tools for analysis, practice, and competitive advantage.* London: Wiley/Blackwell.

Mayer, D. M., Ehrhart, M. G., & Schneider, B. (2009). Service attribute boundary conditions of the service climate – customer satisfaction link. *Academy of Management Journal, 52*, 1034-1050.

Michel, S., Bowen, D. E., & Johnston, R. (2009). Why service recovery fails: Tensions among customer, employee, and process perspectives. *Journal of Service Management, 20*, 253-273.

Michel, S. & Meuter, M. L. (2008). The service recovery paradox: True but overrated? *International Journal of Service Industry Management, 19*, 441-457.

Ployhart, R. E., Schneider, B., & Schmitt, N. (2006). *Staffing organizations: Contemporary practice and research.* Lawrence Erlbaum Associates.

Rousseau, D. M. (1990). *Psychological contracts in organizations: Understanding written and unwritten agreements.* Thousand Oaks, CA: Sage.

Sampson, S. E. & Froehle, C. M. (2006). Foundations and implications of a proposed unified services theory. *Production and Operations Management*, 329-343.

Schneider, B. (1980). The service organization: Climate is crucial. *Organizational Dynamics, 9*, 52-65.

Schneider, B. (1987). The people make the place. *Personnel Psychology, 40*, 437-453.

Schneider, B. & Bowen, D. E. (1995). *Winning the service game.* Boston: Harvard Business School Press.

Schneider, B., & Bowen, D. E. (1999). Understanding customer delight and outrage. *Sloan Management Review, 41, 35-46.*

Schneider, B., Macey, W. H., Barbera, K. M., & Martin, N. (2009a). Driving customer satisfaction. *People and Strategy, 32*, 22-27.

Schneider, B., Macey, W. H., Lee, W., &Young, S. A. (2009b). Organizational service climate drivers of the American Customer Satisfaction Index (ACSI) and financial and market performance. *Journal of Service Research, 12,* 3-14.

Schneider, B., & White, S. S. (2004). *Service quality: Research perspectives.* Thousand Oaks, CA: Sage. *Service Science* (2009). Volume 1, Issue 1.

Shah, D., Rust, R. T., Parasuraman, A., Staelin, R. A., & Day, G. S. (2006). The path to customer centricity. *Journal of Service Research,* 9, 113-124.

Spohrer, J. (2009). *Editorial Column:* Welcome to our declaration of interdependence. *Service Science, 1,* i-ii.

Spohrer, J., Maglio, P. P. Bailey, J. & Gruhl, D. (2007). Steps toward a science of service systems. *IEEE Transactions, 40,* 71-77.

Stratton, B. (1991). How Disneyland works. *Quality Progress, 24,* 19. *Succeeding through service innovation: A service perspective for education, research, business, and government* (2008). White Paper, University of Cambridge Institute for Manufacturing and IBM. Cambridge, UK: Cambridge Institute for Manufacturing.

Tax, S. S., & Brown, S. W. (2000). Service recovery: Research insights and practice. In T. A. Swartz & D Iacobucci (Eds.), *Handbook of services marketing and management* (pp. 271-286). Thousand Oaks, CA: Sage.

Tien, J. M. & Berg, D. (2003). A case for service systems engineering. *Journal of Systems Science and Systems Engineering, 12,* 13-38.

Tobin, J. (1969). A general equilibrium approach to monetary theory. *Journal of Money, Credit, and Banking, 1,* 15-29.

USA Today (1994). USA snapshots: Lady you need a new engine. *USA Today,* January 7, p. 1.

Vargo, S. L. & Lusch, R. L. (2004). Evolving to a new dominant logic for marketing. *Journal of Marketing, 68,* 1-17.

Wiley, J. W. (1996). Linking survey results to customer satisfaction and business performance. In A. I. Kraut (Ed.), *Organizational surveys: Tools for assessment and change* (pp. 330-359). San Francisco: Jossey-Bass.

第4章

カスタマーエクイティ
——顧客の価値を高めて企業の価値を活性化させる

□ **Roland T. Rust**
　Department of Marketing
　Robert H. Smith School of Business
　University of Maryland, College Park, Maryland, USA

□ **Gaurav Bhalla**
　Knowledge Kinetics , Reston, Virginia, USA

　企業の立場から見たサービスサイエンスの研究領域は，(1) 効率と生産性の向上によりいかにしてコストを下げるかと，(2) より良いサービスを顧客に提供することで総収入をいかに上げるかの2種類がある．後者に関しては，最近のサービスサイエンスに関する文献ではあまり触れられていなかったが，我々はこの後者の研究領域を対象とする．顧客にとってより良いサービスは，より大きな収入とより高い収益，さらにより高い顧客生涯価値を生み出す．カスタマーエクイティは，現在から将来に至るまでの企業にとっての顧客生涯価値の合計であるがゆえ，収益増加努力の効果を評価する論理的な評価基準を与える．我々は，カスタマーエクイティが企業の株式市場価値をよく表すことを示す研究成果を簡潔に述べ，なぜそうなるのかを解説する．カスタマーエクイティの重要な駆動要因を概説し，企業が投資対効果（あるいは期待される投資対効果）を戦略的支出の観点から評価するためには，いかにカスタマーエクイティを利用すればよいかについて提案する．

4.1　はじめに

　あらゆるビジネスの成功が顧客へのサービスの提供にかかっていることは，よく主張される (Chase, 1978; Vargo & Lusch, 2004)．したがって，ビジネスにとってのサービスサイエンスとは，利益性の拡大，最終的には企業価値の拡大のために，提供するサービスを向上させることを意味する (Karmarkar, 2004)．サービスサイエンスには，生産性と生産効率を向上させる方法という側面がある（例えば Fitzsimmons & Fitzsimmons, 2007）．コスト削減は最終利益の拡大に直結するため，この側面は大きな関心が寄せられた．我々はこの第一の側面ではなく，顧客を引き付けて関係性を維持するという，

サービスサイエンスの第二の側面に集中して議論する．

　顧客から得られることが期待される割引利益ストリームとして表される企業のカスタマーエクイティは，企業の市場価値をよく表している．株価に株数をかけた値から得られる企業の市場価値と，ある企業の顧客をもとに計測される企業のカスタマーエクイティとは，表裏一体の関係にあると言える．別の言い方をすれば，カスタマーエクイティの増加は，本質的に企業の市場価値を高めることと同一である．企業がカスタマーエクイティの促進方法を理解すれば，その企業は市場価値の促進に必須な機構を手にすることができる．

　これらを念頭に置いた上で，カスタマーエクイティの主要な活性化要因を確認する手法を列挙して，それらの活性化要因に対してどう戦略を絞り込むかを検討し，それらの活性化要因に焦点を絞った投資対効果の予測と計測について述べる．これらは企業に対して顧客の側から提供される，企業の時価総額と株価を制御するためのロードマップを提案する．すなわち，顧客を引き付けて関係を維持することによる利益の促進を目指した戦略的出資を，同額の投資（コストを削減する新しい技術への投資や，より効率的なシステムやマネージメントの実践への投資）と同じ原則に基づいて評価することを可能にする．

　この章の残りの部分は，以下のような構成になっている．まず，顧客生涯価値とカスタマーエクイティについて説明する．次に，カスタマーエクイティと企業の時価総額との関係を議論する．続いて，カスタマーエクイティの駆動要因の影響を決定する統計的モデルの立て方を解説する．その後，戦略的および実装上の問題点を述べ，最後にその結論を述べる．

4.2　顧客生涯価値とカスタマーエクイティ

　顧客なくしてビジネスはあり得ない．これ以上明確なことはないだろう．明確この上ないこの原則であるにもかかわらず，実際にはあまり顧客のことは考えられていない．明確であることが実行しやすいことを意味しないからである．たいていの企業において，意思決定システムやパフォーマンス計測基準，運用戦略は，いまだに製品とブランドの周囲をぐるぐる回っている状態にある．顧客は収益源であり，企業にとってビジネスを行う相手であるにもかかわらず，この概念が一企業全体における体系的な運用の原則として浸透していることは稀である．

　顧客は重要な存在であり，獲得されて育てられるべきものであると50年以上にわたって感覚的には一般に理解されていたのに，企業にとっての顧客の価値を考えることや企業が顧客の価値を増やすためにすること，企業にとっての顧客の価値と企業の経済的価値との関係に対する認識は，もっと近年の産物である．

　ここ10年の間，戦略的指向を持つ人たちは，顧客に関する考え方を変えるよう，頻繁に企業を促してきた．企業は顧客のことを単に取引の源と考えるだけではなく，恒久的な関係，つまり企業にとっての長期的価値の創造を手助けする資産と考えるよう促し続けてきた．顧客は資産であるという考え方は，感情的にも知性的にもアピールする．つまり，顧客は企業の将来の収益の主要な源泉なのである．

4.2.1 顧客生涯価値（CLV）

「資産としての顧客」という考え方への移行のために，企業は CLV（customer lifetime value; 顧客生涯価値）の概念を取り入れなければならない．簡潔に述べると，CLV とは，ある特定の顧客が企業とビジネスを行う期間すべてにわたって，その顧客が企業にとってどの程度の価値を持っているかを示す相対的な指標である．ここで，「生涯」とは顧客の一生のことではなく，顧客が企業とビジネスを積極的に行う期間であることをきちんと指摘しておかなければならない．

より正確に言えば，CLV はある企業に対する顧客の購買生活期間全般を通じた貢献の正味現在価値である．顧客の貢献の正味現在価値は，利益の正味現在価値より好ましいものである．というのも，多くの固定的なコストの割り当ては，利益の算出において恣意的なものだからである（Berger & Nasr, 1998）．

CLV には，豊富で確立された学術的な研究履歴がある（例えば Dwyer, 1989; Berger & Nasr, 1998; Reinartz & Kumar, 2000）．商業界では，直接的マーケティングやデータベースマーケティングの専門家たちが，効果的に顧客および予想顧客の対象範囲やそのセグメンテーションを作成する補助として，CLV モデルを数年にわたって使っていた．しかしながら，過去においては，CLV の考え方やその適用は，データの利用可能性やデータ収集，データ分析の複雑さとそれにかかる労力のために停滞していた．最近では，Gupta & Lehmann（2005）が CLV を算出するより簡潔なアプローチを発表している．この文献で推奨された CLV 算出の公式は次のように示される．

$$\text{CLV} = m\left(\frac{r}{1+i-r}\right)$$

ただし，

$m = $ ある期間（年単位や四半期単位など）において顧客が貢献した利幅
$r = $ カスタマーリテンションの割合（小数または％で表される）
$i = $ 減退率（小数または％で表される）

CLV 算出へのこの公式の適用は，以下の仮定に基づかなければならない．

- 顧客の企業への貢献はビジネス活動期間すべてにわたって一定である
- カスタマーリテンションの割合は各期間を通して一定に保たれる
- CLV は無限時間にわたって見積もられる

Gupta & Lehmann（2005）は，貢献とカスタマーリテンションの割合が変化（成長または減衰）する場合や，有限時間の場合には公式を修正することも示唆している．

CLV の考え方のベースとなる主要な属性，特徴，仮定を以下に示す．

- CLV の考え方においては，企業は顧客レベルのデータを追跡記録していると仮定する．この追跡記録は，例えば顧客が誰で，この企業にどれくらいの金額を費やしていて，何回この企業と契約していて，どんな手段を通じて契約していて，各契約のコストはどれくらいか，などのデータである．
- CLV には，顧客から得た稼ぎをブランドの選択に左右される競争的資源と見なすという暗黙の了解がある．

- したがって，異なる顧客は企業に対して異なる価値を持つ．顧客は消費額やブランド選択，企業へのコンタクトの期間が違うからである．
- CLV は，顧客当たりの貢献の正味現在価値を算出する．したがって，現時点と近い将来の稼ぎはより遠い将来における稼ぎよりも価値があると見なされる．

4.2.2 カスタマーエクイティ（CE）

顧客個人に特定した指標である CLV とは違い，CE は集合的な指標である．ある企業の個人個人の顧客の生涯価値を集めると，その結果はその企業の CE となる．つまり，CE は，企業の現在と将来の顧客に関する CLV の総和である．CE は，どのレベルの集合においても算出できる．つまり，マーケット全体，マーケットセグメント，サブセグメントといったどのレベルで算出してもよい．必要となるコストに対して最も効率的な方法で，つまり最低限の労力によって CE を増加させることは，いかなる時代においても企業の最大の関心事であることは疑いようもない．どうすればこのゴールを一番うまく達成できるかという重要な疑問は，続く節で取り上げる．

CLV と CE を取り入れることは，企業が顧客や戦略，マーケット，成長に関してどう考えているかに関して重要な意味を持っている．

- 顧客資産に基づいた価値は，マーケット全体，またはセグメントレベルのどちらにおいても，CE を通じて計測できる．
- 企業価値に関する，将来を見据えた主要な顧客の評価基準として，CE は財務報告に必須であるべきである（Wiesel, Skiera, & Villanueva, 2008）．
- 収入拡大のための活動のゴールは，企業の CE の成長にある．
- 戦略的な出資の相対的な価値は，CE の結果の観点から計測と査定が可能である．戦略的な出資は，投資とその投資に関する投資対効果と見なすことができる．この場合，CE において獲得した価値が効果となる．
- 新規投資であるか再分配であるかにかかわらず，戦略的予算決定は，その決定がもたらす CE への総合的な影響の観点から評価することが可能である（例えば Rust, Lemon, & Zeithaml, 2004; Hanssens, Thorpe, & Finkbeiner, 2008）．

CE は上記以外にも大きな意味を含んでいるが，マーケティング戦略の形成および企業価値の指標としての服務につながっていることは明白である．さらには，CE のマインドセットに沿って運営される企業は，その企業自身を異なるやり方で組織する．

この章の後半は，これらの問題と含意について詳細に議論する．

4.2.3 カスタマーエクイティ：パフォーマンスの新しい評価基準

コンチネンタル航空は，米国の主要航空会社の一つである．1994 年以前の 4 年間，コンチネンタル航空は年平均 9.6 億ドルの損失を出していた．コンチネンタル航空の運営のずさんさ，例えば，顧客の信頼の裏切り，不衛生，頻繁に利用者の荷物を失うなどにより，多くの利用者に不信を抱かせていた．運輸局は，コンチネンタル航空を当時の航空会社ランクづけリストの一番下に据えた．ところが，1995 年 3 月までに，コンチネンタル航空は当時のランクづけリストの末尾から先頭に移動した．さらに 2000 年には，

J. D. Power and Associates による顧客満足度調査で1位となった．前代未聞の復活である．潜在的な成功要因の中で最も大きいのは，顧客満足度を取り返すために示したコンチネンタル航空の能力である．コンチネンタル航空が勝利を導く顧客管理の方程式を持っていたことは疑うべくもない．しかし，その公式は利益に見合っていただろうか？顧客を満足させるに足るコストはどれくらいなのだろうか？ 2001 年から 2005 年にかけて，コンチネンタル航空は，年平均 2 億ドルの損失を報告している．

この事例の根本にあるテーマは，マネージメントに役立つ評価基準は，短期・長期の時間軸において多様な面で成果に着目する必要があることである．多様な面とは，例えば販売，満足度，成長，利益率などである．Best Buy 社の最高経営責任者である Brad Anderson は，2008 年 12 月の Fortune 誌のインタビューで同様の意見を述べている．彼は「Black Friday[1]という用語は Red Friday に改めるべきだ」と述べている．米国における典型的な事例として，感謝祭後の金曜日は買い物が非常に多い日である．多くの小売店のゴールは，高い販売数を達成することである．しかし，ほとんどの場合この販売を達成するために大幅な割引が行われており，結果として小売店は赤字となる．Anderson の Red Friday に名称を変えてほしいという要望はこのことを意味しており，Best Buy 社や他の小売店が背負う損失への注意を喚起するものである．

CLV と CE は，パフォーマンスの評価基準の新しい一群であり，以下の特徴を持つ．

- 貢献に焦点を当てているため，収入とコストの双方の構成要素を比較考慮している．
- パフォーマンスの履歴に基づく顧客満足度やマーケットシェアなどの評価基準と異なり，CLV や CE は将来を見据える評価基準である．CLV や CE は，将来の貢献に関する正味現在価値だからである．
- CLV と CE は，種類の異なる対象でも同じ観点で比較することが可能であり，電子広告からコールセンターの応答に至るまでのあらゆる範囲のマーケティング投資の多種のセットに関して，その魅力を評価することができる．

これらの評価基準を早期に適用した企業が，その企業の経済的成功に対するマーケティングの貢献を評価する能力に自信を持っていることは，驚くには当たらない．

Harvard Business Review の Managing for the Long-Term 特集号において，Lodish & Mela (2007) は，企業は実時間内で価格づけをして販売する技術にあまりにこだわりすぎていて，ブランドの長期間の健全さに対する投資をおろそかにしていると述べている．コンチネンタル航空と顧客満足度の例のように，短期間のマーケットシェア争いの勝利を買い取ることは簡単である．競争が長期間にわたる場合，ゼネラルモータース社の例にも見られるように，企業はシェアを買う金を用意し続けられないだろう．CE を買い取ることは不可能であり，その購入の不可能さこそが，企業の長期間の健全さの指標として，CE をより信頼できるものにしている．

---

1. 【訳注】アメリカ合衆国の感謝祭の翌日の金曜日のこと．

4.3　カスタマーエクイティと時価総額

　企業の価値に対する顧客関連の指標であるという性質は，CE の最も重要かつ優れた点の一つである．この点は，理論的な立場と（最近増加しつつある）実証的な立場の双方から見て，同じように当てはまる．CE と時価総額との間の緊密な関係は，企業が CE の活性化要因を向上させることで時価総額（と株価）を操る施策を周知できることを示している．

4.3.1　企業の価値

　金融理論から述べると，企業の価値は，割引キャッシュフローの総和以外の何ものでもない．どの時点においても，我々は割引キャッシュフローの総和を正確に知ることはできない．割引キャッシュフローの総和は，将来にわたるすべての現金取引の予測を伴うが，そんなことは実際には不可能だからである．これに対し，CE のフレームワークによって，将来のキャッシュフローに関する有用な指標を構築することができる．企業のキャッシュインフローにとって一番重要なのは，おそらく顧客から得られる利益だからである．利益はほとんどすべての企業にとって収入の主たる源泉である．利益を得るための直接のコスト（サービスを顧客に提供するコスト）によってインフローを調整できるならば，寄与が残る．顧客の割引寄与が使われ続けたと考えてみよう．これは CLV にほかならない．これを企業における顧客の現在から将来にわたって総和すると，CE となる．このように，理論的な立場から企業の CE は顧客の価値の非常に優れた指標，つまり時価総額であることが見て取れる．時価総額を発行済株式数で正規化することによって，CE は企業の株価の非常に優れた指標として使うこともできる．

4.3.2　実例と実証

　Rust, Lemon, & Zeithaml (2004) は，航空業界における企業の CE を研究し，アメリカン航空の CE を国内の顧客への調査に基づいて詳細に分析した．この分析によると，1999 年（データを収集した年）の CE の総和は 70.3 億ドルである．この分析が国内の顧客に限ったサンプルに基づいており，国外の顧客やフライト以外の収入源を無視していることを考えると，アメリカン航空の時価総額（97 億ドル）と非常によく一致している．

　Gupta, Lehmann, & Stuart (2004) は五つの企業を分析した．それらの企業の CE をその企業の魅力と顧客のリテンションに基づき，また市場成長パターンと関連させて見積もり，CE と時価総額とを比較した．彼らは，五つの企業のうち三つの企業 (Ameritrade, Capital One, E*Trade) について，CE と時価総額の間に高い一致があることを発見した．残りの二つの企業は Amazon と eBay であるが，これらは二つとも CE が示すよりも高い時価総額であることが正当づけられた．

　Kumar & Shah (2009) は，これまでで最も説得力のある比較を行っている．彼らは，Fortune 誌掲載の 2 種類の 1,000 企業（B2C 企業と B2B 企業）について，CLV と CE の増加を狙ってマーケティング活動を実施した企業のフィールド観察を行い，時間の経過に伴って CE が時価総額の変化に関連してどのように変化するかをモニタした．この結

果，CE の変化に対して，12〜13% の予測域で株価を予想できることがわかった．CE が上がると株価も上昇する傾向にあり，CE が下がると株価も下がっていた．

　これらの研究を通じて，CE は時価総額の優れた指標であり，CE の変化が時価総額と株価に影響を与えることは明白である．この結果は，企業の価値を顧客側から制御することを意味する．

4.4　カスタマーエクイティのモデル化と活性化

　CE が企業価値の中心であるとすると，経営上の論点は，CE を操る方法や，進捗の追跡方法，CE の主要な活性化要因を統計的に定義する方法，CE に基づいた投資対効果の評価方法になる．

4.4.1　カスタマーエクイティの活性化要因

　CE の活性化要因を，すべての企業にとって重要な三つの活性化要因 (Rust, Zeithaml, & Lemon, 2000) に分類することは有効である．研究者たちは，これら三つの活性化要因に対する顧客の認識を用いれば，現在のセールスレベルを取り除いても，将来のセールスをはっきりと予測できることを示した (Vogel, Evanschitzky, & Ramaseshan, 2008)．第一の活性化要因はバリューエクイティである．バリューエクイティは，合理的で客観的な活性化要因と捉えることができ，「顧客の思考」を反映していると考えられる．バリューエクイティは，認識される質や，払わなければならない値段や，利便性などを含む．

　第二の活性化要因はブランドエクイティである．これは主観的で感情的な活性化要因と考えることができ，「顧客の心」を反映していると捉えられる．ブランドエクイティは，ブランドイメージやブランド意識，企業責任，その他の無形資産を含む．

　第三の活性化要因はリレーションシップエクイティである（もともとは「リテンションエクイティ」と呼ばれていた）．リレーションシップエクイティは，顧客のブランド離れを防ぐための切り替えコストと考えることができる．リレーションシップエクイティは，「顧客と企業を結び付ける接着剤」と捉えることができる．リレーションシップエクイティは，企業に関する顧客の知識や顧客に関する企業の知識，個人的なつながりやお得意様優待プログラムなどを含む．

4.4.2　バリューエクイティの活性化

　バリューエクイティを活性化する一番の方法は，顧客が得るものを増やすか（例えば品質を上げるなど），顧客があきらめなければならないものを減らすか（例えば安価さなど）のどちらかである (Zeithaml, 1988)．バリューエクイティは企業間取引においてより重要になりやすく，品質と価格が競合他社と同レベルである場合にはバリューエクイティの重要さがより低下しやすい傾向がある．バリューエクイティを活性化する重要な要因の一つは利便性である．利便性で優位に立つことは重要であり（例えば ATM が近くにある銀行），品質や価格による不利益を相殺することができる．

4.4.3 ブランドエクイティの活性化

ブランドエクイティはこの20年，マーケティング業界のお気に入りだった．ブランドエクイティはCEの活性化にとってきわめて重要である．同時に，ブランドエクイティがすべてではないと知ることも重要である．例えば，非常に優れたブランドエクイティを持っていても，その価値が貧弱であればそのブランドは成功しない．伝統的な広告手法はいまだにブランドエクイティの活性化に大きな役割を果たしているが，ソーシャルメディアがそれよりも大きな役割を果たしつつある．ブランドエクイティは購買への関わりや衝動が低い場合に重要になりやすい．例えば，コンシューマー向けの日用品においてブランドエクイティは特に重要となる．ブランドエクイティは幅広い活動によって構築できる．例えば，ブランドの認識（広告や口コミによる），顧客とブランドの情緒的なつながりの構築（例えばブランド広告を顧客のライフスタイルにつなげる場合に使う），ブランドパートナーの注意深い選択（ディズニーとマクドナルドは新しいディズニー映画の販促をしている）などである．

4.4.4 リレーションシップエクイティの活性化

リレーションシップエクイティはCEの活性化要因であるが，技術の進歩によって企業が顧客に関する情報を獲得・保存・分析する能力を高めたことから，すごい勢いでその重要さを増しつつある．金融サービスや通信（例えばインターネット，電話，ケーブルテレビなど）のような関係サービスや専門サービスは，リレーションシップエクイティが中心にあるべきであると気づいている．顧客との関係の情報を含むデータベースを構築した企業は，顧客関係管理（customer relationship management; CRM）の活動を通してCEを活性化する絶好の機会を手にしている．企業間取引では個人的な関係（主要なアカウントマネージャーや営業の人々）と同時に典型的にはこのような特性を備えているため，CEの非常に重要な活性化要因としてリレーションシップエクイティを捉えることが多い．

4.4.5 カスタマーエクイティのモデル化

実際的なビジネスの立場では，CEのモデル化には二つのアプローチがある（Rust, Lemon, & Zeithaml, 2006）．伝統的アプローチは限定的ではあるが，個々の顧客に直接働きかける企業活動のみを考慮して，顧客の購買行動とCLVを企業活動の関数としてモデル化する（例えばKumar & Reinartz, 2005）．より広く一般的なアプローチ（Rust, Lemon, & Zeithaml, 2004）では，CEのすべての主要活性化要因を顧客の認識に基づいて一度に評価する．このアプローチは市場における顧客のサンプルだけを必要とし，長期間のデータベースを必要としない．ここでは，この後者のアプローチに着目する．

調査によるアプローチ（詳細はRust, Lemon, & Narayandas, 2005を参照）には，CEの活性化要因に関する情報収集が含まれる．この情報収集は，ちょうど顧客満足度の調査に似ている．例えば，バリューエクイティの活性化要因，ブランドエクイティの活性化要因，リレーションシップエクイティの活性化要因について計測する場合，これらの活性化要因は，企業がその中から決定しなければならない特定の出費の種類にマップす

るように選択される．調査は，典型的には一定の間隔，例えば1〜10で評価したCEの活性化要因に関する評価データとともに，購買活動の頻度や購買量，最近の購買ブランド（あるいは各ブランドへの支払額の比率），購買意欲の可能性などの情報獲得も含む．後者は，考えられる他の応答バイアスを取り除くために，マーケットシェアのデータを使って注意深く測定される．

調査データの統計分析の詳細はこの章の範囲外だが，これに関しては様々な参考文献がある（Rust, Lemon, & Zeithaml, 2004）．本質的に統計的モデルには，(1) 購買活動の確率を評価するモデルの選択，(2) 個々の顧客に関する経時的なブランド選択を予測するマルコフチェーンモデル，(3) 個々の顧客のCLVを予測するCLVモデル（このモデルは割引率や計画視野を含む追加データを企業から取得する必要がある）の三つが含まれる．これらを利用して，CLVの平均に顧客数をかけた値が企業のCEである．

企業の健全性の基準として，マーケットシェアよりも企業のCEのシェアのほうが適切だという主張には何の価値もない．マーケットシェアは現在に着目した指標であり，CEは将来を見据えた指標であるからである．これはつまり，衰退する企業は，高いマーケットシェアを持っているがCEが貧弱である可能性を意味する（例えば，1980年代のゼネラルモータース社を考えるとわかる）．また，CEは，売上だけでなく利益にも基づいた指標である．

4.4.6　投資対効果

前項で述べたモデルを利用することで，顧客に対するどのような支出についても投資対効果の算出が容易になる．企業がサービス品質を5ポイント評価において0.2ポイント向上させるために5億ドル（純現在価値）を費やしたと仮定しよう．前項で述べたモデルは，CEの増加を見積もるために使用される．投資対効果は，（CEの変化−出費）/出費である．モデルは，「もしこうしたら」という前提のもとでの見積もり，つまり，将来の出費の結果の投資対効果の調査にも使用することができる．これに関する参考文献は数多くある（Rust, Lemon, & Zeithaml, 2004; Rust, Lemon, & Narayandas, D 2005）．このアプローチは，様々な産業分野の多くの企業で使用されている．

4.5　実現に向けた問題点

4.5.1　CEと企業戦略

この節での我々の主目的は，企業が長期間にわたって有益な戦略的選択をするために，CEがどのように役に立つかについて読者の理解を助けることにある．Michael Porterは，これを端的に「戦略のすべては投資と資源の割り当てである」と言い表している．しかし，どの投資とどの資源の割り当ての決定が長期的に経済的な意味を持つのかを，企業はどのように決定するのだろうか？ 特に，サービス品質の向上や販売時間の延長，製品特性の拡張などのように多岐にわたる選択肢の中からどのように投資の決定がなされるのだろうか？

CEは具体的な意思決定支援ツールである．企業はCEを用いて，まったく異なる市

場投資がもたらす価値を比べることができる．CE は，特に異種の投資を比べる際に威力を発揮する．前述の一般的なアプローチに従って，企業は次のステップに沿って行動する．

- 企業のビジネスに関するバリューエクイティ，ブランドエクイティ，リレーションシップエクイティの活性化要因を決定する
- そのビジネス市場の顧客を調査する
- 活性化要因の影響と CLV の統計的なモデルを構築する
- 重要度の観点から活性化要因をランクづけする（例えば CE への影響可能性に従ってランクづけする）
- CE 活性化要因の認識に関する変化の予測から，CE とそれに付随する ROI の変化を予測するためのシミュレーションを行う
- 一番効果が大きい戦略的出費を選択する
- 戦略的に出費を行う
- その出費によって達成される ROI を見積もる

図 4.1 は，投資と資源配分の決定に CE を用いる際のフレームワークを示している．市場投資のゴールは，企業のパフォーマンスの向上と，それに伴って少なくとも一つの CE 活性化要因に関する顧客の認識評価を上げることである．ROI の評価基準は，CE の増加に対する支出の相関を示している．

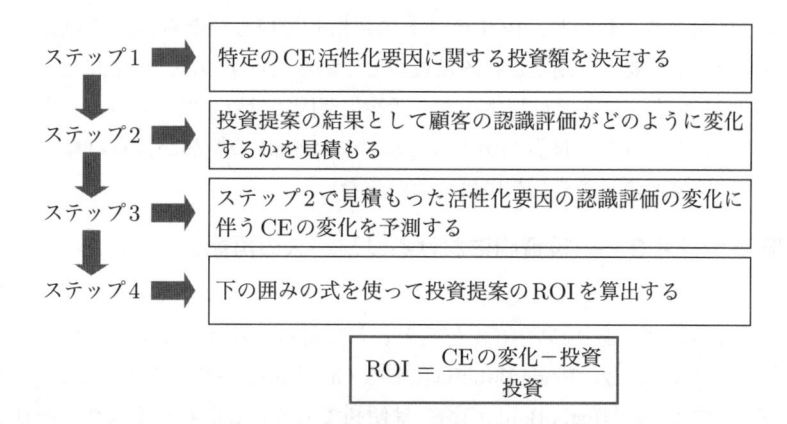

ステップ1 →	特定の CE 活性化要因に関する投資額を決定する
ステップ2 →	投資提案の結果として顧客の認識評価がどのように変化するかを見積もる
ステップ3 →	ステップ2で見積もった活性化要因の認識評価の変化に伴う CE の変化を予測する
ステップ4 →	下の囲みの式を使って投資提案の ROI を算出する

$$ROI = \frac{CE の変化 - 投資}{投資}$$

図 4.1 カスタマーエクイティの評価基準を用いた戦略的投資の評価フレームワーク

このフレームワークは，投資に関する様々な疑問に答えるために利用することができる．不足しがちなマーケティングリソースをより効果的に割り振るために，上述のフレームワークがどのように役立つかについて解説する．数例のシナリオに関する議論を以下に挙げる．

■ シナリオ 1 ―― 出費が多すぎないか？

市場投資のゴールが，企業のパフォーマンス向上とそれに伴う少なくとも一つの CE 活性化要因に関する顧客の認識評価の向上にあるのは真実である．その一方で，投資が線形でないことも同様に真実である．広告を例にとってみよう．最初，広告支出の増額

は顧客の選択と認知を向上させているように見える．しかし，その後に続く支出の増額では，認知と選択の向上は鈍化する．

ROI 指標は，企業がある特定の CE 活性化要因の認識評価を向上させようとして支出が過剰になっていないかを判定する有力な手がかりを与えてくれる．わかりやすい言葉で言うと，支出が同等の CE の増加につながらない限り，つまり市場投資の増額度と比較して ROI 指標が平坦か減少している場合，企業の支出は過剰である．

■シナリオ 2 ── 差異を生み出すために十分に出費しているか？

LG のような中堅の携帯電話機器のプロバイダーを想定しよう．この企業のマーケティング予算は 1 億ドルであり，そのうち 2 千万ドルはリレーションシップエクイティ構築に向けられる．この額のうち，500 万ドルは販売担当者の教育に割り当てられている．

過去のマーケティングリサーチによると，浮遊客，つまりブランド志向が弱く，製品の長所と価値に納得できればブランドを気にせず購入する消費者を引き付ける力は，主に販売担当者が握っている．

重要な問題は，500 万ドルという金額で十分かどうかである．上述のフレームワークに立ち戻って考えると，500 万ドルの投資は，販売担当者の LG に関するリレーションシップエクイティが向上した場合においてのみ差分を生み出すことがわかる．差分がないなら，投資は十分ではない．

予算上の理由から，デモンストレーションモデルや営業担当者の知識，使いやすさなど，特定の CE 活性化要因を向上させるために，ある一定額しか投資できないことはしばしば起こる．しかし，ROI テストに合格していないならば，この支出は十分ではない．予算上の要因で制限される投資が CE にもたらすのは，取るに足りないほど微量の増加でしかない．企業は特定の CE 活性化要因に投資したという気持ちで心理的安定を得られるだろうが，投資額が十分でなければ ROI の増加が得られないのと同様，心理的安定は長期の経済的利益にはつながらない．

■シナリオ 3 ── 投資間におけるリソースの再配分

ここでもう一度，先に提案したフレームワークを適用してみよう．再配分がさらに効果的であれば，より高い ROI が結果として得られるはずである．銀行のケースを例にとってみよう．今，Regis Bank は主要な CE 活性化要因に良い影響を与えたいと考えている．つまり，「Regis Bank の預金は便利である」と思われるようになりたいと考えている．また，今までの Regis Bank の便利さの認識は，主にドライブスルーのバンキングによるものだったと仮定しよう．しかし，マネージメントは，店舗の営業時間の延長のほうが，ドライブスルーのレーンを増やすよりも便利さの認識評価（CE の主要活性化要因の一つである）の向上に効果があるのではないかと疑っている．ROI フレームワークの適用は，ドライブスルーのレーンの追加と営業時間の延長のどちらがより効果的かをマネージメントが決定するのを助けてくれる．

■シナリオ 4 ── ある企業買収に出費しすぎていないか？

すべての企業にとって成長は重要である．しかし，組織的な成長がいつでも簡単に実現できるとは限らないから，企業はしばしば合併と買収をすることで，利益成長やコスト削減，あるいはその双方を達成しようとする．2008 年，下降傾向の経済と信用状況の

影響で M&A 市場が全体の 33% まで落ち込んだにもかかわらず，多くの大規模買収が行われた．2008 年の上位 10 位の買収のうちいくつかを挙げよう．

- Philip Morris International が競合他社の Rothmans Inc. を 20 億カナダドルで買収
- Invery が米国に本拠地を置くビール生産会社 Anheuser-Bush を 604 億ドルで買収
- Verizon Wireless が Alltel を 281 億ドルで買収し，AT&T と同レベルの最大のインターネットプロバイダーとなる
- 製薬会社の Novertis AG が約 277 億ドルで Nestle から Alcon に関する権利の 77% を買収
- 米国に本拠地を置く Mars Inc. が世界最大のチューインガム生産会社である Wm Wringley, Jr. Co を 232 億ドルで買収

買収で何億ドルもの金額が取引される場合，論理的な疑問は，企業が買収対象の価値をどのように評価するかである．Verizon Wireless が「Alltel のおおよその適正価格は 281 億ドル」と判断したのはどういう経緯か？ Verizon は，この支出が多すぎるわけでないとどう合理的に判断できたのか？ 現代の既存の企業評価技術の多くは，技術というよりは芸術に近く，買収の状態によって著しく違った判断が下される．もっとうまいやり方はないだろうか？

CE は，もっとうまいやり方の一つだと考えられる．他のすべての条件が同じであるとすると，買収される企業の総合的な価値よりも多く支出した場合，買収する側の企業の支出は過剰である．だとすると，現実の問題点は，買収される企業の総合的な価値の正確な査定ということになる．CE は企業の総合的な価値の非常に優れた指標であることを前に解説したが，そこから考えると，実際の顧客と顧客になる可能性のある顧客予備軍の総合的な将来価値は，買収側が払うべき額の上限を示しているとも言える．顧客という観点から言えば，これが「買収とは何か」の答えである．つまり，買収される企業の実際の顧客と顧客予備軍をすべて購入することが企業買収である．

CE に基づいた買収の価値評価は，以下の手順で行われる．

- 買収を通じて獲得される顧客の総数を見積もる
- CLV と CE を用いて，獲得される顧客の総合価値を見積もる
- 顧客以外に有形資産が獲得されるなら，その価値を顧客の総合価値に加える
- 顧客の価値と有形資産の価値とをあわせた値は，買収される企業の理論的に適正な値を示す

4.5.2 カスタマーエクイティと組織

パフォーマンスを計測する評価基準に CE を採用しても，不足気味のリソースを必要な場所に配分するための戦略的ツールとして CE を採用しても，重要かつ基本的な組織の変化が伴わなければ成功しない．CLV-CE の哲学の本質は，単一かつ優位の論理である．すなわち，企業は個々のマーケットセグメントや顧客の価値を完全かつ全体的に理解しなければならない．製品や生産ライン，技術，コストに焦点を当て，それらに基づいて体系化されたマネージメントの考え方では，CLV-CE の哲学の本質である顧客中心

の見方を提供することはできない．そうしたマネージメントの考え方は，市場を均質な集団であるとして扱うからである．

では，顧客に焦点を当てている組織の主要な性質とは何だろう？ 製品の売上やコスト削減を最大限に達成することに焦点を置く組織とはどのように違うのだろうか？ 顧客に焦点を当てた企業の主要な性質を述べる前に，事例をいくつか共有して理解の助けにしよう．その後，ケーススタディを参照しながら，主要な性質とテーマについて取り上げる．

■ IBM のケース

IBM は，自らを技術に代表される企業であると認識し，ソフトウェア，ハードウェア，技術サービスを多様な顧客に販売する会社だと捉えてきていた．IBM が PC やサーバ，技術サービスやサポートサービスなどの製品ラインを中心に組織されていた期間に限って言えば，この考え方は自然だった．

数年間のパフォーマンスの停滞の後，ルイス・ガースナーに率いられた IBM は，顧客は IBM の個々の製品だけを見ているのではなく，それらを統合したビジネスソリューションを評価しているのだと気づいた．そして，フロント-バックのハイブリッドデザインを用いて自らを再編成した．フロントエンドは顧客の要望に焦点を当てて，製品だけではなくそれらを合わせた一貫したビジネスソリューションを提供するものとした．バックエンドは，もともとの製品ユニットから構成され，フロントエンドソリューションの営業に対するサプライヤーとなった．

■ First USA 社と Capital One 社のケース

歴史的に First USA 社は，顧客ごとのビジネス上の区別があまりなかった．この手法は，製品や機能別に組織化されていた First USA 社の企業内の組織構造と一致していた．この企業の顧客獲得戦略は，他のクレジットカード会社の顧客の誘引と類似企業の利用に基づいていた．First USA 社は顧客データの構築にまったく投資をしなかったため，顧客の個別の利益性を計算できなかった．従業員は，長期的に見て良い顧客か悪い顧客かにかかわらず，すべての顧客をつなぎ止めるよう指示されていた．

対照的に Capital One 社は，最優先して顧客に焦点を当てていた．Capital One 社は，顧客ベースをマイクロセグメントとして分類してビジネスを営んでいたため，個々の顧客がその顧客の持つ価値の期待値に一致したサービスを受けていた．さらに Capital One 社は，どんな顧客の情報も数秒で掘り起こすことができる，最高の能力を持つデータウェアハウスを構築していた．例えば，ある顧客から電話があったら，何百万もの他の顧客データを参照しながら，その顧客の履歴データにコンピュータですぐにアクセスすることができる．例えば，Capital One 社にとってきわめて価値の高い顧客が電話でクレジットカードのキャンセルを申し出たなら，電話用探索システムがすぐに魅力的な代替案を三つ探し出し，顧客サービス担当者はその提案を使って顧客と交渉する．つまり，個々の顧客は顧客ごとに異なる扱いを受けるのである．顧客を知ることに関する Capital One 社の強いコミットメントは，細かな仕様違いの製品バリエーションや手続きの変更やユーザーインタラクションに関して 45,000 のテストを行ったという 2000 年の事例からも明らかである．

■ Best Buy 社のケース

　昨今の小売業の逆風状態にもかかわらず，Best Buy 社は数年にわたって良い判断力によって成功する電子機器の小売企業であり続けている．Best Buy 社は調査と顧客からの情報により，テレビは単にテレビであるだけではなく，顧客によって求める使用環境がまったく違うことを知った．また同時に，すべての顧客に対して同じ調子で売り込みをかける手法は便利ではあるが，顧客の要望には合わないことを発見した．

　2006 年，Best Buy 社の店舗は，それぞれ異なる要望や興味を持つ五つの顧客グループのペルソナ[2]を作成した．

- Buzz：活動的で若い男性
- Barry：知的職業に従事する成功した男性
- Jill：郊外在住の忙しい母親
- Ray：家庭を持っていて実践的な技術を求めている男性
- BB4B：小企業の企業主

　営業担当者は会話から顧客の要求を把握できるように訓練され，要求に応じて売り込み手法を修正することが求められた．

　さらに，店舗のレイアウトと品揃えは，その店舗の中心となる顧客のペルソナと，そのペルソナに予想される要求に従って様々に変更された．例えば，Barry というペルソナが中心となる店舗では，ホームシアターを売るために革のカウチとポップコーンが用意された．Buzz が中心となる店舗では，プラズマ TV を置いた広いビデオゲームコーナーが設けられた．

　ケーススタディはそれぞれ異なるが，いくつか共通の特徴がある．

- まず，顧客に焦点を当てているすべての企業は，その企業の顧客とマーケットセグメントとの間で行われるすべての取引の幅と量を拡大することに専念している．こうした企業は，顧客やセグメントに即した組織構造を構築して活動している．顧客に向かい合うという方針への組織の忠誠心は，顧客の要求の総集合に対して向けられているのであって，決してその企業の製品ポートフォリオの要素に向けられているのではない．
- 顧客と向き合うグループは，その企業に関する顧客の経験の総計を最適化する責務を当然のものとして捉えている．製品やサービス，関係マネージメントに関係するすべての活動は，これらの企業では見事に処理されている．
- 疑いもなく，こうした活動では，顧客のビジネスとその課題に関する専門化とそれに従事する専門家が必要である．例えば，IBM のクライアント担当者はシステムに関する専門性に加えて，小売業や技術，金融に関する専門性を持っているだろう．
- こうした専門家たちの活動は，顧客部門の補助と協調することが多い．Hershey や Oracle，Samsung，Sears のような何社かはさらに一歩先を進んでいて，顧客

---

[2]．【訳注】マーケティングや製品開発などにおいて，ターゲットとする顧客イメージを共有するために作成される仮想的な人物像．

部主任という地位の設立に投資し，多様な顧客部門の活動を相互に調整させている．
- 上述の純粋に企業構造的な配置に加えて，顧客に焦点を絞った組織は顧客データベースの構築に投資し，顧客またはセグメントのレベルで製品やサービスに関する慎重な取引を計測してモニタできるようになっている．
- これらの企業は，会計と財務のプロセスの開発に投資して，顧客またはセグメントのレベルでコストと利益をモニタし，CLVとCEを顧客またはセグメントのレベルで算出できるようにしている．

また，間違いなくこれらの企業では，上記以外にも報酬や表彰などの組織的な推進事項が行われているだろう．残念ながら，すべての論点を考察することはこの節の範囲を超えている．ここでの主目的は，財務やマーケティングのパフォーマンスを促進するためにCLVとCEをその活性化要因として選択した企業が，マーケットシェアや利益成長といった他のパフォーマンスの評価基準を選んだ企業よりも顧客とより関わりがあることに注意を喚起する点にある．

4.6　おわりに

　企業は，財務上の健常性が顧客基盤に基づいていることに気づきつつある．企業の現在と将来の顧客の生涯価値の総和であるCEは，その企業の顧客の価値の最も良い指標であるとともに，企業の総合的価値の良い指標の一つでもある．マーケティング行動を財務的に評価するためにCEを計測・分析するトップ企業の数は増え続けている．
　CEは，顧客と向き合って企業価値を評価する手法を企業に与え，さらに重要な点として，顧客に向き合うことに注力することで企業価値を高める手法も与えている．CEは時価総額に対応づけられてきたが，CEの変化は同様に時価総額の変化にも対応している．CEのモデル化は，広範囲にわたる顧客データベースを持っていない企業でも可能である．CEのモデリングはCEを（ひいては時価総額を）活性化する主な要因を認識するために役立ち，CEの増加を目的とした支出のROIを予測することや，実行した支出のROIを評価することを可能にする．

参考文献

Berger, Paul D. and Nada L. Nasr (1998), "Customer Lifetime Value: Marketing Models and Applications," Journal of Interactive Marketing, 12 (1), 18-30.

Chase, R.B. (1978), "Where Does the Customer Fit in a Service Operation?" Harvard Business Review, 56 (6), 137-142.

Dwyer, F. Robert (1989), "Customer Lifetime Valuation to Support Marketing Decision Making," Journal of Direct Marketing, 3 (4), 8-15.

Fitzsimmons, J.A. and M.J. Fitzsimmons (2007), Service Management: Operations, Strategy, Information Technology. Sixth edition, McGraw-Hill Irwin, New York, NY.

Gupta, Sunil, Donald R. Lehmann and Jennifer A. Stuart (2004), "Valuing Customers," Journal of Marketing Research, 41 (February), 7-18.

Hanssens, Dominique M., Daniel Thorpe and Carl Finkbeiner (2008), "Marketing When Customer Equity Matters," Harvard Business Review, 86 (May), 117-123.

Karmarkar, Uday (2004), "Will You Survive the Services Revolution?" Harvard Business Review, 82 (6), 100-107.

Kumar, V. and Werner Reinartz (2005), Customer Relationship Management: A Database Approach, New York: John Wiley & Sons.

Kumar, V. and Denish Shah (2009), "Expanding the Role of Marketing: From Customer Equity to Market Capitalization," Journal of Marketing, forthcoming.

Lodish, Leonard M. and Carl F. Mela (2007), "If Brands Are Built Over Years, Why Are They Managed Over Quarters," Harvard Business Review, 85 (July/August), 104-112.

Reinartz, Werner and V. Kumar (2000), "On the Profitability of Long-Life Customers in a Non-Contractual Setting: An Empirical Investigation and Implications for Marketing," Journal of Marketing, 64 (4), 17-35.

Rust, Roland T., Katherine N. Lemon and Das Narayandas (2005), Customer Equity Management, Upper Saddle River, NJ: Pearson Prentice-Hall.

Rust, Roland T., Katherine N. Lemon and Valarie A. Zeithaml (2004), "Return on Marketing: Using Customer Equity to Focus Marketing Strategy," Journal of Marketing, 68 (January), 109-127.

Rust, Roland T., Katherine N. Lemon and Valarie A. Zeithaml (2006), "Measuring Customer Equity and Calculating Marketing ROI," in Rajiv Grover and Marco Vriens, Eds. Handbook of Marketing Research, Thousand Oaks, CA: Sage, 588-601.

Rust, Roland T., Valarie A. Zeithaml and Katherine N. Lemon (2000), Driving Customer Equity, New York: The Free Press.

Vargo, S.L. and R.F. Lusch (2004), "Evolving to a New Dominant Logic for Marketing," Journal of Marketing, 68, 1-17.

Vogel, Verena, Heiner Evanschitzky and B. Ramaseshan (2008), "Customer Equity Drivers and Future Sales," Journal of Marketing, 72 (November), 98-108.

Wiesel, Thorsten, Bernd Skiera and Julian Villanueva (2008), "Customer Equity: An Integral Part of Financial Reporting," Journal of Marketing, 72 (March), 1-14.

Zeithaml, Valarie A. (1988), "Consumer Perceptions of Price, Quality and Value: A Means-End Model and Synthesis of Evidence," Journal of Marketing, 52 (3), 2-22.

第5章

サービスワールド
——「サービスの二面性」と「製造サービス」経済の台頭

☐ **John R. Bryson**
School of Geography, Earth and Environmental Sciences
The University of Birmingham, UK

☐ **Peter W. Daniels**
School of Geography, Earth and Environmental Sciences
The University of Birmingham, UK

　　この章では，著書 *Service Worlds*（サービスワールド）(2004) で示した考え方を詳細に説明し，製造という機能とサービスという機能の間に見られる複雑な共生関係について，より細かいところまで理解できるようにしたい．サービス産業の雇用およびその機能に関する研究は，1980 年代の初頭から経済地理学の研究者たちによって行われていた．しかし彼らも，他の学問分野におけるサービスの研究者たちも，製造業の企業についてはサービスが持つ独自な関係性を根拠にして長い間ずっと無視してきた．一方で，多くの製造業企業が，サービス業企業，言い換えれば，製品とサービスの組み合わせを生み出し提供する企業に変化した．さらに，このような状況と時を同じくして，サービスサイエンスという新しい学問分野を作ろうという動きが生じている．このように，こうした議論に取り組むのには今が格好の機会と言える．今こそ，製造という部門に対する理解を，マルチディシプリナリでサービスについて意識したものに発展させるべきである．それにより，製造業におけるサービスとしての側面に焦点を当て，また同時に，ある活動をサービスであるか製造であるかを区別することの困難さを様々な例について明らかにできるだろう．そして最終的には，経済を製造業とサービス業という二極に分割する伝統的なやり方を超越して，価値の創造および生産のプロセスに焦点を当てるようにならなければならない．この中で，「サービスワールド」あるいは新しい「製造サービス」経済が発展し，製造とサービスの機能が一体となって価値を創造する方法について別の形で理解できるようになるであろう．

5.1　序論

　2003年，我々は *Service World: People, Organization, Technologies*（サービスワールド：人間，組織，テクノロジー）(Bryson et al., 2004) の出版に向けて本の最後の仕上げに取り組んでいた．出版社のレビューを受けた2000年時点の提案書で，継続的な変化と発展は資本主義経済と組織の両方における基本的な特性の一つであることを我々は提案していた．今日，変化は技術的なイノベーション，および組織やマネージメント，労働において新たな形態が導入されることによって主導されており，それに伴う主要な結果の一つとして，雇用は製造業からサービス業の活動へと移行している．しかしながら，このことが資本主義における製造業経済からサービス業経済への移行と同等のものなのではなく，むしろ，資本主義経済が労働の分割の継続的な進化という形を伴って変化していると見なすべきであるという警告を我々は論じた．この変化によって，新しく多種多様な，目立ちにくいことが多い支援機能の創造が促進され，この機能が製造業の生産プロセスに取り込まれることで生産プロセスがより推進される．生産プロセスにおけるこれらの側面は見えにくいが，製品の設計，生産，および販売においてより重要な役割を担っている．経済地理学者としての我々の立場では，サービス産業がキープレーヤーになるような，経済に対する新たな視点を必要としていた．*Service Worlds* ではこの経済変革と生産プロセスを分析しているが，特に広いカテゴリの生産者としてのサービス業，中でもビジネスと専門職のサービスに焦点を当てている．

　もともとこの書籍の目的として，次の五つの内容が提案されていた．

1. サービス業，製造業，そして社会と空間に関する考え方を統合させること
2. 高度な資本主義経済に関する新しい経済地理学を理解するための理論的視点の多様性について，わかりやすく説明すること
3. これらの理論的視点を，企業および社員についてのいくつかの詳細なケーススタディを通じて伝えること
4. サービス業/製造業（雇用，職業，組織）の発展と，生産システムにおけるそれらの役割の変化に関して，地理学的な説明を与えること
5. 生産と消費のプロセスの中で，サービス業と製造業の機能の区別がますます曖昧になっていくことの重要性に焦点を当てて議論すること

　この章は，我々は上に挙げたうちの5番目に関して得られつつある知見を詳細に述べることを目的とする．著書 *Service Worlds* は，製造という機能とサービスという機能の間に存在する複雑な共生関係に関してより細かい理解を伝えることを目的としており，この点でいくつかの重要な貢献をもたらした．ここで，*Service Worlds* が，1980年代初頭にサービス産業の雇用やその機能について調査していた経済地理学の研究者たちによる伝統的な研究（例えば Davies, 1972; Beyers, 1983; Daniels, 1983a,b, 1985a,b; Beyers et al., 1985; Kellerman, 1985; Marshall, 1982 を参照）の一つにすぎなかったことを強調しておくことには意味があるだろう．これらの研究の一部は，マーケティング，ビジネススタディ，社会学などの学問分野におけるサービスの発見よりも先行するものであり，また，これらが空間的な観点からの分析という，経済学者たちによる初期の重要な貢献（例えば，Stigler, 1956; Fuchs, 1968, 1969; Stanback, 1979; Stanback et al., 1981 を参照）

に影響を受けていることは確実である．また，これらの研究はサービスサイエンスという新しい学問分野を構築しようという動き（Chesbrough, 2005; Chesbrough & Spohrer, 2006; Ganz, 2006; Spohrer, 2008; Spohrer & Maglio, 2008）よりも先行する．残念なことに，現代経済におけるサービスの台頭と役割を論じる上で，経済地理学者の貢献の多くは，サービスサイエンスの議論において，すべてとは言えなくても大半が見逃されていたようである（この点を調べるには Bryson et al., 2004; Bryson & Daniels, 2007 を参照されたい）．

サービスサイエンスという学問分野を作ることは，トランスディシプリナリな研究課題を受け入れようとする動きである．したがって，IfM & IBM（2008: 7）では次のように述べられている．

> サービスサイエンスは，統合，最適化，持続可能性に関するものである．ここには，イノベーションに関する議論や，ベストプラクティスの適用に関する議論が含まれる．… サービスサイエンスは，サービスシステムの複雑性に関する明確で共通の理解を提供することを目指している．今日でも断片的な要素としての知識は存在するが，全体として統合されてはいない．サービスサイエンスにより，それらを統合するための動機づけ，手法，スキルが得られる．

上記の研究課題を，地理学および経済地理学のサブ領域という学問分野の背景に位置づけてみると興味深い．これらの学問分野は，従来からトランスディシプリナリな研究課題を追求し，多くの様々な学術的議論に貢献してきた．おそらくこれが，サービスワールドを発見した最初の社会科学者の中に地理学者がこれほど多く含まれている一因であろう．サービスサイエンスの誕生における経済地理学者の貢献は，最近になって Spohrer & Maglio（2008: 6）で認知されており，そこでは次のようにサービスワールドが言及されている．「サービスサイエンスの根底にある深い理論が Bryson, Daniels, & Warf（2005）の最近の著書 *Service Worlds* から始まるかもしれない」．

したがって，本ハンドブックに含めるのにふさわしい内容として，本章では，サービスに関する経済地理学者としての考え方をいくつか示し，それを発展させて *Service Worlds* の発達に至った考え方の一部がどのような形でサービスサイエンスに役立っているかを調べたい．ただし，我々は *Service Worlds* に述べられている議論すべてを要約するのではなく，その中心となる原則の一つについて詳しく述べることにしたい．それはすなわち，生産と消費のプロセスにおいて，サービスの機能と製造の機能の区別がますます曖昧になっているという点の重要性に関する点，そして，このことが新たな概念的な枠組みである「サービスの二面性」と「製造サービス」経済によって捉えられるという提案についてである．「サービスの二面性」は我々が作った用語であり，価値の共同生産においてサービスが果たす二つの重要な役割を強調するものである．第一の役割では，サービスは，モノとサービスの両方の生産プロセスの中で，価値の共同生産に直接・間接に貢献する中間的な入力として組み合わせられる．第二の役割では，サービスが他の製品やサービスに埋め込まれたり複雑な形で付随したりすることで価値が生み出される．これは，「サービスバンドル」が様々な形で共同生産され，サービスの作り手と消費者の関係を進化させることが商業的に重要であることを示すものである．実はこの二面性は，生産に関わるサービスと製品に関わるサービスを区別するということであ

る．ここで，我々が使用する用語を明確にしておくことが重要であろう．本章での議論において，生産とは，サービス，製品，またはサービスと製品の組み合わせを作り出すプロセスを意味し，製品とは，有形のモノ，サービス，あるいはモノとサービスの混合物を意味する (Bryson, 2009b,c; Bryson & Taylor, 2010)．これらの用語が意図しているのは，製造業とサービス業のカテゴリの境界が急速に曖昧になり続けていることの本質を捉えることである．また，サービスサイエンスのコミュニティに対して，生産プロセスに対するサービスの貢献について理解する上で，経済地理学者がどのような価値のある概念的・経験的な貢献をもたらしたかを周知させる意図も含んでいる (Beyers et al., 1985; Bryson, 1997; Daniels & Bryson, 2002; Bryson, 2009b,c)．

「サービスワールド」とは何を意味しているのだろうか？ この用語は，生産プロセス（それが有形であるか無形であるか，モノであるかサービスであるかにかかわらず）においてサービス活動が重要で不可欠である点に焦点を当てることを意図している．我々は，サービスワールドが複雑で，常に進化しており，非均一的であり，またその存在が実は長く確立されているものであると論じた (Bryson, 2008a)．サービスは

> … 資本主義の歴史の最初から存在し，その発展に中心的な役割を果たしてきた．サービスワールドは，高給のエリート労働層が行う知識活動や情報集約的な活動に関するものだけではなく，そのような高給の仕事を支える不可欠な役割として増加傾向にある，低賃金の手作業サービス業に従事する労働者集団も含んでいる．また，サービスワールドでは，サービスの生産と消費の間に，直接的な，あるいは弁証法的とも言える関係が存在する．生産と消費は非常に頻繁に同時発生するため，消費から生産を切り離す，あるいは生産から消費を切り離すことを目的としたあらゆる試みは無意味になる．そうしようとすることは経済を単純化しすぎている．これは，社会学でいう消費文化と物質文化の「転換」によって，消費の瞬間が生産の瞬間からいっそう分離されるという考え方と矛盾するものである．サービスワールドにおいては，サービス業と製造業を区別することは控え目にいっても誤解を招きやすいことであり，最悪の場合，生産システムの運用方法を本質的にゆがめてしまうことである．サービスワールドは，巨大な多国籍企業，専門的なパートナーシップ，中小企業，および単独の実務者がすべて生産プロセスに統合された世界である．それはまた，店の従業員やケアワーカー，言い換えれば，多数の低賃金の支援サービスの労働者を取り込んだ世界でもある．あるレベルでは，サービスワールドは生産プロセスにおける知識の重要性の拡大に関するものと見なせるが，これは単に最もよく見える一つの部分であるにすぎず，ほかにも，進化する生産システムを規制し制御する法システムや組織構造などの別の側面が存在する．例えば，有形の製品の知的価値は産業特許によって規定され保護されているが，サービスに関する知識を特許によって保護することはほとんどできず，国際的な法の枠組みの新たな構築が必要である．(Bryson et al., 2004: 4)

複雑性に関しては，製造という機能とサービスという機能を融合させることで価値を生み出す，より幅広い生産プロセスとしてサービスワールドを説明できる点が，重要な貢献である．しかし，*Service Worlds* というタイトルに「サービス」という言葉を含め

たことで，サービスがより幅広い生産プロセスにおいて果たす役割について強調しすぎてしまったかもしれない．今から思えば，*Production Worlds*（生産の世界．サービスはその一部となる）と書くほうが正確だったかもしれないが，これだと「サービスワールド」よりも面白くないタイトルになっていたであろう．

　サービスワールドは，成熟した市場経済がサービス経済へと変化していったこの30年を観察することから始まった（Fuchs, 1968; Gershuny, 1978; Bearse & Karasek, 1981; Gershuny & Miles, 1983; Castells, 1989; Daniels, 1993; Bryson, 1996, 1997; Bryson et al., 2004; Bryson & Daniels, 2007; Rubalcaba, 2007）．この変化は，雇用のサービス業へのシフトや，（それと比べれば顕著ではないが）サービスによる産物や輸出へのシフトを伴うものであった（Bryson, 2008a）．サービスを主体とする経済，あるいはポスト産業社会の発展（Bell, 1973）は，例えば小売や旅行，娯楽業など低賃金のサービス業の雇用の増加と関連づけられるが，同時に比較的高賃金のビジネス・専門サービス業の職業の増加，あるいは生産プロセスへ中間的な入力を提供する活動の増加とも関連づけられる（Greenfield, 1966; Illeris, 1989; Bryson, 1997; Bryson et al., 2004; Rubalcaba & Kox, 2007）．そして，サービス業の業種や活動の増加を理解するための理論的な概要を提供する重要な学術文献が現れるようになった（Bryson et al., 2004; Bryson & Daniels, 2007; Webster, 2002）．これらの文献の多くは，ビジネスと専門サービスの増加とその役割（Rubalcaba & Kox, 2007），サービスにおけるイノベーション（Gallouj, 2002），そしてサービスの生産性（Gadrey & Gallouj, 2002; Van Ark et al., 2002; Djellal & Gallouj, 2008）の理解に集中してまとめられたものであり，それらの焦点はサービスそれ自体であって，サービス業と製造業の間に存在する相互関係や相互依存性についてはほとんど取り上げられていなかった．製造業がサービスをどのように内包するかに関しては変革が起きており，それがこの章で取り扱うテーマである．

5.2　製造業におけるサービス：ギャップを埋めるもの

　サービス的な機能は，生産プロセスにおいても労働の分類においても，より重要な役割を持つとされるようになった．サービスの機能は，いまやほとんどの製造業の企業で「生産コスト」の70〜80%を占めており，製造部門においてサービスに関わる職種，特にビジネス，金融，法律のような職種を含む「その他の職種」のグループの増加が見られる（Pilat & Wolfl, 2005: 12）．一部の国では，製造業の労働者の50%以上がサービスに関わる職種に従事している（Pilat & Wölfl, 2005: 36）．こうした，製造業の企業におけるサービスに関わる職種の増加によって示唆されているのは，製造業に対する複雑で連続的な定義を作り，製造プロセスの中でサービスの機能が組み込まれる様々な段階に焦点を当てることで利点が得られるということである．Giarini（1997, 2002）によると，サービスが関わる段階として次の五つが識別できる：製造の前（予算，研究），製造中（予算，品質管理，安全），販売（ロジスティクス，流通ネットワーク），製品やシステムの使用中（保守，リース，保険，販売後のアフターサービス，修理），製品やシステムの使用後（リサイクル，廃棄物管理）．このようにサービスを内包した製造業の定義によって，製造とサービスの機能の間に存在する相互依存関係が明確に注目されるように

なる．もしこの点に注目することが正しいとすれば，現代経済を製造業とサービス業という大きく分離した部門に分けて分析し続ける利点は果たしてあるのかという疑問が生じる．

このようにサービスを分離した分析の仕方は，別にして分析するだけの価値がサービスにあるという議論によって正当化されてきた．影響力の大きい Hill の論文（Hill, 1977）では，サービスと製造業の違いやそれらを区別する属性について調べている（Holmstrom, 1985; Illeris, 1989）．このような区別は，サービスにおけるイノベーションや生産性の研究や，何らかの経済活動を統計その他においてサービス業として分類しようとする努力によって強化された．後者については，情報通信技術の多様性や拡散によって新しい経済活動が刺激され，変化し続けるポートフォリオに直面する中では，どう頑張っても困難な仕事であった．それゆえ，「公式なデータではしばしば… 新たな形の経済活動よりも古く確立された経済活動のほうが詳細である」（Marshall & Wood, 1995: 27）．英国における公式な統計集合について言えば，例えば製造業に対するカテゴリ数は，サービス業に対するカテゴリ数と比べて一貫して 2 対 1 の比で上回っていた．このことから，「分離された"サービス部門"という概念は，他の目的のために設計された分類方法でたまたま得られた一つの結果であり，"理解の混乱"を示すものである」という主張（例えば US Census Bureau, 1993 を参照）につながったのも不思議ではない．しかし，それは重要だろうか？ 論点はもはや，そもそもサービス業に特有な産業・職種の分類を作る努力（例えば Marshall & Wood, 1995 を参照）を続ける価値があるだろうかという点にある．特に，すでに述べたように，いまやすべての経済の中にサービスが強く埋め込まれているとすればなおさらである．

一方，高度経済においてサービス業の活動がどのような属性を持つかという議論は変化しつつある．特定のサービス業の活動やサービスプロセスの運用について理解しようとするための研究が増えており，例えば，体験経済に関する研究（Pine & Gilmore, 1999）やサービスイノベーションについての議論をまとめた研究（Gallouj, 2002; Department of Trade and Industry, 2007）が挙げられる．しかし，依然としてこれらの多くはサービス業と製造業を区別するという前提を土台としている．この区別がこれまで概念的な道具として非常に有用なものであったことは間違いないが，今日見られるような，製造とサービスの間の多様で深い相互依存性を見ると，この概念的な二分法を改定することにつながるようないっそうの研究と理論構築が必要である．これは難しい仕事であるが，現在の分類は未来ではなく過去を見て作られたものと言える（Bryson, 2009a）．サービスと製造のプロセスがどのようにして複雑な形で結合され競争力の利点や新たなビジネスモデルを生み出すかについて，早急に議論する必要がある．多数の製造業企業がサービス業化し，逆に，多数のサービス業企業が，カスタマイズされたサービス体験ではなく大量生産されたサービス製品を生み出す製造業のようになっている（Bryson, 2007）．なお，ここで興味深い問題は，大量生産されたサービス製品が，消費者にはカスタマイズされた製品に見えるかもしれないという点である．その上で，問題の核心は，研究者や政策立案者が既存の確立された用語に制約を受けていることである．経済を製造業企業とサービス業企業に分離するというのは単純ではあるが，もはや従来の意味での製造を行っていない製造業企業や，ほとんどの利益をサービスの販売から得ている製造業企業を位置づけるのはずっと難しいことである．

本章の以下の部分では，まず経済構造に対する解釈が用語，計測方法，分類といった要因によってどのように形作られるかについて簡潔にまとめる．そして，製造とサービスに関して，経済の構造的な変化がどのように表現されるか概要を述べる．その上で，製造とサービスの関係に関する議論で長い間使われてきた，製造業とサービス業を別々に扱う根拠となっている区別について，それがサービスの関係性に由来していることを示す証拠を示し，より統合されたアプローチが適用できる範囲を調べる．どちらの考え方にも利点があるかもしれないとはいえ，1990年代および21世紀初めにおいて経済が関わるあらゆる事象，特にビジネスにおいては，製造とサービスの区別，あるいは製品とサービスの区別がいびつなものになってしまったということが示される．最後に締めくくりとして，製造とサービスの間の人工的とも言える区別は持続可能なものではなく，代わりに，製造，プロジェクト，タスクに注目すべきであるという提案を述べる．

5.3　用語と計測方法の問題：制約要因と実現要因

社会科学や自然科学は，経済に関する解釈の違いの背景となる明示的・暗黙なイデオロギーだけでなく，使用する言語の構造や中身によっても実現が可能になったり妨げられたりする（Martin, 1994: 39）．社会は言葉によって会話を通じて形成され，持続し，変化する．学問分野についても同じことが言える．Mangham（1986: 82）はこう述べている．「組織は，… 能動的で，意欲に満ち，互いに議論し合う個人から構成される．…（経営者による）要請，説得，要求，誘導，欺き，任命，宣言，議論，同意，侮辱，協議，指導，忠告，苦情，苛立ち，怒り，訂正，社交，採用，脅し，約束，称賛，愚弄，非難は，すべて言葉を通じて行われる」．仮に上の文章の「組織」を「経済地理学者」や「経済学者」に置き換えても，この主張は同じように成り立つ．社会科学者もまた，実験データを収集し構造化する際にどんな分類を用いるかによって，仕事が可能になったり制約を受けたりする．社会科学者は同じ方法で「客観的な現実」に取り組むが，芸術家と同じように，それは特定の言葉の上に構築された概念とイデオロギーを通じて行われるものである．したがって，社会科学者による「現実」の理解は，使用する言葉によって条件づけられ，支配されている．社会科学においては，生産や製造業に根ざした用語が支配的であったために，サービスに関する活動の重要性は長い間認められていなかった．一方，近年のサービスの研究者は，製造業に関する扱いについて同じ過ちを犯していたようである．

言葉は決して中立的なものではなく，特定の文化的，国家的意図が付随しているものである．このことは，国によって産業を記述・分類する用語が異なることを意味する．例えば，スペインにおいてあるサービス業の職種を記述する用語が，別の国の文脈でも同じ意味を持つと仮定してはいけないことは重要である．Winchはこの問題に対して，建設業界における対比分析によって焦点を当てており，次のように述べている．

> … （建設業界における）職種構成については非常に大きなばらつきが存在する．建設業は長年にわたり発展してきており，業界システムの中で苦労して戦い，勝ち抜いてきた職種の間のバランスを保ちながら，その地域に根ざして硬直した特性を示している．… （例えば）フランスの "architecte"（建築家）は，英国の

"architect"（建築家）と比べると，建設業界における役割がかなり限定されている．ドイツの"Architekt"（建築家）は，建設許可を得る上で英国にはないような役割を州に定められている．ドイツの"Prufstatiker"（安全性分析），英国の"quantity surveyor"（積算士），フランスの"bureau de contróle"（統制局）など一部の職種については，単純に対応可能な同様の職種が他国のシステムに存在しない．（Winch, 2000: 95）

このような，組織における生産システムの構造的な違いは，使用される用語が，職業の内容を一見わかりやすく表す標識に見えてしまうことで，わかりづらくなることが多い．

上記の議論は，経済，特にサービスの研究に関係している．プロセスや対象物に名前がついていないためにそれらが学問的に無視されたり表に出ないままになっている場合もあれば，その逆も生じている．ラベルの存在によってゆがみが生じ，すでに名前がついている，すなわちラベルがついたものを理解することに学問的な注目が集中してしまい，同時に，経済システムや生産プロセスの構造における発展が見逃されている可能性がある．例えば，「サービスという機能」や「サービス業の職業」といった概念が存在することで，世間の注目がサービスへと向けられ，製造業からはそれることになる．これによって経済の二極化が促進され，製造業中心の議論とサービス業中心の議論が別々に展開されることが促された．このようにして，一部の研究者は，製造業からサービス業への雇用のシフトが経済における製造という部分の終焉であると解釈するようになった（Bacon & Eltis, 1976）．一方，「製造業は依然として重要だ」と主張した研究者も存在した（例えば Cohen & Zysman, 1987 を参照）．これらの立場はどちらも，サービス業，製造業のいずれかに偏った議論に主導された両極端のものであると捉えることができる．

「製造業」「サービス業」は中立的な用語ではなく，過去からのしがらみを持っている．アダム・スミスなどの古典的な政治経済学者は，「サービス業の仕事」のカテゴリを非生産的な労働，あるいは「与えられた対象の価値」（Smith, 1776 [1977]: 429-30）を生み出すことのない労働であるとした．彼は，労働が「生産的か，非生産的か」という概念に基づいて労働を単純に二極化した分類を作り，サービスにおける活動はすべて本質的に非生産的であるとした．注目に値する点として，スミスがサービスの仕事と呼ぶときに指しているのは，公務員や「使用人」によってなされる活動であり，後者について彼は，彼らが提供する「サービスはやった瞬間に消え去るものであり，同じ品質のサービスが購入可能なものとして後に痕跡や価値を残すことはほとんどない」（Smith, 1776 [1977]: 430）と述べている．このような「生産的」「非生産的」の区別は時代遅れであり，完全に18世紀や19世紀における経済の概念化である．にもかかわらず，研究者も政策立案者も，依然としてカテゴリ分けに基づいて経済を理解しており，政策立案者が一つか二つのサブカテゴリにとらわれてしまう危険性が存在する．例として，創造的クラス（Florida, 2002; Bryson, 2007）や新経済（Daniels et al., 2006）などが挙げられる．

「サービス」や「製造」という言葉を脇に置くとすると，生産・消費・循環（PCC）のプロセスとして経済システムを捉え直すという視点が存在する．PCCに重点を置くこ

とは，コモディティの生産と消費に関する経済空間を探求しようとする新たなプロジェクトの出発点になりうる．この議論が特徴的である点は，（人と人の）関係についてのサービス業の議論（Hochschild, 1983; Bryson, 2007）の重点を，製造業に関する議論と統合することである．その目的は，もはやサービスと製造が互いに分離していては意味がなく，統合された一つの生産システムとなるときに双方が重要になるような，統一された議論を生み出すことである．したがって，生産することは消費することでもあり，消費することは生産することでもある（Marx, 1973: 90 を参照）．そして，サービスと製造されたモノが同じようにサービスを提供する．我々の議論において，製造業はサービス主導でもあり，サービスもまた製造主導でもある．二つの経済部門が，生産と消費に関する，そして消費と生産に関する単一の議論にまとめられるのである．

経済構造や経済活動の計測方法が変化するのと，適切な用語が作られるのとで，時間差が生じることは避けられない．経済の構造的な位置づけは現在も変わり続けているため，各国の経済活動が経済統計に適切に反映されていることを政府が保証することは不可能である．歴史上，この問題は常に存在してきた．例えば，英国標準産業分類（SIC）は経済活動を計測したものであるが，結局これは過去にさかのぼった計測であり，労働の分類において進行中の発展や，既存の SIC に適合しない新たな種類の製品やサービスを提供する機能・企業の誕生を反映するために SIC を絶えず改正し続けることはできない．英国の SIC は，その長い歴史の中で，最新の経済構造を反映する意図で定期的に変更されている．最初のものは 1948 年に導入され，その後 1958 年，1968 年，1980 年，1992 年，1997 年にそれぞれ分類が変更されている．

英国や他の国の SIC がそれぞれ改訂される中で，1980 年代後半，ある面白い事象が英国経済と米国経済の両方で起きていることが明らかになった．それは，ビジネスサービスと呼ばれるようになった多様な活動群の，急速で予期せぬ増加である（Greenfield, 1966; Bryson, 1996, 1997; Bryson et al., 2004; Rubalcaba & Kox, 2007）．ほとんどの国の SIC は，この発展の観測にほとんど役立たない．SIC は，製造業を計測するには非常に良い道具であったが，比較的最近まで，経済におけるサービスの側面の多様さを捉えることができていなかった（Blackstone, 1997）．したがって，ビジネスサービスの成長を調べていた社会科学者たちは最初，ビジネスサービスに関する主な計測として SIC 8395，すなわち「他に当てはまらないその他のビジネスサービス」というカテゴリに頼らなければならなかった．SIC 8395 に該当する雇用者数は，英国で 1981 年に 15 万 6 千人，1987 年には 31 万 6 千人と，わずか 6 年の間に倍増した．この中には経営コンサルタント，市場リサーチ，PR コンサルタント，文書コピー複製作成サービス，そして「主に他企業にサービスを提供する」雇用エージェント，セキュリティサービス，負債回収，プレスエージェント，フリー記者，翻訳タイピングサービスなど，多様でばらばらな活動が含まれていた（Bryson et al., 1993）．現時点で，例えば EU の NACE 分類では，ほとんどのビジネスサービスがその他扱いのカテゴリである NACE 74「その他のビジネスサービス」に分類されている．一方，おそらく最も積極的で包括的なビジネスサービスの分類は，北米産業分類体系（NAICS, 2007）に組み込まれている．

5.4　製造業からサービス，そして「製造サービス」へ

　　生産活動の急速な発展に対して経済活動の公式な分類方法を合致させようという努力は，サービスの取り込み方が明らかでない状況でも続いていくことは間違いない．一方，「3世紀にわたる，サービスに関する経済の考え方（そしてサービスの成長）の歴史」（Delaunay & Gadrey, 1992）を経て，とりあえず三つの概念的な立場を明らかにすることが可能である．第一に，サービス経済の発達に関する議論は，誤りであるか，最悪の場合は誤解のもととなるおそれがある．なぜなら，それらの議論は結局，雇用分類の拡張にすぎないからである（Walker, 1985）．これはマルクス主義の理論に由来しその影響を受けた，生産中心の社会の視点を示すものである．第二に，サービスの機能をあらゆる分析における主役に置くような，さらには「サービス部門は，派生的，寄生的というには程遠いものであり，経済成長を刺激し，促進する不可欠な力である」（Riddle, 1986: 22; Daniels, 1983a を参照）とまで論じるような概念化が存在する．Riddle（1986: 25-26）によると，「製造部門の基本的な機能は，抽出産業，他の製造プロセス，商業サービスの提供者，セルフサービスに対し，装置（資産）や供給物を提供することである」．そして，「実はサービス部門は，他の生産活動を可能にするための促進環境となる」．同様の議論として，サービスによってモノの生産プロセスへの新技術の導入が促進され，そうしていっそう，サービスがモノの生産を主導する原動力となっている（Grubel & Walker, 1989）．第三に，サービス業と製造業の機能の区別を疑問視しているアプローチが存在する（Daniels & Bryson, 2002; Bryson, 2009b）．ここで発展させる視点は，これに関するものである．これは新しい議論ではなく，Ochel と Wegner が以下のように述べたことにさかのぼれる．

> … モノとサービスの区別（ワープロ対ソフトウェアのような）は，どんどん時代遅れで意味がなくなってきている．なぜなら，多様なタイプでの生産の統合が増加している中，この伝統的な区別は，近代的な技術，新たな需要のパターン，社会的振る舞いから実際に生じている本質的な変化を隠蔽してしまっているからである．（Ochel & Wegner, 1987: 11）

　　後に Reich は，次のように主張している．

> … かつて「モノ」と「サービス」の間に引かれていた区別は，すでに無意味である．なぜなら，成功している企業が提供する価値は，その大半が … サービスを伴うものであるからである．そのようなサービスには，問題解決に必要な研究・エンジニアリング・設計の専門サービス，問題解決に必要なセールス・マーケティング・コンサルティングの専門サービス，そしてこれら二つを結び付ける戦略・財務・管理の専門サービスなどが挙げられる．高付加価値の企業は皆，そうしたサービスを仲介するビジネスを行っているのである．（Reich, 1992: 85）

　　上記やそれに類似する考察は，製造とサービスの機能の区別についての注目が大きく高まるようになった今世紀（Daniels & Bryson, 2002; Howells, 2002; Gallouj, 2002; Pilat & Wölfl, 2005）まで無視されていた．しかし，「製造部門」と「サービス部門」という一般的な用語の有効性に関する考察については，別に行われていた（例えば，Bryson &

Daniels, 1998b を参照).実際に,「サービス業」と「製造業」(あるいは「第2次産業」と「第3次産業」) という言葉は,現代の経済プロセスに関する我々の理解を妨げているかもしれない.

別のものとして分類されたサービス業が増加していることが,経済発展のプロセスにおける「病的な異常状態」を示す「生理現象」というわけではない,という意見に賛同する者は多いであろう (Galbraith, 1967; Bacon & Eltis, 1976; Reubens, 1981; Cohen & Zysman, 1987).英国においては,メディアも商業組織も,強い経済は発達した生産的な製造業の基盤を持っていなくてはならないという見方を依然として発していた (Lyons, 1998).最近,James Dyson は次のような疑問を投げかけた.

> では,このようなサービス経済と言われる時代に,なぜ英国は製造業を必要としているのか? 私の答えは単純である.我々には選択肢はないのである.製造業は英国の職業のわずか7分の1であるが,それらが輸出の3分の2を生み出している.製造業が富を生み出し,サービス産業が食いつなぐための消費力を生み出すのである.(Dyson, 2004: 5, 強調は引用元より)

Dyson が訴えているのは,製造業が支配する経済への回帰ではなく,製造業には一連の製造とサービスの機能が含まれることを認識することである.したがって,「製造業の企業と企業家たちは,ここ (英国) でアイデアを生み出し,設計し,技術を開発しなければならない.ここ から生産を見守らなければならない.ここ でマーケティングを計画し,セールスを組織しなければならない」(Dyson, 2004: 10, 強調は引用元より).これらはすべてサービスの機能であるが,それらは製造業に関わるサービスの機能である.

サービスからの入力を一つも取り込んでおらず,サービスの関係の集合の中にも埋め込まれずに製造されたモノを見つけることは,いまや難しい.非常に基本的な段階で言えば,商品を製造するかどうか,そしてどれだけの数量を製造するかは,市場調査と設計評価からの情報に基づいて決定される.また,その商品の需要は洗練された広告によって作り出される.逆に,多くのサービス活動は,専門家による医療行為から世界中での小包配達に至るまで,製造された商品の利用なしには実現不可能である.

製品の製造・販売において見逃されがちなことは,商品のパフォーマンス,見せ方,そして顧客の体験にどれだけ重点が置かれているかである (Crang, 1994; Rapport, 1998; Pine & Gilmore, 1999; Sundbo & Darmer, 2008).顧客は,Cadbury Schweppes 社,フォード社,フォルクスワーゲン社,ボーイング社などの多国籍企業のビジターセンターを訪れることで,製造プロセスを体験することができる.また,顧客は「製造業」の企業が運営している店,例えばアップル社のオンラインストアや小売店を訪れることもできる.顧客は,例えば車やボートの販売を促進する展示会を楽しむことができる.同様に,光沢のある車のパンフレットや洗練されたウェブサイトは,その企業が高い評判,経験,知識を持っており,安全で効率が良く信頼性の高い価値ある車を適正な値段で提供できるということを,潜在顧客に訴え広めるパフォーマンスの一形態である.製造業の企業がこれほど多くのサービス要素を取り込んでいることは,多くの場合,これらの企業を製造業とサービスの機能を融合させることで競争する「製造サービス」の生産システム,あるいは混合的な製造システム (Bryson, 2009b) として表すことができること

を示している．もしかすると，サービス経済が「製造サービス」経済によって置き換えられつつあるとさえ言ってもよいかもしれないが，これはやや先走りすぎだろうか？

「製造サービス」の生産システムが存在することを示す証拠は確かに存在する（Pilat & Wölfl, 2005; Bryson, 2009b）．その証拠が，英国における60人以上の有識者への詳細なインタビューにおいていくつか示されている（Bryson & Daniels, 1998a）．製造とサービスの部門間の境界が曖昧になっていることが以下の例に見られる．まず，ある企業は最初ソフトウェアの作成と販売を生業としていたが，いまやハードウェアの生産を，下請けを通じてであるが行うようになった．一方，ある企業は，もともと機械工具の製造業を生業として始まったが，いまやサービス企業として工具の設計，顧客関係管理を行い，工具・機械の生産は下請けに出して，顧客への装置取り付けだけを行うようなった．なお，この企業は今，製造業への回帰を検討している．さらに，別のある企業は，光学工業のための設計（サービス業）と製品製造の両方を専門として行っている．

このような例は，「別々だった」サービス業の企業と製造業の企業が，「製造サービス」業の企業に置き換わるか，少なくともそのように変わりつつあることを示す証拠である．製造のプロセスが，ますますサービスのプロセスになりつつある．これが起きている理由はいくつかある．製造された商品における競争では，企業の顧客ベースを可能な限り使い切ることが求められる．サービス主導の関係をここに含めることで，利益をより安定して持続的に得ることができる．同時に，製造された製品はより複雑で，信頼性が高く，長い寿命が期待される．サービスによる関係性を確立させることは，これを補い，さらなる取引につながりうるような顧客との長期の関係を企業が得ることにも役立つ．最後に，製造業企業は伝統的にリレーショナルマーケティングへの配慮が少ないため，サービス業企業にとっては，最初のセールスを後のセールスにつなげたり，製品の革新のために使える顧客からのフィードバック（その革新が，結果として同じ顧客へのさらなる販売につながることもあるかもしれない）を得るという形で積み重ねることが可能になっている．製造業の企業が，サービス業の企業のような顧客との関係を，自身の顧客との関係にも明確に組み込むようになっており，それによって，製品の製造された部分とサービス部分の区別の内訳がより明らかになる．

したがって，製造業とサービス業の部門を区別しようとすると，次の疑問に答えることが必要になる．「どの時点で製造のプロセスが終わり，サービスの機能が始まるのか？」．我々の視点では，これはますます無意味な問いになっている．これは，製造業の「拡張された」定義を開発する呼びかけがあった最近の英国の例（BERR, 2008）を使って示すことができる．これは，境界を曖昧にしたまま製造業とサービスの機能を融合し，製造システムにおいて，例えば設計のようなサービスの入力の重要性に焦点を当てるものである（Rusten & Bryson, 2007; Rusten et al., 2007）．次のように主張されている．

> … 製造業は進化したが，それに対する我々の理解は進歩していない．製造業の企業はアイデアを製品とサービスに向けている．今日の世界的な競争の視野の中では，製造者は発明者であり，革新者であり，国際的なサプライチェーンの管理者であり，サービスの提供者でもある．かつて単に製造だと見なされていたものは，いまや製造，研究，設計およびサービス供給を含むものになっている．
> （Livesey, 2006: 1）

この，政策主導の議論が，「伝統的な」製造業の定義に批判的であり（DTI, 2004; BERR, 2008），政府の部門が新しい定義を考えようと意欲を見せている点は新鮮である．経済活動に対するこれらの新しい概念化はますます洗練されつつある．それゆえ，英国の最も新しい製造業の戦略では，次のように記されている．

> 現在の国際化の段階において新しい点は，要素や部品などの中間製品が製造される場所が急激に国際化されていることである．このような分離は，有形の製品部品だけでなく，研究開発，在庫管理，品質制御，その他の専門サービスや技術的サービスといった，知識集約型のサービスでも起きている．（BERR, 2008: 15）

これは，サービス業の機能がいまや製造業のプロセスに結び付いており，グローバル経済の中で，各機能がそれぞれ別の地域で行われていることを英国政府が認めていることを明示している（Bryson, 2008a）．

5.5　「サービスの二面性」：製造に関わるサービスと製品に関わるサービス

ここでの課題は，拡張された新たな製造業の定義，すなわち，製造とサービスの機能を融合した定義を考慮した概念的なフレームワークをどのようにして構築するかである（Bryson, 2009b,c; Bryson & Taylor, 2010）．我々の主張では，探求する価値がある方向性が二つ存在する．第一の方向性は，製造とサービスの機能を分離することがますます困難になっているという認識を前提として，すでに提案したように，「製造業」と「サービス業」という言葉を一部の場合については融合して，「製造サービス経済」や「製造サービス業」のようなビジネスモデルの形成が役立つかもしれないというものである．おそらく，サービスサイエンスのコミュニティは，概念をひっくり返して「サービス製造業」経済の分析および構築を始めることを好むであろう．しかしこれは，いくらか言葉遊びであり，概念的には面白いかもしれないが，経験的には実行はなかなか難しい．ただし，ここで述べておく価値がありそうなこととして，最近行った対面インタビューの中で，ある法律事務所の上級パートナーが成果の提供プロセスを「製造」という言葉を使って説明していた．企業の弁護士は，ドラフトや文書を「製造する」のである．

第二の方向性は，我々が「サービスの二面性」と呼ぶものをさらに探求することに関連するものである．この提案は，企業のイノベーション活動が考慮できる一般的なフレームワークとして，Hansen & Birkinshaw（2007）によって提案されたイノベーションバリューチェーン（IVC）のアプローチにある意味で影響を受けている．IVCのアプローチでは，イノベーションは知識の投資，イノベーションプロセス能力，および価値創造能力が関わる3段階の順序立てられたプロセスで概念化される（Hansen & Birkinshaw, 2007: 122）．これは，企業におけるイノベーションを理解するための，非常に構造化かつ段階化されたアプローチである．我々の「サービスの二面性」のアイデアは，生産プロセスにおいて，サービスが多くの異なる段階で絡み合っていることを認識している．例えば，知識集約型のビジネスサービス（knowledge-intensive business service; KIBS）が製造に関わる入力を顧客の活動に提供することを指摘しておくことは重要である（Rubalcaba-Bermejo, 1999）が，そのようなサービスはまた，顧客企業によって作られ，製品の一部となったり，製品やサービスをサポートするために販売され

る傾向が強まっている．その一つの例は，企業が自身の製品を購入した個人や企業に提供するトレーニングコースである．

　サービスの二面性の概念は，KIBS（製造に関するサービス）の活動と，製品をサポートするために開発されるサービス，すなわち製品に関するサービスの活動について，それら両方の重要性に焦点を当てる．これは，サービスが製造のプロセスの中で演じる役割について，中間的な入力としての側面と，最終的に消費される製品に融合される側面を，連続的な分析によって論じるためである．これを二面性と呼ぶのは，このアプローチによって製造に関するサービス（中間的な入力）と製品に関するサービス（サービス，ソフトウェア，トレーニング，コンテンツの配置，金融パッケージなど）が区別されるからである（図5.1）．製造に関するサービスについては，その経済と運用の原動力を調べる学術研究が多く行われている（Rubalcaba-Bermejo, 1999; Rubalcaba & Kox, 2007）が，製品に関するサービスについてはこれまでほとんど見逃されてきたようである．したがって，二面性のアプローチにより，製造業の拡張された定義を運用に移すための概念的な道具が提供される．サービスの二面性に関するより詳細な記述は，他の文献で提供されている（Bryson, 2008b,c, 2009b）．次の節では，そこに記述されている内容の概要を簡単に述べる．

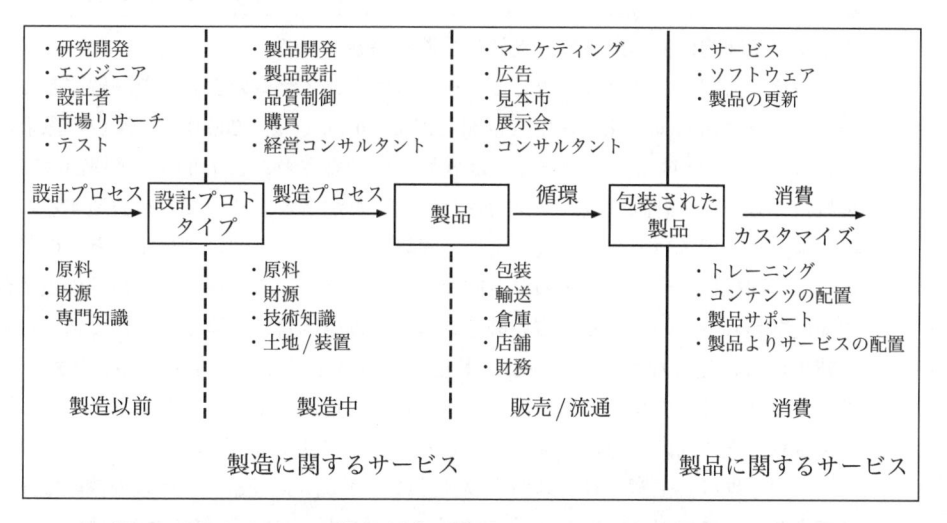

図5.1　サービスの二面性：製造に関するサービスと製品に関するサービス

5.6　全体的製造とサービスの二面性：プロジェクトとタスクのアプローチ

　労働の分割が拡大しているという考え方は，経済の変化を概念化する方法として広く使われている（Walker, 1985; Bryson et al., 2004; Bryson & Rusten, 2005, 2006; Bryson, 2008a）．この考え方は，本質的には生産プロセスをそのコンポーネントとなる部品に分割することに基づいているが，すでに論じたように，サービスや製造による製品とプロセスが，サービスの二面性の概念に沿うように互いにいっそう関連し合うことで，上記のような分割はますます困難になっている．この問題を解決する一つの方法として，モノとサービスの両方の製造を記述し理論づけるために，新たな言葉を使って思考するこ

とを我々は提案した（Daniels & Bryson, 2002）．しかし，これは大袈裟かもしれず，実際には，これまで使われてきた言葉でも，生産システムにおける価値創造を理解するのに十分かもしれない．

社会学者は生産プロセスを概念化する方法を変える必要があると仮定すると，我々は次のような質問を投げかけるだろう：「サービスの二面性を考慮した，生産に関するシンプルな理論を構築する際，その基礎となるべき原理は何だろうか」．第一の原理は，より多くのサービスが複雑な製造プロセスの産物となり，工場で設計・製造される製品とそれほど違いがない，設計・製造の産物としての（サービスの）製品になりうることである（Fähnrich & Meiren, 2007; Bryson, 2007）．ここでの主な違いは，製造業の生産プロセスと比べて，サービスの生産システムでは雇用されている人間がより目に見えることである．Goffman（1984）は，人々が「（兄弟姉妹，息子/娘，親，教師，経営コンサルタントなどの）配役」を演じるということ，そしてそれは裏舞台でも表舞台でも起こるということを論じた．この「配役」は裏舞台と表舞台の間で発生する相互作用の結果であるが，ほとんどの場合，消費者は表舞台で起きていることにしか気づいていない（Goffman, 1984: 109-140）．Goffmanの説明によれば，表舞台は演劇が行われる場所であり，裏舞台は「行われる演劇に対して，演劇によって作られる印象が当然のように実際と異なっている」場所である（Goffman, 1984: 114）．裏舞台では演劇が作られ，幻想や印象が意図的に生み出され，支柱や装置が格納される．

サービスに関する文献は，概してサービス生産システムの表舞台を理解することに集中しており（Hochschild, 1983; Teboul, 2006; Bitner et al., 2008），裏舞台の探求は犠牲にされてきた．「対面」のサービスは表舞台で消費され，部分的には製造もされるが，裏舞台でも一部は計画，設計，供給される．したがって，サービスを製造することへの移行は，サービスの製造と消費のために表舞台と裏舞台を融合させることへの移行である．ほぼ同様に，サービスとの混合的な製品の開発は，ある意味では製品の表舞台での認知度を高めるものである．古い製造システムは裏舞台に位置していたため，担当者は消費者からは見えなかった．今日，製造業の働き手はますます人々の目に触れやすくなっており，このプロセスの一部は，企業の社会責任，インターネット，テレビにより実現され，また別の部分は製品に包含されたサービスにより実現されている．

第二の原理は，生産プロセスおよび製品における，製造とサービスの機能の完全な融合である．ここでは，二つの融合のタイミングを見出すことができる．最初の融合は，それ自体は消費者には見えないが，その結果は目にすることができるようなプロセスにおいて起こる．この場合，製品の製造に必要なコンテンツ，すなわち専門知識が増加し，それとともにより多くの専門家やサービス労働を製品に組み込むことが必要になる．これは，生産に関するサービスである．第二の融合は，製品をサービスによって強化したりサービスを主体にすることで，製品が実際にどのように変化するかという点を反映している．サービスによって強化された製品は，新たな形の専門性を利用できるように従来の製品やプロセスを設計し直したものである．サービスを主体とする製品とは，実際の有形の製品よりも製品に含まれるサービス要素のほうが重要になりうるものである．この場合，大部分の価値および消費者の目に見える部分は，専門的なサービス要素とコンテンツに由来するものになるため，企業活動の製造に関する部分は外注するという選択肢があるかもしれない．

上記の二つの原理，すなわち，サービスが設計・製造可能なものであるという点，およびサービスがプロセスと製品に完全に融合可能であるという点から，第三，第四の原理の合理性が導かれる．ここでは，生産プロセスを全体として扱うことが非常に重要である．なぜなら，複雑性が増大しているため，様々な要素（製造業とサービス業のオペレーション）が価値を作り出すために集合する際に生じる相互関係を明確化，概念化する必要があるからである．ここでいう「集合」は，企業内でも発生しうるし，組織や個人が経営する複数の独立した企業が何らかの製品（有形の製品，サービス，ハイブリッドな製品）を作るために協調するバリューチェーンの一部としても起こりうる．バリューチェーンとは，完全な製品を製造販売するための仕入，投資，製造および流通を行う，意図的あるいは無意識に集められる複数の企業の集合である．バリューチェーンあるいは商品チェーン（Gereffi, 2001; Gereffi et al., 2005）は，人や企業がどのように表舞台と裏舞台で集合し製品と価値を作り出すかを分析し理解するための，方法論的な道具である．

　生産システムの全体に焦点を当てて概念的なフレームワークを作ることは難しい．目的は完全な価値創造システムについて理解することであるが，このゴールを達成するには生産プロセスを分割することが不可欠である．これを踏まえると，生産プロセスの全体的な属性に焦点を当てるよりも，生産プロジェクト単位での分析に焦点を当てるほうが得られるものが多いと論じることができる．これは，価値の生産を製品（有形の製品，サービス，混合的な製品）の製造を通じて理解しようというアプローチである．暗黙の意味が確立された言葉を使うことは避け，何層かのアプローチを発展させることで価値の生産を理解するよう努力する．最初の層は，製造やサービスではなく生産に焦点を当てるものである．「生産」という言葉は，それが有形の製品に強く結び付いている点で明らかな問題があるが，これは映画や演劇イベントなどのサービス体験の「生産」にも関わる言葉でもある．この最初の層は，製品，経済部門，企業に始まり，価値がどのように作られるかを明らかにし理解するようとすることに関わる．これは，サービスの二面性を取り込んだサービスの生産システムにおける価値創造についての理解を含んでおり，その焦点は，混合的な製造された製品（製品に関するサービス）のための価値創造と，そのような価値創造の地理的場所に置かれている．

　二つ目の層はタスクに焦点を当てる．製品はそれぞれ，様々なタスク（製造プロセス，および製造に関するサービスと製品に関するサービス）がうまく組織された成果である．各タスクは，コストと利益の両方に寄与している．生産プロセスによって価値を生み出すには，様々な，それぞれ別の地理的場所で行われうるタスクを一つにまとめることが必要である．タスクには機械化または電子化されているものもあれば，対面でのやり取りが製造部門内や製造者，消費者との間で必要となるものもあるだろう．また，一つの企業内で提供されるタスクもあれば，外注されたり外国の製造者から提供されるタスクもある．一連のタスクが何を必要とするにせよ，互いに異なるが関連したタスク（製造業とサービスの機能）が異なる時間，異なる場所で行われ，それらを融合して一つにまとめることで作られる生産プロセスにより，成果として製品が得られる．

　これは，価値を生み出すことを理解するための，理論的というよりは方法論的なアプローチかもしれない．しかしこれは，製造やサービスのどのような活動に焦点を当てるよりも前に，生産プロセスとともにまず論じられるべきものである．それは，経済において富を生み出すために生じる相互作用に焦点を当てるものであり，そのために，価値

がどのように生み出されるかを識別し概念化するための全体的なアプローチを発展させる．ここではサービスが製造プロセスと区別可能な異なるものであることは前提とされていないが，付加価値や富を生み出すためにサービスが生産，製造されることは仮定されている．

　さらに，強調しておくべきこととして，製造プロジェクト/タスク（production project/task; PPT）で経済を理解するアプローチは地理学に推進されたものではない点は重要である．すなわち，このアプローチは空間的・国際的関係をことさら崇拝したり前面に出したりするものではない．国際的な生産ネットワークによるアプローチでは，国際的な関係に重点を置きすぎてしまい，他の形の地理的関係の軽視につながる可能性がある．もちろん，PPTアプローチが本質的に空間的・国際的関係を扱えないということではなく，そうすべきなのは，価値の創造において地理的な関係が中心的な役割を演じる場合のみだということである．企業は，ある生産プロジェクトに必要なタスクについて様々な遂行方法を融合させることで，価値を生み出す．そのようなタスクは，企業によって行われる場合もあれば，地元企業，外国の子会社，サードパーティの仕入先に外注される場合もある．このように，ある生産プロジェクトに携わる企業は，様々な形の双方向の連携によってまとめられる．連携の形態として，市場を介して契約に基づき行われる取引，「サプライチェーン」によって厳しく制御される依存関係，完全な垂直統合，協業関係などが挙げられる．例えば，十分に機能している産業地区はこれらすべてを内包している．

　概念的にはPPTアプローチは魅力的であるが，製造プロジェクトの境界をどのようにして決めるのかという疑問から，少なくとも二つの点で困難が生じることを認識しておく必要がある．PPTの方法論では，研究チームは利用可能な時間とリソース，そして情報を取得する困難さに伴う制約に基づいて，プロジェクトの境界を定める必要がある．一つ目の困難さは，企業は生産プロジェクトと同じものではないことである．多くの企業は，異なる生産プロジェクトとタスクが様々な度合いで関係しながら構成されている．これが意味するのは，PPTアプローチでは研究者が多数の異なる生産プロジェクトを同時に解明する必要があるかもしれないことである．PPTアプローチは企業ベースのアプローチではなく，生産プロジェクトとタスクの展開・管理を通じて生み出される価値を明らかにすることを前提としたアプローチである．企業自体が価値を生み出すのではなく，価値はプロジェクトとタスクによって作られるのである．

　二つ目の困難さは，PPTアプローチでは，生産プロジェクトやタスクの背後にある提携やサポートのためのインフラについて考察が必要な点にある．つまり，装置の製造者，情報/専門知識の提供者，銀行・金融機関，教育システム，輸送システム，情報通信技術（ICT）などを考慮することが重要である．これらを含むサポートインフラは，他の生産プロジェクトの成果である．つまり，それぞれのプロジェクトは非常に複雑に絡み合った製造プロジェクト群の一部であることを意味する．しかし，これらのプロジェクト群が重要かどうかは調査の対象となっているPPTの状況に依存するであろう．PPTアプローチを実施するにあたって運用上の困難さを乗り越える方法を見つけるには，明らかにさらなる詳細な研究が必要である．

5.7 サービスの二面性を計測するには

サービスの二面性を探求するには，定量的なアプローチと定性的なアプローチをどちらも適用する必要がある（Crum & Gudgin, 1977; Pilat & Wölfl, 2005）．生産に関わるサービスの探求については多くの研究が行われているが，顧客企業の活動に対する中間的な入力の影響について理解することは依然として困難である（Bryson et al., 1999a,b）．これらの影響を調べ，さらに製品に関わるサービスを生み出し提供することに関して調べるには，定性的な研究が必要である（Bryson, 2009b）．この定性的な研究を行う段階は，既存の経済活動の全国調査を一部修正してもらうための重要な一歩である．

サービスの二面性の調査には既存のデータセットを使用することが可能であり，特に3種類のデータが重要である．第一に，投入産出表を分析することによって，生産物の広範なパターンと産業間の雇用の流れを分析することができる．これにより，一つの部門における生産物（雇用と産物）の変化がもう一方に与える直接・間接の影響を分析することが可能になる．これらの表は，現在使用されている既存の産業分類を反映しており，内部的な産業構造については隠蔽されている．したがって，投入産出表からは，企業内で機能がどのように混合されているかについては，何の情報も得られない．第二に，例えば英国労働力調査などの職業データは，産業内における仕事のカテゴリの分布を調査するのに使用できる．したがって，このようなデータセットは，産業グループの雇用構造の変化を調べ，製造業企業の内部で行われるサービス活動に焦点を当てるために利用することができる．第三に，サービスの二面性をもっと深く調べるには，企業レベル，つまりミクロレベルでのデータが必要になる．ミクロレベルの調査には高いコストを要するが，生産および製品に関するサービスへの移行が起きていることは，近い将来，企業が自身のビジネスモデルにどのようにサービスを取り込んでいるかを調べるために，産業ごとの詳細な調査を実施する必要が生じるであろうことを示唆している．

サービスの機能が製造業企業のバリューチェーンにどのように統合されているかを計測することは難しい挑戦であるが，経済学者を含めた様々な人々がこれに取り組み始めなければならないであろう．現在のところ，利用可能なデータセットは一つも存在しないが，製造とサービスの機能の間に起きる関係を明らかにし調査するには，複数のデータセットが必要である．

5.8 結論

著書 *Service Worlds* の最後では，単純すぎる一般化の危険性について以下のように強調している．

> … 一般的な経済学的，社会学的分析の特徴と言える様々な二分法，すなわち生産対消費，製造業対サービス業，グローバル対ローカル，経済対文化，仕事対娯楽などといったものの多くは，捨て去られるか，過去のものと見なされる．サービスおよび経済・社会生活一般における複雑性のもとでは，人為的な二者択一に無理やり従う必要はなく，両方を扱うことによって利点が得られるのである．
> （Bryson et al., 2004: 244-245）

サービスをこのようなものとして理解してほしいと読者に求めることは，実は世界を解釈する方法が社会科学者の用語の使い方によってどのように影響を受けるかを意識せよという，サービスの研究者に対する要請にもなっている．同様に，我々が主に 2003 年に書いた以下の文章を，サービスサイエンスの学問分野の設立を求めるものとしても利用できる．「研究は，既存の学問の伝統の枠の中ではなく，その対象（この場合はサービス）の周りに構築する必要がある」(Ganz, 2007: 234)．サービスサイエンスという学問分野を設立しようという訴えに対して，我々が慎重な立場をとっていることを認めよう．おそらく，この慎重さは我々の学問分野の立場に由来する．経済地理学者にとって，他の学問分野と組み合わせたり，学術的な議論を行ったりすることは，良いプラクティスとして受け入れられている．そして，我々地理学者は，経営やマーケティングに基礎を置く我々の同僚と異なり，何を公表するかについて制限されていないし，ビジネススクールに根づいている，出版戦略を決めるためのジャーナルのリストやランキングにも制約を受けない．このことは，サービスの経済と社会に関する分析が，これまでも決して我々自身の学問分野の背景に制限を受けてこなかったことを意味している．こうした意味で，経済地理学者は長い間，既存の学問の伝統には縛られずに，自分たちの研究対象の周りにあるサービスの研究を体系化してきたと言えるであろう．

したがって，我々は「サービスサイエンス」の研究課題を定式化しようという要請を真剣に扱うべきだという点には同意するものの，同時にいくらかの警告を発したい．トランスディシプリナリな研究において長い伝統を持つ学問領域に身を置く学者として，我々は，探求の対象は価値や富を作るプロセスであるべきという懸念を持っている．多くの例において分析の出発点はもちろんサービスであろうが，しかし多くの場合，他の生産形態（製造業その他）もサービスの要素と同等か，もしかするとそれ以上に重要であることを認識することが重要である．分析を行う研究者が生産プロセスにおけるサービス要素に固執しすぎてしまうと，価値が生み出されるのが，サービスと製造の機能の融合や，サービスシステムへのモノの統合，価値創造のために設計された生産システムへのサービスの統合によるということが忘れられてしまう可能性は依然としてある．

我々は，この世界を言葉によって認識し，認識される．研究者は用語・定義・概念によって特定の疑問や課題を考え，特定の方法で世界を概念化することを強いられる．「製造」「サービス」という用語は，雇用の構造的な移行を表現するのに有用であった（例えば Daniels & Bryson, 2002 を参照）が，いまやこれらの用語は，社会科学者が経済と経済組織の構造と運用について考える際に障害となっている．今こそ言葉と理論を改定し，新たな言語によるフィルタと概念のフレームワークを通して世界を見るべきときである．これは非常に難しい仕事だが，21 世紀に移行する過程で，我々の社会，文化および経済の環境に対して新しく現実的な概念化ができれば，得られるものは非常に大きい．そして，これにより，研究が行われる概念的・方法論的方法のいくつかが取って代わられることにもなることを指摘しておくことは重要であろう．

製造とサービスの境界に関する流動的な性質は，これらの二つの経済部門に対する人工的な分割を持続不可能にしているように見える．もしこれが正しければ，社会科学者が経済活動の周りに設定した境界を見直すことを提案するのが現実的であろう．経済に境界がなくても，それを観察する者の理解は，どのように取り組むかによって制限されてしまうだろう．この章で述べた変化の一部は，サービスと製造の活動の境界が過去よ

りもいっそう不明確になっていることを意味している．この境界が今でも重要だと仮定してしまうと，経済地理学者が経済活動を概念化する方法の妨げになってしまう．ひいては，今，社会科学者が経済活動にどのように境界を設けるかを概念化し直すことが必要である．

　サービスの二面性や，サービスと製造の機能がどのように複雑な形で結合され価値を創造・実現するかを理解することで，サービス，製造という用語を置き換える必要がある．このアプローチでは，「製造サービス」の生産プロセスや製品を生み出し，さらには「製造サービス経済」の成立にまで至ったかもしれない移行に重点が置かれる．製造システムは，製造とサービスの知識をよりいっそう複雑に組み合わることで構築されるようになる．製造やサービスのプロセスの集合，あるいはより正確には生産プロセスの集合による，進化する複雑な融合によってできるプロセスとして，製品やサービスの製造を概念化すべきである．サービスなしに製造を行うことは不可能であり，製造された製品なくしてサービスを提供することも不可能である（Bryson et al., 2008）．

　サービスの研究者たちは，サービスが持つ独自な関係性を根拠にして，製造業のことをあまりに長い間無視してきた．おそらく，こうした区別についても忘れるときではないだろうか？　今こそ，サービスを念頭に置いた製造部門の理解を確立すべきときである．これにより，製造業におけるサービスの側面に焦点を当て，そして同時に，それらの活動がサービスであるか製造であるかを分類し続けることは困難であることを明らかにすることができる．究極的には，経済を製造とサービスという二極的な活動に分割することを超越し，価値の創造と生産プロセスに焦点を当てなければならない．これは，製造対サービスに焦点を置くことをやめ，製造とサービスの機能が融合して進化する「サービスワールド」を，あるいはおそらく，新たな「製造サービス」経済の理解を目指すということである．

参考文献

Bacon, R. and Eltis, W. (1976). *Britain's economic problems: too few producers.* London: Macmillan.

Bearse, P. J. and Karasek, R. A. (1981). *Services: the new economy.* Totowa: Allenheld and Osmun.

Bell, D. (1973). *The coming of post-industrial society: a venture in social forecasting.* New York: Basic Books.

Beyers, W. B. (1983). Services and industrial systems, paper presented at the Annual Meeting of the Association of American Geographers, Denver, CO, 24027 April.

Beyers, W. B., Alvine, M. J. and Johnson, E. K. (1985). *The service economy: export of services in the central Puget Sound region.* Seattle: Central Puget Sound Development District.

Bitner, M. J., Ostrom, A. & Morgan, F. (2008). Service blueprinting: A practical technique for service innovation, *California Management Review*, 50, 66-94.

Business, Enterprise and Regulatory Reform (BERR) (2008). *Manufacturing: new challenges, new opportunities.* London: UK Department of Business, Enterprise and Regulatory Reform.

Blackstone, B. (1997). Measuring the elusive service sector, *CSI Reports: The Service Economy*, 11, 12-13, 19.

Bryson, J.R. (1996). Small business service firms and the 1990s recession in the United Kingdom: Implications for local economic development, *Local Economy Journal,* 11, 221-236.

Bryson, J.R. (1997). Business Service Firms, Service Space and the Management of Change, *Entrepreneurship and Regional Development,* 9, 93-111.

Bryson, J.R. (2007). A 'second' global shift? the offshoring or global sourcing of corporate services and the rise of distanciated emotional labour, *Geografiska Annaler* 89B (S1), 31-43.

Bryson, J.R. (2008a). Service economies, spatial divisions of expertise and the second global shift, in Daniels, P.W. et al. *Human geography: issues for the 21st century.* (pp. 339-337). Harlow: Prentice Hall.

Bryson, J.R. (2008b). Value Chains or Commodity Chains as Production Projects and Tasks: Towards A Simple Theory of Production Spath, D.; Ganz, W. (Eds.) *Die zukunft der dienstleistungswirtschaft - trends und chancen heute erkennen* (pp. 264-287). Munich: Carl Hanser Verlag.

Bryson, J.R. (2008c). Wertschöpfungs-und Warenketten als Produktionsprojekte und Aufgaben: Auf dem Weg zu einer einfachen Produktionstheorie, in Spath, D.; Ganz, W. (Eds.), *Die zukunft der dienstleistungswirtschaft: trends und chancen heute erkennen* (pp. 261-286). Munich: Carl Hanser Verlag.

Bryson, J.R. (2009a). Economic geography: business services, in Kitchin, R. & Thrift, N. (eds.) *International encyclopedia of human geography.* London: Elsevier.

Bryson, J.R. (2009b). *Hybrid manufacturing systems and hybrid products: services, production and industrialization.* Aachen: University of Aachen, in press.

Bryson, J.R. (2009c). Service innovation and manufacturing innovation: bundling and blending services and products in hybrid production systems to produce hybrid products, in Gallouj F. (Ed), *Handbook on innovation in services.* Cheltenham: Edward Elgar, in press.

Bryson, J. R. and Daniels, P. W. (1998b). Understanding the rise and role of service activities and employment in the global economy: an introduction to the academic literature, Bryson J. R. and Daniels P. W. (eds.) *Service industries in the global economy: volume 1, service theories and service employment.* Cheltenham: Edward Elgar.

Bryson, J.R., Daniels, P.W. and Ingram, D.R. (1999a). Evaluating the impact of business link on the performance and profitability of SMEs in the United Kingdom, *Policy Studies*, 20(2), 95-105.

Bryson, J.R., Daniels, P.W. and Ingram, D.R. (1999b). Methodological problems and economic geography: the case of business services, *The Service Industries Journal*, 19(4), 1-17.

Bryson, J R, Daniels, P W and Warf, B (2004). *Service worlds: people, organizations, technology.* London: Routledge.

Bryson, J.R. and Daniels, P.W. (eds.) (2007). *The handbook of service industries in the global economy*, Cheltenham: Edward Elgar.

Bryson, J.R., Keeble, D. and Wood, P. (1993). The creation, location and growth of small business service firms in the United Kingdom, *The Service Industries Journal* 13(2), 118-131.

Bryson, J.R. and Rusten, G. (2005). Spatial divisions of expertise: knowledge intensive business service firms and regional development in Norway, *The Services Industries Journal,* 25(8), 959-977.

Bryson, J.R. and Rusten, G. (2006). Spatial divisions of expertise and transnational 'service' firms: aerospace and management consultancy, in Harrington, J.W. and Daniels, P.W. (Eds) *Knowledge-based services, internationalization and regional development* (pp. 79-100). Aldershot: Ashgate.

Bryson, J.R .and Taylor, M. (2010). Competitiveness by design and inimitability through service: understanding the dynamics of firm-based competition in the West Midlands Jewellery and Lock Industries, *The Service Industries Journal,* 30(4), in press.

Bryson, J.R., Taylor, M. and Cooper, R. (2008). Competing by design, specialization and customization: manufacturing locks in the West Midlands (UK), *Geografiska Annaler: Series B, Human Geography,* 90(2), 173-186.

Castells, M. (1989). *The informational city.* Oxford: Blackwell.

Chesbrough, H. (2005). Toward a science of services, Harvard *Business Review,* 83, 16-17.

Chesbrough, H. and J. Spohrer (2006). A research manifesto for services science. *Communications of the ACM,* 49(7), 35-40.

Cohen, S. S. and Zysman, J. (1987). *Manufacturing matters: the myth of the post-industrial economy.* New York: Basic Books.

Crang, P. (1994). It's showtime: on the workplace geographies of display in a restaurant in South East England, *Environment and Planning D: Society and Space,* 12, 675-794.

Crum, R. E. and Gudgin, G. (1977). *Non-production activities in UK manufacturing.* Regional Policy Series 95, No.3, Brussels: Commission of the European Communities.

Daniels, P. W. (1983a). Service industries: supporting role or centre stage?, *Area,* 15, 301-309.

Daniels, P. W. (1983b). Business services in British provincial cities: location and control, *Environment and Planning A,* 15, 1101-1120.

Daniels, P. W. (1993). *Service industries in the world economy.* Oxford: Blackwell.

Daniels, P.W. and Bryson, J.R. (2002). Manufacturing services and servicing manufacturing: changing forms of production in advanced capitalist economies, *Urban Studies,* 39(5-6), 977-991.

Daniels, P. W., Leyshon, A., Bradshaw, M. J. and Beaverstock, J. V. (eds.) (2006). *Geographies of the new economy: critical reflections.* London: Routledge.

Davies, R. L. (1972). The location of service activity, in Chisholm, M and Rodgers, B (eds.) *Studies in human geography.* London: Heinemann.

Delaunay, J. C. and Gadrey, J. (1992). *Services in economic thought: three centuries of debate.* Dordrecht: Kluwer.

Department of Trade and Industry (2004). *Competing in the global economy: the manufacturing strategy two years on.* London: Department of Trade and Industry.

Department of Trade and Industry (2007). *Innovation in services.* London: Department of Trade and Industry.

Djellal, F. and Gallouj, F. (2008). *Measuring and improving productivity in services: issues, strategies and challenges.* Cheltenham: Edward Elgar.

Dyson, J. (2004). Engineering the differences, *The Richard Dimbleby Lecture,* BBC, broadcast on 8th December , transcr ipt available at http://news.bbc.co.uk/1/shared/bsp/hi/pdfs/dyson_10_12_04.pdf, accessed 10th January 2009.

Fahnrich, K.P. and Meiren, T. (2007). Service engineering: state of the art and future trends, in Spath, D. and Fähnrich, K.P. (Eds) *Advances in services innovations* (pp. 3-16). Springer:

Berlin.

Florida, R. (2002). *The rise of the creative class and how it's transforming work, leisure, community, and everyday life.* Basic Books. New York.

Fuchs, V. R. (1968). *The service economy.* New York: Columbia University Press.

Fuchs, V. R. (1969). *Production and productivity in the service industries.* New York: National Bureau of Economic Research.

Galbraith, J. K. (1967). *The new industrial state.* New York: Signet Books.

Gallouj, F. (2002). *Innovation in the service economy: the new wealth of nations.* Edward Elgar, Cheltenham.

Ganz, W. (2006). Strengthening the services sector-need for action and research, in Spath D. and Fähnrich K.P (Eds), *Advances in services innovations* (pp. 223-256). Springer: Berlin.

Gereffi G. (2001). Shifting governance structures in global commodity chains, with special reference to the internet, American *Behavioural Scientist,* 44, 1616-1637.

Gereffi G., Humphrey J., Sturgeon T. (2005). The governance of global value chains, *Review of International Political Economy,* 12, 78-104.

Gershuny, J. (1978). *After industrial society?: the emerging self-service economy.* London: Macmillan.

Gershuny, J. and Miles, I. (1983). *The new service economy.* London: Pinter.

Giarini, O. (1997). Notes on economics, globalization and insurance, *Information Letter 152,* Geneva: Geneva Association (mimeo).

Giarini, O. (2002). The globalization of services in economic theory and economic practice: some conceptual issues, in Cuadrado, J.R., Rubalcaba, L. and Bryson, J.R. (eds) *Trading services in the global economy* (pp. 58-77). Cheltenham: Edward Elgar.

Goffman, E. (1984). *The presentation of self in everyday life.* Harmondsworth: Penguin.

Greenfield, H. I. (1966). *Manpower and the growth and producer services.* New York: Columbia University Press.

Grubel, H. G. and Walker, M. A. (1989). *Service industry growth: causes and effects.* Vancouver: Fraser Institute.

Hansen, M.T. and Birkinshaw, J. (2007). The innovation value chain, *Harvard Business Review*: 85(6), 121-130.

Hill, T. P. (1977). On goods and services, *Review of Income and Wealth,* 23, 315-333.

Hochschild, A.R. (1983). *The managed heart.* London: University of California Press.

Holmstrom, B. (1985). The provision of services in a market economy, in Inman, R. (Ed), *Managing the services economy: prospects and problems* (pp. 183-213). Cambridge: Cambridge University Press.

Howells, J. (2002). Innovation, consumption and services: encapsulation and the combinational role of services, Paper presented at the 12th International RESER Conference, 26-27 Sept, 2002, Manchester.

IfM and IBM (2008). Succeeding *through service innovation: A service perspective for education, research, business and government.* Cambridge, UK: University of Cambridge Institute for Manufacturing.

Illeris, S. (1989). *Services and regions in Europe.* Aldershot: Gower.

Kellerman, A. (1985). The evolution of service economies: a geographical perspective, *Professional Geographer,* 37, 133-143.

Livesey, F. (2006). *Defining high value manufacturing*. Cambridge, UK: University of Cambridge Institute for Manufacturing.

Lyons, R. (1998). Britain needs taskforce to rescue manufacturing, *Sunday Times*, 13 September.

Mangham, I.L. (1986). *Power and performance in organizations*: Blackwell: Oxford.

Marshall, J. N. (1982). Linkages between manufacturing industry and business services, *Environment and Planning A*, 14, 1523-1540.

Marshall, J. N. and Wood, P. A. (1995). *Services and space: key aspects of urban and regional development*. Harlow: Longman.

Martin, R. (1994). Economic theory and human geography, in D. Gregory, R. Martin and G. E. Smith (eds.) *Human geography: society, space and social* science (pp. 21-53). London: Macmillan.

Marx, K. (1973). *Grundrisse*. Harmondsworth: Penguin.

Ochel, W. and Wegner, M. (1987). *Service economies in Europe: opportunities for growth*. London: Pinter.

Pilat, D. and Wölfl, A. (2005). M*easuring the interaction between manufacturing and services*. Statistical Analysis of Science, Technology and Industry, STI Working Paper 2005/5, Paris: OECD.

Pine, J. and Gilmore, J. (1999). *The experience economy*. Harvard Business School Press, Boston.

Rapport, N. (1998). Hard Sell: Commercial performance and the narration of the self, in Hughes-Freeland, F. (Ed) *Ritual, performance, media* (pp. 177-194). London: Routledge.

Reich, R. (1992). *The work of nations*. New York: First Vintage Books.

Reubens, E. P. (1981). The services and productivity, *Challenge*, 24, 59-63.

Riddle, D. I. (1986). *Service-led growth: the role of the service sector in world development*. New York: Praeger.

Rubalcaba-Bermejo, L. (1999). *Business services in European industry: growth, employment and competitiveness*. Luxembourg: Office for Official Publications of the European Communities.

Rubalcaba, L. (2007). *The new service economy: challenges and policy implications for Europe*, Cheltenham: Edward Elgar.

Rubalcaba, L. and Kox, H. (2007). *Business services in European economic growth*. Basingstoke: Palgrave.

Rusten, G., Bryson, J.R. and Aarflot, U. (2007). Places through product and products through places: industrial design and spatial symbols as sources of competitiveness, *Norwegian Journal of Geography*, 61(3), 133-144.

Rusten, G. and Bryson J.R. (2007). The production and consumption of industrial design expertise by small and medium-sized firms: some evidence from Norway, *Geografiska Annaler*, 89(1), 75-87.

Sayer, A. (1984). *Methods in social science*. London: Hutchinson.

Smith, A. (1977 [1776]). *The wealth of nations*. Penguin Books, Harmondworth.

Spohrer, J, Maglio, P. P., Bailey, J. Gruhl, D. (2007). Toward a science of service systems, *Computer*, 40(1), 71-77.

Spohrer, J. and Maglio, P.P. (2008). The emergence of service science: towards systematic service innovations to accelerate co-creation of value, *Production and Operations Management*, 17(3), 1-9.

Stanback, T. M .(1979). *Understanding the service economy: employment, productivity, location.* Baltimore, Md.: Johns Hopkins University Press.

Stanback, T. M., Bearse, P. J., Noyelle, T. J. and Karasek, R. A. (1981). *Services: the new economy.* Totowa, NJ: Allanheld, Osmun.

Stigler, G. J. (1956). *Trends in employment in the service industries.* Baltimore. Md: Johns Hopkins University Press.

Sundbo, J. and Darmer, P. (eds.) (2008). *Creating experiences in the experience economy.* Edward Elgar: Cheltenham.

Teboul, J. (2006). *Service is front stage: positioning services for value advantage.* London: INSEAD Business Press.

US Census Bureau (1993). Services classifications. *Issues Paper No 6*, Washington DC: Economic Classification Policy Committee.

Van Ark, B, Inklaar, R. and McGuckin, R.H. (2002). Changing Gear: Productivity, ICT and Service Industries: Europe and the United States. *Research Memorandum GD-60*, Groningen: University of Groningen, Groningen Growth and Development Centre.

Walker, R. (1985). Is there a service economy?: the changing capitalist division of labor, *Science and Society*, 49(1), 42-83.

Webster, F. (2002). *Theories of the information society.* London: Routledge.

Winch, G. (2000). Construction business systems in the European Union, *Building Research and Information*, 28, 88-97.

第II部

背景：理論

第6章

統一サービス理論
——サービスサイエンスのためのパラダイム[1]

□ Scott E. Sampson
　Marriott School of Management
　Brigham Young University, Provo, Utah, USA

　　　　この章では，サービスオペレーション，サービスマネジメント，そして今日のサービスサイエンスの土台となるパラダイムとして定められた「統一サービス理論」(unified service theory; UST) について論じる．USTの基本的な目的は，「サービス」(すなわちサービスプロセス) と呼ばれる様々な現象を統一的に扱うことで，サービスとサービスではないもの (非サービス) との違いや，サービスに共通する経営上の原理を明らかにすることである．USTはサービスサイエンスの対象範囲を規定し，設計者，経営者，研究者の興味を引くサービスのトピックの全貌を明らかにする．USTはもともとビジネスオペレーションの視点に基づいてはいるが，サービスに関する様々な視点に共通のテーマを描くものである．

6.1　パラダイムの必要性

　　　　サービスサイエンスを含め，あらゆる科学はパラダイムに基づいている．パラダイムとは，「科学を扱う学科や学問領域における哲学的・理論的なフレームワークであり，理論，法則，一般化およびそれらを裏づける実験がその中で定式化される」(Merriam-Webster, 2008)．
　　　　例えば，物理学には量子力学というパラダイムがあり，離散的な粒子が計測可能な属性を持って予測可能な振る舞いを見せるという説を提唱している．量子力学は，伝統的なニュートン力学に代わって物理学の基礎的なパラダイムとなった．ニュートン力学によって適切に説明できる現象もあったが，理論と不整合な現象も見つかっていたためである．
　　　　パラダイムは，研究領域の妥当な対象範囲を定めるものである．物理学では，あらゆ

---

[1] この章は，Christopher Lovelockの最近の素晴らしい研究成果に基づいている．彼ほどサービスマネジメントの考え方の発展に貢献した人は少ない．また，彼は領域をまたがった協業の模範例を示した．

る既知の現象（少なくとも物理学に関するすべての既知の現象）を対象とした「万物の法則」を考案しようとした物理学者もいる．そのような究極の一般化は，知的興味を誘うものの，そのような考え方が空想の域を越えて発展することは稀である．

これまでにも，サービス[2]の研究に関する共通なパラダイムはいくつか存在した．これらのパラダイムは，次の本質的な問いに答えようとするものであった．サービスを研究していると言う場合，実際には何を研究しているのか？例えば，ビジネスにおいてはサービスのパラダイムを「モノ対サービス」という言葉で表現するのが一般的である．これは，サービスがモノとは異なるという考え方を示している．もしこれが正しければ，両者がどのように違うのか，そしてその違いがサービスやモノの設計・管理にどう影響を与えるのかといった問いが生じる．

サービスすなわちサービスプロセスが知識とスキルを使って他者に恩恵をもたらすものであるのに対し，形のあるモノもまた知識とスキルを実体化することで他者に恩恵をもたらしている．つまり，モノがサービスを提供していると考えることもできる．このため，すべてはサービスであるという結論を支持している人もいる（例えば，Gummesson, 1995, p.150; Vargo & Lusch, 2004b, p.334）．そのような結論から，あらゆるものがサービスの研究の対象であると信じる人もいるだろう．しかし，そのような広範なパラダイムは，経営上の独自の知見を見出す目的にはほとんど役立たない．サービスサイエンスの進歩のためには，サービスは何らかの意味で非サービスと異なり，経営上も異なる意味を持つという信念が重要である．

興味深いことに，サービスマネージメントにおいて長く支持されてきたパラダイムに対し，最近になって異議が唱えられている．これは特に，サービスマーケティングとサービスオペレーションの最先端の研究者たちによるものである（Nie & Kellogg, 1999, p.351; Grove, Fisk, & John, 2003, p.133; Vargo & Lusch, 2004b, p.334; Edvardsson, Gustafsson, & Roos, 2005, p.115）．彼らは，新しいサービスのパラダイムが必要であると主張している．いくつかの新しいパラダイムが提案され，いくつかの場合には古いパラダイムが再考され復活している（Lovelock & Gummesson, 2004; Vargo & Lusch, 2004a）[3]．

よくできたパラダイムは，科学の形成とその科学に貢献する者，学ぶ者に多大な利点をもたらす．20世紀の最高の科学哲学者の一人である Thomas Kuhn は，パラダイムとは与えられた学問領域のメンバーが共有する仮定であると記した（Kuhn, 1970）．様々な背景を持つ参加者がそれらの仮定を学ぶことによって，共通の土台のもとで議論がし

---

[2]. この章を通じて複数形の "services" は，「サービスプロセス」または「サービスとしてそれぞれ特徴づけられるプロセス」を意味する用語として使われる．不幸なことに，一部の分野では「サービス」という用語が「無形の製品」という望ましくない意味合いを含んでしまっている．複数形の "services" を使うことを禁じることを提案している人もいる（Vargo & Lusch, 2008b）．ここでは，"services" という語を，複数のサービスプロセスを指すという文法上の便利さゆえに使っており，無形の製品という本題からそれた意味を指す意図はない．複数形の "services" を使うことを禁じるリスクは，「サービス」という言葉の持つ広がりを矮小化してしまうことである．ちなみに，単数形の "service" にも，軍，宗教，馬の繁殖などにおいて特別な意味があり，たとえ単数形を使ったとしても文脈の理解は必要になる．

[3]. Vargo と Lusch は，彼らのバージョンのサービスドミナントロジックは理論でもパラダイムでもなく，物の見方であると主張した（Vargo & Lusch, 2008a, p.9）．彼らはサービスドミナントロジックについて，それが「世界観」を持っていないと論じる一方で，それは「マーケティングの一般理論の基礎」であり，「社会学と経済学の理論に新しい方向を与えるための基礎」であると主張している．彼らはまた，それが「モノを中心とした伝統的なパラダイムの代替である」とも述べている．したがって，我々はサービスドミナントロジックをパラダイムかパラダイムと同等のものとして扱う．

やすくなる．

　パラダイムはまた，科学の中の活動を方向づける点で有用である．Lovelock と Gummesson が述べているように，「パラダイムは，理論的な一般化とは何かを定め，収集すべきデータが何かを明らかにし，研究の手続きおよびテーマの選択にも影響を与える」(Lovelock & Gummesson, 2004, p.21)．さらに，本当に有用なパラダイムは，重要な経営上の洞察を導くなど，実用的な意味も持つだろう．

　まとめると，サービスサイエンスの「優れた」パラダイムは，妥当なスコープを提供し，共通な仮定を明確化し，進歩のために取り組むべき活動の識別を助けるものでなければならない．最低限，サービスサイエンスのパラダイムは，サービスを学ぶ人々が，何がサービスでありサービスがどのように「非サービス」と区別されるのかを決めるのを助けるべきである．

6.1.1　ゾウをめぐる統一

　サービスサイエンスのパラダイムを確立することは，そこに関わっている多様な視点を考えると非常に難しい．人々は多くの異なる学問分野から来ており，それらの学問分野にはそれぞれ長年にわたるパラダイムがある．したがって，サービスサイエンスのパラダイムの目的には，異なる視点の統合や交流に対応することも加えられるべきである (IfM & IBM, 2008, p.10)．これは，サービスの様々な視点について，ある程度までの統一を達成することを意味している．

　サービスサイエンスに特徴的なのは，学術界における基礎研究者によってではなく，産業界 (IBM) の応用研究者によってその形成が引き起こされた点である[4]．この努力の中で，産学間の連携の構築には急速かつ著しい成功が見られた．現場の人々は，何十年にもわたるサービスに関係する研究の活用に大きな興味を示した．一方，サービスの学者たちは，自分たちの研究に興味を持つ人がいること，そして会議のスポンサーや資金を得る機会が生まれることを喜んだ．

　似たような，あるいは異なる産業の現場の人々の間に協力が生まれたことは喜ばしいことであった．現代経済は知識とイノベーションがもたらす競争上の優位を獲得して保護することに基づいているが，協業に関わった企業は，共通の利益のためにアイデアを喜んで共有しているように見受けられた．

　より普遍的な重要課題は，学術界における様々な視点を調和させることである．学問分野は伝統的に，それぞれ互いに孤立した状態にある．これは，一般の知識しかない人が特定の分野で専門家と話をするのは難しいという先入観による部分もある．このことの不幸な副作用は，異なる分野の専門家の間に交流がなくなり，彼らが自分の知識の広さを過大評価してしまい，自分の偏りに気づかなくなることである．

　もし，この学術界の不幸な孤立主義の現実に疑いを持つ人がいたら，引退間近の大学教授に，「通りの向こうの」他大学，あるいは同じ大学の2階下にいる別の学部の教授と議論や協業をしたことがどれくらいあるか聞いてみるとよい．ビジネススクールの教授は，情報科学科やデザイン科や工学科や法科で何が起きているかを本当に知っている

---

[4] コンピュータサイエンスにも似たような歴史がある．コンピュータサイエンスは，産業界，特に IBM の強い動機に由来して作られた．

だろうか？　たぶん知らないだろう．

　実際，サービスサイエンスで学術界をまとめるということは，6人の全盲の視覚障がい者がゾウに出会う有名な話のようなものである．この話の中で，人々はそれぞれゾウの別々の場所を触って，ゾウのことを柱のようだ，ロープのようだ，巨大なうちわのようだ，などと表現する．彼らは，自分が全体の一部しか理解していないことに気づかない．

　普遍的な課題を解くことは，部門横断的な研究のやりにくさを考えると，さらに難しい．学術会議や大学のミーティングで，部門横断的な研究を増やそうという要請を聞くことがときどきある．しかし，はっきり言葉に表すかは別として，こうした要請は通常，差し迫って終身雇用や昇進を必要としていない人に向けられている．たとえ学術界の標準的な昇進をすべて果たしている人であっても，部門横断的な研究をすることは容易ではない．例えばジャーナルの査読者に，その特定の分野の偏りに準拠していないことで袋だたきにされたりする．

　このように，自分の偏りに気づかない状況は産業界にも存在する．ヘルスケア産業の人々はヘルスケアの専門用語で会話し，自動車産業の人々は自動車産業の言葉で会話する．ソフトウェア工学の人々はソフトウェア工学の言葉で，ごみ収集の人々はごみ収集の言葉で会話する．

　産業界ごとの言葉の違いの顕著な例として，「サービス」という言葉の使われ方の違いが挙げられる．ヘルスケア産業では，サービスとは「ベッドの患者にどう応対するか」について指すものである．自動車産業では，サービスは欠陥製品を修理することに関わる．ソフトウェア工学では，サービスは「サービス指向アーキテクチャ」（SOA）と呼ばれる，疎に結合されたソフトウェアインターフェースに関わる．そして，ごみ収集では，サービスはごみ箱を空にする際にこぼれたごみを放置せず拾っていくことに関係する．

　USTの目標は，様々な側面においてサービスサイエンスの統一の基礎を作ることである．その具体的な目的の一つは，一見まったく異なる産業の中に生じる共通部分を識別すること，すなわちヘルスケア，自動車修理，SOA，ごみ収集などに共通するサービスの基礎を明らかにすることである．別の目的は，様々な異なる学問分野を関連づけ，互いに補完し合えるようなサービスサイエンスの共通の基盤を提供することである．サービスサイエンスのもとでサービスの共通性を論じるだけではなく，サービスと非サービスがどのように異なるかを強調している点がUSTの特徴である．

6.2　統一サービス理論（UST）[5]

　USTを示すにあたり，私が学問分野の偏りを持っていないと主張するつもりはない．私のもともとの専門はサービスオペレーションマネージメント分野であり，その経験から，物事を生産とオペレーションという視点で見る習慣がある．これは，私がこの世界を一連の生産プロセスとして捉えていることを意味している．それぞれの生産プロセスは，ある入力を何らかの要求に応えるような価値ある出力に変換するものである．

---

[5] これまでばらばらに捉えられていたサービスプロセスを統合する理論であるという意味を込めて，以前は "Unified Services Theory" というように複数形の "Services" を用いていた．単数形の "Service" を用いている今も思いは同じである．【訳注】UST = "Unified Service Theory" のように単数形の "Service" を用いていることについての記述である．

私にとって学問分野の偏りを和らげるのに役立っているかもしれない要素を三つ挙げよう．第一に，一つのことに集中し続けられない性格のために，私は長年にわたって様々な学問分野を渡り歩いてきた．大学院で受けた教育と職業上の役職はビジネスマネージメントとオペレーションの分野に関するものであるが，学部における学位は人材育成に関するものであったし，長年コンピュータ技術についてコンサルタントをしており，法律関係（知的所有権）も興味を持って勉強しており，そして小さなエンジニアリング企業も所有している．現在の興味は分子生物学と DNA であり，それが私による最近のサービスシステム理論にも表れている（Sampson, Menor, & Bone, 2010）．

第二に，UST の私による記述は独自のものではなく，他の分野の偉大な思想家たちから学んだアイデアを単にまとめて提示したものである．UST について，自分たちの学問分野の伝統的なパラダイムから外れているとして無視する人々がいる一方で，自分の学問分野でずっと前に思いついていたことだと考える人々もいて，UST はそうした人々の狭間で興味深い立ち位置にある．以下に，UST に関するこれまでの言及をいくつか引用しよう．UST の概念を何年も前に定式化した人はおそらくほかにもいただろうが，発表された論文を見つけることができなかったため，感謝を述べることができない．彼らの価値ある貢献について，まとめて感謝し称賛したい．

第三に，偏りを認識することによって，その偏りがいくらか和らぐのではないかと考えられる．自分に偏りがないと考えている人こそ最も偏りの大きい人だという仮説を立てることができる．ちなみに，私は自分がオペレーションマネージメントという分野に偏っていると確信している．

オペレーションマネージメントの学問分野の中心原理が入出力モデルであることはおそらく間違いない．図 6.1 に示されるように，入力は生産プロセスを通じて出力に変換される．オペレーションマネージメントの分野では，このモデルが普遍的であり，すべてのプロセスは入出力モデルで表現できると信じられている．このモデルは非サービスのプロセスと同様にサービスプロセスにも当てはまるが，UST ではサービスプロセスへの適用と非サービスプロセスへの適用が明確に区別できることを前提としている．

供給者 →入力→ 生産プロセス →出力→ 顧客

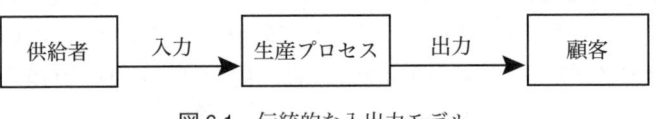

図 6.1　伝統的な入出力モデル

サービスに対する伝統的なビジネスの視点では，顧客に対してサービス提供者が何を提供するかに焦点が当てられていた．人々は「サービス製品」の「サービス提供」について話題にすることで，サービスとはサービス提供者から得る何かであると考えるようになる．私を含めた多くの研究者は，サービスは実際にはプロセスであることを強調している．サービスはサービス提供者が与える何かではなく，する行為である．そのようなサービス（すなわちサービスプロセス）は有形の要素を含まないこともあるが，含んでいることが多い．オペレーションマネージメントの人々は，サービスであろうとなかろうと，すべてのものはプロセスであると主張するだろう．しかし，繰り返しになるが，我々はすべてが同じであると主張するような視点に対しては，それがどんなもので

も警戒する．

そもそも，サービス提供者が提供するものにもサービスを供給するプロセスにも基づいていないところが，USTの独自な点である．それらの代わりに，USTでは，サービス提供者やサービスプロセスに対して顧客が供給しているものの違いに着目している．それは，簡潔には次のように述べることができる．

> **統一サービス理論（UST）**：サービスは生産プロセスであり，その中で顧客は，それぞれその顧客に対する生産単位のために，一つ以上の入力要素を供給する．非サービスプロセスでは，顧客が集団として製品の設計へのアイデアに貢献することはありうるが，個々の顧客としては出力を選択し，お金を支払い，消費することにしか参加しない．サービスに特有なすべての考慮点は，この区別に基づいている．

USTにおいてサービスに特有で普遍的な特徴は，顧客が生産プロセスへの入力の一部を供給し制御している点である（Spohrer & Maglio, 2008）．Riddle（1986）によれば，「サービスとは，人や人が所有するモノへの変化を起こす活動である」．あるいは，Lovelock（1983）によれば，顧客による入力には顧客自身と，顧客の持ち物および情報が含まれる．したがって，図6.2に表現されるように，顧客はサービスプロセスへの入力の供給者である．この，顧客が供給者であるというサービスパラダイム（UST）では，顧客による入力の存在が，サービスプロセスがサービスプロセスであるための必要十分条件である，あるいは，顧客による入力がないことがすべての非サービスプロセスを特徴づけるものであると考えられている（Sampson, 2000）．USTは経営上で広い重要性を持つ．なぜなら，顧客による入力を含むプロセスはどれも似たような経営上の懸案事項を持っており，それは顧客による入力に依存しないプロセスとは異なる種類のものだからである（Sampson, Menor, & Bone, 2010）．

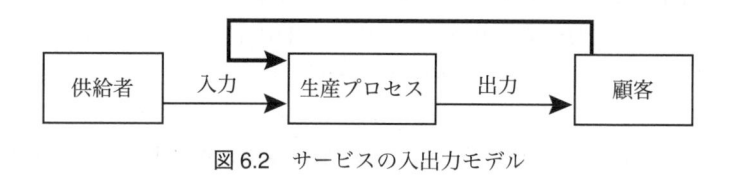

図6.2　サービスの入出力モデル

USTのサービスパラダイムを理解するために，入力，顧客，生産プロセスを次のように定義する．

「入力」（入力要素）は，プロセスに取り込まれ，何らかの恩恵を生み出すためにプロセスによって使用されるもの（有形または無形のリソース）である．この文脈における入力とは特定の生産単位のための要素であり，生産後の支払いや，プロセスや結果に対する一般的なフィードバックやアイデアという意味での「顧客から提供されるもの」ではない．

「顧客」は，生産への対価の支払いを決定する個人または団体である．顧客は消費者（受益者）かもしれないし，単なる意思決定者かもしれない．例えば，大学の学生は教科書を買うが，ある教科書を授業で使うか否かを決定するのは教師である．

「生産プロセス」は，顧客価値を提供し，それにより対価を得る一連のステップであ

る．組織にはほかにも，直接的に対価を得るわけではないが，必要なプロセスもあるかもしれない．例えば，生産準備として行われる装置保守などが挙げられる．これらの三つの本質的な概念の詳細と例については，Sampson & Froehle (2006) に記述されている．

■ プロセスパラダイムを通じた UST の明確化

先に述べたように，サービスが顧客による入力に依存しているという概念は新しくはないが，研究文献や他の出版物の中での扱いは付随的であった（Silvestro et al., 1992, p.66; Bitner et al., 1997, p.195; Wright, 1999, p.5; Lovelock, 2001, p.37; Chervonnaya, 2003, p.335; Fitzsimmons & Fitzsimmons, 2004, p.21; Zeithaml, Bitner, & Gremler, 2006, p.393）．しかし，この概念を定義として用いることで大きな力が得られることについては，広く認識されていない．多くの研究者が，企業内の個々のプロセスではなく企業や産業を分類している傾向にあることが，その理由の一つかもしれない（Wemmerlov, 1990, p.24）．

顧客が供給者であるというサービスパラダイム（UST）によって得られるパラダイムシフトは，次のとおりである．（サービス提供者に対して）顧客を識別し，分析対象のプロセスを定めれば，顧客による入力の存在はサービスを定義する特徴となる．このパラダイムは，プロセスの視点をとっている．すなわち，すべてのビジネスは，「サービスビジネス」であろうとなかろうと，入力を出力に変換するプロセスで構成されている．ここで，サービスプロセスと伝統的な見込み生産の製造プロセス[6]との区別は，プロセスの呼び出され方の違いでもプロセスの出力の性質（有形か無形か）の違いでもない．両者を区別する唯一の要因は，プロセスへの入力についての特徴的な性質，すなわち，顧客が入力を供給するか否かである．行われる行為の性質や出力の性質も異なるが，それは主に入力の性質の違いによるものである．顧客による入力の有無により，プロセスや出力の特徴に違いが生じるのである（Sampson, Menor, & Bone, 2010）．

Rathmell による "What is Meant by Services?"（サービスが意味するもの）という 1966 年の記事で与えられた例を考えよう．Rathmell は，「モノは物であり，サービスは行為である」と述べた後，次のように続けている．「製品を購入する場合，それはモノである．しかし，製品をレンタルあるいはリースする場合，借りる人はサービスを得ている」(pp.33-34)．UST の視点では，製品は購入されようとレンタルされようとモノ（有形物）である (Hill, 1977, p.320)．顧客は，モノをレンタルするプロセスは観察するが，モノの製造プロセスを目にすることはめったにない．もし，製造プロセスが顧客による入力を含まず，レンタルプロセスが顧客による入力を含んでいるならば，サービスプロセスとしてのレンタルプロセスは製造プロセスより非効率的であり，ばらつきが大きく，利用率が低いなどの性質をほぼ確実に持っているだろう．サービスのプロセスと出力は，顧客による入力に依存するために，非サービスにおけるそれらと本質的に異なっているのである．

したがって，用語について存在する混乱の一部は，サービスプロセス（行為）を製造の出力（モノ）と比較するところから来ている．家を建てるプロセスは行為である．そ

---

[6]. UST は，顧客からの入力なしに行われる伝統的な見込み生産の製造業を非サービスとして分類する．カスタムの製造は，少なくとも顧客から入力情報を必要とするので，サービスとして分類されるだろう．さらなる説明は，Sampson & Froehle (2006, p.336) や Sampson (2001, p.142) を参照．

れが将来大量販売する団地であっても，あるいはこだわりのある顧客向けのカスタムハウスであっても，同じである．自動車製造，自動車販売，自動車修理，自動車レンタルの出力はすべて自動車である．USTを特徴づける問いは，「そのプロセスへの顧客による入力要素は何か？」である．顧客による入力を含まないプロセスは，顧客による入力を含むプロセスと大きく異なっており，そして，顧客による入力の程度や性質からさらなる洞察が得られる．

別の形での混乱は，サービスと非サービスのプロセスの複雑な集合体を研究するところから来ている．企業や産業全体を「サービス」と「非サービス」に分類しようとすると，混乱を生む．特定の事業部門について定義を試みることですら複雑になりうる．誰かが「レストランはサービスか」と尋ねたとしよう．レストランは，多様なプロセスから成り立っているビジネスである．サービスプロセスかどうかを識別するには，レストランのどのプロセスについて考えているかを明確にしなくてはならない．シェフが新しいメニューをデザインするプロセスは，通常，顧客による入力に（一般的な顧客の意見を考える以外）依存しないので，これはサービスプロセスではない．ただし，これがアウトソーシングされている場合には，レストランはそのアウトソーシングの供給者の顧客になる（Hill, 1977, p.320）．同じことが，提供・購入のプロセスにも言える．顧客を席に着かせて注文を聞くことは顧客による入力を必要とするので，これはサービスプロセスである．顧客のために食べ物を用意することや勘定書を準備することも「バックオフィス」のサービスプロセスである．レストランはモノに関わっており，サービスと非サービスのプロセスの両方に関わっている．

6.2.1　サービスシステムとサプライチェーン

USTについて理解すべきもう一つの重要な鍵は，プロセスが単独で存在することはめったにないという知見である．むしろ，プロセスはシステムおよびサプライチェーンの中にあり，それぞれのプロセスは他のプロセスへ入力を供給する．近年，オペレーションマネージメントの分野では，与えられたプロセスを「上流」の供給者プロセスや「下流」の顧客プロセスを考慮せずに分析・管理してしまうと，最適でない決定を導いてしまうことに気づき，これにより新たな展開を迎えている．サプライチェーンマネージメントの分野およびその周辺の関心は，主にそのような互いに関連したプロセス間のインタラクションを理解することにある．

サプライチェーンの概念は，製造業を背景にしている．それは，ある製造プロセスの出力（図6.1を参照）が，他の製造プロセスへの入力になるという考え方に基づいている．サプライチェーンはシステムの例であり，様々な種類の相互作用し合うエンティティを含んでいる．

Ellram, Tate, & Billington (2004) が指摘するように，サプライチェーンマネージメントの文献におけるサービスの記述は粗く不適切である．一部の著者は，サプライチェーンの概念は製造業にもサービスにも当てはまると主張しているが，そのあとでは製造業の例だけに集中している．これは，伝統的なオペレーションマネージメントの分野における偏りを示すものである．サービスの例として挙げられるものは，小売など製造業のサプライチェーンの付属物である傾向にある．確かに，サービスによっては，モノが主

要な役割を持っており，供給者の認定と選択，同期的生産，供給者の統合などのアプローチによって利点を得ることができる．しかし，そのようなアプローチは，モノが主要ではないサービスにはうまく当てはまらない．

UST ではサービスのサプライチェーンに焦点を当て，顧客が出力の消費者であると同時に入力の供給者でもあることを示している（Sampson, 2001, p.135）．そのようなサプライチェーンは扱いやすい一方向の流れにはなっておらず，双方向である（Sampson, 2000）．サービスのサプライチェーンを効果的に管理するためには，供給者としての顧客の機能，能力，性質を理解する必要があるだろう．ちょうど，製造業のサプライチェーンにおいて，企業に対して供給者の調和がとれていると利益が得られるように，サービスの企業（すなわち，サービスプロセスが豊富な企業）は，供給者としての顧客の調和がとれていると利点が得られる．

同様に UST では，サービスシステムをエンティティの構成として定義し，各エンティティはリソース要素の供給者であるとともに，同時あるいは後に処理されたエンティティの受益者にもなる．これは，サービスが他のエンティティ（またはその所有物や情報）を処理するエンティティであるという考え方を表している．非サービスのシステムでは，逆に，あるインタラクションの中での個々のエンティティが入力リソース要素の供給者であるか，あるいは価値を高めた出力要素の受益者であるかのいずれかであり，同時には両方ではないようなエンティティの構成である．ほとんどの生産システムは，サービスと非サービスの両方の構成を含むハイブリッドであること，そしてそれぞれのタイプに応じて管理し分けることが必要であることに注意する必要がある．

また，一部の見方に反して，現代経済のシステムにおけるほとんどの活動は，サービスのためのサービスの交換ではなく，あとで必要に応じてサービスと交換できる一般的なリソース（お金）のためのサービスの交換である点にも注意が必要である．このサービスの「間接的交換」は，生産的な経済の基礎となっている．

サービスシステムは，サプライチェーンと同じく，様々なエンティティ間の多くのインタラクションを含んでおり，その中にはサービスのインタラクションもあれば，非サービスのインタラクションもある．ここで，UST はプロセスのパラダイムであることを思い出すことが重要である．サービスの特徴を示すかどうかは，与えられたプロセスやシステム内のインタラクションによる．

6.2.2　顧客の影響力と共同生産について

UST に深く関わる概念として顧客の影響力がある．これは，顧客が供給した入力要素が生産プロセスに影響を与える程度の違いを認識するものである．顧客の影響力は，基本的には顧客による入力要素のばらつきが生産プロセスのばらつきをもたらす度合いである．生産プロセスにおけるばらつきは，しばしばコスト増加に結び付き，通常，複雑度を増加させる．顧客からの入力要素は，供給のタイミング，入力の条件，入力に改善が必要な度合い，そして顧客による入力が労働要素（顧客の努力）を含んでいるかといった様々な面で異なっている．

顧客が労働力を供給する場合，それはしばしば「共同生産」と呼ばれる．顧客との共同生産はサービスの必要条件ではないが，十分条件である（なぜなら労働は入力要素の

一種だからである）．共同生産は顧客の影響力を強める重要な原因になりうる．なぜなら，共同生産をする顧客のスキルは様々である上に，顧客が指定された手続きに従ってくれるかどうかも様々だからである．サービス提供者は顧客を教育し，適切な自動化を提供することによって顧客の影響力を減らすことでコストを減らそうと試みるかもしれない．これは，言うのは簡単だが行うことは難しい．なぜなら，顧客にはそうするインセンティブもなければ，通常の労働力のような規模の経済（経験曲線効果）も働かないからである．

6.2.3　有用なパラダイムとしての UST

UST が 1998 年に最初に導入された後の一つの重要な変更は，「顧客による入力を区別することで，サービス特有の経営上のテーマのほとんどすべてが説明できる」という記述の中の「ほとんどすべて」が単に「すべて」に置き換えられた点である（Sampson, 2001, p.16）．この変更の動機は，反例が見つかっていないことである．これをより簡単に正当化するには，UST を，サービスを定義する基準としての理論であると考えることであろう．これは常に真となるトートロジーになるが，様々な理由で非常に役に立つトートロジーである．

第一に，UST によって，サービスマネージメントとサービスサイエンスの妥当な対象範囲が定められる．UST は，世の中のあらゆるものがサービスだというわけではなく，サービスは入力要素の供給者としての顧客を含む生産的なインタラクションであると述べている．

第二に，UST によって，一見大きく異なるサービスビジネスを統一された科学のもとで研究することが正当化される．例えば，庭師と歯科は，顧客のまったく別のニーズに応えるが，両方とも顧客による入力要素を処理しており，したがって，その条件から来る多くの共通な経営上の問題を持つ．これらの問題の一部については，この章の後の節で議論する．他の問題は，Sampson（2001）や Sampson & Froehle（2006）による出版物を参照されたい．

第三に，UST は，サービスサイエンスに貢献する広範にわたる学問分野の視点を統合し，結び付ける可能性を持っている．UST は，学問分野を顧客による入力要素の有無によって識別し，統合する．これまでに見たように，ビジネスオペレーションへの適用は次のとおりである．

- 「ビジネスオペレーション」は，入力要素を変換してより価値のある出力を生産するプロセスである．
    - 「サービスオペレーション」は，個々の顧客から来る入力要素を含むプロセスである．サービスオペレーションマネージメントは，多くは顧客がもたらす生産能力への影響を管理することである．
    - 「非サービスのオペレーション」は，顧客と独立に行われるプロセスである．非サービスのオペレーションは，少なくとも典型的なサービスのオペレーションと比べると，生産における時間や空間への制約がほとんどない．

この UST の視点は，他の学問分野のパラダイムにも適用できる．以下は，他のビジネスの学問分野の例である．

- 「ビジネスマーケティング」は，製品やサービスを（顧客に）宣伝し，販売し，流通させるプロセスまたは手法である．
    - 「サービスのマーケティング」は，顧客が入力要素を供給することで生産プロセスに関与する．これは，顧客との双方向での交流に基づいて宣伝，販売，流通を行うことを意味する．
    - 「非サービスのマーケティング」は，顧客が生産から（時間的・空間的に）隔てられており，生産プロセスの出力の宣伝，販売，流通の対象と見なされるのみである．
- 「人事マネージメント」(HRM) は，組織内において，その組織で働く人々の採用，管理および目標の提供に注力する機能である[7]．
    - 「サービスの HRM」は，顧客が組織内で働き，労働力や他の入力要素を供給している状況下での HRM である．その特徴的な課題は，顧客による努力，貢献，従業員とのインタラクションのばらつきに対応することである．顧客のばらつきの管理や制御は難しい．
    - 「非サービスの HRM」は，組織内の労働力が非顧客（従業員）で構成されており，顧客の労働力より管理しやすい．

以下に，UST のエンジニアリングへの適用例をいくつか挙げる．

- 「ソフトウェアアーキテクチャ」はシステムの構造であり，ソフトウェアコンポーネント，コンポーネントの外部的に見えるプロパティ，およびコンポーネント間の関係からなる（Wikipedia より）．
    - 「サービス指向のソフトウェアアーキテクチャ」(SOA) は，顧客（外部から手続きを呼び出しているルーチン）が供給するルーチンへの入力を，プロセスへ疎結合された要求リクエストに対応するように配慮して設計されたソフトウェアアーキテクチャである．
    - 「非サービス指向のソフトウェアアーキテクチャ」は，呼び出しルーチン（顧客）側が，あらかじめ定められたアプリケーションのインターフェース (API) に従うことが期待されている．
- 「新規製品開発」(new product development; NPD) は，新たな製品やサービスを市場に送り出すプロセスの全体である（Wikipedia より）．
    - 「サービスの NPD」（新規サービス開発; new service development; NSD）では，サービスは，製品が顧客による入力要素を伴う顧客の影響の強いプロセスであるため，生産プロセスにおける顧客からの不確定要素の影響を考慮し，よりロバストにプロセス設計する必要がある．
    - 「非サービスの NPD」は，製品が顧客と独立に生産される NPD であり，製品の属性を細かく指定することができる．

第四に，UST は，サービスに関して従来の文献で議論されてきた様々な視点を要約し，説明できるという点で有用なパラダイムである．例えばサービスに関して，マーケティングの文献における有名な見方では，サービスを IHIP という四つの属性によって

---

[7]. http://humanresources.about.com/od/glossaryh/f/hr_management.htm

特徴づけ，定義する．四つの属性とは，無形性（intangibility），異質性（heterogeneity），同時性（inseparability），消滅性（perishability）である．Lovelock & Gummesson（2004）は，IHIP がサービスのパラダイムとして広く受け入れられていることを述べるとともに，IHIP の欠点も指摘している．他の文献も同様に，IHIP に異議を唱えている．Grove, Fisk, & John（2003, p.113）は，サービスを専門とする識者への調査をもとに，IHIP を捨てて「モノとサービスの区別そのものをなくそう」という意向を明らかにしている．Vargo & Lusch（2004b, p.324）は，IHIP の特徴を以下のように述べている．(a) サービスとモノを区別していない，(b) 製造業の視点からのみ意味を持つ，(c) 基準として適切な戦略に結び付かない．Edvardsson, Gustafsson, & Roos（2005）は，「我々の結論として，今後，IHIP の特性をサービスの一般的な特徴として用いるべきではない」と述べ，続いて「(IHIP という) サービスの特性は時代遅れであり，もう教えるのをやめることにする」と言い切っている．

　私の意見では，IHIP が人気がある一方で反論を受ける理由は，IHIP がサービスマーケティングやサービスサイエンス一般に対しては不適切なパラダイムだからである．代替のパラダイムとして，UST は，IHIP の人気と誤解の両方を説明可能である．次の節では，UST をどう適用するかについて調べる．

6.3　UST と IHIP の関係

　上記のように，Lovelock & Gummesson（2004）はサービスマネージメントに関する文献調査を行い，IHIP が現在もパラダイムとして使われていることを示した．また，マーケティングマネージメント分野の入門書では，サービスを識別する考え方の基礎として IHIP が広く用いられていることを示した．Lovelock と Gummesson は IHIP の各属性が発現する仕組みを説明し，様々なビジネスに共通なサービスの定義としてこれらを用いることはできないことを示している．

　UST では，「サービスに特有な経営上のテーマは，すべて顧客による入力に由来している」と述べている．これはつまり，もし，ある性質がサービスプロセス特有のものであるならば，その性質は顧客による入力への依存から説明できることを意味している．逆に，もし顧客による入力によって説明できないならば，その性質はサービス特有のものではない．以下では，こうした観点で IHIP の各特性について論じる．

■ IHIP #1：無形性

　IHIP に由来する最も広く行き渡った混乱は，サービスが無形（intangibility）のものとして定義されるというものである（Lovelock & Gummesson, 2004, p.25）．多くの研究者がこの考え方に対して異議を唱え，利点がないものだと結論づけている（Laroche, Bergeron, & Goutaland, 2001; Vargo & Lusch, 2004b）．UST はこの結論を支持し，この混乱について説明を提供している．顧客による入力の一部は，顧客の心や意識（例えば教育の場合），顧客の情報（例えば税金会計の場合）のように，無形のものである．しかし，顧客による入力の多くは，顧客自身の身体（例えば患者や乗客）やその持ち物（例えば造園をする庭，仕立てる服，シュレッダーサービスでの文書など）など，有形のものである．

ほとんどのサービスが有形の性質を持つことを人が簡単に無視してしまうのはなぜだろうか？　一つの可能な説明は，顧客が主として有形な入力をプロセスに供給するとき，これらの入力が製品の不可欠な部分とは捉えられていないため，というものである（Sampson, 2001, p.100）．例えば歯科の例を考えよう．歯科が，無形のサービスだと考える人もいる．患者は処置を受けて歯科医院をあとにするが，物理的な製品として，おそらく新しい歯ブラシやフロスの試供品以外は何も持ち帰らない．しかし，そのような見方は，明らかにプロセスの有形な出力，すなわちクリーニングと治療を施された患者の歯の存在を無視している．歯が顧客によってプロセスへの入力として供給されるとしても，工場で作られたセラミックの入れ歯が有形であるのと同様に，クリーニングと治療がなされた歯も，歯科医の仕事から生じる有形な出力であることに変わりはない．顧客による入力が有形かどうかを考えれば，サービスに対する無形性の幻影の多くは消え去る．

　これは，無形のサービスが存在しないことを意味しているのではない．USTは，顧客からの情報のような，顧客による無形の入力も扱うことができる．そのような入力は無形のまま操作され，顧客に返される．Lovelock & Gummesson（2004, p.26）は，金融，保険，ニュース，調査といったインターネットベースのサービスを例に挙げている．彼らは，インターネットベースのサービスの出現によって「他のサービスにおいて，いかに物理的に有形なものが存在したかをより認識できるようになる」と述べている．

　さらに，無形だがサービスではない製品の例も大量に存在する．一つの例は，マイクロソフト社のOSのようなパッケージソフトウェアである．ソフトウェアは物理的なディスクとして届けられるが，ソフトウェア製品自体は触れることのできないコードと情報の集まりである．マイクロソフト社のOSの生産は，顧客による入力を含まないので，サービスプロセスではない．顧客は，単にプロセスの出力を選択し，お金を支払い，消費し，時に製品の使い勝手について一般的なフィードバックを提供するにすぎない．

■ IHIP #2：異質性

　異質性（heterogeneity）という用語は，サービス提供者の多様性，オペレーションの多様性，サービスプロセスの実行時のばらつきなど，様々な意味で使用される（Lovelock & Gummesson, 2004, p.25）．Morris & Johnston（1987）は，サービスのばらつきの二つの原因を識別している．二つの原因とは，サービスのリソースのばらつきと，顧客による入力のばらつきである．USTでは，顧客による入力のばらつきがサービスに特有のものであると論じている（Sampson, 2001, p.108）．IHIPにおいて異質性がサービスの属性とされているのは，USTに基づいて解釈すれば，顧客による入力の異質性のためである．異質性のその他の原因は，サービスに特有のものではない．

　実際，従業員の労働力など，顧客以外の入力によるばらつきは，サービスでも製造業でも起こる．見込み生産による製造プロセスのような非サービスでは，労働力のばらつきの影響を限定する仕組みを導入することができる．サービスでは，顧客と接する従業員の労働力は，特に対面のインタラクションにおけるばらつきにさらされる．このばらつきは，従業員（シフトの間は変わらない）よりも顧客（一人ひとり異なる）の影響に起因しやすい．

■ IHIP #3：同時性

　同時性（inseparability）とは，生産と消費が時間的に連結しているという特徴である．この特徴は，「生産と消費の同時性」あるいは単に「同時性」とも呼ばれ，サービスの消費がサービスの生産と（ほぼ）同時に起こることを示している（Fitzsimmons & Fitzsimmons, 2004, p.23）．

　UST では，同時性とは，顧客による入力がサービスプロセスに不可欠であること，つまりサービスの生産プロセスが顧客による入力なしには実行できないことを意味する．顧客が入力を供給する行為は，一般には，そのサービスを消費したいという需要を提示することに相当する．理論的には，顧客が将来の需要を提示することもありうるし，それによりサービス提供者は需要を先取りして生産することができる．しかし，実際には，顧客はサービスが必要になる時点まで需要を提示しないことが多い．

　サービスの生産は顧客の需要なしにはできないが，サービスから利益を得る「消費」のプロセスは，生産の途中でも後のタイミングでも起こりうる．つまり，消費は生産と同時に起こるとは限らない．例えば，人がタキシードをクリーニングに出すのは次にそれを着ることを予想してのことであるが，実際に着るのは何か月も先の未来かもしれない．クリーニングという需要はプロセスの前に起きるが，消費自体はしばらくあとまで発生しないかもしれない．

　おそらく同時性のより正確な表現は，生産は需要に結び付いており，UST によって示されるように，需要が生産より先に来るということである（Sampson, 2001, p.52）．サービス提供者は，顧客の需要という入力がなくても生産の準備は行える．しかし，売上を生み出すという意味での実際の生産は，顧客からの入力なしに行うことはできない．

■ IHIP #4：消滅性

　IHIP における消滅性（perishability）は，2 通りの意味で解釈されてきた．一つ目はサービスプロセスの出力の消滅性に関するものだが，これは一般化できないので容易に反論されうる（Sampson, 2001, p.82）．サービスの出力をその生産よりもずっとあとで消費する場合があることについては，上で述べた．さらに，出力はほとんど消失なしに長い時間をかけて消費されることもある．教育サービスがこのカテゴリに属するだろう．生徒は，教育プログラムを完了した何年もあとで，その出力である知識から利益を得るのである．股関節置換のような一部の外科手術は，患者の一生にわたって持続する出力を生産する．

　実際，サービスの出力の一部は，典型的な製造業の製品より長持ちする．もちろん，マッサージサービスのようにリラックス効果が数時間で消えてしまうような，非常に消滅性の高い出力の例も見られる．一方，製造業でも，食品のような消滅性の高い製品を生産することもある．出力の消滅性の高さは，サービスと非サービスを区別する要素としては不十分である（Lovelock & Gummesson, 2004, p.30; Vargo & Lusch, 2004b, p.331）．

　サービスの「消滅性」に対する第二の解釈は，サービスの供給能力が消滅的であるという正確な観察である（Sampson, 2001, p.60）．より正確には，対応する需要がない場合，その期間のサービスの供給能力は永遠に失われる（Fitzsimmons & Fitzsimmons, 2004, p.24）．逆に製造業では，対応する需要がなくても供給能力が失われることは必ずしもなく，未来の需要に応えるために容易に活用できる．サービスでは，顧客による要

求の入力なくしては生産ができないため，そのような転用は実行できない（Sampson, 2001, p.52, 310）．ホテルの例を後に示す．

供給能力の消滅性の概念は，供給能力の計画や稼働率に深く関連している．サービス，非サービスのいずれも稼働率に興味があるというのは正しいかもしれないが，管理する上で両者の事情は大きく異なる．

例えばベッドの製造業者は，需要の年間平均に合わせて生産能力を設計すれば，需要の多いシーズンも少ないシーズンもほぼ100%の稼働率を達成することができる．需要の少ない時期には生産したベッドの一部は在庫となり，需要の多い時期には在庫とその時期の生産との両方を活用して販売すればよい．プロセスへのその他の入力が容易に入手でき，在庫を抱えるコストが許容できるとすれば，需要がなくても生産が可能であり，需要は生産能力の制約ではなくなる（もちろん，ジャスト・イン・タイム方式で生産するほうがコスト上有利だろうが）．生産の制約となるのは，設備の保守，修理，切り替えなどだけである．需要が減るリスクや予測に基づき稼働率を下げることがあるかもしれないが，その削減は判断によるものであり，制約によるものではない．

ホテルの経営者は，供給能力の管理についてまったく異なる問題に直面する．需要が季節に依存する（通常はそうである）ホテルは閑散期には稼働率が低く，繁忙期にはおそらく過度な需要があるだろう．利用可能な部屋数を超えて顧客の需要がある場合には，売上の機会を失うことになる．閑散期の空き部屋を繁忙期に回すことができればよいが，そんなことは顧客からの入力（顧客自身と持ち物）を閑散期に移せない限りできない．つまり，閑散期のホテルの供給能力には消滅性があり，将来の需要に応えるために使用することはできない．ホテルは将来の需要に備えて部屋を掃除したり，スタッフを教育したり，その他，顧客による入力を条件としない（したがって「非サービス」として定義される）タスクを行うことはできる．しかし，そのような準備には限界があり，売上をもたらすという意味において，実際に将来の需要を満たす生産はできない．したがって，ホテルの経営者にとってジャスト・イン・タイム方式で生産することは，コスト上の判断ではなく制約に基づくのである（Sampson, 2001, pp.310-312）．経営者が判断しなければならないのは，稼働率が低い時期があることは避けられない前提で，どのようにサービスの供給能力を設計するかであり，また場合によっては顧客からの入力（需要）を繁忙期から閑散期に移すためのインセンティブの提供を決めることである．

まとめると，サービスの出力には消滅性があるものもないものもあるが，サービスの供給能力は，対応する需要とその他の顧客からの入力がなければ失われるという意味で消滅的である．これはUSTに基づく重要な洞察である．

■ 兆候としてのIHIP

サービスを定義する要素としてIHIPを否定することは容易だが，IHIPをまったく役に立たないものとして捨ててしまうことはない．USTはIHIPの現象を説明し，IHIPがサービスの兆候を表すことを示している．これを正しく理解すれば，サービスプロセスについての洞察を得ることができる（Sampson, 2001, p.49）．USTを理解することによって，IHIPの実用的な価値が増すのである．病気の兆候を調べることがその病気の原因を理解することに役立つように，サービスの兆候を理解することは，サービスプロセスの根源（顧客による入力への依存）の理解に役立つだろう．

6.4　その他のUST関連事項

Lovelock & Gummesson (2004) は，IHIP 以外にもサービスのマネジメントに関係し，サービスのパラダイムに含めるべき様々な問題を記述している．この節では，それらの問題の一部について，UST の最も重要な考え方（サービスの顧客による入力への依存）がどのように経営上の有用な知見をもたらすかを示す．

6.4.1　サービスの在庫

サービスの出力の消滅性についての誤りは，サービスの出力が在庫できないという誤解に関連している（Lovelock & Gummesson, 2004, p.29）．製造業では，部品や最終製品を生産し，将来の生産や消費のために貯蔵する．サービスのプロセスは，生産に必要な入力を事前に顧客が供給してくれさえすれば，将来の消費に備えて出力を生産することができる．しかし，顧客による入力の供給は，典型的には需要が現時点で存在することを意味し，サービス提供者にとっては現時点で売れるサービスの生産物を倉庫にしまっておく意味はない．言い換えれば，サービスの出力を在庫として持つことが不可能なのではなく，その実益がないのである（Sampson, 2001, p.90）．

サービスにとって意味があり，重要でもある「在庫マネージメント」の側面も存在し，それを UST で説明することができる．ある意味で，在庫は生産と需要のタイミングのずれを表している．製造業では，在庫は生産と需要の「ギャップを埋める」ものである．サービスでは，顧客からの入力に依存するために需要は生産より先に来る．顧客による入力が先に得られたとしても，例えば生産能力が不十分な場合，それらの入力は「在庫」として待たされることになる．そのような顧客からの入力の在庫は，待ち行列あるいはキューと呼ばれる（Fitzsimmons & Fitzsimmons, 2004, p.428; Lovelock & Gummesson, 2004, p.30）．

顧客在庫あるいはキューは，生産と需要のタイミングの違いで起こるという点で製造業の在庫と似ている．しかし，典型的には顧客在庫を抱えるコストははるかに高く，月単位ではなく分単位で測定される．このコストは，直接には顧客が（Sampson, 2001, p.318），そして間接的にはサービス提供者が（売上の喪失などで）負担する．製造業で在庫を抱えるコストは，直接には供給者が，そして間接には顧客が（値段の高さなどで）負担する．

6.4.2　擬似サービス

無形性に関する前節の議論の中で，パッケージソフトウェアの生産を擬似サービスの例として示した．擬似サービスとは，無形な要素を多く含む非サービスプロセスであり，顧客からの入力に依存しないにもかかわらずサービスプロセスと間違えられるものである（Sampson, 2001, p.154）．Lovelock & Gummesson (2004, p.31) は，我々が擬似サービスと呼ぶプロセスの例を，ほかにもいくつか挙げている．

- 事前に録画・編集され，媒体で届けられるエンターテインメント
- ラジオやテレビのニュースや宗教放送サービス

- 事前に録画された自習教材サービス
- ソフトウェアなど，その他の知的所有物

エンターテインメントや宗教放送，教育をサービスとして提供することは可能である．しかし，もしそれらが「事前録画」（顧客が体験する前に録画されたもの）である場合には，録画プロセスは顧客による入力には依存しない（ここでは，顧客は視聴者であるとして定義している）．例として映画制作を考えよう．生産プロセスは，プロデューサー，監督，作家，機材係，セットの設計者，役者などの人々が，触れることのできないアイデアを触れることのできないビデオという表現に変えるものである．映画の供給者は一般に，顧客による入力なしに映画を提供する．そして，サービスの典型的な特徴は，映画制作の生産プロセスにはほとんど当てはまらない．多くの点で，映画の生産プロセスはサービスのプロセスよりも製造業のプロセスに似ている．映画の供給者は，コンテンツを視聴可能な製品に組み立てることで価値を加えるのである．

逆に，ライブのエンターテインメントはサービスであり，ステージ上の役者は顧客の感情や注目という入力なしに，価値を加えて売上を発生させるという意味での生産を行うことはできない．ライブ劇場の「サービス製品」（大道具，小道具，役者など）が有形であると考えられる一方で，非サービスの映画製造の製品（録画された映像）が無形なものと考えられる点は興味深い．サービスのエンターテインメントのほうが，「製造された」エンターテインメントよりも有形なのである．

擬似サービスのさらに別の例は発電である（Schmenner, 1995, p.1）．一部の人々は，発電を「電力サービス」だと考えているが，USTによればそれはサービスではない．発電も，他のエネルギー生産プロセスと同様，一般に顧客からの入力なしに発生する．電力生産とガソリンなど他の種類のエネルギー生産との違いは，短時間でも電気を貯蔵しておくことには非常にコストがかかる点である．小さな都市の電力でさえも貯蔵しておくには非常に大量のバッテリーを必要とする．サービスのいくつかの特徴（主として同時性）が発電に見られるが，それは発電が顧客による入力に依存しているサービスだからではなく，電気を貯蔵するのにコストがかかるためである．

6.4.3 顧客によるサービスの評価について

Lovelock & Gummesson (2004, p.27) は，Zeithaml (1981) と Nelson (1974) によるサービスやモノの商品の特徴分類を参考にして，購入前の評価の難易度について論じている．基本的な考え方として，彼らは企業による提供物を三つの属性で分類している．

- 検索の質：これは購入前の顧客によって正確に評価できる
- 体験の質：これは購入前には正確に評価できないが，消費を通じて評価できる
- 信頼の質：これは購入・消費のあとでさえ正確には評価できない（したがって顧客は専門家の評価に頼らなければならない）

これら3種類の質は，評価が簡単なものから難しいものへと順に並んでいると考えられる．重要な点は，モノに関しては検索の性質が支配的であるのに対して，サービスに

おいては体験（および信用）の性質が支配的だということである（Zeithaml, 1981）[8]．これは，サービスのほうが心理的に捉えにくい，すなわち定義，定式化，理解がより難しいと多くの人が感じているという仮定に基づいている（Lovelock & Gummesson, 2004, p.26）．

　Lovelock & Gummesson（2004, p.27）は，心理的な捉えにくさが，サービスを繰り返し体験したあとでも続くとは限らないと指摘している．しかし，顧客があるサービス提供者の使用を初めて検討する場合，心理的な捉えにくさは重要な意味を持つだろう．USTでは，サービスの生産においては顧客からの入力が支配的であるのに対して，見込み需要で製造できて在庫を持てる非サービスの生産についてはそうでないことを述べている．潜在顧客は，製造されたモノに対しては，公表された特徴を調べて，受け取るモノがそこに書かれているとおりであろうと確信することができる．さらに，もし友人がそのモノの特徴について説明してくれたとすれば，その説明は客観的であり，その潜在顧客が受け取るモノも同じ特徴を有すると確信することができる（ただし，その潜在顧客がそれらの特徴について同じように好むかは別である）．

　サービスは，顧客ごとにきわめて固有であろう顧客からの入力を伴う．したがって，たとえ友人がサービスの供給者に対する自分の経験を客観的に潜在顧客に話したとしても，その潜在顧客は異なる入力を供給するので，同じ経験を得る保証はない（Sampson, 2001, p.282）．仮想的な例として，ホームセンターでの買い物を挙げよう．友人が，「私はHome Depot[9]が好きよ．あそこの店員はガーデニングの質問にいつもちゃんと答えてくれるから」と言ったとする．新しい潜在顧客がHome Depotに行ったとき，店員は彼女の質問に答えられなかったとしよう．おそらく彼女はガーデニングについてより経験があり，友人より難しい質問をしたからである．「質問に答えられる」「答えられない」の判定は，一貫してどちらかに決まるものではない．個々の顧客の入力（と経験）によって変化するのである．

　製造されたモノもサービスの経験も，その評価は出力に対する顧客の主観によってばらつきが生じる．品物は，ある顧客には価値があるが別の顧客には価値がないかもしれない．しかし，顧客による入力という確率的なものが存在するために，サービスのほうが客観的な評価はより難しい．一方，製造されたモノであれば客観的な評価を信頼性高く伝えることができ，それは検索の質に不可欠である．

6.4.4　所有と顧客との競争について

　Lovelock & Gummesson（2004）は，「所有しないこと」がサービスを研究する上でのパラダイムであると提案している．しかし，USTと異なり，彼らは「提案するこのパラダイムが，様々なサービスの共通性質を規定する一般的特徴であると主張しているわけではない」（Lovelock & Gummesson, 2004, p.34）と述べている．サービスにおける「所有しないこと」という視点は，Juddによって1964年に示されたが，何らかの理由に

---

[8] この議論が，企業がモノやサービスを売る伝統的な市場の視点を反映していることに注意されたい．USTの視点では，モノとサービスを二つの異なるものとして捉えていないことを思い出してほしい．形のある商品（モノ）は，しばしば顧客という入力要素（サービス）を持つプロセスの一部であるからである．

[9] 【訳注】米国の大手ホームセンター．

より，IHIP ほど広く支持されることは決してなかった（Lovelock & Gummesson, 2004, p.23）．Judd 自身も，所有しないことという特徴に基づく定義には，「〜でないもの，という定義から，何がサービスの本質的な特徴であるかを把握できないという欠陥があった」（Judd, 1964, p.59）と述べている．代わりに，Judd はサービスの肯定的な定義を将来何らかの形で作ることが必要だと論じた．

UST は肯定的な定義として，サービスにおける所有についての重要な問題を明らかにしている．サービスに適用される「所有」の概念は，顧客が生産より以前に彼らの入力を所有しており，そして通常，生産後にも彼らの入力を所有することを意味する．顧客は，生産中に取り付けられた形のあるモノもまた所有することになるかもしれない．生産施設や生産装置は，通常，生産の前，途中，後にサービス提供者が所有しており，これは，製造においてプラントと装置が製造者によって所有されていることと同様である．所有に関する重要な違いは，サービスでは出力のコンポーネントが，以前は顧客によって所有されていた点である．

所有に関しては，また別の興味深い視点がある．それは，多くのサービスでは顧客は必要な装置を買って自分でサービスを生産するという選択肢を持っている点である（Bitner et al., 1997, p.198）．例えば，中華レストランの顧客は中華鍋を買って自宅で料理してもよいし，投資ブローカーの顧客は投資分析ソフトウェアを買って自分で投資してもよい．同様に，旅客機の顧客は車を買って旅行してもよい．これらのケースでは，顧客は所有しているモノとセルフサービスの組み合わせによって，サービスの供給者を置き換えている（Sampson, 2001, p.148）．

このように代替できることは，多くのサービスにとって顧客自身が主要な競合相手であるという重要な洞察につながる（Sampson, 2001, pp.202-205）．サービスの供給者は，自分で何でもやろうとする顧客に，サービス提供者を使ったほうが得だと説得しなければならない場合がある．靱帯再建手術のような一部のサービスについては説得は容易だろう．しかし，個人向け会計サービスなどでは，説得はずっと難しいかもしれない．顧客は自分からの入力を所有しコントロールできるという点，そして，好きなようにカスタマイズできる（欲しいそのものを手に入れる）という点で優位性を持っている．一方，サービス提供者は，通常，規模の経済と専門性から来る優位性を持っている．

競争相手としての顧客という問題はほとんどサービスに特有のものであり，製造業ではめったに見られない．製造者はサプライチェーンと結び付いていて非常に効率的であり，一般消費者であるほとんどの顧客にとって，自己生産は合理的な選択肢ではない．ドライバー一つの設計・生産に何万ドルもかけるのは NASA くらいであり，他の人々は工具店で購入して満足するべきであろう．少数のストロベリージャムを作っている製造業者は，自分でジャムを作る人々と競合する．しかし，そのような例は，今日では一般的ではない．

6.4.5 サービスアプライアンスを製造する

競争相手としての顧客の問題は製造戦略にも影響を与える．Lovelock & Gummesson (2004, p.35) は，製造されたモノはサービスを提供する基礎になると主張している．Vargo & Lusch (2004b, p.330) はもう少し大胆に，形のあるモノは「サービスを提供

する際の…単なる配布のための入れ物にすぎない」と主張している．Vargo と Lusch は，そのような顧客のニーズに応えるために使われることでのみ価値を作り出せるようなモノを「アプライアンス」と呼んでいる．また，Vargo & Lusch（2004b, p.331, 333）は，価値の創造が工場の中で行われるという考え方を否定している．プラントの経営者はこれに反対かもしれないが，これは価値という言葉の定義の問題である．

UST は，サービスプロセスとは顧客による入力に価値を加えるものであると定めている．製造されたモノは，顧客自身やサービスビジネスに使われることで顧客による入力に価値を加えることができるという意味で，「サービスの供給者」である．この意味で製造者は，サービスを提供する製品を提供する，いわば「サービスの供給者の供給者」になる（Sampson, 2001, p.148）．この概念は，製造されたモノの提供について大きな意味を持つ．製造者は顧客に直接的に役立つのではなく，彼らの製品を通して間接的に役立つ．モノの製品は，したがって製造者のエージェントになる．

「サービスの供給者の供給者」という概念は，製造者は彼らの製品に伴って発生するサービスプロセスについて考慮するのが賢明であることを示している．一つの例は，デジタルカメラ，コンピュータ，電子レンジのような様々な大衆向け商品についてくる説明書を簡単にすることである．昔は，これらの商品には複雑な取扱説明書がついてきて，ごく一部の消費者以外には単なる邪魔者になっていた．大半の人は，ただ 1 枚の「初めにお読みください」に頼り，それしか読まない．

Lovelock & Gummesson（2004, p.35）は，サービスについて，値づけなどその他の経営上の考慮点についても議論している．UST は，それらに対しても有用な洞察を与えている（Sampson, 2001, p.297）．ここではこれ以上詳しく述べる余地はないので，他の文献を参照されたい（Sampson, 2000, 2001; Sampson & Froehle, 2006; Sampson, 2010）．

6.5 サービスイノベーション

Lovelock と Gummesson による議論には含まれていないが，UST がサービスイノベーションの方向づけにおいても非常に大きな価値を持っていることについて，最後に触れておきたい．先に，UST がサービスの新規開発（NSD）と製品の新規開発（NPD）をどのように区別するのかについて述べた．NSD を成功させる上では，顧客の要素がサービスプロセスにどのように影響するかを理解することが鍵になる．サービスプロセスにおける顧客の役割は，例えば入力の供給者，労働者，仕様の供給者，品質検査者など様々である．時には顧客自身が製品であることもある．UST が示しているのは，サービスプロセスにおける顧客の役割を拡大する方法を探すことによって，価値あるサービスイノベーションが見つかるということである．これには，顧客のための新たなツールや手続きを提供したり，顧客が供給する要素のばらつきに対してプロセスの頑強さを高めたりすることが含まれている．

例えば近年，個人向けの投資サービスにおいて多くの革新的変革が起きている．以前は，ほとんどの投資家は株式の仲介業者を訪ねて個人の情報と財政上の目標を話し（すなわち顧客は入力を供給している），仲介業者に適切な投資先を見つけてもらっていた．Charles Schwab のような革新的な投資サービスは，顧客に複数の投資先の情報を提

供し，顧客自身で調査できるようにした（顧客が労働力になる）．これに続くイノベーションとして，顧客が投資の成果をチェックできるようにしたり（顧客は品質検査者になる），顧客が投資取引を即座に始められるようにしたりする（在庫としての顧客，すなわち取引できるようになるのを待つ顧客を最少にする）ツールが挙げられる．個人向け投資サービスの革新的な進化は，サービスのイノベーションが顧客の役割（入力の供給や労働力の提供など）を拡大することにフォーカスする傾向にあることを示している．

6.6　まとめ

　USTは，他の研究者たちが長年言及してきた概念を定式化したものである．Lovelock & Gummesson (2004, p.30) は「ある時点で，顧客が自分自身や自分の所有物に対するサービスを必要としていない場合，そのサービスを提供する組織からは何も出力されない」と述べている．USTでは，この概念をサービスの定義として認識することを提案している．その定義は，次のように言い換えられるだろう．「ある時点で，顧客が自分自身やその所有物を入力として供給するサービスを必要としていない限り，そのサービスプロセスからは生産も出力も行われない」．この定義は，生産システムの視点を強調している．

　さらに，USTはIHIPという特徴を，サービスを定義するものから単にサービスで観察される兆候に格下げする．これは主に二つのことを意味する．(1) IHIPが示す特徴は，非サービスプロセスにおいても起こりうる．つまり，顧客からの入力以外にも起因して起こりうる現象である．(2) IHIPの特徴がどの程度発生するかは，顧客からの入力の性質に依存する．一般に，顧客からの入力の影響力が高くなるほど，IHIPの特徴も際立つようになる．

　また，「モノ」を「サービス」と比較して関連づけることは混乱を招きやすい．サービスプロセス（顧客による入力を伴うもの）と非サービスプロセス（顧客による入力を伴わないもの）を比較するほうが明確で，より有用である．この比較から，顧客在庫の管理，競合相手としての顧客，サービスの価格設定などに関わる多くの経営上の洞察が得られる．

　この章では，主にUSTパラダイムをビジネス経営の文脈で適用することに焦点を当てた．しかし，USTは様々な種類のサービスシステムにも広く適用されている．例えば，USTはソフトウェアアーキテクチャに適用できる（Sampson, 2010）．伝統的な問題に新たな枠組みを与えるという点で，USTはサービスサイエンスを構築する有用なパラダイムを提供している．

参考文献

Bitner, M. J., W. T. Faranda, A. R. Hubbert, V. A. Zeithaml. 1997. Customer contributions and roles in service delivery. *International Journal of Service Industry Management* **8**(3) 193.

Chervonnaya, O. 2003. Customer role and skill trajectories in services. *International Journal of Service Industry Management* **14**(3) 347-363.

Edvardsson, B., A. Gustafsson, I. Roos. 2005. Service portraits in service research: a critical review. *International Journal of Service Industry Management* **16**(1) 107-121.

Ellram, L. M., W. L. Tate, C. Billington. 2004. Understanding and Managing the Services Supply Chain. *Journal of Supply Chain Management* **40**(4) 17-32.

Fitzsimmons, J. A., M. J. Fitzsimmons, 2004. *Service Management: Operations, Strategy, and Information Technology*, 4th Edition, Irwin / McGraw-Hill, New York.

Grove, S. J., R. P. Fisk, J. John. 2003. The future of services marketing: Forecasts from ten services experts. *The Journal of Services Marketing* **17**(2/3) 107.

Gummesson, E., 1995. Relationship marketing: Its role in the service economy. *Understanding Services Management*, W. J. Glynn and J. G. Barnes, eds., John Wiley & Sons, New York, 244-268.

Hill, T. P. 1977. On Goods and Services. *Review of Income & Wealth* **23**(4) 315-338.

IfM and IBM, 2008. Succeeding through Service Innovation: A Service Perspective for Education, Research, Business and Government. University of Cambridge Institute for Manufacturing, Cambridge, United Kingdom.

Judd, R. C. 1964. The case for redefining services. *Journal of Marketing* **28**(1) 58.

Kuhn, T. S., 1970. *The Structure of Scientific Revolutions*, 2nd Edition, University of Chicago Press, Chicago.

Laroche, M., J. Bergeron, C. Goutaland. 2001. A three-dimensional scale of intangibility. *Journal of Service Research* **4**(1) 26.

Lovelock, C. 1983. Classifying Services to Gain Strategic Marketing Insights. *Journal of Marketing* **47**(3) 9-20.

Lovelock, C., 2001. *Services Marketing*, 4th Edition, Prentice Hall, Englewood Cliffs: New Jersey.

Lovelock, C., E. Gummesson. 2004. Whither Services Marketing? In Search of a New Paradigm and Fresh Perspectives. *Journal of Service Research* **7**(1) 20-41.

Merriam-Webster, 2008. Online dictionary. (website: http://www.m-w.com) Retrieved.

Morris, B., R. Johnston. 1987. Dealing with Inherent Variability: The Differences Between Manufacturing and Service? *International Journal of Operations & Production Management* **7**(4) 13.

Nelson, P. 1974. Advertising as Information. *Journal of the Political Economy* **82**(4) 729.

Nie, W., D. L. Kellogg. 1999. How Professors of Operations Management View Service Operations? *Production and Operations Management* **8**(3) 339-355.

Riddle, D. I., 1986. *Service-Led Growth: The role of the service sector in world development*, Praeger Publishers, New York.

Sampson, S. E. 2000. Customer-supplier duality and bidirectional supply chains in service organizations. *International Journal of Service Industry Management* **11**(4) 348-364.

Sampson, S. E., 2001. *Understanding Service Businesses: Applying principles of the Unified Services Theory*, 2nd Edition, John Wiley & Sons, New York.

Sampson, S. E., 2010. A Unified Services Theory. *Introduction to Service Engineering*, G. Salvendy and W. Karwowski, eds., John Wiley & Sons, Hoboken, New Jersey, 31 47.

Sampson, S. E., C. M. Froehle. 2006. Foundations and Implications of a Proposed Unified Services Theory. *Production and Operations Management* **15**(2) 329-343.

Sampson, S. E., L. J. Menor, S. A. Bone, 2010. Why We Need a Service Logic? *Journal of Applied Management and Entrepreneurship*, forthcoming.

Schmenner, R. W., 1995. *Service Operations Management*, Prentice Hall, Englewood Cliffs, NJ.

Silvestro, R., L. Fitzgerald, R. Johnston, C. Voss. 1992. Towards a Classification of Service Processes. *International Journal of Service Industry Management* **3**(3) 62.

Spohrer, J., P. P. Maglio. 2008. The Emergence of Service Science: Toward Systematic Service Innovations to Accelerate Co-Creation of Value. *Production and Operations Management* **17**(3) 238-246.

Vargo, S. L., R. F. Lusch. 2004a. Evolving to a New Dominant Logic for Marketing. *Journal of Marketing* **68**(1) 1.

Vargo, S. L., R. F. Lusch. 2004b. The Four Service Marketing Myths: Remnants of a Goods-Based, Manufacturing Model. *Journal of Service Research* **6**(4) 324.

Vargo, S. L., R. F. Lusch. 2008a. Service-dominant logic: continuing the evolution. *Academy of Marketing Science. Journal* **36**(1) 1.

Vargo, S. L., R. F. Lusch. 2008b. Why "service"? *Journal of the Academy of Marketing Science* **36**(1) 25-38.

Wemmerlöv, U. 1990. A taxonomy for service processes and its implications for system design. *International Journal of Service Industry Management* **1**(3) 13-27.

Wright, J. N., 1999. *The Management of Service Operations*, Cassell, London.

Zeithaml, V. A., 1981. How Consumer Evaluation Processes Differ Between Goods and Services. *Marketing in Services*, J. H. Donnelly and W. R. George, eds., American Marketing Association, Chicago, 186-190.

Zeithaml, V. A., M. J. Bitner, D. D. Gremler, 2006. *Services Marketing: Integrating Customer Focus Across the Firm*, Fourth Edition, McGraw-Hill/Irwin, New York.

第7章

サービスドミナントロジックによる
サービスサイエンスの促進
──解説と概念構築[1]

□ **Stephen L. Vargo**
Shidler College of Business
University of Hawaii, Honolulu, USA

□ **Robert F. Lusch**
Eller College of Management
University of Arizona, Tucson, USA

□ **Melissa Archpru Akaka**
Shidler College of Business
University of Hawaii, Honolulu, USA

　　サービスサイエンスは，サービスシステム同士がどのようにインタラクションして価値を共創するかを理解するための，領域横断的な試みである．サービスドミナント（service-dominant; S-D）ロジックは，伝統的な製品ドミナント（goods-dominant; G-D）ロジックのパラダイムに代わる考え方であり，サービスの科学を展開していく上での理論的な基盤となる可能性があると思われる．S-D ロジックに基づいてサービスサイエンスを発展させようとする動きがある一方で，G-D ロジックのパラダイムとしての影響力も依然として根強い．S-D ロジックや，そのサービスサイエンスにおける応用に関する誤解からも，この影響力の強さが見て取れる．この章では，S-D ロジックに関するいくつかの誤解について解説し，S-D ロジックとサービスサイエンスに関する主要な概念の形式化を進めることによって，S-D ロジックを基盤としているサービスサイエンスの進歩に関する手引きとなることを目的とする．

---

[1]　この章は，著者らの以前の著作，特に Lusch & Vargo (2008), Lusch et al. (2008), Vargo & Akaka (2009), Vargo & Lusch (2006), Vargo et al. (2010) をもとにしている．

7.1　はじめに

　サービスサイエンスの出現と，サービスサイエンスにおけるサービスシステム（人間や組織，技術によって形成される動的で価値創造的な構造（Spohrer et al., 2007））の研究は，経済価値の交換（以下単に「交換」と呼ぶ）に関して，形がなく動的で進化している側面を理解する必要があるという認識に基づいている．S-D ロジック（Vargo & Lusch, 2004）は，サービスに関する科学やサービスシステムの研究の概念的な基礎となる可能性があると認識されてきた．S-D ロジックは，サービスは他者にとって利益になるように能力を適用することであり，交換の基礎を形成するという前提に基づいている．Maglio & Spohrer（2008, p.19）によると，S-D ロジックは「サービスシステム，サービスシステムの構成要素，サービスシステム間のインタラクションのモードについての理論を構築する基盤となる，正しい考え方と語彙，および議論の前提」を提供すると考えられる．伝統的な製品中心の論理に代わるこの考え方は，価値の共創やオペラントリソース，外的現象に依存した価値などの概念に焦点を当てている．S-D ロジックでは，交換に関わるシステムを通して，価値が互恵的な方法で創造される際に起こるプロセスを説明し，その考え方をさらに掘り下げている．

　S-D ロジックがサービスサイエンスの理論的な基盤として提唱されている（Maglio & Spohrer, 2008）にもかかわらず，伝統的な G-D ロジックのパラダイムの影響はまだ強く残っている．G-D ロジックのパラダイムの影響力は，付加価値，利潤最大化，商品の取引のように一般的に使われる概念の中に見出すことができる．こうした用語は製品を中心とした見方に基づいているため，S-D ロジックの解説の中で用いられると誤解を招きやすく，ひいては S-D ロジックに基づいたサービスを扱う科学（Vargo & Akaka, 2009）に関する誤った記述の原因となっている．交換に関する（有形・無形の）単位の研究に焦点を当てたり，消費者と生産者を区別したりするやり方は，G-D ロジックから S-D ロジックへの概念的な移行を妨げている．G-D ロジックのこのような影響は，サービスサイエンスとサービスシステムの研究においてさえも見ることができる．

　この章の目的は，以下の (1)〜(3) のとおりである．(1) S-D ロジックをサービスサイエンスの理論的な基盤として位置づけること，(2) S-D ロジックに関する主な誤解を提示して解説すること，(3) S-D ロジックに基づくサービスサイエンスの研究に使用できる用語を定義し，その用語を用いて S-D ロジックに関連する概念を論じることにより，サービスサイエンスを促進すること．この章では，S-D ロジックに対してよく見られる誤解を取り上げて解説するが，こうした誤解は，主に以下の点に関して生じている．(1) S-D ロジックにおける「サービス」の意味，(2) すべての交換の基礎としてのサービス，(3) サービスシステム間の価値の共創の本質．上で述べたとおり，G-D ロジックのパラダイム，特に生産者と消費者を分離したり，製品とサービスを交換におけるアウトプット形態が違うものであると捉えたりする考え方が，S-D ロジックに対する誤解を煽っている．

　S-D ロジックの基礎的前提では，サービスサイエンスおよびサービスシステム研究に関連する主な要素，例えばサービス，価値，システム，インタラクション，リソースなどが解説される．これらの要素は，G-D ロジックと S-D ロジックの双方の考え方で検討し，解説することができる．しかし，G-D ロジックと S-D ロジックでは，使われる用

語は同じでも，その定義はまったく異なっている（例えば「取引」と「関係」など）．このため，G-D ロジックから S-D ロジックへの移行は非常に困難になりかねない．

上記に示した目的を達成するために，この章ではまず，G-D ロジックと S-D ロジックをサービスサイエンスに関する対照的な理論として比較する．この比較により，S-D ロジックをサービスサイエンスの理論的な基盤とすることの意義を裏づける．次に，S-D ロジックに関連するいくつかの誤解，特に上に述べた誤解について明らかにする．また，G-D ロジックの用語がサービスについての考え方に与える影響を説明し，G-D ロジックのパラダイムとしての影響力が，現在のサービスサイエンスの発展を損ないかねないほど強いことを論ずる．そして，サービスシステムの研究に用いられる主要な構成概念を概説し，G-D ロジックと S-D ロジックのそれぞれに関連して用いられる概念同士を比較する．さらに，S-D ロジックに関する概念を詳しく解説する．この解説の目的は，S-D ロジックの考え方に基づく表現を定義し，S-D ロジックの考え方に基づくサービスサイエンスの研究を促進することにある．最後に，S-D ロジックをサービスサイエンスの基盤とすることの意味について述べる．

7.2 サービスサイエンスに関する対照的な二つの論理

サービスサイエンスは領域横断的な分野であり，「サービスシステムが価値の共創のためにどのように相互に作用して進化するかを研究するだけでなく，サービスシステムの型を分類して解説することをも目的にして，組織や人間に対する理解とビジネスおよび技術の理解とを結び付ける」（Maglio & Spohrer, 2008, p.18）．また，サービスシステムは，「価値創造そのものであり，人間，技術，内部および外部のサービスシステムを結び付けるバリュープロポジション，共有情報で構成されている」（p.18）．サービスシステムは，サービスサイエンスにおける分析の基本単位と見なされている．この動的ネットワーク構造は，「以下のオープンシステム：(1) 自分のリソースを共有したり適用したりすることを通して他のシステムの状態を向上させる能力を持つシステム，(2) 外部リソースを獲得することで自分の状態を向上させる能力を持つシステム」（Spohrer et al., 2008）と，概念的に定義されている．

サービスシステムは抽象的なある現象を作り出すが，この現象は種々の学術分野や産業の立場から分析することができる（Spohrer et al., 2008）．また，サービスシステムは他のサービスシステムと互いに接続し続けており，個人規模から世界規模に至る様々な規模の交換システムとなっている（例えば世界経済）．Maglio & Spohrer (2008, p.18) は，以下のように説明している．

> 個々の人間が他の人間と互いに影響し合うことからわかるとおり，最小のサービスシステムの中心となるのは個々の人間である．最大のサービスシステムは世界経済である．都市やその部署，ビジネスやその部署，国や自治体の機関は，すべてサービスシステムである．どのサービスシステムも，バリューチェーン，価値ネットワーク，価値創造システムにおいて，バリュープロポジションによって結び付けられるサービスの提供者であり，顧客でもある．(Normann, 2001)

サービスシステムの規範となる機能は，バリュープロポジションによって人間，技

術，情報を結び付けることであり，リソース交換に参加するすべてのサービスシステムにとっての価値を共創することを目的としている．

サービスに関する科学を発展させる上で困難な点は，サービスに関連する基礎研究が統一性を欠いていることである (Chesbrough & Spohrer, 2006; Edvardsson et al., 2005)．サービスの研究は，個々のビジネス関連の学問分野，例えばマネージメントやオペレーション，マーケティング，IT などはもちろん (Bitner & Brown, 2006)，エンジニアリングやコンピュータサイエンスの学科でも広く進められてきたが (Chesbrough & Spohrer, 2006)，アイデアの統合や組み合わせはほとんど行われなかった．サービスの概念は，それぞれの分野ごとに異なる意味合いを持つものとして研究されており，その結果として，分野ごとに異なる手法でその概念が適用されてきた (Edvardsson et al., 2005)．サービスサイエンスの目的は，研究上の興味の焦点をサービスに絞ることで，一見共通点のないこれらの研究分野を統合することである (IfM & IBM, 2007)．

サービスサイエンスとサービスシステム研究のためのフレームワークとして，二つの対照的な理論的フレームワークが，G-D ロジックと S-D ロジックにおいてそれぞれ提唱されている．伝統的な G-D ロジックにおいては，経済上の交換と価値創造の中心は有形の製品の製造と分配にある．サービスは，あまり望ましくない性質を持った特殊なタイプの製品（例えば無形で変質しやすい製品），もしくは有形の製品の付属物（例えば販売後のサポート）と見なされる．対照的に S-D ロジックでは，サービスへの関わりが多かった者から少なかった者に至るまで，関係した者すべてが必然的に参加するプロセスとしての価値創造に着目している．この見方は，サービスを製品との関係において捉えるのではなく，他者の利益のためのスキル適用と見なしている．S-D ロジックの主張においては，価値創造と経済上の交換の中心はサービスである．製品は，依然として重要そうに見えはするが，（間接的な）サービス提供の伝達手段だと見なされている．

7.2.1　G-D ロジック

伝統的な G-D ロジックにおいては，経済上の交換を，製造と分配の活動に着目して捉えている．この考え方においては，価値は企業によって創造され，顧客によって破壊（消費）されるものと見なされる．G-D ロジックにおいては，顧客から離れたところで生産・規格化され，販売されるまで在庫が可能であるように，アウトプットは有形であるのが理想である．無形のアウトプット（例えば「サービス」）は，規格化が難しく（異質性），顧客から離れての生産も難しく（不可分性），備蓄や在庫が困難である（消滅性）といった性質から，有形のアウトプットより望ましくないと見なされている (Zeithaml et al., 1985)．G-D ロジックにおいて，基準となる目的は，財政上の利益を増やすために経営効率を最大化し，企業コストを削減することである．

G-D ロジックは，労働を「真実価値」(real value) の源と認め，社会の価値創造における分業の重要性を強調したアダム・スミスの『国富論』(1776) と，それに続く経済原理と経済科学の発展に基づいている．アダム・スミスは，真実価値は，利益または「使用価値」(value-in-use) の達成のために必要な労働によって測定されると説明している．分業は重要であり，真実価値や使用価値の創造に役立つという政治的な考え方にもかかわらず，アダム・スミスの著作は，結局は「イギリスのために国富を増強する」という

規範的な目的に従っている．この著作は18世紀，つまり，情報伝播の限界のために，知識とスキルを詰め込んだ有形の製品の交換が理想形と見なされる時代に出版された．したがって，アダム・スミスはもっと計測可能な（彼が「額面上の」と呼んだ）価値の源，特に有形で輸出可能なリソースと，市場においてそのリソースに払われる価格，すなわち「交換価値」(value-in-exchange) に著述の重点を置いた．

アダム・スミスによる額面価値，つまり交換価値は，産業革命の促進と，経済学を合理的なニュートン科学として発展させたいという経済哲学者の要望によって，さらに強化された．この結果として，効用を内在し，貨幣と交換されうる有形製品の生産と分配を中心としたモデルを通して経済の科学が発展した．この製品中心のパラダイムは長期間にわたって発達し，経済学と，マネージメント，マーケティング，情報技術などを含む経済学以外のビジネスに関する学問分野の双方において，支配的なパラダイムとなった（Vargo & Morgan, 2005 を参照）．

G-D ロジックにおいては，価値は，企業が生産および流通・販売のような付加価値活動を通して創造すると考えられている．経済上の交換に関連する初期の研究においては，この製品中心の方向づけが支配的であったため，サービスの概念はほとんど無視されていた．交換が無形という側面を併せ持つことに対して注目が高まるにつれて，サービスは，交換の根幹である有形製品の付属物，または製品に基づく交換のモデルにうまく合わないタイプの製品として知られるようになった．サービスは結局，無形性や異質性，不可分性や消滅性などの「特有の」特徴（Zeithaml et al., 1985）に基づいて，製品とは異質であると見なされた．一般的に，サービスをこのように概念化することによって，製品に基づく交換モデルによる研究を難しくするような，サービス「製品」の望ましからざる性質が強調されている．

G-D ロジックでは，最近の経済活動を，製品からサービスへの移行と見なしている．この考え方は，製品として分類できず（例えば，有形でなく規格化もできず），それゆえにサービスと見なされる市場提案が増えたことに起因している．G-D ロジックにおいては以下の主張がある．まず，標準化され，備蓄されうるので，製品は交換の理想的な形態と見なされる．次に，交換を研究するために開発されるモデルは，サービスにおけるより望ましくない交換にも適用可能でなければならない．この製品中心のパラダイムをサービスサイエンスの理論的な基盤として使うことは，ある特定の枝葉の交換現象だけに焦点を絞った状態でこの学問分野が発達することを意味する．これに対して，S-D ロジックでは，サービスは経済の基盤を牽引するという考え方を示し，すべての交換が無形で動的な側面を持つことに着目している．

7.2.2　S-D ロジック

S-D ロジックは，交換の研究に関して G-D ロジックとは対照的な見方をしている．価値創造の中心的なプロセスとしてサービス（他者に利益を与えるために能力を適用すること）に焦点を当て，製品をサービス提供の運搬手段として扱っている（Vargo & Lusch, 2004）．このサービス中心の考え方は，アダム・スミスの真実価値と使用価値に関する最初の主張と一致している．S-D ロジックにおいては，市場における交換は，ある集団が，専門的な知識とスキルを他の集団の利益のために使うプロセスであると述べ

られている．言い換えれば，交換は互恵的なサービス提供によって行われる．

S-Dロジックは，10個の基礎的前提（foundational premises; FP）に基づいている．FPは，交換に関する現象の研究のための，サービス中心の動的フレームワークを構成している．FPは，サービスサイエンスやサービスシステムの研究に深く関連している．表7.1にFPを示し，その後にFPに関して論ずる．

表7.1　S-Dロジックの基礎的前提（Vargo & Lusch（2008）を改編）

	前提	解説・根拠
FP1	サービスは交換の根幹となる基礎である．	オペラントリソース（知識とスキル）の適用，つまり「サービス」はすべての交換の基礎である．サービスはサービスと交換される．
FP2	間接的な交換が，交換の基礎を見えなくする．	製品や貨幣，制度は，サービス対サービスという交換の本質を見えなくしている．
FP3	製品はサービスを分配する機能である．	製品（耐久消費財と非耐久消費財の両方）は，使用を通してその価値，つまり製品が提供するサービスを引き出す．
FP4	オペラントリソースは競争上の強みの根本的な源である．	望ましい変化を起こさせるための比較能力は競争を制する．
FP5	すべての経済はサービス経済である．	サービス（単数形の）は新しく生まれたのではなく，専門性とアウトソーシングの増加によって，以前よりはっきりと見えるようになっただけである．
FP6	顧客は常に価値の共創者である．	これは価値創造がインタラクションに基づくことを意味する．
FP7	企業は価値を届けることはできず，バリュープロポジションを提示するだけである．	企業は，その企業に適用されているリソースを提供し，共同作業的に（インタラクションに基づいて）価値を創造して顧客に受容してもらうことはできる．しかし，企業だけで価値を創造したり提供したりすることはできない．
FP8	サービス中心の見方は，本質的に顧客指向で関係的である．	サービスは顧客限定的で共創的であり，したがって本質的に顧客指向で関係的である．
FP9	すべての経済的・社会的なアクターは，リソースを統合する者である．	これは，価値創造の場はネットワーク（リソースを統合する者）のネットワークにあることを意味する．
FP10	価値は常に，独自に，かつ，状況に依存した状態で，受益者によって決定される．	価値は特有であり，経験的であり，状況に依存しており，特定の意味を持っている．

サービスはすべての交換の基礎である（FP1）という，S-Dロジックの最も基本的な前提は，サービスは常にサービスと交換されること，ひいては，すべての経済はサービス経済である（FP5）ことを示唆している．サービスは交換の基礎であるという考え方に基づいて，S-Dロジックでは，経済における目に見える移行は，製品からサービスへの移行ではなく，有形で静的なリソースから無形で動的なリソースへの関心の移行である（FP4）ことが指摘されている．S-Dロジックにおいては，天然資源や製品，貨幣などの「オペランドリソース」（利益を生産するために働きかけてもらわなければならないリソース）に対する，能力などの「オペラントリソース」（利益を創造するために

他のリソースに対して働きかけるリソース）の優位性が主張されている（Constantin & Lusch, 1995; Vargo & Lusch, 2004）．言い換えれば，S-Dロジックにおいて，オペラントリソース（例えば知識やスキル）は価値の根本的な源で，価値創造の活性化要因である．さらに，価値を創造するリソースは企業とは限らず，顧客やサプライヤーや他のステークホルダー（例えば政府や社会全体）もオペラントリソースとなり，価値創造に貢献するということも，S-Dロジックでは主張されている．

　S-Dロジックは，サービスを経済の主な活性化要因であると捉える一方で，直接的なサービス対サービスの交換は，相互接続された媒介手段のネットワークによって見えなくなっていることを認識している（FP2）．サービスシステム間の交換のダイナミクスは，製品や貨幣，組織などの市場の複雑さによって増加する（図7.1）．これらの媒介手段は，市場の複雑さを促進する一方で，交換を実現することにおいても大きな役割を果たし続ける（FP3）．さらに，市場の集中化が進むにつれ，多くの企業がアウトソーシングを選ぶようになっていき，サービスシステムはますます複雑化して，直接的なサービス対サービスの交換を追跡することが困難になる場合も多い．

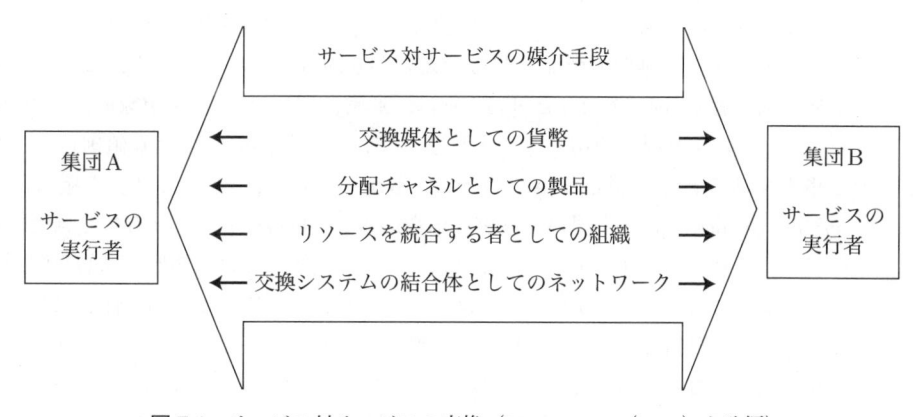

図7.1　サービス対サービスの交換（Vargo et al.（2010）を改編）

　S-Dロジックでは，FP6とFP7において，価値創造のプロセスにおける顧客の役割が強く主張されている．FP6とFP7は，価値は必ず企業や顧客，その他のステークホルダーの積極的な参加が必要なプロセスにおいて共創されるという主張である．さらに明確に言うと，S-Dロジックにおいては，企業は価値を創造することも提供することもできない．企業は価値を提案して（FP7），サービスの受益者（通常は顧客）が価値を現実化する際のインプットとしてサービスを提供することしかできないと主張されている．言い換えれば，サービス受益者が特定のサービス提供者（例えば企業）のリソースを他のリソースと統合して適用するまでは，価値は創造されない．サービス提供者のリソースは，サービス受益者が，公的・私的なリソースや，他のサービス提供者からのリソースにアクセスする状況において統合される．参加しているすべてのサービスシステムにとっての価値を創造するために，サービス間でリソースが交換される．これに伴ってリソース統合プロセス（FP9）が発生する．このように，サービスシステム間の価値の共創には，サービス提供者（例えば企業）が提供するリソースに対するサービス受益者（例えば顧客）による統合と適用が含まれている．しかし，価値は常に，価値に伴う

状況と価値に対する考え方によって成立する．よって，価値を引き出して決定づけるのは，必ず個々の受益者である（FP10）．

7.3　サービスサイエンスにおける S-D ロジックの役割

　S-D ロジックをサービスサイエンスの理論的基盤とする考え方がある（Maglio & Spohrer, 2008）一方で，サービスサイエンスという学問分野の発展は，G-D ロジックにおける仮定に影響を受け続けている．例えば，S-D ロジックが「サービスはすべての交換の基本であり，すべての経済はサービス経済である」と主張しているのに対して，サービスサイエンスの発達に関する文献の多くが，この学問分野の重要性は新しい「サービス経済」への進化と「サービス部門」の成長にあると述べている（例えば Spohrer et al., 2007）．サービスに関する経済が成長しているという認識は，G-D ロジックにおける製品対サービスという対立概念に由来している．また，G-D ロジックの影響は，"services science" という「サービス」を複数形にした用語が多用されることからも見て取れる．services science という用語では，「サービス」を複数形とすることで，個々の「サービス」を無形の製品とする考え方が強調されている．一方，この学問分野の主要な創始者である Maglio と Spohrer は，通常，「サービス」を単数形にした "service science" という表現を使用することによって，この学問分野では価値創造のプロセスを重視することを強調していた．それにもかかわらず，「サービス」を複数形にした services science という表現のほうが，単数形の service science よりも多く見受けられるのである．サービスサイエンスの発展によって，交換における無形で動的な側面が注目されるようになった．S-D ロジックは，こうした交換の無形で動的な性質に基づいている．しかし，製品とサービスという対立概念は，サービスサイエンスが発展してもなお潜在し続けており，結果として G-D ロジックパラダイムの影響は続いている．

　G-D ロジックの影響は，経済上の交換に関する現象の解説や調査に用いられる用語からもうかがうことができる．こうした用語には，サービスシステムやサービスサイエンスに関連するものも含まれる．思考の奥深くに植え付けられて根づいた G-D ロジックの用語は，S-D ロジックでの意思疎通やその発展を困難にしている．驚くに当たらないことだが，さらに，S-D ロジックを理論的基盤として使用することを目指しているはずのサービスサイエンスの発展にも影響を与えている．このように，当然のことながら，S-D ロジック，およびそのサービスサイエンスのための理論的基盤への誤解の原因の大部分は，G-D ロジックの用語の普及にある．上でも触れた単数形の「サービス」（service）という概念に対して複数形の「種々のサービス」（services）であったり，「共創」という概念に対して「共同生産」であったり（Lusch & Vargo, 2006; Vargo & Lusch, 2006, 2008; Vargo et al., 2010）するように，S-D ロジック関連の用語に関する数々の誤解があちこちで見受けられる．具体的には，S-D ロジックとサービスサイエンスの基本的な原則の説明が誤っている点から，G-D ロジックのパラダイムとしての影響力の証拠を読み取ることができる．誤って説明されやすい基本的な原則とは，(1) S-D ロジックにおけるサービスの意味，(2) すべての交換の基礎としてのサービス，(3) サービスシステム間での価値（共）創造の本質，の三つである．

7.3.1 S-Dロジックにおけるサービスの意味

G-Dロジックの方向性の中心部分は，生産物を製品とサービスという相対する概念として区別する考え方から見て取れる．この対立的な区別は，S-Dロジック，およびS-Dロジックの「サービスはすべての交換の基礎である」という主張によって，はっきりと疑問視されている．先に示したとおり，G-Dロジックにおいてはサービスは無形で，（製品より劣った）アウトプットと見なされるのに対し，S-Dロジックではサービスを，他者の利益のためにリソースを適用するプロセスであり，交換の根本的な基礎と見なしている．サービスの本質の捉え方にこのような違いがあることは，S-Dロジックをサービスサイエンスの基盤とする上で非常に重要である．皮肉にも，「サービス」(service) という専門用語があること自体が，無形かつ企業内で創造される「種々のサービス」(services) があり得ないことを示している．時折，多様なプロセスを指す表現として「種々のサービス」(services) という語が用いられることはあるが，それ以外では，S-Dロジックにおいて「種々のサービス」(services) という概念はあり得ない．

サービスについて，リソースを他者の利益のために適用するプロセスと定義することは，新しくもないし奇抜でもない (Lusch & Vargo, 2006)．この概念は，サービスが価値創造と交換の中心であると主張した多くの学者の考え方と合致する（例えばBastiat, 1860; Gummesson, 1995; Gronroos, 2000）．サービスに対する定義が，個別のアウトプットという概念から，ある人のリソースを他者の利益のために適用するプロセスという概念に移行していることは，交換における無形で動的なリソース（オペラントリソース）の存在を浮き彫りにしている．S-Dロジックにおいてサービスが意味するものを考えると，サービスは最近になって重要視されるようになったわけではないという点は重要である．むしろ「"サービスの重要性はまさに今明白になりつつあり，経済は製品中心からサービス中心へと移行しつつある" という考え方があるが，この考え方自身が，交換は製品によって活性化されるという仮定を基礎とするG-Dロジックのモデルにのみ基づいている」(Vargo & Lusch, 2006, p.45) のである．次節では，この点について論ずる．

7.3.2 すべての交換の基礎としてのサービス

G-DからS-Dへとサービスの意味が移行するためには，製品を超越した概念としてサービスを理解する必要がある．言い換えれば，S-Dロジックはサービスを製品の代用品とは見なしていない．製品をサービスで置き換えるか，あるいはサービスロジックで製品ロジックを置き換えるかという問題ではない．S-Dロジックでは，分類体系と機能面の両方において，サービスとサービスロジックを製品と製品ロジックよりも上位の概念としている．サービスが上位概念なので，G-DロジックはS-Dロジックに入れ子になって含まれる関係になる．この入れ子関係は，G-Dロジックの理論的および概念的な要素は妥当ではあるが，S-Dロジックの要素ほどに深くて広範囲でないことを示している．このように，S-Dロジックでは，サービス関連の現象を観察するための，もととなる概念が広がっているのである．

サービスをすべての経済上の交換の基礎として上位の概念に置くことで，「個々のサービスからなる経済」という意味での "services economy" の成長や「種々のサービスにおける革命」という意味での "services revolution" の出現（例えば「発展途上国にお

ける経済活動の主な部分は "services"（種々のサービス）にある」など）に伴ってサービスへの注目が高まったのは，皮肉にも G-D ロジックのパラダイムの影響であることがわかる．こうした「新しい，もしくは現在急成長しつつある個々のサービスからなる経済」という考え方は一般的だが，この考え方とは違って，サービス提供は，たった今豊富になったわけでも，最近になって重要さを増したわけでもない．「新しい，もしくは現在急成長しつつある個々のサービスからなる経済」という認識は，製品とサービスを，それぞれ別な種類の生産物として対立的に区別することに基づいている．このような対立的な区別は，製品には二者択一的な型がある（有形対無形）という認識が中心であるが，この二者択一的な型は，G-D ロジックの考え方と G-D ロジックにおけるサービスの意味に基づいて区別されている．

S-D ロジックや，S-D ロジックにおけるサービスの意味は，「サービスは常にサービスと交換される」という主張を表している．つまり，サービス中心の考え方においては，サービスが新たに認識されたり見出されたりするような大きなサービス革命があったわけではない．「サービスシステム」を価値創造活動についての包括的な用語とし，さらには，サービス提供を通して行われる相互的な価値創造におけるすべての現象をサービスサイエンスが包括するためには，「サービスは常にサービスと交換される」という基本的な理解が必須である．この包括性を持たない場合，サービスサイエンスの定義は，「製品としての条件を満たさない，製品より劣った一種の例外であるサービスに関する科学」となってしまう．一方で，S-D ロジックの考え方によると，サービスは交換の中心であり，サービスシステムは様々な「型」の交換，もっと正確に言えば，交換にまつわるすべてのプロセスから構成されている．このすべてのプロセスには農業や工業，流通や配達が含まれるが，それだけに限られない．自動車産業から IT や小売に至るまでのすべての産業において，サービスシステムを見出すことができる．

S-D ロジックにおいては，サービスは常に交換の基礎であり続けたと主張されている．しかし，サービス提供の性質をさらにはっきり示す驚くべき事象があったことも事実である．それは情報革命である（Rust & Thompson, 2006）．情報（つまりオペラントリソース）の交換は比較的純粋で，「溶け込んだ」または「明確な形をとらず」（Normann, 2001），人や物質による運搬を伴わない形式（つまり電子化）を通して行われる．情報革命では，情報交換の知識や交換可能な範囲が電子化によって大幅に拡大し，それによって専門性が増大した．専門性が増大したことが，無形で動的であるという交換の一側面に注目が集まる原因となった．情報をモノから分離する手法がある種の労働区分に結び付いていたことから，この分離手法が進化するにつれてさらに専門性が深まり，リソースを獲得する（外注する）ための母体となる市場が拡大した（世界市場）．このように，サービスは近年になって重要性を増したのではない．にもかかわらず，交換のサービス的特質が近年注目を集めているのは，市場の複雑性が増し，交換における有形の交換対象の必要性が薄れたためである．

7.3.3　サービスシステム間の価値（共）創造の本質

一般に，経済上の交換に関して，「交換価値」と「使用価値」という二つの価値について，広い範囲で概念化が議論されてきた（Vargo et al., 2008 を参照）．市場に関連し

た伝統的な研究が交換価値に焦点を当てていたのに対し，最近では，やや間接的にサービスやシステムに注目した（例えばB2Bの）研究を通して，使用価値が再度注目を集めている．使用価値を重視する傾向は，価値は企業によって生産・分配されるのではなく，顧客によって共創・定義されていることを示している．価値の共創に関するこの考え方は，Prahalad & Ramaswamy（2000）やNormann & Ramirez（1993）などに展開され，S-Dロジックに採用されることでさらに洗練された．

同様に，サービスサイエンスは，サービスシステムの主要な要素として，価値の共創を採用した．しかし，価値の共創は，生産指向の考え方に基づいて，価値付加と交換価値に焦点を当てて論じられることがある．価値共創に関して生産指向的な考えを持ち込むこうしたやり方からは，「サービスを"作る"」というG-Dロジックの考え方に対する執着，あるいは少なくとも執着の残滓が読み取れる．間違いなく，「サービス指向アーキテクチャ」や「サービス化」，「サービスオペレーション」や「サービスファクトリー」などに関する現象の研究が，この考え方をよく反映している．これらは皆，サービスサイエンスに関係しているが，サービスサイエンスにとって根本的なものではない．さらに物議のもとになりそうなことに，価値の共創に対する生産指向的な考え方は，サービスサイエンスの拡大タイトルである"service science management and engineering"（SSME）の中の「マネージメント」（management）と「工学」（engineering）という言葉を並べるところにも，（サービスに関する生産指向的な考え方が，このタイトルのせいで勢いづいているのでなければ）おそらく反映されている．

このような観察によって，マネージメントや工学それ自体への批判や，マネージメントや工学をサービスサイエンスと組み合わせることへの批判を行いたいわけではない．伝統的な解釈に基づいて言うならば，これらの学問分野が広大な価値共創の空間を観察対象とするよりも，企業内での設計仕様と実行プロセスに注力していたことを指摘しているだけである．企業および企業の業務効率に焦点を当てるこのやり方は，G-Dロジックに関する主な論点と一般的に合致している．さらに言えば，企業の活動を超えた価値共創を重要視することで，価値創造プロセスにおける生産や製造およびそれに関連する活動の重要性を否定しているのでもない．共創と共同生産との違いに関する議論の目的は，むしろ，上位にある価値共創というプロセスの範囲内での共同生産の役割に着目したい．

S-Dロジックは，生産やデザインのカスタマイゼーションや組立プロセスへの顧客の参画を越えて，価値共創の概念を拡大化して捉えている（Vargo et al., 2008）．「共同生産」は，S-DロジックをG-Dロジックのパラダイムに代わるものとして記述した論文における用語である（Vargo & Lusch, 2004）．しかしその後，Lusch & Vargo（2006）（ほかに Vargo & Lusch, 2006, 2008 も参照）は，価値創造における顧客（や他者）の協同的な役割を伝えるために「価値の共創」という用語を用いた．こうしたことから，S-Dロジックにおいては，「共同生産」という用語は，企業が提供するものの開発への顧客（や他者）の参加を表す場合に使われるようになった．以上のような概念化に基づくと，「共同生産における顧客の役割は任意である」のに対して，価値創造における顧客の役割は任意ではなく，「価値は常に共創されるもの」なのである．

7.4　S-Dロジックの用語によるサービスサイエンスの促進

　S-Dロジックは，サービスサイエンスやサービスシステムに関する議論や研究を行うのに適した理論的フレームワークと用語を提供できると言われている（Maglio & Spohrer, 2008）．しかし，上で論じてきたS-Dロジックに対する誤解から，製品中心の考え方に基づく用語が反映しているのが，経済上の交換やサービスサイエンスを論ずる際に使用できる単語以上のものであること，つまり，一般的に商業，市場，交換について考え，理解する際の基盤となるパラダイムを反映していることが，はっきりとわかる．こうしたことは，サービスサイエンス，より具体的にはサービスシステムをS-Dロジックとは逆のパラダイムで捉えて論じたり解説したりする際に，問題を引き起こす．

　サービスサイエンスがさらにサービス中心の基盤に移行していることは，価値の共創やオペラントリソースのようなS-Dロジック寄りの概念が用いられることから見て取れる．しかし，上述したとおり，G-Dロジックの用語にはパラダイムとしての影響力があり，S-Dロジックやサービスサイエンスについての議論の用語の意味を制限している．他の研究で述べられているとおり（Maglio & Spohrer, 2008），S-Dロジックの用語を基盤としてサービスサイエンスを構築し，サービスサイエンスの発展を促すならば，S-Dロジックに関する現象を議論するために現在使われている概念を形式的に定義し，それを表現する用語を開発しなければならない．S-Dロジックに基づいてサービスサイエンスに関する議論ができる用語を開発する試みの一環として，G-DロジックとS-Dロジックの概念の比較が行われている（Lusch & Vargo, 2008; Lusch et al., 2008）．これらの概念は，サービスシステム間の社会的および経済的な交流に関する研究で使用できる，いくつかの重要な構成要素を表したものである．これらの重要な構成要素は，(1) サービス，(2) 価値，(3) システム，(4) インタラクション，(5) リソースである．表7.2は，これらの構成要素と，各構成要素に関するG-DロジックとS-Dロジックの概念の比較を示している．サービスシステムの記述に必要な用語の開発を進めるため，以下の項では，S-Dロジックの概念を詳しく説明する．

表 7.2　G-DロジックとS-Dロジックの概念の比較（Lusch & Vargo（2008），Lusch et al.（2008）を改編）

主要構成要素	G-Dロジックの概念	S-Dロジックの概念
サービス	製品とサービス 取引	サービス提供とサービス経験 総合的な関係と協業
価値	付加価値 交換価値 価格	価値共創 状況的価値 価値の提案
システム	サプライチェーン 情報の非対称性	価値創造ネットワーク 情報対称フロー
インタラクション	販促/宣伝 行動最大化	オープンソースコミュニケーション 交換に伴う学習
リソース	オペランドリソース リソース獲得	オペラントリソース リソーシング

7.4.1 サービス

「サービス」という語は，G-DロジックとS-Dロジックとではまったく別の意味で使われている．これは間違いなく，G-Dロジック用語とS-Dロジック用語の間に見られる最も重大な違いである．S-Dロジックに対する誤解は「サービス」という語の概念化の時点からすでに生じているが，この誤解は，S-Dロジックのフレームワークを用いて記述される多くの現象に対する誤解へとつながっている．G-Dロジックでは，（複数形の）"services" は，個々のアウトプットについて表現しようとする場合にたいてい使われる．これに対して，S-Dロジックでは（単数形の）"service" は，自分以外の他の存在のために，もしくは他の存在とともに行うプロセスについて言おうとする場合に使われる．先に記したとおり，この差異が，「サービス」という用語を巡る問題の多くと強く関係していると思われる．「サービス」という語は伝統的な意味合いを強く持ちすぎていると考える者もいるし（例えば Lehmann, 2006），S-Dロジックの定義は「サービス」の慣習的な意味との関係において「奇抜」で「一貫性がない」と言う者もいる（例えば Achrol & Kotler, 2006; Levy, 2006）．さらに，「サービス」は適切でない用語であり，製品とサービスという誤った二分法の原因になっているという主張もある（例えば Brodie et al., 2006）．Vargo & Lusch（2006）は，「サービス」という語に多くのしがらみがあることを認めている．しかし，「サービス」という語が交換を理解する上で必須でないとしたら，上で論じた理由のとおり，「サービス」という語の選択はまさに正しいと彼らは主張している．

S-Dロジックにおけるサービスの意味する範囲では，交換の主軸が，取引から関係へと移行している．このような変化により，サービスは互いに利益をもたらし合うような交換関係の公約数であり，製品はサービス提供の仕組みと見なすことができる．言い換えれば，製品の交換は，交換の根本的な基礎としてのサービスを伴うことで，間接的なサービス提供の特殊ケースとなる．このように，製品とサービスという誤った二分法（Brodie et al., 2006）は，S-Dロジックによって構築されたのではなく，むしろG-Dロジックの考え方に根ざしている．また，S-Dロジックでは，この誤った二分法の問題がほぼ解決されている（Lusch & Vargo, 2006）．

■ **サービス提供とサービス経験**

S-Dロジックは，サービスシステム間のインタラクションに焦点を当てている．インタラクションにおいては，（G-Dロジックに見られるように）アウトプットの所有権の委譲が重要なのではなく，インタラクションそのものが重要である．S-Dロジックにおいて着目されているのは，一つ以上のサービスシステム（例えば顧客）の要求を満たす（Lusch et al., 2008）ことである．言い換えれば，S-Dロジックでは，複数形のサービス（無形の製品）や製造・流通の個々のアウトプットではなく，単数形のサービス，すなわち（他のサービスシステムと協同して）利益を提供するプロセスが，インタラクションの中心として扱われている．S-Dロジックにおいては，協同プロセスとしてのサービスは，サービス提供のプロセスにおけるサービス受益者を当然含んでいなければならないと強く主張されている．顧客は，サービス提供のプロセスの一部となって，サービスの経験（現象依存的で，かつ状況依存的な観点から価値を定義すること）をともにすることが求められている．この考え方から見ると，市場でのインタラクションは，アウト

プットの所有権に対してよりも，顧客の問題のソリューションや経験に対して，より一般的なつながりがあることになる．

■ 総合的な関係と協業

　G-Dロジックにおいては，リソースの交換は，生産者（価値の創造者）と消費者（価値の破壊者）の間で起こる個別の取引であると考えられている．しかし，生産者/消費者を対立するものとして二分法的に捉えるこの考え方は，サービス対サービスの交換や，サービスシステムにおける交換の主な活性化要因と見なされる価値創造プロセス（Maglio & Spohrer, 2008）という概念と矛盾している．重要なのは，サービスは常にサービスと交換されるというS-Dロジックの考え方が，相互依存と相互作用を暗に示していることである．つまり，すべての集団は価値の「生産者」であり，価値の「消費者」でもあるのである．

　こうした互恵的なサービス対サービスの交換は，サービスシステム間の関係性を示している．しかし，S-Dロジックにおいて，関係とは，単なる支援の繰り返し以上のものと見なされている．サービス中心の考え方に従ってサービスシステム間の交換関係を捉えた場合，専門性の増加とシステム間の労働分配に基づく各サービスシステム間の相互依存が強く主張されている．専門性が増すと，システム間の相互依存もやはり増加する．サービスシステムが相互依存性を強めるにつれ，関係が急激に発達して集団行動や協同性が増加する．このように，S-Dロジックによってサービスサイエンスを導き，その発展を促す場合には，全体として，顧客と社会との関係という側面を考慮する必要がある．

7.4.2　価値

　価値共創と共同生産の混同に付け加えると，G-Dロジックの用語を使用することで，S-Dロジックに関連した価値の捉え方が制限されてしまうことがある．S-Dロジックに関連した価値の概念化においては「機能的な」利益だけが扱われていると述べた研究もある（例えばPrahalad, 2004; Shembri, 2006）．しかし，Vargo & Lusch（2006）は，S-Dロジックの制限によってではなく，G-Dロジックの影響の結果として，実利的な価値が明らかに重要視されていると述べている．

　S-Dロジックにおいて現象依存的および経験的な価値が重要視されていることは，FP10（価値は常に独自に，かつ現象依存的に，受益者によって決定される）を加えることでいっそう明確になる（Vargo & Lusch, 2008）．サービスサイエンスにおける価値の捉え方はS-Dロジックの考え方と一致しており，「システム自体，または，そのシステムが環境を適合させる能力によって判断される，システムが向上した状態」（Spohrer et al., 2008）と定義されている．状況とその認識に基づいた，このような価値の解釈は，サービスシステムにおける価値創造の研究のフレームワーク（Vargo et al., 2008）として使われている．これは，価値共創や状況的価値，バリュープロポジションなどのS-Dロジックに関連した概念を用いてサービスシステムを議論し，研究するための基盤ともなっている．

■ 価値共創

　価値の共創が，S-D ロジックの考え方に基づいてサービスシステム間の交換を研究する際の主要概念の一つであることは間違いない．サービスシステムにおいては，価値共創は，インタラクションや関係の開拓や交換の目的でもあり，活性化要因でもある (Spohrer et al., 2008)．Spohrer et al. (2008) によると，サービスシステムは (1) 価値の提案，(2) 提案の受諾，(3) 提案の実現という三つの主要活動に従事している．したがって，サービスを実現し，価値共創を起こすためには，最低二つのサービスシステムがリソースの適用と統合の両方に従事しなければならない．

　S-D ロジックが本質的に顧客中心の（言い換えれば受益者を価値の定義者と見なすという）考え方であるにもかかわらず，価値の共創においては，受益者だけを重要視するものではない．受益者だけを重要視する考え方においては，企業が交換によって得る利益が無視されている．価値の共創とは，交換によって創造される価値はサービスシステム間の互恵的な関係に基づいており，交換の結果に価値があるかどうかを，それぞれのシステムが状況と経験に基づいて決定することを意味している．

　さらに，価値共創は，個々の交換の場における活動やリソースだけに関連しているとは限らない．最終的には，価値は既存知識と新知識および他のリソースを融合することで引き出されるものであり，相互接続されたサービスシステムのリソースに影響されるだけでなく，交換の場が置かれている状況にも影響される．S-D ロジックに根ざしたフレームワークに沿ったサービスシステムの調査において，オペラントリソース（例えば知識）の移行・適用・生成の動的システムが提案されている．サービス対サービスの交換の考え方では，交換の原動力もしくは目的の源は，自分自身の環境を向上させたい，他者に利益を提供したいという願い，つまり価値を創造したいという個々のシステムの願いにある．サービスシステムにとっての価値を交換によって創造するための条件は，リソースの利用可能性とシステムの構成に依存している．

■ 状況的価値

　S-D ロジックでは，価値創造における着眼点を，企業のアウトプット（と交換価値）から切り離して，個々のサービスシステム（例えば顧客）が独自に引き出して決定する価値（すなわち使用価値）に近づけるように，再方向づけをしている．この再方向づけでは，近年 S-D ロジックにおいて「状況的価値」(Vargo et al., 2008) として認識された価値を，現象依存的かつ経験的な意味合いで概念化している．状況的価値という考え方では，価値の創造や決定における重要な変数として，時間や場所の次元とネットワーク状に形成された関係の重要性に着目している．

　現象に依存して決定される価値に重きを置くことは，価値創造の状況が，参加集団の競争力と同じくらい価値の創造にとって重要であることを示している．環境的リソースとは，社会的，生態的，政治的な環境などを指すが，価値を創造する上では伝統的に外因と見なされるにもかかわらず，共創された価値は本質的に状況依存であるということから，伝統的なものとは違う捉え方ができる．環境のすべての側面を制御することは不可能だが，こうしたリソースが価値創造のプロセスに統合されていないわけではない．事実，時間や気候，法律など，通常，外因性で個人や組織には制御できないとされるリソースが，すべてのサービスシステム（例えば顧客，企業，家族，国）

によって，しばしば価値創造プロセスに（もし依存していないとすれば）統合されている．

■ 価値の提案

Maglio & Spohrer (2008) は，バリューチェーンやバリューネットワーク，価値創造システムにおいて，バリュープロポジションが内部および外部のサービスシステムをつないでいると述べている．バリュープロポージングの概念の中では，サービスの受益者（例えば顧客）がサービス提供者のリソースを統合するにつれて拡大していく利益とコストから，価値が形成されると認識されている．通常，このプロセスはいつでも行われる．言い換えれば，利益とコストのトレードオフは，取引（支払いあるいは支払いの確約）や交換価値が発生する時点や，その前の段階ではなく，顧客の個々のバリュープロポジションの実現段階において見受けられる．本質的に，企業は価値を生産したり提供したりはしない．企業にできることは価値の提案だけであり，もし，その提案を顧客が受け入れて参加してくれれば，企業は顧客と一緒に価値を共創できる．競争的優位性をもたらすためには，こうしたバリュープロポジションは，競合するサービス提供者よりもさらに説得力がなければならない (Vargo & Lusch, 2004)．

7.4.3 システム

Spohrer et al. (2008) によると，システムは「少なくとも一つのオペラントリソースを含むリソースの構造体であり，この構造体全体の特性と行動は，その構成要素である個々のリソースの特性や行動以上のものである」．システムの研究は，本質的にネットワークの研究と，関係やリソースとを結び付けて行われる．関係とリソースは，ネットワークにおいてリンクを構築している．このようなシステム構造とネットワーク構成の研究の結果，複雑な交換プロセスを検証するためのフレームワークが提供されている．

S-Dロジックにおけるリソース統合の捉え方は，価値創造が関係とリソースのネットワーク（価値創造ネットワーク）の中で行われることを示している．サービス中心の考え方には，価値創造においてリソースは統合されたり適用されたり，さらに変換されたりするが，そのためには複数のアクターが必要である，つまりネットワークが必要であるという主張が含まれている．さらに，価値創造に貢献するすべてのシステムは，サービス提供者であるとともにサービス受益者でもあると見なされる．この互恵的なサービス対サービスの交換関係は，バランスが良く均整のとれたフレームワークを構築している．このフレームワークは，生産者（価値創造者）としての企業と消費者（価値破壊者）としての顧客とを分離するG-Dロジックの不均衡なフレームワークとは，本質的に対極にある．

■ 価値創造ネットワーク

G-Dロジックの根本的な部分が製造業や産業革命と結び付いていることがわかると，価値創造を概念化する際の伝統的な方法が線形のサプライチェーンに基づいていることも理解できる．このモデルでは，サプライチェーンは生産者と消費者との物理的なギャップ（例えば地理的な距離）によって特徴づけられることが多い（Lusch et al., 2010 を参照）．こうしたギャップを小さくするために，卸売業や小売業などの媒介手段が現

れて，いわゆる縦割りプロセスや縦割りの企業構造を生み出し，企業のアウトプットに貢献した．サプライチェーンが物理的なものだと想定されていたにもかかわらず，富と価値の源泉の実体は有形の物質（原材料と完成した製品）に埋め込まれた知識と情報（オペラントリソース）であり，上で解説したギャップを埋める媒介手段である卸売業や小売業などがその源泉を利用していた．

すでに述べたとおり，情報を製品から分離したり「溶け込ませ」たりすることが，ますます行いやすくなっている．したがって，ほとんどのサプライチェーンの概念は，有形の製品に埋め込まれた情報なしには適切なものにはなり得ない．情報が溶け込むことによって，リソースの接続性だけでなく，作業の場所とその性質も変化した．言い換えれば，情報が溶け込むにつれて，リソースが伝わっていく媒体が変化しただけでなく，価値が作られる場所や価値の創造と結び付いた作業も変化したのである（例えば，「手紙を出す」と「電子メールを送る」）．情報の溶解可能性が急激に高まるにつれて，企業が個々の強みに集中して，自社の適性以外の部分を社外調達したり，自社と補完的な適性を持つ他社に頼ったりする機会が増加している．

S-Dロジックの考え方からすると，サービスシステムにおける価値創造の「予定地」は，価値構成（社会的・経済的アクター間のインタラクション）の場にある．したがって，サービスシステムの集合の多様なレベルにおいて価値が創造される（Vargo & Lusch, 2008）．サービスシステム同士はインタラクションしながらネットワークを構成しているが，価値創造のためのこのネットワークフレームワークにおいては，個別の（たいていの場合はオペラント）リソース同士が接続された状態を表現する，リソースの動的システム（サービスシステム）の観点からサプライチェーンを再度概念化することが必要である．ネットワークの配置は線形あるいは縦型や横型などに限られておらず無限にあるため，ネットワークの構成からイノベーションや競争力が生まれる可能性がある．つまり，S-Dロジックとサービスシステムに沿ってネットワークについて考えると，与えられた問題を与えられた時間と場所の範囲内で解くのに必要なすべてのリソースを構成する（Normann (2011) が「密度創造」と名づけた）新たな機会があることがわかる．S-Dロジックにおいて，価値ネットワークやそれに類するサービスエコシステムとして言及されることが多い形態は，「(1) サービス提案を共創し，(2) サービス提案を交換し，(3) 価値を共創するために，制度や技術を通して社会的・経済的アクターを非常に緩く提案する自動感知・自動応答型の空間的・時間的な構造体」である（Lusch et al., 2010）．

■ 情報対称フロー

Spohrer et al. (2008) は，経済上の交換を「相互に作用する二つ以上のシステムが，互いの価値創造のために，自発的で互恵的にリソースを利用すること」と定義している．情報とリソースの対称交換は，以下のことを意味している．(1) 企業は重大な情報を隠蔽したり伝達を操作したりすることで顧客や被雇用者やその他の利害関係者を欺いてはならず，(2) 交換に参加するすべての協力者は価値創造プロセスにおいて等しく重要である（Lusch et al., 2008）．

同様に，S-Dロジックにおいては，交換に参加するアクター同士には関係があり，したがって交換に関連する情報を公然と共有しているとされる．この考え方は，アクターは知的資産を放棄しているという意味ではない．知的資産に関する議論はまったく別の

問題である．情報対称フローは，知的資産の財産権を認めたり共有したりすることと等価ではない．

世界規模のサービスシステムにおいて，情報流通の対称性は信頼に値しない組織や指導者を排斥するために不可欠である．S-D ロジックでは，組織化されたサービスシステム（例えば企業や地方自治体）は，情報対称フローや，外部（例えば企業間や顧客）と内部（例えば企業内）双方のコミュニケーションを促進する．さらに言うと，取引相手を対称に扱うことは，交換におけるすべての集団が等しく扱われることを意味する．この考え方は，社会的・経済的なアクター同士のインタラクションを促進する．このインタラクションには，交換を通した学習だけでなく協同的コミュニケーションも含まれている．

7.4.4　インタラクション

すでに述べられているとおり，G-D ロジックは科学における決定論的平衡に基づくニュートンモデルから発展したものである．これに対して，S-D ロジックでは，サービス対サービスが交換されるような，相互依存的でインタラクティブなモデルが考えられている．このモデルは，動的かつ不均衡で非決定論的な交換関係と，そのモデルとを表している．したがって，科学のニュートンモデルが相対性理論や量子理論，複雑系理論のようなより動的かつ関係的な新しいモデルの下位に置かれてきたように，S-D ロジックに基づいたサービスの科学もそうした新しいモデルの下位に置かれるべきであろう．つまり，S-D ロジックの考え方に基づいてサービスサイエンスのために開発された理論やモデルにおいては，サービスシステム間の協同的コミュニケーションや交換を通した学習のような，相互作用的で動的な交換の側面が着目されなければならない．

■ 協同的コミュニケーション

S-D ロジックが対称的なフレームワークであり，価値共創に着目していることは，サービスシステム間のインタラクションが，一つの集団から他の集団への一方向性のものではなく，複数集団間の協同的コミュニケーションの性質を持たなければならないことを意味している．サービスシステムにおいては，協同的コミュニケーションは信頼と学習と歩み寄りの上に成り立っている．この協同的コミュニケーションの考え方は，企業と顧客の関係に限らず，被雇用者同士や，サービス交換の一端を担ったりサービス交換の影響を受けたりする他の利害関係者（例えば株主や社会）の間のインタラクションも含んでいる．

サービスシステム間の協同的コミュニケーションによって，顧客は「消費者」や価値の破壊者とは見なされず，被雇用者や他の利害関係者と同様に，価値創造のパートナーあるいは主要な共同作業者と見なされる．顧客や被雇用者および他の利害関係者を企業との開かれた積極的なコミュニケーションへの参加者と捉える考え方から，S-D ロジックではオペラントリソースが重要視されていることがわかる．複数のサービスシステム間のインタラクションは，一対一のコミュニケーションに限ったり，消費者と生産者を対立するものとして二分法で捉えたりする場合には発生しない．交換における価値創造に関しては「多対多」(Gummesson, 2005) のやり取りが行われる．企業の積極的な参加がある場合もない場合も，顧客と他の利害関係者のコミュニティが対話しながら契約

できるような公的リソースがインターネットによって確立されたことにより，少なくともこうした複数の集合間でのやり取りができるようになったことが明白になっている．多くの場合，複数の集合間でもどんどんやり取りができるようになってきている．

■ 交換に伴う学習

交換プロセスを通した学習の仕組みは，サービスシステム間の動的なインタラクションと開かれたコミュニケーションに基づいている．すでに述べたとおり，S-Dロジックの考え方では，交換の目的に関する着眼点が，有形のオペランドリソースの獲得から，無形のオペラントリソースの統合や適用，生成へと移行している．サービスシステムにおける価値がシステムの状態の相対的な向上によって判断される（Spohrer et al., 2008）のと同様に，S-Dロジックの考え方においては，社会的・経済的アクターは，現在の状態を向上させるために他のアクターと交換を行い，交換において他者の状態を改善する（Lusch et al., 2007）．S-Dロジックにおけるサービス対サービスの考え方では，もしアクターがある行動をとって（交換において契約して），変化したら（環境を向上させたら），その行動はうまくいくという基本的な仮説を採用している．とはいえ，（個人のものから世界的なものまで）すべてのサービスシステムがその健全性を改善するということは，それ自体がフィードバックと学習を必要とするプロセスと言える．

企業にとって，学習に寄与する一番重要なフィードバックの指標の一つは，財務アセスメントである．つまり，財務的なフィードバック（例えば収入や利益）は，市場において価値創造をどのように支援したかを学べる指標である．したがって，S-Dロジックは使用価値と状況的価値を非常に重要視しながらも，交換価値を無視しているわけではない．S-Dロジックでは，使用価値に依存せずには交換価値が存在できないことを主張する一方で，サービス提供の媒介手段や企業にとってのフィードバックとしての交換価値の重要性を認めている．

7.4.5 リソース

S-Dロジックとサービスシステム間の関係を理解する上で，リソースの研究が重要な役割を担っていることは明白である．サービスシステムに関する重要な点は，リソースの委譲と共有である．リソースについて，(1) 権利を伴うリソース，(2) 資産としてのリソース，(3) 物理的な物品，(4) 社会的に構築された物品，の4種類の存在が確認され調査されている（Maglio & Spohrer, 2008）．Maglio & Spohrer（2008, p.19）では，「サービスシステムに属する要素は，情報共有，労働共有，リスク共有，物品共有の少なくとも4次元にわたって資産を交換する」と説明されている．MaglioとSpohrerは，サービスシステムにおける資産の交換を理解する鍵は，知識やスキルのような資産のサービスシステム間での流通と，それらのサービスシステムをつなぐバリュープロポジションの理解にあるとしている．

リソース優位（resource-advantage; R-A）理論（Hunt & Morgan, 1995）は，企業と市場競争に関するリソースに基づく考え方（Penrose, 1959）であり，S-Dロジックの出現に深い関わりを持つ基本的な概念化の一つと見なされている．R-A理論では，不完全であっても流動性がある雑多なリソースは，市場の雑多な需要に合致すると仮定している．この理論は，顧客の要求が多様であるのと同様に，企業のリソースにもかなり

の多様性があることを示しており，リソースに基づく相対的な優位性を提案している．R-A 理論が企業に関連するリソースを調査するための理論的基盤を提供したのに対して，S-D ロジックでは，リソースに関する着眼点が，企業を越えてサービス交換システムやサービスシステムにまで拡大された（Lusch & Vargo, 2006）．S-D ロジックでは顧客，被雇用者，環境のオペラントリソースに着目し，それらのリソースは価値創造システムにとって外因性ではなく内在性のものであると見なしている．したがって，顧客や被雇用者やその他の利害関係者の能力は，競争的優位性の主要な要素である（Lusch et al., 2007）．さらに，S-D ロジックでは，オペラントリソースとオペランドリソースの双方を価値創造プロセスのインプットとして扱っている．言い換えれば，価値の創造と決定は，潜在的なリソースを特定の利益に変換する「リソーシング」（Lusch et al., 2008）のプロセスに依存していることになる．リソーシングのプロセスには，(1) 価値創造，(2) 価値統一，(3) 抵抗力の排除が含まれる．

■ オペラントリソース

サービスの意味に関する S-D ロジックと G-D ロジックの最も重要な違いの一つは，オペランドリソースとオペラントリソースの区別である（Constantin & Lusch, 1994; Vargo & Lusch, 2004）．オペランドリソースは，そのリソースに対する行動を必要とするリソース（例えば製品）であり，オペラントリソースは他のオペランド（とオペラント）リソースに対して行動できるリソース（例えば知識やスキル）と見なされてきた．オペラントリソースは一般に無形で目に見えず，動的で無制限である．これは，リソース自体だけでは生産も流通もできないにもかかわらず，オペラントリソースは進化したり，変形したり，増殖したりすることができることを意味する．オペラントリソースは影響を生み出すものである．つまり，人間は人智というオペラントリソースによって天然資源の価値を増大させ，新たなオペラントリソース（新しいアイデアや知識）を生成することができる．ほぼ当然のように，G-D ロジックでは有形のオペランドリソースが重要視されているが，S-D ロジックでは無形のオペラントリソースを交換の基本としている．

S-D ロジックでは価値共創が重要視されるため，顧客や被雇用者，その他の利害関係者はオペランドリソースと見なされ，価値創造のために他のリソースに働きかけるものとされている．したがって，市場における競争能力は個別・集合（組織）の双方に関する知識の機能であり，市場における企業の価値創造への貢献能力も，顧客や他の外部的な利害関係者（例えば政府や地方自治体など）のリソースに依存している．S-D ロジックにおいてオペラントリソースが優位に置かれても，価値創造におけるオペランドリソースの重要性が減少するわけではない．しかし，オペラントリソースの働きがあって初めてオペランドリソースが価値を持つという S-D ロジックの考え方が，はっきりと読み取れる．

■ リソーシング

S-D ロジックによると，価値創造は，潜在的なリソース（通常はオペラントリソース）が適用されて，特定の利益に貢献する場合にだけ起きる．この活動は「リソーシング」と名づけられ（Lusch et al., 2008），リソースの創造・統合と抵抗力の排除が含まれる．

リソーシングの第一の側面であるリソース創造の過程においては，創造されるのがオペラントリソースであるかオペランドリソースであるかにかかわらず，オペラントリソースの適用が必ず行われている．人間の創意工夫は，オペランドとオペラント双方の無数のリソースの開発を促し，社会だけでなく市場の発達を活性化し続けている．

　第二の側面であるリソース統合は，すべてのサービスシステム（例えば企業，家族，国）の基本的な機能である．企業のレベルでは，組織の中に設けられた部署がリソースの統合者と見なされるように，組織はリソースの統合者と見なされる．本質的に，組織は，被雇用者レベルで詳細に特化された能力（知識やスキル）や，それ以外の内的および（例えば市場で獲得された）外的なリソースをサービスに役立つ形に変換して活用し，サービス提供を行う．

　第三の側面である抵抗力の排除では，リソースの有効性を妨げかねない障害を除去する．抵抗力の排除（例えば新法のためのロビー活動）は，企業やサービス提供者だけでなく，顧客やユーザー，受益者などによる行動も含むプロセスである．事実，顧客の抵抗がしばしばリソース創造の障害の原因になっている．一般に，こうした抵抗においては，個人やその集団が特定の企業や産業に対して，市場におけるビジネス上のリソースの可能性を阻害するような否定的な態度をとる．あるサービスシステムのリソースがそのシステムと他のシステムとの間の価値の共創に貢献する場合は，このリソーシングのプロセスを通して行われる．

7.5　サービスサイエンスの確立に向けて

　サービスに関する真の科学を打ち立てるには，堅実な理論的基盤と，中心となる構成要素と概念が必要になる．この仕事はまったく簡単ではない．伝統的な製品中心のパラダイムに対して，それに代わる論理を適用しようとする際に，サービスサイエンスの進歩がとりわけ困難になる．G-Dロジックの用語がパラダイムとして大きな影響力を持っているせいで，サービスや価値などの概念に対する伝統的な理解から逃れることは非常に大変である．

　上に示したS-Dロジックについての記述は，すべての交換の基礎としてのサービスやサービスシステム間の価値共創の本質など，S-Dロジックにおけるサービスの意味に関連した課題に言及している．他の集団のために協同する行動としてのサービスを，直接的にも間接的にも（例えば製品を通して）行えることは，上記の説明から明白である．したがって，S-Dロジックを基盤としてサービスサイエンスを理解する場合，"services"（無形のアウトプット）という概念はあり得ない．サービスシステム間で発生するサービス提供があるだけである．さらに近年，交換の無形の側面に注目が集まりつつあるが，新たなサービス経済が現れたわけではない．重要なのは，S-Dロジックの考え方に基づくと，経済的活動は常にサービス対サービスの交換と価値共創のプロセス（他者と自分自身のための価値を創造するために行うサービスシステム間の協同作業）によって活性化されるという点である．

　S-Dロジックの概念を明確に説明する必要性から考えると，G-Dロジックのパラダイムが隅々まで広がり，強く残っていることは明白である．G-Dロジックの概念とS-D

ロジックの概念とを区別することが重要なのは，現象の記述にS-Dロジックの用語を用いるかG-Dロジックの用語を用いるかによって，学者や実務者がまったく違う道筋を辿って経済上の交換を理解してしまうからである．取引，付加価値，価格といったG-Dロジック用語は，価値創造の非対称なプロセスや交換の有形の側面をそのまま表している．これに対して関係，価値共創，使用価値などのS-Dロジック用語は，交換に関する動的で互恵的な現象を強調する役割を果たしている．

今なお支配的な製品中心のパラダイムの影響に対して注意を喚起するために，ここではS-Dロジックの説明，特にサービスサイエンスの基盤の整理を行った．S-Dロジックがサービスサイエンスの進歩に貢献し，場合によってはそれを導いていくためには，S-Dロジックの基本的な仮定に対する誤解を再度見直さなければならない．さらに，S-Dロジックが今後サービスサイエンスに貢献し，その発展を支えるためには，S-Dロジックやサービスサイエンスについての議論に使われる用語をより明確に定義し，議論の参加者がその用語の定義に同意している必要がある．

サービスサイエンスに関する議論において，S-Dロジックに親和性の高い用語が使用されることから，サービスに関する科学がサービスを主眼にしたものに変化し始めたことがわかる．この動きは，この学問分野の呼び方が複数形の"services science"（もともとの呼称）から単数形の"service science"に置き換えられていることからも裏づけられる．しかし，S-Dロジックに関する用語の形式化や概念の構築はまだまだ必要である．ここでは，S-Dロジックとサービスサイエンスの主要な構成要素の一部と，それに関連する概念を解説した．一連の主要概念に関するこの論説は，理論の構築と検証を進め，サービス主体の交換モデルを追究し，フレームワークを確立する一助となるであろう．

参考文献

Achrol, R. and Kotler, P. (2006). The Service-Dominant Logic for Marketing: A Critique. In R. F. Lusch and S. L. Vargo (Eds.) *The Service-Dominant Logic of Marketing: Dialog, Debate, and Directions*, (320-333). Armonk, New York: M.E. Sharpe.

Bastiat, F. (1860). *Harmonies of Political Economy* (Patrick S. Sterling, Trans.). London: J. Murray.

Bitner, M. J. and Brown, S. W. (2006). The Evolution and Discovery of Services Science in Business Schools. Communications of the ACM, 49(7), 73-78.

Brodie, R. J., Pels, J and Saren, M. (2006). From Goods- Toward Service-Centered Marketing: Dangerous Dichotomy or an Emerging Dominant Logic? In R. F. Lusch and S. L. Vargo (Eds.) *The Service-Dominant Logic of Marketing: Dialog, Debate, and Directions*, (307-319). Armonk, New York: M.E. Sharpe.

Chesbrough, H. and Spohrer, J. (2006). A Research Manifesto for Services Science. *Communications of the ACM*, 49(7), 35-40.

Constantin, J. A. and Lusch, R. F. (1994). *Understanding Resource Management*. Oxford, OH: The Planning Forum.

Edvardsson, B., Gustafsson, A. and Roos, I. (2005). Service Portraits in Service Research: A Critical Review. International Journal of Service Industry Management. 16(1), 107-121.

Gronroos, C. (2000). *Service Management and Marketing: A Customer Relationship Management*

Approach. West Sussex, UK: John Wiley and Sons.

Gummesson, E. (1995). Relationship Marketing: Its Role in the Service Economy. In W. J. Glynn and J. G. Barnes, (Eds). *Understanding Services Management*, (244-268). New York: John Wiley & Sons.

Gummesson, E. (2006). Many-to-Many Marketing as Grand Theory. In R. F. Lusch and S. L. Vargo (Eds.) *The Service-Dominant Logic of Marketing: Dialog, Debate, and Directions* (339-353). Armonk, New York: M.E. Sharpe.

Hunt, S. and Morgan, R. M. (1995). The Comparative Advantage Theory of Competition. *Journal of Marketing*, 59(April), 1-15.

IfM and IBM. (2007) *Succeeding through Service Innovation: A Discussion Paper.* Cambridge, United Kingdom: University of Cambridge Institute for Manufacturing. ISBN: 978-1-902546-59-8.

Lehmann, D. R. (2006). More Dominant Logics for Marketing: Productivity and Growth. In R. F. Lusch and S. L. Vargo (Eds.) *The Service-Dominant Logic of Marketing: Dialog, Debate, and Directions* (296-301). Armonk, New York: M.E. Sharpe.

Levy, S. J. (2006). How New, How Dominant? In R. F. Lusch and S. L. Vargo (Eds.) *The Service- Dominant Logic of Marketing: Dialog, Debate, and Directions* (57-64). Armonk, New York: M.E. Sharpe.

Lusch, R. F. and Vargo, S. L. (Eds.) (2006). *The Service-Dominant Logic of Marketing: Dialog, Debate, and Directions.* Armonk, New York: M.E. Sharpe.

Lusch, R. F. and Vargo, S. L. (2008). The Service-Dominant Mindset. In B. Hefley and W. Murphy, (Eds.) *Service Science, Management and Engineering Education for the 21st Century.* New York: Springer.

Lusch, R. F.,Vargo, S. L., and O'Brien, M. (2007). Competing through service: Insights from service-dominant logic *Journal of Retailing*, 83(1), 5-18.

Lusch, R. L.,Vargo, S. L., and Tanniru, M. (2010). Service, Value Networks, and Learning. *Journal of the Academy of Marketing Science.* (in press and available through SpringerLink).

Lusch, R. F.,Vargo, S. L., and Wessels, G. (2008). Toward a Conceptual Foundation for Service Science: Contributions from Service-Dominant Logic. *IBM Systems Journal* 47(1) 5-14.

Maglio, P. P. and Spohrer, J. (2008). Fundamentals of Service Science. *Journal of the Academy of Marketing Science,* 36(1), 18-20.

Normann, R. (2001). *Reframing Business: When the Map Changes the Landscape.* New York, NY: John Wiley & Sons.

Normann, R. and Ramirez, R. (1993). From Value Chain to Value Constellation: Designing Interactive Strategy. *Harvard Business Review*, 71(July-August), 65-77.

Penrose, E. (1959). *The Theory of the Growth of the Firm.* New York: John Wiley.

Prahalad, C.K. (2004). The Cocreation of Value. *Journal of Marketing*, 68(January), 23.

Prahalad, C.K. and Ramaswamy V. (2000). Co-opting Customer Competence. *Harvard Business Review,* 78(January/February), 79-87.

Rust, R. and Thompson D. V. (2006). How Does Marketing Strategy Change in a Service-Based World?: Implications and Directions for Research. In R. F. Lusch and S. L. Vargo (Eds.) *The Service-Dominant Logic of Marketing: Dialog, Debate, and Directions,* (381-392). Armonk, New York: M.E. Sharpe.

Shembri, S. (2006). Rationalizing Service Logic, or Understanding a Service Experience?. *Marketing Theory. 6(3), 381-92.

Smith, A. (1776), *An Inquiry into the Nature and Causes of the Wealth of Nations.* London: W. Strahan and T. Cadell.

Spohrer, J., Maglio, P. P., Bailey, J. and Gruhl, D. (2007). Steps Toward a Science of Service Systems. *Computer,* 40, 71-77.

Spohrer, J., Vargo, S., Caswell, N. and Maglio, P. (2008). The Service System is the Basic Abstraction of Service Science. *41st Annual HICSS Conference Proceedings.*

Vargo, S. L. and Akaka, M. A. (2009). Service-Dominant Logic as a Foundation for Service Science: Clarifications. *Service Science,* 1(1), 32-41.

Vargo, S. L. and Lusch, R. F. (2004). Evolving to a New Dominant Logic for Marketing. *Journal of Marketing,* 68(1), 1-17.

Vargo, S. L. and Lusch, R. F. (2006). Service-Dominant Logic: What It Is, What It Is Not, What It Might Be. In R. F. Lusch and S. L. Vargo (Eds.) *The Service-Dominant Logic of Marketing: Dialog, Debate, and Directions,* (43-56). Armonk, New York: M.E. Sharpe.

Vargo, S. L. and Lusch, R. F. (2008). Service-Dominant Logic: Continuing the Evolution. *Journal of the Academy of Marketing Science,* 36(1), 1-10.

Vargo, S. L., Lusch, R. F. Akaka, M. A. and He, Y. (2010). The Service-Dominant Logic of Marketing: A Review and Assessment. *Review of Marketing Research*, 6, 125-167.

Vargo, S. L. and Morgan, F. W. (2005). Services in Society and Academic Thought: An Historical Analysis. *Journal of Macromarketing,* 25(1), 42-53.

Vargo, S. L., Maglio, P and Akaka, M. A. (2008). On Value and Value Co-creation: A Service Systems and Service Logic Perspective. *European Management Journal,* 26, 145-152.

Zeithaml, V. A., Parasuraman, A. and Berry, L. L. (1985). Problems and Strategies in Services Marketing. *Journal of Marketing*, 49(Spring), 33-46.

第8章

サービスシステムの科学
――価値と記号

☐ **James C. Spohrer**
   IBM Research-Almaden
☐ **Paul P. Maglio**
   IBM Research-Almaden

　　　　　　　　経済学は，価値（value）に関する知識を大量に蓄えてきた．サービスサイエンスは，経済学や他の専門領域を基盤とする領域横断的な新しい専門分野であり，価値の共創（value-cocreation），つまり価値を共同で創造していく現象に関する学問である（Spohrer & Maglio, 2010）．価値の共創は，多様なサービスシステムエンティティ（例えば，人々，家族，大学，企業，国家など）が構成している実在する生態系において行われる．これらのエンティティは，記号を用いて知識の価値を推論している．数学（数や数量関係の論証）やコンピュータサイエンス（効率的な表現や計算方法）と同様，サービスサイエンスにおいても，正当な記号処理をするための技術の体系が最終的には要求され，それにより我々は世界をモデル化し，行動の質を高めることができる．また，サービスサイエンスの出現により，T字型の科学，技術，工学，数学（STEM）の専門家，つまり非常に高い順応性を持つイノベーターであり特定の領域に関する深い問題解決能力と多くの分野を横断する幅広いコミュニケーション能力を兼ね備えた専門家の養成が加速すると見られる．本章では，サービスサイエンスを，サービスシステム間の相互交流（interaction）の価値を状況に応じて計算することを可能にする，記号の処理に基づいた領域横断的な専門分野であるとする．

8.1　序論：価値と記号

　　　　　経済学では，他のどの科学的な専門領域よりも，価値についての研究が行われてきた．例えば経済学的な実践（economic practice）においては，物や労働力の価格が歴史的に，あるいは地域的に変動する様子が研究されてきた．そこでは需要と供給が重要な意味を持っている．多くの価格変動は，国家において法律や政治がどのように実践されているかという観点からだけでも理解できる．企業や家族の中には，通常の価格システ

ムから外れた活動があるように見える．明文化されたものと明文化されていないもの双方の法律や政策が，重要な意味を持っている．例えば，政府，ヘルスケア，教育，保険，電気，通信，運輸，エネルギー，食料，水，タバコ，酒（実際にはすべてのもの）のコストは，社会的に組織された団体ごとに，あるいは地域や期間ごとに大幅に変わってくる．様々な事象とそれがもたらす結果にも意味がある．例えば自然資源，原料の新しい使用法，新しい科学的知識などの発見，技術的なイノベーション，ビジネスモデルのイノベーションといったオプティミズムにつながるポジティブな事象は，雇用や富の大幅な増加を促進するだろう．逆に，自然災害，戦争，インフレーション，デフレーション，危険因子の発見などのネガティブな事象は，相互に接続されたシステムのネットワークを混乱に陥れるだろう．価値は一つのエージェントのアクションの産物というよりも多数のエンティティの相互作用の結果として必然的に共創されるものであることを，こうした相互依存のすべてが示している．価値の共創は，サービスサイエンスの研究の主要な対象である（Spohrer & Maglio, 2010）．

　サービスサイエンスは，体系的かつ確実にサービスイノベーションを創造する能力を高めることを目指している．伝統的に経済学者たちは，サービス業には政府，教育，医療やヘルスケア，銀行や保険，ビジネスコンサルティング，情報技術関連サービス，小売と卸売，観光業とホスピタリティ，エンターテインメント，運輸業と物流，法律関係業務などが含まれると定義してきた[1]．伝統的な経済学の分類に基づくサービス業は，世界の大部分の経済活動を占めるにもかかわらず，最も研究されておらず，理解されていない経済活動の部分でもある（Triplett & Bosworth, 2004）．農業や製造業においてはイノベーションが体系的に取り組まれており，高い生産性と高品質を達成してきた．しかし，サービスのイノベーションは，農業や製造業ほどには体系的に取り組まれていない（Chesbrough & Spohrer, 2006）．この状況を改善するために，サービスイノベーションに関連する理論や実践方法を提供することをサービスサイエンスは目指している．

　本章において，我々は「価値の共創」と「サービスシステムエンティティ」の概念がサービスサイエンスにとっての基礎であると主張する．特に，「サービスシステムエンティティの相互交流において見られる価値の共創現象」としてサービスを定義する（Maglio & Spohrer, 2010）．分業は価値共創のメカニズムとしてよく知られているものの一つである．サービスシステムエンティティとは，一人以上の人間と，知識に対する価値の変動に合わせて何らかの計算を行ういくつかの技術から構成されるシステムのことである．サービスイノベーションの歴史を簡単に言えば，サービスシステムエンティティが使用する価値共創の手法のレパートリーの進化と要約することができる．

　数学は形式的な論理に基づき，数量関係について何を知ることが可能で何が不可能かに関する推論を裏づける．コンピュータサイエンスでは，ある物理的な計算機アーキテクチャと実行コスト（例えば空間および時間計算量など）が与えられると，計算のコストの見積もり値を算出することができる．コンピュータサイエンスは数学と物理学に深く依存している．Newell & Simon (1976) が議論しているとおり，「物理記号システム」（physical symbol system）こそがコンピュータサイエンスの原理的な抽象概念なのであ

---

[1]. Development of NAICS (http://www.census.gov/epcd/www/naicsdev.htm) より．北アメリカ産業分類システム (North American Industrial Classification System; NAICS) は標準産業分類（Standard Industrial Classification; SIC）に代わる分類法であり，サービスに関連した16の分類を含む20の部門からなる（US Bureau of Census, 2007）．

る（Newell, 1980 も参照）．物理記号システムは実世界のエンティティであり，その未来の行動を表現するために記号を使用する．記号は物理的に，（例えばトランジスタ，本，ニューロン，あるいは他の何かしらの素材で）エンコーディングされ，内的な行動および他のエンティティとの間接的な相互作用の双方への指針を表現している．物理記号システムは数学と物理学をつないでいる（Pattee, 2001）．物理記号システムは，サービスサイエンスにおいても同様にその基本的な考え方である．簡単に言えば，「サービスシステムエンティティは物理記号システム」である．価値に関する効果的な記号的推論（我々が「価値化プロセス」(processes of valuing) と呼ぶもの）がなければ，体系的なサービスイノベーションは工学というより進化論に近いものになってしまうだろう．もちろん，価値というものが単なる記号的な価値化プロセス以上のものであることは言うまでもない．

多くの人々にとって価値とは，何かが各人にとってどれだけの値打ちがある（worth）か，すなわち，人が何かの対価として進んで支払う価格（price）を意味している．価格とは，貨幣とその量を示す短い記号列（例えば，$5.60 や €3.99 など）に詰め込まれた価値の信号である．交換レートや価格は実用上重要である．対価を支払うことは望ましい変化を生み出す．例えば何かの所有権やリソースへのアクセス権の所有者を変化させる．こうした変化には様々な状況があり，それに関する様々な見解や推論手法がある．また，これらの変化を作り出す，あるいは阻害する多くの方法がある（von Mises, 1998）．

しかしながら，価値とは価格あるいは価格を示す短い記号列以上のものである．例えば，我々は皆，他の人々との人間関係に価値を置いており，その価値を価格に還元することは（社会的にも許容されないであろうが）不可能であると考えるだろう．人間関係の価値とは何であろうか？ アイデンティティや評判に関する各々の感覚の価値とは？ 美しい夕日に我々が感じるものの価値とは？ こうした感覚を容易に価格に還元できない場合，あるいは価格が判断できない場合であっても，我々は記号を用いて「価値化プロセス」に関して推論し，「値段はつかない」という結論にしかならないとしても，価値について話し合う．

この章では，サービスサイエンスに対する我々の見解を紹介する．最初に背景となるいくつかの文献を要約し，サービスサイエンスの先駆者が何を達成してきたのか，既存の学問分野が，なぜ，どのようにサービスを概念化しているのか，最近はどのようにサービスサイエンスが台頭してきているのか，といったことについてまとめる．次に，サービスシステムのタイプの違いとサービスシステムを解析するために使用される次元について説明する．さらに，記号を用いた価値化プロセスの基礎について述べる．新しいタイプのサービスシステムエンティティの進化と，そういったサービスシステムエンティティを持続させている価値の共創の仕組み（特に価値を決定するための記号操作に重点を置いたもの）を取り上げる．我々の主張は，「記号操作は価値の共創のための仕組みとしてますます重要さを増す」ということである．最後に，サービスシステムを知識の価値についての推論能力を持つエンティティと見なすことの意味について議論する．

8.2 背景：込み入った歴史

経済学，マーケティング，経営，マネージメント，工学，その他多くの分野出身の学者たちは，ここ200年にわたってサービスに大きな関心を注いできた．ここに，わずかではあるが彼らの仕事を取り出して示す（表8.1にまとめる．より多くの歴史的な情報は Berry & Parasuraman, 1993; Brown, Fisk, & Bitner, 1994; Vargo & Lusch, 2004; Gummesson, 2007 などを参照）．

サービスとは何か？ スミス（1776/1904）は生産的な労働と非生産的な労働（サービスは非生産的な労働の一例として挙げられている）という区別の例を示した．スミスによれば，国の富は生産的な労働の最大化と，非生産的な労働の最小化がどれだけできるかによって決まる．大きな富を切望する国々は，国民の能力を高い利ざやを伴う活動にシフトさせるべきであり，そうした活動に従事する国民が確実に最良のテクノロジーと組織的基盤に支えられるようにするべきである．これが生産的労働である．スミスは，他の著作においては種々のサービス活動の価値を認識し，その必要性も認めているが，いったん付いた傷は戻らなかった．現在，サービス研究は，「サービス活動は非生産的であり最小化されるべきである」という誤解の重荷に苦しんでいる．国やビジネスにとって，基礎研究によってサービスイノベーションの力が活性化されることが今すぐにでも必要となっている（Baumol, 2002; IfM & IBM, 2008; UK Royal Society, 2009）．

サービスとは何か？ 最適な取引とは何か？ その後，政治経済学者たちが，価値の共創と交換の本質に関して考察した．Bastiat（1850/1979）は，人間の中核能力（human competence）をサービスと呼び，貨幣と物品の交換も含めたすべての交換の基盤であると認識した．そして，価値を理解する最良の方法は，サービスの交換を研究し，他者の利益のために知識を用いる直接的・間接的な労力を理解することであるとした．Ricardo（1817/2004）は，生産的な活動の最適なパフォーマンスは，能力の幅と相互交流の機会に関連することを認識していた．その結果，多様な能力やニーズが存在する社会においては，「ある仕事を遂行することがさほど苦手ではない」ことが価値の共創の土台となる．Bastiat と Ricardo の知見は，知識駆動型のエンティティ間の価値共創のための相互交流に深い洞察が与えられるもととなった．短期間においては，優れた中核能力や比較優位性が有利に働くこととなる．長期間においては，早く学ぶことのできるエンティティが有利となる．価値の共創に関して言えば，知識こそが王様である．つまり，物事をいかに行うかに関する知識（能力）と他者についての知識（どういう能力やニーズを持っているか）が一番初めにあり，その次に新しい能力や関係を構築するための知識が位置づけられる．

サービスの成長が議論にのぼる理由は？ クラーク（1940/1975）は，国家の能力（国の農業，製造業，サービスにおける相対的な強み）の分析を初めて行った．先進国はテクノロジーを使用して，農産物，製造物の生産性（中核能力）を劇的に高めていた．人口が増えるに従い，相対的に多くの国民がサービス産業として広範囲に分類される経済の分野に比較優位性（comparative advantage）を見出すようになった．こうした分野は，大まかにサービス業とラベルづけできる．家族集団の中で保有されていた様々な中核能力は，農業や製造業における生産性の向上に従って集団外部で発揮され始めた．ク

表 8.1　サービス研究の先駆者たち

…とは？	提案	参照先
サービスとは？	非生産部門の仕事	Smith
サービスとは？	中核能力の交換	Bastiat
最適な取引とは？	比較優位	Ricardo
サービスの成長要因は？	遅延された生産性	Clark
サービスの成長の結果は？	生産性の停滞	Baumol
サービスシステムのモデルは？	キューイング理論（queuing theory）；システムダイナミクス（system dynamics）；2部構成生産システム（two-part production system）	Riordon; Fitzsimmons; Oliva & Sterman; Mandelbaum; Mills & Moberg
サービスの成長の結果は？	さらなる技術的産業化	Levitt; Quinn; Zysman
サービスマーケティングとは？	IHIP, 6P's	Judd; Shostack; Berry; Brown; Gronroos; Gummesson
サービスの品質とは？	GAPS；リンケージ（linkage）；SERVQUAL	Zeithaml & Bitner; Schneider & Bowen; Parasuraman
最適な学習とは？	実地探査と意図的な利用（exploration & exploitation）	March
最適な投資とは？	プロフィットチェーン，カスタマーエクイティ	Heskett, Sasser, & Schlesinger; Rust
サービスオペレーションとは？	カスタマーコンタクト；統合理論（unified theory）；オファリング水準；待ち行列；フロント/バックステージ	Levitt; Chase; Maister; Larson; Davis; Johnston; Teboul; Sampson; Roth & Menor
B2Bサービスとは？	プロフェッショナルな関係（professional relationship）	Maister; Bolton; Christopher
サービスデザインとは？	シアター；ハイパーリアリティな関係	Grove & Fisk; Pine & Gilmore; Edvardsson
サービスイノベーションとは？	カスタマーフォーカス（customer-focus）	Gustafsson & Johnson; Miles; Gadrey & Gallouj; Van Ark, Broersma, & Den Hertog; Tidd & Hull
サービスの成長の結果は？	さらなるイノベーション	Baumol; Tien & Berg; Gutek
リーン手法（lean technique）とは？	リーンソリューション（lean solution）	Womack & Jones
サービスとは？	レンタル（rental）；顧客から見た価値創造の全体像	Lovelock & Gummesson; Edvardsson, Gustafsson, & Roos
サービスとは？	中核能力の適用（application of competence）；オファリング（offering）	Vargo & Lusch; Gummesson

ラークは，生産性の成長率に遅れて，国の労働力プールが経済活動の他の領域に移行していくという仮説を立てた．国は，生産性を高めて労働力をより優位な領域に移行させることで競争を行っているのである．

サービスの成長の最終的な結果は？　米国は農業と製造業の生産性の向上において世界をリードしていたが，そのためクラークの予想どおり輸出市場は飽和し，これら二つの領域の仕事に従事する人々は50%以下に縮小した．Baumolは，大幅な生産性の向上が見込まれない仕事に関して給料が上昇しない理由を説明した（Baumol & Bowen, 1966）．「ボーモルのコスト病」は，スミスの非生産的労働の例と同様，サービス業の多くは従事しても報われないという思い違いの源となった．

サービスシステムはどのようにモデル化されてきたのか？　サービスシステムの数学的な計算機的モデルが開発されたことによって，サービスに対する科学的な研究は転換点を迎えた．サービスシステムが初期にモデル化された際の特徴の一つは，変動需要のもとで最大生産量の上限値が持つ確率的性質である．Riordan (1962) は，待ち行列理論を用いて電話交換網の解析を行い，確率的サービスシステムの理論を発達させた．待ち行列理論は，救急車の緊急対応から顧客電話窓口まで，他のタイプのサービスシステムを解析するためにも利用されている（例えば，Fitzsimmons & Fitzsimmons, 2007; Mandelbaum & Zeltyn, 2008）．また，Mills & Moberg (1982) は，二つのコンポーネントからなるサービスシステムのモデルを採用した．このモデルは，完全なパッケージとして出荷できるように標準化することが可能な，製造業の中心となる製品に似た技術コンポーネントだけでなく，顧客の多様さから生じる不確実性と変動性に対応できる顧客インターフェースコンポーネントを含んでいる．Oliva & Sterman (2001) は，システムダイナミクスのアプローチを発達させ，需要の急増後の雇用停滞時に起きるサービスビジネスの品質低下をモデル化した（本ハンドブックの第14章などを参照）．

テクノロジーはサービスの生産性の変化にどのような影響を与えていくのか？　Levitt (1976) は，テクノロジーによるサービスの産業化という概念を導入した．Quinn & Paquette (1990) は，テクノロジーがサービス業の生産性を継続的に向上させることと，そのように標準化されたテクノロジーに基づくサービスコンポーネントが新しいサービスの開発のアーキテクチャを提供するであろうことを指摘した．Zysman (2006) は，サービスの生産性をICTに基づいて改善するアルゴリズム的な循環手法について言及している．

サービスマーケティングは（他のマーケティングと）どのように異なるのか？　経済学者たちは，サービス業の成長率や生産性の停滞を計測してきた．その一方でビジネススクールの学者たちは，経営上それらにはどういった意味があるかに着目し，言及してきた．まず経営学の中のマーケティングにおいてサービスに関する考察の先鞭がつけられた．Judd (1964) はサービスの適切な定義を強く訴え，所有権の移動を伴わない市場取引には三つの主要なカテゴリ，すなわち，物品のレンタルサービス，所有物品の価値向上サービス，非物品サービスがあると主張した．Shostack (1977) は，サービスマーケティングは製品のマーケティングからは切り離されるべきだと主張した．Shostackの著作や講演録は，その当時のサービスについての一般的な考えのいくつかを要約している．つまり，サービスが無形 (intangible) であり，不均一 (heterogeneous) であり，分離不能 (inseparable) であり，消滅的 (perishable) であること（サービスの

IHIP 特性[2]）と，マーケティングは 6P's，すなわち，製品（product），価格（price），場所（place），宣伝（promotion），顧客（people），プロセス（process）に注意を払うべきであることを主張した．ヨーロッパでは，Gronroos（1977）と Gummesson（1977）が同様のことを主張した．Berry & Parasuraman（1993）や Brown, Frisk, & Bitner（1994）は，サービスマーケティングが目覚ましく発展していることを示した．

サービス品質は（他の品質と）どのように異なるのか？ サービスマーケティングによってサービス品質の改善に注目が集まった．SERVQUAL（Parasuraman, Zeithaml, & Berry, 1985），GAPS モデル（Zeithaml, Bitner, & Gremler, 2006），リンケージモデル（linkage model）（Schneider & Bowen, 1993）は，サービス品質に対して様々な見方や切り口を提供している．人間的な要素（顧客と従業員）は，これら三つのどのモデルにおいても重要な観点と見なされている．

最適な学習とは？ 中核能力と関係を変化させる能力，すなわち最適学習は，最適交換と同様に，サービスシステムの科学の重要な基礎である．March（1991）は組織的な学習における探求（exploration）と利用（exploitation）という概念を導入した．環境が急速に変化する状況において学習能力のあるエンティティ（例えば，個人や組織）は，環境に適応できなかった場合に消滅してしまうリスクにさらされている．エンティティは，その適応状態（中核能力と関係）を維持するための利用にリソースを投資することとなる．環境がとても安定している状況においては，エンティティは既存の行動パターン（中核能力と関係）を単に利用することでうまくいくだろう．つまり，最適な学習率は環境の変化率の関数となる．探求はイノベーションを目指して，成功の保証なしに実行される．Menor, Tatkonda, & Sampson（2002）は，この探求と利用の文脈において，新しいサービスの開発について調査を行っている．

最適な投資とは？ Heskett, Sasser, & Schlesinger（1997）は，サービスプロフィットチェーン（service-profit chain）について解説し，利益，成長率，従業員の能力，満足度，ロイヤルティ，生産性と，顧客のロイヤルティ，満足度，顧客のもとに届けられた製品とサービスの価値との間に見られる直接的で強い関係を実際に示している（本ハンドブックの第 2 章を参照）．Rust, Zeithaml, & Lemon（2000）は「顧客の生涯価値の合計値」を強く意識した投資により，会社は成功に至るゆるぎない戦略を遂行できるようになることを示唆した（本ハンドブックの第 4 章を参照）．

サービスオペレーションとは？ サービスマーケティングがビジネススクールに定着したのと同時期に，サービスオペレーションという概念も定着した．Levitt（1972）はサービスに対するプロダクションライン的なアプローチを提唱し，同時に，後に Teboul（2006）がさらに発展させたフロントステージ/バックステージオペレーションの概念を唱えた．Chase（1981）は，サービスの生産性向上に関するサービスシステムの潜在力を評価するため，顧客接触に関する理論（customer contact theory）を提唱した．供給

---

[2]. 「過去 3 世紀における哲学的な文献は，現在においては製品とは異なるものと主張されているサービスの「特徴」を一塊ほど提案した．その最も有名なものは，現在 IHIP として知られている．無形性（intangibility），異質性（heterogeneity），不可分性（inseparability），消滅性（perishability）である．スコットランドにおいてアダム・スミス（1723～1790）がサービスの消滅性について議論し，フランスにおいて Jean-Baptiste Say（1767～1832）が無形性（非物質性）と不可分性を，そして英国において Joan Robinson（1903～1983）が異質性を導入した．その後，サービスは経済学における課題からは除外されてきたように見えるが，マネジメントやマーケティングにおいて再び関心を集め直した．マーケティング分野におけるこれらのサービスの特徴への最初期の言及は，1960 年代初頭から見受けられる」（Gummesson, 2007）．

者が顧客に接触する必要性がより高くなり，顧客がより多様になるほど，標準化と生産性向上の機会は少なくなる（本ハンドブックの第1章を参照）．Johnston（1989）は，顧客は生産性と品質を高めるために訓練を受ける必要がある従業員と見なすべきであるということまで提案した．サービスの数学的なモデルを越えて，Maister（1985）は待ち行列理論の心理学的側面を探求した．Larson（1987）は社会的公正の意義に関する研究を行った．Davis（1991）は待ち行列について調べ，サービスシステム内における顧客とのインタラクションの方法にはトレードオフがあり，サービスオペレーションのマネージャーはこのトレードオフをサービスシステムの設計段階において解決しなければならないことを示した．Roth & Menor（2003）は顧客からのインプットによりプロセスを理解する統合サービス理論（unified service theory）を提案した．

B2Bサービスとは？ サービスの研究の多くは，B2C（企業顧客間）のインタラクションプロセスの研究であった．B2B（企業企業間）サービスについては，Maister（1993）がプロフェッショナルサービス企業の観点から研究を行ってきた．Bolton, Smith, & Wagner（2003）は，複雑なB2Bサービスの文脈において好ましい結果をもたらす関係バランスを決定する要因について，さらに調査を行った．Christopher, Payne, & Bllantype（1991）は，リレーションシップマーケティング（relationship marketing）の実践に関して幅広い見方を提供した．複雑なネットワークとして実現される企業間リレーションシップの特質は，B2Bサービスの重要なトピックの一つとなっている（Gummesson, 2007; Vargo, 2009）．伝統的なサプライチェーンマネージメントの観点に基づいて，サービスバリューチェーンマネージメントや国際的統合企業（globally integrated enterprise）といった考え方が現れてきている．

サービスデザインとは？ Grove & Fisk（1992）は，サービスの経験を劇場における経験として捉え，サービスデザインとは劇の演出のようなものであると考えた．Pine & Gilmore（1999）は，サービス提供者が顧客経験の設計においても競争する経験経済に関して記述した．Edvardsson, Enquist, & Johnston（2005）は，顧客に「購入する前に試せる」という機能を提供するための未来のサービスデザインである，ハイパーリアリティシミュレーションの計画について調査した．

サービスイノベーションとは？ 近年，サービスイノベーションの重要性が増していることがよく指摘される（Gadrey & Gallouj, 2002; Van Ark, Broersma, & den Hertog, 2003; Tidd & Hull, 2003; Gustafsson & Johnson, 2003; Miles, 2006, 2008; Spath & Fähnrich, 2007）．洗練されたサービスイノベーションモデルが多く開発され，製品やプロセスのイノベーションと比較されてきたが，その共通項は，サービスイノベーションが必然的に顧客に焦点を当てていることである．顧客が変化するならば，サービスイノベーションはこの変化に遅れをとらずに，顧客に関わるコストを減らす一方で顧客価値を増やし続けなければならない．顧客の中核能力（例えばセルフサービスモデルに見られるもの），顧客が持つ関係性（専門家や他の顧客へのアクセス）は常に変化している（本ハンドブックの第21章を参照）．

リーンテクニックはどのようにサービスに適用されているか？ Womack & Jones（2005）は，顧客にとって，消費がしばしば大変で報われない作業であることを観察により捉えた．顧客の意見をまとめると，次のようになる．「私の問題を完全に解決してくれ．私の時間を無駄にしないでくれ．私が望むそのものを提供してくれ．私が望むと

き，私が望む場所で私の望む価値を提供してくれ．私の問題の解決のために私がすべき意思決定の数を減らしてくれ」．

サービスの成長の最終的な目的は？ Baumol（2002）は新しい産業生産性モデル（sector productivity model）を開発した．リサーチ部門（サービス部門の女王）の生産性が少しずつであっても年々向上している限り，科学的な研究に依存している他のすべての部門（今日においてはほとんどすべての部門が当てはまる）は，持続的な生産性の向上をイノベーションにより実現することができる．ここにおいて，ボーモルの病は治癒されたことになる[3]（Triplett & Bosworth, 2003）．Tien & Berg（2007）は，生産性向上と顧客の知識の増加とを結び付けて，サービスイノベーションの価値の算出法を開発した．テクノロジーによって大規模なカスタマイズが可能になったことから，すべての部門はよりいっそう顧客サービスに近づくだろう（例えば，特定の個人に対して調整された靴や衣料，薬，食料のサービスなど）．しかし，Gutek（1995）は，人に依存した関係に基づくビジネスから，高い生産性を有する人に依存しないインタラクションに基づくビジネスへ移行することにより，意図しない結果がもたらされるかもしれないと警告している．

サービスとは何か？ Lovelock & Gummesson（2004）は，IHIPや他のモデルに伴う問題を明示し，価値の共創のレンタル/リソースアクセスモデルを提案した．Edvardsson, Gustafsson, & Roos（2005）は，サービスの既存の定義に伴う問題を再検証し，サービスは顧客の価値創造の視点から見ると最も良く定義できることを示唆した．Gummesson（2007）は，サービス提供者から見ると，オファリングという言葉が「商品」（goods）と「サービス」（services）の両方の言葉に取って代わる可能性があることを示すとともに，Vargo & Lusch（2004）に従い，単数形の「サービス」（service）がgoodsとservicesの両者を支える中心概念であると指摘した．サービス供給者は顧客価値（オファリング）を顧客に提示するが，（オファリングの過程ではなく）顧客が関連する過程において価値は実現できるとした．したがって，この価値は（オファリングを行う）サービス提供者と（価値の実現を行う）顧客とのインタラクションによる共創の結果なのである．Gummessonは，顧客供給者のダイアド（二項関係）では不十分であり，顧客-供給者のエンティティによる複雑な適応型のネットワークや，それらの多様性に富むオファリングと価値の実現が重要であると提唱した（本ハンドブックの第26章も参照）．

サービスとは何か？ Vargo & Lusch（2004）はサービスドミナントロジック（第7章を参照）を提唱して，サービスの研究を，商品とサービスを対照的に捉える初期段階から新たな段階へと進めた．すでに述べたように，サービスは商品の二流の製造物であり，不運にも先進経済において見苦しい雑草のように成長し，必要とされている生産性の発達を停滞させ，国際的な競争力の保持を阻害し，賃金のインフレーションを引き起こし，先進国における仕事の質を引き下げ，結果として生活の質を引き下げるものであると，多くの人々が見なしてきた．サービスドミナントロジックは，例えばBastiat（1850/1979）のように，サービス対サービスの交換を経済の根本的な駆動要因であると捉え，製品ドミナントロジックではこの交換の根本的特性が見えなくなっているとして

---

[3] 【訳注】ボーモル理論（投入される人間の労働の量と質によって産出物の価値が直接評価されるような経済諸活動では，費用の累積的上昇が不可避的に生じる）が当てはまらなくなることを指していると思われる．

いる．Vargo & Lusch (2004) はサービスをプロセスの一種，特に一つあるいは複数のエンティティが他のエンティティの利益のために中核能力（知識やリソース）を適用するプロセスであると定義することを提案した．このサービスドミナントロジックの見方は，サービスシステムのエンティティおよびエンティティによる価値の共創のインタラクションに関する科学の土台となった．

8.2.1 神話的な誤解を打ち砕く

不運なことに，サービスに対する神話や誤解がしつこく生き残っている．この項では，これらの誤解（表8.2にまとめた）を打ち砕いていく．

表8.2 いまだ残っているサービスに対する誤解

誤解	実際	参照先
サービス部門において生産性は停滞している	サービス部門のパフォーマンスを改善する方法は数多くあるが，そのうち主な3手法は，テクノロジーのイノベーションによって個人と組織のパフォーマンスを増大させること，隠されている情報をアクセス可能にすること，インセンティブによる方向づけ戦略（incentive alignment strategy）である．	Baumol
サービス部門の仕事に高いスキルは必要ではなく，賃金も低い	サービス部門は新しい高いスキルを必要とし，高い賃金が支払われる新しい仕事の創造を牽引している．	Herzenberg, Alic, & Wial; Levy & Murnane
サービス部門は人の労働が主であり，技術はほとんど関係ない	サービス部門は非常に知識集約的かつ技術集約的である．	Royal Society Report
STEM（科学，技術，工学，数学）分野の卒業生は，サービス部門において良い職を見つけることはできない	サービス部門は，発展経済においてサービスを向上させてイノベーションを実現するために，多くのSTEM分野の卒業生を雇用している．	Royal Society Report
サービス品質は主観的なものであり，体系的な改良は難しい	サービス品質は科学的に調査して改良することが可能であり，サービス生産性の計測に密接に関係している．	Schneider & Bowen; Gadrey & Gallouj
サービス部門は多様すぎて体系的な研究の対象にできない	リソースの種類に基づいてサービスを大まかに四つの型に分類できる．サービスとはエンティティ，あるいは，エンティティの所有物を変化させるものである．	Spohrer & Maglio; Hill

サービス部門において生産性は停滞する Baumol (2002) がこの誤解を解消した．彼の改良されたサービスモデルは，科学がもたらす新しいツール（より良いコンピュータからより良い遺伝子シーケンス装置まで）とともに，「科学的研究における生産性の向上」がサービスの生産性において重要な鍵になることを示している．もちろん，国家経済の統計値はこの事実を裏づけている（Triplett & Bosworth, 2003）．科学の進歩とは，個人と組織のパフォーマンスを増大させること（例えば小売店のレジのバーコードスキャナやセルフサービス方式のレジ），隠されている情報をアクセス可能にすること

（例えば家電の使用時間に対して電気料金の予定を見える形で示すことなど），インセンティブによる方向づけ戦略（例えば電気機器を使う際に，電気料金スケジュールを見えるようにする）などを意味している．では，なぜこの「サービス部門において生産性は停滞する」という誤解がいまだにあるのだろうか？　もしかしたら多くの人々のサービス部門に対する見方とは，ウェイトレス，メイド，小売の販売員，そしてごみ収集人に代表されるものであるのかもしれない．これらの仕事は多くの報酬を要求できるようには見えず，人々はこれを過度に一般化して考えてしまっている．このような見方は今後数十年で変化していくだろう．例えば，ごみ入れロボット車両のプロトタイプはすでに働いている．

サービス部門の仕事に高いスキルは必要ではなく，賃金も低い　Herzenberg, Alic, & Wial（2000）は，サービス部門において高いスキルを必要とする高い給与の仕事が急速に増加していることを示した．サービス部門の仕事は非常に多岐にわたっており，この広範囲な仕事を包括的に見ると，専門的，科学的，技術的な仕事が含まれている．Levy & Murnane（2004）は，コンピュータや他の情報通信技術（ICT）が，仕事における高度な専門的思考と複合的なコミュニケーションスキルの需要を創出していることを指摘している．では，なぜこの誤解がいまだにあるのだろうか？　農業や製造業における仕事の減少に伴って，人々は古いタイプの仕事を美化しているのかもしれない．もしくは教授，執行役員，医者，あるいは政治家といった人たちにとって，自分がサービス部門の仕事に従事していると認識することは難しいのかもしれない．知識集約的なサービス活動が増えて，人々が知識労働者とサービス部門の主要な仕事とを関連づけ始めるに従って，この状況は変化していくだろう．

サービス部門は労働が主であり，技術はほとんど関係ない　イギリス王立協会（UK Royal Society）は，主なサービスイノベーションにおいてテクノロジーが変革をもたらす役割を果たしているという報告をはっきりと示した．インターネットに基づくビジネスからスマートフォンに基づくビジネスまで，また金融サービスからヘルスケアサービスまで，生活の多くの側面が機器化され，相互に結合され，高機能になって，サービス品質の向上を助けている．テクノロジーが用いられることによって，新しく提供されるサービスはより速くスケールアップし，より短い時間でより多くの顧客に届けられるようになる．では，なぜこの誤解がいまだに存在するのだろうか？　もしかしたら，ほとんどの人々は政府，治安，ヘルスケア，そして教育などの公共部門の仕事の成長がまず頭にあるのかもしれない．つまり，先生，警官，消防士，看護士，公務員の数の増加や安定は我々の目に見えるが，これらの仕事をうまく遂行するためのテクノロジーの使用の増大は見えないのかもしれない．

STEM（科学，技術，工学，数学）分野の卒業生はサービス部門において良い職を見つけることはできない　UK Royal Society（2009）の報告は，イギリス連邦におけるSTEM分野の卒業生の82％がサービス部門において仕事を得ており，そのほとんどの人々がその仕事場において継続的なイノベーションに貢献していることを裏づけている．では，なぜこの誤解がいまだにあるのだろうか？　我々がよく見かける日々のルーチンをこなすだけの多くのサービス部門の仕事（ウェイトレス，小売の販売員など）が大学の学位を必要としないからだろう．専門職の人たちは，決して彼ら自身をサービス部門の被雇用者とは見なしていない．

サービス品質は主観的なものであり，体系的に改良がなされることは難しい
Schneider & Bowen（1993），Gadrey & Gallouj（2002）は，サービス品質が科学的な調査と改善の対象になりうる証拠を提示した．実際，サービスの品質とサービスの生産性は，しばしば密接に関係している．例えば，自動現金支払機（ATM）が導入され，多くの人々が銀行で行うことに大変革をもたらした．すなわち，人々は好きなときに好きな場所で ATM と取引ができるようになった．ではなぜ，この誤解がいまだにあるのだろうか？ 一つの理由は，品質に対する人々の期待は次から次からへと生まれるものだからである．

サービス部門は多様すぎて体系的な研究の対象にすることはできない　Hill（1977）は，エンティティ，あるいはその所有物の変化（所有権を変化させない経済取引）がサービスであると見なした．Spohrer & Maglio（2010）は，サービスにおいては四つのタイプのリソースが変換されると述べている．なぜ「多様的すぎて体系的な研究の対象にすることはできない」という誤解がいまだにあるのだろうか？ もしかしたら，新しいサービスシステムや顧客価値を設計する方法が比較的未発達であることが一因かもしれない．顧客価値を創造するための方法論はだんだんと洗練されてきている（Anderson, Kumar, & Narus, 2007）．ビルディングブロックから体系立てて新しい設計を創造できるようなコンピュータによる支援設計（computer-aided design; CAD）ツールが出てくれば，この誤解はなくなっていくだろう．

8.2.2　サービスに関する研究分野とサービスに対する考え方

サービスに対する考え方は，多くの学術分野で発展してきた．このことは，新しい学際的研究分野としてのサービスサイエンスが，最終的には他の多くの研究分野に対して貢献できる可能性を示している（表 8.3 を参照）．

経済学　Triplett & Bosworth（2004）による分析によって例示されたように，サービスは取引の特定のタイプ，つまり仕事，企業，輸出，資金と生産高（生産性）などを集計・分析する際の一つのカテゴリと見なすことができる．物理的な商品の移動を伴わない取引をサービスとするネガティブな定義に満足できなかった Hill（1977）は，サービスとはある経済的なエンティティやそのエンティティに所属している人物の許可に基づいて，そのエンティティに属する人物や商品の状態を他の経済的なエンティティが変化させることだという定義を提案した．サービスサイエンスの観点から見ると，経済エンティティの相互作用に重点を置く捉え方は，Hill の定義から始まった．

経済学者はエンティティを計測し，エンティティ間で行われる取引を集計する．農業や製造業部門においては金銭と物を交換するタイプの取引が主流であり，取引は「物に金銭を払う」と捉えると筋が通りやすい．一方，サービス部門においては，金銭と労働，契約などを交換するタイプの取引が主流であり，取引は「労働や契約に金銭を払う」と捉えると筋が通りやすい．経済学者の計測によれば，金銭と物を交換する種類の取引が全取引量の中で占める割合は，より少なくなっている．つまり，伝統的な経済学の観点から見れば，サービス部門が成長していることになる．例外が存在すること（例えばレストランや小売店は，物の所有権の受け渡しを行うサービス提供者である）や，エンティティの種類（例えば人，企業，国家など），集計方法（例えば産業分野ごと，市

表 8.3 各専門分野における「サービス」に対する考え方

専門分野	中心となる考え方	参照先
経済学	サービスとは，交換の特定の種類を示す．すなわち，生産物，仕事，取引，輸出などを集計するための特定の部類の一つである．サービスとは，ある経済的なエンティティによって引き起こされる，他の経済的なエンティティに所属している人や物の状態の変化である．	Triplett; Hill
マーケティング	サービスとは，特定の種類のプロセスによってもたらされる特定の種類の交換であり，しばしば，そこに関わる人同士に特化された相互交流（「真実の瞬間」）があるという特徴を持つ．サービスは他者の利益のために中核能力を適用することである．	Shostack; Bitner & Brown; Carlzon; Vargo & Lusch
オペレーション	サービスは生産プロセスの種類であり，顧客からの入力に依存しているという特徴を持つ．	Chase; Sampson
産業工学，システム工学	サービスシステムとサービスのネットワークに固有の工学的問題には，（時間処理や待ち行列の処理などを含む）顧客の異質性（customer variability）という特徴がある．	Riordan; Mandelbaum
オペレーションズリサーチ	サービスシステムとサービスネットワークは，動的で確率的な需給によって特徴づけられるモデル化と最適化の問題を取り扱う．	Thomas & Griffin; Dietrich & Harrison
コンピュータサイエンス	サービスとは，新たな発見，構成，そしてモデル化などのネットワークアクセス可能な機能のための抽象化である．	Zhang; Sheth; Endrei
情報システム	サービスシステムは適切に管理された情報システムを用いることで改善できる．サービスシステムはワークシステム（work system）[4]である．	Rai & Sambamurthy; Alter
社会科学	サービスシステムは，企業のシステムエンジニアリングモデルと同様に，社会技術的システム（socio-technical system）に関連している．	Rouse & Baba
行動科学	サービスは経験であり，行列での待ち時間や顧客の期待度など，多くの要素によって形作られる．	Chase & Dasu; Maister

場ごとなど）の多様性によって，計測は複雑になりやすい．アウトソーシングが増大していく中で，経済学者たちは以下のことに気づいた．製造業の会社が仕事の一部（例えば商品の設計など）を外部の供給者にアウトソースする場合，分社化などによって同じ人々が同じ仕事を行っていたとしても，その仕事は独立した新しいエンティティの一部であり，その仕事やその収益の統計は製造業ではなくサービス業として扱われる．当然，これは認識的なずれであり，サービス業の発展は現実ではなく錯覚であると感じさせる．特に業種ごとの集計で，仕事の内部委託（insourcing）や外部委託（outsourcing）の区分に注意が必要な場合に，このような認識的なずれが生じる（Triplett & Bosworth, 2003）．

Bastiat (1850/1977) と Vargo & Lusch (2004) は，「物」は高い技術を伴う労働の結

---

4. 【訳注】ワークシステムとは，関与している人間やマシンが，情報，テクノロジー，その他のリソースを使用して，プロダクトやサービスを生産するためのプロセスと活動を遂行するようなシステムを意味している．組織内の，あるいは組織を横断したシステムに関して考察するための一般的な用語と見なせる．

果生まれる（収穫や製造には知識が必要である）ことを指摘し，物ではなく「サービス」が経済的交換の基盤であると主張した．すべての経済的な交換の基礎は「サービスとサービスの交換による取引」（service for service exchange）であり，このことは大量生産と金銭の時代の前，特注生産品の物々交換が普通だった時代にはより明白であったと，彼らは主張している．サービスドミナントロジック（service dominant logic）の第一の基本的命題は，サービスは交換の基礎だということである．

社会がウィキノミクス（wikinomics）[5]（Tapscott & Williams, 2006）の時代に入ると，金銭と労働の交換による取引が常に前面に出ているとは限らなくなる．クラーク（1940/1957）は，今までは家族内で創造されていた価値が外部の市場に進出し，他人に金銭を支払うことで家族に関連したサービスを得られるようになった（例えば，子守りや外食など）という逆向きの傾向を指摘した．サービスシステムエンティティは複雑かつ動的（な内部委託と外部委託）であり，価値の共創自体が性質的にアイデンティティや評判（ウィキノミクス，協同生産（peer production）など）と結び付きやすい．

マーケティング　企業においてマーケティングとは，既存の顧客と将来見込まれる顧客の双方に関する知見を提供する機能のことである．提供された知見は，他の機能（ストラテジー，コミュニケーション，生産，デリバリー）においてより良い意思決定をするために使用される．サービスとは取引のある一つの特定の種類であり（Judd, 1964; Shostack, 1977），ある特定の種類のプロセスによってもたらされ（Bitner & Brown, 2006），そこに関わる人同士で特化された相互交流，あるいは顧客との「真実の瞬間」によって，しばしば特徴づけられる（Carlzon, 1987）．サービスとは，他者の利益を生み出すために中核能力（competency）を適用することである（Vargo & Lusch, 2004）．

オペレーション　サービスはプロセスであり，顧客からの入力に依存していることが特徴である（Chase, 1981; Sampson & Froehle, 2006）．この顧客からの入力は，わずかな場合もあれば膨大な場合もある．例えば，市民は法律や標準的な業務手順に従うことを暗黙のうちに了解している．この一つひとつは小さな個人的入力だが，集積されると社会を適切に機能させるために必要なものとなる．また，その対極においては，医者とともに治療に取り組む患者は，サービスを受けるために，自身の体を手術に提供するだけでなく，食事や運動を行うこと，必要な資金を準備することなどが要求される．サービス提供者の設備を利用するセルフサービスにおいては，顧客の労働と入力がよりいっそう必要になる．複雑な企業間ビジネス（B2B），あるいは企業－政府間ビジネス（B2G）においては，数百から数千もの人々の関与が必要となる．

産業工学，システム工学　サービスシステムとネットワークの工学的な問題点の特徴は，顧客の異質性（customer variability）にある（Riordan, 1962; Mandelbaum & Zeltyn, 2008）．簡略化により，エンティティは確率的なサービスシステムとしてモデル化されうる．このモデルによる形式化は，技術者がサービスネットワークのシミュレーションモデルを構築したり，様々な仮定や制約のもとでのパフォーマンスを計測する場合に必要である．技術者は，サービスコンポーネントのライブラリを管理するためのコンピュータ支援設計ツールを作ることもできる（Sanz, Nyak, & Becker, 2006）．

---

[5] 【訳注】インターネットなどを通じた無数の人々の協働によって成立している世界．

オペレーションズリサーチ　サービスシステムとサービスネットワークは，モデリングと最適化問題の特定の種類を提示している（Thomas & Griffin, 1996; Dietrich & Harrison, 2006）．多くの場合，リアルタイムセンサーの導入によって，モデルの連続的な適応変化やパフォーマンスの調整のために解析や統計的な学習手法を用いることが可能になる．動的な環境や人間心理といった要因に対応する数学的なモデルを洗練するために，統計的な制御理論やゲーム理論，メカニズムデザインの理論が役立つかもしれない．

コンピュータサイエンス　サービスとは，新たな発見，構成，モデル化などのネットワークアクセス可能な機能のための抽象化である（Zhang, 2007; Sheth et al., 2006; Endrei et al., 2004）．コンピュータサイエンスはセルフサービスを向上させたり，サービスを自動化するソフトウェアコンポーネントを作成したりする場合に利用される．これらのコンポーネントがネットワークを通じてアクセスし合って，組み合わせられると，基本的なビルディングブロックを再利用して組み合わせる形のウェブサービスが可能になる．また，ユースケースモデルのような部分的なものだけでなく，ビジネスや（サービス指向アーキテクチャを使った）企業自体をコンピュータサイエンス的なアプローチでモデル化することによって，新しいサービスの設計やワークトランスフォーメーション，エンタープライズトランスフォーメーションのプロジェクトの計画が可能になる．サービス指向アーキテクチャ（SOA）においては，緩く結合されて相互にコミュニケーションするサービスコンポーネントのネットワークが利用される．

情報システム　情報システムはサービスシステムであり，サービスシステムはワークシステムである（Rai & Sambamurthy, 2006; Checkland & Holwell, 1998/2005; Alter, 2008）．サービスシステムのパフォーマンスの改善が主要な目的ならば，情報システムを利用して，そのシステムを計測し，相互接続されたインテリジェントな（部分的にアルゴリズミックに制御される）ものにする必要があるだろう．情報システムは，技術の改善や継続的な投資を必要とするため，エンジニアリング的な課題とマネージメント的な課題の双方を生み出すことになる．情報システムは，機能的，規制的，そしてビジネスモデルの観点において設計されたとおりに動作しなければならない．

社会科学　サービスシステムは，社会技術的システム（socio-technical system）や企業のシステムエンジニアリングモデルと密接に関連している（Rouse & Baba, 2006）．社会システムはサービスシステムよりも広い概念であり，例えば社会性の昆虫（social insect）などのシステムも含むものである．一方，先進的な社会技術的システムは，記号的な価値プロセスが要求される点において，ほとんどサービスシステムと同一の概念である．サービスサイエンスは，記号的な価値共創のメカニズムが変化を説明できるという前提において，社会科学で使われる多くの概念を使用している．形式化されていないサービスシステムエンティティ（言語），形式化されているサービスシステムエンティティ（文字），国際的に統合された形式的なサービスエンティティ（デジタル化）は，進化の三つの段階である（Spohrer & Maglio, 2010）．それぞれの段階において，人間・技術双方に関する記号処理をうまく使用することによって価値共創の可能性が広がり，協調が改善される．ほかにサービスサイエンスに似ているものとして，コーディネーション理論（coordination theory）が挙げられる．コーディネーション理論はコンピュータサイエンス，組織理論，オペレーションズリサーチ，経済学，言語学，心理学をもとに

して誕生した．調整（coordination）とは，活動の間にある依存関係を管理するプロセスである（Malone & Crowston, 1994）．

行動科学　サービス体験は，行列での待ち時間や顧客期待度などの多くの要素によって形作られる（Maister, 1985; Chase & Dasu, 2001）．サービスの設計における変異性の主要因は人間であるため，心理学は重要である．サービスの設計者は，個々人の差異に起因する変異性に対処するという問題に取り組まなければならない．しかし，ある意味では，人々の行動は予測どおり合理的であり，予測どおり非合理的でもある．行動科学（実験経済学なども含む）は，価値の共創の仕組みのデザインを改良するための有用な結果をもたらしている（Ariely, 2008）．

8.2.3　サービスサイエンスの出現

近年，現代的なサービスを扱う新しい科学が出現した．この科学は，サービスに関する様々な学術分野の考え方を，理論的に一貫して，実践的にも重要な方法で統合することを目指している（表 8.4 を参照）．もちろん，このハンドブックの存在はサービスサイエンスが出現していることと，サービスサイエンスの学術領域の統合にはまだまだ課題があることの証である．

サービスとは何か？　サービスの本質は価値の共創（Normann & Ramirez, 1993; Normann, 2001）である．ネットワーク化したエンティティは，流動化と結束を交互に繰り返しながらリソースにアクセスし，より高い価値を創造する．Wright (2000) は，人間の歴史は「より良い非ゼロ和ゲームへの進化」であると述べている．非ゼロ和ゲームとは，（例えば，勝ち負けといった）価値の場所を単に変更するのではなく，（例えば win-win 関係，価値の共創という）価値を消費以上に創造するゲーム，つまりスミスが「生産的労働」（productive labor）と呼ぶものを意味する．

サービスの科学は存在しうるか？　IBM (2004) はあるワークショップにおいて，現代のサービスを扱う科学の構築に際して各学術界が協力できる道筋を探っていることを報告した．この報告では，「様々な学術分野のパイオニアによって基礎的な事柄が整備されてきた」との肯定的認識が述べられている．しかし，特に企業間（B2B）サービスの分野に関しては，多くの仕事が残っている．サービスの科学を創造するためには，各組織が自分たち独自のものだと思う道具や知識を創造するのと同様に，各領域からの知識を転換し調整し統合することが求められる．科学とは，観測可能な現象を説明することのできる知識であり，ある世界観やパラダイムのもとで実験によって検証し適用することができる概念的な枠組みやモデル，理論，法則を備えている知識を発達させるための厳密に定義された手法や標準に関する合意である（Kuhn, 1962）．サービスサイエンスとは何か，何がサービスサイエンスにおける最重要のリサーチ課題となるべきなのかについて合意した，統一的なコミュニティを作ることは容易ではないだろう．

サービスの科学の基礎についての適切な見方や世界観とは何か？　Vargo & Lusch (2004) は多くの企業，特にサービスにおける収益を急速に伸ばしている製造企業についての議論をまとめた．グッズドミナントロジック（GDL）とサービスドミナントロジック（SDL）は，価値を創造し計測する際にそれぞれ異なる前提に基づいている，という認識がますます高まっている．SDL は GDL とはまったく対照的な観点から，サー

表 8.4 サービスサイエンスに関する近年の議論

…とは？	提案	参照先
サービスとは？	価値の創造システム; 共同生産; 価値の配置	Normann & Ramirez; Normann; Wright
サービスの科学とは？	B2B ビジネスの生産性と品質を高めるためのテクノロジーを含む	IBM
サービスに対する適切な見方とは？	サービスドミナントロジック（service-dominant logic）	Vargo & Lusch
なぜ新たに必要なのか？	誤解が多すぎ，事実が少なすぎるから	Chesbrough & Spohrer
なぜ今なのか？	経済的な観点からの重要性; 科学における物理的，情報論的，社会的な進展	Maglio, Kreulen, Srinivasan, & Spohrer
サービスシステムとは？	リソースの動的な構成	Spohrer, Maglio, Bailey, & Gruhl
サービスにおける業務革新とは？	Z モデル	Spohrer & Maglio
進展に必要なものは？	サービスイノベーションロードマップの報告	IfM & IBM
サービスネットワークの複雑性とは？	ダイレクト/インダイレクトアクター（actor）	Basole & Rouse
教育における進歩は？	SSME ならびに関連プログラム	Hefley & Murphy
サービスエンティティの相互交流は？	ISPAR	Maglio, Vargo, Caswell, & Spohrer
価値とは？	使用価値	Vargo, Maglio, & Akaka
必要となる分野統合アーキテクチャは？	時間，ステークホルダー/計測，リソース/アクセス権	Spohrer & Kwan
サービスシステムの学習は？	実行−変換−変革	Spohrer & Maglio
サービスシステムの規模は？	デジタル結合された規模	Hsu
局所最適化に伴う問題は？	大域的な最適解には至らない	Ricketts
サービスシステムの設計は？	変換のための技術	Glushko; UK Royal Society
災害への対応は？	人道主義的なサービスサイエンス	Haselkorm
グローバリゼーションへの対応は？	異文化間相互交流を伴うサービスシステム	Medina-Borja

ビスをどう捉えるかの世界観を確立した．この世界観は，価値と経済的取引についての今日の考え方の指針となるものである．SDL は，他人へ利益をもたらすことを目的として中核能力（知識）を使用することであると，サービスを定義する．SDL における第一の基本的命題は，人間によるすべての経済的取引はサービスとサービスを交換する取引である，というものである．「物」は中核能力の適用によってのみ収穫され製造されうる．大部分の人たちは本来の価値の源（中核能力の適用）を評価するのではなく，物自体の中に価値を見出している．

なぜサービスが新たに研究されてきたのか？ サービス業は経済的に重要であると見なされており，アメリカ国立アカデミーによる 2003 年の技術報告書でもこの重要性は確認されているが，この分野はいまだ研究途上であると，Chesbrough & Spohrer (2006) は主張している．サービスに関する誤解や概念的な混同は，反証がすでに提示されているにもかかわらず，相変わらず残っている．そうした誤解や混同に対して理論的に反駁できる統一されたサービスサイエンスコミュニティがないことが，問題の根源である．実際，各分野のサービスに対するアプローチは互いに食い違っているため，概念は混同され続けているし，そのため，政策立案者や政府関係の投資機関はサービス研究に対して慎重になっている．Chebrough と Spohrer によって提案されたサービスサイエンス研究声明は，一連の研究課題に関して研究者たちを団結させ，サービスに対する誤解に論証可能な形で反駁する出発点となった．彼らは 50 年前のコンピュータサイエンスの出現を例に挙げ，多くの課題や停滞にもかかわらず，コンピュータサイエンスが最終的に新しい学問分野として成立したことを指摘した．コンピュータサイエンスにおいては，一度重要な進展があると，研究者や実務者たちは共通の研究課題に連携して取り組んだ．このことから Chesbrough と Spohrer は，サービスサイエンスに関しては，サービス提供者とサービス消費者の相互作用に焦点を当てたリサーチ課題と，ICT の発達が可能にするサービス提供者とサービス消費者間の知識共有に関するリサーチ課題を提起した．

なぜ今なのか？ もしも経済統計が物事を動かす主要な要因であるならば，サービスサイエンスは 20 年早く，つまりアメリカ国立アカデミーの報告書においてサービスコンポーネントの産業化をさらに進めるためのサービス研究と技術が推奨されたころに出現していただろう (Guile & Quinn, 1988)．Maglio et al. (2006) は，通常の経済統計が示すところとは異なり，1800 年代には物理学的な作用の研究（蒸気機関）は科学として成熟していたと主張している．また同様に，1900 年代には計算の仕組みの研究（コンピュータ）が，2000 年代には社会的な仕組みの研究（デジタルネットワーク）が，科学として成熟していたであろうとも述べている．Hsu (2009) は，デジタル結合による規模拡張が現代のサービスサイエンスが発展するチャンスを与えていると主張した．統計はサービスサイエンスの必要性を示しており，そして，デジタルネットワークは，価値の共創の仕組みがより広範囲に広がり，より機器化されたものとなって，科学的研究の対象となるための機会を創造している (Berners-Lee et al., 2006; Foster, 2005)．

サービスシステムエンティティとは？ サービスは価値の共創である．つまり，個別のエンティティ間のコミュニケーションや計画，あるいは他の目的を持った相互作用の結果として生じる利益の変化である (Spohrer & Maglio, 2010)．我々の目的に従うと，価値の共創の相互作用を意図的に行う能力を持つエンティティはサービスシステムエンティティと見なすことができる (Spohrer, Maglio, Gruhl, & Bailey, 2007; Maglio, Vargo, Caswell, & Spohrer, 2009)．サービスシステムエンティティは，一人以上の人を含み，複雑な構造や相互作用パターンを発達させるリソースの動的な構成であると考えることができる．サービスの生態系は，個別に働くよりも協同して働くほうが全体としてより裕福になるエンティティの集まりである．つまり，我々の研究の中心は価値の共創の仕組みであり，基本となる抽象物はサービスシステムエンティティであり，そして，我々の究極の目的は，サービスの生態系を改善し，説明するために使用できる手法と理

論を発達させることである（Vargo, Maglio, & Akaka, 2008; Spohrer & Maglio, 2010）.

サービスにおける仕事の革新の本質とは？ Spohrer & Maglio（2008）は，サービスの提供を成熟させる仕事上のイノベーションを説明するZモデルを提案している．最初に，多くの場合，高いスキルや専門性を持つ人々がサービスの提供を実施する．次に，技術的なツールを使用する人々がそのサービスの提供を実施するようになる．さらに，標準化と労働コストが最低の地域への移行が生じる．最後に，自動化されたコンポーネントが，より高い価値の提供を行うためのビルディングブロックとなる．例えば，(a) あるスタートアップの顧客技術サポートの電話には，エンジニアリング部門の管理者が対応することになるかもしれない．(b) その後，よくある質問（FAQ）の一覧ツールを使う従業員がこの種の電話に応答するようになる．(c) さらにそのあとには，コールセンターの外注先の従業員が応答するようになり，(d) 最終的には，自動化された音声認識システムが使われるようになる（セルフサービス）．この顧客向け技術サポートの例は，サービスシステムが，システム内における知識の価値の変化（つまり，付加価値を持つ知識が，人，共有情報，組織，テクノロジーの中に移転していくという変化）に適応していく方法を示すのに役立つ.

進展に必要なものは？ IfM & IBM（2008）は，サービスの研究や教育への投資を加速し，特に2015年までにこれらの投資を倍増させる目的で，サービスイノベーションロードマップを作ることを各国に呼びかけている．本ハンドブックの第29章（Spohrer, Gregory, & Ren）によると，各国はサービスイノベーションを加速させるための共通の課題に対して投資するために，こうしたロードマップを使用している.

業種ごとに異なるサービスネットワークの相対的な複雑さとは何か？ Basole & Rouse（2007）（本ハンドブックの第19章を参照）は，サービスのネットワークの構成や構造の複雑さの尺度をモデル化して計算するためのフレームワークを提供している．顧客へのイノベーションの普及は，サービスネットワークの構成によって急速に進む場合もあれば，妨げられる場合もある．一般に，公共部門のサービスネットワークは民間部門のサービスネットワークと比較して複雑であり，イノベーションの普及率は低くなっている.

現代のサービス経済において生産的な生活を行おうと準備している学生の教育にどのような進歩が生じているのか？ Hefley & Murphy（2008）は，21世紀のサービス経済の教育に焦点を当てた大規模なイベントから論文や見解を集めた．各分野における進展，調整（中心概念に対する合意）と統合（共通のモデルやツール）について議論が行われている.

サービスシステムエンティティはどのように相互交流するのか？ すべての相互交流が価値の共創に至るわけではない．Maglio, Vargo, Caswell, & Spohrer（2009）は，エンティティの相互交流のモデルである，相互交流–サービス–提案–同意–実現（interact-service-propose-agree-realize; ISPAR）モデルを提案した．そこに示された10個の可能性のある相互交流の結果において，価値の共創に至るものは50%未満である．しかしながら，他の結果も，学習曲線と復元力の改善を通じて価値の創成に貢献できる.

価値とは何か？ Vargo, Maglio, & Akaka（2008）は，価値と価値の共創に関してサービスサイエンスおよびサービスドミナントロジックの視点を提供した．彼らの主張によると，価値が基本的に引き出され決定されるのは使用時（特定の文脈においてリ

ソースの統合と適用がなされるとき）であり，価値が会社の生産高の中に埋め込まれ価格として認識される取引時ではない．この論文はこれらのアイデアを前進させ，エンティティが使用価値のポテンシャルを評価することを可能にするための一手法として「価値化プロセス」という概念を導入している．

分野を調整し統合するためのアーキテクチャのフレームワークは？ Spohrer & Kwan（2009）および Spohrer & Maglio（2010）は，個々の学問分野をサービスサイエンスという学際的分野に統合するためのアーキテクチャを提案した．このアーキテクチャは，各学問分野を，時間の次元（過去，現在，未来），ステークホルダーと評価の次元（顧客，品質；提供，生産性；権限，準拠；競合，持続的なイノベーション），リソースとアクセス権の次元（人々，特権的アクセス；技術，完全な所有；組織，リース契約；情報の共有，アクセスの共有）に関連づける．

サービスシステムの学習とは？ March（1991）による組織的学習システムの調査開発モデルに基づいて，Spohrer & Maglio（2010）はサービスシステムの学習に関する実行変換革新モデル（run-transform-innovate model）を開発した．実行変換革新（run-transform-innovate）は IBM の CIO 部門から生まれた用語であり，組織的な変化を目指して投資を行う際の意思決定のベストプラクティスを表している（Sanford, 2006）．実行（run）とは運営と維持のための投資予算額である．変換（transform）とはベストプラクティスを模倣するための投資予算額であり，革新（innovate）とは新しいベストプラクティスを考案するための投資予算額である．革新はしばしば最もリスクが高いが，同時に最も報酬を得る可能性を秘めている．

サービスシステムの規模拡張とは？ Hsu（2009）は，デジタル結合の規模拡張についての理論を提示した．フランチャイズ方式は過去に用いられた規模拡張のモデルである．デジタル結合の規模拡張は，サービス提供者が地域でローカルな運用をしなければならないフランチャイズ方式や他の規模拡張モデルにあった限界を克服している．

局所最適化の問題とは？ Ricketts（2007）は，サービスシステムとネットワーク最適化における中心的な課題，つまり局所的な最適解はしばしば大局的な最適解と一致しないという問題を提示した．実際，局所的な最適化は最もボトルネックとなっているコンポーネントに対する要求を増大させがちである．Ricketts は，制約理論（theory of constraints）を，人間のスキルと知識が必要となるプロフェッショナルサービスビジネスにいかに適用するかを示した．この研究は，製造業指向の方法論を，サービスビジネス向けに適切な形で再加工する素晴らしい例である．

サービスシステムの設計とは？ Glushko（本ハンドブックの第 10 章）のフレームワークは，情報集約型サービスシステムの設計への一つのアプローチを提供している．そこでフォーカスされているのは，サービス提供者ならびにその顧客に必要とされる情報と責任である．最終的な成果は，異なるサービスの文脈において置き換え可能かつ組み合わせ可能なサービスシステムのビルディングブロックである．サービスシステムの高度化により，より多くのサービス設計が STEM 分野の学問を修めた人たちに依存してなされることになる（UK Royal Society, 2009）．

サービスサイエンスは災害に対していかに応えるのか？ Haselkorn（2008）は，人道的なサービスサイエンス（humanitarian service science）の分野を発達させた．ハリケーンや地震などの大災害が起きると，多数の人々が混乱と混沌に陥ることになる．多

くのインフラサービスが停止し，生活の質は低下する．この状況をいかに早く立て直すかは，重要な研究分野の一つである．Haselkorn の研究は，災害への備えと災害からの回復のためにシミュレーション技術を使用することの重要性を示している．これは，市場に基づいて構築されるサービスシステムの非営利的な領域における振る舞いを効率良く設計・評価・予測する方法を探る，工学的研究上の新しいフロンティアである．

サービスサイエンスはグローバリゼーションにいかに応えるのか？ Medina-Borja (2008) は，異文化間サービスサイエンス（intercultural service science）の分野を発達させた．サービスデリバリーはニューデリーのものからニューヨークのものまで多岐にわたる．サービス提供者と顧客がそれぞれに異なる文化を持っている場合，想定外の事態が起こりうる．結果は関与している人々の文化的，社会的背景の影響を受ける．異文化間サービスサイエンスは，次の10年のサービスシステムの設計において，徐々に重要な影響を及ぼすようになるだろう．

我々は，サービスシステムやサービスネットワーク，そしてサービスサイエンスに関する数百もの最近の文献を選び出すこともできる．この新しい分野において急増している研究成果を正当に評価するためには，より包括的なサーベイが必要とされる．とはいえ，ここに示したスナップショットは，この分野の重要性が高まっていることを示している．

8.3　サービスシステムの複雑な次元

サービスシステム——異なるエンティティ間における価値の共創のための取り決め——は，とても多様なものである．すでに述べたように，サービスシステムエンティティとは，人々，技術，内部・外部の他のサービスエンティティ，そして共有されている情報の，価値共創のための構成である．この再帰的な定義が強調していることは，サービスシステムは他のサービスシステムエンティティと関わることで直接的・間接的に価値を共創するための内部構造と外部構造を持っている点である．個人，家族，会社，国家，そして経済，これらすべては，サービスシステムエンティティの例である．この節では，一部の種類のサービスシステムエンティティとそれらの価値の共創の関係を記述することで，実世界のサービスシステムを理解，改善，そして革新する上での複雑さを明らかにする（表 8.5 を参照）．

大学　大学はサービスシステムエンティティである（Maglio et al., 2006; Spohrer et al., 2007）．このエンティティは，学生の知識を変換することを目指している．通常，そのコストは学生のみによって負担されているわけではない．むしろ，大学は個人，会社，非営利団体，そして政府を含む多くのコスト負担者により支援されている．大学は，関係するすべての人々に潜在的には利益をもたらすものだが，この経済的なアレンジメントは，一人のサービスの顧客が関わる関係よりも，はるかに複雑なサービス間の関係となる．大学は，複数の顧客とパートナーの関係を管理しているのである（それらの者たちは，他者のことは気にしないかもしれないが）．大学に対する期待やその結果は多様である．学生が定性的な指標における品質を評価しがちである一方で，会社や政府といったサポーターは，標準化されたパフォーマンス指標や卒業生数といった定量的

表 8.5 サービスシステムエンティティとその次元の例

エンティティ	次元	参照先
大学	人々，組織，情報	Maglio, Kreulen, Srinivasan, & Spohrer; Spohrer, Maglio, Bailey, & Gruhl
IT サービスの提供者	人々，技術，組織，ビジネス	Blomberg; Pinhanez; Maglio, Kreulen, Srinivasan, & Spohrer; Spohrer, Maglio, Bailey, & Gruhl
コンタクトセンター	人々，技術，情報	Cheng, Krishna, Boyette, & Bethea; Maglio, Kreulen, Srinivasan, & Spohrer
バンキングサービス	人々，プロセス，情報，組織，ビジネス	Alter; Oliva & Sterman
内部プロセスの変換	組織，プロセス，技術，ビジネス	Krishna, Bailey, & Lelescu

な指標を使って評価する．

IT サービスの提供者 IT サービスの提供者は，顧客が投資した IT 設備の運営や保守を引き継ぎ，これを顧客 IT のアウトソーシング（client-IT outsourcing）に比べてより良くより安く行う（Maglio et al., 2006; Spohrer et al., 2007 を参照）．IT サービス提供者は，独自のスキルと経験，中核能力を用いることで，顧客の IT 設備の運営効率を改善し，時間をかけてコストを削減することを目指す．アウトソーシングサービスの契約のサイズや内容は様々であり，数億ドルの大きな取引（サービス提供者が大企業の IT 投資のすべてを引き受ける場合）から小さな業務（サービス提供者がヘルプデスクやウェブサービスの運営など，単一の機能を引き受ける場合）まで多様である．これらの取引の構造は契約によって捉えられる．契約におけるサービス内容の合意（service level agreements; SLA）は，顧客のビジネス目的を定量化可能なパフォーマンス指標に適合させるための測定基準である．IT のアウトソーシングにおける SLA は，サービス提供者がある種の活動を合意した期間内に行うという契約（例えば，重大な IT 関係の問題を 60 秒以内に処理する）や，サービスの最低限の稼働レベルを維持する（例えば，システムの休止時間を 120 分/月以内にする）といった契約を含むことが多い．SLA は取り決めとして有用なものである．SLA の内容を達成することは，顧客満足度の一つの指標にすぎず，サービス提供者と顧客の長期にわたる関係の開始時点における役割が主である．顧客は，契約を交わした後も実質的な責任を負う．例えば，サービス提供者に問題点を警告したり，必要に応じて情報を提供したり，顧客サイトに物理的に設置されているマシンを維持したりする必要がある．サービスシステムエンティティとしての IT 技術サービスの提供者は，人々，技術，組織などに内部的にも外部的にも影響を受けており，顧客やパートナーとの正式なビジネス上の関係に参加しているのである．

コンタクトセンター コンタクトセンターは企業向けの電話を設置し，顧客からの注文や苦情，問い合わせに対応する（Maglio et al., 2006）．多くの人はコンタクトセンターをコストセンターと考えており，このコストを抑制し削減したいと考えている．サービス提供者の観点から見れば，ここにおけるモデルは単純である．すなわち，可能であれば問い合わせ電話の増加を防ぎ；問い合わせが生じたならばそれを最短時間で解決し；もし問題が電話対応では解決できないのであれば最低限の経費で必要なサービス

を割り当てる，というものである．ステークホルダーには，顧客からの問い合わせを外注したクライアント，サービス提供者，電話対応者，個人口座，スケジュール管理者，ビジネスパートナーのエコシステム，品質管理者などが含まれる．個々のステークホルダーは独自の目的を持っている．例えば，顧客は信頼性の高いサービスが低いコストと高い品質で提供されることを望み，サービス提供者は収益を増やしてコストを削減し，利益を最大化することを望む．ステークホルダーが困っている事柄や各種の計測値を解析することで，このシステムのコンポーネント間の内部・外部相互の関連性が明らかになる．エンドツーエンドの見方をした場合，すなわち，システムの変換に焦点を当てた場合，ステークホルダー同士が協力できるための適切なプロセス，指標，技術，そしてツールを導入してシステムを変換することに焦点を当てれば，この変革はプロセスの変化，組織構造の変化，技術の変化，そしてツールの変化の組み合わせによって達成できるものとなる．Level 1（基本的な事柄に対応する経費のかからない電話対応担当者）から Level 3（高いスキルを持ち経費のかかる電話対応担当者）へと取り次がれる問い合わせが多く，大きなコストになっている場合，とりうる是正処置はいくつか考えられる．Level 3 に送られる問題をより良く理解することができれば，Level 1 の電話対応担当者をこの問題領域に対して訓練することができる．さらに，従業員向けの良いツールやエンドユーザー向けのセルフサービスも同時に導入することもできる．結局，人々，技術，そしてシステム間の情報を関連づけることが，複雑なコールセンターのパフォーマンスを向上させる唯一の賢明な方法なのである．

バンキングサービス　　銀行融資の承認は，顧客に銀行の書類や職員と相互作用することを要求するサービスシステムエンティティの一種と考えることができる．ステークホルダーには，融資希望者，融資担当者，信用分析者，貸付委員会，リスク管理者などが含まれる．プロセスには，書類の記入，書類の共有，承認プロセス，そして結果説明などが含まれる．より詳しく述べれば，様々な要求が，電話（問い合わせ），メール（顧客からの依頼や支店での打ち合わせ），そして日々コンピュータで作成される報告書（即座の対応が必要な超過引き出し口座や必要な支払いが滞っている口座を特定するための報告書）などによって処理される．ほとんどの要求は手紙，もしくは電話での顧客との対話によって処理される．組織内でのインセンティブや銀行内のコミュニケーションラインが適切に配置されるべきであり，さもなければパフォーマンスは低下することになるだろう．

内部プロセスの変換　　どのような大企業においても，プロセスの変換は困難なものになりうる．なぜならば，この変換は社会システム，技術システム，組織システムにおける変換を同時に要求するからである (Sanford, 2006)．例えば，新しい技術を適用してウェブベースの注文システムを置き換えることは，CIO 部門，ウェブ注文の担当チーム，新規技術の開発チーム，顧客の組織などを含むステークホルダーの調整を必要とする (Krishna, Bailey, & Lelescu, 2007)．異なるステークホルダーは異なるインセンティブを持つ．あるステークホルダーにとって（例えば，コストなどの理由で）都合良く見える変化は，他のステークホルダーにとって都合が悪いかもしれない（例えば，使用が難しい，既存システムへの統合が難しいなど）．

8.4 進展させること：構造とメカニズムの共進化

　抽象的に言えば，サービスサイエンスはエンティティ，相互作用，出力について研究する．エンティティはリソースの動的な構成である．エンティティが価値の共創のために相互交流するとき，彼らは協調的かつ意図的にリソースにアクセスする．一貫性のある価値共創の出力は，偶然の産物ではなく，高度な構造とメカニズムに依存している．より具体的に言えば，人類の歴史の流れに沿って，価値の共創を生み出す構造とメカニズムは変化しながら，そのまま存在し続けている．家族や血縁グループ（構造）内における分業（メカニズム）は，幾世代にもわたり存在していた．そして今日も，企業や国の中に分業は見受けられる．しかしながら，価値の共創のための多くの現代的なメカニズム（そして関連する構造）も存在する．複利（銀行），分割支払い（小売店，クレジットカード会社），そして特許の承認（国家）などである．

　この節では，サービス指向の構造とメカニズムを，価値の知識（そして知識の価値）に関する記号による推論へと結び付ける．この結び付けを行うために，我々は再び物理記号システムの概念に立ち返り，サービスシステムが実際には物理記号システムであることを示す．

8.4.1 物理記号システム

　Simon (1996) は，人間が作り出した（人工的な）世界の科学が，自然世界の科学を補完するべきだと指摘した．この人間が作り出した世界には，二つの主要な人工物が存在する．すなわち，自動車などの物理的な人工物と，ピタゴラスの定理などの記号的な人工物である．どちらも人間の創造力の成果であり，一方は有形の，他方は無形のものである．さらに考えを進めると，二つの2次的な人工物の種類，すなわち米国などのいわゆる組織的エンティティと，ジャズミュージシャンなどの職業的エンティティが見出される．もちろん，これら四つの人工物の種類がサービスサイエンスの四つの種類のリソースに対応していることは偶然ではない．自動車や他の技術，または，環境の一部分などは物理的な存在であり，法的な権利を所有していない．ピタゴラスの定理や他の共有された情報は物理的な存在ではなく，法的権利を所有していない．米国やその他の正式な組織は物理的な存在ではなく，法的権利を所有している．ジャズミュージシャンや人間は物理的な存在であり，権利を所有している．我々はサービスサイエンスを，Simon が言うところの人工物の科学の一つと見なす．

　Simon (1996) は，人工物世界において拡大する階層的複雑さは，生物界に見られる階層的複雑さと似たところがあることを観察した．階層的な複雑さは，共通の構成要素が繰り返し見出されることを意味しており，特定の組み合わせを実現させているメカニズムを理解できるならば，この階層的複雑さとは，複雑なものはより単純なものにより組み立てられていることを示している．生物学においては，ダーウィン (1872) の進化論が自然選択のメカニズムを提案しており，本質的にランダムなプロセスが生物種の多様性と複雑さを生み出すことを説明している．カフマン (1995) は，生物種の複雑さと多様性の根底にあるネットワークにおける生物的プロセスの化学的な基礎を説明する一つのメカニズムとして，自触媒反応を提案した．メカニズムとは，複雑な構造がどのよ

うに現れるかの説明の一部である．すなわち，メカニズムと構造はともに進化する．

　Simon（1996）は二つの異なる種類の複雑なシステム，つまり自然物と人工物の間の深遠で本質的な違いを考えた．生物の世界と異なり，人間により作られた人工物はある目的を持って設計されている．自動車は移動のために，ピタゴラスの定理は建築上の問題を解決するために，米国はより完全な連合を形作るために，そしてジャズミュージシャンはエンターテインメントのために設計されている．人間が作る人工物はある目的のためにある．記号と記号的な推論は，人工物を作り改良するために使用される．人間は記号使用の量と質において独自の存在であり，真に記号的な生物種なのである（Deacon, 1997）．

　Newell & Simon（1976）は，物理記号システムであることが，現実世界におけるシステムの知的な行動のために必要かつ十分な条件であると仮定した．記号は任意の方法で生成され（解釈），現実世界の事柄と対応づけられ（名称），新しい知識の蓄積を助ける（学習）ことができる．大まかに言って，物理記号システムは，未来の行動を形作るために記号を使用する実世界のエンティティである．記号は物理的にコード化されなければならない，それらは内部挙動をガイドし，環境との相互作用を調整するために使用される．

　サービスシステムは物理記号システムであり，世界規模のサービスシステムの生態系における知識の価値の変化を計算するものである．構造とメカニズムは，価値を計算するための記号の最良の使い方に関する知識に基づいて，ともに進化する．このことは，記号が価値を計算するための唯一の方法であることを意味しているのではない．我々が言いたいのは，価値の概念が（他の多くの事柄とともに）記号の推論を含んでいるということだけである．そうは言うものの，価値化プロセスにおける記号的推論，つまり価値を計算するために使用されるアルゴリズムにおける記号的推論の増加により，構造と機構はとても強く制約された形でともに進化する．例えば，価値を計算するためのアルゴリズムが「利益からコストを引く」ことであるならば，価値に関する構造と機構の共進化は「利益からコストを引く」ことによって方向づけられるのである．もちろんこの制約は，価値の共創現象に関する実世界の淘汰圧や自己触媒的性質を含む．もし価値を計算するためのアルゴリズムに欠陥があるならば，その欠陥は実世界において表面化するだろう．したがって，モーゲージ担保証券が実際にはリスクを分散・減少させず，いくつかの状況においてリスクを集中・増加させるのであれば，この証券に関するバブルはいずれはじけ，その証券の知識の価値に関する我々の理解は訂正されることとなるだろう．簡潔に言えば，肝心なことは，構造と機構がともに進化していることを理解することであり，そして，サービスサイエンスが，この両者の歴史（いかにして現状に至ったか？）と未来（どこに向かうのか？）を明らかにすることに貢献するべきだということである．

8.4.2　歴史：いかにして現状に至ったか？

　この構造とメカニズムの共進化は，あらゆる科学の一部である．それはまず，物理学（粒子と力）において始まり，引き続き，化学（分子と力）と生物学（生命体とプロセス）において見出された．生物学におけるの一つの見方は，三つのレベルの構造（単細

胞，多細胞，神経網）の観点を用いたものである．

　サービスサイエンスもまた，三つのレベルのエンティティ構造（形式的でない構造（informal），形式的な構造（formal），地球規模で統合された形式的構造（globally-integrated-formal））の観点から概観することができる．構造とメカニズムはともに進化するので，非形式的なエンティティが出現し始めたのは，家族や血縁グループの構造における発話言語（認識的技術）やツール（物理的技術）が，他の霊長類と人間を区別し，分業と相互交流をサポートし始めたときである（Deacon, 1997）．形式的なサービスエンティティが存在し始めたのは，初期の街や都市において，法律や金銭や農業が，都市の住民（そして拡大されたサプライチェーンに関与する人々）と狩猟採集で生計を立てる人々とを区別し，分業と相互交流をサポートし始めたときである（Seabright, 2005）．各々の役割においてよく知っている近親者よりも見知らぬ他人との交流が頻繁になってくると，他人への信頼と，エンティティの評判やアイデンティティを保証するための仕組みがますます重要になってくる．次に，地球規模で統合された形式的なサービスエンティティが存在し始めるのは，オンラインコミュニティにおけるインターネット，スマートフォンやソーシャルネットワーキング構造の出現により，分業と相互交流が，ITによる融合仮想世界や拡張現実の世界へと拡大され始めたときである．

　Friedman（2008）は，根本的な社会的ジレンマ（つまり個人にとって良いことが必ずしも集団にとって良いことにはならないというジレンマ）に対処するための人類の変化に関して，進化論的な説明を提示した．倫理とは，何が正しくて何が正しくないのかに関しての，そして特に，協調すべき局面において人々がどのように行動するべきかに関しての，集団的に合意されている暗黙的な了解である．生物学者が共生と呼ぶものや経済学者が相互利益と呼ぶもの（そしてそれらの存在）について説明するのは容易なことではない．

　血縁選択（いわゆる利己的な遺伝子）に基づく理論が誕生したのは，この50年のことである．これは簡単に言えば，2人がより近い血縁関係にあればあるほど，より論理的に，この血縁親族の利益が実際にはその個々人の利益となると想定できる，ということである．それゆえ，もし人々が「血縁関係に基づく」価値の方程式に従って行動を起こすなら，遺伝子はより多くの利益を獲得し，より生存の可能性を増すことになる．このことは，たとえ個人が利益を犠牲にする場合でも，また，余分なコストを負うことになる場合でも成り立つ．ある個人が，実現しそうな利益 B から実現しそうなコスト C を引いた値が0より大きい（$B-C>0$）場合に，ある行動を起こすと想定してみよう．このとき，血縁関係で拡張された価値の方程式は，単純に $rB-C>0$ で与えられ，それは家族の遺伝子の生存を促進するものとなる．ここで，r は血縁関係の度合いである．自分自身，あるいは一卵性の双子に対しては $r=1.0$ である．直接の家族の構成員（母親，父親，兄弟）に対しては $r=0.5$ である．なぜなら，各々の遺伝子の半分が共有されているからである．叔父や叔母は1/4の遺伝子を甥や姪と共有しており，そのため $r=0.25$ である．家族の遺伝子は，この血縁関係に基づく価値の方程式に従うことにより，より良く生存できることとなる．

　では，血縁関係のない人々との協力関係についてはどうだろう？　つまり，利益を得る人（受領者）がその利益に対応するコストの負担者とそれほど多くの数の遺伝子を共有していない場合である．この事柄について，血縁関係に基づく価値の方程式の成果を発展させた説明が誕生したのは，この40年のことである．その仕組みは互恵主義とし

て知られており，集団における有用なアイデンティティとして個人の評判を維持する社会規範につながるものである．互恵主義によれば，時間差なく，互いに同等の価値をやり取りすることが大事である．「互恵主義により拡張された」価値の方程式は，単純に $dB - C > 0$ である．ここで，d は r と同様の役割を持つ 0～1 の実数であり，具体的には $d = q/(l+i)t$ である．ここで，q は個人の評判に基づいて利益がもたらされる確率であり，0～1 の値をとる．i は適用できる利子率（時間，労力などの投資の選択肢を評価するためのもの）である．t は時間的な遅れであり，0 以上の任意の値をとる．ここで，受領者が互恵主義者として良い評判を持っており，コストが比較的低いと想定しよう．この場合，その受領者が役に立つかどうかにかかわらず，（その受領者の）遺伝子は他の遺伝子との協力を通じて生存の可能性を高めることができるだろう．Wright (2000)，Seabright (2005)，その他大勢による進化論的な説明と同様に，Friedman (2008) の説明が強調していることも，相互利益ならびに win-win 関係，利益利益関係，ノンゼロサムゲーム（つまり我々が価値の共創と呼ぶもの）を生み出すためのより良い方法を学ぶことが重要だということである．

8.4.3　未来：どこに向かうのか

　局所的には，構造とメカニズムはともに進化し，再現可能な価値の共創を進歩させる．すべての経済セグメントは，エンティティの価値の方程式と価値化プロセスに強く影響を与える新しい知識に基づいて変化している．例えば，木，石炭，石油，天然ガスといったエネルギー源の進歩は，新しい抽出方法や流通に関する知識に多大な影響を受けている．

　では，我々はどこに向かっているのだろうか？ 価値化プロセスは，ヘルスケア，保険，教育，政府などの領域のサービスシステムに関する新しい知識によって，どのように変化しているのだろうか？ もしくは，学問分野，つまり工学，経済学，オペレーションズリサーチ，メカニズムデザイン，情報システムマネージメント，産業システム工学，政治経済学をはじめとする多くの学問分野における新しい知識に基づいて，どのように変化しているのであろうか？ 失敗に関する新しい知識は，物事をどのように変化させるのであろうか？ インセンティブがより大きな力を持ち，変化を加速している現状において，リスクを適切に囲い込むためにどのようなセーフガードが配置されようとしているのだろうか？

　スペクトルの両端が特に変化に備えているように思われる．(a) 人々と教育，そして (b) 地球と投資である．それぞれ順番に考えてみよう．

■ 人々と教育

　人々はサービスシステムの基本的なビルディングブロックである．そして人々は，教育と生涯にわたる学習経験によって継続的に成長することで，STEM 主導のよりいっそうの変化に適応し，またこの変化に貢献しなければならない．図 8.1 は 21 世紀における一般的な職業専門家とサービスを専門とする科学者が，自身の役割に関して知る必要があるシステムや学問分野の範囲を示している．システムのリストはその主要顧客により分類してあり，学問分野のリストはサービスシステムの主要な次元に関連づけて記載されている．

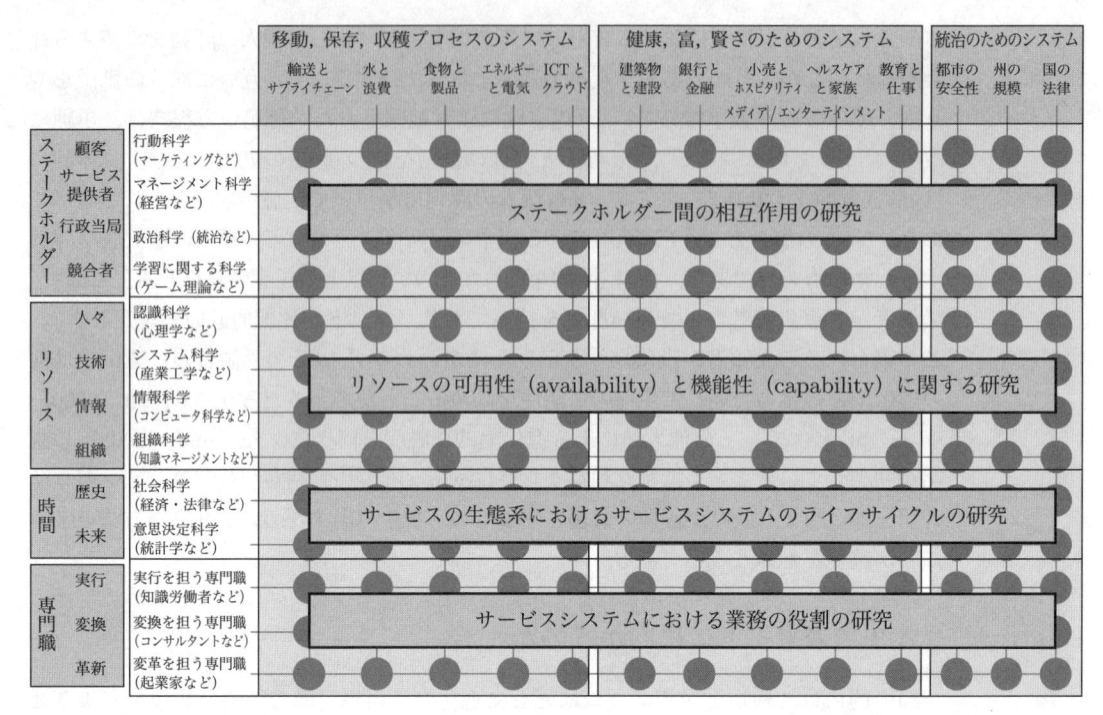

図8.1 サービスサイエンスに関するシステム（上段の13個）と，分野（左10個）および専門職（左3個）

　米国のベビーブームの後半に生まれた人は，18歳から42歳までに平均して10.8個の仕事に就いている（BLS, 2008）．現代社会の個人にとって，仕事を比較的頻繁に変えることは標準的なことに見える．学生に対して，仕事の変更が頻繁に生じるこのようなチャレンジングな環境に備えさせることは容易ではない．エンジニアが安定したキャリアを一つの製造会社において見つけられた時代は，すでに過去のものなのである（Smerdon, 1996）．今日エンジニアには，コンサルティング会社の一員として，または独立の専門家として，一連の顧客契約やサービスプロジェクトへの参加を可能とするための，生涯にわたる学習が必要である．

　図8.2は，一つの分野やシステムにおける高い問題解決能力と，多くの分野を横断する広いコミュニケーション能力を備えたT字型の専門職がどのように見えるかを図式的に示したものである（Donofrio, Sanchez, & Spohrer, 2009; Donofrio & Spohrer, in preparation）．国家レベルにおいて，T字型専門職の必要性の高まりを示す証拠が出始めている．Levy & Murnane（2004）はここ30年の経済データを使用して，コンピュータがどのように仕事を創出し革新してきたかを示し，また一方で，コンピュータがどのように他の仕事を排除し再配分してきたかを分析した．そして，米国における職業構造において，ハイエンドかつ高いスキルが必要となる職種は成長し，一方，ローエンドの低いスキルしか要求されない職種は消えていくというトレンドを示した．彼らは，まずこの分離を認めることを主張しており，そして，高い給料が得られ高いスキルが必要となる仕事への準備を提言している．そのような仕事は急速に増えており，そこではコンピュータの活用と，幅広い問題解決力（深さ），人間同士のコミュニケーション力（広さ）が必要とされている．

図8.2　T字型の専門職：深さと広さ

■ 地球と投資

　我々の地球は，生活の質の継続的で持続的な向上につながる投資戦略を必要としている．それは，コンピューティングに対するムーアの法則と同様なものである．図8.3は，我々の世界（最大の円），世界を構成している多くの国家（次に大きな円），地域（その次の円），そして都市（その次の円）と大学（最小の円）を示している．我々の見方では，これらすべてはサービスシステムエンティティの種類である．地球は，より多くのシステムが機能化され（センサー），相互に接続し（通信），そして知的になる（意

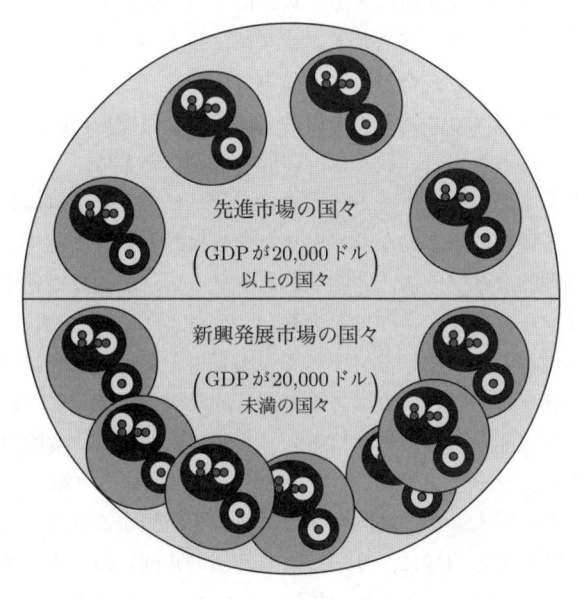

図8.3　入れ子構造のサービスシステムからなるシステムとしての地球

思決定を助けるアルゴリズム）に従ってますます賢くなっていく．例えば，より賢くなった地球は，多くのより賢いサブシステム（輸送システムなど）を持つことになるだろう．より賢い輸送システムは安全でより効率的なものとなる．というのも，より多くのセンサーが道路の周りや自動車などの車両に搭載されて，車両や道路は無線で相互に接続され，道路の障害や混雑状況を通信することが可能になり，そして，運転手に安全で賢い意思決定を促すためのツールが提供されるからである（IBM, 2009）（Korsten & Sieder, 2010 も参照）．

サービスシステムの管理者は，リソースの割り当て，つまりどれだけのリソースを実行・変換・革新に割り当てるかを決定する．国家，州，都市がイノベーションを起こすと，他の国家，州，都市はそれらの成功例を模倣し，自身の運用を改善することができる．これらの投資をより計画的に行うことは，価値の共創を加速させるだろう，なぜなら，より多くのサービスシステムが，自身のシステムを賢くするために実績ある知識を使い，恩恵を受けることになるからである．これらの革新は，サービスシステムのデザインと工学のためのコンピュータ支援設計ツール（CAD）を開発することにより，よりいっそう加速されるだろう．コンピュータからビル，車まで，人間に作られるほとんどのシステムは連続的な改善の軌道上にあり，CAD ツールにより恩恵を受けている．

まとめると，構造とメカニズムの共進化における進歩が，変化を加速しようとしていることを示す強い兆候があるのである．

8.5　結論

自然科学は，自然物の起源と進化を説明する．人工物の科学は人工物（人間により設計され人間の目的に適う物）について説明する．価値の共創は人間の目的の一つである．サービスサイエンスは価値の共創に関する科学であり，サービスシステムエンティティの構造とその相互作用のメカニズムについて研究する．システム科学を特殊化したものと考えた場合のサービスサイエンスは，多くの分野やシステムの要素を，価値の共創というテーマにより統合しようと試みている．

人々は，手段（メカニズム）と目的（構造的な目標）に関する知識を蓄える．手段がうまくいかなかった場合，我々は，時間の経過とともに，それらの手段を補強し，より信頼性のあるものに置き換える．人々は，サービスシステムエンティティの一部になりうるあらゆる種類の永続的なリソースを含む目的と手段に関する知識を蓄えている．それらは，物理的なリソース，非物理的なリソース，法的な権利を持つリソース，権利を持たないリソースなど，すべてを含む．

変化は理由があって生じる．すべての出来事と変化の根底にはメカニズムがある．科学者たちの仕事は，このメカニズムの記号的な表象を特定し，検証することである．もし変化が予測可能ならば，それはそのメカニズムが十分に解明されており，安定しているからである．サービスサイエンスの観点から見れば，（第一のサービスシステムエンティティである）人々が物理的なメカニズムを信頼する（例えば明日も太陽は昇るだろうと信頼する）のと同様に，サービス（価値の共創）のメカニズム（分業など）を信頼し始めたときに，社会的な世界（価値の共創のためのメカニズム）が物理的な世界（物

理的なメカニズム）から発生するのである．日の出が起きるために信頼は必要ない．しかし，分業においては信頼が必要となる．金銭も我々がその価値を信頼しなくなると，機能しなくなるのである．

　サービスサイエンスは，信頼性のあるメカニズムに基づく科学を目指しており，それは自然科学が信頼性のあるメカニズムに基づいていることと同じである．人間からしてみれば，自然のメカニズムの振る舞いはしばしば信頼性を欠く．これは人間が設定する仮定が間違っているためであり，そうでなければ，他のメカニズムが同時に働いているからであろう（例えば，ベルヌーイの原理に基づけば飛行機は墜落しないことなど）．これと同じことが，サービス（価値の共創）のメカニズムにも当てはまる．もし，仮定が間違っていたり，他のメカニズムが同時に働いていたりしたら，予測は信頼できるものにはならないだろう．例えば，あるコンピュータプログラムが予測どおりに動かないとしたら，それは正しくない仮定を置いているためか，もしくは，作用している他のメカニズムが存在しているためである．科学はメカニズムを発見し，正しくない仮定と，作用している他のメカニズムを見出すことで機能しているのである．

　ここまで我々が議論してきたことは，サービス（価値の共創）とサービスシステムが適切な研究対象であること，そして，サービスを科学することは，サービスシステムの継続した進歩の基礎を提供できるということである．ここで，サービス，サービスシステムエンティティの構造，価値の共創の仕組みに関するいくつかの基本的な疑問に対して，簡単に答えを示しておく．

　サービスとは何か？　サービスは価値の共創である．サービスという現象が現れるのは，エンティティが価値の共創（win-win関係，相互利益交流）を（規範的に）もたらすメカニズムに同意し，互いに影響し合うときである．

　サービスシステムエンティティとは何か？　サービスシステムエンティティはリソースの動的な構成のことであり，価値の共創（他のエンティティとの相互交流による構造的変化）という目的を実現するための手段（メカニズム）として，他のエンティティからのリソースへのアクセスを認める．サービスシステムエンティティの種類には，人々，企業，非営利団体，大学，都市，州，国家，非政府組織などがある．我々の世界は，相互交流するサービスシステムの多様な（複数のエンティティが存在する）一つの生態系である．サービスシステムはこの生態系の中で，価値に関する知識（そして，知識が持つ価値）の変化に適応するのである．価値の共創を目的とした相互交流を改善するために，サービスシステムはメカニズムを実行し，変換し，革新する．サービスシステムは，価値の共創のメカニズムを表現し，類推し，それを人に伝え，実現するべく，よりいっそう記号を使用するようになる．記号的推論はメカニズムの信頼性を改善するために，また，より早く失敗から回復するために使用される．

　価値の共創のためのメカニズムとは？　メカニズムは世界を変化させる（構造を物理的，記号的に変化させる）．価値の共創のメカニズムとは，変化をもたらすことのできる，顧客価値に基づく，あるいはガバナンスに基づく相互作用である．顧客価値は，サービスシステムエンティティ間で交わされる協定であり，世界を互いの利益になるものに変化させることを目的として，リソースの共有や交換を定めるものである．すべての相互交流が顧客価値に基づくわけではなく，また，すべての顧客価値に基づく相互交流が計画どおりに価値の共創を実現するわけではない．そのため，行政当局が，規定の

方法あるいは新しい方法で（必要ならば強制力を使用して）問題を解決する可能性がある．

サービスサイエンスとは何か？　サービスサイエンスは，サービスシステムエンティティの構造と，価値の共創のメカニズムに関する研究分野である．サービスサイエンス，あるいは SSMED（service science, management, engineering, and design）は，これらの構造とメカニズムのカタログ化と理解を目指している．この知見は，実際のビジネスや社会のためにサービスシステムを設計・改良・拡大する我々の能力を高めるために（つまり，品質，生産性，コンプライアンス，持続的イノベーションなどの目的のために）利用できる．サービスサイエンスは分野横断的な試みであり，サービスサイエンスに貢献しうる知識や方法論は多くの学問分野に存在する．そして，実世界のシステムに携わって働いている実務者もまた貢献できる．

　この章では，サービスサイエンスの文脈と背景を提示し，サービスサイエンスの可能な方向性の一つ，つまり，サービスシステムエンティティの構造と価値の共創のメカニズムを理解するための記号的アプローチを提示した．しかし，決着はまったくついておらず，なされるべき多くの仕事がある．

参考文献

Alter, S. (2008). Service system fundamentals: Work system, value chain, and life cycle. *IBM Systems Journal*, 47, 71-85.

Anderson, J. C., Kumar, N. & Narus, J. A. (2007) *Value Merchants: Demonstrating and Documenting Superior Value in Business Markets*. Harvard Business School Press. Cambridge, MA.

Ariely, D. (2008). *Predictably Irrational: The Hidden Forces That Shape Our Decisions*. Harper Collins. New York, NY.

Ark, B. van, Broersma, L. & den Hertog, P. (2003). Services Innovation, Performance and Policy: A Review. Research Series No. 6, Strategy, Research & International Co-operation Department, Ministry of Economic Affairs, The Hague.

Basole, R. C. & Rouse, W. B. (2008). Complexity of service value networks: Conceptualization and empirical investigation. *IBM Systems Journal*, 47(1), 53-70.

Bastiat, F. (1850/1979). *Economic Harmonies*. The Foundation for Economics Education. Irvington-on-Hudson, NY.

Baumol, W. J. (2002). Services as leaders and the leader of the services, in J. Gadrey and F. Gallouj (eds.) *Productivity, Innovation and Knowledge in Services: New Economic & Socio-Economic Approaches*. Edward Elgar, Cheltenham, U.K., pp. 147-163.

Baumol, W. J. & Bowen, W. G. (1966). *Performing Arts: The Economic Dilemma*. New York: The Twentieth Century Fund.

Berners-Lee, T., Hall, W., Hendler, J., Shadbolt, N. & Weitzner, D. (2006). Creating a science of the web, *Science* 313 (August 2006), 769-771.

Berry, L. L. & Parasuraman, A. (1993). Building a new academic field-the case of services marketing. *Journal of Retailing*. 69(1), 13-60.

Bitner M. J. and Brown, S. W. (2006). The evolution and discovery of services science in business schools. *Communications of the ACM*, 49(7), 73-78.

BLS (2008). Number of jobs held, labor market activity, and earnings growth among the youngest baby boomers: Results from a longitudinal survey. US Bureau of Labor Statistics. USDL 08-0860. URL: http://www.bls.gov/news.release/pdf/nlsoy.pdf.

Blomberg, J. (2008). Negotiating meaning of shared information in service system encounters. *European Management Journal*, 26, 213-222.

Bolton, R. N., Smith, A. K. & Wagner, J. (2003) Striking the right balance: Designing service to enhance business-to-business relationships. *Journal of Service Research*, 5(4), 271-291.

Brown, S. W., Fisk, R. P., Bitner, M. J. (1994). The development and emergence of services marketing thought. *International Journal of Service Industry Management*. 5(1), 21-48.

Carlzon, J. (1987). *Moments of Truth*. Cambridge, MA: Ballinger.

Chase, R. B. (1981). The customer contact approach to services: Theoretical bases and practical extensions. *Operations Research*, 29(4), 698-706.

Chase, R. B. & Dasu, S. (2001). Want to perfect your company's service? Use behavioral science. *Harvard Business Review*, 79(6), 78-84.

Checkland, P. & Holwell, S. (1998/2005). *Information, Systems, and Information Systems: Making Sense of the Field*. Wiley. Chichester, UK.

Cheng, I., Krishna, V., Boyette, N. & Bethea, J. (2007). Towards and agile service system for a global call center. *BPSC 2007*: 125-137.

Chesbrough, H. & Spohrer, J. (2006). A research manifesto for services science. *Communications of the ACM*, 49(7), 35-40.

Christopher, M., Payne, A. & Ballantyne, D. (1991). *Relationship Marketing: Bringing Quality, Customer Service and Marketing Together*. Butterworth-Heinemann, Oxford.

Clark, C. (1940/1957). *Conditions of Economic Progress*. Third Edition. Macmillan. New York, NY.

Collins, H. & Kusch, M. (1998). *The shape of actions*. MIT Press. Cambridge, MA.

Darwin, C. (1872). *The Origin Of Species*. London, John Murray.

Deacon, T. W. (1997). *The Symbolic Species: The Co-Evolution of Language and the Brain*. Norton. New York, NY.

Davis, M. M. (1991). How long should a customer wait for service? *Decision Sciences*, 22(2), 421-434.

Dietrich, B. & Harrison, T. (2006). Serving the services industry. *OR/MS Today*, 33(3) (June).

Donofrio, N., Sanchez, C. & Spohrer, J. (2009). Collaborative innovation and service systems: Implications for institutions and disciplines, in D. Grasso (ed.) *Holistic Engineering*.

Donofrio, N. & Spohrer, J. (In Preparation). Research-driven medical education and practice: A case for T-shaped professionals.

Endrei, M., Ang, J., Arsanjani, A., Chua, S., Comte, P., Krogdahl, P., Luo, M. & Newling, N. (2004). *Patterns: Service-Oriented Architecture and Web Services*. IBM Red Books.

Edvardsson, B., Enquist, B., Johnston, R. (2005). Cocreating customer value through hyperreality in the prepurchase service experience. *Journal of Service Research*, 8(2), 149-161.

Edvardsson, B., Gustafsson, A. & Roos, I.(2005). Service portraits in service research: a critical. *International Journal of Service Industry Management*, 16(1), 107-121.

Engelbart, D. C. (1962). Augmenting Human Intellect: A Conceptual Framework. Summary Report AFOSR-3223 under Contract AF 49(638)-1024, SRI Project 3578 for Air Force

Office of Scientific Research, Stanford Research Institute, Menlo Park, Ca., October 1962.

Engelbart, D. C. (1980). Evolving the organization of the future: A point of view, *Proceedings of the Stanford International Symposium on Office Automation*, March 23-25, 1980.

Fitzsimmons, J. A. & Fitzsimmons, M. J. (2007). *Service management: Operations, Strategy, Information Technology*. Sixth edition, McGraw-Hill Irwin, New York, NY.

Foster, I. (2005). Service-oriented science. *Science*, 308, 814-817.

Friedman, D. (2008). *Morals and markets: An evolutionary account of the modern world*. Palgrave Macmillan. New York. NY.

Gadrey, J. & Gallouj, F. (2002). *Productivity, Innovation and Knowledge in Services: New Economic & Socio-Economic Approaches*. Edward Elgar Cheltenham, U.K.

Glushko, R. J. & Tabas, L. (2009). Designing service systems by bridging the "front stage" and "back stage." *Information Systems and E-Business Management*, 7.

Grove, S. J. & Fisk, R. P. (1992). The service experience as theater. *Advances in Consumer Research*, 19, 455-61.

Gronross, C. (1977). A service-oriented approach to marketing of services. *European Journal of Marketing*. 8, 588-601.

Guile, B. R. & Quinn, J. B. (1988). *Managing Innovation: Cases from the Services Industry*. National Academy Press, Washington, DC.

Gummesson, E. (1977). *The marketing and purchasing of professional services*. Stockholm: Marketing Technology Center.

Gummesson, E. (2007). Exit Services marketing-Enter service marketing. *Journal of Consumer Behaviour*, 6(2), 113-141.

Gustafsson, A. & Johnson, M. D. (2003). *Competing in a Service Economy: How to Create Competitive Advantage Through Service Development and Innovation*. Wiley/Jossey-Bass. San Francisco, CA.

Gutek, B. (1995). *The Dynamics of Service : Reflections on the Changing Nature of Customer/Provider Interactions*. San Francisco, Calif : Jossey-Bass, 1995.

Haselkorn, M. (2008). Towards a Research Program in Humanitarian Service Science and Engineering. In *Proceedings of the 5th International ISCRAM Conference*, Washington D.C., USA.

Hefley, B. & Murphy, W. (2008). *Service Science, Management and Engineering: Education for the 21st Century*. Springer, New York.

Herzenberg, S., Alec, J., & Wial, H. (1998). *New Rules for a New Economy: Employment and Opportunity in Postindustrial America*. Ithaca, NY: Cornell University ILR Press.

Heskett, J., Sasser, W. E., Jr., & Schlesinger, L. (1997). *The Service Profit Chain: How Leading Companies Link Profit and Growth to Loyalty, Satisfaction, and Value*. New York: Free Press.

Hill, T. P. (1977). On goods and services. *Review of Income and Wealth*. 23(4), 314-339.

Hsu, C. (2009). *Service Science: Design for Scaling and Transformation*. World Scientific and Imperial College Press, Singapore.

IBM (2004). Services science: A new academic discipline. Report, http://domino.research.ibm.com/comm/www_fs.nsf/images/fsr/$FILE/summit_report.pdf

IBM (2009). Smarter Planet Initiative. URL: http://www.ibm.com/think

IfM & IBM (2008). *Succeeding through Service Innovation: A Service Perspective for Education,*

Research, Business and Government. Cambridge, UK: University of Cambridge Institute for Manufacturing. ISBN: 978-1-902546-65-0.

Johnston, R. (1989). The customer as employee. *International Journal of Operations & Production,* 9(5), 15-23.

Judd, R. C. (1964). The case for redefining services. *Journal of Marketing,* 28(1), 58-59.

Kauffman, S. (1995). *At Home in the Universe: The Search for Laws of Complexity.* Oxford: Oxford University Press.

Korsten, P. & Seider, C. (2010). The world's US$4 trillion challenge: Using a system-of-systems approach to build a smarter planet. IBM Institute for Business Value.

Krishna, V., Bailey, J. & Lelescu, A. (2007). Intelligent document gateway - A service system analysis. *IEEE SCC 2007,* 636-643.

Kuhn, T. S. (1962). *The Structure of Scientific Revolutions.* Chicago: University of Chicago Press.

Larson, R. C. (1987). Perspectives on queues: Social justice and the psychology of queueing. *Operations Research,* 35(6), 895-905.

Levitt, T. (1972). Production-line approach to service. *Harvard Business Review,* Sept. - Oct, 41-52.

Levitt, T. (1976). The industrialization of service. *Harvard Business Review,* 54(5), 63-74.

Levy, F, & Murnane, R. J. (2004). T*he New Division of Labor: How Computers Are Creating the Next Job Market.* Princeton University Press.

Lovelock, C. & Gummesson, E. (2004). Whither services marketing? In search of a new paradigm and fresh perspectives. *Journal of Service Research,* 7(1), 20-41.

Maglio, P. P. & Spohrer, J. (2008). Fundamentals of service science. *Journal of the Academy of Marketing Science,* 36, 18-20.

Maglio, P. P., Srinivasan, S., Kreulen, J. T. & Spohrer, J. (2006). Service systems, service scientists, SSME, and innovation. *Communications of the ACM,* 49(7), 81-85.

Maglio, P. P., Vargo, S. L., Caswell, N. & Spohrer, J. (2009). The service system is the basic abstraction of service science. *Information Systems and e-business Management,* 7.

Maister, D. H. (1985), The psychology of waiting lines, in J. D. Czepiel, M. R. Solomon, & C. F. Surprenant, (eds.) *The Service Encounter,* pp. 113-123. Lexington, MA: Lexington Books.

Maister, D. H. (1993). *Managing the Professional Service Firm.* Simon & Schuster. New York, NY.

Malone, T. W. & Crowston, K. (1994). The interdisciplinary study of coordination, *ACM Computing Surveys,* 26(1), 87-119.

Mandelbaum, A. & Zeltyn, S. (2008). Service engineering of call centers: Research, teaching, and practice. In B. Hefley & W. Murphy (eds.) *Service Science, Management, and Engineering: Education for the 21st Century.* Springer. New York, NY.

March, J. G. (1991). Exploration and exploitation in organizational learning. *Organization Science,* 2(1), 71-87.

Medina-Borja, A. (2008). Models of intercultural service systems: Scholarly discussion for building a research agenda. Workshop website: http://ininweb.uprm.edu/isser/nsfworkshop/index.htm

Menor L. J., Tatikonda, M. V. & Sampson, S. E. (2002). New service development: Areas for exploitation and exploration. *Journal of Operations Management,* 20(2), 135-157.

Miles, I. (2006). Innovation in services. In J Fagerberg, D. C. Mowery & R. R. Nelson (eds.) *The Oxford Handbook of Innovation*. Oxford University Press. Oxford, UK.

Miles, I. (2008). Patterns of innovation in service industries. *IBM Systems Journal*, 47(1), 115-128.

Mills, P. K. & Moberg, D. J. (1982). Perspectives on the technology of service operations. *Academy of Management Review*, 7(3), 467-478.

Newell, A. (1980). Physical symbol systems. *Cognitive Science*, 4(2), 135-183.

Newell, A. & Simon, H. A. (1976). Computer science as empirical inquiry: symbols and search. *Communications of the ACM*, 19, 113-126.

Normann, R. (2001). *Reframing Business: When the Map Changes the Landscape*. Wiley, Chichester, New Sussex.

Normann, R. & Ramirez, R. (1993). From value chain to value constellation: Designing interactive strategy. *Harvard Business Review*, 71(4), 65-77.

Oliva, R. & Sterman, J. D. (2001). Cutting corners and working overtime: Quality erosion in the service industry. *Management Science*, 47(7), 894-914.

Palmisano, S. J. (2006). The globally integrated enterprise. *Foreign Affairs*, 85(3), 127-136.

Parasuraman, A., Zeithaml, V. A. & Berry, L. L. (1985). A conceptual model of service quality and its implications for future research. *Journal of Marketing*, 49(4), 41-50.

Pattee, H. H. (2001). The physics of symbols: bridging the epistemic cut. *Biosystems*, 60, 5-21.

Pine, B. J. & Gilmore, J. H. (1999). *The Experience Economy: Work is Theatre and Every Business a Stage*. Harvard Business School Press. Boston, MA.

Pinhanez, C. (2008). Service systems as customer-intensive systems and its implications for service science and engineering. *HICSS 2008*.

Quinn, J. B. & Paquette, P. C. (1990). Technology in service: creating organizational revolutions. *Sloan Management Review*, 67-78.

Rai, A. & Sambamurthy, V. (2006). Editorial notes: The growth of interest in services management: opportunities for information system scholars. *Information Systems Research*, 17(4), 327-331.

Ricardo, D. (1817/2004). *The Principles of Political Economy and Taxation*. Dover Publications. Mineola, NY.

Ricketts J. A. (2007). *Reaching the Goal: How Managers Improve a Services Business Using Goldratt's Theory of Constraints*. IBM Press.

Riordin, J. (1962). *Stochastic Service Systems*. Wiley, New York, NY.

Roth, A. V. & Menor, L. J. (2003). Insights into service operations management: A research agenda. *POMS*, 12(2), 145-164.

Rouse, W. B. & Baba, M. L. (2006). Enterprise transformation. *Communications of the ACM*, 49(7), 67-72.

Rust, R. T., Zeithaml, V. A. & Lemon, K. N. (2000). *Driving Customer Equity: How Customer Lifetime Value is Reshaping Corporate Strategy*. Free Press.

Sampson, S. E. & Froehle, C. M. (2006). Foundations and implications of a proposed unified services theory. *Production and Operations Management*, 15(2), 329-343.

Sanford, L. S. (2006). *Let go to grow: Escaping the commodity trap*. Prentice Hall. New York, NY.

Sanz, J. L., Nayak, N., & Becker, V. (2006). Business services as a new operational model for enterprises and ecosystems. The 8th IEEE International Conference on E-Commerce Technology and The 3rd IEEE International Conference on Enterprise Computing, E-commerce, and E-services (CEC/EEE'06).

Schneider, B. & Bowen, D. E. (1993). The service organization: Human resources management is crucial. *Organizational Dynamics*, 21(4), 39-52.

Seabright, P. (2005). *The Company of Strangers: A Natural History of Economic Life.* Princeton University. Princeton, NJ.

Sheth, A., Verma, K. & Gomadam, K. (2006). Semantics to energize the full services spectrum. *Communications of the ACM*, 49(7), 55-61.

Shostack, G. L. (1977). Breaking free from product marketing. *Journal of Marketing*, 41(2), 73-80.

Simon, H. A. (1996). *Sciences of the Artificial.* 3rd Edition. MIT Press, Cambridge, MA.

Singularity University (2009). Preparing humanity for accelerating technological change. URL: http://singularityu.org.

Smerdon E. T. (1996). Lifelong Learning for Engineers: Riding the Whirlwind. The Bridge, National Academy of Engineering, 26(1/2).

Smith, A. (1776/1904). *An Inquiry into the Nature and Causes of the Wealth of Nations.* W. Strahan and T. Cadell, London, U.K.

Spath, D. & Fahnrich, K. P. (2007). *Advances in Services Innovations.* Springer.

Spohrer, J. (1999). Information in places. *IBM Systems Journal*, 38(4), 602-628.

Spohrer, J. C. & Engelbart, D. C. (2004). Converging technologies for enhancing human performance: Science and business perspectives. *Annals of the New York Academy of Sciences*, 1013, 50-82.

Spohrer, J., Golinelli, G. M., Picocchi, P. & Bassano, C. (In Prepartion). An integrated SS-VSA analysis of changing jobs. *Journal of Service Scienc*.

Spohrer, J. & Kwan, S. K. (2009). Service science, management, engineering, and design (SSMED): an emerging discipline – outline & references. *International Journal of Information Systems in the Service Sector*, 1(3).

Spohrer, J. & Maglio, P. P. (2008). The emergence of service science: Toward systematic service innovations to accelerate co-creation of value. *Production and Operations Management*, 17, 1-9.

Spohrer, J. & Maglio, P. P. (2010). Service science: Toward a smarter planet. In W. Karwowski & G. Salvendy (Eds.), *Introduction to service engineering.* Wiley & Sons. New York.

Spohrer, J., Maglio, P. P., Bailey, J. & Gruhl, D. (2007). Steps toward a science of service systems. *Computer*, 40, 71-77.

Tapscott, D. & Williams, A. D. (2006). *Wikinomics: How Mass Collaboration Changes Everything.* Portfolio/Penguin. New York, NY.

Teboul, J. (2006). *Service Is Front Stage: Positioning Services for Value Advantage.* INSEAD Business Press, Palgrave MacMillan.

Thomas, D. J. & Griffin, P. M. (1996). Co-ordinated supply chain management. *European Journal of Operational Research*, 94(3), 1-15.

Tidd, J. & Hull, F. M. (2003). *Service innovation: organizational responses to technological opportunities and market imperatives.* World Scientific Publishing Company.

Tien, J. M. & Berg, D. (2007). A calculus for services innovation. *Journal of Systems Science* and Engineering, 16(2), 129-165.

Triplett, J. E. & Bosworth, B. P. (2004). *Productivity in the U.S. Services Sector: New Sources of Economic Growth.* The Brookings Institute. Washington, DC.

Triplett, J. E. & Bosworth, B. P. (2003). Productivity measurement issues in services industries: 'Baumol's Disease' has been cured. *Economic Policy Review, Federal Reserve Bank of New York.* 9(3), 23-26.

UK Royal Society (2009). *Hidden wealth: the contribution of science to service sector innovation.* RS Policy document 09/09. RS1496.

US Bureau of Census (2007). *North American Industry Classification System (NAICS).* US Department of Commerce Publication PB2007100002. Available at http://www.ntis.gov/products/naics.aspx.

U.S. National Academy of Engineering (2003). *The Impact of Academic Research on Industrial Performance.*

Vargo, S. L. (2009). Toward a transcending conceptualization of relationship: a service-dominant logic perspective. *The Journal of Business and Industrial Marketing*, 24(5-6), 373-379.

Vargo, S. L. & Lusch, R. F. (2004). Evolving to a new dominant logic for marketing. *Journal of Marketing*, 68, 1-17.

Vargo, S. L. & Lusch, R. F. (2008). Service-dominant logic: continuing the evolution. *Journal of the Academy of Marketing Science.* 36(1) 1-10.

Vargo, S. L., Maglio, P. P., & Akaka, M. A. (2008). On value and value co-creation: A service systems and service logic perspective. *European Management Journal,* 26(3), 145-152.

Von Mises, L. (1998). Human Action: A Treatise on Economics. Scholars Edition, Ludwing Von Mises Institute.

Wolfl, A. (2005). *The Service Economy in OECD Countries.* Working Paper, Directorate for Science, Technology and Industry http://www.cepii.fr/anglaisgraph/pagepers/wolfl.htm

Womack, J. P. & Jones, D. T. (2005). *Lean Solutions: How Companies and Customers Can Create Value and Wealth Together.* Free Press. New York, NY.

Wright, R. (2000). *Non-Zero: The Logic of Human Destiny.* Vintage/Random House. New York, NY.

Zhang, L. J. (2007). *Modern Technologies in Web Services Research.* IGI Publishing. Hershey, PA.

Zeithaml, V. A., Bitner, M. J. & Gremler, D. (2006). *Services Marketing: Integrating Customer Focus across the Firm.* Fourth edition. McGraw-Hill.

Zysman, J. (2006). The 4th service transformation: The algorithmic revolution. *Communications of the ACM,* 49(7).

第 III 部

研究と実践：デザイン

第9章

サービス品質のギャップモデルに対するテクノロジーの影響

☐ **Mary Jo Bitner**
W. P. Carey School of Business
Arizona State University

☐ **Valarie A. Zeithaml**
Kenan-Flagler School of Business
University of North Carolina

☐ **Dwayne D. Gremler**
College of Business Administration
Bowling Green State University

　本章では，サービス科学の基盤となるフレームワーク，すなわちサービス品質のギャップモデルを紹介する．ギャップモデルは，質の高いサービスを提供し，部門によって異なるカスタマーフォーカスを統合し，競争戦略としてのサービスの基盤の提供のために，企業の戦略策定を助ける目的で広く世界の産業界で20年以上にわたって用いられてきた．テクノロジー導入の利点（あるいは欠点）の影響を受けず，ほとんどのサービスが個人間でリアルタイムに提供されている時代に，このモデルは開発された．その間，テクノロジーはサービスの本質に大きな変化を起こし，同時にサービス品質のそれぞれのギャップを減らすための戦略に影響を与えている．したがって，本章の目的は，サービス品質のギャップモデルの一般的な概要を提示することと，テクノロジーの進歩によってモデルの重要な側面がどのように変更され，進化したかを示すことの二つである．まず，ギャップモデルの背景と，一般的なテクノロジーやサービスの役割についての議論から始める．続いて，モデル内の各ギャップを縮めるための戦略を議論し，これらの基本的な経営戦略におけるテクノロジーの影響を説明する．

9.1　はじめに

　サービスが世界の先進国の経済を支配しているという事実に異論を唱える人はいないだろう．米国では，サービスはGDPおよび労働力の80%以上を占める．さらに，サービスが中国やインド，他の途上国の経済力において増加していることは明らかである

(Bitner & Brown, 2008).サービスの成長は，世界経済を形成して人々の生活に深く影響を与える，絶え間ないグローバルな現象である．しかし，サービスが経済を支配しているにもかかわらず，企業や政府，大学は，有形財やテクノロジーほどにはサービスエクセレンスやサービス研究，サービスイノベーションに関心を持っていない（IfM & IBM, 2007 を参照）．サービス経済が衰えずに成長しているこのような状況の中で，アカデミアやビジネスの世界の実務家は，産業全体におけるサービスエクセレンスとサービスイノベーションを支援するためのツールやテクノロジー，フレームワーク，指標の必要性を指摘している．そのいくつかはすでに存在しているが，多くはまだ開発途上である．これらのツールとフレームワークは，サービスサイエンスのための不可欠な基盤となる．

　本章の目的は，優れたサービスを顧客へ提供することを志向する企業のための戦略的な基盤を提供してきたサービス品質のギャップモデルというフレームワークを提示し，拡張することである．サービス品質のギャップモデルは，当初 1985 年に提案された（Parasuraman et al., 1985; Zeithaml et al., 1990）．そして，約 25 年もの間，産業や国を問わず，企業が質の高いサービスを提供する戦略を策定するため，そして企業の所属部署を越えてカスタマーフォーカスを統合するため，さらに，競争戦略として質の高いサービスを実現するための強力な基盤を提供するために用いられてきた．

　我々は，サービス品質のギャップモデルが，今後のサービスサイエンスにとって強力な基盤になると信じている．したがって，本章では，サービス品質のギャップモデルの一般的な概要を提供し，テクノロジーの進歩によってモデルの重要な側面がどのように変更されているかを示す．まず，ギャップモデルの背景と一般的なテクノロジーやサービスの役割についての議論から始める．続いて，モデル内の各ギャップを縮めるための戦略を議論し，これらの基本的な戦略上のテクノロジーの影響を説明する．

9.2　サービス品質のギャップモデル

　ギャップモデルは，サービス品質を管理し，顧客主導のサービスイノベーションを起こすための統合されたフレームワークを提供する．このモデルが導入されてからの数年間，サービス品質やサービスイノベーション，そして顧客重視の姿勢は，組織にとっての競争戦略として重要性を増しており，基礎的・統合的なフレームワークは多種の産業にわたり，今まで以上に重要になっている．このモデルの特性は，サービスマネージメントにおける部門横断的特徴を反映している点にある．我々はマーケティング研究者であり，本章のもととなった論文はマーケティング誌に掲載されているが，我々の研究は学問分野を越えて広く引用され，企業内の様々な部門で実現されている．本モデルは情報システムから，経営，人的資源，マーケティングにおけるロジック，理論，戦略を引き出している．

　このモデルのもう一つの特徴は，モデル内のすべてのギャップにおける，顧客のつなぎ止めと顧客の統合である．ギャップ，およびモデル内のギャップを埋めるために用いられる戦略はどれも，顧客に重点を置いたものとなっている．モデルを用いる主な目的は，顧客の期待を満足する，あるいは超えることである．また，その目的を満たすため

に用いられる（運用，人的リソース，技術のいずれかに基づく）戦略によって顧客を最終的につなぎ止めることができる．

さて，サービス品質のギャップモデルとは正確にはどのようなものだろうか？ 図9.1は，*Journal of Marketing*誌に掲載されたオリジナル（Parasuraman et al., 1985）に基づいた完全なモデルを示している．また，図9.2は言葉でギャップを説明している．このモデルの核心は「顧客ギャップ」にある．すなわち，事実存在することが確認されているサービスにおける期待と認知のギャップである．究極の目標は，顧客の期待を満たす，もしくは上回ることで，このギャップを縮めることである．モデル内の他の四つのギャップは「提供者ギャップ」であり，顧客の期待を満たすことに失敗する，その背後にある潜在的な原因をそれぞれ表している．ギャップ1は顧客に声に耳を傾けないこと，ギャップ2は顧客の要求に見合うサービスの設計の失敗，ギャップ3はサービス実施およびデリバリーにおける失敗，ギャップ4はサービスの内容を正確に伝え切れていないことの失敗である．最も基本的なこととして，モデルの論理からは，顧客ギャップは四つの提供者ギャップの関数であることが示唆される．初期の研究では，これらの基

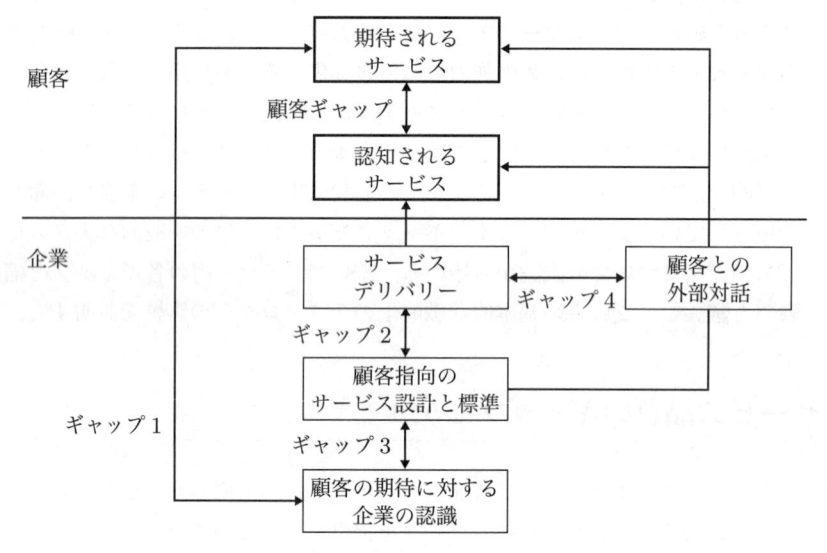

図9.1　サービス品質のギャップモデル

- 顧客ギャップ
  ── 顧客の期待と認識の違い
- ギャップ1：リスニングギャップ
  ── 顧客が期待するものを知らない
- ギャップ2：設計と基準のギャップ
  ── 適切なサービスのデザインや基準を持っていない
- ギャップ3：サービス性能のギャップ
  ── 基準を満たすサービスを提供していない
- ギャップ4：コミュニケーションギャップ
  ── サービス実施が契約と合っていない

図9.2　サービス品質のギャップモデル（言葉による説明）

本的なギャップそれぞれの背後にある複雑な理由が列挙された．その後の研究や我々の論文（Zeithaml et al., 2009）は，それぞれのギャップを縮めるための具体的な戦略の輪郭を描くことによって，ギャップについてさらに念入りに考察している．本章の後半では，それぞれのギャップを縮めるために使用される主な戦略を簡潔に紹介する．

ギャップモデルは発表後数年で，グローバルなビジネス環境における変化に対応できることが証明された．例えば，モデルが最初に発表されたとき，ほとんどのテクノロジー企業や製造企業は，自分たちがサービスを行っていると考えていなかった．そのため，モデルのメッセージは伝統的なサービスビジネスに主に向けられていた．今日では，多くの先進的なテクノロジー企業や製造企業がサービスビジネスを自身の事業として認識し，ギャップモデルはこれらの企業で使用されている．同じ期間に起きたもう一つの主要な変化は，テクノロジーの急速な発展により，顧客が利用できる革新的なサービスの多様性が増したことと，サービスの伝達，設計，配信方法が発達したことである．以前は，サービスは場所が離れていると提供できないという特徴があった．つまり，サービスは提供者と顧客の親密な関係のもとで提供されるローカルな機能であった．テクノロジーは，この基本的な対人関係およびリアルタイム性の要件を緩和し，いつでもどこでも提供され消費されるサービスのアクセシビリティとグローバル化を推し進める役目を果たした．これらの変化の多くは予想されていなかった．つまり，ギャップモデルの初期開発では考えられていなかったのである．

9.3　テクノロジーとサービス[1]

テクノロジー，特に情報テクノロジーは，サービスそのものの本質，つまりサービスデリバリーの方法，サービスイノベーションの実行，サービスの管理に影響を及ぼしている．ここで，我々はいくつかの基本的な変化と傾向を，いくつかの主要テーマを特定することによって観察する．我々は，テーマに関係した個々のサービス品質のギャップと戦略の議論を通じて，テクノロジーとサービスに関係したこれらの一般的なテーマを作り上げる．

9.3.1　サービスイノベーションの示唆

テクノロジーは多くのサービスイノベーションを推進する力となっている．その例として，自動ボイスメール，対話型音声応答システム，インターネットを用いたサービス，スマートサービス（例えば "Connected Car"，エネルギー消費量を監視するスマートメーター，リモート健康診断サービス）が挙げられる．Amazon や eBay，Second Life といったインターネット企業は，消費者にとって根本的に新しいサービスを提供する企業として生まれている．そして，成熟した企業は情報テクノロジーに基づいてまったく新しいサービスを開発するようになった．例えば *Wall Street Journal* は，個人の好みやニーズに合わせて新聞社の記事を顧客自身が整理できるインタラクティブ版を提供して

---

[1]　本節は，Valarie Zeithaml, Mary Jo Bitner, Dwayne Gremler によって 2009 年に出版された *Services Marketing: Integrating Customers Across the Firm*，第 5 版，pp.14-19 の情報に基づいている．

いる．情報テクノロジーの進歩は，iPhone などの単一デバイスを通じて，電話，インターネット，ビデオ，写真，電子メールといったサービスを一体化して利用することを可能とした．

9.3.2 サービスデリバリーの多様性の提供

テクノロジーは，入手しやすく便利かつ生産的な方法で，既存のサービスを提供できる新たな可能性を提供している．そして，テクノロジーは基本的な顧客サービス機能（代金の請求，質問への回答，会計情報のチェック，注文の追跡）や購買取引（小売ビジネスと法人ビジネスの両方），学習や情報検索などを容易にすることができる．過去数十年にわたり，企業は，対面サービスから，電話によるサービス，対話型音声応答サービス，インターネットベースのカスタマーサービス，そして現在の無線利用サービスへと移行してきた．テクノロジーは購入機会を作り，事業を実施するための直接的な手段を提供することによって，取引を容易にする．最終的に，テクノロジーは顧客に対して学習・調査を行い，互いに協力するための簡単な方法を提供することになった．情報へのアクセスは，かつてないほど容易になった．例えば，健康関連の情報を提供しているウェブサイトは 20,000 サイト以上にのぼる．なぜなら，自身の健康に関する意思決定や治療に関与する消費者が増加したからである．

9.3.3 顧客と提供者の有効化

テクノロジーによって，顧客と提供者はサービスを受け取ったり提供したりすることを，より効果的に行えるようになる．今日のセルフサービステクノロジーによって，顧客は自分自身に対してサービスをより効率的に提供できる．例えば，顧客はオンラインバンキングによって自分の口座にアクセスし，残高の確認や融資の申請などの銀行取引を，銀行の担当者の助けを必要とせず自身で行える．これらのオンラインバンキングサービスは，産業間で急増しているセルフサービステクノロジーのほんの一例である．提供者にとって，テクノロジーはサービスをより有効かつ効率的に提供するための絶大な助けとなる．カスタマーリレーションシップマネージメントや販売サポートおよび製品情報ソフトウェアは，現場の提供者がより良いサービスを提供することを支援する，テクノロジーに基づいた広範囲の情報源となっている．提供者はこれらの種類のソフトウェアをカスタマイズして，顧客のニーズに合ったサービスを作成することができる．

9.3.4 世界的規模への拡大

かつてサービスは地域内の限定的な提供に終わっていたが，テクノロジーは世界中の顧客に価値を届ける可能性をもたらしている．インターネット自身には境界がない．したがって，情報や顧客サービス，トランザクションはウェブにアクセスできるあらゆる顧客に対して国や大陸を越えて提供できる．また，国際的な企業は情報を広範囲に共有し，地域をまたいだ仮想的なチームが連絡を取り合いながら仕事を進めることも，テクノロジーによって実現できる．このように，テクノロジーは遠隔地の従業員の雇用と，遠く離れた従業員たちにより提供されるサービスを可能にしている．

9.3.5 サービスとテクノロジーの負の側面

我々はテクノロジーとサービスの役割をあまりに肯定的に考えすぎないために，いくつかの明確な制約や矛盾，および潜在する否定的な産物にも注意を払わなければならない（Mick & Fournier, 1998; Bitner, 2001）．企業はオンライン上の顧客について学び，対話することを望むようになったため，プライバシーや機密性についての顧客側からの当然の懸念が，企業にとって課題になってきている．企業との対話の手段としてテクノロジーを使うことに，すべての顧客が同じように興味を持っているわけではない．これらの種類の懸念によって，ヘルスケア業界においてテクノロジーアプリケーションを進めるために捧げられた多くの努力が妨げられ，排除されてきた．「テクノロジーレディネス」(technology readiness) に関する研究によれば，一部の顧客はテクノロジーを使うことに興味がないか，あるいはその用意がないことが示唆されている（Parasuraman & Colby, 2001）．また，提供者は，自分のワークライフにテクノロジーを受け入れて吸収することに対して，作業環境の変化に対する不安などの理由で消極的であると言える．また，テクノロジーの存在により，人と人のふれあいが減少し，生活の質や人間関係の点で問題が発生すると信じている人が数多くいる．最後に，企業の観点から見ると，テクノロジー投資の回収は明確でなく，顧客との関係を構築する際にテクノロジーに頼る部分と人の接触に頼る部分とでバランスをとることは困難だろう．テクノロジーによって提供されるサービスが，常に最高の回答というわけではないのである．

上記で概説したテーマをよく考えると，テクノロジーがサービスに深い影響（時には負の影響）を与えていることは明らかである．これらの広範なテクノロジーの変化に対応し，予測して制御するには，新しいモデルとフレームワークが必要となる．また，これらの影響を反映できるように，既存のエンジニアリング，設計，管理のフレームワークを修正しなければならない．次節では，「サービス品質のギャップモデル」という確立したフレームワークにおけるテクノロジーの影響を見る．

9.4 個々のサービスギャップ戦略に対してテクノロジーが与える影響

本章の残りの部分では，サービス品質のギャップモデル（図 9.1 参照）とテクノロジーを取り上げるが，特に，モデルの各々のギャップに焦点を当て，そのギャップを縮める戦略がテクノロジーからどのように影響を受けるのかを考える．テクノロジーがサービスマネージメント戦略にどれほど影響を与えていて，今後も与え続けるかを示すことによって，ギャップに関連する戦略に上記の特定のテクノロジーテーマを織り交ぜることを意図している．

9.4.1 顧客ギャップ

顧客ギャップは，ギャップモデルの中心的存在である．それは，顧客の期待と実際に知覚したサービスの実態との違いを表している．顧客の期待に見合うか上回ることによってこのギャップを縮めれば，顧客の観点からサービス品質が達成されることを，モデルは示唆している．このモデルが提案されてから数年間は，構成の概念化（Zeithaml et al., 1993; Rust & Oliver, 2000), 構成手法の構築 (Parasuraman et al., 1988; Brady & Cronin, 2001), 手法の効果の調査 (Boulding et al., 1993) の観点から, 顧客の期待と認識の双方に大きな焦点が当てられていた.

五つの主要な特質を識別することからスタートして, サービス品質の理解を試みるのが, 一般的な研究手法である. この手法は, SERVQUAL として知られるようになった (Parasuraman et al., 1988). 信頼性, 応答性, 保証製, 共感性, 有形性というサービス品質の五つの特質と SERVQUAL 手法は, 数多くの産業界で用いられ, 各産業の特徴にあわせて改良されていった. サービス経験 (Bitner et al., 1990; Arnould & Price, 1993; Verhoef et al., 2004), 顧客満足度 (Oliver, 1997; Fornell et al., 2006), 顧客ロイヤルティ (Heskett et al., 1997), サービスの品質との関係 (Zeithaml et al., 1996; Rust et al., 2002) といった研究と並行して, 関連した研究の流れが発展してきている. このような現在の際立った研究の流れは 1980 年代より前には存在せず, また現在も新しい研究を生み出している.

顧客ギャップに対する最初の焦点は, 対面, 電話, あるいはメールで提供されるサービスに対する顧客の事前期待と認知のギャップにあった. 最初の SERVQUAL 手法は, 期待形成やサービス体験の概念モデルと同様に, すべて対人サービスに基づいていた. 初期の経営研究の問題には, 顧客がどのようにサービスについて学習するのか, また, 購入前に観察したり試したりすることのできない「無形物」に関する事前期待をどのように形成するのかに関するものがある. 他の経営研究では, 提供者とのやり取りにより表現される「真実の瞬間」において, 顧客がどのようにサービス品質や満足に関する判断を形成するのかに焦点を当てているものもあった.

9.4.2　顧客ギャップに対するテクノロジーの影響

過去 20 年間, テクノロジーの進歩は顧客ギャップに大きく影響を及ぼしている. まず, サービス自身の性質が変化してきた. 現在, 多くのサービスは提供者によって個別に配信されるのではなく, むしろセルフサービスやテクノロジー支援サービスの形態で, テクノロジーを介して配信される. 消費者向け写真業界を一例として見てみよう. 少し前までは, 個人的な写真は個人で撮影され, フィルムはサービス業者によって処理され, 焼き増しを依頼することで友人や家族と共有できた. アルバムをまとめて他の人と写真を共有する作業は, 時には膨大な時間や費用がかかり, 多くの別のサービス業者とやり取りを行う必要があるため, 労働集約的なプロセスであった. 現在, 個人はデジタルカメラを使い, 好きなだけ撮影し, 印刷し, 管理し, ネットワーク上で他の人と共有することができる. これは, 消費者の生活に変化をもたらすセルフサービステクノロジーの普及に関する小さな一例である. どのように顧客がセルフサービステクノロジーに関する事前期待を形成し, それらを採用し, 評価するかは, 現在の研究の対象となっている (Meuter et al., 2005).

テクノロジーによるセルフサービスは, サービス提供の性質を大きく変化させ, 顧客を協同生産者の立場に自動的に置く. この転換は, サービスに関する事前期待と実際行われたサービスに関する知覚を, 顧客自身の能力や生産性と関係づける結果となる. 彼らの能力や生産性をも考慮することは, サービス提供者のみが関係するサービスの品質

評価をはるかに超えて，サービスの包括的評価に影響を与えることになるのである．テクノロジーの進歩は，サービスの提供方法を変化させることに加えて，10年前には想像もできなかった新しいサービスを生み出している．これらの新しい革新的なテクノロジー主導のサービスに対して顧客が期待することは，サービスへの期待の初期モデルの型に必ずしも適合していない（Parasuraman et al., 2005）．

　テクノロジーは，顧客がサービスを理解する方法も劇的に変えてきた．ウェブを検索し，サービスが提供されているサイトの写真を見て，価格を比較し，仮想ツアーによってサービスを体験することができるようになったことで，サービスを購入する前に顧客がつかむ情報の量と種類が変わった．この情報の可用性が，顧客の期待と，サービスを比較して判断を下す能力に直接影響を与えている．以前，顧客はこの手の情報の収集が難しいことを認識していた．小売店で並んで展示されている有形の商品とは違い，サービスを簡単に比較する能力を持っていなかった．現在はインターネットによって，商品と同様にサービスを比較することがある程度可能になっている．

　口頭によるコミュニケーションは，顧客がサービス提供者のことを理解し，期待値を形成する際に常に重要である一方で，テクノロジーは口頭によるコミュニケーションの性質を変えてきた．ウェブサイトには，現在，顧客による推薦，熱烈な賛辞，恐ろしい話といったサービスに関するあらゆる情報があふれている（Ward & Ostrom, 2006）．また，特定のサービスカテゴリに興味を持ち情報交換するために集まった人々でグループが形成される．顧客同士が助け合うことを促進するために，これらの種類のインタラクティブなウェブサイトを提供している企業は多い．

　テクノロジーは，顧客がサービスを学び，サービスに対する期待を形成し，サービスを判断するプロセスに大きな影響を与えている．これらの変化を考えれば，企業が新しい期待を理解し，かつ期待を満たすためにサービスを提供しなければならないという新たな課題に直面していることは明らかである．以下の項では，モデル内の提供者ギャップについて順に述べる．まず，提供者ギャップを縮めるための基本戦略を確認して，これらの戦略に対するテクノロジーの効果を分析する．

9.4.3　提供者ギャップ1：リスニングギャップ

　最初の提供者ギャップである「リスニングギャップ」とは，サービスに対する顧客の期待と期待に対する企業の理解との差異のことである．顧客の期待を満たしていない多くの企業が抱える主な原因は，顧客の期待が何であるかを正しく理解していないことである．これは管理職が顧客の期待するものを意識していないことから来る場合が多い．彼らは顧客と直接対話しないし，顧客の期待を尋ねることを好まず，それらを解決する準備ができていない．リスニングギャップを縮めるためには，管理職や権限が与えられたサービス提供者が，顧客の期待に関する正確な情報を取得しなければならない．新しいサービスが開発される前に顧客の期待を正確に把握し，さらにサービスが導入された後に顧客の期待を追跡する必要がある．

　図9.3は，ギャップ1を縮めるためのいくつかの重要な戦略をまとめたものである．個々の戦略は他の場所よりも詳細に及んでおり，研究と実用的なアプリケーションによって支えられている（Zeithaml et al., 2009）．最初の戦略は，顧客調査と従業員の進

```
   ギャップ
     1
```
- 顧客調査と従業員の進言を通じて，複数の方法で顧客の声に耳を傾ける
- 時間をかけて顧客のニーズを理解し，ニーズを満たすことによって顧客との関係を構築する
- サービス障害が発生したときに顧客が何を期待するのかを知って対応する

図9.3　リスニングギャップを縮めるための戦略

言を通じて，複数の方法で顧客の声に耳を傾けることである．ギャップモデルが考えられていたときは，SERVQUAL調査，覆面調査，クリティカルインシデント分析といったサービス産業に特化した有益な方法に加えて，従来のマーケティング研究の方法（調査，フォーカスグループ，苦情処理）に重点を置いていた．2番目の戦略は，時間をかけて顧客のニーズを理解し，ニーズを満たすことによって顧客との関係を構築することである．顧客と企業が対人的な接触を行っている場合，この戦略は（地方銀行のように）顧客の名前を覚えることから始まり，その顧客の顧客（得意先）や変化するニーズ，顧客の業界を理解することを意味する．リレーションシップマーケティングは，トランザクションに焦点を当てた取り組みとこれらの活動を区別するために用いられる用語であるが，一般的に，サービスの第一線で顧客との接触を通じて行われる対人活動を意味する．ギャップ1を縮めるための最後の重要な戦略は，サービス障害が発生したときに顧客が何を期待するのかを知って対応することである．障害発生時において顧客の期待を満たすことの重要性は頻繁に研究され，発表されている（Tax et al., 1998）．

9.4.4　提供者ギャップ1に対するテクノロジーの影響

テクノロジーがギャップ1に影響を与える主な方法として，企業が新しい方法で顧客を理解できることが挙げられる．（顧客の声に耳を傾ける方法を改善する）インターネット上で行われているマーケティング研究や，テクノロジーによるCRM（customer relationship management）（データベースマーケティングを通じて行う数千〜数万の顧客との関係の管理）が，最も強力に影響を与える．

最も魅力的な技術革新の一つは，コメントカードや電話による聞き取り調査といった従来の手法をコンピュータによる調査に変えた，顧客にとってやりがいがあり楽しみにもなりうる，インターネット調査やオンライン調査である．顧客調査アプリケーションは急激に成長しており，オンライン調査にかける年間費用が2010年までに260億ドルに達すると予測されている（Li & Von Boskirk, 2005）．インターネット上の調査の採用には，多くの明白な理由がある．例えば，回答者が積極的に対応しやすい，データの収集と分析が速い，データ品質が従来の方法と同等以上である，ライフスタイルや関心にこだわりのある高所得者のようにコンタクトしづらい人々や，企業間の市場をターゲットにすることが可能になる，などである．インターネット上の調査は，回答者にサービスの調査が行われていることを実感させるために，映像と音声によるマルチメディアテクノロジーも活用する．最終的には，インタビュアーを使う必要はない．そのため，インタビュアーの疲労や不機嫌，性急さ，客観性の欠如などから来る誤りやバイアスは起

こり得ない．また，インターネット調査は従来の調査よりもお金がかからない．実際，他の方法よりも 10～80% 割安である．インターネット調査では，他の調査方法でよく使われる郵便，電話，印刷の費用や人件費がかからない．回答者は，おそらく心理的なハードルが下がるため，インタビュアーによる調査の半分の時間で調査を完了しているようである．

　時間をかけてニーズを理解し，それを満たすことによって顧客との関係を築き上げる際にも，テクノロジーが役立つ．関係構築の重要で強力な手法である CRM は，テクノロジーベースのソフトウェアやシステムが進歩する以前は，事実上不可能であった．CRM の最も優れている点は，各顧客のニーズや振る舞い，マーケティングへの反応を顧客ごとのプロファイルに記録して，顧客一人ひとりについて学べるところである．このアプローチによって，企業は数千～数万の顧客と親密になり，個々の顧客に合ったサービスを提供できるようになる．データベースマーケティングの最も革新的な例として，Hallmark Gold Crown と Harrah's Entertainment の二つが挙げられる．

　すべての Hallmark の店舗の顧客を調べる機能を持つ Hallmark のデータベースは，各顧客の購買履歴，問い合わせ内容，コミュニケーションが追跡できるようになっており，各顧客が会社との関係の中で何を重要視しているかがわかる．この情報には，どんなコア製品や利点が顧客にとって最大の価値を持つのか，競合他社と比べて Hallmark にはどんな違いがあるのかが含まれている．顧客の追跡には，顧客が購入時に獲得するポイントを蓄積するのに使うゴールドクラウンカードを利用している．顧客は自分のポイント獲得表やニュースレター，報酬証明書，地域店舗の製品やイベントのニュースを受け取る．Hallmark のメッセージカードや装飾品を多く購入する上位 10% の顧客は，好みの製品に的を絞ったコミュニケーションや，一般より長いボーナス期間や自分専用の優先フリーダイヤルといった特典を取得することができる．

　テクノロジーに基づいて顧客との関係を管理している他の産業の例として，ギャンブル産業が挙げられる．ギャンブル産業では，収益につながりやすい一部の顧客の存在が以前からわかっており，自社のカジノにそのような顧客を長く滞在させることが重要な戦略となる．カジノがそれらのお得意様を増やす主な方法は，フリーのドリンクや客室，リムジン，そして時にはチップを与える「コンピング」（comping）である．この戦略はやり方にむらがあり，多くの潜在的なリピート顧客を失うため，識別・追跡が可能な顧客にのみ限定して提供するのが普通である．ラスベガスやアトランティックシティなどで 26 ものカジノ施設を運営している Harrah's Entertainment は，様々な顧客グループに対応できる，より体系的な方法を発見した（Loveman, 2003）．Harrah's が開発した Total Rewards Program と呼ばれる CRM システムは，どんなスロットマシンを使い，どれだけ長く遊び，いくらお金をつぎ込んだかという情報とともに，リピート顧客の名前や住所を追跡する顧客報酬プログラムである．Harrah's の顧客報酬カードはどんな顧客でも取得できる．このカードは多くの場合，30 分間のスロットマシンの損失を 100 ドルまでカバーする特典がついている．飲み物や客室，その他の品物に交換できるポイントを獲得するために，顧客はギャンブルに費やした金額や，スロットマシンやカードゲームに興じた時間がカードを通して収集されることを容認している．

　企業がこの種の CRM システムを使う利点は明らかだが，顧客を騙したり，顧客のプライバシーを侵害したりする可能性もある．企業と顧客の間に望ましい関係を構築する

ために顧客情報を集めて利用すること，情報を悪用しないこと，不必要に顧客のプライバシーを侵害しないことに関して適切なバランスを維持することは，テクノロジーそのものでは対応できない現在の課題である．

9.4.5　提供者ギャップ2：設計と基準のギャップ

顧客との関係の研究や効率的な管理を通じてギャップ1を縮めることは必要であるが，価値が高いサービスを提供するためには，それだけでは不十分である．企業が顧客の期待を徹底的かつ継続的に理解していても，質の高いサービスの提供に失敗する可能性は依然としてある．実際には，この失敗はとてもたやすく起きてしまう．ギャップ2「設計と基準のギャップ」は，このような失敗を確実に回避するための次のステップと位置づけられる．このギャップは，顧客の期待を実際のサービスの設計に反映させ，顧客の期待に対するサービスの運用を測定するための基準を開発することに着目している．

図9.4は，ギャップ2を縮めるためのいくつかの重要な戦略をまとめたものである．ギャップ1の場合と同様に，これらの戦略は広範囲かつ詳細に及んでいる（Zeithaml et al., 2009）．最初の戦略は，サービスの設計に対して明確に定義された新しいサービス開発とイノベーション実践を採用することである．このことを「サービス研究・開発」実践の定式化と呼ぶ人もいる．標準化された新製品の開発プロセスと研究開発は技術や製造の現場では一般的だが，サービス分野では珍しい（IBM Corporationが世界に点在する研究所で行われているサービスイノベーション研究に投資していることは，主要な例外として挙げられる）．形式化されたプロセスは，通常，戦略策定やアイデア生成から始まり，本格的な実装で終わるという一連の手順を踏む（Cooper & Edgett, 1999; Edvardsson et al., 2000）．プロセス指向，無形性，顧客との共創といったサービスの性質を考慮すると，他の業界で確立されている典型的な手順をサービス業で実施することは難しい課題である．しかしながら，プロセスに従って，顧客と共創して，サービス実装の複雑さに対応できるように注意深く設計して試作することが，顧客の期待に応えるサービス設計を実現するために大変重要であることは明白である（Henard & Szymanski, 2001）．

ギャップ2
- 明確に定義された新しいサービス開発とイノベーション実践を採用する ——「サービスの研究・開発」
- サービスブループリントを通じて，顧客体験全体を理解する
- 企業が定義した基準ではなく，顧客が定義した基準に基づいてサービスの運用状況を評価する

図9.4　設計と基準のギャップを縮めるための戦略

ギャップ2を縮めるための第二の戦略は，顧客体験全体を理解し，顧客の期待を満たす，もしくは上回る方法で，体験に関わるすべての要素を設計することである．この設計には，サービス体験全般を通じて，顧客にサービスを提供し始めた瞬間から発生する

すべての事象が対象となる．設計に必要なサービス体験の共通要素には，顧客との対面プロセス，サービスが提供される物理的な空間（サービススケープ），サービス提供者と顧客の間の相互作用がある．顧客の観点からこれらの運用要素を表示することや，それらを期待と一致させ，希望したサービスイメージを強化するように設計することは，ギャップ2を縮めるために必要不可欠である．サービスを設計する際の特殊な課題に対応するために，設計プロセスを支援するサービスブループリントなどのテクノロジーが進化してきている（Bitner et al., 2008）．

ギャップ2を縮めるための第三の戦略は，顧客によって定義された基準に基づいてサービスの運用状況を評価することである．サービスの基準が存在しない場合や，基準が適切に顧客の期待を反映していない場合に，顧客はサービス品質が低下していると気づくことがある．顧客のニーズと期待を必ずしも反映できていない従来の提供者内部の成功基準によってサービスが評価されることはよくあることである．

9.4.6 提供者ギャップ2に対するテクノロジーの影響

設計と基準のギャップでは，顧客の期待を満たすための，対人サービスとリアルタイムの業務プロセスの設計に主に焦点が当たっている．対人サービス固有のばらつきは，設計や基準を決める上で大きな障害となる．対人かつリアルタイムの対面サービスの設計に特有の課題はなくなってはいないが，ギャップ2を縮めるために，テクノロジーで実現されるサービスやプロセスに大きく焦点が当てられている．テクノロジーで実現され高度に規格化されたウェブによって提供されるサービスは，顧客の期待を満たすことができる．例えば，Amazonがオンライン上で提供している本の販売とサービス（Amazonの多くの製品ラインの中の一つ）を考えてみよう．その高度なテクノロジー基盤を通じて，同社は個々の顧客に応じて規格化された注文，支払い，追跡，推薦のサービスを提供できる．Amazonがオンラインで実施するレベルのサービスを従来の書籍販売の環境で大人数に提供しようとすることは非現実的であり，おそらく一貫性が保てず，大きなコストがかかるだろう．

テクノロジーは，顧客のニーズと期待に応えるために新サービスの開発を促進してきた．例えば，買い手と売り手が存在するeBayのネットワークは，個人や中小企業にとっての収入源や，過剰生産された製品の販路を提供する一つのサービス産業を形成している．他の分野では，IBMやCaterpillarによる自社機器のためのリアルタイムスマートサービス監視システムは，産業における修理，メンテナンス，基本的な顧客サービスの本質を変える革新的で効率的なサービスを提供している．ヘルスケアでは，ビデオテクノロジーを使って遠隔地から患者の状態を監視する機能や，模擬手術によって医師を養成する機能がある．この機能は，医療分野において斬新で革新的な方法で顧客の期待を満たす，テクノロジーに基づくサービスの例として挙げられる．

テクノロジーはまた，サービスイノベーションの実際のプロセスに影響を与え，新しいサービスを設計する際に生じる従来のいくつかの障壁を下げることができる．新しいサービスを開発する上で最も困難な手順として，基本コンセプト開発とプロトタイプテストの手順がいつも挙げられる．現在，サービス概念をテストするための視覚的なプロトタイプや，仮想体験を開発する際にテクノロジーが用いられている．テクノロジー

により，サービスをリアルタイムに体験することや，サービス設計を反復する際に即座にフィードバックを提供することが可能となり，顧客は設計をより効率的に行うことができる．完全な手作業として始まったサービスブループリンティングは，オンラインで主要関係者に「リビングブループリンティング」として提供する会社が現れたことで自動化された（Bitner et al., 2008）．自動化されたブループリンティングによって，設計内の基本的な流れの背後に埋もれてしまっているいくつかステップに関する様々なレベルの詳細情報を，容易に伝えることができる．テクノロジーの進歩によって，このようなブループリントには，物的要素である写真などの画像だけでなく，サービスプロセス，顧客の行動，サービススケープを描写するビデオクリップも含めることができる．

顧客の期待に基づいてサービスの運用状況を評価することも，今日はテクノロジーによって，よりいっそう効率的になっている．顧客のフィードバックの追跡や内部運用の評価は，ウェブを用いたフィードバックシステムや内部データベースの利用によって，より簡単かつ頻繁に行えるようになっている．テクノロジーは文書作成や，提供者，チーム間のコミュニケーションを容易にし，標準化に関わる組織のパフォーマンスを向上させ，顧客主導の基準に対するアクセスと「見える化」を促進させる．

9.4.7　提供者ギャップ3：サービス性能のギャップ

リスニングギャップ（ギャップ1）と，サービス設計と基準のギャップ（ギャップ2）の両方を縮めた企業でも，設計された方法でサービスが提供できないと，顧客の期待を満たすサービスにならないだろう．ギャップ3「サービス性能のギャップ」も縮めて，顧客主導型サービスの設計・基準と実際のサービス提供との間の不一致をなくさなければならない．サービスをうまく実現し，顧客を正しく扱うためのガイドラインが存在していても，高品質なサービス性能を提供できる保証はない．

ギャップ3を縮めるための鍵となる戦略を図9.5に示す．他のギャップや関連した図と同様に，これらの戦略の各々が別の場所に広く及んでいる（Zeithaml et al., 2009）．最初の戦略は，優れたサービスを提供する際に用いられる企業の人材戦略と連携させることである．特に，サービスが設計されたとおりに提供されるために，提供者が質の高いサービスの提供を望んでいることと，顧客・サービス指向で仕事するように動機づけられていることを企業は確認する必要がある（Barber & Strack, 2005）．このような労働力を用意するためには，適性を持った人を雇い，質の高いサービスを提供できるようにそれらの人々を教育し，優秀な人材を保持する必要がある．質の高いサービ

ギャップ3
- 優れたサービスを提供する際の企業の人材戦略（雇用，訓練，支援システム，報酬）と連携させる
- 顧客の役割を定義して，顧客が自身の役割を効果的に理解し実行することを支援する
- サービス性能を支援するために，テクノロジーを効果的かつ適切に統合する

図9.5　サービス性能のギャップを縮めるための戦略

スを効果的に提供するためには，適性を持ったサービス担当者を募集して雇用することに，相当の注意を払わなければならない（Berry & Parasuraman, 1991）．サービス提供者には，次の二つの相補的な能力が必要とされる．一つは仕事を行うために必要なテクノロジーと知識（サービス能力）であり，もう一つはサービス関連の仕事に従事することに対する関心（サービス指向）である（Schneider & Schechter, 1991）．質の高いサービスを提供するためには，適性を持った人々を配置する際に，彼らに必要とされるテクノロジースキルとインタラクティブなスキルを，継続的なトレーニングを通じて伸ばすことが必要とされる．適性を持った人を雇用して訓練し，スキルを伸ばす組織は，彼らを保持することにも注意を払わなければならない．企業が組織を維持するために最高のサービス性能を望むのであれば，企業は彼らに報酬を与え，昇進させなければならない．組織は最高の提供者を保持するために様々な報酬を利用する．高い給料や昇進，単発の金銭的報酬や褒賞といった昔からの方法は，多くの場合，サービス性能に連動する．

多くのサービスにおいて，顧客はサービス生産の参加者であると同時に価値の共創者であるため（Vargo & Lusch, 2004），サービスデリバリープロセスにおいて重要な役割を果たしている．つまり，サービスが定義した仕様を満たしているかどうかの決断を顧客自身が下し，ギャップ3の拡大に潜在的に関与してしまう可能性がある．このように，ギャップ3を縮める2番目の戦略は，顧客の役割を定義し，顧客が自身の役割を効果的に理解し実行することを支援することである．顧客は自分の役割と与えられた状況に対して何をすればよいか十分に理解できていなかったり，何らかの理由で実行したがらなかったり，実行できなかったりすることがあるため，顧客自身がギャップ3の一因となる．このギャップを縮めるためには，組織は顧客の役割として何を必要としているのか，本質的には顧客の「職務明細書」を定義して，顧客に伝えなければならない（Schneider & Bowen, 1995）．顧客の役割を明確に定義したら，企業はその役割が機能するように支援する必要がある．ある意味で顧客は組織の「部分的な関係者」であり，サービスの生産と提供において顧客の行動を管理する戦略は，前の段落で議論した，サービス提供者に向けた取り組みをある程度模倣できる．

ギャップ3を縮めるための第三の戦略は，サービス性能を支援するために，テクノロジーを効果的かつ適切に統合することである．サービス提供者（そして顧客）は，自分たちの仕事を効率的かつ効果的に行うために，自分たちの取り組みを支援するテクノロジーを頻繁に必要とする．提供者はテクノロジーを用いることで，顧客に対してサービスをより効果的かつ効率的に提供できる．例えば，フロリダ州ジャクソンビルにあるMayo Clinicは，過去10年間でコンピュータシステムテクノロジーに1800万ドルを投資しており，その大部分は電子カルテに関するシステムへの投資である．薬剤提供システム，実験システム，監視システムといった患者の治療に必要なシステムの多くが，現在相互接続されている．特定の治療を実行し，薬の投与量を監視する必要があるとき，Mayo Clinicのテクノロジーは医師，薬剤師，看護師などにそのことを自動的に通知する（Berry & Seltman, 2007）．テクノロジーはまた，顧客を教育し，顧客がサービスの共同作成者として関与することを可能にする．例えばiPrintという企業は，ホームオフィスおよび小規模ビジネスの顧客が自分自身で商業印刷サービスを行えるようにするテクノロジーを開発している．グラフィックデザインに関する知識をほとんど，もし

くはまったく持たない顧客に対して，自身を教育するための段階的な詳細手順が提供され，顧客は自分のオフィスの都合にあわせて広範な製品の独自デザインを簡単に作成できる．

9.4.8 提供者ギャップ3に対するテクノロジーの影響

　ギャップモデルが最初に概念化されたとき，サービス性能のギャップは主にサービスの参加者，つまり提供者と顧客がサービス提供に関して果たしている役割と必要な対人相互作用に焦点を当てていた．提供者や顧客のサービス性能を引き出す環境がもたらす固有の問題は依然として存在しているが，現在は，テクノロジーによりギャップ3を縮める方法が注目されている．テクノロジーの出現は，提供者に無数の新しい方法を与え，顧客にサービス経験を共同で作り出すだけではなく，価値をサービス経験に加える機会を作り出してきた．テクノロジーはまた，企業の提供者と接することなく，顧客自身によっていくつかのサービスを作成することを可能とする．

　テクノロジーの進歩は，顧客に接する提供者が，より効率的かつ効果的にサービスを提供できるようにした．例えば，Symantec 社の顧客サービス担当者は，最新のテクノロジーを用いることで，同時に多くの顧客にオンラインのチャットで対応している．Norton Internet Security などの自社ソフトウェア製品に関する問い合わせに応える際，提供者はツールを使って顧客のコンピュータにリモート接続し，問題を解決できるようになっている．この機能によって，提供者は問題をはるかに速く解決でき（提供者の効率性の増加），通常は顧客に対してより高い満足度のサービス体験を提供することができる（提供者の効果性の増加）．したがって，今日多くの企業が，提供者に権限を与え，サービス性能のギャップを縮めるためにテクノロジーを使う方法を模索している．

　テクノロジーはまた，顧客にも権限を与える．テクノロジーを通じて，顧客は共同でサービスを作り出し，また彼らのサービス経験に価値を加えることができる．ここ何年間か，航空会社はテクノロジーを使い，乗客自身がターミナルに到着する前にオンラインでチェックインし，自分の搭乗券を印刷できるようにしている．Northwest Airlines（現 Delta Air Lines）はもう一歩先を行き，顧客は Blackberry などのスマートフォンで電子搭乗券を受け取れる．顧客のデバイスは，空港のセキュリティエリアでスキャンできる電子イメージを受け取る．これにより，顧客は搭乗券を受け取るために行列に並ぶ必要がなくなり，書類を持ち運ぶ必要もなくなる．チェックインの過程で必要な責務の多くが顧客にシフトしているが，顧客は行列に並ぶ時間が短縮され，書類を持ち運ばなくてよいことを称賛しており，テクノロジーが顧客のサービス体験に新たな価値を加えていることがわかる．

　企業の提供者による直接的な関与や作用を介さず顧客によって実施されるサービスであるセルフサービスのテクノロジーも，企業がギャップ3を縮める方法を変えてきた (Meuter et al., 2005)．潜在コストの削減と効率化，潜在売上の増加，顧客満足度の向上，競合他社に対する優位性を実現するために，テクノロジーの利用は急増している．例えば，当初，Netflix のビジネスモデルは，顧客が自宅から一歩も外へ出ることなく DVD を受け取る方法を提供するためにテクノロジーを使用していた．この試みは，その後 Blockbuster が DVD を宅配する "Total Access" で対抗したことによって，大成功だっ

たと証明された．顧客が請求書を受け取り，オンラインで支払えるサービスを提供しているPaytrustは，提供者とのやり取りをいっさい必要とせずに，いくつかの支払いオプションを顧客に提供している．医療ウェブサイトを使っている患者は，特定の病気や薬，薬の相互作用，特定の医師や病院に関する情報にアクセスできる．この場合，患者はテクノロジーを使って豊富な情報から医療に関する意思決定を行える．これらの例が示すように，テクノロジーの進歩によって顧客はサービス提供の場に参加しやすくなる．さらに，テクノロジーの進歩はギャップ3を概念化し，ギャップ3を縮める方法を変える．

9.4.9　提供者ギャップ4：コミュニケーションギャップ

企業がサービス品質を確保するために他の三つのギャップで提示されたすべての戦略を実施していたとしても，サービスに関するコミュニケーションが提供するものと一致しない場合には，顧客の期待を満たす上での障害が依然として残ることとなる．モデル内に存在するはずの最後の提供者ギャップはギャップ4「コミュニケーションギャップ」である．このギャップは，サービスデリバリーと，広告や価格，他の有形の対話方式によって外部から顧客に伝達されることとの違いに焦点を当てている．

図9.6は，ギャップ4を縮めるためのいくつかの主要な戦略を示している．これら各々の戦略が，別の場所に広く及んでいる（Zeithaml et al., 2009）．最初の戦略は，統合的サービスマーケティングコミュニケーションを主要テーマとしている．これは，サービスに関するメッセージやシグナルを送るすべての物と人を対象とし，顧客が期待することと実際に提供されるものとを一致させる方法に着目している．この戦略の課題は，メッセージを顧客に送信する対話のチャネルや方法が，以前とは違って無数にあることである．これには，従来からあるウェブサイトや個人販売，ダイレクトメール，印刷メディア，ブログ，仮想コミュニティ，携帯電話の広告などが含まれる．商品を生産する企業にも利用されているこれらのタイプのチャネルとは別に，サービス顧客は，日常のサービスの出会いから生じるサービススケープや，顧客サービス担当者，企業の提供者とのさらなる対話に応じる．これらのチャネルすべてに対して効果的かつ一貫性のあるコミュニケーションを維持することは困難な作業であるが，統合コミュニケーション戦略には不可欠である．

ギャップ4
- 顧客に対してメッセージやシグナルを送るすべての物や人に関する統合的サービスマーケティングコミュニケーション戦略を使用する
- サービス経験を通じて顧客の期待を効率的に管理する
- 過度な販売とマーケティングをやめて，サービス提供の成功を確実にするために社内コミュニケーションの仕組みを作る

図9.6　コミュニケーションギャップを縮めるための戦略

コミュニケーションギャップを縮める2番目の主要戦略は，サービスの経験を通じて顧客の期待を効率的に管理することである．企業間のサービスや消費者の会員制サービスなどの多くのサービスは，数時間，数日間，数週間，または数年間といった期間の枠

組みで提供される．これらのタイプの拡張されたサービス経験は，時には時間の経過とともに変化する．つまり，サービスの本質を変える，提供者もしくは顧客にとってのビジネスの実体や，時間をかけて変化する顧客のニーズ，価格の上昇を引き起こす可能性がある財政難，サービス契約の調整などの結果，元のサービスの契約から変化するのである．したがって，期待とサービス性能の調和を確実にするためには，顧客との対話も時間とともに変化し進化することがとても重要である．このことは，新たなビジネスの実体に対して顧客が持つ期待を関連づけて管理することを意味している．例えば，以前提供されたサービスが中断されるときや，同様のサービスの価格を上げる必要があるときは，期待を下回ることに対応しなければならない．

ギャップ4を縮めるための最後の戦略は，社内コミュニケーションの仕組みを作ることで，サービスを売る前とサービスの提供中とで，顧客が一貫したメッセージを受け取れるようにすることである．ギャップ4の一般的な原因は，販売とマーケティングをやりすぎることである．一定量のプロモーションは，売上を得るために多くの場合必要であるが，過度のプロモーション活動は，デリバリー部門の能力を超えて契約をとることになり，有害である．過剰な契約で短期に得た顧客は，サービスのデリバリーに失敗すると即座に失われる．社内コミュニケーション戦略の数が多いと，後者の問題を回避することができる．効果的な垂直方向の対話を含むこの種の戦略を使って，企業の戦略とマーケティングのメッセージを提供者に伝えることで，提供者は正確に対話を進めることができるようになる．社内でブランドを浸透させると，提供者はブランドの価値を理解し，顧客に約束できることと約束すべきことを現実的に扱えるようになる（Mitchell, 2002）．マーケティングチーム，オペレーションチーム，サービス設計チームをまたいだ水平方向の対話も，契約とサービス提供機能を一貫させるのに役立つ．

9.4.10　提供者ギャップ4に対するテクノロジーの影響

他のギャップと同様に，ギャップ4に対して初期に着目されていたのは，対人コミュニケーション（サービスのデリバリー中に行われる販売やリアルタイムの対話），サービスの具体的なシンボル（サービススケープ，価格，および他の物理的な形跡），サービスの広告といった，従来の対話チャネルであった．テクノロジーの導入は，これらの従来のコミュニケーションチャネルすべてに影響を与えている．すべてのコミュニケーション形式の中で顕著な効果を示しているテクノロジーの一つは，（メールなどによって電子的に情報の更新やカスタマイズを行うことで）コミュニケーションを迅速に変更したり，価格を動的に決めたり，ターゲットとしている顧客セグメントに対してカスタマイズした対話戦略を実現する動的な機能である．

また，サービス企業は，顧客との対話のためにブログや特定の人向けのメール配信，顧客コミュニティ，顧客と提供者とのチャットといった数多くのチャネルを使うことができる．効率的に統合しなければならないチャネルや対話方式が爆発的に増え，その結果として，チャネルにかかわらず一貫したメッセージを提供しなければならないという課題を困難にしている．これらの新たなチャネルに対してサービス企業が容易に検討できるオプションは存在せず，顧客との対話の手段としての新しいチャネルに対する期待は，どんどん大きくなっている．

オンライン上で実現された仮想サービスの体験は，ギャップモデルが当初作られた際には利用できなかったサービスとの対話に関する別の方法を提供する．事実，過去において，自身が提供しているものが何であるかを伝える手段を探しているサービス企業にとって課題となっていることの一つは，サービスプロセスの経験や現実的かつ視覚的なイメージを効率的に伝える方法がないことであった．サービスは触れることができず，プロセス指向であるため，サービスを購入する前に提供するサービスを顧客に効果的に伝えることが困難であることは，サービスの特性であると信じられていた．経験を伝えることは依然として課題であるが，仮想オンライン体験は，顧客が期待できるものを少なくとも今までよりも現実味があるものとして提供する．これらの仮想体験は，物理的な環境やサービスプロセスの手順，サービス企業提供者のアイデア，使われているテクノロジーに対する見解を顧客に提供することができる．仮想化することはわずか10年前までは事実上不可能だったが，仮想体験を提供者間で比較すると，顧客はサービスの「比較ショッピング」を行えるかもしれない．

　インターネットを介したオンラインブランドコミュニティや，簡単で迅速なマスコミュニケーションは，サービス企業にとって顧客の期待に影響を与える新しいチャネルである．口コミは，企業間や企業と顧客間のサービスにとって常に最重要であることがよく知られているが，仲間同士・顧客同士の対話という新しい方式によって，口コミは現在，サービスへの期待値の形成に大きな影響力を持つようになった．

　顧客は，サービスをモノのように価格で比較することはできない．このことはモノとサービスマーケティングを慣例上区別する基本理念の一つである．この基本的な価格の課題は，テクノロジーの導入によって変化している．顧客はテクノロジーを使ってウェブサイト間を渡り歩き，期待する価値や相対的な価格について手がかりを提供する写真や仮想体験をチェックすることで，オンライン上の店の比較を行うことができる．

　インターネットを介して顧客のために迅速かつ簡単にアクセス可能な対話が実現される時代となったが，その際のサービス企業にとっての最優先課題とは，いつも広告で行っているような，優れたサービス，美しい写真，素晴らしい提供者をオンラインで実現し，顧客に今まで以上の安心感を与えることである．これらのオンライン体験を実際に提供するサービスと確実に一致させることは，いまだきわめて困難である．顧客と対話するチャネルや機会が急増する一方で，効果的な統合コミュニケーションを実現するために，サービス企業は継続的に挑戦し続けなければならない．

9.5　おわりに

　本章には二つの目的があった．第一の目的は，十分に確立されたサービスマーケティングおよび管理フレームワークである，サービス品質のギャップモデルの概要を紹介することである．第二の目的は，各ギャップを縮める戦略に情報テクノロジーが与える影響を説明することである．そこで，モデル内の各ギャップを縮める際に用いられる基本的な戦略のいくつかに着目し，テクノロジーの進歩と革新がこれらの戦略に影響を与える例を示した．モデルを使った経験から，サービスサイエンスにとっての基本前提や関連づけられている戦略が，現在の効果的かつ収益性の高いサービス事業を管理するため

には不可欠であることがわかった．これは，モデルが最初に開発されたときとまさに同じである．また，モデルを拡張して長期間にわたって使用することによって，変化するビジネス環境にモデルを適用できることは，明らかである．新しいテクノロジーやサービスイノベーションがモデルに組み込まれていき，ギャップやギャップを縮める新しい戦略がより良く理解できるようになる．

　我々は，サービスサイエンスにおいて，ギャップモデルは今後も基本的な枠組みの一つであると信じている．ギャップモデルの主な貢献は，ビジネスの観点からのクロス機能，理論の結合，アイデア，複数の学問分野からのフレームワーク，および強い顧客主義である．サービスサイエンスは，新しい理論やエンジニアリング，オペレーション，コンピュータサイエンス，マネージメントからのフレームワークの恩恵を受けるが，サービスサイエンスの中核の一部として進展しなければならない基本原則が現在存在していると我々は確信している．そして，サービス品質のギャップモデルは，これらの知識エリアの中核の一つであると信じている．

参考文献

Arnould, E. J. and Price, L. L. (1993), "River Magic: Extraordinary Experience and the Extended Service Encounter," *Journal of Consumer Research,* 20 (June), 24-45.

Barber, F. and Strack, R. (2005), "The Surprising Economics of a 'People Business'," *Harvard Business Review,* 83 (June), 80-91.

Berry, L. L. and Parasuraman, A. (1991), *Marketing Services.* New York: The Free Press.

Berry, L. L. and Seltman, K. D. (2007), "Building a Strong Services Brand: Lessons from Mayo Clinic," *Business Horizons,* 50 (May-June), 199-209.

Bitner, M. J. (2001), "Service and Technology: Opportunities and Paradoxes," *Managing Service Quality,* 11 (6), 375-379.

Bitner, M. J. and Brown S. W. (2008), "The Service Imperative," *Business Horizons 50th Anniversary Issue,* 51 (January-February), 39-47.

Bitner, M. J., Booms, B. H. and Tetreault, M. S. (1990), "The Service Encounter: Diagnosing Favorable and Unfavorable Incidents," *Journal of Marketing,* 54 (January), 71-84.

Bitner, M. J., Ostrom, A. L. and Morgan, F. N. (2008), "Service Blueprinting: A Practical Technique for Service Innovation," *California Management Review,* Spring 2008, 66-94.

Boulding, W., Kalra, A., Staelin, R. and Zeithaml, V. A. (1993), "A Dynamic Process Model of Service Quality: From Expectations to Behavioral Intentions," *Journal of Marketing Research,* 30 (Winter), 7-27.

Brady, M. K. and Cronin, J. J., Jr., "Some New Thoughts on Conceptualizing Perceived Service Quality: A Hierarchical Approach," *Journal of Marketing,* 65 (July), 34-49.

Cooper, R. G. and Edgett, S. J. (1999), *Product Development for the Service Sector,* Cambridge, MA: Perseus Books.

Edvardsson, B., Gustafsson, A, Johnson, M. D. and Sanden, B. (2000), *New Service Development and Innovation in the New Economy,* Lund, Sweden: Studentlitteratur AB.

Fornell, C., Mithas, S., Morgeson, F. V. III, and Krishnan, M. S. (2006), "Customer Satisfaction and Stock Prices: High Returns, Low Risk," *Journal of Marketing,* 70 (January) 3-14.

Henard, D. H. and Szymanski, D. M. (2001), "Why Some New Products Are More Successful than Others," *Journal of Marketing,* 28 (August), 362-375.

Heskett, J. L., Sasser, W. E., Jr. and Schlesinger, L. A. (1997), *The Service-Profit Chain,* New York: The Free Press.

IfM and IBM (2007), *Succeeding Through Service Innovation: A Discussion Paper,* Cambridge, United Kingdom: University of Cambridge Institute for Manufacturing.

Li, C. and Van Boskirk, S. (2005), "U.S. Online Marketing Forecast: 2005-2010," forrester.com, May 2.

Loveman, G. (2003), "Diamonds in the Data Mine," *Harvard Business Review,* 81 (May), 109-112.

Meuter, M. L., Bitner, M. J., Ostrom, A. L. and Brown, S. W. (2005), "Choosing among Alternative Service Delivery Modes: An Investigation of Customer Trial of Self-Service Technologies," *Journal of Marketing,* 69 (April), 61-83.

Mick, D. G. and Fournier, S. (2001), "Paradoxes of Technology: Consumer Cognizance, Emotions, and Coping Strategies," *Journal of Consumer Research,* 25 (September), 123-47.

Oliver, R. L. (1997), *Satisfaction: A Behavioral Perspective on the Consumer,* New York: McGraw-Hill.

Parasuraman, A. and Colby, C. L. (2001), *Techno-Ready Marketing: How and Why Your Customers Adopt Technology,* New York: The Free Press.

Parasuraman, A, Zeithaml, V. A. and Berry, L. L. (1985), "A Conceptual Model of Service Quality and Its Implications for Future Research," *Journal of Marketing,* 49 (4), 41-50.

Parasuraman A., Zeithaml, V. A. and Berry, L. L. (1988), "SERVQUAL: A Multiple-Item Scale for Measuring Consumer Perceptions of Service Quality," *Journal of Retailing,* 64 (Spring), 12-40.

Parasuraman, A., Zeithaml, V. A. and Malhotra, A. (2005), "E-S-QUAL: A Multiple-Item Scale for Assessing Electronic Service Quality," *Journal of Service Research,* 7 (February), 213-233.

Rust, R.T. and Oliver, R. L. (2000), "Should We Delight the Customer?" *Journal of the Academy of Marketing Science,* 28 (Winter), 86-94.

Rust, R. T., Moorman, C. and Dickson, P. R. (2002), "Getting a Return on Quality: Revenue Expansion, Cost Reduction, or Both?" *Journal of Marketing,* 66 (October), 7-24.

Schneider, B. and Bowen, D. E. (1995), *Winning the Service Game.* Boston: Harvard Business School Press.

Schneider, B. and Schechter, D. (1991), "Development of a Personnel Selection System for Service Jobs," in *Service Quality: Multidisciplinary and Multinational Perspectives,* S. W. Brown, E. Gummesson, B. Edvardsson, and B. Gustavsson, eds. Lexington, MA: Lexington Books, 217-236.

Tax, S., Brown S. and Chandrashekaran, M. (1998), "Customer Evaluations of Service Complaint Experiences: Implications for Relationship Marketing," *Journal of Marketing,* 62 (April), 60-76.

Vargo, S. L. and Lusch, R. F. (2004), "Evolving to a New Dominant Logic for Marketing," *Journal of Marketing,* 68 (January), 1-17.

Verhoef, P. C., Antonides, G. and de Hoog, A. N. (2004), "Service Encounters as a Sequence of Events: The Importance of Peak Experiences," *Journal of Service Research,* 7 (August), 53-64.

Ward, J. C. and Ostrom, A. L. (2006), "Complaining to the Masses: The Role of Protest Framing in Customer-Created Complaint Web Sites," *Journal of Consumer Research,* 33 (September), 220-230.

Zeithaml, V. A., Berry, L. L. and Parasuraman, A. (1993), "The Nature and Determinants of Customer Expectations of Service," *Journal of the Academy of Marketing Science,* 21 (Winter), 1-12.

Zeithaml, V. A., Berry, L. L. and Parasuraman, A. (1996), "The Behavioral Consequences of Service Quality," *Journal of Marketing,* 60 (April), 31-46.

Zeithaml, V. A., Bitner, M. J. and Gremler, D. D. (2009), *Services Marketing: Integrating Customer Focus Across the Firm,* 5th edition, New York: McGraw-Hill.

Zeithaml, V. A., Parasuraman, A. and Berry, L. L. (1990), *Delivering Quality Service: Balancing Customer Perceptions and Expectations,* New York: The Free Press.

第10章

サービスシステムデザインのための七つのコンテキスト

☐ Robert J. Glushko
　University of California, Berkeley

　　　　今日計画・開発中のサービスシステムの中でも特に複雑なものを見てみると，それらの多くが複数の「コンテキスト」，すなわち (1) 対人サービスの接遇，(2) 技術的に強化された対人サービスの接遇，(3) セルフサービス，(4) マルチチャネル，(5) マルチデバイス，(6) コンピュータによるサービス，(7) 位置情報と状況認識に基づくサービス，を組み合わせたものである．本章では，これらの七つのデザインコンテキストに関して，設計上の注目点や設計方法について述べる．特に，サービスシステムが「情報集約的」である場合に着目して，七つのコンテキストすべてに当てはめることができる統一的な見方を提案する．この見方は，サービス実行のために必要となる情報に焦点を当て，その情報を得る際に，サービス提供者と利用者間で役割がどのように分担されるかに注目したものである．また，情報交換を統治するパターンという概念を導入することにより，サービスにおける接遇とその結果を抽象的に捉えることが可能になる．この提案によって，サービスの設計コンテキスト同士を体系的に関連づけ，設計パラメータや設計パターンとして用いることができるようになる．例えば，対人によるインタラクションの代わりに情報をあらかじめ保存して利用するといった代替手段の設計も可能になる．さらに本章では，「スマートなマルチチャネル書店」の設計事例を用いて，サービスシステムの構成要素として様々なデザインコンテキストをどのように利用するかを示す．

10.1　はじめに

　　　　かつては「サービス」といえば，2人の人間が対面でインタラクションするものを指しており，一方がサービスを提供し，他方がそれを受け取るという形態であった．ところが今日では，サービスというものが含む領域やそこで起こるインタラクションははるかに複雑である．「サービスシステム」とは，様々な設計コンテキストによって生じる価値を組み合わせて統合したものであり，ここでいうコンテキストには，(1) 対人サービスの接遇，(2) 技術的に強化された対人サービスの接遇，(3) セルフサービス，(4) マ

ルチチャネル，(5) マルチデバイス，(6) コンピュータによるサービス，(7) 位置情報と状況認識に基づくサービスが含まれる（Maglio et al., 2006; Spohrer et al., 2007）．サービス設計者のほとんどは，これらのコンテキストの一部には馴染みがあり，また，個々のコンテキストに関して，設計上の注目点や設計方法に焦点を当てた研究や実務に関する文献が存在する．しかしながら，サービス設計者がすべてのコンテキストに精通していることは稀である．また，設計上の注目点や設計方法はコンテキスト間で整合がとれないことも多いので，複数のコンテキストにまたがって分析するような研究は少ない．

　本章では，サービスコンテキストに関して従来より抽象的な見方をすることで，「情報集約的」なサービスシステムの大多数を対象に，そのサービスが対人であるかセルフサービスであるか自動化されているかといった違いではなく，共通点に注目するほうが望ましいことを主張する．このような見方により，サービス設計上の本質的な課題は，そのサービスを実行するために必要となる情報の性質から導けることを示す．また，その情報を得るための，サービスの提供者・利用者間での責任分担が設計上重要であることも示す．上記をまとめると，サービスシステムにおけるインタラクションの性質と強度は，必要となる情報と，それを得るための労働の分担により決定されることになる．このように抽象化されたアプローチは，すべてのコンテキストに適用することが可能であり，これによって，それぞれのコンテキストに固有な点にのみ焦点を当てた従来の設計アプローチの制約の多くを解消することができる．

　なぜ，五つや九つではなく，七つのコンテキストなのだろうか？　あらゆる分類方法と同様に，この設計フレームワークの定義もある意味では独断的なものと言えるが，ここでの提案の有効性は，この分類が設計上の課題および方法を分析・整理する手法として最善であるか，または唯一であるかどうかには依存しない．むしろ，この論文では，ここで用いる七つのコンテキストが概念的に首尾一貫した構成要素であり，これらを使って多くの異なる種類のサービスシステムの段階的設計が可能になることを示している．さらに，多くの領域におけるサービスシステムに関する簡易的な分析によると，これらの七つのコンテキストは，現在提供中ならびに開発予定の多くのサービスを記述するのに十分であることが示されている．

　10.2 節では，まず情報集約型サービスを定義する．情報集約型サービスとは，共創される価値の大部分が，物理的活動または人間同士の活動よりも，情報処理や情報交換によって作られるという性質を持つサービスである（Apte & Mason, 1995）．10.3 節では，七つのサービス設計コンテキストについて述べ，サービスの実行に必要となる情報という観点，ならびにこの情報を提供する責任がサービス提供者・利用者間でいかに分担されるかという観点に基づいて，サービス設計上の指針と方法として典型的なものを整理し直す．10.4 節では，サービスに関する抽象的な記述を導入することにより，様々なサービスコンテキストを，置き換えや組み合わせが可能なサービスシステムの構成要素へと分解できることを示す．そして，このような考え方に基づいて，すべてに共通する設計概念と方法論を提案する．

　10.5 節では，これらの新たな設計概念と設計方法の使用例として，デザインコンテキストから抽出したサービスコンポーネントを組み合わせた「スマートなマルチチャネル書店」というサービスシステムを設計する．企業が提供する顧客価値と情報の流れについて，顧客，フロントステージ/バックステージそれぞれの書店従業員，そして書店の

経営者の視点を対比して議論することにより，サービスシステムに関する俯瞰的な視点を提示する．

10.2 「情報集約型」サービス

Apteと彼の研究グループは，サービスの分類を，物理的行動，人間間行動，（記号操作を伴うものとしての）情報行動という3種類の行動の比率の観点から行った（Apte & Mason, 1995; Apte & Goh, 2004; Apte & Karmarkar, 2007）．情報集約型のサービスとは，サービスシステムによって提供される価値の大部分が情報行動によって生み出されるサービスである．サービスが極端に情報集約的であるのは，物理的行動・人間間行動をほとんど必要としないか，または人間間のインタラクションが意思決定や他の関連情報を利用するための情報交換だけに集中している場合である．情報集約型サービスの例としては，会計，データの入力と転記，翻訳，保険引受業務と請求処理，法律専門業務，顧客サポート，計算機プログラミングなどが挙げられる．これらのサービスでは，顧客の目標達成に対して，文書，データベース，ソフトウェア，その他の情報源やリポジトリが本質的役割を果たしている．

物理的行動，人間間行動，情報行動の比率に関して，「絶対的」比率と「相対的」比率に従ってサービスには種類があることを認識することはきわめて重要である．究極的に情報集約的なサービスは完全に情報に基づいており，物理的または人間間のやり取りは不要で，情報システム，ウェブサービス，計算機エージェントとして自動化可能である．

他の種類の情報集約型サービスとしては，伝統的な教室での教育，救急と外科的なヘルスケア，物流，販売，コンサルティング，人材管理などのように，サービスの一部に物理的・個人的なやり取りが不可欠なものがある．さらに，物理的行動と人間間行動が重要な部分を占めるサービス，すなわち治療，マッサージ，飲食業，エンターテインメントなどは「経験集約的」であり，提供されるサービスに合意し，共創するための情報交換を必要とする．

10.3 サービスデザインのための七つのコンテキスト

以下では，サービス設計のための七つのコンテキストについて述べる．

- 「対人サービス」（コンテキスト1），「セルフサービス」（コンテキスト3），「マルチチャネル」（コンテキスト4）は，サービス設計において基礎となるものである．
- 「技術的に強化された対人サービスの接遇」（コンテキスト2）は，純粋な対人サービスの接遇からセルフサービスへと移り変わる際の中間的な状態に着目している．
- 「マルチデバイス」（コンテキスト5）は，セルフサービスとマルチチャネルに関する多くの設計上の考慮点を組み合わせたものであるが，その他の固有の関心事も扱うので，独立したコンテキストとなっている．

- 「バックステージ集約」あるいは「コンピュータによるサービス」（コンテキスト 6）は，「機械間」「コンピュータ間」のサービスと呼ばれるものの一部に対応しているが，他のコンテキストが追加されると，より曖昧になる．
- 「位置情報と状況認識に基づくサービス」（コンテキスト 7）は，セルフサービス（3），マルチデバイス（5），バックステージ集約（6）に関する関心事を組み合わせたもので，固有の関心事も考慮する必要がある．

それぞれのコンテキストを，書籍サービスのシナリオ例における設定とともに紹介し，順次シナリオを追加しながら複雑なサービスシステムを定義していくことにする．

10.3.1　対人サービスの接遇（コンテキスト 1）

> 独立経営の地方の書店は，接客係に多くの権限を委譲した対人サービスの良い例となっている．というのも，そのような書店では，個人の好みを反映した心のこもったサービスが生き残りを決めるからである．書店員は個々の顧客を覚え，名前を呼び挨拶する．また，その顧客の好きな話題，著者，過去の買い物，予算などを覚えており，これらの情報を総動員して新たな本を推薦する．新規顧客であれば，書店員は好みを尋ねて何らかの本を薦め，反応を見ながら顧客モデルを洗練していく．場合によっては，その顧客の好みにあわせて店内を案内する．

Levitt（1972）はかつて「サービス従業員の自由裁量は，秩序・標準・品質にとっては敵である」と述べているが，このことは定型化が特に進んでいる対人業務サービスでは真理かもしれない．我々は誰でも，サービス提供者の官僚的で柔軟性に欠けた態度に接した経験があるはずである．例えば自動車販売店では，書類を作成して従業員に提出するが，サービスはまったく顧客の好みにはカスタマイズされていない．また，我々は経験的に，人は「自分のやり方」によるサービスのほうを好むことも知っている．Mills & Moberg（1982）は，「サービスを運用するための技術的なコアを周囲から分離する」ことで，フルサービスと制限つきサービスの間にいくつかの柔軟度レベルを設定する手法を体系化しようとしている．しかしながら，彼らも，他のサービス設計・運用の研究者も，標準化と効率を達成するというゴールと，顧客ごとの変化する要望と好みを満たすというゴールの本質的な対立関係に，最終的に気づいたのである．

サービス価値の創造に関するさらに突っ込んだ解析もある．「サービスプロダクションシステム」における価値と利益の連鎖（Heskett et al., 1977; Mills & Moberg, 1982）や，「フロントオフィス」（またはフロントステージ）と「バックオフィス」（またはバックステージ）の間のアーキテクチャ的な境界の認識（Glushko & Tabas, 2009; Teboul, 2006）に関する研究である．フロントステージのサービスオペレーションは顧客との対話を含むが，バックステージのオペレーションは顧客への接触なしに，フロントステージに貢献するものである．サービスがフロントステージとバックステージを分離する「可視化ライン」とともに設計されていれば，最前線の従業員にはフロントステージにおいてサービスを適合させる裁量を与えることができ（Kelley, 1993; Lashley, 1995; Frei, 2006），バックステージの効率的なオペレーションを損なうおそれもない．

対人サービスの設計では，サービスの品質が，サービス提供者と顧客がいる最前線の

フロントステージにおけるやり取りによって決定されることが前提となる（Zeithaml et al., 1998; Bitner et al., 2000）．ここから言えることは，対人サービスのための典型的な設計技法は人類学的な参加型のものになるということである．すなわち，サービスの設計者は，顧客の目的や行動を理解することを目的として，顧客のコンテキストを観察・共有し，その中でインタビューを行う必要がある（Beyer & Holtzblatt, 1998）．この手法により，顧客がサービス提供者とのインタラクションを経験するタッチポイントを重要視した，顧客中心のサービスが生み出される．

例えばサービスブループリント（Bitner et al., 2008）の手法では，対人サービスを「動的なもので，イベントやステップの一連の流れの中で展開されていくことで，顧客にとっての価値を生成するもの」として特徴づけている．同様に，Benford et al. (2009) はこのような一連のタッチポイントを「インタラクションの軌跡」と表現し，Dubberly & Evenson (2008) は「顧客の旅」あるいは「体験サイクル」，Davis & Dunn (2002) は「ブランドタッチポイントの車輪」，Meyer & Schwager (2007) は「顧客の回廊」と呼んでいる．

ブループリント支持者の考え方によると，すべてのタッチポイントは，サービスが提供・共創されていることを示す有形のエビデンスとも関連づけられるべきである．物理的なやり取りが多く発生する対人サービスであれば，多くの有形物が自然に目に見えることになる．例えば，清潔にプレスされた洋服は，ドライクリーニングサービスが期待どおりに実行された明白な証拠である．あるいは，医者の白衣や，他のサービスにおける制服の外見は，サービスの品質への期待を補強する効果がある．

多くのサービスは目に見えるエビデンスとして表象化された情報と関連づけられている．例えば，送り状や領収書，サービス完了時に顧客に渡される保証書，オフィスの壁に飾られたサービス提供者のビジネス免許などである．多くの情報集約型サービスにとって，情報の生成・処理はサービスの唯一の本質的なエビデンスである．それらの多くは本質的には目に見えないものであり，取引ログなどの2次的な情報が，それらに何らかの永続性を与えるために利用される．情報集約型サービスは目に見えないという特性により，多くのブループリントでは，フロントステージで顧客への価値を目に見える形で提供しようとする傾向が見られる．

10.3.2 技術的に強化された対人サービスの接遇（コンテキスト2）

> ある顧客が，長年本を買い続けている地方の書店を訪れる．ところが，彼をよく知る昔からの店員は不在で，顧客もカウンターにいる新人店員のことをよく知らない．このような状況でも，新人店員は書店のコンピュータで書店管理システムの顧客情報を検索し，すぐに顧客の購入履歴と昔からの店員が残した顧客の好みに関するメモを確認することができる．そして，新人店員は直前に入荷した本を推薦できる．

情報技術がビジネスやサービス提供者に広く使われるようになるにつれて，サービス接遇における「技術導入」を扱うためのサービス設計の概念や手法が作られるようになった（Bitner et al., 2000）．サービスの運用は，データベースのような汎用のIT技術や，カタログ，注文，CRMなどの業務アプリケーションを用いることで効率化され，

信頼性も向上している．さらに，接客担当者は情報管理技術の利用を通して，より顧客にマッチした満足度の高いサービスを提供できるようになっている．このような技術により，接客担当者は個人の記憶に頼らなくても正確で完全な情報を利用できるという利点が得られる．

ただし，IT により一貫した信頼性の高いサービスを提供できる可能性があるとしても，サービスシステムの設計に IT を取り入れるか，あるいは，どの部分に IT を取り入れるかは考慮が必要である．接客担当者だけに技術を使用させることで能力を補強することもできるし，接客担当者と顧客の双方に技術を利用させることでインタラクションをより直接的に強化することもできる．Fitzsimmons & Fitzsimmons（2006）は，前者と後者を「技術による支援」と「技術による円滑化」として区別している．しかしながら，最も大きな選択は，接客担当者をなくして完全に技術に置き換え，セルフサービス接遇にするかどうかにある．

例えば，高級レストランでソムリエを雇ってワインを薦めること（対人のコンテキスト）を考えてみよう．ただし，ソムリエは PDA で "Wine Snob"（WineSnob, 2009）アプリケーションをこっそり見て，ワインと食事の相性を確認してからホールに向かう（技術による支援のコンテキスト）とする．この例では，ソムリエは自分が Wine Snob を使ってワインを薦めていることを顧客に明かすことは決してないだろう．しかし，建築や技術コンサルティングのようなサービス領域においては，技術による支援をサービスの利用者と提供者が一緒に利用する場面（技術によって円滑化されたコンテキスト）を想像することは容易である．

レストランの顧客が自分の PDA 上で Wine Snob アプリケーションを立ち上げ，ソムリエに確認や代替案を求めることも考えられる．このシナリオでは，顧客がサービス体験を良くするために，技術をその場で使用している．このようなことは次第に一般的になりつつあるが，これを体系化することは容易ではない．というのも，これは定義上，サービス提供者がこのような顧客の行動を予測できないからである（予測できるとすれば，「技術による円滑化」による体験となるだろう）．この種の「技術により強化されたサービス接遇」については，おそらく「顧客がその場で採用した簡易テクノロジー」というカテゴリが適切だろう．そしてもちろん，顧客はディナーに出かける前に自宅で Wine Snob にアクセスすること（セルフサービスのコンテキスト）もありうる．

運用効率の改善だけでなく，サービスが特定の顧客や個人を満足させるように，個人の嗜好を反映し適合させる目的で技術を用いることもできる．対人サービスにおいては，サービスに個人の嗜好を反映できる度合いは，接客担当者が顧客の要求や好みに関する情報をどの程度やり取りから得られるかにかかっている（Brohman et al., 2003; Kolesar et al., 1998）．同様に，（機械による）パーソナライゼーションも，個人の情報を提供する顧客の意志や能力に依存している．状況によっては，サービス提供者が受け取った情報を安全に管理できるかという懸念から，十分な情報提供を得られないこともある．最後に，顧客が情報を提供してくれた場合でも，サービス提供者の情報管理手法がどれだけアクセス可能性や分析可能性に優れているかにより，パーソナライゼーションの度合いは制約を受ける．

情報通信技術の発達により，元のサービスやプロセスとは時間的にも空間的にも分離した形で情報を加工・利用でき，情報集約型の活動が可能になった．これが，サービ

スの「アウトソース」や年中無休の全世界的な顧客サポートを実現できる原理である（Apte & Mason, 1995; Blinder, 2007）．より一般的に言うと，技術によりサービスの分解が可能になり，垂直統合型の集中化された企業は，仮想的でネットワーク化された形態へと変化している．この形態では，ボストンでもベルリンでもバンガロールでも，世界中のほとんどどこにでもサービスは配置でき，それらの複数のサービスが協調することにより機能する（Palmisano, 2006）．

10.3.3　セルフサービス（コンテキスト3）

> ある顧客が自分の ID で Amazon などの書籍販売サイトにログインすると，表示が汎用のカタログからその顧客専用のものに切り替わる．そのような個人用カタログは，購入履歴に加え，以前に検索したもの，破棄されたショッピングカート，欲しいものリストなどに基づいて提供される．実在の書店であれば顧客に付きまとうのは押し付けがましいだろうが，セルフサービスのコンテキストでは，暗黙的な好みや興味を閲覧履歴に基づいて容易に取得することができる．経験や洞察力がある書店員は，顧客の購入履歴と好みを反映して書籍を薦めることができるが，Amazon やその他のネット販売では，何百万もの取引と検索を分析・集約して非常に洗練されたお薦めサービスを提供しており（Shafer et al., 2001），同時に，顧客のリアルタイムの閲覧に応じて即座にカタログの中身や価格を動的に調整することもできる．

　技術の利用によるサービス設計の変革は，人によるサービス提供を良くする形よりも，対人サービスからセルフサービスへ置き換えるほうが，変化が大きい．これによりフロントの従業員がいなくなるため，顧客から見える部分がバックステージに近いところにまで広がり，以前は接客担当者にのみ見えていたような情報にも顧客がアクセスできるようになる．

　サービス接遇における技術導入のインパクトをより細かく理解するには，物理的活動，人間間のやり取り，情報活動の，比率の変化に着目する必要がある．これらの比率はサービス設計のパラメータであり，ある活動を別の種類の活動で置き換える技術を利用することにより，系統的な調整が可能である．例えば，蓄積された情報と人間間のやり取りは互いに置き換え可能であることが多い．すなわち，個人情報や好みに関する情報などは，過去のやり取りやデータブローカーから入手しておけば，顧客にあらためて聞く必要はない．

　技術的に強化された対人サービスやセルフサービスについて，共通の設計パターンが多く見られるようになりつつある．その中身は，ユーザーまたは顧客の好みに関する情報の作成・収集を支援するものである．このような情報，すなわち「コミュニティコンテンツ」（Armstrong & Hegel, 2000）や「集合知」（Segaran, 2007），「クラウドソーシング」（Howe, 2008）などと呼ばれるものに貢献することは，部分的には自己完結的である．というのは，情報を提供することが，その人自身の将来のサービス体験の品質を高めることになるからである．例えば，顧客がレストランやホテルなどのサービスを格付けすることで，高い格付けのサービスだけを選ぶようにすることができる．しかしながら，この活動は寛大さと利他主義に基づいているとも言える．なぜなら，まったく貢献

しない人々が恩恵を受けるとしても，多くの人々が情報提供し，純粋な個人の興味を越えて努力するからである．

1980年頃にパーソナルコンピュータが出現する前は，セルフサービス技術の主要な課題は，ATMや電話のキーボード，ボタン，その他のハードウェアとの対話機構に関する人間工学であった．PCは，グラフィカルなユーザーインターフェースによって幅広いインタラクション方法を実現しており，それを可能にする十分な処理能力も備えていた．これにより，ユーザーインターフェースの設計，プロトタイピング，評価のための技術が急速に開発され，セルフサービスアプリケーションのための新たな技術プラットフォームとともに進化している．

新たなプラットフォームの中で最も重要なものはWorld Wide Webである．ウェブは，1990年中盤に主流となり，その後も驚異的なペースで成長している．いまや，顧客に何らかの情報や商取引を提供するすべての事業体がウェブサイトを持っており，サイトの使い勝手は主要な設計課題である．「使い勝手」には多くの定義があるが，アプリケーションの使い方を覚えやすくすること，利用を効率化すること，ユーザーの要求を満たす機能と情報を提供することなどは，共通して挙げられる点である．ユーザーインターフェースに関するユーザビリティの課題の中には，専門家による経験的な評価やプロトタイプによるユーザー利用テストのような定性的な手法により検出・修正できるものもある（Nielsen, 1994）．しかしながら，品質や性能を良くするためには，もっと洗練された分析と計測技法が必要である．特にユーザーインターフェースがいわゆる「マッシュアップ」，すなわちグローバルなサービスネットワーク上の複数のアプリケーションや情報源を統合する複合アプリケーションを利用する場合には，そのような洗練された技法が要求される（Edmunds et al., 2007; Wiggins, 2007）．

セルフサービスのアプリケーションやウェブサイトにおける利便性や品質は，サービス設計者にとって大きな課題となる．これは，ユーザーが競合するサービスへ「一回クリックするだけ」で移動できてしまうことが多いからである．多くのユーザビリティ専門家は，「オンラインサービスの成功はウェブサイトによる顧客経験に強く依存している」（Massey et al., 2008）という考え方に同意するだろう．

しかしながら，フロントステージの見映えや振る舞いに関する利便性ばかりを見ていると，バックステージにおける目に見えない活動に目が行かなくこともある．このことは，顧客の要求に即座に応答するような単純なオンラインサービスにおいては，問題とはならない．しかしながら，情報の処理や物理的な行動を伴う複雑なサービスシステムにおいては，バックステージでやるべきことが数多くある．例えば，オンラインでの履歴書や入学願書の提出や，オンラインストアでの注文などは多くのアクションと情報処理を必要とするので，数日あるいは数か月でも終わらないこともある．そのようなサービスシステムにおいて，サービス品質の基準としてセルフサービスインターフェースの利便性にのみ着目することは大きな見落としである．オンラインショッピングサイトの利便性は重要であるし，見かけの細かな設計項目も重要であることに間違いはない．しかしながら，最終的に顧客が満足するかは，注文した商品が予定どおりに届くかどうかにかかっているのである．フロントステージにおけるユーザー体験が満足できることは必要であるけれども，サービスシステムの最終的な成果に関して非現実的な期待値を設定すると，期待値に対しては不十分で，かつ非生産的ともなりうるユーザーインター

フェースができ上がってしまう．はるかに重要であるのは，効率的で効果的なバックステージサービスの運用というサービスシステム設計上の課題である．この課題に関する議論については後述する．

10.3.4　マルチチャネルサービス（コンテキスト 4）

> 顧客がオンライン書店で新書に関するお薦めを受け取り，その日にその本が欲しくなったとしよう．この顧客はオンラインでその本を予約し，近所の書店でその当日に受け取ることはできるだろうか？ 顧客が書店に来たとき，店員はその顧客がオンライン上で見たけれども買わなかった本を知っていて，割引価格を提示するといったことをすべきであろうか？ 顧客が近所の書店で買った本の情報を，オンライン書店での購入履歴やお薦めに反映すべきであろうか？

ウェブが電子商取引や情報サービスの基盤として成熟するにつれて，物理的な存在を持たない Amazon のようなスタートアップ会社が，Barnes & Nobel のような昔からの書店にとって脅威となってきた．従来型の企業にとって，ウェブ上の販売チャネルを作り，それを既存の販路と融合することは，緊急かつ重要な戦略的決定であった．このようにして，新たなサービス設計コンテキストとして「マルチチャネルサービス」という概念が出現した（Gulati & Garino, 2000）．ウェブというチャネルは「電子政府」というビジョンももたらした．電子政府では，市民へのサービスが劇的に改善され，役所のカウンターでの非効率的な対面のやり取りが不要になることが期待される（Osborne & Gaebler, 1993; Gronlund, 2002）．

　サービス提供者が，既存の対人接客やセルフサービスに加えてインターネットのチャネルも追加し，本当の意味でのマルチチャネルサービスにする際には，ATM，電話のタッチトーン，音声対応といった単なるセルフサービスを追加する場合より，はるかに多くのことが関わってくる．これらのセルフサービス技術は，サービス全体から見ると，短時間で管理する取引処理や情報検索など，ごく一部の範囲をサポートするものである．すなわち，このようなセルフサービスのチャネルは，対人サービスのすべてを置き換えるものではない．

　しかしながら，ウェブチャネルは対人のチャネルによるサービスの多くと同等のものを提供可能であり，さらにパーソナライゼーションも可能である．このような顕著な能力と可能性のために，チャネル間競合，セールスの食い合い，顧客区分，ブランド化，組み合わせ販売など，ビジネスモデル上の重要な懸念事項も提起されることになった（Iqbal et al., 2003; Falk et al., 2007）．サービスの機能や品質に関する顧客の経験や期待は，チャネル横断的な体験すべてにより形成されるものであるため，起こりうるインタラクションを予測することが重要である（Sousa & Voss, 2006）．しかしながら，チャネル横断的な予測可能性はチャネルごとの機能の違いにより制約される．逆に，そのような違いがなければ，複数のチャネルを持つ意味はないのである．

　消費者はオンラインで商品を調べ，どこで買うか，つまり，どのサービス提供者を選ぶかを検討する．いつも決まったブランドの商品を買う消費者でも，毎回同じ小売業者から買うとは限らない．一方，マルチチャネルの事業者は，顧客が様々なチャネルを互いに補完的なものと見なしてくれることを望んでいる．それが，売上の向上，忠誠心の

強化をもたらすからである（Tedeschi, 2007; Bendoly et al., 2005; Neslin et al., 2006）．そのため，多くの会社が「店舗への配送」または「近所での受け取り」というサービスを提供し，顧客がオンラインで購入・予約した商品を，物理チャネルにより迅速に受け取れるようにしている．同様に「店舗への返品」ポリシーにより，オンラインチャネルで購入した商品を近所の店舗に返却することも可能にしている．このようなサービスを机上で議論するのは簡単だが，実現は難しい．というのも，オンラインチャネルのための理想的なサプライチェーンは，物理的なチャネルのそれとは異なっているからである（Metters & Walton, 2007）．

まとめると，マルチチャネルサービスのための重要な戦略や設計は，どのサービスをどのチャネルに割り当て，チャネル同士をどのように融合するかといった点を考慮して決定する必要がある．そして，これらの決定事項を実現するのは，究極的にはコンテンツ，方向性，チャネル間の情報交換による互恵価値である．これらの決定を行い，それに基づく設計を顧客に伝えるには，サービスシステムのチャネル横断的かつ統一的な見方を表現するための設計概念や記法が必要である．期待できる一つのアプローチは，サービスブループリントの技法を拡張し，「サービスインターフェースリンク」記号を利用してブループリントを相互接続するというものである．これにより，チャネルごとに用意されたブループリント間の移動を表現することが可能になる（Patrick et al., 2008）．

10.3.5　複数デバイスまたはプラットフォーム上のサービス（コンテキスト5）

> あるオンライン書店は，自宅でPCを使うユーザーに対して数多くのサービスを提供し，豊富なユーザー体験を提供している．しかしながら，そのオンライン書店は携帯電話を使う顧客も本をブラウズできるようにしたい．どうすれば，カタログコンテンツやユーザーインターフェースを複数のプラットフォーム向けに設計できるであろうか？

大半の人は，情報サービスの利用のためにPC以外の機器も使用している．実際，世界でPC利用者の何倍もの人々が携帯電話を利用しており，PDAや他の機器のユーザーもたくさんいる．これらの機器は，計算能力，メモリ容量，携帯性，画面サイズと解像度，音声の認識・合成，ネットワークバンド幅，GPS機能など，様々な点で違いがある．これらの機能の組み合わせも機器によって異なり，特定のサービスやアプリケーション，情報タイプに最適化されている機器もあれば，電話，カメラ，メール，音楽プレーヤー，ゲーム，個人情報管理，コンピュータアプリケーションなどを搭載したハイブリッド機種を実現しようとしている機器もある．

機器やネットワークのバリエーションの急増により，サービスシステムの設計者は大きな困難に直面している．もし，あるサービスが想定する顧客が，複数の機器を使用しているならば，設計者はそのサービスがどの機器でも動作するように設計しなければならない．この作業は，セルフサービスを複数チャネルに対応づける作業の拡張と見なせるかもしれない．また，機器とネットワークは様々な特性を持っているので，この作業はサービスのパーソナライゼーションとも類似している．ただし，この場合，ユーザー

ではなく機器に対して適合するように，サービスは拡張されることになる．

多くの携帯電話やPDAはウェブブラウザを限定的にしかサポートしていないが，人々はこれらのデバイスを使って，もともとPCのブラウザ用に設計されたサービスにアクセスできることを期待する．自宅やオフィスからウェブメール，ブログ，天気，ニュースをチェックしたり検索したりできるのだから，バスや電車での通勤中にも同じことができるはずだ，と．セールスや顧客管理用のビジネスアプリケーションの多くは，オフィスからだけではなく，顧客の現在地からもアクセスできると，より大きな価値を持つという性質がある．

人々はPC，電話，PDA上でのサービス経験がまったく同一になることは期待していないけれども，それらがどれも満足なレベルを満たし，ある程度一貫しており，動作を予測できるものであることは期待している．残念ながら，「一貫性」と「予測可能性」は，定義が難しいことが多い（Gradin, 1989; Richter et al., 2006）．仮に設計上の用語を使ってこれらの目標を明確に定義できたとしても，機器間の違いにより，サービスにアクセスするユーザーインターフェースや，サービスを実行するためのユーザーインターフェース，情報コンテンツ，サービス実行時の待ち時間などが違ってくる（Lumsden, 2008）．さらに，同じ機器や同じアプリケーションでも，「常時接続」モードと「時折接続」モードの両方で操作されることがある．このことは，ローカル機器とネットワークサービスとの間での情報フローの同期やスムーズな切り替えなどの課題を生じさせる（Hill et al., 2004）．

こうした設計上の問題は複雑であるため，複数の機器やプラットフォームで実行するサービスを設計するための最適なアプローチに関するコンセンサスは，ほとんど得られていない．携帯電話やPDA用の初期のウェブブラウザは低機能であったため，多くのウェブサイトやサービスは，「内容の劣化」（dumbing down）[1]や「行儀の良い品質低下」（graceful degradation）[2]と呼ばれる設計ポリシーを採用した．高機能のプラットフォームや機器向けに設計したウェブサイトやサービスは，画面を制限のある機器向けに機械変換する方法を導入して，他の機器への適合を図った．例えば，ウェブページを小さな画面に適合するようにフォーマット変更したり，うまく機能しないナビゲーションや選択ボタンを除去したりすることが挙げられる．テキスト以外の情報に関しても，表示能力が低い場合には画像品質や解像度を落としたり圧縮したりするなどの変換を，時には動的に行う必要があった．

これらの技術を用いても，単一の「基本設計のソース」をマルチプラットフォーム，マルチデバイス向けに自動変換することで設計の問題をスケーラブルにしようというアプローチは，性能的に劣る機器が持つ固有の機能を十分に活かしきれないことがある．例えば，携帯電話はPCに比べて計算処理能力は大幅に劣るが，優れた音声処理能力，内蔵カメラ，テキストメッセージ（ショートメール），GPS機能，加速度・方向センサーなどを持っている．

---

1. 【訳注】文学の知的内容，教育，報道，その他の文化的な側面が低下している世の中の流れを反映した，軽蔑的な意味で使われる用語である．
2. 【訳注】フォールトトレラントシステムなどで，故障の程度により，サービスを完全に停止する代わりに，性能などのサービスレベルを落としてサービスを提供し続けること．ここでは，PC用のコンテンツの一部を削って携帯電話などに適合させることを意味している．

したがって，このような「機器群」向けの設計，すなわち「モデルに基づく」設計に対して，「専用」設計が別の選択肢となる．このアプローチは，個々の機器の能力を最大限に活かせるように，インターフェースおよびユーザー体験を定義し実現するものである．例えば，標準的なプッシュホン操作向けに設計された電話アプリケーションは，画面付きの携帯電話用であれば画面上に選択メニューを表示するようにするかもしれないし，キーボードのない機器であれば，音声入力を使用するかもしれない．カメラとQRコード検知機能を持つ携帯電話では，商品や広告についているコードからウェブページを開くことができる（Rohs & Gfeller, 2004）．優れた音声処理機能を持つ機器では，録音された歌の断片から歌を探し出すShazamサービスのように，音楽を入力とすることもできるのである（Shazam, 2009）．

AppleのiPhoneは，特定の機器に対してアプリケーションを最適化した良い例である．2009年現在，50,000以上のiPhone用アプリケーションが存在し，そのほとんどはiPhone専用に作られたものである（Apple, 2009; Tedeschi, 2009）．

10.3.6 「バックステージ集約的」サービスまたは 「コンピュータによる」サービス（コンテキスト6）

顧客が近所の書店で本を選ぶ（または薦められた本を買う）場合，クレジットカードで支払い，本を持って書店をあとにした時点で，顧客が本を購入するためのサービスの接遇は完了する．

オンライン書店における顧客のサービス体験は，表面的には近所の書店のそれと同じに見える．顧客は本を選び（または推薦を受け入れ），カード番号や住所を入力し，マウスを数回クリックすると処理が完了する．

しかしながら，たとえオンラインの接遇が満足と思われるレベルで完了したとしても，顧客の書籍購入を遂行するための仕事のほとんどは，まだ実際には開始されていない．梱包から発送に至る顧客に見えない物理的な作業が残されており，それぞれの過程でサービスが失敗する可能性がある．書籍を倉庫で間違えたり，配達中に紛失・破損したり，遅延したりすることもありうる．原因としては人的な間違い，悪天候，交通渋滞などの要因が考えられる．

これらのバックステージでの遂行サービスは，オンライン小売店と他の事業者との情報交換によって相互に接続され，調整されている．サービスの成果に対する顧客の期待（この場合は本が注文どおりに届けられること）は，これらのサービスの状況・進捗に関する情報を顧客に提供することで管理できる．例えば，顧客は配送サービスから発送追跡番号をメールでもらうことができる．また，顧客の本の注文は，好みの作家の本が出版された際に知らせてくれる「新刊お知らせ」サービスのメッセージがきっかけになるもしれない．さらに，この「新刊お知らせ」サービスは，新しい本が倉庫に到着してスキャンされるというバックステージでの別のイベントがきっかけとなって実行される．

多くのオンライン小売店は仮想店舗であり，自分自身で製品在庫を持っていない．彼らのカタログに掲載されている商品は，他の販売業者から確実に入手可能な商品であ

る．「店頭」はセルフサービスのフロントステージであり，注文情報をバックステージのサービス提供者に渡す．そこでは，カードの支払処理，商品梱包，商品配送などの作業を実施する（Glushko & McGrath, Section 1.1, 2005）．まとめると，物理的プロセスと情報交換によるこのパターンは，「ドロップシップ」として知られるサービスシステムを定義していることになる[3]．

ドロップシップに含まれるバックステージサービスの一部，例えば在庫の確認，クレジット検証，支払い処理などは「純粋な」情報サービスであり，人間の介在や物理的な活動なしに自動化されたサービスにより実行されることが多い．もちろん，すべてのバックステージサービスが完全に自動化されているわけではない．発送追跡，カード詐欺の検知，顧客サポートなど，例外処理や過失などを扱う様々な担当者とやり取りするユーザーインターフェースが利用できるようになっている．しかしながら，サービスシステムが情報フローと物理的活動の複雑な流れを適切に制御するバックステージに依存している限り，それに反比例して，サービス全体の成果やユーザー体験に対するフロントステージサービスとインターフェースの影響は小さくなる．

このようなバックステージ集約的，またはコンピュータによる設計コンテキストでは，「ドキュメントエンジニアリング」（Glushko & McGrath, 2005）または「サービス指向アーキテクチャ」（service oriented architecture; SOA）と呼ばれるものに関する設計概念や方法論の適用がより重要になる．サービス設計に関するこれらの観点は，サービスシステムを抽象化し，入出力インターフェースがきちんと定義されたサービス同士が情報交換しながら協調するものとして捉える．情報交換の効率は，サービス同士が送受信する情報の意味や符号化がどれだけ合致しているかに依存している．

この，ドキュメントエンジニアリングと SOA に関するモデル化という抽象的な概念は，伝統的なサービスブループリントや他の「お客様中心」のアプローチとは鮮明な違いがある．第一に，「対人サービス」「セルフサービス」「自動化されたサービス」の違いがさほど重要でなくなる．というのも，それらはサービスとして抽象化されており，互いに代替可能なものとして扱うことが容易になるからである（Glushko & Tabas, 2009）．これらが潜在的に等価であるというここでの仮定は，シーケンス図やアクティビティ図[4]のようなモデル化の記法とも対応している（Pilone & Pitman, 2005）．なお，これらの記法は「鳥瞰」や「トップダウンの観点」を意識させるものであり，人間の顧客が必ずしもプロセスモデルの中心とは限らない．

加えて，サービスシステム設計における SOA の概念を拡張するドキュメントエンジニアリングのまったく異なる方法論を，二つ挙げることができる．第一のものは，情報集約産業におけるサービスのための機能やインターフェースの仕様を最もきちんと記述しているのは，文書などの構造化された情報源であると仮定する方法論である．この仮定はトートロジーのようにも思えるが，単に前述した情報集約型サービスと経験集約サービスの対比を言い換えているだけである．情報集約型サービスでは，文書や他の情報源は常に存在しており，ステークホルダーや他の参加者の目的や活動自体にとって本質的なものであるため，情報こそが最も重要な分析対象となる．ドキュメントを実装・

---

[3]. 【訳注】ドロップシップは，自分では商品在庫を持たず，注文を受けたらメーカーや卸売業者にオーダーして販売する，商取引の一形態である．

[4]. 【訳注】いずれも UML において定義されている図の名称．

管理する技術は時とともに変化するが，ドキュメントの論理モデル自体は，ドキュメントの個々の作成者・利用者の担当期間よりもはるかに長く使用できる．

一方，経験集約サービスのコンテキストでは，参画している人間同士のインタラクションこそがサービスの設計者にとって最も重要な研究対象である．にもかかわらず，経験に基づくサービス領域でも，文書が本質的な役割を持つことがしばしばある．例えば，レストランのサービスシステムを理解するには，メニューを分析し，顧客の注文が客席から厨房へと流れる様子を理解することが必要となるはずである．

ドキュメントエンジニアリングの第二の主要な方法論は，インダストリ参照モデルや業界のベストプラクティスを規範的・理想的なサービスの設計パターンとして利用し，サービスの実行方法，リクエストの受付や実行のための情報交換方法を，それらの設計パターンと整合させるというものである．

10.3.7　位置情報と状況認識に基づくサービス（コンテキスト 7）

> ある顧客が近所の書店で書棚を見ているとき，携帯電話でショートメールを受け取る．そのメッセージには，顧客がその書店のウェブページで最近見た本が書棚のどこにあるかが書かれている．顧客は，携帯電話のカメラでその本のバーコードを読み取り，価格検索アプリケーションを立ち上げる．同じ本が別の店でもっと安い価格で売られており，その店は 0.5 マイル離れていて閉店までまだ 45 分あることがわかる．そこで顧客は，携帯電話の地図アプリケーションを起動してその店への道順を検索し，その店で本を買う．

多くの新規技術は（あるいは少し前の技術も），位置情報と状況認識に基づく新たなサービスの設計を考えるきっかけとして十分である．「位置」が状況に関する属性であることは当然であるが，ほかにも状況に関する属性はある．広く参照されている Dey et al. (2001) において，状況は「ユーザー，アプリケーション，取り巻く環境の 3 者の相互作用に関わる状況を特徴づけるすべての情報」と定義されている．環境は場所・人・物から構成され，これらのそれぞれに対して状況情報に関する四つのエンティティ，すなわち，場所，ID，状況（または活動），時間がある．この定義は，環境から状況情報を取得するセンサーの種類や能力によってのみ制限される．

RFID は，本質的には組み込みの無線通信機能を持ったバーコードであり，位置追跡や状況検知を自動化できる．RFID 受信機は店舗の棚，商品積み下ろし場，駐車場，料金所などに設置でき，商品などの対象物が通過した際に検知できるようになっている．RFID タグを「スマート」にすることも可能であり，温度や湿度，加速に加え，生物的な汚染でさえ検知して，情報を記録・転送することができる（Want, 2006; Allmendinger & Lombreglia, 2005）．

全地球測位システム（global positioning system; GPS）は軍事戦略の目的で開発されたものであるが，一般の人にとっては商用の用途のほうがはるかに重要である．GPS によるナビゲーションシステムは，道案内だけではなく，緊急時通信システムにも利用できる（OnStar, 2009）．さらに，GPS と RFID を組み合わせることにより，世界規模のサプライチェーンで在庫管理の大幅な効率化が可能になる．

しかしながら，情報集約型サービスにおいて最も多く使われている GPS 技術は，携

帯電話におけるものである．2001年の同時多発テロ以降，世界中の国で携帯電話の位置追跡が義務化された．当初，電話会社は電波塔からの三角測量方式を適用していたために，位置情報は電話自体では利用できなかった．最近の電話機にはGPSが組み込まれており，政府に通知するだけでなく，他のアプリケーションでも位置情報を使用できるようになっている．もちろん，電話機は情報の送受信ができるので，位置や状況情報を利用するアプリケーションから位置に基づくサービスの提供を受けることができる（Rao & Minakakis, 2003; Trimi & Sheng, 2008）．モバイルサービスにとって位置情報は非常に本質的なものであり，メニューや検索結果をテキストでのみ表示するインターフェースは，情報を地図に統合したり「マッシュアップ」したりするユーザーインターフェースに急速に取って代わられている（Programmable Web, 2009; Raper et al., 2007）．

　繰り返すが，サービス設計の観点においては，情報が対話を置き換えるという点が主要な原理である．位置や時間などの状況情報はバックステージのサービスやセンサーから得ることができるので，もはや顧客に聞く必要はない．同様に，顧客の位置や状況に合っていない情報を提供しても，何の価値もないのである．例えば，シアトルから携帯電話で「コーヒー」を検索した場合，バークレーのコーヒーショップは検索結果から除かれるべきである．同様に，「次のバス」と検索した場合，理想的には，ユーザーの位置と時間を考慮して時刻表の必要な部分だけが表示されるべきである．

　状況認識型のサービスを制限する要因は，ユーザーが現在や過去の自身の状況をサービス提供者が使うことを許可するかどうかである．

10.4　情報集約型サービスシステムのためのデザインコンセプトと方法

　表10.1は，七つのコンテキストにおける設計の注目点や設計方法をまとめたものである．一見すると，設計上の注目点と方法論はコンテキストごとにまったく異なるように見えるかもしれない．したがって，複数コンテキストにまたがるサービス設計の研究

表10.1　七つの設計コンテキスト：概念・注目点・方法論

設計コンテキスト	概念と注目点	方法論
1. 対人サービス	権限委譲，タッチポイント，視野のライン	民族学，ブループリント，ペルソナ
2. 技術的に強化された対人サービス	パーソナライゼーション	顧客モデルとセグメント化，CRM
3. セルフサービス	人間工学，利便性	反復プロトタイピング，経験的評価，顧客分析
4. マルチチャネル	相補性原理，相互利益，統合	プロセスモデル
5. マルチプラットフォーム，マルチデバイス	一貫性，スケーラビリティ	ケーパビリティモデル，モデルに基づくインターフェース，行儀の良い品質低下
6. バックステージとコンピュータ	情報とプロセス標準，振り付け法	ユースケース，データとドキュメントモデル，SOA，デザインパターン
7. 位置情報と状況認識	センサー技術	IDと個人情報の管理

や実践的活動が存在しないことも理解できるだろう．しかしながら，これまでにも述べてきたように，これらのコンテキストの間には体系化が可能な関連があり，設計パラメータやパターンとして利用することができる．さらに，七つのコンテキストに対して抽象的な見方をすることにより，サービスとサービス接遇を情報交換と見なすという統一的な設計概念が浮かび上がってくる．このような抽象化により，情報集約サービスシステムを徐々に改善するという設計パターンに沿って，これらのコンテキストを構成要素として利用できるようになるのである．

10.4.1　七つのコンテキスト間の関連

図 10.1 は，Fitzsimmons & Fitzsimmons（2004, p.106）の図 5.1 を拡張したもので，七つのコンテキストに関する派生的関連と構成的関連を示している．

- コンテキスト 1, 2, 3 では，テクノロジーを取り入れながらサービスを定型化し，提供者・利用者間の関わりを徐々に少なくする．
- マルチチャネルサービスシステム（コンテキスト 4）は，チャネル間での情報の流れを統合しながら，対人サービスの接遇とセルフサービスを組み合わせている．
- マルチ機器サービス（コンテキスト 5）は，複数の機器やプラットフォーム上でセルフサービスを提供していると見なすことができ，その中でサービス内容をデバイスに応じて適宜変換するための技術が使われている．
- コンテキスト 6 のコンピュータによるサービス（または「マシン対マシン」もしくは「バックステージ」サービス）では，サービスインターフェースが人間からは見えない．
- 位置情報と状況認識サービス（コンテキスト 7）は，コンピュータによるサービスに対して，バックステージやセンサーから得られる位置や時間などの状況情報を利用する拡張を施す．

10.4.2　情報交換としてのサービスとサービス接遇

すべてのサービス接遇には 2 種類のアクターが存在する．すなわち，サービス提供者とサービス利用者である（Glushko & Tabas, 2009; MacKenzie et al., 2006）．ここでの「アクター」は，ユースケースや他のシステムモデル化手法で使われているのと同様に，人間と機械の両方を含む抽象的な意味で用いている（Cockburn, 2000）．一対多関係となるサービスは，一対一の関係の集合としてモデル化できる．2 種類のアクター間のやり取りはインターフェースを通して行われ，インターフェースにはサービスが何をするのかと，どのようにサービスを要求するのかが定義されている．このサービスインターフェースは，アクターが機械である場合は正確に定義されている必要がある．すなわち，入出力が正確に定義されていることが計算機化や自動化の前提であり，そこでのやり取りは本質的に情報交換であるものに限られる（10.3.6 項を参照．また Erl, 2004; Glushko & McGrath, 2005）．これに対して対人サービスの接遇では，サービスインターフェースは暗黙的で厳密に定義されていないことが多く，情報交換はやり取り全体の一部にすぎない．

コンテキスト	構　成
1. 人対人	提供者 ⟷ 顧客
2. テクノロジーで強化された人対人	提供者 ⟷ 顧客／支援／テクノロジー（提供者⇅テクノロジー） 提供者 ⟷ 顧客／促進／テクノロジー（双方⇅テクノロジー） 提供者 ⟷ 顧客／顧客による即興／テクノロジー（顧客⇅テクノロジー）
3. セルフサービス	提供者 ⟷✕⟷ 顧客／テクノロジー（提供者からテクノロジーへ×、顧客⇅テクノロジー）
4. マルチチャネル	提供者／テクノロジー ⟷ 顧客／顧客（チャネル統合）
5. マルチデバイス	デバイスに依存しないサービス ⟹ テクノロジー1 ⟷ 顧客／テクノロジー2 ⟷ 顧客／テクノロジー3 ⟷ 顧客／…／テクノロジーn ⟷ 顧客
6. コンピュータによるサービス	コンピュータによるサービス ⟷ コンピュータによるサービス
7. 位置情報と状況認識に基づくサービス	テクノロジー ⟷ 顧客／基本となるコンピュータによるサービス／コンピュータによるサービス^1，コンピュータによるサービス^2，…，コンピュータによるサービス^n

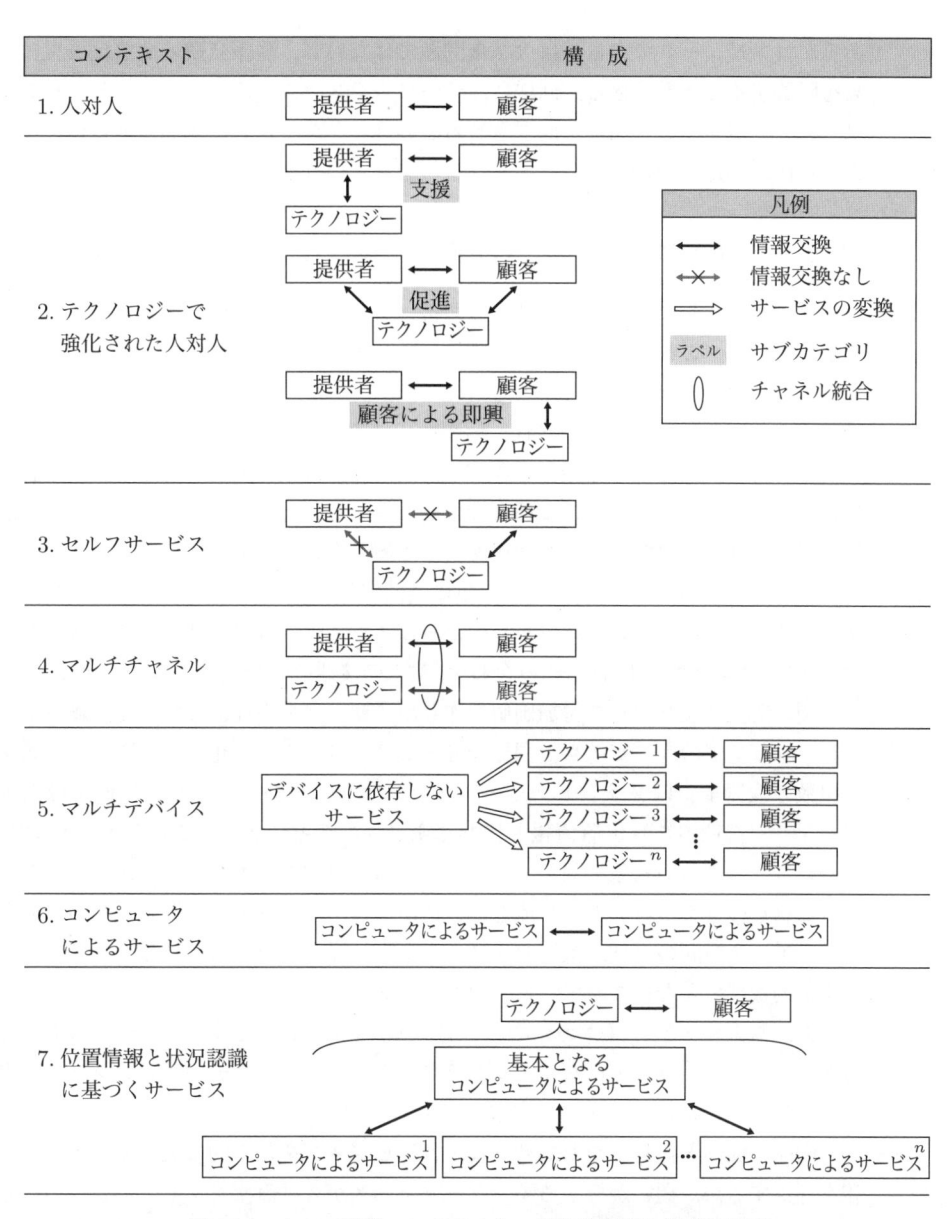

凡例
- ⟷ 情報交換
- ⟷✕⟷ 情報交換なし
- ⟹ サービスの変換
- ラベル サブカテゴリ
- ◯ チャネル統合

図 10.1　七つの設計コンテキスト：派生的関連と構成的関連

　対人サービスの接遇を情報交換として分析することは，高度な経験を必要とするサービスの本質を無視しているようにも思える．しかし，経験に基づいたサービスの場合でも，要件や期待値の明確化や，互いの役割の確認，サービス提供の状況・品質の評価などのために，サービスの提供者と利用者の間である程度の情報交換定義が必要になることがほとんどである．

　サービス接遇における情報交換の側面に注目することにより，複数の設計コンテキストを組み合わせたサービスシステム設計が容易になる．設計コンテキストを互いに対立するものと捉えるのではなく，補完的あるいは置き換え可能な構成要素と見なすことになるからである．あるアクターが翻訳や計算サービスを実施するとして，それが人で

あるかコンピュータであるかは大きな問題ではないし，情報交換の抽象化表現により実装を隠蔽することもできる．同様に，サービスシステムには，コミュニティやクラウドソーシングがサービス品質を向上させるというソーシャル的な側面もあるが，この背後にある仕組みは，嗜好情報やコンテンツの集約という抽象関係で表現できる．

10.4.3　サービスシステムの構成要素としてのコンテキスト

本章における七つのコンテキストの順番は，サービスシステムが典型的にたどる段階を示している．これまで見てきた書店のシナリオは，サービスシステムが次第に複雑になっていく様子をなぞったものとも言える．

コンテキスト 1, 2, 3 は，一貫性，信頼性，タイムリー性，パーソナライゼーションを改良した上でサービスを定型化しながら，技術を順次取り入れていくサービス設計の進化に対応している．サービス接遇を抽象的に捉えることにより，サービス提供者が技術的に増強され，計算機による人間アクターの置き換えが促進される．

しかしながら，サービスシステムを単に機械化してしまうと，ユーザー体験の質が低下する可能性もある．そのため，多くのサービスシステムは対人サービスの接遇とセルフサービス（コンテキスト 4）を組み合わせ，対人の接遇を好む顧客を満足させながら，チャネル間の情報交換を通して付加価値を作り出すサービスを提供している．銀行やカタログショッピングのサービスも，同様なサービスシステムの進化に沿ったものと言える．

複数の機器またはプラットフォーム（コンテキスト 5），ならびに（例えば携帯電話のセンサーを使った）位置情報と状況認識（コンテキスト 7）によるサービス提供は，サービスシステムの対象に対して技術がもたらす自然な，不可避とさえ言える拡張である．これらのコンテキストは，流通網，医療，エネルギー・施設管理，その他の情報集約型企業，企業間の処理，機器のシステムなど，様々な分野におけるサービスシステムの本質的な部分となってきている（コンテキスト 6）．

一方，対人サービス（コンテキスト 1）からスタートして技術コンテキストを追加するという通常のやり方ではなく，コンテキスト 6 のバックステージとコンピュータによるサービスから始める先進的な方法も存在する．企業のアプリケーション，取引システム，商品や機器と紐付いたセンサーなどは，ビジネスを効果的に実行する上で重要な情報を提供するが，顧客が接するインターフェースからは直接アクセスできないことが多い．しかしながら，セルフサービス（コンテキスト 3）において，電話や PC などの機器を通してこれらの情報を提供するようにすれば，潜在的に新たな価値を創造でき，2 次的な顧客サポートが例外やエラー処理を扱うだけで十分に補える場合もある（コンテキスト 4）．荷物追跡のセルフサービスはこのパターンの成功事例であり，目に見えないバックステージサービスが持つ隠れた価値を利用して，顧客のためのサービスを作ったものである．

より複雑な例として，住宅のエネルギー効率化のためのサービスシステムの段階的進化が挙げられる．そこでは，組み込みの制御機器や設備から得られた情報を住宅内だけではなく住宅外でも利用している（コンテキスト 6）．最初は「賢い」温度自動調整器と制御パネルによりエネルギー利用を視覚化し，制御できるようにした（コンテキスト 3）．そして後に，他の場所や機器から遠隔操作できるようにした（コンテキスト 5）．

さらには，住宅システムを配電網と結び付けることにより，全体の需要に基づくエネルギー価格にリアルタイムに反応して制御することも可能である（コンテキスト 7）．

10.4.4　サービスシステムにおける複数の視点

　複雑なサービスシステムが，情報交換に関する統一的な原理に基づくサービスコンテキストの組み合わせでできているとすれば，サービスシステムにおける価値創造はコンテキスト間の情報フローの内容や制御の方法によって説明することができる．「エンドユーザー」や「顧客」は情報フローの末端にいるアクターであるが，サービスシステムの中心として位置づけられることも多い．特にサービスシステムが対人のコンテキストを含む場合は顕著である．ブループリントやストーリーボードのようなサービス設計テクニックは，この顧客中心という視点を強調したものと言える．

　しかし，この視点は恣意的であり，別の多くのアクターやサービスの視点からサービスシステムを捉えることも可能である．ある観点からは供給網であるものも，別の観点からは需要網と見なせる．例えば教育サービスシステムでは，先生と生徒による接遇を中心とする観点が一般的であるが，一方で，先生と父母の接遇を設計することも重要である．病院では患者を中心とするのが一般的であるが，教育用の病院では，サービスシステムの多くは医学生の教育を目的として設計されており，患者は多くの点において学生へのサービス提供者と見なすこともできる．

　サービスシステム設計において複数の視点を考慮することは有益ではあるが，重要なのは主要な視点を選択することである．その選択によって，設計の要件・制約・情報源が形作られ，適切な設計パターンが明確になり，フロントステージとバックステージが決められる．価値の創造と獲得も，この選択の影響を強く受ける．例えば，レストランサービスシステムを考えてみよう．顧客の視点からは，ダイニングがフロントステージであり，キッチンがバックステージである．料理学校ではほとんど同じ設備が使われるけれども，顧客は学生であるコックとなる．フロントステージがキッチンであり，ダイニングで食事する人々は学生コックにフィードバックを与えてくれるバックステージとなる．

10.5　サービスシステム設計事例：“Bookland”

　最近，Bookland と呼ばれる「スマートなマルチチャネル書店」サービスシステムが，カリフォルニア大学バークレー校の大学院生チームによるプロジェクトによって設計された（Blong et al., 2008）．Devin Blong, Jonathan Breitbart, Julian Couhoult, Jessica Santana の 4 人によるチームは，ウェブによる販売サイトも持つ大手書店チェーンに対してコンサルタントを務めた．彼らの目標は，顧客満足の改善，売上の増加，店舗内オペレーションの効率化，有益なマーケティング情報の収集であった．Bookland サービスシステムは，本章で述べてきた七つのコンテキストの中で想定していたサービスシステムと，多くの点で似通っている．ただし，ここでの説明は物理的な書店におけるオペレーションという側面が強調されていることに注意してほしい．

　このコンサルタントチームの戦略は，「スマートなマルチチャネル」サービスシステ

ムを構築することであった．具体的には，オンラインとオフラインの顧客体験を統合することと，RFID 技術により運用サービスと顧客サービスの両方を向上させること，書店の顧客だけでなく広範なステークホルダーの要求を取り入れることであった．そのため，彼らの設計には，接客担当者，バックステージの従業員，書店のマネージャーに対するサービスが明示的に定義されている．

10.5.1　Bookland サービスシステムにおける情報の流れ

Bookland サービスシステムにおけるオペレーションは，アクター間の情報の流れと，そこに含まれるデザインコンテキストの観点から説明することができる．Bookland の鍵となる構成要素は，情報交換とコンテキスト間が相互接続される接触点に着目すると，以下のようになる．

- 顧客がどのチャネルからでも入れるロイヤルティ/メンバーシッププログラム ── 顧客の会員番号が主要なデータキーとなり，オンラインおよびオフラインの ID や関連情報を結び付ける．顧客は RFID 化された「スマートカード」を持ち，セルフサービス Kiosk やサービスデスクでサインインする際に使える．
- オンラインチャネルならびに物理的チャネルにおける顧客の振る舞いや取引に関する情報からなる顧客プロファイル ── バックステージのパーソナライゼーションや，両方のチャネルで実施されるマーケティングサービスで使われる．
- RFID タグに埋め込まれた書籍 ID 情報 ── 本の位置情報の追跡，顧客に対する「発見」サービス，本の再配置，従業員用の在庫管理サービスなどに利用される．
- 顧客用サービスデスク ── テクノロジーにより強化された対人書籍サービスが提供される．
- 書店におけるセルフサービス Kiosk 端末 ── 顧客は書籍を検索したり，お薦めや販売促進情報を受け取ったり，買い物リストや書籍の場所を示した店舗地図を印刷したりする．
- 書店管理「ダッシュボード」── 従業員やマネージャーが顧客サービスを提供する際や，書籍についた RFID タグを使って，予定作業や必要に応じての作業を実施する際に利用する．
- 「店舗地図」作成アプリケーションフレームワーク ── 二つの方法で書籍の位置情報を提供する．顧客に対しては書籍が置いてあるはずの場所を案内し，従業員に対しては誤った場所に置かれた「ゾンビ」書籍を正しい場所に戻すための情報を提供する．

これらすべてのコンテキストを通しての情報の流れを図 10.2 に示す．ここでは物理的な書店のフロア計画とオンラインサービスならびに重要な情報源とが組み合わせられている．二つのチャネルの緊密な統合と頻繁な情報交換により，Bookland サービスシステムのマルチチャネルとしての本質が明らかになっている．

図 10.2 の各番号について説明する．

1. **本棚**：それぞれの書籍（または品物）には RFID タグがつけられている．品物が移動すると，その位置情報は店内のどこでも追跡できる．

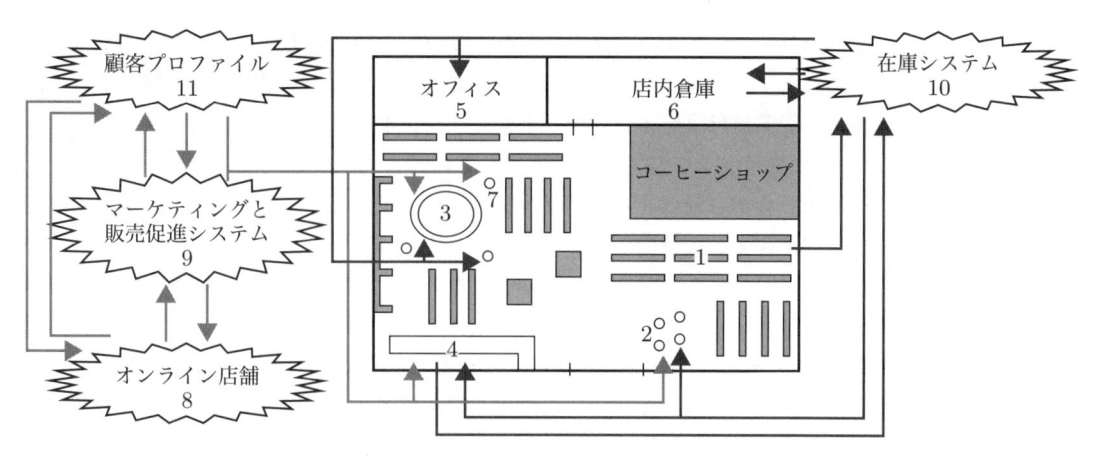

図 10.2　Bookland サービスシステムにおける情報の流れ

2. **セルフサービス Kiosk 端末**：Kiosk 端末は書店の入口付近と店内に設置されており（図 10.2 の 2 と 7），顧客はメンバーカードを読み込ませて，顧客 ID でログインする．Kiosk 端末は図 10.3 のようなページをメンバー用にカスタマイズした宣伝文句とともに表示する．顧客は検索・閲覧機能を使うだけでなく，店舗地図上で現在の在庫や位置情報を見ることもできる．顧客はどの商品に関しても，他の顧客や編集者のレビュー，関連商品といった追加情報を得ることができる．さらに，自分の買い物リストを作成し，店舗地図とともに印刷することもできる．商品がその店舗になく，オンラインサイトまたは他の店舗にある場合には，自宅へ配達，現在の店舗へ配送，近くの小売店で受け取りなど，注文・購入の代替方法を選べる．Kiosk 端末上での顧客による検索・閲覧・購買活動は，オンラインの類似の活動とともにすべて顧客プロファイルに追加される（図 10.2 の 11 参照）．

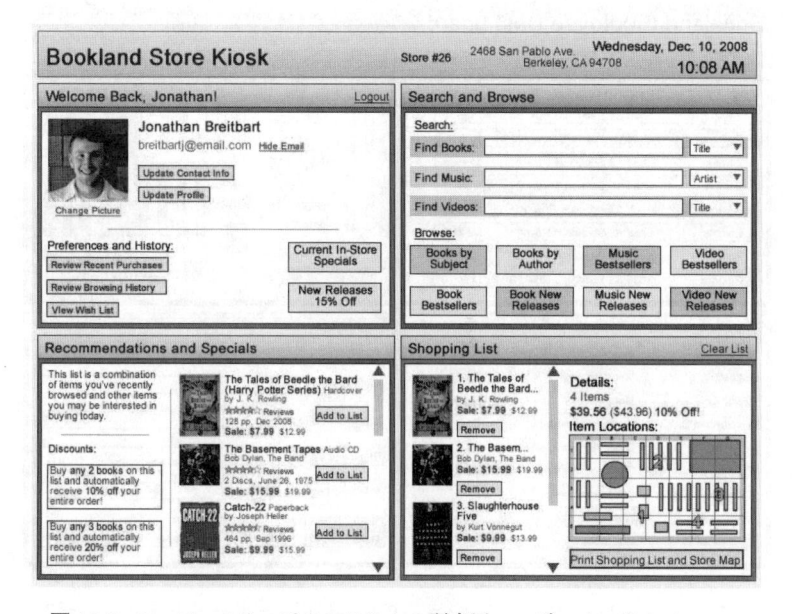

図 10.3　Bookland サービスシステムの顧客用ユーザーインターフェース

3. **顧客用サービスヘルプデスク**：わからないことがあるときは，顧客はヘルプデスクに行って，メンバーシップカードまたはオンラインの顧客IDを提示する．接客係の従業員は書店の管理システムダッシュボードを使い，顧客の氏名，オンライン/オフラインの購入・閲覧履歴，その顧客向けの販売促進情報のリストなどを確認しながら対応する．ダッシュボードは店舗のすべての商品に関して，現在の在庫情報や位置情報が表示できるようになっている．

4. **精算**：「POSシステム」により在庫システムを即座に更新し，顧客の購入履歴も更新する．

5. **書店マネージャーのオフィス**：書店のオフィスにはマネージャー用のワークステーションがおいてあり，Kiosk端末や従業員ダッシュボード上のすべてのサービスに加えて，様々な業務・管理用のアプリケーションが使えるようになっている．

6. **店内倉庫**：店内倉庫にある商品は，位置が追跡できるようにRFIDによる在庫システムで管理されている．人気商品が少なくなるとアラートが発せられ，自動的に商品が注文され補充される．従業員は，オフィスや倉庫の端末だけでなく，Kiosk端末からでも様々な業務・管理サービスのダッシュボードを表示することができる．取引や位置に関するアラートは，図10.4の上側の二つのパネルのように表示される．店舗地図は図10.3の右下のものと同じであるが，図10.4では誤って置かれた本の場所が地図に「マッシュアップ」されていることに注意されたい．

7. **Kiosk端末**：2と同じなので省略．

8. **オンライン店舗**：オンライン店舗にアクセスすると，ユーザーはその人向けのお薦めや販売促進情報を得るためにログインすることが推奨される．閲覧と購入の履歴は，個人プロファイルに追加される．

9. **マーケティングと販売促進システム**：このサービスは，顧客ごとのお薦め，クーポ

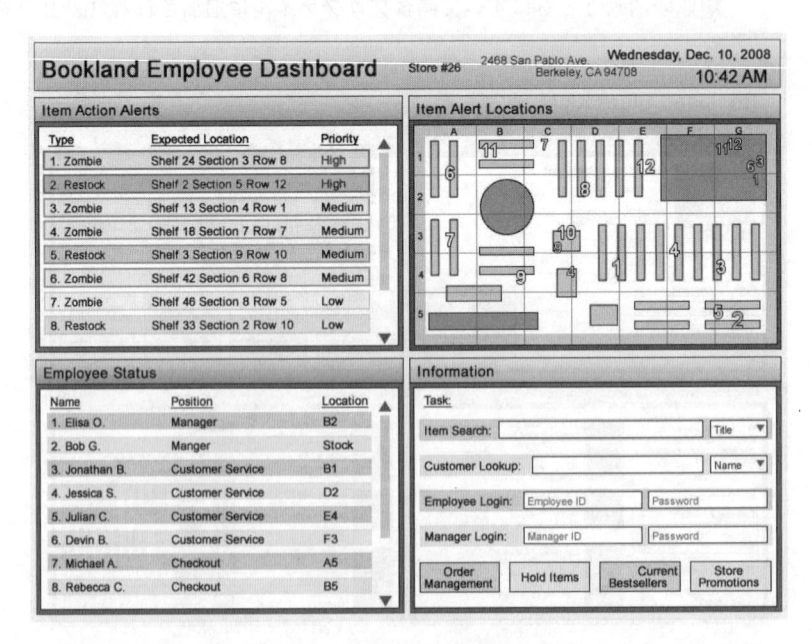

図10.4　Booklandサービスシステムの従業員用ユーザーインターフェース

ン，販売促進情報を動的に生成する．これらの情報は，ユーザーがオンライン店舗にログインした際や，物理店舗の Kiosk 端末にアクセスした際に表示される．
10. **在庫システム**：リアルタイム在庫システムは，店舗と倉庫のすべての商品の番号と場所を追跡する．アラートを従業員のダッシュボードに表示すると同時に，ビジネスルールに従って商品を注文する．
11. **顧客プロファイル**：顧客のすべての閲覧情報や購入情報（オンラインとオフラインの両方）が顧客プロファイルに追加される．

10.5.2　顧客の観点からの店舗内サービスシステム

図 10.5 は，顧客の店舗内体験をサービスブループリントとしてまとめたもので，図 10.2 のサービスシステムにおける情報の流れに関する一つの見方を示している．

物理的な証跡	Kiosk 端末	ようこそ画面とメンバーカード	メンバープロファイル画面	メンバープロファイル・検索画面	書籍の地図とクーポン	書籍	書籍と領収書
ユーザーの行動	顧客が端末に近づく	顧客がカードを読み込ませ，ログインする	顧客がお薦めについて考える	顧客が書籍を検索する	顧客が書籍地図とクーポンを印刷する	顧客が本の場所に行き，手に取る	顧客が手持ちの中から必要な本のみ購入する
フロントステージ		ようこそ画面	メンバープロファイル画面，お薦め，販売促進情報	検索画面	書籍の場所と顧客用の販売促進情報		精算と登録
バックステージ		検索（ユーザー情報）	メンバー，お薦め，販売促進情報の出力	検索（書籍情報）	書籍の場所，それに関連する割引の出力		購買履歴の記録
サポート		顧客 DB	マーケティング DB	在庫 DB，位置情報 DB			顧客 DB，在庫 DB

図 10.5　Bookland サービスシステムのための顧客中心のサービスブループリント

10.5.3　従業員の補充作業のための店舗内サービスシステム

図 10.6 は書店員のためのサービスブループリントであり，図 10.5 の顧客用のものとは非常に対照的な見方を示している．例えば，サービスシステムのある構成要素が従業員に見えるもの（フロントステージ）となり，逆に顧客にとってのフロントステージで従業員には見えなくなるものもある．この書店ブループリントは，二つの補充作業を実行するプロセスを示している．一つ目は，コーヒーショップやトイレなどに置かれて

物理的な証拠		従業員ダッシュボード	従業員ダッシュボード	地図・書籍	従業員ダッシュボード	従業員ダッシュボード	地図・書籍
ユーザーの行動	従業員が端末の画面を確認する	従業員がゾンビ本の警告を確認する	従業員が警告をクリックする	従業員が書籍を見つけ、元に戻す	従業員が補充警告を確認する	従業員が警告をクリックする	従業員が倉庫から棚へと書籍を補充する
フロントステージ		画面の警告パネル	警告の詳細リンク	現在の書籍の位置を示す地図	画面の警告パネル	警告の詳細リンク	倉庫と本棚の地図
バックステージ		ESBによるRFIDとゾンビ本の対応づけ	検索	ゾンビ本の現在地の出力	ESBによるRFIDとゾンビ本の対応づけ	検索	倉庫と本棚での置き場所の出力
サポート		イベント処理,RFID追跡ツール,在庫DB	位置情報DB		イベント処理,RFID追跡ツール,在庫DB	位置情報DB	

ESB（enterprise service bus）は，サービスの物理的な場所や通信プロトコルなどを隠蔽してサービス同士をつなぐための仕組み．

図10.6 Booklandサービスシステムのための従業員中心のサービスブループリント

「ゾンビ」となった本を元の棚に戻す作業，二つ目は，売れて店外に出ていった本を補充する作業である．

　図10.5と図10.6の違いは，サービスシステム設計において複数の視点を考えることが有用である理由を明確に示している．すなわち，どちらか一方だけでは，図10.2に示した異なる設計コンテキスト間の情報の流れの複雑さを捉えることはできない．

10.6　結論と今後の研究

　今日計画・開発中のサービスシステムの中でも特に複雑なものを見てみると，それらの多くが複数の「コンテキスト」，すなわち，(1) 対人サービスの接遇，(2) 技術的に強化された対人サービスの接遇，(3) セルフサービス，(4) コンピュータによるサービス，(5) マルチチャネル，(6) マルチデバイス，(7) 位置情報と状況認識を組み合わせたものである．本章に述べた研究は，特にサービスシステムが「情報集約的」な場合について，これら七つの設計コンテキストの注目点や設計方法を示し，七つのコンテキストすべてに当てはめることができる統一的な見方を提案したものである．この見方は，サービス実行のために必要となる情報，ならびに情報提供の際の役割が提供者と利用者でどのように分担されるかに着目することにより，情報交換パターンを使ってサービスによる接

遇と成果を抽象的に捉えることができる．このような考え方によって，サービスの設計コンテキスト同士を体系的に関連づけて，設計パラメータや設計パターンとして利用することが可能となる．例えば，対人によるインタラクションの代わりに，あらかじめ保存した情報やコンテキストの情報を利用するといった，代替手段の設計も可能になる．

　このようなサービス設計に対する抽象的な見方により，様々な設計コンテキストを，サービスシステムを段階的に設計していく際の構成要素として使えるようになる．サービスシステムの進化の典型的な流れは，対人サービスから出発し，技術的なコンテキストを徐々に追加するというものである．別の設計の流れとしては，バックステージのサービスから隠れた価値を引き出し，顧客と接するサービスコンテキストに追加するものがある．

　現在および将来のサービスをさらに包括的に解析することにより，それぞれの設計コンテキストに内在するベストプラクティスを維持した上で，サービスシステムレベルでの革新を可能にするような設計パターンが見つかると考えられる．加えて，サービスインターフェースと情報交換に関する統一的な考え方も，さらに拡張できるはずであり，これにより，複数のサービスシステムが交差する部分で生じる接遇や成果をより良く理解できるようになるだろう．これに関してはいくつかの例が挙げられる．ビジネスでの旅行者は，旅行中に交通機関，ホテル，レストランなど，様々な専門サービス提供者とやり取りをする．患者は医者，病院や医療機関，保険会社，会社の福利厚生とやり取りをする．このような，その場その場で動的に生じるサービスシステムの合成をすべて予測することはもちろん不可能であるが，こうした合成が必要とされることは認識しなければならない．コンテキストの合成と置き換えを可能にするサービスインターフェースを設計する技術は開発途上であり，その重要性はますます大きくなると考えられる．

参考文献

Allmendinger, G., and Lombreglia, R. (2005). Four Strategies for the Age of Smart Services, *Harvard Business Review*, 83(10): 131-145.

Apple (2009). Apple iPhone3G App Store. http://www.apple.com/iphone/appstore/ (accessed 23 April 2009).

Apte, U. and Goh, C. (2004). Applying Lean Manufacturing Principles to Information Intensive Services. *International Journal of Services Technology and Management*, 5(5-6): 488-506.

Apte, U. and Karmarkar, U. (2007). BPO and the Globalization of Information Intensive Services. In: U.M. Apte and U.S. Karmarkar, (Eds.), *Managing in the Information Economy: Current Research Issues*, Springer, Norwell, MA.

Apte, U. and Mason, R. (1995). Global Disaggregation of Information-Intensive Services. *Management Science*, 41(7): 1250-1262.

Armstrong, A., and Hagel, J. III (2000). The Real Value of Online Communities. In: Lesser, E., Fontaine, M., and Slusher, J. (Eds.), *Knowledge and Communities*. Butterworth-Heinemann.

Baars, H., Kemper, H-G, Lasi, H., and Siegel, M. (2008). Combining RFID Technology and Business Intelligence for Supply Chain Optimization – Scenarios for Retail Logistics, *Proceedings of the 41st Hawaii International Conference on System Sciences – 2008*.

Bendoly, E., Blocher, J., Bretthauer, K., Krishnan, S., Venkataramanan, M. (2005). Online/In-Store Integration and Customer Retention, *Journal of Service Research*, 7(4): 313-327.

Benford, S., Giannachi, G., Koleva, and Rodden, T. (2009). From Interaction to Trajectories: Designing Coherent Journeys Through User Experiences, *CHI'09*, 709-718.

Beyer, H. and Holtzblatt, K. (1998). *Contextual Design*. Morgan-Kauffman.

Bitner, M.J., Brown, S., and Meuter, M. (2000). Technology Infusion in Service Encounters. *Journal of the Academy of Marketing Science*, 28(1): 139-149.

Bitner, M.J., Ostrom, A., and Morgan, F. (2008). Service Blueprinting: A Practical Technique for Service Innovation. *California Management Review*, 50(3): 66-94.

Blinder, A. (2006). Offshoring: The Next Industrial Revolution? *Foreign Affairs*, 85(2): 113-128.

Blong. D., Breitbart, J., Couhoult, J., and Santana, J. (2008). Smart Bookstore. *Team Project for Information Systems and Service Design Course*, University of California Berkeley, Fall 2008.

Brohman, M., Watson, R., Piccoli, G., and Parasuraman, A. (2003). Data Completeness: A Key to Effective Net-based Customer Service Systems, Communications of the ACM, 46(6): 47-51.

Cockburn A. (2000) *Writing Effective Use Cases*. Addison-Wesley, Reading.

Davis, S.M. and Dunn, M. (2002) *Building the Brand-Driven Business. Operationalize Your Brand to Drive Profitable Growth*. San Francisco, CA: Jossey-Bass.

Dey, A., Abowd, G., and Salber, D. (2001). A Conceptual Framework and a Toolkit for Supporting the Rapid Prototyping of Context-Aware Applications. *Human-Computer Interaction* 16(2): 97-166.

Dubberly, H. and Evenson, S. (2008). The Experience Cycle, *Interactions*, 15(3): 11-15.

Edmunds, A., White, R., Morris, D., and Drucker. S. (2007). Instrumenting the Dynamic Web. *Journal of Web Engineering*, 6(3): 244-260.

Erl, T. (2004). *Service-Oriented Architecture*. Prentice Hall.

Falk, T., Schepers, J., Hammerschmidt, M., and Bauer. H. (2007). Identifying Cross-Channel Dissynergies for Multichannel Service Providers. *Journal of Service Research*, 10(2): 143-160.

Fitzsimmons, J. A., and Fitzsimmons, M. J. (2006). *Service Management*. McGraw Hill.

Florins, M. and Vanderdonckt, J. (2004). Graceful Degradation of User Interfaces as a Design Method for Multiplatform Systems. *2004 International Conference on Intelligent User Interfaces*.

Frei, F. (2006). Breaking the Trade-Off between Efficiency and Service. *Harvard Business Review* 84(11):93-101.

Glushko, R., (2009). Designing "Service Systems." Presentation for *"Seeing Tomorrow's Services: A Panel on Service Design,"* 19 March 2009. http://people.ischool.berkeley.edu/~glushko/glushko_files/Glushko-20090319.pdf (accessed 23 April 2009).

Glushko, R. and McGrath, T. (2005). *Document Engineering: Analyzing and Designing Documents for Business Informatics and Web Services*. The MIT Press, Cambridge, MA.

Glushko, R. and Tabas, L. (2009). Designing Service Systems by Bridging the "Front Stage" and "Back Stage." *Information Systems and E-Business Management*, 7(4): 407-427.

Gronlund, A. (2002). *Electronic Government: Design, Applications and Management*. IGI.

Grudin, J. (1989). The Case Against User Interface Consistency. *Communications of the ACM* 32(10): 1164-1173.

Gulati, R. and Garino, J. (2000) Get the Right Mix of Bricks & Clicks, *Harvard Business Review* 78(3): 107-114.

Heskett, J., Jones T., Loveman, G., Sasser Jr., W., and Schlesinger, L. (1994). Putting the Service-Profit Chain to Work. *Harvard Business Review*, 72(2): 164 174.

Hill, D., Webster, B., Jezierski, E., Vasireddy, S., Al-Sabt, M., Wastell, B., Rasmussen, J., Gale, P., and Slater, P. (2004). Occasionally Connected Smart Clients. http://msdn.microsoft.com/en-us/library/ms998482.aspx (Accessed 24 April 2009).

Howe, J. (2008). *Crowdsourcing: Why the Power of the Crowd Is Driving the Future of Business* Crown Business.

Iqbal, Z., Verma, R., and Baran, R. (2003). Understanding Consumer Choices and Preferences in Transaction-Based e-Services, *Journal of Service Research*, 6(1): 51-65.

Kelley, S. (1993). Discretion and the Service Employee. *Journal of Retailing*, 69(1): 104-126.

Kolesar, P. Van Ryzin, G. and Cutler, W. (1998). Creating Customer Value Through Industrialized Intimacy: New Strategies for Delivering Personalized Service. *Strategy and Business* 12: 33-43.

Lashley, C. (1995). Towards an Understanding of Employee Empowerment in Hospitality Services. *International Journal of Contemporary Hospitality Management*, 7(1): 27-32.

Levitt, T. (1972). Production-Line Approach to Services. *Harvard Business Review* 50(September-October): 41-52.

Lumsden, J. (Ed). (2008). *Handbook of Research on User Interface Design and Evaluation for Mobile Technology*. IGI Global.

MacKenzie, C., Laskey, K., McCabe, F., Brown, P., and Metz, R. (2006). Reference Model for Service Oriented Architecture 1.0, http://docs.oasis-open.org/soa-rm/v1.0/ (accessed 22 April 2009).

Maglio, P., Srinivasan, S., Kreulen, J., and Spohrer, J. (2006). Service Systems, Service Scientists, SSME, and Innovation. *Communications of the ACM*, 49(7): 81-85.

Massey, A., Khatri, V., and Montoya-Weiss, M. (2008). Online Services, Customer Characteristics and Usability Requirements, Proceedings of the 41st Hawaii International Conference on System Sciences.

Metters, R., and Walton, S. (2007). Strategic Supply Chain Choices for Multi-Channel Internet Retailers, *Service Business*, 1(4): 317-331.

Meyer, C. and Schwager, A. (2007). Understanding Customer Experience. *Harvard Business Review*. 85(2):116126.

Mills, P. and Moberg, D. (1982). Perspectives on the Technology of Service Operations, *The Academy of Management Review*, 7(3): 467-478.

Neslin, S., Grewal, D., Leghorn, R., Shankar, V., Teerling, M., Thomas, J., and Verhoef, P. (2006). Challenges and Opportunities in Multichannel Customer Management. *Journal of Service Research* 2006; 9(2): 95-112.

Nielsen, J. (1994). *Usability Engineering*. Morgan Kauffman.

OnStar (2009). OnStar Services. http://www.onstar.com/us_english/jsp/explore/onstar_basics/services.jsp (Accessed 25 April 2009).

Osborne, D., and Gaebler, T. (1993). *Reinventing Government: How the Entrepreneurial Spirit* is Transforming the Public Sector. Plume.

Palmisano, S. (2006). The Globally Integrated Enterprise. *Foreign Affairs*, 85(3): 127-136.

Patricio, L., Fisk, R., and Cunha, J. (2008). Designing Multi-Interface Service Experiences: The Service Experience Blueprint. Journal of Service Research, 10(4): 318-334.

Pilone. D., and Pitman, N. (2005). *UML 2.0 in a Nutshell*. O'Reilly.

Programmable Web (2009). Top Mashup Tags. http://www.programmableweb.com/mashups (Accessed 24 April 2009).

Rao, B. and Minakakis, L. (2003). Evolution of Mobile Location-Based Services. *Communications of the ACM*, 46(12): 61-65.

Raper, J., Gartner, G., Karimi, H., and Rizos, C. (2007). Applications of Location-based Services: A Selected Review. *Journal of Location Based Services*, 1(2): 89-111.

Richter, K., Nichols, J., Gajos, K., and Seffah, A. (2006). The Many Faces of Consistency in Cross-platform Design. *Conference on Human Factors in Computing Systems*, 1639-1642.

Rohs, M., and Gfeller, B. (2004). Using Camera-equipped Mobile Phones for Interacting with Real-world Objects. *Proceedings of Advances in Pervasive Computing*, 265-271, Apr. 2004.

Segaran, T. (2007). *Programming Collective Intelligence*. O'Reilly.

Shafer, J., Konstan, J. A., and Riedl, J. (2001). E-Commerce Recommendation Applications. *Data Mining and Knowledge Discovery*, 5 (1/2): 115-153.

Shanableh, T. and Ghanbari, M. (2000). Heterogeneous Video Transcoding to Lower Spatiotemporal Resolutions and Different Encoding Formats. *IEEE Trans. Multimed.* 2(2): 101-110.

Shazam (2009). http://www.shazam.com/ (accessed 23 April 2009).

Sohraby, K., Minoli, D., and Znati, T. (2007). *Wireless Sensor Networks: Technology, Protocols, and Applications*. Wiley Interscience.

Sousa, R. and Voss, C. (2006). Service Quality in Multichannel Services Employing Virtual Channels. *Journal of Service Research*, 8(4): 356-371.

Spohrer, J., Maglio, P., Bailey, J. and Gruhl, D (2007). Steps Toward a Science of Service Systems. *IEEE Computer*, 40(1): 71-77.

Teboul, J. (2006). *Service is Front-Stage*. Palgrave Macmillan.

Tedeschi, B. (2007) Retailer's Shortcut From Desktop to Store, *New York Times*. 24 September 2007.

Tedeschi, B. (2009). Sprinting After the iPhone, and Starting to Close the Gap. *New York Times* 8 April 2009.

Trimi, S., and Sheng, H. (2008). Emerging Trends in M-Government. *Communications of the ACM*, 51(5): 53-58.

Want, R. (2006). An Introduction to RFID Technology. *Pervasive Computing*, 5(1): 25-33.

Wiggins, A. (2007). Data-Driven Design: Using Web Analytics to Validate Heuristics, Bulletin of the American Society for Information Science and Technology, 33(5): 20-24.

Wine Snob (2009), http://www.iwinesnob.com/ (accessed 16 April 2009).

Zeithaml, V., Berry, L., and Parasuraman, A. (1998). Communication and Control Processes in Delivery of Service Quality. *Journal of Marketing*, 52: 35-48.

Zhang, D. (2007). Web Content Adaptation for Mobile Handheld Devices. *Communications of the ACM*, 50(2): 75-79.

第11章

エンタープライズサービスシステム設計のための
ビジネスアーキテクチャ

- Susanne Glissmann
  IBM Almaden Research Center
- Jorge Sanz
  IBM Almaden Research Center

　ビジネスアーキテクチャは，エンタープライズサービスシステムならびにその変革のための基盤となる概念と，実行可能[1]な概念を提供するものである．実践的な意味では，ビジネスアーキテクチャとは戦略管理，ビジネスプロセス管理，情報技術の三つを集約する考え方に基づいて，組織の運営を形式化するアプローチとも言える．「集約」に関しては，過去20年の間，異なる学際分野において部分的にではあるが大きな注目を浴びてきた．急速な技術上の変化と変革にさらされてきた企業と産業界は，新たにビジネスアーキテクチャに着目することが必要となり，最近になって企業，政府，アナリスト，標準化団体，研究者などが集中的に再検討を進めている．

　ビジネスアーキテクチャは，概念モデル，方法論，ツールという3種類の構成要素から成り立っている．ビジネスアーキテクチャの考え方には様々な種類があり，採用の目的や利用範囲，概念の全体的な成熟度に依存して，その普及度も異なっている．ビジネスアーキテクチャは様々な概念を含んでおり，複数分野に関連する性質が強いため，文献などにおいて「異なるビジネスアーキテクチャ」が見つかることもしばしばである．しかしながら，ビジネスアーキテクチャがまったく異なるものに見えるのは，むしろその利用状況による．

　本章では，現実的な評価基準を提供することを目標に，ビジネスアーキテクチャへの代表的な10種類のアプローチを概観する．そして，利点と欠点の評価基準に基づいて，それらのアプローチを評価する．特に，企業がサービスシステムとしての性質を持つことから，評価の際には，ビジネスアーキテクチャを特徴づける主要な要素として，サービス概念にも着目することにする．

---

[1]. 【訳注】「実行可能」とは "actionable" の訳である．本章ではこれ以上の記述はないが，著者の一人の最近の文献によると，ビジネスなどの環境変化に素早く対応できることを actionable と呼んでおり，同等の意味と考えてよいと思われる．"Actionable Business Architecture"（http://www-935.ibm.com/services/us/gbs/bus/html/actionable_business_architecture.html）を参照されたい．

11.1　動機

　　常に変化する市場ならびに顧客の要求の増加により，グローバルでの競争が激化している．そのため，企業は顧客へのサービス提供法やパートナーとの協業法を変化させている（Friedman, 2007）．結果として，競争に勝つためには，企業は自身のビジネスに関する知識を理解できる形に整えて，外的要因のビジネスへの影響を素早く評価し，新たなビジネス上の革新に備えていなければならない．このような知識により，企業を正しく変革するための決定が可能になるが，その中には情報システムの改善も含まれる．このような状況において，ビジネスアーキテクチャ（business architecture; BA）は再び関心の対象となり，ビジネス上の関心事の分析，優先順位に基づくソリューションの更新，導き出されたアクションとポートフォリオの伝達などを対象としたアプローチが提供されている（Burton & Robertson, 2008）[2]．

　　最近のForresterの記事によると，分析対象とした企業のうち50%がBA活動を実施しており，20%の企業が近い将来にBA活動の実施を予定している．ところが，このような高い関心にもかかわらず，主要概念に関してすら共通理解が存在していないのが実情である（Burton, 2008）．さらに，全体論的なBAが存在しないだけでなく，様々なBAが乱立し，それらの目的，範囲，詳細さのレベル，成熟度が大きく異なっているのが現状である．例えば，あるBAはビジネス中心であり，ビジネスの変革や変化の実現に必要なビジネス上のケーパビリティに関心がある．また，IT戦略やIT投資の決定を中心に考えたBAもある．結果的に，それぞれのBAが持つ強み・弱みが明確ではなく，企業としては必要性に最も適したBAアプローチの選択が困難な状況にある．さらに，企業においてサービスフォーカスが重要になるにつれて（Spohrer et al., 2008），既存のBAにおいてサービスコンポーネントがいかに表現されるかを理解する必要性もますます拡大している．

　　以上のような点を踏まえ，BAを選択するための明確な指針を提供することを目指して，本章では以下のように議論を進める．次節では，エンタープライズサービスシステムとBAの概念について述べ，我々の研究の背景を示す．11.4節では，この分野における重要な方向性を代表するものとして，10種類のBAのアプローチを紹介する．それらの比較分析により現状を把握し，概念モデル，方法論，ツールの観点から各BAの強み・弱みを明らかにする．最後の節では，結論を述べるともに，今後の研究の方向性を議論する．

---

[2] BAが最初に議論されたのは，エンタープライズアーキテクチャ（enterprise architecture; EA）の中だと考えられている（Minoli, 2007）．しかしながら，EAはテクノロジーやアプリケーション，アーキテクチャも包含するものであり，アーキテクチャ的な広がりはBAよりも大きい（The Open Group, 2009b）．非営利団体や政府組織はEAを有用なものと見ているようであるが，同様にBAの利用も産業界に対して数々の独自の利点をもたらす．「ビジネス」という単語はBAの範囲を営利企業に限定するようにも聞こえるが，BAの概念モデルが明確に示しているように，営利企業に限ったものではない．なお，EA全体，またはBAのどちらを採用すべきかは，直面する問題と状況に依存するが，この議論自体が複雑であるので，本章では範囲外とする．

11.2　背景

本節では，エンタープライズサービスシステムと BA の概念について述べる．ここでの目的は，いくつかの基本概念と共通の用語を紹介することにある．

11.2.1　エンタープライズサービスシステム

学術分野や実務者の間でサービスサイエンスへの興味が拡大し，最近ではサービスシステムという用語も一般的になってきた．サービスシステムとは，人や技術などの資源からなる動的な集合体であり，情報共有を通して他のサービスシステムとも協調するものとして定義される（Cambridge & IBM, 2007）．その目的は，協調する他のサービスシステムとともに価値を創造し，届けることにある（他のサービスシステムには顧客，納入業者，その他のステークホルダーが含まれる）．サービスシステムの例としては，人，非営利団体，非政府組織，市，国家，企業が挙げられる（Spohrer et al., 2008）．サービスシステムの中心はサービスであり，二つのサービスシステムが互いに利益となるものを生み出すという価値の共創現象こそが本質である．

サービスシステムは「フロントステージ」と「バックステージ」に分割できる（Glushko & Tabas, 2007; Spohrer et al., 2008; Teboul, 2006）．フロントステージはサービスの提供者と顧客の対話に代表されるものであり，複数の顧客接点や接触チャネルにおいて顧客満足を確かなものにすることを目指している．バックステージは作業効率に焦点を当てている．企業の生産性の最適化が関心事であり，熟練従業員，効率的なプロセス，サービスネットワークにおける他の参加者（提携企業など）との強い関係を通して達成される．同様に，サービスのパフォーマンスは，フロントステージとバックステージの構成要素に依存する．そのため，全体的なパフォーマンスを良くするためには，サービスシステムにおいてこれらの構成要素を最適に設計する必要がある．

本章で考えるサービスシステムは「企業」そのものである．サービスシステムとして企業はコストを効率化し，より価値のあるサービスを顧客に提供して，競争力を維持するという課題に取り組み続ける必要がある．また，フロントステージとバックステージを維持するために，企業は異なるビジネス領域も分析した上で，必要なアクションを決定しなければならない．Tikkanen et al. (2005) に基づくと，企業には以下の四つのビジネス領域が定義できる．

1. **戦略と構造**：企業の意図と方向性を定義するものであり，行動と構造を統治する．この領域は以下の三つに分割できる．
   (a) ビジネス戦略：企業のビジネスモデルを確立するためのもの．
   (b) 組織構造：企業を組織単位に分割するもの．
   (c) ガバナンス：企業の内外へのコミットメントを明確に述べたもの．
2. **ビジネスネットワーク**：提携企業とのやり取りを規定するものであり，同時に提携企業からの影響も考慮する．ビジネスネットワークは，企業の役割の違いに応じて四つの領域に分割できる．
   (a) 顧客関係ポートフォリオ：企業はサービス提供者であり，最終顧客にサービスを提供する．

(b) 納入業者ポートフォリオ：企業自身が顧客であり，納入業者からサービスや資源を受け取る．
(c) 製品開発ポートフォリオ：企業は他の提携企業と協業し，新製品やサービスの設計・テストを実施する．
(d) その他ビジネス関係：企業は競合他社，債務者，株主との関係から影響を受ける．
3. オペレーション：継続して行われる日々の活動であり，資源とケーパビリティを消費しながら，成果を生み出す．オペレーションは以下の三つに分割される．
   (a) 企業の提供物：製品，サービス，または両者の組み合わせであり，顧客への価値を提供する．
   (b) プロセスアーキテクチャ：フロントステージとバックステージにより表現されるものであり，サービス全体の性能を最適化することを目的としている．
   (c) 資源とケーパビリティ：企業が提供物を生成するプロセスに対しての入力として位置づけられる．
4. **業績と収益モデル**：企業の財政および業績の側面に関するものである．財政指標に加えて，企業の財政上の位置づけ，財政上の資源，価値の構成，財政的強み，限界，目標などが含まれる．

11.3 ビジネスアーキテクチャ

「アーキテクチャ」は，建築や情報技術など様々な分野で使われる用語である．アーキテクチャは，これらの分野における仕事の複雑さを管理する手助けとなるものであり，関心対象物の設計，変更，伝達，実現を支援することができる．ANSI/IEEE 規格 1471-2000 によると，アーキテクチャとは「あるシステムの基盤となる構造であり，構成要素，構成要素間や環境との関係，設計と進化を決定する原理により実現される」(IEEE Standards Association, 2000)．

このような汎用的なアーキテクチャ定義に基づいて，近年，様々なビジネス固有のアーキテクチャ定義が提案されている．この分野における代表的な定義を，以下に要約する．BA はビジネスと IT の統合をガイドするために使われ，ビジネス戦略，IT 戦略，ビジネスプロセス管理（business process management; BPM），サービス指向アーキテクチャ（service oriented architecture; SOA）に基づいて決められる．

- 「BA は，ガバナンス構造，ビジネス上の意味，価値の流れに関する企業全体の公式の青写真である．ケーパビリティ，ガバナンス構造，ビジネスプロセス，ビジネス情報などの言葉により，企業の構造を明確化できる．ビジネスケーパビリティは企業が"何"をするのかを示し，ビジネスプロセスは"いかに"それを実行するのかを示す．ガバナンスと情報の明確化において，さらに，企業の構造の定義において，BA は顧客，財務，常に変化するマーケットを考慮に入れ，製品とサービス，パートナーと納入業者，ケーパビリティ，鍵となるイニシアティブに関する決定により，戦略的目標と目的に整合させる」(BAWG, 2009a)．
- エンタープライズビジネスアーキテクチャ（Enterprise Business Architecture;

EBA）は，企業の従業員，財務，プロセス，組織構造のための要件，原則，モデルを表現するものである．EBA の開発プロセスにおいて，要件，原則，モデルなどを含む EBA 成果物が作られる．ビジネスと IT それぞれの関係者は既存の相互関係に基づいて，彼らのビジネスを進化させることにこれらの成果物を役立てる必要がある．EBA は情報やテクノロジーの見地とは別のものであるが，それらの見地は全体的なソリューションアーキテクチャにおいては深く統合されている（Burton, 2008）．

- BA は「ビジネス事業体のビジネス環境と意図，価値，ケーパビリティ，プロセス，資源（人，IT，知識，資本，施設，材料）の間の基盤となる関係を記述する」（Strosnider et al., 2002）．
- 「BA 記述における概念は，ビジネス上の共通の関心事を語るための意味的な枠組みを提供する．… 我々の目的の実現のために，この意味的な枠組みは，概念パターンに関する共通集合を提供し，技術に基づく情報システムによって支えられるべき意味内容の種別を理解できるようにする．… 汎用概念の集合とそれらの相互関係により，ビジネス要件，ビジネスの境界，価値提供システムとしてのビジネスといった視点から，ビジネス情報の意味内容を体系化する」（McDavid, 1999）．
- 「BA とはビジネス戦略，統治，組織，そして鍵となるビジネスプロセス情報のことであり，これらの概念間の相互作用も含んでいる．… 目標とする BA は，製品およびサービス戦略について述べ，ビジネスの基本方針，目標，戦略的運営項目に基づいて，ビジネス環境に関する組織，機能，プロセス，情報，地理的な側面についても考慮したものである」（The Open Group, 2009b）．
- 「我々は BA という概念を，個別の側面（プロセス，データ，機能，組織など）を構造化するあらゆる努力よりもビジネス活動上の責任を構造化するために使用する．…BA は，… 複数の組織（サプライチェーンのレベル），単独組織（企業レベル），または組織の一部分（ビジネス事業区分レベル）により，経済活動上の責任を構造化することを特に意味する」（Gerrit, Versteeg, & Bouwman, 2006）．

Lankhorst（2005）は家屋の建築の文脈を踏まえてアーキテクチャの類推を示したが，それは BA 固有の概念のためにも有効である．「あなたが家の設計について建築家と契約するとしよう．あなたたちは部屋，階段，窓，風呂，バルコニー，ドア，屋根などをいかに配置するかを議論する．あなたたちは基本設計に合意し，それに基づいて建築家が，技術者や建築業者によって使用される詳細仕様を作成する．そこで，どうすればそのような基本設計に関して効率的に意思疎通できるだろうか？ 我々は参考となる共通の枠組みを共有していると考えられる．すなわち，あなたも建築家も，部屋やバルコニー，階段などに関して共通理解を持っている．あなたはそれらの機能と関係も知っている．例えば部屋は避難場所としても役立つし，ドアを介して他の部屋ともつながっている．あなたと建築家は，心の中では家に関するアーキテクチャモデルを使っている」（Lankhorst, 2005, 1）．家の事例と同様に，BA は企業の核となる機能を規定し，それらがどのように操作されて協業するのかも規定する．BA は抽象的な設計を与えるものであり，家における色や細かい寸法などの多くの詳細を隠蔽する．これらの詳細は，後段のビジネス設計フェーズにおいて完成される．本章の文脈では，BA を図 11.1

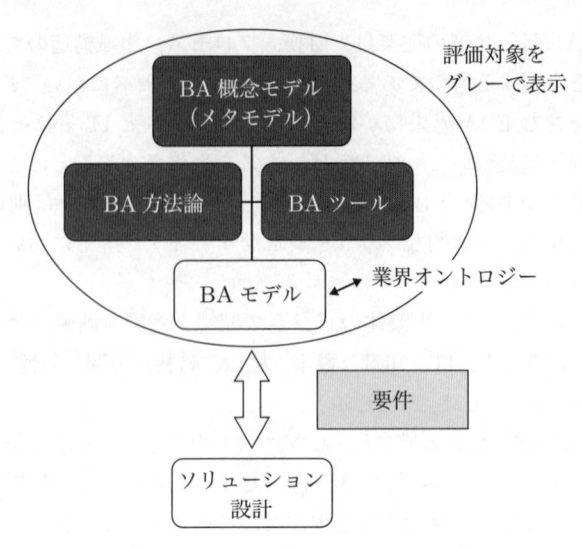

図11.1 BA評価のための対象領域

で示すように定義する．これは，現在のBA定義およびIFIP-IFAC Task Force（1999）により開発された，一般化されたエンタープライズ参照アーキテクチャとその方法論（generalized enterprise reference architecture and methodology; GERAM）などの基盤となるEAの研究に基づいている．

BAは四つの核となる構成要素に分割でき，それらにより「BAの枠組み」が定義される．そのうち以下の三つについて，次節以降でより深く評価する．

1. **BA概念モデル**：メタモデルまたはモデル化言語とも言われ，企業の四つのビジネス領域（11.2.1項を参照）のすべてまたは一部をカバーするモデル化の構成要素を提供する．これによって，概念モデルの核はビジネスケーパビリティマップやハイレベルのビジネスプロセスモデルにおいて表現される．その表現を作る際には，入力としてビジネス目標と戦略，出力としてIT戦略とアプリケーションポートフォリオの内容を用いる（Scott, 2008）．概念モデルの構成要素は，実世界の会社や組織という状況下において，BAモデル（すなわち概念モデルの実体）に用いられる．BA概念モデルは，ビジネスの文献で使われる「ビジネスモデル」とは違うことに注意されたい．Osterwalder（2004）によると，ビジネスモデルは要素集合とそれらの関係を含み，企業の営利のロジックを表現することを可能にする概念的なツールである．

2. **BA方法論**：BAモデルの開発プロセスを規定し，企業の初期状態から目標状態への遷移を例証する．プロセスモデルまたは構造化された手続きにおいて，その方法論は定義すべき責任，実行すべき作業，考慮すべき原則を説明する．本章の文脈では，設計原則，ベストプラクティス，参照モデル，ユースケースシナリオなどが方法論の一部となる．

3. **BAツール**：対象企業のBAモデルの工学的な処理を支援する．その中では，BAを開発し，視覚化し，分析し，シミュレートする機能が提供される．

BAの概念を利用して，企業は自身の現状と将来の状態に関するBAモデルを作成す

る．これらのモデルは会社固有のビジネス上の関心事を説明する．現状のビジネスと目標状態の落差は，さらなる改善が必要な領域を明らかにし，企業にとっての実行上の要件を考慮に入れた上で最終解の設計を導く．

11.4 現在までに提案されている BA アプローチ

ここ数年，BA の種々の側面を扱うための様々な技術が開発されている．それらの現状をより良く理解するために，エンタープライズの中でも特に BA に関する文献調査を広範囲にわたって実施した．特に，BA に関する広範な文献（現在の標準規格，科学誌や学術会議における研究，さらに実務者によるウェブサイトや報告書など）を見つけ出し，分析し，相互に比較した．それらの BA に関する提案は，詳細さの度合いや完全性などにおいて大きく異なっている．本章では 10 種類を選択したが，それらは今後の発展が期待できることに加え，認知度，BA コミュニティへの貢献度，適用，概念モデルの成熟度，方法論，支援ツールといった点で突出していた．この評価の結果に関しては，学識者と実務者とが議論し，彼らからのフィードバックは最終評価結果に反映されている．

各 BA アプローチは，以下の項目に従って整理してある．

- **一般情報**：発行者，目的，応用範囲，標準化度合いなどの情報を記述する．
- **概念モデル**：概念モデルによって定義されている要素を要約する．さらに，形式，意味論，語用論を考慮して概念モデルの成熟度を判定する．
- **方法論**：BA の開発を行うアーキテクトへのガイド情報の有無を示す（ガイドライン，責任，作業の定義，構造化された手順など）．これにより，方法論に関する成熟度が判定できる．
- **ツール**：適用可能なツールを列挙する．
- **サービスフォーカス**：サービスの概念が概念モデル，方法論，支援ツールにどれだけ取り込まれているかを示す（Sanz et al., 2007）．

11.4.1 ArchiMate

もともと ArchiMate 財団により維持管理されていたが，2009 年 2 月にオープングループの委員会が ArchiMate® バージョン 1.0 を公式に技術標準として承認した．現在は，コンサルティング会社やツールベンダーなどがバージョン 2.0 を開発するとともに，その支援に関わっている．ArchiMate は EA（enterprise architecture）言語であり，企業活動のビジネス関連および IT 関連のトピック（資源，プロセスアーキテクチャ，販売物などを含む）の形式的な記述に利用することができる．要件の洗い出しや，ビジネスおよび IT システムの現状と将来の構造・振る舞いに関する推論に利用できる．しかしながら，ArchiMate は企業の戦略，ネットワーク，財務，業績といった側面をモデル化するために設計されたものではない．ArchiMate の応用は様々な情報源から公開されている（ArchiMate Forum, 2009a,b; Lankhorst, 2004, 2005; The Open Group, 2009a）．

概念モデル　　ArchiMate モデル化言語は，EA におけるビジネス層，アプリケーション層，技術層という緊密に接続されたレイヤーに分割されている．さらに，各 EA 層の要素は三つのグループに束ねられる．すなわち，能動的構造，受動的構造，振る舞いである．図 11.2 にビジネス層の例を示す．能動的構造はビジネスアクターから構成される．アクターはビジネスロールを割り当てられ，他のアクターと内部的・外部的に協業する．振る舞いは，ビジネス振る舞い要素により実現されるビジネスサービスが中心となる．最後に，受動的構造は製品，価値，契約，ビジネスオブジェクトといった要素を結び付けたものである．ビジネスオブジェクトは顧客，送り状，製品など，企業の関心となる実在のオブジェクトを抽象化したものである．さらに，ビジネスオブジェクトには，その意味と表現に関しての記述が関連づけられている．ビジネスオブジェクトからアプリケーション層のデータ要素へのつながりは，ビジネス層と他の二つの EA 層との統合の緊密性を示している．ArchiMate のモデル化言語は成熟していると言える．要素とそれらの関連は明確に定義され，広範囲に説明されている．さらに可読性を良くするために，ArchiMate は各 EA 要素に関して独自の記号と様々な見せ方を提供しており，ステークホルダーごとに情報を絞り込めるようになっている．

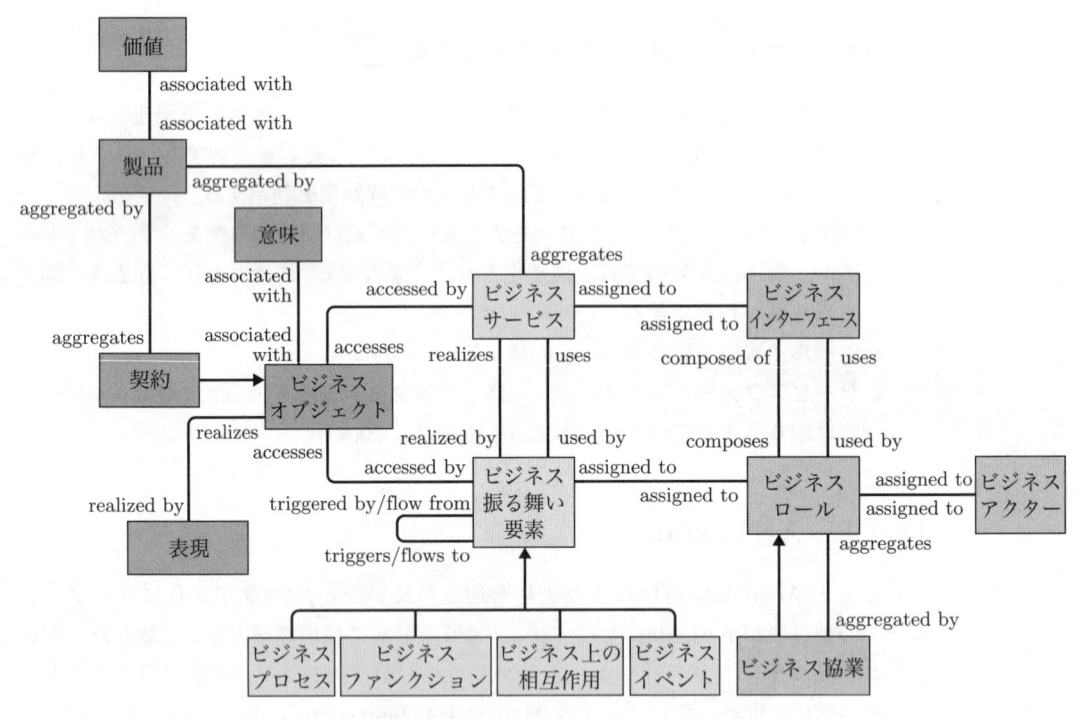

図 11.2　ArchiMate におけるビジネス層

方法論　　ある企業が EA モデルを作成する際にアーキテクトをガイドするために，ArchiMate は保険会社に関するわかりやすい例題を用意している．この例題を用いれば，各要素でどのような情報を定義する必要があるかが理解できる．しかしながら，EA モデルをビジネス変革工程においてどのように利用するかについては述べられていない．

ツール ArchiMate 固有の記号は視覚化されており，様々なモデル化ツールで対応している．対応ツールは，BiZZdesign 社の BiZZdesign アーキテクト，IDS Scheer 社の ARIS ArchiMate Modeler，Troux 社の Metis，Casewise 社の Corporate Modeler，IBM 社の System Architect などである．さらに Microsoft Visio では，ArchiMate ステンシルが利用できる．

サービスフォーカス ArchiMate はサービス指向の概念を包括的に取り込んでいる．各層にサービス要素が存在し，それぞれビジネスサービス，アプリケーションサービス，技術サービスと呼ばれている．これらのサービス要素の記法と他の EA 要素との関連に関しても，形式的に説明されている．例えば，ビジネス層において，ビジネスサービスはビジネスの振る舞いによって構成されている．ビジネスサービスは外部から見えるようになっており，契約とともに製品を構成するサービスグループとしてまとめることが可能である．製品とサービスは，あらかじめ決めておいた一団（例えば，顧客や取引先）に対する価値を創造するものであり，その一団はビジネスインターフェースを通してこの結果にアクセスできる．また，ビジネスサービスは入力としてアプリケーション層のアプリケーションサービスを利用する．

11.4.2　ビジネスアーキテクチャ作業部会

2007 年，BA 作業部会（Business Architecture Working Group; BAWG）が OMG（Object Management Group）の一部として設立された．BAWG の目的は，業界標準の確立，作成の支援，ビジネスに関する複数の青写真の一体化にある．この文脈において，OMG の既存および提案済みのビジネス標準と関連づけながら，BA の開発も計画されている（図 11.3 参照）．作業の現状は白書や部会の wiki で確認できる（BAWG, 2009a,b; TSG Inc., 2008）．BAWG の BA エコシステムでは，抽象レベルと詳細レベルにおいてすべてのビジネス領域を対象とすることが計画されている（すなわち戦略と構造，ビジネスネットワーク，運営，収益，業績モデルなど）．BAWG の BA はまだ初期段階であるの

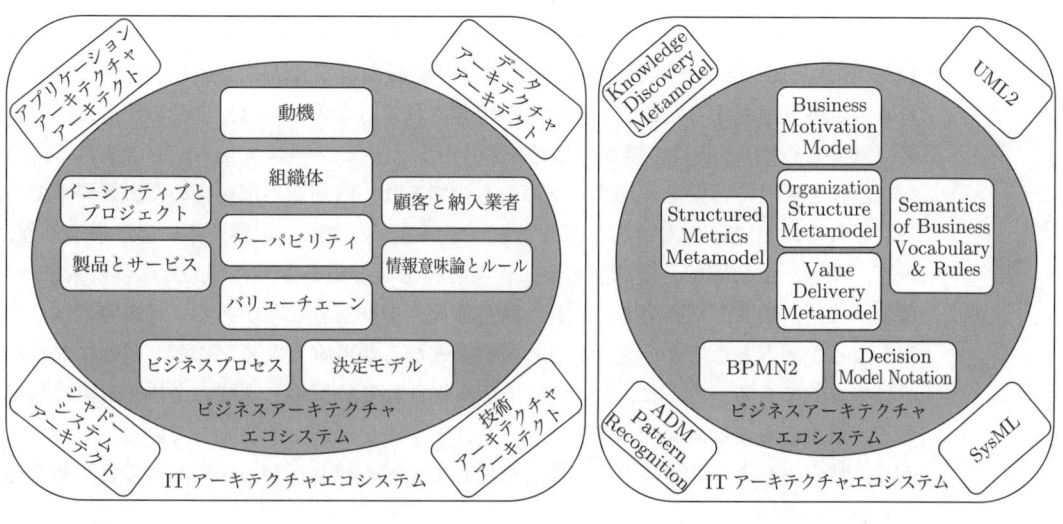

図 11.3　BA と IT アーキテクチャのエコシステム：構成要素と OMG 標準（BAWG, 2009b）

で，BAの標準とはなっていない．

概念モデル　現在のところ，BAWGはBAエコシステムの中心的な構成要素に関して，概念的に一貫しない部分も見受けられる．ITとBAの統合されたエコシステムに関する提案の現状は，BAWGのBA標準化要件として公開されている（BAWG, 2009b）．提案の中では，BAエコシステムが対象とする側面として，動機，組織体，ケーパビリティ，バリューチェーン，イニシアティブとプロジェクト，製品とサービス，顧客と納入業者，情報の意味論とルール，ビジネスプロセス，決定モデルを挙げている．図11.3に示すように，これらの領域は既存または計画中のBA標準の対象となっている．これらの標準が相互に関連づけられていないサイロ（作業部会）を代表しているので，計画中のBA作業はこれらの標準を統合することになるであろう．BAWGの作業はまだ初期段階なので，概念モデルの成熟度は低いと言える．

方法論　BAとITエコシステムにおける標準の統合に加えて，BAWGはビジネスシナリオを公開しており，BAの対象領域と価値を例証しようとしている．さらに，統合されたBAエコシステムのためのロードマップが定義され，既存のビジネスモデルの概観が与えられている．

ツール　現在まだ整備されていない状態なので，ツールによる支援は不可能である．

サービスフォーカス　サービスはBAエコシステムにおける一つの概念領域ではある．しかしながら，現在入手可能な文書からは，それ以上の情報は得られない．

11.4.3　Business Motivation Model

2005年にBusiness Motivation Model（BMM）がOMGの標準となった．BMMはビジネス計画の確立，伝達，管理のために使われる．言い換えれば，ビジネス計画を動機づける要因，構成する要素，要素間の関係などを定義するものである．BMMは会社の戦略，統治，ビジネスネットワークをモデル化するために設計されている．このモデルでは，業務自体は対象となっていない（Anderson Healy & Ross, 2007; OMG, 2006）．

概念モデル　BMMの構成要素は二つのグループに分割される．第一は目標と手段（Ends & Means）と呼ばれるもので，組織が達成しようとするものを定義する．目標（ビジョン，ビジネス上の目標や目的）により組織の達成計画を記述し，手段によりこれらの目標を達成するための実施項目が定義される．この中には，会社の使命，行動方針（戦略と戦術），そして規定（ビジネスポリシーやビジネスルール）も含まれる．第二は目標と手段の背景を理解するためのものであり，内部と外部を含めた影響要素である．これらはBMMの本質的な部分となっている．内部的な影響要素には，構造基盤，仮定，課題，企業価値，資源，習慣，管理者特権などがある．外部的な影響要素には，環境，技術，法令，納入業者，顧客，競合他社，提携業者などがある．影響要素は，強みとなるか弱みとなるか，会社にとって機会となるか脅威となるかなどが明確になるまでは中立的である．さらに，BMMはモデル化されるビジネス領域の全体を対象にしている．個々の要素は広範囲な例で説明され，モデルを理解しやすくしている．しかしながら，特定のステークホルダーの関心に対して情報を絞り込む方法に関しては，何も述べられていない．

方法論　BMMの概念モデルは要素ごとに詳細な例題を提供しており，会社にとっ

てBAモデルを開発する際のガイドラインとして役立つ．しかしながら，いかにして会社固有のBMMモデルを開発するかという方法論は提供されていない．

ツール　概念モデルがきちんと定義されているので，BMMはE-Rモデルのソフトウェアによりモデル化することが可能である．IBM Rational RequisiteProとIBM Rational Software Modelerの組み合わせにより，固有の記号に定義を割り当てるようなBMMテンプレートを提供できる．

サービスフォーカス　サービスの概念は，BMMモデルの核となる要素としては表現されていない．しかしながら，サービスの概念をマーケットと顧客情報ならびにアクションと組み合わせることにより，ミッションステートメントを構成することができる．例えば，「ヨーロッパにおける法人・個人顧客に対して（マーケットと顧客）＋レンタカーサービスを（サービス）＋提供する（アクション）」といった形になる．

11.4.4　Business Process Modeling Notation

OMGは2004年にBusiness Process Modeling Notation（BPMN）1.0規格を発表した．BPMNは，BPMI表記作業部会の活動に基づいている．BPMNはビジネスプロセスモデル設計とプロセスの実装とを結び付けることを目指している．そのため，ビジネスアナリストから技術開発者までが理解でき，また，プロセスの管理や制御に関わる人々にも理解できる必要がある．BPMNはビジネスオペレーションを抽象的な記述と詳細な記述の双方に使用できる．ただし，プロセスアーキテクチャの特定の側面を着目したものであるために，資源や能力の側面は付加的にのみ扱う．BPMNは，プロセスモデリングの中では広く受け入れられた標準である．規格の1.2版が2009年1月に発表されたが，2.0版は2009年6月現在策定中である．この章でのBPMNの概論は，Lankhorst (2005)，White (2004)，OMG (2008, 2009) に基づいている．

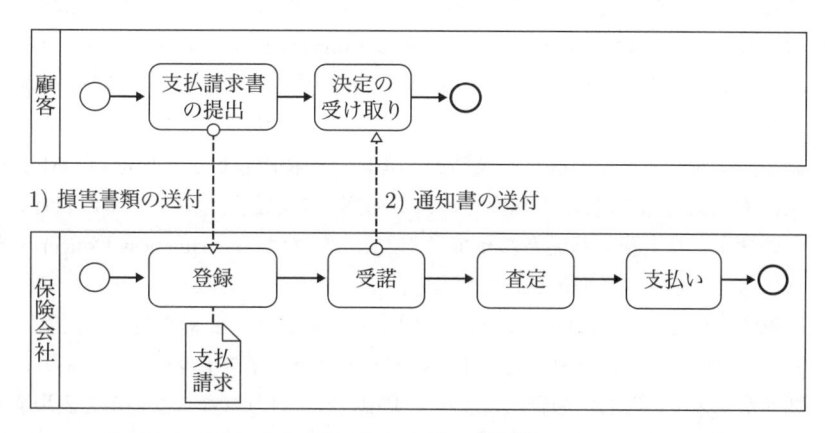

図11.4　BPMNで記述されたモデルの例（Lankhorst, 2005, 34）

概念モデル　BPMNは四つの核となる要素タイプに基づいている．フローオブジェクトは中心的な要素グループであり，イベント，アクティビティ，ゲートウェイ，コネクションからなる．これらの要素は互いに連結されており，異なるタイプのコネクティングオブジェクト，すなわちシーケンスフロー，メッセージフロー，アソシエー

ションを連結に利用できる．要素をまとめるために，プールとレーンという二つのレベルでのグループ化が利用できる．最後に，プロセスに関するさらなる情報を提供するために，アーティファクト（データオブジェクト，グループ，注釈など）が利用できる．BPMN 要素は，属性，タイプ，子要素などを利用して，さらに詳細化することができる．BPMN は明快な記法に基づいている．さらに，BPMN はビジネスアナリストと技術開発者の間の橋渡しをする目的も満たしている．BPMN は，実行可能な BPEL4WS を生成できるような内部モデルを提供することができる．4 種類の核となる要素による簡略な構成のおかげで，BPMN を理解することは容易である．しかしながら，要素に関して詳細を書きすぎると，管理が複雑になってしまう．

方法論　BPMN 規格は要素の概念を詳細に説明している．しかし，BPMN 作成の参照モデル，ベストプラクティス，ガイドラインは，OMG とは独立に刊行された様々な書籍により提供されているのみである．

ツール　BPMN はオープンソースを含めて，様々なソフトウェアベンダーによりサポートされている．例えば，IBM 社の System Architect, Lombardi Software 社の Lombardi Teamworks, Eclipse の BPMN modeler などである．これらのツールにより，会社固有のモデルを確実に BPMN 構文に準拠させることができる．

サービスフォーカス　サービスの概念は BPMN 要素の「タスク」に取り込まれており，これはアクティビティの子要素という位置づけである．タスクは，単一の作業単位を表す場合に「サービスタスク」とすることができる．サービスタスクは，自動化されたサービスやウェブサービスのモデル化に使われる．

11.4.5　Business Concepts

1996 年に McDavid は，情報システムの開発のために，ビジネス上の関心をモデル化するテクニックを提供する Business Concepts を提供した（McDavid, 1996, 1999）．この考え方は，IBM のイニシアティブである Enterprise Solution Structure（ESS）（Plachy & Hausier, 1999）に基づく．その中では，汎用の BA を記述し，戦略，構造，ビジネスネットワーク，オペレーションなど，企業モデルにおける上位レベルの側面に着目している．反対に，企業の収益や業績モデルには，特段着目していない．McDavid による BA 概念は，BA における影響力のある初期の業績と見なせる．それ自体，様々な BA の概念および実務の基盤となってきた．しかしながら，Business Concepts を実践で使うには，さらなる詳細化が必要である．

概念モデル　McDavid は九つに限定したビジネス要素を定義し，互いに関連する三つのパートへと振り分けた．第一のパートはビジネスドライバーであり，どのような要件がシステムとしての企業によって実現されなければならないかを表現する．要素には，ビジネスの状況，目的，結果が含まれる．第二のパートはビジネスの境界である．この中ではビジネス上のコミットメントが，エコシステムにおける異なる役割の参加者と関連づけられて定義されている．第三のパートは，ビジネスデリバリーシステムである．これはビジネス上のコミットメントで定義されている価値を創生する．その要素には，ビジネスファンクション，ビジネスリソース，ビジネスの所在地がある．これらの三つのパートにおける要素間には様々なコネクションが存在する．さらに，各要素は子

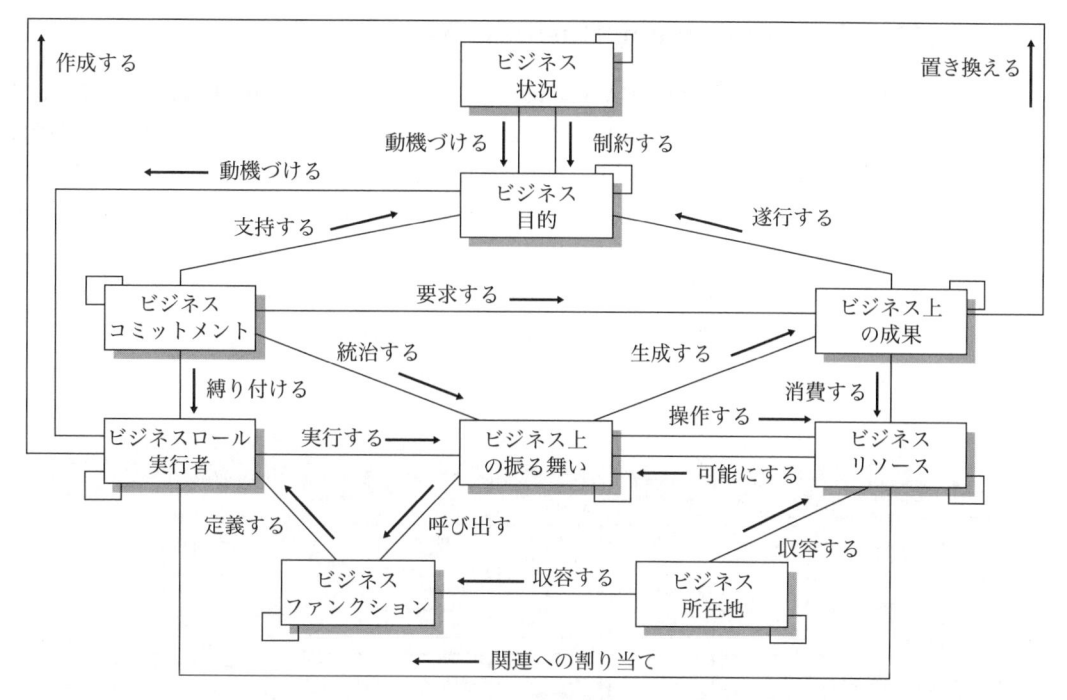

図 11.5 McDavid による Business Concepts (1999)

要素に分割でき，それらも詳細レベルにおいて連結される．概念モデルにおける要素と要素間の関係は，厳密に定義されている．異なるビジネス領域を記述できる九つの要素をうまく定義すると，上位レベルの BA 記述に役立つ．さらに，ビジネスと IT システムの関係を，一般的かつ抽象的なレベルにおいて説明することができる．ただし，異なるレベルの要素が最終的な BA モデルにおいてどのように視覚化できるかに関しては，Business Concepts は十分な知見を提供していない．

方法論 McDavid は，BA を開発するための包括的な方法論は提供していない．しかしながら，どの成果物の文書でビジネスモデルを捉えるかに関しては，次のように記述している．ビジネス用語分類に関しては，業界用語や社内用語をインタビューや既存文書から抽出する．様々な取引先間の関係をモデル化するために，コンテキスト図が使われる．また，ビジネスプロセスモデルは会社の振る舞いを説明する．ビジネスルールカタログはビジネスコミットメントを定義する．そして，ビジネスオブジェクトモデルはより IT 型のアプローチで記述されるビジネス上の関心事を表す．

ツール McDavid の Business Concepts を E-R モデルのツールでサポートするには，モデルの構文をさらに厳密化する必要がある．

サービスフォーカス McDavid は BA の重要な要素として，「成果」を定義している．成果の一つとして，「サービス」が挙げられている．しかしながら，サービスが成果，あるいは中間成果物，製品，副産物とどのように結び付くかは述べられていない．同様に，他の八つの要素に対するサービスの関連も明確には述べられていないが，結果要素から導出することは可能である．このように，McDavid によればサービスは目的を果たすためのものであり，コミットメントにより要求され，振る舞いによって実現され，資源を消費するものである．

11.4.6 Component Business Model

コンポーネントに基づく BA（Component Business Model; CBM）は，IBM によって開発され，IBM のグローバルビジネスサービス（GBS）部門のコンサルティング活動において積極的に活用されている．CBM はビジネス変革のために使われるものであり，戦略目標およびソリューションとの関連について優先順位を決める．ソリューションとしては，伝統的なパッケージアプリケーションや SOA ソリューションなどを対象としている（Cherbakov et al., 2005）．CBM は，会社の戦略，ガバナンス，業務，収益，業績などの業務全般と組織的な側面を扱う．現在のところ，ビジネスネットワークに関しては十分に考慮されていない（Nayak et al., 2007）．

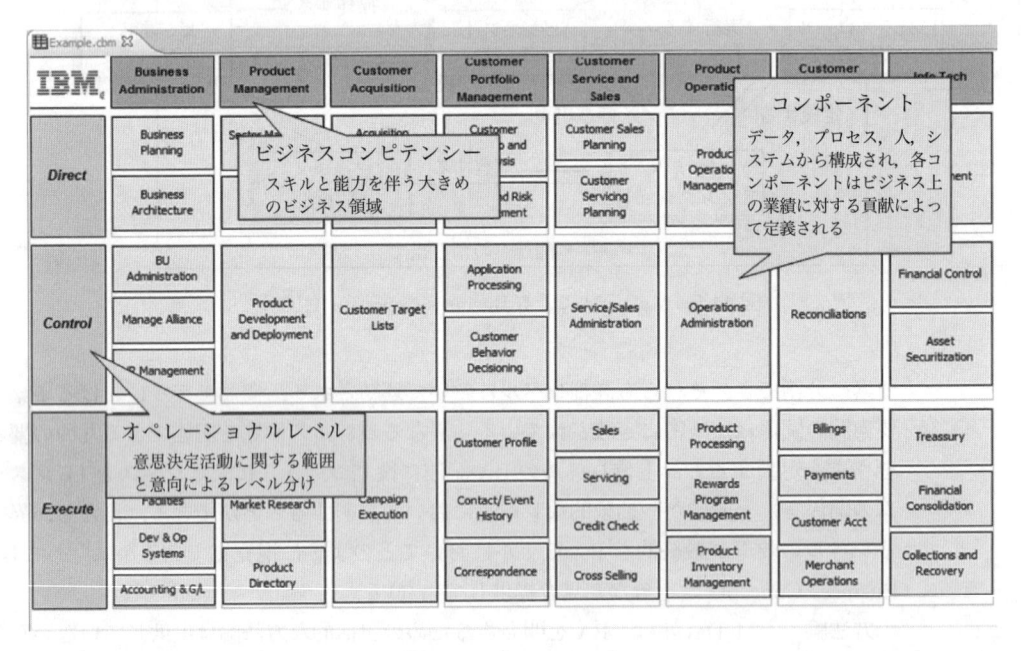

図 11.6 CBM マップ

概念モデル　CBM における中心的な要素は，ビジネスコンポーネントである．このような概念は構造化に役立つものであり，五つの次元，すなわち，ビジネスの目的，活動，資源，ガバナンスモデル，ビジネスサービスを持っている（IBM, 2005）．ビジネスコンポーネント間の関連により企業にとっての業務モデルを疎結合な単位で抽出でき，その結果，概念モデルや意思決定の管理精度を高めることができる（Sanz et al., 2006）．コンポーネントには，ビジネスコンピテンシーと責任レベルが割り当てられる．責任レベルとは，戦略決定，コントロール機構，ビジネスアクションを分離するための単純な枠組みのことである．一方，ビジネスコンピテンシーとは，スキルと能力によって表現される大規模なビジネス領域を意味している．CBM 要素，および要素間の関係は厳密に定義されており，各要素は豊富な記法を持っている．

方法論　概念モデルに加えて，IBM は顧客との契約の種類ごとに手法を用意して，GBS コンサルタントをガイドしている．CBM 関連の手法は，ビジネス変革，戦略案件，EA 策定などに使用されている．

ツール　上記の概念モデルを扱えるツールとして，WebSphere Business Modeler のような IBM 製品と，CBM に特化した社内ツールがある．

サービスフォーカス　CBM はビジネスサービスという概念を扱う．ビジネスサービスはビジネス仕様書に記述され，業務目標に割り当てられる．ビジネスサービスはビジネスコンポーネントが提供するものであるが，それ自体はサービス機能から構成されている．なお，ビジネスサービスはビジネスバリューモデルに関連づけられる提供物の一部である．

11.4.7　Enterprise Business Architecture

ガートナーにより開発された Enterprise Business Architecture（EBA）は，EA における本質的な部分である．その目的は，ビジネス戦略を支えるために，情報と技術に沿ってビジネスコンポーネントを最適化することにある．EBA は記述的な BA であり，BA トピックの導入に使うことができ，会社の構造と業務を特に良く記述している．ただし，ビジネスネットワークや業績モデルなどの側面は，EBA では強調されていない．EBA に関する文献は，2008 年から利用できるようになった（Burton & Robertson, 2008, 2008b; Burton, 2009 など）．

概念モデル　EBA は五つの次元から構成される．ビジネスケーパビリティ（ビジネスファンクション，または上位レベルのビジネスサービスとも呼ばれる）は，アーキテクチャの基盤を構成する．ケーパビリティは四つのビジネス要素により実現される．

- 人は EBA のスコープに直接影響を与える
- 財務は会社の財務状況を表す
- 組織は公式・非公式のレポート構造および文化的な階層，仮想チーム，ソーシャルネットワークを意味する
- プロセスは個々のビジネス活動により構成される

ガートナーによると，これらの要素はいくつかの内部的・外部的な影響要因によって左右される．ガートナーはビジネスと IT を整合させるために BA を提供することを意図しているが，EBA では，EA の他の部分（情報またはテクノロジーアーキテクチャなど）との結び付きに関する形式的な記述は与えられていない．アーキテクチャの成熟度という観点からは，EBA の提案は要素間の関連が明確に定義されていないと曖昧になるという問題がある．

方法論　前述の概念モデルに加えて，ガートナーは，EBA アーキテクトのために要件とベストプラクティスを提供している．さらにガートナーは，EBA 開発のための七つのフェーズからなる反復的な手続きモデルも定義している（図 11.7）．フェーズ 1 は「定義とスコープ化」と呼ばれ，EBA のスコープが定義され，どのような EBA を構築するかに関しての全体合意と共通理解が確立される．フェーズ 2 は「組織の決定」であり，EBA チームを決定する．その後，フェーズ 3 の「将来の状態」では，将来の EBA に関するビジョンが記述され，そのための要件，原則，BA のモデルが作られる．フェーズ 4 は「現在の状態」であり，定義されたスコープについて，ビジネスに関する現状認識を確立することが目的である．フェーズ 5 では，フェーズ 3 と 4 に基づいて「ギャップ分析」が行われる．フェーズ 6「移行計画」では，優先度を考慮しながら

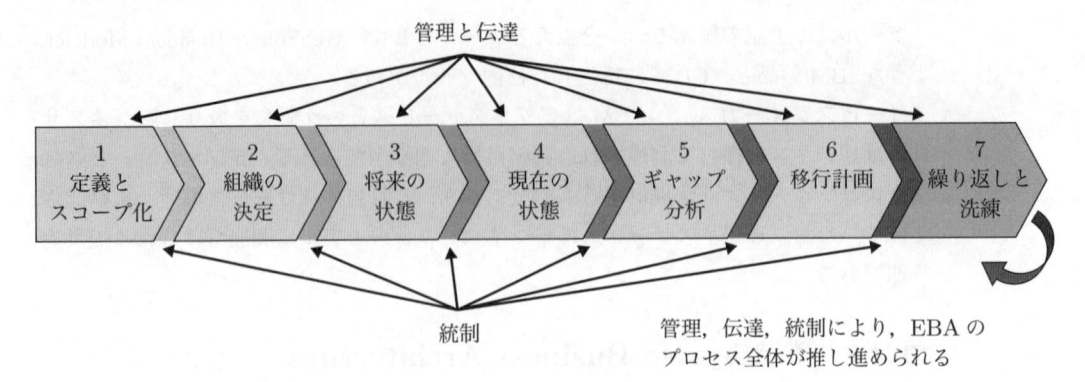

図 11.7　EA 開発プロセス（Burton & Robertson, 2008）

ギャップを縮めるための取り組みが決められる．最後に，フェーズ 7「繰り返しと洗練」では，EBA を支えて進化させるための今後のプロセスが決められる．

ツール　ガートナーの EBA モデルを E-R モデルツールによりサポートするには，モデルの構文をさらに洗練する必要がある．

サービスフォーカス　サービスコンポーネントは特には考慮されていない．

11.4.8　Event Driven Process Chain

Event Driven Process Chain（EPC；イベント駆動のプロセスチェーン）は，もともとは ARIS（Architecture of Information Systems）の一部として，A. W. Scheer 教授による研究の取り組み中に開発された．EPC は成熟した概念モデルであり，企業活動の文書化や分析に広く使われている．これらの活動の結果は，情報システムの設計の基盤として役立つ．特に，SAP のエンタープライズソリューションの設定やカスタム化プロジェクトに関して，ARIS は標準的なモデル化環境を提供している．EPC は Sheer 教授の論文により 1992 年に最初に紹介された（Scheer & Hars, 1992）．それ以来，様々な科学的・実践的研究が続けられている（Davis & Brabänder, 2007; Davis, 2008; Scheer, 2000a,b）．

概念モデル　EPC はビジネスプロセスをモデル化するための四つの核となる要素を提供している（図 11.8）．第一の要素はイベントである．この要素は内部的または外部的な性質を持ち，エンタープライズシステムの状態遷移を表現する．第二の要素は機能である．機能はイベントにより発火するが，ビジネスプロセスの一部として実行される活動またはタスクであり，会社にとっての価値を作り出す．3 番目はルールである（図 11.8 には明示されていない）．ルールはイベントと機能を結び付け，プロセスフローを統治する．最後は資源である．これは「構造的ではないが密接に関連するオブジェクト」（non-structurally relevant object）とも呼ばれ，要素の 4 番目のグループを構成する．資源は，組織，システム，データ，知識，情報キャリア，製品とサービス，目標と手段，一般資源といった子要素からなる．EPC では，すべての要素は属性（機能のためのコストや時間属性など）によりさらに詳細化される．これらの資源をモデル化するために，EPC は約 150 の記号を提供している．要素は，5 種類の異なる関連タイプにより互いに連結することができる．EPC の成熟度は高いが，それは要素の意味論が

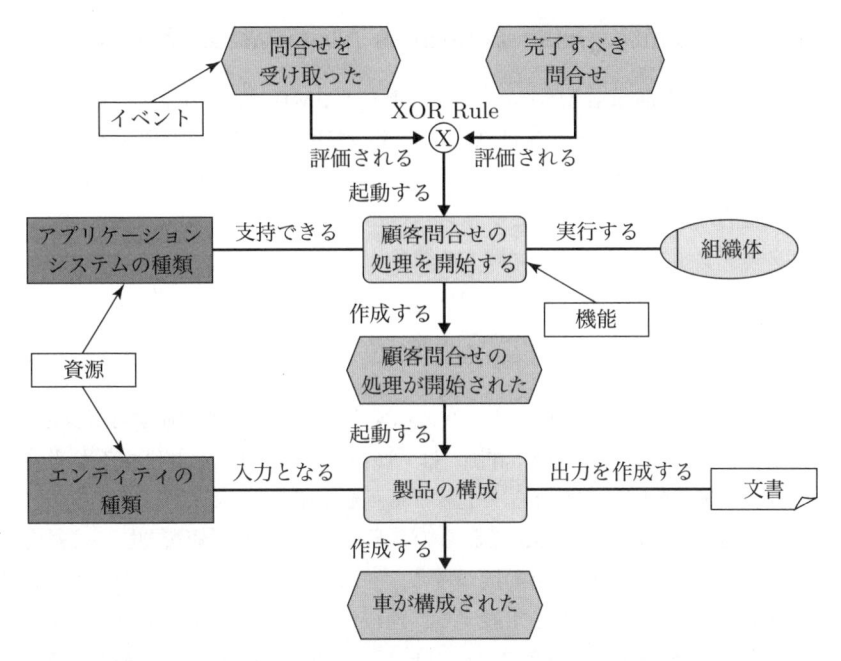

図 11.8 典型的な EPC プロセスモデル（Davis & Brabänder, 2007）

きちんと説明されているからである．さらに，EPC では理解を助けるために，各要素に固有の記号を割り当ててある．ARIS 環境では，EPC の概念モデルに関して，組織，データ，制御，機能，製品とサービスという五つのビューが提供される．

方法論　ARIS では，会社固有の ARIS モデルを開発するためのガイドを提供するとともに，ARIS 環境に統合された考え方が ARIS 構築フェーズにより支援されている．そして，ARIS 環境におけるそれぞれのビューは，要件定義フェーズ，設計フェーズ，実装フェーズへと分割される．なお，戦略フェーズではすべてのビューを扱う．ARIS はそれぞれのフェーズとビューごとにモデル集合を定義しており，全体で 150 のモデルが利用できるようになっている．業界をまたいだ利用と SAP との緊密な連携により，ARIS では数多くの業界分野において，参照モデルやベストプラクティスが利用できる．

ツール　ARIS は ARIS ソフトウェアプラットフォームによりサポートされている．これは，戦略プラットフォーム，設計プラットフォーム，実装プラットフォーム，制御プラットフォームの無数のツールにより構成される．例えば，ARIS 設計プラットフォームのツールにより，EPC ビジネスモデルの構築と管理が可能である．ARIS プラットフォーム上のすべてのツールは，単一のモデルリポジトリに基づいており，すべてのツールからの情報は再利用できる．例えば，バランススコアカードツールで作成された KPI (key performance indicator) に ARIS ツールからアクセスし，ビジネスプロセスモデルと連携することができる．

サービスフォーカス　サービスの概念は，資源要素である製品およびサービスにおいて表現されており，出力としての機能に結び付けられている．さらに，ARIS は製品階層を表現するために，製品とサービスに関する木構造モデルを提案している．このモデルでは，"has" で示される関係は製品/サービスの部分コンポーネントを表し，"substitution" で示される関係は製品/サービスが置き換え可能であることを表す．

11.4.9 Enterprise Business Motivation Model

Enterprise Business Motivation Model（EBMM）は，マイクロソフトのエンタープライズアーキテクトである Nick Malik によって開発された．最初に彼のブログで公開され，後にマイクロソフトの Architect Journal で発表された（Malik, 2009a,b）．このモデルの目的は，会社の活動とビジネス目標がいかに整合しているかを示すことにあり，エンタープライズのモデル化に関する数多くの側面を考慮している．特に，ビジネスモデル構築に重点が置かれている．EBMM は 2009 年に初めて公開されたものであり，実際の適用の有効性に関しては不明である．また，BA の標準として定義されているわけでもない．

概念モデル　　EBMM は図 11.9 に示すように，八つの関連するビジネス領域により構成される．ビジネス領域「評価」は「ビジネスモデル」を評価するためのものであり，会社の「影響要因」がもたらすインパクトを記述する．「評価」はさらに「ドライバー」の推進力として定義される．それらの「ドライバー」は「影響要因」に対応し，「ビジネスモデル」に向かう変化を動機づける．「ビジネスモデル」は「ビジネス部門のケーパビリティ」に対する要件を定義する．最後に，「ビジネス部門のケーパビリティ」の実現により，「ビジネスプロセス」は「ビジネス部門」により実行され，「指示」により統治される．個々のビジネス領域はさらに詳細な要素へと分割され，領域内・領域間で密接に関連づけられている．ここでの概念モデルは包括的で良く定義されており，会社の活動がいかにビジネス目標に整合しているかを包括的に説明する目標を達成している．これに対してビジネス要素の概念はあまり詳細ではない．そのため，会社の詳細な情報を捉えたい場合には，このモデルを拡張しなければならない．また，モデルの理解度に関しては，提供される詳細な UML モデルに大きく依存することになる．

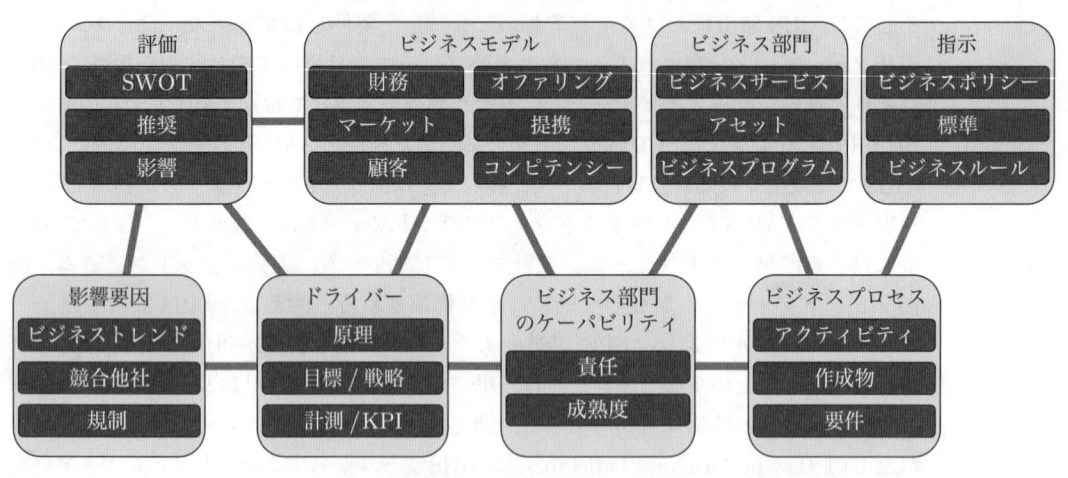

図 11.9　Enterprise Business Motivation Model（Malik, 2009b）

方法論　　EBMM では，要素の記法と関係については説明されている．しかし，概念モデルの作り方に関するガイドはほとんどない．

ツール　　EBMM は，E-R モデルをサポートするツールにより扱える．

サービスフォーカス　　サービスの概念は，ビジネスモデルの中心要素として組み込

まれている．ビジネスケーパビリティとともに，流通チャネルを通して顧客や提携企業にサービスが提供される．このように，サービスは価値形成の中で考慮されている．ビジネスサービスはビジネス事業単位により提供され利用される．

11.4.10　TOGAF ビジネスアーキテクチャ

TOGAF (The Open Group Architecture Framework) は，Open Group のアーキテクチャ作業部会により開発され管理されている (The Open Group, 2009b)．TOGAF の第1版は1995年に公開されたが，当時はITアーキテクチャを中心としていた．最近では，BA が TOGAF の本質部分になってきている．特に，2009年2月の第9.0版では，BA の概念モデルと作成ガイドに関して様々な改訂が実施された．TOGAF の BA は組織上の側面としての戦略，構造，経営を抽象レベルで捉えるが，ビジネスネットワーク，業績，収益などのモデルは，TOGAF ではあまり対象としていない．しかしながら，他の EA に比べると，成熟度ははるかに高い．TOGAF は，EA フームワークとして世界的に使われている標準であり，様々な業界で実装されている．

概念モデル　TOGAF は内容メタモデルというものを提供しており，EA を BA，情報システムアーキテクチャ，テクノロジーアーキテクチャの3種類に分類し，それぞれの構成要素とアーキテクチャ間の関係を明確に定義している．BA の構成要素は，動機，組織，機能という三つのグループに分類できる (図11.10)．さらに，TOGAF では会社のビジネス上の特定の側面をモデル化するために利用できる図式化も定義している．ここでのメタモデルは，構成要素のための特定の記号を定義するものではない．ビジネスと IT を整合させるために，TOGAF は BA を情報システムとテクノロジーアーキテクチャへ結び付ける方法を定義している．例えば，ビジネスサービスはアプリケーション部品で実現され，テクノロジー基盤上で実装される．

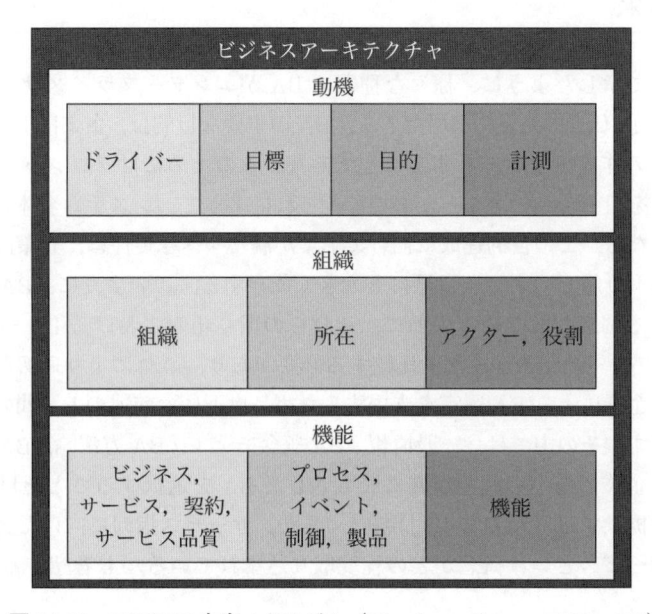

図 11.10　TOGAF 内容メタモデル (The Open Group, 2009b, 375)

方法論　会社が目標の状態へと変革できるように，TOGAF は八つの反復型のフェーズからなる Architecture Development Method（ADM）を提供している．BA は，アーキテクチャビジョンのフェーズに続く 2 番目のフェーズである．BA フェーズでは，情報システムアーキテクチャ，テクノロジーアーキテクチャという後続フェーズのための基盤を提供する．BA フェーズは目標，アプローチ，入力，ステップの四つのセクションから構成されている．ステップのセクションでは，BA 開発のために必要な作業を記述している．最初に，参照モデル，観点，ツールを選択することが提案されている．その後，ベースラインと目標 BA の記述が作られ，それらはギャップ分析される．そこでの結果に基づいて，ロードマップの構成要素が定義される．後続のフェーズでは，BA 以外のアーキテクチャに対する見通しという観点から，最終目標とする BA が評価される．続く二つのフェーズでは，ステークホルダーが目標 BA を審査し，アーキテクトチームが完成させる．BA フェーズは，アーキテクチャ定義書の作成とともに完了する．

ツール　ADM は，IBM System Architect，Sparx Systems の MDG Technology，Metastorm Provision など，様々なツールでサポートされている．ほとんどのツールは，TOGAF が参照する概念 EA モデル上でのモデル化を支援し，また，TOGAF の ADM 法のフェーズに沿ってすでに構築されている会社固有のモデルを整理する仕組みも提供している．

サービスフォーカス　ビジネスと IT の関連とは別に，TOGAF はビジネス要素間の関連を次のように定義している．すなわち，ビジネスサービスはプロセスにより実現され，データエンティティを提供・消費し，組織により所有・統治され，アクターにより利用される．

11.5　調査結果

前節で示したように，様々な種類の BA がエンタープライズサービスシステムの設計，変更，伝達，実現に適用できる．BA の主要な目的は，企業によるビジネスソリューションの作成をサポートすることであり，そのためにはフロントステージとバックステージを組み合わせることが必要で，これによって，システム全体のサービス遂行能力が高くなる．この目的達成に向けて BA が満たすべき要件は，企業固有の特徴および変革への取り組みの中での目標にも大きく依存する．このように，BA モデルの構築を必要とする個別の取り組みの前に，それらの取り組みにおける BA へのニーズと既存の BA アプローチとを注意深く比較する必要があり，これにより適切な BA 選定が可能になる．企業による BA 選定を支援するため，以下に，前述の BA 間の違いに注目した比較を示す．その中では，一般情報，BA 概念モデル，BA 方法論，BA ツールという観点から，企業の特定の問題領域に最も適した BA を選択することを目指した一般的なガイドを提供する（2009 年 7 月現在）．また，サービス指向に向けた企業の変革を反映して，サービスという概念がどの程度取り込まれているかも考慮する．表 11.1 に比較表を示す．

表 11.1 現状の BA アプローチの概要

対象としたビジネスアーキテクチャ	ArchiMate	BAWG	BMM	BPMN	Business Concepts	CBM	EBA	EPC	EBMM	TOGAF BA
1. 一般情報										
発行者	アーキテクチャ財団・オープングループ	OMG	OMG	OMG	McDavid	IBM	ガートナー	IDS Scheer	マイクロソフト	オープングループ
目的	EA	OMG 標準の統合	ビジネス戦略	BPM	IT-ビジネスの整合	IT 戦略、IT-ビジネスの整合、SOA	EA	BPM、IT-ビジネスの整合、SOA	ビジネスモデル、IT-ビジネスの整合、EA	EA
利用可能な情報	●	◐	●	●	◐	●	◐	●	◐	◐
標準化・適用例	◐	◐	◐	●	◐	◐	◐	◐	◐	◐
2. メタモデル										
スコープ										
・戦略と構造	●●●●	●●◐	●●◐●	●●	●●◐	●●●●	●●◐	●●●●	●●●●	○○○○
・ビジネスネットワーク										
・オペレーション										
・収益モデルと業績										
他のアーキテクチャとの統合	●	◐	◐	◐	◐	●	●	●	◐	●
成熟度	◐	◐	◐		◐	◐	◐	◐	◐	◐
3. 方法論										
スコープ										
・BA モデルの開発	○○	○○	◐◐	●●	○○	●●	○●	●●	◐◐	●●
・BA イニシアティブの管理										
構造化された手順モデル	◐	◐	◐	●	◐	●	●	●	◐	●
ユースケースシナリオ	●	◐	◐	●	◐	●	◐	●	◐	◐
ベストプラクティス・参照モデル	◐	◐	◐		◐	●	●	●	◐	○
成熟度	○		◐		◐	◐	◐	◐	◐	◐
4. ツールサポート										
利用可能なツール	例えば、BiZZdesign Architect、IDS Scheer 社の ARIS ArchiMate Modeler、Casewise 社の Corporate Modeler、IBM System Architect、Microsoft Visio	特になし、メタモデルは定義されていない	IBM System Architect	一般のE-Rツール	なし、メタモデルの拡張が必要	WBM、CBM&SOMA	なし、メタモデルの拡張が必要	ARIS ツールのセット	一般のE-Rツール	一般のE-Rツールで TOGAF の BA モデル生成をサポートするもの、IBM System Architect のように方法論をサポートするツール、Sparx Systems 社の Technology、Metastorm Provision
5. サービスオーカス										
サービス	●	◐	◐	◐	◐	●	◐	◐	●	◐

11.5.1 一般情報

BA は，ビジネスと IT を統合するという課題意識のもとで，エンタープライズサービスシステムをガイドするために使われる．対象とする問題領域に依存して，ビジネス戦略，IT 戦略，ビジネスプロセス管理，SOA などが，異なる視点から取り組まれる．ある企業は，どのビジネス領域を最適化するかを決定しながら，ビジネス戦略情報を長期的な IT 投資決定に利用するかもしれない．別のある企業は，コスト削減やビジネスサービスの価値創造の可能性を視覚化するために，特定のビジネスプロセスの詳細が重要かもしれない．さらに，一つの変革への取り組みが複数の目的を包含しているために，それぞれの目的にあった BA アプローチを組み合わせる必要が生じることもある．

現在の BA は，ベンダー，独立団体，会社などが開発し，管理している．それぞれの団体は BA における特定の目的を考慮している．すべてのモデルを組み合わせることにより，これらの BA の目的を広く眺めることはできるが，必ずしも一貫性があるわけではない．例えば，ArchiMate，EBA，EBMM，TOGAF は EA の本質的な部分を対象としており，下流のアーキテクチャ設計へのトップダウン的なアプローチをガイドする．他の BA は，より汎用的にビジネスと IT を整合させることを意図している（McDavid の Business Concepts など）．他の目的としては，ビジネスプロセス管理の取り組みを助けることがあり，例えば BPMN や ARIS はこれに当たる．会社の戦略や動機を表現するために設計された BA のグループもあり，OMG の BMM やマイクロソフトの EBMM などはこのグループに属する．ARIS と CBM は SOA のためのモデル化環境を提供する．最後に，OMG の BA 作業部会のものは，異なる BA 標準の関連づけを目的としている．

さらに，個々の BA アプローチに関しての情報は，質・量ともに様々である．ArchiMate，BMM，BPMN，CBM，EPC，TOGAF などは完成度が高い，またはスタンダードであるという理由により，様々な観点から説明されている．一方，それ以外のもの（EBA，BAWG，Business Concepts など）は基本的な情報が提供されているのみである．結果として，モデル間でサービスシステムを記述する際のガイドの充実度が異なっている．

11.5.2 BA 概念モデル

BA の目的は，BA 概念モデルにおいて対象としているビジネス領域，ならびにその下位領域に密接に関連づけられている．例えばビジネス戦略をモデル化するためには，業績・収益モデルと同時に，戦略やビジネスネットワークの側面も考える必要がある．さらに，提供すべき製品やサービスの方向性と価値も決定しなければならない．これに対して，SOA プロジェクトでは，企業のフロントステージ/バックステージの業務が中心的な話題であり，そのため，プロセスアーキテクチャ，資源，サービス提供なども議論の対象になる．エンタープライズサービスシステムのための BA 概念モデルを選択する場合，ビジネス領域の範囲と詳細レベルをあらかじめ明確にし，作成する BA モデルの目的と整合させておくことが重要である．

定義した目的への適用という点から BA 概念モデルを評価する場合，それぞれのモデルのスコープと詳細レベルが異なることを考慮に入れておく必要がある．ここで紹介し

た10のBAの場合，BPMNやBMMなどは一つまたは二つの特定のトピックを扱っているが，BAWG，TOGAF，Business Conceptsなどは，より抽象的なレベルで広範なものを対象にしている．4種類のビジネス領域を各概念モデルがどの程度扱っているかを以下に述べる．

1. **戦略と構造**：「戦略」と「統治法」という部分領域は，OBGのBMMにおいて詳しく説明されている．これらのモデルは将来のサービスの方向性を計画することに加えて，サービスの価値や対象の決定に利用できる．同様に，マイクロソフトのEBMMは，会社の戦略や動機に対して強い関心を払っているが，BMMのように指令，使命，ビジョン，戦略，活動，ポリシー，ルールなどの明確な区別は実施していない．その他のBA（ArchiMate，ARIS，Business Conceptsなど）でも組織的な側面は扱われているが，戦略的な側面はあまり対象とされていない．

2. **ビジネスネットワーク**：この領域は，ほとんどのBAにおいて抽象的に記述されているのみである．特定のネットワークの詳細や企業が果たす役割（サービス提供者，顧客，提携業者など）を記述するための要素は提供されていない．例えば，ArchiMateは汎用の要素としてロールやプロセスを提供しており，これらは会社と納入業者間のサプライチェーンを定義する際に使用できる．しかしながら，納入業者や会社などのロールを表現する記号は，上位レベルでのロール要素を表現するものと区別されておらず，十分とは言えない．これに対してOMGのBMMやマイクロソフトのEBMMでは，顧客，提供業者，納入業者はBA要素として規定されており，企業への影響度（あるいはサービスへの影響度）を記述する際に利用できる．しかしながら，これらの要素はサービスや製品を作り出すビジネスプロセスへの組み込みの定義には使われていない．

3. **オペレーション**：ビジネスオペレーションはすべてのBAにおいて言及されている．しかしながら，プロセスアーキテクチャ，資源，結果に関する要素の詳細さのレベルは大きく異なっている．例えばBMM，EBA，Business Conceptsは，ビジネスプロセスをハイレベルな構成要素として定義するのみで，ビジネスプロセス自体の構成については取り扱っていない．これに対して，TOGAF，CBM，ARIS，ArchiMateでは，イベント，機能，コネクタのように，ビジネスプロセスの構成要素を提供している．加えて，ARISは機能が消費・提供するリソースを明確化するための属性を含め，構成要素を網羅的に定義している．以上のBAが他のビジネス領域に言及しているのとは対照的に，BPMNはビジネスプロセスのみを対象にしている．BPMNはビジネスプロセスを詳細に記述するものであり，その結果，実行可能なビジネスプロセス言語への変換が可能になっている．BPMNの範囲は限定的であり，ビジネスプロセスのリソース，容量，結果を網羅的に表現するものではない．まとめると，サービスの共創プロセスのモデル化のためにBAを選択するには，変革への取り組みのために，どのレベルの詳細さがビジネスプロセス記述に求められているかを考慮しなければならない．

4. **収益と業績のモデル**：このビジネス領域は，本章で挙げているBAの焦点ではない．CBMやEBMMなどは，BAのモデルと関連づいた財務指標を定義している．しかしながら，財政上の立ち位置，価値の構成法，財政的資源は，ここでの

BA の概念モデルではいずれもあまり言及されていない．あるサービスが財政上の業績に対して持っている影響度を明示的に捉えるためには，ほとんどの BA モデルは拡張しなければならない．

多くのビジネスサービスが IT サービスによって構成されているので，今日のエンタープライズサービスシステムは IT への依存度が高い．ビジネスと IT の整合性を高めるためには，テクノロジー，アプリケーション，データなど，他の EA アーキテクチャとの統合が鍵となる．ほとんどの BA はビジネスと IT の整合性という課題に対応していると主張しているが，統合のレベルは様々である．例えば，BMM，EBMM，EBA は他のアーキテクチャとの関連づけが不十分である．一方，BA 作業部会，ArchiMate，BPMN，EPD は IT への関連づけを広範囲にわたって考慮している．例えば BPMN はウェブサービスとタスクを，EPC はアプリケーションと機能を関連づけている．BA と他の EA との関連づけは，概念モデル選択の際に考慮すべき要素の一つである．

BA の概念モデルの成熟度は，構文，意味論，語用論においても異なる．きわめて初期段階のもの（BA 作業部会），BA への簡単な導入としてのみ役立つもの（EBA），BA の中心的な構成要素を記述しているものの要素間の形式的な関連の記述がないものなどがある．これに対して，いくつかの成熟した BA 概念モデルは，構成要素ならびにそれらの関連を明確に定式化している．そのため，要素に関する説明も違ったものになる．例えば，BPMN は個々の要素を属性レベルまで記述している．これに対して，Business Concepts の要素記述は抽象的であり，各要素に関して少数の例題を提供するに留まっている．最終的な BA モデルの可読性を上げるために，ArchiMate，ARIS，BPMN などの概念モデルでは，固有の記号を構成要素に割り当てている．

11.5.3　BA 方法論

エンタープライズサービスシステムのモデル化は複雑であり，誤りが起こりやすい．そのため，会社固有の BA モデル開発では，ビジネスアーキテクトをガイドする BA 方法論の提供がきわめて重要である．BA 方法論は，理想的にはプロセスモデルまたは構造化された手順の中で，各自の責任，実行すべき作業，考慮すべき原則を説明するものである．さらに，方法論は設計原則，ベストプラクティス，参照モデル，ユースケースを含むこともある．

10 個の BA アプローチを評価することにより，方法論における多様性も明らかになる．いずれの BA 方法論も，BA プロジェクトにおける一般的な活動指針と BA モデル構築の具体的な活動内容の両方に関して，ビジネスアーキテクトをガイドするようにはなっておらず，どちらかにのみ焦点を当てている．さらに，多くアプローチでは明確な手順を提供しておらず，構造化されていない単なるガイドだけを提供している．そのような情報は，BA 開発のどのような状況でも使えるという意味では汎用的である（ビジネス戦略，IT 戦略，BPMN，EA，SOA）．しかしながら，企業にとってはどの BA 要素に集中すべきか，ある目的に対してどの程度の詳細レベルで BA モデルを構築すべきかなどがわかりにくい．例えば，ビジネス戦略プロジェクトにおいてビジネスサービスの価値を分析するには，企業にとっての重要度だけでなく，そのサービスを利用する外部顧客のことも考慮して，最終的なビジネスサービスに関する抽象的な見方を提供するこ

とが本質的になってくる．これに対して，BPMへの取り組みにおいては，最終ビジネスサービスを階層的に詳細なサービスへと分割して，ビジネスプロセスのタスクへと関連づけることが役立つ．BPMの文脈では，顧客視点の重要性はあまり当てはまらないかもしれない．

BA利用のガイドに関して良くできたフレームワークとして，ガートナーのEBA，TOGAFにおけるBAフェーズ，IBMのCBM手法がある．例えば，TOGAFではBAフェーズにおいていくつかの作業項目を定義しており，参照モデル・見解・ツールの選択，現状と目標アーキテクチャの構築，ギャップの分析，ステークホルダーへの合意要求，BAの完成など，幅広い活動を含んでいる．ガートナーのBA方法論も同様の活動を含んでいる．ガートナーとTOGAFのBA手法は，EA開発方法論に統合されている．BAフェーズでは，前フェーズ（TOGAFにおけるビジョンフェーズ）からの入力を利用して，後続の設計フェーズ（問題発見と解決策の立案，移行計画フェーズなど）や残りのアーキテクチャ（情報システムやテクノロジーアーキテクチャフェーズ）に対する出力を生成する．

加えて，いくつかのBAアプローチでは，ベストプラクティス，架空の例題，参照モデルも提供している．例えばBMMでは，レンタカー会社に関する様々な会社綱領を使って，ミッションという要素がBMMでどのように記述されるかを例示している．ArchiMateでは保険会社の架空の例題を使って，構成要素間の関連を視覚化している．EPCでは異なる産業に関する参照モデルが提供されており，様々な書籍で紹介されている．OMGのBA作業部会では，BAの価値の評価において，会社をガイドするためのビジネスシナリオを提供している．

11.5.4 BAツール

BAツールは，BAモデルの開発において企業を支援するものである．理想的には，ツールはBAモデルの開発，視覚化，分析，シミュレーションの機能を提供する．そのため，ツールはBAモデルの質に対して大きな影響を与える．

概念モデルや方法論と同様に，ツールによる支援はBA間で大きく異なる．ガートナーのEBA，OMGのBA作業部会の現在のもの，Business Conceptsなどは，モデリングツールによる支援に必要とされる厳密な構文を定義していない．しかしながら，他のBA概念モデルに関しては，広い範囲の実体関連モデリングツールの利用が可能である．

さらに，いくつかのBAではモデリングツールの拡張による利益を享受できるが，それはBA要素に関する固有の記号を提供しているからである．例えば，EPCのためのARISソフトウェアプラットフォームや，CBM支援のためのIBMツールである．特に，ArchiMateモデルの視覚化については，現在でもいくつかのツールが利用できる．例えば，BiZZdesign社のBiZZdesign Architec，IDS Scheer社のARIS ArchiMate Modeler，Troux社のMetis，Casewise社のCorporate Modeler，IBM社のRational System Architect，そして，マイクロソフト社のVisioなどである．

概念モデルはすでに多くのツールの支援対象となっているが，BA方法論の実行を支援するツールは少ない．例えば，Rational System Architectは，TOGAF，DoDAF，MODAFなど，様々なEAフレームワークを支援するツールの例である．Sparx Systems

社の MDG Technology や Metastorm 社の Provision は，TOGAF を支援するための追加機能を持つツールである．しかしながら，これらのツールを詳細に見ていくと，BA 方法論の支援に関しては改良の余地がかなりあることがわかる．例えば，ほとんどのツールでは，BA や EA 開発を通してアーキテクトを自動的にガイドするワークフロー機能を提供していない．

11.5.5　サービスフォーカス

エンタープライズサービスシステムにおいて中心となるのはサービスである．すなわち，二つの相互作用するサービスシステムが互いの利益を生成するという，価値の共創現象が重要なのである．本項では BA に対するサービス概念の取り込みについて分析するが，この中では，特に概念モデルに焦点を当てる．方法論やツールについてはあまり議論しない．なぜなら，それはサービス指向があまり意識されていないからである．

概念モデルにおけるサービス要素の表現方法を示すために，ビジネスと IT の視点から構成される統合サービスモデルが構築された．図 11.11 は，本章で取り上げた BA アプローチによる定義を取り入れた，ビジネス視点からのサービスモデルである．ただし，概念モデル間で矛盾する場合もあるので，サービスと他のビジネス要素間の関連がすべてこのモデルに統合しているわけではない．

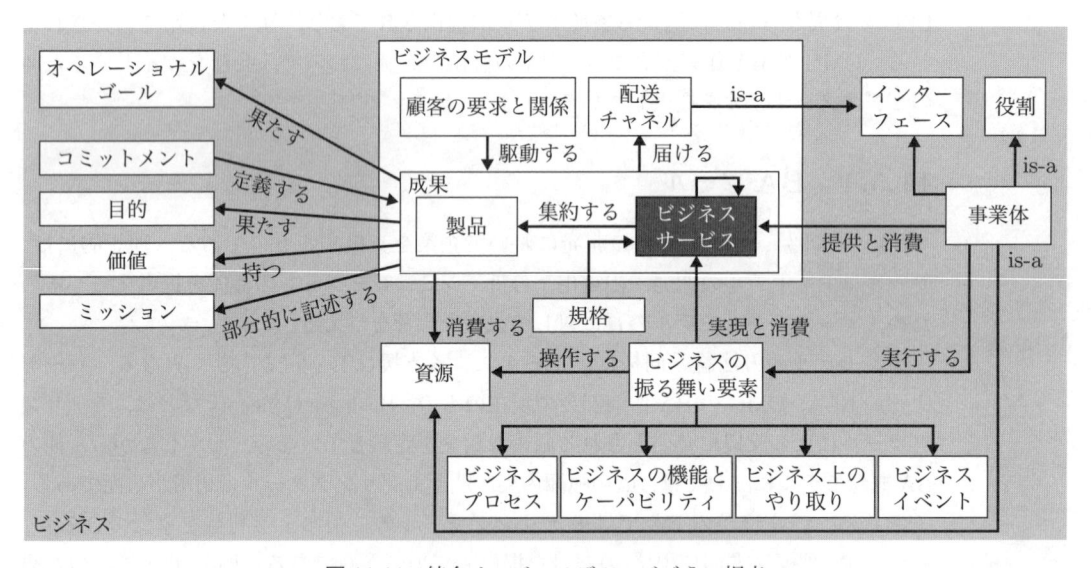

図 11.11　統合サービスモデル：ビジネス視点

ビジネス視点から統合したサービスモデルは，各 BA アプローチの次のような特徴を取り込んでいる．ArchiMate は，ビジネスサービス，製品，価値の間の詳細な関連を提供している．ほとんどの BA は，ビジネス上の振る舞いの結果としてのサービスおよび製品の提供を強調してきた．これらの振る舞いは，ArchiMate, ARIS, BPMN においては詳細に言及されている．マイクロソフトの EBMM は，サービスは組織体によって提供・消費されるものとしている．Business Concepts はもっと一般的に，サービスは資源を消費するものとし，資源を事業体のケーパビリティと位置づけている．ArchiMate で

は，事業体はインターフェースと役割であるとしている．また，EBMM では，組織体はインターフェースを持ち，そのインターフェースは流通チャネルとなる場合もあると，より明確に述べている．EBMM では，製品とサービスはビジネスモデルの一部であり，顧客の要求と関係によって駆動されるとも述べられている．BMM では，ビジネスサービスは綱領の一部と位置づけられている．ARIS では，ビジネスサービスはサービスの木構造へと分割でき，そこでは "has" がサービスの部品分割を意味し，"substitution" が一方のサービスが他方のサービスに置き換え可能であると定義している．

図 11.12 に示すように，ビジネスサービスは IT アーキテクチャへの接点と見なされることがしばしばある．ArchiMate と TOGAF はともに，ビジネスサービス，アプリケーションサービス，技術サービスの関連を記述している．TOGAF は，ビジネスサービスはデータエンティティを消費・提供し，データはアプリケーションサービスによりアクセスされるものとしている．さらに，ビジネスサービスは技術サービス上に直接実装され，技術サービスはプラットフォームサービスにより実現される．最後に，BPMN はアプリケーションサービスに関してさらに明確に述べて，それをサービスタスクと呼び，自動サービスとウェブサービスという 2 種類のものを定義している．

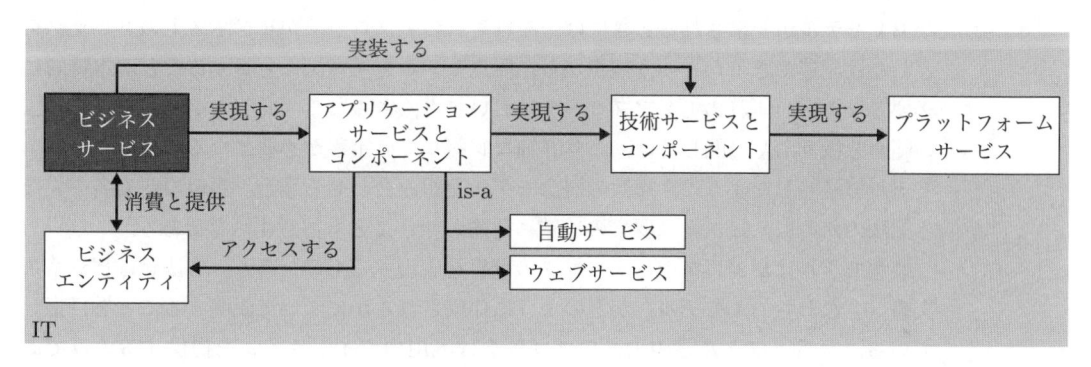

図 11.12　統合サービスモデル：IT 視点

ここでの統合サービスモデルは，IT への接合点，および四つのビジネス領域に対する全体的な見方を提供する．また，これまでに紹介した BA 概念モデルの統合モデルとしても役立つ．例えば，包括的な変革プログラムにおいては，企業はサービスを含むミッションやその他の動機的な側面をモデル化する際に，OMG の BMM を選択するかもしれない．あるいは，ARIS を使うことにより適切なビジネスサービスを詳細なサービスへと分割し，ArchiMate を用いて IT アーキテクチャへと連結することもできる．同様に，他の BA 概念モデルもある会社の BA に関する目的を満たすために統合が可能である．

上述の統合サービスモデルのように，モデルを統合する際には注意が必要である．なぜなら，同じ名前の要素を単純に結合するだけでは，競合が起きてしまうことがあるためである．例えば，他の BA とは異なり，TOGAF ではビジネス機能とビジネスケーパビリティとを特に区別している．このように新しいサービスモデルの取り込みにおいては，特定の構成要素の記法を新たに定義する必要がある．さらに，抽象的なものと具体的な要素の組み合わせには，より明確な規定が必要になる．例えば，モデル内で

"interface" は抽象的な要素であり，"organization unit"（組織体）のような具体的な要素による具体化が可能である．これらの理由により，統合サービスモデルをさらに詳細に評価する計画が重要になる．したがって，実際の BA モデル開発にいかに使えるか，異なる BA の目的に適用する際に会社はどのように利益を得られるかといったことに関して，理解を深めることが可能なのである．

11.6　結論

現在の BA の枠組みは，概念モデルの範囲や成熟度において違いがある．ここで見てきたように，成熟した BA アプローチでさえも，「戦略と構造」「ビジネスネットワーク」「オペレーション」「業績と収益モデル」という四つのビジネス領域の一部しか扱っていない．一般に，これらの BA はサイロを代表するものであり，他の BA との統合に関して限定的なガイドだけを提供している．一方，ビジネス上のトピックを広く扱おうとする BA アプローチでは，実践的な状況での BA モデリングに要求される構文が不足している．これらを理由として，ビジネス変革への取り組みを始める場合，特に企業横断的な BA モデルが要求されるときには，それぞれのアプローチがビジネス上のトピックをどれだけ記述できるかという観点から，概念モデルを注意深く分析することが本質的に必要となる．いずれの BA アプローチにおいても，さらなる開発努力が必要である．広い範囲を扱う BA に関しては，より詳細なレベルでの定義が必要になる．統合サービスモデルで議論したように，複数の概念モデルを組み合わせる場合，類似の要素名や異なる記法のために，ビジネス要素の連結に危険が伴うことも留意すべきである．

概念モデルはビジネス上のトピックの辞書を表現するものであり，方法論はビジネス文書（すなわち BA モデル）がどのように作成されるかについて説明することを目指している．今日，ほとんどの BA アプローチは汎用のガイドラインを提供するのみであり，BA モデルの作成手法の詳細はほとんど説明していない．したがって，より洗練されたガイドラインを確立することが必要であり，そのガイドラインによりビジネスアーキテクトへの支援が可能となって，ビジネスモデリングの曖昧さを減らすことができるのである．特に，異なる状況下（ビジネス戦略と IT 戦略，BPM，SOA など）における BA 開発のための，変化する要件を考慮に入れた手続きをきちんと定義することにより，BA モデルの開発は格段に向上するであろう．現在のモデリングツールは概念モデルの開発を支援するが，BA 方法論の実行支援は十分ではない．このように，現在のツールに関しては，BA 概念モデルと方法論の両方の支援に関して改善の余地が残されている．例えば，BA モデリングツールがワークフロー機能を提供し，ビジネスアーキテクトを支援すれば，明確な目標を伴ったタスクを確実に割り当てることができる．結果的に，BA モデリングにおける潜在的な誤りを少なくして，BA の開発期間を短くすることも可能になる．

前節で述べたように，本章で取り上げた BA アプローチはサービスの概念を統合しているが，その範囲は様々である．企業におけるサービスコンポーネントの文書化と分析のためには，成熟したサービス指向を持っていること，そしてビジネスコンテキストに最も適合することなどを考慮して，BA アプローチを選択すべきである．

参考文献

AndersonHealy, K. & Ross, R.G., 2007. The Business Motivation Model - Business Governance in a Volatile World - Release 1.3.

ArchiMate Forum, 2009a. The Open Group ArchiMate Forum. Available at: http://www.opengroup.org/archimate/ [Accessed June 25, 2009].

ArchiMate Forum, 2009b. The Power of Enterprise Architecture. Available at: http://www.archimate.org/ [Accessed June 25, 2009].

BAWG, 2009a. Business Architecture Working Group. Available at: http://www.omgwiki.org/bawg/doku.php [Accessed July 5, 2009].

BAWG, 2009b. Defining Requirements for a Business Architecture Standard. Available at: http://bawg.omg.org/Bus_Arch_Ecosystem_White_Paper_Draft.pdf [Accessed July 5, 2009].

Burton, B. & Robertson, B., 2008. *How to Develop Enterprise Business Architecture*, Gartner.

Burton, B., 2009. *Six Best Practices for Enterprise Business Architecture*, Gartner.

Burton, B., 2008. *Understand Enterprise Business Architecture to Realize Your Future State*, Gartner.

Cambridge & IBM, 2007. Succeeding through service innovation -A service perspective for education, research, business and government. Available at: http://www.ifm.eng.cam.ac.uk/ssme/documents/ssme_discussion_final.pdf [Accessed June 23, 2009].

Cherbakov, L. et al., 2005. Impact of service orientation at the business level. *IBM SYSTEMS JOURNAL*, 44(4), 653-668.

Davis, R., 2008. *ARIS Design Platform: Advanced Process Modelling and Administration: Rob Davis: Books* 1st ed., London: Springer.

Davis, R. & Brabänder, E., 2007. *ARIS Design Platform : Getting Started with BPM* 1st ed., London: Springer.

Friedman, T.L., 2007. *The World Is Flat 3.0: A Brief History of the Twenty-first Century*, Picador.

Gerrit Versteeg & Bouwman, H., 2006. Business architecture: A new paradigm to relate business strategy to ICT. In *Inf Syst Front*. Springer Science+Business Media, pp. 91-102.

Glushko, R.J. & Tabas, L., 2007. Bridging the Front Stage and Back Stage in Service System Design. In *Proceedings of the 41st Hawaii International Conference on System Sciences*. Big Island, USA.

IBM, 2005, Component Business Models - Making Specialization Real, IBM Institute for Business Value.

IEEE Standards Association, 2000. IEEE Std. 1471-2000 Recommended Practice for Architectural Description of Software Intensive Systems.

IFIP-IFAC Task Force, 1999. GERAM: The Generalised Enterprise Reference Architecture and Methodology - Version 1.6.3. Available at: http://www.cit.gu.edu.au/~bernus/taskforce/geram/versions/geram1-6-3/v1.6.3.html#_Toc447291745 [Accessed June 27, 2009].

Lankhorst, M., 2005. *Enterprise Architecture at Work: Modelling, Communication and Analysis: Marc Lankhorst: Books* 1st ed., Springer.

Lankhorst, M., 2004. ArchiMate Language Primer - Introduction to the ArchiMate Modelling Language for Enterprise Architecture.

Malik, N., 2009a. Enterprise Business Motivation Model. Available at: http://motivationmodel.

com/wp/index.php/home/ [Accessed July 6, 2009].

Malik, N., 2009b. Toward an Enterprise Business Motivation Model. *The Architecture Journal*, (19). Available at: http://msdn.microsoft.com/en-us/architecture/aa699429.aspx [Accessed June 27, 2009].

McDavid, D.W., 1999. A standard for business architecture description. *IBM Systems Journal*, 38(1), 12-20.

McDavid, D., 1996. Business Language Analysis for Object-Oriented Information Systems. *IBM Systems Journal*, 35(2), 23.

Minoli, D, 2007. Enterprise Architecture A to Z, Auerbach Publications.

Nayak, N. et al., 2007. Core business architecture for a service-oriented enterprise. *IBM SYSTEMS JOURNAL*, 46(4), 723-742.

OMG, 2008. BPMN 1-1 Specification.pdf . Available at: http://www.omg.org/spec/BPMN/1.1/PDF [Accessed July 6, 2009].

OMG, 2006. Business Motivation Model (BMM) Specification - Draft Adopted Specification dtc/2006-07-02.

OMG, 2009. Business Process Modeling Notation (BPMN) - Version 1.2. Available at: http://www.omg.org/docs/formal/09-01-03.pdf [Accessed July 6, 2009].

Osterwalder, A., 2004. *The Business Model Ontology - a proposition in a design science approach.* HEC Lausanne. Available at: http://www.hec.unil.ch/aosterwa/PhD/ [Accessed June 25, 2009].

Plachy, E.C. & Hausler, P.A., 1999. Enterprise Solutions Structure. *IBM Systems Journal*, 38(1), 4-8.

Ross, J.W., Weill, P. & Robertson, D., 2006. *Enterprise Architecture As Strategy: Creating a Foundation for Business Execution*, Harvard Business School Press.

Sanz, J. L. C., Nayak, N., Becker, V., 2006. Business Services as a Modeling Approach for Smart Business Networks, Conference Proceedings on Smart Business Networks, Putten Holland. Springer Verlag.

Sanz, J.L.C., Becker, V., Cappi, J., Chandra, A., Kramer, J. Lyman, K. Nayak, N., Pesce, P., Terrizzano, I. Vergo, J. *Business Services and Business Componentization: New Gaps between Business and IT,* IEEE IEEE International Conference on Service-Oriented Computing and Applications, New Port Beach, California, 2007.

Scheer, A., 2000a. *ARIS - Business Process Frameworks* 3rd ed., Springer.

Scheer, A., 2000b. *ARIS - Business Process Modeling: August-Wilhelm Scheer: Books* 3rd ed., Springer.

Scheer, A. & Hars, A., 1992. Extending Data Modeling to Cover the Whole. *Communications of the ACM*, 35(9), 166-171.

Scott, J., 2008. *Business Architecture's Time Has Come*, Forrester.

Spohrer, J. et al., 2008. The Service System is the Basic Abstraction of Service Science. In *Proceedings of the 41st Hawaii International Conference on System Sciences*. Big Island, USA.

Strosnider, J. et al., 2002. *IGS BizADS Handbook - IGS Business Architecture Description Standard (BizADS)* 1st ed., IBM.

Teboul, J., 2006. *Service Is Front Stage: Positioning Services for Value Advantage*, Palgrave Macmillan.

The Open Group, 2009a. Technical Standard ArchiMate®1.0 Specification.

The Open Group, 2009b. TOGAF Version 9 - The Open Group Architecture Framework.

Tikkanen, H. et al., 2005. Managerial cognition, action and the business model of the firm. *Management Decision*, 43(5/6), 789-810.

TSG, Inc., 2008. Business Architecture: Scenarios & Use Cases. Available at: http://www.omg.org/cgi-bin/doc?bmi/08-04-01 [Accessed July 5, 2009].

White, S.A., 2004. Introduction to BPMN.

第12章

サービスの実践的アプローチ
—— 高度に協調化された知識集約型サービスシステムにおける人，活動，情報

- **Cheryl A. Kieliszewski**
  IBM Research - Almaden, San Jose, CA
- **John H. Bailey**
  CA, One CA Plaza, Islandia, NY
- **Jeanette Blomberg**
  IBM Research - Almaden, San Jose, CA

　　ビジネスシステムの設計や実装の実践において，業務は個々のタスクの一連の活動として定義され表現されることが多い．ここで，個々のタスクは特定の期間内に所定の順序で実施され，また特定の技術に関連して設定される．これらの要素は，多くの場合，制御システムの入出力セットに単純化されることが多く，高度なサービスシステムの協調作業システムの中で固有にサポートされる必要がある複雑な相互作用を無視している．サービスのシステムの設計と実装を行うにあたって，サービスを実現するのに必要な人，情報技術，活動の相互作用を理解するために，新しいアプローチが必要であるというのが，我々の立場である．我々は，システム革新の基盤として，実際の業務を調査し理解する観点から，サービスシステムの設計にアプローチしている．つまり，情報，ツール，手段，そしてこれらの要素の関係を利用して，実際には人が何をしているのかを理解することに着目している．本章では，サービス組織内の業務を調査するための，実践的アプローチを説明する．我々は，実践的観点から業務を理解することの必要性を議論し，実践的アプローチについて述べ，実践ダイアグラムを用いて業務を表現する新しい方法を提示し，アプローチの一例としてケーススタディを提供し，今後の研究のための提言を行う．

12.1　はじめに

　　職場のさらなる効率化と生産性の向上を達成するための戦略は，自動化や再構成が可能となる粒度の一連のタスクへ業務を分解することを伴う．よく知られている戦略に，時間動作研究やサプライチェーンの最適化手法などがある．これらの施策が成功するこ

とができるのは，業務は線形の特性を持つ．それは，他の同様な構造を持つ業務活動と連動して起こる段階的なステップであり，業務プロセス間の反復的な相互作用が起こることはほとんど限定的である．しかし，サービスセクターの特徴である高度に協調化された知識集約型業務（Blomberg, 2009）においては，日常業務の実践の研究に基づく分析と設計が求められる．本章では，サービス組織の業務を調査するための，実践的アプローチを説明する．そして，サービスシステムの変換を目的として，情報や組織，技術の革新を設計するためにこのアプローチを適用することに関して議論する．

　本章は（本節を除き）三つの節で構成される．12.2 節では，高度協調型の知識主導のサービスシステムにおける業務活動を研究するための，実践的アプローチを説明する．12.2 節ではまた，実践ダイアグラムを導入する．これは，サービス業務の複雑で相互作用的，反復的な特性を伝達することを支援する．12.3 節では，実践的アプローチを適用したケーススタディを説明する．ケーススタディでは，情報技術のアウトソーシング業務におけるサービスデリバリーソリューションの設計や見積もりを行う作業員の間で起こる相互作用と相互依存性を説明する．我々の分析結果は，業務を一連の連続した手順として表現する際の限界を指摘している（業務について関連する考え方については，Bowers, Button, & Sharrock, 1995; Dourish, 2001 を参照）．業務を繰り返し展開する方法，つまり最終的に終了状態に到達するまで業務のコンポーネント間を行き来する方法を，実践ダイアログスキーマの利用とケーススタディを通じて示す．最後に，サービスシステムを理解し，高いレベルのサービス性能を達成する方法を設計するための，実践的アプローチの利点を述べる．

12.2　実践的アプローチ

　エンドユーザーの視点を技術設計に取り入れるアプローチが，長年にわたり数多く開発された．例えば，ユーザー中心の設計（Vredenburg, 2002），文脈調査法（Beyer & Holtzblatt, 1997 など），ペルソナに基づいた設計（Cooper, 1998; Pruitt & Gradin, 2003）などである．技術と組織革新の通知を目的とした業務のエスノグラフィ調査（Blomberg & Burrell, 2007; Hughes et al., 1995）といったもう一方のアプローチは，他の人や物との相互作用など，人の実際の行為に焦点を当てている．この実践に基づくエスノグラフィックなアプローチは，日常の実践や業務システムの性能を向上させる組織の関係を理解することに主に関心があり，要件収集やユーザーの好き嫌い，タスクの分析にはあまり着目していない．実践ベースのアプローチには，人と人の間や人と人工物（技術やプロセスを含む）の間，人工物同士の間の関係を明らかにするために，業務を観察することが含まれる．

　今まで述べたとおり，サービスシステム革新のための実践的アプローチは，エスノグラフィがもととなっている．技術設計のためのエスノグラフィックな分析フレームワークと技法への関心の始まりは，コンピュータ技術が研究室やエンジニアリング環境から飛び出し，主要業務の環境，コールセンター，製造の現場や教育機関に導入されるようになった 1980 年代初頭にまでさかのぼることができる（Blomberg & Burrell, 2007）．設計者は自身の経験だけでは革新を起こすことはできないので，その代わりに様々なコン

テキストの中で働いている人々の日常の現実に溶け込む方法を探していた（Blomberg, Giacomi, Mosher, & Swenton-Wall, 1991）．設計者や開発者は，日常業務に対する現時点の直接的な見解を手に入れる方法を求めた．「人がやっていると言っていることと，実際に人がやっていることは同じではない」（Rathje & Murphy, 1991; Whiting & Whiting, 1970; Corral-Verduga, 1997; Rich, Lamolu, Amory, & Schneider, 2000）というエスノグラフィの従来の洞察に従って，インタビューやフォーカスグループ，アンケートを通じて，人に自身の振る舞いや活動について単に尋ねるだけは不十分であると，実践的アプローチは主張している．研究の経験を反映した有益な理解を得るためには，人々と対話し，日常における人々の活動を観察する機会を持つことが大変重要である．

　実践的アプローチを設計に積極的に取り入れることは，インターネットの普及も加わって，ネットワークに対応したアプリケーションやデバイスを出現させてきた．これらの技術とサービスによって，設計者の関心は，情報技術と交流する独立した個々のユーザーを支援することを越えて，人や組織間のコミュニケーションや情報交換を容易にするシステムのほうに向かっている．情報技術は，様々な時と場所で行われる社会的相互作用に考察を与えるという，協調的技術としての要請をますます受けるようになった（emerging field of CSCW Grief, 1988; Schmidt & Bannon, 1992 を参照．例えば Bentley et al., 1992; Hughes, Randall, & Shapiro, 1993; Hughes, King, Rodden, & Anderson, 1994; Hughes, Rodden, & Anderson, 1995）．我々の実践的アプローチのようにエスノグラフィに根ざした今日のアプローチは，産業界で広く採用されるようになった（Cefkin, 2009; proceedings of the Ethnographic Praxis in Industry conferences, 2005-2009 を参照）．

　最後に，サービスサイエンスでは，複数のエンティティが互いに成功し利益を得るために，一緒に働く際のインタラクションを説明し改善することが最近着目されており（Spohrer & Maglio, 2009），実践的アプローチの潜在的な重要性はさらに説得力を増している．エスノグラフィの伝統における，「活動はそれが起こるより大きなコンテキストの中で理解されなければならない」という全体像の基本概念や考え方が，サービスサイエンスにおいても共感されている．そして，サービスシステムは，エンティティ間の相互作用と相互依存を強調する．全体論の概念では，歴史的に「社会は，構成要素を足し合わせた以上のものであった」と言われている．言い換えれば，社会の特定の側面（例えば，法律や親族関係）については，他の側面に関連させることでのみ理解できると主張していた．現在，全体論では，時間および空間内の他の活動との関係を参照せずに独立した活動を研究することは，その活動のやや狭い部分的な理解に留まるおそれがあると，一般的に主張されている．例えば，オンライン検索の戦略の調査を，この戦略が広範囲にわたる活動（例えばオンライン取引，ショッピング，レポート作成）と，どのように統合され，結び付けられているのかを理解しないで行うと，調査から得られる洞察は制限されてしまう．

　業務の調査に対する実践的アプローチは，より広範囲の組織的なコンテキストにおける相互作用と相互依存関係に着目しているが，それは，サービスシステムの設計と変換をガイドする方法を提供する．Spohrer & Maglio（2009）では，サービスシステムとは「人，組織，共有された情報や技術が含まれるリソースの動的な構成（Spohrer et al., 2007）」であると提案している．技術やその他のモノのような人工物との関係における

人の行動や相互作用は，明らかにリソースを「動的に構成」できる手段である．価値を生み出す活動は組織内や組織間の継続的な相互作用を通して持続される関係によって特徴づけられるため，業務の実践的調査はサービスシステムの分析に良く適合している（Stucky et al., 2009）．

サービス企業における業務は，時折，企業の境界と内部組織の境界（例えばサービスシステムのエンティティ）を越えるインタラクションを必要とする．最も単純なケースとして，サービス提供者と顧客は協調して価値を創作するために対話しなければならないことが挙げられる（Vargo & Lusch, 2004）．より複雑なケースとして，複数のエンティティがある集団の中で互いに影響し合い（Normann & Ramirez, 1993; Normann, 2001），これらの価値を持った集団は「今までにない成果をもたらす，新しい一連の組織的な活動」を作り出す（Normann, 2001, p.107）．これらの価値の集団では，リソースの統合を可能にするエンティティ間の関係が体系づけられる．大規模なシステム内のエンティティの位置づけが価値創造を推し進め，また形作りもする．サービスのコンテキストにおける業務を理解するために用いられる実践的アプローチは，価値の集団を理解することに大変適している．

12.2.1　データ収集と分析

今まで述べたとおり，実践的アプローチでは，異なるデータソースを組み合わせたり並べて対比したりすることを要求する全体論的な視点を構築しようとする（Agar, 1996）．例えば，現場の観測はコンテキスト内でのインタビューに結び付いており，インタビューは観測で得られた理解を拡大し，深めることができる．同時に，インタビューは観測に関する情報を提供し，どのような活動や人を観測すればよいのかという方向性を提供する．実践的アプローチは，人が仕事のシステム分析や設計において果たしている典型的な役割を部分的に矯正する．従来，人は作業システムの中で暗黙的なオブジェクトとなっているが，人の行動やインタラクションは明確ではない．実践的アプローチは，人を作業システムにおける最上位のアクターと見なし，特にシステム内で情報を積極的に変換する役割を持たせる．サービスシステムにおける人の役割を明示的にするために，我々のアプローチでは，データ収集の戦略の一部として，現場の観測や相互作用を利用する．これにより，業務が持つ突発的で動的な側面へのアクセスが可能になる．

■ 成果物の分析

コンテキスト内のインタビューや観測のほかに，実践的アプローチには，業務の達成に使用される成果物の分析が含まれる．成果物には，組織図や性能測定基準，プロセスダイアグラム，ソリューションアーキテクチャダイアグラム，顧客から出された提案依頼書が含まれる．成果物は，業務に対する別の観点を提供するだけではなく，部門や活動領域間にわたる業務を調整する際に，重要な役割を果たす（後の境界オブジェクトに関する議論を参照）．成果物に対して，必要に応じて内容や構造を見直し，定量的なテキスト分析を行う．

■ データ分析

実践的アプローチは，インタビューの音声録音や業務観察のビデオ録画，インタ

ビューや観察のメモ，業務実施者が自分の作業とその実施結果を記述した文書といった，大量の定性データを生み出す．データは，補強証拠とともにテーマを特定し，活動，人，人工物の間の関係を明確に表現するために体系的に分析される．解析は，NVIVO7 (2006) のような定性的なデータ分析ツールや，eClassfier のような定量的ツール（非構造化テキストデータセットを分析するための分類と可視化を行うツール）を使って行われる．データ解析の中心となるのは，活動，人，人工物の関係をたどり，調査結果と観測データ，インタビューデータとのつながりをトレースする能力である．

12.2.2　実践の表示

これまでに述べた実践的アプローチは，業務がシステム内でどのように実行されているのかを調べなければ，サービスシステムの要素とエンティティを明示することは困難である，という考え方からスタートしている．さらに，それは次のような考え方につながっている．すなわち，技術やプロセスが利用できるように，現在実践している変革に基づいて業務活動を変更するためには，業務を文書化して表現する必要がある．本項では，実践ダイアグラムアプローチの作成について説明する．実践ダイアグラムアプローチは，人を中心に据えて，エンティティとインタラクションが理解できるようにするサービス実践スキーマを作成する際に用いられる．

我々は，企業間サービスの情報技術アウトソーシング案件の，契約締結フェーズにおける提案依頼書への返答サイクルについて研究した．この研究は，新しい具象的なスキーマや実践ダイアグラムの開発につながった（契約締結フェーズにおける議論は，ケーススタディを扱う 12.3 節で行う）．スキーマによって，システムにおけるサービス実践者は，タスクや技術，手順とは別の要素として表現できるようになる．実践している業務を実践ダイアグラムとして表現すると，サービス実践者が行う作業の範囲，人とのインタラクション，サービスシステム内の技術的・手続き的な要素をよりうまく特徴づけられるようになり，理解しやすくなる．

サービスシステムの変換に関与する業務とステークホルダーは，いずれも多様であるため，あるサービスシステム内の実践をどう表現しどう伝えるかは，大変難しい．ステークホルダーには，組織におけるビジネスやプロセスの所有者，プログラムやプロジェクトの管理者，技術の設計者や開発者，サービス実践者そのものが含まれる．サービスシステムを変革する機会や変革内容を表現するために幅広く使われているアプローチ（例えばコンピュータサイエンスにおけるオブジェクト指向方法論）がなければ，この実践に基づいた調査の有効性は限定的なものとなる．

より高い効率性を実現してオペレーショナルリスクを減少させるために，業務の調整や実施の仕方，受け渡し方の改善が求められている．したがって，（システムが製造業のものであろうと，サービス指向のものであろうと）業務システム内の人間の活動を表現し，そして人間的な要素をより一般的に理解するために，これまでにスキーマが作成されてきた（Hendrick & Kleiner, 2001; Shostack, 1984; Wall & Mosher, 1994; Wemmerlov, 1989 など）．例えば，マクロ人間工学の研究は，組織的・技術的な関係を理解し，人間とシステムの関係を最適化することを目指した，ソシオテクニカルシステムのコンテキストに人間を置くことで，理解を深めようとした（Hendrick & Kleiner, 2001）．Lynn

Shostack（1984）によって紹介されたサービスブループリンティングは，市場のエンティティ内のサービスの相互作用を分析して表現する場合において，スキーマのもう一つの例である．ブループリンティングは，サービスシステムの振る舞いを定義する極小のサービス要素と相互作用の多様性に着目し，それらを説明することを試みている．しかし，サービスブループリンティングは人間要素の特定の表現方法を提供せず，サービス要素，製品要素，本質的な物証の間の関係または結合に基づいている．このスキーマは，人間をシステムのアクティブなエンティティとして表す際に生じる問題に対処することから始まった．しかし，このスキーマは新しい技術の創造や組織やプロセスの変更を通知する目的では，サービスの実践を分析して表現するのには不十分であるというのが，我々の経験から言える結論である．

実践ダイアグラムアプローチを開発する上で，ソシオテクニカルシステム理論のコンテキストで開発されたアイデアに立ち戻ることは有益であった．ソシオテクニカルシステムでは，システムモデリングにおける二つの主要なコンポーネントとして，技術的サブシステムと人的サブシステムがあると定義されている（Hendrick, 1991）．これら二つのコンポーネントはまた，（3番目のコンポーネントである）組織のプロセスとともにサービスシステムを構成していると想定されている．Cummings（1978）は，社会技術の介在に関する戦略の中で，社会技術的な分析や組織（例えば病院，学校，工場，サービス）の設計における一連の原則を導入している．彼が導入した原則は，(a) 組織の社会的なコンポーネントと技術的なコンポーネントの間に明確に線を引き，(b) 作業単位での特定の活動に関する入出力状態について明確に定義することであった．そして，この原則が，分析者がシステム内に境界を設けることを支援している．明確なシステム境界がなければ，システムの有効性と効率性を決定することはできない．実践的な調査では，業務の実務者に成功をもたらす入力，出力，相互作用とともに，サービスシステムを構成する人，技術，プロセスコンポーネントを定義することも着目されている．

ソシオテクニカルシステム理論に加えて，我々は，Star & Griesemer（1989）によって最初に導入され，その後 Carlile（2002）においてビジネス分野に適用された境界オブジェクトの概念を取り上げた．境界オブジェクトは「局所的なニーズや，様々なグループの制約に適応するのに十分な柔軟さと，サイト間で共通のアイデンティティを維持するための堅牢性を十分に有している．そして，境界オブジェクトの作成と管理は，様々に交差した実社会において一貫性を発展させ維持する上で重要なプロセスである」と，Start & Griesemer（1989, p.393）では定義されている．彼らの研究において，境界オブジェクトは業務プロセスの大規模なネットワークの中心に記録されるものとして表現されていた．

Carlile（2002）は境界オブジェクトの概念を拡張し，「実践における知識」に関する研究の中で定式化した．Carlile は，境界オブジェクトは実用的なものであり，「与えられた境界に存在する（肯定的または否定的な）因果関係を明確にするための知識を表現し，学習し，変換する手段である」（Carlile, 2002, p.442）と述べている．境界オブジェクトのこのような利用は，ネットワークを定義するのに役立つレコード形式の情報を単に転送するのではなく，組織機能間における実践の一部として知識の転送を行うフレームワークを提供する．個人間や組織内での構造的な（あるいは計算可能な）レベルと意味的なレベルで，複数ある業務の目的のために知識を参照することや転送することは，

我々の実践的アプローチが成功するための重要な課題であった．所定のツールとプロセスを避けるために個人や組織が行っているルーチンワークや回避策を見つけ出して開示するという実践からは離れたところに課題があった．というのは，いくつかの正式なプロセスは，速やかに作業を行うための手段にすぎないからである．

境界オブジェクトの概念によって，入力として使用されるオブジェクトやサービスシステム内の特定の活動のアウトプットとして生成されるオブジェクトの定義が可能となった．我々の研究において，境界オブジェクトは，情報技術アウトソーシング案件の契約締結フェーズにおいて，提案依頼書に返答するための組織間および組織内業務を行う上で重要である．さらに，サービスシステムを変革する決定権を持つ複数のステークホルダーに対して，我々の研究成果を伝えることを可能にする点においても重要であった．我々の実践ダイアグラムアプローチにおける境界オブジェクトの識別と関連づけは，目的，期待，時間，技術，個人や情報へのアクセスといった特定の方向で強化された．

12.2.3 実践の伝達

我々の研究成果の聴衆やステークホルダーは，技術系のプロジェクトマネージャー，ソフトウェアアーキテクト，開発者，経営幹部であった．彼らに対して，特に難易度が高い提案依頼書に対してITアウトソーシングの提案を作成する人たちの日常的な業務に焦点を当てた人を中心とした研究の結果を伝えることができた．目標は，組織的な介入（新しい技術やプロセスの導入）の重要性を知らしめ，サービスシステム全体に与える影響の予測を支援することであった．実践に関して学んだこれらのことを伝える際，組織のコンテキストにおける業務実績の内容や担当者，方法を表現する手段として，実践ダイアグラムアプローチを使用した．多様な関係者との相互作用や繰り返しを通して業務がどのように決まっていくかを伝達する必要性から，実践ダイアグラムは発展した．実践ダイアグラムは個々の作業がどのように実行されるのかにのみ焦点を当てることでは作成できなかった（Kieliszewski, Bailey, & Blomberg, 2007）．そこで，業務に対して全体的かつ統合的な視点を提供するアプローチが必要となっていた．

初期の実践ダイアグラムは，技術とビジネスの専門家（subject matter expert; SME）とのインタビューから作成された．このダイアグラムは，SMEとのレビューで検証された．初期の表現は業務に関する全体像を提供した．これは，ビジネスプロセスダイアグラムを通じて提供される業務に対する視点に似ていたが，個々の役割，職場のグループ，情報技術との相互作用との関係に主に注目したものであった．ビジネスプロセスダイアグラムのように，このような観点は一般的な情報の流れを示し，実用的な境界と変革すべき箇所を説明するのに有用であった．実用的な境界は，過去の提案内容や以前の案件で使ったアプローチを参照するチームメンバーによって示される．各ドメインの視点と専門知識が正しく表現されていることを確認するために，テクニカルソリューションマネージャー，テクニカルソリューションアーキテクト，品質保証担当者の間で，提案する技術ソリューションを何度も議論することで，変革すべき箇所が示される．ここでは，各個人は特定の目的を持って，提案依頼書を利用して内容を解釈しており，回答書を作り上げるためには，最終的に全員の同意を得る必要がある．

作業担当者とのさらなるインタビューや観察，追加の分析を通して，業務をクラスタに分割して観察することが有用であることがわかった（図12.1）．クラスタは，主要な意味的に変化する点に分けられ，しばしば境界オブジェクトによって区切られる（Carlile, 2002）．つまり，境界オブジェクトで重要なのは，計算処理が可能であること（例えば，自動化された手段を通じて簡単にアクセスでき，計算できること）ではなく，提案依頼書への回答作業全体を進めるためにクラスタ間で説明をやり取りすることである．

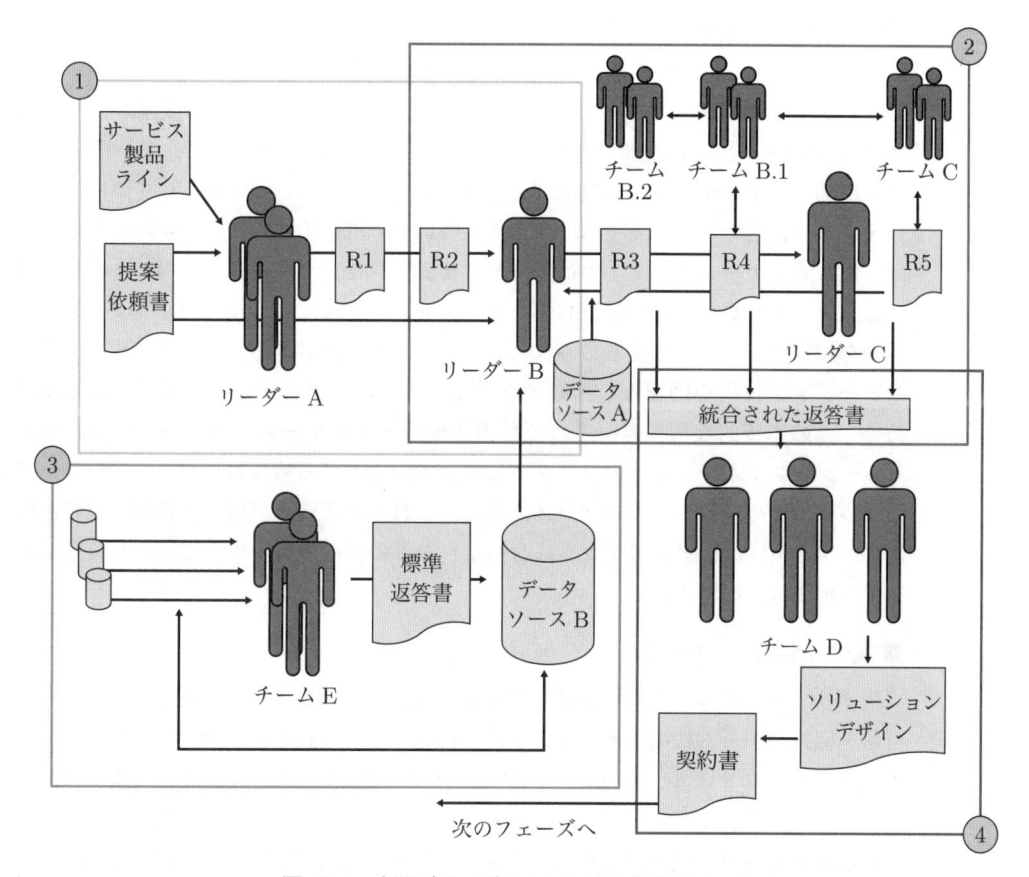

図12.1　実践ダイアグラムにおける作業クラスタ

クラスタ間の接続を表現できた時点で，日常の業務をより詳細に理解するためのアノテーションをこの表現に加えた．アノテーションには，(a) 業務と組織のコンテキストに関する説明，(b) チームのメンバーおよび関係者，(c) 情報リソース，(d) イベント，という四つの主要属性が含まれる．これら四つの属性はデータから得られるものであり，インタビューや観察を通じて収集された情報に基づいて定義される．

■ 属性：業務と組織のコンテキストに関する説明

各ダイアグラムクラスタのコンテキストを提供するために，業務と組織に関する概要が作成される．ここでいう概要とは，指定されたクラスタに対して期待される結果を非常に簡潔に表現したもの，つまり業務の目的を意味する．例えば，12.3節で述べるケーススタディでは，戦略的アウトソーシング契約締結フェーズにおいて「ソリューショ

ンの作成」という名のクラスタがある．ここで，業務の目的は，(a) 提案書を検討し，(b) コスト面を決定し，(c) コストモデルを作成することであった．目的に加えて，人，技術，情報の一般的な相互作用が，ダイアグラムの中のノード間における単方向・双方向のフローとして表現されている．この相互作用は，人と人の間，人と情報リポジトリ（例えば，データベースや仮想チーム/活動空間）の間，情報リポジトリと情報リポジトリの間で行われる可能性がある．

■ 属性：チームのメンバーおよび関係者

アノテーションでつけられた属性には，ほかにクラスタ内のチームのメンバーや，関係者がある．実践ダイアグラムを作成するための主な理由は，人の役割がサービスシステムへの理解とその設計で考慮されていることを確認するためである．チームメンバーに関するアノテーション情報は，役割，責任，（オブジェクトとしての）情報がシステムの一部として何にどのように使用されたかを簡潔に説明したものである．例えば，12.3節のケーススタディでは，技術ソリューションマネージャーのリーダーの役割には，五つの主要な責務（技術的ソリューションを定義する，技術的ソリューションの活動を調整する，一つにまとめられたユースケースを提供する，提案書を作成する，ソリューション技術専門家として顧客と対話する）が含まれている．また，この役割が持つ二つの本質的な情報は，それぞれ勝利戦略と基本ケースと呼ばれている．技術ソリューションマネージャーのリーダーによって作成される情報は，ソリューション戦略と一つにまとめられたユースケースである．これらの各要素（例えば役割，責務，情報オブジェクト）は，ダイアグラムに含められたその後の分析や提言に使われるラベルとして識別され，提供される．

■ 属性：情報リソース

情報リソースとは，業務を達成して他人の業務と提携する際に必要とされるデータや資料を個人やチームに提供するシステム要素である．これらのリソースの例として，ドキュメント，ファイル，データベース，ソーシャルデータが含まれる．個々の情報リソースは，提案依頼書に記述された顧客サービスに関する要求と，提供する機能との間の意思疎通を図り，曖昧性をなくすために，複数の関係者によって頻繁に使用された．これらのリソースは，Star & Griesemer（1989）によって述べられた境界オブジェクトの役割を実質的に果たしてきた．次の五つの主要なアノテーションが，それぞれ情報リソースとして記録された．

1. リソースオブジェクトの目的や理由．例えば，提案依頼書オブジェクトの目的の一つは，ソリューションの要素の詳細な決定を支援することである．
2. 提案依頼書への回答作成に適切に貢献するための，異なるチームメンバーからの各リソースオブジェクトへの入力や依存関係．入力および依存関係の例として，コスト責任者によるニーズがある．このコスト責任者は，テクニカルアーキテクトによって作成された「テクニカルアーキテクチャ」オブジェクトからの入力に対して「ソリューションコストケース」オブジェクトを作成する．
3. 入力，依存関係，対話が，通常，いつ，どのように受け取られるか．我々の研究によって，チームメンバーの主な苦情の一つが，チーム間の依存関係を調整する

際の問題であることがわかった．情報リソースが持つ属性は，情報が通常いつ，どのように受け取られ，そして理想的にいつ，どのように共有されアクセスされるかを示す必要がある．典型例として，ある技術アーキテクチャ仕様（例えばサーバ）に対する変更が，別のチームメンバーによって作成された別の技術アーキテクチャ仕様（例えばネットワーク）にいつ影響を与えるか，という例が挙げられる．もしサーバのアーキテクトが（ワークロードや仕様を完成させるための時間的制約にしばしば左右され）仕様変更の通知を怠ると，ネットワークアーキテクトは，対話が遅れたためにスケジュールを後ろにずらすか，対話不足のため間違った仕様を出すことになる．

4. チームが各リソースオブジェクトに対して抱く期待．これは，顧客から来る入力とフィードバックにとって特に重要であった．アノテーション情報には，リソースオブジェクトが提供されるかどうか，提供された際の期待，受け取った際に完全なものであるかどうか，そして，リソースの一部として必要な情報の記述が含まれていた．
5. リソースオブジェクトが別のリソースオブジェクトへの入力や，一般的な再利用を提供するかどうかについての情報．

■属性：イベント

　アノテーションが持つ最後の属性は，特別なイベントである．このイベントには，業務の完了を阻害するイベントが含まれる．これは，本来遂行すべき活動を妨げる，予定も予測もしていなかったイベント，例えば唐突に依頼された取るに足らない業務やどうでもよい会議への出席などを指す．また，日々の業務の完了を妨げるものもあった．これには，予定または予測された会議のほか，電話やインスタントメッセージのような突然の対応が含まれる．これらによる中断の中には，業務の完了にほとんど影響を与えず，問題にならないものも多い．出ていくメンバーや追加されるメンバーが発生したときの，チーム構成の変化というイベントもあった．チームメンバーを追加することは，新しいメンバーに最新の情報を教えるために進捗のレビューが必要になることを，一般に意味する．チームメンバーが去ることは（特にプロジェクト完了前に異動になる場合には）プロジェクト固有のノウハウを失うことを意味することもある．他と同様に，この属性の識別は（アノテーションの種類と同様に）データから得られるものであった．

12.2.4　実践の変化

　業務をどのように達成するかについての詳細を，多様なステークホルダーに対して伝えることは容易ではない（Suchman, 1995）．実践ダイアグラムは，業務のソシオテクニカルなパスウェイに関する手がかりを提供する．それによって，組織内のプロセスや関係によってどのように実践がなされるかを理解することができる．実践ダイアグラムは業務の依存性を示し，それを人に伝えるのに役立つ．業務の依存性とは，他に対する業務活動一式の影響，標準的な手順やプロセスに対する情報への期待・欠点・近道・回避といったものである．それらはまた，業務における創造的，協調的，そして個人的な側面に対する手がかりを明確にし，人同士の公式・非公式の関係と情報リソース経路の両

方を強調する．

　実践ダイアグラムを通じて業務実践や関係，組織のコンテキストを伝達することによって，我々は，ビジネス間のサービスの設計において，より良い情報を与えることが可能となった．作業者，情報，技術の間に繰り返しの作業があることを確認した．しかし，それらは，進捗を追跡しチェックするのに用いられた形式化されたビジネスプロセスとしばしば合致しなかった．実践ダイアグラムは実践者による業務の制定に着目したが，形式化されたビジネスプロセスや技術の利用に関する要素にも言及していた．この方法において，実践ダイアグラムは，規範となるプロセスダイアグラムやITサポートツールダイアグラムと比較することができた．なぜなら，それは形式化されたプロセスにおいて潜在的に存在する競合を理解し，イノベーションのための新たな分野を識別することができたからである．実践ダイアグラムは，規範となるプロセスダイアグラムやITサポートツールダイアグラムと比較することができた．次節では，実践的アプローチのケーススタディを示し，業務の実践を表す際に実践ダイアグラムを使用することの価値を例示する．この事例では，顧客の提案依頼書に応じるITアウトソーシング契約に関するサービスデリバリーソリューションの設計とコスト計算を行う際に発生する，作業実践者間の相互作用と相互依存関係の記述に着目する．

12.3　ケーススタディ：ITアウトソーシングにおける組織的な取り組み

　我々は実践に基づく調査を設計・実施し，潜在顧客からの提案依頼書に対して，サービス提供者によって業務がどのように明確化されるかを調べた．この調査作業は，最先端の技術設計とプロセス革新を目指したITアウトソーシングにおける業務や組織の慣習について，詳細な理解を得るために実施された．この研究は2007年の初めから約半年にわたって行われた．

　ITアウトソーシングビジネスには，顧客のITの管理と維持に責任を持つIT提供者が関与する．ITアウトソーシング提供者がITに関して豊富な経験と卓越したノウハウを持っていることが，アウトソーシング契約における前提となる．この前提により，提供者は，主にコスト削減や規模拡張性，さらに適応性，可用性，サービスの質と産業競争力の向上によって，顧客に価値を提供することができる．

　この研究の内容をより良く理解するために，ITアウトソーシングは四つのフェーズから構成されると考えることにする．

- プリセールス：潜在的な顧客を発掘し，特定する．
- 契約締結活動：提案フェーズであり，提供者が顧客と一緒に作業し，ビジネスと技術に関する提案書を作成する．提案書は正式な契約書の一部となる．
- デリバリー：移行とも呼ばれる．顧客から提供側の組織に技術的，ビジネス的，人間的な要素が移行されることである．
- 生産（実装）：定常状態とも呼ばれる．サービス提供者によってITオペレーションや管理が実施されている状態を指す．

　我々の研究では，ITアウトソーシングの提案フェーズに着目した（図12.2）．労働コストが安い国やスキルを持っている国に仕事を移行することを意味する「オフショア」

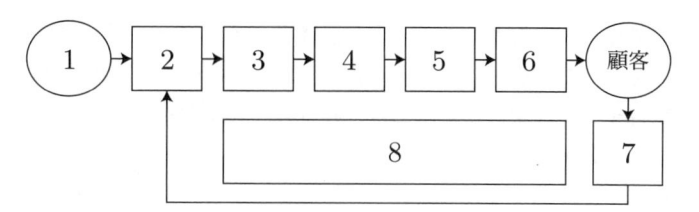

第12章 サービスの実践的アプローチ——高度に協調化された知識集約型サービスシステムにおける人, 活動, 情報

1. 提案活動の開始
2. 要求レビュー
3. ソリューションの設計
4. ソリューションの開発と文書化
5. コストケースの作成
6. 最終レビュー
7. 適正評価
8. 顧客に対する成果物の製作

図 12.2 提案フェーズのプロセスダイアグラム

とアウトソーシングが同義でないことは重要である．アウトソーシング案件においては，サービス提供者が作業の全部もしくは一部を結果としてオフショアに移行することがあるが，それは必要条件ではなく，多くの案件においてオフショアへの移行は含まれていない．

12.3.1 手法

インタビュー，直接観察，成果物の収集を通してデータを集めた．以下では，情報を収集する際に接した参加者とデータの収集方法について説明する[1]．

■ インタビュー

IT アウトソーシングの提案フェーズに直接関わる人々にインタビューを行った．彼らの作業は，一般的に，顧客のアウトソーシング要件に対する提案書を作成することである．我々は特に，アウトソーシングソリューション（例えば，ネットワーク，セキュリティ，データセンター）を設計する技術専門家と，ソリューション設計活動全般を管理する技術リーダーにインタビューを行った．インタビュー対象者がいる地域はアメリカ大陸の国々，ヨーロッパ，中東，アフリカ，アジア太平洋地域であった（表 12.1）．

表 12.1 データ収集の分布

データ収集	調査対象グループ	アメリカ大陸の国々	ヨーロッパ, 中東, アフリカ	アジア太平洋地域
A	専門家	2	3	2
B	テクニカルソリューションマネージャー	3	5	0
	テクニカルソリューションアーキテクト	3	3	0
C	テクニカルソリューションマネージャー	3	1	1

インタビューは半構造化形式で，質問の構成は，インタビュー対象者の役割，目的，活動，共同作業者，そして彼らの業務や改善可能な活動の全体像を理解するための質問であった．インタビューは1時間でスケジュールされ（何人かは延長した），二人の研究

---

[1] カリフォルニア大学バークレー校の学生でサマーインターンの Brian Tsao は，データの収集と分析を手伝ってくれた．彼の方法論的な精勤と思慮に富んだ分析に感謝する．

者によって電話で実施された．一人の研究者がインタビューを主導し，もう一人の研究者がメモをとって，インタビューが予定どおり行われるように助けた．25時間にわたる会話の録音データは業者によって書き起され，会話記録はNVIVO7（2006）と呼ばれるソフトウェアに入力された．我々は，関心がある話題を見つけて目印をつけるために，NVIVO7ソフトウェアを使って，インタビューから特徴的な局所パターンとクラスタを取得した．関心がある話題は事前に定義しなかった．それにより，業務と具体的な課題，特に影響を受けやすい課題について理解を深めていく過程で，興味深い話題が出てきた．

■観察

我々は，契約チームがアウトソーシングの提案を作成する過程を，約40時間観察した．業務内容の機密性と，観察される人が気にすることを考慮し，ビデオやマイクによる録画・録音は行わず，手書きでメモをとった．また，契約チームから知識リポジトリへのアクセス権を得て，その中に保管された数百もの文書を調べた．また，以前の提案活動から類似した文書も取得した．

我々が観察した契約締結に向けた活動は約3か月にわたって行われ，営業，経理，技術，法務，プロジェクト管理といった様々な分野の専門家が数十人関わった．チームは地理的に分散していたが，いくつかの場面，特に重要なマイルストーンの直前には，共同作業をさらに効率的に行うために，物理的に同じ場所に集まった．我々は物理的に同じ場所で行われた二つの会議を観察した．2日間連続して開催された2番目の会議では，二人が現場の観察を行った．これにより，メモの相互参照が可能になり，メモの正確性と完全性が保たれた．また，観察対象を拡大し，分科会で提案チーム内の少なくとも二つのグループを観察できるようになった．

提案チームは，地理的に分散しているときには電話会議で定期的に話をした．関心となっている話題についてメモをとりながら，定期的な電話会議の多くを聞くという観察方法をとった．これらの電話会議の観察は，提案チームが提案書を提出し，追加要求に回答し，顧客からの最終的な返答を聞くまで続けられた．

我々の観察は契約締結に向けた提案側の人とイベントに限定されていた．しかし，顧客側にもプロセスに関する幅広いスキルを持った（提案側のチームに応対する）人がいた．さらに，顧客は提案入札，回答・選考プロセスを管理するために，第三者と契約していた．我々は顧客と第三者のどちらに対しても，観察やインタビューを行わなかったため，彼らに関するデータは分析対象に含まれていない．公平性のため，また，いくつかの知見は提案チーム側の観点の理解を反映したものであるため，顧客や第三者からデータを収集していないことにここで言及しておく．

12.3.2 分析

我々は，収集された状態のままでデータを繰り返し分析した．最初はインタビューを分析し，続いて観察のメモを分析した．前述したように，インタビューから特徴的な局所パターンとクラスタを得ることができた．ITアウトソーシングの提案フェーズにおいて，提案依頼書を作成する作業に関して洞察を得るために，パターンやクラスタは，成果物の分析結果とともに観察メモと組み合わされた．我々の分析の主な目的は，ITアウトソーシング契約に影響を与える，（すでに組織で知られている）明白な作業と

（新しい発見となる）明白ではない作業の両方を明らかにして，より効率的で効果的な提案フェーズサイクルに対する新しい技術とプロセスの設計に反映させることである．我々は，顧客から期待され受け入れた理解を妨げた活動を特定することに重点を置いた．我々は，重要だが見落とされがちな，人，プロセス，技術間の相互作用にも着目して，データを分析した．

すべてのデータを分析した結果，インタビューにおける会話，観察メモ，または成果物中のテキストから，スニペットと呼ばれる短いフレーズの形式で，多数の知見を得ることができた．知見には多くの重複や相互関連性があり，親和性，類似性をもとにクラスタリングすることによって，知見を構造化し，整理した（図12.3）．この作業によって，知見の数を20個（3分の1）にまで削減できた．これにより，提案された業務，技術，そしてプロセス介入といったものに対する考察に集中することができた．

図12.3　親和性・類似性に基づきクラスタリングした分析結果

また，我々は，情報の作成，処理，変換を行う積極的な参加者を描き，ステークホルダーに記述的知見を伝えることができる実践ダイアグラムを開発した．実践ダイアグラムは，サービスシステム内における単方向および双方向の情報の流れと境界を表した．このように知見を実践ダイアグラムで表現することで，最終的な知見をもたらす洞察を生み出し，ITアウトソーシング業務システム内の要素を契約締結フェーズで視覚化することができた．

12.3.3　知見

連続したプロセスに沿って実施されるITアウトソーシングの契約締結に向けた活動に対する一般的な考え（図12.2）に反して，活動は再帰的で並列性を持ち，高い協調性が必要であることがわかった（図12.4，図12.5）．驚くことではないが，ツールや形式的なプロセス記述は業務活動を進めていく上で適応されず，結果として，非効率であることもあるが，業務を実施している人が創造性と柔軟性を持って進めていた．

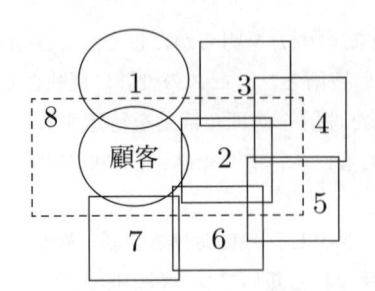

図12.4　並列で独立な活動間の関係を示す提案フェーズダイアグラム

1. 提案活動の開始
2. 要求レビュー
3. ソリューションの設計
4. ソリューションの開発と文書化
5. コストケースの作成
6. 最終レビュー
7. 適正評価
8. 顧客に対する成果物の製作

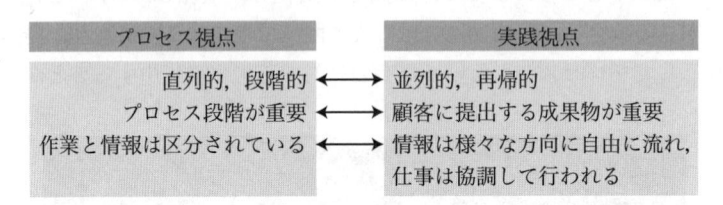

プロセス視点	実践視点
直列的，段階的	並列的，再帰的
プロセス段階が重要	顧客に提出する成果物が重要
作業と情報は区分されている	情報は様々な方向に自由に流れ，仕事は協調して行われる

図12.5　契約締結フェーズ作業におけるプロセス視点と実践視点の比較

■ 協調に基づく曖昧性解消

　提案依頼書内の曖昧性を解消するという重要な作業の多くは，標準ツールの適応範囲外で発生し，その作業を支援する技術はほとんどなかった．曖昧性を解消する作業は，自主的に提案依頼書をレビューする担当者または小さなグループによって再帰的に，そして時には並行して実施された．この作業がそのようなやり方で実施されたのは，多様なドメインの専門知識を持つ人によって異なって解釈される可能性がある特定の記述を発見し，複数のドメイン間で意味が確定していない記述を識別するためであった．この作業は，印刷した提案書を読み，疑問に感じた記述をハイライトすることで行われた．作業が小さなグループで行われる場合は，文書を1か所に集まって読むことができるように，スクリーンに映して実施された．時間がかかる面倒なこの作業は，何も見逃すことがないようにするために，経験豊富な専門家の慎重な注意力を必要とした．どんなに小さなことも詳しく調べられた．

　例えば，技術，法律，財務の専門家からなる小さなグループは，提供者が顧客のために特定の種類の資産を除却するという要件記述を見つけた．この記述は，除却することによる技術的影響，除却される資産のその後の処理（または再利用），除却によって発生する財務上の責任といった多くの疑問を提起した．この種の曖昧性解消作業から得られた結果は，アウトソーシングソリューションへの変更として，チームを支援するツール中に後に取り込まれた．ツールを用いずに実際の作業を行い，その後，結果をツールに取り込むというこのような行為は，ツールを使って作業を行う場合に比べて非効率であり，エラーやコミュニケーションミスを引き起こしかねず，契約締結フェーズの正式なプロセスに沿ったものではなかった．

■ 依存関係の追跡

　我々は提案書が作られる業務を観察したが，アウトソーシング提案書は時に大変複雑である．提案書には，相互関係を複数持つ非技術的な要素と技術的な要素が含まれ，さ

らに，要素間には数多くの依存関係があった．このような関係や依存情報の管理が，技術システムの外側で生じることもあった．依存関係を追跡し，ソリューションの関連部分の同期を維持する作業は，電子メールまたは電話を用いた手作業で行われていた．誰かが変更の写しの通知に失敗，または，通知を受信した人が対応に失敗した場合は，ソリューションのコンポーネントが一時的に不整合な状態となり，コスト高となる再設計や，後工程における時間の損失を潜在的に引き起こすきっかけとなった．

■ 仮定の追跡

曖昧性解消についての前述の作業に関連した別の発見は，仮定の手作業による追跡であった．仮定は，ソリューション設計や提案開発を繰り返し行っている間に頻繁に設定された．提案依頼書が不完全で，誤解を招く曖昧なものであったため，仮定は必要であった．しかし，ここでもまた，仮定を追跡し保全するのに中心的な役割をする技術は存在しなかった．その代わりに仮定に対してよく行われた手法は，記録をとり，会議や電子メールでコミュニケーションをとることであった．見逃されたり，理解できなかったり，矛盾があったりする仮定は，技術リーダーが集合してすべての様々な仮定をよく検討し，統合された正確なリストを作成することによって修正された．改訂された仮定リストは，その後チームに配布された．これによって，チームメンバーは設計段階で，仮定がソリューション設計の該当箇所に正確かつ確実に反映されることを確認できるようになった．

12.3.4 まとめ

この複雑なアウトソーシングの提案依頼書に対する回答書作成業務は，手作業による記録や調整，設計作業を含んでいた．回答書の作成が成功するかどうかは，提案側の回答書作成チームの技術と経験に依存していた．アウトソーシングソリューションは，時には非常に大規模で，多くの技術，プロセス，財務部門，人事部門から構成されている．そのため，回答書作成業務は，多数の専門家が各担当部分を同時に並行して実施する形態をとっていた．チームメンバーは全員，ワープロ，スプレッドシート，電子メール，インスタントメッセージング，プレゼンテーションツール，電話といった汎用ツールを用いた．特別なツールは主に，コストや価格も検討された最終的なソリューション仕様を作る際に使われた．このツールは，類似した手作業のプロセスと比べて，労力を省き，契約間の整合性を保全することができた．しかし，曖昧性の解消や，依存関係と仮定が成り立つ範囲を把握する際に欠かせない「反復」「並列」「協調作業」で，このツールは役に立たなかった．我々の研究により，これらの協調作業のサポート方法には，業務効率と提案書品質の大幅な向上につながる改良の余地が多く含まれることがわかった．

12.4 考察と今後の方向性

本章では，日常業務の研究における，実践に基づく設計アプローチを説明した．このアプローチは，サービス組織の中で行われる業務を理解するための体系的かつ強力な方法であった．サービス組織にシステムの変革と最適化をもたらす際の難しい点は，提供側と顧客側の組織の内部や組織間で複雑な意思の疎通を図り，再帰的に非線形な方法で

業務を行っていることである．このような業務を分析することにより，現在標準とされているサプライチェーンやプロセス最適化のためのオペレーションズリサーチの方法に，新たな課題が浮かび上がった．我々の実践的アプローチは，包括的な方法で業務を表現し，サービス組織における業務を構成する，様々な関係，境界，依存構造を考慮している．これにより，サービスシステムに影響を及ぼす関係を特定する手段が得られるのである．本章で強調されているのは，サービスシステムの変換のために，業務の精査結果や理解が，関連するステークホルダーにいかに有効に伝えうるかである．我々は，労働慣行，組織内のプロセス，支援ツールに対する改善を通じてサービスシステムの契約締結フェーズを変える提言を，成果としてまとめた．しかし，研究成果を取り込んで提言を行う際に，完全な情報開示の観点で業務上の障害が発生した．我々は実践的アプローチと実践ダイアグラムの技術の開発を続けているが，我々の活動と，次世代のエンタープライズツールやプロセスの設計担当者の活動をより密接に結合するための方法を模索する必要がある．我々のアプローチがサービスシステムの変革に与える貢献のいくつかを以下に概説する．

12.4.1　実践に基づくアプローチの貢献

高度に協調化された知識集約型業務は，入出力を持った制御システムのような形式でモデル化できないことを，我々のアプローチは示している．業務の協調的側面，創造的側面，反復的側面を表す方法が不可欠である．業務を過度に連続的・線形的に表現することは，情報要件の設計や仕様，スキルの定義，そして作業支援技術に影響する．我々の実践的アプローチはエスノグラフィの上に構築されており，ソシオテクニカルシステム理論，境界オブジェクトの研究，サービスブループリンティングによる表現などの概念を採用している．これらの基本的な構成要素が，実践ダイアグラムアプローチを形成している．実践ダイアグラムは，業務と組織の実践を記述する主要な属性を同定し，またそれらを伝達することを可能にした．実践ダイアグラムはまた，改善箇所となっている情報リソースや技術リソースの識別を可能にした．

実践ダイアグラムアプローチは，社会的・技術的な要素を明確に定義することの重要性を述べた Cummings（1978）の観点を支持している．しかし，我々のケースでは，研究対象の一つは，サービスシステムの変革を妨げる潜在的な要素を特定し定義することであった．我々の研究を通じて，業務実践を定義するためには，境界オブジェクト（Star & Griesemer, 1989; Carlisle, 2002）を特定し，それが個人間や組織内での構造的なレベルと意味的なレベルの両方でどのように使われるかを理解することが重要であることがわかった．境界オブジェクトの扱われ方を理解することは，サービスシステムの効果に影響を与える業務の非効率的な部分を識別するために重要であった．我々はまた，より高い目標を達成するのに必要な相互作用を理解するためには，コンテキスト，実践者，情報，イベントの属性を含める必要があることを発見した．

12.4.2　組織に対する機会費用の表現

業務に関する知見や提言のいくつかは，驚くべきものではなかった（例えば，冗長な通信の軽減．それは，一対一ではなく一対多である情報獲得を可能とする Wiki や RSS

フィードのような協調ツールと実践を使って実現した). 一方, どのように作業が行われているかを注視したことによって得られたものもいくつかあった (例えば, テキスト分析技術に基づく顧客文書の自動処理によって, 顧客の提案依頼書にある曖昧性を解消する速度と品質を向上させる). サービスシステムを変革する可能性があるという我々の提言 (特に, 技術やプロセスに多くの変更を必要とするアイデア) を実施するのにあたって遭遇した障壁の一つは, 変革の有無によって組織にかかってくる初期コストを見極める必要があることであった.

我々が採用したアプローチが持つ危険性は (関連する定性的なアプローチも同じだが), 変更について, コスト削減や収益拡大に通常関連する定量的な根拠を持たずに, 顧客に変化のリスクをとるよう説得することは困難だということである. 我々は労働時間, 作業単位当たりの時間, 特定の活動での協調作業や意思疎通を支援して得られる成果物品質, といった業務システムの属性を測定しなかった. ある種の測定可能な指標を追加して, ビジネスに対する我々の勧告を議論することは, とりわけ企業が他のビジネス戦略とのトレードオフを考察する際には有益だろう.

12.4.3　サービスシステム分析の範囲の拡大

システムの中心的要素として人に着目しながら, IT アウトソーシングサービスシステムの重要な側面を検証して理解し合うことが, 我々の実践に基づくアプローチによって可能となった. 我々は今後の課題として, 分析範囲を拡大して, 顧客との相互作用や第三者との契約交渉を包含する大規模サービスシステムに対応することが重要だと考えている. この広大な範囲にわたる分析によって, IT アウトソーシングの契約締結フェーズにおけるサービスシステム群に対する我々の理解が深まると考えられる. 広く定義されたサービスシステムの間やシステムを越えて発生している, 価値創造が行われる相互作用を理解するために, 我々は実践的アプローチの適用を検討している.

参考文献

Agar, M. (1996). *The Professional Stranger (2nd ed.)*. San Diego, Ca; Academic Press.

Bailey, J., C. Kieliszewski; & J. Blomberg (2008) Work in organizational context and implications for technology interventions. *Proceeding of Human Factors in Organizational Design and Management* (ODAM 2008). Sao Paulo, Brazil. March 2008.

Beyer, H. & Holtzblatt, K. (1997). *Contextual design: Defining customer centered systems*. San Francisco: Morgan Kaufmann.

Blomberg, J. (2009) Work in the service economy, In W. Karwowski and G. Salvendy (eds.) *Introduction to Service Engineering*, John Wiley.

Blomberg, J., J. Giacomi, A. Mosher, & P. Swenton-Wall (1993). Ethnographic field methods and their relation to design. In *Participatory Design: Perspectives on Systems Design, D. Schuler and A. Namioka (eds.)*. Lawrence Erlbaum Associates, Hillsdale, New Jersey, pp. 123-154.

Blomberg, J., Burrell, M., & Guest, G. (2003). An ethnographic approach to design. In J. Jacko & A. Sears (Eds.), *Human-computer interaction handbook: Fundamental, evolving technologies and emerging applications.* Lawrence Erlbaum Associates, Inc., New Jersey, pp. 965-984.

Bowers, J., Button, G., & Sharrock, W. (1995). Workflow from within and without: Technology and cooperative work on the print industry shopfloor. *Proceedings of CSCW '95* (pp.51-66), New York: Kluwer.

Carlile, P.R. (2002). A pragmatic view of knowledge and boundaries: Boundary objects in new product development. *Organization Science, 13*(4), 442-455.

Cefkin, M. (2009). *Ethnographers at work: New social science research in and of industry*, Berghahn Books.

Chi, L., & Holsapple, C.W. (2005). Understanding computer-mediated interorganizational collaboration: A model and framework. *Journal of Knowledge Management, 9*(1), pp. 53-75.

Cooper, A. (1999). *The inmates are running the asylum: Why high tech products drive us crazy and how to resotre the sanity.* Indianapolis, IN: Sams-Pearson.

Corral-Verduga, V. (1997). Dual 'realities' of conservation behavior: self reports vs. observations of re-use and recycling behavior. *Journal of Environmental Psychology, 17*, 135-145.

Cummings, T.G. (1976). Sociotechnical systems: An intervention strategy. In W. Warner Burke, *Current Issues and Strategies Organization Development*, pp. 187-213.

Dourish, P. (2001). Process descriptions as organisational accounting devices: The dual use of workflow technologies. In C. Ellis & I. Zigurs (Eds.) *Proceedings of the International ACM SIGGROUP Conference on Supporting Group Work.* (pp. 52-60), Boulder, CO.

eClassifier (2009). Information available at : http://www.almaden.ibm.com/asr/projects/biw/publications/eClassifier-Brochure.pdf

Hendrick, H.W. (1991). Ergonomics in organizational design and management. *Ergonomics, 34*(6), 743-756.

Hendrick, H.W., & Kleiner, B.M. (2001). *Macroergonomics: An Introduction to Work System Design.* Santa Monica, CA: Human Factors and Ergonomics Society.

Hughes, J. A. Rodden, T. & Anderson, H. (1995) The role of ethnography in interactive system design. *ACM Interactions, 2*(2), 56-65.

Kieliszewski, C., Bailey, J., & Blomberg, J. (2007). Early reflections on practice diagrams to facilitate service design. *Emergence 2007* (September 7-9), Pittsburgh, USA.

NVIVO7 [Computer Software]. (2006). Australia: QSR International Pty Ltd.

Pasmore, W.A. & Sherwood, J.J. (1978). *Sociotechnical Systems: A Sourcebook.*

Pruitt, J. & J. Grudin (2003) Personas: practice and theory. In *Proceedings of the 2003 conference on Designing for User Experiences.* New York, NY: ACM.

Rathje, W.L. & Cullen Murphy, C. (1991). *Rubbish! the archaeology of garbage.* New York: HarperCollins.

Rich, M., Lamola, S., Amory, C., & Schneider, L. (2000). Asthma in life context: video intervention/prevention assessment (VIA). *Pediatrics, 105*(3), 469-477.

Shostack, G.L. (1984). How to Design a Service. *European Journal of Marketing, 16*(1), 49-63.

Spohrer, J. & P. Maglio (forthcoming). Service Science: Toward a smarter planet. In W. Karwowski & G. Salvendy (eds.) *Introduction to Service Engineering*, John Wiley.

Star, S. L., & Griesemer, J. (1989). Institutional ecology, "translations" and boundary objects: Amateurs and professionals in Berkeley's Museum of Vertebrate Zoology 1907-39. *Social Studies of Science 19*(3), 387-420.

Stucky, S., Cefkin, M., Rankin, Y. Shaw, B., & Thomas, J. (2009). Business Value in Service Engagements: Realization is Governed by Interactions, Hawai'i International Conference on System Sciences (HICSS 09) Conference Proceedings.

Suchman, L. (1995) *Making work visible.* Communications of the ACM. *38*(9), 56-64.

Vargo, S. L. & R. F. Lusch (2004) Evolving to a new dominant logic for marketing. *Journal of Marketing*, 68, 1-17.

Vredenburg, K. S., Isensee et al. (2002). *User-centered design: An integrated approach.* Upper Saddle River, NY, Prentice Hall.

Wall, P., & Mosher, A. (1994). Representations of work: Bringing designers and users together. *In PDC '94: Proceedings of the Participatory Design Conference (Palo Alto, Calif), R. Trigg, S. I. Anderson, and E. Dykstra-Erickson, Eds.* (pp. 87-98). Computer Professionals for Social Responsibility.

Wemmerlöv, U. (1989). A taxonomy for service processes and its implications for system design. *International Journal of Service Industry Management, 1*(3), 20-40.

Whiting, B. & Whiting, J. (1970). Methods for observing and recording behavior. In R. Naroll & R. Cohen (Eds.), *Handbook of method in cultural anthropology.* (pp. 282-315). New York, NY: Columbia University Press.

第 IV 部

研究と実践：運用

第13章

オペレーションズマネージメントの領域における
サービスサイエンスの軽視

☐ **Richard Metters**
Goizueta Business School
Emory University

　　　　サービスビジネスは，半世紀以上西欧経済において優位を占めてきた．現在，サービスは世界的に最大の産業であり，農業が占めた地位に取って代わりつつある．また，サービスはいまや地球上のどの国の経済においても，製造業より大きな割合を占めている．しかしながら，オペレーションズマネージメントの多くの研究課題は，いまだに製造業の問題に焦点を当てている．西欧経済の70～85%がサービス産業関連であるにもかかわらず，西欧の学術機関がサービスをテーマにして行ったオペレーションズマネージメント研究は10%以下である．そこで，我々は「サービスとは従属物である」と思われ続けていることや，組織体系化のためのサプライチェーンの台頭について，そしてサービスに関しては様々な研究手法が必要とされることなどの状況について，その原因を調べた．

13.1　はじめに

　　サービスに関連するオペレーションズマネージメント研究の学術論文のほとんどの「序論」部分は，サービスのビジネス規模と対象範囲に関する詳細な事実によって始まる．しかし，論文の読者はすでに，サービスが世界経済与える影響と重要度について知っているのである．
　　オペレーションズマネージメントという学問の恥ずべき点は，他のビジネス分野と違い，オペレーションズマネージメント研究が世界経済におけるサービスの台頭にもかかわらず，製造業に焦点を当て続けることである．これは，本ハンドブックの読者はよく知っていることかもしれないが，しかし，Metters & Marucheck (2007, p.200) から短い文章を引用して，その点を強調しておきたい．

　　　　Amoako-Gyampah & Meredith (1989) は，1982～1987年に出版された10の論文誌や専門誌に掲載された原稿のうち，サービスオペレーションを扱ったもの

がたった 6% であったと指摘している．Pamnirselvam, Ferguson, Ash, & Siferd（1999）は，1992〜1997 年に出版されたオペレーションズマネージメントの七つのジャーナルにおいて，サービスオペレーションをテーマとしているものがたった 3% であったと記している．1984 年の Decision Science Institute National Meeting では，23 のオペレーションズマネージメントのセッションのうち，サービスを扱ったものは一つだけであった（Decision Sciences Institute, 1984）．Machauca, Gonzalez-Zamora, & Aguilar-Escobar（2007）は，1997〜2002 年に出版されたオペレーションズマネージメントの 10 のジャーナルを調査したが，その結果，サービスオペレーションが全部の記事のうち 7.5% にすぎないことがわかった．Prasad & Babbar（2000）は，1986〜1997 年に出版された 28 のジャーナルに掲載された 548 本の「国際オペレーションズマネージメント」の記事を調査したが，「国際サービスは，調査したジャーナルの中にはほとんど登場しなかった」と記している．「サービス」を中心とするトピックは，548 の記事のうちたった 14 しか見つからなかった．

　この記事は Metters と Maruchek が書いたものから抜き出しているが，なぜこのようなことが起きているのか，そしてこの問題に対して何ができるのかを評価してみたい．オペレーションズマネージメントのリサーチコミュニティが製造業にばかり着目しているのは，米国の南北戦争後に「南部はもう一度立ち上がる」と叫んだ南部人の態度に似ている．サービス業が世界中で明確に重要な位置を占めてきているにもかかわらず，オペレーションズマネージメントのリサーチコミュニティは，なお縮小が進む製造業に膨大なリソースを注ぎ込み続けている．

　その結果，尊敬すべきハーバード大学の教授である Robert Hayes 博士は 2008 年に，こう述べている．「私は，生産管理やオペレーションズマネージメントの領域のこの状況の行き着く先について，新しい教師や学生，受講者の獲得のための戦い，そして研究投資の獲得のための戦いと同様に，深く懸念している」（Hayes, 2008, p.567）（米国経済のたった 20% と，製造業が縮小していた 1984 年に出版した Hayes 博士自身の最も有名な著書 *Restoring our competitive edge: Competing through manufacturing* の囲み記事からの引用）．

　事実我々は，新しい教師，学生，受講者の確保という戦いに関しては敗れつつある．ハーバードとウォートンのウェブサイトでは，オペレーションズマネージメントのエリアで職を見つけることができた卒業生は，1% にも満たなかったことが報告されている．カリキュラムの中核（コア）に残っているオペレーションズマネージメントのコースは，トップビジネススクールのカリキュラムとして必要なものとされてはいるが，我々は多くの学校においてオペレーションズマネージメントの市民権が二流（セカンドクラス）へと低下していることを認めざるを得ない．オペレーションズマネージメントの授業は，学生が四つのうち三つとればよいような選択可能な講義へと，しばしば追いやられている．奇妙なことに，ファイナンスやマーケティングは一度もそのような選択対象の授業の一部だったことはない．また，ファイナンスとマーケティングの選択コースは，通常オペレーションズマネージメントの選択コースよりも多くの学生が集まるのである．

　我々はまた，「新しい教授」を確保する戦いにも敗れつつある．Metters と Maruchek

のレポートによれば，ビジネススクールのオペレーションズマネージメント分野の教授の割合は1993〜1998年をピークとして減り続けている．

例えば，オペレーションズマネージメント関連の学識者は，大学経営者などのスポンサーの戦略的ビジョンからは外れていて，いまやわずかな数の学生たちと語り合い，大好きなJSR（ジョブショップスケジューリング問題）やMRP（material resource planning；一種の在庫管理問題）の研究を石にしがみついても続けるという辛い立場にいる．

ビジネススクールは二元的な役割を持つべく設計されている．一つは一般教養科目のように，学生たちに考え方（どうやって考えるのか）を教える役割である．ビジネス教育において，批判的思考（クリティカルシンキング）は，哲学の講義におけるのと同様に，在庫問題の講義においても教えることができる．たとえ，その問題が現実世界には存在しないとしても，3機械スケジューリング問題を教えることは教育的価値があるのである．しかしながら，ビジネススクールには二つ目の役割がある．それはビジネスをより良く進めることを通じて，この社会の価値を高めることである．この役割からすると，我々は学生が将来実際に使うであろう実践的な技術を教えなくてはならない．それによって，学生はサービス産業で今よりもずっと確実に仕事を得られるだろう．製造業に就いて働く学生たちは，製造業の中でもサービス機能を持った部門で働くだろう．実際我々の学生のさらに多くが，100トンのプレス機でいっぱいのフロアで働くのではなく，お客様相手の仕事をすることになるのである．

我々は，製造業にこだわり続けるオペレーションズマネージメント研究の「そもそもの位置 = home」がどのようになったのか，そして成功するためにどう変わりうるのかを検討してみることにする．

13.2　オペレーションズマネージメント研究がサービス領域をおろそかにしている理由

オペレーションズマネージメントがサービスを無視する理由については，Metters & Marucheck（2007）がすでにたくさん挙げているため，ここで繰り返し述べることはしない．例えば，「サービスはプロセスを包含しないといった管理的な見方」（まったくの間違いであるが）とか，「サービスビジネス領域の拡大は歴史上見られない」（すでに消滅した説である）とか，「サービスパフォーマンスに関する標準化の効果」などである．

ここで，MettersとMaruracheckの論文に含まれる二つのトピックについての新しい考え方を示したい．すなわち，「サービス」を定義することについての問題，および，サービスは経済の拡大に貢献しないという社会的な見方についての問題である．さらに，SCM（supply chain management）がオペレーションズマネージメントの教授たちによってサービスの代替として研究されていると思われる点にも言及したい．

13.2.1　サービスの定義——すでに終わったのだ！

サービスという用語について，合意された一般的な定義は存在しない．通常，行政はサービスを，例えば「第2次産業でも第1次産業でもないもの」というように，「〜ではないもの」と定義している．「非製造業」というようなサービスの定義は，生涯をか

けてこの領域を研究している人々をとても不愉快な気持ちにさせるものである．

　ある種の人々にとっては，これは注目すべき，そして決して終わりのない問題である．2008 年の国際会議 INFORMS（http://www.informs.org/）では，90 分のセッションすべてが「サービス」の意味定義についての自己陶酔的なディスカッションとなってしまった．Scott Sampson（2008）は，サービスを定義しようと努力した歴史について講演し，「学術論文誌における最初の定義」（Judd（1964）が *Journal of Marketing* に著した2ページにわたる記事）に対して異議を唱えた．例として，Sampson は多くのサービスの定義は「触れることができない」「顧客要望を重視（カスタマイゼーション）する」「製造と消費が同時進行する」「陳腐化しやすい」「（製造物の所有と対比して）一時使用される」「顧客との接触が発生する」といった特徴に基づいていると述べた．にもかかわらず，今日もなお，サービスの定義に関する学術記事は存在し続けている．

　しかし，これらの定義はどれも十分ではない．これらのサービスの定義では，例えばカスタマイゼーションや顧客接触を伴っていても明らかに製造業のタスクを含んでいたり，「触れることができない」という定義のために明らかにサービスであるものを排除してしまいがちである．

　今，サービス研究者は 44 年にわたり定義のない世界をさまよっている．モーゼが約束の地を見つけたときよりは短い時間ではあるが，しかし態度を決めるときが来た．「もうやめよう．動き出そう」．我々には権威づけられた定義は必要ない．自己陶酔的な瞑想のために費やすときは過ぎ，今は行動するときである．過去に似た例はあったが，実用的なサービスの定義については，言葉で詳細化するのではなく，「実際に見ればわかる」と提案したい．単純に言えば，ビジネスが直面している現実の問題を解決しようとしたとき，そのうちの 90％ がサービスサイエンスの貢献できる領域なのである．

13.2.2　製造業が重要でサービスはその従属物，という態度について

　私は 2006 年に発行された *Successful Service Operations Management*（Metters, King-Metters, Pullman, & Walton, 2006）の主著者である．最初の章で，経済的発展の中核は製造業に依存しているという歴史的な視点について述べている（例えば，Cohen & Zysman, 1987）．「サービスオペレーションズ」というタイトルの私の授業をとっている学生は，この章を読むと，その背後に何か商業にとっての根源的な原理があるに違いないと考える．そして，しばしば彼らはその「何か」とは製造業だという間違った結論に至る．

　人類は「もの」を作り出す労働が仕事であることは生まれつき知っているかのようであるが，サービスを作る労働はそれとは何か別であるかのように見える．歴史的には，サービスへの対し方はこの行程をたどっている．Spohrer（2006）によると，アダム・スミスは 1776 年の『国富論』で，サービスを「非生産的労働」と定義し，製造業の仕事を「生産的労働」と定義した．

　さらに，近代においても，サービスは製造業とは異なる見方をされていた．ソビエト連邦の支配者であったスターリンは，製造業は彼の国家に威信をもたらすと信じていたため，製造業に固執し，サービスと比較して過度に重視した（Sabillon, 2000, p.213）．類似のケースとして，毛沢東は 1950 年代の中華人民共和国の大躍進政策において，製造業を躍進させることに力を注ぎ（Yang, 1996），結果として 1600 万〜4000 万人もの

人々を死に追いやる大飢饉を招いた．1961年に大躍進政策は終わったが，製造業への執着は1970年代まで続き，中国経済を大いに停滞させた．その一例として，1978年に中国は全土で137しかホテルがなく，すべてが国営であったことが挙げられる（Zhang, Pine, & Lam, 2005, p.97）．

第2次世界大戦後のヨーロッパでは，Kaldor（1966, 1967）が，経済成長の鍵を握るのは製造業であると政府に助言したため，西ヨーロッパはこの病から逃れることができなかった．

米国もまた同様な姿勢を見せた．1900年代の初期，Woolworth小売チェーンの創業者であるF. W. Woolworthは，米国の最も富裕な人々の一人であった．しかしながら，彼はたかだか小売店の店主にすぎなかったので，社会的にはAクラスの富裕層には含まれていなかった（Plunkett-Powell, 2001, p.80）．U.S. Supreme Court 312の裁判においてさえ，R. Mettersはサービスというものは"Commerce"（商業）ではないという意見を述べている．1922年に野球が反トラスト法から除外された決定について，Oliver Wendell Holmesは，大衆のために「製造に直接関係しない個人の努力は，経済活動の重要問題ではない」と著した．その思想が今も継続していることを示す別の例もある．例えば，大学の講義や法務サービスは，サービス提供者が州を越える場合であっても「州際通商」[1]で取り扱われることはない．

残念なことに，このような考え方は今日もオペレーションズマネージメントの研究者たちに満ちている．M&SOMジャーナルの編集者の一人は，サービスに関する国際会議の発表において，サービスを「自分自身でできることを，ほかの誰かにしてあげること」と定義した．この定義は，サービスは専門知識を必要とするというより，「サービス＝奴隷的」ということを暗に意味している．

この状況を変える重要なポイントは，マインドセット（ものの見方）を変えることである．我々はサービスの役割を正しく認識することに躊躇してはならない．2008年の経済上の出来事により，サービスの影響力が注目されたことは確かなのである．そして，米国政府は経済の中核である商業銀行と保険会社を救うために，特別に8000億ドルもの資金を用意したのである——もっとも，自動車産業を救済するための資金よりは少なかったが．私の学生のマインドは変わり，Fortune 500の製造業ではなく，投資会社や商業銀行のコンサルティングサービス業界を熱望するようになった．マッキンゼーは，数百人のコンサルタントからなる「ビジネスコンサルティングの実践部隊要員」を揃えている．とはいえ，この職種の人気にもかかわらず，大学において私が見つけられたのは，ニューヨーク大学にたった一つ，Mike Pinedoの"Operations of Financial Services firms"（金融サービス業界の仕事）という選択科目だけだった．

13.2.3　古いパラダイムの名前を変える： サプライチェーンマネージメントの台頭

1990年代半ば，私の見方では，オペレーションズマネージメント領域は，流れがサービスへと変わる覚悟ができているようにだった．Decision Sciences Institute

---

1. 【訳注】米国で制定された複数の州間の取引を規制する法律．

(http://www.decisionsciences.org/about/default.asp）による Services Mini-conference は，数百人に及ぶ出席者にとって魅力的だった．会議の「サービスオペレーションズ」研究トラックは延長された．そして，「サプライチェーン」トラックは大当たりであった．

私の知るところでは，「サプライチェーン」とタイトルに名前がついた最初の教科書は，1990 年の Handfield と Nichols による 180 ページの書籍である．今は，そのようなテキストは 1 ダース以上存在するし，オペレーションズマネージメントを選択できるトップ 20 校では，「サプライチェーン」という言葉がつく選択科目は最もよく見られる．ちなみに，私が数えたときには 26 科目あった．Production and Operations Management Society（生産とオペレーションマネージメント学会）の会議において，「サプライチェーン」トラックは現在，最大の発表数を誇る．しかし，「サプライチェーン」トラックは，10 年あまり前には存在しなかったのである．Management Science, Operations Research, Journal of Operations Management, Production and Operations Management, IIE Transactions といった学術誌のデータベースである ABI/INFORM で検索してみると，"supply chain" という言葉の入ったタイトルが最初に現れたのは，1993 年であった．その次に現れたのは 1997 年で，この年は「ブルウィップ効果」についての二つの論文が該当した．1997 年に Management Science にサプライチェーンマネージメントの部門が設置された．1998 年は三つの論文しかなかった．しかし，2003〜2008 年には 167 件になった．

サプライチェーンは現場を体系化する原理になったのである．学術的なジャーナルである International Journal of Purchasing and Materials Management は，1999 年に Journal of Supply Chain Management に改名した．1915 年頃に発足した専門家の団体 National Association for Purchasing Management は，2001 年に Institute of Supply Management に改名した．

個々の業界について学ぶのではなく，複数のサプライチェーンを学ぶことが，業界を越えて組織がどのように振る舞うかを知る上で重要である．業界の内部よりも，複数の業界の関連がこの学問の焦点となっている．サプライチェーンマネージメントの考え方は，オペレーションズマネージメントの領域を再び活気づけて，ブルウィップ効果や，レベニューシェアリングとその他のサプライチェーン契約方法，戦略的資源活用に関する多くの研究記事を生んだ．

しかしながら，コンセプトとしてのサプライチェーンの台頭には，負の側面もあった．それは，研究を前進させたくない人々が（すでに獲得している）その場所に留まることを許容し，サービスオペレーションについての研究を端に押しやるというものである．いまや在庫管理理論を微調整した研究が，"How a Small Tweak to Inventory Theory Changes Supply Chain Management"（在庫理論を微調整してサプライチェーンマネージメントを変えるには）というタイトルになっている．同様に，「生産計画と管理」あるいは「在庫管理」というタイトルの講座は，単純に「サプライチェーンマネージメント」に改名されている．その「サプライチェーン」の教科書には，古い生産計画の教科書と同じ在庫管理やスケジューリングが載っており，そこにブルウィップ効果の章が追加されているのである．

13.2.4　サービスリサーチへの期待

　ジャーナル編集者は，例えば査読を依頼せずに即座に原稿を却下したり，編集するジャーナルの基調を設定するといったことで，学会出版物の門番のごとく振る舞うことができる．必然的に，彼らの個人的な信条が重要な結果を生んでしまう．サービス関連記事を出版するためのカンファレンスセッションにおいて，M&SOMのある編集者は，サービスは製造業と比較して顧客やサービス観察者の関係が近くなりやすいため，「査読者にとって"馴染み"がありすぎる」と言明した．つまり，この編集者によれば，サービスは製造業と比較して，顧客や観察者に感情移入する傾向にあるということである．そのため，サービスに関連する論文は，製造業の論文に比較して現実的でない前提条件に対して徹底的に異議を提示されるという．

　現実的な前提条件が常に最良ではあるが，現実性の欠如にもかかわらず何らかの見識が得られるのであれば，研究論文において，現実からの抽象化はある程度は許容される．例えば，1,000以上の研究論文が，機会損失や受注残においてコストの線形性を仮定している．簡単に言えば，「線形性」の前提とは，もしあなたが行く雑貨屋があなたのお気に入りの品物を揃えていなかったら，あなたはその品物を他の店で買う，ということである．もし，その品物が10回置いてなかったら，あなたは他の店で10回買うことになる，という線形な関係のことである．この「線形性」の前提では，よもやあなたが店を変えるとは考えていない．しかし，その店がいつもあなたの好きな品物を切らしていることは，現実にはその品物の利益を失う以上のことになるのである．しかしながら，我々は皆この前提が正しくないことを知っている．そして，機会損失を線形的ではなく，経験的に計算した論文があることも知っている．にもかかわらず，この線形性の前提は在庫管理の論文においては認められているのである．さらに，100%の受注残，あるいは100%の機会損失を想定することも許容されている．しかし，部分的な機会損失や受注残が現実には起こっている．これらは許容できる抽象化であり，それにより分析を扱いやすくしており，研究において挙げられた特定の前提は，実際には真に最善でないかもしれないが，現実からまったく外れているわけでもないと理解されているのである．製造関連の研究における「許容される抽象化」は非常に多く，時間がたっても決して変化しないという，決定論的な需要を含んでいる．例えば，単一マシンの工場や（私はたった1台のマシンしかない工場などには行ったことがないが），決して壊れずに故障もなく，保守の必要もない生産システム，休憩や休みがまったく必要ない労働者などがそれに当たる．

　このような寛大さは，サービスリサーチには示されない．どのようにサービスを定義するかにかかわらず，多くのサービスでは顧客との接触を要求され，それは人間の振る舞いをインプットとせざるを得ない．人間の振る舞いに関する前提は，分析を可能にすることを目的に設定されるが，それは製造業についての論文での寛容さに到底及ばず，サービスリサーチではその前提の是非だけで，しばしば投稿論文が却下されてしまうのである．質問形式の調査作業では，異議のある，あるいは説明が困難な「無回答バイアス」(non-respondent bias)[2]は単に却下される．また，多くの学術分析や製造に関する

2.　【訳注】あらかじめ症例群ないし対照群として選んだもののうち，調査に応じたものの比率が偏ることによって結果が歪むこと．

問題についてのシミュレーションモデルは再実行が可能であるが，この分野はその性質上，何かを変更して単純に再実行することが不可能であるのに，そのような不完全性を指摘した上で採録するのではなく，ただ単に門前払いされるだけである．このアカデミックな業界は，一定の出版量によって彼らの仕事（終身在職権の所得）を守り，研究生産性をもとにした「サマーサポート」などで給与やボーナスを上げている．リスクの高いサービスに関する仕事は避けて，その代わりに，実際に存在しない1機械のジョブショッププロブレムのさらなる変形問題に関する論文を出すほうがよいという状況を続けているのである．

13.3　何をすべきか

　オペレーションズマネージメント領域の発展のために，我々は社会と生徒に対して意義のあるテーマを研究し，教えなくてはならない．我々は切り捨てられる存在であってはならない．社会への影響力が薄い我々の授業では，ヘルスケアや，売上管理，そしてプロフェッショナルサービスのようなトピックが取り上げられていない．しかしながら，生徒の多くはサービス業界に職を得るので，サービス企業の経営手法が教えられるべきである．

　研究と教育の連携は重要なことである．研究と教育の境界を考えると，もし授業に自分たちの研究を持ち込まないのなら，このオペレーションズマネージメントという領域には一貫性がなくなるだろう．製造業を研究することは困難なので，教室ではサービスを教えている．もし，我々が研究と連携したサービストピックについて教室で取り組めるのであれば，今よりも多くのサービス関連科目ができ，さらに多くの学生の登録につながり，その結果，この領域を再び活気づけることだろう．

　問題は，そこに至るのは困難であろうことである．

13.3.1　サービスへと向かうことに尊敬を抱け

　Manufacturing & Service Operations Management ジャーナルと命名されたときに，それを嘲笑する人がいた．確かに，その名前は少し収まりが悪い．しかしながら，重要な点は「サービス」がそのジャーナルの一部であることを明示的に表したことである．「サービス」という言葉は，マネージメントサイエンスという学科で使われていた．ただ，そんなに長い間ではない．その後「サービス」という言葉に込めた思いは，Operations and Supply Chain Management 学科へ引き継がれた．

　いまだに一部の学部長や，他学部の同僚，学生の中に，「オペレーション＝製造」という潜在的な思い込みを持つ人がいる．オペレーションズの学識者がマネージングサービスを作ることができることについて，迷いがあってはならない．

13.3.2　道具を備えよ

　私自身が博士課程で学んだのは，線形代数，マルコフ連鎖，動的計画法，そしてシミュレーションに関する研究理論であった．この学習は多くの製造関連の問題を研究

するには申し分ないものであり，私はそのバックグラウンドを持ってサービスオペレーションズのキャリアを積んできたが，サービスの差し迫った問題に真剣に取り組むには不十分であった．非常に興味深いサービスの問題の多くは，調査やケース分析，インタビュー，およびそれらに付随する理論（主成分分析，構造方程式モデリング，内容分析など）によって取り組むべきである．そして，これらの技術的な道具は変化していくはずである．

13.3.3　オフィスから出よ

製造業の研究における標準的な定式化は，問題を数学の記号に置き換え，その記号を巧みに扱って結果を得るというものである．こうした手法は，実際のビジネスに関する知識が十分にない場合に捉えられるものであり，オフィス内での作業として行われるのが典型的だろう．これとは逆の取り組みとして，品種生産システム（flexible manufacturing system）におけるエンピリカルワーク（経験に基づく研究）がある（Vineyard, Amoako-Gyampah, & Meredith, 1999）．Vineyardらは，それらのシステムの実際の停止時間を経験的に判定した最初の著者である．過去の多くの論文は，そのようなシステムの停止時間を定式化する関数を，十分な根拠もなく推定していた．

製造業における課題は実験データを用いて取り組むことも可能であるが，サービスリサーチでは，実データへの依存度がきわめて高い．サービスで起こっていることの中核は人間同士のやり取りであり，そのようなやり取りを測定し，評価しなければならないからである．

13.3.4　サービスの論文を公平に審査する場を与えよ

学術論文の査読者にとって，却下の理由を探すことは一種の誘惑である．論文誌は低い掲載率を自慢するし，編集者からも奨励されているのである．さらに言えば，修正された論文が戻り続けると，我々の作業は増えていくが，却下された論文はただ消えるのみである．

すでに述べたが，サービスの論文は，しばしば製造業研究の論文よりも高いレベルに固執する傾向がある．このような傾向が，現場から研究者たちを遠ざける遠因となっている．私は，論文不採録の原因となる「致命的な欠陥」を探すのではなく，完全ではない論文からでも新たな知見を見つけ出すことを勧めたい．多くのサービスに関する論文が，再検証できない実験データを含んでいる．それを「致命的な欠陥」とする考え方が，サービス研究の仕事をリスクが高すぎて報われないものにしている．もちろん論文の筆者らは，不備については説明しなくてはならないが，しかし前述の「致命的な欠陥」だけを理由に論文を棄却するのではなく，その欠陥を認めた上で内容を審査すべきである．

13.3.5　サービスサイエンスを重視せよ

オペレーションの領域には，大きなチャンスがある．自らが設定した狭い研究テーマの堀の中で座り込みをするのではなく，殻を破ることができるのである．「サービスサ

イエンス」の考え方は，新しい仲間と新たな問題に取り組むことにより，我々の領域を活気づけ，拡大することを可能にしてくれる．サービスサイエンスは，Chesbrough (2005) によって現場の人々に紹介され，Chesbrough & Spohrer (2006) および Maglio, Kreulen, Srinivasan, & Spohrer (2006) によって情報システムの様々な学術コミュニティに紹介された．さらに，オペレーションズには Spohrer (2006) によって，マーケティングには Bitner & Brown (2006) によって，工学には Tien & Berg (2003) によって紹介されている．「学際的な研究」(interdisciplinary research) とは，よく話題にのぼるがめったに目撃されないという点で，多くの想像上の生物（雪男とか）にたとえられている．サービスサイエンスはその理念によって，我々をタコ壺から導き出して他の学問分野と交流させ，現実の問題に向き合わせるのである．

参考文献

Amoako-Gyampah, K., & Meredith, J. R. (1989). The operations management research agenda: An update. *Journal of Operations Management, 8*(3), 250-262.

Bailey, M., Farrell, D., & Remes, J. (2006). The hidden key to growth. *International Economy, 20*(1), 48-55.

Bitner, M. & Brown S. (2006). The evolution and discovery of services science. *Communications of the ACM,* 49(7), 73-78.

Chesbrough, H. (2005). Toward a science of services. *Harvard Business Review, 83,* 16-17.

Chesbrough, H., & Spohrer, J. (2006). A research manifesto for services science. *Communications of the ACM, 49*(7), 35-40.

Cohen, S., & Zysman, J. (1987). *Manufacturing matters: The myth of the postindustrial economy.* New York: Basic Books.

Dasgupta, A., & Singh, D. (2006). *Manufacturing, services, and premature deindustrialization in developing countries: A Kaldorian analysis.* United Nations University, WIDER, research paper 2006/49.

Decision Sciences Institute. (1984). *Decision Sciences Institute National Meeting Proceedings.* Atlanta, GA: Decision Sciences Institute.

Handfield, R., & Nichols, Jr, E. (1999) *Introduction to Supply Chain Management.* Prentice Hall, Upper Saddle River, NJ.

Hayes, R. (2008) Operations Management's Next Source of Galvanizing Energy? *Production and Operations Management,* 17(6), 567-572.

Judd, R. (1964) The Case for Redefining Services. *Journal of Marketing,* 28(1), 58-59.

Kaldor, N. (1966). *Causes of the slow rate of economic growth of the United Kingdom.* Cambridge, UK: Cambridge University Press.

Kaldor, N. (1967). *Strategic factors in economic development.* Ithaca, NY: Cornell University.

Machuca, J. A. D., Gonzalez-Zamora, M., & Aguilar-Escobar, V. G. (2007). Service operations management research. *Journal of Operations Management,* 25(3), 585-603.

Maglio, P. P., J. Kreulen, S. Srinivasan, and J. Spohrer. (2006) Service systems, service scientists, SSME, and innovation. *Communications of the ACM. 49(7).* July. 81-85.

Metters, R., King-Metters, K., Pullman, M., & Walton, S. (2006). *Successful Service Operations*

Management, 2nd ed., Cengage Publishing, Cincinnati, OH.

Metters, R., & Marucheck, A. (2007) Service Management - Academic Issues and Scholarly Reflections from Operations Management Researchers, *Decision Sciences*, 38(2), 195-214.

Pamnirselvam, G. P., Ferguson, L. A., Ash, R. C., & Siferd, S. P. (1999). Operations management research: An update for the 1990s. *Journal of Operations Management, 18*(1), 95-112.

Plunkett-Powell, K. (2001) *Remembering Woolworth's: A Nostalgic History of the World's Most Famous Five-And-Dime.* Macmillan, NY.

Prasad, S., & Babbar, S. (2000). International operations management research. *Journal of Operations Management, 18*(3), 208-247.

Sabillon, C. (2000) *Manufacturing, Technology, and Economic Growth.* M.E. Sharpe, London.

Sampson, S. (2008) The Core Principle of Services: 1964-2008. Presentation at INFORMS National Meeting.

Smith, A. (1776). *An Inquiry into the Nature and Causes of the Wealth of Nations.* London: W. Strahan and T. Cadell.

Spohrer, J. (2006). Services science. *Presentation at the 2006 meeting, Production and Operations Management Society Services College.*

Spohrer, J, P. P. Maglio, J. Bailey, D. Gruhl (2007). Toward a Science of Service Systems. *Computer, 40*(1), 71-77.

Supreme Court (1922) supreme.justia.com/us/259/200/case.html accessed November 11, 2008.

Vineyard, M., Amoako-Gyampah, K., & Meredith, J. (1999). Failure rate distributions for flexible manufacturing systems: An empirical study. *European Journal of Operational Research*, 116(1), 139-155.

Yang, D. (1996) Calamity and Reform in China: State, Rural Society and Institutional Change Since the Great Leap Famine, Stanford U. Press, Stanford, Ca.

Zhang, H., Pine, R., & Lam, T. (2005) *Tourism And Hotel Development In China: From Political To Economic Success.* Hayworth Press, Binghamton, NY.

第14章

悪循環と好循環
―― 知識ベースサービスにおける
　　　ヒューマンリソースダイナミクス

☐ **Rogelio Oliva**
Mays Business School
Texas A&M University

☐ **John D. Sterman**
Sloan School of Management
Massachusetts Institute of Technology

　工業製品が継続的に生産性と品質を向上させている一方で，サービス部門の生産性および品質は低下している．多くのサービス部門は，スループット向上やコスト管理のプレッシャーによって労働者の疲労や手抜きを招き，サービス品質を低下させ，売上が減る一方でコストは増加し，さらなるサービス提供能力の減少と品質低下を引き起こすという「悪循環」に陥っている．本章では，サービスの品質低下の悪循環とそれをどう克服するかに焦点を当て，サービスデリバリーと品質のダイナミクスを模索するための形式モデルを示す．本章ではシステムダイナミクスモデリングメソッドを使用する．このメソッドは，人間の行動が物理的現象と相互作用したり，サービス提供者，サービス管理者，顧客や他のアクターなどと関連して複数のフィードバックがあるようなダイナミックな環境に適している．シミュレーションを通して我々は，サービス業界において繰り返される深刻な問題，すなわち，サービス品質の低下，高い離職率，低い収益性が，ワークプレッシャーに対する組織の内部的な反応として説明できることを示す．フィードバックの強化は，好循環としても悪循環としても作用する可能性があるが，基本的には非対称で非線形なので，品質を劣化させる方向に偏りがちである．我々はポリシーの適切な組み合わせによって，これらの同じフィードバックが従業員や顧客の満足度を向上させ，よりいっそうのサービス品質向上のためのに向けた追加リソースへの投資につながる好循環を生み出せることを示す．

14.1 はじめに

「クラスの生徒数が増加したことで先生が燃え尽きる」「入院期間は短くなり，緊急治療を受ける待ち時間は長くなっている」「電話でさんざん待たされた挙句，顧客サービス係との会話は満足できない」——これらはすべて知識ベースサービスにおける低品質なサービスの兆候である．競争優位の源としてサービスとサービス品質の重要性が増しているにもかかわらず，米国におけるサービス提供品質は向上していない．それどころか，多くの場合低下している．お粗末なサービスに対する不満は，大衆紙やネット上の定番記事となっている（例えば Aho, 2008; McGregor et al., 2009 を参照）．ほとんどの工業製品の品質が過去数十年にわたって向上しているにもかかわらず，American Customer Service Index（米国顧客サービス指標）は 2008 年に 72.5 となり，1995 年に比べると 4% も下落している（http://www.theacsi.org/）．この相違をどのように説明すればよいのだろうか？ なぜ製品の品質は向上し，平均的なサービスの質は落ちているのだろうか？ 本章では，サービス品質が下がり続ける原因を調査するために，統合ダイナミックモデルを開発する．

サービスは在庫しておくことができないため，需要と供給のバランスをとることが製造業よりも難しい点で，サービス業と製造業は異なっている．さらに重要な違いは，サービスは顧客とサービス提供者の間の個人のやり取りの中で作り出されるものだという点である．サービスはしばしば顧客の前で，しかも顧客との直接の協力において作り出される．それゆえ，従業員と顧客は物理的かつ精神的に密接な関係となる．サービス相互作用の品質は，必然的に個々の顧客の主観的な評価とならざるを得ない．つまり，感情や気持ちが重要になる．顧客はそれぞれ異なる経歴，知識，要求，期待を持っているため，サービス業は製造業に比べて標準化がより難しいのである．ここでは，手続きの公正さと敬意を感じられることが重要である．顧客はサービス品質をいわゆる相互交流の結果（例えば，その医者は私の病気を正確に診断したか？）だけで評価したりせず，サービス提供のプロセス（例えば，その医者は私の話をしっかり聞く時間をとり，共感を持って私の話を聞き，敬意を持って私に接してくれたか？ あるいは逆に，次の患者を診るために早く切り上げようとしていたか？）を考慮する．

顧客のサービス経験に対する感じ方は，サービスが提供される環境にのみ影響されるのでなく，顧客に対する従業員の態度にも影響される．同様に，従業員の仕事に対する態度や感じ方は，顧客の態度や立ち振る舞いから影響を受ける．この感じ方と期待の共進化は，サービスは無形であるという事実によって，さらに不可解なものとなる．そして，顧客の要求の評価と客観的なサービス標準の確立が難しくなっているのである．

その結果，サービスの研究は，サービス提供の物理的性質および技術的性質と，サービス提供が組み込まれている社会システムの組織特性・行動特性とを統合する領域横断的なアプローチを必要としている．このような領域横断的研究は，「サービス科学」(Chesbrough, 2005; Chesbrough & Spohrer, 2006; Horn, 2005; Maglio et al., 2006) として知られるようになった．そこで我々は，システムダイナミクスモデリングメソッド (Sterman, 2000) を使用することにした．なぜなら，人間の行動がオペレーションの物理的現象と相互作用したり，関連するサービス提供者，管理者，顧客や他の登場人物な

どからの複数のフィードバックがあるような，ダイナミックな環境に適しているからである．

　我々は，サービスにおけるキャパシティ問題がずっと続いており，過去数十年にわたってサービス品質の向上が失敗を続けていることの原因を理解しようとしている．プロセス改善と品質改善のツールは，これまで製品に対して適用されてきたように，サービス提供にも適用されている．しかし，品質のギャップは広がり続けている．それはなぜか？　サービスは完成品が在庫されることがなく，生み出されるのと同時に消費されるため，サービス提供者は特に需要と供給の不均衡から影響を受けやすいのである．サービスにおいて需要と供給のつり合いをとることは，顧客の要求における短期的な変動を吸収するという単純な問題ではない．むしろ，二つの理由によって継続している供給不足が問題と言える．一つ目の理由は，サービス要求の拡大に直面している組織が，その要求を満たすための供給能力の拡大に四苦八苦していることである．過去50年間，サービス部門は一貫して最も急激な経済成長を遂げてきた．二つ目の理由は，サービス部門の生産性向上は，製造業に比べて緩やかであるという点である（Baumol et al., 1991）．技術的進歩は製造業における1人当たりの生産量を劇的に増加させたが，1台のタクシーには相変わらず運転手が1人必要である．生産性の低い伸びは，サービス部門に効率性の追求とコスト抑制を強いることとなった．「少しの人員でより多くのことを行う」という絶え間ないプレッシャーは，要求の多様化に対応するための余力がほとんどないという運営を余儀なくさせた．我々は，これらの方針が，一時的に要求が上がった場合の品質の悪さにつながるだけではなく，永続的かつ継続的なサービス品質，サービス対応能力，そして顧客ベースの低下をもたらすトリガーとなりうることを示す．これらの悪循環により，組織は品質低下，顧客の喪失，予算の削減，より強いワークプレッシャー，モラルの低下，従業員の減少，そして相変わらずの低品質へと引きずり込まれてしまう．粗末なサービスは会社のブランドを傷つけ，売上を減少させる．対照的に，高品質のサービスはカスタマーロイヤルティを引き上げ，口コミ，リピート客を増やし，成長とマーケットシェアの拡大を促す．

　本章では，サービス品質の悪循環と，それを乗り越える方法に焦点を当て，サービス提供とサービス品質を模索するための形式モデルを提示する．この研究は，他の場所で発表された基礎研究（例えば Oliva, 2001; Oliva & Bean, 2008; Oliva & Sterman, 2001; Sterman, 2000, Chapter 12, 14）をもとにしているが，そこに知識ベースサービスを提供している組織と共同で行った10年にわたる研究で確認した付加構造を付け加えた．我々は人的資本のダイナミクスを開始点として，このモデルを繰り返し提示する．そこに，従業員と顧客のやり取り，1週間の労働時間，標準的な顧客サービス，雇用と教育，サービス品質に対する顧客の評価，予算管理などを含む追加構造を付加していく．我々はモデルの境界線が広がるにつれ，どのようにダイナミクスが変化するのかを調査している．異なる前提での実験にも使えるように，文書化されたモデルも公開している[1]．

　本章は次のように構成されている．まず，経験学習曲線のダイナミクスを捉えた構造を示す．次に，ワークプレッシャーの概念や，望ましいサービス量と提供可能なサービス量のギャップを紹介し，不均衡に対するサービス提供者の対応を究明する．さらに，

---

[1]. http://iops.tamu.edu/faculty/roliva/research/service/handbook/

モデルを市場のパフォーマンスが持つフィードバック効果を含むように拡張し，雇用における予算管理と財務上の制約を付加する．そして，推奨される方策の提案で締めくくる．

14.2 サービスキャパシティ

まず，サービス組織の人的資本から始めよう．人的資本には雇用，訓練，OJT (on-the-job training; learning-by-doing) が含まれる．OJT はサービスを含む様々な状況に関してすでに解説されている (Argote & Epple, 1990; Darr et al., 1995)．カスタマイゼーションの重要性は，高接触サービスにおける OJT の有効性を示唆している．サービスが，個々のサービス提供者と顧客の間のカスタマイズされたやり取りを伴う場合，経験から学んだことのほとんどは，働く人それぞれの振る舞いやスキルとして組み込まれる．

14.2.1 経験の連鎖と学習曲線

我々は新人社員の個々の学習曲線を，「経験の連鎖」(Jarmain, 1963) としてモデル化した．全従業員は二つの母集団に分けることができる．経験者と，最近雇われた「ルーキー」である（図 14.1）．新人社員は経験のある社員よりも生産性は低いが，経験や現場でのコーチング，メンタリングを通じて徐々にスキルを習得する．実効労働力を，等価な労働力を持つ経験のある社員数で測定すると，以下の式で表される．

$$実効労働力 = 経験のある社員数 + 新人社員の生産性の比率 \times 新人社員数 \tag{14.1}$$

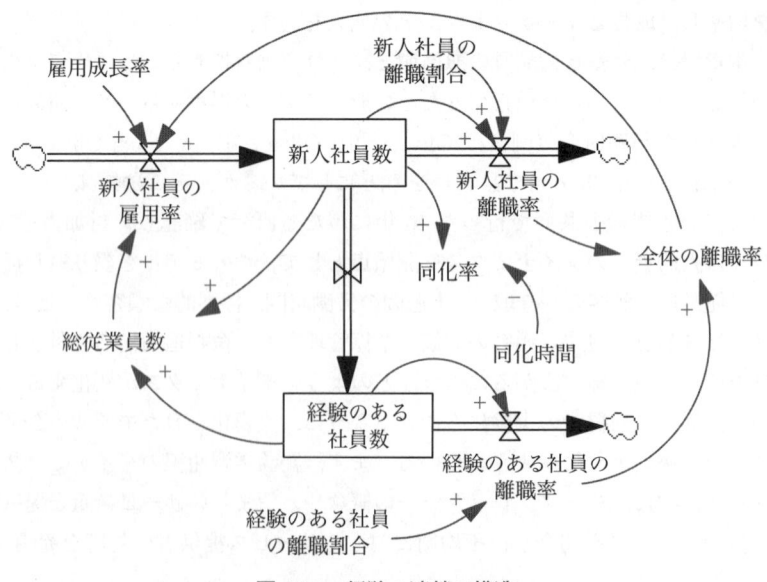

図 14.1 経験の連鎖の構造

新人社員と経験のある社員の総和は，雇用，同化（経験者へと変わって，より組織に馴染むこと），離職のそれぞれの流量を積み重ねたものである[2]．このモデルは，テストを容易にするために平衡状態（以下では "SS" で表す）に初期化されている．

$$新人社員数 = \text{INTEGRAL}(新人社員の雇用率 - 新人社員の離職率 \\ - 新人社員の同化率,\ 初期労働力 \times 新人社員の比率_{SS}) \tag{14.2}$$

$$経験のある社員数 = \text{INTEGRAL}(新人社員の同化率 - 経験のある社員の離職率, \\ 初期労働力 \times (1 - 新人社員の比率_{SS})) \tag{14.3}$$

ここで，新人社員の比率$_{SS}$ は，平衡状態における新人社員の比率である（式(14.13)を参照）．上記の流量を 1 次プロセスとして定式化すると，以下のようになる．

$$新人社員の離職率 = 新人社員数 \times 新人社員の離職割合 \tag{14.4}$$

$$経験のある社員の離職率 = 経験のある社員数 \\ \times 経験のある社員の離職割合 \tag{14.5}$$

$$新人社員の同化率 = \frac{新人社員数}{同化時間} \tag{14.6}$$

平均的な労働者の生産性は

$$平均生産性 = \frac{実効労働力}{総従業員数} \tag{14.7}$$

となる．

二つのパラメータが学習曲線のスピードと強さを決定する．一つは新人社員の生産性の比率，すなわち完全に訓練された社員に対しての新人社員の生産性である．もう一つは同化時間で，これは新人社員が十分な経験を積むのに必要な時間である．図 14.2 は，学習プロセスに関する二つのシミュレーションを示している．実線は習得が容易なタスクの場合（例えばファーストフードレストラン）を示している．新規採用者の初期の生産性は完全に訓練された人の 80% 程度であり，同化にかかる時間は 3 か月である．破線はより複雑な場合（例えば金融サービス）を示している．新人社員の生産性は経験のある社員の 20% にすぎず，十分に生産性が高くなるまでには平均して 1 年かかっている．

最後に，全体の離職率は二つの従業員群の離職率の合計，総従業員数は二つの従業員群の人数の合計，そして新人社員の比率は総従業員数に対する新人社員の割合である．

$$全体の離職率 = 新人社員の離職率 + 経験のある社員の離職率 \tag{14.8}$$

$$総従業員数 = 新人社員数 + 経験のある社員数 \tag{14.9}$$

$$新人社員の比率 = \frac{新人社員数}{総従業員数} \tag{14.10}$$

---

[2]. 我々は，シミュレーションモデルに用いられる概念を直接表す名前の変数と「一般的な代数」を用いて，最低限の数学的表記でこのモデルを表現している．関数 INTEGRAL は積分を意味する．特に，

$$ストック = \text{INTEGRAL}(流入量 - 流出量,\ 初期ストック)$$

は，以下の式と等価である．

$$ストック_T = \int_{t_0}^{T} (流入量 - 流出量) dt + ストック_{t_0}$$

図14.2 学習曲線の例

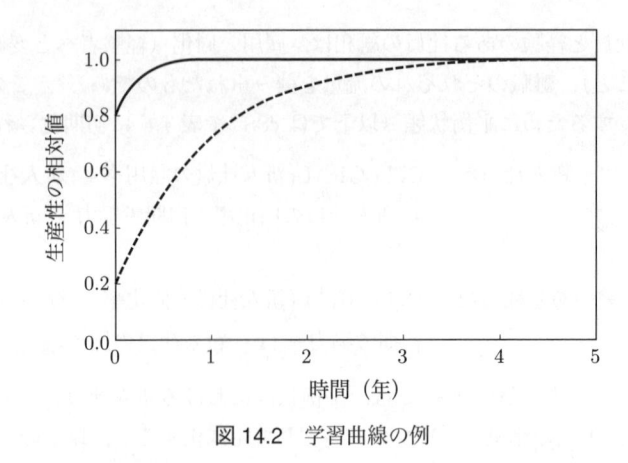

従業員数が一定の割合でネズミ算的に増えていくことを想定してみよう．会社は離職者を補充し，現在の総従業員数の一定割合を加えるとする．

$$\text{新人社員の雇用率} = \text{総離職率} + \text{雇用成長率} \times \text{総従業員数} \qquad (14.11)$$

あとで，この単純な雇用の公式を適切なサービス提供能力を実現するために組織内で取り決めた雇用ルールで置き換える．

この単純さにもかかわらず，前述の構造は人的資源の基本的なダイナミクスを説明できている．図14.3は，従業員の離職率の高さが生産性に与える影響を示している．ここでは，新人社員の生産性の比率を30%，同化までの時間を1年と仮定している．このシミュレーションは，人数の伸びが年20%の場合の平衡状態から始めている．

図14.3 (a) では20%，図14.3 (b) では80%の年間離職率を想定しており，どちらのケースでも，5年で270人まで従業員数が伸びている．しかし，この二つのケースにおける従業員の組み合わせはきわめて異なっている．新人社員の比率は(a)の場合では29%なのに対して，離職率が高い(b)の場合には50%まで増えている．この増加は，著しい経験の希釈の原因となっている．Oliva et al. (2002) は，急激に成長した航空会社に対して，この構造がどのようにサービス品質の問題を引き起こしたかを示している．

生産性に対するパラメータの影響を理解するために，このシステムが平衡状態になったとき，すなわち経験のある社員に対する新人社員の比率が一定になったとき（それでも総従業員数は伸び続けている）の新人社員の比率を考えてみよう．平均生産性は以下のように表される．

$$\text{平均生産性} = (1 - \text{新人社員の比率}) + \text{新人社員の生産性の比率} \times \text{新人社員の比率} \qquad (14.12)$$

平衡状態での新人社員の比率は，簡単に表される．

$$\text{新人社員の比率}_{SS} = \text{同化時間} \times \frac{\text{経験のある社員の離職割合} + \text{雇用成長率}}{1 + \text{同化時間} \times (\text{経験のある社員の離職割合} + \text{雇用成長率})} \qquad (14.13)$$

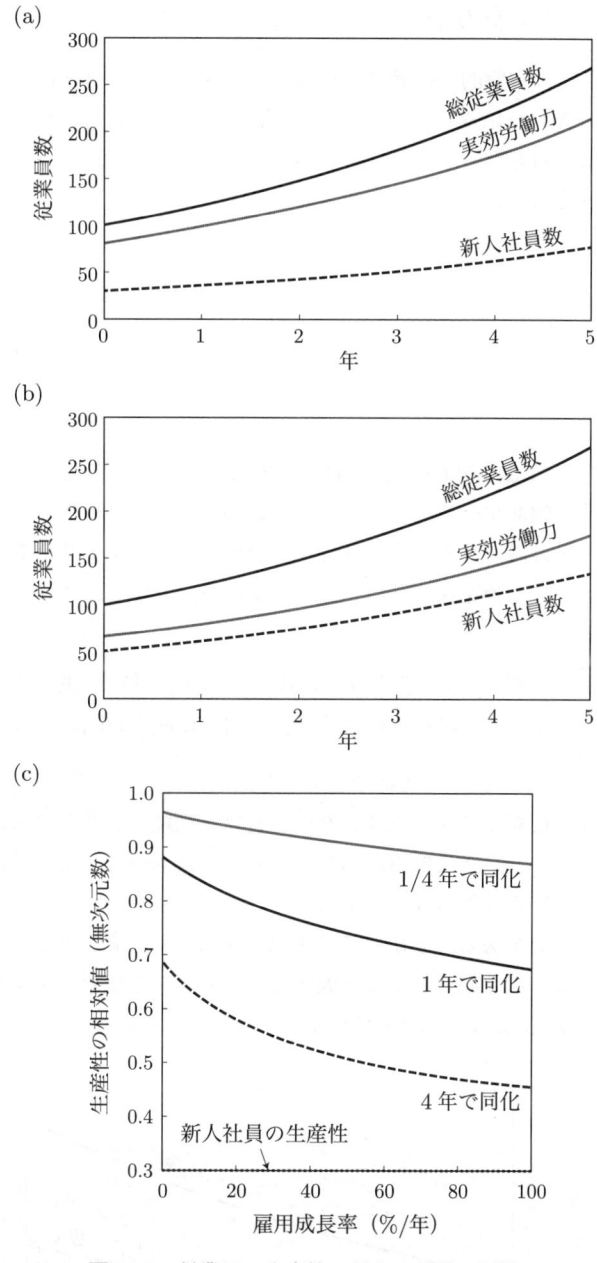

図 14.3 従業員の生産性に対する離職の影響

図 14.3 (c) は，同化時間の異なる三つのケースに関して，雇用成長率と定常状態の平均生産性との関係を示している．新人社員の生産性の比率は 30%，離職率は年 20% と仮定している．同化に時間がかかるか，または雇用成長率が高ければ平衡状態での新人社員の比率が上がり，平均生産性は低下する．雇用成長率が 0% の場合，同化の時間が 3 か月，1 年，4 年だとすると，平均生産性はそれぞれ完全な経験者のレベルの 97%，88%，69% となる．しかし，雇用成長率が年 50% の場合，生産性はそれぞれ 91%，62%，51% にまで低下する．

14.2.2 メンタリング

新人社員は，一般的に経験者からヘルプやメンタリングを得ながら学んでいく．しかし，OJT は無料ではない．メンタリングは，経験者が自分自身の仕事に費やす時間を減らす．新人社員を監督したり，正しい手順をやって見せたり，彼らの質問に答えなければならないためである．そのため，実効労働力はメンタリングにあてる時間を差し引いた経験者の数となる．

実効労働力 = 実効経験者数 + 新人社員の生産性の比率 × 新人社員数 　(14.14)

実効経験者数 = MAX(0, 経験のある社員数

　　　　　　　　 − 新人社員数 × 経験のある社員が OJT に使う時間の割合)

(14.15)

実効経験者数は，新人社員の OJT の効果が，経験のある社員の使用可能な時間を越えるという極端なケースにおいても，負の値となることはできない[3]．

経験の連鎖において人の流量は変化しないので，メンタリングは平衡状態における新人社員の比率に影響を及ぼさない（式 (14.13)）．しかし，メンタリングは平均生産性を低下させる．

平均生産性 = (1 − 新人社員の比率) + (新人社員の生産性の比率

　　　　　　 −経験のある社員が OJT に使う時間の割合) × 新人社員の比率

(14.16)

平均生産性に対するメンタリングの影響は，訓練を必要とする新人社員の数に比例する．したがって，急激に雇用が伸びている会社において，新人社員の比率が高い状況では，非常に大きな影響がある．図 14.4 は，図 14.3 (b) と同じパラメータを使用したシミュレーションである．しかしここでは，それぞれの新人社員が 0.4 人相当の経験者からのメンタリングを必要とすると仮定している．定常状態の平均生産性は，従業員 1 人当たり 0.65 から 0.45 に低下している[4]．

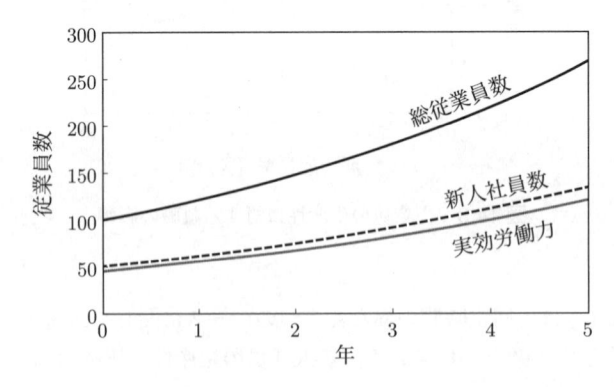

図 14.4　従業員の生産性に対するメンタリングの影響

---

[3]. より厳密な計算では，経験者のワークロードが増大するにつれて新人社員が受けるメンタリングが徐々に減り，その結果新人社員の同化時間が増加する．

[4]. この構造の対話バージョンは，http://forio.com/ で公開されている．

14.3　タスクの進行とワークプレッシャー

　この節では，顧客からの注文の到着・集積・処理の構造について示す．そして，その構造をサービス提供部門に関連づける．

　タスクは，処理され顧客のもとに届けられるまで，バックログとして集積される（図14.5）．サービスのバックログの例としては，保留されたローンアプリケーション，コンサルティングプロジェクトにおけるタスク，あらゆる管理業務の受付箱，銀行や病院でサービスを受けるために並んでいる顧客の物理的な行列，コールセンターで待たされている顧客の数などがある．ここで，タスクの到着率は外部から発生する要因だと仮定する．

$$\text{サービスバックログ} = \text{INTEGRAL}(\text{タスクの到着率} - \text{タスクの完了率}, \text{サービスバックログ}_{t_0}) \tag{14.17}$$

　以下のLittleの法則では，平均的な提供時間（サービス時間）は完了率に対するバックログの比率で示される．

$$\text{提供時間} = \frac{\text{サービスバックログ}}{\text{タスクの完了率}} \tag{14.18}$$

　完了率は，(i) 実効労働力（式(14.14)）をベースとした達成可能な完了率，あるいは(ii) バックログ中のタスクの数とそれぞれのタスクを処理するために必要な最小限の時

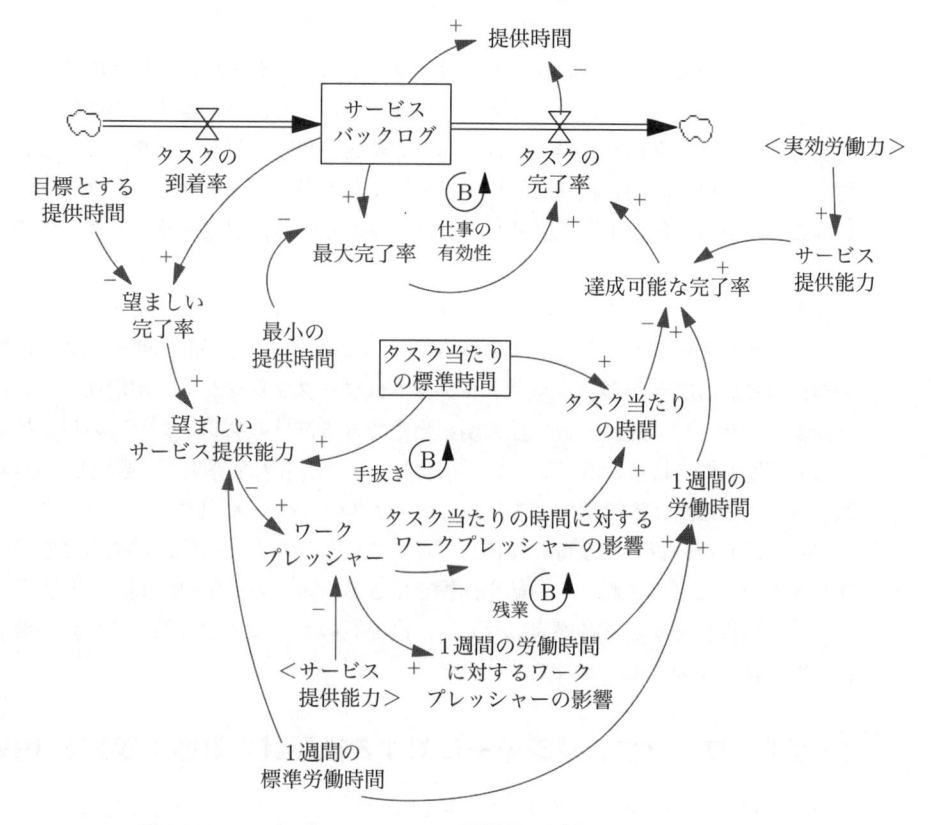

図14.5　ワークプレッシャーへの従業員の反応からのフィードバック

間から算出される最大完了率，のうち小さいほうとなる．

$$\text{タスクの完了率} = \text{MIN}(\text{最大完了率}, \text{達成可能な完了率}) \quad (14.19)$$

$$\text{最大完了率} = \frac{\text{サービスバックログ}}{\text{最小の提供時間}} \quad (14.20)$$

$$\text{達成可能な完了率} = \text{サービス提供能力} \times \frac{1\text{週間の標準労働時間}}{\text{タスク当たりの標準時間}} \quad (14.21)$$

$$\text{サービス提供能力} = \text{実効労働力} \quad (14.22)$$

望ましい完了率は，バックログと組織が目標とする提供時間によって決まる．

$$\text{望ましい完了率} = \frac{\text{サービスバックログ}}{\text{目標とする提供時間}} \quad (14.23)$$

組織は求められる割合でタスクを完了するために，サービス提供能力（1週間に提供可能な作業量の人時で表される）を調整しなくてはならない．我々はワークプレッシャーを，実際のサービス提供能力に対する望ましいサービス提供能力の比率として定義した．望ましいサービス提供能力は，望ましい完了率，標準的な1週間の労働時間，および各タスクの完了に要求される標準的な時間に依存する．

$$\text{ワークプレッシャー} = \frac{\text{望ましいサービス提供能力}}{\text{サービス提供能力}} \quad (14.24)$$

$$\text{望ましいサービス提供能力} = \text{望ましい完了率} \times \frac{\text{タスク当たりの標準時間}}{1\text{週間の標準労働時間}}$$
$$(14.25)$$

値が1を上回るワークプレッシャーは，サービスセンターがストレスにさらされていることを示している．それは，与えられた従業員の数および生産性，標準的な1週間の労働時間，各タスクに割り当てられるべき標準的な時間に対して，サービスセンターが想定している提供時間の範囲で処理できる量よりも多くのタスクがバックログにあるということである．値が1を下回るワークプレッシャーは，過剰なサービス提供能力を示している．

仕事において示される高いプレッシャーは，サービス提供能力を増強しなければならないというマネジメントに対する警告にほかならない．しかし，サービス提供能力の増強には長い時間がかかる．マネジメントはワークプレッシャーが増加していることを認識し，サービス提供能力の拡大が正当化できるだけのプレッシャーの量と持続性があると判断して，新しいポジションを承認し，それから人を募集し，選抜し，雇い入れ，教育し，彼らを働ける状態にするため（オフィスのスペース，ITインフラストラクチャなど）に足りない資金を獲得しなければならない．それまでの間，従業員は強いワークプレッシャーにさらされ，その結果，働きすぎる（より長い労働時間，より少ない休憩で）か，手抜きをする（各顧客に対して，高品質のサービスを提供するのに必要なだけの時間を使わない）ことになる．

14.3.1　ワークプレッシャーに対する従業員の対応：残業と手抜き

マネジメントがワークプレッシャーの中でゆっくりとしか変われない一方で，従業員は常に迅速に対応する．銀行の出納係は顧客の列を認識している．コールセンターの

販売員は，人々がいつから電話口で待たされているかを知っている．エンジニアは自分たちの設計が遅れていることを知っている．そして彼らは皆，急いで処理能力を上げなければならないことを知っている．

高いワークプレッシャーに直面しているサービス提供者が選ぶ最初の選択肢は，作業量を増やすこと，すなわち休憩時間を削り，残業時間になっても一生懸命働くことである．したがって，1週間の労働時間はワークプレッシャーにあわせて増加する．

$$1\text{週間の労働時間} = \begin{array}{c}1\text{週間の}\\ \text{標準労働時間}\end{array} \times \begin{array}{c}1\text{週間の労働時間に対する}\\ \text{ワークプレッシャーの影響}\end{array} \quad (14.26)$$

$$\begin{array}{c}1\text{週間の労働時間に対する}\\ \text{ワークプレッシャーの影響}\end{array} = f(\text{ワークプレッシャー}) \quad (14.27)$$

サービス提供者はまた，強いワークプレッシャーに対して，タスク当たりの時間を減らすことで対応することができる．スピードアップは，顧客と愛想良く話をする時間を減らす程度の簡単なことで済む場合もあるが，多くの場合は「手抜き」を招くことになる．例えば，顧客の質問に対して有益な回答を提供したり，補助的なサービスを提案したり，顧客から関連がありそうな情報を集めたり，エラーがないか確認したり，仕事の記録をつけたり，求められるレポートを作成したり，ということをしなくなってしまう．ワークプレッシャーが増えるにつれて，タスク当たりの時間は減少していく．

$$\text{タスク当たりの時間} = \text{タスク当たりの標準時間} \\ \times \begin{array}{c}\text{タスク当たりの時間に対する}\\ \text{ワークプレッシャーの影響}\end{array} \quad (14.28)$$

$$\begin{array}{c}\text{タスク当たりの時間に対する}\\ \text{ワークプレッシャーの影響}\end{array} = f(\text{ワークプレッシャー}) \quad (14.29)$$

達成可能な完了率（式(14.21)）は，仕事の強度とタスク当たりの実時間によって補正されたサービス提供能力に依存したものになる．

$$\text{達成可能な完了率} = \text{サービス提供能力} \times \frac{1\text{週間の労働時間}}{\text{タスク当たりの時間}} \quad (14.21')$$

これらの対応による負のフィードバックを通して，サービス提供者はある許容範囲の中にワークプレッシャーを維持しようとする．強いワークプレッシャーは，作業の強度をさらに上げることによりタスクの完了を促進し，バックログとワークプレッシャーを減らす（図14.5にある残業のループ）．同様に，強いワークプレッシャーはサービス提供者の手抜きを促すことになる．その結果，タスク当たりの時間は短くなり，タスクの完了がスピードアップする．したがって，サービスのバックログとワークプレッシャーが減ることになる（図14.5の手抜きループ）．

図14.6は，イギリスのある銀行のリテール向け融資活動における詳細なフィールドスタディから推定された，1週間の労働時間とタスク当たりの時間に対するワークプレッシャーの影響を表している（Dogan, 2007; Oliva, 2001; Sterman, 2000, 推定方法の詳細については§14.3を参照）．その銀行のマネージメントは，すべてのタスクを1日で処理するように求めていた．従業員は目標を達成するために，残業と手抜きの両方を

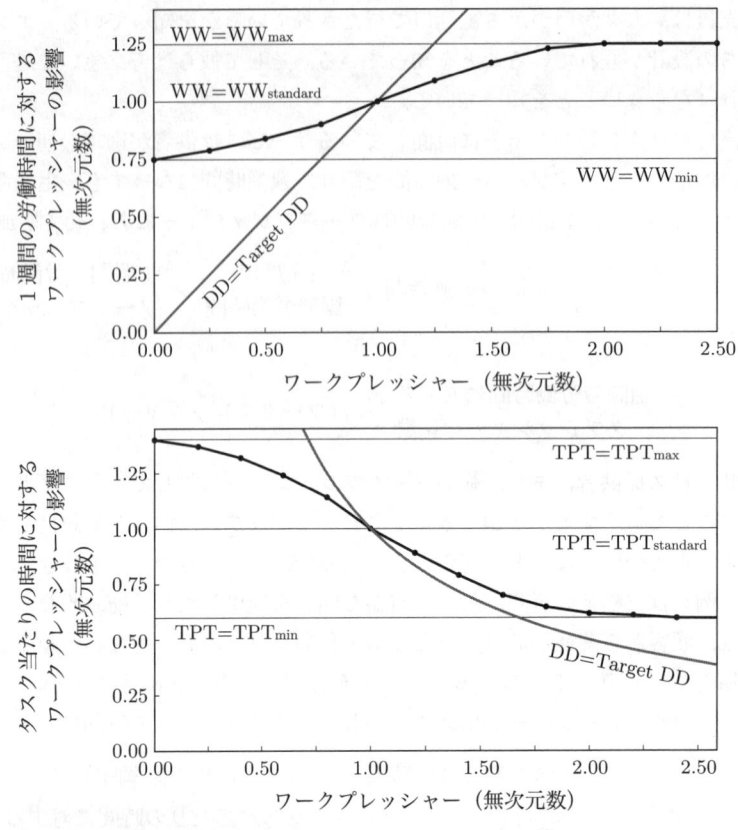

図 14.6　ワークプレッシャーに対する従業員の対応

使っていた．興味深いことに，残業に比べて手抜きを選ぶ従業員が 2 倍になることが，データにより示されている．1 週間の労働時間とタスク当たりの時間は，ワークプレッシャーが非常に高いと飽和していることに留意してほしい．たとえワークプレッシャーがどれだけ高くても，作業時間はあるレベルを超えると，もはや増やすことはできない．そして，タスク当たりの時間は，ある最低水準を超えると，もはや削減できない．同様に，ワークプレッシャーが低くても 1 週間の労働時間はゼロにならず，タスク当たりの時間はある最大値に近づく．

14.4　残業の副作用：疲労と燃え尽き症候群

より高い作業強度は短期的にはアウトプットを増加させるが，限界までの残業は疲労をもたらし，結局は長時間働くメリットが帳消しになってしまう（Homer, 1985; Thomas, 1993）．

$$\text{サービス提供能力} = \text{実効労働力} \times \text{生産性に対する疲労の影響} \tag{14.22'}$$

直近の週労働時間が 40 時間/週を上回る場合，生産性に対する疲労の影響によりサービス提供能力は縮小する．しかし，週労働時間数が正常時を下回る場合，生産性はその正常な動作点をわずかに上回るにすぎない（図 14.7）．疲労は時間とともに増し，時間

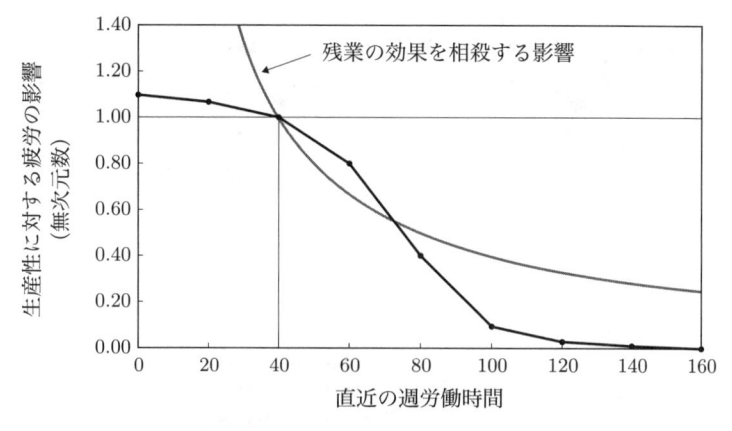

図 14.7　生産性に対する疲労の影響

とともに消えていく．我々は疲労を過去の作業強度の指数移動平均としてモデル化した．「疲労発症時間」の値が大きいと，燃え尽き症候群の発症までの時間と，仕事の強度が下がったときの従業員の回復の時間は長くなる．

$$\text{生産性に対する疲労の影響} = f(\text{直近の週労働時間}) \tag{14.30}$$

$$\text{直近の週労働時間} = \text{SMOOTH}(\text{週労働時間}, \text{疲労発症時間}) \tag{14.31}$$

ここで SMOOTH（入力，平均化時間）は，「平均化時間」を平均遅延とした「入力」に対する 1 次の指数平滑法を表す（Sterman, 2000，詳細には ch.11 を参照）．

長期間の高い作業強度は従業員の離職率も上昇させる．離職に対する疲労の影響は燃え尽き症候群に対する増加関数であり，両方のタイプの従業員に影響する．

$$\text{新人社員の離職率} = \text{新人社員数} \times \text{新人社員の離職割合}$$
$$\times \text{離職に対する疲労の影響} \tag{14.4'}$$

$$\text{経験のある社員の離職率} = \text{経験のある社員数} \times \text{経験のある社員の離職割合}$$
$$\times \text{離職に対する疲労の影響} \tag{14.5'}$$

$$\text{離職に対する疲労の影響} = f(\text{長い週労働時間}) \tag{14.32}$$

生産性に対する疲労の影響と同様に，残業の延長による消耗は遅れて現れるが，より長い時定数を持っている．長い週労働時間は生産性を即座に落とし込むことになるが，人々は離職するまでにはより長い間残業を我慢するからである．

$$\text{長い週労働時間} = \text{SMOOTH}(\text{週労働時間}, \text{燃え尽き症候群発症時間}) \tag{14.33}$$

高い作業強度がもたらすこれら二つの「副作用」は，組織を低水準のパフォーマンスに追い込む一組の正のフィードバックを形成する．疲労と燃え尽き症候群はサービス提供能力を低下させ（直接的に，および消耗によって従業員数が減少し，未経験の社員の比率を増加させることで間接的に低下する），他の条件が等しければタスクの完成度を劣化させ，サービスのバックログを押し上げ，ワークプレッシャーをさらに増加させて，より激しい仕事をサービス提供者に強いることになる（図 14.8 における疲労と燃え尽き症候群のループ）．

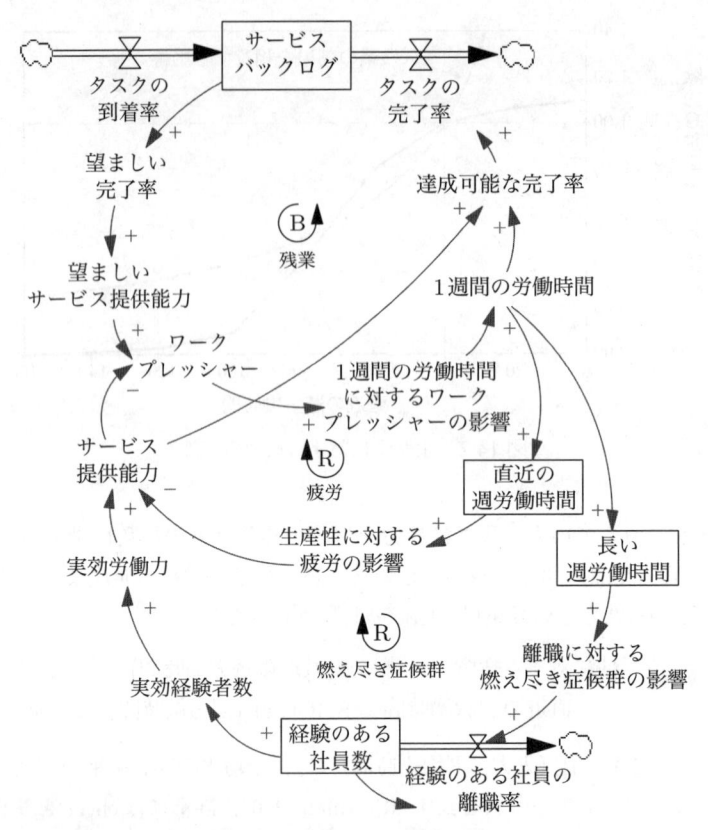

図 14.8　持続的な作業強度の結果

　図 14.9 は，四半期の間タスク到着率が 15% 増加した場合のインパクトを示す．ここでは，平衡状態からスタートし，週労働時間数だけが調整可能であると仮定している（つまり，タスク当たりの所要時間は変化しない）．退職者が出た分は，すべて新たな雇用によって補充する．ゆえに労働力は一定となる．到着タスクが増加すると，バックログおよびワークプレッシャーは増大し，従業員の週労働時間数は直ちに増加する．完了タスクは増加するが，到着率に対してそれは十分ではなく，バックログは増加し続け，ワークプレッシャーはさらに増大する．15 週目までに疲労の影響は労働時間の増加の利点を打ち消し，完了割合は落ち始める．20 週目までに，従業員が受容できる最大限の週労働時間数に達する（図 14.6 を参照）．23 週目には，到着率は元のレベルまで低下する．仕事の完了率はバックログの減少に伴って徐々に低下し，約 5 週間で望ましいレベルに達する．しかしながら，システムが新しい平衡へ落ち着いていくことに注意してほしい．より長い残業時間による燃え尽き症候群は離職を増加させ，より多くの新人を含んだ従業員の組み合わせにシフトしていく．基礎ケースでのパラメータでは，平衡状態での新人の比率が 16.6% から 18.2% まで上昇し，平均生産性の 1.4% の低下を引き起こす．その結果，ワークプレッシャーは正常に戻らず，同数のより生産性の低い従業員は，わずかに長い週労働時間数を維持することを強いられる．仕事量の一時的急増は，生産性の永久の低下を引き起こすことになるのである．

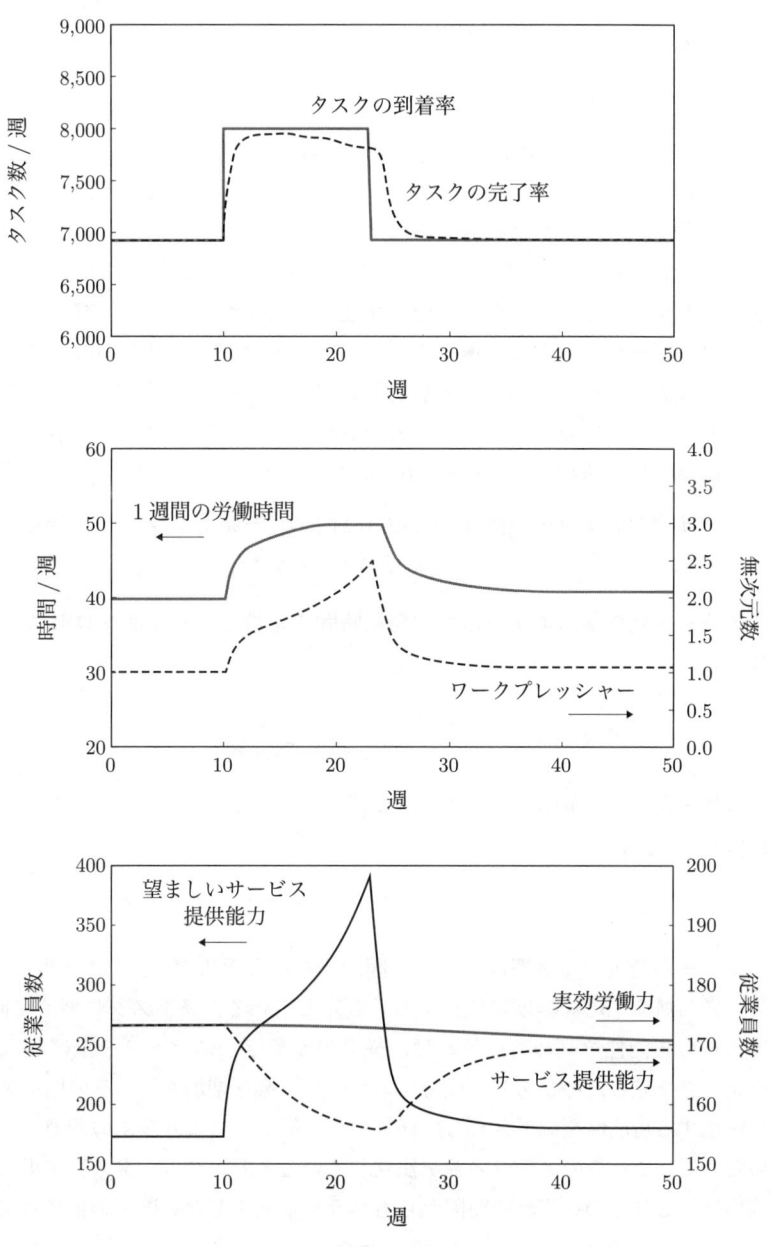

図 14.9　作業強度レスポンス

14.5　手抜きの副作用：品質の低下と標準の劣化

　手抜きによって，顧客の経験の質の低下とエラーの起きやすさを代償として，出力を直ちに増加させることができる．本節ではまず，サービスオペレーションに対する手抜きの影響について議論する．その後次節にて，手抜きがどのようにして会社の競争力および顧客ベースに影響を与えるのかを考察する．

■ より低い品質の影響

　各タスクに費やされる時間を削減する共通の方法は，ステップを飛ばし，品質検査を省略することである．これによって明らかに発生する望ましくない影響は，より高いエラー率である．これは顧客の不満足と，コストのかかるやり直しを引き起こす．エラーは通常，すぐには発見されない．あわてているウェイターが注文を再確認しないまま顧客のランチオーダーを受け取る可能性はあるが，顧客が豆腐バーガーの代わりにツナバーガーを受け取って驚くまでそのエラーは発見されないのである．クレジットカードの請求書のエラーは，通常，顧客が月次計算書を調べて初めて発見される．したがって，エラーは発見されるまで未発見のやり直し作業の在庫の中に蓄積されていく (Lyneis & Ford, 2007; Sterman, 2000, ch.2)．

$$\text{未発見のエラーの数} = \text{INTEGRAL}(\text{エラー発生率} - \text{エラー発見率}, \text{未発見のエラーの数}_{t_0}) \tag{14.34}$$

　エラー発見率は，エラーの平均発見時間を定数とする1次プロセスであると仮定される．

$$\text{エラー発見率} = \frac{\text{未発見のエラーの数}}{\text{エラーを発見するまでの時間}} \tag{14.35}$$

　エラー発生率は全体の完了率，およびそれぞれのタスクがエラーを含んでいる可能性に依存する．

$$\text{エラー発生率} = \text{タスク完了率} \times \text{エラーが発生する確率} \tag{14.36}$$

　エラーが発生する確率は三つの要因，すなわち手抜き（1タスク当たりの時間），疲労，従業員の平均経験度に依存すると仮定している．各タスクに費やす時間の削減は，エラーの可能性を高める．それは，従業員が急ぎ，ステップを飛ばし，自分の仕事のチェックを怠るためである．疲労はエラーの機会を増加させ，その場でエラーを検知して修正する可能性を低下させる．経験のない従業員はより多くの間違いをする．単純化のために，これらのエラーの源が独立していると仮定する．タスクが正しく行われない確率は，これらのいずれの要因からもエラーが発生しない確率の補集合である．

$$\text{エラーが発生する確率} = 1 - \prod_{i \in \{F\}} \text{エラーがない確率}_i \tag{14.37}$$

$$\text{エラーがない確率}_i = f(F_i) \tag{14.38}$$

ここで，$F \in \{$タスク当たりの時間，最近の週労働時間数，平均生産性$\}$とする．

エラーが発見されると，それらは再処理を待つためにサービスのバックログに加えられる．したがって，式 (14.17) は次のように修正される．

$$\text{サービスバックログ} = \text{INTEGRAL}(\text{タスク到着率} + \text{エラー発見率} - \text{タスク完了率}, \text{サービスバックログ}_{t_0}) \quad (14.17')$$

さらに，手抜きは従業員の消耗に影響を及ぼす．従業員は，自分たちがより高品質のサービスを提供していると感じると，より多くの圧力に耐え，組織へのより強い忠誠心を育む (Schneider, 1991; Schneider et al., 1980)．反対に，従業員がサービスが低品質だと感じれば，彼らは組織を離れる可能性が高い．離職に対する品質の影響により，すべての従業員について離職率は以下のように変化する．

$$\text{新人社員の離職率} = \text{新人社員数} \times \text{新人社員の離職割合} \\ \times \text{離職に対する疲労の影響} \\ \times \text{離職に対する品質の影響} \quad (14.4'')$$

$$\text{経験のある社員の離職率} = \text{経験のある社員数} \times \text{経験のある社員の離職割合} \\ \times \text{離職に対する疲労の影響} \\ \times \text{離職に対する品質の影響} \quad (14.5'')$$

品質が離職に与える影響は，従業員によって認識された品質の増加関数としてモデル化される．従業員は，サービス品質の認識を少し遅れて変えると仮定される．我々は，この認識プロセスを実際に提供された品質に対する 1 次の指数移動平均としてモデル化する．

$$\text{離職に対する品質の影響} = f(\text{認識された品質}_E) \quad (14.39)$$

$$\text{認識された品質}_E = \text{SMOOTH}(\text{提供された品質}, \text{品質を認識する時間}_E) \quad (14.40)$$

定義上，サービス品質は顧客がサービス組織から得た体験に対する主観によって決定される．我々は品質をパフォーマンスギャップ（1 タスク当たりに割り付けた時間と，どれだけの時間を割り付けるべきかという顧客の期待との差）の関数としてモデル化する．パフォーマンスギャップが 0 である場合，すなわち 1 タスクに割り付けた時間が顧客の期待と一致する場合，提供された品質は 1 となる（図 14.10）．サービス品質に対する「公差域」の存在 (Strandvik, 1994; Zeithaml et al., 1993) は，パフォーマンスギャップが小さい場合は関数が比較的フラットであるが，ギャップが大きくなるにつれて勾配が大きくなることを示唆している．

$$\text{提供された品質} = f\left(\frac{\text{タスク当たりの時間} - \text{タスク当たりの顧客の期待時間}}{\text{タスク当たりの顧客の期待時間}}\right) \quad (14.41)$$

やり直しの導入は，もう一つのパフォーマンスの罠を作り出す．手抜きは強いワークプレッシャーを緩和するが，エラーを増やすと同時に品質を下げる．エラーが発見されると，やり直しが必要になる．これがさらにワークプレッシャーを増大させ，従業員はさらに手抜きをするようになる（図 14.11 のやり直しループ）．低い品質は消耗を押

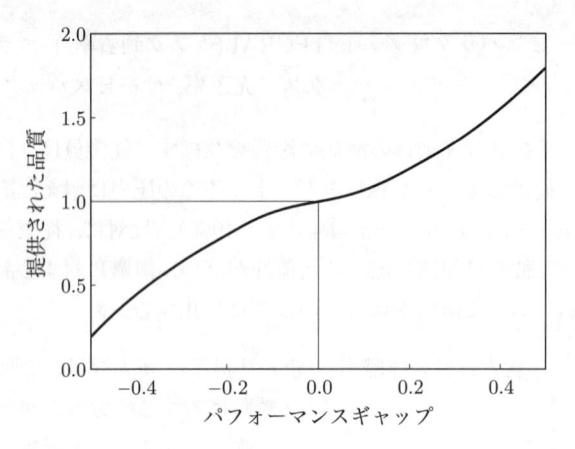

図 14.10　提供された品質に対するパフォーマンスギャップの影響

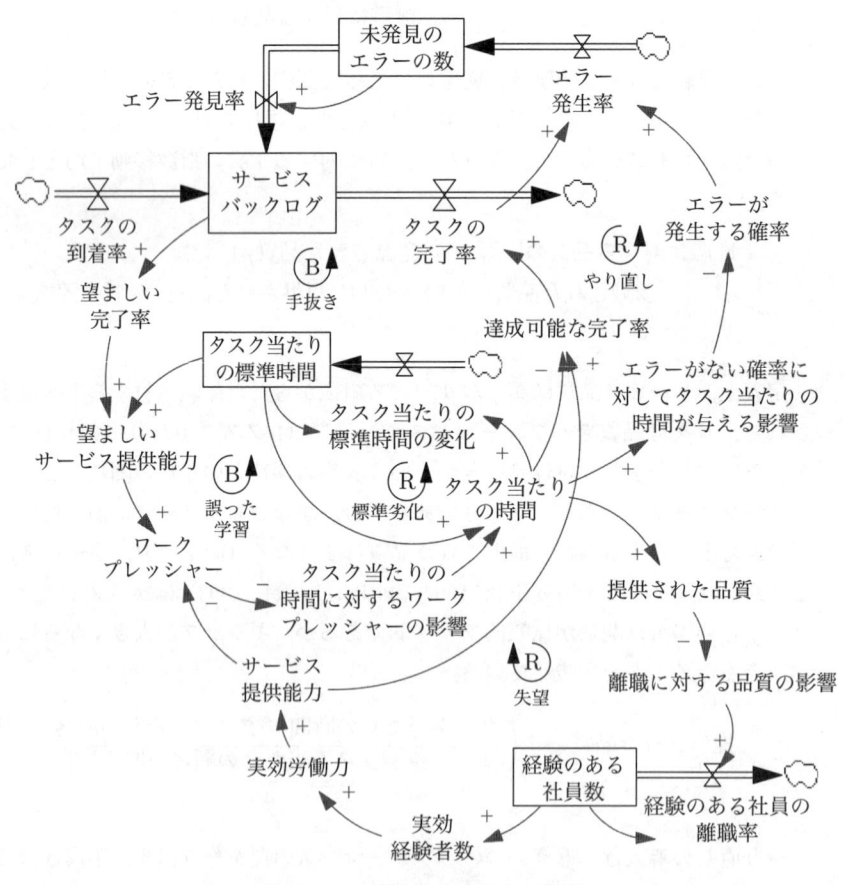

図 14.11　持続的な手抜きの結果

し上げ，平均生産性を縮小させ，別のポジティブフィードバック（図14.11の中の失望ループ）を形成する．

手抜きによる意図しない結果は，増大する作業強度の結果と似ている．品質が離職に与える影響は，燃え尽き症候群が離職に与える影響と構造上同じである．エラーの影響は，疲労に起因する生産性の低下に似ている．これらの影響における強度や時定数の値は，図14.9で分析された週労働時間数の影響とは異なる．しかし，その結果として生じる振る舞いは質的に類似している．タスク到着の一時的増加の後，システムは経験のない従業員がより多い状態で平衡に達し，その結果，絶え間ないワークプレッシャーをもたらす．新人の比率が高いのは，低品質による離職増加の結果である．より経験の少ない人々がいることで，ワークプレッシャーは通常を上回ったままとなり，より多くのエラーとより低いサービス品質が引き起こされる．

■ サービス標準の劣化

サービスは無形であり，品質の測定が難しい．サービス品質に対して外部のフィードバックによる強制がない場合，組織のサービス品質に対する内部標準は，過去の実績から影響を受ける傾向がある．期待形成に関する文献では，パフォーマンス標準が固着と調節のヒューリスティクスに基づいて調節されることが示唆されている（Lant, 1992; Lewin et al., 1944）．我々は1タスク当たりの標準時間，すなわちワークプレッシャーがない状態で従業員が各タスクに割り当てる時間に対する調整プロセスを，非対称のプロセスとしてモデル化した．非対称の調節は，組織および心理学の文献において，期待とゴールの形成の偏りを表現するために使用されている．これによると，調整プロセスは通常，願望水準が実績を上回っている場合と下回っている場合とで異なる定数を用いて定式化される．

$$\text{タスク当たりの標準時間} = \text{INTEGRAL}\left(\frac{\text{タスク当たりの時間} - \text{タスク当たりの標準時間}}{\text{標準調節時間}}, \text{タスク当たりの標準時間}_{t_0}\right) \tag{14.42}$$

$$\text{標準調節時間} = \text{IF}(\text{タスク当たりの時間} < \text{タスク当たりの標準時間}, \text{下方修正時間}, \text{上方修正時間}) \tag{14.43}$$

Oliva & Sterman（2001）による金融サービスの現地調査は，組織のタスク当たりの標準時間が，上方への調整よりはるかに早く下方へ調整されたことを示している．マネージメントはタスク当たりの時間の削減を常に，品質劣化の兆候としてではなく，コスト削減による生産性向上として解釈する．対照的に標準時間の上方修正は，生産性の縮小を意味するものとして，賛同は得られない．実際，OlivaとStermanは，品質標準における下方修正時間の最良の見積もりが19週であることを発見した．その一方で，上方修正時間は本質的に無限であった．つまり，一時的な手抜きは，迅速にその組織における1タスク当たりの標準時間の基準に埋め込まれるが，タスク当たりの時間の増加は品質基準の上方修正という結果にはならない．

動的な品質基準を組み込むことは，会社を低水準のパフォーマンスに陥れる新しい強化ループを作成する．強いワークプレッシャーが一時的な手抜きを引き起こすとと

もに，タスク当たりの標準時間は低下し始める（式(14.42)）．しかしながら，ワークプレッシャーが高いままであれば，バックログをより早く取り除こうと努力する従業員はさらにタスク当たりの時間を削減し，低い水準となった新しい水準をも下回り，さらなる品質標準の劣化を引き起こす（図14.11の中の標準劣化ループ）．

さらに，マネージメントは望ましいサービス提供能力（式(14.25)）を評価するためにタスク当たりの標準時間を使用するため，標準における減少は，他の条件が等しければ求められる提供能力を低下させる．したがって，ワークプレッシャーは緩和される．すなわちマネージメントは，学習（図14.11の中の誤った学習のループ）によってタスク当たりの所要時間の減衰を永続的な生産性向上として解釈する．目標の劣化は，高いワークプレッシャーを取り除くためのもう一つのネガティブフィードバックをもたらす．

図14.12は，週労働時間が一定の場合の（したがって，超過勤務時間，エラー，生産性，離職の影響が除去されている）手抜きおよび標準劣化の影響を示している．システムは，最初はエラーのない高品質の仕事を提供するのに十分な能力で平衡している．10週目以降，四半期にわたってタスク到着は15％上昇し，その後，当初の値にまで戻る．

到着の急増はバックログを増大し，強いワークプレッシャーをもたらす．従業員は，タスク当たりの時間を削減することでこれに対応する．しかし，完了率は到着率以下に留まる．したがって，バックログは増大し続ける．予期せぬ手抜きの副作用がすぐに現れる．タスク当たりの時間の削減はエラーを増やし，やや遅れてこれらのエラーは発見される．そしてバックログをさらに増加させる．低い品質は従業員の離職率を上げ，経験を積んだスタッフが新人に置き換えられることで実効能力を減少させる．より低い実効能力は，ワークプレッシャーをさらに増大させる．最終的に労働者とマネージメントは，より少ない時間を各顧客に費やすことに慣れてしまい，品質チェックを省略し，顧客のニーズを理解して追加サービスを同時販売する努力を怠り，また彼らの仕事を文書化しないことにより，タスク当たりの標準時間は徐々に低下する．品質標準の劣化は，サービスのバックログが増大し続けているにもかかわらず，ワークプレッシャーを緩和する（図14.11の中の誤った学習ループ）．

タスクの到着が元の値にまで低下すると，バックログおよびワークプレッシャーはすぐに低下する．そして，タスク当たりの時間は増加する．新しい平衡状態では，ワークプレッシャーは1より小さく，これは提供能力が過剰であることを示している．タスク当たりの標準時間はワークプレッシャーが高い間に低下して，ワークプレッシャーが低くなっても上昇しない．人数はシミュレーションを通して一定のままなので，より低い標準（実際より高く感じられている従業員の生産性）は，結局，要求を上回るサービス提供能力となってしまう．ワークプレッシャーが低いとき，従業員はサービス品質をそのオリジナルのレベルに近い状態にまで回復することができる．しかしながら，実際には，マネージメントはこのような過剰能力を長く許容することはない．

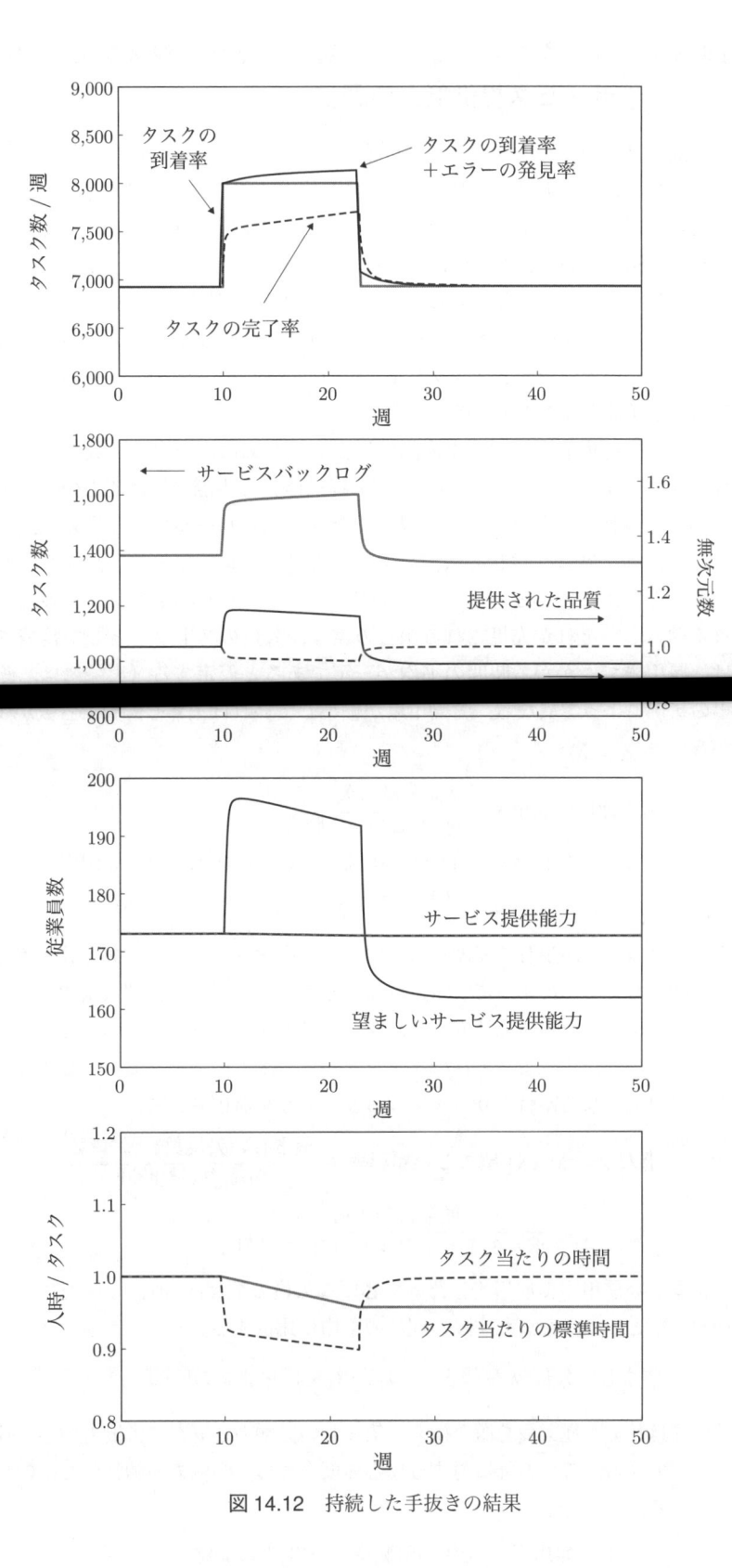

図 14.12　持続した手抜きの結果

14.5.1 ワークプレッシャーに対するマネージメントの対応：サービス提供能力の調整

実際には，望ましいサービス提供能力と実際のサービス提供能力の不均衡に対して，マネージメントは労働力の変更によって対応しようとする．要求された提供能力の変化に対して迅速かつ完全に労働力が適応できたならば，超過勤務時間と手抜き，およびそれらの意図しない有害な結果は最小化されるであろう．しかし，労働力の拡張は高価であり，時間のかかることでもある．そして，人数の削減もまたコストがかかり，破壊的なことである．サービスオペレーションの管理職たちは，しばしば財務目標を達成するための厳しい予算制約とプレッシャーに直面する．したがって，キャパシティ拡張は最後の対応手段となることが多い．

サービス提供能力の調節を内因的に捉えるために，一定の人数を雇用するという方針（式(14.11)）を，望ましいサービス提供能力と実際の提供能力のギャップに応じて労働力を調整するという，より現実的な意思決定ルールに置き換える．まず，雇用するためには，欠員に対して広告を出し，応募者をレビューし，候補者と面談し，ポジションを配置して，というように時間がかかる．新しいポジションの必要性が認められる割合と，それが充足される割合の差は，欠員のストックとして蓄積される．我々は，雇用までにかかる時間の平均が一定であると仮定する（実際には，それは労働市場の状況によって異なる．労働市場が縮小していれば上昇し，失業者数が多い場合は下がる）．

$$\text{新人社員の雇用率} = \frac{\text{従業員の欠員数}}{\text{雇用にかかる時間}} \tag{14.11'}$$

$$\text{従業員の欠員数} = \text{INTEGRAL}(\text{求人率} - \text{新人社員の雇用率}, \text{望ましい求人数}) \tag{14.44}$$

求人率（欠員が生じる速度）は，望ましい雇用率を望ましい欠員数と実際の欠員数の差で補正したものによって決定される．しかし，労働者の極端な余剰があった場合，求人はマイナスになる可能性もあり，既存の求人をキャンセルすることになるかもしれない．このような状況での欠員のキャンセルは，求人のキャンセルに必要な時間の平均によって決められる割合よりも多くならないように制限される．

$$\text{求人率} = \text{MAX}\left(\text{望ましい雇用率} + \frac{\text{望ましい欠員数} - \text{欠員数}}{\text{労働力調整時間}}, -\frac{\text{従業員の欠員数}}{\text{求人をキャンセルするまでの時間}}\right) \tag{14.45}$$

望ましい雇用率で雇用するために必要な欠員の数は，Little の法則によれば，望ましい雇用率と，欠員を満たす際の遅れの平均に比例する．

$$\text{望ましい欠員数} = \text{望ましい雇用率} \times \text{雇用までの時間} \tag{14.46}$$

組織は辞めた従業員を置き換え，望ましい労働力と既存の労働力の不一致を修正しようと努力する．この方針に対する反応の度合いは，労働力の調整のための時間によって表される．

$$\text{望ましい雇用率} = \text{全体の離職率} + \text{労働力の調整率} \tag{14.47}$$

$$\text{労働力の調整率} = \frac{\text{望ましい労働力} - \text{総従業員数}}{\text{労働力調整時間}} \tag{14.48}$$

望ましい労働力は，望ましいサービス提供能力とマネージメントの平均生産性に関する考え方によって決定される．しかしながら，労働力の改善には時間がかかり，コストもかかるので，マネージメントは労働量の要求に対して即座には行動しない．その代わり，望ましい労働力は，望ましいサービス提供能力と，認識されている従業員の生産性によって決まる値まで，遅れを伴って調節される．この遅れは，ここでは1次の指数平滑法によってモデル化され，サービス提供能力と雇用がサービス要求の一時的変動に過剰反応しないことを保証している．

$$\text{望ましい労働力} = \text{SMOOTH}\left(\frac{\text{望ましいサービス提供能力}}{\text{認識された従業員の生産性}},\text{望ましい労働力の調整時間}\right) \tag{14.49}$$

さらに，生産性の変化を測定し，報告し，評価するには時間がかかるため，従業員の効率性は瞬間的には認知されない．我々は，実際の従業員の生産性に対する指数平滑法によって，そのプロセスをモデル化する．

$$\text{認知された従業員の生産性} = \text{SMOOTH}\left(\frac{\text{サービス提供能力}}{\text{総従業員数}}, \text{生産性認知までの時間}\right)$$

認知された従業員の生産性は，実際にマネージメントが持っているデータに基づいた総計であることに注意してほしい．生産性は，サービス提供能力（タスク当たりの標準時間および標準の週労働時間を使用して，タスク完了率を必要労働量に変換したもの）の全従業員に対する比率である．したがって，従業員の生産性に関するマネージャーの認識は，新人の比率，疲労，そしてタスク当たりの標準時間の劣化によって引き起こされた生産性における変化に徐々に適応する．

雇用に対するマネージメントの意思決定ルールは，望ましいサービス提供能力と実際のサービス提供能力の不一致を取り除き，組織がワークプレッシャーを規制することができる別のネガティブフィードバックループを作成する働きをする．

図14.13は，労働者とマネージャーがワークプレッシャーに対応するための三つの方法について，そのすべてのインパクトを示している．三つの方法とは，残業，手抜き，雇用である．平衡状態から始まり，タスク到着が突然10%増加し，それがそのまま続いたと仮定する．図14.13は，三つの方法およびサービス標準の劣化に起因する処理能力の変化がタスク完了率に与える影響の内訳を表している．これらの対応の組み合わせによって，到着率に合致するようにタスク完了を速やかに押し上げることができる．しかし，対応のタイミングおよび強さは大幅に異なる．

最初に，Oliva & Sterman（2001）によって評価され，図14.6に示されたとおり，従業員は残業よりも手抜きするほうを2倍程度好む．疲労の増加および経験の減少に加えて，タスク当たりの時間の削減はエラーを増大させる．これらが発見されることで，タスク到着率は外部から与えられた増加分である10%を超えて上昇する（最終的には初期レートを11.4%上回ってピークに達する）．同時に，内部品質基準（タスク当たり

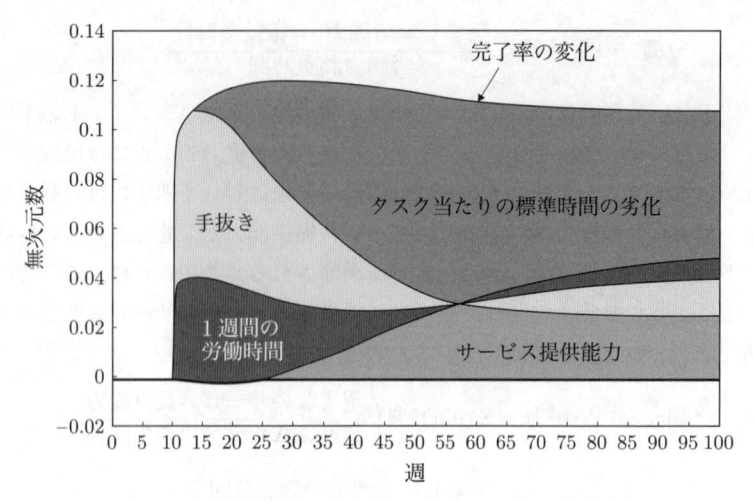

図 14.13 要求が 10% 増えたことに対する反応

の標準時間）は劣化を始める．労働時間が長くなり，品質が下がると，離職が多くなる．それは，実効サービス提供能力を低下させる．タスクの基準の低下はワークプレッシャーを緩和するが，それは初期状態以上のままである．

従業員が継続的なワークプレッシャーにさらなる手抜きで対応するため，サービス標準は劣化を続ける．その間，マネージメントは望ましい労働力を増加させることで仕事量の増加に対応する．しかし，ニーズの認識に対する対応の遅延，および欠員の補充の遅延があるため，25 週目を待たなければサービス提供能力は上がり始めない．サービス提供能力は，58 週目までに求められるレベルに達し，その後，目標から外れていく．サービス提供能力は，サービス提供能力の妥当性の認知と欠員の補充の双方における遅れのため，目標値を超えるのである．さらに，雇用が減速しても，要求の急上昇に応じて雇われた多くの新人社員が経験を獲得することで，実効能力は増え続ける．過度のキャパシティはワークプレッシャーを 1 以下に降下させる．その後，従業員は（いまや低くなった）サービス標準が示す時間よりも多くの時間を各顧客に費やし，週労働時間数を減少させる（より長い休憩をとる，より多くの仕事時間を個人的なことに費やすなど）．タスク到着の増加が発生した 2 年後，雇用プロセスの慣性によりサービス提供能力はピークに達する．そして，学習曲線および生産性の認知の変更の遅れによって，システムが平衡に戻るためにおおよそ 5 年かかる[5]．

最も重要なことは，システムによって達した新しい平衡は，オリジナルの平衡とはきわめて異なっていることである．タスクの到着数は 10% 上昇しているにもかかわらず，キャパシティは 10% までは拡大していない．むしろ処理能力の増加のほとんどは，組織の内部的な品質基準の永続的な縮小に起因している．基礎ケースのパラメータでは，平衡状態でのキャパシティの増加は 2.1% でしかなく，要求の増加に適応するために必要とされる残りの「キャパシティ」が，永続的な標準の劣化によって提供される．さら

---

[5]. 平衡への調整は，20%/年の低い消耗率や超過スタッフを会社が解雇しないという仮定によっても，また遅くなる．多くのサービスオペレーション，特に小売業のような低賃金のケース，金融サービスの新人社員，ファーストフード，コールセンターなどは，はるかに高い離職率に悩まされている．ここで示したモデルは，容易に解雇を許容するように拡張することができる（Sterman, 2000, ch.19）．

に注意しなければならないのは，平衡状態でのタスク当たりの時間の低下はエラー発生率の上昇とやり直しをもたらし，オリジナルのレベルに比べてタスクの完了をさらに1.3ポイント増加させていることである．また，低品質が従業員の離職を増やし，新人の比率が1ポイント増加して17.7%にまで上がり，より低い生産性とコストの増加を引き起こしている．

　要求が一定期間増加する条件より，もっと自然な条件のもとでのシステムの反応を評価するために，タスク到着率がランダムに変動するモデルを取り扱おう．ここでは，5%の標準偏差，および4週間の1次自己相関時定数によるピンクノイズプロセスを使って，タスクの到着数が決定されると仮定する（図14.14）．直感的には，注文は安定しているので，初期状態において会社のリソースが平均的にサービス標準と望ましい提供時間を実現できていれば十分だと思うだろう．ところが，システムはサービス標準における永続的な劣化を示す（この例では平均して2.1%/年）．これは，タスク当たりの標準時間の非対称な調節が原因である．タスク到着数が平均を超えると，ワークプレッシャーは上昇し，タスク当たり時間は低下し，標準は多少低下する．しかし，タスク到着数が平均を下回り，ワークプレッシャーが1を超えて縮小する場合，タスク当たり時間は上昇するが，標準の上方修正は行われない．マネージメントは徐々に従業員の生産性の見積もりを大きくし，それに応じて望ましいサービス提供能力を削減するように彼らを指導することで，少しずつではあるが次第に蓄積される，タスク当たりの人時の削減に対応するのである．サービス提供能力が低下するとともに，ワークプレッシャーは

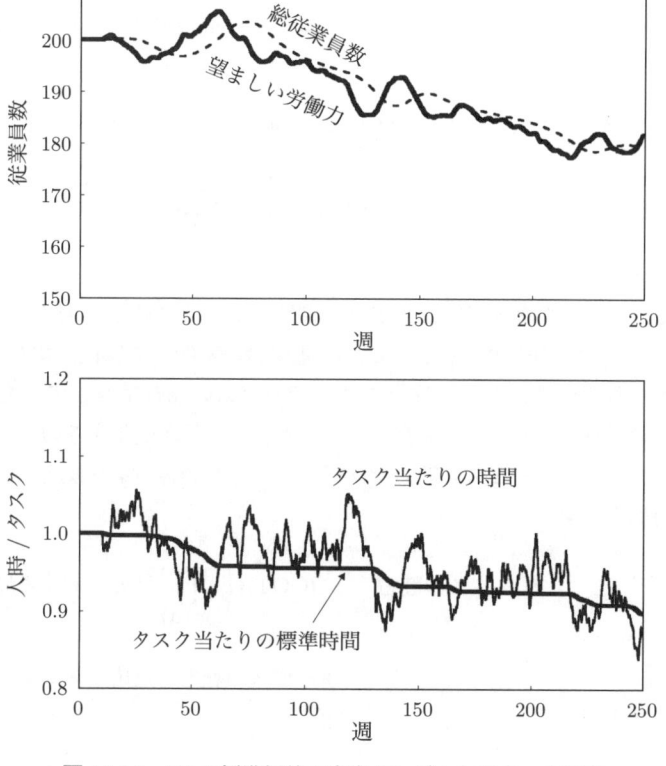

図14.14　5%の標準偏差の定常ランダムな要求への反応

上昇し，それはさらなる手抜きと標準の劣化を次にもたらす．その結果，システムは悪循環にはまって抜け出せなくなる．

14.6　市場のフィードバック

今まで我々は，タスクの到着を外因性のあるものと見なしてきた．これは，来るべき顧客は必ず来るという仮定によっている[6]．多くの状況をこのシナリオで近似することができる．例えば，医療，金融サービス，ハードウェアのヘルプデスクなどである．顧客は既存の健康保険で医者から医療を求め，既存の保険契約で支払請求をしなければならず，彼らが新しいラップトップを買った会社のヘルプデスクからサービスを求めるからである．しかし，そのような囲い込まれた状況でさえ，長期的に見ると，顧客は通常，サービス提供者を取り替える選択肢を持っている．我々はここで，顧客ベースおよびタスク到着を促進する主要な市場のフィードバックを組み込むためにモデルの範囲を拡張する．

タスク到着率が顧客ベースに比例すると仮定する．

$$\text{タスク到着率} = \text{顧客ベース} \times \text{顧客当たりのタスク要求} \tag{14.51}$$

単純化するために，1人の顧客当たりのタスク要求は外因的なものであると仮定する．顧客ベースは，認知されたサービスの魅力に依存する割合で増加するように，定式化される．サービスの魅力が1より大きい場合（または小さい場合），会社が競合他社から顧客を奪う（または奪われる）ことで，顧客ベースは徐々に上昇（または下降）する．

$$顧客ベース = \text{INTEGRAL}\left(\text{ベース顧客成長率} + \frac{\text{顧客ベース} \times \text{サービスの魅力} - \text{顧客ベース}}{\text{顧客ベースの調整時間}}, \text{顧客ベース}_{t_0}\right) \tag{14.52}$$

ここで，ベース顧客成長率は，市場の成長によって生じる，外因性の顧客増加の割合である．サービスの魅力は，サービス接遇における四つの属性，すなわちエラー，中断，サービス提供時間，そして提供されたサービスの品質に対して，遅れを伴って反応する．その遅れは，サービス品質に関する顧客の意見が変化するのにかかる時間，および新しいレベルのサービスの魅力が継続することで顧客の乗り換えを引き起こすまでにかかる時間を表す．

$$\text{サービスの魅力} = \text{SMOOTH}\left(\prod_{j \in \{A\}} \text{魅力に対する属性}_j\text{の効果}, \text{サービスの魅力に反応するまでの時間}\right) \tag{14.53}$$

6.　【訳注】この顧客の集団を顧客ベースと呼ぶ．

$$\text{魅力に対する属性}_j\text{の効果} = \left(\frac{\text{実際に遂行された属性}_i}{\text{標準の属性}_i}\right)^{\text{属性}_i\text{の魅力に対する感度}} \quad (14.54)$$

ここで，属性 $A_i \in \{\text{エラー発見率, 中断率, 提供時間, 提供された品質}\}$ である．

最後に，中断率（顧客が過剰な待ち時間のためにサービスバックログを放棄する割合）は，顧客の待ち時間に関する標準と比較したときの提供時間に対する増加関数によって決まる．

$$\text{中断率} = \text{サービスバックログ} \times \text{通常の中断率}$$
$$\times \text{中断に対する提供時間の影響} \quad (14.55)$$

$$\text{中断に対する提供時間の影響} = f\left(\frac{\text{提供時間}}{\text{提供時間に関する顧客標準}}\right) \quad (14.56)$$

この結果，サービスバックログは以下のようになる．

$$\text{サービスバックログ} = \text{INTEGRAL}(\text{タスクの到着率} + \text{エラー発見率}$$
$$- \text{タスクの完了率} - \text{中断率}, \text{サービスバックログ}_{t_0}) \quad (14.17'')$$

単純化のために，中断した顧客はあとでキューには戻らないと仮定する．しかし，中断率が高いほどサービス品質の顧客の認知は低くなり（式 (14.53)），それは，顧客ベースへのフィードバックとなる（式 (14.52)）．

図 14.15 は，顧客 1 人当たりに求められるタスクの 10% の増加に対するサービスセンターの反応を示している．前述のとおり，仕事量の急増は超過勤務時間と手抜きにつながる．これらの対応は，最終的な雇用増とともに，通常の提供時間の範囲でより高い負荷をサービスセンターが処理することを可能にする．したがって，中断に対する待ち時間のインパクトと，サービスの魅力に対する顧客の認知のインパクトは最小限で済む．

しかしながら，超過勤務時間と手抜きはエラーを増加させ，顧客が経験するサービス品質を低下させる．顧客がサービスの魅力が低下したことを認知するためには時間がかかるが，もし認知されれば，顧客ベースは損なわれ始める．

顧客ベースの低下およびサービス提供能力のわずかな増加によって，最終的にはサービス要求とサービス提供能力とが合致し，魅力は正常に回復する（35 週）．遅れをもって顧客は品質改善に反応し，顧客ベースは安定する．その後，過剰なサービス提供能力が一時的にサービスの質を改善することによって，顧客ベースは上昇し始める．しかし，高いワークプレッシャーがかかっている間にタスク当たりの時間が減少したことによって，労働者の処理能力は上昇している．1 人当たりのタスク完了数の増加を観察して，マネージメントは労働者の生産性（図 14.12 および図 14.14 のように）の見積もりを上方修正する．そうすることによって，望ましいサービス提供能力は，顧客ベースの浸食から発生する仕事量の下落以上に低下する．結果とした生じたサービス提供能力の下落は，その後，ワークプレッシャーを上昇させ，さらなる手抜きと低品質を引き起こし，さらに顧客ベースを劣化させる．組織は悪循環に陥る．強いワークプレッシャーがサービス基準を劣化させ，サービス提供能力を低下させることで，ワークプレッシャーは高止まりし，基準は劣化し続ける．

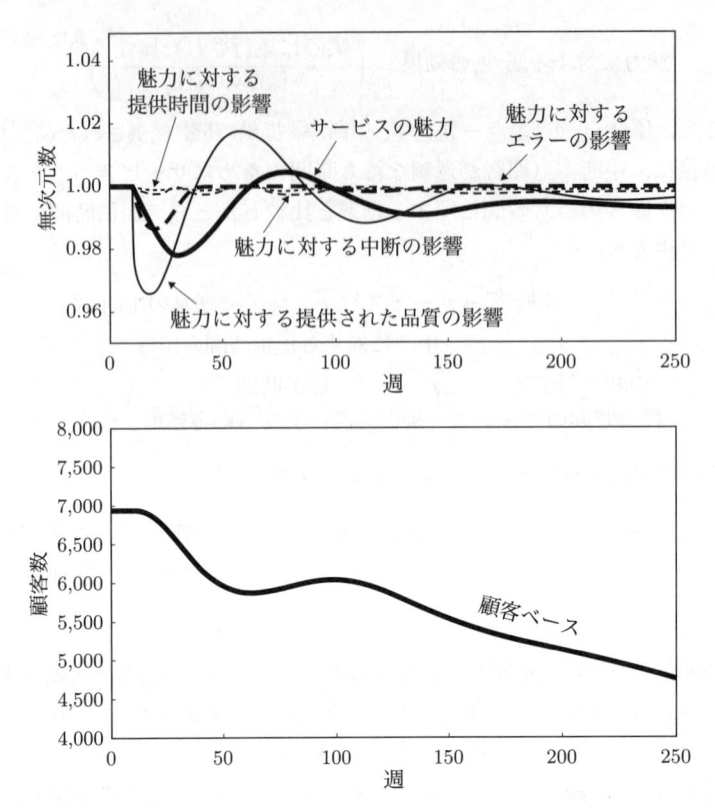

図 14.15 市場のフィードバックがある場合の 10% の要求増加に対する反応

　これまで議論してきたように，これらの結果の一部は，Oliva & Sterman（2001）で述べたサービス標準の非対称の調節によって説明される．標準は低下することはあるが，上昇することはない．この仮定がもたらす結果の妥当性をテストするために，我々は以前と同じテストを一点だけ変更して実施した．変更点は，タスク当たりの時間が標準を超えたときに，タスク当たりの標準時間を増加させることを許容している点である．下方修正時間の定数は，上方修正時間の値の 150% に設定した．これは，マネージメントがサービス水準の上昇の利点を認識し，それらに基づく組織変更を行う能力を持っているという楽観的な設定である．以前のシナリオにあるように，要求の急増は超過勤務時間，手抜き，標準劣化のトリガーとなり，顧客ベースの低下を招く（図 14.16）．しかし，前のケースとは異なり，サービス提供能力が過剰な間，サービス標準は反発する．システムは，サービス提供能力が要求と一致し，従業員が標準の週労働時間で標準のタスク当たりの時間を提供しているという平衡状態に達する．タスク当たりの標準時間がそのオリジナルの値に戻っている一方で，それは会社がその顧客ベースのほぼ 10% を永久に失った後のみに実現されていることに注意してほしい．品質基準の上方修正は，会社を破滅へのスパイラルから救うことを可能にする．しかし，顧客ベースの再建は，オリジナルのレベル以上のサービス品質と標準の向上を会社に要求することになる．労働者の生産性を評価して雇用するためのルーチンの相互作用からはこのような状況は生まれない．

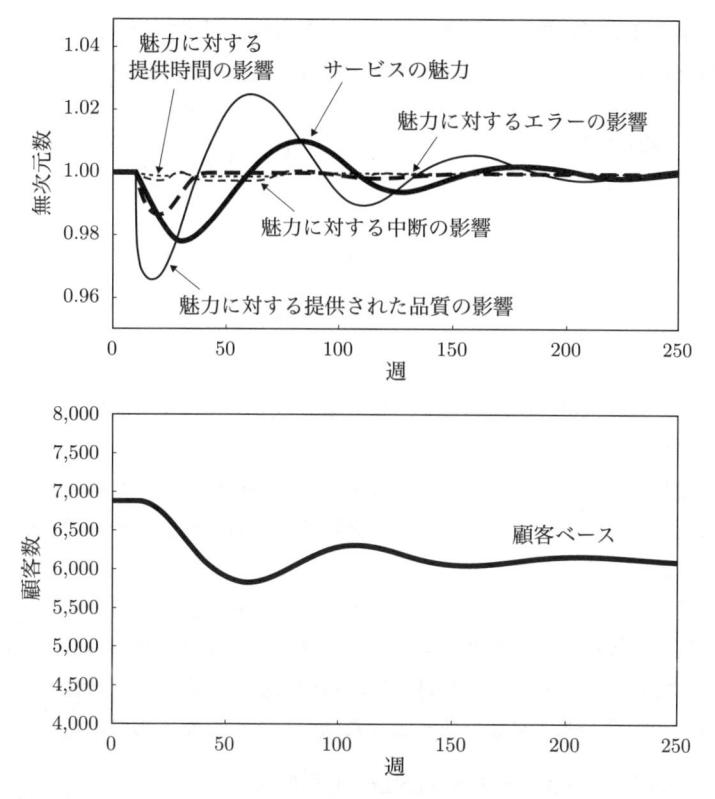

図 14.16 市場のフィードバックがあり，かつ注文当たりの標準時間を改善できる場合の，10% の要求増加への反応

14.7　金銭面でのプレッシャー

　これまで，組織は要求を満たすために必要と見なされるだけの人数を自由に雇うことができた．ここでは，雇用に関しての財務的制約を含めるようにモデルを拡張する．そのために，労働力の調整方法を，承認された労働力に基づく方法に修正する．承認された労働力は，要求を満たすために必要とされる労働力と，予算内で調達できる労働力とのうち，少ないほうとなるように定義する．

$$労働力の調整率 = \frac{承認された労働力 - 総従業員数}{労働力調整時間} \quad (14.48')$$

$$承認された労働力 = \mathrm{MIN}(望ましい労働力, 調達できる労働力) \times 予備容量に対するマージン \quad (14.57)$$

　予備容量に対するマージンは，予算と人員配置に組み込まれた余剰能力の割合を表す．マージンが $1+m$ のとき，サービス組織の人員目標が要求を満たすために必要なレベルより $m\%$ 高く，また，そのための予算も利用可能であることを表す．望ましい労働力は，これまでと同様に要求される処理能力によって決まる．調達できる労働力は，運営予算と従業員ごとにかかる全コストによって決定される．ここでも，労働力は高価であり，実際に効果が表れるまでに時間がかかるため，マネージメントは予算変更

に即座には反応しない．望ましい労働力と同様，調達できる労働力も，予算および従業員当たりの給与によって示されたレベルに，遅れて調節される．

$$調達できる労働力 = \text{SMOOTH}\left(\frac{予算}{従業員当たりの給与},\ 調達できる労働力の調整時間\right) \quad (14.58)$$

運営予算は，固定部分と収入に依存する部分があると仮定する．

$$予算 = \text{MAX}(0,\ 固定予算 + 収入 \times 収入のうち運営予算にあてられる比率) \quad (14.59)$$

この予算の式は，広範囲のサービス組織のモデル化を可能にする．会社の中の単一のカスタマーサポートコールセンターは，何の収入も生み出さない．このようなセンターは，通常はコストセンターとして管理され，毎年与えられたベース予算で存続しなければならない．その一方で，モデルが会社全体を表す場合，予算は（ほぼ）完全に収入から出されるはずである．

単純化するため，我々は収入を，顧客ベースおよび1か月に顧客当たりに生成される平均収入に比例し，各顧客が生成する各サービスリクエストの数からは独立しているものとしてモデル化した．これは，保険料の支払いや金融サービス中の口座維持管理料のように，顧客がある月額を払うような状況を近似したものである．

$$収入 = 顧客ベース \times 顧客当たりの収入 \quad (14.60)$$

基本的なケースとして，労働力のコストをちょうどまかなえる値に予算が設定されている平衡状態からシステムを開始する．言い換えれば，サービス提供能力をあらかじめ用意しておくための余裕はない状態である．図14.17は図14.16と同じシナリオにおける，望ましい労働力，調達できる労働力，および実際の労働力の変化を示す．しかし，図14.16とは異なり，今回は予算プロセスが機能している．財務的制約の存在は，要求が急増しても労働力は上昇しないことを意味する．前回と同様，ワークプレッシャーの増大は超過勤務時間と手抜きを引き起こし，その結果としてサービスの魅力は減少し，顧客ベースを徐々に低下させる．しかしここで，顧客の損失によって引き起こされた収入の低下は，予算の減少による労働力の低下を引き起こす．サービス提供能力は不十分なままであり，従業員にさらに手抜きをさせる結果となる．顧客ベースはさらに低下する．図14.16のシミュレーションのように，システムは平衡に達し，正常に戻る．しかし，予算が過渡期の雇用を抑制したため，顧客ベースの下落幅は8.9%ではなく14.6%となった．このシミュレーションにおいて破滅へのスパイラルが停止しているのは，サービスセンターのベース予算によって調達できる労働力の下限が設けられたためでしかない．収入に対する組織の予算の依存度が高ければ，結果はより悪くなる．

より現実的な条件のもとでの全体のシステムレスポンスを評価するために，タスク到着率をランダム変動と考えよう．我々は10%の標準偏差と，4週間の1次自己相関時間定数を伴うピンクノイズプロセスによって到着が決定されると仮定した．1タスク当たりの標準時間を上方修正するための定数を，下方修正するための定数の150%の値に設定し，システムを平衡状態から開始する．システムはサービスの魅力を標準状態に非常に近い値に維持しているが，その主な要因は，ワークプレッシャーを削減し，サービス

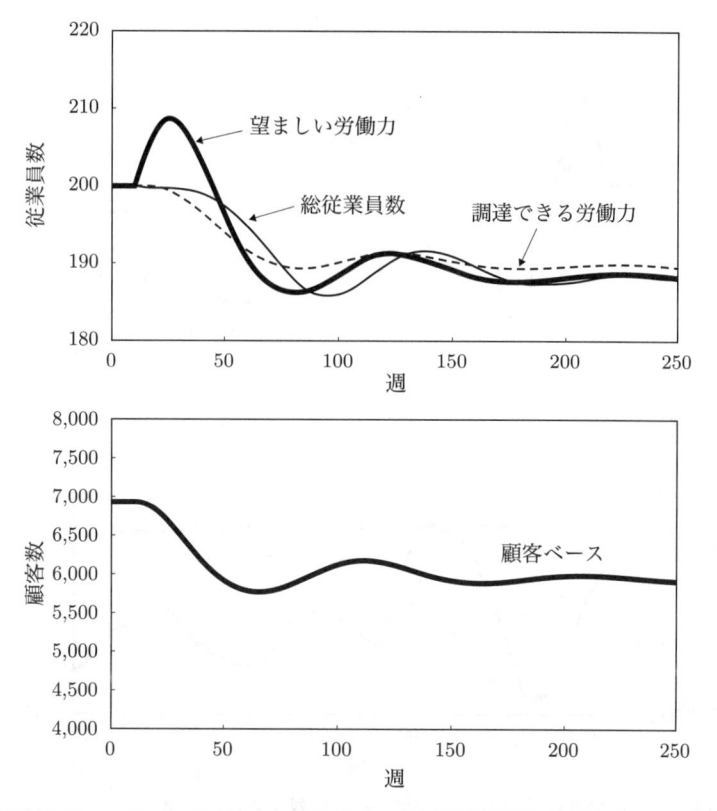

図 14.17 市場のフィードバックがあり，注文当たりの標準時間が改善できて，かつ雇用における財務的制約がある場合の，10% の要求増加への反応

品質の低下に歯止めをかけるのに十分なレベルに要求が低下するまで，顧客を遠ざけていることである（図 14.18）．一時的に要求が高い期間は，その結果として生じる質の低下が顧客を遠ざけ，サービス標準の劣化を引き起こし，労働力を最初のレベル以下に下げる．一時的に要求が低い期間は品質を高め，そして何人かの顧客を取り戻すことができるが，標準調整中の非対称性，労働力調整の遅れ，他の非線形性（例えば顧客の品質に対する反応における非線形性）により，サービスの魅力が標準を下回る時間が上回る時間よりも長く，顧客ベースの永続的な縮小，ひいては労働力の減少に帰着する．

14.8 推奨される方策

シミュレーション結果は，悪循環として作用する様々な自己増強プロセスに対してサービス組織が脆弱であることを示す．それぞれのケースにおいて，超過勤務時間，手抜き，サービス標準の劣化，雇用といった短期的な対処法は，いずれも長期的には有害な結果のトリガーとなる．それは不十分なサービス提供能力，顧客離れ，組織の予算縮小，そしてさらなるサービス提供能力の劣化を引き起こすのである．原理的には，これらのポジティブフィードバックは好循環として作用するはずである．徐々にサービス提供能力を向上させ，より高い標準，より多くの顧客と収入，さらに高いサービス提供能力へと導く．しかし実際には，実証研究によって証明されているように，システムの品

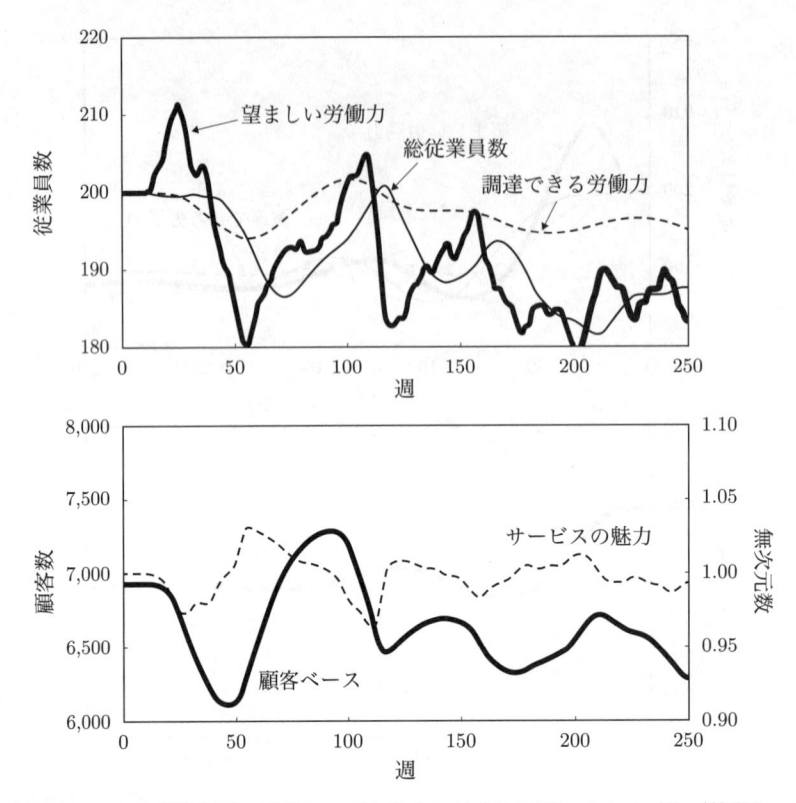

図 14.18 10％の標準偏差の定常ランダム注文に対する反応：フルモデル（基礎ケース）

質が劣化する方向へと導いてしまう．労働者は通常，自分たちの作業を増やすよりも，手抜きをすることを好む．各顧客に使われる標準的な時間は，増えるより減るほうがたやすい．マネージメントは，むしろ喜んで労働生産性の見積もりを上げて，雇用するよりも労働力を縮小しようとする．これらのプロセスは，品質低下の悪循環の強さとその起こりやすさを縮小させる以下の方策によって克服できるだろう．

サービス提供能力獲得の促進　ワークプレッシャーが高いと内部サービス標準の劣化が生じるため，明らかな政策の一つは，標準が劣化する可能性がある場合，その前に確実にキャパシティを確保することである．キャパシティ拡張は，より迅速な雇用プロセスを構築することや，キャパシティ確保の承認プロセスによる遅れを縮小することにより促進できる．サービス提供能力の迅速性を増加させる他の戦略には，以下のものが含まれる．すなわち，より即戦力となる従業員を雇うこと，タスクの定型化により学習プロセスを早めること，需要が急増した場合でも直ちに提供できる臨時の労働力を維持すること，販売キャンペーンや商品販売促進活動といった需要に影響を与える他のアクションと連動したキャパシティ管理を行うことなどである．残念なことに，これらのオプションは，業務に特有の知識を要求するハイコンタクトサービスにおいては，めったに利用できない．

タスク当たりの時間におけるワークプレッシャーの影響の減少　従業員が手抜きをしようとする傾向を削減できれば，サービス基準の下降は遅くなるはずである．もちろん，顧客に費やされた時間がまったくワークプレッシャーから影響を受けなければ，

品質の劣化は起こり得ない．しかし，そのような厳格な方策は非現実的である．なぜなら，顧客の要求はそれぞれ異なっており，個々のサービス提供者は，彼らがどのように各顧客に対応するかの選択において，かなりの自主性を持っているからである．そして，必要な処理能力を実現するまで無条件に残業させることは非現実的である．より現実的な方策は，ワークプレッシャーの変化に完全に対応したままで，ワークプレッシャーに対する従業員の反応を手抜きと残業の間でよりバランス良く均一に分配することである．これは，（医療におけるチェックリストのような，プロセス標準化や文書化を通じた）サービス接遇における柔軟性の縮小，あるいは（顧客との高い共感を作り出したり，時間外手当を増やしたりすることで）残業の相対的な魅力を高めることにより可能である．

品質に対する圧力の創出　サービス品質はもともと主観的で，測定することが難しいため，強いワークプレッシャーによって引き起こされたサービスの手抜きを打ち消すようなプレッシャーを品質基準によって与えることはできない．顧客経験に関する調査はめったになく，それほど有益な情報は得られないため，労働者とサービスセンターのマネージャーが毎日受け取る処理能力，コスト，生産性のフィードバックほど重大ではないように見える．サービス提供者は，品質を向上させることでパフォーマンスが低下するという不安をしばしば訴えるが，我々の実地調査の中では，低品質であることによって顧客当たりの対応時間が短くなるという結果は得られていない．品質への圧力を創出するためには，貧弱なサービスによって失われた販売，やり直し，顧客離れといったことが起こりうることをマネージメントが意識する必要がある．そして，トレーニング，インセンティブ，評価，例示を通じて，従業員に対し，これらのコストの回避が優先事項であり，彼らが見つけた品質の問題を修正するために仕事が遅れても罰せられないことを説得する必要がある．

キャパシティの余力の維持　たとえ上記の方策を始めても，サービス予算が継続的に厳しく，絶えず締め付けられるのであれば，ほとんどインパクトはないだろう．我々が一緒に働いてきた組織の中の，顧客サービスに責任を負うエグゼクティブの多くは，サービス部門の負荷が増えているにもかかわらず，部門経費をカットするという圧力に直面し続けている．スーパーバイザーから CIO まで，すべてのレベルのマネージャーは共通して次のように述べる．「技術は改善されている．そして我々の株主は 2 桁の純益成長を期待している．より少ないリソースでより多くを行わなければならない」．サービス要求の予測不能な変化において，サービス提供能力を調節するのに必要な時間的な遅れは，破滅へのスパイラルを引き起こす手抜き，標準劣化，および他の振る舞いを回避するために，組織が戦略的に予備容量を維持しておかなければならないことを意味する．しかし，多くのシニアマネージャーにとって予備容量は無駄のように見えるため，予算と人数を削減する絶え間ないプレッシャーを引き起こす．さらに悪いことに，財政切迫は，しばしば組織が真の生産性向上に結び付くかもしれないプロセス改善の取り組みの開始を妨げる（Repenning & Sterman, 2001, 2002）．

図 14.19 は，上述の方策を実施した結果を表している．雇用の遅れは，20 週から 10 週へ短縮されている．手抜きが完全にはなくなる可能性は低いため，我々は従業員がトレーニングとインセンティブの変化によって，手抜きよりも時間外労働を 2 倍程度熱心に行うと仮定した．品質標準は，劣化に対しては以前よりも抵抗力がある（標準が劣

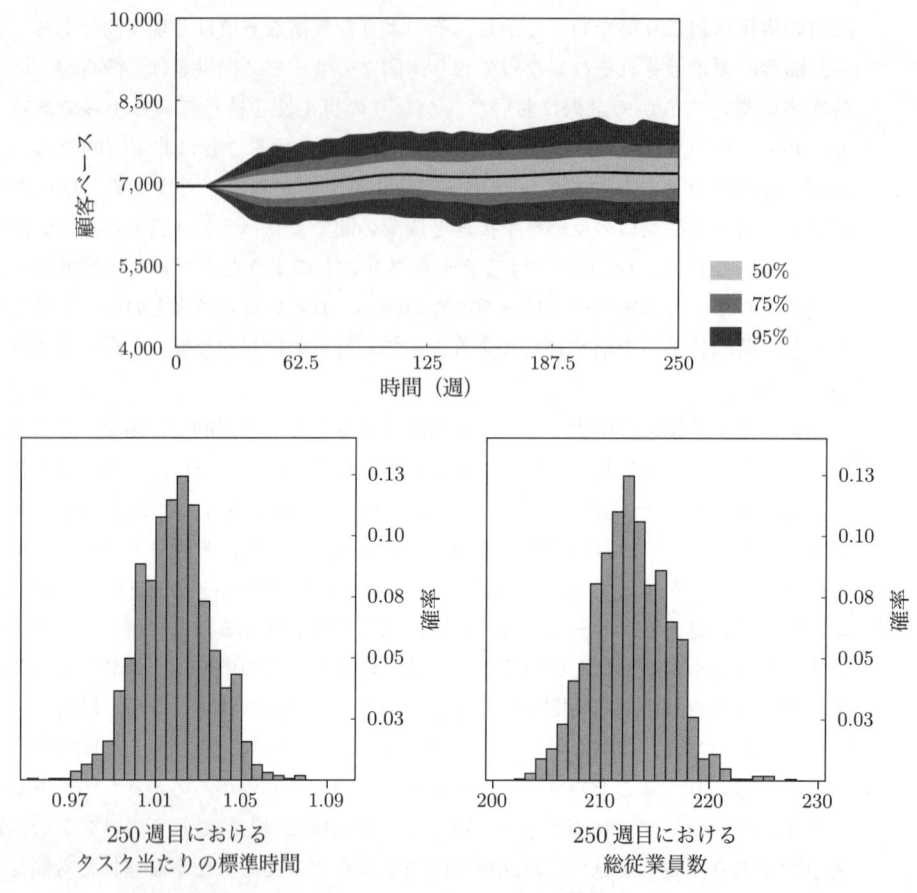

図 14.19 10% の標準偏差を持つ定常ランダムの注文に対する反応：フルモデル（推奨される方策）

化するまでの時間は 20 週から 25 週に延ばしたが，上方修正時間の 30 週よりはまだ短い）．最後に，5% の予備容量が予算と人員配置に組み込まれる．図 14.19 は，タスク到着をランダムに変化させた 1,000 回のモンテカルロシミュレーション結果である．

概して，これらの方策はサービス基準の上昇および顧客ベースの増加につながる．予備容量は，サービス提供者がサービス品質を改善するのに十分な時間を顧客に費やせるくらいにまでワークプレッシャーを低下させる．マネージメントは，品質のフィードバックにより多くの注意を払うと仮定しているため，サービス標準も徐々に向上していく．平均サービス品質が向上すれば，徐々に顧客ベースは強化され，それに伴って予算も増強される．予備容量もまた，顧客ベースの成長を意味する．その結果，サービス提供能力を構築する際に遅れがあるにもかかわらず，タスク到着率がワークプレッシャーの増加を直ちに引き起こすことはない．タスク到着におけるランダム変動がワークプレッシャーを普通以上に押し上げたときにも，サービス提供者は以前ほどには手抜きをしないため，サービス品質は前ほどには低下しない．これらの方策は，以前は自己強化的な破滅へのスパイラルの可能性を作り出していた悪循環を反転させる．今，同じポジティブフィードバックは好循環として働く．組織を革新的に高い品質，従業員の定着率の向上，より高い生産性およびより低いエラー率へと導き，顧客ベースと収入の増加をもたらす．

14.9　おわりに

　競争上の優位の源泉として，サービスおよびサービス品質の重要性が増しているにもかかわらず，米国におけるサービス提供の品質は改善されておらず，多くの分野で低下している．低いサービス品質は，一般的な工業製品の品質の伸びと好対照をなしている．サービス提供は本質的に動的で，サービス提供者，顧客，管理者，その他の関係者の複数のフィードバックが関与している．我々はサービス提供プロセスの構造特性，マネージメントと従業員の意思決定プロセス，そして顧客と従業員の期待の構造を捉えるための，広い境界を持ったダイナミックな行動モデルを開発した．あらゆるモデルと同じように，このモデルも完全なものでなく，拡張することができる．我々は十分なドキュメンテーションとモデルそのものをオンラインで提供しているので，他の人々はそれを模写し，拡張し，改善することができる．追加のシナリオのテストは容易であり，ここに示された結果をより確かなものとすることができる．特に，常習的な欠勤が存在する場合や，要求が急成長している状況では，キャパシティが不十分で，ポジティブフィードバックをより引き起こしやすくなる（例えば Oliva et al., 2003）．

　サービス提供プロセスのダイナミクスに対する洞察を開発するために，我々は，個々の主なセクターのダイナミクスを強調するためのモデルを段階的に構築した．すなわち，人的資源，ワークフロー，品質のための基準，雇用，品質に対する顧客の反応，予算などである．このモデルの境界を段階的に拡張することにより，我々は永続的なサービス提供能力の不足と品質の劣化を引き起こす可能性がある多くの自己評価フィードバックを発見した．これらのフィードバックは，ワークプレッシャーに対応する個々のサービス提供者のレベルで，雇用と経験の間の相互作用の中で，生産性を評価して職員水準を設定するためにマネージメントが使用するルーチンの中で，またサービス品質と顧客維持の間の相互作用の中で，それぞれ作用する．強いワークプレッシャーは疲労と燃え尽き症候群を引き起こし，エラーとやり直しを増やし，生産性を下げ，長期欠勤と離職を引き起こす残業に結び付く．これらすべては，ワークプレッシャーを悪化させるフィードバックを引き起こす．強いワークプレッシャーは，従業員による手抜きを引き起こす．しかし，処理速度における改善はマネージメントによって生産性の向上であると解釈され，ワークプレッシャーをさらに上昇させる人員削減を招く．品質の低下は顧客離れや収入の減少を引き起こし，さらなる人員削減などを余儀なくさせる…．

　モデルのシミュレーションを通して，我々は次のことを実証した．サービス業界の中で実際に繰り返し発生する主要な問題（サービス品質の劣化，高い離職率，そして低い収益性）は，ワークプレッシャーに対する組織の内部反応として説明される．サービス組織がワークプレッシャーに対応する方法は，そのシステムが顧客，従業員，および株主を失望させるかどうかを決定する．原則として，ポジティブフィードバックは悪循環と同様に好循環としても作用しうるが，基本的な不対称性と非線形性により，システムには品質劣化のほうにバイアスがかかる．労働者は通常，品質を維持するための超過勤務よりも手抜きをしたがり，またそれをすることができる（顧客に費やす時間を減らし，公平性と品質を保証するための準備，ドキュメンテーションを切り詰める）．品質のための基準および標準は，向上より劣化しやすい．なぜなら，品質はコストと処理能力の目標を襲う容赦ないプレッシャーと比較して，測定することが難しく，サービス提

供者当たりに処理された顧客数の改善を，マネージメントは生産性向上の証拠だと解釈するからである．たとえそれが顧客の経験を傷つけ，売上を減らす手抜きから発生したものだとしても，である．熟練した労働力を雇ったり育てたりすることは，人々を解雇してスキルとやる気のある労働者を燃え尽き症候群と退職で失うよりも時間がかかり，難しい．予算は増えるよりもずっと容易にカットされる．これらの非対称性は，サービス組織において，システムでの多くのポジティブフィードバックが自己強化型の改善よりも，悪循環として作用する破滅へのスパイラルに入っていく傾向が強いことを意味する．

しかしながら，我々はさらに，破滅へのスパイラルを反転して悪循環を継続的な改善を伴う好循環に変換するための方策を示した．品質やコスト，従業員の満足は通常トレードオフだと捉えられているが，我々は顧客，従業員，株主を同時に喜ばせる方策を見つけることができたのである．

参考文献

Aho, K. (2008). The customer service hall of shame. Retrieved 3/24/08, from http://articles.moneycentral.msn.com/SmartSpending/ConsumerActionGuide/TheCustomerServiceHallOfShame.aspx

Argote, L., & Epple, D. (1990). Learning curves in manufacturing. *Science, 247*, 920-924.

Baumol, W., Blackman, S. B., & Wolf, E. (1991). *Productivity and American Leadership*. Cambridge, MA: MIT Press.

Chesbrough, H. (2005). Toward a science of service. *Harvard Business Review, 83*, 16-17.

Chesbrough, H., & Spohrer, J. (2006). A research manifesto for services science. *Communications of the ACM, 49*(7), 35-40.

Darr, E., Argote, L., & Epple, D. (1995). The acquisition, transfer and depreciation of knowledge in service organizations: Productivity in franchises. *Management Science, 41*(11), 1750-1762.

Dogan, G. (2007). Bootstrapping for confidence interval estimation and hypothesis testing for parameters of system dynamics models. *System Dynamics Review, 23*(4).

Homer, J. B. (1985). Worker Burnout: A Dynamic Model with Implications for Prevention and Control. *System Dynamics Review, 1*(1), 42-62.

Horn, P. (2005, January 21, 2005). The new discipline of services science. *Businessweek*.

Jarmain, W. E. (Ed.). (1963). *Problems in Industrial Dynamics*. Cambridge, MA: MIT Press.

Lant, T. K. (1992). Aspiration Level Adaptation: An Empirical Exploration. *Management Science, 38*(5), 623-644.

Lewin, K., Dembo, T., Festinger, L., & Sears, P. S. (1944). Level of Aspiration. In J. M. Hunt (Ed.), *Personality and the Behavior Disorders* (pp. 333-378). New York: The Ronald Press Company.

Lyneis, J. M., & Ford, D. N. (2007). System dynamics applied to project management: a survey, assessment, and directions for future research. *System Dynamics Review, 23*.

Maglio, P. P., Kreulen, J., Srinivasan, S., & Spohrer, J. (2006). Service systems, service scientists, SSME, and innovation. *Communications of the ACM, 49*(7), 81-85.

McGregor, J., McConnon, A., & Kiley, D. (2009, March 2, 2009). Customer service in a shrinking economy. *BusinessWeek*.

Oliva, R. (2001). Tradeoffs in responses to work pressure in the service industry. *California Management Review, 43*(4), 26-43.

Oliva, R. (2002). *Southwest Airlines in Baltimore (TN)* (Teaching Note No. 603-055). Boston, MA: Harvard Business School.

Oliva, R., & Bean, M. (2008). Developing operational understanding of service quality through a simulation environment. *International Journal of Service Industry Management, 19*(2), 160-175.

Oliva, R., & Sterman, J. D. (2001). Cutting corners and working overtime: Quality erosion in the service industry. *Management Science, 47*(7), 894-914.

Oliva, R., Sterman, J. D., & Giese, M. (2003). Limits to growth in the new economy: Exploring the 'get-big-fast' strategy in e-commerce. *System Dynamics Review, 19*(2), 83-117.

Repenning, N. P., & Sterman, J. D. (2001). Nobody ever gets credit for fixing problems that never happened. *California Management Review, 43*(4), 64-88.

Repenning, N. P., & Sterman, J. D. (2002). Capability traps and self-confirming attribution errors in the dynamics of process improvement. *Administrative Science Quarterly*, 265-295.

Schneider, B. (1991). Service Quality and Profits: Can you have your cake and eat it, too? *Human Resource Planning, 14*(2), 151-157.

Schneider, B., Parkington, J. J., & Buxton, V. M. (1980). Employee and Customer Perceptions of Service in Banks. *Administrative Science Quarterly, 25*(2), 252-267.

Sterman, J. D. (2000). *Business dynamics: Systems thinking and modeling for a complex world*. Boston: Irwin McGraw-Hill.

Strandvik, T. (1994). *Tolerance zones in perceived service quality*. Helsinki: Svenska handelshögskolan.

Thomas, H. R. (1993). *Effects of Scheduled Overtime on Labor Productivity: A Literature Review and Analysis* (Source Document No. 60). University Park, PA: Pennsylvania State University.

Zeithaml, V. A., Berry, L. L., & Parasuraman, A. (1993). The nature and determinants of customer expectations of service. *Journal of the Academy of Marketing Science, 21*(1), 1-12.

第15章

サービスサイエンス
―― テレコムサービスの観点から

□ **Eng K. Chew**
　Faculty of Engineering and Information Technology
　University of Technology, Sydney

　　本章では，最新のサービスサイエンスの原則を用いてテレコム（電気通信）分野におけるサービスを観察することにより，次世代テレコムサービスのためのイノベーションモデルを提案し，その最初の要件を明らかにする．このモデルの基本的な構造は，協調的なイノベーション（特に顧客とのコラボレーション）を中心としており，これはテレコム産業のビジネスオペレーションにおける業界標準である eTOM（enhanced telecom operations map），次世代ネットワーク（next-generation network; NGN）のアーキテクチャ，そして世界中の優れたサービス提供者がもたらした進歩などに対する詳細な観察に基づくものである．本章では提案するモデルの概要を説明し，その課題や，サービスオファリングにおける顧客との共創の最近の進歩について検討する．

15.1　はじめに

　　テレコム業界は複合的な技術を土台とするサービス産業である．現代のテレコムサービスは非常に顧客中心的であるにもかかわらず，プロダクト中心の観点から見られがちである（TMF, 2004）[1]．本章ではテレコムサービス産業について，サービス中心の観点からその将来の方向について考える．新しいサービスサイエンスの概念と原則（IfM & IBM, 2007）を用いて，テレコム産業の中心にあるサービスの「複合領域的な」本質に光を当てる．本章は，そのようなサービス中心的な洞察をもとに，テレコムサービスのイノベーションについて「オープンコラボレーション的な」新しいアプローチを作り出すことを目的としている．

　　本章では，20年以上にわたり，様々な学問分野の重要な研究の成果を受け入れて発展してきたサービスサイエンスの新たな概念と，テレコムサービス産業が非

---

[1] 例えば，TMF（2004, 24）は「サービスストラテジーへの重要なインプットは，企業の市場および製品ポートフォリオに関する戦略と予測によるものである」と言明し，製品に対するサービスのいくらか「従属的な」役割を示唆している．

常によく共鳴するものであることを示す (Levitt, 1976; Chase, 1978; Shostack, 1984; Schmenner, 1986; Normann & Ramirez, 1993; Schneider & Bowen, 1995; Boisot, 1998; Prahalad & Ramaswamy, 2000; Gadrey & Gallouj, 2002; Gallouj, 2002; Bryson et al., 2004; Karmarkar, 2004; Vargo & Lusch, 2004; Womack & Jones, 2005; Anderson et al., 2006; Chesbrough & Spohrer, 2006; Maglio et al., 2006; Fitzsimmons & Fitzsimmons, 2007; IfM & IBM, 2007; Spohrer et al., 2007; Maglio & Spohrer, 2008; Lusch et al., 2008; Vargo & Lusch, 2008; Vargo et al., 2008; Bitner et al., 2008; Maglio et al., 2009). 例えば，サービス中心の考え方は，NGN アーキテクチャのモデルにおいても強化されている (Knightson et al., 2005). 世界中のテレコムサービス提供者（プロバイダー）は，現在と将来の顧客の要望に応えるために，非常に柔軟性の高い「サービス提供能力」を持った NGN へと移行しつつある．

本章では，まず一般的なテレコムサービスモデルの観点からサービスサイエンスの概念と原則について簡単に検討する．それによりテレコムサービスのイノベーションモデルを提案するための初期要求セット（要求群）が明らかになる．次に，サービスサイエンスの原則という観点から，テレコムサービスプロセスの業界標準である eTOM (TMF, 2004) と，新たなサービス中心の NGN アーキテクチャについて概観してみる．さらに，世界的に優れたサービスプロバイダーやサービスサイエンスの研究者によってもたらされた近年の進歩に関する考察をもとに，テレコムサービスのイノベーションの新たなアプローチを提案する．このアプローチは，オープンイノベーション (Chesbrough, 2003; Huston & Sakkab, 2006)，特に顧客コラボレーションを重視するものである．最後に，一般的なサービスイノベーションプロセスについて簡単に述べ，顧客とのサービスオファリングの共創に関する課題と近年の進歩についてまとめる．

15.2　サービスサイエンスの概念と原則

サービスサイエンスとは，サービスイノベーションを理解し体系化することを目的とした (IfM & IBM, 2007; Maglio & Spohrer, 2008; Vargo et al., 2008)，新研究領域である (Chesbrough & Spohrer, 2006). 上記の定義が示すように，それは過去 20 年以上にわたって，サービスに関連する多種多様な学問分野によって発展してきている．その成果として，サービスに対して「サービスドミナントロジック」(S-D ロジック) (Vargo & Lusch, 2004; Lusch et al., 2008; Vargo & Lusch, 2008; Vargo et al., 2008) の観点や，サービスシステム (Maglio et al., 2006; Spohrer et al., 2007; Maglio & Spohrer, 2008; Maglio et al., 2009) の観点から考察がなされている．サービス中心の考え方は，本質的に顧客中心的であり関係的である．サービスは顧客の役に立つように提供者の能力（知識やスキル）を提供するプロセスであり，顧客との協業のプロセスである (Schneider & Bowen, 1995; Gallouj, 2002; Fitzsimmons & Fitzsimmons, 2007; Vargo & Lusch, 2004, 2008). サービスシステムとは，サービス分析における基本的な単位である (Maglio & Spohrer, 2008). 「サービスシステム」(Spohrer et al., 2007) あるいはサービスワールド (Bryson et al., 2004) とは，広義には人と技術が協働してそれぞれの構成要素にとっての価値を生み出す複雑適応系システムである．

テレコム業界は，技術集約的かつ顧客指向の複雑なサービスシステムである．テレコムサービスは，いつでも世界のどこにいる相手に対しても，顧客が望むときに電話やデータ通信ができるように信頼性の高い通信網を提供する単純なものとも言えるし，他方では，巨大な多国籍企業向けのネットワークソリューションを構築する非常に複雑なものとも言える．いずれにしても，テレコムサービスにおいて「提供または期待される」価値は，そのサービスを利用する「顧客が発端」となり，サービス提供者がそれを実現させるのである．すなわち，顧客は常に価値共創の主役なのである（Schneider & Bowen, 1995; Gallouj, 2002; Gadrey & Gallouj, 2002; Fitzsimmons & Fitzsimmons, 2007; Vargo & Lusch, 2004, 2008）．

サービスサイエンスとはサービスシステムに関する研究であり，サービスイノベーションの体系化のための基礎を作る視点を持つ（IfM & IBM, 2007）．サービスサイエンスの研究には，組織のやり方，人間，ビジネス，技術資源について「複合領域的で統合的な」理解が必要とされるであろう．また，共有された情報を組み合わせることで，様々な種類のサービスシステムを作ることができるかもしれない．そして，複数のサービスシステムが相互作用し，大きく発展することで，価値の共創を実現することの理解を助ける（Maglio & Spohrer, 2008）．サービスシステムは2007年，Spohrerらによって「人々，技術，その他の内部および外部サービスシステムで構成される価値共創，そして言語やプロセス，測定方法，ポリシー，法律といった共有される情報」と定義された．サービスシステム同士は価値の提供によって結び付けられる（Maglio & Spohrer, 2008）．さらに，サービスシステムはサービス提供者とサービス顧客あるいは受益者を有する（Maglio et al., 2006）．サービス提供者と顧客は，サービスシステムにおける二つの別々の存在として，さらにモデル化できる．

サービスは，顧客によって提供者とともに価値が共創されるプロセスであると定義されている（Normann & Ramirez, 1993; Fitzsimmons & Fitzsimmons, 2007）．サービスオファリングは，商品のような有形のものと，知識，コンピテンス，結び付きのような無形の資産を含む企業の資源（リソース）を活用することで作られる（Arnould, 2008）．サービスが提供する価値の特徴とは，サービス提供者と顧客の双方の能力が相互作用することによって作られる，共創の価値なのである（Gallouj, 2002, 57）．すなわち，顧客はサービスの相互作用において活動しているとき，サービス提供者とともに価値を生み出しているのである（Gallouj, 2002; Gadrey & Gallouj, 2002; Fitzsimmons & Fitzsimmons, 2007）．

資源には，オペランド資源と呼ばれる「ある結果を得るために実行される作業の資源」と，オペラント資源と呼ばれる「ある結果を得るために他の資源上で作用する資源」がある（Vargo & Lusch, 2004）．オペラント資源は「動的」なもので，企業が市場競争力を得るために固有な方法で育成・獲得した「コンピテンシー」や「ケーパビリティ」を内包している（Madhavaram & Hunt, 2008）．Prahalad & Hamel（1990）は，コンピテンシーとケーパビリティをそれぞれ入れ替え可能な用語として用いている．これらは「暗黙的で因果関係が曖昧なことも多い，特有の作業・行動・運用業務のためのスキル群」として定義されている（Vargo & Lusch, 2004）．

さらに，Prahalad & Hamel（1990）は，企業が他社には真似できないような優れた方法で顧客に大きな利益を提供するための（戦略上重要な）スキル群および技術群を「コ

ア」コンピテンスと定義している．企業はコアコンピテンスを活用することで，様々な市場に参入できる可能性がある．コアコンピテンスとは企業の新しい（機能横断的な）統合・構成能力であり，この能力によって様々な技術をその組織に固有の形で統合させ，顧客に利益をもたらすことが可能になる（Boisot, 1998, 183-4）．企業は主要なビジネスプロセスを変革し，様々な事業部門やビジネス機能の枠を超えて結び付けることで，顧客に一貫して優れた価値を提供するための戦略的なケーパビリティを得ることができる（Stalk et al., 1992）．そして，企業の競争的優位性は，その企業のオペラント資源を顧客のニーズに対して他社よりもどれだけうまく適用するかによって決まる（Lusch et al., 2007）．

イノベーションに秀でた企業は，組織全体での学習によって長年集積してきた「巧妙に作られた」オペラント資源（Madhavaram & Hunt, 2008）を持っており，そのオペラント資源を活用して，知識，能力，そして製品やサービスの「共進化」を効果的に管理することで競争的優位を維持している．Ulrich & Smallwood（2004）は，企業が競争的優位を維持するために必要な11種類の組織的能力（顧客との関係，協業，イノベーションなど）を明らかにした．同様に，Lusch et al.（2007）は，サービスイノベーションを持続させるには「協同コンピテンス」（協同力）が非常に重要なオペラント資源であり，これが「吸収力」および「対応力」という二つのメタコンピテンスの形成を助けると述べている．ここで，吸収力とは新しい知識と情報をパートナーたちから吸収する能力であり，対応力とは複雑で大きく変動する環境に対して外部パートナーを使って適応していく能力である．これらのオペラント資源は，資源を統合して作られるサービスシステムにおける主要なコンポーネントである（Spohrer et al., 2007）．人々が持つ固有な知識と技術，そして組織が持つコンピテンシーによって，変化する市場環境に対してサービスシステムを「適合的」かつ「持続可能」なものにすることができるのである（Spohrer et al., 2007; Vargo et al., 2008）．

サービスの観点からは，顧客が価値創造の中心であり，顧客との関連こそがサービスである（Edvardsson et al., 2005）．サービスイノベーションは四つの側面，すなわち新しいサービスのコンセプト，顧客との新たなインターフェース，新しいサービス提供システム，そして技術的なオプションから成り立っている（den Hertog, 2002, 226）．顧客はインターフェースを通して，情報，知識，感動，礼儀などをサービス提供者と伝え合い，それによって共創価値を生み出す（Gallouj, 2002）．価値は全面的に顧客によって決定される．これにはサービス利用（および顧客の経験）が関連しており，提供者のコンピテンス（オペラント資源）は顧客のコンピテンス（オペラント資源）と「統合」され，顧客とともにビジネスの価値を（自分の仕事として）作るのである．サービス提供者は価値を提供するのではなく，価値を提案するのみである（Vargo, 2008）．サービスというゲームに勝つためには，価値の提案が一貫して顧客の期待と行動上のニーズに沿ったものでなくてはならない（Schneider & Bowen, 1995）．これを保証するには，顧客のコンピテンスを取り込み，サービス提供者とともにサービスオファリングを共創すればよい（Prahalad & Ramaswamy, 2000）．しかしながら，顧客がサービス提供者とともに中核（コア）のサービスオファリングを共創することを「選択する」のは，そうすることによるメリットがある場合に限られるだろう．サービスオファリングの共創における顧客の参画範囲に影響を与える主要なファクタとして，次の六つが挙げられる．専門知

識，管理，物理的資産，リスク受容，物理的な利益，そして経済的な利益である（Lusch et al., 2007）．

　テレコムサービスにおけるサービスは，プロバイダーによって提供されるオファリングと見なされているが，そこでも上記の原則ははっきりと見られる．製品は，それらのサービスオファリングに抽象的な用語（名前）を与えるものであり，エンドユーザー（顧客）はサービス契約のもとでテレコムサービスに申し込む．それぞれのサービスオファリング（契約）は，すでに決まっている価格プランに対してあらかじめ定義された能力の集合であり，特定の品質レベルのサービス義務を伴う価値の提供を記述している．例えば，ある単純なテレコムサービスオファリングの価値定義は，顧客が「どこでも通信できる」というものかもしれない．しかし，サービス提供者は，顧客に実際に接続して使ってもらわない限り，価値を「届ける」ことはできない．価値は，エンドユーザーが契約しているサービスを使用しているとき（例えば携帯電話をかけるとき）にのみ実現される．すなわち，これが「使用価値」である．しかしながら，テレコムサービスの「真の」価値は，エンドユーザーがそのサービスの使用中に「認識した能力」と，そのために「エンドユーザーが費やした労力（すなわち負担）」とのバランスによって決まる．さらに，サービス提供者との「サービスライフサイクルに全般にわたるサービス経験」，つまり契約以前の段階において「目的に合致した」オファリング（例えばモバイル料金プラン）の選定をサポートすることや，契約後のサービス準備（アクティベーション），継続的な顧客ケア（例えば問題解決，請求照会，プリペイド補充）などによって得られる体験も価値に影響する．

　したがって，他のサービス事業と同様，テレコムサービスの価値は，常に顧客がその経験に基づいて決定する（Edvardsson et al., 2005; Vargo & Lusch, 2008）．この考察から，サービスイノベーションはサービス提供者と受益者間の価値共創の効率に依存していることが示される．つまり，サービスの提供者が提案した価値は，顧客の視点では便益と負担（あるいはコスト）の合成であり，「顧客価値の方程式」（Fitzsimmons & Fitzsimmons, 2007, 69）で評価できるという原則が認められる．サービスのユーザビリティはユーザーの負担（あるいはサービスが「すべき仕事を実行する」ために顧客の資源や活動と統合させる相対的な容易さ）と関係しており，ユーザーにとっての使い勝手が優れていればいるほどユーザーの負担は軽減するし，ユーザー体験も向上する．これはエンドユーザーのためのソフトウェアシステム設計の原則に類似している．このように，顧客にとって最大の「金銭的価値」を伴う最も魅力的なサービスは，「費用対効果」比率の最も優れたサービスということになる．つまり，サービスオファリングの共創（あるいは価値提案の共同設計）を行う際に，ユーザーがサービス提供者とともに関与することで，よりクライアントの「目的に合致した」サービスを生み出す可能性は高まり，顧客の便益は最大限に引き上げられると考えられる．そこで，S-D ロジックでは，従来型の製品重視のロジックを採用したサービス構築の「効率性」ではなく，むしろ顧客要求に応じるサービスの「効果」に焦点を当てる．

　そのため，サービス企業は「社員の生産性だけを考慮するのではなく，顧客の生産性や顧客の体験も考慮しなければならない」（Schneider & Bowen, 1995; Womack & Jones, 2005; Fitzsimmons & Fitzsimmons, 2007; Lusch et al., 2008）．サービスシステムの観点における価値は，顧客とサービス提供者の資源を統合した結果として作り出される．そ

れは，変化する環境に対して顧客システムがより適応・存続できるようにするものである（Vargo et al., 2008）．Normann & Ramirez（1993）は，サービス企業を価値創造システムとして定義している．このシステムは「経済主体の集団」（顧客，サプライヤー，ビジネスパートナーなど）が「協同して」価値共創に取り組むものであり，その企業の競争的優位性が持続するか否かは「経済主体の集団の役割と関係を再設定し，… 日々進歩する（企業の）コンピテンシーと顧客を常に適合させていく」能力次第である．そのため，企業は一貫した高品質サービスを提供できるよう，顧客を結び付けるための戦略の再調整，ビジネスプロセスの再設計，組織再編を求められる（Karmarkar, 2004）．

台頭するサービスサイエンスの原則に関する上記の観察から，テレコムサービスにおけるイノベーションは，以下の要求への対応を必要とする．

- 先を見越して顧客と協同し，顧客の事業/ライフスタイルの内容/目的，顧客体験の継続的な学習と使用価値の効果に関する知見を得て，新しいオファリングを共創して顧客との関係をより深め，市場シェアを伸ばすために「コンピテンスと顧客の適合性」を向上させる．
- サプライヤーやサードパーティといったサービス提供者，パートナーらと協同し，未対応の顧客ニーズや市場セグメントに対応する新しい急進的なオファリングを共創するために，破壊的な技術やビジネスモデルを特定する．
- 規制当局ならびに競合他社と協同し，相互利益を享受できるように規模の経済を加速させる．
- 提供者の顧客知識や関連するコアコンピテンシーを成長させて，提供者のサービスオファリングに関する顧客の知識を高めるために，シームレスなフィードバックループシステムを通じて継続的な学習文化を醸成する．
- シンプルなサービスイノベーションのプロセスにより，サービスに関する革新的なアイデアを市場に投入するまでの時間を加速させる．

以下の三つの節では，テレコムサービスの現在の開発プロセスとして，テレコムサービスのプロセス標準および将来のアーキテクチャである NGN について，上記のサービスサイエンスと関連する概念を用いたサービスイノベーションの要件という観点で述べていく．

15.3　テレコムサービス開発

一般的にテレコムサービスは，顧客のためにチームとして協業するマーケティング，ネットワーク，IT，顧客ケア部門の専門家が持つ「協同コンピテンス」（Lusch et al., 2007）と「製品イノベーションコンピテンス」（Madhavaram & Hunt, 2008）を用いて開発される．

ネットワークは多様かつ遍在的な通信能力を備えた技術的オペラント資源を提供する．これを IT オペラント資源（サービス活用をサポートするビジネスプロセスと情報システム）と「組み合わせて」革新的なサービスオファリングを構成することで，エンドユーザーである顧客の事業やライフスタイルのニーズに対応するように（有料で）サービスを「供給」できる．テレコムネットワークの能力は，ネットワーク技術の提供

者との協同で共創（共同構成）[2]されることが多い．ただし，ネットワーク機器のソフトウェアの能力に大きく制約を受ける．交換網に支えられたソフトウェアアプリケーション開発プラットフォーム（Reeve et al., 2007）により，テレコムサービス提供者はサードパーティのアプリケーション開発者と協同し，相互利益を得られるビジネスモデルを活用して，顧客にネットワークサービス上のデジタルサービスを提供することができる（詳細については後述）．

マーケティングは市場と顧客に関する知見（コンピテンシー）を利用して，顧客が購入・使用したがるであろう明確な価値提案と，適切なネットワーク能力をパッケージ化した魅力的なテレコムサービスオファリングを定義する．顧客の知見は，主に顧客との接点（例えば顧客ケアセンター，ネットワークスイッチ，請求システムなど）に関連する様々なデータベースで収集された，広範囲の膨大なデータをマイニングすることで獲得される．

ITの活用により，接客係の運用サポートシステム（OSS）とビジネスサポートシステム（BSS）を用いてサービス管理ビジネスプロセスを定義し，実装する．これらのシステムはオペラント資源であり，価値提案を「共創」するためには（「技術的ならびに共同的コンピテンス」を使用して）ネットワークの能力と統合されなければならない．OSSとBSSを用いることで，ビジネス側はプリセールス，フルフィルメント[3]，およびアクティベーション（セールス完了時），請求，ポストセールス（サービス品質）サポートというサービスライフサイクルの全段階において，顧客に関与することが可能となる．そのためには，ITを活用して情報システム（OSSとBSS）を実装し，優れた顧客サービスを提供する必要がある（「ナレッジマネージメントコンピテンスと顧客対応能力」に寄与）．品質がネットワーク性能によってのみ決定されてしまう稼働時の利用を除き，これらのシステムはサービスサイクル全体ですべての顧客接点（したがって，すべての顧客体験）に関わっている（TMF, 2004）．図15.1で示すように，オペラント資源はサービス提供者のサービスシステムの全コンポーネントである．

顧客ケアは，主にサービスフルフィルメントとアクティベーション，請求その他の一般的な問い合わせ，およびサービスサポートに関係している．顧客ケアの主要な役割（例えば「顧客対応能力」と「学習プラットフォーム能力」）は，顧客が楽しんでサービスの恩恵を完全に享受できるように，サービス利用に関する課題や問題を解決し，テレコムサービスを効果的に使用できるように支援することである．サービス提供者は巨額の技術投資を行い，自動化ならびにセルフサービス技術を通して迅速かつ効果的に顧客に対応し，顧客の知識を捉え，全体のサービスコストを削減できるようにしている．

---

2. サービスシステムの観点では，これは顧客（テレコムサービス提供者あるいは通信事業者）のサービスシステム要素と，提供者（機器サプライヤー）のサービスシステム要素とによる価値共創である．テレコムネットワークの設計・構築活動は，テレコムサービス提供者のエンジニアとネットワーク機器サプライヤーのエンジニアとが協同して作業することが多い．新しいネットワーク能力（サービス提供者にとっての価値）を共創するのは，彼らの「協同コンピテンス」である．サービスシステムの観点からは，大まかに言えば，これは提供者（サプライヤー）の「ソフト」な知的財産（エンジニア）と「ハード」な知的財産（機器）というオペラント資源を，顧客（通信事業者）の「ソフト」な知的財産（エンジニア）と「ハード」な知的財産（新しい機器が統合されるネットワーク）とを統合するものとして表される．顧客（通信事業者）の「サービス体験」は，ネットワーク機器の実際の能力（機能性，柔軟性など）と，ネットワーク開発ライフサイクル全体を通してのサプライヤーのエンジニアの知識と，技術的・社会的スキルによって決まるだろう．
3. 【訳注】受注から商品引渡しまでの一連のプロセスのこと．

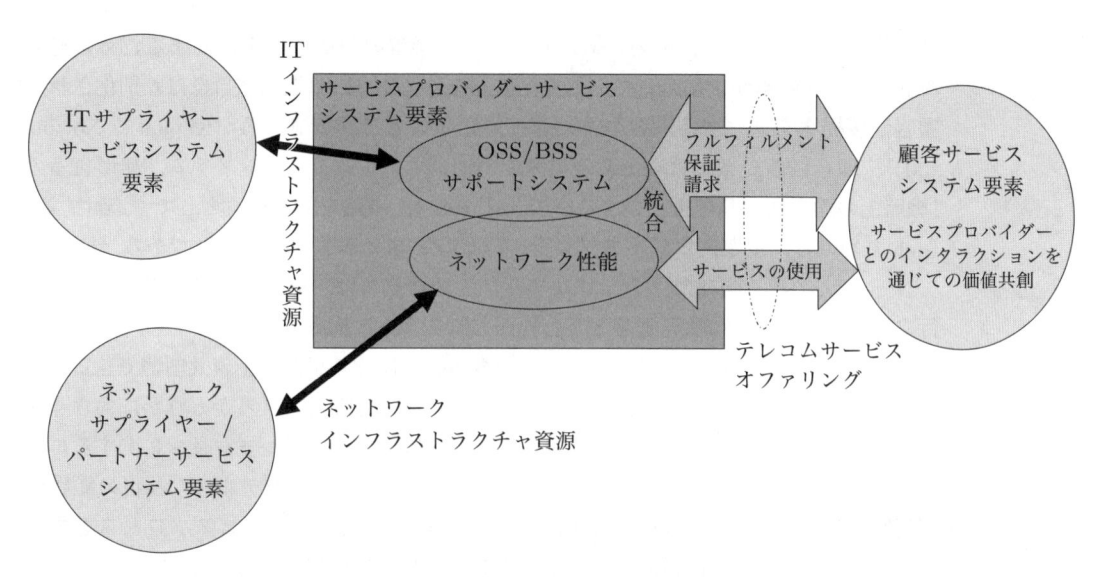

図15.1 単純化されたテレコムサービスのシステムモデル

こうした投資が行われているにもかかわらず，顧客体験という意味での顧客ケアの成功は，主に顧客ケア担当者の対人スキルならびに技術スキル，考え方，サービス文化全般にかかっている（Schneider & Bowen, 1995）．顧客との価値共創の原則（ストレスが多い環境下でも，優雅かつ丁寧に問題解決を効率的・効果的に実践すること）は，サービス文化とエンドツーエンドのサービスプロセス設計コンピテンス[4]を支えるものであり，その結果として，事業会社の業績と競争優位性に寄与することになる（Madhavaram & Hunt, 2008）．

テレコムサービスの提供者は，協同コンピテンスと「組織的学習能力」によって競争優位性を獲得する．これにより，自社のマーケティング，ネットワーク，ITと顧客ケア（オペラント）資源，サプライヤーのオペラント資源（ネットワーク，IT，広告代理店など）を，政府当局や競合他社のオペラント資源と組み合わせることができる独自の方法を定義し，顧客および自社のために多岐にわたる革新的なテレコムサービスを創造する．

15.4 テレコムサービスプロセス

15.4.1 テレコムビジネスプロセス参照フレームワーク（eTOM）

サービスはもともとプロセス中心である（Shostack, 1984; Fitzsimmons & Fitzsimmons, 2007; Lusch et al., 2008）．そのため，サービス企業には優れたプロセス管理コンピテンスが必要である．サービスの産業化の進化により，ビジネスプロセスの中にはコモディティ化されて標準化のレベルに達したものもある（Davenport, 2005）．よりコストの低いサービス提供者に非中核事業プロセスをアウトソースしたりオフショア化すること

---

[4] 上記二つの能力に加えて，組織的学習能力ならびに市場志向の革新的能力を追加する（Madhavaram & Hunt, 2008）．

は一般的になってきた．そのため，サービス企業は競争優位性を持続するための適切なソーシング戦略が求められている（Karmarkar, 2004）．事業戦略目標は差別化された顧客価値提案を通して，顧客のニーズに応えることで達成される（Kaplan & Norton, 2004）．顧客価値提案では，企業のすべてのビジネスプロセス，システム，無形資産の「戦略上の適合性」基準を定義する（Porter, 1985）．戦略を価値提案として「遂行する」（deliver）[5]のは，企業内ビジネスプロセス（ビジネスオペレーション）である（Kaplan & Norton, 2004）．同様に，テレコムサービスプロセスは，提供者独自の価値提案を遂行するために提供者の事業戦略と整合性がとれるように構成される．

テレコムサービスの創出は，卓越した顧客体験を伴う効果的な価値共創ができるように，サービスデザイナーが提供者のサービスプロセスを理解できるかどうかに大きく左右される．そのためには，組織機能全体にわたる提供者のオペレーションに関するエンドツーエンドのモデリングが必要となる．エンドツーエンドモデルは，独自の顧客価値提案に沿って，顧客との「効果的な」価値共創を実現するサービスプロセスを構成するために，組織内・組織間のプロセスをシームレスに結び付ける（Kaplan & Norton, 2004; Anderson et al., 2006）．そのため，テレコム業界は，eTOM（enhanced telecom operations map）と呼ばれるテレコムサービス提供者のビジネスプロセスに関する標準フレームワークを定義した．eTOM は，サービス提供者が使用するであろうすべてのビジネス活動を分類するための，一般的なテレコム参照フレームワークである．提供者は参照フレームワークを用いて会社固有のサービスプロセスを特定し，既成商品の標準ベース OSS/BSS ソフトウェアシステムを調達し，特定されたサービスプロセス（ビジネスオペレーション）をサポートし，必要に応じて自動化する．図 15.2 に示すように，eTOM には三つのコアプロセス領域がある．

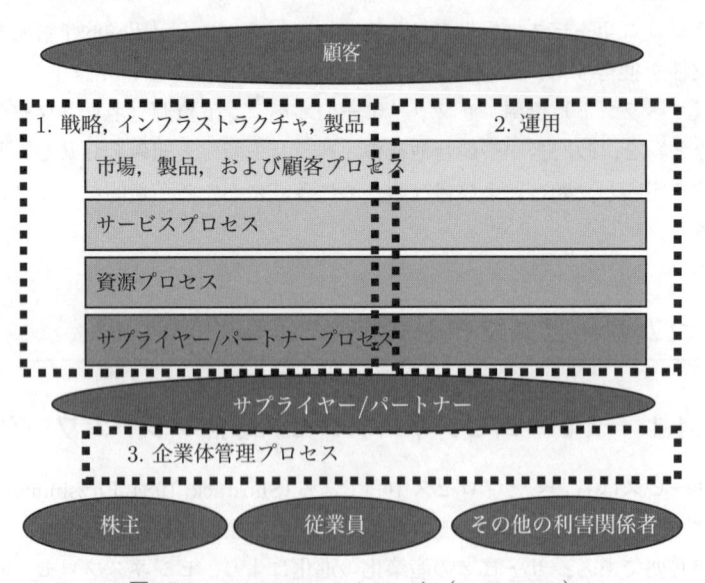

図 15.2　eTOM フレームワーク（TMF, 2004）

---

[5]．「deliver」（遂行する）という用語は，顧客価値提案という G-D ロジックの視点で，Norton & Kaplan（2004）が使用した．

1. 戦略，インフラストラクチャ，「製品」[6]——（開発と提供に関連する）インフラストラクチャと製品計画，ライフサイクルマネージメントに対処する．
2. 運用 —— サービスの中心である顧客（ならびにネットワーク）の運用管理のコアに対処する．
3. 企業体管理 —— 企業あるいはビジネスサポート管理に対処する．

初めの二つのコアプロセス領域が，サービス設計の一番の関心分野である．それらは四つの機能プロセスブロックで構成され，四つの「組織機能」を表している．

- 市場，製品，顧客プロセス —— 販売ならびにチャネル管理，マーケティング管理，製品とオファリング管理，顧客対応運用プロセス（サービス受注問題対応，SLA 管理，請求など）を含む．
- サービスプロセス —— サービス開発，サービス能力の提供，サービス構成，サービス問題管理や品質分析，評価などの運用プロセスを含む．
- 資源プロセス —— 資源（ネットワークならびに IT）の開発と提供，プロビジョニング，トラブル管理とパフォーマンス管理など関連する運用管理プロセスを含む．
- サプライヤー/パートナープロセス —— 製品とインフラストラクチャのサプライチェーン管理[7]など，企業とサプライヤーおよびパートナーとの（サービス能力共創を目的とする）インタラクションに対応するプロセス，さらにサプライヤーおよびパートナーとの運用インターフェースを含む．

サービスシステムモデリングの観点（Maglio et al., 2006; Vargo et al., 2008）では，（サービスプロセス層内の）サービスの開発・提供のプロセスが（協調能力を適用して）資源を統合する役割を持つ．これにより，テレコムサービス提供者は自身の資源（資源プロセス層）と他者から供給が可能なサービス能力（例えばクライアントとしてのサービス提供者の価値）を共創することができる．顧客の観点からすると，これは提供者とサプライヤーの間のサービスオファリングの共創となる．以上はサービス/製品開発ライフサイクルにおけるサービス設計，開発，実装の局面（図 15.2 の左側のコアプロセス部分）であり，顧客からは（ほとんど）見えない部分である[8]．サービスが完全にテストされて本番稼働すると，運用コアプロセス（図 15.2 の右側）で「管理される」ようになり，サービス性能は顧客からよく「見える」ようになる．「仕事をする」ために顧客は，自分自身の資源にアクセスし，それを統合する．そのためにサービスは提供され，その結果として自分のための価値を（提供者と）共創することになる．

15.4.2　エンドツーエンドの顧客中心テレコムサービスプロセス

顧客体験とは，提供内容（すなわち製品あるいはサービスの機能と成果）と，「どのように」提供されたか（すなわち使用プロセス，使用コンテキスト，相互作用の感情的なコンポーネント）（Patricio et al., 2008）を組み合わせた結果である．顧客体験は，提

---

[6]. 製品は eTOM ではサービスの上位としてモデル化されている．つまり，サービスは製品から，かつ製品の一部として生じる．これは G-D ロジックの世界観である（Vargo & Lusch, 2004）．
[7]. サプライチェーンも G-D 優位ロジックの観点で捉えられる．
[8]. 顧客と協同して提供者とサービスオファリングを共創することになった際に可視化される．

供者のクライアントに対する独自の価値提案で表される（Selden & MacMillan, 2006）．したがって，サービス提供者は「顧客と独自の体験を共創できるようにサービス設定を設計し，サービスの手がかりを取りまとめる」（Patricio et al., 2008, 320）ことに集中すべきである．

　顧客体験をサービス設計の中心に置くために，（プロバイダー向けの）サポートサービス創造と，（顧客との）価値共創に隣接している四つの水平型のコアプロセスブロックと関連づけられた垂直型のエンドツーエンドプロセスに，顧客が有している裏返しの視点をモデル化することが重要である．四つの垂直型エンドツーエンドプロセスは，特にサービス設計と密接な関連がある．すなわち，一つは先ほど述べた「戦略，インフラストラクチャ，製品」の中核であるライフサイクル管理プロセスであり，プロダクト（あるいはサービス）ライフサイクル管理プロセスは，「運用」コアプロセスの三つ，つまりサービスのフルフィルメント，サービス保証プロセス，そして請求プロセスである（図15.3）．これらは，競争し続けるためにサービスプロバイダーが行わなくてはならないコアコンピテンシーや戦略的な能力である．

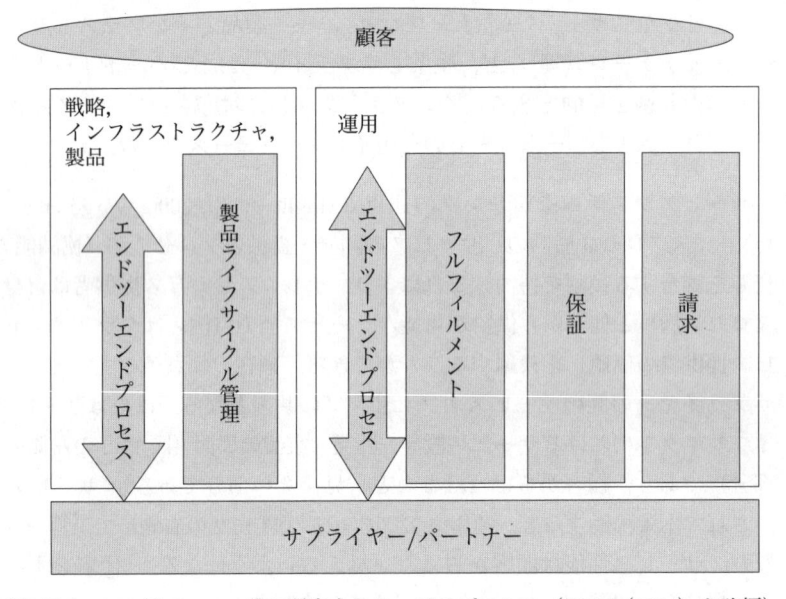

図15.3　エンドツーエンドの顧客中心サービスプロセス（TMF（2004）を改編）

　製品ライフサイクル管理における垂直型のエンドツーエンドプロセスは，サービス事業者のポートフォリオの中で「製品あるいはサービス」を定義，計画，設計，実装することに責任を持つ．このプロセスによって，顧客が要求する満足度ならびに品質へのこだわりに合致するような新製品/新サービスを提供したり，製品/サービスを強化・管理したりする．上述したように，サービス提供者はサプライヤーとパートナーと協同して自社のオペラント資源（ネットワークインフラストラクチャや製品/サービス）を統合し，自社の顧客向けの新製品/新サービスを共創する．

　垂直型のエンドツーエンドなフルフィルメントプロセスは，顧客との価値共創の実現に責任を持ち，顧客が求めるサービスを業界のベストプラクティス応答時間内で稼働さ

せる．顧客の複雑なビジネス要求については，提供者の製品/サービスポートフォリオを使用して，「目的に合致した」ソリューションを供給する．ソリューションは適切なクライアント共創管理プロセスを使用して，販売契約同意書の一部として共創される（Bettencourt et al., 2002）．契約にはサービスフルフィルメント，保証，請求プロセスに関するサービス内容合意書（SLA）を明記する．したがって，フルフィルメントプロセスは顧客に対してサービス受注の状態を知らせ，契約期間内にソリューションを稼働させなければならない（TMF, 2004）．これらの活動はすべてサービス提供者によって取りまとめられ，顧客が「仕事をする」ためにサービスオファリングと自身のリソースを統合する際の労力を軽減し，優れた顧客体験を達成できるようにする．

保証に関する垂直型のエンドツーエンドプロセスは，可用性ならびに信頼性などのサービス性能が SLA や QoS（サービス品質）で締結された性能レベルを満たす責任がある．これは，先を見越した保守活動ならびに受身的な保守活動から達成される．性能と資源状態をモニタリングすることで起こりうる障害を先取りして検知し，あるいは潜在的な問題を特定し，顧客に影響を与えることなくそれらを解決する（TMF, 2004）．

請求に関する垂直型のエンドツーエンドプロセスは，適切な使用記録の収集，タイムリーかつ正確な請求内容の作成，請求前の使用情報の準備，顧客への請求についての責任を持つ．顧客の支払いを処理し，支払い回収を行う．顧客からの請求照会に対応し，請求照会状態を提供し，請求問題を解決し，SLA に合った高いレベルの顧客満足度を得るようにする（TMF, 2004）．

15.4.3 テレコムオープンサービスイノベーション

eTOM は，顧客体験を管理する必要性を認識しているものの，どのようにそれを実践するのかは明確に述べていない．最近，テレマネージメントフォーラム（TMF, 2008）では，モバイル TV，IPTV や VoIP など，新しいサービスにおけるエンドツーエンドの顧客体験の質を管理するためのプログラムを開始した．このプログラムは，複雑なバリューネットワーク上で高品質な顧客体験を提供しようとしている．そのためには，以下の (a)～(d) に対応する標準化ソリューションを協力サービスパートナーと共同開発することが求められる．(a) 顧客満足度の測定，(b) バリューネットワーク/エコシステムの課題の指摘，(c) 支払い分担とセキュリティ保守，(d) サービス内容合意書の監視（TMF, 2008）．

eTOM は，テレコムサービス提供者が企業の事業戦略とビジネスモデルを明確に示し，具体化する EA 開発の一部として，自社のエンドツーエンドのビジネスプロセスを策定するための参照フレームワークに広く使用されている．EA では，NGN に向けたサービス事業者のネットワーク戦略も考慮されており，企業のビジネスプロセスと技術の方向性を示す一貫性のある統合ブループリントを記述することで，将来の成長に対する資本投資を導くものになっている．対象 OSS/BSS システムのアーキテクチャ群は EA の一部として定義され，サービス提供者の将来のビジネスオペレーションの状態を表している．これらは，機能領域（例えばフルフィルメント，保証，請求，CRM など）ごとのエンドツーエンドのビジネスプロセスをサポートし，必要に応じて自動化するために用いられる．複数の異なるコアネットワーク（例えば固定とモバイル）に対する共

通機能領域（例えば請求）のビジネスプロセスは，OSS/BSS のテクノロジーによって，それらをまとめてサポートする OSS あるいは BSS システムプラットフォームへと収束する傾向にある．OSS/BSS システムの機能をコンポーネント化することで，複数の異種サービスでの再利用が可能となり，サービス指向アーキテクチャ（service-oriented architecture; SOA）を通して接続している NGN サービス提供プラットフォームにアクセスできるようになる．OSS/BSS システムと NGN サービス提供プラットフォームを統合することにより，サービス開発の高速化やコスト削減が実現される（Strang, 2005; Crane, 2005）．このような新しい変革的 OSS/BSS システムは，サービス提供者の成長戦略目標に沿った形で投資・開発されることになる．サービス提供者は，こうした大規模変革プログラム（例えば IT アウトソーシング）の開発を外部資源（IT システムインテグレーター）と協同で実施することが多い．その結果，また新たな協同サービスシステムが生じることになる（Maglio et al., 2006）．

社内の閉じたイノベーションの場合，革新的なテレコムサービスのアイデアの着想・評価・設計・実装は社内で行われ，「製品革新コンピテンスと技術革新コンピテンス」の適用によりフルフィルメント，保証および請求といったエンドツーエンドのビジネスプロセスをサポートする OSS/BSS システムと，必要なネットワーク性能が統合される（Madhavaram & Hunt, 2008）（図 15.1）．通常，ネットワークの性能はサービス提供者自身の資源をもとに構成される．ただし，ネットワークのインフラストラクチャは事前にネットワークサプライヤーと共創されている．この場合，イノベーションは社内の創造的なアイデアとその商用化を意味している（Sato, 2008）．IT とネットワークのこうした統合により，以下の機能や性能が実現される．

- エンドユーザーである顧客は，ネットワーク機能（サービスとして提供されているもの）を（注文し，アクティベーションして使用することで）入手できる．
- 使用時のサービス品質が効率的・効果的になる（サービス品質を積極的にモニタリングし，サービス使用中に発生したあらゆるサービス問題を迅速に解決することにより，サービスの継続的な可用性と要求品質レベルを確保する）．
- サービス使用料を正確かつタイムリーに請求できる．

一方，サードパーティと協同で行われるオープンなイノベーションの場合，ネットワーク能力は，サービス事業者のネットワーク資源に加えて，他のサービス事業者，サプライヤー，パートナーのネットワーク資源も統合したものになる可能性がある（図 15.4）．この場合，フルフィルメント，保証と請求プロセス，関連する OSS/BSS システムには，サードパーティのビジネス要求（事前交渉した契約ビジネスモデルやサービスレベル，品質についての同意）を組み込まなければならない．オープンなイノベーションは，「外部の破壊的アイデア ＋（そのアイデアとサービス提供者の資源との）統合 ＋（市場投入の）タイミング ＋ 商用化の足し算」で構成されていると見なせる（Sato, 2008）．

いずれの場合も，カスタマーケアの代理店は「オファリング内容」および「オファリングの形態とサポート方法」について十分トレーニングし，快適な顧客体験を提供できるようになる必要がある．このことは，サービスのアイデアの商用化を担当するサービス/製品マネージャーが顧客体験に関する要求を深く理解し，効果的に「目的を果たす」

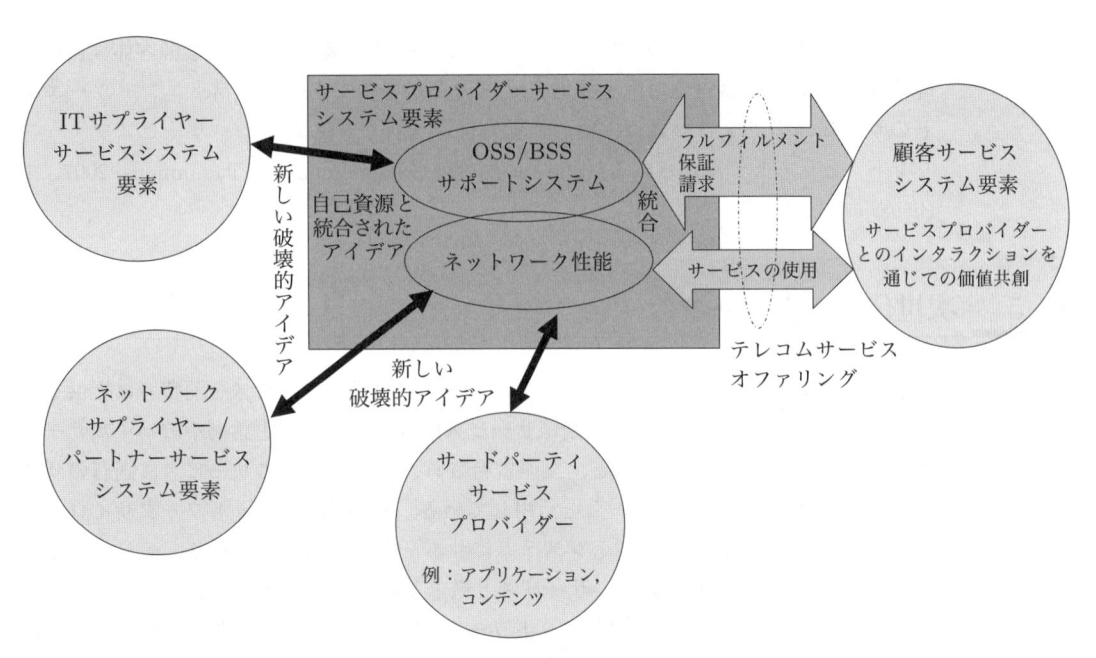

図15.4 サードパーティのパートナーあるいはサービス提供者とのオープンイノベーションを通して作られるテレコムサービス

ために，サービス（提供者のオペラント資源）と顧客のオペラント資源とが統合しやすくなる方法について，サービス設計のエンジニアとともに理解する必要があることを意味している．つまり，サービスの設計者は（サプライヤー/パートナーとの）サービスの共創ばかりではなく，（サービスプロセス全体にわたる）顧客との価値共創についても考慮しなければならない．

Bitner et al. (2008) は，「サービスは流動的・動的なものであり，顧客，従業員，技術者の間でリアルタイムに共創されることが多く，その意味で静的であることはほとんどない」と述べている．Haskett et al. (2008) は，サービス企業の成長と収益性を牽引するのは満足度の高い顧客であることを示している．これは，企業の「サービス利益チェーン」を効果的に管理することで達成される．サービス利益チェーンとは，企業のオペレーションにおいて顧客満足に影響を及ぼすあらゆる関連性を指している．彼らの研究では，顧客満足度が顧客と価値を共創する際の従業員の満足度と直接関連していることが示されている．したがって，顧客体験における（顧客および従業員の観点からの）人的要因は，サービスシステム設計の重要な成功要因となる．テレコムサービスシステムの設計も同様に，顧客との印象的な顧客体験の共創に関係している．しかしながら，組織的あるいは技術的な相互作用ばかりではなく，サービスシステム内での知識労働者としての人材とその役割をモデル化することが課題となる（Maglio et al., 2006）．

顧客体験を管理するためには，サービス提供者と顧客との交流をサポートするサービスプロセスをエンドツーエンドで分析する必要がある．ここでは，シンプルで効果的，特徴的で印象的な体験，つまり顧客の負担を最小限としつつ最大限の便益を生むようなサービスの価値を共創で生み出そうとする際の，企業と顧客との接点（タッチポイント）管理に焦点を当てる．このような価値創造を実現するには，提供者側の価値共創に

対する機能横断的な視点が必要となる．また，すべての機能領域が同じ顧客体験目標を達成するために，協同で資源を注力させることが必要である．通常，エンドツーエンドのサービス提供プロセスは，優れた顧客体験を保証するための「サービスブループリント」としてモデル化される（Shostack, 1984; Fitzsimmons & Fitzsimmons, 2007, 71; Bitner et al., 2008）．

15.5　次世代ネットワーク

今日，フルサービスのテレコム提供者は，複数の多様なサービスを消費者に提供している．これらのサービスは，固定回線サービス向けの公衆回線電話網やモバイルサービス向けの GSM ネットワークなど，垂直統合された，それぞれのサービスに固有のサイロ化されたテレコムネットワークを活用している．その結果，ネットワークサイロはそのサービス固有の OSS/BSS 対応システムにサポートされることになり，テレコム業界は高い運用コスト，柔軟性のないサービスと粗末な顧客体験を抱えることになる（Reeve et al., 2007）．この欠点は，次世代ネットワーク（NGN）でもたらされるネットワークの集約によって改善されるだろう（Knightson et al., 2005; Reeve et al., 2007）．NGN は特にサービス層とトランスポート層を機能的に切り分けるよう設計されており，一方の層に影響を与えることなくもう一方の層を変更できるようになっている（図 15.5）．トランスポート層は二つのサブレイヤーから構成されている．一つは「コアアクセスネットワーク」であり，これはネットワークの末端にある多数の多様な「エンドユーザーデバイス」（例えば固定，ワイヤレス，携帯電話，PC，デジタル TV セットトップボックスなど）による共通のアクセスをサポートするものである．もう一つは「単一の IP コアネットワーク」のレイヤーであり，これはデバイス同士，あるいはアプリケーションコンテンツサービス（例えばディレクトリ提供やインフォテインメントコンテンツサービス）とエンドユーザーデバイスの間での，遍在的なエンドツーエンドの「トランスポート」接続性を提供するものである．NGN のサービス層も二つのサブレイヤーから構成される．

アプリケーション：サードパーティのアプリケーション，コンテンツサービスプロバイダーをサポートする
サービス提供プラットフォーム：IMS ベースの固定-モバイルサービスの集約

　　サービス層

単一の IP コアネットワーク
コアアクセスネットワーク：複数の様々なエンドユーザーデバイスによる共通アクセス

　　トランスポート層

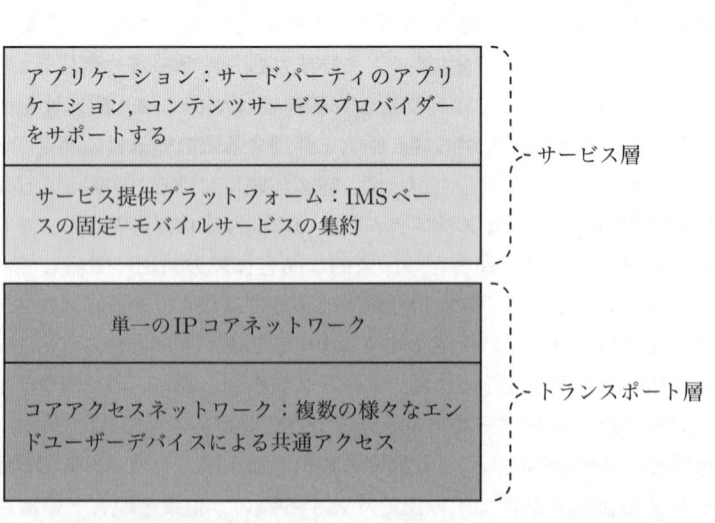

図 15.5　次世代ネットワークアーキテクチャ

- 一つは，「サービス提供プラットフォーム」サブレイヤーである．これはインターネットマルチメディアサブシステム（IMS）により実現されるものであり，固定向けサービスとモバイル向けサービスの集約をサポートし，すべてのネットワークをまたいで複数種類のサービスを利用できるようにする（Knightson et al., 2005; Crane, 2007）．サービス提供プラットフォームサブレイヤーは，認証，プレゼンス，ロケーションといった「一般的なサポート能力」をサービス提供者が基盤ネットワークの複雑さを意識する必要のない形で提供している．IMSは登録済みユーザープロファイルを維持し，さらにユーザー中心でもあるので，ユーザーの嗜好にカスタマイズされた複数の異種サービスにアクセスすることが可能になる（Yahia et al., 2006; Crane, 2007）．IMS は，複数のサービス支援能力（オペラント資源）をそれぞれのコンポーネントとして備えた，サービスシステムのエンティティとして概念化できる．また，それらのコンポーネント自身も（おそらく原子的なサービスオブジェクトのレベルでは）サービスシステムエンティティとしてモデル化できる可能性がある．
- 一方，「アプリケーション」サブレイヤーは，サービス提供者に対して柔軟で効率的かつオープンな環境を提供する．この環境は，サービス提供プラットフォームがオープンなアプリケーションプログラムインターフェース（API）を通じて「公開」している一般的なサービス支援能力を再利用している．

　NGN サービスが迅速に供給されることの別の利点は，IMS ベースでのサービス実行と eTOM ベースの OSS/BSS サービス管理である．このサービス管理は，すべてのドメインに共通のミドルウェアと共通の情報モデルを備えた「サービス指向アーキテクチャ」を目的として「コンポーネント化された」サービスフレームワークを持つ（Crane, 2007; Strang, 2005）．したがって，NGN アーキテクチャは，ケーパビリティ群として知られる「標準化された構成要素」の集合で構成される．トランスポート層は，ネットワーク管理，ルーティング，ネットワーク認証と権限付与，アカウンティング，トラフィッククラス，プライオリティ管理など，「基本ケーパビリティ」から構成される（Carugi et al., 2005）．一方，サービス層は，プレゼンス，ロケーション，グループ管理，メッセージ処理，ブロードキャスト/マルチキャスト，プッシュ，セッション処理，デバイス管理など，「サービス支援ケーパビリティ」で構成される（Carugi et al., 2005）．このようなサービスケーパビリティ群は，サービスシステムのコンポーネントとして概念化できる．個々のコンポーネントは明確に定義されたサービスを持ち，オブジェクトベースのサービスモデルと同様にアドレス指定可能なインターフェースを備えている．必要な基本ケーパビリティとサービス支援ケーパビリティ，および顧客インターフェースを含め，それらに付随するコンポーネント化された OSS/BSS 顧客サービスシステム能力を選定・構成することにより[9]，新たなサービスを迅速に生産できるようになる（Crane, 2005; Strang, 2005）．

　サービス層の「オープン」なアプリケーション環境により，サードパーティのサービ

---

9. 「コンポーネント化された」能力を動的に構成し，より高いレベルのサービス能力を実現することは，Madhavaram & Hunt（2008）による無形かつ動的オペラント資源を組織化して複合あるいは相互接続するオペラント資源に入れる方法に，類似している．

ス提供者も，権限とそれに付随するセキュリティ制御の制約はあるにせよ，同一のサービス支援ケーパビリティに対して同等のアクセスが可能となる．これにより，サービス提供者にとって「新しいビジネスモデル」と収益源の機会が生まれる．この環境でサービス提供者は，取り決められた多様なビジネスモデルと関連する「サービス合意」の範囲内で，新たなサードパーティのサービス提供者に「サービスとしてのアプリケーション環境」を提供し，一般的なサービス支援ケーパビリティと基盤ネットワークケーパビリティを活用することで，革新的なサービスを生み出して市場に提供できるようになる（Darling & Sauvage, 2005）．サービス提供者にとってサードパーティのサービス提供者は，（価値を「共創」する）「顧客」であると同時に，（広く市場に革新的なサービスオファリングを「共創」する）「パートナー」にもなる．取り決められた契約上のサービス合意に明記された価値提案を達成するためには，適切な OSS/BSS サービス管理コンポーネントの選定が必要である．オープンなアプリケーション環境はまた，将来的な拡張によってテレコムエンドユーザー自身がサービスを共同開発したり，パーソナル化できるように，使い勝手の良いシンプルなオンラインの（資源構成）ツールを提供するようになる可能性もある（Crane, 2007）．

　NGN によって，様々な提供者が提供する柔軟な新サービスによる多様なエコシステムが作られる．これらのサービスは，多様な基盤ネットワーク上でユーザーが選択的に定義したエンドツーエンドのサービス品質（QoS）を備えており，優れたサービス体験をエンドユーザーに提供することができる（Reeve et al., 2005）．そして顧客は，あらゆるサービスオファリングに対して，どこでも，どのデバイスでも（固定/モバイル），サービス提供者からの認証・許可があれば，容易にアクセスが可能になる（Lee & Knight, 2005）．

15.6　テレコムサービスイノベーション

15.6.1　サービスイノベーションモデル

　これまでの議論をもとにして，NGN ベースの次世代テレコムサービスイノベーションモデルを図 15.6 のようにまとめることができるだろう．この次世代テレコムサービスイノベーションモデルは，以下に挙げる三つの重要な性質を持つ．

　　1. サービス提供者のエンタープライズテクニカルアーキテクチャは，技術視点からサービスやネットワーク，システム（OSS/BSS）の機能のコンポーネント化を定義し，様々な機能を構成することによって再利用を最大化し，新しいサービスを素早く生み出せるようにする．これらの機能（ソフトウェアオブジェクト）は標準的な命名規約によって容易に識別可能であり，サービス指向アーキテクチャ（SOA）によって相互に連結される．サービス提供者の持つシステムのネットワーク，サービス，システムドメインは，個々の内部のサービスシステム要素の集合として概念化できる．個々のシステム要素は，一般的なサービス機能（すべての提供機能に共通）とそれを扱う熟練技術者の「リポジトリ」を含んでおり，そのサービスシステム要素の持続可能性と適応性をビジネス状況の変化に応じ

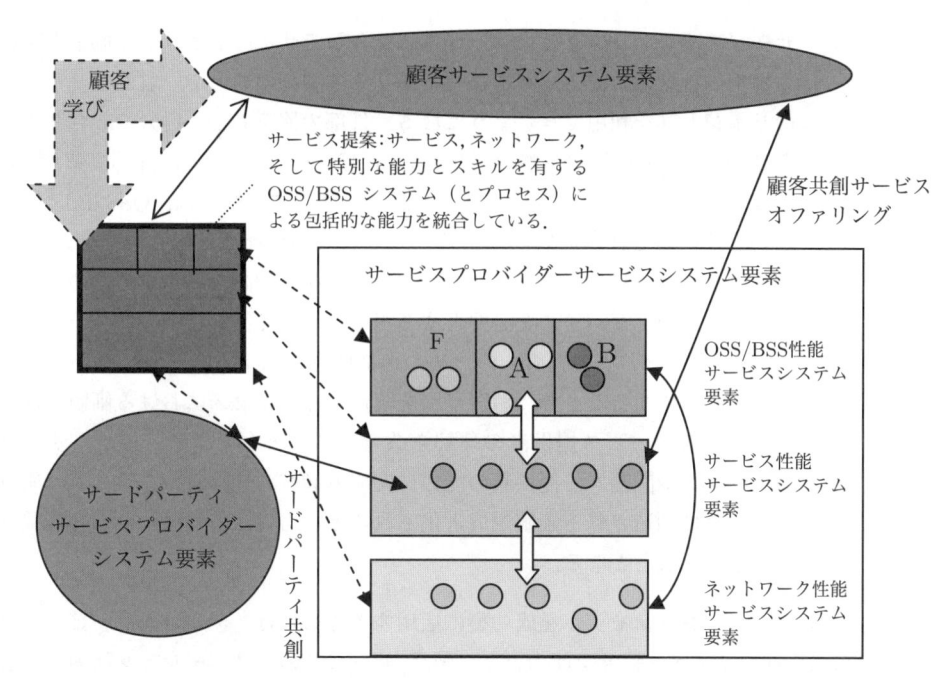

図 15.6 提案するテレコムサービスイノベーションモデル

て維持するために利用される．各サービスシステムの要素は，明確に定義されたサービスオファリングの内容を，他のシステム要素やそのサービスへのインターフェースに対して「公開」する．それらの内部サービスシステム要素群は，「クライアントサーバ」方式あるいは「ピアツーピア」方式によって SOA ミドルウェアを介してやり取りできる．そのようなやり取りは，機能統合（設計・生産）レベルでも，また，高い技術設計レベルで専門家たちが技術情報を交わすドキュメントレベルでも起こりうる．サービスとネットワークの持つ機能については，前節で述べたとおりである．OSS/BSS 機能の中心は，サービスのフルフィルメント（F），保証（A），課金（B）をコンポーネント化することであり，これら三つが顧客と直接対面して，対応するエンドツーエンドのプロセスに存在することによって顧客経験に直接影響を与えるのである．サービスオファリングは，サービス，ネットワーク，システムリポジトリに必須である一般的な機能で構成され，それらの機能とサービスの提供のためにサービス層あるいは OSS/BSS 層で作られる様々な新しい機能とを統合することによって作り出される．サードパーティのサービス提供者との共創，あるいは顧客とのサービスオファリングの共創の場合でも，サービス創造のプロセスは同様であろう．すなわち，図 15.6 に示すサービスオファリングは内部イノベーションの成果かもしれないし，サードパーティあるいは顧客とのコラボレーションによるイノベーションの成果かもしれない．

2. サービスイノベーションの新しいプロセス（すべての提供機能に共通）は，サービス提供者，サービス業者，サービスパートナーといったサードパーティや顧客との協業的イノベーションに取り組むために，高いレベルの「協業力」を必要とする（Lusch et al., 2007）．サードパーティのサービス提供者や顧客と共創する

サービスオファリングは，サービス層を介してサポートされる．協業の関係者たちは契約合意書に従い，厳密なセキュリティ制御のもとで一般的なサービス機能のリポジトリを利用できるようになる．外部の協業者が，自分でこれらのリポジトリから NGN 標準の基盤サービスの自己選択（機能）と，外部協業者（party）のリポジトリによるやネットワーク機能を選択する場合は，OSS/BSS の同様の場合と比べると比較的容易であろう．それらの機能と比較したとき，OSS/BSS は提供者のサービスプロセスについてのより深い知識を要求するため，提供者による専門家のアドバイスを必要とする可能性がある．

3. 「顧客学習」（および調査）のための包括的なシステムとそれに関わるコンピテンスを制度化することで，顧客資源を統合するプロセスにおける価値共創の有効性に関するサービス提供者の理解を改善することができる．また，サービスオファリングや関連する提供者の能力に関する顧客の知識も深まることにより，顧客のために創造される価値が最大化されるとともに，より優れた顧客経験とも深く結び付くこととなる．

このイノベーションモデルを成功裏に活用するためには，テレコムサービス提供者は「市場指向のイノベーション能力」と「製品/サービスのイノベーション能力」が必要とされる（Madhavaram & Hunt, 2008）．テレコムサービス提供者はこれらの能力を利用して，人間の知的活動（知識，スキル），サービス，ネットワーク，OSS/BSS システム，流通チャネルなどの資源を何らかの独自な方法で構成し，競争相手からサービスオファリングを差別化させる．特にサービス提供者は，顧客経験を示す「唯一のサービス価値提案」を作り出す（Selden & MacMillan, 2006; Patricio et al., 2008）．価値提案では，オファリングの「内容」（サービスの機能[10]）のみではなく，このサービスを所有し，使い，対価を支払っているサービス提供者と相互作用する[11]「唯一の方法」にも着目する．すなわち，テレコムサービス提供者は，プリセールスからサービスの使用中，販売後のカスタマーケアまで，エンドツーエンドのサービス顧客経験において競い合うのである．

15.6.2 サービスイノベーションプロセス

サービスイノベーションの「能力」は，企業の競争上の優位性を得るために欠かせないオペラント資源である．サービスイノベーションの実行による「効果的」かつ「効率的」な顧客価値の共創の実現は，「社内」および「社外」における資源の調整・統合に大きく依存している．サービスイノベーションプロセスは，一般的に五つのフェーズからなる（Thomke, 2003; Engel et al., 2006）．

- アイデアの生成 —— このフェーズでは，アイデアやその対象範囲，ビジネス上の利益などをまとめる．
- アイデアの評価・選定 —— アイデアに優先度をつけ，選択したアイデアの実行可能性を試す（低コストで低リスクの）実験へと発展させる．実行可能なアイデアを見つける（あるいは逆に難しいアイデアの失敗確率を計る）機会をスピード

---

[10]. 例えば，どのデバイスからでも，いつでもどこでも使えるマルチメディア会議機能．
[11]. 例えば，顧客ケア代理店の知識，スキル，責任ある振る舞い，そしてテレコムサービスの使いやすさと簡素さ．

アップさせるために，アイデアの可否判断は迅速に行われる．
- アイデアの計画・設計・開発・実装 —— 実行可能なアイデアを確かなサービス開発ライフサイクルへと発展させる．
- アイデアの商品化 —— このフェーズでサービスを立ち上げる．
- 影響評価 —— イノベーションによる性能向上の結果を評価し，将来のプロセス改善のためのフィードバックとして役立てる．

サービスイノベーションには，(a) 既存のサービスの拡張による成長の増大，(b) 新しい成長のためのアイデア（Anthony et al., 2008）や新しい成長の土台になりうる新しいサービスのアイデア（Laurie et al., 2006），という次の二つの基本的なタイプがある．前述したプロセスは新しいイノベーションのために設計されるものであり，成功の確実性は高くない．一方，サービス拡張の場合には，ある程度の成果（経済規模につながるような成長の増大）が予測でき，短縮化されたプロセスで管理できる．新しいサービスアイデアが実際に開始されると，価値共創プロセスから得られるフィードバック（レビューフェーズ）と顧客とともに行う学習を通して，継続的な向上につながる．また，新しいサービスアイデアが戦略的にビジネスの中核と合致しているかを評価して，規模の拡大を行うかどうか，あるいは，新たな成長プラットフォームのビジネスモデルが中核ビジネスとは大きく異なることも多いが（Laurie et al., 2006），その場合には別のビジネスを作るかどうかを検討する（Anthony et al., 2008）．

イノベーションは，顧客の知見や，顧客のニーズに沿った革新的なサービス共創のためのサービス提供者の創意工夫に依存する．サービス提供者はそのために，階層的なネットワーク資源を知的資源（人と組織的な能力）と組み合わせて，柔軟に構成する必要がある．イノベーションのアイデアは，内部でも外部でも発生しうる．テレコムサービス提供者は，最初は市場や顧客に関する内部の知見をもとにアイデアを作り出すが，徐々にサプライヤー，ビジネスパートナー，顧客などからのアイデアによるオープンイノベーション（Reeve et al., 2007; Sato, 2008; Nesse, 2008）を開始する．本章の残りは，実際に広く見られる顧客との協業について述べる．

15.6.3 顧客との協業

サービスは常に顧客によって決定される．したがって，新しい創造的なアイデアは顧客とは「逆からの」視点をもとに発展させなくてはならない（Edvardsson et al., 2007; Payne et al., 2008）．成功している企業は，サービスと価値共創に顧客を巻き込むことを選択している（Prahalad & Ramaswamy, 2000）．モバイルのサービス設計においては，顧客を設計に巻き込むことでサービス提供者の顧客理解を向上させ，さらに革新的なアイデアを生み出せることがわかった（Magnusson et al., 2003）．顧客の価値創造のプロセスは動的かつインタラクティブなものであり，非直線的に，そしてしばしば無意識に進められる．価値は，顧客資源の統合を実行した成果である業績という文脈の中にある．例えば，3Gモバイルデータサービスが持つ価値は，顧客企業がモバイルによる販売員の調整という文脈で使用する場合と，医師が運用するオンラインヘルスケアアプリケーションに接続されたワイヤレス心臓リアルタイムモニタリング装置の一部という文脈で使用する場合とでは，異なるものになるかもしれない．顧客にとっての価値を

最大化するためには，サービス提案が顧客資源統合に適合し，かつその実践を改善できることが必要である．顧客にとっての価値は，「長く」サービスに接した顧客の「認識」「感情」「行動」などから生じた関与経験によって決定される．このようなサービスとの接触は，サービス提供者の組織横断的機能（例えばマーケティング，販売，活性化，保証，請求業務，顧客対応）によって提供される．図15.1や図15.6ですでに例示したように，これらの機能は関与経験が一貫したものになるように「統合して」運用する必要がある．関与経験についての要求に合わせて，必要となる価値提案をサービス提供者と顧客が「協業して」共同設計することも可能である．例えば，体験プロセスのプロトタイプを作成し，適切な成果指標（15.2節「サービスサイエンスの概念と原則」）で調整するなどの方法が挙げられる．顧客もサービス提供者も，それぞれの価値共創プロセスのために継続的な学習が求められている．前述のとおり，顧客は価値提供を自身の人生，目的，希望などと一体化させる能力を，学習によって高めることができる．顧客の価値創造プロセスに関する組織的な学習は，顧客への洞察を深める．組織的な学習は，サービス提供者の「協業能力を育ててイノベーション能力と競争優位を高めるために，必須のプロセスである」(Edmondson, 2008)．

サービスオファリングを共創することは，カスタマイゼーションに直接結び付く(Etgar, 2008)．テレコムサービスソリューションを企業や大規模顧客のビジネス課題にあわせてカスタマイゼーションすることは広く行われている．そのサービスプロセスは，Maglio et al. (2009) が述べたように，IT アウトソーシングと類似している．ブロードバンドやワイヤレスデジタルネットワーク，そして特に新しい NGN が利用できるようになったことで，サービスオファリングの共創における「消費者」である顧客の直接参画は，より低コストで可能になり，サービス提供者と顧客両方にとって商業的にも魅力があるものになっている．Etgar (2008) は，サービスのパーソナル化を成功させるために，顧客共創プロセスの動的モデルにおいて次の五つの段階を定義した．

1) 顧客が参画しやすい前提条件の確立
2) 動機づけや顧客の利点の確立
3) コスト効果の評価
4) 一連の「製品-消費」活動からの選択[12]，および共創プロセスの実行
5) コスト効果分析による共創戦略の効果の評価

サービス提供者が，顧客との共創経験によって継続的学習プロセスを設けることで顧客のサービス利用能力を向上させる方法は，賢明なやり方である．

　　NGN の機能によってデジタルエコシステムが実現したことで，テレコムサービス提供者は，エンドユーザー間およびエンドユーザーとサービス提供者間でインタラクションするための使いやすいツールを提供できるようになり，オンラインサービス上のエンドユーザーがサービス提案と価値共創の能力を手に入れることになった．Blazevic & Lievens (2008) は，オンラインの世界において共同で知識創造を行うパートナーとして顧客は三つの異なる役割を果たしうることを示した．すなわち，「受動的」創造者の役

---

[12]. G-D ロジックベースのモデルから S-D ロジックベースへと変更対応し，S-D ロジックに完全に準拠させる方法は，今後の研究テーマである．

割,「能動的」創造者の役割,「双方向的」創造者の役割である (Vargo & Lusch, 2004).そして,これらの役割はそれぞれ異なる宣言的・手続き的な知識特性を生み出し,新たなサービスアイデアの「特定」「発展」「展開」という三つのイノベーションの段階において異なる影響を与える.さらに,サービス提供者は,知識の共創によってコスト上の優位性を得るだけではなく,将来の実績向上へのソリューションを具体化させることもできる.最終的に Blazevic & Lievens (2008) は,企業と顧客の間,および顧客と顧客の間の双方向のやり取りにより,潜在的な顧客ニーズを見つけるための知識が得られ,さらに段階的なイノベーションと急激なイノベーションの両方に対しても,これらのやり取りが有効であることを示した.

革新的なサービス提供者は,顧客が求め,自分たちに利益をもたらすイノベーションは何なのかを理解するために,顧客に関する研究開発にいっそうの投資を行っている (Selden & MacMillan, 2006).顧客に関する研究開発を行うには,顧客の期待を超える相互互恵的な価値を提示することにより,中核となる顧客との親密な関係性を築くことが必要である(前述).ただし,競合他社に対抗してそのような中核の顧客をつなぎ止め,新しい顧客層を獲得するためには,顧客への価値提案が,顧客にとって最も重要な価値要求に「響く」ものでなくてはならない (Anderson et al., 2006).これは,サービス提供者の差別化のカギとなる点が,近い将来に(競合相手と比較して)最も大きな価値を生み出すかもしれないということを意味している(前述; Lusch et al., 2007).中核の顧客との親密な関係を持続するには,顧客と定期的で親密な交流を行い,顧客のフィードバックと積極的なサービス利用モニタリング,問題解決,そして全般的な顧客ケアが必要である.すべては,サービス提供者が顧客に関する深い知見を得るために役立つだろう.これは戦略上重要な能力である.顧客に関する研究開発は,そのような洞察を活用することで,顧客の満たされていない要求に対応する新しい能力を手に入れる一方,未開拓の市場のニーズに対応する新たな領域を生み出す (Selden & MacMillan, 2006).顧客に関する研究開発によって,サービス提供者は顧客のニーズの変化や破壊的な能力の脅威(前述)の可能性を感知し,市場競争力を保つためのタイムリーな戦略的対応をとることができる.

15.7　まとめ

テレコミュニケーション業界は,それ自体が複雑なサービスシステムである.テレコムサービスの複合領域的な性質は,サービスサイエンスの新しい考え方とよく共鳴するように見える.

テレコムにおけるサービスを最新のサービスサイエンスの原則を用いて観察することにより,提案している次世代テレコムサービスのためのイノベーションモデルに対する初期要求セットが得られる.これらの要求に対して,テレコム産業のビジネスオペレーションにおける業界標準である eTOM,NGN のアーキテクチャ,そして世界中の優れたサービス提供者がもたらした進歩などに対する詳細な観察を,サービスサイエンスの概念と原則を用いて解説した.

この観察から,次世代テレコムサービスのイノベーションモデルの基本的構成を提案

した．このモデルは「顧客中心」であり，次の三つの特徴からなるものである．

(a) サービスは，サービス，ネットワーク，OSS/BSS という三つの内部サービスシステム要素による，部品化された機能（オペラント資源）を統合することで生み出される．

(b) サービスイノベーションは，サプライヤー，パートナー，サードパーティのサービス提供者，および顧客との協業的イノベーションを取り入れた，シンプルなプロセスで行われる．

(c) 顧客学習システムを確立する．提案したモデルは「顧客との協業的イノベーション」を提唱するものであり，これはテレコミュニケーション業界ではまだ十分に発達していない．

本章では，まず小さな一歩として，顧客とのサービス提案共創についての課題と最近の進歩についての最初の検討結果を示した．テレコム業界アプリケーションの将来の可能性を目指して提案したテレコムサービスイノベーションモデルを完全に開発するためには，サービスサイエンスに基づく詳細な研究がさらに必要である．

参考文献

Anderson, J. C., Narus, J. A., and van Rossum, W. (2006), Customer Value Propositions in Business Markets, *Harvard Business Review, March, 91-99.*

Anthony, S. D., Johnson, M. W., and Sinfield, J. V. (2008), Institutionalizing Innovation, *MIT Sloan Management Review, Vol. 49, No. 2, Winter, 45-53.*

Arnould, E. J. (2008), Service-dominant logic and Resource Theory, *Journal of the Academy of Marketing Science, Vol. 36, 21-24.*

Bettencourt, L. A., Ostrom, A. L., Broan, S. W., Roundtree, R. I. (2002), Client Co-Production in Knowledge-Intensive Business Services, *California Management Review, Vol. 44, No. 4, Summer, 100-128.*

Bitner, M. J., Ostrom, A. L., and Morgan, F. W. (2008), Service Blueprinting: A Practical technique for Service Innovation, *California Management Review, Vol. 50, No. 3, Spring, 66-94.*

Blazevic, V., and Lievens, A. (2008), Managing Innovation Through Customer Coproduced Knowledge in Electronic Services: An Exploratory Study, *Journal of the Academy of Marketing Science, 36, 138-151.*

Boisot, Max H. (1998) *Knowledge Assets: Securing Competitive Advantage in the Information Economy.* Oxford University Press. Oxford, UK.

Bryson, J. R., Daniels, P. W., & Warf, B. (2004), *Service Worlds: People, Organizations, Technologies.* Routledge: London.

Bughin, J., Chui, M., and Johnson, B. (2008), The Next Step in Open Innovation, *The McKinsey Quarterly, July, 1-8.*

Carugi, M., Hirschman, B., and Narita, A. (2005), Introduction to the ITU-T NGN Focus Group release 1: target Environment, Services and Capabilities, *IEEE Communications Magazine, October, 42-48.*

Chase, R. B. (1978), Where Does the Customer Fit in a Service Operation? *Harvard Business Review, 56 (6), 137-142.*

Chesbrough, H. (2003), A Better Way to Innovate, *Harvard Business Review, July, 12-13.*

Chesbrough, H. and Spohrer, J. (2006), A Research Manifesto for Services Science, *Communications of the ACM, July, Vol. 49, No. 7, 35-40.*

Crane, P. (2007), A New Service Infrastructure Architecture, *BT Technology Journal, Vol. 25, Nos 3 & 4, July/October, 185-197.*

Darling, J., and Sauvage, A. (2005), The Application Environment, *BT Technology Journal, Vol. 23, No. 1, 82-89.*

Davenport, T. (2005) The coming commoditization of processes. *Harvard Business Review, June, 100-108.*

Den Hertog, P. (2002), Co-producers of innovation: on the role of knowledge-intensive business services in innovation. In Gadrey, J., & Gallouj, F. (Eds). *Productivity, innovation and knowledge in services: New economic & socio-economic approaches.* Edward Elgar Publishing, Cheltenham, UK.

Edmondson, A. C. (2008), The Competitive Imperative of Learning, *Harvard Business Review, July-August, 60-67.*

Edvardsson, B., Gustafsson, A., & Enquist, B. (2007). Success Factors in New Service Development and Value Creation through Services. In Spath, D. and Fahnrich, K-P. (Eds), *Advances in Services Innovations. 166-183.*

Edvardsson, B., Gustafsson, A., & Roos, I. (2005), Service Portraits in Service Research: A Critical Review, *International Journal of Service Industry Management* 16(1), 107-121.

Engel, J F., Thompson, A M., Nunes, P F., & Linder, J C (2006). Innovation Unbound. *Accenture Publication, Outlook* 2006, No. 1, pp 28-37.

Etgar, M. (2008), A Descriptive Model of the Consumer Co-production Process, *Journal of Academic Marketing Science, 36, 97-108.*

Fitzsimmons, J. A. and Fitzsimmons, M. J. (2007) *Service management: Operations, Strategy, Information Technology.* Sixth edition, McGraw-Hill Irwin, New York, NY.

Gadrey, J., & Gallouj, F. (2002). *Productivity, innovation and knowledge in services: New economic & socio-economic approaches.* Edward Elgar Publishing, Cheltenham, UK.

Gallouj, F. (2002) *Innovation in the service economy: The new wealth of nations.* Cheltenham, UK: Edward Elgar.

Haskett, J. L., Jones, T. O., Loveman, G. O., Sasser, W. E., and Schlesinger, L. A. (2008), Putting the Service-Profit Chain to Work, *Harvard Business Review, July-August, 118-129.*

Huston, L., and Sakkab, N. (2006), Connect and Develop-Inside Procter and Gamble's New Model for Innovation, *Harvard Business Review, March, 58-66.*

IfM and IBM. (2007) *Succeeding through Service Innovation: A Discussion Paper.* Cambridge, United Kingdom: University of Cambridge Institute for Manufacturing. ISBN: 978-1-902546-59-8.

Kaplan, R.S., & Norton, D.P. (2004). *Strategy Maps.* Boston, MA: Harvard Business School Press.

Karmarkar, U. (2004). Will you survive the services revolution? *Harvard Business Review, June, 101 - 107.*

Knightson, K., Morita, N, and Towle, T. (2005), NGN Architecture: Generic Principles, Functional Architecture, and Implementation, *IEEE Communications Magazine, October, 49-56*.

Laurie, D. L., Doz, Y. L., Sheer, C. P. (2006), Creating new Growth Platforms, *Harvard Business Review, May 2006, 80-90*.

Lee, C. S. and Knight, D. (2005), Realization of the Next-generation network, *IEEE Communications Magazine, October, 34-41*.

Levitt, T. (1976), The Industrialization of Service. *Harvard Business Review.* September-October, September-October, 74.

Lusch, R. F., Vargo, S. L., and O'Brien (2007), M. Competing Through Service: Insights from Service Dominant Logic, *Journal of Retailing, January, 83, 5-18*.

Lusch, R. F., Vargo, S. L., and Wessels, G. (2008), Towards a Conceptual Foundation of Service Science: Contributions from Service-Dominant Logic, *IBM Systems Journal, Vol 47, No. 1, 5-14*.

Madhavaram, S. and Hunt, S. D. (2008), The Service-Dominant Logic and a Hierarchy of Operant Resources: Developing Masterful Operant Resources and Implications for marketing Strategy, *Journal of the Academy of Marketing Science, 36, 67-82*.

Maglio, P. P. & Spohrer, J. (2008), Fundamental of Service Science, *Journal of the Academy of Marketing Science, 36, 18-20*.

Maglio, P. P., Srinivasan, S., Kreulen, J. T. & Spohrer, J. (2006), Service Systems, Service Scientists, SSME and Innovation, *Communications of the ACM, July, Vol. 49, No. 7, 81-85*.

Maglio, P. P., Vargo, S. L., Caswell, N., Spohrer, J. (2009), The Service System is the Basic Abstraction of Service Science, *Information Systems E-Business Management, Springer Online Publication*.

Magnusson, P. R., Natthing, J., and Kristensson, P. (2003), Managing Use Involvement in Service Innovation, *Journal of Service Research, November, 6, 2; 111-124*.

Nesse, P. J. (2008), Open Service Innovation in Telecom Industry – Case Study of Partnership Models enabling 3rd party Development of Novel Mobile Services, *online publication*.

Normann, R. & Ramirez, R. (1993), From value chain to value constellation: Designing interactive strategy. *Harvard Business Review, July-August, 71, 65-77*.

Payne, A. F., Storbacka, K., and Frow, P. (2008), Managing the Co-creation of Value, *Journal of the Academy of Marketing Science, 36, 83-96*.

Patricio, L., Fisk, R. P., and Cunha, J. F. (2008), Designing Multi-Interface Service Experiences: The Service Experience Blueprint, *Journal of Service Research, 10, May, 318-334*.

Porter, M.E. (1985), *Competitive Strategy*, New York, NY: The Free Press.

Prahalad, C.K. & Hamel, G. (1990), The Core Competence of the Corporation, *Harvard Business review, January-February, 68, 79-91*.

Prahalad, C. K., and Ramaswamy, V. (2000), Co-opting Customer Competence, *Harvard Business Review, 78 (1), 79-87*.

Reeve, M. H., Bilton, C., Holmes, P. E., and Bross, M. (2007), Networks and Systems for BT in the 21st Century, *BT Technology Journal, Vol. 25, Nos 3 & 4, July/October, 181-184*.

Sato C. E. Y. (2008), Organizing Innovation in Services: The Case of Telecommunications Next generation Networks (NGN), *Innovation in NGN – Future Network and Services, ITU-T Kaleidoscope Academic Conference, May 12-13*.

Schmenner, R. W. (1986), How Can Service Businesses Survive and Prosper? *Sloan Management*

Review. 27(3).

Schneider, B. and David E. B. (1995), *Winning the Service Game.* Harvard Business School Press, Boston, MA.

Selden, L., and MacMillan, I. C. (2006), Manage Customer-Centric Innovation – Systematically, *Harvard Business Review, April, 108-116.*

Shostack, L (1984), Designing Services that Deliver, *Harvard Business Review, Jan-Feb, 133-9.*

Spohrer, J., Maglio, P. P., Bailey, J., and Gruhl, D. (2007), Steps Towards a Science of Service Systems, *IEEE Computer 40, No. 1, 71-77.*

Stalk, G., Evans, P., and Shulman, L. E. (1992), Competing on Capabilities: The new Rules of Corporate Strategy, *Harvard Business review, March-April, 57-69.*

Strang, C. J. (2005), *BT Technology Journal, Vol. 23, No. 1, January, 55-68.*

Thomke, S. (2003), R&D Comes to Services – Bank of America's Pathbreaking Experiments, *Harvard Business Review, April, 71-79.*

TMF (2004), Enhanced Telecom Operations Map (eTOM): The Business Process Framework, *GB921, TeleManagement Forum Approved Version 4.0, March.*

TMF (2008), Customer Experience: e2e Service Quality Management Program – Managing Quality of Customer Experience – Charter, *TeleManagement Forum Version 0.8, September.*

Ulrich, D. and Smallwood, N. (2004), Capitalizing on Capabilities, *Harvard Business review, June, 119-127.*

Vargo, S. L. and Lusch, R. F. (2004), Evolving to a New Dominant Logic for Marketing, *Journal of Marketing, Vol. 64, January, 1-17.*

Vargo, S. L. and Lusch, R. F. (2008a), Service-dominant logic: continuing the evolution, *Journal of the Academy of Marketing Science, 36 (Spring), 1-10.*

Vargo, S. L. and Lusch, R. F. (2008b), From Goods to Service(s): Divergences and Convergences of Logics, *Journal of Industrial Marketing Management, 37, 254-259.*

Vargo, S. L. and Lusch, R. F. (2008c), Why "Service"?, *Journal of the Academy of Marketing Science, 36 (Spring), 25-38.*

Vargo, S. L., Maglio, P. P., and Akaka, M. A. (2008), On Value and Value Co-creation: A Service Systems and Service Logic Perspective, *European Management Journal, 26, 145-152.*

Womack, J. P. and Jones, D. T. (2005), Lean Consumption, *Harvard Business Review, March, 58-68.*

Yahia, I. G. B., Bertin, E. & Crespi, N. (2006), Next/New Generation Networks Services and Management, *IEEE Xplore*

第16章

サービスエンジニアリング
——新しいソリューション設計のための総合学術フレームワーク[1]

□ Gerhard Gudergan
FIR RWTH
Aachen University

　　　　　グローバル経済の中で競争するためには，組織は，世界的に統合された協業活動を強いられる．海外のサービスサプライヤーと協業する力を持っていることは，今日，高品質のソリューションを世界中の顧客に届けるための必須要件である．本章の目的は，現行のサービス工学の学問の範囲を広げるためのフレームワークを示すことである．現在までの研究は，インダストリアルサービスとサービスベースリレーションシップが，複雑だが特有の特徴を持つことを示している．その特徴は，サービスベースソリューションを設計したり，サービスベースソリューションによるイノベーションを成功させるために組織的に不可欠なものを構築する点において，広くて，より包括的な視点を要求するということである．ゆえに，統合フレームワークとサービス組織の新たなサービスの設計プロセス，およびその組織構造における相互作用や依存関係への理解の二つが，今日のサービスソリューションプロバイダーが成功するための必須項目である．ここではフレームワークを示しながら，サービス工学（サービスエンジニアリング）の概念を広げるための諸要素を提案する．

16.1　序論：ソリューションの効率化を目指した産業転換

16.1.1　ビジネス市場の交換単位としてのソリューション

　　　サービス産業の重要性は，経済に占める割合によって端的（単純）に判定できる．先進諸国や先進地域では，GDP の約 70％ をサービスが占める．ヨーロッパでは，ビジネス関連サービスが 2003 年には約 55 億人を雇用する，あるいはヨーロッパ市場経済にお

---

[1]. この研究は，ドイツの Bundesministerium fuer Bildung und Forschung（BMBF）からのファンドに基づいて行われている．

いて全雇用者数のほぼ55%を占めるというような，経済の最大セクターを構成している．このように，ビジネス関連サービスはヨーロッパ市場経済において主要な部分を占めており，経済的側面でも影響力があり重要である．

しかしながら，ビジネス関連サービスの最も重要な点は，それらがサプライチェーンのあらゆる段階に存在し，そしてその中に融合されて付加価値をもたらしていることである．製造や輸送，中小企業や大企業でも，すべての企業が存在するために基本的に必要なものがある．それらは，製造業と必ず結び付いている．

すべての物はサービスの要素を有しており，その要素が製造物に付加価値を与え，しばしば市場でどれだけその商品に魅力があるのかを決めることになる．ビジネス関連サービスを提供することは，単に一つの取引に一つのサービスを提供することではなく，顧客の問題を解決し，彼らのプロセスや機能の代替となる個別のソリューションを提供することを意味する．例えば自動車産業は，設計サービスやR&Dのような製造前サービス，（エンジニアリングやITサービスのような）製造関連サービス，（輸送と配送サービスのような）製造後サービス，財務サービス，最後に，会計や法務サービスのようなその他のビジネスサービスを利用している．通常これらのサービスは，資本財やスペアパーツなどの有形財と，修理サービス，遠隔サービス，共同プロジェクトマネージメントなどの無形財とで構成される統合オファリングの中に組み込まれて提供される．それは，エンジニアリング的な協業の取り組みにより特徴づけられる関係を，あるいは，提供者と顧客の関係を親密に結び付ける感情的要因により特徴づけられる関係を，しばしば継続させることになるのである．

図16.1に示すように，サービス産業の分析結果によると，サービス産業そのものがビジネス関連サービスから産出される中間財の半分以上を消費していることがわかる．これに比べて，製造業によって消費されるサービスは，全体の3分の1以下の比率である．

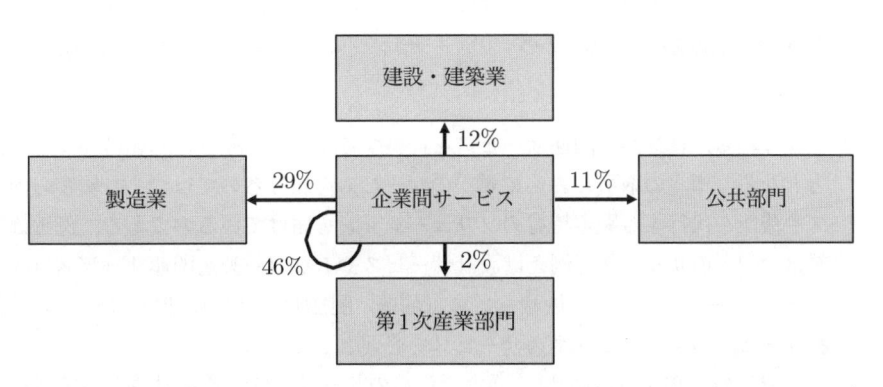

図16.1 他の産業に対するビジネス関連サービスの割合（European Commission, 2003）

図によると，サービス産業自身を除けば，製造業はビジネス関連サービスの重要な顧客であり，サービス産業からの中間財の30%近くが製造業によって消費されている．しかしながら，ビジネス関連サービスのこの数十年における成長を理解する上で重要なのは，サービス産業自身によって作られているサービス需要は，これらのサービスが企業のバリューチェーンの中へ浸透した結果であることを理解することである．

ビジネス関連サービスの成長は，かつては内製されていたサービス機能を外部調達するようになったために，製造業からサービス業へ雇用が移動したことによって説明される．サービス機能の外製化の傾向は，サービス産業の成長の重要な牽引力となっている．

しかし，サービス産業の成長の理由は様々であり，単にビジネスプロセスのアウトソーシング化だけに限定されるものではない．アウトソーシングの決断は人件費の面のみではなく，しばしば会社の効率を向上させる専門スキルを得る必要性から判断される．このほか，新しいタイプのサービスの出現と同様に，生産システムの変化，いっそうの（経済の）流動化，国際市場における激しい競争，ICTと知識の役割の増加は，図16.2に示すように，最終的にソリューションベースオファリングを導く他の重要な要素となっている．

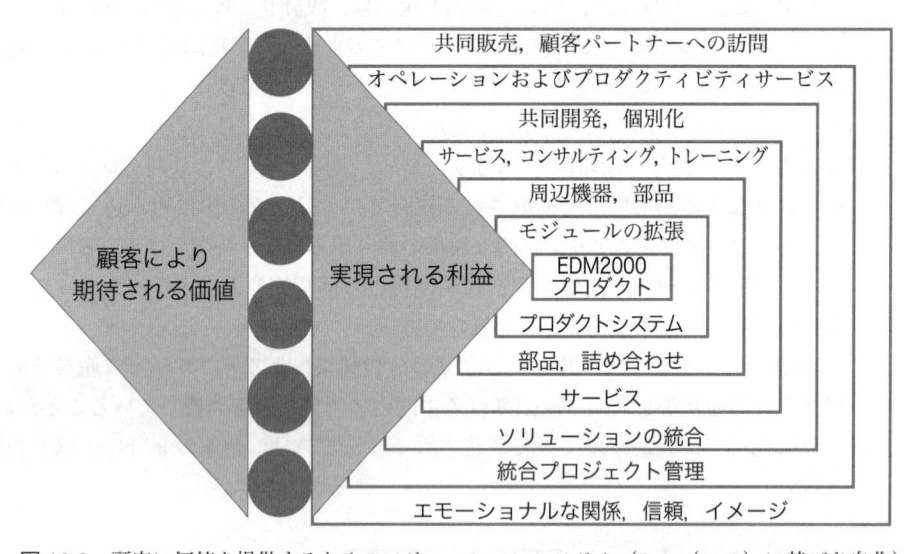

図 16.2　顧客に価値を提供するためのソリューションシステム（Belz（1997）に基づき自作）

すなわち，ビジネス関連サービスを提供することは，顧客の問題の多くを解決することとなる．単一の取引において単一のサービスを届けるのではなく，顧客の内製プロセスや機能を代行する顧客特有のソリューションを届けているのである．例えば自動車産業は，製造前サービス（例えば設計サービスやR&D），製造関連サービス（メンテナンスとITサービス），製造後サービス（輸送，配送サービス），財務サービス，会計や法務サービスのようなビジネスサービスを必要としている．

製造業のB2Bにおいては，通常これらのサービスは，資本財やスペアパーツなどの有形財と，修理サービス，遠隔サービス，共同プロジェクトマネージメントなどの無形財とで構成される統合オファリングの中に組み込まれて提供される（Womack & Jones, 2005; Schuh & Gudergan, 2008）．この概念は，コンポーネント同士の本質的な統合と，顧客のプロセスとシステムの統合によって特徴づけられる．

このような高品質サービス，特にビジネス関連サービスにおける統合の重要性は，差別化を成功させ，競争力を高めるために不可欠であることが，十分に認識されてきている．すなわち，製造業は，製品，部品，アフターセールスのサービス，トレーニングや

ビジネスコンサルティング，エンジニアリングサービスのような付加価値のあるサービスを，世界競争からうまく差別化を果たすために統合ソリューションシステムに結び付けている（Schuh, 2004; Belz, 1997）．これまでの市場の古いストラテジーの上に確立された単一オファリングは，統合された付加価値のあるソリューションに取って代わられ，プロバイダーと顧客は長期的で親密な関係へと導かれるのである．

通常これらのソリューションは技術的協業によって特徴づけられ，プロバイダーと顧客とを精神的にも結び付ける．Belz（1997）は，ソリューションの特徴は統合であることを述べるために，ソリューションシステムという言葉を最初に導入した．これからの企業には，顧客にとって有益な価値を創造するために，ソリューションシステムの開発と導入が求められる（Anderson, Narus, & Rossu, 2006; Schuh, Firedli, & Gebauer, 2004）．これに対応する概念は，図 16.2 で説明されている．ソリューションシステムは，ソリューションが単独の事象として起こるのではなく，すべてのオファリング，プロセス，および提供者と顧客の相互作用を統合して起こるために，関係する顧客にとって唯一無二の価値を与えるのだということを表している．すなわち，ソリューションはサービスの束として理解されるものではない．なぜなら，ソリューションは統合されているという特徴を持つからである．顧客組織にとって真に価値ある結果は，ソリューションの統合と各ソリューション同士の密接な結び付きに基づく．

16.1.2　企業における学際的な統合の必要性

しかしながら，企業がソリューション提供者になることは，企業全体に大きな影響を及ぼす．うまく差別化することを含む適切なストラテジーを作ることのみが重要なのではなく，すべての価値のある企業活動の統合を達成することが重要なのである．ストラテジー，製品定義，市場コンセプト，そして何よりソリューション設計プロセスが同じ方向を向き，本質的に連携されなければならない．加えて，すべての組織構造，企業文化，社員行動は，より顧客に寄り添ったソリューションの方向に変えられなければならない．例えば，顧客に近いところで顧客に必要とされる能力を発揮できるような，分権化した構造が求められるであろう．

図 16.3 は，学際的な統合の必要性と企業活動における四つの重要な指針を示している．差別化のためのストラテジー，ソリューションの概念と構成，ソリューションマーケティングとコミュニケーション，ソリューション設計活動の四つである．この統合図は，これらの活動のすべてがソリューション，顧客需要のサポート，価値創造に向けて同時に変化しなければならないことを表している．ソリューション指向の考え方をスムーズに製造業の企業に導入するためには，この同時並行型の変革は不可欠である．この変革がアンバランスに行われると，組織の中に良くない緊張が生まれ，最終的に失敗するであろう（Bleicher, 2004）．

ソリューション設計プロセスの基礎的な方法論に着目してみよう．図 16.2 に示したように，ソリューションシステムの設計は難しい仕事である．異なるサービスやソリューションと，顧客との間に，十分な相互作用や結束を促進するという課題がある．プロセスと構成において，サービスとソリューションに流動性と再現性を追求するという課題もある（Gudergan, 2008）．残念ながらサービス組織の管理職は，これらの課題

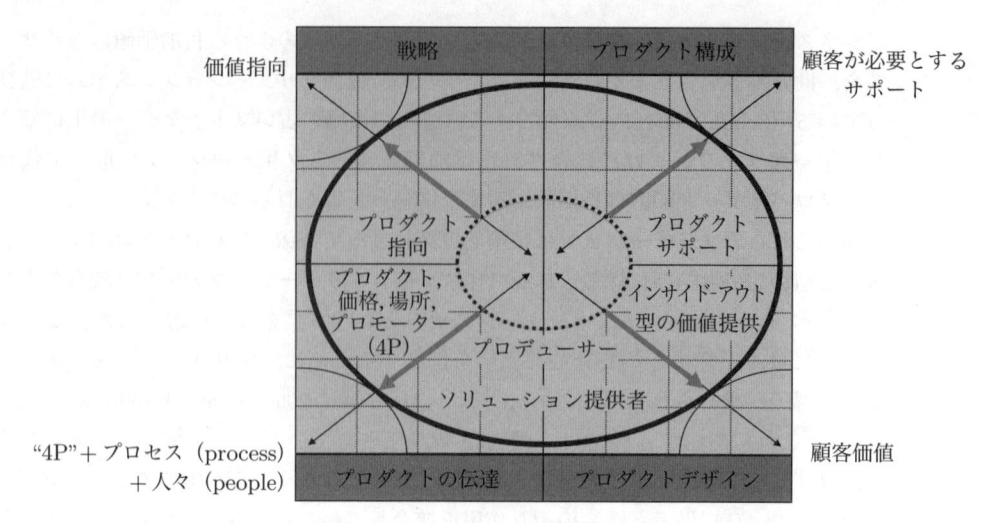

図 16.3 変革のために必要な企業活動の統合とその適応

に向き合うという途方もない苦労に直面している．サービスとソリューションに必要とされる，高度なレベルの統合と同期が複雑さの原因であるが，しかしその複雑さはまだ十分理解されておらず，サービス研究における新たなアプローチや考え方の必要性を生んでいる（Chesbrough & Spohrer, 2006）．残念ながらその新たなアプローチや考え方は，サービスベースソリューション構造の中にも，導入中の新サービスプロセスの中にも，今のところ見当たらない（Gudergan & Luczak, 2003）．

まず，ソリューションシステムの本質を総合的に理解することが必要である．2番目に，体系的な設計プロセスが必要である．それがなければ，今日の，あるいは将来のサービスベースソリューションや関係性における複雑さを適切に取り扱うことはできないであろう．

16.1.3 統合ソリューションにおける顧客価値の意義

経営学の文献において，価値はすでに長年にわたって重要な概念であるが，交換における関係性を説明するためにますます注目されつつある．価値という用語は，多くのまったく異なる文脈において使われている．ある組織をマネージするという視点からは，価値の概念は，その組織の価値を増やすための手段として重要な意味を持つ（Woodruff, 1997; Rust, Lemon, & Zeithaml, 2004）．

別の視点から，顧客価値という用語はある特定の組織の顧客のことを指す．すなわち，顧客が欲するもの，顧客が信用するものを，製品やサービスを購入したり利用したりする中から判断することである．そしてこの視点は，戦略的マネージメントのリソースに基づく視点の中心をなすものであり，そのような戦略的マネージメントの視点のもとでは，企業リソースと競争力によって継続的に優位性を生み出すためには，顧客にとっての価値を高めることが，最も重要かつ不可欠なものと考えられる．リソースと競争力が，顧客にとって価値あるソリューションの提供に使われる場合にのみ，リソースと競争力はその企業の競争的優位性にとって重要なものと見なすことができるのである．

顧客価値の視点は，本章における考え方と，IPS^2 (industrial product service systems) という概念で示されるような，製品とサービスの統合されたオファリングに関する現存の定義と一貫性を持っている．本章においては，IPS^2 は異なる使用条件や様々な応用場面において価値を発揮する，統合された製品とサービスの提供であると解釈される (Baines, 2007 も参照)．

図 16.2 に示したように，価値はソリューションシステムの基本的な概念である．顧客価値の用語には多様な意味が存在する．「顧客価値とは，製品の属性，その属性のパフォーマンス，および顧客の目的を達成するためにその使用環境において達成された（あるいは妨げられた）結果に関して，顧客が感じた好ましさおよび評価のことである」 (Woodruff, 1997)．

この定義は，価値に対する顧客の見解を重んじるものである．そして，望まれた価値と知覚された価値の二つを含み，価値は顧客の知覚，好み，評価にその大もとがあることを強調している．さらにその定義は，製品やサービスを，利用環境および関連した結果と結び付けている．

顧客価値は，いくつかの方法で分類される (Woodruff, 1997)．ある分類方法では，顧客の評価プロセスにおける状況によって価値のタイプを特定することを提案し，製品価値，使用価値，所有価値，そして全体的な価値とに区分している (Woodruff, 1997)．例えば，使用価値はある目的を達成するために製品やサービスがどれだけ利用されたかによって決まる．サプライヤーとの，あうんの関係や，相手のニーズを先取りしたサービスは，使用価値の一例である．所有価値は，顧客にとっての製品やサービスの本質的な価値である．例えば，ある産業における顧客にとっての価値とは，新しい用具を購入したり，サービスを利用したりすることによって得た利益率や削減できたコストから測られるであろう．もし，製品やサービスを購入することによって生じたコスト削減や収入増加が価格に対して妥当であるならば，そこでは価値が創造されたことになる．この購入プロセスは，客観的に見て価値があると言えるだろう．使用価値の場合このプロセスは主観的であるが，それでも依然として利益とコストは常に比較される．多くの場合，顧客にとっての価値とは，顧客が製品を使うことによって得る利益と，顧客がそれを見つけ，獲得し，使用するときのコストとの差異を意味する．もし利益がコストを超えるなら，顧客はその製品やサービスを買おうと考えるだろう．顧客価値の用語理解を深めるために，図 16.4 に示す価値の 3 階層モデルを使って説明しよう (Woodruff, 1997 も参照)．

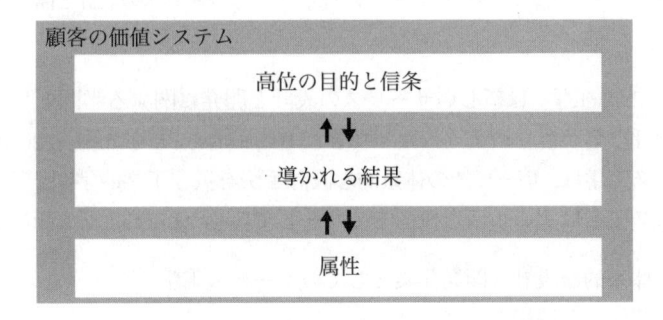

図 16.4 顧客価値の階層構造 (Woodruff, 1997 による)

ここに描かれている顧客価値の階層は，望ましい価値を顧客が期待している場合と，顧客がとにかく価値を認める場合とでは，顧客が異なるレベルで価値を感じることを示唆している．この階層構造は，図16.2のようなソリューションシステムを体系的に設計するために重要である．この構造化は，ソリューションシステムの異なる要素（有形でも無形でも）について，階層的手法を用いて要件を特定できるようにしており，すなわち，本章で説明されているような体系的な設計手法への応用を与えている．

16.2 ソリューション設計への体系的な取り組みのためのサービスエンジニアリングフレームワーク

16.2.1 サービスエンジニアリングフレームワーク

ソリューション設計の複雑さを取り扱うためには，複雑な作業俯瞰と適切な管理が可能なレベルまで細分化し，体系化・構造化するためのフレームワークと手法が必要となる．以下に述べるように，サービス工学は科学的な学問と見なされ，ソリューション設計の基本であると考えられる．サービス設計のアーキテクチャは，サービスベースソリューションを設計するための出発点として導入される．図16.5のアーキテクチャは，サービスの設計と開発のステップを示したもので，Gill（2002）によって紹介された．

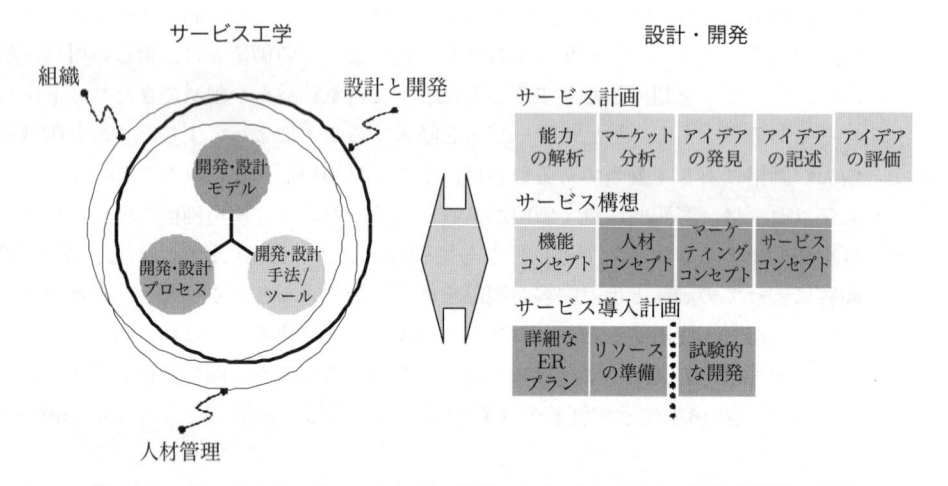

図16.5 サービスエンジニアリングの概要，およびサービスの設計と開発の過程

「サービス工学」は新しいサービスの設計と開発に関する学問として，科学論文で徐々にその呼び名が目立つようになってきた（Gustafsson & Johnson, 2003; Bullinger, 2005）．サービス工学は，サービスの体系的な設計手法を扱う工学的学問として定義づけられる．サービス工学は次のような側面をカバーしている（Luczak & Keith, 2002; Gill, 2002）．

- 体系的な設計と開発作業としてのサービス工学
- 組織的な機能としてのサービス工学
- 人材管理についてのサービス工学

これらの概要は，図 16.5 に示されている．「サービス工学」という言葉は，その基盤が工学的知見にあることを示している．また，サービスが現物製品と同じ方法で設計・再開発されることができるという仮定に基づいている．

したがって，エンジニアリングの手順，方法，ツールは，このアプローチの核をなしている（VDI, 1980; VDI, 1993）．サービス工学は Ramaswamy（1976）が「サービスデザイン」として確立したものを含むが，イノベーションプロセスと上記に示した三つに関して，より広い視点を有する．この観点から，サービス工学は新しいサービスプロダクトをどうやって開発するかという課題を扱う新サービス開発（new service development; NSD）の研究分野とは幾分異なるものであると言える（Easingwood, 1986; Bowers, 1989; Scheuing & Johnson, 1989; Edvardsson & Olsson, 1996; Sundbo, 1997; Edvardsson et al., 2000）．NSD は，サービスの品質研究に端を発する．品質はサービス理論の理解を大きく助け，顧客満足の牽引役となると言われる（Parasuraman et al., 1988）．サービス工学とは対照的に，NSD は多くの場合において，B2B サービスよりもむしろコンシューマーサービスに注目していて，マーケティングの側面からサービスイノベーションの課題を取り扱っている（Johne & Storey, 1998）．

サービス工学の中でも，サービスの設計と開発の過程は，三つの主なフェーズ，すなわち図 16.5 に示すようなサービス計画，サービス構想，サービス導入計画から成り立っている（Luczak et al., 2003）．最初のサービス計画のフェーズは，アイデア創造，体系化，および評価に注目している．続く構想フェーズにおいては，これらのアイデアは内容が精査されて，このフェーズの終了時にはサービスの立ち上げ準備が完了する．

16.2.2 設計と開発の概念

図 16.5 に示したように，サービス工学の設計と開発は，最初に Gill（2004）によって紹介された，サービス工学プロセスのフェーズモデルとサービス工学アーキテクチャを含んでいる．サービス工学のプロセスモデルは，タイムリーなやり方で異なる設計と開発の業務を構造化するのに役立つ．全体のプロセスは，サービス計画，サービス構想，サービス導入計画の三つのフェーズからなる．以下では，計画フェーズについて詳細に述べる．このアーキテクチャは，個々のタスクをそのタスクの実行に必要な手法とツールに関連づけることで，サービス工学に関わるタスク全体を構造化している．

サービス計画のフェーズは，体系的なアイデア創造から始まる．「システマティックな創造」と「アイデア」という矛盾した表現を使用することは，混乱を引き起こすかもしれない．確かに，アイデアの探索は体系的に行ってこそ実行可能である．しかしながら，自然発生的なものは体系的になり得ない．アイデアを創出することは，常に創造的なプロセスを含むものである．

アイデア創造の焦点は，企業の規模と戦略的目標に応じて変わるだろう．リソースに起因したアイデア創造と市場に起因したアイデア創造とを区別することはできる（Luczak et al., 2000）．リソースに起因したアイデア創造の出発点は，それを利用する能力と新しい可能性を持つ企業の集団である．計画フェーズにおいては，このアイデア創造の焦点は市場での需要に移る．

16.1 節にあるように，B2B セクターにおけるこれらの需要は，問題解決のためのサー

ビスという意味において，主に顧客の問題によって決定される．市場に起因したアプローチは，アイデアの源として市場機会と顧客問題の分析から始まる．続いて，必要な能力とリソースが考慮されることになる（Luczak et al., 2000; Luczak et al., 2003）．それらの両面を取り入れることのできる方策があるとすれば，それは十分なものとなるだろう（Alyao, 1991）．どんな場合でも，企業の中核能力と顧客問題の両方がアイデア創造の源を提供する．企業の中核能力を特定し選択するための主な基準は，それが企業の継続的な競争力を高めるかどうかである．Barney（1991）によると，リソースが貴重で価値があり，模倣できるものでなく，代替もきかない場合がこれに当たる．バリューチェーン分析は，これらの入力データを集める助けになる（Sontow, 2000）．Barney の判定基準を用いた分析によって，継続性があり，かつ優れた能力と必要なリソースの一覧表ができ上がるのである．

　顧客問題の収集には，外的情報ソースと同様に，内的情報ソースが役に立つ．セールスやアフターセールスサービスなど，顧客との関わりの度合いが高い部門は，通常，顧客問題と顧客需要に関して膨大な情報を持っている．たとえこの情報が文書化されることは少なくても，職場やその他の対人関係（相互作用と伝聞）によって，その情報は伝わりうる．

　特にプロフェッショナルサービスビジネスにとっては，顧客との関係と関わり合いが密である．すなわち，顧客訪問とインタビューは，問題分析へのもう一つの価値ある情報源を提供する．この顧客問題を分析する目的は，問題が何か，どんな影響があるのか，どのようにすれば新しいサービスベースソリューションが顧客の問題を解決できるのかを，深く理解することにある．

　相互依存分析手法を使い，継続する競争力と課題（what）を一緒に持ってくることによって，アイデアの創造（how）が体系的に行われるようになる．すなわち，難しい顧客の問題解決に大きく貢献する，持続性と競争力のある能力の組み合わせが，サービスアイデアにとって有効な基盤を構築する．実際のアイデア創造は，ブレーンストーミングやマインドマッピング，6-3-5 メソッドなどの創造性に関するテクニック（＝技法）を使って行われる．顧客問題の記述と，必要な能力とリソースと，大まかなソリューションプロセスの記述とが一緒になってサービスアイデアを構築し，サービス計画のフェーズを完成させるのである．

16.2.3　サービス概念の開発のためのアーキテクチャ

■サービス工学アーキテクチャ構成要素

　図 16.6 がサービス工学のアーキテクチャであり，タスクとタスクの実行に必要な手法とツールを結び付けた，サービス工学タスクの全体の構成を示したものである（Gill, 2004）．このアーキテクチャは，ビジネス関連サービスを設計し，開発するための五つの要素から構成されている．

- サービス開発プロセスモデル（service development process model; SDPM）――要件を特定し，それらの要件を満たすために必要となる機能とプロセスを決定する開発ステップで構成される．このモデルはまた，これらのプロセスを専門的に実行するために不可欠なスキルとリソースを特定するステップも含んでいる．

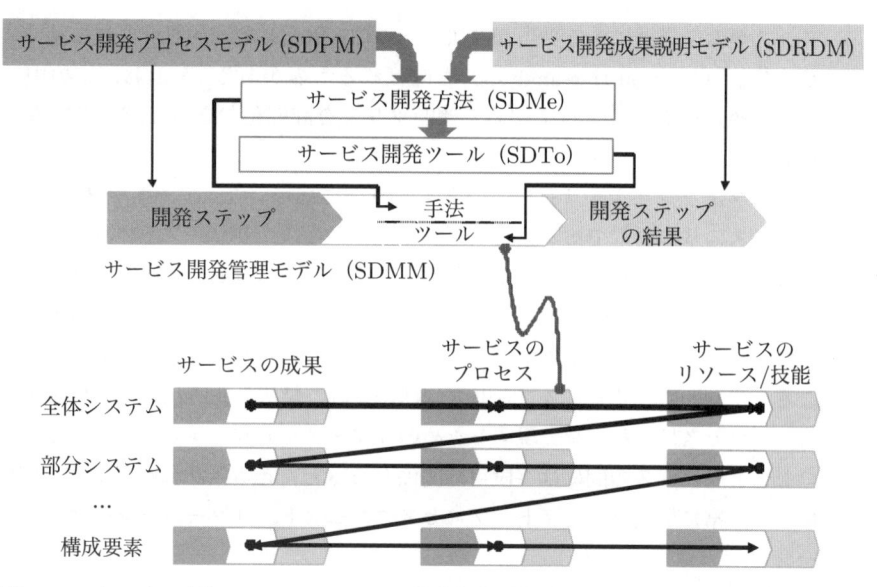

図 16.6 サービス工学のアーキテクチャ：基本構成要素（Gill, 2004; Luczak & Gill, 2003）

SDPM 上の各ステップについては後の節で詳細に述べる．

- アーキテクチャコンポーネントサービス開発方法（architecture component service development method; SDMe）—— 開発目標への体系的なアプローチを可能にするいくつかの手法からなる．設計と開発を進めるためにどの手法が適当かについては，後の節で詳しく述べる．
- アーキテクチャコンポーネントサービス開発ツール（architecture component service development tool; SDTo）—— 特定の手法を直接サポートするためのツールのみが含まれる．SDMe の手法を SDTo のツールで運用するためには，このアーキテクチャを理解しなければならない．
- サービス開発成果説明モデル（service development result description model; SDRDM）—— サービス作業そのものだけでなく，設計と開発のステップの具体的な成果を記述する．これによって，設計チームと開発チームのメンバー間の共通理解が生まれる．SDRDM は，機能面とグラフィカルな面の両方から開発成果を書き表す．
- サービス開発管理モデル（service development management model; SDMM）—— 上記の四つの要素を統合する．SDMM は，SDRDM で表した開発成果を達成するために，SDPM の開発ステップをそれぞれ SDMe の手法と SDTo のツールに結びつけるためのモデルである．

開発プロジェクトをできるだけわかりやすくするために，最初からサービスの詳細に入ることは避けよう．その代わり，まずはサービスシステムの要件を一般的な概念を使って列挙することから始め，その後，一般的なコンセプトを要素ごとに分割する．一般的なコンセプトを特徴づけるものは，これらの要素の要件となって現れる．

各要素はそれぞれ独立と見なされる．この上位のコンセプトからより細かいコンセプトに入っていく構成手順は，すべてのレベルにおいて同様に使うことができる．サービ

スシステムを詳細にする妥当な方法の一つに，Suhの公理的設計方法に基づいた機能ツリー分析（function tree analysis）と呼ばれるものがある．Suhは，頭の中のコンセプトを埋め込むことによって初めて機能ツリーを詳細化できると述べている（Akiyama, 1991; Suh, 1990）．

プロフェッショナルサービスの根本的特徴に基づいて，アーキテクチャそのものが，サービスの基本要素である業績（result），プロセス，リソースという三つの部分モデルに分けられる．これらの部分モデルは，手段目的関係（means-end relationship）の意味において，深いつながりがある．結果は流動的な一連のプロセスによってもたらされるので，あるサービスの結果はサービスプロセスへの新たな要求項目を含んでいることになる．すなわち，サービスプロセスは期待された結果を生み出すための手段である．一方，プロセスはそれらを実現するためのリソースを必要とする．こうした理由から，プロセスとリソースの間には手段目的関係があると言える．それゆえに，完全なサービス概念は，常に業績コンセプト，プロセスコンセプト，リソースコンセプトの三つの要素を含む．

■ アーキテクチャのサービス成果の部分について

アーキテクチャの部分モデルは，企業内の要件とともに，外の顧客からの要件を組み入れている．実現可能性をチェックし，順位づけを行い，本格的な作業に入るための準備がこれに当たる．サービス成果の詳細と，それぞれに対応する手法とを，図16.7〜16.9の三つの図に示す．

最初のステップは，顧客と企業の要件定義である．これには，先進連続事象法（advanced sequential incident method）（Parasuraman et al., 1988; Kamiske, 1997）を用

顧客要求の収集	先進的なシーケンシャルインシデント技法	先進的なSIT構造/情報源リスト	顧客の要求
内部要求の収集	先進的なシーケンシャルインシデント技法	先進的なSIT構造/情報源リスト	内部要求
要求の信憑性検査	定性相互依存分析	L-マトリクス	サービス要求
要求の優先度づけ	一対比較	比較スキーマ	サービス要求の優先度づけ
要求の具体化	漸進的な抽象化	抽象化スキーマ	正確なサービス要求
正確な要求の信憑性検査	定性相互依存分析	V-マトリクス	整合性のとれたサービス要求
要求の基準評価	先進競合製品分析	アセスメントスキーマ/情報源リスト	検査済みのサービス要求

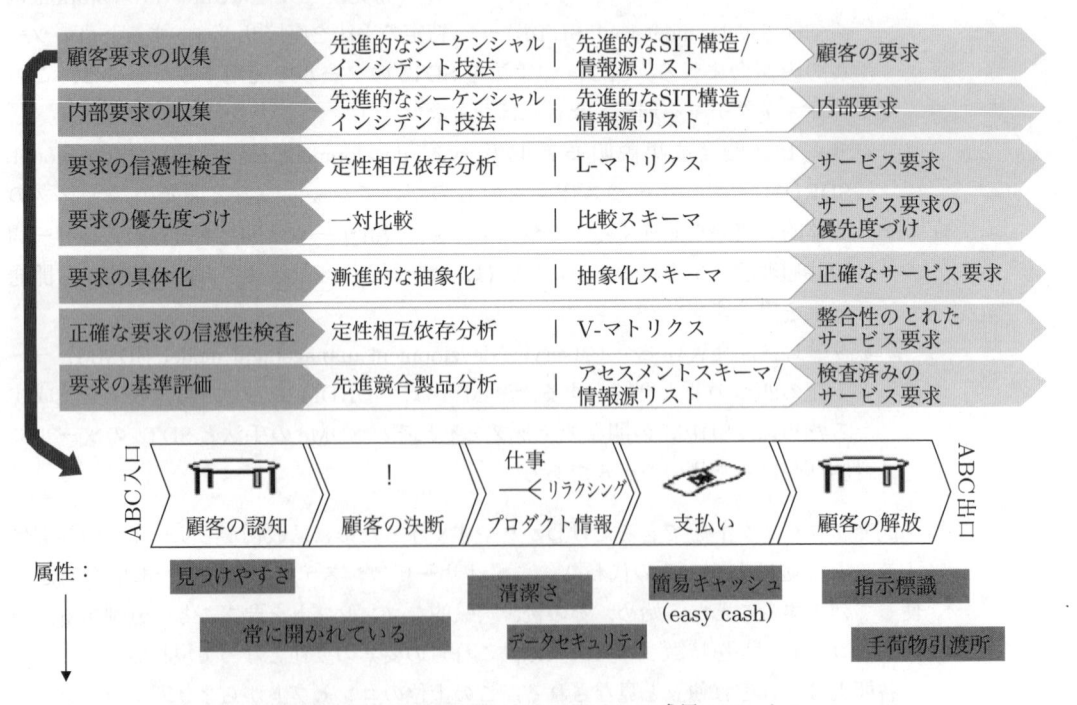

ABC入口 → 顧客の認知 → 顧客の決断 → 仕事／リラクシング／プロダクト情報 → 支払い → 顧客の解放 → ABC出口

属性：
- 見つけやすさ
- 常に開かれている
- 清潔さ
- データセキュリティ
- 簡易キャッシュ（easy cash）
- 指示標識
- 手荷物引渡所

図16.7 サービス工学アーキテクチャの成果：パート1

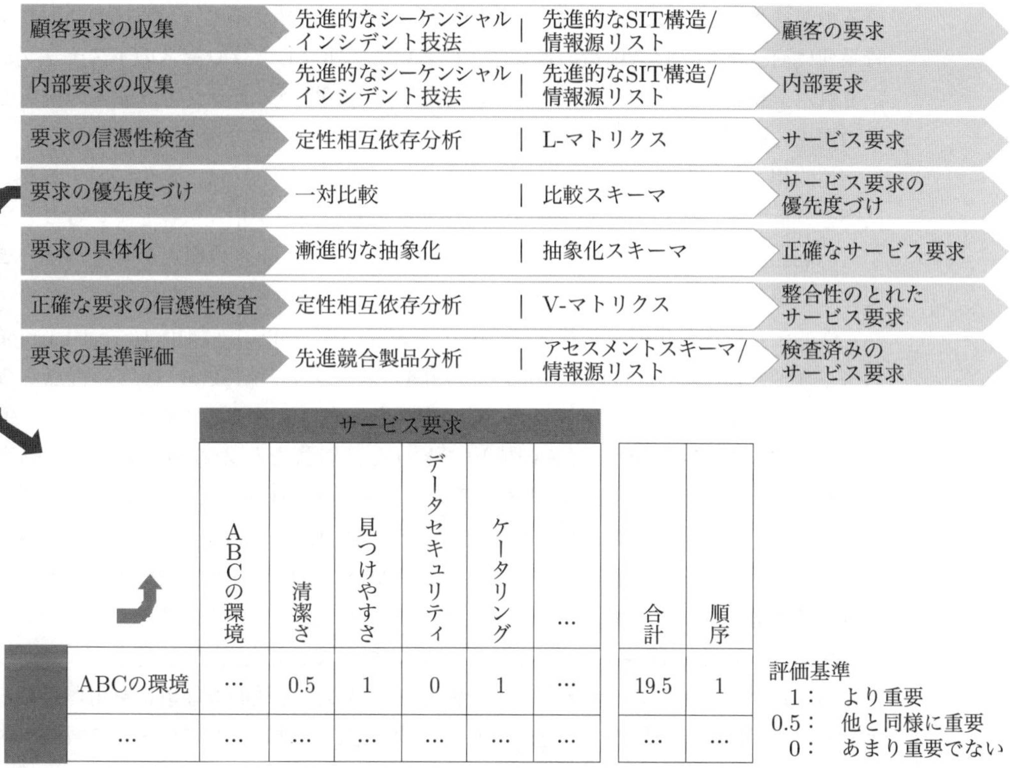

第 16 章 サービスエンジニアリング──新しいソリューション設計のための総合学術フレームワーク

工程	手法	ツール	成果
顧客要求の収集	先進的なシーケンシャルインシデント技法	先進的なSIT構造／情報源リスト	顧客の要求
内部要求の収集	先進的なシーケンシャルインシデント技法	先進的なSIT構造／情報源リスト	内部要求
要求の信憑性検査	定性相互依存分析	L-マトリクス	サービス要求
要求の優先度づけ	一対比較	比較スキーマ	サービス要求の優先度づけ
要求の具体化	漸進的な抽象化	抽象化スキーマ	正確なサービス要求
正確な要求の信憑性検査	定性相互依存分析	V-マトリクス	整合性のとれたサービス要求
要求の基準評価	先進競合製品分析	アセスメントスキーマ／情報源リスト	検査済みのサービス要求

	サービス要求					合計	順序
	ABCの環境	清潔さ	見つけやすさ	データセキュリティ	ケータリング		
ABCの環境	…	0.5	1	0	1	…	19.5	1
…	…	…	…	…	…	…	…	…

評価基準
1： より重要
0.5： 他と同様に重要
0： あまり重要でない

図 16.8　サービス工学アーキテクチャの成果：パート 2

工程	手法	ツール	成果
顧客要求の収集	先進的なシーケンシャルインシデント技法	先進的なSIT構造／情報源リスト	顧客の要求
内部要求の収集	先進的なシーケンシャルインシデント技法	先進的なSIT構造／情報源リスト	内部要求
要求の信憑性検査	定性相互依存分析	L-マトリクス	サービス要求
要求の優先度づけ	一対比較	比較スキーマ	サービス要求の優先度づけ
要求の具体化	漸進的な抽象化	抽象化スキーマ	正確なサービス要求
正確な要求の信憑性検査	定性相互依存分析	V-マトリクス	整合性のとれたサービス要求
要求の基準評価	先進競合製品分析	アセスメントスキーマ／情報源リスト	検査済みのサービス要求

要求とソリューションの組み合わせ

抽象度	0	1	2	3
要求	ABCの環境は？	仕事に関する要求は？	リラクシングに関する要求は？	…？
ソリューション	対象グループに対する特定の解析	・オフィスの椅子 ・オフィスの机 ・…	・音楽 ・DVD ・…	・…
何が本質的か？	・仕事 ・リラクシング ・商品情報	・…	・…	・…

図 16.9　サービス工学アーキテクチャの成果：パート 3

いるのが適当であろう．この手法においては，顧客とサプライヤーが直接やり取りする時系列に沿ったサービス創造の各レベルにおいて，独立したプロセスの1ステップが特定される．続いて，「サービス要件の実現性分析」の開発ステップで，顧客の視点と企業の視点の両方から要件が導かれ，それらの実現性について分析される．

定性的相互依存分析（qualitative interdependence analysis）は，変化に対する要素の反応を分析することによって，同等と見なされる要素同士が相互依存していることを示す（Clausing, 1994; Schütze, 2001）．この分析手法では，顧客の視点から見たサービス要件と企業の視点からのそれらをマトリクス化して比較する．

定性的相互依存分析の評価基準は，中立（target-neutrality），調和（target-harmony）および矛盾（target-conflict）である．この開発ステップの結果は，顧客の視点からのサービス要件と企業の視点からのサービス要件を一致させることである．

次のステップでは，サービスの成功にどれだけ影響を与えるかによって，顧客視点からサービス要件を順位づけする．そのための重みづけには，一対比較（pair wise comparison）が適当な手法であると認識されている（Eversheim et al., 2002）．顧客と企業のそれぞれのサービス要件が並べられ，二つが一対で比較され，最終的にマトリクスの各行の加算結果によって，サービス要件のランクづけができ上がる．

「サービス要件の確定」の開発ステップにおいて，漸進的な抽象化（progressive abstraction）の手法がアーキテクチャで使われている．漸進的な抽象化を用いることによって，使用価値の見地から，達成された目的にどれだけ貢献しているかの数値レベルが示される（Botschen & Mühlbacher, 1998）．

サービス要件は漸進的な抽象化を導入する間に変わっている可能性があるので，新規の適正分析（plausibility analysis）が導かれなければならない．サービス開発アーキテクチャの成果部分の最終段階において，処理された要件は，すでに市場にあるサービスの特徴と比較される．この評価のためには，先進競合製品分析（advanced competitive product analysis）が適切な方法だということが明らかになっている（Hildebrandt & Klapper, 2000）．この目的のためには，競争力のあるサービスを見分けることが最初に必要となる．顧客の期待の要素を評価に組み入れることは，競合するサービスに関する視点を広げることにつながる．この目的で用いられる基準は，Kano（1984）に紹介された，絶対要件（must-be requirement），明確要件（revealed requirement）と現存要件（exiting requirement）の三つの特性である．

競合製品による効率度合いの評価基準としては，基本的な尺度である上振れパフォーマンス（better performance）と下振れパフォーマンス（worse performance）が使われる．その目的は市場性のあるサービス設計である．ゆえに，明確要件と現存要件（すでに競合のサービスにおいて満たされている要件）を合わせた要件が，開発されるサービスの要件よりも少ない場合，要件の詳述（specification）が行われる必要がある．そうでない場合，この節で述べた「サービス業績の確定」が完了する．

■アーキテクチャのサービスプロセス部分

サービス要件の初めに，それぞれの作業が特定され定義される．この作業について，まず次のような疑問が湧くだろう．どのようにすれば個々のサービス要件が実現できるのか？ それぞれの要件について導入方法を見つけた後に，要件はアフィニティ手法

(affinity method) のツールとしての移転グラフ (transfer graph) で階層的にまとめられる (Schaude, 1992)．この手法を用いた結果が階層構造化されたサービスタスクであり，それは要件から導かれる．アーキテクチャのプロセス部分を，図16.10，図16.11，図16.15 に示す．

次のステップでは，サービスタスクをそのタイプに応じて分析しなければならない．サービスタスクは，特徴によって「全体タスク」「1次タスク」「2次タスク」の三つのタイプに振り分けることができる．全体タスクは，顧客がそれにお金を支払う意思があるサービス要件を最大量含んだものと定義される．1次タスクは少なくとも一つのサービス要件を満たしており，このタスクに対して価格を設定することもできる．

2次タスクは，顧客が普通はお金を支払う意思のない要件を少なくとも一つは機能として含まなければならない．しかし，一連のサービスタスクはすでに導入済みであるから，これから開発されるサービスは，相乗効果を得るためにうまく管理する必要がある．そのためには，相互依存分析 (interdependence analysis) を再び用いるのが適切である．それゆえ，すべての1次サービスタスクは基本的な尺度で評価され，それぞれ「目標が現在のタスクでカバーされているもの」と「目標が現在のタスクではカバーされていないもの」とに区分けされる．

次の「サービスタスクをサービスデリバリープロセスに移行させる」開発ステップでは，1次サービスタスクは顧客の要件を満たすために必須のものであり，プロセスモデリング手法 (process modeling method) によってさらに細かく分類される．このために使うツールとして，Shostack (1984) のサービスの青写真化 (service blueprinting) が特定されている．サービスの青写真化は，特にサービスデリバリープロセスのためのフローチャートであり，顧客のやり取りのいくつかの方法を区別し，可視性のライン (lines-of-visibility) と呼ばれる手法でそれらを視覚的に分類する．顧客のセクションは，顧客が直接に巻き込まれるプロセスのみを含んでいる．(2番目のセクションである) 参加型のプロセス (onstage process) は顧客にはわかりやすいが，彼ら自身がその中で何かを引き受けるものではない．フローチャートの中の3番目のセクションは，顧客に直接接することのない社員によって処理されるバックステージの活動に終始している．このような区分を行うことによって，サービスデリバリープロセスを生産性の再効率化に向けて調整することができる (Fitzsimmons, J. A. & M. J. Fitzsimmons, 2007)．

サービスデリバリープロセスに関連するポテンシャルリスクを詳細に分析するために，アーキテクチャの中に Service-FMEA (failure mode and effects analysis; 失敗モードと効果分析) の手法を適用している．最初のステップで Service-FMEA を使うことによって，プロセスステップにつながる潜在的失敗が特定され，それらの困難さ (severity; S) と検知可能性 (detectability; D) が1〜10のスケールで評価される (DIN, 1990; Eversheim, 2000)．

サービスの青写真化で確認された顧客との直接のやり取りを伴うプロセスにおいては，失敗経験から顧客を守るチャンスがないので，検知可能性は不適切な項目である．それぞれの潜在的失敗の原因を見つけ，1〜10の尺度で発生確率を評価する必要がある．最後に，困難さ (S) と発生 (occurrence; O) と検知可能性 (D) の三つの数値を (数値が入ったならば) かけ算するのである．

その結果は，リスク優先ナンバー (risk priority number; RPN) と呼ばれ，最大の問題

サービス機能と要求とのマッピング	アフィニティ手法	移転グラフ	サービス機能
機能タイプの解析	アフィニティ手法	サービスタイプ	タイプ分けされたサービス機能
機能ポートフォリオの目標-現実比較	定性相互依存分析	機能の目標-現実比較	機能のバランス
機能のサービスプロセスへの移転	プロセスモデリング手法	記号リスト	サービスデリバリーのプロセスフローチャート
サービスプロセスの品質分析	サービスFMEA	サービスFMEAスキーマ	計測される指標

サービスタスクの全体	1次サービスタスク	2次サービスタスク
仕事	ワーキングスペースの提供	準備するもの ・電話 ・ファクス ・インターネット ・Eメールアクセス ・PC ・…
	翻訳サービスの提供	
	ITサポートの提供	

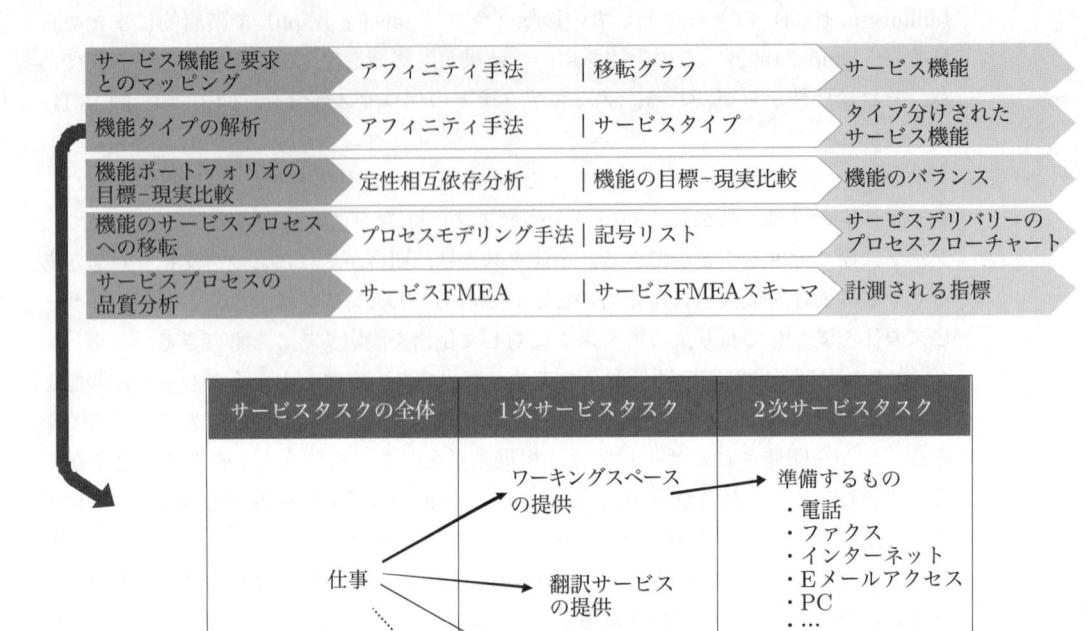

図 16.10　サービス工学アーキテクチャのプロセス：パート1

サービス機能と要求とのマッピング	アフィニティ手法	移転グラフ	サービス機能
機能タイプの解析	アフィニティ手法	サービスタイプ	タイプ分けされたサービス機能
機能ポートフォリオの目標-現実比較	定性相互依存分析	機能の目標-現実比較	機能のバランス
機能のサービスプロセスへの移転	プロセスモデリング手法	記号リスト	サービスデリバリーのプロセスフローチャート
サービスプロセスの品質分析	サービスFMEA	サービスFMEAスキーマ	計測される指標

プロセスの説明	起こりうる失敗モード	出現	関連性	検出	リスク優先番号	不具合の原因	効果	アクション
顧客との面会	一つの面会予約が2回行われる	3	10	7	210	複数の従業員による面会の設定	顧客による面会のキャンセル	一人の担当者の割り当て
	…	…	…	…	…	…	…	…

(評価: 出現／関連性／検出／リスク優先番号)

図 16.11　サービス工学アーキテクチャのプロセス：パート3

を特定して，それについてどのような対策をとるべきかを示す値である．特にそれは，予防策をとることが可能であり，事前にコスト集中による失敗を避けることに役立つ．一度すべての1次サービスタスクについて開発作業が始まると，サービスデリバリー概念の開発は完了する．

■ **サービススキルとアーキテクチャのリソース**

このアーキテクチャの部分モデルは，基本的なサービスリソースの概念を開発する際に役立つ．スキルは，確立されたサービスタスクとサービスプロセスを実行するときに必要なものであり，最初にアフィニティ手法によって認知され，移転グラフによって体系化される．この開発ステップの成果物が目標スキルプロファイルであり，サービスを提供するために必要なスキルの蓄積として理解されるべきものである．アーキテクチャにおけるスキルとリソースの部分を図16.12，図16.13，図16.16に示す．

以後，個人のスキルはそのタイプによって，専門性，社会性，人格，技法に分類される．一方で，「管理者」「実務者」「専門家」と分かれるように，「専門性は必要なし」「基本的理解が必要」「実経験が必要」「上級理解が必要」という分類で，定性的にそれらについて評価が導かれる．

相乗作用の効果を得るために，企業と認定スキルプロファイルを通して入手することが可能な，スキルごとの目標と現実の比較が行われるべきである．これについて適当な手法は，やはり相互依存分析である．

続いて，サービスデリバリーのスキルに関する主要なリソースは，アフィニティ手法を用いて特定される．それには，要求されるスキルを満たす可能な限りのリソースを見つけることが重要である．移転グラフは，これについても構成するためのツールとして適当である．

その後，サービスデリバリーに必要な，企業を通して利用可能なリソースに関する目標と現実の比較が行われる．繰り返しになるが，適当な手法は「現在のリソースで可能な目標」と「現在のリソースでは不可能な目標」の数値による格付けを行う相互依存分析である．リソースが十分あるいは過多である場合は，開発すべきサービスは企業の中にすでに存在するリソースによって創造できる．リソースが不足する場合は，ふさわしいリソースを獲得しなければならない．

特定された能力とリソースのための開発ステップが終了したところで，サービスの規定概念を形成するための開発作業は完了する．

16.2.4　ソリューション工学のためのフレームワークとアーキテクチャの適用可能性

一連の組立ラインに提供するような統合された製造業ソリューションは，単一のサービスよりも複雑な性質を持つため，それらの開発やエンジニアリングに対しては，さらに構造的で体系的なアプローチが必要である．以下では，すでに述べたフレームワークとアーキテクチャが，どのようにして体系的な開発ソリューションシステムに利用できるかを示す．ここでは資本財産業の例，つまり，鍵となるソリューションとして組立システムを提供し，同時にその運用業務を提供する会社の例を挙げる．この会社が提供す

第 IV 部　研究と実践：運用

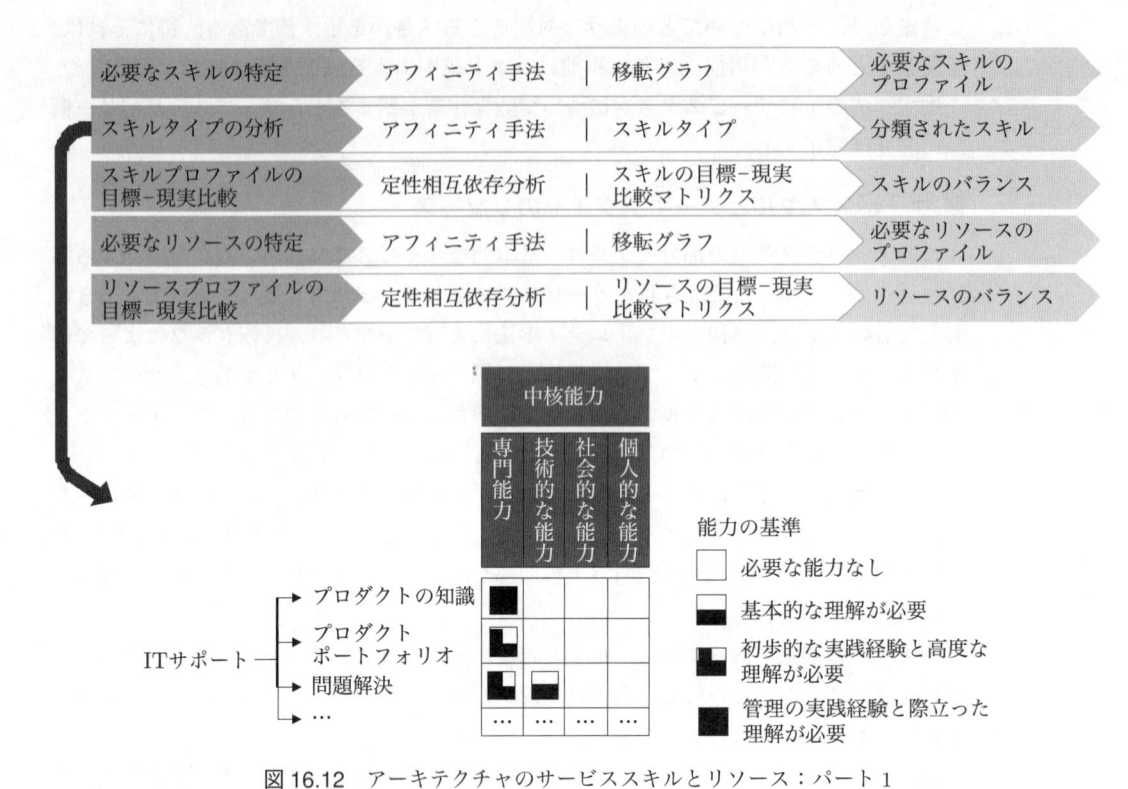

必要なスキルの特定	アフィニティ手法	移転グラフ	必要なスキルのプロファイル
スキルタイプの分析	アフィニティ手法	スキルタイプ	分類されたスキル
スキルプロファイルの目標−現実比較	定性相互依存分析	スキルの目標−現実比較マトリクス	スキルのバランス
必要なリソースの特定	アフィニティ手法	移転グラフ	必要なリソースのプロファイル
リソースプロファイルの目標−現実比較	定性相互依存分析	リソースの目標−現実比較マトリクス	リソースのバランス

中核能力：専門能力／技術的な能力／社会的な能力／個人的な能力

ITサポート
→ プロダクトの知識
→ プロダクトポートフォリオ
→ 問題解決
→ …

能力の基準
□ 必要な能力なし
■ 基本的な理解が必要
◪ 初歩的な実践経験と高度な理解が必要
■ 管理の実践経験と際立った理解が必要

図 16.12　アーキテクチャのサービススキルとリソース：パート 1

必要なスキルの特定	アフィニティ手法	移転グラフ	必要なスキルのプロファイル
スキルタイプの分析	アフィニティ手法	スキルタイプ	分類されたスキル
スキルプロファイルの目標−現実比較	定性相互依存分析	スキルの目標−現実比較マトリクス	スキルのバランス
必要なリソースの特定	アフィニティ手法	移転グラフ	必要なリソースのプロファイル
リソースプロファイルの目標−現実比較	定性相互依存分析	リソースの目標−現実比較マトリクス	リソースのバランス

プロダクトの知識
プロダクトポートフォリオ ──→ テクニカルスタッフ（ハードウェア）
問題解決 ──→ テクニカルスタッフ（ソフトウェア）
プレゼンテーション ──→ テクニカルスタッフ（モバイルソリューション）
ワークフローマネージメント
…

目標とする能力　　目標とするリソース

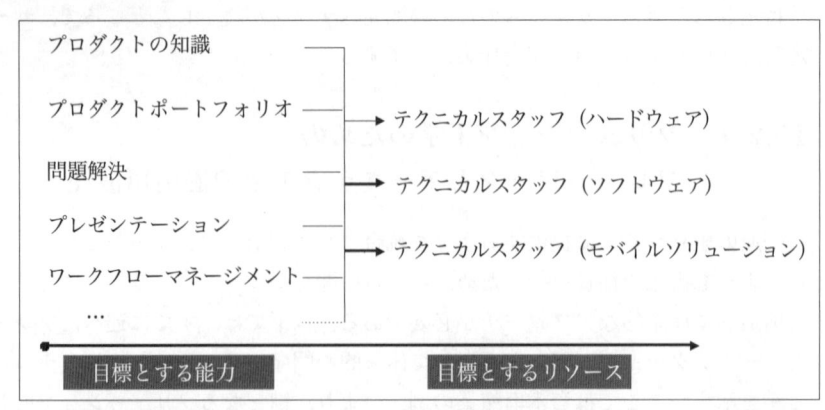

図 16.13　アーキテクチャのサービススキルとリソース：パート 3

るソリューションは，「組立能力」という言葉で最も良く表される．この会社は，例えば自動車産業でなされるような，複雑な組立システムをデザインし構築する．会社の独自な能力は，組立部品の物理モデルやデジタルモデルに基づいて組立システムを設計することである．設計された組立システムは，顧客の生産プロセスにしっかりと統合される．会社は，ソリューションのリース契約や，顧客の事業所におけるシステム構築作業などの様々なサービス契約を提供する．この会社が乗り越えるべき課題を図16.14に示す．

このようなソリューションをデザインする際の大きな課題は，ソリューション概念を現実の中にうまく導入するのに必要な，対人コミュニケーションスキルを正確に特定することである．特に，ここで述べるソリューションが顧客の事業所で行われるときには，社員はかなり専門的なスキルが必要である．すなわち社員には，特殊なコミュニケーション能力や言語スキルが求められる．図16.15に示すように，アーキテクチャはサービステクニシャンのスキル一覧を特定する適当な方法を体系的に見つけるのに役立つ．

前出の組立システムのようなソリューションを設計する際のもう一つの課題は，行動とコミュニケーションに関する必要なフローを設計することである．図示したようなソリューションは，しばしば顧客の事業所とプロバイダーの事業所との間の複雑なやり取りとコミュニケーションのフローを含んだ，リモートサービス概念を必要とする．プロバイダーの事業所では，プロセスは顧客とのやり取りを通じて，あるいはバックオフィスの社員によって進められるものである．

プロセスとコミュニケーションの構成を設計するには，組織立って体系化した図を含む手法とツールが必要である．図16.16は，プロセスとコミュニケーションフローを設計する正しい方法とツールを特定するために，アーキテクチャがどのように役立つかを示している．サービス工学フレームワークとアーキテクチャのアプリケーションに関する両方の事例は，フレームワークとアーキテクチャのいずれもが複雑なソリューションシステムの技術をサポートできることを証明している．

主な貢献は，工学ソリューションの複雑さを軽減することである．それは，アーキテクチャが，個々の構成要素（設計段階の後，全体のソリューションの中に配置されることになるもの）に関する計画や設計段階を構造化することでサポートするということである．加えて，アーキテクチャは適切な手法とツールを併用することで，ソリューションシステム全体の単一サービスを設計するために役立っている．

16.2.5 組織の将来：製造業の変革

■ 組織構造がイノベーションにもたらす影響

方法論的な見地から，サービスそれ自体とソリューションシステム全体の設計の複雑さは，図に示したような方法論的なフレームワークによって解決できる．ここで，企業はどのようにしたら開発アーキテクチャの中で紹介されているような計画手順と手法をうまく利用できるのか，という疑問が湧く．この計画手順と手法とは，サービスやソリューション工学を実際の組織の中にうまく導入するためのものである．

組織立って手法とツールを取得することは，サービス工学やソリューション工学を導

図 16.14

- ソリューションの ポートフォリオと システムのデザイン
- ハイブリッドソリューション に対するエンジニアリング プロセスのデザイン
- ソリューションデリバリー に対する組織的な構造の デザイン
- ソリューション指向の行動 に向けた変更管理のデザイン

図 16.14　サービス工学フレームワークとアーキテクチャへの適用可能性：企業変革の創造

必要なスキルの特定	アフィニティ手法	移転グラフ	必要なスキルの プロファイル
スキルタイプの分析	アフィニティ手法	スキルタイプ	分類されたスキル
スキルプロファイルの 目標−現実比較	定性相互依存分析	スキルの目標−現実 比較マトリクス	スキルのバランス
必要なリソースの特定	アフィニティ手法	移転グラフ	必要なリソースの プロファイル
リソースプロファイルの 目標−現実比較	定性相互依存分析	リソースの目標−現実 比較マトリクス	リソースのバランス

		現実の能力					
	スキルの種類	スキル プロファイル	スキル プロファイル	スキルの 組み合わせ	スキルの 組み合わせ	スキル プロファイル	…
		プロダクト の知識	プロダクト ポート フォリオ	単一言語 による プレゼン テーション	問題解決	ワークフロー マネージメント	…
目標とする能力	スキル プロファイル / プロダクト の知識	✓					…
	スキル プロファイル / プロダクト ポートフォリオ		✓				…
	スキルの 組み合わせ / 多数の言語を 用いたプレゼ ンテーション			!			…
	…	…	…	…	…	…	…

既存リソースでカバーされている目標　✓
既存リソースでカバーされていない目標　!

図 16.15　概念段階でのスキルプロファイルを開発するためのサービス工学のアーキテクチャ（アーキテクチャのスキルとリソース：パート 2）

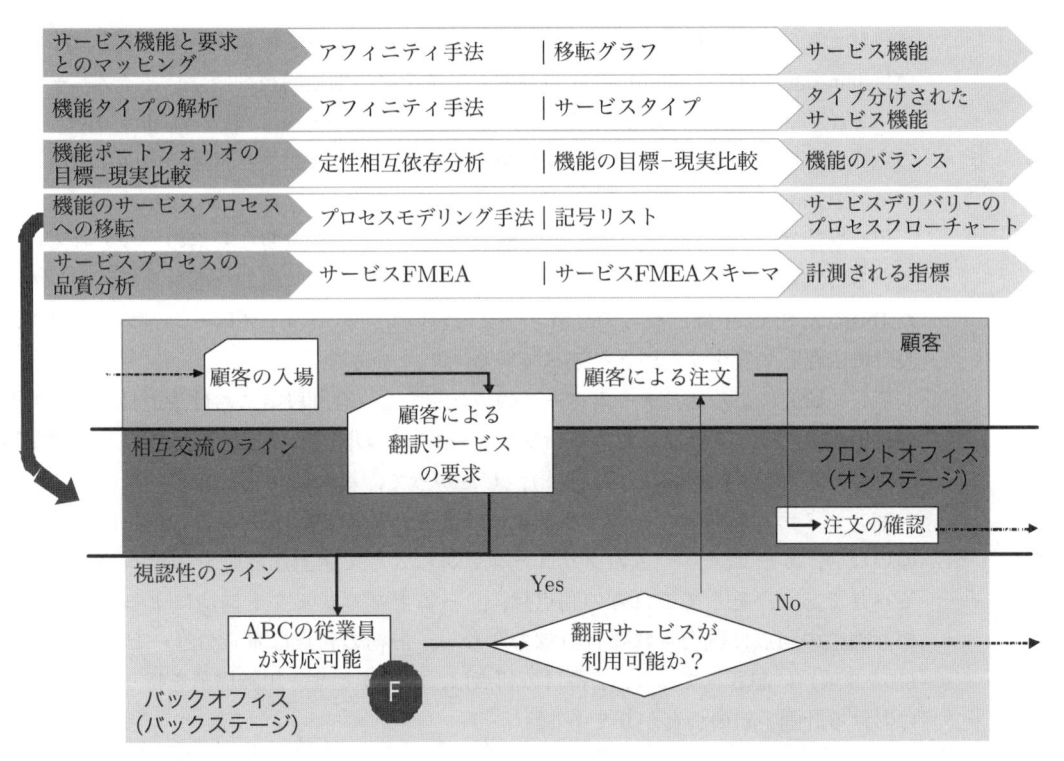

サービス機能と要求とのマッピング	アフィニティ手法	移転グラフ	サービス機能
機能タイプの解析	アフィニティ手法	サービスタイプ	タイプ分けされたサービス機能
機能ポートフォリオの目標-現実比較	定性相互依存分析	機能の目標-現実比較	機能のバランス
機能のサービスプロセスへの移転	プロセスモデリング手法	記号リスト	サービスデリバリーのプロセスフローチャート
サービスプロセスの品質分析	サービスFMEA	サービスFMEAスキーマ	計測される指標

```
顧客の入場 → 顧客による翻訳サービスの要求     顧客による注文        顧客
―――――――――――――――――――――――――――――――――――
相互交流のライン                              フロントオフィス
                                              (オンステージ)
                                              → 注文の確認
―――――――――――――――――――――――――――――――――――
視認性のライン      Yes              No
    ABCの従業員  ← 翻訳サービスが
    が対応可能      利用可能か？
バックオフィス
(バックステージ)
```

図 16.16 プロセスとコミュニケーションフローを設計するための手法とツールを特定するためのサービス工学アーキテクチャのアプリケーション（アーキテクチャのプロセス：パート 2）

入するための第一の成功要因であるが，唯一の要因であるわけではない．計画段階の組織的な統合が，第二の要因である．組織設計についての学術論文によると，組織設計のための変数とイノベーション能力の間には強い結び付きが必要であると述べられている．

疑問に思うのは，これまでに示されたサービス工学とソリューション工学の方法論的フレームワークは，どのようにして組織構造の中に導入できるかである．ここで，組織構造とは，計画概念としてサービス工学を利用でき，また，既存あるいは新規の顧客に対して価値を届けるサービスの要素形式で成り立っている，革新的なソリューションを取り出してくる組織の創造可能性を含むものである．

次に，サービス計画が，本章の冒頭で紹介したような革新的なソリューションを創出するためのサービス組織の構成要素と，いかにしてうまく結び付けられるのかを概念的に説明しよう．ここで，サービス計画はサービス工学によって提唱され，すでに述べたようなアーキテクチャによって発展させられるものである．

このように，サービス工学という用語は，企業統合とリソース開発を含んだ新規のサービスの体系的な開発を意味している．この観点から，サービス工学を組織構造に深く結び付けるためのイノベーション研究に結び付け，最終的に構造的コンポーネントがここで紹介したような計画手順にどのように関係するかを分析することは，大いに役立つだろう．

イノベーションという用語は広く使われている．しかし，それにもかかわらず，イノ

ベーションの本質的特徴は，製品やサービスが顧客にとって斬新であることを意味する（Macharzina, 1995）．Schumpeter は発明（アイデアの創造的精神概念）とイノベーション（アイデアの上手な導入）とを区別している（Schumpeter, 1912; Fischer, 1982）．この意味において，イノベーションは新製品，新サービス，および組織の内面に関係している（Tuominen & Myvönen, 2005）．

組織構造は，企業のイノベーション能力にとって，最も重要な要素の一つと考えられている（Osterloh, 1993）．1961 年に組織を無機的な部分と有機的な部分とに区別していた Burns & Stalker は，彼らの経済学論文において，組織のイノベーション力が組織の設計に依存して変化することを述べている．

新しい研究によると，チームベースの相互調整と，計画段階における道具とシステムの適用が，サービス組織における新ソリューションの開発能力に，最も大きく重要な影響を与えるという（Gudergan, 2008）．したがって，新しいサービスベースのソリューションシステムの開発と導入を成功裏に終えるための変数があることが注目されるに違いない．サービスベースのソリューションにとって適当な計画システムが設計されるべきであり，そしてこれらの利点は，チームとプロジェクト構造によってなされる相互調整の利点に統合されなければならない．最初の利点は本章のサービス工学の項（16.2.3 項）に記されており，2 番目の利点は，次節で示す，組織構造を持ったサービスにおける計画手順のつながりである．

16.3　新しいソリューションを目指す組織的なアーキテクチャ

すでに述べたように，サービス工学のアーキテクチャは，新たなサービスを開発するための十分で包括的な手法とツールのセットを提供する．そのアーキテクチャは，サービスベースソリューションによって，しばしば複雑で包括的な顧客問題を解決するために用意された，ビジネス関連のサービスの分野についての発見と研究に基づいている．新サービスの企画と構想は，構造化され体系化された種類のアーキテクチャによって支えられている．

新しいソリューション開発にとっての組織上の成功要因を考慮すると，学際的なフレームワークとチームによってなされた計画手順の体系的開発との統合は，新規のサービスベースソリューションを開発する際に，企業をより成功に導く有望なアプローチのように見える．ここでは，それについての最終的な組織上の概念を紹介する．

以下は，Gudergan (2008) の発見に基づく SERDUCT 概念の基本的な論理を述べたものである（Luczak & Gudergan, 2009）．すでに述べた実証的な結果は，チームベースの構造のポジティブな影響を，計画段階における道具やシステムと結び付けることを示唆している．基本的な理論は，それら双方が相乗効果となって，企業の新ソリューションの開発力に影響を与えるというものである．このことは，柔軟であるが十分な情報に基づいて決定がなされるような，民主的な意思決定に基づく構造を，適用可能な計画上の手順およびシステムに統合することを意味する．これにより，計画システムの中に保管され，計画手順においてチームベースの構成に変換された情報を配布することが求められる．次いで，チームベースの構造が，異なる計画段階において検討されることが要

求され，それゆえに計画の手順全体に含まれることが求められる．

計画手順をチームベース構造につなげるこの形式は，階層的な構成要素と，民主性を伴った流動的な構成要素とを合体させ，両者の利点を提供することになるだろう．サービス工学の手順を体系化されたタスクとして図示（図16.15）したように，新ソリューション開発における組織的統合の概念であるSERDUCTを図16.17で紹介する．

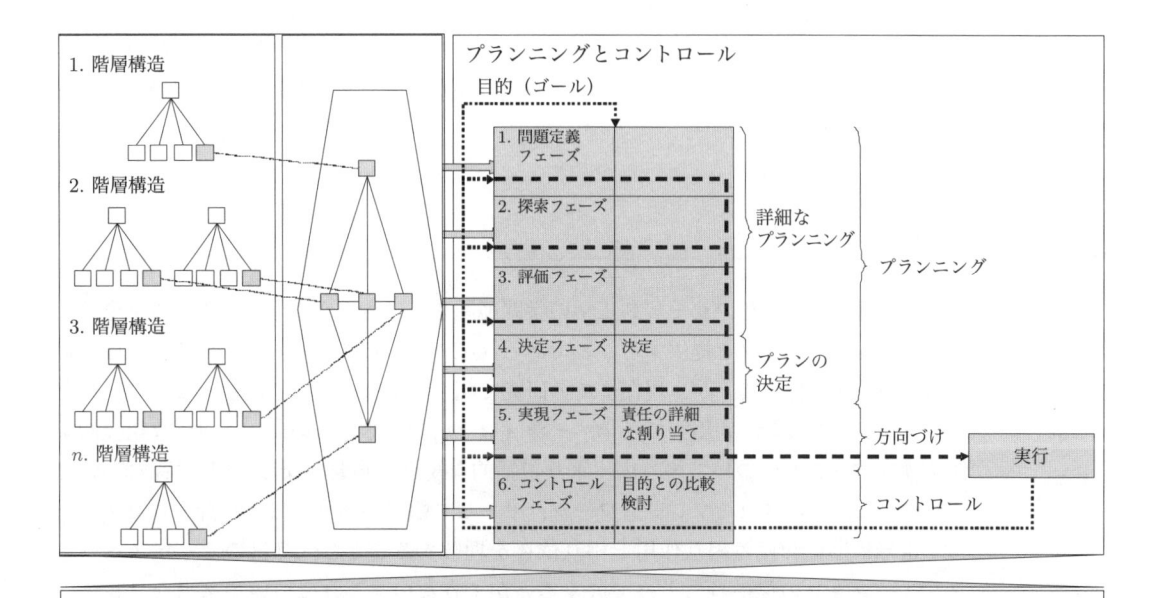

図16.17　統合サービス製品ソリューション開発のSERDUCT概念

提案されている構造は二つの面を強調している．一つは，ソリューション設計におけるチームベース構成の形式的な設計になっていることであり，もう一つは，より形式化されたチームベースの仕事そのものであることである．SERDUCT理論によると，チームベース構成は，部門横断的な仕事をサポートするために導入された計画手順と決定事項を連結するために，ある程度の形式主義を必要としている．すなわちSERDUCTは，民主的でチームベースの構成を官僚主義的な構成にうまく統合するという必要性に貢献しているのである（Schreyögg, 2006, 197）．ここで紹介されるSERDUCTの概念は，多面的で階層レベルを越えて重なり合うグループに関心を寄せているLikertに紹介された概念とは区別すべきであると指摘されている．SERDUCTは明らかに，チームベースの構成を，サービスベースのソリューション開発を支えるための計画手順とシステムに統合することに集中している．

図16.17の概念は，共有されている価値や信頼，考え方，好意的な評論家のセンスなどによって特徴づけられた企業文化の中に埋め込まれている．すなわち，基本的にSERDUCTの概念は，階層的な組織形態の概念に近い．しかしながら，ここで紹介されたSERDUCT概念は，より形式化された方法で差別化され，計画手順とシステムに強く統合されている．その概念は，横断階層的で横断機能的なチームメンバーたちを，体系的な計画手順の異なるステージに断続的に結び付いているようなチームベースの構成

の中に統合する．

その概念は体系的に，サービス工学計画と発想手順をチームベース構成によって統合する．サービス工学プロセスは，タスクの実行を案内する構造になっている．本章で述べたように，サービス工学のために用意され，サービス工学のアーキテクチャの中に構成された方法と手段をチームメンバーは利用することができる．

SERDUCT 概念は，チームメンバーに，工学的タスクのために必要な手段とツールにアクセスすることを許す．経験的分析が示すように，チームを部門横断的に組み立てることは，最終的に，単一のサービスよりも統合ソリューションを顧客視点で設計するための組織力を引き出す．

16.4　まとめ

本章の目的は，現在のサービス工学の学問範囲を広げるような，複眼的かつ学際的な新しいフレームワークを提供することである．業界サービスとサービスの関係性は複雑で特有の特徴を持つことが，現在までの研究で明らかになっている．サービスベースソリューションを設計，利用してイノベーションを成功させるために，不可欠な組織的条件を確立することについての，広くより包括的な視点が必要となるという特徴である．それゆえに，統合されたフレームワーク，サービス組織の新サービス設計プロセス，そして組織構造における相互作用と相互依存を理解することは，今日のサービスベースソリューションの提供者にとって欠くことができない．これについて適当なフレームワークが示されており，サービス工学の概念を拡大するための妥当な側面が提案されている．

すなわち，サービス工学の本質は，第一にサービス工学の二つの妥当な観点（方法論的設計と開発の観点，および組織的な観点）に明確に着目し，第二にそれらを一つの統合されたフレームワークにすることによって拡張される．SERDUCT の概念は，これらの三つの観点（方法論的設計，開発の観点と組織の観点）を統合しうるものとして導入されている．これらの二つの側面は，本章で導入した概念の基礎を提供している．その概念の基礎とは，サービス工学は工学と設計理論から構成されていると見なされ，サービス工学の本質は B2B の状況において体系的なソリューション計画のためにプロセスとアーキテクチャを提供することだという考え方である．組織的な設計理論は，組織横断チーム構成での計画手順の統合が，新しいソリューション開発を成功させるために不可欠なものであることの証拠を提供する．統合された双方の視点は，ここで紹介された概念，すなわちソリューション設計の SERDUCT 概念を生み出す．

参考文献

Anderson, James C., James A. Narus, and Woutr van Rossu (2006) Customer Value Propositions in Business Markets. *Harvard Business Review*. Spring. Pp. 90-99.

Baines et al. (2007) State-of-the-art in product-service systems. *JEM. Proc. IMechE* Vol. 221 Part B: J. Engineering Manufacture.

Barney, J. (1991) Firm Resources and Sustained Competitive Advantage *Journal of Management* 17(1), p. 99-120.

Bitran, G., Pedrosa, L (1998) A Structured product development perspective for service operations, *European Management Journal*, 16(2), 169- 189.

Botschen, G., Mühlbacher, H. (1998) Zielgruppenprogramm – Zielgruppen-orientierung durch Nutzensegmentierung (Target groups program - Targeting groups by benefit segmentation) In A. Meyer (Eds,) Handbuch Dienstleistungs-Marketing, I . Stuttgart: Schäffer-Poeschel, p. 681-692.

Bowers M. (1989) Developing new services: Improving the process makes it better, *Journal of Services industries*, p. 15-20.

Chesbrough, H. and J. Spohrer (2006) A research manifesto for services science. *Communications of the ACM.* 49(7). July. 35-40.

Clausing, D (1994): *Total Quality Development A Step - By - Step Guide to World - class Concurrent Engineering*, New York: ASME.

Cooper, Robert G. and Scott J. Edgett (1999) *Product Development for the Service Sector: Lessons from Market Leaders.* Basic Books. Cambridge, MA.

DIN (1990) Ausfalleffektanalyse (Fehler-Möglichkeits und Einfluss-Analyse), (Failure Mode and Effects Analysis) Berlin: Beuth.

DIN (1981) DIN-Fachbericht 75 - Service Engineering, Entwicklungsbegleitende Normung (EN), Berlin, Wien, Zürich: Beuth.

Easingwood, C. J. (1986) New Product Developrnent for Services Cornpanies *Journal of Product Innovation Management*, 3 (4), p. 264-275.

Edvardsson, B., Gustafsson, A., Johnson, M. D. and Sanden, B. (Eds) (2000) *New Service Development and Innovation in the new Economy*, Lund: Studentliteratur.

Edvardsson, B., Olsson, L. (1996) Key concepts for new service development. *Service Industries Journal* 16(2), p. 140-164.

Eversheim, W. (2000) Qualitätsmanagement für Dienstleister - Grundlagen, Selbstanalyse, Umsetzungshilfen (Quality management for service providers) , Berlin: Springer.

Eversheim, W. , Kuster, J. and Liestmann, V. (2003) Anwendungspotenziale ingenieuwissenschaflicher Methoden für das Service Engineering (Application potential of engineering specific methods for Service Engineering), in: H-J Bullinger and A. W. Scheer (Eds), Service Engineering - Entwicklung und Gestaltung innovativer Dienstleistungen, Berlin, Heidelberg, New York: Springer, p. 417-442.

Fitzsimmons, J. A. and M. J. Fitzsimmons (2007) *Service management: Operations, Strategy, Information Technology.* Sixth edition, McGraw-Hill Irwin, New York, NY.

Gudergan, G. (2008) Erfolg und Wirkungsmodell von Koordinationsinstrumenten für industrielle Dienstleistungen (Model of performance and causal effects of coordination in industrial services). Schriftenreihe Rationalisierung und Humanisierung. Shaker Verlag, Aachen 2008, 239 p.

Gudergan, G., Luczak, H. (2003) Coordination mechanisms in industrial service organizations, in: Human Factors in Organizational Design and Management – VII, H. Luczak and K. J. Zink (Eds).

Gustafsson, Anders and Johnson, Michael D. (2003) *Competing in a Service Economy: How to Create Competitive Advantage Through Service Development and Innovation.* Wiley/Jossey-

Bass. San Francisco, CA.

Hildebrandt, L., Klapper, D. (2002) Wettbewerbsanalyse (Competition Analysis) In. S. Albers and A Hermann (Eds), Handbuch Produktmanagement, Wiesbaden: Gabler, p. 461-485.

Johne, A., Storey, C. (1998) New Service Development - A Review of Literature and Annotated Bibliography, *European Journal of Marketing*, 32 (3), 184-251.

Kamiske, G. (1997) Qualitätstechniken für die Dienstleistung (Quality techniques for services), München, Wien: Hanser.

Kommission der Europäischen Gemeinschaften (2003) Bericht der Kommission an den Rat und das Europäische Parlament. Der Stand des Binnenmarktes für Dienstleistungen - Bericht im Rahmen der ersten Stufe der Binnenmarktstrategie für den Dienstleistungssektor Luxemburg Amt für amtliche Veröffentlichungen der Europäischen Gemeinschaften.

Kano, N., Serahu, N., Takahash, F. and Tsuji, S. (1984) Quality and Must-Be Quality, Hinshitsu, p. 39-48.

Liestmann, V., Kuster, J. (2002) Applying a Platform Approach to Redesign Industrial Services, paper presented at the Quis8 - Quality in Service Crossing Borders, Victoria, Canada.

Liestmann, V., Meiren, Th. (2002) Service Engineering in der Praxis. Kurzstudie zur Dienstleistungsentwicklung in deutschen Unternehmen, Stuttgart, Fraunhofer.

Liestmann, V., Keith, H., Kuster, J., Scherrer, U., Schmitt, I. and Thimrn, S. (2002) Dienstleistungsentwicklung durch Service Engineering - Von der ldee zum Produkt (Development of Services by Service Engineering – From the idea to the product), in: H. Luczak, FIR+ IAW Praxis Edition Vol 2, Aachen: FIR.

Luczak, H. , Liestmann, V , and Gill, Ch (2003) Service Engineering Industrieller Dienstleistungen (Service Engineering of industrial Services), In: H -J. Bullinger and A. Scheer (Eds.), Service Engineering: Entwicklung und Gestaltung innovativer Dienstleistungen (Service Engineering: Development and confirmation of innovative services), Berlin, Heidelberg, New York: Springer, p. 443-466.

Luczak, H. , Gill, Ch. (2003) Service Engineering Industrieller Dienstleistungen (Service Engineering of industrial Services), In: Proceedings of the 7th Southeast Asian Ergonomics and 4th Malaysian Ergonomics Conference (SEAMEC), 19-22 May 2003, Eds.: Khalid, H.M.; Yong, L.T.; Kion, L.N., University Malaysia Sarawak, Kuching, Sarawak, Malaysia 2003, p. 346-353.

Luczak, H., Gudergan, G. (2009). *The evolution of service engineering - towards the implementation of designing integrative solutions, Introduction to Service Engineering*, Whiley 2009.

Luczak, H., Kuster, J., Reddemann, A., Scherrer, U., and Sontow, K. (2000) Service Engineering – Der systematische Weg von der ldee zum Leistungsangebot (Service Engineering – from the idea to the service offer), München: TCW.

Meyer, M. H., and DeTore, A. (1999) Product Development for Services, *Academy of Management Executive*, 13 (3), p. 64-76.

Ramaswamy, R. (1996) *Design and Management of Service Processes - Keeping Customers for Life*. Reading: Addison-Wesley.

Rust, R.T., Lemon, K.N., and Zeithaml, V.A. Return on marketing: Using customer equity to focus marketing strategy. *J. of Marketing* 68(Jan. 2004), 109-127.

Schaude, G. (1992) Kreativitäts-, Problemlösungs- und Präsentationstechniken Eschborn: RKW.

Scheuing, E. E., and Johnson, E. M. (1989) A Proposed Model for New Service Development, *Journal of Service Marketing* 3 (2), p. 25-34.

Schutze, A.,(2001) Ansatz zur prozessorientierten Planung Industrieller Dienstleistungen (Approach to process-oriented planning of industrial services), Dissertation, Dortmund.

Shostack, L. (1984) Designing services that deliver, *Harvard Business Review*, 62 (1), p. 133-139.

Schuh, G., Friedli, T., Gebauer, H. (2004) Fit for Service: Industrie als Dienstleister, Carl Hanser Verlag, München, Wien.

Schuh, G., Gudergan, G. (Eds.) (2007) Fakten und Trends im Service 2007 (Facts and trends in services 2007), Klinkenberg, Aachen.

Schuh, G., Gudergan, G. (Eds.) (2008) Fakten und Trends im Service 2008 (Facts and trends in services 2008). Verlag Klinkenberg, Aachen.

Sontow, K. (2000) Frühe Phasen des Service Engineering - Dienstleistungsplanung in Unternehmen des Maschinen- und Anlagenbaus, Dissertation Aachen: Shaker.

Suh, N. P. (1990) *The Principles of Design*, Oxford University Press, New York.

Sundbo, J. (1997). Management of Innovation in Services *Service Industries Journal* 17 (3), p. 432-455.

VDI (1980) VDI-Richtlinie 2220 - Produktplanung - Ablauf; Begriffe und Organisation (Planning the product - development, terms and organization), Düsseldorf: VDI.

VDI (1993) VDI-Richtlinie 2221- Methodik zum Entwickeln und Konstruieren technischer Systeme und Produkte (Methodology for the development and construction of technical systems and products), Dusseldorf: VDI.

Womack, James P. and Jones, Daniel T. (2005) *Lean Solutions: How Companies and Customers Can Create Value and Wealth Together*. Free Press. New York, NY.

Woodruff, R.B. (1997) Customer Value, The Next Source for Competitive Advantage, in: *Journal of the Academy of Marketing Science*, 25(1997)2, S.139-153.

Zeithaml, V. A., Parasurarnan, A., and Berry, L. L. (1985) Problems and Strategies in Service Marketing. *Journal of Marketing*, 49 (2), 33-46.

第 V 部

研究と実践：デリバリー

第17章

情報サービスの工業化

□ Uday S. Karmarkar
　Anderson School of Management
　University of California, Los Angeles

　　世界の主要な経済圏において，すでにほぼ例外なくサービスが経済の中心となるサービス化が起きている．さらに最近の傾向として，情報経済の方向に進化している．これらの二つの傾向が合わさることで情報集約型のサービス（情報サービス）が発展してきており，すでに多くの主要先進国において，情報サービスは主要な割合を占めている．このような変化に伴い，テクノロジーに主導される情報サービスの「工業化」のプロセスの進行が見られる．ここで言う「工業化」には，製造業における工業化との共通点もあれば重要な相違点もある．工業化の成果として，生産性向上，標準化の促進や大衆市場の拡大などが挙げられ，産業構造，業界規模とその成長，雇用と管理のプラクティスに対するそれらの影響は非常に大きい．これらに関しても，製造業との共通点と相違点が見られる．産業構造に関する違いの一つを挙げると，情報サービスの工業化では垂直方向の統合が失われ，水平方向のやり取りが支配的になる傾向にある．これにより，情報の伝達媒体の役割が減少し，取引コストが削減できる．

17.1　はじめに

　　米国の経済は，サービスを中心とするサービス経済となった．これは最近の傾向ではなく，何十年にもわたって続いている傾向である．今日では，サービス関連部門が米国の国民総生産（GNP）に基づく経済価値の約85%，そして雇用の85%以上を占めている（Apte et al., 2008）．他の先進国においても，米国ほどではないにせよ同様の傾向が当てはまる．さらに，この傾向は留まるところがない．発展途上国でも雇用についてのサービス化はこれからであるが，国民総生産と経済価値の面ではサービス経済に向けて急速に動いている．世界経済におけるサービスの状況調査については，Daniels（2003）を参照してほしい．

　　もう一つの主な重要な傾向として，情報経済への進化がある．これは，サービス経済化ほど明らかではないかもしれない．この傾向についての初期の研究は，Machlup（1962）とPorat & Rubin（1977）によって行われた．米国はすでに情報経済化してお

り，情報に関する製品とサービスが国民総生産の約65%を占めている．また，すべての従業員のうち約45%が情報に関わる業務に従事しており，賃金の約55%を占めている（Apte et al., 2007; Wolff, 2006）．同様の傾向が他の先進国にも見られる．発展途上経済圏は先進国の段階には達していないが，それでも客観的な指標を挙げれば，中国はすでに世界最大の通信部門と最大のインターネット利用者人口を持っている．また，インドでは2007年と2008年に毎月6〜7万人のペースで携帯電話の加入者が増加している．

「情報サービス」とは，これらの二つの傾向が一つになったものである．情報サービスの例として，金融サービス，通信/エンターテインメント/メディアサービス，ビジネスサービス，専門サービス，教育，ヘルスケアの一部や小売業，および，その他の業界で情報が中心である部分などが挙げられる（Apte & Nath, 2007）．情報サービスはいまや米国経済の55%以上を占め，雇用の40%以上，賃金の約45%を占めている．この傾向は，国民総生産に関しても，雇用や賃金に関しても，さらに進行すると思われる．より多くの価値が，サービス，情報分野，そしてそれらの交点である情報サービスから生み出されるようになるであろう．

これら全体としての経済における変化から離れ，経済セクターのレベルで眺めても，重要な状況が結論としてわかる．情報サービスにより広まった情報技術が，その分野における企業や産業の基本的な構造や経営に対して影響を与え始めているのである．この変更の本質は「工業化」であると考えられる．

17.2 製造業の工業化

「工業化」という用語は，異なる人には異なる意味を持つ．多くの場合，それは農業から組織的な製造業経済への変化を意味するものと理解されている．我々は，商品やサービスの生産方法の構造を指す言葉として工業化という用語を用い，18世紀後半から19世紀にかけて起こった産業革命との類似性や，情報サービスにおいて最近も続いている変化を表す．我々の目的は，これらの変化を推進するものが何であるかを明らかにし，産業構造への影響や，競争，雇用，賃金，および変化する環境の中で企業が成功するために必要となる戦略への影響を示すことである．

したがって，工業化とは，新しい技術の出現と導入によってもたらされる生産プロセスの変化を意味すると我々は考える．ミクロ的な視点では，これは企業内部で仕事やプロセスの実施方法が変化することを意味する．一方，マクロ的な視点では，産業やそのセクターの組織化される方法が大幅に変化することを意味する．

製造業の分野では，工業化はいくつかの相補的な要因によってもたらされた．

- 水，蒸気，電気などの動力源の使用
- 人間の能力を活用するためのプロセスの機械化，自動化
- プロセス運用における精度と信頼性の改善
- 信頼性の高い資本投入と均一品質の原材料
- 鉄道，道路，海運の使用による交通や物流の効率化
- 製品に始まり，プロセス，大量生産につながる標準化プロセス
- 標準化を支援するための仕様や測定の正確さ

工業化の成果として，市場の成長による生産性の増加，費用対効果の高い大量生産，製品の品質向上，マスマーケット，消費者の福祉と富の増加，「産業」分野の成長などが挙げられる．

製品の標準化は産業革命よりもずっと前から始まっていた．標準化の最初の対象は武器や防具などの軍事装備であったと考えられる．消費者市場における製品の標準化は，大量生産とともにその生産物を吸収するだけの大衆市場を実現する必要があった．次の段階では，手工業から管理された製造プロセスへの変化を推し進めるべく，部品の標準化が行われた．この過程の早期の段階にあった例が，交換可能な部品からマスケット銃を組み立てる，1801年に行われたイーライ・ホイットニーによる有名なデモンストレーションであり，その後の銃器の大量生産の発展であった．ホイットニーが行ったのは，実際には18年前に同様のデモンストレーションを行ったオノレ・ブラン（Alder, 1997）の例の模倣であった．部品の生産と最終的な組立の間の依存性を取り除いたこのシステムは，労働の専門化・区分化，組立ライン，地理的に分散された生産などいくつかの重要なプロセス革新の前提となるものであった．そして，それが最終的には今日のような世界規模のサプライチェーンにつながった．

部品の標準化およびそれがもたらす作業と労働者の専門化からの自然な帰結が，フレデリック・テイラーやフランク・ギルブレスといった先駆者が最初に提唱したプロセスの標準化であった．今日，これはさらに，品質と提供における標準に代表されるような生産システムの機能に対する全体レベルでの標準化へと進化してきている．

17.3　情報プロセスの工業化

製造業において工業化を促進する原動力となっていた様々な要因のすべてが，現在の情報生産プロセスにおいても同様に見られる．ムーアの法則に示されるように，プロセッサの基本的な処理能力が著しい進歩を遂げたことは明白である．同様に，データ処理や情報処理における人間の能力を自動化し活用する能力も，カード選別機や電卓などの機械からコンピュータへと向かうに従って進歩している．

情報の伝達効率の向上は興味深い歴史をたどっている．電報，ラジオ，テレビ，電話によって情報の伝達量が大きく飛躍したのは数十年前のことである．しかし，これらの技術は皆それぞれ制限があり，またどれもコンピュータとあまりうまく統合できていなかった．一方，ごく最近になってパケット交換型のデータ通信，インターネット，ワールドワイドウェブといった大きな進歩がもたらされた．これらの革新的な技術は，ハードウェア自体よりもプロトコルと標準規格によって実現されたものであり，それによって1990年代の情報流通の爆発が生み出された．現代のデータ通信システムが以前と異なる点は，それがデータの処理や格納のためのリソースとシームレスかつデジタルに統合されていることである．これにより，情報の流れが端から端まで統合される．

標準化のプロセスは物やサービスに関する情報生産においても起きているが，その道筋は異なっている．全般的に，まずは情報の表現について標準化がなされる．次に，生産プロセスの標準化が起こる．例えば言語の歴史を見ると，最初は，粘土，パピルスや紙などの物理媒体に情報を表現する際に使う記号が標準化された．その次の段階とし

て，標準化された生産プロセス，つまり版木や活字を使った印刷が作り出された．これらの二つの段階を経て，本の大量生産が可能となった．本の生産能力は，当初，利用できる製品の数や需要を上回っていた．現存する最古の印刷物（西暦870年）は，中国語の版木で印刷されたダイヤモンド経，サンスクリット語仏教本の翻訳である．ヨーロッパにおける最初の大規模な印刷物を推測することは容易だろう．それは，1455年頃のグーテンベルク聖書である．ダイヤモンド経と聖書は両方ともすでに何世紀にもわたって存在していて，読者がいることもわかっていた．では，それらに続く製品は何だったかと言えば，それは例えば，エルサレムへの巡礼についての解説や，世界の歴史に関する本であった．我々が今日「コンテンツ」と呼ぶものが安定して作り出される流れができて，出版という新しいチャネルを埋めるまでになるには時間を要した．コンテンツを作る新たな試みの一部には，やがて「小説」や「エッセイ」なども含まれるようになった．

　情報の機械的処理に関しても，最初のステップは初期の数字体系において数字を記号的に表現することであった．それに続いてすぐに，バビロニア，エジプトや中国においてそろばんのような初期の計算補助器具が生まれ，ずっと後の17世紀になって，シッカートやパスカルにより機械計算器が作られた．現代の計算機は，言うまでもなく2進法演算とブール代数に基づいている．10進法などと比べて，2進表現は二つのシステム状態だけですべてを表現できるため，電子的な計算を可能にし，また堅牢にすることができた．アルファベットを活字にすることが中国の漢字や絵文字，象形文字を活字にすることよりもはるかに容易であるように，2進表現は情報を表現する際にも処理する際にも非常に強力である．情報の生産・保存・処理のためのツールは，機械的なものから電子的部分と機械的部分の組み合わせ，そして完全に電子的なものへと進化した．記号表現も，10進法のような人間に適した表現から機械に適した表現へと変化した．

　したがって，情報に関わる製品とサービスの標準化プロセスは，次のように定型化されたものとして考えられる．

- 記号的な形式による情報表現の標準化
- 生産（例えば印刷），保管（本），処理（電卓，キャッシュレジスタ，コンピュータ）のプロセスの標準化
- 機械的なレベル（パンチカード，プログラム可能なマシン，ソフトウェア）での処理やプロセスの標準化
- 製品やサービス（本や新聞，オペレーティングシステム，データベース，アプリケーション，ウェブサイト，そしてサーバベースのアプリケーションを含んだパッケージソフトウェア）の標準化

　情報製品の標準化は非常に急速に達成された．一方，情報サービスの標準化は依然として進化途上にある．

　物理的な生産と同様に，標準化の最終的な結果はモジュール化である．繰り返すが，モジュール化が最初に起きるのはプロセスのレベルである．このことは，例えば初期の印刷出版や，より最近ではオブジェクト指向のソフトウェア，クライアントサーバ，多層アーキテクチャ，分散コンピューティングなどによって示されている．さらに今日，我々は，サービス指向アーキテクチャ，シンジケーション，マッシュアップ，ウェブ

サービスといった新しい波の最中にいる．

現在，情報プロセスの標準化が，機械や「現場」のレベルからトランザクション処理やビジネスプロセスといった上位のレベルへと移行していることは明白である．トランザクションとして最も体系的な例として，通信が挙げられる．基本的なレベルでは，銀行や他の金融サービスにおけるトランザクションは広く標準化されており，企業間の取引は電子データ交換（EDI）のような標準によって促進されてきた．より上位レベルのビジネスプロセスでは合意の度合いはかなり低いが，SAP，IBM，Microsoft のような企業は競ってビジネス標準を定義しつつある．Apple と Google も，将来この分野で重要な役割を果たす可能性があるように思える．

17.4　サービスの工業化を推進するもの，および工業化の戦略について

工業化は，その大部分が新技術の作成と適用として捉えられる．それが処理能力（コンピュータ）の強化であろうと，物流（通信）の効率化であろうと，そこには新しい技術が関与している．技術の作成，商品化，採用のプロセスは工業化の一部であり，工業化から切り離すことはできない．標準化などの成果（例えば通信プロトコルの標準化）は，工業化を助けるとともに技術の実用化および普及にも役立つ．技術を開発し採用するプロセスは，工業化の全部ではないにせよ主要な部分であると言えるだろう．

工業化は，科学的発見に始まり発明，製品開発，商業化へとつながる技術開発プロセスによって推進される面を持つ．これは，技術開発や工業化のプッシュ的な側面である．サービスの工業化に対する新技術の影響は，次の三つの連続する過程の観点から分析できる．

- 既存のプロセスの中で新技術の適用により性能が向上する．一つの例として，デジタルカメラが発明され，人々が撮影にデジタルカメラを使用するようになったことがある．別の例としては，人間の労力を助けるソフトウェア（例えばワープロ）や人の代理となるソフトウェア（例えばオンラインサービス）の開発が挙げられる．
- 既存のプロセスの改良や，新しい方法でのプロセス実行を可能にするためのインフラやシステムが作られる．遠距離通信の開発と，その商取引への適用が一例として挙げられる．
- 新技術の使用によって，情報やサービスチェーンの再構築が可能，あるいは不可欠になる．

これらの過程の根底にある意思決定やアクションは，新しい製品やプロセスの形で新技術を開発，商品化，販売を行う企業だけでなく，新しいビジネスを作るために新技術を使用する企業でも同様になされる．こうした企業は，インフラストラクチャ（通信ネットワーク）からビジネスサービス（ホスティング，電子メール），技術製品やサービス（ハードウェア，ソフトウェア，IT サービス）に至るまで多岐にわたる．

一方，工業化のプル的な側面は，技術開発と同様に，既存の企業と新しい企業のいずれにおいても，より効果的に競争して市場と利益を生み出そうと行動することに由来している．実際に，サービス企業はより効果的に競争し，収益性を上げて維持するために

工業化するのである．我々が観察した戦略（Karmarkar, 2004）として，次のものが挙げられる．

- 自動化（多くの場合，新技術に直接関連する）
- アウトソーシング
- 作業の地理的再分配（オフショアリング）
- モジュール化などによるプロセスリエンジニアリング
- サービスの再設計，設計の標準化
- 情報処理の流れにおける操作と作業の転換
- セルフサービス（特定のタイプの作業転換）

これらのほとんどは産業革命に始まり，今日まで製造業において続いているアプローチに非常に類似している．しかし，操作転換とセルフサービスは情報生産と情報サービスにおいてこそ実行可能になりやすい．また，これらは自動化に対して非常に補足的なものである．

17.5　工業化がもたらすもの

経済的な観点からは，工業化のプロセスはある特定の結果をもたらす．一般的には，工業化は生産性の向上と関連づけられている．最近10年間のサービスにおける生産性向上について，サービス部門全体，およびより具体的な企業レベルでの情報集約サービスについて示した研究結果がある（Stiroh, 2001; Jorgenson & Stiroh, 2000; Brynjolfsson & Hitt, 1996）．マクロ経済の観点からは，生産性向上は経済の総資産を増やすため一般的に有益であると見なされている．しかし，生産性の向上により雇用のパターンが変化し，業界にとって痛みを伴う結果がもたらされることもある．生産性が高いということは，当然，同じ出力を得るのに要するリソース（例えば労働）が少なくなることを意味する．企業レベルでは，上記で述べたとおり生産性を向上させる手段として自動化，つまり労働資本を機械に置き換えたり，あるいはアウトソーシングなどによる業種の再組織化を行うかもしれない．そのため，ある部門の生産性向上に応じて需要も伸びているのでない場合は，その業界で雇用が減少する可能性が高い．さらに生成される価値という観点で，経済全体に対してその部門が相対的に縮小する可能性もある（Karmarkar & Rhim, 2008）．また，所得格差が増大する場合も考えられる．

「生産性」という言葉が様々な形で使われており，それぞれ別の意図や意味合いを持ちうることは注目に値する．サービスの生産性の議論については，Baumol（1985）とGadrey（2002）を参照してほしい．生産性に関わる複数の因子の測定が技術的に困難であることから，収益に対するコストの比率という金銭的な意味で生産性を考えることは珍しいことではない．もちろん，これは実際の生産性とは根本的に異なる尺度である．例として，オフショアリングソフトウェア生産では，基本的な意味での労働生産性は低くなるかもしれない．しかし，コストを削減することによって，金銭的な意味での生産性は改善できる．あるいは，それによってより多くの労力をカスタマイズにあてることができるかもしれない．グローバル規模で生産と提供を行うことで24時間体制での作業が可能になり，顧客対応を改善することもできる．したがって，生産性やコスト改善

に加えて，性能に関するその他の指標も向上するかもしれない．場合によっては，特定のタスクに対して優れた技能を持つ労働力を国ごとに持たせることで，生産性と品質の両方が実際に改善されることもありうる．

情報サービスが工業化されるプロセスの結果として容易に観察されることが，ほかにもいくつか挙げられる．一つは，金融サービスなどの分野で情報「チェーン」を非統合化する動きである．例えば住宅ローン業界では，非統合化や専門化が着実に進行してきた (Jacobides, 2005; Chaudhary et al., 2007)．企業内でも自動化を容易にするために，プロセスをモジュール化する傾向がある．従来のプロセスにおいて複数の作業を一つのジョブにまとめていたやり方は，新しい技術のもとでは効率的ではなくなることがある．多くの場合，モジュール化によって各ジョブはより一貫したものに再定義され，自動化，プロセスエンジニアリング，アウトソーシング，より有利な場所への移転などのさらなる検討もしやすくなる．住宅ローンはここでもその一例である．後の節で，産業や部門の再編に関する影響をさらに議論する．

サービスプロセスが標準化されるにつれて，サービス自体も標準化される．サービスの設計は収束して，ある特定の設計があちこちで使われるようになる．似たようなサービスを提供しているウェブサイトは，見かけも似てくる．この原因としては，コピーやリバースエンジニアリング，裏にある技術が特定のフォーマットを使用しやすいこと，その設計が他のものより効果的なこと，共通のコンポーネントを使用していることなどが挙げられる．背後にあるプロセスが体系化されてウェブ上で目立つようになるにつれて，リバースエンジニアリングは容易になる．そのため，例えば銀行や小売のサイトは，見かけも機能もやがて似たものになる傾向がある．

設計の収束が進みすぎるとコモディティ化に移行し，サービス間の違いが減少して，本質的に同じサービスを多くの提供者が提供することになる．例えばDavenport (2005)を参照してほしい．このことにより，あるサービスが何を提供しているかに対する共通理解が生まれ，大衆市場の発展に役立つ一方，差別化の欠如はコスト競争に重点を置いた競争の激化にもつながる．

有形の製品は，昔からずっと長距離あるいは広域にわたる輸送や配布が可能であった．しかし，情報集約サービスは，その多くが以前は，そしてしばしば今も地域限定である．よく知られているように，現代の通信技術（特にウェブやインターネット）によって地域の限定性や地域独占が失われ，これもやはり競争の激化につながる (Cairncross, 1997)．これは実際には新しい現象ではなく，印刷から電話，ラジオ，記録媒体の印刷に至るまで，昔から多くの技術によって我々は同じ道を辿ってきた．しかし，ウェブやインターネットなどの新しい技術はそれをさらに推し進め，金融サービスなどの分野にまで影響をもたらしている．

17.6　工業化と雇用の関係

前述したように，工業化で得られる主要な効果の一つ目は，生産性の向上である．2番目の効果としては，標準化によって大量生産が可能になった点が挙げられる．後者はおそらくサービス業よりも製造業において明確であるが，情報サービスにおいても可能

であることがはっきり表れている．第三の効果は，サービスや業種自体が新たに登場したことである．これら3点はすべて，仕事の分配，賃金の分配，仕事自体の性質という点で，仕事と雇用に直接的に影響を与える．

標準化によって可能になった大量生産や新たな業種の成長は，これらなしでは工業化が経済的に重要なインパクトを与えることはなかったという意味で，もちろん工業化の主要な成果である．大量生産は大量消費市場があってこそ実現可能であり，大量消費市場ができるには，低価格，人々に共通する有用性，妥当な品質と優れた流通が必要である．大量生産を実現できた物理的な製品の例として，産業革命以前の初期のものとしては軍事機器，家庭用品，レンガなどの建築資材が挙げられる．有形サービスの業界では，輸送業と流通業が産業の発展とともに広まった顕著な例である．情報分野では，印刷業と出版業が初期の主な例であり，その後に通信業と放送業が広まった．オンライン販売や検索といったウェブベースの消費者向けサービスはごく最近の例である．

産業分野が明確に定義されて成長したことで，生み出される仕事の定義も明確になった．製品プロセスを標準化することで，作業と仕事も標準化された．これにより採用やトレーニングも簡素化され，忠誠心の代わりに仕事の内容によって団結した労働者コミュニティが形成された．自動車や大規模交通網によってそのようなコミュニティはいくらか地理的に分散されたものの，団結の効果は今でもかなり残っている．一方，情報サービスにおける状況は異なる．工業製品の場合，工業化プロセスによって減少したものの，依然として多くの労働力を必要とした．生産の規模も大きかった．一方，情報サービスでは，全体に対する労働力の割合が劇的に減少した．情報集約的なプロセスにおいては設備費と人件費の割合の観点から，多くの場合，資本，設備の比重が高い．印刷業はその良い例であり，通信業（ラジオ，テレビ）や放送業も同様である．さらに，情報分野でも（生産に対して）流通のためのコストの割合は大変大きい．そのため，印刷や放送などの分野における雇用は大幅に増加しているが，同様のコミュニティやグループの形成は見られない．

情報集約型産業は，先進国における雇用と仕事の主な供給源となっている．米国経済ではこの傾向が何十年も前に始まり，現在に至るまで続いている（Apte et al., 2008）．我々の最新の研究から，2007年の米国において情報関連の業種がますます雇用と賃金の両方の供給源になっていることがわかる（Apte et al., 2009）．経済全体では，雇用の約48％（相当）と賃金の57％が情報集約型業務に起因している．サービス業のみでは，情報集中型業務は雇用の50％強と賃金のほぼ59％を占めている．

工業化の初期の結果としては成長が期待できるが，生産性の向上は多少複雑な影響をもたらすことがある．製造業は産業革命とその後に成長したが，米国では1960年代以降縮小し始めた．それ以来，製造業はサービス業と比較して，国民総生産に占める割合および雇用と賃金の割合でも着実に縮小し続けている．この転換の理由はBaumol（1967）によって明確に特定されており，それはサービス業に対して製造業の生産性が向上し，それによってサービス業のコストが伸びたことである．これよりさらに以前の1940年にクラークは，製造業よりサービス業の生産性が低いことから，サービスの雇用は製造業に比べて相対的に増加することを推測していた．

前述したように，サービスの生産性は向上の兆候を示し始めている．しかし，製造業の生産性も向上し続けている．2006年の時点では，実際の影響としてサービス業は成

長し続け，製造業は縮小し続けている．ただし，サービス業におけるパターンの変化を示す一つの小さな兆候が見られる．2004年以降，サービス業の雇用の増加率が低下しているのである．これが永続的な変化であるかどうかが注目されており，最近の不況が情勢を複雑にしている．

サービス業において，情報通信技術による工業化と生産性向上は，物理的なサービスよりも情報集約型サービスで顕著だと考えられる．相対的に後者が増加するということは，その影響により，やがて情報サービス業の規模や雇用が他の業種（非情報サービス業や物理サービス業）と比べて下落することを意味している．確かに，特定の業種の雇用においてこの傾向が見られる．例えば金融サービス業では，1980年代後半あたりに雇用成長率の減少が見られた．これは，「舞台裏」でのコンピュータの広範な使用に起因する可能性がある．同様に，「表舞台」の機能における技術使用の効果で，将来の金融サービスの一部の減少を予想する人もいるかもしれない．しかし，2007年の時点では，まだそのような傾向は収集されたデータに表れていない．2000年以降，雇用が劇的に減少した別の業種はIT産業であった．しかしこれは，ドットコムバブルの崩壊とそれに続く2000年の不況により過剰となった雇用を解消したためであった可能性がある．

最後に，技術によって推進される工業化の効果の一つは新たな雇用の創出である．産業革命によって工作機械操作のような多くの新しい仕事が創出されたのと同様に，情報サービスの工業化により，新しい技術に関連する多くの新しい仕事が創出された．さらに，新しいサービスに対応する新しい仕事がある．そうした仕事は，チップ設計者やプログラマー，医療超音波診断技師やウェブデザイナーなど多岐にわたる．これらの中には公式の労働統計に出ていないものもあるが，今後もこうした変化が継続して起こる可能性は高い．米国の労働統計局によって統計が収集されている新しい職種の数は，1980年代後半の約400から，2000年以降には800以上へと急増している．

17.7 産業界の再編

情報に関わる製品やサービス部門の工業化の例として，消費者向けの写真業界で起きたことを取り上げる（Apte & Karmarkar, 2007）．ここでいう写真業界とは，個人ユースやファミリーユース，つまり居間に飾る家族のポートレートなどに使う画像を撮影し配布するものを指す．かつてポートレートは写真家によるサービスを必要とするものであり，富裕層のみが入手できる高価な品であった．写真技術はその状況を完全に変化させ，カメラを持っていれば誰もが写真を手に入れられるようになった．現在，フィルムによる写真技術が電気的なデジタル技術に取って代わられるという別の変化が起きている．表17.1は，写真を処理する手順がプロセスの様々な段階で最近どのように変化したかを，採用されている技術の観点から示している．

この業種では，工業化がもたらす素晴らしい結果の例がいくつか見られる．まず，光学写真の光化学的プロセス（ハロゲン化銀の化学反応に基づく画像の撮影と印画）は，それ自体の工業化と，工業ベースの新しい製品にサービスが導入された融合の素晴らしい例であり，素晴らしい例である．絵画を描くことによって映像を画像化するためには技術が必要だったが，それはほとんど技術を必要としない自動化されたプロセスに置き

表 17.1　消費者向けの写真業における技術と処理プロセスの変化

写真処理のステップ	光学写真	デジタル写真
撮影	カメラ	デジタルカメラ
保存と転送	フィルム	ディスク，カード（デジタルメディア）
現像	現像業者	コンピュータ，ソフトウェア
保管	アルバム	デジタルストレージ，メディア
転送	郵便	オンライン，メディア転送
表示	写真（印刷）	スクリーン表示，印刷

換えられ，カメラを持っている人なら誰でも行うことができる．フィルムの現像と印画は，サードパーティによるサービスとして行われた．その結果，写真を撮影するという行為が爆発的に普及し，製品（フィルム，カメラ，写真仕上げ機器）とサービス（現像，印刷）を含んだ数十億ドル規模の産業が成長した．この業界は少数の企業（コダック，富士，アグフア・ゲバルト）によって支配され，そこで鍵になったのはカメラそのものではなく媒体となるフィルムであった．一方，デジタル化されたプロセスを見てみると，その過程のいっそう多くの部分がユーザーの手によって行われていることは明らかである．使用されている技術は複数の産業分野を横断しており，新しいサプライチェーンを支配する単一の企業は存在しない．そのため，特定の分野ではいくつかの企業が支配的であるが，その支配の方向は縦方向というよりも横方向（または水平方向）である．これは，保管，輸送，処理を含む情報の物流で発生した収束の一形態によるものである．プロセスの地域局所性の度合いはすでに大幅に減少していた．局所性の本質は，主にフィルムからネガ，印刷に向かう現像の工程に存在していた．いまや印刷自体が（印刷された写真を好む人もまだ多いとはいえ）不要になったとも言えるし，ある程度は（写真管理ソフトウェア，デスクトップ印刷を使用して）ユーザー自身で行える．また，ウェブサイトを通じてどこからでもアクセスできるので，サービスは場所の局所性には制約されない．

　別の例としては，医療における画像診断が考えられる．これには放射線，MRIスキャン，超音波などの技術が含まれる．画像診断のプロセスは，現在，すでに高度な技術の改善と自動化が行われている．画像の取得は，これまでも個人の技術より機器の性能次第であった．一般的に従来のエックス線フィルムのプロセスは，画像取得から読み込み，転写といった一連の工程が病院や大規模な診療所などの一つの場所で行われていた．今日，情報（画像）がデジタル化されたことによって，これらを同じ場所で行う必要は必ずしもなくなったので，この一連のプロセスが地理的分散化および非統合化され始めている．まず，撮影場所は顧客の近くに移動できる．特に従来の放射線では，機器の可搬性が非常に高いため移動しやすい．画像は解析と診断のためにどこにでも転送できる．診断は外部委託が可能で，一部の診断は自動化できる可能性がある．診断の記録を入力フォームに転写することは部分的に自動化可能であり，どんな場所でも行うことができる．実際に，米国のような国からのアウトソーシングやオフショアリングが行われている．最後に，画像のコピー自体を委託先の医者に送れば，専門家をまったく通さないで診断の一部を行える可能性もある．このように，この例ではプロセスにおいて組織と個人にとって非常に重大な結果を伴う工業化戦略が数多く現れている．

同様の変化が，様々な情報集約産業において発生していたり，あるいは現在進行中であったり，観察され始めたりしている．我々はその影響を，法人・消費者間（B2C）のビジネスにおいては，小売業（Amazon）とサービス（ニュース，銀行，証券会社）に関してすでに見てきた．他の出版，教育，専門サービスのような業種でも，これらの傾向が表舞台と裏舞台の両方で見られ始めている．

17.8　情報連鎖の融合，垂直方向の分化，および水平方向の統合化

「コンバージェンス」（融合，集中化）または「デジタルコンバージェンス」は，あらゆる種類の情報のデジタル化について述べる際の用語として一般的に用いられるようになった．この用語は，これまで別個に取り扱われていたアクティビティや業種の境界が曖昧になって，それらが融合することを示す一般的な言葉として使用されることもある．この現象をもう少し詳細に見てみると，一連の様々な種類の集中化を識別することができる．最初はもちろん「デジタル化」，言い換えると形式と表現における集中化である．これは，前述したような物流と処理方法の融合につながる．この融合にはソフトウェアとハードウェアの資産が含まれ，同じ手法とツールが様々な業種で利用できる．設備と器具の共通化と集中化は，情報の生産と配信だけではなく，ユーザーによる情報の消費にまで及ぶ．その結果，情報部門の供給側においてある形の融合が起こり，一つの会社が業種を越えて同じ役割を果たすことになる．そのわかりやすい例は，デジタルデータを遠距離通信によって移動させる方法であろう．消費者側で使用される機器に融合が起きた結果，以前は別々の利用パターンであったものが重複し始め，振る舞いにおいてある種の集中化が見られるようになっている．

例として，家庭に入り込むすべての情報の流れを考えてみる．このような情報には書籍，電話，新聞，雑誌，テレビ放送，DVD などが含まれる．従来，それらの情報の流れは，それぞれ消費パターンもコンテンツも消費場所も異なり，多くの場合専用の機器を用いて別々の方法で届けられていた．方式と物流のコンバージェンスによって，これらの流れは徐々に共通化されたデジタルのパイプに置き換えられる．また，末端で使われる機器と消費される場所もある程度集中化し始めていると言っても間違いないだろう．さらに，消費者の振る舞いが集約されていくか，あるいは少なくとも場所，時間，情報の消費のパターンにおいて同じように振る舞うようになるであろう．実際，多くの人はすでにそうなっている．

情報の供給側では産業部門が分断されており，多くの場合，保管と流通に使われるメディアによってコントロールされていた．これにより，出版事業と音楽業界はほぼ完全に分離されていた．流通頻度の違う各種メディアもそれぞれ別々の産業部門になり，新聞は週刊誌や書籍とはまったく別のものとして扱われた．保管，流通，輸送のビジネスは規模の経済に強く依存するものであるため，多くの情報集約的な分野は少数の企業によって支配された．前節の写真業の例のように，新聞，テレビ，電話のサービスについても同様であった．一方，流通に関して（郵便サービスのような）共通のサードパーティが存在する場合には，業界は雑誌のようにもっと断片化されたものになった．

従来の情報部門は，物流と流通の規模の経済に主導されるものであり，多くの場合，

高度に垂直統合された少数の支配的企業が登場するのが歴史のパターンであった．新聞，音声電話サービス，テレビ放送がその代表例である．しかし，前節で取り上げた写真業や銀行住宅ローン業の例のように，この構造では「コンバージェンス」を生き残れない．その一般的な結果として，流通経済主体の垂直方向の支配と統合から，技術と資産に基づく水平方向の支配と統合への転換が起こる（Karmarkar, 2009）．

製品やサービスとして情報を提供するための統合化されたサプライチェーンの構造は，定型的に記述すれば次のような段階から構成されている（これらの多くは，写真業の例における議論の中ですでに示した）．

- 獲得・創出
- 処理
- 組立（集約を含む）
- 保存
- 流通
- サーバベースの法人・法人間（B2B）サービス
- サーバベースの法人・消費者間（B2C）のサービス
- 地域局所性がある流通とアクセス
- 消費のイネーブラー（アプライアンスおよびソフトウェア）

それぞれの段階で，複数の企業や団体が関わることもある．経済力の強さは，企業の数とその段階における企業の役割が他の企業に対してどの程度差別化されるかに密接に関連している．例えば，情報の獲得と創出の段階は，関わる企業数が非常に多いことが特徴的であり，参入コストが低く異種性が高いため，今後もこの状況が続く可能性が高い．一方，流通の段階ではシステムの固定費が非常に大きく，流通サービスはコモディティに近いため，非常に少数の大規模なプレーヤーだけが存在し，利益率は比較的低い．

垂直方向の非統合化は一般的な傾向であるが，例外として垂直統合の特定の新しい形式が登場していることは注目に値する．例えば，NTT DoCoMo のｉモードとそれに関連する消費者向けサービスは，通信業において音声通信とコンテンツの輸送・流通を提供するだけではなく，消費者のための機器というブランドを位置づけてサーバベースの消費者サービスを提供している．もう一つの例は，Apple の iPod と iTunes Store であり，Apple は機器の側からサーバベースのサービスへの統合を達成した．Apple はこのビジネスモデルを他のサーバに基づくアプリケーションに拡張して，「アプリケーション販売店」になろうとしている．

水平方向の結合の強さと統合は一般的な傾向であるが，戦略は企業によってかなり異なることがわかる．Google, Yahoo!, Amazon, Microsoft, NTT DoCoMo のような企業は，程度の差やモデルと戦略の違いはあるものの，その地位を利用して横方向に展開している．一方，多くの通信会社は，以前も今もチャンスに気づかないようである．

最終的に，水平方向と垂直方向の構造のどのような組み合わせが生き残るか，どの企業が支配的なプレーヤーになるのかはまだわからない．しかし，最も有力な候補は，Google, Amazon, eBay のように強力なブランドを築き，サーバベースの消費者サービスを提供している企業のように思える（Karmarkar, 2008）．

17.9　情報サービスの規模，範囲，構造

　米国経済が情報経済に向かって発展していることは，統計からわかるだけではなく，多くの目に見える形にも表れている．高額所得者のリストには，テクノロジー企業の創設者や首脳陣がますます多く載るようになっている．企業規模ランキングの上位も情報集約型の企業によって多く占められている．しかしここでも，工業化の経済的影響という点においていくつか違いが見られる．

　製造された商品の場合，工業化と大量生産は通常，巨大な規模の経済につながるものであった．この理由は，新しい電力源を採用し，それを使った機械や装置によって人間の労力を置き換え活用することであった．これには，機器を入手し設置するのに高額な初期固定費が必要とされる．機械を継続的に開発し，より多くの電力を使用してより大量運用を行うために，さらなる大規模化への転換に向かうことになった．規模の経済は参入障壁として機能する傾向もあるため，業界の構造はやがて収益性の高いごく少数の大企業に収束する傾向がある．

　情報集約型産業でも，流通と運輸が重要となる分野では，似たような規模の効果が見られた．最も明白なケースは通信業界である．通信業は大規模な投資を必要とし，単一の企業で比較的大容量を提供できるため，自然に独占に向かうと広く考えられていた．また，最初はおそらくあまり認識されていなかったが，「ネットワーク外部性」によるプラスの効果が大きいために先行者利益もあった．

　規模の経済は，テレビ放送，ケーブルテレビ，衛星放送配信システム，ラジオ放送などの業界にも存在している．他の多くの情報産業分野においても，流通とメディアにおいて規模の経済が作用している．新聞，画像，印刷のケースについては，これまでに見てきたとおりである．

　しかし，デジタル化とその結果のコンバージェンスは，多くの情報集約型産業の経済を変貌させつつある．最も重要な点は，情報処理の経済は（運輸や物流と異なり）特に規模に依存していないことである．情報処理能力およびストレージやディスプレイなどに関するムーアの法則や類似の法則の効果は，情報処理のための固定費の大幅な削減をもたらした．

　そのため，情報処理の性能と費用の関係は凹曲線ではなく直線に近くなる．現代風に表現すれば，良くスケールしているとも言える．つまり，ある一時点においての大規模な費用投資を行わず，必要なときに情報処理性能を拡大することが簡単にできるということである．現代のソフトウェア技術と組み合わせたネットワーク通信システムにより接続された低コストの機材によって，コンピュータのクラスタ間でローカルに，マシンネットワーク間でグローバルに分散処理を行うことが可能になった．同時に，前述したコンバージェンスによって，同じ機器で非常に広い範囲の作業を行えるという意味で「範囲の経済性」がもたらされる．

　規模の経済性の低さ，範囲の経済性の高さ，物流におけるネットワーク外部性の高さといったこれらの要素が組み合わされることにより，物理製品とは大きく異なる工業化の道と異なる産業構造が促進される．

　まず，垂直方向の非統合化，そして水平方向の統合が進んで支配的になる傾向についてはすでに指摘した．これは，低コストの物流とインターフェース，および物流におけ

る規模の経済性の低さが，物流と処理の双方における範囲の経済性の高さ（コンバージェンス）と組み合わされた直接的な結果であると見なすことができる．次に，処理能力の低コスト化によって，非常に小さな会社でも革新を起こすことが可能になり，新規参入もはるかに容易になった．しかし，特に消費者向けアプリケーションにおいては，ブランドやネットワーク外部性の効果のために，先行者利益とスケールメリットが生じている可能性がある．

情報の生産，流通，配送の経済は複雑で，いまだ変化の過程にある．より詳細な議論は別の文献で行われている（Whinston et al., 1997; Shapiro & Varian, 1998）．ここでは，工業化の観点に関連するいくつかの問題に簡単に触れる．大まかに説明すると，情報サービスの工業化は製造業の工業化と状況が非常に異なる可能性がある．製造業は集中化された大規模処理工場により，業種が明確に垂直統合される方向に発展してきた．これに対して情報産業は，小規模で広域に分散した工場に向かう傾向があり，垂直統合の度合いは低く，急速な技術革新と新規参入および撤退が激しい業界になるであろう．同時に，規模の経済性は，ストレージ，検索，クラウドコンピューティングのような非常に基本的なサービスに当てはまる．上で述べたように，これらはコモディティ化度が高いため，ブランドの認知度が重要になると考えられる．

17.10　おわりに

他の先進国と同様，米国経済は，長期的かつ確実に情報経済へと発展する渦中にいる．情報経済化は，今日の米国においてサービス化以上に顕著な傾向であり，情報サービスはこれらの二つの傾向が合わさったものである．この傾向は，過去20年間に大幅かつ持続的に強まっている．情報サービスの進化の状況を示す主要な特徴の一つは，すでに米国経済の主要部分となっている情報集約的サービス部門が工業化される過程に表れている．この工業化には，産業革命や製造業の工業化と共通する特徴もある．しかし，工業化の過程においても，その最終結果においても，いくつかの重大で根本的な違いが存在する．サービスの標準化が起こる順序は，プロセスレベルから自然に始まり，ビジネスプロセスやビジネス構造といった「上方」に移行していくように見える．情報産業分野が進化して最終的な構造に至る際には，規模の経済ではなく範囲の経済の優位性が見られる．これにより垂直方向の非統合化が起こり，水平方向が支配的になって統合される傾向がある．低コストの物流と組み合わされることにより，工業製品で起きたことと同様，情報のサプライチェーンが地理的に分散するようになる．最後に，雇用や賃金には大きな影響がある．現在の傾向は成長に向かっている．しかし，最終的には生産性の向上が一部の分野で雇用水準の低下を導く可能性がある．これは，すでにITや金融サービスなどの分野に表れている．これらの結果を一部改善するための重要な鍵は，サービスのイノベーションや，まだ存在しないような新しいサービスを生み出し，そこで新しい雇用を創出することにあるだろう．

参考文献

Alder, K. (1997). Innovation and amnesia: engineering rationality and the fate of interchangeable parts manufacturing in France. *Technology and Culture*, 38(2), 273-311.

Apte, U., Karmarkar, U., Nath, H.K. (2008). Information services in the US economy: value, jobs and management implications. *California Management Review*, 50(3), 12-30.

Apte, U., Karmarkar, U., Nath, H.K. (2009). Jobs and wages in the US economy: the dominance of information intensive work. UCLA Anderson School, BIT Working Paper.

Apte, U., Karmarkar, U. (2007). Operations management in the information economy: products, processes and chains. *Journal of Operations Management*, 25(2), 438-453.

Baumol, W.J. (1967). Macroeconomics of unbalanced growth: the anatomy of urban crisis. *American Economic Review*, 57(3), 415-426.

Baumol, W.J. (1985). Productivity policy and the service sector, in R. P. Inman (Ed.), *Managing the service economy: prospects and problems*, Cambridge, UK: Cambridge University Press.

Brynjolfsson, E., Hitt, L. (1996). Paradox lost? Firm-level evidence on the returns to information systems spending. *Management Science*, 42(4), 541-558.

Cairncross, F. (1997). *The death of distance*. Boston: Harvard Business School Press.

Chaudhary, S., Green, M., Mahmoudi, R., & Ting, V. (2007). The impact of new information technology on the US mortgage industry. In U. Karmarkar & V. Mangal (Eds.), *The Business and Information Technologies (BIT) project: a global study of business practice* (pp. 251-288). World Scientific Press.

Clark, C. (1940). *The conditions of economic progress*. London: McMillan.

Daniels, P.W. (1993). *Service Industries in the World Economy*. Blackwell Publishers, Cambridge, MA.

Davenport, T. (2005). The coming commoditization of processes. *Harvard Business Review* 83(6), 100-108.

Gadrey, J. (2002). The misuse of productivity concepts in services: Lessons from a comparison between France and the United States. In J. Gadrey & F. Gallouj (Eds). *Productivity, Innovation, and Knowledge in Services: New Economic and Socio-economic Approaches*. Cheltenham UK: Edward Elgar, pp. 26-53.

Jacobides, M.G. (2005). Industry change through vertical disintegration: how and why markets emerged in mortgage banking. *Academy of Management Journal*, 48(3), 465-498.

Jorgenson, D. W., & Stiroh, K. J. (2000). Raising the speed limit: U.S. economic growth in the information age. *Brookings Papers on Economic Activity*, 1, 125-211.

Karmarkar, U.S. (2009). Convergence and the restructuring of information intensive industries. UCLA Anderson School, BIT Working Paper.

Karmarkar, U.S., Rhim, H. (2008). Industrialization, productivity and the effects on employment, wealth, equality and sector size. UCLA Anderson School, BIT Working Paper.

Karmarkar, U. (2004). Will you survive the services revolution? *Harvard Business Review*, June 2004.

Machlup, F. (1962). The production and distribution of knowledge in the United States. Princeton, NJ: Princeton University Press.

Natsuno, T. (2003). *i-mode Strategy*. Wiley.

Porat, M.U., & Rubin, M.R. (1977). *The information economy (9 volumes)*, Office of Telecommunications Special Publication 77-12. Washington, DC.: U.S. Department of Commerce.

Shapiro, C., & Varian, H. (1998). *Information rules: a strategic guide to the information economy* Boston: Harvard Business School Press.

Stiroh, K.J. (2001). Investing in information technology: productivity payoffs for U.S. industries. *Current Issues in Economics and Finance.* 7(6).

Whinston, A. B., Stahl, D. O., & Choi, S. (1997). *The economics of electronic commerce.* MacMillan Publishing Company.

Wolff, E. N. (2006). "The Growth of Information Workers in the US Economy, 1950-2000: The Role of Technological Change, Computerization, and Structural Change." *Economic Systems Research*, 18(3), 221-255.

第18章

サービス経済における労働力分析

☐ **Aleksandra Mojsilović**
　Business Analytics and Mathematical Sciences
　IBM Research
☐ **Daniel Connors**
　Business Analytics and Mathematical Sciences
　IBM Research

　　サービスオペレーションはその中心に労働力と人間といった概念を持ち，人や組織が他者への利益として，持っている知識，技術，能力を展開する．新しいサービス経済において，技術やリソースをより効果的かつ効率的に管理することは，どの組織においても必要不可欠となっている．その結果，先進的な企業は労働力の最適化が競争力のある差別化要因になると考えて，そのための投資を開始しており，より大きなビジネス価値を生み出す労働力の最適化をサポートする今までにないソリューションを探している．顧客向けサービスにおいては，次世代の労働力管理（workforce management; WFM）システムの要求は拡大している．というのも，計画，展開，リソース管理の改善を通してグローバルの労働力を最も効果的に使うためだけでなく，顧客のニーズへの反応性を最適にしながら業界における最も良いキャリア形成のための環境を提供することも期待されているからである．本章では，サービスオペレーションにおけるWFMに関する課題のいくつかを述べ，オペレーションズリサーチ，コンピュータサイエンス，数学，そして管理工学の手法を利用することで対処できるエリアについて議論する．

18.1　はじめに

　　サービス産業はこの50年にわたって成長し，ほとんどの先進工業国における経済活動を支配している（Chesbrough & Spohrer, 2006）．既存の研究ではサービスについて多くの正式な定義がなされている（Lovelock & Wirtz, 2007; Fitzsimmons & Fitzsimmons, 2003; Lusch & Vargo, 2006）．しかし，それらすべての定義において，サービスオペレーションはその中心に労働力と人間という概念を持ち，人や組織が他者への利益として持っている知識，技術，能力を展開する．そのため，どのサービス組織においても，技術やリソースをより効果的かつ効率的に管理することは，成功のためにいつも必要不可

欠になっていた．これは，人口構成や技術の変化，労働賃金の増加，自動化，顧客によるセルフサービス，そしてすべてのサービス企業にとって脅威でもあり機会でもあるグローバルでの競争として特徴づけられるサービスの「工業化」とともに，近年ますます重要になってきている（Karmarkar, 2004）．新しいサービス経済において優れた組織のトップは，顧客だけでなく，第一線の被雇用者も経営の関心事の中心とする必要があることを理解している（Heskett et al., 1994）．成功しているサービスビジネスの経営者は，新しいパラダイムにおいて収入，利益，顧客満足度の向上の背後にあるキーファクタは人，そして人を支援する技術への投資であることに気づいている．その結果，先進的なサービス事業者は，労働力の最適化が競争力のある差別化要因になるとして投資を開始しており，より大きなビジネス価値を生み出す労働力の最適化をサポートする今までにないソリューションを探している．

　過去数十年間にわたり，伝統的な製造・物流システムの数学モデルが開発され，ビジネスの最適化に用いられてきた．その結果，効率化において目覚しい進展が得られている（Dietrich & Harrison, 2006）．製造における原材料の需要計算を自動化する「製造資源計画」（manufacturing resource planning; MRP）は，すべての企業の生産プロセスを監視し，先進的な計画やeコマースに役立てる情報源を構築する「エンタープライズリソースプランニング」（enterprise resource planning; ERP）に進化してきた．しかしながら，人的リソースのモデル化が製品や部品に比べて複雑になって，複雑な部分を理解・表現するための新しいモデルが必要になるならば，サービス産業において上述の技術やその背後にあるモデルを直接WFMに適用することはできない．それ以上に，WFMという言葉は，広い問題領域（スキルの需要予測，リソースの計画，需要と供給のマッチング，スケジューリング，長期の戦略計画，タレントの最適化など）や多様な学問領域にまたがって使用されている．サービス産業におけるWFMの状況を変えるには，学問領域の境界を越えた協業と科学的貢献が必要となる．本章では，サービスオペレーションによるWFMに関する課題のいくつかを述べ，オペレーションズリサーチ，コンピュータサイエンス，数学，管理工学，サービスサイエンスの手法を利用することで対処できるエリアについて議論する．

18.1.1　労働力管理の実例：より深い概論

　新しいサービス経済において，各組織は製品そのものの優越性だけでなく，製品やサービスの市場への供給をサポートする体制の確立にあらためて取り組んでいる．新しい製品や市場の創出は，その構築と量の両方において新しいスキルを必要とする．また，近年のアナリスト分析によると，多くの組織が，必要とする人員・人材の枯渇に直面している（IDC, 2007）．労働力コストが継続して増加しているので，企業はコストをコントロールして，ビジネス価値を最大化する独自のアプローチを調査している（IDC, 2006）．インド，中国，その他多くの新興国・地域の経済成長とともに，顧客，提供者，従業員を区別する従来の考え方からの転換を，企業は強いられている．新しい経済モデルと世界的統合によってもたらされる課題を受け入れるには，生産，販売，そして労働力の配置に対して今までとは根本的に異なるアプローチが必要となる．世界的に統合された企業を計画運営していくためには，製品・販売・サービスの差別化におけるコスト

と価値，部品調達・生産・消費の地域的依存性，プロセス・労働力の標準化といったことを理解することに加え，世界的なスキルの需給関係をモデル化することが必要であるとされている．その結果，リソースの効果的な研修・配置・監視が可能になると言われている（Palmisano, 2006）．

今日，人材管理（human capital management; HCM）の市場は転換期を迎えている．コア人材資源やERPへの戦術的な投資に続き，企業は現在のデータに加え，より戦略的で社員主導の改善を続けるための先進的な分析を行う時期にある（AMR, 2006a）．労働力分析（workforce analytics; WFA）の市場は10年以上にわたって少しずつ成長してきた．しかしながら，先進的なWFMソリューションの実装や労働力アプリケーションの展開にはデータ，プロセス，ビジネスの理解が十分に成熟している必要があることが主な理由となり，その市場規模は比較的まだ小さい．本章では，組織における労働力の成熟度における課題を議論し，企業内でWFAソリューションを実装していく上で必要となる項目について概説する．

現在の市場においてWFMを進めていくための分析を行わないというリスクは，主なビジネスゴールに直接影響を与える可能性がある．コンタクトセンターにおいては，電話の取り損ねや，顧客満足度の大幅な低下につながる．サービス提供においては，スタッフがプロジェクトに必要な人数や能力を満たさない場合があり，これらはいずれも最終的な収益および顧客に提供する能力に影響を与える．販売業においては，レジ待ちの長い行列によって顧客が他へ逃げてしまうことを意味する．製造業においては，生産ラインが待機状態となることや，最善でない製品を出荷することを意味する（AMR, 2006b）．それゆえ，WFMは単なる時間・出退勤管理から，「最善」と思われる手法でビジネス目的を達成するために，労働力のトラッキングや，予測，スケジューリング，最適化を行うことへと徐々に変わってきている．本章では，このようなソリューションの背後にある方法論やアルゴリズムを概観しながら，最先端のWFA技術に関する知見，サービスライフサイクル全般にわたって統合された労働力計画に対する展望を提供する．

最新の分析技術はWFAにおける確固たる基盤となるものであるが，大部分はサプライチェーンの考え方をもとにしており，いまだ「人間的な」側面や従業員同士の複雑な関係などの情報を利用できる段階にはない．学習曲線の状況，燃え尽き症候かどうか，やる気の波がどの程度あるか，ワークロードの公平さに敏感かどうか，常習的欠勤があるかなど，人間はいくつかの要素で特徴づけをすることができる．企業が抱えているタレントは新しいサービス経済において本当に競争力のある差別化要因であるという認識を持てば持つほど，単にコストを削減して最低コストのサービスを提供することで競争相手を倒そうとするのではなく，協調関係を構築し，互いに切磋琢磨し，最適なキャリア環境を提供し，顧客のニーズへの反応を最適化するという新しいモデルへの移行を支援するツールや方法論に興味を持つようになる．本章では，次世代のWFAへの展望についても述べる．新しいソリューションは，多様な技術分野における顕著な進展を必要としながら進んでいくだろう．最終節において，いくつかの例を今後の課題や結論とともに提示する．

18.2　労働力分析の基礎：IBM 社におけるケーススタディ

サービス組織で先進的な WFM ソリューションを実現するには，適切な労務管理基盤の開発に大いに注目しなくてはならない．それは情報技術（IT）基盤やデータ収集への十分な投資だけではなく，プロセスの開発，リエンジニアリングなど新しい商習慣を含んだ取り組みである．本節では，IBM 社で最近実施された従業員改革（"The 2008 Workforce", 2008 October）である IBM Workforce Management Initiative（WMI）のケーススタディを通して，主要な取り組みについて概観する．

2000 年代初頭，サービスが IBM 社の収益の大きな部分を占めるに従って，企業が顧客のニーズに応えるには，労働力の管理を改善して適切なリソースを効果的かつ効率的に配置しなければならないことがわかってきた．WMI は「適切なスキルを持った人材を適切なコストで適切な仕事に割り当てる」ことを目的とした WFM プロセスツール群を確立するために，IBM 社の人事部門（HR），グローバルサービス部門（GS），インテグレーテッドサプライチェーン部門（ISC），研究部門から専門家が集まって始まった．

この取り組みでは，IBM 社が持っているサプライチェーン管理の専門知識を利用しており，サプライチェーン管理と企業 WFM の多くの共通点を利用している．「要求を満たすために必要なリソースはどれくらいか？」，「リソースの枯渇や超過が起こっている場所はあるか？」，「どこからリソースを提供するか」といった課題は，すべてサプライチェーンの領域でも見られた類似の課題である．IBM 社は以前，サプライチェーンを共通のプロセス，企業向けツール，データの標準化で変革しており，IBM 社による WMI でも類似のアプローチを利用した．変革のプロセスを図 18.1 に示す．これは，IBM における労働力成熟度曲線を示しており，どの事業体にも対応する先進的な WFM 分析アプリケーションの青写真となる．

● アナリティクス
　需要予測，受容計画，人と仕事のマッチング，スケジューリング

● 需要の可視化
　需要把握，PMP，Siebel

● 労働力の部品表
　人材配置テンプレートの開発

● 供給の可視化
　PD ツール，Professional Marketplace，経歴書作成ツール

● Expertise Taxonomy（専門分野体系）
　職種，職務，人材，技能

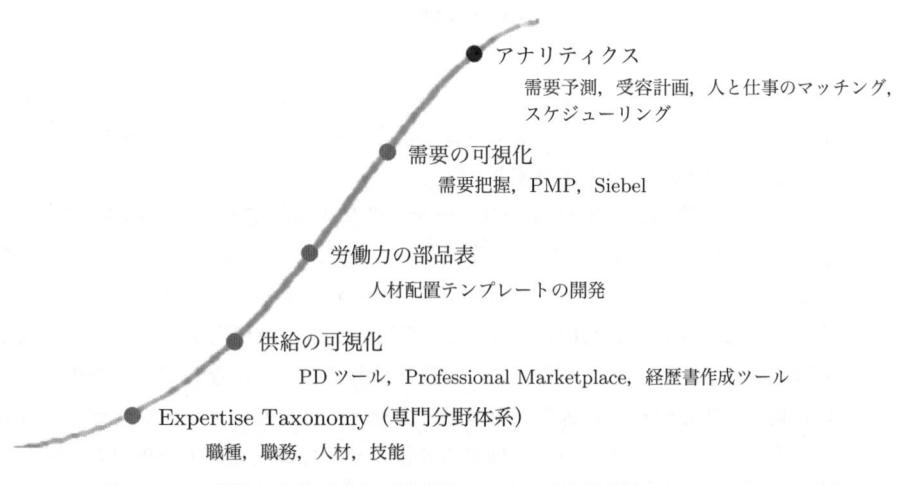

図 18.1　企業における労働力成熟度曲線（先進的な分析を利用可能にする WFM への変革で必要となる主なステップ）

最初のステップは Expertise Taxonomy（ExT; 専門分野体系）を構築することであった．これは，従業員が行う仕事の役割や関連するスキルを記述するための共通の語彙（タクソノミー）である．標準化したタクソノミーを持つまで，IBM 社には「アプリケーション開発者」「ソフトウェアエンジニア」「プログラマー」が存在し，さらに異なるバンド（給与体系）によって分類されていた．そのため，「インドにいるアドバイザリーソフトウェアエンジニアはカナダにいるバンド 7 のアプリケーション開発者と同じであるか？」といった疑問が生じるようになっていた．IBM 社のインテグレーテッドサプライチェーン部門（ISC）は，部品に対して共通の命名規則を使う利点を理解し，互換性のないいくつかの要求管理システムから共通の企業管理プラットフォームに移行している．同様のアプローチで，IBM 社の製品やサービスを提供するために必要な仕事やスキルの標準化を行うため，ExT が開発された．

次のステップは，人的リソースを供給するためのシステムを開発し，人的リソースを利用可能かどうかを実務家が監視・追跡できるようにすることであった．IBM 社は Professional Marketplace（PMP）ツールを開発し，そこに ExT を用いた共通の手法で記述した IBM 社の技術者リソースを集約し，リポジトリを作成した．エンゲージメントのための人材配置が必要なプロジェクトマネージャーは PMP でリソースを検索することもでき，構造化された記法と構造化されていない用語の両方で，必要とするポジションを "open-seat"（募集中）という形で PMP に登録できる．

3 番目は，標準化した手法でサービスにおける業務を記述することであった．IBM 社のサプライチェーンでも用いられているが，部品という観点で製品がどのように構築されているかを記述する「部品表」とほとんど同様に，IBM 社は「リソース表」を記述するための人材配置モデルを開発した．これは，IBM 社のサービスビジネスにおける製品やサービスの提供物を記述するための労働力を割り当てるためのテンプレート（staffing template）として知られている（どのように staffing template を開発したかについては，後の節で述べる）．

最後のステップとして，WMI では製品やサービスにおけるリソースの要望を捉えるリポジトリを作成した．継続しているエンゲージメント，契約数，市場機会といった観点で統合され，継続している案件，契約済み案件，現在見込まれている案件ごとにリソースの要望が作られ，リポジトリに蓄積される．これにより，先進的なプランニングプロセスのための入力を作成する．

この従業員改革は，IBM 社のリサーチ部門による先進的な分析基盤に基づいていた．研究者が HR，ISC，GS と緊密に作業することで，今までにない WFM ツールを開発することができた．ソリューションやそこで使われているアルゴリズムについての詳細を後に述べる．今日，WMI はプロセスの開発やツールの利用状況の管理や評価という形で続いている．しかしながら，これで旅が終わるわけではない．常に進化しているサービス製品，新しいビジネスプロセスや提供モデルとともに，サービスビジネスの継続的な進化をサポートするために，様々な技術エリアで確実な前進を続けながら，WFM の革新は続いていくのである．

18.3 サービスのライフサイクルにおける統合された労働力分析

サービス部門では大規模な変革が起こっており，この新しい「サービス革命」における重要な推進力は技術である（Karmarkar, 2004）．競争力を伴う先進性を実現する一つの方法は，革新的で統合された WFM 技術を通して得られる，単なる労働時間や出退時間，プロジェクトへの参加状況の記録だけではなく，組織における人材の流通へと広がっている．人材の流通は労働力の需要予測から始まり，ビジネスの遂行やタスクのカバレッジの計画，ビジネスの遂行を効果的に満たす個人やチームのスケジューリング，そして人材に関係する決定を真のビジネス結果に結び付けることである．本節では，統合された WFM アプローチにおける各ステップを概観し，それらの背後にある最新の分析モデルについて述べる．

18.3.1 リソースの需要予測のための staffing template の自動生成

将来必要となるリソースについて的確な視点を持つことは，サービス指向ビジネスにおいて利益を生み出すために必要なことである．典型的なサービスの雇用契約では，異なるスキルを持った複数のリソースが必要とされる．プロジェクトを実行するために必要なスキルを持ったリソースを必要なタイミングで得られないことは，利用されていないリソースを大量に保持していることと同義であり，いずれも結果としてビジネスの利益を失うことになる．しかしながら，サービスの提案や機会は，必要となるリソースと結び付けることなく，一般的に収益（価格）やソリューションといった観点で規定される．標準化された staffing template を用いてリソースやスキルの要求に関するより正確な視点が得られると，雇用契約のプロセスの早い段階で人材配置を計画することが可能になり，より信頼できるリソースの予測やより良い人員計画が可能になる．このテンプレートに基づいたアプローチは，プロジェクトをライフサイクル全体にわたる典型的なリソース需要に分類するスキーマを必要とする．それは，顧客との交渉の早い段階で得られるプロジェクト属性と関連づけられる．このアプローチには，ソリューション体系の作成や staffing template の自動的な推定（例えば，計画されたプロジェクトの各週において各スキルが何時間必要になるかについて記述したもの）のための手法が，キーとなる契約特性に基づいて開発される必要がある．

Hu et al. (2007) では，統計的クラスタリング技術に基づいて人員配置が似ているプロジェクトのグループを生成する手法が提案されている．そこでは，企業全体における労働時間管理システムが持っている膨大な過去プロジェクトの労働時間の報告情報が用いられる．このアプローチは，Chen et al. (2005) で述べられている階層的 k 平均法の一種を利用し，リソースの稼働状況を表すベクトルから均一なプロジェクトグループを同定する．いったん，統計的クラスタ分析が終わると，次のステップは代表的なソリューション体系を作成することである．これは，(1) 各クラスタでプロジェクト属性値の分布を調べ，(2) 各クラスタの名前と説明記述を作成し，(3) 該当領域の専門家 (subject matter expert; SME) との議論を通して，クラスタへの割り当てや各クラスタのラベル・説明記述の推敲を行う，というステップで実現される．多くの実際の現場ではリソースの需要は静的ではなく，異なるフェーズに入るに従ってプロジェクトの全期

間にわたって変化する．Datta et al. (2007) では，上述のアプローチを拡張し，新規の系列クラスタリングアルゴリズムを適用することで，期間変動を考慮した類似 staffing template を同定する手法が開発されている．ここでは，各系列はプロジェクトとなり，系列内の各データ観測値は各週のプロジェクト労働時間における仕事分類ごとの分布である．

18.3.2 マッチング

サービス提供者は，非常に流動的な環境で活動している．日々，新しい雇用契約に伴って新しいリソースが必要となり，既存の雇用契約はリソースを使い続け，そしていくつかの雇用契約が終了してリソースを解放する．雇用契約の計画対象期間は数週間から数か月，あるいは多年度と，契約ごとに異なっている．高い技能を持つ人材を可能なポジションとマッチングさせることは，経験をつんだリソース管理者が慎重に考慮しながら進めなくてはならない，非常に不確実性が高い作業である．間違った決定は結果として，労働力の割り当て不足，割り当てた労働力による質の低下，高すぎる技能による価値の顕著な損失，そして従業員と業務の不適切なマッチングにより，重大な価値の損失となるかもしらない．適切なマッチングの重要性は明らかである一方，流動的な市場において何百もの仕事やリソースの塊に対処する際には，迅速に決定を下す必要があるという大きなプレッシャーが発生する．高品質なマッチングと適時性の間のギャップを橋渡しする，Optimatch と呼ばれる最新のソリューションが提案されている（Naveh et al., 2007）．

Optimatch は，定型情報と非定型情報の両方を含むリソース要求をマッチングさせることができる．組織における ExT によって，定型情報の大部分が表現できる．仕事の役割，スキルセット，給与体系，開始終了日，言語や勤務地に関する要求などの定型項目として記載可能な要求は，ExT を用いて記述される．また，リソース要求は，プロジェクトとポジションに関する情報や，必須スキルまたは「あると望ましい」スキルのように，テキスト形式で記述的に書かれてもよい．記述的に書かれた項目は，しばしば定型情報では適切に対処できないポジションについて付加的な情報を与えるために用いられる．もし，リソースの分類が可能で，空席のポジションが求めている技能・スキルを規定することができれば，Optimatch は「人間の技能」も考慮することができる (Butler & Waldroop, 2004)．

IBM 社において，Optimatch ツールは，サービスの雇用契約における労働力割り当てを支援するために利用されている．IBM 社での利用にあたっては，専門的なサービスのリソースに関するスキル，経歴，利用できる期間の情報や他の重要な情報に関するリポジトリとして，前述した PMP と呼ばれるツールを利用している．ポジションに対する相応の候補者を見つけるために PMP ツールを使う典型的なやり方は，人手をかけて見つける労働集約的なものである．いったん，あるポジションに対する候補者リストが作成されると，管理者は候補者たちにより適合しうる他のポジションに関する情報にアクセスすることはできない．管理者は，彼らが考えている候補者が別のポジションで必要とされる特殊なスキルを持っていることに気づかない可能性もある．さらに，随時何十～何百もの空席のポジションやリソースがあると，リソースの同定やリソースと空

席のポジションをマッチさせる問題は非常に難しく，プロジェクトやリソース管理者は解決できない．Optimatch は，この大規模な企業におけるマッチング問題のために特別に開発された．Optimatch は，リソースと空席ポジション情報の塊，そしてマッチングのためのルールを入力として受け取り，各空席ポジションに対するリソース候補者の割り当てまたは優先リストを出力する．マッチングルールでは，マッチングにおいて必須または優先すべきリソースや空席ポジションの属性を規定する．例えば，「リソースの給与体系ランクは 8 でなければならない」は必須のルールであり，「C 言語プログラマーより Java プログラマーが望ましい」や「雇用契約の場所に近いリソースがよい」といったものは優先ルールである．Optimatch は表現言語が豊富かつ自然で，モジュール式であり様々な制約を記述できる制約プログラミングの手法を利用している．それゆえ，素早くモデルを開発してメンテナンスすることができる（Naveh et al., 2007）．加えて，制約プログラミングの強力なアルゴリズム基盤を用いることで，高速での実行や最適化を行うことができる．

18.3.3 スケジューリング

実に多くの企業が，インフラサポートやいくつかのビジネスプロセスをサービスプロバイダーに外部委託している．多くの場合，世界中で展開している企業のために作られた大きなサービスセンターにいる人々によって，このようなサポートは提供される．顧客が様々な地域に散らばっていることによる時差が存在するため，このようなサポートは 24 時間・週 7 日のシフトを組んで提供される．サービスセンターの環境には，1 週間の労働日数や 1 日の労働時間数の要求の変化や，サービス提供のコストを最小限にするためのシフトスケジュールの作成といった特徴がある．一方，求められるサービス品質を維持することも重要な課題である．

複雑なビジネスルール（夜のシフトはグループ 3 のすべてのエージェントに均等に配分されること，など），1 日をどのように運営していくかといったスケジューリング，オンラインでの危機管理（予期していた需要がなくなることもあれば，突然の需要が生まれることもある）など，要望や負荷の予測に関する課題があるため，シフトスケジューリングは数学，アルゴリズム，性能が絡み合う，複雑で可変性が要求される高度な問題である．典型的なサービススケジューリングのアプリケーションは，特定のスキルの要求に対してリソース，そして期間の観点で均一になるようになっている．例えば，24 時間・週 7 日のサポートを提供するコールセンターのスケジューリングでは，WFA によって SLA（service level agreement; サービス内容合意書）に合致するスキルが必要であることが示されている．スケジュールは，政府が定める雇用ルール，労働組合との合意，年功序列ルール，休暇予定など，たくさんの要因に対して柔軟性を持っていなければならない．SWOPS（shift work optimized planning and scheduling）と呼ばれるツールが，このような複雑な課題を解くために提案されている（Gilat et al., 2006）．SWOP は，(1) 業務負荷の予測，(2) 必要となるリソースの算出，(3) スケジュール作成，の三つのコンポーネントからなる．負荷の予測では，どれくらいの負荷アイテムが来るのか，いつ来るのか，各アイテムにどれだけの労働時間がかかるのかといった推定を行うために，統計学や機械学習の技術が用いられる．統計学は，負荷の予測を算

出する際に適用される．ITコールセンターでは，ある時間の間に障害チケットがどれくらい来るかなど，チケットを処理するプロセスだけでなく，特定のチケットに必要な作業時間を予測することになる．負荷の予測ができると，リソース要求の計算においてはどれくらいのサポートが典型的であり，どのようなスキルが期間内のどのポイントで必要になるかが，求められているサービスレベルに合致するために必須になっている．解析的アプローチやシミュレーションをもとにした待ち行列ネットワークモデルが，ここで用いられる．スケジュールの作成では，実施可能なスケジュールを作成する．そこでは，必要とされる労働力の割り当てやスケジューリングルール（例えば，継続してできる作業の最大時間，1週間で可能なシフトの最大数）が実施可能なスケジュールの作成に求められる．スケジュール作成にはヒューリスティックや数理的なアルゴリズムが用いられる．詳細は，Gilat et al. (2006) やWasserkrug et al. (2007) を参照してほしい．

サービス企業において特に興味深いスケジューリングの課題は，サポートセンターやコールセンターにおけるレベル3サポートのスケジューリングである．典型的なサポートサービスは，レベル1，レベル2，レベル3と呼ばれる3段階のサポートからなる．レベル1サポートはほとんどスキルを必要としないものであり（例えば，ユーザーパスワードのリセットなど），レベル2サポートはある程度のスキルと知識を必要とする程度である．レベル3サポートでは，特定の製品プラットフォームに関する深い専門性が求められる．コールセンターにおけるレベル1サポートのスケジューリングは様々な視点で広く研究されてきており（Brusco & Jacobs, 2000; Gans et al., 2003; Mason et al., 1998），そのようなサービスのスケジューリングをサポートする商用製品がいくつか利用可能になっている．しかしながら，レベル3サポートのスケジューリングに関しては，ほとんど研究が進んでいない．なぜなら，レベル3サポートは，特定の期間内で起こる頻度が少ないが，サポートが必要になると解決に多大な作業を要するという特徴を持っており，「伝統的な」スケジューリングモデルで使われている仮説の多くを満たさないからである．Wasserkrug et al. (2007) は，レベル3サポートの予測やスケジューリングに関する課題について述べている．そこでは，レベル3サポートの予測とスケジューリングに関するエンドツーエンドな方法論が示されており，特定のケーススタディを通してその方法論を検証している．レベル3サポートにしかない特徴だけでなく，そのスケジューリングの必要性の増大によって，労働力割り当てやスケジューリングに関する新しく特化した方法論が，ますます必要になるだろう．

18.3.4　労働力受容計画

多くの従業員を効果的に計画管理していくことは，多くのサービス企業が直面している課題である．なぜなら，ビジネスエンゲージメントにおける正規の契約に基づく労働力の請求時間が，その収益の大部分を占めるからである．典型的なサービスエンゲージメントは異なるタスクからなり，異なる属性（スキル）を持ったリソース（労働力）によって同時に実行される．必要なリソースが欠如することは，エンゲージメント全体の失敗につながりかねない．本項は，サービスの実施における労働力受容計画で用いられている分析やモデルに焦点を当てる．

■ 決定論的な計画と欠如/過剰分析

サプライチェーン最適化の技術は，製造業でのサプライチェーンをモデル化するために長い間用いられてきた（Voss & Woodruff, 2003）．MRPと労働力受容計画の間には強い類似性があるが，典型的な既存のMRPエンジンを直接後者の問題に適用することはできない．というのは，人間は部品ではなく，MRP/ERPで用いられている基盤モデルや仮説は人的リソースのモデル化にはそぐわないからである．人的リソースは複数のスキルを持っていることが多く，新しいスキルを得ることもあり，経験を通してより生産的になる．それ以上に労働力資源であるため，必要とされる期間でリソースが使われないと，そのリソースが持つ能力を失うことになる．MRPシステムは部品が持つ能力をモデル化することはできるが，基本モデルは人的リソースを適切に記述するのに十分ではない．

MRPの理論的枠組みを拡張して人的リソースの管理に適用する試みは，Gresh et al. (2007)で行われている．そこでは，サービス労働力の計画作成をするRCP（resource capacity planning）について述べられている．サービスの提供やサービス製品への要求，「リソースに関する契約」（staffing template; 労働力割り当てのテンプレート），そして利用可能なリソースが与えられると，RCPエンジンは時間軸に沿ってリソースの欠如（gap）と過剰（glut）を導き出す．RCPエンジンは，WIT（Watson implosion technology）と呼ばれる一般的な労働力受容計画のモデルと労働力受容計画問題を解くアルゴリズム，問題を作成するためのAPIのセット（Wittrock, 2006）を利用している．RCPのモデルは，どの人材リソースを使うかを決定するビジネス計画者が，典型的に代用者の可能性という複雑な要素をモデルに含めることを求めている点で，標準的なサプライチェーンのモデルとは異なっている．多くの場合において，人的リソースを仕事に「正しく」マッチさせる必要はなく，特定のエンゲージメントに依存するが，ある程度の柔軟性は許容される．加えて，「この場合はどうなるか」というwhat-ifシナリオを検討することが多く，特定のリソースの欠如や過剰の影響を度外視する効果が繰り返し分析される．例えば，あるビジネスラインの中で人と仕事を厳密にマッチすることが全体に対して大きな影響を与えることに，決定者はwhat-ifを通じて気づくかもしれない．この労働力受容計画問題では多様な代案の可能性を考える点が，通常一つの部品だけ（またはいくつかの部品セットの中からの一つ）を代案として考える製造品の場合と異なっている．

RCPエンジンは決定論的な計画を行っており，要求と供給は既知であることを仮定している．労働力受容計画問題に対して，エンジンは二つのアプローチを提供する．一つ目のアプローチは，優先度に基づいている．リソースに関する好みや優先度といったビジネスルールが与えられると，ヒューリスティックアルゴリズムが望ましい配置ルールを導き出すというものである．二つ目のアプローチは，線形計画法に基づいている．例えば，消費される労働力資源は利用可能な労働力資源より少なくなければならないといった，数学的に表現された等式・不等式による制約のもとで，目的関数を最適化する手法に基づく．使用するリソースのコスト，リソースに関するアクション（雇用，再教育，配置転換や雇用解除）に関わるコスト，そして要求に応えた場合の報奨などが与えられると，数学的な計画モデルが作成され，これを解くことになる．最適化に基づいたアプローチは，給料，契約解除や雇用にかかる費用，そしてエンゲージメントによる収

入など，コストすべてに関して，より正確な経済データを必要とする．一方，数学的な意味では「最適ではない」ヒューリスティックモデルは理解しやすく，異なるアクションに優先度を割り振るという人間がとる手法に似ている．

■ リスクに基づく労働力受容計画

エンゲージメントの要求，プロセス提供，リソース提供における不確実性は，サービスビジネスの基本的な特徴の一つである．要望は，エンゲージメントの連続という形で表される．各エンゲージメントは，ある一定の期間にいくつかの異なるクラスのリソースによるサービスを必要とする．エンゲージメントが終わると報酬が与えられ，リソースは解放される．例えば，ある IT サービス契約を満たすためには，プロジェクトマネージャーと IT スペシャリストからなるチームの稼働が 3 か月間必要であるとする．エンゲージメントの要望を満たす十分なリソースがなければ，エンゲージメントは失敗に終わり，金銭的なペナルティが課せられる．これは，コンサルティングサービス，病院，政府の典型的なビジネスプロセスである．それゆえ，望まれる能力レベルの算出（過不足がないかの計算）に加え，労働力全体の労働力受容計画プロセスのモデリングや効果的に計画を立てるためのパフォーマンス分析，決定支援についてユーザーは興味を示す傾向がある．

労働力受容計画のプロセスを実現する一つのアプローチは，複数タイプの要求と複数属性を持つ供給を考慮した，確率計画法の問題として定式化することである．そのようなモデルでは，プロジェクトは時系列上のランダムプロセスに依存して発生し，事前には予測できない異なるリソース要求をランダムに行う．顧客は，リソースに対する要求，予算状況，頻度や期間によって特徴づけられる．顧客からの依頼に対しては，その依頼を受けるか断るかのどちらかになる．もし受ける場合は，必要となるリソースがランダムプロセスをもとにして決定される．受けない場合は，顧客を失うことになる．上記のフレームワークにおいて取り組むべきモデリング，分析，最適化の課題はたくさんある．サービス事業者にとって最も関連があることは，(1) 技術量を提供サービスのレベルに対してコントロールし，顧客を失う確率を抑える，(2) 固定された技術量のもとで「最適な」顧客を選ぶ基準を提案する，という二つのシナリオにおいて期待収益を最大化することである．

確率的損失ネットワークは，通信ネットワークのモデルとして広く研究されてきているが（Kelly, 1986, 1987, 1988, 1990, 1991），「伝統的な」損失ネットワークと確率的な労働力モデルの間には顕著な違いがある．第一に，回路交換ボードに比べて人的リソースは柔軟性が高い．例えば，あるエンゲージメントにあるリソースの 20% が必要であるとすると，同じリソースを複数のエンゲージメントに割り当てることができる．2 番目の違いは，時間スケールの違いである．通信ネットワークでは呼び出し間隔は均一であり，計画する時間間隔に対して短い．一方，サービスエンゲージメントの間隔は非常に異なり，数時間から 1〜2 年に及ぶ．また，計画する時間間隔は 1 か月単位から四半期単位である．3 番目の違いは，アクションに要するリードタイムである．計画問題におけるアクションは労働力資源の追加（雇用），削減（レイオフ），再配分（再教育）である．これには十分なリードタイムが必要であり，アクションには不確実性が伴っている．これらの違いが，WFM における確率的ネットワークモデルでは考慮されている

(Lu et al., 2006, 2007; Bhadra et al., 2007). これらの研究では，労働力受容計画のプロセスを確率的損失ネットワークで表現し，実施すべきエンゲージメントの大部分で必要とされる最低限の労働力資源を計算している．そこでは，一般的なパフォーマンス最適化問題が定式化されており，リソースの有用性の制約と予算という目的関数のもとで期待されている能力レベルを実現する．また，確率的ダイナミックプログラミングモデルを用いて，(雇用，レイオフ，再教育などの) リソースアクションを全期間にわたって組み込み，長期間にわたるパフォーマンスの最適化 (利益の最大化) に結び付ける試みが行われている．

18.4 次世代の労働力分析

スキル要求の予測，マッチング，スケジューリング，「労働力受容」計画の支援により企業がWFMソリューションを継続し，「リソース表」モデルを越えて従業員の流動性，やる気，行動パターン，知識共有，生産性と技術革新といった情報を捉えるためには，従業員の「人間的な」側面を考慮した，より高度な分析が必要となっている．前に述べたとおり，人的リソースの性質によって労働力モデルは，部品管理，サプライチェーン，収益管理で適用されるモデルとは大きく異なっている．人的リソースは柔軟性 (リソースは複数のスキルを持ち，同時に複数のプロジェクトでの稼働が可能で，その結果，プロジェクトのアウトソースやリソースの借用が可能となっている)，再利用性 (いったんプロジェクトから解放されると，別のプロジェクトに割り当てることができる) などの特徴を共通して持っている．雇用，教育，新しいスキルの獲得といった考え方は，関係する最適化問題を根本的に変えるものであり，それらのモデル化や解決はより困難だが，より現実的になる．それゆえ，実際の適用では非常に重要なものとなっている．リソースとしての人間は，学習曲線，燃え尽き症候群，やる気の波，(ワークロード，チームワーク，コラボレーションなどにおける) 公平性に敏感といった特徴を持つ．これらはすべて，パフォーマンスや利用可能な労働力に大きな影響を与えるため，現実的なWFMソリューションに組み込まれなければならない．

ERPシステムが成長するにつれて，より労働力 (従業員) に関係したデータが作成されるので，これをモデル化に利用して，より人間的側面を考慮した分析ができるようになってきた．将来の労働力のモデル化では，「標準的な」需要と供給の関係だけでなく，従業員のプロジェクト活動，キャリアの発展，モチベーション，生産性などの情報を含むことが重要になってくる．データの例として，(1) 従業員情報 (スキルセット，組織上の情報など)，(2) 仕事の変遷に関する情報 (過去の仕事の履歴，プロジェクトへの参画情報)，(3) 履歴書や職歴，(4) プロジェクト経験 (参加したプロジェクト，成し遂げたタスク，関連する顧客満足度，報酬情報など)，(5) プロジェクトに関係するブログ，Jam (ディスカッションボード)，Wikiなどの情報，(6) 専門的な活動 (著作活動，会議での発表などの外部での活動，資格認定，学会会員，発明など) が挙げられる．本節では，いくつかの新しい研究分野や，従業員に関係するデータの増加に伴うタレントの計画・管理などに関する先進的なソリューションについて述べる．

18.4.1　戦略的労働力分析：労働力の進化

　サービス指向のビジネスモデルでは，労働力市場の傾向が，組織としてビジネス目的を達成し競争力を保つ際に多大なる影響を与える．それ以上に，現代の組織は，急激な人口構成の変化，ビジネスモデルの移行，そして経済環境の不安定さに直面しているので，戦略的なビジネス目的に関係する人的リソースを管理することは最重要課題となりつつある．先を見越したデータの利用と分析に基づく戦略的 WFM の分野は，それゆえ，組織の成功のための主な方策の一つとなってきている．

　戦略的な HCM の分析において，以下の二つの重要な要求がある．(1) 将来の従業員労働力の傾向について視覚化することと，(2) 能力プロファイルと施策，そしてビジネスゴールと成功の間を関連づけることである．これにより，従業員に関連するリスクの同定・評価・緩和が可能になり，また，従業員労働力の人口動態的な変化や傾向に先回りして反応できることで，変革・合併・買収・再編などの計画が可能になり，さらに，財務および経営の面から労働力に関する戦略を同期することが可能になる．高い不確実性という条件のもとで，労働力に関する傾向を分析する先進的なアプローチがある (Sharma et al., 2008)．そこでは，WEO（workforce evolution & optimization; 労働力の進化と最適化）と呼ばれる方法論が提案されている．WEO を導入すると，ユーザーは将来の労働力の傾向（進化）を予測・理解して，異なるアクション・施策・条件のもとでの労働力の進化を分析し，ユーザーが設定したビジネス目的（収益の最大化やコストの最小化）に関して最適な労働力進化を決定することが可能になる．

　WEO のアプローチにおいて，雇用者は地理的属性，給料バンド，職種，スキルセットなどの従業員状態（workforce state）によりグループ化され，労働力全体は各状態間を流動的に遷移するネットワークトポロジーで表現される．モデルでは，それぞれの従業員状態や状態間の遷移にコスト，報酬，ペナルティが関連づけられている．コスト（給料，オフィス，採用，人員削減，研修，昇進など），報酬（収益の増加，生産性の向上など），ペナルティ（収益の削減，十分な人員がいなかったことによるコストの増加）は，各状態と各遷移における従業員の数を引数とする関数となる．採用，人員削減，異動（例えばバンド，スキル，組織上の変更）に関する時系列的な人事情報は，遷移確率を推定する際に用いられ，将来の労働力プロファイルを予測する基礎モデルのパラメータとしても役立つ．確率的なモデルは，労働力ネットワークにおいて，進化，進化先の状態，そこに至るパス（リードタイムを持った採用，人員削減，再教育，昇進に関するアクション）を決定し，財務とビジネスの目的を最大化する「最適」なパスの計算に用いられる．

　WEO ユーザーは，過去のデータから推定された従業員労働力のトレンドを見ることができ，what-if シナリオを使って代替策を検討することもできる．ツールによって特定の収益性ターゲットを設定することができ，現在のリソース量のサポートに必要な収入を見ることができる．ユーザーは，労働力の「進化」を現在の，または他の組織体系・施策・シナリオで比較分析し，人口構成の変化，グローバル化，従業員の高齢化，様々な離職ケースなどが長い時間をかけて与える影響を理解したり，管理施策，スキル開発施策，経済力学における様々な要素の長期的な影響を見たりすることができる．

18.4.2 専門知識を持った人の配置と推薦

サービス企業はその事業や市場でのプレゼンスにおいてますますグローバル化しているため，新しい課題や，労働力と顧客をグローバルに持つことの重要性に直面している．巨大で分散した組織における主な課題として，専門知識を持った人材の配置，つまり特定の仕事に対する正しい人材，特定の問題に対する正しい専門知識，同じゴールまたはビジネス目的を共有している人々をつなげる能力が挙げられる．組織内で人々がどのように相互作用しているかをグローバルな視点で把握するために，伝統的情報源から得られたこと以上に，ソーシャルネットワーク分析に基づいたツールを通して企業内での情報流通や知識共有ができるようになっている．ソーシャルネットワーク分析や専門家発見システムでは，専門知識の配置や巨大組織での知識共有という避けることのできないニーズを満たす様々なツールキットが提供されている（Luce, 1950; Seidman & Foster, 1978; Alba, 1973; Ackerman et al., 2002; Kautz et al., 1997; Dom et al., 2003; Zhang et al., 2007）．

Chenthamarakshan et al. (2009) は，企業におけるソーシャルネットワーク分析の実施に伴い，分析結果を WFM における以下の二つの主要な課題への取り組みに用いた．

(a) プロジェクトの人員配置（project staffing）── 専門知識が必要とされている継続中のプロジェクトに適切に専門家（SME）を割り当てる課題．
(b) 専門家の推薦（expert recommendation）── SME の持つ専門知識や特定の技術問題に対する回答を必要とする他の従業員が，SME に適切にコンタクトできるようにする課題．

■ ソーシャルネットワーク分析を通してより良い労働力配置の決定を可能にする

プロジェクトにおける人員配置の決定を支援するために，Chenthamarakshan et al. (2009) は，巨大なソーシャルネットワーク内でコミュニティを見つける SNAzzy (Dasgupta et al., 2008) と呼ばれるアルゴリズムのセットを利用して，リソース配置管理者（resource deployment manager; RDM）間のソーシャルコミュニティの探索を試みている．この試みでは，Connect2Staff というツールが開発されている．このツールは，労働力の割り当てを決定する際に RDM の相互の要員配置を決める．Connect2Sfaff は過去の RDM における相互のコミュニケーションに関するデータを用いて，各 RDM をノード（頂点）とし，相互のコミュニケーションをエッジとして，ソーシャルネットワークグラフを導出する．この研究では以下の3種類の「コミュニティ」に注目している．

(1) クリーク ── コミュニティ内の各 RDM が他のすべての RDM と相互作用しているコミュニティ．クリークは RDM 間に強いつながりがあることを示しており，ほとんどの RDM がすでにグループとして一緒に仕事をしているか，または以前にグループとして仕事をしたことがあり，また，クリーク内の異なる仕事のプロファイルにどのような需要と供給があるかに気づく可能性が高い．
(2) 密度が濃いサブグラフ構造 ── 最もグローバルに活動している RDM コミュニティを示す．このコミュニティ内の RDM は，全体の需要と供給の状況に関し

て，トータルで見ると最も良い見通しを持っている．
(3) Star 構造 —— ハブ (hub) と呼ばれる一人の中心的な RDM が，互いにはコミュニケーションを持っていない多数のスポーク (spoke) と呼ばれる RDM とつながっている状態．ハブ RDM は，需要と供給のマッチングがとれそうであれば，スポークとなっている RDM 間を取り次ぐことができる．また，ハブ RDM は公式・非公式を問わず組織内の知識のリポジトリとなり，コミュニティにあまり参加していない多数の RDM にコンタクトをとりたい場合のコンタクトポイントとなりやすい．このようなコミュニティ構造から RDM についてのプロファイル情報を得ることができ，彼らの決定プロセスを支援し，所属しているコミュニティ，関係する Star 構造，組織における役割，組織上の壁を越えて支援してくれる個人やコミュニティを特徴づけることができるようになる．ネットワーク情報によってコミュニティ内での類似度スコアを計算することもできるので，各 RDM が持つ仕事の需要・供給プロファイルを検索している RDM とマッチングすることが可能となる．

このような機能を持つ Connect2Staff のアーキテクチャは，RDM 直接相互作用分析器と RDM 推薦エンジンと呼ばれる二つのコンポーネントから構成されている．RDM 直接相互作用分析器は，過去の社会的相互作用を用いて隣接リストの形式の RDM 相互作用グラフを作成し，コミュニティを見つける．RDM 推薦エンジンは，RDM からの検索要求またはブラウザを使った操作でクエリを受け取る．クエリは，「利用可能な SAP 管理者がいるすべてのコミュニティを推薦する」「自分から距離が 3 以内のすべてのコミュニティを見つける」などである．

■ 企業内における専門家の発見と推薦

多くのサービス企業において，プロジェクトの Wiki ページ，メッセージボード，ディスカッションフォーラム，イントラネットアプリケーションなどがビジネスを推進し，特定の業務上の課題を解決する標準的なツールとなりつつある．このような知識共有のメカニズムは多種多様なコンテンツを作り出してくれる．それはさらなる検索を可能とし，必要とされる専門力を検索エンジンのインデックスからたどれるが，このようなことは他の方法では難しいであろう．

知識探索者と知識提供者をつなぐ新しいアプローチが Singley et al. (2008) で述べられている．そこでは，BlueReach というリアルタイムチャットツールが考え出されており，質問者とあらかじめ同意しているあらかじめ決められた回答者とをリンクし，トピックに応じた支援者リスト（buddy list）を自動的に生成する．トピックが選ばれると，専門家として登録されており，かつ現在対応可能な人々のリストがそのトピックに表示される．その後，ユーザーは質問を作成し，名前を選んでチャットセッションを開始する．質問はすぐに専門家に提示される．もし質問内容が回答者の専門性とうまくマッチしていないなら，両者がその事実を示すことができる．チャットの最後には，両者は任意で 1～5 の満足度評価を相互やり取りに対して付与することができる．

Chenthamarakshan et al. (2009) はこの研究を拡張して，ある特定の分野で与えられた質問に適切に答えることができるであろうと思われる順に専門家をランキングする

推薦システムにより，リアルタイムチャットツールの一般的な効果を拡大することを試みた．専門家推薦システムの最初のステップは，BuleReach ソーシャルグラフを作成することである．このグラフのノードはコミュニティのメンバーを表し，専門家からユーザーへ張られた有向辺はそれぞれセッションを表す．あるトピックに関する質問を持った新規または既存のユーザーが現れたときは，以下の二つの情報，すなわち (a) 過去のやり取りと（利用可能であれば）評価情報，および (b) 仕事の履歴やプロジェクトエンゲージメントに関する記述といったメンバーに関する内部情報とを考慮して，トピックに登録された専門家をマッチしているであろう順にランキングすることを目指す．適切にランキングを行うことができれば，ユーザーと専門家の相互作用が良い結果をもたらして，セッションへの評価が高くなり，ネットワークの質が向上する．推薦システムをリアルタイムで使うためには，二つのステップが必要となる．1 番目のステップは，専門家とユーザーの間の評価データがほとんどない課題を克服することである．そのために，評価情報がついたセッション情報を用いて 2 値分類モデルを作成し，確率的な値を付与できるようにする．この分類モデルを用いて，評価が与えられていないセッションの良さを確率的に評価することができる．2 番目のステップでは，一般的な情報検索ツールを用いてメンバーのプロファイルや過去のセッションデータをインデックス化し，セッション評価に用いられた 2 値分類モデルで得られた確率スコアとともに蓄積する（Chenthamarakshan et al., 2009）．

自動スキルマッチングに基づいたアプローチを専門知識推薦問題に適用することはできるが，ネットワークモデルを用いたソリューションから，多くの労働力に関する課題において社会的なつながりが重要な役割を担っており，従来のスキルマッチングの技術と豊富な社会的相互作用データを結び付けることで，より良い推薦が可能になることがわかってきている．

18.4.3　労働力に関するデータの質を改善する方法論

労働力に関するデータが利用可能であることと，その品質が保たれていることが，先進的な WFM 分析を適用する上で単純かつ最も重要なファクタである．多くの場合，ビジネスプロセスや IT 支援は進化するため，新しく開発されたソリューションに企業内データが完全に連携し有効に活用できることはない．結果として，分析エンジンが最新のものであるにもかかわらず，正確な入力が得られないため，分析・推薦結果はほとんど価値のないものとなっている．したがって，正確なデータの収集や更新のためのメカニズムに加えて，ラベルの張り替えやエラーの発見など，自動的にデータを洗練するための方法論が，WFM 分析の開発では重要である．本項では，ERP システムで頻繁に遭遇するいくつかのデータ品質の課題と，この課題に取り組んで WFM ソリューションへの入力を改善するために用いられているアルゴリズムの例をいくつか提示する．

■ 情報の「強化」

すでに述べたように，先進的な WFA ソリューションを実現するにあたって重要な要求の一つは，組織内にある ERP/HCM の存在である．ほとんどの企業にとって，ERP システムの開発は金銭的・時間的に大きな投資であり，インフラの大幅な変更を伴い，

新しいビジネスモデルやプロセスの導入が必要となる．それゆえ，そのような投資は通常長い期間（例えば数年）をかけて行われ，異なる設計者や決定者によって影響を受ける．これにより，システムの異なるコンポーネント間で冗長性が生まれたり，接続性を失ったりすることがしばしば起こり，先進的な分析をする上で弊害となることが多い．社員，スキル，プロジェクト，製品情報といったWFMライフサイクルのすべての過程で入力となる様々なデータの間の関連づけや互換性がないと，この問題は特に顕著となる．なぜなら，このようなデータによってリソースの要望を用い，ワークロードの予測を作成し，継続しているプロジェクトへの割り当てを行い，将来のプロジェクトに向けたリソース要求を決定し，そしてプロジェクトが成功するかどうかを示すビジネス指標を計算することが可能になるからである．

WFMの観点から見ると，ERPシステムにおいて最も重要なデータコンポーネントは，以下である．

(1) 社員情報 —— 社員がどのようなリソースやスキルを持っているかを記述したもの．
(2) プロジェクト情報 —— どのプロジェクトが過去に実施され，どのように人員割り当てを行ったかを記述したもの．
(3) プロジェクトテンプレート —— 異なるプロジェクトのタイプについてそれぞれ平均的なリソース要求量を記述したもの．

実際には，これら三つのデータソースが「完璧」であることはない．社員情報には，データが存在しない社員がいたり，スキルデータに欠損や間違いが含まれていたりする傾向がある．新しいプロジェクトでは，プロジェクトテンプレートに沿って人員配置を行うべきであるが，実際の人員配置は利用可能なリソースに依存し，しばしばテンプレートとは異なるものとなる．それ以上に，プロジェクト情報では，各従業員がプロジェクトでどのスキルを伸ばしたかを記載しないで費やした時間だけを記録していたり，複数のスキルを持った従業員に曖昧性を生じさせてしまったりすることが多い．その結果，プロジェクト情報がプロジェクトテンプレートから乖離することがしばしば起こる．通常，プロジェクトテンプレートは専門家（SME）によって一度作られるだけであり，人員配置や従業員スキルの変更・更新といった適用時に生じる不一致点などを考慮しないので，あとで修正が必要になることが多い．そのため，どの分析ソリューションを実現する場合にも，データの精錬や前処理のステップが必要となる．このステップでは，欠損情報の補完，エラー発見と修正，異なる入力データの信頼性の改善，必要となる推定リソースやその他の労働力予測および計画に使われる情報の質の改善を行う．このような前処理については，Hu et al.（2008 June）で述べられており，労働力データ中の様々な関連情報を活用し，欠損データやデータの誤りを推測する情報強化手法と呼ばれる手法が提案されている．アルゴリズムは三つのステップからなる．最初に，従業員のスキルベクトルとプロジェクトテンプレートが推奨した人員割り当てから，過去のプロジェクトで最も利用されているリソーススキルを推定する．得られた情報を用いて，従業員スキルデータ中の誤りを見つけ，修正する．最後に，新しく計算された情報を用いてプロジェクトテンプレートを調整・更新する．この三つを繰り返し実施することで，ある収束基準を満たすまで情報を精錬することができる．

■ 半教師つきエンゲージメントクラスタリング

リソースの予測や計画のプロセスにおいてきわめて重要なコンポーネントは，様々なプロジェクトや関連するスキルについての要望の期待値を見積もるために，現在そして（予測された）将来におけるワークロードを分析することである．この過程を正確に行うためには，各プロジェクトに対して，事前に定義されたソリューションカテゴリに反映するためのラベルづけを行う必要がある．これは，ソリューションカテゴリが異なれば人員配置の要求も異なり，コストのプロファイルも異なるなどの理由からである．しかしながら，サービスビジネスにおける流動的なビジネス環境や変わりゆく顧客のニーズにより，ソリューションのポートフォリオは絶えず変化し，しばしば再定義される．その結果，プロジェクトマネージャーがプロジェクトを正確に分類することが難しくなっている．したがって，プロジェクトは事前に定義されているが，非常に流動的なソリューションカテゴリにマッピングしたり，またはソリューションタクソノミが変更されたりするたびに，古いデータを再ラベリングする自動的な手法が必要となっている．

この問題を解決するために，半教師つきクラスタリングフレームワークを用いた新しいアプローチが提案されている（Hu et al., 2008 August）．ここでは，ソリューションカテゴリとプロジェクトの非定型記述をテキスト情報でマッチングして「ソフトな」シード値を作成し，その後，基底特徴空間でクラスタリングを行う際にそのシード値を用いる．各プロジェクトに対する特徴空間の基底として，プロジェクトで様々なスキルリソースがどれくらいの時間が費やされたかを計算した「スキル配分ベクトル」(skill allocation vector) を用いる．クラスタリングは Soft Seeded k 平均法と呼ばれる k 平均法の新しい手法を適用しており，たとえシード値が事前定義されたカテゴリを完全に網羅していなくても，信頼度が広いシード値が持つサイド情報を効果的に使うことが可能となっている．

18.5　考察と今後の課題

企業がプロジェクトを遂行し，収入を増やし，より利益を上げ，グローバルな統合への挑戦を受け入れるためには，タレント/スキル管理が最も重要な要素の一つとなりつつある．この傾向はサービス指向ビジネスでは特に当てはまり，その結果，先進的な考え方を持つ企業は先進的な WFA を主な競争的差別化要因として捉え，投資を始めている．顧客に人的に直接仕えるビジネスにとって，次世代の WFM システムへの要望は拡大していて，WFM ツールを単にグローバルに散らばる労働力を最も効果的に管理するために利用するだけではなく，顧客のニーズに最適に反応しながら，業界内で最高のキャリア環境を運営していくために利用することが期待されている．現在，市場はイノベーションと生産性に焦点を当てており，ビジネスの持続的成長のために必要かつ主要なアセットは人的リソースであることから，人的リソースに関する要望を支援する新しいアプリケーションが現れるだろう．労働力に関するデータを利用し，単に数やスキルの分布といった情報ではなく，相互作用のパターンや知識の共有あるいは革新といったことを理解したり，企業・従業員双方にとって利益をもたらす最適な労働力に関する最適な決定や戦略を見つけ出したりする分析手法およびアプリケーションが出てくると，

我々は予想する．将来，「最良のパフォーマンスを出すチーム」の編成や実務経験を通した教育および関係構築といった長期的な目標および人間間の相互作用や相乗効果を考慮しつつ，プロジェクトの成功を支援することを可能にするソリューションが現れるだろう．仕事の複雑度やワークグループの組織に関する新しいモデルや分析（Man & Lam, 2003）によって，より良いチーム構成を支援することが可能になるだろう．将来，従業員の生産性や品質といった要素（Oliva & Sternan, 2001）が，包括的な労働力計画システムに組み込まれるだろう．また，協調的環境が整備され，個別に特化したキャリアパスの作成支援や「理想的な」メンターおよびメンティの同定，何らかの問題や疑問を持っている人を回答できる人に結び付けることが可能になり，従業員が自分自身でキャリアを管理できるソリューションが生まれるだろう．チーミング，仕事間の関係情報，背景として持っているキャリア，経験といった情報を利用し，求められている労働力組織を達成するために必要かつ最適な施策を決定することを支援するアプリケーションが出てくると，我々は予想する．

これらの新しい機能は，様々な技術分野における顕著な進歩を必要とする．入力データには不均一でほとんどラベルづけがされていないという特性があり，また複数の関係には複雑で流動的な特性があるため，これらの複雑なデータからモデルを学習し，モデルを用いて労働力最適化を行うには，データマイニング，統計的モデリング，機械学習，ソーシャルネットワーク分析，確率的最適化の分野からの，今までにない学術的貢献が必要となるであろう．最も重要な分野を以下に示す．

- **半教師あり学習**：限定され，かつ不完全である知識を伴った大量のラベルなしデータから，分類における低密度法，グラフ正則化，制約つき k 平均法クラスタリング，計量学習といった技術を用いて効果的に学習する手法に関する新たな研究分野である（Zhu, 2008 July）．半教師あり学習は，チームやコミュニティのモデリングを含むアプリケーションでは特に有効である．なぜなら，過去のプロジェクトや議論セッションのような過去のデータは豊富に存在するが，エンゲージメントのタイプ，顧客満足度，プロジェクトの成功レベル，個々のパフォーマンス，チームやコミュニティの生産性，アイデアの「革新性」といった，とても興味深い特性で分類できる割合が非常に少ないからである．
- **統計的関係学習**：複雑な関係ネットワーク内で互いにリンクされたオブジェクト集合に対する統計的推論の適用を研究している分野である（Perlich & Provost, 2006）．WFM では，（過去に同じプロジェクトで仕事をした）人と人との関係，（特定のプロジェクトのマネージャーといった）人とプロジェクトとの関係，（特定のプロジェクトにおける成果物といった）プロジェクトとオファリングとの関係が対象となり，これらの関係情報を予測モデル作成に適した形に変換することは，とても重要な研究課題である．
- **時系列グラフモデリング**：ある時系列データにおける変数間の因果関係をモデリングする新しい技術群である．静的関係・動的関係の両方を正確かつスケーラブルに導出する新しい手法が必要となっている（Arnold et al., 2007 August）．
- **確率的最適制御問題**：ある期間にわたって複雑な確率的ネットワークを分析して最適化する技術に関する研究である（Bertsekas, 2001）．WFA アプリケーション

で示されるネットワークは非常に高次元で複雑な依存関係があり，最適化問題が困難になるという課題が生じている．それ以上に，得られた結果は労働力（人）の望ましい振る舞いを「奨励する」施策やアクションにマッピングされなければならない．

- **多目的最適化**：統合された手法で競合する目的に対処する，統一的な最適化フレームワークの開発が行われている（Bertsekas, 2001）．ほとんどの WFA モデルやデータ最適化は企業の利潤を最大化するというトップダウンのアプローチをとっているが，次世代のシステムでは，個人あるいはグループの利潤を最大化するボトムアップのアプローチを組み込む必要がある．

現在の環境で競争をしていくためには，企業はより敏感で，柔軟性があり，短時間で回復可能な労働力を構築することに焦点を置く必要がある．そのため，企業はタレントの調達，競争が発生している戦略全体にわたるリソースの配置，パフォーマンスの計測，重要な能力やスキルの構築をより効果的に行わなければならないだろう．しかし，WFM の幅広い計画を進めていくには，企業全体で取り組み，多方面（データ，IT，プロセス）にわたって投資を行う必要がある．Global Human Capital Study 2005 で指摘されているように，個人，組織，国家レベルで人的リソースの管理は岐路に立っており，スキル，タレント，リーダーシップの不足は，多くの場合，「内なる能力」を再度見直し，新しい考えを持って対処されるべきである（"The capability within", 2005）．WFA は，企業が高い価値を持ったスキルを引き付けて維持し，生産性を最大化するようにそれらを活用することを支援し，そして，コスト，収入の増加量，製品/サービスの品質，従業員満足度といったビジネス指標に影響を与えることを通じて，企業を成功に導く主要な要素となりうる．

参考文献

Ackerman, M., Wulf, V., Pipek, V. (Eds.). (2002). *Sharing expertise: beyond knowledge management* Cambridge, MA: MIT Press.

Alba, R. (1973). A graph-theoretic definition of a sociometric clique. *Journal of Mathematical Sociology*, 3, 113-126.

AMR. (2006a). *The human capital management applications report, 2005-2010*. (AMR Research report). Boston, MA.

AMR. (2006b). *Workforce management landscape: the right people in the right place at the right time*. (AMR Research report). Boston, MA.

Arnold, A., Liu, Y., Abe, N. (2007 August) *Temporal causal modeling with graphical granger methods*, Proceeding of the Thirteenth ACM SIG KDD International Conference on Knowledge Discovery and Data Mining, KDD'07, San Jose, CA.

Bertsekas, D. (2001) *Dynamic programming and optimal control, Volume II*. Belmont, MA: Athena Scientific, 2001.

Bhadra, S., Lu, Y., Squillante, M. (2007). *Optimal capacity planning in stochastic loss networks with time-varying workloads*. Proceedings of the 2007 ACM SIGMETRICS international conference on measurement and modeling of computer systems, San Diego, CA.

Brusco, M., Jacobs, L. (2000). Optimal Models for meal-break and start-time flexibility in continuous tour scheduling. *Management Science*, 46(12), 1630-1641.

Butler, T., Waldroop, J. (2004). Understanding 'people' people. Harvard Business Review, June 2004, 78-86.

Chen, B., Tai, R., Harrison, R., Pan, Y. (2005). *Novel hybrid hierarchical-K-means clustering method (H-K-Means) for microarray analysis.* Proceedings of the 2005 IEEE Computational Systems Bioinformatics Conference Workshops, BCSBW'05, Stanford, CA.

Chenthamarakshan, V., Dey, K., Hu, J., Mojsilovic, A., Riddle, W., Sindhwani, V. (2009). Leveraging social networks for corporate staffing and expert recommendation. *IBM Journal of Research and Development*, 53(6), 915-924.

Chesbrough, H., Spohrer, J. (2006). A research manifesto for services science. *Communications of the ACM.* 49(7), 35-40.

Dasgupta, K., Singh, R., Viswanathan, B., Chakraborty, D., Mukherjea, S., Nanavati, A., Joshi, A. (2008) *Social ties and their relevance to churn in mobile telecom networks.* Proceedings of the 11th international conference on extending database technology: advances in database technology, EDBT 2008, 668-677.

Datta, R., Hu, J., Ray, B. (2007). *Sequence mining for business analytics: building project taxonomies for resource demand forecasting.* Proceedings of the Workshop on Data Mining for Business, PAKDD, Nanjing, China.

Dietrich, B., Harrison, T. (2006 April). Serving the services. *ORMS Today*, 33(3).

Fitzsimmons, J., Fitzsimmons, M. (2003). *Service management.* New York, NY: McGraw-Hill.

Gilat, D., Landau, A., Ribak, A., Shiloach, Y., Wasserkrug, S. (2006 August). *SWOPS (shift work optimized planning and scheduling).* Proceedings of the 6th International Conference on the Practice and Theory of Automated Timetabling, PATAT 2006, Brno, Czech Republic.

Gresh, D., Connors, D., Fasano, J., Wittrock, R. (2007). Applying supply chain optimization techniques to workforce planning problems. *IBM Journal of Research and Development* 51(3/4), 251-261.

Dom, B., Eiron, I., Cozzi, A., Zhang, Y. (2003) *Graph-based ranking algorithms for email expertise analysis.* Proceedings of the 8th ACM SIGMOD workshop on Research issues in data mining and knowledge discovery, San Diego, CA.

Gans, N., Koole, G., Mandelbaum, A. (2003). Telephone call centers: tutorial, review and research prospects. *Manufacturing and Service Operations Management (M&SOM)*, 5(2), 79-141.

Heskett, J., Jones, T., Loveman, G., Sasser, W., Schlesinger, L. (1994). Putting the service profit chain to work. *Harvard Business Review*, 72, 164-174.

Hu, J., Ray, B., Singh, M. (2007). Statistical methods for automated generation of services engagement staffing plans. *IBM Journal of Research and Development*, 51(3/4), 281-294.

Hu, J. Lu, Y., Mojsilovic, A., Radovanovic, A., Squillante, M. (2008 June) *"Information boosting" methodologies for multiple data sources in workforce management.* Paper presented at Manufacturing & Service Operations Management, MSOM 2008, Adelphi, MD.

Hu, J., Singh, M., Mojsilovic, A. (2008 August). *Using data mining for accurate resource and skill demand forecasting in services engagements.* Paper presented at the KDD Workshop on Data Mining for Business Applications, Las Vegas, NV.

IDC. (2006). *Worldwide workforce analytics software 2006-2010 forecast.* (IDC Report #201577).

Framingham, MA.

IDC (2007) *Worldwide Workforce Performance Management 2007-2011 Forecast*. (IDC Report #206281). Framingham, MA.

Karmarkar, U. (2004 June). Will you survive the services revolution? *Harvard Business Review* 82, 100-107.

Kautz, H., Selman, B., Shah, M. (1997). Referral web: combining social networks and collaborative filtering. *Communications of the. ACM*, 40(3), 63-65.

Kelly, F. (1986). Blocking probabilities in large circuit-switched networks. *Advances in Applied Probability*, 18, 473-505.

Kelly, F. (1987). One-dimensional circuit-switched networks. *Annals of Probability*, 15(3), 1166-1179.

Kelly, F. (1988). Routing in circuit-switched networks: optimization, shadow prices and decentralization. *Advances in Applied Probability*, 20, 112-144.

Kelly, F. (1990). Routing and capacity allocation in networks with trunk reservation. *Mathematics of Operations Research*, 15(4), 771-793.

Kelly, F. (1991). Loss networks. *Annals of Applied Probability*, 1(3), 319-178.

Lovelock, C., Wirtz, J. (2007). *Services marketing: people, technology, strategy*. Upper Saddle River, NJ: Prentice Hall.

Lu, Y., Radovanovic, A., Squillante, M. (2006 June). *Workforce management in service via stochastic network models*. Presented at the 2006 IEEE International Conference on Service Operations and Logistics, and Informatics, SOLI, Shanghai, China.

Lu, Y., Radovanovic, A., Squillante, M. (2007). Optimal capacity planning in stochastic loss networks. *ACM SIGMETRICS Performance Evaluation Review*, 35(2), 39-41.

Luce, R. (1950). Connectivity and generalized cliques in sociometric group structure. *Psychometrika* 15(2), 169-190.

Lusch, R., Vargo, S. (2006). *The service-dominant logic of marketing*. Armonk, NY: ME Sharpe.

Man, D., Lam, S. (2003). The effects of job complexity and autonomy on cohesiveness in collectivistic and individualistic work groups: a cross-cultural analysis. *Journal of Organizational Behavior*, 24(8), 1979-1001.

Mason, A., Ryan, D., Panton, D. (1998). Integrated simulation, heuristic and optimization approaches to staff scheduling. *Operations Research*, 46(2), 161-175.

Naveh, Y., Richter, Y., Altshuler, Y., Gresh, D., Connors, D. (2007). Workforce optimization: Identification and assignment of professional workers using constraint programming. *IBM Journal of Research and Development*, 51(3/4), 263-279.

Oliva, R., Sternan, J. (2001). Cutting corners and working overtime: quality erosion in the service industry. *Management Science*, 47(7), 894-914.

Palmisano, S. (2006). The globally integrated enterprise. *Foreign Affairs*, 85(3), 127-136.

Perlich, C., Provost, F. (2006) *Distribution-based aggregation for relational learning with identifier attributes*. Machine Learning, 62(1-2), 65-105.

Seidman, S., Foster, B. (1978). A graph-theoretic generalization of the clique concept. *Journal of Mathematical Sociology*, 6, 139-154.

Sharma, M., Lu, Y., Squillante, M. (2008 October) *Stochastic analysis and optimization of workforce evolution*. Paper presented at the INFORMS Annual Meeting, Washington, DC.

Singley, K., Lai, J., Kuang, L., Tang, J. (2008) *Bluereach: harnessing synchronous chat to support expertise sharing in a large organization.* Paper presented at the Conference on Human Factors in Computing Systems, CHI 2008, Florence, Italy.

The capability within: the global human capital study 2005. (2005). IBM Global Services Study.

The 2008 Workforce Management Optimas Awards (2008 October). *Workforce Magazine.*

Wasserkrug, S., Taub, S., Zeltyn, S., Gilat, D., Lipets, V., Feldman, Z., Mandelbaum, A. (2007 August). *Shift scheduling for third level IT support: challenges, models and case study.* Proceedings of the 2007 IEEE/INFORMS International Conference on Service Operations and Logistics, and Informatics, Philadelphia, PA.

Voss, S. & Woodruff, D. (2003). *Introduction to computational optimization models for production planning in a supply chain*, Berlin, Springer.

Wittrock, R. (2006) *An introduction to WIT: watson implosion technology.* (IBM Research Report RC-24013). Yorktown Heights, NY.

Zhang, J., Ackerman, M., Adamic, L. (2007 May). *Expertise networks in online communities: Structure and algorithms.* Proceedings of WWW 2007, Banff, Alberta, Canada.

Zhu, X. (2008 July) *Semi-supervised learning literature survey.* Retrieved April 22 2009 from http://pages.cs.wisc.edu/~jerryzhu/research/ssl/semireview.html.

第19章

製品やサービスの複雑なデリバリーシステムを理解する

☐ **William B. Rouse**
　Tennenbaum Institute
　Georgia Institute of Technology

☐ **Rahul C. Basole**
　Tennenbaum Institute
　Georgia Institute of Technology

　本章では，製品やサービスを消費者や他の顧客層に提供する複雑なシステムの可視化方式について考える．いくつかの官民のシステムを例に取り上げ，複雑なシステムを全体論的視点で捉える方法を論じる．また，システムの複雑さを，ある領域の企業の数と，それらの企業群がうまく機能する上で必要になる統合レベルとで評価するモデルを示す．複雑さをモデル化する際の基本的な前提の明確化など，複雑さに関する還元論的視点についても議論する．情報理論に基づく価値提供ネットワークの複雑度計算モデルを導入し，いくつかの企業ドメインの複雑さの評価に適用する．複雑なシステムのモデルの利用法や価値についても議論する．

19.1　はじめに

　本章では，製品やサービスを提供する複雑なシステムについて考える．このようなシステムのうちのいくつかは，製品デリバリーに焦点が当てられている．良い例としては，飛行機や自動車の設計・開発・製造・保守システムがある．これらのシステムはサービスと結び付いているが，焦点は製品の設計・製造や維持に当てられている．反対に，サービスのデリバリーに焦点を当てたシステムがある．例えば，医療・教育・防衛・金融・食品を提供するネットワークがある（Basole & Rouse, 2008）．これらのネットワークの中にはサービスを実現する製品が存在するが，結果として提供されるサービスに焦点が当たっている．デリバリーシステムを通して製品やサービスが目に見える形になり，取り扱うことが可能になるのにもかかわらず，製品やサービスを提供するシステム自体を真に議論した例がほとんど見られないことは注目に値する．

　デリバリーシステムをより良く設計・運用・保守するために，そのようなタイプのシステムの複雑さを理解することを試みる（Rouse, 2003, 2007a）．本章では，複雑さの定

義とモデルを考えるのと同時に，特定のシステムに対してモデルを当てはめることを試みる．モデルは，全体論的および還元論的視点に基づいて考える．還元論的なアプローチでは重要な知見を得ることができるが，複雑なシステムにおける創発的な特性は扱いきれない．したがって，複雑なシステムの設計・運用・保守について理解して知見を得るためには，還元論的アプローチと全体論的アプローチの間のバランスが必要である．

本章の構成は以下のとおりである．次節でいくつかの官民のシステムを例に取り上げ，複雑なシステムを全体論的視点で可視化する方法を論じる．また，システムの複雑さを，ある領域の企業の数と，それらの企業群がうまく機能する上で必要となる統合レベルとで評価するモデルを示す．続く節では，複雑さに関する還元論的な視点について論じる．複雑さのモデル化の基本的な前提を，システムの構造や状態についての典型的な定義とともに議論する．情報理論に基づき，システムの状態の推定に必要な情報量（ビット数）で価値提供ネットワークの複雑さを算出するモデルを導入する．このモデルをいくつかの企業ドメインの複雑さ評価に適用する．そして，最後に複雑なシステムのモデルの利用法や価値について議論する．

19.2　全体論的視点

本章の後半でも詳しく述べるが，還元論的なアプローチは，システムを構成要素に分解し，それらの要素が互いにどのように機能してシステムの振る舞いを生み出すかを理解することを試みる．それとは対照的に，全体論的アプローチはシステム全体の特性や機能について考えるので，何らかの分解をすることはほとんどない．

例えば，飛行機の製造と医療デリバリーについての全体論的視点を比べると，これらはまったく異なるタイプのシステムであることがすぐに明白になる．飛行機の製造は，多くのモノが互いに一体となってスムーズに機能する実体（飛行機や自動車）を構成しなくてはならないので，複雑な製品のデリバリーシステムの一例である．飛行機の場合は，設計フェーズは企業群が共同で作業し，翼，機体，エンジンといった主要コンポーネントの世界規模の供給関係を築いている．この種のドメインでは，物理的な製品または「モノ」が複雑なシステムの中心に位置する．

対照的に，医療デリバリーは複雑なサービスデリバリーシステムの一例であり，そこでは組織と組織のつなぎ目が情報の流れを妨げるのと同様に，目的や動機を整合させることを妨げ，システムを複雑化させている．そのようなシステムでは，提供されるサービスを実現する多くの製品が存在するが，複雑な製品デリバリーシステムと違い，それらの製品はシステムの複雑さの主要因ではない．システムの社会工学的な特性が複雑さの主要因となっている（Rouse & Baba, 2006）．別の言葉で言えば，技術ではなくむしろ人や組織が複雑さを支配している（Rouse, 2007b）．

大規模な官民のシステムは，複雑なシステムに対する全体論的視点を考察する上で興味深い対象である．そのようなシステムでは，政策や政府予算により大きな影響を受ける市場の中で，多数の民間企業が活動している．例として以下のようなものがある．

- 防衛 —— 多くの独立した民間企業が，製品やシステムの統合されたデリバリーを行っている．公的に利用されるシステムであり，支払源は一つで，十分な数の

統合された公的監視者が存在する.
- 教育 —— ほとんどが公営の独立した企業が多数存在し,様々な製品やサービスのデリバリーを行っている.民間企業の多くに対しては,様々な支払いや公的監視が行われている.
- 金融 —— 多くの独立した民間企業が,統合された共有サービスのデリバリーを行う.消費者への製品やサービスのデリバリーには様々なものがある.統一された公的監視が行われているが,支払いは様々な形で行われている.
- 食品 —— 多くの独立した民間企業が統一されたデリバリーシステムを持っている.製品や支払いは多岐にわたる.製品に対する公的監視は統一されているが,サービスに対してはそれほどでもない.
- 医療 —— 非常に多数の民間および公営の企業が,様々な製品やサービスのデリバリーを行っている.年配者や低所得者に対しては,単一の支払い源で行われている.製品に対する公的監視は統一されているが,サービスに対してはそれほど統一されていない.

防衛は民間セクターによる製品デリバリーシステムであり,それが複雑な公共セクターのサービスシステムに組み込まれていることに注意を払うべきである.一方,教育や医療は主に民間・公共セクターのサービス提供者による複雑なサービスデリバリーシステムである.金融と食品では,大部分が民間セクターの製品・サービスデリバリーを含み,金融界では,遅れてはいるものの公共セクターによる監視が行われている.

表19.1は,上で述べた官民企業の全体論的特徴を要約したものである.防衛が最も統合されているのに対して,教育は最も統合されていない.監視は金融・食品・医療に対しては統合されているが,防衛ほどではない.

表 19.1 官民企業の特性

	企業数	デリバリー	製品・サービス	支払い	監視
防衛	1,000	統合	統合	統合	統合
教育	100,000	分散	分散	分散	分散
金融	10,000	統合	分散	分散	統合
食品	100,000	統合	分散	分散	統合
医療	1,000,000	分散	分散	統合	統合

これらの五つのドメインの複雑さを評価・対比するために,以下の複雑度 C という概念モデルについて考える.

$$C = f(NE, DI, PSI, PI, OI) \tag{19.1}$$

ここで,NE は企業数,DI はデリバリー統合のレベル,PSI は製品・サービス統合のレベル,PI は支払い統合のレベル,OI は監視統合のレベルを表す.

デリバリーの統合とは,バリューネットワークにおけるリソースが,単一のエンティティと統合されたエンティティのどちらによって管理されているかの指標である.製品・サービスの統合とは,消費者は単一の製品・サービスを受け取るかどうかの指標で

ある．支払いの統一とは，利用者のみが受け取った製品・サービスの対価を支払うかどうかの指標である．監視の統合とは，製品・サービスデリバリーに対する第三者による影響・管理・抑制のレベルに関する指標である．

統合された情報システムは，他のタイプの統合，特に DI と PI を算出する際にキーとなることに注意が必要である．さらに，オンライン金融サービスのように情報にアクセスして利用する製品やサービスである場合，PSI の算出にも関係する．情報統合のレベルは，実質的には企業タイプによって異なる．情報統合は金融分野で最も高度に行われているが，医療分野の情報統合レベルは最も低い．結果として，医療産業で膨大な書類作業の負担が発生していることはよく知られている．

C は NE，そして DI，PSI，PI，OI といった統合のレベルに応じて増加する．教育分野は最も統合がなされていないため，独立した事業体が多数あるが，複雑度は最も低い．金融分野は多様性が低い産業であり，連邦準備銀行と食品医薬品局との比較から監視も複雑ではないので，食品産業より複雑度が低いと主張することは合理的である．

医療産業を考えると，提供事業体の細分化や，雇用主か政府かといった第三者による支払いシステムが複雑度を大幅に高めている（Rouse, 2008）．一般に食品や流通産業と比べて，標準化されたプロセスや慣習がないことも挙げられる．そのため，医療産業の複雑度は食品産業に比べて高いと言える．

防衛分野は，事業体のすべての側面にわたって統合が求められているため，最も複雑であると主張することができる．しかしながら，比較的少数の事業体が関係するだけであり，標準化されたプロセスや慣習が単一の顧客によって決定されている．したがって，医療分野のほうが防衛分野よりも複雑度が高いと主張できる．

これらの官民企業の複雑度の概念的な分析を要約したものが，次の式 (19.2) の関係である．

$$C_{医療} > C_{防衛} > C_{食品} > C_{金融} > C_{教育} \tag{19.2}$$

本章の後半では，式 (19.2) の順序関係だけではなく，複雑度の定量化を可能にするモデルについて議論する．

複雑度についての全体論的視点をより深く調べるために，飛行機や自動車を製造する事業体と医療提供を行う事業体の間の比較を考える．また，政府との関係に依存して，これらの事業体の複雑度がどのように変わるのかを考える．これらの比較の要約を表 19.2 に示す．

民間セクターにおける医療デリバリーには組織のつなぎ目が多数存在し，情報の流れだけでなく目的と手段が一致することを妨げているため，最も複雑である．対照的に，軍医療システムや復員軍人援護局のような政府による医療デリバリーでは，一つの組織

表 19.2 複雑度の比較

	政府系	非政府系
飛行機・自動車	2番目に複雑（政府によって定められたプロセスが存在）	3番目に複雑（協調して機能するモノの数が多い）
医療	4番目に複雑（単一の組織が提供と支払いを行う）	1番目に複雑（組織間のつなぎ目が多数存在）

が提供だけでなく支払いも行うため，最も複雑度が低い．表 19.2 で示したように，企業が同じ製品やサービスを提供しているとしても，複雑度には大きな影響を与える．

特注設計の飛行機や自動車，その他のシステムを政府に提供する事業体は，政府によってプロセスや慣習が強制されるため，2 番目に複雑である．同種のシステムを非政府系の顧客に提供する事業体では，監視を最大化するよりもオーバーヘッドを最小化するようにプロセスや慣習が設計されるため，複雑度は低くなる．なお，ここでは製品やシステムの複雑度を評価しており，設計・製造プロセスの複雑度は評価していない．

まとめると，複雑なシステムの全体論的視点によって，複雑度の源に対する知見を得る定性分析が可能になる．このような分析は，ある種のシステムを他のシステムと比較する際に特に有用である．この視点から，なぜ様々な官民システムでそれぞれ複雑度が異なるのかを理解することができる．

19.3 還元論的視点

モデリングにおける還元論的なアプローチは，システムを要素に分解し，要素間の関係を決定し，それらの関係をまとめてシステムの全体モデルとすることである．本節では，このアプローチに基づいて，ネットワークモデルや情報理論を用いたシステムの複雑度に関するモデル化の基本的な前提を構築する．

19.3.1 基本的な前提

ここで重要なのは，基本的な前提についての議論から始めることである．第一に，そしておそらく最も重要なこととして，複雑度は状況（コンテキスト）と独立したシステムの特性ではない．より具体的に述べると，複雑度は，対象とするシステムに関わる観測者が持つ意図（目的）と専門知識に関係する (Rouse, 2007a)．例えば，大きな飛行機であってもそれをただ文鎮のように重しとして用いるのであれば，複雑ではない単なる巨大なモノである．一方，目的が飛行機の操縦や維持であれば，非常に複雑なものとなる．

別の領域では，複雑度は目的を達成するために必要となる情報量（ビットまたビット/秒で表現される）であるという議論がなされている (Basole & Rouse, 2008)．同じシステムであっても，観測者の目的や必須となる専門知識は，例えば次のように様々である．

- 飛行機や自動車の設計・開発
- 飛行機や自動車の製造・組立
- 飛行機や自動車の運転・操縦
- 飛行機や自動車の整備
- 飛行機や自動車への搭乗

ここからわかるように，飛行機や自動車に乗ること自体は大して複雑ではないが，これらの乗り物を設計・開発することは，特にこのような設計・開発を実施するのに必要な専門知識がほとんどない場合，非常に複雑になる．

複雑なシステムに関する一般化された目的は，システムを稼働および制御するためにその状態を決定することである．この目的を達成するには，システムが観測可能・制御

可能であることが前提であるが，その詳細については本章のスコープ外である（Sage & Rouse, 2009）．したがって，ここでは複雑なシステムの状態を決定するために必要となる情報量（ビットまたは2進単位）で複雑さを定義する．

19.3.2　複雑システムのモデル

　この複雑さの定義の運用を可能にするには，対象とするシステムのモデルが必要となる．企業システムは，高度に相互接続および多層化した，物理的・経済的・情報的・社会的関係のネットワークとしてモデル化することができる．これは，多くの自然界・社会・経済の現象が，実際のところ複雑ネットワークシステムであるという考え（Arthur, 1999）から来ている．例えば，自然科学分野では，生物学者が遺伝子とタンパク質の間の相互作用ネットワークを調べ，生物の振る舞いの研究や病気のモデル化，食物網ダイナミクスの調査を行っている（Cohen, Briand, & Newman, 1990; Kauffman, 1969; Newman, 2003）．エンジニアやコンピュータ科学者は，電力網や通信ネットワーク，インターネットのような情報のネットワークを研究してきた（Broder et al., 2000; Newman, 2003; Strogatz, 2001）．社会科学においても，ネットワークは研究されてきた．例えば，社会科学者は人間社会の機能を理解するために人対人の関係を調査してきた（Wasserman & Faust, 1994）．経済学者は，イノベーションがどのように個人および組織のネットワークの中で普及するのかを調査してきた．

　同じように，製品やサービスのデリバリーシステムを複雑ネットワークとして概念化することは，新しいやり方ではない．このやり方は，各人・各組織は単に二者間の関係の中で活動しているのではなく，複雑な多数の内外の組織間関係からなる経済・社会システムの中に深く組み込まれているという基本的な考え方に基づいている．この視点は，原材料提供者，製造業者，商社という線形な価値の流れとして，Porterが提案した伝統的なバリューチェーンの考え方（Normann & Ramirez, 1993; Porter, 1985）を置き換えるものである．

　しかしながら，現在，価値はビジネスと消費者の間にある多数の多角的な関係によって提供される．その結果，製品・サービスは複雑なプロセス・取引・関係によって設計・製造・提供され，消費者に引き渡される（Chesbrough & Spohrer, 2006; Fitzsimmons & Fitzsimmons, 2001; Vargo & Lusch, 2004）．これは伝統的なバリューチェーンの考え方をバリューネットワーク（Allee, 2000; Bovet & Martha, 2000; Kothandaraman & Wilson, 2001; Parolini, 1999）に進化させたものである．バリューネットワークは，中間消費者または最終消費者に価値を届ける役割を担う様々な参加者またはアクターの間における，直接的・間接的な結び付きの複雑な集合として特徴づけられる．バリューネットワークの考え方では，各組織はより大きくかつ複雑ネットワーク化された組織システム（拡張企業; extended enterprise）の一部であり，価値は組織システム全体によって共創される（Allee, 2000; Basole & Rouse, 2008; Brandenburger & Nalebuff, 1997; Dyer, 2000; Stabell & Fjeldstad, 1998）．

　複雑システムは，多岐にわたる領域において，共通な特徴を示す傾向にある．一般的に言うと，複雑システムは多数の相互に作用するエンティティ（コンポーネントやエージェント）から構成される（Arthur, 1999）．一般に各エンティティの振る舞いは，物理

的原理から経済または社会ルールにまで広範囲にわたるルールのセットによって規定される．これらのエンティティ間の関係や結果として起こる相互作用が，しばしば複雑で「創発的な」構造や流動的な振る舞いにつながっていく．

製品・サービスデリバリーシステムのような複雑システムのモデリングでは，システムの構造や動的な振る舞いを具体化するために，エンティティやそれらの関係の仕様を明らかにする必要がある．モデルがネットワークダイアグラムとして表現される際，複雑システムのモデルにおける基本的な構成要素は，ノード（エンティティ）とリンク（関係）である．他の表示方法（微分方程式やif-thenルール群）を使う場合は，システムを表現する構成要素はまったく違うものになるであろう．

ノードはエージェントやアクター（つまり人や会社）を表し，リンクは複雑ネットワークシステムにおけるアクター間の関係または結び付きを表している（Moody, McFarland, & Bender-deMoll, 2005）．公理的モデルでは，ノード間に矛盾する目的が存在するかどうかを考慮しなければならない（例えば，市場シェアの最大化，供給コストの最小化など）．同様に，複雑システムでは学習や自己組織化の能力を持つ（つまり，リンクの特性を追加・削除・変更することができる）ことが必要になる．頑健な公理的モデルは理想的には同じ能力を持っている．ノード間の関係もまた，変化するという性質を持つ．

従来のネットワーク研究では，原材料，コンポーネント，モノ，サービス，情報，お金，人といった有形・無形の両方の流れを扱ってきた．しかしながら，ノード間には流れを伴わない関係も多数存在する．契約，競争，技術，地理的条件，業種といったものがそれである．製品・サービスデリバリーの文脈においては，需要と供給の間の確率的な特性や，内外の要因に適応するためのシステム構造の変化についても考慮する必要がある．

ノード間の関係についても，関係の有無を表すだけに留まらない．製品・サービスデリバリーシステムを表現するために採用したネットワークモデルでは，文脈依存の興味深い属性がある．例えば，従来のノード-リンク図では二つのノードの間に単一の関係を仮定しているが，これまでの製品・サービスデリバリーの研究から，ある組織同士の間には複数タイプの関係や複合的な関係がしばしば存在する（Ross & Robertson, 2007）．したがって，ある企業は別の企業にとって顧客，サプライヤー，パートナー，競合者のすべてに同時になりうる．このように，複雑システムにおいては，関係の数そのものが興味深い属性となりうる．

複雑な製品・サービスデリバリーネットワークを可視化する際に考慮することになるネットワーク要素と属性について，参考になる簡単な説明を表19.3に示す．

19.3.3　複雑システムの可視化

製品・サービスデリバリーシステムやサービスバリューネットワークには，消費者，サービス提供者，1次請け事業者，2次請け事業者，補完事業者という五つのタイプのアクターが存在する（Basole & Rouse, 2008）．このようなシステムにおける価値は，企業対企業（B2B），企業対消費者（B2C），消費者対消費者（C2C）といった複雑な組み合わせにおいて作り出され，提供される．そしてまた，システムが組み込まれている社

表 19.3 事業ネットワークにおけるノードとリンクの主な関係（Basole（2009）を改編）

要素		記述
ノード		アクター（組織），プレーヤー，製品・サービスデリバリーシステム内のエンティティ
	ラベル	アクター名（例えば企業 A，企業 B）
	タイプ	組織のクラスまたはタイプ（サプライヤー，パートナー，補完者，競合者）
	属性（クラス）	事業セグメント（保険プロバイダー，薬局，医療機器サプライヤー，医療提供者，研究開発，自動車製造，エンジンサプライヤーなど），組織サイズ，組織の収入，地理的位置（国，場所）
リンク		関係（提携，共同出資，ジョイントベンチャー，バイヤー/サプライヤー/顧客），契約，技術の依存関係
	属性（クラス）	関係の強さ，関係の長さ，やり取りされる価値のタイプ（情報，原材料，コンポーネント，モノ，サービス，知識，お金，人）
	向き	有向（ソースノードとターゲットノードを持つ），無向

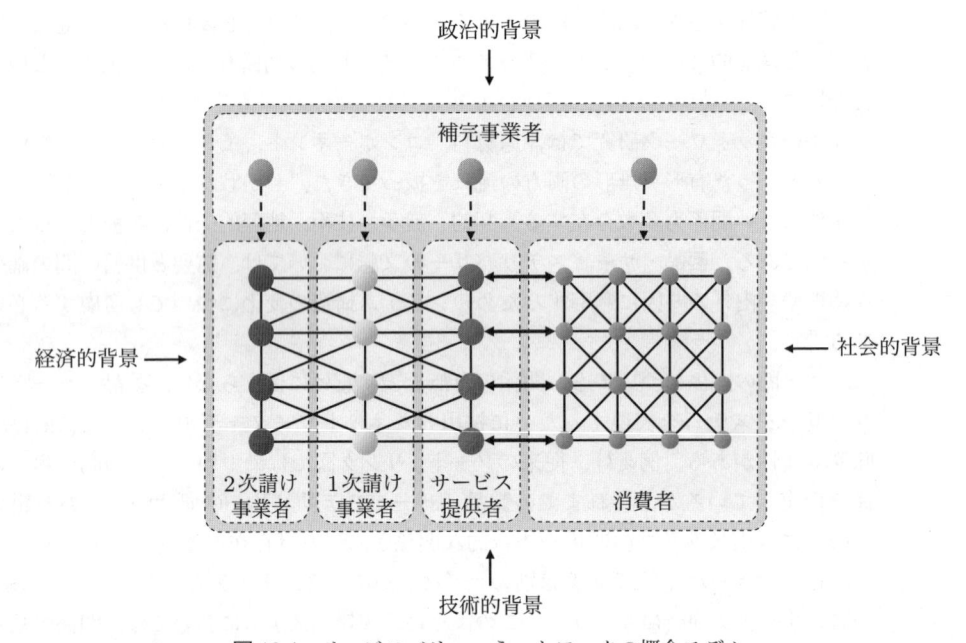

図 19.1　サービスバリューネットワークの概念モデル

会的・技術的・経済的・政治的背景からも影響を受ける．図 19.1 はそのようなネットワークを表現している．

　以下の例は，小売産業と医療デリバリー産業の特徴を図示している．産業セグメントの分類や各セグメントでの企業の識別は，Fortune 1000 の企業に対する分析に基づいている．このアプローチでは，必然的に多くの革新的な小規模企業が分析から除かれてしまうことに注意が必要である．しかしながら，本章で説明している他の分析や例と比較しやすくする上では，この制限は受け入れることができる．

19.3.4　小売業における例

　小売業の市場は非常に大きい．以前の研究で分析した五つの市場（小売，医療，航空宇宙，自動車，通信）では，Fortune 1000 の約半数の企業を扱った（Basole & Rouse, 2008）が，小売業またはそのサプライヤーがそれらの企業の半数を占めている．医療と同様に，小売業のようなサービスデリバリーシステムにおいては，その取引が持つ性質は製品デリバリーシステムのそれとは本質的に異なる．飛行機や車を購入または使用する場合，購入後はその乗り物のすべての部品を所有することをユーザーは当然期待する．反対に，小売店ですべての商品を一つずつ購入することはほとんどなく，病院ですべての処置を受けることもない．その結果，製品・サービスデリバリーシステム（図 19.2）は，サプライヤーと小売業者の間により多様な関係を持ったものとなる．

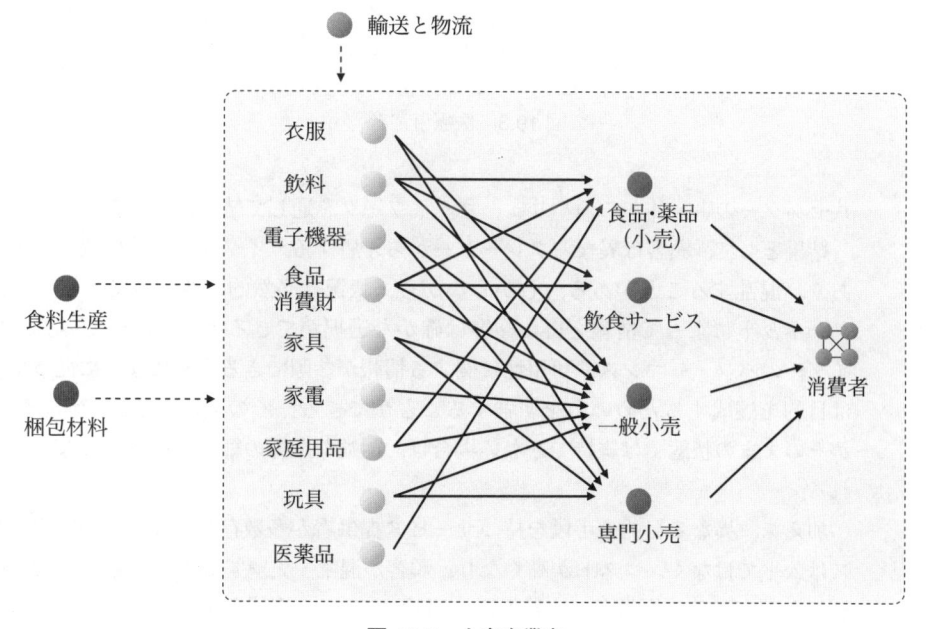

図 19.2　小売事業者

　19.3.6 項で述べる複雑度評価では，小売業は非常に複雑であるとされる．しかしながら，消費者はこの複雑さに対処する必要はない．従来型（現実世界）およびオンラインの店舗では，とても効果的なインターフェースが作成されている．B2B の複雑度が増加した結果として，B2C の複雑度は減ってきている．利便性の増加と価格の低下が顧客価値（B2C 価値）を導くが，それは B2B 価値によって可能となる．

19.3.5　医療事業における例

　医療事業のバリューネットワークは，Basole & Rouse（2008）で議論された五つの産業の中で最も複雑であるとされている．このネットワークでは，独立した事業体が緩く連携し，すべてがそれぞれの観点でそれぞれの利益のために市場を最適化しようとしている（図 19.3）．また，それ以上に，アカデミアや非営利組織だけでなく，民間および公

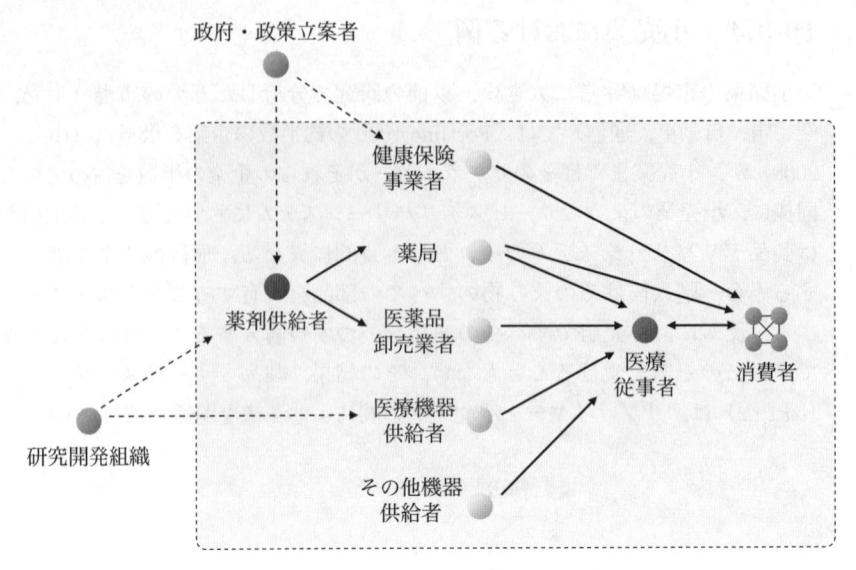

図 19.3　医療事業者

共セクターの事業体がこのバリューネットワークを通して結ばれている（Rouse, 2008）．

結果として，顧客は異なるプレーヤーから矛盾するガイダンスを受け取ることが多々あり，混乱することがある．しかしながら，状況は必然的に変わるであろうし，インターネットによって情報を得た顧客は確かな選択ができるようになっている．プロバイダーのパフォーマンスや可用性に関する情報が参照できるようになるに従って，顧客は目的を達成するための力を増強することができる．その業種の予想される経済状況がそのままの状態では維持できない場合は，極端な業界の細分化は存続しないと考えられる．

加えて，異なる目的や手段を持つサービス提供者が多数存在する．その結果，サービスは公平ではなく，コストが高くなり，顧客が混乱・失望することがある．B2C の顧客価値を同定できる提供者・事業者は，同時に B2C の複雑さを軽減することにより，多大な利益を享受できるようになる．同時に「顧客指向の」医療への動きは，顧客に対する複雑度を高める結果になる．顧客に対する複雑度を上げる変化は，他の四つの市場では成功していない．B2C の複雑度を減らすために B2B の複雑度を上げるようなイノベーションが最も成功しやすい．

19.3.6　複雑度の評価

図 19.2 や図 19.3 で表現したネットワークの複雑度を評価するために，このネットワーク表現を図 19.4 のように一般化することができる．前述のように，どのような複雑度を評価するのかといった目的を決める必要がある．興味深い目的は，ネットワークの状態の把握である．本項では，ネットワーク理論，確率理論，情報理論の公理に基づき，ネットワーク状態の決定に関連する複雑度の算出モデルについて述べる．

状態は，ランダムに選んだトランザクション t_m（ただし，$m = 1, 2, 3, \cdots, T$）に関係するすべてのノードを同定することで定義できる．トランザクションの各タイプは確率

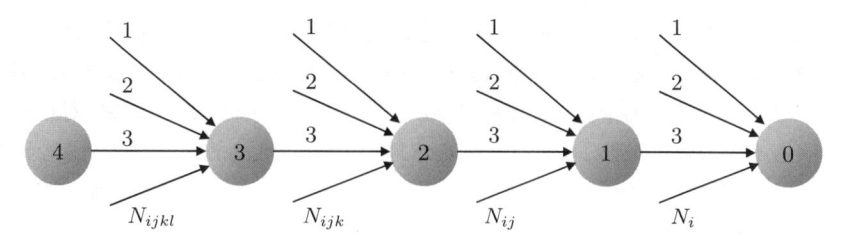

第 19 章　製品やサービスの複雑なデリバリーシステムを理解する　　437

N_i：i 番目の商品サービス販路に対する 1 次供給者
N_{ij}：ij 番目の商品サービス販路に対する 2 次供給者
N_{ijk}：ijk 番目の商品サービス販路に対する 3 次供給者
N_{ijkl}：$ijkl$ 番目の商品サービス販路に対する 4 次供給者

例えば，ij 番目の商品サービス販路とは，i 番目の
商品販路に対する j 番目の 1 次供給者を意味する．

図 19.4　一般化したネットワークモデル

pt_m で選択される．ネットワークの複雑度は，ネットワークの状態，つまり対象のトランザクションに関係するノードの決定に必要な情報の総量として定義することができる．このため，ある対象トランザクションのタイプのもとで，ある特定のノードが関係する条件つき確率を知る必要がある．図 19.4 では，条件つき確率は右から左に連なっており，左から右にどのパスが存在するのかを知っておく必要がある．一般に，すべての事業者が他のすべての事業者に対する提供者となっているわけではない．したがって，条件つき確率は一様ではない．

対象の条件つき確率に関する知識をもとに，式 (19.3) に示す複雑度 C は，情報理論におけるシャノンのエントロピー公式を用いて計算できる（Shannon, 1948）．この指標は，故障診断（Golay, Seong, & Manno, 1989）から製造（Deshmukh, Talvage, & Barash, 1998; Kaimann, 1974）や社会学（Butts, 2000）の分野にわたって，システムの状態の評価に必要となる，観測可能かつ（または）計算可能なエネルギー量の測定に広く適用されてきた．実際には，すべての複雑度の指標は，システムの表現方法の性質をもとにしており（Rouse, 2007b），ネットワークで表現するのが最も一般的である（Casti, 1995）．

$$C = \sum_{m=1}^{T} pt_m \left\{ \begin{array}{l} \displaystyle\sum_{i=1}^{N_i} -p(n_i|t_m) \log[p(n_i|t_m)] \\ + \displaystyle\sum_{i=1}^{N_{ji}} -p(n_j|n_i t_m) \log[p(n_j|n_i t_m)] \\ + \displaystyle\sum_{i=1}^{N_{jik}} -p(n_k|n_i n_j t_m) \log[p(n_k|n_i n_j t_m)] \\ + \displaystyle\sum_{l=1}^{N_{jikl}} -p(n_l|n_i n_j n_k t_m) \log[p(n_l|n_i n_j n_k t_m)] \end{array} \right\} \tag{19.3}$$

式 (19.3) において，$N_i, N_{ij}, N_{ijk}, N_{ijkl}$ は，ネットワークの各「層」におけるノードの数を表し，$p(n_l \mid n_i\, n_j\, n_k\, t_m)$ はあるトランザクションのタイプが t_m であるときに，ある特定のノードが関係する条件つき確率を表す．なお，対数の底は 2 である．

式 (19.3) から得られる複雑度の指標は，2 進数つまりビット列である．直観的には，

これはバリューネットワークの状態を決定するために必要な二者択一式の質問の数と捉えることができる．この指標はまったくの当て推量というわけではない．例えば，後述のように小売市場全体の複雑度は 30 ビット以上である．この結果に対して，間違いなく懐疑的な反応が数多く寄せられるであろう．しかしながら，システムの状態の決定に 10 億以上の場合分けが必要であることをこれは意味すると説明されれば，複雑度の指標の意味合いがわかってくる．

式 (19.3) は $p\log p$ が繰り返し現れる形式になっている．対象のネットワークが一つの上流ノードを持ち，トランザクションに関係する確率が p，関係しない場合が $(1-p)$ である場合，複雑度の計算は $p\log p + (1-p)\log(1-p)$ となる．この値は $p = 1/2$ のときに最大となる．一般に，N 個の上流ノードがあり，核ノードがトランザクションに関係する確率が等しく $1/N$ であるとき，不確実性つまり複雑度は最大となる．

複雑度はサプライチェーンを非常に単純化することで，つまりシステムの各要素に対するサプライヤーを一つにすることで削除できる．残念ながら，これは逆に多様性を減らす方向であり，システムの各要素は一つしかないサプライヤーを失うというリスクが増加する可能性がある．より良い戦略としては，例えば事務管理部門の情報システムの改良のように，管理できる範囲において複雑度の増加を許容することであろう．実際，これは小売産業でとられている戦略である．

Fortune 1000 から得られる公に利用可能なデータを使って，小売業（図 19.2）と医療事業（図 19.3）に加えて，他の 3 分野（航空宇宙，自動車，通信）についても企業数を識別することができた（Basole & Rouse, 2008）．ここでは，あるトランザクションのもとで各キーワードが関連するかどうかを示す確率は均一であると近似して算出した．つまり，単にサプライヤーまたは製造事業者の数の逆数を確率とした．ただし，Fortune 1000 にあるサプライヤーは，少なくとも Fortune 1000 にある製造事業者のどれかのサプライヤーになっているという事実を反映し，確率を調整している．図 19.5 がその結果である．

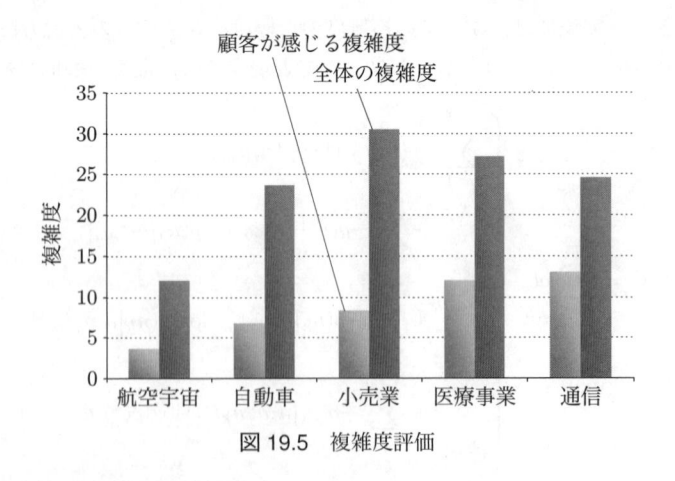

図 19.5 複雑度評価

ここでいくつかの重要な観察結果が得られる．第一に，非常に細分化された市場は非常に合併整理された市場より複雑である．航空宇宙製品や自動車を提供する事業者は，小売業や消費者向け商品の提供企業に比べて少ない．設計・製造の立場から見ると，飛

行機や自動車は複雑な商品であるが，消費者はそのような複雑さを気にする必要はなく，これらの産業分野は複雑度に関して恩恵を受けることになる．飛行機や自動車のようなシステムを設計・開発する人に比べれば，飛行機に乗ったり自動車を運転する人数のほうが非常に多いのである．

第二に，選択肢の削減や，B2Cの複雑度の削減するためのB2Bの効率化などにより市場を統合することによって，消費者にとっての複雑性を軽減することができる．航空宇宙産業や自動車産業は前者の例であり，小売産業は後者の例である．通信産業は明らかに両方のメカニズムを採用しようとしている．一方で，医療産業は，顧客指向の医療によって両方のメカニズムから離れようとしている．これは，医療産業において，顧客への複雑度を管理するための新しい中間事業者が生まれる可能性があることを示唆している．

特に興味深いのは，小売業と医療産業の比較である．小売業は前に示したとおり，多くの企業がこの産業に属しているため，最も複雑になっている．しかしながら，事務管理部門において自動化が高度に行われているため，顧客はこの複雑度を感じることはない．医療産業は，これに比べると少ない事業者で構成されるが，統合が不十分であるため，結果として顧客はネットワークにより深く関わらなければならない．もし，小売業で医療と同じオペレーションを行うとすると，商店でトースターや缶切りを買う際，顧客は商品のコンポーネントのサプライヤーから10以上の請求書をもらうことになるだろう．しかも，数か月もたった後に，そのサプライヤーと購入した商品との関係について十分な説明もなく，請求書は届くだろう．これでは顧客は満足しない．

医療産業の複雑度に関する結論は，先に述べた，より全体論的な分析に基づく結論と一致することに注意したい．ドメインの細分化は，特に顧客にとっての複雑度に大きく関わる．このような定性的・定量的な分析は，非常に相補的であることがわかる．

19.4　モデルの利用法と価値

複雑システムのモデル化には多くの効果がある．一般に，モデルは，注目している事象を抽象化したり，近似的に記述したりするのに役立つ．研究者，設計者，管理者は，モデルによって複雑システムの基本的要素，原理，特性を明示的に同定，記述，分析することが可能になる．

結果として得られるモデルにより，核となるダイナミクスの記述，将来の状態の予測，動作上の類似の指摘，不確実性の識別，新しい課題の発見，既存理論への問題提起が可能となる（Epstein, 2008）．また，トレードオフの定式化や効率化も可能となる．

最終的に得られるモデルの価値以上に，モデリングのプロセス自体にも非常に大きな価値がある．例えば，製品・サービスデリバリーシステムの重要な基盤部分を強化するための洞察が得られたり，仮説の重要性を明らかにすることができるからである．言い換えると，複雑システムをモデル化することで，対象の製品・サービスデリバリーシステムの認知マップに関して，対話や共通理解の構築が可能となる．

複雑システムの要素やそれらの関係を詳細に把握することで，観察した現象がなぜどのように起きたのか，あるいは，ある現象が潜在的にいつ起こりうるのかを調べること

ができる．製品・サービスネットワークの文脈においては，様々なポイントやデリバリーライフサイクルの様々なタイミングやステージにおいて，施策，介入，戦略を調べることができる．研究者やマネージャーは，モデルを通してリスクを和らげる戦略を獲得するだけでなく，設計・開発，製造・組立，運用，保守，消費にわたるトレードオフを知ることができる．また，製品・サービスデリバリーネットワークを促進または阻害する複雑さを明示することもできる．結果として，製品・サービスデリバリーネットワークに対する複雑システムのモデル化により，これらのネットワークのより良い設計・管理が可能となる．

さらに，複雑システムのモデル化は，プロセス，企業，そして市場の評価や競争力の比較を可能にする．このような比較こそ，本章で示した結果の本質である．モデルによって，イノベーションのダイナミクスや製品・サービスデリバリーネットワーク内の競争優位性をもたらす要因などについて知見を得ることができる．

最後に強調したいことは，複雑システムのモデルはエコシステムとそのダイナミクスの可視化の基盤になるということである．可視化することで，意思決定者や政策立案者は複雑な企業システムの構造を分析・理解し，アクターが果たす役割（ハブ，仲介，隙間事業など）や事業分野の潜在的成長を同定することができる（Basole, 2009）．

アクター間の関係をマッピングすることで，イノベーションや価値を創出している会社のパターンや構造を理解することができる．可視化モデルを利用することは，複雑ネットワークシステムを目的に応じて，すなわち企業間の競争と協業がいかに起こるかという観点から，差別化する一つの手段ともなる（Kambil, 2008）．

可視化によって明示的にアクターを決定空間にマッピングすることができるので，どのようにアクターが互いに関係しているかを理解することができる．可視化フレームワークの空間内での座標を識別することで，会社の立ち位置がどこにあり，それがどのような意味を持つか洞察を得ることができ，その結果，事業の構造や長期にわたる事業内ネットワークの進化を，より体系的に理解することが可能となる．

要約すると，複雑システムのモデルは，研究者と実践者の両方に多大な利益をもたらす．以前は見過ごされがちであった複雑性に関する分析，理解，発見，コミュニケーションが，モデルによって可能になる．得られた知識により，最先端の研究の発展と競争上の優位の両方を得ることができる．

19.5　まとめ

本章では，製品・サービスデリバリーシステムの複雑性について議論してきた．官民両方のシステムの文脈で，複雑システムを全体論的視点と還元論的視点で検討した．全体論的視点では，ある領域の企業の数と，それらの企業群がうまく機能する上で必要になる統合レベルとで，システムの複雑さを評価するモデルを示した．複雑性に関する還元論的視点では，システムの構造や状態の定義など，モデル化の基本的な前提を示した．情報理論的モデルでは，システムの状態の推定に必要な情報量として，複雑システムの複雑度を算出するモデルを示した．この情報理論的モデルをいくつかの事業分野の複雑度の比較に適用した．そして，複雑度モデルの利用法や価値について議論した．

本章全体にわたる結論は，複雑システムの理解は全体論的そして還元論的アプローチの両方により推進されるということである．医療産業の複雑さに関する結論で述べたように，実際，これらのアプローチは相補的である．つまり，森と木の両方を考慮することで，多くの知見が得られる．全体論的視点により，創発的な現象や関係を理解することができる．一方，還元論的視点により，ネットワークの要素がその設計意図を達成するためにどのように相互作用しているかを理解することができる．

　本章において，還元論的な分析結果は主として定量的であり，全体論的な分析結果はやや定性的であった．還元論的視点に基づく複雑モデルは，ネットワーク理論，確率理論，情報理論の公理の上に構成されており，ネットワークの状態を決定するために必要な，ビット情報から構成される複雑度指標を演繹的に導き出すことを可能にする．反対に，全体論的な複雑モデルは，特定の複雑システムの広範囲にわたる特性についての知識を利用している．これらの特性に関するデータを集めたことで，全体論的なモデルも，指標化され定量的な計測も可能となり，統計的な推論が可能になった．この結果は，経験的全体論的モデルと言えよう．

　公理的全体論的モデルを一般化することもできるだろう．これは，安定性や応答時間といった特性が導き出される微分方程式で表現されるような，マクロ経済モデルになるかもしれない．全体論的か還元論的かという区別や，定性的アプローチか定量的アプローチかという区別はあまり重要ではない．ただし，演繹と推論を区別することは重要である．おそらく決定的な違いは，基本原理から結論を導き出すのか，現象の観察から推論するのかにある．本章の基本的な主張は，その両方が必要であり，それらは相補的だということである．

　還元論的なアプローチにおいては，論じられた複雑さをモデル化する上での基本的な前提を再考することが重要である．その前提とは，複雑性はモデルを扱う人の意図（本章の場合はネットワークの状態を決定すること）に沿ってモデル化されるということである．使用した複雑さの指標は，システム内のエンティティ間の有用性，強度，あるいは関係の基礎となるものについては何ら考慮していない．単にリンクされた二つのノードの条件つき確率を算出しているだけである．例えば，供給の関係で二つのノードが結ばれていても，そのリンクが効果的であるか否かをモデルで表現することはできない．現実には，複雑で効果的ではないネットワーク（例えば医療産業）もあれば，複雑だけれど効果的なネットワーク（例えば小売業）もある．もちろん同様に，複雑でないのに効果的でないネットワークもあれば，複雑でなく効果的なネットワークもある．

　幅広い知識を集めて思考の道筋をつけることができたため，全体論的視点に基づくモデルではシステム内のエンティティの間に確率以上の情報を入れられないという制約はなかった．その結果，医療産業は非効率的であると評価され，その評価の裏づけとなる理由もわかっている（Reid, Compton, Grossman, & Fanjiang, 2005; Rouse, 2008）．同様に，防衛分野では政府による監督がオーバーヘッドであることがわかっている．このように，全体論的な視点のモデルの大部分は，単純に，対象分野の特性に関する知識を構造化し，特性の間の共通属性を見つけ，それらの属性が複雑性にどのような影響を与えているかを分析することで実現されている．言い換えると，結果を導き出すというよりも，むしろ観測結果を構造化したのである．

　全体論的視点と還元論的視点との比較を行うと，複雑な製品・サービスデリバリーシ

ステムを表現し可視化する最適な手法は何か，という疑問が生じる．例えば，ネットワークの効率化や単なる効率の計測のためには，エンティティ間の関係特性はどのように表現し可視化すればよいだろうか？現在あるいは将来の効率性を評価したり予測したりすることはできるだろうか？可視化されたエンティティや関係の特性から，将来イノベーションが起きるであろうエリアを推論的または演繹的に導くことはできるだろうか？

　本章の結果でわかっていることは，単一の表示・可視化手法では十分でないということである．分析者にしろ意思決定者にしろ，バリューネットワークに対して複数の視点が必要となる．少なくとも一つ以上の全体論的視点と，一つ以上の還元論的視点が必要であろう．言い換えれば，少なくとも一つ以上のトップダウンの視点と，一つ以上のボトムアップの視点が必要である．この最低限の視点に加えて，財務，材質，行動，社会性，地理的特性などの視点が必要となる．そのような視点を適切に組み合わせることによって，複雑なバリューデリバリーネットワークに関して真の理解ができるようになる．

参考文献

Allee, V. (2000). Reconfiguring the Value Network. *Journal of Business Strategy, 21*(4), 36-41.

Arthur, W. B. (1999). Complexity and the economy. *Science, 284*(5411), 107-109.

Basole, R. C. (2009). Visualization of Interfirm Relations in a Converging Mobile Ecosystem. *Journal of Information Technology. 24*(2), 144-159.

Basole, R. C., & Rouse, W. B. (2008). Complexity of Service Value Networks: Conceptualization and Empirical Investigation. *IBM Systems Journal, 47*(1), 53-70.

Bovet, D., & Martha, J. (2000). *Value Nets: Breaking the Supply Chain to Unlock Hidden Profits*. New York: John Wiley and Sons.

Brandenburger, A. M., & Nalebuff, B. J. (1997). *Co-opetition*. New York: Double Day.

Broder, A. Z., Kumar, R., Maghoul, F., Raghavan, P., Rajagopalan, S., Stata, R. et al. (2000). Graph Structure in the Web. *Computer Networks, 33*(1), 309-320.

Butts, C. T. (2000). An Axiomatic Approach to Network Complexity. *Journal of Mathematical Sociology, 24*(4), 273-301.

Casti, J. L. (1995). The Theory of Networks. In D. Batten, J. Casti & R. Thord (Eds.), *Networks in Action: Communications, Economics, and Human Knowledge* (pp. 3-24). Berlin: Springer-Verlag.

Chesbrough, H., & Spohrer, J. (2006). A Research Manifesto for Services Science. *Communications of the ACM, 49*(7), 35-40.

Cohen, J. E., Briand, F., & Newman, C. M. (1990). *Community Food Webs: Data and Theory* Berlin: Springer-Verlag.

Deshmukh, A. V., Talvage, J. J., & Barash, M. M. (1998). Complexity in Manufacturing Systems, Part 1: Analysis of Static Complexity. *IIE Transactions, 30*(7), 645-655.

Dyer, J. H. (2000). *Collaborative Advantage: Winning through Extended Enterprise Supplier Networks*. New York, NY: Oxford University Press.

Epstein, J. M. (2008). Why Model? *Journal of Artificial Societies and Social Simulation, 4*(11),

1-5.

Fitzsimmons, J. A., & Fitzsimmons, M. J. (2001). *Service Management: Operations, Strategy, Information Technology* (Third Edition ed.). New York: Mc-Graw Hill.

Golay, M. W., Seong, P. H., & Manno, V. P. (1989). A Measure of the Difficulty of System Diagnosis and its Relationship to Complexity. *International Journal of General Systems, 16*(1), 1-23.

Kaimann, R. A. (1974). Coefficient of Network Complexity. *Management Science, 21*(2), 172-177.

Kambil, A. (2008). Purposeful Abstraction: Thoughts on Creating Business Network Models. *Journal of Business Strategy, 29*(1), 52-54.

Kauffman, S. A. (1969). Metabolic Stability and Epigenesis in Randomly Constructed Genetic Nets. *Journal of Theoretical Biology, 22*(3), 437-467.

Kothandaraman, P., & Wilson, D. T. (2001). The Future of Competition: Value-Creating Networks. *Industrial Marketing Management, 30*(4), 379-389.

Moody, J., McFarland, D., & Bender-deMoll, S. (2005). Dynamic Network Visualization. *American Journal of Sociology, 110*(4), 1206-1241.

Newman, M. E. J. (2003). The Structure and Function of Complex Networks. *SIAM Review, 45*(2), 167-256.

Normann, R., & Ramirez, R. (1993). From Value Chain to Value Constellation: Designing Interactive Strategy. *Harvard Business Review, 71*(4), 65-77.

Parolini, C. (1999). *The Value Net: A Tool for Competitive Strategy*. Chichester: John Wiley.

Pennock, M. J., Rouse, W. B., & Kollar, D. L. (2007). Transforming the acquistion enterprise: A framework for analysis and a case study of ship acquisition. *Systems Engineering, 10*(2), 99-117.

Porter, M. E. (1985). *Competitive Advantage: Creating and Sustaining Superior Performance* New York: The Free Press.

Reid, P. P., Compton, W. D., Grossman, J. H., & Fanjiang, G. (2005). *Building a Better Delivery System: A New Engineering/Health Care Partnership*: National Academies.

Ross, W. T., & Robertson, D. C. (2007). Compound Relationships Between Firms. *Journal of Marketing, 71*(July), 108-123.

Rouse, W. B. (2003). Engineering complex systems: Implications for research in systems engineering. *IEEE Transactions on Systems, Man, and Cybernetics – Part C, 33*(2), 154-156.

Rouse, W. B. (2007a). Complex Engineered, Organizational, and Natural Systems. *Systems Engineering, 10*(3), 260-271.

Rouse, W. B. (2007b). *People and Organizations: Explorations of Human Centered Design* New York: John Wiley and Sons.

Rouse, W. B. (2008). Healthcare as a complex adaptive system. *The Bridge, 38*(1), 17-25.

Rouse, W. B., & Baba, M. L. (2006). Enterprise Transformation. *Communications of the ACM, 49*(7), 67-72.

Sage, A. P., & Rouse, W. B. (Eds.). (2009). *Handbook of systems engineering and management* (2nd Edition ed.). New York: Wiley.

Shannon, C. (1948). A Mathematical Theory of Communication. *Bel Systems Technical Journal, 27*, 379-423.

Stabell, C. B., & Fjeldstad, O. D. (1998). Configuring Value for Competitive Advantage: On

Chains, Shops, and Networks. *Strategic Management Journal, 19*(5), 413-437.

Strogatz, S. H. (2001). Exploring Complex Networks. *Nature, 410*, 268-276.

Vargo, S. L., & Lusch, R. F. (2004). Evolving to a new dominant logic for marketing. *Journal of Marketing, 68*(1), 1-17.

Wasserman, S., & Faust, K. (1994). *Social Network Analysis: Methods and Applications* New York: Cambridge University Press.

第20章

サービスデリバリーのフォーマルモデル

- **Guruduth Banavar**
  IBM India Research Lab
  Bangalore, India
- **Alan Hartman**
  IBM India Research Lab
  Bangalore, India
- **Lakshmish Ramaswamy**
  Computer Science
  University of Georgia
- **Anatoly Zherebtsov**
  XJ Technologies
  St. Petersburg, Russia

　本章では，一つ以上のビジネスサービスの提供に関わる，相互作用する実体の集合を，サービスデリバリーシステム（以後，SDS と略す）と定義する．また，SDS において，プロセスとリソースを管理する主体を，サービスオペレーティングシステムと呼ぶことにする．本章では，これらのコンセプトについてフォーマルモデルを構築し，サービスシステムがサービスを提供する際の振る舞いを明確かつ正確に記述することを目的とする．フォーマルモデルは，サービスデリバリーのシナリオについて推論する上での基礎となる．提案するフォーマルモデルを，クレジットカードサービス，病院，IT サービス，ホテルの受付など，現実的な SDS の構造や振る舞いのモデル化に適用し，有用性を示す．そして，重要業績評価指標（key performance indicator）に関して分析する．

20.1　はじめに

　サービスはしばしば，「プロバイダーとクライアントの双方のために経済的価値を生み出し享受するプロバイダーの活動」と表現される（Chesbrough & Spohrer, 2006）．日々のサービスは，ヘルスケアやレストランからコールセンターに至るまで多岐にわたる．サービス全体として見ると，世界中で現代経済の大部分を占めている（Chesbrough & Spohrer, 2006; Lovelock, Witz, & Chatterjee, 2006）．したがって，サービスを支え

るシステムの性質を正しく理解することは，現代経済活動の中核を理解することになる．

　サービスは，四つの特徴を持つとされている．四つの特徴とは，共創（coproduction）（プロバイダーとクライアントの共創），異質性（heterogeneity）（クライアントは通常，異なる要件を有している傾向がある），無形性（intangibility）（多くのサービスは経験以上の何物でもない），消滅性（perishability）（ほとんどのサービスは在庫を持てない）であり，それぞれの頭文字をとって CHIP と呼ばれている（Chesbrough & Spohrer, 2006; Lovelock, Witz, & Chatterjee, 2006）．Lovelock et al.（2006）によるサービスの分類の一例を表 20.1 に示す．

表 20.1　サービスの分類（Lovelock et al., 2006）

	人間に対する処理	所有物に対する処理
有形な活動	人の物理的な体に対するサービス（例えばヘルスケア，交通）	モノに対するサービス（例えば配送，クリーニング）
無形な活動	人の精神に対するサービス（例えば教育，娯楽）	情報に対するサービス（例えば銀行，法律関連）

　演劇などで使われる用語「表舞台」「裏舞台」は，しばしばサービスのたとえとして使用される．表舞台（例えばレストランの食堂）ではクライアントと相互作用し，裏舞台（例えばレストランのキッチン）ではサービスの素材が生産される．表舞台では，クライアント自身が入力であるとともに出力でもある．プロバイダーや他のクライアントとの協業経験を通じて，クライアント自身を変化させるのである．裏舞台では，原材料（情報を含む）が入力であり完成品が出力となる．この特徴づけに基づいて，「すべてのビジネスは多かれ少なかれサービスである」（Teboul, 2006）と言われることもある．

　「サービスシステム」とは，サービス活動を通じて価値を共創するプロバイダーとクライアントのネットワークであると定義されてきた（Chesbrough & Spohrer, 2006; Spohrer, Vargo, Caswell, & Maglio, 2008）．所与のサービスプロバイダー（の集合）について，「SDS」を，一つ以上のサービス提供に関わる，相互作用し合う実体（人，プロセス，製品など）の集合と定義する．例えば，病院，大学，銀行，コールセンターなどがSDS の例となる．サービスを提供する際には，リソースを活用し，クライアントにとって価値ある成果をあげることが求められる．成果は領域依存であり，最終的にクライアントの価値に翻訳され，その一部をプロバイダーが対価として受け取る．

　科学の他の領域での経験を踏まえると，SDS をフォーマルに表現し，分析するための概念的ツールは，自身のサービスの価値を最適化しようとしているサービスプロバイダーにとって，非常に有益なものとなりうる．サービスにおけるビジネス的，経済的，社会的相互作用について，いくつかのモデルが開発されてきてはいるが（Alter, 2008; Lusch & Vargo, 2006; Spohrer, Vargo, Caswell, & Maglio, 2008; Tian, Ray, Lee, Cao, & Ding, 2008; Vargo & Lusch, 2004），我々が知る限り，SDS のフォーマルモデルは存在しない．

　我々は，サービスデリバリーの優れたモデルは以下の疑問への回答を支援するべきだと考える．(1) 利用可能なリソースを最もコスト効率良く活用するにはどうすればよい

か？ (2) 契約上の期限が守られるように，どのようにサービスを計画し実行するか？ (3) SDS の状態や業績を監視するには，どのような指標や仕組みが必要か？ (4) 様々なサービスの業績を妥当な精度で予測するにはどうすればよいか？ (5) システムの回復力を分析するには，また障害の影響を最小化するにはどうすればよいか？ (6) サポートすべきサービスワークロードの予想値が得られたとして，どのように SDS の受容能力を計画すればよいか？

上記の疑問点はそれぞれ研究課題であり，個別に探求されていくであろう．その一方で，サービス提供を効果的に表現するためのフォーマルモデルの開発は，この新しく立ち上がりつつある学問領域の研究にとって，最も基本的な要件の一つであると強く主張したい．

フォーマルモデルの開発という課題に対して，本章は以下の3点について貢献する．第一に，上述の疑問に答えるための基盤となるような，SDS のフォーマルモデルを提案する．我々の SDS の概念は，状態機械やチューリングマシン (Knuth, 1997; Turing, 1936) といったコンピューティングシステムのフォーマルモデルに着想を得ている．提案モデルは，少なくとも，サービスシステムがサービスを提供する際の振る舞いを明確かつ正確に記述する手段を提供する．第二に，SDS のリソースを管理し，システム上でのサービスプロセスの実行を可能にするコンポーネントとして，「サービスオペレーティングシステム」という概念を提案する．「サービスプロセス」とは，サービスリクエストを受けて SDS の実体が行う段階的な手続きのことを指す．第三に，現実世界のサービスに対して提案モデルを適用することを通じて，SDS の分析と最適化を行う，また，新しいサービスアーキテクチャを設計する上でのモデルの活用方法を示す．

20.2 サービスデリバリーシステムとコンピューティングシステムの比較

コンピューティングは，学問体系として確立した領域である．チューリングマシン (Turing, 1936) のような理論モデルが基礎となり，その上に，論証不能性，NP 完全，計算量理論など，コンピューティングの限界を理解したり，様々なタスクの所要時間やコストを分析したりするための理論が開発されてきた (Knuth, 1997)．さらに，実験的コンピュータサイエンス (Tucker, 1996) として，様々な実用上の課題が研究されてきた．例として，以下のものなどが挙げられる．(1) 複数のコンピューティングタスクを特定のプラットフォーム上で同時に実行するにはどうすればよいか？ (2) システムの様々な利用可能なリソースは，どのように管理すればよいか？ (3) プラットフォーム上のコンピューティングジョブは，どのようにスケジュールすればよいか？ (4) 大規模で相互に関係するデータを管理するにはどうすればよいか？

サービスデリバリーのフォーマルモデルを策定する上で，まず，サービスの領域で同様の質問に答えることから始める．つまり，SDS をコンピューティングシステムと比較し，両者の類似点と相違点を識別するところから始める．

コンピューティングプラットフォームとサービスプラットフォームの主な類似点は，両者ともに，様々なリソースとそのリソースを用いて実行されるタスクを取り扱う点である．しかしながら，サービスプラットフォームにおけるリソースははるかに広範であ

り，ITリソース（コンピューティング，コミュニケーション，情報など），人的リソース，設備（作業スペースや道具），「モノ」（消耗品など）などがある．

　アルゴリズム（もしくはプログラム）は，計算を実行するための段階的な手続きを提供する．同じように，サービスプロセス（もしくはワークフロー）とは，サービスリクエストを実行してサービスクライアントを変化させるための，段階的な手続きの抽象化である．しかしながら，この類似している両者には重要な違いが三つある．第一に，アルゴリズムはデータを処理するが，サービスプロセスはデータ，他のプロセス，組織構造，システム設計など，様々な実体を処理する．第二に，プログラムはその実行の前に完全に記述されなければならないが，サービスプロセスの場合，サービスリクエストの処理開始当初は部分的にしか記述されておらず，最初の実行をもとに進化するかもしれない．第三に，アルゴリズムは主に決定論的であるが（ランダムアルゴリズムを除く），サービスプロセスは人が関与するという性質上，本質的に非決定論的となる可能性がある．

　SDSの設計や性能について考える上で，上記の相違には重要な意味がある．例えば，サービスプラットフォームに関与する人的資源には，多大な訓練時間が必要となる．つまり，人的資源は，システムに参加した直後はその能力を最大限に発揮できないと考えられる．また，問題の様々な側面が人の関与によって複雑化する．例えば，問題は永続的かもしれないし（離職など），一時的かもしれない（病欠など）．また，その原因も誤解や管理の不備かもしれないし，場合によっては悪意によるものかもしれない．さらに，サービスプラットフォームは，人の専門性が短期間では得られないという特性上，スケーラビリティの問題に直面する．したがって，容量計画はもちろんのこと，一時的な過負荷をどう処理するかも難しい課題である．その上，サービスの成果についてきっちりとした保証を提供することができない場合がある．その場合，保証は統計的にならざるを得ないであろう．

20.3　提案モデル

　SDSのハイレベルなアーキテクチャを図20.1に示す．SDSはリソースの集合とプロセスの集合で構成され，プロセスは利用可能なリソースを用いて実行される．これらのプロセスがサービスクライアントを変化させ，クライアントにとっての価値を高め，その一部をプロバイダーが対価として受け取ることを思い起こしてほしい．我々のデリバリーモデルは，この基本的なコンセプトに対応して三つの主要部，すなわちリソースモデル，プロセスモデル，価値モデルから構成される．クライアントはサービスカタログを閲覧し，どのようなサービスが提供されているのか探すことができる．SDSにおいて，望ましい価値ある成果をあげるためにリソースとプロセスを管理するモジュールを「サービスオペレーティングシステム」と呼ぶ（図中では「サービスOS」）．オペレーティングシステムはサービスリクエストを受け取ると，サービスプロセスのインスタンスを作成し，リソースを割り当てて管理し，インスタンス化されたプロセスのタスクをスケジュールする．

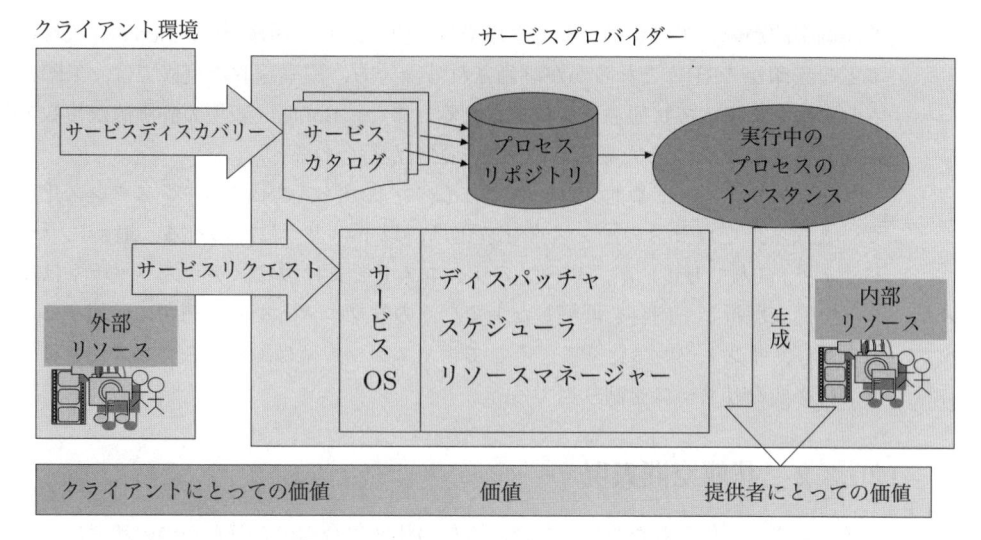

図20.1 サービスシステムアーキテクチャ

20.3.1 プロセスモデル

SDSは，サービスプロセスインスタンスの集合 $P = \{p_1, p_2, \cdots, p_n\}$ で構成される．これらは，サービスリクエストの集合に応える上で必要となる．プロセスリポジトリにはプロセスタイプのリスト $\{PT_1, PT_2, \cdots, PT_m\}$ が格納されており，各サービスリクエストはそのいずれかのタイプのプロセスインスタンスを生成する．プロセスタイプは，タスク T_i の集合が有向グラフとして相互接続されたものである．

図20.2の上段に，タスク $T_1 \sim T_6$ からなるプロセスを示す．各矢印には確率もしくはBoolean表現を付与することができる（表記がない場合は，確率1もしくはTRUEのBoolean値が付与されていると考えられる）．プロセスインスタンスは常に現在の状態を有している．プロセスは一つのタスクの実行によって状態遷移する．状態は，決定論

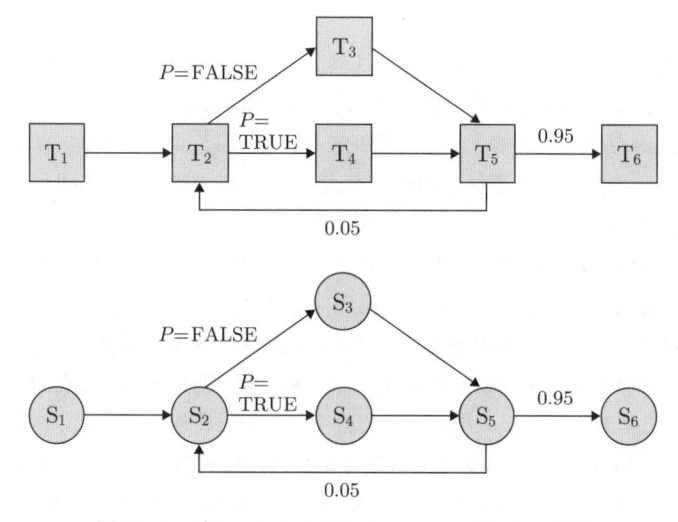

図20.2 プロセスタイプとそのインスタンスの状態

的か確率的かのいずれかによって遷移する．決定論的な遷移では，Boolean 表現によってどの矢印が TRUE となるかが評価される．一方，確率論的な遷移では，矢印に付与された確率によって状態遷移が決定される．また，Boolean 表現の評価値が複数の矢印に対して TRUE となった場合も確率的な選択が行われる．

サービスリクエストや他プロセスでのイベントが，プロセスのインスタンス化のトリガーとなる．プロセスのインスタンス化は，以下のように行われる．最初に「ディスパッチャ」（人でも可）が，サービスリクエストを受け取る．ディスパッチャはリクエストを構文解析し，内容を理解した上で，そのリクエストを最も適切に処理するプロセスを選び，インスタンス化する．そしてディスパッチャは，インスタンス化されたプロセスに必要なリソースを割り当てる．

20.3.2　状態空間表現

インスタンス化されたプロセスは，所与の状態集合内のどれか一つの状態にある．この可能な状態集合を $PS = \{S_0, S_1, \cdots, S_N\}$ と表す．また，PS の部分集合として初期状態 $IS = \{S_0, S_1, \cdots, S_L\}$ を定義する．初期状態とは，インスタンス化されたプロセスの最初の状態を指す（図 20.2 下段の S_1 は初期状態である）．同様に，プロセスの終了状態 $FS = \{S_i, \cdots, S_N\}$ を定義する（図 20.2 の S_6 は終了状態である）．状態 S_i から出るすべての矢印の集合は，以下の条件のいずれか一方を満たす．

1. 矢印には 0 以上 1 以下の実数 p が付与されており，状態 S_i から出るすべての矢印の値の和は 1 になる．
2. 矢印には Boolean 表現が付与されており，プロセスへのいかなる入力に対しても，少なくともいずれか一つの矢印の Boolean 表現が TRUE になる．

プロセスは，一つの状態から別の状態へある確率で遷移する．ケース 1 の場合，S_i から S_j への遷移確率は，S_i から S_j への矢印に付与された値として表現される．ケース 2 の場合は，もし n 個の矢印が TRUE と評価されたならば，その中のいずれか一つの矢印が確率 $p = 1/n$ で選択される．

図 20.2 に示した状態機械では，すべての矢印が非ゼロの状態遷移確率を有している．S_5 から出る矢印の下に示した数値は，その矢印に沿って状態遷移する確率を表している．S_2 から出る矢印の上に示した Boolean 表現は，実行中のプロセスに渡されたパラメータ P に基づいた遷移先の選択を表している．出ていく矢印が一つだけの場合，その状態遷移確率は 1 であると見なされる．

状態機械の各状態では，大きく分けて入場処理，メイン処理，退場処理という三つの別個の処理が実行される．メイン処理は，プロセスがその状態において達成すべきタスクに対応している．入場処理は，メイン処理のための準備処理である．入場処理には，リソースマネージャーとやり取りして，メイン処理を実行するために必要な能力を獲得することも含まれる．入場処理が実行できなかった場合（例えば，要求された能力が利用できないなど），そのプロセスはメイン処理に進むことはできないまま留まる（休止状態）．退場処理では，SDS を一貫性のある状態に保つために必要な様々な処理を行う．例えば，次の状態では必要とされない能力の解放などである．

特定の状態にあるプロセスは，その状態におけるメイン処理を実行するために，ある

一組の能力を必要とする．能力は様々なタイプに分類でき，その能力タイプ（capability type; CT）を $CT = \{C_0, C_1, \cdots, C_M\}$ と表すこととする．各能力タイプには，一つ以上の能力レベルが紐づけられる．例えば，ある社員は DB2 について実務上の知識を持っている程度かもしれないし，DB2 のエキスパートかもしれない．単純化のため，能力レベルは有限かつ離散的であり，事前に定義されているとする．また，$x = C_p$ は，p という能力タイプの単位リソースの能力レベルが x であることを表現するものとする．

プロセスがある状態 S にあるとき，その状態に紐づけられたタスクを完了して次の状態に遷移するためには，様々な能力タイプについて特定の能力レベルを特定の量以上必要とする．このことを最小限能力ベクトル（minimum capability vector; MCV）としてモデル化する．MCV(S) を状態 S から次の状態に遷移するために必要な能力のタイプと量を表すベクトルとする．$MCV(S) = (\lambda_0, \lambda_1, \cdots, \lambda_p, \cdots, \lambda_M)$ は，状態 S から遷移する上で必要となる能力 C_p の最小限量が λ_p であることを意味する．例えば，ある特注のソフトウェアを開発する際に，Linux のエキスパートを 1 人，DB2 のエキスパートを 1 人，Java プログラマーを 4 人必要とするかもしれない．

サービスインスタンスの各状態については，理想能力ベクトル（ideal capability vector; ICV）も定義する．$ICV(S) = (\mu_0, \mu_1, \cdots, \mu_p, \cdots, \mu_M)$ は，プロセスが理想的に必要とする各能力タイプの能力レベルと量である．ここで「理想的に必要とする」とは，最小時間でタスクを完了し，その状態から次の状態に遷移できることを意味する．状態 S の入場処理を実行する際，サービスインスタンスはリソースマネージャーに MCV(S) と ICV(S) を伝達し，能力を要求する．リソースマネージャーは，利用可能なリソースと割り当て方針に基づいて能力を提供する．リソースマネージャーが MCV(S) を満たす能力を割り当てられない場合，プロセスは中断されて休止状態になる．

20.3.3　リソースモデル

リソースとは一つ以上の能力を具現化したものであり，サービスの提供に活用される SDS の基本的な構成要素である．なお，リソースは SDS 内だけでなく，クライアント環境内にも存在する．

■ 能力の入れ物としてのリソース

リソースは，自身が持つ能力によって特徴づけられる．我々のモデルにおいて，各リソースはリソース能力ベクトル（resource capability vector; RCV）として表現される．リソース R のリソース能力ベクトルを $RCV(R) = \{C_0, C_1, \cdots, C_q\}$ と表現する．ここで，$y = C_j$ は能力 C_j が能力レベル y であることを意味する．また，任意の特定能力について，RCV(R) は R が保有する最高レベルの能力のみを記述するものとする．言い換えれば，R が $y = C_j$ を含んでいる場合，R は $z \leq y$ である $z = C_j$ を併せ持つと考えてよい．

最も単純な場合では，一つのリソースが一つの能力を持つ．ある従業員がウェイターとしてのスキルのみを持ち，ほかには何もできない場合などがその例である．一方，DB2 のエキスパートが Java の基礎スキルも併せ持つ場合，このリソースは二つの能力を持っている．

SDS で使用されるリソースは，システム内に含まれていてもよいし，システムの外

部にあってもよい．SDS 内に含まれるリソースは内部リソースと呼ばれ，SDS の外のリソースは外部リソースと呼ばれる．外部リソースはクライアント環境もしくはサードパーティにある．外部リソースへのアクセスのメカニズムについてはこのセクションで後述する．

■ リソース利用モデル

リソースマネージャーはサービスプロセスに対して，プロセスの実行に必要なリソースを割り当てる．プロセスがある状態になるとリソースマネージャーに ICV と MCV を伝達し，必要な能力を要求する．リソースマネージャーはリソース割り当てポリシーに基づいて，プロセスへリソースの割り当てを行う．（要求元のプロセスにとっての）最良のケースでは，リソースマネージャーは ICV を満たすリソースの一式を割り当てる．それができない場合，リソースマネージャーは少なくとも MCV を満たすような RCV を持つリソースを割り当てようとする．これもできない場合には，プロセスは十分なリソースが利用可能になるまで休止状態となる．

リソースがプロセスに割り当てられると，プロセスはそのリソースの能力すべてを専有して利用できる．言い換えると，我々のモデルでは，一つのリソースを多数の能力に分割して個別の能力を異なる実行中プロセスに同時に割り当てることはできない．同様に，プロセスがある状態から解放されると，リソースの個別能力ではなくリソース全体が解放される．また，あるリソースが何らかの問題で利用不可能になると，そのすべての能力が利用不可能になる．

上述の説明は，一つのサービスの特定の呼び出しの際の静的なリソースモデルである．一般には，一つのサービスは複数回呼び出される．長期にわたるサービスの価値や信頼性の問題を取り扱うために，時間パラメータを持つ動的リソースモデルを導入することもできる．こうすることで，時間とともに経験と専門知識を獲得してサービスプロバイダーの能力が向上することもモデル化できる．その場合，時刻 t において SDS が利用可能なすべてのリソース一式は $\Re(t)$ と表現される．

外部リソース　サービスは共同生産されるものであるから，サービスデリバリープロセスはサービスプロバイダー環境の外部にあるリソースにアクセスする必要がある．これらの外部リソースは，クライアント環境に存在するかもしれないし，サードパーティのリソースかもしれない．例えばクレジットカードサービスのシナリオでは，新しいクレジットカード作成の要求に対してアウトソースされたコールセンター（SDS）は，銀行のデータベース（サービスクライアント環境にある外部リソース）と申込者の信用情報 DB（サードパーティの外部リソース）にアクセスする必要がある．

我々のモデルでは，外部リソースへのアクセスについて 2 種類の方法をサポートする．まず，実際の外部リソースが，サービス実施時，サービスプロバイダーに物理的に提供されるかもしれない．これを「明示的リソース受け渡し」と呼ぶ．病院やガソリンスタンドなど，人の物理的な体や物理的な所有物を対象とした有形のサービス（表 20.1 参照）に当てはまる．

一方で，サービス実施における物理的なリソースの明示的受け渡しは，多くの無形のサービスにおいてはできないし，あるいは適切ではない．例えば，データセンター内のサーバに格納されている巨大なデータベースにアクセスする必要があるサービスを考

えてみよう．このようなリソースを取り扱うためには，暗黙的受け渡しを導入する．この方法では，サービスプロセスは「アクセス資格」(access-credential) を通じてリソースにアクセスする．外部リソース ER へのアクセス資格は，以下の四つ組の情報からなる：AC(ER) = (&ER, CS(ER), OP(ER), CFT(ER))．&ER はリソースへの参照情報である．CS(ER) はリソースにアクセスできるサービスプロセスの状態の一式である（プロセスと状態に関して論じている 20.3.1 項を参照）．OP(ER) はリソース ER を用いて実行することが許可されている操作を示す．CFT(ER) はプロセスがリソースにアクセスすることへの許可証明である．プロセスがインスタンス化されたときに，プロセスには必要とする能力が提供される．

20.3.4 時間とコストの評価

上述のリソースモデルとプロセスモデルにより，サービスデリバリーの時間とコストを評価することができる．

状態 S からの遷移の所要時間は，割り当てられた能力の量とレベルに依存する．ただし，人的資源の関与やクライアントの変化する性質により，所要時間は決定論的な関数では表せない．$\xi = (\xi_0, \xi_1, \cdots, \xi_p, \cdots, \xi_M)$ を状態 S において利用可能なリソースの能力ベクトルとする．リソースベクトル ξ を用いて，時間 t を要して状態 S から遷移する確率を表す確率分布関数（probability distribution function; PDF）を $\omega_T(S, \xi, t)$ とする．また，リソースベクトル ξ を用いて時間 t 以内に状態 S から遷移する確率を示す累積分布関数（cumulative distribution function; CDF）を $\tau_T(S, \xi, t)$ とする．もし，割り当てられたリソースが少なくとも一つ以上の能力について MCV を満たさなかったら，すべての $t < \infty$ について，CDF は $\tau_T(S, \xi, t) < 0$ となる．つまり，状態 S から遷移する際に無限の時間を要する．実際，リソースが利用可能となり，ディスパッチャがプロセスに十分なリソースを割り当てるまで，プロセスは待ち状態となる．

各リソースには，有限の正のコストが紐づけられている．C(R) は，リソース R を単位時間使用した際のコストを表すものとする．C(R) は，R が所有する能力と能力レベルに依存する．直観的には，R が複数の能力を持ち，より高い能力レベルを持つほど C(R) は高くなる．SDS が要する単位時間当たりの総リソースコストは $\Sigma_R C(R)$ で算出される．ただし，実際にサービスプロセスに使用されている時間だけコストがかかるリソースもあれば，使用されていない時間にもコストがかかるリソースもある．

各状態からの遷移と紐づけてコストを分析することも可能である．割り当てられたリソース一式を $\Re$ とし，状態 S から時間 t 経過後に状態遷移するものとする．この遷移に紐づけられるコストを $C = t * \Sigma_{R \in \Re} C(R)$ とする．この場合，関数 $\tau_C(S, \xi, C)$ はリソースベクトル ξ を用いて状態 S から遷移する際のコストの累積分布関数である．

20.3.5 価値モデル

価値の共創は，SDS の中心的な側面である．価値はサービスプロバイダーとクライアントの双方に紐づけられ，サービスデリバリーのプロセスの実行期間中に変化する．

我々のモデルでは二つの価値，すなわち，(1) サービスクライアントにとっての価値と，(2) サービスプロバイダーにとっての価値を取り扱う．前者をクライアント価

値（client value; CV）と呼び，後者をプロバイダー価値（provider value; PV）と呼ぶ．サービスプロセスが開始された時点において，この二つの価値が持つ初期値を，それぞれ初期クライアント価値（initial client value; ICV）および初期プロバイダー価値（initial provider value; IPV）と呼ぶ．IPV と ICV は，プロセス開始時に与えられる入力パラメータの一部である．サービスプロセスが状態 S から遷移した後，CV と PV の現在値が更新される．プロセス終了時におけるこれら二つのパラメータの値を，それぞれ最終クライアント価値（final client value; FCV）および最終プロバイダー価値（final provider value; FPV）と呼ぶ．また，FCV と ICV の差異をクライアント価値上昇（client value appreciation; CVA），FPV と IPV の差異をプロバイダー価値上昇（provider value appreciation; PVA）と呼ぶ．

同じサービスでも，呼び出すたびに CVA や PVA の値が異なる可能性がある．同じクライアントが同じリクエスト内容で同じサービスを呼び出したとしても，デリバリーシステムの負荷や外部リソースの利用可能性，その他の要因によって CVA や PVA の値は異なる．

個々のクライアントの関心事は，自分の CVA の期待値を最大化することである．

一方，サービスプロバイダーのゴールと考えられるものの一つとして，CVA の期待値を正にするという条件のもとで，長期にわたってデリバリープロセスを提供した際の PVA の累積値を最大化するということがある．これは，プロバイダーの視点に偏ったサービス提供のアプローチである．CVA の期待値が低すぎると，おそらくクライアントはプロバイダーを離れ，サービスリクエストの頻度低下を招き，長期的には PVA の減少をもたらすであろう．しかし，専売サービスの場合は，おそらくこのアプローチが最適なビジネス戦略となるであろう．

サービスプロバイダーにとってのより現実的なゴールは，CVA を市況に依存したある下限値以上とする条件のもとで，競合のオファリングやクライアントの状況を考慮しながら長期にわたる PVA の累積値を最大化することである．

サービスリクエストの到着時間としてある確率分布を想定した場合，CVA の期待値はすべてのサービス呼び出しの結果の CVA の平均値として定義される．長期にわたる PVA の累積値は，固定期間（サービス時間やサービスリクエストの平均到着時間に対して十分相対的に長いものとする）内のすべての PVA の和として算出される．

この価値モデルを，前述の時間とコストのモデルとあわせて例証する．ここで，車の修理についての二つのシナリオを検討する．ある人（P1）は車を自身で修理し，別の人（P2）はサービスセンターに依頼するものとする．P1 の場合は，自らトレーニングを積んで最終的に車を直すまでに，トレーニングコストを含めて $C1$ のコスト（例えば\$300）がかかる．修理された車は以前より高価格で売れるようになるので，P1 にとっての価値は V だけ増大する（例えば \$500）．この場合，P1 はサービスプロバイダーとクライアントの両方を兼ねている．P1 の全体としての獲得価値（CVA）は，$G1 = V - C1$（この場合は \$200）となる．一方，P2 は修理サービス S2 に $C2$（$C2 < C1$，例えば \$200）を支払う．修理サービス S2 は CS2（$CS2 \ll C1$ かつ $CS2 < C2$，例えば \$100）のコストで車を修理する．P2 は P1 同様に自身の価値を V(\$500) だけ高める．結果として，獲得価値（CVA）は $G2 = V - C2$（この場合 \$300）となり，G1 より高い．さらに，サービスプロバイダー S2 の獲得価値（PVA）は，$GS2 = C2 - CS2$ (\$100) となる．シ

ステム全体としての獲得価値（CVA + PVA）は G2 + GS2（$400）となり，G1（$200）よりも大きい．

20.4　モデルの定性的な応用例

以下，提案したモデルを二つのサービス事例に適用して評価する．多様なサービスの適切な代表とするべく，表 20.1 の有形性とサービス対象のマトリクスの第 1 象限と第 3 象限からそれぞれ事例を選択した．前節で論じたフォーマルモデルに基づき，サービスを定性的に分析する．

20.4.1　クレジットカードサービス

クレジットカードサービスは，「所有物に対する無形な活動」（表 20.1 参照）の代表例である．このカテゴリのサービスは，通常，情報処理に関連する（例えば銀行，経理，研究，特注ソフトウェア開発）．

多くのクレジットカード会社は，自身の業務のうち，消費者からのリクエスト処理（コールセンター）を外注している．リクエスト処理では，クライアントからの電話を受け，必要なアクションを実行する．典型的なアクションは，新規クレジットカードの申請，既存カードの解約，カードの詳細情報の変更，カードの紛失/盗難の連絡などである．

これらの特定タイプのリクエストを取り扱う手順は，SDS のプロセスとしてモデル化される．コールセンター業務を引き受けているサービスプロバイダーは，各タイプのリクエスト処理に対してそれぞれ対価を受け取る．対価の額がそのサービスと紐づけられた PVA となる．クライアントであるクレジットカード会社が獲得する価値も，リクエストのタイプに依存する．例えば，リクエストに基づいて新規カードが発行されれば，その会社の潜在的な収益が増加する．一方，紛失/盗難カードの停止処理の完了は不正利用のリスクを緩和する．カードの詳細情報の変更や既存カードの解約は，明示的には価値をもたらさないが，適切な処理により高い顧客満足度が維持されれば，将来の潜在的な利益が増加する．

この SDS 内のリソース（内部リソース）は，サービスの担当者，IT リソース，その他の物理的な設備などである．クライアント環境にある外部リソースとしては，主にクレジットカード関連の情報のデータベースが必要となる．また，サードパーティの外部リソースとしては，カード所有者や申込者の信用履歴が挙げられる．この場合，例えば，カード申込者の同意のもとで，申込者の信用履歴をチェックするための外部リソースへのアクセス能力がプロセスに与えられる．

新規カード発行申請プロセスの状態空間を図 20.3 に示す．S_0 は初期状態で，S_5，S_8，S_{10} が終了状態を表す．表舞台で処理される状態と裏舞台で処理される状態をそれぞれ明示している．クライアント価値は，クレジットカードのユーザー数と，ユーザーに認識されるサービス品質の二つの観点で測られる．プロバイダー価値上昇（PVA）は，新規発行申請の処理についてクライアントから受け取る対価である．20.3.5 項で論じたように，CVA と PVA はともに最終状態やそこへの到達経路に依存する可能性がある．

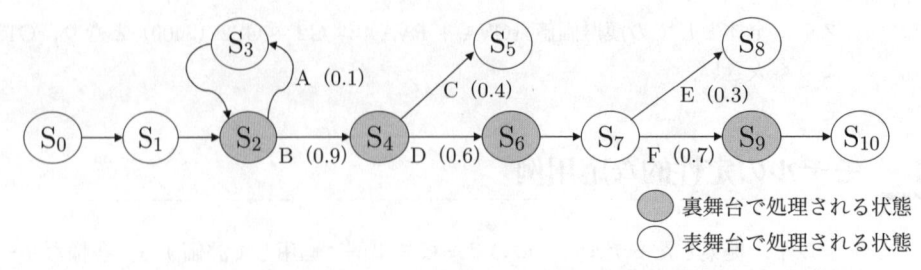

```
       S₃
      ↺ A (0.1)   S₅              S₈
                 ↗ C (0.4)        ↗ E (0.3)
S₀ → S₁ → S₂ → S₄ → S₆ → S₇ → S₉ → S₁₀
           B (0.9) D (0.6)    F (0.7)
```

■ 裏舞台で処理される状態
○ 表舞台で処理される状態

S_0 – 電話の受信	S_1 – データ収集	S_2 – データの有効性確認	S_3 – データの検証
S_4 – 信用履歴の確認	S_5 – 応募の拒否	S_6 – 信用レベルの決定	S_7 – カード条件の提示
S_8 – 電話の終了	S_9 – カードの発注と発送	S_{10} – 電話の終了	A – 無効なデータ
B – 有効なデータ	C – 受理できない履歴	D – 受理できる履歴	E – 条件の拒否
F – 条件の受理			

図 20.3 新規カード発行申請プロセスの状態空間

状態 S_1, S_3, S_6, S_9 からの遷移は決定論的であり，一方，S_2, S_4, S_7 からの遷移は非決定論的である．遷移が非決定論的であるとき，その遷移を表すエッジに遷移確率を示した．例えば，S_{10} でプロセスが終了する確率は 0.42（$= 0.6 \times 0.7$）である．

ここで，例えば状態 S_4 のタスクを完了するためには，IT や物理的な設備のほかに 1 人の担当者と申込者の信用履歴へのアクセスが最低限必要となる．これらの能力は，$MCV(S_4)$ を構成する．遷移の所要時間は，リソースの利用可能性やその質に依存する．ただし，決定論的ではない．例えば，S_4 からの状態遷移の所要時間は信用履歴へのアクセスの所要時間を含むが，この時間は信用調査報告代理業者のそのときの負荷に影響を受ける．

20.4.2 病院サービス

病院は，「人間に対する有形な活動」（表 20.1 参照）の代表例である．このカテゴリに属する他のサービスとしては，ホテル，レストラン，旅客輸送，美容院などが挙げられる．

病院の SDS 内のリソースとしては，医者，看護士，器具，薬剤，物理的な設備などが挙げられる．外部リソースは患者の体である．病院で実施される様々な処理は，プロセスとしてモデル化される．病院の受付は患者の来院や電話に対応し，ディスパッチャの役割を果たす．特定条件に対する治療の手順（例えば手術）はプロセスであり，他のプロセス（例えば診察）によってインスタンス化される．クライアント価値は，改善された健康や健康リスクの低減という観点で測られる．病院はプロバイダー価値として，その対価を請求する．

図 20.4 に，救急ではない患者に対する治療プロセスの状態空間を示す．初診の患者を受け付けるとカルテを作成する．一方，再診の患者の場合はカルテを検索する．次に，体温や血圧などの患者の重要統計値を収集する．そして，患者から病気の症状についての情報を集め，その上で診察を行う．もし，通常の病気ではないと考えられたら，患者に専門医を紹介する．加えて，院内投薬や処方箋の発行を行うかもしれない．通常

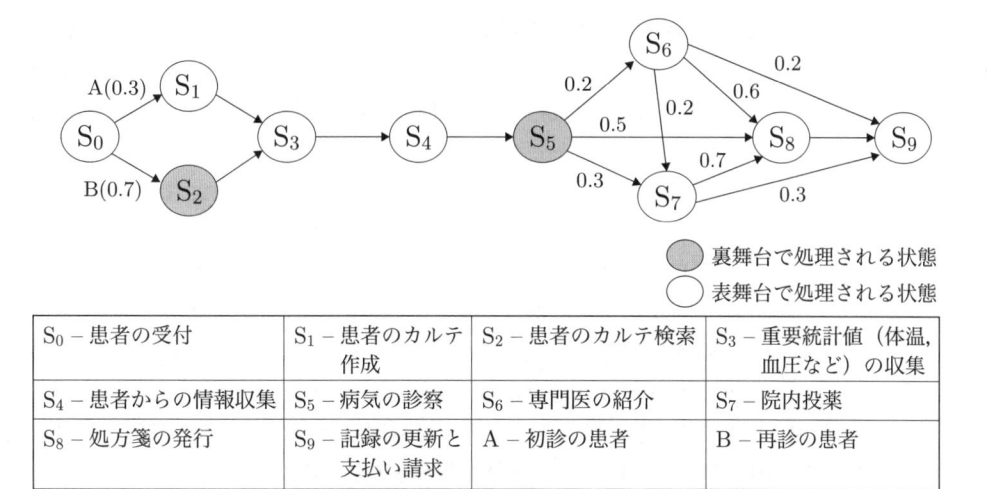

図20.4 救急ではない患者に対する治療プロセスの状態空間

S_0 – 患者の受付	S_1 – 患者のカルテ作成	S_2 – 患者のカルテ検索	S_3 – 重要統計値（体温，血圧など）の収集
S_4 – 患者からの情報収集	S_5 – 病気の診察	S_6 – 専門医の紹介	S_7 – 院内投薬
S_8 – 処方箋の発行	S_9 – 記録の更新と支払い請求	A – 初診の患者	B – 再診の患者

の病気の場合も，院内投薬や処方箋の発行は行うかもしれない．最後に，患者に請求書を発行する（状態 S_9）．

MCV は状態によって大きく異なる．例えば，S_0, S_1, S_2 は受付係/事務員の能力を，S_3, S_4 は看護士の能力を，S_5, S_6, S_7, S_8 は医者のスキルを，S_9 は会計事務のスキルを必要とする．同様に，必要となる器具も状態ごとに異なる．状態遷移の所要時間は，リソースの利用可能性や患者の健康状態，病気の種類などのパラメータに依存する．所要時間を確率分布として取り扱うことが病院サービスの適切なモデル化となると言える．

20.4.3 サービスアーキテクチャの分析

提案したモデルが，サービスアーキテクチャの選択肢を様々な観点から分析し，設計要件上最適なものを選択することに役立つことを示す．なお，サービスアーキテクチャとは，サービス提供のためのリソースをどのように用意しておくかを指している．ここで，単純化された診療所の診療プロセスとして，五つの状態 $\{S_0, S_1, S_2, S_3, S_4\}$ を考える．状態 S_0 は患者の受付とカルテの検索，状態 S_1 は体温などの計測，問診，予備検査，状態 S_2 は病気の診察と薬の処方，S_3 は支払い請求や記録の更新，S_4 は患者が病院を出ることを表すものとする．話を単純にするため，各状態は添え字番号の次の状態にのみ遷移するものとする（S_0 は S_1 に遷移するなど）．

器具や設備のリソース能力に加えて，状態 S_0, S_1, S_2, S_3 は 1 人の担当者の能力 C_0, C_1, C_2, C_3 をそれぞれ必要とする．C_0 は受付係，C_1 は看護士，C_2 は医者，C_3 は経理アシスタントの能力となるであろう．仮に，この診療所は医者を含む 4 人の担当者のみを雇うことができるとする．ここで，このサービスにおける 2 種類のリソースアーキテクチャについて分析する．一つ目のアーキテクチャでは，受付係，看護士，経理アシスタントのスキルを兼ね備えた 4 人の医者を雇うものとする．二つ目のアーキテクチャでは，各職務に専任の受付係，看護士，医者，経理アシスタントのエキスパートを雇うものとする．二つ目のアーキテクチャでは，状態 S_0, S_1, S_3 に紐づけられたタスクをスキ

ルレベルの高いエキスパートが実行する．これを「状態 S_i についてリソース R_i^1 が割り当てられている」と表現する．一方，一つ目のアーキテクチャでは，それらのタスクに関しては単に実務上の知識を持っている程度の医者が兼任している．これを「状態 S_i についてリソース R_i^0 が割り当てられている」と表現する．

状態 S_0 からの遷移時間は指数分布に従うと仮定する．さらに，R_0^0（実務上の知識を持っている程度の受付係．例えば医者が受付係を兼務しているなど）がこのタスクを担当する場合の遷移時間を平均 12 分と仮定する．もし R_0^1（受付係のエキスパート）を雇えば，遷移時間は平均 10 分になるとする．同様に，R_1^0, R_3^0 を雇った場合の S_1 および S_3 からの平均遷移時間は，それぞれ 16 分と 20 分とする．一方，S_1 および S_3 のエキスパート（R_1^1 と R_3^1）を雇った場合には，それぞれ 11 分と 12 分になるものとする．状態 S_2 については，どちらのアーキテクチャでも同じ能力レベルの医者がタスクを実行するので，平均遷移時間はともに 12 分であるものとする．

これらの仮定のもとで，二つのアーキテクチャをスループットおよび障害回復力という二つの観点で分析する．一つ目のアーキテクチャでは，サービス完了のための総所要時間の平均は 1 時間（指数分布する各遷移時間の和）である．この診療所の診療時間を 1 日 10 時間とすると，1 人の医者が 1 日に 10 人の患者を担当できるため，システム全体としての平均スループットは 40 人/日となる．

二つ目のアーキテクチャでは各担当者がそれぞれ特定の状態を専任するため，システムのスループットはボトルネックとなる箇所（最も時間を要する状態）に制約される．この例では，状態 S_2 と S_3 がそれに当たる．このため，システムのスループットは 50 人/日となる．したがって，スループットの観点では，二つ目のアーキテクチャのほうが優れていると言える．また，医者を雇うコストは他のタイプの従業員よりも高くつくので，コスト効率の観点でも二つ目のアーキテクチャのほうが優れている．

しかしながら，二つ目のアーキテクチャでは，もし唯一の医者が出勤できなければ診療所は診療ができなくなる．一つ目のアーキテクチャでは，1 人の医者が出勤できなくても，スループットこそ落ちる（30 人/日）ものの，システムはサービス提供を継続できる．それどころか，たとえ 3 人の医者が出勤できなくても，サービスレベルこそ低下するものの，システムは診療を継続できる．つまり，障害回復力という観点では，一つ目のアーキテクチャのほうが著しく優れている．

この例では，提案モデルを用いて複数あるアーキテクチャの選択肢を分析し，様々な評価軸から長所と短所を定量化できることを示している．さらに，提案モデルは，より良いアーキテクチャを見出す上でも役に立つ．前述の分析から，経験豊富な医者 1 人，研修医 1 人（普段は状態 S_1 に関するタスクを行うが，医者が不在のときは彼のタスクも代替できる），受付係のエキスパートである一方で経理についても実務知識を持つ担当者 1 人，経理アシスタントのエキスパートである一方で受付の実務知識を持つ担当者 1 人を擁するような，ハイブリッド型のアーキテクチャが示唆される．このハイブリッド型では，それぞれのアーキテクチャの長所を取り込みつつ，短所を補強している．

20.5 サービスのシミュレーション実験

この節では，前述のモデルをシミュレーション用のモデルに変換する方法について論じる．シミュレーションモデルにより，詳細な定量的解析や複雑な what-if シナリオの評価が可能となる．

20.5.1 シミュレーションに必要な入力データ

SDS のシミュレーションモデルを構築するためには，最低限，以下に示すような定量的な入力データが必要となる．

1. すべてのサービスリクエスト（SR）のリストと，その到着時間の確率分布．
2. 能力タイプ（CT）のセットと，能力ベクトルに紐づけられたリソース $\Re$ のセット．
3. 各サービスリクエストを処理するサービスプロセス（P）のセット．各プロセスには一式の状態，遷移関係，遷移確率が紐づけられているものとする．
4. 各状態（タスク）には，最小限能力ベクトル（MCV），理想能力ベクトル（ICV），そして所与のリソースベクトルに対する CVA の増分，PVA の増分，所要時間（ω_T），その他統計量を推定する関数が定められているとする．
5. 時間に依存したリソース利用可能性の関数．
6. サービスのリクエストをどのように取り扱い，どのようにリソースを割り当てるかを決めるディスパッチャアルゴリズム（dispatcher algorithm; DA）．

20.5.2 シミュレーション手順

到着したリクエストは，ディスパッチャの待ち行列に追加される．ディスパッチャは待ち行列内のすべてのリクエストと現在利用可能なリソースベクトルとをチェックして，どのリクエストにどのリソースを割り当てるかを決める．そして，リソースを割り当てて，利用可能なリソースベクトルを更新する．ディスパッチャの待ち行列内のリクエストは，新たなプロセスを開始するリクエストである場合もあれば，新しい状態に遷移することを待っているプロセスである場合もある．

新しい状態に遷移するために必要なリソースをプロセスが受け取ると，プロセスの処理の開始に対応して，そのプロセスのタイマー，PVA，CVA を変化させる．タスクの所要時間が経過すると，プロセスは割り当てられていたリソースのうち，次の状態では使用しないものについては，ディスパッチャにリソースの解放を通知する．そして，ディスパッチャに次の状態で新たに必要となる能力をリクエストする．ディスパッチャはプロセスからリソースを受け取り，利用可能なリソースベクトルを更新し，再度待ち行列をスキャンする．

シミュレーションソフトウェアを使えば，リソース稼働率や各状態での待ち行列の長さ（ボトルネックの発見に役立つ），サービス時間，CVA，PVA，システムスループットなどの平均や標準偏差など，全体的な統計値を算出することができる．

ここでは，XJ Technologies 社の AnyLogic というツールを用いてシミュレーション実験を実施した．このツールは容易にカスタマイズでき，ここまでフォーマルモデルを用

いて論じてきた様々な特性を取り扱うことができる．例えば，異なるサービスプロセス，リソース割り当て，リクエストのスケジュールアルゴリズムなどを実験することができる．

20.5.3　ITインフラの保守サービス

IBM社が提供している実際のサービスを単純化したものを例として取り上げる．このシミュレーション分析は，サービスパフォーマンス，コスト，収益性の正確な予測を可能とし，非常にビジネス価値が高い．

1. この例でのサービスリクエスト（SR）は，複雑度に基づいて3段階（易/中/難）に分類されたIT問題チケットである．チケットはポアソン過程に基づいて到着する．易/中/難の比率はシミュレーションの設定パラメータである．
2. 能力タイプ（CT）は，専門処理能力C_0と通常処理能力C_1である．C_0, C_1をこの順に並べたものをリソースの能力ベクトルとする．リソース$\Re$は，エキスパートと普通の担当者（標準リソース）のいずれかであり，エキスパートは能力ベクトル$(1,2)$を，普通の担当者は能力ベクトル$(0,1)$を持つものとする．
3. 各サービスリクエストを処理するサービスプロセス（P）では，各チケットを1人のリソースが単純に処理する．
4. 「易」のチケットは，エキスパートと標準リソースのどちらでも処理できる．「中」のチケットも，エキスパートと標準リソースのどちらでも処理できるが，標準リソースはエキスパートより処理に長い時間を要する．「難」のチケットは，エキスパートのみが処理できる．各チケットには深刻度も付与されており，SLA（service level agreement）で深刻度ごとにチケット解決までの期限が定められている．深刻度は1から3の3段階とする．深刻度1のチケットは最も深刻度が高く，2〜3時間で解決しなければならない．また，深刻度2のチケットは4〜6時間，深刻度3のチケットは24時間で解決する必要がある．特定のチケットについてのPVAは，以下のように計算される．チケットを解決して得られる収入は，その複雑度に依存する．「中」のチケット解決のほうが，「難」のチケット解決よりも収入は少ない．ただし，いずれのチケットも期限を守れなければ収入は得られない．特定の期間でプロバイダーが得られる総収入は，その期間内で期限を守って解決できた（SLAを満たした）チケットの収入の総和である．サービスプロバイダーのコストは，従業員の給与やインフラコスト（建物の賃貸料，電気代など）などである．一定期間におけるPVAは，サービスプロバイダーの収入とコストの差となる．
5. エキスパートと標準リソースの数は，シミュレーションの設定パラメータである．ただし，1回のシミュレーションの間は固定するものとする．
6. サービスリクエストをどのように取り扱うかを決めるためのディスパッチャアルゴリズム（DA）は，現時点で利用可能なリソースに依存する．ディスパッチャは到着したチケットを，その複雑度に応じて易/中/難の三つの待ち行列のいずれかに追加する．エキスパートの手が空いているならば，ディスパッチャは「難」の待ち行列の中で最も期限が早いチケットをそのエキスパートに割り当てる．もし「難」の待ち行列が空で標準リソースに空きがないなら，「中」の待ち行列

の中で最も期限が早いチケットをそのエキスパートに割り当てる．同様に，もし「中」の待ち行列も空ならば，「易」の待ち行列の中で最も期限が早いチケットを割り当てる．標準リソースの手が空いているならば，「中」または「易」の待ち行列の中で最も期限が早いチケットを割り当てる．

この SDS について，様々な入力パラメータとリソースの設定による 1 年の PVA の期待値をシミュレーションした．チケットの到着率は 40 チケット/時間に固定した．チケットの複雑度の分布は，「易」が 65%，「中」が 30%，「難」が 5% とした．「易」「中」「難」のチケット解決で得られる収入を，それぞれ 30, 50, 300（単位金額）に固定した．また，エキスパートと標準リソースを 1 か月雇うコストを，それぞれ 3000, 2000（単位金額）とした．また，インフラコストは月に 10000（単位金額）とした．

表 20.2 から読み取れるように，「中」のチケットについては期限が破られていない．これは，このチケットがエキスパートと標準リソースの両方で担当されているからである．一方，スタッフの数が不足するとともに「難」のチケットのサービスレベルが最初に低下し，次いで「易」のチケットのサービスレベルが低下する．意外なことに，トータルのスタッフの数を一定にしてエキスパートの数を増やしていったとしても，「難」のチケットのサービスレベルの改善はわずかでしかなく，PVA は大きく低下する．

表 20.2 インフラの保守サービスのシミュレーション結果

エキスパートの数	標準スタッフの数	期限を守れなかった チケットの比率				チケット当たりの 平均 PVA
		易	中	難	全体	
10	10	0.0	0.0	13.4	0.1	40.1
2	6	0.0	0.0	99.6	4.9	34.5
3	5	44.2	0.0	99.4	33.7	25.9
4	4	85.3	0.0	99.2	60.4	17.9
5	3	97.6	0.0	99.0	68.3	15.6

20.5.4 ホテルの受付サービス

ここでは，ホテルの受付サービスにおけるチェックインとチェックアウトの 2 種類のプロセスに焦点を当てて分析する．なお，典型的なホテルの受付サービスは，ほかにも電話対応，タクシーの手配などのプロセスを行っている．

シミュレーションの入力として以下を用いた．

1. サービスリクエスト（SR）は，ホテルに到着する様々な特性のクライアントである．クライアントはホテルに着くと，チェックインプロセスを開始し，チェックアウトプロセスを特定の日にスケジュールする．クライアントの属性には，そのホテルに過去に宿泊したことがあるかどうか，事前予約をしているかどうか，現金払いかクレジットカード払いかなどがある．異なる特性を持ったクライアントの分布は，シミュレーションの入力である．なお，チェックインは夕方以降に多く，チェックアウトは午前中に集中しているなどの偏りがあるものとする．

2. 能力タイプ (CT) は，事務能力 C_0，単純労働力 C_1，内部 IT 能力 C_2，ホテルの設備（部屋）C_3，外部 IT 能力 C_4 の 5 種類であり，これらを順に並べたものを能力ベクトルとして扱う．受付係の能力ベクトルは $(1,0,0,0,0)$ もしくは $(2,0,0,0,0)$ のいずれかである．なお，ホテルのマネージャーも能力ベクトル $(2,0,0,0,0)$ を有するものとする．ベルボーイの能力ベクトルは $(0,1,0,0,0)$ とする．内部 IT システムのリソース（経理，クライアントデータベース，重要問題管理など）の能力ベクトルは $(0,0,1,0,0)$ とする．ホテルの部屋の能力ベクトルは $(0,0,0,1,0)$ とする．外部クレジットカードシステムの能力ベクトルは $(0,0,0,0,1)$ とする．
3. 各サービスリクエストを処理するサービスプロセス (P) を，章末の付録に記載した．これらのプロセスは，クライアントの属性に基づいて完全に決定論的に進行する点に注意されたい．
4. 各タスクに割り当てた最小限能力ベクトル (MCV) とタスクの所要時間の分布 (ω_T) を，章末の付録に記載した．なお，理想能力ベクトル (ICV) は最小限能力ベクトルと一致するものとする．
5. 受付係，シフト管理者，ベルボーイなどの人的リソースは，1 日の時間帯によって利用できる可能性が変化する．その他のリソースは，負荷によって処理時間は変化するが，基本的に一日中利用可能である．これらの特徴は，シミュレーションの入力となる．
6. ディスパッチャアルゴリズム (DA) は，リクエストに対して，章末の付録に記載した各タスクの MCV に相当するリソースを割り当てる．各タスクは，必要なすべてのリソースが得られると処理を開始する．

このシミュレーションでは，シフト（3 交替制など）は考慮していない．また，クライアントのそれぞれの属性として，事前予約は 80%，過去に宿泊経験有は 50%，クレジットカード払いは 90%，有効なクレジットカードは 90% の確率とした．また，チェックインは 1 日 24 クライアントとし，その大半は正午から午後 6 時の間に到着するものとした．さらに，シミュレーション開始時点でホテルには 50 人の宿泊客が滞在しているとしている．各クライアントの宿泊数は，1～5 泊でランダムに選択した．ホテルのマネージャーは 1 人，内部 IT システムは一つ，外部クレジットカードチェックシステムは二つ，ホテルの部屋数は 300 室で固定した．その上で，受付係の数を変化させてシミュレーションを実行した．

表 20.3　ホテルサービスのシミュレーション結果（時間は単位時間）

受付係の数	50% のチェックインプロセスが完了に要した時間	90% のチェックインプロセスが完了に要した時間	50% のチェックアウトプロセスが完了に要した時間	90% のチェックアウトプロセスが完了に要した時間
3	60	90	240	480
6	25	35	240	480
9	20	30	150	420
12	15	20	150	300

20.6　考察と関連研究

本節では，提案モデルの長所と短所について簡潔に論じる．まず，提案モデル特有の長所をいくつか挙げる．第一に，サービス設計者は，サービスを提案した状態空間モデルでフォーマルに表現することにより，サービスプロセスの様々な側面や各ステージで必要なリソースを明確に識別することができる．第二に，サービスデリバリーにおいて，サービスの（成果，時間，コストなどの）不確定性を最小化することは非常に重要な課題である．提案モデルにより，この抽象的な課題をより具体化することができる．不確定性を最小化するとは，各状態における状態遷移確率を，ありうるすべての遷移先に対して均等ではなく，少数の遷移先に集中させるべきであることを意味する．そうすることにより，サービスプロセスの進行が予測しやすくなる．第三に，サービスで要するコストの最小化の検討を支援する．コストの最小化は，サービスプロバイダーの最も重要な目標の一つであり，リソースの最適割り当ては，コスト最小化の重要な要素の一つである．提案したフレームワークにより，解法が知られている確率的最適化問題として，この問題を定式化することができる．

提案モデルを用いて SDS のフォーマルな分析を行う上で問題となるのは，入力データを揃える際に信頼できるデータがなかったり，良い統計モデルが何であるかを識別できなかったりすることである．前述のように，分析には，サービスリクエストの到着時間，時間とコストの分布関数などを入力として与える必要がある．多くの場合，信頼できるデータは，サービスが実際に何回か実行された後に初めて入手できる．もしくは，そのサービスプロバイダーが提供している，同一ではないが類似したサービスのデータを流用することになる．さらに，こうしたサービス分析の入力が静的であることは稀で，ビジネス環境やその他の要素により変化しうる．しかし，こうした想定を明示的に特定することにより，サービスの実装の前のリスク分析や緩和策が改善されるであろう．

提案モデルの別の問題としては，モデル上で価値を単純化しすぎている点が挙げられる．まず，サービスシステムにはプロバイダーとクライアントの二つのパーティしかないと仮定し，両者の価値を算出している．しかし，複雑なサービスシステムでは，通常，サプライチェーン上で多くの主体がネットワークをなしており，各主体はサービスネットワークに参加することで価値を享受したいと考えている．また，価値はサービスプロセスの各タスクで生み出され，それらの価値は可加算であるとしている．そして，顧客満足などの副次的な効果やそれに伴う将来の価値生成のインパクトを無視している．Caswell et al. (2008) は，ある時間間隔で得られた収益と次の時間間隔のトランザクションの期待価値の組み合わせとして，サービスネットワーク内の各参加者の価値を算出する，より詳細な価値モデルを提案している．提案モデルを修正することで，このような計算を取り込むことは可能である．

最後に，提案モデルは，事前定義されたサービスデリバリープロセスに力点を置いている．プロセスが事前定義できるという仮定は，サービスの多くの領域に当てはまる．しかし，ビジネスコンサルティングや研究サービスのような知識集約型のサービスには当てはまらない．そのようなサービスのプロセスはより複雑で，一定の形を持たず，動的であり，実際にサービスインスタンスが実行される前には事前定義できないことが多い．

20.6.1 関連研究

サービスサイエンスは比較的新しい学問分野であるにもかかわらず，多くの領域からかなりの注目を集めてきた (Chesbrough & Spohrer, 2006; Lovelock, Wirth, & Chatterjee, 2006)．以下，本章で論じた内容に密接に関わる先行研究に絞って論じる．新しい学問領域にはよくあることだが，初期の文献は主に定義や概念化を通じた領域の基盤構築に注力していた (Carlzon, 1989; Cherbakov, Galambos, Harishankar, Kalyana, & Rackham, 2005; Hill, 1977; Teboul, 2006)．

サービスのフォーマルモデリングは，最近注目されている研究テーマの一つである．これらのモデルの大半は，サービスの経済性，ビジネス，社会的側面に力点が置かれている (Alter, 2008; Lusch & Vargo, 2006; Spohrer, Vargo, Caswell, & Maglio, 2008; Tian, Ray, Lee, Cao, & Ding, 2008; Vargo & Lusch, 2004)．サービスドミナントロジック (Lusch & Vargo, 2006; Spohrer, Vargo, Caswell, & Maglio, 2008; Vargo & Lusch, 2004) は，サービス経済をモデル化する上での優れた概念的ツールとなってきた．Tien et al. (2008) は，相互につながったビジネスのエコシステムをモデリングするために，役割に着目した考え方を用いている．Alter (2008) が提案したサービスシステムモデルは，独立しているが相互作用のある3種類のフレームワークで構成される．この3種類のフレームワークは，ワークシステムフレームワーク，サービスバリューチェーンフレームワーク，ワークシステムライフサイクルモデルである．Spohrer et al. (2008) によって提案された ISPAR モデルは，サービスプロバイダーとクライアントの相互作用を表現する．また，彼らはサービスやリソースの重要な特徴づけと分類を提供しており，異なるフォーマルモデルをどう組み合わせて使い分ければよいかの指針となる．サービスシステムで競争関係，協調関係にある複数の主体の振る舞いをモデル化するために，ゲーム理論やマルチエージェントシステムも使われてきた (Constantine & Lockwood, 1999; Gilder, 1989; Gronroos, 2007)．また，待ち行列モデルやサービスのシミュレーションについても，かなりの研究がなされてきた (Gans, Koole, & Mandelbaum, 2003)．本章は，待ち行列モデルやサービスのシミュレーションそのものというよりも，サービスやそのデリバリーシステムのモデルから，待ち行列やシミュレーションのモデルを作成する方法を体系的に示している．

上述のように様々な先行研究はあるものの，我々の知る限り，サービスシステムの非常に重要な要素であるサービスデリバリーをフォーマルに表現し，理論化するためのモデルの提案はこれまでになかった．本章の研究はユニークであるだけでなく，サービスシステムの包括的なモデルを構築する上での重要なステップであると言えよう．

20.7　結論

フォーマルモデルは，サービスを設計し分析する上で重要な役割を果たす．本章では，サービスデリバリーの新しいフォーマルモデルを提案している．提案モデルは，SDS に関するリソース，プロセス，価値をモデル化している．提案モデルを用いて，現実の複数の SDS を表現し，サービスアーキテクチャの選択肢を様々な評価指標で分析することで，その有効性を示した．

20.8　付録

20.8.1　表記のまとめ

サービスデリバリーシステム（SDS）は，以下の要素からなる．

- サービスリクエストの一式：SR
- サービスプロセスのインスタンス：$P = \{p_1, p_2, \cdots, p_n\}$
- プロセスの状態の一式：$SS = \{S_0, S_1, \cdots, S_N\}$
- 初期状態：$IS \subset SS$，終了状態：$FS \subset SS$
- 能力タイプ：$CT = \{C_0, C_1, \cdots, C_M\}$
- プロセスの状態 S の最小限能力ベクトル：MCV(S)
- プロセスの状態 S の理想能力ベクトル：ICV(S)
- 時刻 t の SDS の全リソースの一式：$\Re(t)$
- リソース R のリソース能力ベクトル：RCV(R)
- 外部リソース ER へのアクセス資格：AC(ER) = (&ER, CS(ER), OP(ER), CFT(ER))
- 外部リソース ER への参照：&ER
- ER にアクセスできるサービスプロセスの状態の一式：CS(ER)
- リソース ER を用いて実行することが許可されている操作：OP(ER)
- ER にアクセスすることへの許可証明：CFT(ER)
- 能力ベクトル ξ が与えられた際の，状態 S からの遷移所要時間の確率分布：$\xi\omega_T(S, \xi, t)$
- 能力ベクトル ξ が与えられた際の，状態 S からの遷移所要時間の累積分布：$\xi\tau_T(S, \xi, t)$
- 単位時間リソース R を使用するコスト：C(R)
- 能力ベクトル ξ が与えられた際の，状態 S からの遷移所要コストの累積分布：$\xi\tau_C(S, \xi, t)$
- クライアント価値：CV，プロバイダー価値：PV
- 初期クライアント価値：ICV，初期プロバイダー価値：IPV
- クライアント価値上昇：CVA，プロバイダー価値上昇：PVA
- ディスパッチャアルゴリズム：DA

20.8.2　ホテルサービスの例の詳細

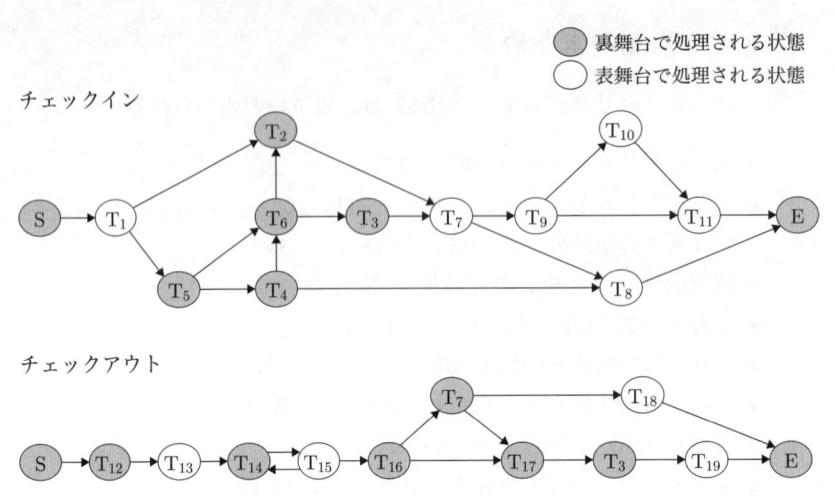

●　裏舞台で処理される状態
○　表舞台で処理される状態

チェックイン

チェックアウト

タスク	タスクの説明	最小限能力ベクトル	所要時間 ω_T （単位時間）
T_1	チェックインプロセスを開始	(10000)	一様分布 [1,3]
T_2	クライアントの記録を検索	(10100)	一様分布 [0,1]
T_3	クライアントの記録を作成/更新	(10100)	一様分布 [1,3]
T_4	空き部屋をチェック	(10100)	一様分布 [0,1]
T_5	事前予約をチェック	(10100)	一様分布 [0,1]
T_6	前回の宿泊をチェック	(10100)	一様分布 [0,1]
T_7	クレジットカードをチェック	(10001)	一様分布 [0,3]
T_8	予約を拒否	(10000)	一様分布 [1,3]
T_9	鍵の発行	(10110)	一様分布 [0,1]
T_{10}	プレゼントの進呈	(10010)	一様分布 [1,3]
T_{11}	手荷物運び	(01010)	一様分布 [1,5]
T_{12}	請求書を作成	(01110)	一様分布 [1,3]
T_{13}	チェックアウトプロセスを開始	(10000)	一様分布 [1,3]
T_{14}	請求書の更新	(10100)	一様分布 [1,3]
T_{15}	請求書の確認	(10000)	一様分布 [1,3]
T_{16}	請求書の発行	(10100)	一様分布 [0,1]
T_{17}	領収書の発行	(10100)	一様分布 [1,3]
T_{18}	債務不履行のクライアント	(20101)	一様分布 [1,5]
T_{19}	チェックアウトプロセスの完了	(11000)	一様分布 [1,3]

図 20.5　ホテルサービスプロセスの状態空間

表 20.4　ホテルサービスプロセスにおける状態遷移の条件

遷移	遷移の条件
$T_1 \to T_2$, $T_9 \to T_{10}$	クライアントはホテルの会員である
$T_1 \to T_5$, $T_9 \to T_{11}$	クライアントはホテルの会員ではない
$T_4 \to T_6$	空き部屋がある
$T_4 \to T_8$	空き部屋がない
$T_5 \to T_6$	クライアントは事前予約している
$T_5 \to T_4$	クライアントは事前予約していない
$T_6 \to T_2$	クライアントは過去にそのホテルに宿泊したことがある
$T_6 \to T_3$	クライアントは過去にそのホテルに宿泊したことがない
$T_{15} \to T_{16}$	請求書が適切である
$T_{15} \to T_{14}$	請求書に修正が必要である
$T_{16} \to T_7$	クレジットカード払い
$T_{16} \to T_{17}$	現金払い
$T_7 \to T_9$, $T_7 \to T_{17}$	クレジットカードの処理が正常に完了する
$T_7 \to T_8$, $T_7 \to T_{18}$	クレジットカードの処理が認められない

参考文献

Alter, S., (2008). Service system fundamentals: work system, value chain and life cycle. *IBM Systems Journal*, 47(1), 71-86.

Carlson, J., (1989). *Moments of truth*, Harper Collins, New York.

Caswell, N. S., Nikolaou, C., Sairamesh, J., Bitsaki, M., Koutras, G. D., & Iacovidis, G., (2008). Estimating value in service systems: a case study of a repair service system. *IBM Systems Journal*, 47(1), 87-100.

Cherbakov, L., Galambos, G., Harishankar, R., Kalyana, S., and Rackham, G., (2005) Impact of service orientation at the business level. *IBM Systems Journal*, 44(4), 653-668.

Chesborough, H., & Spohrer, J., (2006). A research manifesto for services science. *Communications of the ACM*, 49(7), 35-40.

Constantine, L. L., and Lockwood, L. A. D., (1999). *Software for use: a practical guide to the models and methods of usage-centered design*. Addison Wesley, Boston, Massachussets.

Gans, N., Koole, G., & Mandelbaum, A., (2003). Telephone call centers: tutorial, review, and research prospects. *Manufacturing & Service Operations Management*, 5, 79-141.

Gilder, G., (1989). *Microcosm*. Touchstone Books, New York.

Gronroos, C., (2007). *In search of new logic for marketing: foundations of contemporary theory*. John Wiley and Co., Chichester, England.

Hill, T. P., (1977). On goods and services. *The Review of Income and Wealth*, 23(4), 315-338.

Knuth, D. E., (1997). *The Art of Computer Programming – Volume 1, 3rd ed.* Addison-Wesley, Reading, Massachussets.

Lovelock, C., Writz, J., & Chatterjee, J., (2006). *Services Marketing: People, Technology, Strategy*, Pearson Education Ltd., New Jersey.

Lusch, R. F., and Vargo, S. L., (2006). Service-dominant logic: reactions, reflections and refinements. *Marketing Theory*, 6(3), 281-288.

Spohrer, J., Vargo, S. L., Caswell, N., & Maglio, P. P., (2008). The service system is the basic abstraction of service science. *Proceedings of the Hawaiian international conference on systems science. HICSS-2008*.

Teboul, J., (2006). *Services is front stage: positioning services for value advantage.* Palgrave Macmillan, New York.

Tian, C. H., Ray, B. K., Lee, J., Cao, R., & Ding, W., (2008). BEAM: A framework for business ecosystem analysis and modeling, *IBM Systems Journal* 47(1), 101-114.

Tucker, A. B. Jr., [Ed.] (1996). *The computer science and engineering handbook.* CRC Press Inc., Boca Raton, Florida.

Turing, A. M., (1936). On computable numbers, with an application to the entscheidungs problem. *Proceedings of the London mathematical society,* 2(42), 230-265.

Vargo, S. L. & Lusch, R. F. (2004). Evolving to a new dominant logic for marketing. *Journal of marketing*, 68(1), 1-17.

第VI部

研究と実践：イノベーション

第21章

サービスイノベーション

☐ Ian Miles
　Manchester Institute of Innovation Research
　Manchester Business School
　The University of Manchester

　　イノベーションが経済成長や生活の質，産業競争力において不可欠な要素であることは広く認知されている．それゆえに，「イノベーション研究」に関するすべての学問領域が20世紀の最後の四半世紀にかけて出現し，経済政策やマネージメントの考え方および科学技術研究のアプローチに大きな影響を与えることになった．だが，イノベーション研究はそのほとんどが製造業における技術イノベーションに特化しており，特に製薬やエレクトロニクス，航空宇宙といったハイテク分野に集中していた．サービス産業および企業，そしてそのイノベーションプロセスと成果に対して真面目な興味を持ち続ける人が一部の先駆者以外にも現れ始めたのは，20世紀最後の10年になってからであった．我々はこれまでに，こうした分析をほぼ20年にわたって行ってきた．この章において，その文献のハイライトを紹介したいと思う．「サービス」と「サービスイノベーション」が占める領域は非常に膨大であり，さらに，多くの学問領域に文献が分散しているので，新たな統一理論に向けて文献を統合するのではなく，広く全体像を示すことを目指したい．当然，製造業における活動を記述するためのプロセスと並列して考えることもあるであろうし，すでに製造業の企業に存在していたが通常無視されてきたいくつかの「新しい」機能に注目することもあるだろう．サービスイノベーションの研究を通して，我々はイノベーションのより一般的な捉え方を再考することができる．

21.1　はじめに：二重の曖昧性

　　全米技術アカデミーの報告によると，2003年においてサービスは米国の国内総生産の80%を占めている．また，OECDの調査においても，サービスはすべての先進工業国にまたがる経済活動の中で同様の比率を占めている．それにもかかわらず，イノベーションについてのほとんどの分析はサービスではなく製品に重点が置かれがちである．今こそイノベーションの教育と研究のためのカリ

キュラムを，経済活動におけるこの支配的な領域へと向かうよう更新すべきときである．全米技術アカデミーの調査では，七つの産業においてその発展に対する学術研究の貢献について調べている．五つの製造業関連の領域（ネットワークシステム，通信，医療機器，設備，航空宇宙）においては，学術研究が非常に重要な貢献をしたことが判明している．しかしながら，二つのサービス産業（運輸と金融サービス）においてはわずかな影響しかもたらさなかった．さらにこの報告では，「学術研究活動では，サービスビジネスからのニーズにフォーカスしたり，そのための組織編成が行われたりしていない」と結論づけている．初期段階である現在では，サービスのイノベーションに関する学術研究は明確に定義されていない（「サービス」という用語の正式な定義をめぐって激しい議論さえ行われている）．サービスイノベーションに特有のチャンスやリスクに関する何らかの有益な理解には，必ずビジネスプロセスモデリングやビジネスモデル，システムインテグレーションおよびデザインが関わってくると思われる．より高度なところでは，システムデザインにおける複雑性や情報の認知プロセス，形式知と暗黙知の役割についての論題もまた関わってくる．顧客との相互作用を促進するため，選択肢や経験値をどうデザインするのかにおいても，多くのやりがいのある課題が現れてくるだろう．（Chesbrough, 2004）

単数あるいは複数形の「サービス」という語が含まれる議論では必ずそうなるのだが，「サービスイノベーション」は曖昧性が至るところに現れる論題である．我々はいったいサービスの活動とプロセスのどちらについて話しているのだろう？ 製品としてのサービスなのか，製品を通して提供されるもののことなのか，あるいはその二つの関係を言っているのか？ カスタマーサービスとしてのサービスについては，（サービス職や専門家による）仕事としてであるのか，あるいはサービス企業や産業の領域としてであるのか？「サービス」はそういったもののどれでもありうるし，全部かもしれない．だが，あらゆる習慣において我々は，我々の議論していることに対する理解は一点に収束すると，決めてかかりすぎるのである．

サービスイノベーション（SI）は「サービス製品」のイノベーションを指しているかもしれない．ここには，新しいサービスの開発やサービス製品のより段階的に生じるイノベーションについての（サービスデザインのトピックに深く関連した）トピックも含まれるし，それらが提供される文脈（特に経験サービスの文脈，これはサービススケープとしても述べられることがある）も含まれる．これらに関連する研究は，イノベーションプロセス（新しいアイデアの創造，開発や変更プロセスのマネージメント，実装，イノベーションを他に広めたり公開したりすること，イノベーションの事前および事後評価など）や，イノベーションダイナミクス（変化の軌跡，成功要因，市場開拓，ユーザーの入力やフィードバックなど）に重点を置いていることが多い．

SI は新しい方法，あるいは改良された方法によるサービスの生産，すなわち「サービスプロセス」のイノベーションを指しているのかもしれない．多くの場合，サービスの生産とサービス製品を即座に区別することは困難ではあるのだが，イノベーションの研究では，プロセスとプロセスイノベーションの動的変化を製品イノベーションの方法と

同じように分析することがしばしばある．その一方で，サービス製品は多くの場合において，鉱業や製造業，建設業といった分野の製品と区別できる傾向にある．実際，サービスは無形であることが多く，そうでなくても，少なくともサービスの中で有形な要素（例えば，物理的な CD-ROM や，報告やデザインが印刷された紙，患者に埋め込まれた歯の詰め物）によって与えられる価値は，関連総コストの中で小さい比率しか占めないのが普通である．

イノベーション分析の観点から行われる SI 研究は，実際にはサービス企業・産業の中でのイノベーションに焦点が置かれがちであり，サービス組織におけるイノベーションプロセスを製造業や他の組織におけるものと対比する研究が多く見られる．そのような研究はサーベイによる分析から行われる場合もあり，そこではサービス製品やプロセスが報告される頻度に注目している．あるいは，ケーススタディ調査からの研究も行われ，そこでは特定の組織内でのイノベーションおよびイノベーションプロセスの多様性により多くの注意が払われている．分析の特徴的な部分では，どちらの方法論が使われるにせよ，かなり多岐にわたるクラスの（通常，テクノロジーを活用した）サービス活動に特に注目して，特定のイノベーションの拡散と開発が調べられる（例えばナレッジマネージメントシステムや電子化されたカスタマーリレーションシップマネージメントシステムなどであり，さらには情報システムまで一般化されることもある）．

しかしながら，サービスイノベーションの文献を不完全なものとしてしまう特徴が多くのサービスには存在する．多くのサービスは本質的にきわめて変動が大きく，どの二つのサービス関係をとっても同一のものはない．あるケースでは，事実上すべてのサービス製品が多くの点で独自性を持ち，多くの点でサプライヤーとカスタマーの関係の中に，そして最終的に提供されるサービスそのものの中に新規性があることになってしまう．一つの視点においては，新しい要素を含むサービス相互作用はほとんどどれもイノベーティブであると見なすことさえできてしまう．このように，非定型的なサービスを対象とした実に多くの研究は，必然的にイノベーションを扱うことになり，そのようなものとして評価あるいは再評価することができる．だが，そのような提案に対するイノベーションの研究者からの共通の反応は，そうした新規性は必ずしもイノベーションではないというものである．彼らは，新しい要素が再生産され，反復可能な実践に対する学習と創造が行われるところにのみイノベーションがあると主張している．ここでの論争は，「イノベーション」の概念自体も「サービス」と同じく曖昧であることを教えてくれる．「イノベーション」は何か新しいものを創造するプロセスを指すこともあれば，このプロセスの実際の成果を指すこともある．発明とイノベーション，そして普及の間の厳密な区別にこだわる学者や実務家もいる．実際，「成功したイノベーション」だけに限定して注目しようとする人たちも存在している（成功の定義も論争の新たな火種となってしまうのであるが）．また，これらの段階のすべてを（新しいアイデアの探求や実装，得られた新製品の構成，再発明といったその他の要素も一緒に）イノベーションプロセスの要素であると見なそうとする者もいる．

したがって，サービスイノベーションの探求は，二つの曖昧で多面的な概念の組み合わせに立ち向かうことを意味している．研究と実践における関連性はバラバラに分裂し，弱いつながりしか持たなくなる．このように現存する研究には多くの制限があるが，実質的な成果も（二重の曖昧性にもかかわらず）現れてきている．本章では研究の

主要な路線を示し，SI の分野の概観を得るためのいくつかの有効な方法を提示したい[1]．それは，サービスの発展と本質についてのより広範囲にわたる文献や，新しい「サービスサイエンス」あるいは SSME（service science, management, and engineering）の学問領域を作り出す試みの中に存在しうるのである[2]．

21.2　サービス活動，産業，企業におけるイノベーション

　多くのサービス活動が，核となるオファリングや製品における無形性，サービス提供者とクライアントの間の双方向性といった共通の特徴を持っている．これらは様々な形でイノベーションプロセスを変容させようとする．例えば，ブランドや特許化とは無縁かもしれないし，カスタマーの所在や他の属性をより考慮する必要があるかもしれない．サービスのマーケティングや取引，品質に関する多くの議論はこれらの特徴に重点を置いており，何人かの著者はイノベーションの文脈で分析している．例えば Berry et al. (2006) は，主なサービスイノベーションを，「サービスから得られる利益をどのように捉えているか」（重要な新しい主要利益か，あるいは，主要利益へのカスタマーのアクセスに変革をもたらす新しいデリバリーのことか），および「サービスの分離可能性の度合い」（サプライヤーの場所と時間に依存するデリバリーが重要であるのか，あるいは，むしろ，いつでもどこでも消費されるようなより「分離可能」なソリューションか）の観点から，四つのクラスに分類した[3]．分離可能性の論点が示唆するように，サービス活動は広い範囲にわたっている．サービス活動の集合の中でのいくつかの基本的な分類は，異なるイノベーションダイナミクスを洞察する助けとなる．

　サービス活動の非常に単純な分類の一つは，その活動によって何が変換させられるかを基準として区別するものである．(1) サービスの一つ目の集合は，主に物理的な人工物の変換を行う．人工物は，サービスによって移動されたり，貯蔵されたり，保守されたり，操作されたりする（人工物を作ることについては製造業や建設業などの範疇により当てはまる）．(2) サービスの二つ目の集合は主に人々を変換する．サービスは人々の健康や社会福祉，あるいは個人の外見に影響を与える行為に介在する（加えて人々の物理的な位置も影響を受けるが，それは旅客輸送や貨物輸送がある程度類似性も持つと

---

[1] SI 研究の初期におけるまとめは，Guile & Quinn (1988a,b) の二つの論文である．より最近では，この分野のレビューが以下の文献における数章などに多くまとめられている：BERR/DIUS (2008), Bryson & Daniels (2007), DTI (2007), Gallouj (2002), Kuusisto & Meyer (2003) Miles (1994, 2004), NESTA (2008), OECD (2001). この分野の研究は遅れていたのかもしれないが，最近になって爆発的な拡大を見せている．

[2] サービスのトピックにおける古典的なレビューや編纂としては，Bryson et al. (2004) や，Bryson & Daniels (2007), Daniels & Bryson (1993) といったものがあるので，それらの最新の版を見るとよいだろう．サービスサイエンスと SSME については，例えば，Chesbrough (2005), Chesbrough & Spohrer (2006) Springer Publisher's series on "Service Science: Research and Innovations in the Service Economy" (Hefley & Murphy, 2008 など), Service Science ジャーナルおよび多くの資料が以下の SSME ウェブサイトで利用できる：http://www-304.ibm.com/connections/wikis/home/wiki/IBM Global University Programs および http://www.ssmenetuk.org/ （どちらも最終アクセス日は 2009/6/29）．IfM & IBM (2007) や Maglio et al. (2006) では，SSME との関連においてサービスイノベーションの議論を行っている．

[3] Miles (1993) は，サービスを定義せしめる様々な特徴が，サービスを製造業にしばしば似たものとしているイノベーションの軌跡といかに関係するのかを論じた．このアプローチのもととなる発想の一つは，Theodore Levitt (1976) によるサービスの産業化に関する先駆的研究である．これと現在の産業における「サービス化」(servicisation) の議論とを比較してみるのも有益だろう．本ハンドブックの第 17 章も参照せよ．

ころである).(3) サービスの三つ目の集合は,主に記号やデータを変換する.それらは作り出されたり,収集,通信,処理あるいは表示などがなされたりする.Miles (1987) はこうしたフレームワークを,異なるサービス産業をまたがるイノベーションの軌跡の記述に用いた.これは,異なる製造産業が一つあるいは複数の変換行為を彼らの中心的な活動とする傾向があるからである[4].

1. 物理的サービスは長い間,モーターの力やすぐに利用可能なエネルギーに基づいたイノベーションを活用してきた(新輸送システムや,洗浄装置やオーブンなどの新しい工業設備).そのようなテクノロジーに基づいたイノベーションの波が,20世紀のかなりの期間にわたってこれらのサービスに押し寄せた.航空輸送などいくつかの産業では,特定のタイプの乗り物やインフラを伴った激しいイノベーションの影響を受けやすく,そして,多くの輸送産業のネットワーク性は,新しいコミュニケーションシステムや情報技術を即座に活用できるユーザーがいたことを意味している[5].(より早い例外もあるが)20世紀終わりの四半世紀になると,多くのカスタマーサービスは Gershuny (1978) がセルフサービスと呼んだものと競争することになった.彼が意図したところは,消費者が彼ら自身のためにサービスを生産できる(例えば,娯楽の提供)装置を購入することにより,消費者は自分用のサービス(例えば,移動)を安い価格で,いつでも,高品質な状態で生産できるようになったということである.これは,いくつかのサービス産業において,コンシューマーが「セルフサービス」に移行するにつれて相対的に収益が減少していくと見ることもできた.セルフサービスの中間的な形態も,コインランドリーをその典型例として多く存在していた.そこでは,顧客は彼ら自身のサービスを生産,あるいは少なくともそれらのサービスを生産する機械をコントロールしていたが,設備や建物は企業のものであった.コインランドリーがクリーニング店に取って代わる一方で,さらにコンシューマーの洗濯機によっても取って代わられたが,それでもまだ,すべての形態のサービスの生産と提供は存続しているわけである.これによってもまた,20世紀半ばまでのサービスの雇用の多くが国内のサービス従事者によって構成されていたという事実に気づかされる.この傾向はほとんどの工業国で,(a) サービス従事者の新しい雇用機会が経済のあらゆる場所に開かれていき,(b) 新たなコンシューマー用の設備と消耗品によって洗濯や調理の仕事に要求される手間が大幅に削減されるにつれて,著しく減衰していった.
2. 人的サービスは産業特有のイノベーションの組み合わせによって形作られてきた.この組み合わせの例としては,医療サービスのための医薬品や手術器具,特

---

[4] Miles (2008) は,入出力データについて,サービスをこれらの広いグループに分類するための指標を導くものだとして調査している.別のアプローチとして,特定の職業で遂行される作業におけるデータ,例えば O*NET (http://online.onetcenter.org/skills/ を参照,アクセス日:2009/6/29) を活用し,職業の出現ひいては作業の出現を特定の産業に関連づけることが挙げられるかもしれない.

[5] 古典的研究に端を発する一連の大規模なテクニカルシステムでのイノベーションに関しては,Thomas Hughes による重要な研究(例えば Hughes, 1983, 1984; Mayntz & Hughes, 1988) がある.かなり異なる内容の文献ではコンプレックス製品システム(complex product system; CoPS) について調べられているが,ここには空港のようなサービスオペレーションのほかにも,サービスとテクノロジー,構築されたインフラを組み合わせた多くのシステムが含まれている.例えば,Davies & Hobday (2005) や Gann & Salter (2000), Hansen & Rush (1998) を参照.

定の個々人や環境の複雑性についてのデータをより良く収集し活用するための，より強力な情報処理の活用がある．これらのサービスでは，現在新しく得られつつあるゲノムや神経科学の知識の活用を通じた主要な発展が期待されているが，携帯端末やモバイルネットワークを十分に活用したより広範な領域もまた存在している．一般的なサービスでも重要ではあるが，特に人的サービスにおいて顕著な特徴の一つはそれらの「双方向性」，すなわちサービス企業とその顧客の関係である．双方向性は，（手術やヘアドレッシングのように生物学的変換を実行するサービスや，ホテルやレストランのような身の回りの世話や多くの場合物理的変換を提供するサービス，あるいはカウンセリングや教育のように社会心理学的変換に影響するサービスにおける）情報の流れを含み，それによって新しい情報技術（IT）を活用する機会を創出する．フランス語圏の研究者は，分析の特に重要な点として，サービス関係性について多くの研究を行い[6]，サービス顧客接触（servuction）という用語をサービス関係性の基盤となるプロセスを表すために使う者もいた．サプライヤーと顧客の関係を作り出し，持続させるために必要な活動と手続きは，サービス企業にとっては他の産業よりもはるかに重要なものであると考えられた．サービスにおけるイノベーションの初期の研究の一つ（Belleflamme et al., 1986）では，イノベーションは servuction，生産を含むことを示唆し，それらによってサービス企業からのイノベーションを分類している[7]．サービス品質に重点を置いた文献も数多く存在し，スカンジナビアと米国の研究者によって重要な貢献がなされ，また，しばしばヒューマンサービスに焦点が置かれている[8]．品質への関心は何が問題であるのかを把握することを意味し，それによってイノベーションが促進されるかもしれない．一方，品質管理のためにサービスプロセスを構成する要素を調べることは，サービス活動への工学的アプローチを進展させるかもしれない．

3. 情報に焦点を当てたサービスは，伝統的なオフィスにおける技術の主なユーザーであったが，新しい情報技術（IT）の活用を通じて変化してきており，広い範囲の製品やプロセスのイノベーションをもたらした．20世紀終わりの四半世紀にマイクロプロセッサを基盤としたシステムが開発されたことにより，その後，IT の活用が急速に拡大していった．SI において大きな影響を与えた Barras (1986) による報告は，実際これらのサービスに重点を置いていた[9]．Barras は，それらは新しい情報技術の活用を通じて「産業化」していくとし，一方，イノベーションの軌跡として「プロダクトサイクル」がこれまで述べられてきたが，サービス産業においては「リバースプロダクトサイクル」が現れてくると論じている．この報告は多くの後続の研究者によっても取り上げられてきたが，サービス産業はまず新しい IT を彼らの業務（主としてバックオフィスでの業務）を効率化する

---

6. かなり最近の研究としては，Gadrey & de Bandt (1994) がある．
7. Gallouj & Weinstein (1997) は，servuction を多くの他の定式化と比較した有益なレビュー論文である．サービスのカスタマーとの共同開発に関する議論については，本ハンドブックの第23章を参照．
8. サービス品質の文献のレビューについては，Asubonteng et al. (1996), Gummesson (1998), Seth et al. (2005) を参照．
9. 例えば Faulhaber, Noam, & Tasley (1986) のように，何人かの米国の研究者もこれらを重視している．

ために導入し，その後，サービス品質を向上させるために活用し，最後に新しいサービスは新しいシステムを使うことで作り出し提供されることを学ぶのだと述べている．Miles は，オフィスワークはすべての産業で共通しており，そのため，その記号やデータに関するサービス活動は，新しい IT の導入に関連した類似のイノベーションの軌跡をたどるかもしれないと指摘している．Licht & Mocht (1997) は，そのようなイノベーションの重要性を検証している．彼らは，ドイツのサービス企業に対するイノベーションの調査において，イノベーティブな活動を報告したすべての企業に新しい IT を基盤としたイノベーションが関わっていることを見つけ出している．

　Howells & Tether (2004) は，上記の分類をサービス産業の四つのグループに精緻化した．彼らは，(1) 特に製造物における物理的変換（例えば，道路輸送，取扱い，保管），(2) 人々に物理的あるいは精神的・感情的変化を与える変換（例えば，高齢者の介護），(3) 情報の変換（例えば，データ処理サービス）に加えて，4 番目のカテゴリ，(4) 知識創造サービスという知識ベースのサービスが提供されるもの（例えば，デザインなど）を追加した．彼らは四つのグループに属する企業の調査（特に上記の括弧内の例に重点を置いて）を，EU (European Union) の 15 か国，および米国，カナダのおよそ 1,300 社を対象として実施した．対象とされるサービスは少ないが，この研究では様々なタイプのイノベーションを調査した．結果は今後も拡張され，刺激的な分析がなされるであろう．

　この調査では，過去 3 年間の以下の変化をカバーしつつ，八つのタイプのイノベーションが検討された．(a) 提供される製品あるいはサービス，(b) サービスを生産する手段，(c) サービスの提供手段，(d) サービスを生産あるいは提供するために用いられたテクノロジー，(e) サービスを生産あるいは提供するために用いられた従業員のスキル，(f) 会社の組織構造，(g) 顧客との相互関係，(h) 他社との相互関係である．ヨーロッパでのデータに重点を置いた分析を通じて，Tether & Howells (2007) は四つの産業を対象にした類似点と相違点を報告している．約半数の企業が，サービスの生産あるいは提供に使われる「テクノロジー」に著しい，あるいは完全な変化が見つかったと報告している（一方，テクノロジーに変化はなかったとしたのは，たったの 17% のみ）．1/3 以上の会社が，その「製品あるいはサービス」が完全にあるいは著しく変化したと主張し（変化が起こらなかった会社は 1/4），そして非常に似たパターンがサービスを「生産する」手段の変化にも見られる．サービスの生産あるいは提供に使われる「スキル」について報告された変化の度合いもまた，企業のサービスや生産あるいは提供する手段における変化の度合いとかなり類似しており，1/3 の会社がこの 3 年間に彼らが用いるスキルが完全にあるいは著しく変化したと主張している．上記よりもやや少ない企業が，そのサービスを「提供する」手段における大規模な変化を報告し，1/5 の会社が「組織構造」や（顧客を含む）「他社との相互関係」における完全な，あるいは著しい変化を報告している．産業をまたがるいくつかの相違点は統計的に顕著であった．テクノロジーにおける変化の度合いは情報処理企業において，例えば高齢者介護を提供する企業におけるものよりもはるかに大きく，一方，サービスについての変化の度合いはこの二つの産業で類似したものであった．このことは，我々が人的変換サービスと記号変換サービ

スで対比させてみたように，これらの産業にまたがった（変化する）サービス供給においてテクノロジーが大きく異なる役割を果たしていることを暗に示している．

この研究によって，イノベーションの異なる次元での相互関係を調べることができる．Tether & Howells（2007）は，技術的な変化（サービス，プロセス，テクノロジー）が生じたデザイン企業はまた，（組織に関するものを含む）他のすべてのタイプのイノベーションにおいても著しい，あるいは完全な変化が生じている傾向にあると報告している．しかしながら，対照的に，組織に関する変化は，その企業に技術的な変化を生じさせやすくすることはない．一方で，高齢者介護の企業においてはより少ない相補性しか存在せず，変化が見られる主なエリアは，スキルや組織の配置，顧客へのサービス周辺である．デザインや道路輸送，情報処理サービスにおいては，イノベーションが現れる主なエリアは，テクノロジーやプロセス，サービスおよびスキルの周辺である．主成分分析を用いて，後者の三つの産業に対してイノベーションの二つの集合が分離できる．すなわち，サービス供給とデリバリーのプロセス（および，これらのプロセスで使われるテクノロジー）における変化を含む集合と，（会社の構造における，あるいは顧客や他社とどう相互関係しているかといった）組織に関する変化に結び付いている集合である．これら三つの産業においては，提供されるサービスや従業員のスキルに対する変化は，組織よりもプロセスに対する変化により密接に結び付けられる．高齢者介護の企業においてはこの概念はあまり明瞭ではなく，そのため，この産業についての結果はここでは報告されていない．

異なるサービス産業の企業を対比するサーベイ研究は多数行われてきたが，人的変換サービスを含むものはほとんどない．そのため我々は，ここで報告されているような結果がどれくらい他のそうしたサービス（例えば，ホスピタルサービス）にも適用できるのか，あまり明確に主張することはできない．しかしながら，参照可能なサーベイ研究のいくつかは，広い範囲のサービス企業をカバーしている．EU には過去 10 年以上にわたる一連の Community Innovation Surveys（CIS）が存在し，イノベーションのより多くの側面とより多くのサービス産業をカバーするために徐々に拡張され続けてきた．CIS は，回答者（マネージャー）が過去 3 年間に新しい製品やプロセスを導入したのかを判断できるかどうかに依存しており，そのため主観的な要素が入ることが避けられない．執筆の時点では 5 期間の CIS が存在しており，最初のもの以外はすべていくつかの市場化されたサービス産業（輸送や，ビジネスサービス，通信，トレードサービスなど）をカバーしている．一方，社会およびコミュニティサービスや個人サービス，ホテルおよびレストラン，多くの創作および娯楽活動，そして公共サービス一般は，これまで対象から除外されてきた．このため，CIS の道具立てを用いてより人間指向のサービスを評価することは困難である．しかしながら，より物理的でより情報的なサービス，およびそれらの中のサブカテゴリ間の比較についてはすぐに入手可能である．

CIS のサーベイには，ほかにも三つのサービスに関連する制限がある．最初に，従業員が 10 人以上いる企業だけが対象となっていることが挙げられる．しかし，サービス企業は一般的に製造業より小規模であり，多くの零細企業が含まれている．通常のサーベイ分析では，より大きな企業のほうがイノベーティブな活動やリソースを多く報告しており，面白いことに，その例外の一つはコンピュータサービス産業である（Tether et al., 2002）．しかしながら，従業員当たりのイノベーティブな試みの比率は，小さい企業

のほうが高くなっている（Baron, 1993）．次に，調査される会社の中で回答者がたった1人となっていることがあり，しかも，それがたとえイノベーション担当マネージャー（多くの場合，これは職名でもない）であったとしても，彼が組織をまたがって導入されつつある新しい活動の範囲について知らない可能性は高い．これは，我々の中に「緩やかな」形の変化よりも古典的なテクノロジーイノベーションを想定してしまう先入観があるからかもしれない．3番目のポイントは，このことと関連している．CISでは，（サービスを含む）製品やプロセスイノベーションが過去3年間に導入されたかどうかについての単純な質問を最初に尋ね，その後の質問（CISの第4期間，2005年のCIS4にのみ導入された）で，新しい組織上のマーケティング戦略について尋ねる．しかし，これはイノベーション活動に関する一連の質問（様々なタイプのイノベーション関連支出やイノベーティブ情報の発信元，共同活動，イノベーションの障害など）のあとであり，これらはおそらく，より技術的な製品やプロセスイノベーションの用語を主に用いて回答される．こうした条件にもかかわらず，さらにCIS5とそれ以降でも改善され続けられるであろうが，これまでのCISタイプのサーベイからだけでも得られるものは非常に多いため，ここではその結果のうちいくつかのハイライトに触れることしかできない．

いくつかの研究では，このようなサーベイ結果をもとに，多変量解析によってサービス産業や企業を様々なクラスタや統計的グループに分類している．Hipp & Grupp (2005) によるドイツでの研究は特に興味深いもので，サービスにおける知識集約的，ネットワーク集約的，規模集約的，外部イノベーション集約的パターンの間で区別を行っている（これらのカテゴリは，Soete & Miozzo (2000) によるサービスの分類をやや詳細に発展させたものである．この分類はサービスにおける提供者主導の従来の見方，別の言葉で言えば製造業からの要請のみに基づくイノベーションに相対するものとしてデザインされた）．例えば，知識集約的パターンは特に技術的およびR&Dサービスとコンピュータサービスにおいて見られ，ネットワークベースのモデルは銀行で，供給者優位のモデルは他の金融サービスで見られる．彼らはまた，論文で強調しているように，すべてのタイプのイノベーターをすべてのサービス産業において見出せることも発見している．

そうしたサーベイからの全体的な印象は，ハイテク産業と同様，情報や知識の変換を行うサービス産業では，物理的サービスや製造業と比較して非常に高い頻度でイノベーションが起こっているというものである．これについて述べたCIS2のデータの詳細な分析がTether et al. (2002) によって行われており，また，CIS4の結果を用いたEurostat (2008) による最近の報告では，輸送や保管，郵便においてイノベーションを報告している企業の割合は，平均よりも著しく低いとされている（電気通信も含まれるかもしれないが，これらは主に物理的な変換に関するものである）．対照的に，情報や知識の変換を行うサービスは，他の産業（製造業を含む）よりも高頻度でイノベーションを報告している．イノベーティブな企業が高い割合を占めているのは，金融仲介サービス（銀行，保険など）および「NACEセクションK中核領域に分類される経済活動」である．この経済活動は，コンピュータおよび関連活動（NACE 72[10]），建築およびエ

---

10. NACEはEUで現在用いられている標準産業分類である．実質的に米国のNAICSと同じようなものである．

ンジニアリング（NACE 74.2），技術的試験および分析（NACE 74.3）である．これらはしばしば TKIBS（technology-based knowledge-intensive business service；テクノロジーベース知識集約ビジネスサービス）と呼ばれる．ここでの集計において，上記 K 中核領域に含まれる 53% の企業がイノベーティブであり，中でもコンピュータとの関連活動において，イノベーティブな企業の比率が最も高くなっている．

　Tether et al.（2002）は，セクション K の一部である他のビジネスサービス（ここには PKIBS，すなわち専門的 KIBS と呼ばれる法律や会計，広告，マーケットリサーチ企業に加え，秘書や警備，クリーニングサービスといった，あまり知識集約的ではないビジネスサービスも含まれる）における高いレベルのイノベーションについて述べている．この結果の一つの解釈としては，多くのサービスにおける物理的な変換活動はモーター技術に関連したイノベーションの影響をすでに受けているというものである——ただしこれは，将来ここで大きなイノベーション，例えばエネルギー効率や公害防止，あるいは新素材に関連したものなどが起きる余地を除外するものではないことは述べておきたい．対照的に，情報と知識処理のサービス活動は，新しい IT に関連した急速な変化の影響をいまだに受け続けている．実際，たとえ IT のハードウェアやオペレーティングシステムソフトウェアにこれ以上の抜本的なイノベーションがもはや起こらないとしても，利用可能な技術的機能をサービスが有効に活用し続け，そしてより良い使用方法を学習することによって，何十年もの間にわたって急速なイノベーションが生まれ続けることが可能であると我々は考えるであろう．

　非技術的なイノベーションについてはどうだろうか？[11] Howells & Tether（2004）では，改革中の EU の企業（2002 年時点）に対する INNOBAROMETER サーベイのデータを用いており，それによって製造業とサービス産業を製品，プロセスおよび組織上のイノベーションの観点から対比している．そこから彼らは，いくつかのサービス（残念ながら彼らはより詳細な産業分類を調べることはできなかった）では，製造業者と比べて著しく組織上のイノベーションに重点を置いているようだと結論づけた．サービス企業の最高経営者の 1/3 以上は，彼らの主なイノベーティブ活動がもっぱら組織上のものであったと考えており，一方これとは対象的に，製造業企業ではそのような回答は 1/10 以下となっている．CIS4 には組織上の変化についてのいくつかの質問があり，それについても研究者たちは調査を始めており，その結果は，概して Howells と Tether のものほど劇的ではない．Kanerva et al.（2006）は，サービス企業（特に金融および卸売の産業）はより組織上の変化を生じやすい傾向にあると報告している．Schmidt & Rammer（2006）はドイツの CIS4 データについて，（マーケティングの変化を含む）組織上の変化に対する技術的（製品やプロセス）イノベーションをプロットして分析した．また，Miles（2008）はイギリスのデータについて分析した．どちらの研究でも，より技術的にイノベーティブな産業が，組織上でもイノベーティブである傾向が強くなるが，製造業はテクノロジーベースの製品とプロセスを重視する傾向があり，一方，ほとんどのサービスは組織上のイノベーションを重視しているということがわかった．例外として挙げられるのは IT にフォーカスしたサービス産業であり，それらはとりわけイノベーティ

---

11. いくつかのサービスに重点を置いた講演を含むサービスイノベーションを中心とした学会については，6 Countries Programme（2008）を参照せよ．

ブである．そして，技術的なイノベーションに，より重点を置きがちである（「物理的なサービス」はその逆であり，人的な変換により重点を置く少数のサービスは組織上の変化もまた重視している）．

これらの結果を裏づける他の研究もある．Arundel et al. (2007) は，サービスを KIBS と「その他のサービス」に（大まかには，情報と知識のサービス産業とそれに対する物理的なサービス産業に）分けている．イノベーションの四つの軸（製品，プロセス，組織，マーケティング）のすべてにおいて，KIBS は仲介の役目を担っている製造業者を伴う他のサービスよりも，はるかに頻繁にイノベーターとなっている．全般的な結論としては，非技術的なイノベーションの全体的なパターンは製造業やサービスを超えて概してかなり類似している．しかし，製造業の企業でそうであったように，より物理的なサービスにおいて非技術的なイノベーションが支配的になることはあまりない．しかしながら，我々がイノベーションを実際に報告したこれらの企業だけに目を向けてみると，かなり異なる見方が生じてくる．この「その他のサービス」のイノベーターは，イノベーティブな製造業者よりも組織上およびマーケティングのイノベーションをより多く報告する（そしてもちろん，KIBS よりも多くのマーケティングのイノベーション，また，KIBS よりも多くのプロセスと少ない製品のイノベーションを報告する）傾向が見られる．確かに，産業ごとにイノベーションの重点に明確な差異が存在するように思われるが，さらなる調査が必要である．

ここで議論してきたサーベイ研究は，サービス企業と産業に重点を置いている．よく知られているように，様々な種類のサービスがすべての産業の企業によって生み出されている．そして，その企業自身による内部使用のために生み出されるものに加えて，顧客に提供される多くのサービスがあり，ほんの一例としてアフターサービスが挙げられる．経済全体で「サービス」への関心が高まっているというマネージメント研究における主張[12]を支持する証拠もいくつか存在する（例えば Lay (2002) はこのことをドイツの製造業者について確認している）．

Hollanders (2008) は別のヨーロッパの（従業員 20 人以上のイノベーティブな企業を対象とした）サーベイである Innobarometer 2007 を用いて，イノベーションの観点からこれが何を意味しうるのかを調査した．このサーベイでは，過去 2 年間に企業が新しい，あるいは著しく改良された製造物を導入したか，また，新しいあるいは著しく改良されたサービスを導入したかを質問している．ここで，非常に印象的な結果が得られている．全企業の 42% が新しい製造物とサービスの両方を導入しており，24% が新しいサービスのみを，34% が新しい製造物のみを導入していた．製造業者の中では，製造物のみにおいて改革したのは約 50% のみであり，1/3 以上が製造物だけでなく新しいサービスも導入し，そして約 10% は新しいサービスのみを導入していた！（また大半のサービス企業において，製造物も一緒に，あるいは製造物のみを導入したと報告している．これらは，電話と端末，ロイヤリティとキャッシュカードといった組み合わせのように，サービスに随伴する有形物も含んでいるのかもしれないと考えることもできる）．製造業とサービス産業の間の広範な差異を導き出すことも可能であり，さらに，そこか

---

[12]. 例えば Mathe & Shapiro (1993)，Quinn et al. (1990)，Zemke (1990)．補足的な観点については Kuusisto (2000)，Kuusisto & Meyer (2002) を参照せよ．

らサービスイノベーションの著しい特徴について何か言えるのかもしれない．しかしながら，我々は，広い産業の間に多くの重なりがあり，それらの製品はしばしば製造物とサービスを混ぜ合わされて構成されており，そして「プロダクト－サービスシステム」を通じて供給されるという事実に注意を払っておく必要がある．

　大規模サーベイを用いてサービスイノベーションを調査する別の方法として，従業員の経験を調べる方法がある．この数年にわたって職場における新しいIT活用について調べた多くのサーベイが存在し，その中のいくつかには特定の用途のためのコンピュータシステムの活用に関する非常に詳細な調査も含まれる．最近，別のヨーロッパのサーベイ群では，従業員（自営業も含む）に対して実施した作業環境に関するインタビューに基づく調査によって，テクノロジーの活用だけでなく仕事において創造的である度合いについても，いくつかの知見が得られている．The European Working Conditions Survey を用いると，産業や職業群をまたいだ作業環境の調査を行える（Parent-Thirion et al., 2007）．予想どおり，このデータは，サービス産業においてカスタマーなどの人々との接触が多く見られることを示している．情報変換サービス（金融，不動産およびビジネスサービス，そして教育のような公共サービス）の特徴としては，複雑な作業や問題解決，仕事における新しいことの学習，コンピュータやインターネットの活用に関する仕事を従業員が回答する割合が比較的高く，単調な仕事を回答する割合は比較的小さい．輸送および貿易サービス，ホテルやレストラン，ケータリングサービスについては，その逆のケースが多い．このような傾向は多かれ少なかれ，高いあるいは低いレベルの技能を持つ従業員の割合という視点から産業を超えて見られる学習パターンを再現している．職業の観点からは，ISCO（International Standard Classification of Occupations）における三つの高いレベルが，より複雑なことや新しいことの学習を伴ったり，（おそらくよりイノベーティブであることを意味する）問題解決を伴う形で現れる．これらのカテゴリは，知識集約型のサービスワーカー，すなわちシニアマネージャーや専門家，準専門家として述べることができるものである[13]．多くのサービス職（ケータリングや販売員など）はごくありふれたものであるが，これらより高いレベルのサービス職（R&D従事者，デザイナー，その他多く）は創造性やイノベーションの特に重要な源である．

21.3　サービスイノベーションのマネージメント

　サーベイとケーススタディの文献（主にヨーロッパにおいて，その中でもサービス企業と産業でのイノベーションに関するもの）によって，様々なタイプのサービスに関連したマネージメント構造に関して，いくつかのかなり明確な結果がわかってきた．Arundel et al. (2007) や Dialogic et al. (2006)，FhG-ISI (2003)，IOIR (2003)，Kanerva et al. (2006)，Miles (2007)，PREST et al. (2006)，Tether et al. (2002) といった研究によって，概してサービス企業におけるイノベーション予算は，（規模などによってコントロールされ）比較対象となる製造業者よりも低くなる傾向にあることが示唆されている．これは特にR&D支出について当てはまる．しかしながら，ハイテク製造会社の

---

[13]. これらのデータの分析については Miles & Jones (2009) を参照せよ．

ような TKIBS 企業においては，大きな予算が与えられる傾向が見られる．最近のいくつかの研究は，サービスにおける R&D および R&D に類似した活動について調べている（den Hertog et al., 2006; Miles, 2007; NIST, 2004; PREST et al., 2006）．多くのサービス企業では R&D という言葉はしばしば認知されていないか，あるいはマーケットリサーチ業務を意味していると見なされる．サービス産業の大部分において，R&D 部門を持っている企業，あるいは専門化された R&D 従事者やマネージャーを雇用している企業を見つけることは稀である．多くの場合，R&D によって達成されるべきことが特別なプロジェクトベースのチームを通じて行われている．ここでもやはり，コンピュータサービスなどの TKIBS については例外となる．けれども，（金融や貿易サービスのような）他の産業における非常に大規模なサービス企業では，しばしば R&D 部門を備えているケースがある（これはいくつかの公共サービスや政府機関においても起こりうる）．

イノベーティブなアイデアの起源は何であろうか？ CIS タイプの調査では，イノベーションにおいて用いられた情報の源（これは完全に同じものとはならない）について尋ねている．製造業と比較して多くのサービスでは，（驚くべきことに）イノベーションの情報の源としてサプライヤーとカスタマーをあまり用いないと報告されている（Arundel et al., 2007; IOIR, 2003）．ビジネスサービスはクライアントをより多く利用し，また，貿易サービスはサプライヤーを利用すると報告されている．サービスの多くの従業員は大学卒だが，（ビジネスサービス，特に TKIBS は顕著な例外として）大学をイノベーションのための情報源として用いることや，あるいは潜在的な協業相手とすることも比較的少ない．コンサルタントや競合他社を情報源として活用することは，ないわけではない．Sundbo & Gallouj（2000）は異なる企業や産業を特徴づけて，いくつかのタイプのサービスイノベーションフレームワークについて有用な区別を行った．彼らの手法を若干修正することにより，以下のように七つの幅広いパターンを見ることができる．

(1) 古典的な R&D のパターンに従うものもあり，戦略的な性質の研究を実施する専門の部門を持っている．これは，しばしば大規模なテクノロジーベースのサービス組織に当てはまる．

(2) 「サービスプロフェッショナルパターン」は，しばしば知識集約組織に対して適合する．多くの場合，その組織では専門家が顧客のためにアドホックで高度にカスタマイズされたソリューションを創造している．ここでは，イノベーションプロセスが定型化されることはめったになく，従業員の専門的スキルに依存している．多くのイノベーション情報が専門家のネットワークや団体，あるいは他の実践コミュニティを通じてやり取りされる．多くのコンサルタント企業や，広告やデザインといった「クリエイティブ産業」の一部が，このようなモデルに従う．これらの企業にとって大きなチャレンジの一つは，専門家が実地で作り上げたイノベーションを「捕獲」して再現することであり，ナレッジマネージメントの多くの注意がそこに向けられている．

(3) 次世代産業パターンは，(1) と (2) の中間に位置している．すなわち，専門の R&D あるいはイノベーションの部門と同時に，専門家の実践の中で現れる非常

に分散したイノベーションが存在している．これは例えば，健康サービスやいくつかの大規模コンサルタント会社を特徴づけることが多い．

(4) 航空会社やホテルチェーン，小売業者といった大きなサービス企業でしばしば見られるパターンとして「組織的ストラテジックイノベーションパターン」がある．そこでのイノベーションは，多かれ少なかれ一時的なクロスファンクションのチームによって運営され，プロジェクトマネージメントの確実な手順を通じて機能し，そして，しばしばマーケティンググループが強いリーダーシップを持つプロジェクトの形で組織化されている．

(5)「企業家的パターン」は通常，程度の差はあるが急進的なイノベーションを基盤としたサービス提供を行う新規企業を伴っている．これらは技術的なものかもしれないし，新しいビジネスモデルに依存しているかもしれない．多くのガゼルと呼ばれる成長株の中小企業や，オンラインサービスなどが多くの産業においてこのパターンに従うが，通常，その持続期間は短く，他のイノベーションのモードのどれかに移行する．

(6)「職人パターン」は，クリーニングやケータリングといった，多くの小規模でローテクな物理的（「オペレーショナル」）サービスにおいて見つかる．これらは古典的なサプライヤードリブンの産業であり，ここでのイノベーションは規制や需要によって突き動かされることもあるかもしれないが，多くは他の産業（例えば，製造業）から取り入れられる．

(7)「ネットワークパターン」は，一緒に活動する会社のネットワークに深く関わっている．ファーストフードのようなサービスにおいては，フランチャイズが一般的な組織の構造である（だが，ネットワーク構造はいくつかの専門的な産業においても見つかっている）．支配的な企業が存在し，例えばパターン(1)や(3)に従って，ネットワークのメンバーにイノベーションを（時には新しい標準という形で）展開する可能性もある．

この報告は，企業レベルにおけるいくつかのはっきりとしたパターンを述べているが，また一方で，特定のサービスイノベーションを同一の企業内において異なるやり方で体系化することも十分可能である．それゆえに Toivonen & Tuominen (2006) は（フィンランドの）KIBS 企業を調査し，形式や協業の性質の観点から異なる五つのイノベーションのパターンについて述べている．

(1) 明確なプロジェクトが存在しない内部プロセス．ここでのイノベーションは意図的でも計画的でもない漸進的な形で現れ，既存のサービスが新しい問題に徐々に適合していく．
(2) 企業内で意図的に実行される内部のイノベーションプロジェクト．通常はサービス生産システムの改良に重点が置かれるが，時にはサービスの内容におけるイノベーションも含まれる．
(3) パイロットカスタマーによってリソースや資金，批判的評価および新しいサービスのアイデアに関連する情報が提供されるイノベーションプロジェクト．
(4) 固有の課題を提示した顧客用にあわせて調整されたイノベーションプロジェクト．そのイノベーションはおそらく一度限りのものであるが，顧客の協力によっ

てさらなる開発が可能となる場合もある．
(5) 外部の資金によるイノベーションプロジェクト．これは公式でリサーチ指向であることが多く（部分的に国や国際的なプログラムを通じて資金が与えられる可能性もある），いくつかの協業を含み，産業やクラスタ全体に利益をもたらす新しいサービスコンセプトやプラットフォームを作り出すことを目的としている．

サーベイや複数のケーススタディをもとにした SI の文献から最後に紹介する成果は，知的財産に関するものである．全体像としては，「特許」の仕組みはあまり使われていない（例外は，いくつかの TKIBS，例えば工学サービスである）．特許はまだ，ほとんどの国で有形のイノベーションにほぼ向けられている．米国におけるビジネスプロセス特許がここでの変化をもたらしているかもしれないが，EU ではまだこれは採用されていない．「商標」はいくつかのサービスにとって非常に重要であり，新しい商標は必ずしも製品のイノベーションを示すものではないのであるが（単に商標変更ということもありうる），商標とイノベーションは多くの産業で関連があるものとして見なされてきた．「意匠権」は少数の産業で，例えばイノベーティブな工学上のデザイン，あるいは建築上のデザインを保護するために重要である（Arundel et al., 2007; FhG-ISI, 2003; Miles et al., 2003）．

特筆すべきことは，SI の文献と並んで本質的に SI に結び付けられる二つの関連研究分野があり，しかしながらその理論や実践は，多くの場合あまり SI と関連づけられていないことである．最初のものはサービスデザインの分野であり，これは長い間，主に情報学の関係者によって占められてきたように思われる．しかし，近年になって，より広い範囲からの関心を集め始めた．特に，自分たちのいるマーケットにおいて，産業の空洞化の課題やサービスドミナントロジックの出現に直面したデザイン産業の関係者が注目した．サービスデザインネットワークや論文誌が発足し[14]，テクノロジーベースのサービス（Candi, 2007）[15]から演劇（Stuart & Tax, 2004）に至るまでの多様なサービスのデザインについての研究が入手できるようになり，この分野の（非常に多彩な）レビューが Moritz（2005）と Saco & Goncalves（2008）[16]によってまとめられた[17]．

次に NSD（new service development）において，研究と実践のかなり充実した成果が存在している．ここで扱われきたテーマとして，サービスとより一般的な新製品開発の差異や，NSD プロセスへのカスタマーの関与，NSD プロジェクトを成功や失敗に導く要素など，様々なものが挙げられる．製造物の製品開発についての膨大な研究と比較すると，まだ発展途上の研究成果に見えるが（これについては Page & Schirr（2008）によるレビューで議論されているが，NSD を中心に扱った論文はその中に 4% しかなかった），しかしながら，ここにはそれでも単独のレビューの対象になりうるだけの十分な資料が存在している．実際，すでに 1998 年に Johne と Storey によって NSD の分

---

[14]. このネットワークのウェブサイトは http://www.service-design-network.org/ にあり，ここから有益な文献にアクセスできる．論文誌 *Touchpoint*（誌名にサービスデザイン研究の一つの学派の用語が使われている）へのリンクもここにある．この分野の先駆者の一人は Lynne Shostack である（例えば，Shostack, 1984）．

[15]. http://www.sbs.ox.ac.uk/D4S から参照できる Designing for Services in Science and Technology-Based Enterprises プロジェクトの研究報告も参照せよ．

[16]. *Design Management Review*, vol.19, no.1（サービス産業のデザインについての特集号）．

[17]. 本ハンドブックの第 10 章を参照．サービスデザインがどのように SSME に関連するかの議論については Holmlid & Evenson（2008），また，相互作用デザインについては Holmlid（2007）を参照せよ．

野における先駆的なレビューがまとめられており，その中で NSD 独自の特徴として，NSD プロジェクトが効果的であるためには三つのグループを管理する必要があることが示唆されている．まず NSD のスタッフだけではなく，カスタマーインターフェースに関わる従業員による情報参照に不可欠であり，彼らの洞察と協力が重要である．さらに，カスタマーそのものも非常に重要である．すべてのイノベーションにおいて，ユーザーのニーズへの理解はなくてはならない要素である（NSD の場合，サービスの成果の品質は，プロセスへのカスタマーの入力に非常に依存するために，カスタマーからの協力も必要とされるかもしれない）．また，さらに早い Edvardsson & Olsson (1996) による概説では，NSD を品質の問題に非常に深く結び付け，また，サービスコンセプトの開発やサービスシステム，サービスプロセスの開発における戦略の区別を行っている．

　Martin & Horne (1993, 1995) は成功および失敗した NSD について，複数企業にわたって調査を行った論文，および一つの企業内において調査を行った論文を発表している．彼らは，サービス企業において専門のイノベーション機能がほとんどないことを確認している（もちろん，サービスの代表の失敗を製造業において述べられた製品の代表と比較して扱うことには問題があるかもしれない）．成功したサービスイノベーションの多くは，独立して働いている数人の専門家によるものではない（これは研究対象となった企業のタイプを反映している可能性もある）．成功する NSD の要因として明らかになったのは，（意外ではないが）より多くのカスタマーのプロセスへの直接参加と，プロセスの特定の段階におけるカスタマー情報の戦略的活用であり，同時に，マネージャーとその他の社員の NSD へのさらなる参加であった．最近の研究の概説では，NSD のマネージメントはイノベーションのテクノロジー中心の見方を越え，サービスコンセプトや顧客インターフェース，デリバリーシステムにおけるイノベーションを探求する必要があると結論づけている．天才の気まぐれなひらめきの存在よりも，人間や構造に関連した様々な組織上の特徴のほうが NSD の速さや成功に影響を及ぼす．イノベーティブな風土は，例えば情報を共有し，外部との交流を頻繁に活用する従業員や，戦略的な重点を示すように構築された組織構造，スタッフトレーニングおよび教育，仕事のローテーションによる学習の機会，および関連した情報システムによって育まれるべきである．新しいサービスの有効な導入のためには，重要な人員を集めて参加させる必要があり（第一線の従業員や将来のサービスリーダー，上級マネージメントの支援者），また，組織を横断するプロジェクトチームの編成が可能な企業構造を確立すべきであり，そこでは適切なプロジェクト管理ツールが用いられ，十分なリソースが配備され，プロトタイピングやテスト，マーケティングや製品発表の課題に真剣な注意が払われなければならない．

　すべての産業において「サービス」の役割が増大し続けていることは，NSD の課題やオペレーションにおけるサービス要素の強化についての課題が，サービス企業の中だけではなく，非常に広い範囲で持ち上がりつつあることを意味している（もちろん，いくつかの企業は，製造業の企業から主にサービスを提供する企業へと移行している）．これは，サービスドミナントロジックがマーケティングに最も適しているという主張（例えば，Hunt, 2004; Vargo & Lusch, 2004b），すなわち，あなたが何を売ろうとしていても，最も重要なのはカスタマーが受け取るサービスであるという主張を裏づける．同様の哲学が，製造業および工学の研究においても表れている．例えば Jay Lee のドミナン

トイノベーションのアプローチでは，その製造物によって，あるいはそれを通じて提供されるサービスに関するイノベーションに注目するよう，しばしば生産者に助言している（例えば，Lee, 1998, 2003）．Howells（2001）は，製造業や鉱業が，そこで生産される製造物に関連したサービスを提供するというトレンド，いわゆる「サービス化」について議論している．企業顧客や消費者に単に製造物を売るだけではなく，サービス要素を含むより広い製品が提供されるのである．このことの二つの主要な形態は，(1) 金融や保険，保守といったサービスによって製造物を補完することや，(2) 製造物だけではなく，最終的にその製造物が実現させるであろう機能（例えば航空機のエンジンではなく，時間どおりに輸送できる距離）を売ることである．これらの戦略を通じて，企業は有形物の消費（そしてイノベーションやデザイン，NSDを実現する方法）についてより考えるようになる．また，使用や廃棄のパターン，あるいは製造物のライフスパンが表面化してくる．これは，製造物自体のイノベーションのロジックを変化させうるものであり，例えばエラー報告や診断，あるいは保守や廃棄に関連したサービス機能をサポートするための組み込みシステムが新たに注目されるようになる．もう一度言うなら，我々はサービスドミナントロジックを強調してはいるが，表に表れてくるのはプロダクト-サービスシステムである．そして，サービスイノベーション（およびデザインと開発）とサービス工学の間の密接な関連性[18]もまた明確である．

21.4　結論と考察

　　我々は，多くの内容を含む一連の文献についてレビューを行ったが，これは，広い範囲に散らばったいくつもの氷山の一角に対するほんの1枚の空中写真にすぎない．こうした文献を集めて統合することは大きなチャレンジである．ほかでも議論したように，我々はSIをイノベーションからまったくかけ離れたものではなく，より統合された観点をもたらすイノベーション研究のチャレンジとして調査する必要があった．そこでは，製造業の製品やプロセスにおけるイノベーションと同様にNSDとSIを扱うことが可能である（例えば，Camacho & Rodríguez, 2005; Coombs & Miles, 2000; de Vries, 2004; Drejer, 2004; Flikkema et al., 2007; Miozzo & Miles, 2003; Salter & Tether, 2006）．これは多くの場合，（イノベーションサーベイからR&D評価までの）イノベーション研究のメトリクスを再考し，（本質的にあらゆるビジネスプロセスや製品の特徴を含みうる）イノベーションの新しい現場を探索し，そしてイノベーションマネージメントにおける様々な「隠された」形態を調査することを意味している．

　　SIへの高まりつつある関心は，産業によって受け止められ方が異なっている．金融サービスなどのいくつかの産業やサービスでは詳細に，かつ多くの視点から調査が行われている（例えば，Consoli, 2005a,b; Uchupalanan, 2000）．また，いくつかの産業では，かなり軽視されている．驚くべきことに，公共サービスに関する学術的研究はほとんど存在していない．政策立案者にもこれは影響を及ぼし，このトピックに関する多くの実務家の議論が行われたにもかかわらずである（もっと学術的な研究の例としては，Halvorsen et al., 2005; Windrum & Koch, 2008）．「クリエイティブ産業」として知られ

---

18. 例えば，Bullinger et al. (2003) や Ganz (2006)，および本ハンドブックの第16章を参照せよ．

ているところもまた，比較的最近までイノベーション研究のコミュニティからあまり注意が向けられなかった．おそらく，美的判断が関与してくることへの懸念が原因と思われる．しかしながら，「経験産業」の経済における隆盛に伴い，この状況もまた変わり始めている[19]．これらのサービスも，専門的で大規模なサービスシステムのものとかなり似た形でイノベーションのパターンやデザインの実践に関与すると思われるが，ほとんど未知である領域を調べていくにつれ，驚くべき成果もまた現れてくるであろう．

現代の経済とマネージメントの実務におけるサービス産業の成長と「サービス」の高まりは，SIをそのすべての形態において真剣に受け入れることを意味している．我々は，SIが製造業の活動において慣れ親しんだパターンに従ったり，そうしたメカニズムによって体系づけられると考えることはできない．我々のイノベーションへのアプローチは，人工物や技術的イノベーションに重点を置いた見方の先へと拡大する必要があり，技術的な側面だけでなくサービスと組織に関するものも含めて，ビジネスプロセスおよびマーケットの関係性における変化に，より多くの注意を払う必要があるであろう．SIを理解することは，イノベーションを説明し，計測し，そして管理するアプローチを実質的に拡大させることを意味する．この章の初めに引用したChesbrough（2004）の論評において指摘されているように，大学およびマネージメント訓練コースはこの事実に気づくのが遅れていた．だがしかし，多くの実務家はそれとは異なり，それゆえに我々はサービスイノベーションのコンソーシアムのような場所でSIについての活発な議論を目にしており，そしてサービスデザインについての議論が幅広い聴衆の関心を集め始めている．また，サービスイノベーションを取り巻く政策課題への関心も大きくなってきており，例えばR&Dとイノベーションの方針はよりサービス経済の課題に適合するように再構築する必要があるか[20]，といったことが議論されている．研究文献に関する進展の速さは，NSDやサービスデザイン，さらにSI自体における活動や経験の蓄積の速さにはまったくかなわないと言ってよい．しかしながら，これらの文献は十分に速く増加しており，今後数年のうちにはかなりの知識の貢献が期待できる．最大のチャレンジは，おそらくこれらの急増する知識の集大成をいかに統合するかであると考えられる．

参考文献

6 Countries Programme (2008) *Non-Technical Innovation - Definition, Measurement and Policy Implications* Workshop held 16-17 October 2008, Karlsruhe, Germany presentations available at http://www.6cp.net/workshops/karlsruhe08.html Accessed 10 June, 2009.

Arundel, A., Kanerva, M., van Cruysen, A. and Hollanders. H. (2007) *Innovation Statistics for the European Service Sector* UNU-MERIT, INNO-Metrics Thematic Papers at: http://www.proinno-europe.eu/index.cfm?fuseaction=page.display&topicID=282&parentID=51 Accessed 10 June, 2009.

---

[19] ここでの研究にはGreen & Miles（2008）やSundbo & Darmer（2008），さらにMuller et al.（2009）による大変興味深いサーベイがある．クリエイティブ産業についての研究は「経験経済」の研究と明確な関係がある（Pine II & Gilmore, 1999を参照）．

[20] 例えば，den Hertog & Segers（2003）やRubalcaba（2006），OECDの視点からはOECD（2005）を参照せよ．

Asubonteng, P., McCleary, K.J. and Swan, J.E. (1996), "SERVQUAL revisited: a critical review of service quality", *The Journal of Services Marketing*, Vol. 10 No. 6, pp. 62-81.

Baron, J. (1993) "The Small Business Technology Transfer (STRR) program: Converting Research Into Economic Strength". *Economic Development Review*, 11(4), 63-70.

Barras R. (1986); "Interactive Innovation In Financial And Business Services: the vanguard of the service revolution", Research Policy, vol. 19, pp215-237.

Barras, R., 1986, "Towards a Theory of Innovation in Services" *Research Policy* vol 15 (4) 161-173.

Belleflamme, C., J. Houard & B. Michaux, 1986, *Innovation and Research and Development Process Analysis in Service Activities* Brussels, EC, FAST. Occasional papers no 116.

BERR/DIUS (2008) *Supporting Innovation in Services* London: Departments for Business Enterprise and Regulatory Reform, and of Universities, Innovation and Science, at: http://www.berr.gov.uk/files/file47439.pdf Accessed 16 June, 2009.

Berry, L.L., Shankar, V., Turner Parish, J., Cadwallader, S. and Dotzel, D. (2006) Creating New Markets through Service Innovation *MIT Sloan Management Review* 47(2), 56-63.

Bryson, J.R., Daniels, P.W., & Warf, B. (2004). *Service worlds: People, organisations, technologies* Routledge: London.

Bryson, J.R. .and Daniels, P W. (2007) (eds) *The Handbook of Service Industries* Aldershot, Edward Elgar.

Bullinger, H.-J.; Fähnrich, K.-P.; Meiren, T. (2003) "Service Engineering – Methodical Development of New Service Products" *International Journal of Production Economics* vol.85 no.3, pp275-287.

Camacho, J. A. and Rodríguez, M. (2005), "How innovative are services? an empirical analysis for Spain" *Service Industries Journal*, 25(2), pp.253-271.

Candi, M. (2007) "The role of design in the development of technology-based services" *Design Studies* vol 28 pp559-583.

Chesbrough, H. (2004) "A failing grade for the innovation academy" *Financial Times* September 24 2004 at http://www.ft.com/cms/s/2/9b743b2a-0e0b-11d9-97d3-00000e2511c8,dwp_uuid=6f0b3526-07e3-11d9-9673-00000e2511c8.html Accessed 10 June, 2009.

Chesbrough, H. (2005) " Toward a science of services" *Harvard Business Review*, 83, 16-17.

Chesbrough, H. and J. Spohrer (2006) "A research manifesto for services science" *Communications of the ACM*. Vol 49 no 7. July. pp35-40.

Consoli, D. (2005a) "Technological cooperation and product substitution in UK retail banking: the case of customer services" *Information Economics and Policy* 17(2), 199-216.

Consoli, D. (2005b) "The dynamics of technological change in UK retail banking services: an evolutionary perspective" *Research Policy* 34 (4), 461-480.

Coombs, R., & Miles, I., (2000), "Innovation, Measurement and Services: the new problematique" pp83-102 in J S Metcalfe & I Miles (eds) *Innovation Systems in the Service Economy* Dordrecht: Kluwer.

Coppetiers, P., Delaunay, J-C., Dyckman, J., Gadrey, J., Moulaert, F., & Tordoir, P., 1986, *The Functions of Services and the Theoretical Approach to National and International Classifications* Lille, John Hopkins University Centre (mimeo).

Daniels, P.W. and Bryson, J.W. (1993) (eds) *Service Industries in the Global Economy*. (2 vols) Cheltenham UK: Edward Elgar.

Davies, A. and Hobday, M. (2005), *The Business of Projects: Managing Innovation in Complex Products and Systems.* Cambridge University Press: Cambridge.

de Jong, J.P.J. and Vermeulen, P.A.M., (2002) *Organizing Successful New Service Development: A Literature Review* SCALES -paper N200307 electronic working paper series of EIM Business and Policy Research.at http://www.entrepreneurship-sme.eu/pdf-ez/N200307.pdf Accessed 16 June, 2009.

de Vries, E.J., (2004), *Innovation in services: towards a synthesis approach*, PrimaVera Working Paper 2004-20, Universiteit van Amsterdam, Department of Business Studies available at: http://imwww.fee.uva.nl/~pv/PDF9docs/2004-20.pdf Accessed 16 June, 2009.

den Hertog, P. and Segers J. (2003) *Service Innovation Policies: A Comparative policy Study* Paper within the framework of the SIID Project, DIALOGIC, Utrecht, http://www.eco.rug.nl/GGDC/dseries/SIIDfrontpage.shtml

Dialogic, IAS ,PREST, SERVILAB (2006) *Research and Development Needs of Business Related Service Firms (RENESER Project)* Delft: Dialogic innovatie & interactie, report to DG Internal Market.

Drejer, I. (2004), "Identifying innovation in surveys of services: a Schumpeterian perspective" *Research Policy* vol. 33, no.3 pp551-562.

Edvardsson, B.and Olsson, J. (1996), "Key concepts for New Service Development" *The Service Industries Journal*, vol 16 pp. 140 - 164.

Eurostat (2008) *Science, Technology and Innovation in Europe* Luxembourg: Office for Official Publications of the European Communities.

Faulhaber G., E. Noam & R. Tasley (eds.), 1986, *Services in Transition: the impact of information technology on the service sector* Ballinger, Cambridge Mass.

FhG-ISI (2003) Patents In The Service Industries, Karlsruhe, FhG-ISI, March 2003, EC Contract No ERBHPV2-CT-1999-06, available at: ftp://ftp.cordis.lu/pub/indicators/docs/ind_report_fraunhofer1.pdf Accessed 12 June, 2009.

Flikkema, Meindert, Jansen, Paul and Van Der Sluis, Lidewey, (2007) 'Identifying Neo-Schumpeterian Innovation in Service Firms: A Conceptual Essay with a Novel Classification', *Economics of Innovation and New Technology*, 16:7, 541-558.

Gadrey J., de Bandt J., 1994, *Relations de service, Marchés de service*, Paris, CNRS éditions.

Gallouj C., & F. Gallouj, 2000 "Neo-Schumpeterian Perspectives on Innovation in Services", in Boden, M. & I. Miles (eds.) *Services, Innovation and the Knowledge Economy,* London, Continuum.

Gallouj, F. & O. Weinstein, 1997, 'Innovation in services', *Research Policy*, **26**, 537-556.

Gallouj, F. (2002) *Innovation in the Service Economy – The New Wealth of Nations,* Edgar Elgar, Cheltenham, UK.

Gann D. M. and Salter A. J. (2000) Innovation in project-based, service enhanced firms: the construction of complex products and systems, *Research Policy* 29, 955-72.

Ganz, W., (2006) "Germany: service engineering". *Communications of the ACM* vol. 49 no.7 pp78-79.

Gershuny, J.I. (1978) *After Industrial Society?* London : Macmillan.

Guile B.R., & J. B. Quinn (eds.), 1988a, *Managing Innovation: cases from the services industries,* Washington DC, National Academy Press.

Guile, B. R. & J. B. Quinn (eds.), 1988b, *Technology in Services* Washington DC, National

Academy Press.

Gummesson, E. (1998), "Productivity, quality and relationship marketing in service operations", *International Journal of Contemporary Hospitality Management*, Vol. 10 No. 1, pp. 4-15.

Halvorsen, T., J. Hauknes, I. Miles and R. Røste (2005), *On the Differences between Public and Private Sector Innovation* Oslo: NIFU STEP, Publin Report D9 (http://www.step.no/ publin Accessed 12 June, 2009).

Hansen, K.L., and H. Rush. (1998). "Hotspots in complex product systems: Emerging issues in innovation management." *Technovation, 18,* no. 8/9, 555-61.

Hefley, B. and Murphy, W. (eds) (2008) *Service Science, Management and Engineering Education for the 21st Century,* Norwell, MA : Springer Academic.

Hipp, C. and Grupp, H. (2005) "Innovation in the service sector: The demand for service-specific innovation measurement concepts and typologies", *Research Policy*, 34, 4, 517-535.

Hollanders, H. (2008) "Measuring Services Innovation: Service Sector Innovation Index" presented at 6 Countries Programme (2008) *Non-Technical Innovation - Definition, Measurement and Policy Implications* available at: http://innovatiecentrum.gorilla.ys.be/page_attachments/0000/0814/Hollanders.pdf Accessed 16 June, 2009.

Holmlid, S. (2007) "Interaction Design and Service Design: Expanding a Comparison of Design Disciplines" *Design Inquiries* Linköping, Sweden: Human-Centered Systems, Linköpings Universitet, at: http://www.nordes.org/data/uploads/papers/143.pdf

Holmlid, S. and Evenson, S (2008) "Bringing Service Design to Service Sciences, Management and Engineering" pp 341-345 in Hefley, B. and Murphy, W. (eds) *Service Science, Management and Engineering Education for the 21st Century,* Norwell, MA : Springer Academic.

Howells, J. and Tether, B. (2004) *Innovation in Services: Issues at Stake and Trends* Inno Studies Programme (ENTR-C/2001), Brussels:.Commission of the European Communities http://www.cst.gov.uk/cst/reports/files/knowledge-intensive-services/services-study.pdf Accessed 16 June, 2009.

Hughes, T.P., 1983. *Networks of Power: Electrification of Western Society 1880-1930*. Johns Hopkins Univ. Press, Baltimore, MD.

Hughes, T.P., 1984. The evolution of large technological systems. in: Bijker, W., Hughes, T., Pinch, T. (Eds.), *The Social Construction of Technological Systems*. MIT Press, Cambridge.

Hunt, S. D. (2004), "On the Service-Centered Dominant Logic of Marketing" *Journal of Marketing* 68, pp18-27.

IfM and IBM. (2007) *Succeeding through Service Innovation: A Discussion Paper*. Cambridge, United Kingdom: University of Cambridge Institute for Manufacturing. ISBN: 978-1-902546-59-8 available at http://www.ifm.eng.cam.ac.uk/ssme/documents/ssme_discussion_final.pdf Accessed June 29 2009.

IOIR (Institute of Innovation Research) (2003), *Knowing How, Knowing Whom: A Study of the Links between the Knowledge Intensive Services Sector and The Science Base* IOIR, University of Manchester; Report to the Council for Science and Technology available at: http://www.cst.gov.uk/cst/reports/files/knowledge-intensive-services/services-study.pdf Accessed 20 June 2009.

Johne, A. and C. Storey (1998) "New service development: a review of the literature and annotated bibliography" *European Journal of Marketing*, Vol. 32 No. 3/4, 1998, pp. 184-251.

Kanerva, M., H. Hollanders & A. Arundel (2006), *Can We Measure and Compare Innovation in*

Services? Luxembourg: European TrendChart on Innovation, 2006 TrendChart report.

Kuusisto, J. & M. Meyer, 2002, *Insights into services and innovation in the knowledge-intensive economy* Helsinki: Finnish Institute for Enterprise Management, National Technology Agency, Technology Review 134/2003.

Kuusisto, J. and Meyer, M. (2003) 'Insights into services and innovation in the knowledge intensive economy', *Technology Review* 134/2003, Tekes, Helsinki.

Kuusisto, J., 2000, *The Determinants of Service Capability in Small Manufacturing Firms*, PhD thesis, Kingston University Small Business Research Centre, Kingston, United Kingdom.

Lay, G. (2002) *Serviceprovider Industry: Industrial Migration From Manufacturing To Selling Products And Services - Trends And Impacts* Karlsruhe: Fraunhofer Institute for Systems and Innovation Research (ISI-A-13-02) German language version available at: http://www.isi.fhg.de/publ/pi_en.htm

Lee, J. (1998) "Teleservice engineering in manufacturing: challenges and opportunities" *International Journal of Machine Tools and Manufacture* Volume 38, Issue 8, pp901-910.

Lee, J., (2003) "Smart Products and Service Systems for e-Business Transformation," Special Issues on "Managing Innovative Manufacturing," *International Journal of Technology Management* Vol. 26, No. 1, pp. 45-52.

Levitt, T. (1976) 'The Industrialisation of Service' *Harvard Business Review* vol. 54 no. 5 pp63-74.

Licht, G. & Moch, D. (1997) *Innovation and Information Technology in Services*, ZEW Discussion Paper No 97-20, ZEW, Mannheim.

Maglio, P. P., Kreulen, J., Srinivasan, S., and Spohrer, J. (2006) "Service systems, service scientists, SSME, and innovation" *Communications of the ACM.* 49(7). July. 81-85.

Martin, C.R. & D.A. Horne (1995), 'Level of success inputs for service innovations in the same firm', *International Journal of Service Industry Management*, Vol. 6 No. 4, pp. 40-56.

Martin, C.R. and Horne, D.A. (1993), "Services innovation: successful versus unsuccessful firms", *International Journal of Service Industry Management*, Vol. 4 No. 1, pp. 49-65.

Mathe H. and Shapiro, R D (1993) *Integrating Service Strategy into the Manufacturing Company* London: Chapman & Hall.

Mayntz, R., Hughes, T.P. (Eds.), 1988. *The Development of Large Technical Systems.* Campus Verlag, Frankfurt.

Miles I, (1993)"Services in the New Industrial Economy" *Futures* Vol. 25 No 6 pp653-672.

Miles, I (2008) "Patterns of innovation in service industries" *IBM Systems Journal* Vol 47 No 1 pp115-128 at http://www.research.ibm.com/journal/sj/471/miles.html

Miles, I (1987) "Information Technology and the Service Economy" in P Zorkosky (ed) *Oxford Surveys in Information Technology 4* Oxford: Oxford University Press.

Miles, I. (1994) "Innovation in Services" in Dodgson, M. amd Rothwell, R. (eds) *Handbook of Innovation* Aldershot, Edward Elgar.

Miles, I. (2004) "Innovation in Services", in Fagerberg, J., Mowery, D., and Nelson, R. (eds) *The Oxford Handbook of Innovation* Oxford: Oxford University Press.

Miles, I. and Green, L. (2008) *Hidden Innovation in the Creative Industries* London, NESTA Research report HICI/13 available at http://www.nesta.org.uk/hidden-innovation-in-the-creative-industries/

Miles, I. and Jones, B. (2009) *Innovation in the European Service Economy – scenarios and implications for skills and knowledge* Brussels: ETEPS European Techno-Economic Policy Support Network, to be published and put only by JRC-IPTS, Seville.

Miles, I. Andersen, B., Boden, M. & Howells, J. (2000), 'Services Processes and Property', *International Journal of Technology Management*, Vol 20.1/2 pp95-115.

Miles. I. (2007) "R&D beyond Manufacturing: the strange case of services' R&D" *R&D Management* vol 37, no 3 pp249-268.

Miozzo, M., & Miles, I., (eds) (2003) *Internationalization, Technology and Services* Aldershot, Elgar.

Moritz, S. (2005) *Service Design – Practical access to an evolving field* Cologne: Koln International School of Design, available at: http://stefan-moritz.com/Stefan%20Moritz/Service%20Design.html Accessed June 29 2009.

Müller, K., Rammer, C. and Trüby, J. (2009) *The Role of Creative Industries in Industrial Innovation* Mannheim, Germany: Centre for European Economic Research (ZEW), ZEW Discussion Paper no. 08-109, available at: ftp://ftp.zew.de/pub/zew-docs/dp/dp08109.pdf

NESTA (2008) *Innovation in Services* London: National Endowment for Science, Technology and the Arts, at http://www.nesta.org.uk/innovation-in-services/

NIST (2004), Measuring Service-Sector Research and Development, Gaithersburg, Maryland: NIST (Planning Report 05-1, Prepared by Michael Gallaher, Albert Link, and Jeffrey Petrusa of RTI International for National Science Foundation and National Institute of Standards & Technology).

OECD (2001), *Innovation and productivity in services*, OECD: Paris.

OECD (2005) *Promoting Innovation in Services*, OECD: Paris available at http://www.oecd.org/dataoecd/21/55/35509923.pdf Accessed June 29 2009.

Page, A.L., and. Schirr, G.R. (2008) "Growth and Development of a Body of Knowledge: 16 Years of New Product Development Research, 1989-2004" *Journal of Product Innovation Management* vol 25 pp233-248.

Parent-Thirion, A., Fernández Macías, E., Hurley, J., and Vermeylen, G., (2007) *Fourth European Working Conditions Survey,* European Foundation for the Improvement of Living and Working Conditions, Dublin available at: http://www.eurofound.europa.eu/pubdocs/2006/98/en/2/ef0698en.pdf Accessed 16 June, 2009.

Pine II, B. J., and Gilmore, J. H. (1999) T*he Experience Economy: Work is theatre and every business a stage.* Harvard Business School Press: Cambridge, MA.

PREST, TNO, SERVILAB, ARCS (2006) *The future of R&D in services: implications for EU research and innovation policy* Brussels, European Commission DG Research (S&T Foresight Unit) Directorate K Unit K2 EUR 21959 ISBN 92 79 01209 6.

Quinn, J B, Doorley T.L.& Paquette, P.C. (1990) "Beyond Products: services-based strategy" *Harvard Business Review* March 1990, pp 58-67.

Rubalcaba, L (2006), Which policy for innovation in services?; *Science and Public Policy* 33(10), 745-756.

Saco, R. M.and Goncalves, A. P. (2008) "Service Design: An Appraisal" *Design Management Review* vol.19 no.1pp10-19.

Salter, A. and Tether, B.S. (2006) *Innovation in Services: Through the Looking Glass of Innovation Studies,* Background paper for Advanced Institute of Management (AIM) Research's Grand Challenge on Service Science, April 7, 2006.

Schmidt, T. & C. Rammer (2006), *The determinants and effects of technological and nontechnological innovations – Evidence from the German CIS IV* mimeo Centre for European Economic Research (ZEW), Department of Industrial Economics and International Management, Mannheim, Germany.

Seth, N. Deshmukh, S.G. and Vrat, P. (2005) "Service quality models: a review" *International Journal of Quality & Reliability* Management Vol. 22 No. 9.

Shostack, L. (1984) "Designing Services that Deliver", *Harvard Business Review*, vol. 1 no.i Jan-Feb, pp133-139.

Soete, L. and Miozzo, M. (2001) "Internationalization of Services: A Technological Perspective" *Technological Forecasting and Social Change* 67, 159-185.

Stuart, F. I. and Tax, S (2004) "Toward an integrative approach to designing service experiences. Lessons learned from the theatre" *Journal of Operations Management* Vol 22 No 6 pp 609-627.

Sundbo, J. and F. Gallouj (2000), "Innovation as a Loosely Coupled System in Services," in S. Metcalfe and I. Miles (eds.), *Innovation Systems in the Service Economy*, Dordrecht:Kluwer.

Sundbo, J. and Darmer, P. (eds.) (2008) *Creating Experiences in the Experience Economy*, Cheltenham: Edward Elgar.

Tether B. and Howells J. (2007) Changing understanding of innovation in services, Chapter 2 in DTI, *Innovation in Services* DTI Occasional Paper no. 9 London: Department of Trade and Industry (now BERR) available at: http://www.berr.gov.uk/files/file39965.pdf Accessed 2 June, 2009.

Tether, B., Miles. I., Blind, K., Hipp, c., de Liso, N., and Cainelli, G. (2002) *Innovation in the Service Sector: Analysis of Data collected under the CIS2* University of Manchester, CRIC Working paper no 11 ISBN 1 8402 006X – available as http://www.cric.ac.uk/cric/pdf Accessed 16 June, 2009s/wp11.pdf Accessed 16 June, 2009.

Tordoir, P. P., 1996, *The Professional Knowledge Economy : The Management and Integration of Professional Services in Business Organizations* Dordrecht, Kluwer Academic.

Uchupalanan, K., 2000, "Competition and IT-based Innovation in Banking Services" *International Journal of Innovation Management* vol. 4 no 4 (December 2000) pp 455-490.

Vargo, S. L. and R. F. Lusch (2004a), "Evolving to a New Dominant Logic for Marketing" *Journal of Marketing* vol 68 (January), pp1-17.

Vargo, S. L. and R. F. Lusch (2004b), "The Four Services Marketing Myths: Remnants from a Manufacturing Model", *Journal of Service Research* (May), pp324-35.

Windrum, P. and Koch, P. (eds.), (2008) *Innovation in Public Services: Management, Creativity, and Entrepreneurship*, Cheltenham: Edward Elgar.

Zemke, R. with Schaaf, D. (1990), *The Service Edge: 101 Companies that Profit from Customer Care* New York, Plume (Penguin Books)

第22章

サービスにおけるイノベーションと起業家精神
—— 持続可能な発展に対する
　　産業・技術主義的な考えを越えて[1]

□ **Faridah Djellal**
　University François Rabelais of Tours
　Clersé-CNRS and Gercie, Tours, France

□ **Faïz Gallouj**
　Université of Lille 1
　Clersé-CNRS, Villeneuve d'Ascq, France

　　サービスにおけるイノベーション，そして持続可能な発展という問いが，経済理論家や政策立案者にとって新しい課題となっている．これらは，多くの学術的・経済的・政策的挑戦を伴う主要な課題となっている．しかしながら，これら二つの課題，そしてそれによって引き起こされる課題は，互いに独立に検討されてきた．本章では，サービスにおけるイノベーションとサービスによるイノベーション，そしてイノベーションに基づくサービスにおける起業家精神について，持続可能な発展との関係という観点で考慮することで，サービスにおけるイノベーションと持続可能な発展という二つの課題をリンクづける．その際，産業主義，技術主義，環境主義，そしてそれに相反してサービス経済で依然として支配的である持続可能な発展という考え方，それらの間で起こる議論を整理することを試みる．

22.1　はじめに

　　サービスにおけるイノベーションと持続可能な発展という考え方が，経済理論家や政策立案者にとって新しい課題となっている．それらは新しいにもかかわらず，もはや周辺課題ではなく主要課題となっており，学術的・経済的・政策的挑戦を伴い，大きな興味の対象となってきている．いずれの考え方も，「サービスサイエンス」における数々の議題の中でも，特別な注目に値するものとなってきている（IBM, 2004; Maglio et al.,

---

[1] 本章で述べる研究は，欧州委員会によるServPRINプロジェクト（FP 7）の一環で実施された．

2006; Chesbrough, 2005; Chesbrough & Spohrer, 2006; Spohrer et al., 2007）．

　製造業におけるイノベーションだけが検討されてきた（Djellal & Gallouj, 1999）一方で，サービスにおけるイノベーションに関しての研究は，長らく認知されてこなかった．これはサービスが支配的な経済においても認知されてこなかった．現在，三つの異なるアプローチが議論されている（Gallouj, 1994, 1998; C. & F. Gallouj, 1996; そしてより最近では Gallouj & Savona, 2009）．まず，「同化」（assimilation）である．これは，サービスと製造業のイノベーションの違いは小さく，つまり無視できるという考え方である．その一方で「差別化」（differentiation）という考え方もある．また，3番目は同化と差別化の二つの考え方を統合したものである[2]．持続可能な発展に関する研究は，その一部は，熱狂的で過度の要求に満ち溢れた初期の状態を通り過ぎて，様々な議論はあるものの基礎的な理論カテゴリとなり，社会経済学において広く重要とされるゴールとなった．これを社会全体において目的や将来への意図として定義しようとする動きが出ている．

　本章は，サービス内，そしてサービスによって引き起こされるイノベーションと，イノベーションに基づくサービスにおける起業家精神について考える．その際，持続可能な発展という文脈で検討することで，これらの研究課題を結び付けることを目的とする．サービスやサービスにおけるイノベーションと持続可能な発展という二つの課題を結び付けるには多種多様な方法があるが，これら二つの課題は本質的に独立に発展しており，どちらも学術界および産業界における主要課題となっている．

　持続的な発展という考え方は，製造業や集約農業に関連した環境的および社会経済的なダメージ（再生産不可能な資源の浪費，無駄の蔓延，汚染，砂漠化，森林破壊，気候変動，富める国における社会的疎外，先進国と途上国の間の不公平の拡大）に対する反応として当初は発展してきた．ある特定のサービス業（旅行業や輸送など）は環境破壊の主要要因となっており，持続可能な発展に関する社会的・社会経済的側面がサービスをより理解するために必要であるにもかかわらず，いまだにこの考え方は産業ごとの固有の事情に依存しているという側面が強い．

　上記の環境的および社会経済的なダメージすべてを技術的イノベーションと結び付けて，持続可能な発展を考えることもしばしばある．このように技術を重視することは，先に述べた産業ごとの固有の事情とは関係がない．結局，技術的イノベーションは製造業や農業において天然資源を搾取する主要な装置であり，経済成長のための主要な手段であると考えられている．このように技術的イノベーションを重要視することは，技術的な側面を持たないイノベーションを軽視することにつながる．一方では，技術的な側面を持たないイノベーションはサービス経済では特に重要であり，経済成長や持続可能な発展のために必要不可欠な役割を担っている．

　持続性に環境，経済，社会という三つの軸があることが認識されているにもかかわらず，1番目の環境主義的な話題しか今はない．サービスを考慮する（サービスの側面を持続性の考えに導入する）ことは，持続性の社会・経済的要素を考えるようになる上で重要なファクタである．

---

[2] 三つのアプローチは，後にサービスイノベーションで広く採用されている．詳しくは Coombs & Miles（2000），Miles（2002），Tether（2005），Howells（2007）を参照されたい．

持続可能な発展の考え方は，以前から注目されている三つのバイアスとも関係するが，四つ目のバイアスによっても特徴づけることができる．それは，持続性に関する支配的な考え方は治療的または受身的なものであるという考え方である．産業または技術による文明化によって引き起こされる環境汚染・破壊を減らし，修復するという反作用的なものとして，持続的発展は主に考えられる．技術的イノベーションに関するデータベースの作成が持続的発展を進めるために整備されてきており，Patris et al. (2001) によれば，技術的イノベーションの主な目的の1番目は環境汚染の削減であり，2番目は改善であるとされている．そして実際に，いわゆる "end of pipe" 型（事後的な対策をとる）のイノベーションや改善は，データベース中の約55%を占めると述べられている．

それでも，サービス（そしてサービスにおけるイノベーション）は，経済を持続可能な発展に導くために重要な役割を担っている．しかしながら，サービスの持つ役割については，依然としてあまりに頻繁に過小評価されている．現代経済学では，サービス業の拡大が「自動的に」持続可能性の増加に結び付くとされることが多い．結局，サービス業ではしばらくの間，製造業や農業の活動に比べて環境フットプリント[3]が本質的に少ないとされ，その活動を拡大させてきた．例えばフランスでは，製造業（運送業は除く）は総エネルギーの16%のみを消費している．サービス業の拡大によって，社会および市民向けであるサービス活動が重要視され，そして増加してきた．非雇用者の削減，または人材開発と社会的一体性の促進を狙ったサービスが（官，民，NPOを問わず）例えば存在する．一方，より一般的には，サービスは自動的に不平等さを削減する主ファクタだとされている．なぜなら，サービスは現代の発展した経済において主要な労働需要だからである．このように，現代経済におけるサービス業の拡大によって社会経済的な懸念が重要視されるようになり，その結果，持続可能性を考える上で環境主義的な見方にのみ偏ることが緩和されつつある．Gadrey (2010) が述べているように，サービス業の拡大と持続可能性との間に長期的な観点から正の相関があるとは言いがたいことは事実である．また，サービス社会の将来の構造や広がりが，その環境フットプリントによって厳格に決定されるようになるであろうことも事実である．相関が正か負かどうかはわからないが，関係が存在するということを覚えておく必要がある．サービス業の拡大と持続可能な発展は，互いにまったく結び付けられてこなかったのである．

持続可能な発展を考えるにあたって，産業主義的な視点に偏ることなく，サービスの役割を重要視することにより，自動的に科学主義者の視点に偏ることも抑制される．結局のところ，革新的な起業家精神だけでなく，サービスにおけるイノベーションに関する最新の文献における一つの結論は，非技術的なイノベーション（組織的，方法論的，社会的，戦略的イノベーション）やそれに関係する起業家精神の形態（社会的起業家精神）が持続可能な発展の重要な役割を担っている，というものである．そのため，これらはサービス経済で持続可能な発展を考えるにあたって，等しく重要な役割を持っていると考えられている．また，持続可能な発展やサービス業の発展に結び付けられた固定観念を考えることで，起業家精神は自然にかつ積極的に考えられると仮説づけられる．

つまり，サービスに支配された経済や持続可能性におけるサービス活動の（能動的ま

---

[3] 人口環境フットプリントは，経済活動を持続させることができるかどうかは人口に依存するという考え方に基づいた単純な指標である．

たは受動的）役割という観点で，実業家，技術者，環境活動家の考え方，そして治療的な考え方が歴史的に同じ起源を持つかどうかが不鮮明になってきている．本章では，これらの考え方について述べることにする．

本章は，次節以降，四つの主要な節で構成される．

22.2節では，サービスや持続可能な発展の従来の定義を概観する．サービスの特性と持続可能な発展の特性の関係性を洗い出し，考え方が合致する点や共通してある固定観念などをいくつかハイライトする．

22.3節では，サービス内のイノベーションが持続可能な発展に関係するかという点について議論する．サービスの経済や管理，政策[4]に関する多くの問題に対処するために使われる「同化・差別化・統合」分析フレームワーク（Gallouj, 1994, 1998; Gallouj & Weinstein, 1997）と呼ばれる手法を用いて，この問いに取り組むための価値あるヒューリスティックを導く．

サービス内のイノベーションと持続可能な発展の間には明らかに何らかの関係があるが，サービス内のイノベーションの対象とサービスによるイノベーションの対象は，分析の観点では区別されなければならない．サービス活動による自らのためのイノベーションが制限されることはない．つまり，他の会社や事業分野のイノベーションに決定的な影響を及ぼすことも可能である（誘発型イノベーション）．22.4節では，サービスによる（サービスが誘発する）持続可能なイノベーションについて調査する．

サービスにおける，またはサービスによるイノベーションについての課題は，起業家精神の問題と密接な関係がある．22.5節では，サービスにおけるイノベーションを通した起業家精神という新しい課題を扱う．この課題は，特に持続可能な発展の周りにある課題と密接に関係する流動的な項目である．

22.2 サービスと持続可能な発展：類似点と概念的な考えの合致

イノベーションの課題とは独立に，サービスや持続可能な発展に関する様々な概念の定義を比較することで，サービスの特性と持続可能性との間の興味深い関係が見えてくる．まず，サービスと持続可能な発展のそれぞれに関する様々な定義の間に類似性があることがわかる．これにより，サービスの技術的特性のうち，いくつかが持続可能性のある側面に深く結び付いていることが明確になる．そして，二つのリサーチアジェンダ（サービスと持続可能な発展のそれぞれに関する研究）には共通点があり，パフォーマンス（その定義や効果測定）については互いに強化し合えるものとなっている．

22.2.1 サービスおよび持続可能な発展に関する定義：類似点

物質または有形な成果物であるモノと違って，サービスは，一般には対象物，体系化された情報，個人または組織といったような媒介物の状態変化として定義される（Hill, 1977; Gadrey, 1996a）．状態変化のプロセスは手にとれるものではなく，相互作用的で

---

[4] このフレームワークは，ヨーロッパでサービスイノベーションのために行われた公共政策の分析（Rubalcaba & Den Hertog, 2010）や，サービス事業者内での生産性を上げるための戦略の分析（Djellal & Gallouj, 2008）に近年用いられている．

ある（Chase, 1978; Berry, 1980; Grönroos, 1990; Gustafsson & Johnson, 2003 など）．その性質上，サービスは容易に保管することができない．そして，サービスの成果または出力は，行為，プロセス，合意形成などの結果のようなものであり，それらは補完的または競合する多様な評価システムを通して生成される．それ以上に，出力は時間がたつと意味のないものになりうるため，その出力には区別が必要である．Gadrey（1996a）による用語を用いると，短期的出力（直接的なデリバリー行為）と長期的出力（中間的で一時的な出力や結果）とがある．

　サービスと持続可能な発展の定義の間には，多くの類似点がある．持続可能な発展という考え方はブルントランド委員会報告書（Bruntdland Report）によって広まった．この報告書の定義では，持続可能な発展という考え方は，非常に長い対象期間を持つものと考えられている．というのも，この考え方は「将来の能力を犠牲にすることなく現在のニーズを満たす発展」と定義されているからである．さらに，ブルントランド委員会報告書では，持続可能な発展は三つの軸を持つとされている．それらは環境的軸，経済的軸，社会的軸であり，報告書でも多元的な（相補的または競合的な）評価システムを利用することになるとされている．これはある意味，持続可能な発展は集合体（このケースでは人間）の支持体に関係し，それが物質媒体（ローカルおよびグローバルな視点での物理的環境），経済媒体（富になるものを思いつき，作成する方法），社会媒体（富の再分配における株主）に関係する．一方，別の意味では，持続可能な発展はサービスの定義の中心である共創や相互作用といった側面をも含む．そして最終的には，市民の参加（例えば選択廃棄物の分別など）は，持続可能性に対して重要な役割を担っている．

22.2.2　サービスと持続可能な発展に関する類型論

　これまでのところ，持続可能な発展の問題を考慮したサービスの分類に関する議論はない．前項で暗に示したサービスの定義は，比較的単純なものである．最終的にサービス活動（と関係するコンポーネント）の持続可能性は，サービス活動が変換しようとする媒体の特性をどの程度広げるかに依存する．サービスは，物質・情報・知識・人に関係する主に四つのカテゴリに分類される．表 22.1 にこれら四つのカテゴリに属するサービスをいくつか示す．

　これらのサービス分類と持続可能な発展の問題の関係を定式化した数々の仮説がある．しかしながら，これらの分析には最初の時点で考慮しなければならない制限が，ある程度存在する．第一に，現実的にすべてのサービス活動は，他の多数の媒体に何らかの影響を与える．つまり，サービス活動は機能の集まりであり，それらは時間と場所の両方において多岐にわたり，様々な媒体と関連している（物質，情報，人，関係についての機能）．第二に，持続可能性とは様々な要素を併せ持つでもあり，経済的軸，環境的軸，社会的軸を持つ．持続可能性はこれら 3 軸のトレードオフの上にあり，サービスのタイプと全般的な持続可能性との間の一対一関係を予測することは難しい．第三に，経済的軸は持続可能な発展の構成を担う要素ではない．なぜならば，すべてのサービスはこの経済的軸により影響を受けるものであり，持続可能な発展における役割は他の二つ（環境的軸，社会的軸）を考える過程に対して制限を与えるものでもあるからであ

表 22.1　サービスと持続可能な発展に関する類型論

サービスの媒体または主な機能	例	持続可能性が影響を受ける側面	
		環境	社会経済
物質	商品の輸送，水，ガス，電気，大規模な小売業，レストラン，家庭ごみの収集，清掃，汚染除去	++	+
個人 ● 空間的位置	乗客輸送，旅行業	++	
個人 ● 美容，健康 ● 知識	医療サービス，老人介護，理髪業 教育		++ ++
体系化された情報	銀行，保険		++
組織の知識	コンサルタント業		++

る．我々の分析では簡単のために，ほとんどの事例において環境的な持続可能性と社会経済的な持続可能性との間の差異に限定する．

　上記で述べた制限を適切に考慮しつつ，様々なサービスタイプと持続可能な発展の間におそらく存在する（正または負の）関係について，いくつかの仮説を作ることができる．

　物質の処理サービス（製品輸送や水・ガス・電気の供給）は，しばしば環境の観点で持続可能性と関連づけられる．特に，清掃や汚染除去のサービスは環境に直接影響する点に注意する必要がある．しかし，これらのうちのいくつかは，社会的な持続可能性に負のインパクトも与える．これは，大規模な小売業（農業に対する生産性のプレッシャー）やファーストフードレストラン（ジャンクフードや非健康的な食事）にも当てはまる．

　物質の処理サービスは環境の改善と結び付いているため，清掃や汚染除去といった特別なケースを考える必要がある．これは，公共の公園・庭園・森林の維持管理といった公共の環境サービスにも当てはまる．

　他と同様に，環境に有害な物質の処理を行うサービスがより低い環境フットプリントを持つ活動へと構造的に進化していくかどうかも問われる．結局のところ，サービスの出力における物質に関連する部分は，サービスの表面に見える他の環境負荷が少ない部分（情報や人）に比べて減少しつつある．他のすべての条件が同じとして，これは道路貨物運送業（Djellal, 2001）や小売業（C. Gallouj, 2007）にも当てはまるだろう．道路貨物運送業の場合，これは貨物輸送のモーダルシフトや共同モダリティに向けた再配置といった持続可能性に関するヨーロッパの政策と合致するようである（Zéroual, 2008）．もはやこの新しいアプローチは，最も持続可能な代用輸送モデルを探すのではなく，様々なモデルの可能な組み合わせの中から最も効果的なものを見つけるものである．これは，道路貨物輸送の輸送システムとしての定義に有利に働く．

　処理の対象媒体が個々の人間であるサービスは，持続性との関係に限って言えば均一ではない．このようなサービスは，処理の性質に依存して変わるものである．個々の人

間の空間上の位置を移動させるサービス（つまり顧客輸送や観光業）は，持続可能性についていくつかの物質の処理サービス（貨物輸送）と類似した関係性を持っている．これらのサービスは，環境的な持続可能性にも影響を与える．一方，個人の美的，心理的，認知的側面を変えるサービス（地域サービス，医療や教育サービス）は，むしろ社会経済的持続可能性に影響を与える傾向がある．

情報処理サービス（特に銀行や保険のような金融サービス）は，主に社会経済的観点で持続可能な発展に関する問題と関係する．出力の過程で重要視される環境破壊と関係することはない．一方，このようなサービスは直接的・間接的な社会的持続可能性に大きな影響を与える．というのも，これらのサービスは社会的持続可能性にマイナスになったり（負債や信用供与における不公平），逆に社会的持続可能性を回復させたりすることがある（相互銀行や共同組合銀行，無担保の小口融資）からである．

（組織的）知識処理サービスは，環境的持続可能性とは直接の因果関係はないと思われる．一方，物的経済から取って代わりつつある知識経済の発展に貢献するため，社会的・社会経済的持続可能性に対して大きな影響を与えるようになっている．

環境的な観点では，持続可能性は有形性と反比例で関係すると考えられる．サービスがより無形なもの（認知的・情報的なもの）になると，持続可能性の観点での問題をもたらすことは少なくなる．逆に，サービスが有形な媒体に密接に関係するようになると，直接的な環境問題を引き起こしやすくなる（例えば輸送や観光業）．さらに，セクターに影響を与えることで，間接的に環境問題を引き起こすことがある．例えば，大規模小売業ではサプライヤーに生産性を求めるが，その結果，逆に都市や郊外の環境に直接的な負のインパクトも与えてしまう．しかしながら，このような場合においても，環境的な軸だけでなく特別な社会的軸（例えばフェアトレード）も考えることによって，持続可能性を追求することができる．

社会的観点から考えると，持続可能性は，無形性やそれと関係するサービスの性質との間に正の相関を持っている．サービスがより無形なものになり（情報や人によるサービスに相当する），そして（または）社会との関係性が強くなる（これは高齢者のサポートサービスのような，多くの個人向けサービスに相当する）と，持続可能性における社会的側面がより重要な位置を占めるようになる．

22.2.3　サービス経済におけるパフォーマンスの定義と測定における課題：成長から（持続可能な）発展に向けて

サービスの「出力」を測定・評価することによって，サービスそして持続可能な発展により引き起こされる課題同士の相互作用について，重要な示唆を与えることができる．脱工業化し，情報，知識，「永続的なイノベーション」または「質の高い」経済を評価する段階で，何と呼ぶべきかは明確でないが，ある技術的で概念的な問題に直面する．それによって，情報，人，そしてサービス自身といったコンポーネントや持続可能性に対する考え方が，その様々な側面（環境的，社会的，経済的）で活発化する．

財やパフォーマンスに対する多基準で多元的で柔軟なアプローチを支持し，GDPや生産性に対する絶対主義を放棄するという数多くの議論が進んでいる（Gadrey, 1996b, 2002; Djellal & Gallouj, 2008）．評価目的のためにGDPや生産性を用いることは，評価

が結果の量に基づいて行われることを意味する．しかしながら，サービス経済は，経済活動における人の関与の増加や，提供者と消費者間のサービスをもとにした社会的関係性の増大として特徴づけられる．この種の経済では，出力の量や出来高は，長期にわたる効用が与える影響に比べて問題になりにくい．別の言葉で言うならば，信頼を作り出す出力やメカニズムは，量に基づく評価や生産性よりしばしば重要である．それ以上に，環境破壊を補償する出費と等価ないくつかの出来高は財の指標に含めるべきでない．成長や生産性を高めることにより負の外在性が作られるが，それらは差し引かれるべきものである．それらは社会的に（ストレスや健康問題），そして環境的に（環境破壊という形で）多大なコストを生じさせるため，成長や生産性の評価に含まれるべきではない．

全体に，モノやサービスの生産レベルは，社会の幸福を示すただ一つの指標ではないし，必ずしも最上でもないという考えが増えているようである．その結果，現代の脱工業化した社会における富や幸福の創出をより正確に反映する試みの中で，持続可能性の様々な次元を評価するための様々な指標が考案されている．

22.3　サービス内のイノベーションと持続可能な発展

技術的イノベーションと持続可能な発展の間の関係を分析するにあたって，主に環境の視点から考察した論文を取り上げてみよう．イノベーションと持続可能な発展の関係の分析に見られる技術主義的バイアスは，技術が内包する相反する二つの側面によって検討することができる．そこでは，技術には問題の源（例えば汚染源）であることと解決策（破壊を補償したり汚染を洗浄するために使われる技術）であることの二つの側面があると考えられる．

サービスにおけるイノベーションも持続可能な発展と関係するので，この技術主義的バイアスの影響がないわけではない．サービスにおいても同様に，環境問題の原因（例えば輸送機関による汚染）がしばしば展開されている技術そのものであるが，問題に対するソリューションはサービス内で使われている技術のイノベーションにあることがある．本節では，サービスにおけるイノベーションが持続可能な発展に関係するという別の側面に焦点を当てる．ここで，出力が無形なものであると仮定すると，サービスにおけるイノベーションは，持続可能なイノベーションであると示すことができる．

サービス経済におけるイノベーションの課題に取り組むアプローチが，三つ提示されている（Gallouj, 1994, 1998, 2002）．それらは，サービス内のイノベーションが技術システムに取り込まれた形となる「同化」，サービス内のイノベーションについての特異性を見つける「差別化」，製造業やサービス産業のイノベーションに対して共通モデルを開発する「統合化」の三つである．これら三つのアプローチは，持続可能な発展の観点からサービスを研究調査する開始点ともなる．

22.3.1 同化

　同化というアプローチは，イノベーションに対する技術主義の考え方に基づいている．そこでは，サービスとは製造業で作られた技術的イノベーションを適用することでしかないと考えられている．例えば，輸送手段や調理，冷蔵器具，自動現金支払機，コンピュータなどを導入することである（Gallouj, 1994, 1998）．このアプローチは，持続可能な発展の観点でサービスにおけるイノベーションを研究する際に広く支持されつつあり，もっと言えば，支配的になっているように見える．

　この有力な同化アプローチに関して，数々の見解がある．

1. イノベーションにおいて，サービスは従属的な役割を担うものでしかないという考え方を，このアプローチは反映している．サービスは「供給者支配型」であると考えられているのである（Pavitt, 1984）．例えば，ガス駆動または電動の自動車は環境負荷が少なく，騒音もなく，維持が容易であるという理由で公共輸送システムとして購入する地方自治体は，厳密に言えばイノベーターではなく，単なるイノベーションの採用者である．この場合，環境破壊やその補償におけるサービスの役割は，イノベーションの創出ではなく，むしろその使用にある．

2. 同化という観点では，環境問題をターゲットとしたイノベーションが最も明確なイノベーションの形である．しかし，持続可能な発展の社会的側面を狙った技術開発の重要性を忘れてはいけない．高齢者が直面する問題に対する技術的イノベーション（例えば，家庭用ロボット，スマートホーム，リモート監視など）は，高齢者サービス社会において強力なイノベーションとなる（Djellal & Gallouj, 2006）．同化のアプローチの中心にあるこれらの有形の技術の中に，環境技術と社会工学の差異となるものがある．

3. サービスにおけるイノベーションに対する同化のアプローチは，サービスにおける情報通信技術の普及に力点が置かれていた．また，サービスにおけるイノベーションに関する理論では，ICT（情報通信技術）が大きな原動力となっている（Barras's model, 1986; Quinn et al., 1987; Scheer & Spath, 2004）．ICT は低 MIPS（material intensity per service unit；単位サービス当たりの物質集約度）[5]であると考えられているので，サービスの普及において持続可能性を高めると言われている．より一般的に言うと，情報社会は持続可能な発展と一致すると考えられている．また，サービス内において ICT のイノベーションは，（他の環境技術，社会技術と結び付いて）持続可能な発展において大きな役割を果たしている．最もよく用いられる例としてビデオ会議がある．ビデオ会議は物理的な移動（出張）の代替手段となり，新しい仕事の形態（テレワーキング）を生み出した．持続可能な発展の課題に対して ICT は，評価・チェック・モニタリングする強力なツールともなっている．ICT は，持続可能性の他の側面（特に社会的側面）においても関与する．例えば，ICT は国家への意見を集約し，迅速に市民を動かすために使用できる．

4. 戦略的な観点から見ると，同化のアプローチとは，サービスの特殊性をなくし，

---

[5] MIPS 指標は，モノまたはサービスを生産するために使われる再生不可能な自然資源の量を測ったものである．

モノとの違いをできるだけ小さくすることであると説明できる．この目的のためには，不明瞭さや無形性を少なくし，双方向性に費やす期間（別の言葉ではサービスリレーションシップとも呼ばれる）を削減または削除し，在庫可能性を何らかの形で確立して即時性を減らす必要がある．究極のゴールは，多様な可能性を減らした何らかの明確な契約のもとで，具体化できる商品または擬似商品を作ることである．これは，しばしばサービスの工業化と呼ばれる（Levitt, 1976; Shostack, 1984）．無形のサービスを提供することによる弊害に対して，この工業化の過程は，有形な商品の生産に向け徐々に移行するのか，ある生産モードを実現（Gadrey, 1996b）するのかにかかわらず，フォーディズム[6]という成長様式が成功を助けてきた．これは，持続可能な発展の考え方に負の影響を与える要因であると，しばしば考えられている．よく知られた例として，ファーストフード，格安航空会社，ディスカウントストア，マスツーリズム，そして大規模な食品小売業などがある．

22.3.2　差別化

同化のアプローチでは，サービスにおけるイノベーションを詳細に説明することはできない．それは「イノベーションギャップ」（NESTA, 2006）の原因となる．やはり，伝統的な指標では捉えきれない非技術的なイノベーションの多くの型が存在する．それらは，しばしば「隠れた」「不可視な」イノベーションと呼ばれている．このイノベーションギャップを扱った研究論文が，この15年間で増え続けている（Gallouj, 1994, 2002; Sundbo, 1997, 1998; Miles, 2002; Gallouj & Djellal, 2010）．

このギャップは，持続可能な発展にリンクしたサービスセクターにおけるイノベーションにも影響を与える（Seyfang & Smith, 2006）．同化のアプローチは，技術的イノベーションに焦点を当ててきた．中には目を見張るほどではないイノベーションも多数あったが，持続可能な発展の分野ではかなり重要なものとなっている．これらのイノベーションは非技術的であり，本来は社会的なものである．そして，経済の研究においては通常無視されている．

不可視または隠れた（持続可能な）イノベーションを捉えるために，一般には差別化に基づいたアプローチが採用されている．それは，持続可能性に関連したサービスイノベーションが経済的，社会的，環境的なもののいずれであっても，その特別な形態を明らかにしようとするものである．

表22.2に持続可能なイノベーションの例を示す．これらは差別化のアプローチによって見出されたものであり，技術的な側面には関係しない．

物質の処理サービスに関して言えば，カーシェアリングや水を使わない洗濯といった環境的な側面を目的にしたものや，公正取引，増加し続けている生産者からの放出品，地域密着型農業の仕組み，水・ガス・電気の供給管理といった社会経済的側面を目的にしたものが例として挙げられる．

---

[6]. 企業は消費者に対して高品質の製品を低価格で提供し，労働者に対してできるだけ高い賃金を支払い，利潤を企業に内部留保すべきという考え方．

表 22.2 差別化の観点から見たイノベーションの例

サービス種別	持続可能な発展の様々な側面におけるイノベーションの例	
	環境的	社会経済的
物質の処理（商品輸送，水・ガス・電気の供給）	カーシェアリング，水を使わない洗濯，原材料リサイクル	非ガス，水・電気の削減，公正取引，生産者からの放出品，地域密着型農業の仕組み
個人に対する処理（輸送，個人健康サービス，教育）	労働統合型企業，持続可能な観光（農地，産業観光）	労働統合型企業，（現地の社会構造にリンクした）観光，高齢者介護，生活困難者向けサービス，共同保育
情報処理（銀行，保険，社会保険事務所，地方自治体）	環境状況や社会情勢に関する情報，優遇金利ローン	小額の短期融資，PIMMs（多種サービスの情報や仲介を行う窓口），公共サービス窓口，公共サービス相談センター
組織的知識の処理（コンサルティングサービス）	新規事業立ち上げ（環境法や持続可能な発展に関するコンサルティングサービス），個別の状況に応じたイノベーション，方法論的イノベーション（MIPS，PER モデル）	新規事業立ち上げ（社会的法律や持続可能な発展に関するコンサルティングサービス），個別の状況に応じたイノベーション，方法論的イノベーション

持続可能な観光のいくつか，そして，高齢者および小児のケアにおける多くの革新的な取り組みは，サービスにおける非技術的イノベーションであり，個人が処理対象となる．

情報処理サービスに関して言えば，持続可能な発展を促進する金融分野におけるイノベーションが例として挙げられている．その中には，銀行サービスを受けられないという問題に対応する小額の短期融資や，環境負荷の少ない機器を企業が導入する取り組みを促進する優遇金利ローンがある．また，地方自治体（または，個別サービスが不適切である分野では民間企業と地方自治体の協力）による生活困難者へのサービス提供施設も発展している．これには，公共サービス相談センターなどがある．

知識集約型のビジネスサービスによるイノベーションは，その定義によれば「環境に優しい」と思われる．これらには，主に環境的な側面での持続可能性に直接の悪影響を与えない[7]知的ソリューションの提供が含まれる．Gallouj は，コンサルティング活動における 3 種類のイノベーションを同定している（Gallouj, 1994; Gadrey & Gallouj, 1998）．すなわち，個別の状況に応じたイノベーション（課題に対する独自の解決策を顧客と共同開発する），新しい事業分野に関するイノベーション（新興分野の知識やその分野における助言を提供する），形式化に関するイノベーション（明確に定義されていないサービスに対する方法論を確立する）である．このイノベーションの分類は，持続可能な発展に対して容易に適用できる．やはり，社会的・環境的な課題に対して，コンサルタントによって提供された個々の状況に応じた解決策に関する事例が多数存在する．持続可能な発展はその様々な側面のすべて，例えば持続可能な発展それ自身だけでなく社会的な法律や環境法に至るまで，スペシャリストによるコンサルティングによっ

---

7. コンサルタントによって提供される経験的知識に基づくソリューションは，特に工場閉鎖や余剰人員の解雇を含む場合，社会的な持続可能性に悪影響を与えうる．

て生み出される新しい専門分野である．最終的に，持続可能な発展の分野では，多数の方法論的イノベーションが生み出されてきた．前述したMIPS指標はその一例として取り上げることができる．

この差別化のアプローチにより，様々なことがわかる．

1. 上述のとおり，技術的イノベーションを環境的そして生態学的な目標と過度に結び付けるのは間違いである．なぜなら，そのようなイノベーションは経済的・社会的な目的（例えば高齢者や生活困難者の問題の解決など）も持っているからである．同じ議論が非技術的イノベーションの場合にも当てはまる．その最終目標は，社会的なものに限らず，経済的なものや環境的なものでもあるかもしれない．これは，例えば持続可能な観光業のうち，ある形態のものに当てはまる．そこでは，環境を保護するだけでなく，経済的な発展を促進し，地方の社会経済的な基本構造を保持しながら拡張している．

2. 差別化の観点に立てば，サービスにおけるイノベーションは，持続可能性に関しては，社会的なイノベーションという巨大で多様な分野と共通する部分が大いにある（にもかかわらず，経済理論の中で研究されることはほとんどない）．同化の観点は持続可能な発展に関係するため，技術的なイノベーションへの「トップダウンな」アプローチを促進すると考えられる．一方，無形であり必ずしも華美なものではないというイノベーションの性質を考えると，差別化の観点はイノベーションに対する「ボトムアップな」アプローチを促進することができる．例えば，（「環境主流のビジネスイノベーション」に対して）「草の根イノベーション」という言葉を用いて，個人そして組織による局所的な問題に対応した，関係するコミュニティにとって関心や価値が感じられる「ボトムアップ的な」イノベーションと持続可能なソリューションが考えられている（Seyfang & Smith, 2006）．

3. 同化のアプローチがサービスの工業化に結び付いている一方で，差別化のアプローチはイノベーションが作り出す合理化の別な形態と結び付いている．Gadrey（1996b）では，工業的合理化と対比して知的職業による合理化と呼ばれている．この知的職業による合理化は，いくつかのコンサルティング会社で使われているが，例えば次の三つの戦略が具体化されている．それらは事象の標準化，課題解決の手順（メソドロジー）の形式化，そして個々人や組織において所定方法を用いることである．工業的合理化とは対照的に，知的職業における合理化は，持続可能な発展に対する考え方にいかなる悪影響も与えるとは思われていない．

22.3.3 統合

イノベーションに対する統合というアプローチでは，モノとサービスにおけるイノベーションを同じツールで分析することが可能であり，必要であると考えられている（Belleflamme et al., 1986; Barcet et al., 1987; Gallouj & Weinstein, 1997; Gallouj, 2002a; de Vries, 2006; Windrum & Garcia-Goni, 2008）．このアプローチでは技術的イノベーションだけでなく，特に社会的イノベーションのような非技術的なイノベーションの形

態も考慮されている（Harrisson & Vézina, 2006; Harrisson et al., 2010）．モノとサービスの統合（モノを生産し消費する経済から，二つを併せたソリューションまたはパッケージを生産して消費する経済への移行）は，持続可能性の要因となる．その結果，サービスをモノに付加したり，モノに含まれるサービスを拡大したりすることで，企業は環境破壊の原因となる原材料の消費を相対的に減らしている．

この統合という考え方は，モノとサービスの間の境界が不明瞭になっているとのいくつか見解（Bressand & Nicolaïdis, 1998; Furrer, 1997; Bryson, 2010）に基づいている．第一に，モノとサービスは別々に販売・消費されることは少なくなり，ソリューションや何らかの機能を持ったシステムとして販売・消費されるようになっている．第二に，サービスや提供される情報が，多くのモノにおいて主要なコンポーネントとなっていることである（Vargo & Lusch, 2004）．多くの研究で，モノにおける情報やサービスの価値の同定・評価や，モノにおけるサービスの突出を平らにする試みが行われてきた．この種の研究は，製造業の中では特に自動車産業（Lenfle & Midler, 2003），そして農業（Le Roy, 1997）や建設業（Carassus, 2002; Bröchner, 2008a,b）に焦点が置かれてきた．他の研究（Broussolle, 2001）では，ICTが，このモノとサービスの間の「不明瞭さ」に寄与していると示されている．

しかしながら，統合というアプローチが好意的に考えられるのは，持続可能な発展自身の概念の中に見て取れる．まさにこの概念の定義が，イノベーションへの統合的なアプローチを促進するものとなっている．持続可能な発展という概念は，経済的，環境的，社会的側面を持っている．つまり，持続可能なイノベーションは結果としてこれらの様々な側面と関連しているので，イノベーションの統合的概念が必要となっている．

統合的な解釈を行う枠組みを開発するために，観測されている境界の不明瞭さに対して理論的な分析が行われている．例えば，消費者行動理論の一つであるランカスター的なアプローチ（Lancaster model）を（サービスに適合した）モノに導入する研究が行われている（Gallouj & Weinstein, 1997）（Gallouj, 2002a も参照）．これら研究では，製品（モノまたはサービス）は特性やコンピテンシーを要素とするベクトルの結合として定義されている．つまり，サービス特性［Y］，内部の技術的特性［T］，外部の技術的特性［T′］[8]，そして内部コンピテンシー［C］と外部コンピテンシー［C′］からなると定義される（図22.1）．

図22.1による一般化した表現は，臨機応変に使用することができる．車やコンピュータのような有形な加工品，そして（保険契約，金融商品またはコンサルティングサービスのような）無形の製品も含むことができるようになっている．また，純粋なサービス（［C′］−［C］−［Y］）だけでなく，それ以外の要素を含むサービス（［C］−［T］−［Y］）やセルフサービスのような形態のもの（［C′］−［T］−［Y］）も表現することができる．さらに，（モノとサービスを）併用したソリューションを記述することもできる．例えば，車とそれに付随する上流・下流のサービス（保険，メンテナンス，ローン，補償など）が挙げられる．

製品に対するこのアプローチによって，持続可能性のある側面を考慮することもでき

---

[8] 消費やデリバリーの新しいチャネル（例えば顧客がウェブ上のサービスにアクセスするために保持している技術を用いる場合など）を考える場合には，顧客が持つ技術的な特徴を含むことが提案されている（De Vries, 2006）．

第22章 サービスにおけるイノベーションと起業家精神——持続可能な発展に対する産業・技術主義的な考えを越えて

```
                サービス提供者の直接的なコンピテンシー
                    （内部コンピテンシー）
                         [C]
                          ↕
顧客のコンピテンシー      [C′]
（外部コンピテンシー）     ↕                    [Y] 最終的なサービス特性
                          ↕
顧客の技術的特性        [T′]
（外部の技術的特性）       ↕
                         [T]
                サービス提供者の有形・無形の特性
                   （内部の技術的特性）
```

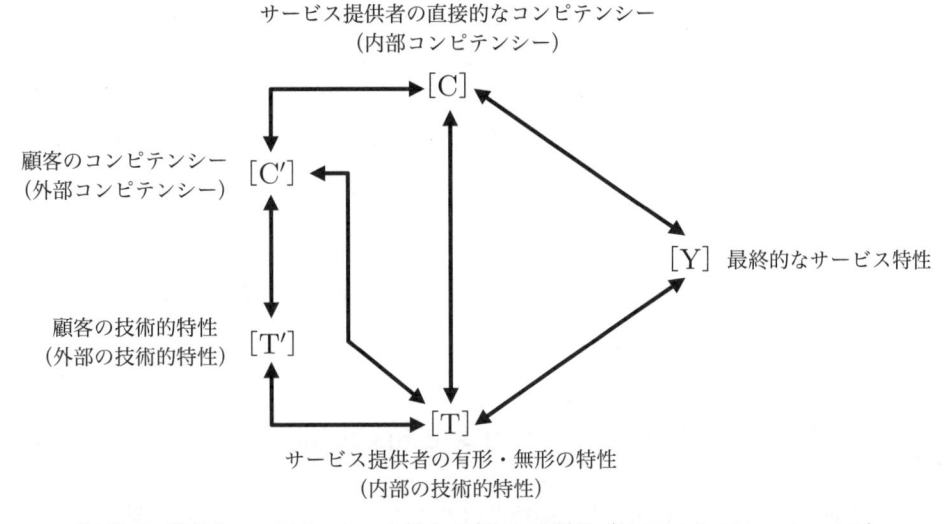

図22.1　特性とコンピテンシーの結合で表される製品（Gallouj & Weinstein, 1997）

る．持続可能な発展の社会経済的そして環境的な水準の両方における特徴は，対応する技術的能力や特徴がそうであるように（例えば社会市民的サービスの特徴として）まとめることができる．以下の郵便サービスは，社会市民的な特徴を例として取り上げることができる．このサービスの特徴は，ユーザーに対する公平な対応（カウンターや集配範囲），公平なアクセシビリティ，（若年者や外国人への）顧客対応，社会的少数者への支援，社会的な価格，そして社会的な金融サービス（低所得者向け口座，節度ある罰則規定，生活困難者への支援）である．負の外在性（例えば車における大気汚染や渋滞）もまた，サービスの特性ベクトルの中に含まれる．

この製品の表現に基づくと，イノベーションは（技術，サービス，能力の）特徴の追加，削減，関連づけの有無，整形といった変化として現れる．この定義によって，持続可能なサービスイノベーションに対して無理なく適用可能なイノベーションのモデルをいくつか同定することが可能となる．それらのモデルは，急進的，改良的，増加型，再結合型，形式化イノベーションと呼ばれている（Gallouj & Weinstein, 1997; Gallouj, 2002a）．

急進的なイノベーションは，新しい特徴や能力の創出を表す．風力発電は当時その一例であった．

改良型イノベーションは，システムが持つある特徴の卓越さ（または品質）を，システムの構造を変えることなく増加させるものである．その狙いは，持続可能な技術的特徴や能力の卓越さ，有用性を増加することにあり，別の言葉で言えば，持続可能なサービスの特徴を改良することにある．対象となったコンポーネントは，問題となる製品をより環境に優しいものにする（例えば，燃料効率を改良したり汚染度を削減したりする）か，または社会市民的なものにする（例えば，不利な立場にある人々への支援を増やす）．

増加型イノベーションは，特徴を追加（場合によっては削除や置き換えも含む）するものである．いわゆる「アドオン」と呼ばれる技術は，この形のイノベーションに該当する．別の一般的な例としては，既存製品へのサービスの追加が挙げられる．この形態

のイノベーションによって，それを用いる企業は持続可能性を「自動的に」増加させることができる．なぜなら，その活動における「脱物質化」に貢献し，その代わりに環境的な持続可能性を増加させるからである．しかしながら，この「拡張機能」は，（前述の郵便サービスで列挙されている例など）社会的または市民的特徴と能力も併せ持つ．

再結合型イノベーションとは，最終的な技術的特徴を分割したり結合したりする形態のイノベーションである．

最後に，形式化イノベーションとは，特徴を定型化・標準化することに基づくものである．一つの実例として，持続可能性の増加を目的とした数々のメソドロジーの開発が挙げられる．

22.4　サービスによるイノベーションと持続可能な発展

前節では，サービス企業や製造業内のイノベーションに関する問題について考えた．本節では反対に，サービス企業や組織が他の企業やセクター内で導出するイノベーション（つまりサービス「内」ではなくサービス「による」イノベーション）の過程に焦点を当てる．これは，すなわち知識集約的ビジネスサービス（knowledge-intensive business service; KIBS）と公共サービスという二つの活動に主に関係する．これら二つのセクターは，自身にイノベーションを起こす一方，同時に他のセクターでのイノベーションに貢献するという共通の特徴を持つ．

22.4.1　KIBS，誘発型イノベーション，そして持続可能な発展

活動の主たる入力だけでなく，主たる出力が知識であるという特徴を持つ様々なサービス活動を KIBS と呼ぶ（Miles et al., 1994; Gallouj, 2002b; Toivonen, 2004）．多くのコンサルティング，研究開発，エンジニアリングサービスがこれに含まれるだけでなく，金融や保険のサービスといったある種の側面を持つ活動もまた含まれる．これらの活動は，Community Innovation Surveys（CIS）（EU によるイノベーションの調査）が示すように，それ自身が最も革新的である．しかしながら，それらの主要な特徴の一つは，顧客組織におけるイノベーションの支援を提供することである（Muller & Zenker, 2001; Gallouj, 2002b; Sundbo, 2002; Toivonen, 2004; Wood, 2005）．

この支援は様々な形式をとりうる．例えば，コンサルタントが新しい環境基準の導入に関わる場合もある．Nicolas（2004）の分析によると，エコ表示の基準（例えば有機農法の基準）の導入に外部の知識集約型サービス（例えば研修サービス）を利用することで，企業における組織的な学習プロセスが生み出されたと考えられる．他の例としては，顧客に代わって（より一般的には，顧客も一緒に）持続可能なイノベーションを開発する知識集約型サービスがある（共同生産）．このようなイノベーションは，材料科学技術（研究開発活動の場合）または人文社会科学や組織工学に基づくものであることが多い．知識集約型サービスによる支援によって提供されるイノベーションについての最後の例として，銀行による支援がある．なぜなら，持続可能な発展を促進する金融商品（優遇金利によるローンなど）を提供し，イノベーションの触媒として決定的な役割を果たすからである．

次節の話題ではあるが，国の諸機関もまた持続可能な発展を育てるという観点で知識集約型サービスの利用を促進している．例えば，諸々の基準を順守しながら，持続可能な発展をなしうる分野でイノベーションを生み出していくための「振興プログラム」を，地方整備ファンドのような仕組みで利用してきた地方行政はこれに当てはまる（Maubrey, 2003）．

22.4.2　公共サービス，誘発型イノベーション，そして持続可能な発展

持続可能な発展と（国，地域，地方によらず）公共サービスとの関係は，様々な観点から検討されてきた．一つ目は上で述べたものである．イノベーションで解決すべき持続可能性の課題をもたらす（水，エネルギー，交通といった）製品の（様々な形式での）提供者として，公共サービスを考えるものである．二つ目は，地方，国家，そして国家を超えた公的諸機関を，組織や利用者が守らなければならない法，規制，基準の作り手であると考えるものである．この場合，公的機関は立法行為を通して，持続可能性における変化とイノベーションの推進役としての役割を持つ．最後の三つ目の観点で，最も重要となるのは，国の施策は持続可能な発展を促進し支援するために意図されるものだという点である．

持続可能なイノベーションを目的としたこれらの公共政策には，様々な形態がある．サービスにおけるイノベーションと同じように，「同化・差別化・統合化」（assimilation, differentiation, integration; ADI）のフレームワークによって十分な分析ができる[9]．

多くの公共政策がサービスにおけるイノベーションの促進・支援を企図したのは，それらが持続可能な発展に関係し，Aタイプ（assimilation; 同化）のアプローチのスコープにあるためであった．ほかに，サービスにおいて生産・消費の両面での技術的イノベーションを支援することも目的であった．この支援は様々な形態をとることができる．例えば，投資，免税（クリーン技術または省エネルギー技術に対する税額控除），公共調達，情報の普及などがある．

Dタイプ（differentiation; 差別化）のアプローチ（差別化の政策）は，一方ではサービス内の持続可能なイノベーションについての特異性に重きを置いている．一般的に言うと，このアプローチは非技術的なイノベーション，特に社会的なイノベーションによく当てはまる．一つの例として，環境または社会的課題を専門にする企業を育てるビジネスインキュベーター向けに行う地方行政による支援がある．

英国では，AタイプとDタイプのアプローチの違いを明確に説明する，持続可能な発展に関する二つの戦略が，国レベルであった（Seyfang & Smith, 2006）．一方は環境的近代化と技術的イノベーション，もう一方は地方行政や社会経済である．持続可能な発展に対するこれらの二つの戦略は，別々の文献で調査されてきた．一つは持続可能な生産・消費を促進することを目的とした技術的イノベーションに関する調査であり（Fusslar & James, 1996; Smith et al., 2005），もう一つは地域活動や市民社会に関する調査である（Amin et al., 2002; Seyfang, 2001）．

最後に，いくつかの公共政策はIタイプ（integration; 統合型）のアプローチに当ては

---

[9]　公共政策を支援するサービスイノベーションへのフレームワークの適用については，Rubalcaba & Den Hertog（2010）を参照されたい．

まる．これらは，分野横断型のイノベーションを支援することを目的とした統合型の政策である．例えば，持続可能な企業統治（corporate social responsibility; CSR; 企業の社会的責任）を発展させることを意図した公共的な戦略が該当する．イノベーション文化の促進もまた，分野間の境界を乗り越えるために，Iタイプのアプローチに当てはまるとされる．Patris et al. (2001) では，オーストラリア政府が 2000 年に発表した National Action Plan for Environmental Education for a Sustainable Future（持続可能な将来に向けた環境教育計画）などの，オーストラリアやヨーロッパの政策が例示されている．

22.5　イノベーションに基づいたサービスにおける起業家精神と持続可能な発展

　前節までに述べた，持続可能な発展に関する課題やイノベーションの特定の形態は，持続可能な発展に関係する限り，イノベーションに基づいた（サービスにおける）起業家精神の問題もまた提起している．シュンペーター（Schumpeter）式起業家精神の少なからぬ部分が，持続可能な発展に関係する．サービスにおいては，以下の四つの新しい持続可能な起業家/イノベーションのタイプがあるとされている．すなわち「知識起業家」「社会起業家」「環境起業家」「超起業家」である．

1. **知識起業家**：知識起業家とは，自分自身が構築に携わって得た新しい知識をもとに企業を興す専門家，または構築には貢献していないモノの使い方を良くすることを考えて企業を興す専門家である．前者を研究者的起業家，後者をコンサルタント的起業家と呼ぶことができる．後者は，新しいイノベーション分野と今まで呼ばれてきたものと深く関係する．新しい知識は，自然科学や工学から導かれるだけでなく，人文社会科学からも導かれる．持続可能な発展の人に関係した側面は，この形の起業家精神を持った人にとって飛躍できる場所である．例えば，エコ表示，南北協調，環境法についての専門知識や持続可能な発展におけるコンサルティングなどが当てはまる．知識起業家は企業内，より一般的には知識集約型の社会において，知識の拡散に積極的な役割を果たす．

2. **社会起業家**：社会起業家の活動範囲は，社会的・連帯主義的な経済である．社会起業家は社会における弱者，つまり子供，高齢者，社会経済的・物理的・精神的な様々な障害を持った人々に対して責任を持つ組織を，イノベーションを用いて作ることに関わる．別の言葉では，社会起業家の目的は，社会的な問題に対してイノベーティブな解決策を見つけ出すことである．

3. **環境起業家**：環境起業家の活動範囲は，環境の保全や持続可能な発展の追及にある．複合的な観光産業の様々な構成要素（ホテル，レストラン，レジャーなど）に，このタイプの起業家がいる．例えば，観光農業，産業観光，サイクリング旅行など，地方の社会構造に関連した新しい試みや新しい探求の形態を作り，観光業を牽引することで特定市場を切り開いてきた．別の例としては，「グリーン技術」（環境保全につながる有形の，あるいは手法やプロトコルといった無形の技術）と呼ばれるものの開発がある．

4. **超起業家**：これはビジネスインキュベーターを表す．インキュベーターは，様々

な手段を使って会社の立案，設立，初期ステップを促進・支援し，それによって実現可能性を高める．インキュベーターは起業家を作り出すという複雑なサービスを提供する組織である．言うなれば，「起業家精神を持った起業家」である．超起業家精神の多くの実例は，持続可能な発展の原理（地域振興，地域再開発，再編など）に基づいている．特に米国では，女性起業家，少数民族，非営利団体などを専門とするインキュベーターの例がある．

22.6　まとめ

　持続可能な発展の概念は，四つの独立した固定観念である産業主義，技術主義，環境主義，自己防衛主義によって特徴づけられる．環境に影響を与える技術的イノベーションに継続して依存する巨大な産業に支配された状況において，持続可能な発展という考え方は，闘争的な時期を経て理論的分野として生まれ，成熟してきた．社会的・社会経済的側面を持つに至るまで，持続可能な発展は主に生態学的そして環境的な側面を持っていた（これはある程度今も継続している）．その主な課題は，製造業による再生不可能な資源や環境に対する甚大かつ壊滅的な影響であった．しかし（そして四つの独立した固定観念による結果として），この持続可能な発展の概念は「自己防衛主義」的でもあり，（環境への）損傷からの復興を基本的な課題としている．

　サービスが主要な利益源であり主要産業である経済において，これら四つの固定観念は存在し続けている．しかしながら，サービスが持続可能な発展の条件を難しいものに変えた．サービスは，それらが創出または導出したイノベーションを通じて，持続可能な発展において重要な役割を果たしており，今後も果たし続けるだろう．本章では，サービスに基づいた持続可能な発展について優先的に議論し，問題となっている様々な固定観念を解消させてきた．

　ポジティブであろうとネガティブであろうと，持続可能な発展に関する将来の課題が展開されるのは，主要なサービスセクターである．現在のところ，サービス活動の大部分は，製造業に比べて環境フットプリントが小さいが，一方で現代経済において最も雇用を生み出している産業はサービスであるため，社会経済的に重要な影響を同時に作り出している．相対的に低MIPSであるとされる情報通信技術を主に使用しているのもまたサービスである．しかしながら，Gadrey（2010）が述べているように，これらの特性が長期にわたって続くわけではなく，サービス社会の将来（サービスが構成するセクターの性質や大きさ）は環境変数に密接に関係する．

　それ以上に非技術的（特に社会的）イノベーションは，持続可能なサービス社会において重要な位置を占める．また，新しい起業家精神（と公共政策による承認）によって提供されうる多くの新しいサービスが，雇用源（経済的解決）だけでなく連帯の源（生活困難者へのサービス）となっている．

　最後に，イノベーションが技術的，非技術的のどちらであろうと，また環境的であろうと社会経済的であろうと，サービスは環境や個人の幸せを損なう破壊を治癒し，復元するだけでなく，その予防や事前対策（環境破壊，環境標準，環境ラベルに関する教育）などのイノベーションの創出において，能動的な役割を果たす．

参考文献

Amin, A., Cameron, A., Hudson, R. (2002). *Placing the social economy*, London: Routledge.

Barcet, A., Bonamy, J., Mayère, A. (1987). Modernisation et innovation dans les services aux entreprises, Report for Commissariat général du Plan, Paris, October.

Barras, R. (1986). Towards a Theory of Innovation in Services. *Research Policy*, 15, 161-173.

Belleflamme, C., Houard, J., Michaux, B. (1995). Innovation and Research and Development Process Analysis in Service Activities, IRES, FAST report, August.

Berry, L. L. (1980). Services marketing is different. *Business,* (May-June), 24-29.

Bressand, A. and Nicolaïdis, K. (1998). Les services au coeur de l'économie relationnelle. *Revue d'Economie Industrielle*, 43, 141-163.

Bröchner, J. (2008a). Construction contractors integrating into facilities management. *Facilities* 26(1-2), 6-15.

Bröchner, J. (2008b). Client-oriented contractor innovation. in P., Brandon and S.-L. Lu (eds). *Clients driving innovation* (pp. 15-136). Chichester: Wiley-Blackwell.

Broussolle, D. (2001). *Les NTCI et l'innovation dans la production de biens et services : des frontières qui se déplacent*. 11th RESER conference, Grenoble, October.

Bryson, J. (2010). Service innovation and manufacturing innovation: bundling and blending services and products in hybrid production systems to produce hybrid products.In F. Gallouj F. and F. Djellal (eds). *The handbook of innovation and services*. Cheltenham: Edward Elgar (forthcoming).

Carassus, J. (2002). *Construction: la mutation: de l'ouvrage au service*. Paris: Presses des Ponts et Chaussées.

Chase, R. B. (1978). Where Does the Customer Fit in a Service Operation? *Harvard Business Review,* November-December (1), 137-142.

Chesbrough, H. (2005). Toward a science of services. *Harvard Business Review,* 83, 16-17.

Chesbrough, H., Spohrer, J. (2006). A research manifesto for services science. *Communications of the ACM,* 49(7), July, 35-40.

Coombs, R. and I. Miles (2000). Innovation, Measurement and Services: The New Problematique. In J.S. Metcalfe and Miles, I. (eds). *Innovation Systems in the Service Economy: Measurement and Case Study Analysis* (pp. 85-103). Dordrecht: Kluwer Academic Publishers.

De Vries, E. (2006). Innovation in services in networks of organizations and in the distribution of services. *Research Policy*, 35(7), 1037-1051.

Djellal F., & Gallouj F. (2008) *Measuring and improving productivity in services: issues, strategies and challenges*. Cheltenham and Northampton: Edward Elgar.

Djellal, F. (2001). Les trajectoires d'innovation dans les entreprises de transport routier de marchandises. *Revue Française de Gestion*, 133, April-June, 84-92.

Djellal, F., Gallouj, F. (1999). Services and the search for relevant innovation indicators: a review of national and international surveys. *Science and Public Policy*, 26(4), 218-232.

Djellal, F.; Gallouj, F. (2006). Innovation in care services for the Elderly. *The Service Industries Journal*. 26(3), 303-327.

Furrer, O. (1997). Le rôle stratégique des "services autour des produits". *Revue française de gestion* March-May, 98-107.

Fusslar, C., & James, P. (1996). *Driving eco-innovation: understanding wealth creation.* London: Pitman.

Gadrey, J. (1996a). *L'économie des services.* Paris: Repères, La découverte.

Gadrey, J. (1996b). *Services : la productivité en question.* Paris: Desclée de Brouwer.

Gadrey, J. (2002). The misuse of productivity concepts in services: Lessons from a comparison between France and the United States. In J. Gadrey & F. Gallouj (Eds). *Productivity, Innovation, and Knowledge in Services: New Economic and Socio-economic Approaches* (pp. 26-53).Cheltenham UK: Edward Elgar.

Gadrey, J. (2010). The environmental crisis and the economics of services: the need for revolution. In F. Gallouj, F. Djellal, F. (Eds) *The handbook of Innovation and Services.* Cheltenham and Northampton: Edward Elgar Publishers (forthcoming).

Gadrey, J., Gallouj, F. (1998). The provider-customer interface in business and professional services. *The Service Industries Journal,* 18(2), 1-15.

Gallouj, C. & Gallouj, F. (1996). *L'innovation dans les services.* Paris: Economica.

Gallouj, C. (2007). *Innover dans la grande distribution.* Bruxelles: De Boeck.

Gallouj, F. & Djellal, F. (2010). *The handbook of innovation and services.* Cheltenham: Edward Elgar (forthcoming).

Gallouj, F. (1994). *Economie de l'innovation dans les services.* Paris: L'Harmattan.

Gallouj, F. (1998). Innovating in reverse: services and the reverse product cycle. *European Journal of Innovation Management,* 1 (3), 123-138.

Gallouj, F. (2002a). *Innovation in the Service Economy: the New Wealth of Nations,* Cheltenham, UK, Northampton MA, USA: Edward Elgar Publishers.

Gallouj, F. (2002b). Knowledge intensive business services : processing knowledge and producing innovation. In J. Gadrey and F. Gallouj (Eds), *Productivity, Innovation and knowledge in services* (pp. 256-284). Cheltenham, UK, Northampton MA, USA: Edward Elgar Publishers.

Gallouj, F. and Savona, M. (2009). Innovation in Services. A Review of the Debate and a Research Agenda. *Journal of Evolutionary Economics,* 19, 149-172.

Gallouj, F., Weinstein, O. (1997). Innovation in services. *Research Policy,* 26(4-5), 537-556.

Grönroos, C. (1990). *Service management and marketing.* Lexington, MA: Lexington Books.

Gustafsson, A. & Johnson, M. D. (2003*).* *Competing through Services.* San Francisco, CA: Jossey-Bass.

Harrisson, D., Klein, J.-L., P. Leduc Browne (2010). Social innovation, social enterprise and services. In F. Gallouj and F. Djellal (eds). *The handbook of innovation and services* (forthcoming).

Harrisson, D., Vézina, M. (2006). L'innovation sociale: une introduction. *Annals of Public and Cooperative Economics,* 77(2), 129-138.

Hill, P. (1977). On goods and services. *Review of Income and Wealth,* 23(4), 315-338.

Howells, J. (2007). Services and innovation: conceptual and theoretical perspectives. In J.R Bryson and P. W. Daniels (eds). *The Handbook of Service Industries* (pp. 34-44). Cheltenham: Edward Elgar.

IBM Research (2004). Services science: a new academic discipline?. A 120-page report of a two-day summit entitled Architecture of On-Demand Business, May 17-18.

Le Roy, A. (1997). *Les activités de service: une chance pour les économies rurales? vers de nouvelles logiques de développement rural.* Paris: L'Harmattan.

Lenfle, S., Midler, C. (2003). Innovation in automative telematic services: characteristics of the field and management principles. *International Journal of Automative Technology and Management*, 3(1/2), 144-159.

Levitt, T. (1976). The Industrialization of Service. *Harvard Business Review*, September-October, 41-52.

Maglio, P. P., Kreulen, J., Srinivasan, S., Spohrer, J. (2006). Service systems, service scientists, SSME, and innovation. *Communications of the ACM.* 49(7).July. 81-85.

Maubrey, R. (2003). Les problèmes et solutions pour accéder aux innovations environnementales au sein d'entreprises et de collectivités. *Innovations, Cahiers d'économie de l'innovation* 18,113-138.

Miles, I. (2002). Services innovation: Towards a tertiarization of services studies. In J. Gadrey & F. Gallouj (Eds). *Productivity, Innovation and Knowledge in Services, New Economic and Socio-Economic Approaches* (pp. 164-196). Cheltenham, UK: Edward Elgar.

Miles, I., Kastrinos, N., Flanagan, K., Bilderbek, R., den Hertog, P., Huntink, W., Bouman, M. (1994). *Knowledge-Intensive Business Services: Their Role as Users, Carriers and Sources of Innovation*, PREST, University of Manchester.

Muller, E., Zenker A. (2001). Business services as actors of knowledge transformation: The role of KIBS in regional and national innovation systems. *Research Policy*, 30 (9), 1501-1516.

NESTA (2006). *The innovation gap : why policy needs to reflect the reality of innovation in the UK*, National Endowment for Science, Technology and the Arts, Research Report.

Nicolas, E. (2004). Apprentissage organisationnel et développement durable. La norme AB. *Revue française de gestion*, 2(149),153-172.

Patris, C., Valenduc, G., Warrant, F. (2001). *L'innovation technologique au service du développement durable*, Report for Services fédéraux des affaires scientifiques techniques et culturelles (SSTC), Fondation Travail-Université, Namur, Belgium.

Pavitt, K. (1984). Sectoral patterns of Technical Change: Towards a Taxonomy and a Theory. *Research Policy*, 13, 343-374.

Quinn, J. B., Baruch, J. J., Paquette, P. C. (1987). Technology in Services. *Scientific American.* 257(6), December, 50-58.

Rubalcaba, L., Den Hertog, P. (2010). Policy frameworks for services innovation: a menuapproach. In F. Gallouj and F. Djellal (eds) (2010). *The handbook of innovation and services* Cheltenham: Edward Elgar Publishers (forthcoming).

Scheer, A.-W., Spath, D. (2004). *Computer-Aided Service Engineering.* Berlin: Springer [In German].

Seyfang, G. (2001). Community currencies: small change for a green economy. *Environment and planning*, 33 (6), 581-593.

Seyfang, G., Smith, A. (2006). *Community action: a neglected site of innovation for sustainable development ?*, CSERGE Working Paper EDM 06-10.

Shostack, G. (1984). Service Design in the Operating Environment. In G. William, M. Claudia (Eds). *Developing new services (*pp. 27-43). American Marketing Association, Proceedings Series.

Smith, A., Stirling, A., Berkhout, F. (2005). The governance of sustainable socio-technical transitions. *Research Policy*, 34(10), 1491-1510.

Spohrer, J, Maglio, P. P., Bailey, J., Gruhl, D. (2007). Toward a Science of Service Systems. *Computer,* 40(1), 71-77.

Sundbo, J. (1998). *The organisation of innovation in services.* Copenhagen: Roskilde University Press.

Sundbo, J. (2002). Innovation as a strategic process. In Sundbo & J., Fuglsang, L. (Eds), *Innovation as strategic reflexivity* (pp. 57-80). London and New York : Routledge.

Sundbo, J., 1997. Management of innovation in services. *The Service Industries Journal,* 17(3), 432-455.

Tether, B. (2005). Do Services Innovate (Differently)?: Insights from the European Innobarometer Survey. *Industry and Innovation,* 12, 153-184.

Toivonen, M. (2004). *Expertise as business: Long-term development and future prospects of knowledge-intensive business services,* PhD, Helsinki University of Technology.

Vargo, S. L. & Lusch, R. F. (2004). Evolving to a new dominant logic for marketing. *Journal of Marketing,* 68, 1-17.

Windrum, P., Garcia-Goni, M. (2008). A neo-Schumpeterian model of health services innovation. *Research Policy,* 37(4), 649-672.

Wood, P. (2005). A service-informed approach to regional innovation - or adaptation? *The Service Industries Journal,* 25(4), 429-445.

Zéroual, T. (2008). *Vers une réévaluation des politiques de transport durable de marchandises* Séminaire du programme SITE, Clersé, University of Lille 1, 28 February.

第23章

サービスのイノベーションと，顧客との共同開発

- **Bo Edvardsson**
  CTF-Service Research Center
  Karlstad University, Sweden
- **Anders Gustafsson**
  CTF-Service Research Center
  Karlstad University, Sweden
- **Per Kristensson**
  CTF-Service Research Center
  Karlstad University, Sweden
- **Lars Witell**
  CTF-Service Research Center
  Karlstad University, Sweden

サービスのイノベーションを理解する上で，顧客との共同開発という概念は中心的である．顧客との共同開発，つまりサービスにおけるイノベーションのプロセス全体にわたって顧客を巻き込むことによって，未開拓のビジネスが生まれる可能性があるというのが，この章の出発点である．サービスロジックの考え方において，顧客はサービス生産とサービスイノベーションの双方で重要な役割を果たすとされている．しかし，今までは，サービスの生産過程における顧客の役割だけが着目されることがほとんどだった．この章では，サービスの生産における顧客の役割と，サービスイノベーションにおける顧客の潜在的な役割との間に存在するであろう関係について論じる．サービス生産のプロセスが変化すれば，それに応じてサービスイノベーションのプロセスも変化するはずである．サービスのイノベーションのプロセスにおける様々な段階で，顧客は価値を理解する役割を担う者として，またそれを伝達する役割を担う者として，プロセスに一体化されうる．企業は顧客の様々な役割を理解し，互いを補うよう活用することが必要である．顧客がイノベーションプロセス全体にわたって深く，密に関わるようにすることは，重要であると同時に実現が難しい課題である．

23.1 はじめに

　イノベーションは，顧客と組織の双方に何らかの利点を生み出すことを目的とする．利点とは，例えば利潤や成長，顧客ロイヤルティの向上，新規ビジネスの創造などである．サービスにおけるイノベーションの源となる事柄として，顧客が共創者という新たな役割を持つことや，顧客との新たなインターフェースが作られること，技術的な選択肢が増えること，サービスプロセスの基盤として新たなリソース統合の方法が可能になることなどが挙げられる．サービス駆動型の経済においては，企業はサービスのイノベーションによって企業の競争力を高め，現在の顧客に対する価値を創造し，新たな顧客を引き付け，同時に株主にとっての価値を生み出そうとする（例えば Edvardsson, Gustafsson, Johnson, & Sandén, 2000; Gustafsson & Johnson, 2003）．また，サービス経済で成功するために必要な知識を追究する科学としてのサービスが，新しい学術分野として発展している（Glushko, 2008）．Chesbrough & Spohrer（2006）は，サービスサイエンスという学術分野が，サイロ状に分断されている複数の学術分野を統合し，サービスイノベーションをさらに促進すべきであると主張している．

　企業間の競争は，優れた顧客価値の開発，提案，提供によって行われる．「サービスにおける価値は顧客の参加によって共創される」という見方に基づくと，従来の「価値はサービスの生産段階で設計され，顧客とやり取りされるものである」という考え方に対して疑念が生じる．サービスに対する評価は，そのサービスの使用価値，もしくは，サービスを利用した結果として生じる消費体験に基づいて行われる．つまり，サービスで重要なのは，製品やサービスが人々や組織に対して実際に何をするか，という点にある．サービス研究やサービスサイエンスにおいても，顧客との価値の共創は中心的なテーマであり，ビジネスというものの捉え方に関する中心的な考え方の一つである．こうした考え方は，イノベーションのプロセスにも取り入れられるべきである．

　サービスロジックの観点では，価値を創造する方法が変化している点を重視することがイノベーションの一部になる．ここで言う価値とは，顧客がサービスを消費する時点において創造されるものである．言い換えれば，イノベーションは，顧客にとって「状況」がどう変化したかに関わる．状況とは，例えば，顧客が物事をどれだけうまく，円滑に，速く，安く，満足して，他者と協力して行えるようになるかや，新しい知見を得られたかなどである．製品ロジックと比較して考えると，サービスロジックにおいては，企業内部で生産，付加される製品やサービスにおける新技術や機能，特性はあまり重要視されない．顧客が製品やサービスを使用する時点で価値が生み出されるのだとすれば，顧客は価値に関する能力と知識とを持っているリソースであると見なせる．そうしたリソースこそ，サービスイノベーションの開発が成功するための中核であるべきである．この章では，顧客をサービスイノベーションプロセスの共同開発者として巻き込むべきか，そしてそれをいつどのように行うべきかという問題を取り上げる．

　共同開発者として顧客を巻き込むということは，「率先して顧客に近づく」ことにより，フォーカスグループ，アンケート，インタビューといった伝統的なマーケティングリサーチ手法から得られるものを越えて，顧客から学び，また顧客とともに学び合おうとすることを意味している．この章の出発点は，サービスイノベーションのプロセス全

体を通して顧客を巻き込み，共同開発者としてともに学ぶことによって，非常に大きなビジネスの可能性が得られるという点である．顧客をサービスイノベーションの共同開発者として捉えるという概念は，サービス研究において広まりつつあり，サービス企業や公共のサービス提供者だけでなく，製品からサービスへと移行しつつある製造業の企業にとっても意味がある．

この章では，スウェーデンのカールスタード大学 CTF サービス研究センターで行われた様々なプロジェクトから得られた知見を示す．これは，スウェーデンのサービス企業へのサーベイのほか，Telia，Ericsson Whirlpool など多国籍企業の協力により実施されたケーススタディや実験事例に基づくものである．この章では，まず，サービスロジックについて解説し，サービスイノベーションおよびサービスイノベーションにおける顧客との共同開発の重要性に対する理解を深める．次に，サービスロジックの考え方をもとに，サービスの価値を創造するための顧客の役割について論じ，サービスイノベーションにおける顧客の役割の可能性について，いくつかの見方を提示する．また，サービスイノベーションのために顧客との共同開発を行っている企業の例を挙げる．最後に，サービスのイノベーションにおけるいくつかの指針として，着眼点をどのように変えるべきか，顧客との共同開発をどう管理するべきかを示す．

23.2　サービスロジックと顧客との価値の共同生産

23.2.1　定義とサービスの観点

Grönroos（2008）は，サービスという概念が文献で用いられる際，少なくとも3種類の異なる側面があると述べている．すなわち，(1) 活動としてのサービス，(2) 顧客にとっての価値を生み出すという観点に立ったサービス，(3) 提供する側の活動（ビジネスロジック）の観点に立ったサービス，の三つである．「活動としてのサービスは，"サービス"という語が古典的な文献において示している内容のことである．これは，誰かが他の人や，他の人の日常業務（活動またはプロセス）を助けるために何かを行うプロセスを示している．例えばクリーニング業者は，顧客のワイシャツを洗ってアイロンをかけることで，顧客がそれを着てオフィスに行けるようにする．ランチレストランは顧客に昼食を提供することで，顧客が午後の仕事をうまく行えるようにする．どちらの場合も，企業活動が顧客に対して何らかの価値を提供している」（Grönroos, 2008: 300）．「日常業務を助ける」ということは，サービスの活動が顧客の何らかの活動やプロセスを支援しなければならないことを意味している．これに対して，Grönroos（2008）の見方によれば，サービスの (2) と (3) の側面は，顧客の購買・消費のプロセス（顧客のサービスロジック）と組織のビジネス戦略・市場戦略（提供者のサービスロジック）の双方の基盤になりうる．サービスに関するこうした側面やロジックは，伝統的なサービス企業から公共機関や製造業に至る，今日の多くのビジネスにおける価値の創造を理解したり，その理解を深めたりするのに役立つことが明らかになっている．

Grönroos（2008: 311）はこう述べている．「サービスロジックとは単なる交換ではな

くインタラクションであり，マーケティングの基盤をなすものである．交換は，顧客にとっての価値を創造することではなく，取引と価値の促進だけを意図した表現である．一方，インタラクションは顧客価値の創造と実現に焦点を置いており，それ以上に，企業が顧客とともに価値を創造することを可能にするものである．交換という用語では，顧客価値創造の重要性も企業が価値の共創者となる機会も，表に見えなくなってしまう」．

Vargo & Lusch（2008）によると，サービスとは「誰かのために何かを行う」ためのインタラクティブなプロセスであり，このプロセスに価値があると考えられるようになってきている．サービスは，リソースの調達・生産・流通から消費までを通したすべての観点から，あらゆるビジネス関係における統一的な目的となる（Vargo & Lusch, 2006）．Vargo と Lusch は，こうした新たな考え方はマーケティングの新しいドミナントロジックに収束すると述べている．この新たなドミナントロジックにおいては，経済交流の本質は製品ではなくサービスの供給であり，製品はユーザーが使用することでサービスを可能にするためのプラットフォームである．製品がサービスの基盤となるということは，例えばグラハム・ベルとイライシャ・グレイによって発明された電話が通信サービスの基盤であった例に見られる．ずっとあとになって，最新技術とインフラを新たな方法で利用することにより，Skype サービスの基盤が形成された．コスト効率のより優れたサービスが新たに発明されたのである．サービスイノベーションの多くは，技術開発や製品・インフラの新たな利用方法によって活性化されるものである．

23.2.2　サービスドミナントロジック

顧客にとっての価値を創造する方法は，重点をサービスに置くか製品に置くかによって異なったものになる．例えば，運送サービスと車について考えてみよう．車に重点を置く考え方では，製品ドミナントロジック（goods dominant logic; GDL）に基づいて価値創造を理解しようとする．他方，運送サービスによって生み出される顧客価値を記述・理解するには，サービスドミナントロジック（service dominant logic; SDL）が必要になる．さらに，GDL では，価値は製造の段階で物理的な製品に埋め込まれるものとされる．Lusch, Vargo, & Wessels（2008）は，SDL のほうが伝統的な GDL よりも強固な形でサービスサイエンスに適用できるフレームワークであると述べている．

SDL に基づくサービスビジネスは，本質的に顧客指向であり，顧客との結び付きが強い（Vargo & Lusch, 2004, 2008）．SDL の中心はリソースである．オペラントリソースは，他のリソースを活用したり他のリソースと協力したりすることによって，利益の提供や価値創造ができる．こうした形態は，「出力」という結果の概念から「互いに満足し合うインタラクティブなプロセス」への移行であり，施設や設備といった静的なリソースから従業員・企業の能力，価値創造のためのパートナーや顧客といったリソースへの移行を示す．最後に，サービスはリソース統合を通した価値の共創を目指す（Vargo & Lusch, 2008）．

Vargo と Lusch の理論の中心となる仮定は，オペラントリソースもオペランドリソースも，それ自体が価値を「持つ」のではなく，リソースが利用される際に価値が顧客

と共創されるという点である．オペランドリソースが本質的に静的であるのに対し，オペラントリソースは回復，補充，新規生成が可能であり，本質的に動的である．SDLに沿って考えると，組織の文化や従業員はオペラントリソースとして扱わなければならない．こうした扱いにより，従業員は価値の共創者としての役割と権限を得ることができる．リーダーは，従業員が新たなサービス提供手法を作り出せるようにサポートしなければならない（Lusch et al., 2007）．個々の知識やスキル（オペラントリソース）の適用と，個人に特化されない知識やスキルとの交換は，SDLの中心となる考え方であり，Vargo & Lusch（2006）によれば，人が満足している状態の基本である．今のところ，SDLの重点はサービスのイノベーションや開発よりも，その生産に置かれている．

23.2.3　顧客の巻き込み，共同開発，顧客価値

　顧客をサービスイノベーションのプロセスに巻き込むことによって，顧客から知見を得たりともに学んだりすることは，成功のための主要な要因である．共同開発は，顧客の能力を取り込み，顧客をイノベーションプロセスに設計の段階から参画させることである．Norton & Ariely（2007）によると，人は，他人が作ったもののほうが客観的には高い交換価値を持っていても，自分が作ったものをより高く評価する．顧客とサービスを共同開発したり顧客の能力を取り込んだりすることに関する研究は，サービスサイエンスの重点分野である．「プロシューマー」（生産者かつ消費者）と呼ばれる顧客の二重の役割は，1980年にアルビン・トフラーが作り出した概念であり，それ自体は新しいものではない．新たな点は，プロシューマーという役割がサービスプロセス中のどの局面で出現するかにある．これを論じるには，開発プロセスに対する仮定が必要になる．本章では，共同開発の概念を導入し，顧客をサービスイノベーションプロセスにおける主要な参画者として扱う．

　本章では，価値とは，ステークホルダーとの強力な相互関係における「バランスをとりながら様々なステークホルダーを中心に考えるやり方」を通して，インタラクティブかつ相互に創案されるもの（Normann & Ramirez, 1998）と捉える．この章におけるステークホルダーとは主に顧客であり，それぞれの顧客から見た使用価値のことである．顧客にとってのバリュープロポジションを定義する方法は様々であるが（Anderson et al., 2006），顧客の観点（つまり，顧客にとっての使用価値を保証しようとする立場）に立った定義が最もよく使われる．顧客バリュープロポジションは，強みとなる競争力の育成やビジネスの成功を目指す上で，企業内の戦略的な指針となる．Grönroosは，価値に関する時系列的な観点を重視しており，「顧客にとっての価値は，顧客によって，関係が発生する期間全体にわたって生み出される．価値の一部は，顧客が製品やサービスの提供者とやり取りする中で作られる．注目すべきなのは製品ではなく，顧客にとっての価値が生まれ，顧客がそれを認識する場としての顧客価値創造のプロセスである」（Grönroos, 2000: 24-25）と述べている．常に変化し，競争も激しいグローバル環境において，価値創造のロジックは変化している．

23.3　顧客の役割の変化

　価値創造のロジックの変化は，顧客の役割が変化し，多くのビジネスにおいて，企業の従業員が毎日顧客に会ったりはしなくなっていることを示している．対面式でやり取りを行う従来のサービスは，技術の進歩を利用したサービス体験に置き換えられてきた．サービスにおけるイノベーションの多くは，結果として，サービス生産における顧客の役割を変化させている．ここに，新技術によって企業とその顧客の間に距離ができてしまうというパラドックスが生じる．つまり，顧客は企業の担当者と対面せず，フロントエンドとして開発された技術とやり取りするだけになる．新技術によって顧客と企業の従業員との距離が広がってしまうと，従業員が顧客を理解することが難しくなるだけでなく，顧客が自分の要望をはっきりと伝えることも難しくなってしまう．顧客は，複雑な技術の能力や限界を理解していないからである．

　サービス生産における顧客の役割の変化は，製品やサービスの開発プロセスにおける顧客の役割にも影響する．技術の進歩によって，個々の顧客レベルでの行動を長時間にわたって実際に確認し，そこから知見を得ることが可能になった．単純なインタビューやサーベイだけではもはや顧客を理解するには不十分である．顧客は，サービスイノベーションのプロセスへの積極的な参画者であり，共同開発者でなければならない．結果として，従業員は顧客をより良く理解することができ，顧客から新しいアイデアを引き出せる可能性がいっそう広がる．

　したがって，顧客との共同開発は，顧客の声に耳を傾け，顧客からの情報をもとに価値創造のオファリングを行うための新しい重要な方法であると考えられる（Alam, 2002; Edvardsson et al., 2006）．過去の文献においては，一般に共同開発とは，アンケートによる顧客情報の収集から，リードユーザー法を使った顧客によるイノベーション開発に至るまで，あらゆるものを指している．しかし，顧客を理解するためのより良い手法は何かという点についてわかっていることはまだ少ない．今後，特に，こうした手法の適用が組織の財務実績に効果を与えるかなどに関する研究が必要である．

　ここでの目的は，顧客の実生活にできるだけ密着することである．これには，新しいサービスを試すときだけでなく，サービスイノベーションのプロセスの早期における顧客の行動も含まれる．顧客の行動は，よく考慮された上での意図に基づいているとは限らないため，企業が顧客の日常生活から得た情報を使用することは難しい．しかし，企業はこのような取り扱いの難しい情報にアクセスする必要がある．こうした情報は，顧客がサービスを利用している時点でのみ発生するものであり，あとから顧客に思い出してもらうことはできないかもしれない．

23.4　サービスドミナントロジックを通じた価値創造における顧客の役割

　SDL は，本質的に顧客指向であり，顧客との関係に基づいている．オペラントリソースが顧客の利益のために使用される際には，顧客が価値創造の中心となる．このことは，顧客との関係のダイナミクスと，価値の共創を組織化する新たな手法を示唆している．この新たな手法には，価値創造システムにおける積極的な参画者もしくはリソース

としての顧客が含まれる．組織の役割は，競争力のある特性を複雑なサービスとしてまとめて，顧客が望むソリューションを提供し，顧客にとっての使用価値を引き出すことである．SDL は，サービスイノベーションが顧客にとってのバリュープロポジションや必要条件を形成することを示している．サービスイノベーションによって，顧客は知識とスキルを提供することで，顧客自身にとっての価値を共創できるようになる．このことが，結果として魅力的な顧客価値や好意的な顧客経験をもたらす．

つまり，SDL は，顧客が価値の共創において重要で能動的な役割を果たすのと同様，サービスイノベーションの共同開発においてもそうした役割を果たすと主張している．個々の顧客がサービス自体を理解し，顧客自身にとっての使用価値に基づいてサービスを評価するためには，顧客の知識，スキル，経験，価値などが重要である．GDL ではなく SDL を採用することは，サービスイノベーションのマネージメントに大きな影響を与える．SDL において，顧客をイノベーションプロセスへ巻き込むことは，バリュープロポジションやサービスの概念やサービスプロセスを設計する上で自然に行われるようになっている．サービスの開発者は，顧客が「顧客価値」を定義し実現できるよう，顧客の役割に注意を払わなければならない．他方，GDL におけるバリュープロポジションやサービスの概念やサービスプロセスは，サービスの提供者が設計時に定義するものであり，サービスイノベーションはそれに付随しているだけのものである．

SDL の価値創造における顧客の役割を考えると，顧客がサービスイノベーションのプロセスにおけるリソースとして，より重要な役割を果たしうることがわかる．

- イノベーションを目的とする役割
- 価値を創造する役割
- アイデアを生み出す役割

第一に，イノベーションプロセスにおける共同開発が目指すものはイノベーションであり，単なるカスタマイズではない．開発プロジェクトにおける顧客の従来の役割は開発サイクルの最後に限定されており，顧客はほとんど完成したプロトタイプにわずかな変更を加えるような意見を述べることしかできなかった．顧客にそこで与えられる役割は，たいてい，製造者の質問に反応を返すことだけである．これとは対照的に，顧客との共創を行う場合は，顧客は，イノベーションプロセスの最初から共同開発者としての役割を担うことになる．Vargo & Lusch（2004）で述べられているとおり，顧客は当然誰よりも自身の状況をよく知っており，製品の使用価値をより適切に評価することができる．「共創」と従来行われてきた「カスタマイズ」との違いは，顧客の関与の程度にある．一般には，カスタマイズにおける顧客の関与は，共同開発の場合ほど積極的ではない．単なるカスタマイズと比べて，共同開発という概念は市場指向の考え方をより多く取り入れて，イノベーションの問題に取り組んでいる．

第二に，共同開発の主な利点として挙げられるのは，独特でより使用価値が高いサービスイノベーションを開発できる可能性である（Alam, 2002）．つまり，顧客との共同開発によって，サービスイノベーションプロジェクトのフロントエンドにおいて生成されたアイデアは，他の方法で創造されたアイデアよりも独特で価値があるであろうことを意味する．イノベーションのためのプロジェクト初期においてアイデアを考えるのは顧客でないとすれば，企業内の開発者ということになる．ここに，明らかな疑問が生

じる．顧客は，本当に企業内の開発者よりも創造的なのかという点と，もしそうだとすれば，なぜ顧客のほうが価値の判断が優れているのかという点である．最初の点については，実践的な検証を行った研究がいくつかある（例えば Kristensson, Gustafsson, & Archer, 2004; Kristensson, Matthing, & Johansson, 2008; Kristensson, Magnusson, & Matthing, 2002）．あるフィールド実験においては，74人の顧客に携帯電話を渡し，将来の携帯電話サービスに関する短い解説を行った．この顧客たちは，経験した問題について考え，携帯電話サービスによってその問題を解決できるか，どうすれば解決できるかを13日間検討するよう指示された．実験後，すべてのアイデアを集めて企業内の開発者が出したアイデアと比較した結果，顧客によるアイデアはより独創的で価値が高い一方，企業内の開発者によるアイデアはより実現可能性が高かった（Kristensson et al., 2004）．このように，共同開発においては，顧客を斬新なアイデアの新しい源として利用するように，サービスイノベーションプロセス全体に組み込んでいく．

　第三に，顧客がニーズを評価し解釈する能力を活用することは，顧客との共同開発の中心である．ニーズには明らかなものもあれば，それ以上に重要な隠れたニーズもある．顧客が持つこのニーズの評価能力は重要であり，マーケティング史における多くの先行文献が，製品やサービスの開発を成功させるためには，マーケットフィット，つまり，顧客のニーズを正しく評価・解釈・応用することが主要な要因の一つであると主張している（Rothwell, 1994）．顧客がリソースと見なされるようになり，隠れたニーズの評価が困難であることが知られるに従って，顧客は（製造者から）ソリューションに関する情報を提供された上で，そのソリューションにどんな「ニーズ」があるかを探すよう依頼されるようになっている．こうした顧客によるニーズ探索は，顧客自身がそれを使用する状況に基づいて，将来の製品やサービスがどんな有意義な役割を果たすかを考えることで行われるため，より効果的であると考えられる．このように，顧客の共同開発という考え方においては，サービスイノベーションのプロセス全体を通して能動的な顧客をリソースとして組み込んでいる．

23.5　組織から見た顧客の捉え方

　ある組織が顧客をどう捉えているかは，その企業の顧客に対する態度に反映される．サービスの生産（Lengnick-Hall, 1996）においてもサービスの開発（Alam, 2002）においても，顧客がとりうる役割は様々である．顧客の役割のバリエーションの中で，その最も極端なケースでは，顧客は単なる貢献が少ない製品の一種と見なされ，組織がすべての専門性を保持している．実際，ある種のサービスや，サービスイノベーションプロセスのある特定のフェーズにおいては，顧客が補足すべき知識はほとんどないかもしれない．また，逆の極端なケースでは，顧客は将来のサービスの開発に不可欠な知識を持つリソースだと捉えられている．この場合，顧客は，サービスの生産や開発にとって有能で重要な構成要素であるという考えが強力に支持されている．まとめると，これらの二つの捉え方にはかなりの距離があることから，顧客に対する捉え方は，時間，開発プロジェクト，サービスのタイプ，組織の部分などによって異なるであろうことを，心に留めておくことが重要と考えられる．

23.5.1 サービス生産における顧客

Gershuny & Rosengren（1973）は，サービス生産における顧客の様々な役割を網羅する最初のモデルの一つを提案した．彼らは，顧客が，リソース，作業者（共同生産者），購買者，受益者（使用者）という四つの異なる役割を担うと主張した．この研究に基づいて，Lengnick-Hall（1996）は，顧客は，リソース，共同生産者，購買者，使用者，製品のどれかと見なせると述べた．リソースとしての役割と共同生産者としての役割は，企業の運営と成果に直接・間接の影響を及ぼすことから，これらは企業への入力に関する顧客の役割である．他の三つは，企業からの出力に関する役割である．

リソースとしての顧客の役割は，主に，情報や利益を供給することである．顧客はしばしば生産プロセスにおける原材料となるが，サービスプロセスが個人に特化しなくなるにつれて，顧客リソースとの接触の数や強さ，持続性は不確定になっていく．顧客が提供する情報が不完全・不正確であったり，予算や時間についてのコミットメントを守れなかったりする場合には，リソースとしての顧客からの入力のせいでサービスのパフォーマンスが低下してしまうことになる．

共同生産者としての顧客という概念は，顧客がサービスを利用することで価値の共創者となることを意味する．顧客は，共同生産者としての役割を増すほど，ワークプロセスの質に強い影響を与えるようになる．こうした状況においては，顧客の知識ややる気，経験に生産は強く依存する．何をどのようにすべきかを顧客がわかっていれば，役割を遂行しやすくなるだろう．

Lengnick-Hall（1996）は出力に関わる顧客の役割について，(1) 購買者としての顧客，(2) 使用者としての顧客，(3) 製品としての顧客という三つの捉え方を示した．この三つはすべて，期待，顧客満足度，購入意図といった，サービスの提供に関する概念に焦点を置いている．

顧客の参画度は，「サービスの生産・提供において顧客が密接に関わっている度合い」（Dabholkar, 1990）と定義されている．この定義に関して，Meuter, Ostrom, & Bitner（2000）は，顧客の参画を，企業生産，共同生産，顧客生産（ただし用語は原論文とは変えてある）の三つに区分している．企業生産では，製品の生産は完全に企業とその従業員によって行われ，顧客の参画はない．共同生産では，顧客と企業の担当者が対話しながら生産に参加する．顧客生産では，企業やその従業員の関与なしに顧客が製品をすべて生産する．

顧客のこれらの役割にはサービスの生産に特有のものもあるが，一般的にサービスイノベーションに適用できるものもある．さらに，生産プロセスにおける顧客の役割の選択は，顧客が何をもってどのようにサービスイノベーションに貢献できるかに影響する．

23.5.2 サービスイノベーションにおける顧客

開発作業に関しては，顧客を購買者であり，興味の対象であり，情報の提供者であり，専門家であり共同開発者であるとするモデルとして作られている（例えば Finch, 1999; Nambisan, 2002）．Alam（2002）は，開発プロセス全体に関する組織と顧客のコミュニケーションの度合いに基づくモデルを提案している．このモデルにおける顧客とのコ

ミュニケーションでは，特定の事柄に対してインプット，情報，フィードバックを得るだけの受け身のものから，顧客と詳細な協議を行う積極的なもの，そして開発チームに顧客の代表者を含めるものまで，その度合いには幅がある．顧客をただの使用者と見なす組織は，顧客の多様な役割を拡大して関係を深め，顧客を巻き込んでいる他の企業に敗北するだろうと，Alam（2002）は述べている．

Voss（1985）は，顧客の巻き込み方の種類について，(1) ユーザーが開発するが，役割が委譲されてはいない場合，(2) ユーザーが開発の役割を委譲されている場合，(3) ユーザーによるイノベーション，(4) ユーザーをきっかけとしたサービス提供者によるイノベーション，(5) サービス提供者によるイノベーション，という五つのカテゴリを挙げている．最初の3カテゴリにおいては，アイデア生成の主な源がユーザーであるのに対し，残りの2カテゴリにおいては，サービス提供者が主要な立場であることに注意してほしい．サービスイノベーションのプロセスにおいて，アイデアを作る段階がその後の進展を決定することが多いため，ユーザーが初期段階で積極的に関与してアイデアを生成するのであれば，ユーザーの参画がサービスイノベーションプロジェクトにおける決定的なポイントとなるだろう（例えばKristensson et al., 2004）．

Voss（1985）はイノベーションを考え方の原点としているが，ここでは，顧客を組織がどう捉えているかに着目したい．今まで紹介したいくつかのモデルに基づいて，購買者としての顧客から始まり，興味の対象としての顧客，情報提供者としての顧客，共同開発者としての顧客を経て，最終的に開発者としての顧客に至る，少しずつ異なる様々な顧客の捉え方についての分類体系を提案しよう．

企業が顧客を購買者と見ている場合，その企業は顧客をサービスの受動的な受け手として捉えている．そのため，そうした企業は，技術主導型の考え方を持っていたり，サービスイノベーションとは企業自身のアイデアや能力によって引き起こされ，顧客の特定のニーズがなくても作られると信じていたりする．テクノロジープッシュの状況においては，まずイノベーションが作られ，それにうまく適合するようなアプリケーションやユーザー層が次に模索される．そこで使用される手法は，たいてい，内部的なアイデア生成の形をとっており，新しいサービスの源泉を開発製造部門のノウハウに頼っている．

顧客を興味の対象と見なしている組織は，顧客の苦情や販売営業部の知識といった受け身の情報を利用している．この場合，開発は将来の機会よりも過去の失敗例に左右されやすい．企業は情報を積極的に求めることはせず，受け身になってフィードバックを待っている．多くの場合，こうした企業は日々の活動で手一杯であり，サービスイノベーションを生み出す余裕がない．ここでよく使われる手法は，顧客のコメントカードや問題発見法，重大な過誤の調査などである．

顧客を情報提供者と見なしている場合，顧客のニーズに関する知識を得る手段として，伝統的な市場調査技術がよく使われる．一般的な市場調査技術として，詳細インタビュー，サーベイ，フォーカスグループなどの手法があり，企業はこれらを用いて顧客に対して現在のニーズに関する質問を行う．よくある別のシナリオは，企業が製品発表の前に，ほぼでき上がったプロトタイプをテストして，最後に何をすべきかを理解しようとするものである．企業によっては，市場調査の利用は顧客との共創の形態の一種であると主張しているが，実際に顧客との共創が行われていることは稀である．大概，企

業は長い時間をかけて開発作業に取り組んでおり，その中で顧客が発言するのは何か質問されたときだけである．つまり顧客は，イノベーションプロセスにおいて企業からの働きかけに反応するだけの役割にある．

　顧客を共同開発者と見なしている場合，サービスイノベーションプロセスにおける顧客の役割は，受動的なものから主体的なものに変化する．顧客がサービスイノベーションプロセスの初期段階から参画し，開発プロセスの複数フェーズにわたって参画し続けることもある．企業と先進的な顧客は，製品やサービスに関する教育，期待の具体化，市場での受け入れに関して共同で役割を果たす．顧客は拡張されたネットワークの一部であり，ビジネス価値を共創して導き出す．顧客は協力者でもあり，共同開発者でもあり，競争相手でもある．イノベーションの成功は，あるプラットフォームに関する技術的な知識とその使い方（価値が発生する部分）に関する知識とをうまくマッチングすることにかかっている．ニーズはユーザーを取り巻く運用の状況に由来して生じるため，ユーザーが将来のサービスイノベーションを共同生産する能力を持っているというのは正しい認識だと思われる．何といっても，ユーザーの意見はイノベーションに必要な知識の重要な部分を占めているのである．

　開発者としての顧客は，企業の立場から見ると，サービスイノベーションに関する責任を顧客が引き継いでいるように見える．このやり方は，サービスイノベーションのコストをゼロかそれに近い値にすることができるという点で価値がある一方，リスクの高い方法でもある．やりすぎると，顧客が企業の専門家よりも博識になり，企業抜きでイノベーションの開発を始め，市場に売り込みをかけ，イノベーションの流通と販売を始める可能性がある．顧客が開発者になる良い例がLinuxである．Linuxは1991年，Linus Torwaldというフィンランドの若い学生が，オープンソースに基づいた新しいコンピュータオペレーティングシステムに関するアイデアへの反応やフィードバックを電子メールで求めたことから始まった．Linuxのマーケットシェアは1997年には6.8%だったが，2003年には24%になり，その後も増え続けている．今ではIBM，ヒューレット・パッカード，インテル，ボルボ，モトローラなどの企業がLinuxを採用している．顧客のネットワークはイノベーターのグループを形成しており，イノベーションは継続的な基盤に基づいて起こっている．システムはユーザーのニーズや問題への解決方法に基づいて開発され，特に顧客であるユーザーの専門性もまた開発の基盤となっている．

23.5.3　サービス生産における顧客の役割とサービスイノベーションにおける顧客の役割の関係

　この項では，サービス生産における顧客の役割と，サービスイノベーションにおける顧客の潜在的な役割との間に関係があることについて述べる．例えば，サービス生産のプロセスが変化した場合，顧客は技術を活用して，ワークロードに関する仕事のより大きな責任を引き継ぐようになるが，これに続いて，サービスイノベーションのプロセスも変化しなくてはならない．こうした変化を起こそうとする理由はいくつかある．まず，企業生産から共同生産や顧客による生産への移行によって開発者の知識が縮小してしまい，企業と顧客の間の距離が広がってしまうこと，次に，サービス接遇の回数が減

り，対面でやり取りする回数が限られてしまうことである．対面でのやり取りが減るということは，顧客から学ぶ機会が減少し，顧客との関係が弱まってしまうであろうことを意味する．

サービス生産における変化の一例は，イケア（IKEA）による Kitchen Planner ソフトウェアである．Kitchen Planner を使うことによって，顧客は実際に購入して使ってみる前にそのキッチンを試すことができる．顧客は自分たちのキッチンの寸法に合うモデルをいくつも構築し，仮想環境でそのモデルを試すことができる．こうして顧客は実世界を越えたサービスとやり取りすることにより，現実と異なるよりわかりやすい体験，つまりハイパーリアリティ（Edvardsson et al., 2005）を作り出すことができる．このサービスを顧客の利益だけのためだけに利用する場合，変化するのは生産システムだけである．しかし，情報を体系的に収集すれば，顧客によるサービス体験の試行結果をサービスイノベーションでも活用することができる（例えば Edvardsson et al., 2005）（図 23.1 参照）．

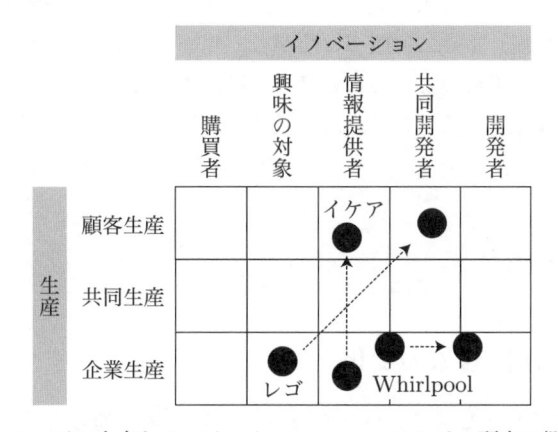

図 23.1　サービス生産とサービスイノベーションにおける顧客の役割の変化

オーブンレンジの例では，Whirlpool は生産プロセスにおける顧客の役割を変えずに，イノベーションプロセスにおける顧客の役割を変更した．具体的には，オーブンレンジの機能やサービス，特徴に関するアイデアを顧客に考えてもらうために，まだ店頭に置いていないオーブンレンジの新製品を顧客が触れるようにした．顧客は，オーブンレンジの使用説明書とカメラ，日記帳，ポップコーンの袋，オーブンレンジで焼くケーキが入った袋を受け取り，新しいオーブンレンジを1週間使って，どう使用したかを日記に記録するよう頼まれた．顧客は，オーブンレンジの購入・使用・処分に関するアイデアを思いつくたびに，そのアイデアを日記の特定の場所に書くようになっており，1週間後に日記とオーブンが回収された．30人の顧客が新しいオーブンレンジを使用し，この期間にオーブンレンジに関する108のアイデアが顧客から生み出された．

生産とイノベーション双方の軸で変化があった例としては，2004年のレゴ社のデジタルデザイナーが挙げられる．デジタルデザイナーはインターネットサービスで，顧客はレゴブロックをオンラインの 3D CAD プログラム上で組み立てることができる．顧客はプログラム上でカスタマイズされたモデルを作成し，値段を確認した上でオンラインで注文することができる．この結果，生産プロセスはレゴモデルの企業生産から顧客

生産へと変化した．顧客は互いにオンライン上でやり取りしながら，新しい仮想モデルを創造する．レゴのウェブサイト上でイノベーションが可能になり，他の顧客はそこで提案や意見を提供できる．こうしたモデルの中には革新的で優れたデザインのものもあり，レゴによる大量生産と市場販売が可能と認められるものがある．これらのデザインを作った顧客は，使用料を受け取る．このサービスは，レゴにおいて「100人のデザイナーから十万人のイノベーター」への変化を可能にした．この十万人には，新たな顧客も従来の顧客も含まれている．このケースでは，サービス生産における変化によってサービスイノベーションにも変化が起こり，顧客の役割は興味の対象から共同開発者へと変化した．

　たいていの組織では，顧客を共同開発者として扱う際，割り当てるプロジェクトの種類も範囲も組織内の開発者とは異なるものにしている．例えばWhirlpoolでは，依然として多くのプロジェクトで，顧客を興味の対象として捉えている．Sandén, Gustafsson, & Witell (2006) によれば，顧客に対するこの捉え方は，生産とサービスイノベーションのプロセスを通して大多数を占める．長期的に見れば，顧客が自身のサービスを生産する（顧客生産）ように位置づけながら，サービスイノベーションプロセスにおいて顧客を購買者としてのみ捉えることは，一貫性に欠ける．こうしたやり方で開発された顧客ポータルや顧客クラブのような電子サービスがいくつかあるが，結果は完全に失敗している．

23.6　議論とまとめ

23.6.1　注目対象の変化

　この章ではサービスイノベーションのプロセスを通して，サービスイノベーションと，顧客との共同開発との関係について，その理論的根拠を述べた．SDLでは，イノベーションは生産者のバリュープロポジションからではなく，顧客による価値の共創から始まるという新しいアプローチが示されている．では，サービスイノベーションに適した開発方法についてこのように見方を変えることには，ほかにどのような意味があるのであろうか？

　SDLにおけるイノベーションの捉え方によって，経営者や意思決定者にも新たな機会が生じる．イノベーションは，もはや製品やサービスの開発部門内での活動に限らず企業内のどこでも起こりうるし，顧客の貢献や顧客間での価値共創の促進によって企業外でも起こりうる点にも注目すべきである（Facebookを考えてみるとよい）．車のタイヤの製造者を例に挙げると，新たなイノベーションの可能性は，ゴム生産の改良のために製品開発部門で行われる化学合成だけではなく，サービス向上（例えば磨耗が少なくなる）のための情報を顧客に伝えたり，冬用タイヤへの交換の促進（スリップを避ける）やタイヤの保管を容易にしたりすること（家に置かなくてもよくするなど）からも生じる．また，そのために，顧客が運転に関する意見を交換することができるよう，知識やアイデアや体験した感覚を交換できるようなユーザーコミュニティのプラットフォームを提供することなども含まれる．

この章では，サービスイノベーションのプロセスを通して，顧客を共同開発の一部としてどのように巻き込むことができるかを示してきた．多くの産業，特に成功した先進企業において，新規の顧客により接近しようとする傾向が見られる．そのために企業は，顧客の環境でより高い使用価値を実現する方法や，顧客の行動，好意的な顧客経験を促進する要因，顧客の定義で価値を生み出すもの，価値を破壊するものは何かなどを学ぶために，積極的な手法を用いることができる．多様な顧客をサービスイノベーションのプロセスに巻き込むことで，新しいサービスが，実際に顧客が求め，選好するものになっているかどうかを確認するための有用で重要な情報が得られる．ただし，「サービスデザインショップ」に顧客を巻き込んだとしても，商業的に成功する保証はない．むしろこれは，サービス駆動型の経済における重要な成功要因の一つにすぎないと言える．

23.6.2　サービスイノベーションのための顧客との共同開発のガイドライン

まとめとして，サービス開発およびサービスイノベーションに関する過去の文献や我々の研究に基づいて，サービスイノベーションにおける顧客との共同開発に関する五つのガイドラインを以下に挙げる．

第一に現代のサービス駆動型経済においては，顧客はサービスや経験自体を買うことで，金銭を使って時間を節約している．新しいサービスはしばしばセルフサービスのための技術を利用しているが，使用時の価値を長期間にわたって得るには，サービスを組織的・計画的に刷新する必要がある．このため，特にB2Bサービスにおいて，サービス刷新の強化は今後ますます重要になるだろう．企業が効率的に刷新プロセスを推進・管理していくには，顧客をうまく巻き込み，例えば追加開発における優先順位づけに貢献してもらうことなどが不可欠である．企業などの組織は，サービスとサービス経験を長期間にわたって刷新し，好意的な顧客経験を獲得して競争力を保つための方法を計画しなければならない．

第二に，SDLでは顧客がサービスの共創において重要な役割を持つ点，およびサービスの評価が顧客自身の使用環境における使用価値に基づいて行われる点に重点が置かれている．顧客価値の捉え方には，顧客の知識やスキル，経験が大きく影響する．このため，新しいサービスは，顧客がサービスの共創者としての役割の中で進んで提供できる範囲以上のことを要求してはならない．顧客は通常，サービスで可能なことを隅から隅まで知っているわけではないので，顧客の競争力の開発や顧客の環境の把握と開発は，サービスイノベーションにおいて重要なエリアの一つとして着目されるべきである．こうした開発により，サービスイノベーションの枠組みをどう作り，新たな課題や機会をどう捉えるかに関する視野を広げ，顧客の巻き込みをよりいっそう自然に行うことができるようになる．サービスを使って実現される顧客価値を向上させるためには，顧客の競争力，リソース，能力を開拓することをより重視すべきである．

第三に，イノベーションプロセスにおける顧客の捉え方は，組織によって差がある．本章では，購買者，興味の対象，情報提供者，共同開発者，開発者という五つの異なる役割について述べた．企業や組織は，これらの役割がどのようなものであるか，そして

これらの役割が互いに補完的な働きをすることを理解し，その理解に基づいて顧客の役割を管理すべきである．情報提供者としての顧客は，サービスイノベーションプロセスにおいて特に新たな種類の顧客経験を作る目的には不十分であり，顧客を個々の経験の共同開発者としてプロセスに巻き込む必要がある．顧客は拡大されたネットワークの一部であり，ビジネス価値を共創し，引き出す．顧客は協力者であり，共同開発者であり，競争相手である．サービスイノベーションにおいて長期的な成功を収めるには，顧客が担う多様な役割の理解が必須である．顧客の多様な役割は互いに補完的なものであるから，企業はその役割を理解して管理しなければならない．イノベーションプロセスを通して顧客を密接に深く巻き込むことは重要だが，非常に困難なことでもある．

第四に，基本的な要求が合致していれば，サービスに対する好意的な顧客体験は，サービス競争において強力で競争力のある武器になる．サービスイノベーションにおける注目は，新しく，個別化された魅力的なサービス経験に集中しており，今後しばらくはこの傾向が強まると思われる．サービスの試行やサービス環境のシミュレーションによって，顧客をそうしたサービスの創造に巻き込むことができ，一方，顧客は実際に買って消費する前にサービスを試せるようになる．イケアの例では，店舗は体験を提供するための部屋，例えばリビングやキッチン，寝室などを体験させるサービス展望（サービススケープ）として設計されている．家具などのアイテムは，「実生活における家の問題を解決してくれる」手段であり，リソースであり，実現方法である．顧客はこうしたアイテムに触発されて，店舗やカタログやウェブサイトでソリューションを経験することができる．顧客は，イケアが提供するシミュレーションツールである Kitchen Planner を使って，自分の家具や台所のサイズに対するソリューションを試行できる．また，アーキテクトなどの専門家から店舗で支援やアドバイスを受けることもできる．顧客が自分専用のサービスを創造し，購買や消費の前にそのサービスを試行できるようにしなければならない．

第五に，技術の進歩によって，サービスイノベーションに顧客を巻き込む多くの新たな機会が得られる．この章では，ハイパーリアリティ，シミュレーション，サービス試行，オープンソースに言及した．これ以外にも，ウェブサイトや様々なチャットルーム，ブログにおいて，顧客の長期間にわたる実際の行動データを追跡・保存できる技術も存在する．これらの新たな情報源は，サービスイノベーションにおいてその重要性を増しており，顧客は情報を解釈して実際の行動に変換するという重要な役割をサービスイノベーションにおいて担うようになった．このように，サービスイノベーションのプロセスの様々なフェーズにおいて，顧客を情報の解釈・変換の担い手として取り込むことで，深く，実り豊かな新しい顧客の情報源を利用することが可能となる．

参考文献

Alam, I. (2002). An exploratory investigation of user involvement in new service development. *Journal of the Academy of Marketing Science*, 30 (3), 250-261.

Anderson, J. C., Narus, J. A, & Rossu van, W. (2006). Customer Value Propositions in Business Markets. *Harvard Business Review*, 84 (3), 90-99.

Chesbrough, H. & Spohrer, J. (2006). A Research Manifesto for Services Science, *Communica-*

tions of the ACM, 49 (7), 35-40.

Dabholkar, P. (1990). How to Improve Perceived Service Quality by Improving Customer Participation, Developments in Marketing Science, B.J. Dunlap, (Ed.), Cullowhee, NC: *Academy of Marketing Science*, 483-87.

Edvardsson, B., Gustafsson, A., Johnson, M. D. & Sandén, B. (2000). *New Service Development and Innovation in the New Economy*. Studentlitteratur, Lund.

Edvardsson, B, Enquist, B. & Johnston, B. (2005). Co-creating customer value through hyper-reality in the pre-purchase service experience. *Journal of Service Research*, 8 (2) 149-161.

Edvardsson, B., Gustafsson, A., Kristensson, P., Magnusson, P. & Matthing, J. (Eds.) (2006). *Involving Customers in New Service Development*. Imperial College Press, London.

Finch, B. J. (1999). Internet discussions as a source for consumer product customer involvement and quality information: an exploratory study. *Journal of Operations Management* 17 (5), 535-556.

Gersuny, C., & Rosengren, W.R. (1973). *The Service Society*. Schenkman, Cambridge, MA.

Glushko, R. J. (2008). Designing a Service Science Discipline with Discipline, *IBM Systems Journal*, 47 (1), 15-38.

Grönroos, C. (2000). *Service Management and Marketing*. New York, John Wiley and Sons.

Grönroos, C. (2008). Service logic revisited: who creates value? And who co-creates? *European Business Review*, 20 (4), 298-314.

Gustafsson, A. & Johnson, M. D. (2003). *Competing through Services*, San Francisco. CA: Jossey-Bass.

Gummesson, E. (2008). Extending the New Dominant Logic: From Customer Centricity to Balanced Centricity. Commentary for Special Issue of *The Journal of the Academy of Market-ing Science (JAMS)* on the New Dominant Logic, 36 (1), 15-17.

Kristensson, P., Gustafsson, A. & Archer, T. (2004), Harnessing the creative potential among users, *Journal of Product Innovation Management*, 21 (1), 4-14.

Kristensson, P. Matthing, J. & Johansson, N. (2008). Key strategies for successful involvement of customers in the co-creation of new technology-based services. *International Journal of Service Industry Management*, 19 (4), 474-491.

Kristensson, P. Matthing, J. & Magnusson, P. (2002). Users as a hidden resource for creativity: findings from an experimental study on user involvement. *Creativity and Innovation Management* 11 (1), 55-61.

Lengnick-Hall, L. (1996), Customer Contributions to Quality: A Different View of the Customer-Oriented Firm, *Academy of Management Review*, 21 (3), 791-824.

Lusch, R. F., Vargo, S. L. & O'Brien, M. O. (2007), Competing through service: Insights from service-dominant logic, *Journal of Retailing*, 83 (1) 5-18.

Lusch, R. F., Vargo, S. L. and Wessels, G. (2008), Toward a conceptual foundation for service science: contributions from service-dominant logic. *IBM Systems Journal*, 47 (1): 5-13.

Meuter, A. L., Ostrom, R. I. & Bitner, M. J. (2000). Self-Service Technologies: Understanding Customer Satisfaction with Technology-Based Service Encounters. *Journal of Marketing*, 64 (3): 50-64.

Nambisan, S. (2002). Designing virtual customer environments for new product development: toward a theory. *Academy of Management Review*, 27 (3) 392-413.

Normann, R. & Ramirez, R. (1993). From value chain to value constellation: Designing interactive strategy. *Harvard Business Review*, 93 (4), 65-77.

Norton, M. I. & Ariely, D. (2007). Less Is More: The Lure of Ambiguity, or Why Familiarity Breeds Contempt. *Journal of Personality & Social Psychology*, 92 (1) 97-105.

Rothwell, R. (1994). Towards the Fifth-generation Innovation Process. *International Marketing Review*, 11 (1), 7-25.

Sanden, B., Gustafsson, A. & Witell, L (2006). The Role of the Customer in the Development Process. In Edvardsson, B., Gustafsson, A., Kristenson, P., Magnusson, P. & Matthing, J. (Eds.). *Involving Customers in New Service Development*. Imperial College Press, London.

Toffler, A. (1980). *The Third Wave*, New York: Bantham.

Vargo, S. L. & Lusch, R. F. (2004). Evolving to a new dominant logic for marketing. *Journal of Marketing*, 68 (1) 1-17.

Vargo, S. L. and Lusch, R. F. (2006), Service-Dominant Logic: What It Is, What It Is Not, What It Might Be. *The Service-Dominant Logic of Marketing: Dialog, Debate, and Directions* Lusch, R. F. & Vargo, S. L. (Eds.), Armonk, New York: M. E. Sharpe, 43-56.

Vargo, S. L. & Lusch, R. F. (2008). Service-dominant logic: continuing the evolution. *Journal of the Academy of Marketing Science* (on line version).

Voss, C. A. (1985). The role of users in the development of applications software. *Journal of Product Innovation Management*, 2 (2), 113-121.

第24章

サービスのイノベーションを促進する五つのキーコンセプト

☐ **Henry Chesbrough**
Haas School of Business
UC Berkeley

☐ **Andrew Davies**
Innovation and Entrepreneurship Group
Imperial College Business School
Imperial College London

　本ハンドブックの他の章でも繰り返し述べられているように，21世紀の先進経済の繁栄には，サービスにおけるイノベーションが重要であることがより広く認知されつつある．この章では，サービスのイノベーションがどのような課題をもたらし，どのような価値を生み出しうるのかについて検討する．特に，システムインテグレーションに関わる五つのキーコンセプト，(1) 複雑性の役割，(2) 流動性の役割，(3) モジュール化とシステムインテグレーションの役割，(4) オープン性の役割，(5) 組織構造の役割に注目する．

24.1　はじめに

　他章でも繰り返し示されているように，サービスビジネスが世界の先進経済の大部分を占めつつあることは周知のとおりである．しかし，サービスビジネスが時とともに進化し改良されていく過程に関してわかっていることは，意外なほど少ない．イノベーションに関する知見のほとんどは，新製品や新技術の創造について何十年にもわたって行われてきた研究に由来する．しかし，サービスは製品や技術と同じものではない．サービスは物理的に有形ではなく，通常は提供と同時に消費され，在庫を持つことができず，そして提供者と顧客の間でしばしば密接なインタラクションを必要とするものである．21世紀においてもイノベーションの進歩を続けていくためには，サービスビジネスにおいてイノベーションを促進する方法を学ばなければならない．

　これは容易なことではない．サービスのイノベーションについて理解するには，ビジネスというものの捉え方を根本的に改めることが求められる．製品ベースのビジネス

では，形あるものがサプライヤーに必要な要件を伝える媒体となり，その製品が顧客のニーズを満たすかどうかを判断することにも役立っていた．一方，サービスビジネスでは形あるものが存在しないため，顧客とサプライヤーの関係は異なるものに変化する．そのため，顧客側の企業がサプライヤーに対する自身のニーズを事前に完全に伝えることはできないし，サプライヤー側の企業が顧客のニーズにどこまで応えられるかをあらかじめ完全に記述しておくことも不可能である．

そして，サービスの視点からいくつかの奇妙な仲間関係が生じる．顧客もサプライヤーもパートナーとなり，競合他社とも協力関係ができる．見知らぬ人々の存在が重要になり，あるいは不可欠であるとさえ言えるようになる．以下で議論するように，そのような世界ではインテグレーション，すなわち，自身の顧客のために様々な可能性のある要素をまとめ合わせる役割が，価値を生む源泉となるのである．

企業にとって，このような大幅な変更を行うことはコストを要し，リスクが高く，時間もかかるが，それでも明確なメリットがある．サービスロジックを採用してビジネスを行うようになった企業は，新たな成長と利益の源を見つけることができる．例えば，エンタープライズコンピューティング業界における IBM，航空機エンジン業界におけるロールスロイス社や GE，コピー/プリンタ業界におけるゼロックス，あるいはエレクトロニクス業界，（今では）ヘルスケア業界におけるフィリップスなどを考えてみるとよい．これらの企業はそれぞれ，以前は自身のコアビジネスを取り囲む周辺のものとしてサービスを扱っていたが，いまやサービスこそが新しい，より巨大で成長の速いビジネスのコアになっている．

また，サービスによって企業の競争上の地位も強化され，攻撃されにくくなる．例えば iPhone や iPod について考えてみよう．Dell，Microsoft，Google といった企業は，Apple を携帯電話や個人向け音楽プレーヤーの市場から追い出そうと果敢に競争を仕掛けたが，今日までその努力は無駄に終わっている．その理由はサービスにある．Apple の iPod や iPhone はもはや単なる製品ではなく，幅広いサービスを流通・提供させるプラットフォームであり，それらのサービスによって Apple の機器は顧客にとってはるかに価値の高いものになっている．したがって，競合他社はより良い製品を作るだけでは Apple に対抗することはできない．Apple と競うには，競合他社自身が提供する機器の上に一連のサービスをうまく連携させ，一体としてより優れたユーザー体験を提供する必要がある（これは，以下で「システムインテグレーション」として説明する能力である）．

サービスにおけるイノベーションの重要性は明らかである．しかし，それを実現することは，サービスにおいて持続可能なイノベーションを実際に作り出すという長い過程の最初の一歩にすぎない．サービスにおいてどのようにイノベーションを起こすのか，それは難しい問題である．その理由の一つとして，このテーマに対する研究がまだ始まったばかりであることが挙げられる．サービスの最前線にある企業ですら，自身のサービスオファリングを長期間にわたって進歩させ続けるにはどうしたらよいかを深く理解しているわけではないと認めているのである．

これがこの章の中心である．我々は，サービスのイノベーションにおける五つの重要な考え方のポイントについて調べる．

- 複雑性の役割
- 流動性の役割
- モジュール化とシステムインテグレーションの役割
- オープン性の役割
- 組織構造の役割

24.1.1　従来研究について

　これら五つのポイントを議論する前に，まず土台となる過去の重要な学術研究について述べておきたい．本章の内容は，我々筆者によるものだけでなく，サービスサイエンスという新しい学問の特徴や対象範囲，先行文献を明らかにするための多くの努力（Chesbrough, 2005; Horn, 2005; Chesbrough & Spohrer, 2006; IfM & IBM, 2007）を伴った，より広い文脈のもとに捉えるべきである．特に，製品やサービスの共創において，インテグレーターにどのような役割が生じているかに関する本章の議論は，土台として少なくとも以下の四つの分野からの貢献に基づいている．

　第一に，経営一般に関する文献（Levitt, 1976; Drucker, 1991; Quinn et al., 1987; Quinn, 1992; Schmenner, 1986）では，サービスの役割についての初期の研究が行われている．これらの文献は，製造業とサービスの主要な違いについて理解し，そこから脱却しようと試みている．Levitt（1976）は，自動化，プロセス標準化，新技術導入を通じたサービスの工業化について強調した．Drucker（1991）は，21世紀の先進経済が直面する経営上の最大の課題は，知識労働者やサービス労働者の生産性向上であると論じた．Quinn（1992）は製品対サービスという伝統的な二分法からの脱却を強く提唱し，研究開発や製造を含め，すべての活動はアウトソーシングや外部顧客への売却によってサービスになりうると主張した．Schmenner（1986）はHayes & Wheelwright（1984）が提唱した製品とプロセスのライフサイクルモデルを反転させ，サービスの工業化のロジックを識別するための「サービスプロセスマトリクス」を開発した．

　第二に，原材料から最終的な顧客に至るまでの一連の活動が，顧客のニーズに対するソリューションとなる製品やサービスを提供する上で，どのように付加価値を生み出すかに関する文献がある．研究の初期には，サービスに関する文献によって，サービスに基づくバリューチェーン（Heskett et al., 1994）やバリューネットワーク（Basole et al., 2008）に特有な性質に注目が集まった．現在では，価値を作り出すためのシステム全体を再構成し，ソリューションの共創においてサプライヤーと顧客が動く「バリュー群」（Normann & Ramirez, 1993; Normann, 2001）を作るべきであることが理解されるようになった．Wise & Baumgartner（1999）は，製造業にとっての新たな価値への統合につながる四つの実現モデルを識別した．最終的な顧客のニーズに対して「無駄のないソリューション」をデザインし，これを提供するようにサプライチェーンを組織すると，無駄や非効率を最小化することができる（Womack & Jones, 2005）．

　第三の分野は，こうした顧客を取り巻くバリューチェーンの再構成に関連して，製品中心から顧客中心のサービスに基づくソリューションへとサプライヤーが移行していることに関するものである（Slywotzky, 1996; Slywotzky & Morrison, 1998）．20世紀の製造業においては，伝統的な製品中心のアプローチが「ドミナントロジック」であり，

サプライヤーは製品の作成，販売，提供活動の能力向上に集中し，完成した製品は「壁の向こう側にいる」顧客に届けられるだけであった．対照的に顧客中心のアプローチでは，サプライヤーは顧客のニーズと優先度に基づいて行動する．サプライヤーは「顧客の目を通して」，価値がどのように作られるかを深く理解しなければならない．顧客と密接な対話を行い，「結び付き」を作ることで，サプライヤーは顧客のニーズや体験を見極める必要がある（Hax & Wilde, 1999; Prahalad & Ramaswamy, 2000）．その上で，顧客の要求に合うよう，製品やサービスを特定の形で組み合わせて提供する能力やリソースを確立しなければならない．顧客中心のソリューションをサポートするには，新しい種類の組織形態が必要になる（Galbraith, 2002）．

第四の分野はマーケティングである．Levitt（1976, 1983）などによる初期の貢献に基づき，マーケティング分野の文献は長い間にわたって，経済におけるサービスの役割を明らかにする最前線であった．マーケティングに関する最近の文献は，モノからサービスへの「ドミナントロジック」のシフトについて強調している（Vargo & Lusch, 2004; Lusch et al., 2008）．20世紀のドミナントロジックはモノの交換が中心であり，有形のリソース，物理的な製品に埋め込まれた価値，および商取引に焦点が当てられていた．このロジックは，新たなドミナントロジックにその座を譲りつつある．新たなロジックは，オファリングのマーケティング，プロセスの実行，成果の提供といった能力に基づくサービスの提供を中心としている．この見方では，製品はその製品に関する顧客の体験を周囲に伴うものと捉えられる（Pine & Gilmore, 1999）．さらに，サービスドミナントロジックでは，顧客と協力しつつ，顧客から学びつつ，特定のニーズに適応することの重要性が強調される．

以上がサービスにおけるイノベーションの分野での重要な従来研究である．いよいよ，五つの考え方のポイントを展開しよう．

24.2　複雑性の役割

サービスにおけるイノベーションの重要な課題の一つは，サービスに関わる活動が無形的な性質を持つことである．農業経済や製造業経済は製品という形で有形の出力を作り出すものであり，製品の取引が主要な目的であった．また，重要な点として，鍵となる情報は取引される製品に内在するものであった．

一方，サービスにおける取引は，農業や製造業の経済とは質的に異なる．サービスにおける取引では，提供する側（サプライヤー）と受け取る側（顧客）の間の交渉に基づいて，（ほとんどの場合）無形の資源の提供が行われる．有形なもののやり取りが発生する場合もあるが，それはもはや取引における主要な目的ではない．

取引の中心としての製品が存在しないために，その重要かつ興味深い結果として，関係者はそれぞれ交渉のために相手に関する知識を持つことが必要になる．サプライヤーは顧客のビジネスについての背景知識を持っていないし，顧客が市場で効果的に競争するために自身のオファリングをどのように用いようとしているかも知らない．また，顧客の側もサプライヤーの技術が持つ能力を完全には知らないし，サプライヤーが最適なオファリングを決定できるだけの経験を，他の取引で積んでいるかもわからない（心配

性の顧客は，過去の別の顧客に対するサプライヤーの経験が自分のケースには適合しないかもしれないと心配するだろう．一方で，心配性のサプライヤーは，過去の経験が今回の取引に当てはまるかどうかを心配するだろう）．

　この種の状況把握の難しさについて，懸念しすぎる必要はない．先進産業経済においてサービスがこのように普及しているということは，サプライヤーと顧客の間で取引を達成するために必要な情報交換が日常的に確立していることを示している．提供されるサービスの複雑さが適度な範囲に収まっており，長期にわたってサービスが繰り返されているような場合（例えば，ヘアサロンでのヘアカットを考えてみるとよい）は，サプライヤーと顧客が交換すべき情報量は限られている．また，何度も反復できるので，1回の取引での誤りを次回に修正することもできる．

　一方，複雑性が非常に高く，繰り返しがほとんど，もしくはまったくない取引の場合（例えば企業の ERP システムの導入・運用を考えてみるとよい），技術的に複雑で，関係者間での反復経験もない．そのため，完全な情報交換が非常に重要になるが，これを達成することは難しい．

　サービスの技術的複雑度が上がるとともに，サービスにおける顧客はイノベーションの共同生産者となり，サービスの定義，形成，自組織への統合に密接に関与するようになる．サービスのサプライヤーは何を提供するかを提案し，その提案を拡張することはできるが，以下に述べるように，サプライヤーがサービスに必要な要件を完全に特定できるわけではない．その代わりに，サプライヤーは顧客から情報を引き出し，顧客のニーズにあわせてオファリングを販売前に修正できるようなプロセスを設計するのである．また，逆側から見れば，顧客がサービスのサプライヤーを選択する際には，提供する能力自体と，顧客の特定のニーズにあわせてその能力をどれだけ具体化できるかが基準になる．

　このことは，サービスの取引に関わる知識の性質についての考察につながる．取引を行う前には，明文化された知識も暗黙の知識も考慮する必要がある．明文化された知識は，サービスを提供する側も受け取る側もよく理解している情報を表現している．例えば，サプライヤーと顧客は，共通の言語，慣習，メディア，文化などによって大量の情報を共有しているであろう．明文化された知識は，より技術的な分野においても形成される．インターネットにおける HTML，HTTP プロトコル，DVD の動画フォーマットなどの技術標準は，複数の関係者の間で知識を明文化したものである．これらの標準により，コンピュータやテレビ，DVD プレーヤーといった物理的なデバイス間での情報伝達が予測可能になる．このような形で知識を標準化すれば，関係者は互いのことを知らなくてもサービスをやり取りすることができる．

　一方，暗黙の知識はまったく異なるものである．暗黙の知識は，明文化された形式に縮退していない経験的な知識である．例えば，自転車の乗り方は昔からある暗黙の知識である．この形の知識は伝達が難しい．相手のことを知らない場合にはなおさらである．このような伝達の困難さはサービスの取引を大幅に複雑化させ，各関係者が相手のニーズと能力を理解する能力は制限されて不完全なものになる．技術的な領域でさえ，暗黙の知識は避けられない．専門職協会，学閥，会議集会のようなものは，直接会うという体験を提供し，暗黙の知識の伝達を助ける．

24.3　流動性の役割：製品からサービスへ

サービスビジネスにとってイノベーションは重要である．オファリングを更新したり，新しい方法で製品と組み合わせたりしながらサービスを作成・提供しなければ，サービスビジネスの生存や成長は脅かされることになるだろう．競争から来るイノベーションへの圧力は，サービスビジネスのほうが製造業よりも強いかもしれない．なぜなら，新しいアイデアが簡単に模倣でき，保護が難しいからである．サウスウエスト航空はライバルよりずっと小さい航空会社であるが，運用プロセスにおけるイノベーション，例えば航空機のターンアラウンドタイムの短縮や，単純な「余分なものがない」サービスなどによって，米国における低コスト航空会社としての強い地位を確立した．安定していた航空輸送業界は，EasyJet や Ryan Air など，この低コストビジネスモデルを模倣した多数の新しい企業の流入によって激しく変化した．

ビジネスが最初のイノベーションから前進できなかったり，企業がそれを望まなかったりした場合，他社がオファリングを変更したり，ビジネスを推進するプロセスや基本的なモデルを修正したりするにつれて，取り残されてしまう危険性がある．流動性を理解することが非常に重要なのは，このためである．イノベーションのモデルは，主としてサービスよりも製造業の研究に由来している．しかし，上で述べたように，サービスの提供は物理的な製品の製造とは異なる．したがって，サービスにおけるイノベーションプロセスの管理や組織化に対して，製造業のイノベーションプロセスの管理や組織化に似たモデルを適用できるか，違うモデルを適用すべきであるかを検討することは重要である．最近，イノベーションのダイナミクスに関する優良なモデルのいくつかが，適切な修正を施せばサービスにも適用できることが判明したことで，サービスにおけるイノベーションの理解に進歩が見られた．

William Abernathy と James Utterback によって作られた製品のライフサイクル (product life cycle; PLC) モデル (Abernathy & Utterback, 1978; Utterback, 1994) は，企業がイノベーションのプロセスを管理する方法を理解するためのモデルとして，おそらく最も影響力のあるモデルであろう．PLC モデルではイノベーションを動的なプロセスとして表現しており，物理的な製品と製造プロセスにおけるイノベーションの割合に焦点を当て，製品が誕生してから成熟するまでのライフサイクルの主な段階を記述している[1]．

このライフサイクルパターンは，組織が破壊的イノベーションに立ち向かうことを困難にしている理由を理解するのに役立つ．組織は特定の流れに沿っているイノベーションを扱うように自身の能力を構築しており，新たなイノベーションに移行することは難しい．特に，PLC における成熟段階ではその傾向が強い．

このモデルはもともと製造業の製品のために考案されたものであるが，一部のサービスについてもよく当てはまる．例えば，インターネットバンキングの初期の状況は，異

---

[1]. PLC には主に三つの段階がある．(1) 流動期．ここでは製品のイノベーションが優勢であり，多くの小さな企業が，競合する製品のデザインを提供する．(2) 移行期．ここではプロセスのイノベーションが支配的となる．「支配的なデザイン」が出現し，標準化された製品の大量生産によるコスト上の優位の獲得に，産業を支配する少数の大企業が注力する．ここで起こる淘汰により，この段階が引き起こされる．(3) 固定期．これは，製品とプロセスのイノベーションが衰退したときに起こる．

なるサービスのオファリングが多数存在していた流動的な段階と見ることができる．その後，セキュリティやプライバシーを様々なレベルでサポートする標準的サービスがドミナントデザインとして出現し，それが移行期への幕開けとなった．

一方，サービスにおけるイノベーションの流動性を説明するために，PLC モデルを当てはめることを試みた結果，明らかになった相違点も存在する．Richard Barras（1986）は「逆 PLC」を作った．これは，サービスにおけるイノベーションが，技術的可能性や市場の需要の変化に対応してインタラクティブな性質を持つことを強調するものである．より最近では，Cusumano & Suarez（2007）が，産業進化の様々な段階において，サービスが物理的な製品との組み合わせによって果たす役割を反映するように，PLC モデルを拡張した．彼らは例として，1990 年代初頭に IBM が試みた，製品の価値を高めるサービスオファリングのためのプロセス改善からシステムインテグレーション，テクニカルサポート，保守サービスへの移行を挙げた．「製品・プロセス・サービス」(PPS) ライフサイクルでは，成熟したライフサイクルの段階においてサービスはますます重要になっている．縮小している既存製品ラインの保守に関するサービスの重要性が低下しつつある一方で，新製品ラインに関連するサービスはますます重要になっている．

PLC モデルは，標準化された反復的プロセスと標準化された製品を開発することで，製品が産業の進化とともに次第に工業化される過程を示すのに役立つ．しかし，多くの企業は，製造業のプロセスにおける生産性向上と同等の生産性向上をサービスにおいても実現することが非常に困難であることを経験している．例えば，IBM は体系化され反復可能な製造業の製品開発・製造プロセスを模倣することで，サービスの生産性とイノベーションの向上を達成しようとしている．しかし，企業がその場その場で提供してきた様々なサービスを，反復可能でスケーラブルなプロセスに変える方法については，まだほとんど知られていない．具体的にどのような経営上のプロセスを作り，サービスのオファリングをパッケージ化し，単純化して再利用するのか，そしてどのようにすると製造業で作られたテクニックをサービス部門向けに容易に転換できるのかは，わからないのである．

しかし，よく知られているように，企業はサービス供給の性能を向上させるため，サービスの労働者を技術で置き換えること（自動化）や，サービスプロセスの標準化に邁進している．Levitt（1976）が認識したように，サービスはハード技術とソフト技術およびそのハイブリッドにより，工業化することができる．

- ハード技術および物理的なプロセスが人間を置き換える（例えば，銀行の係員が ATM に置き換えられる）．
- ソフト技術が工業システムや手順にきめ細かく作用することで，熟練したサービス担当者を置き換える（例えば，カフェやレストランのウェイターが，セルフサービスのレストランに置き換えられる）．
- ハイブリッド技術は，ハードとソフトを新しい形の製造システムとして組み合わせ，サービス提供の効率を向上させる（例えば，物流と流通ネットワークにおける情報通信技術（ICT）によるジャスト・イン・タイムでの配送）．

イノベーションの流動性は，一方で完全にカスタム化しながら他方で垂直専業化を進

めるという，サービスにおけるジレンマの解決にも役立つ．新技術の初期の段階では，背景となる知識の多くは理解が不十分であり，うまく体系化もされていない．これは，システム販売者にとって適した状況である（これについては次節で述べる）．しかし，時が経つにつれて技術の理解度は上がり，多くの人々に拡散していく．これによって，外部からの参加者がサービスの一貫性を損なうことなくサービスに貢献することが可能になる．この段階では，システム販売者は新たな存在，すなわちシステムインテグレーターにその地位を譲らなければならない．システムインテグレーターは，自己の明文化された知識を使って満足できるソリューションを提供すると同時に，数多くの内部・外部の知識源を利用することができる．

　Hayes & Wheelwright（1984）によって作られた製品プロセスマトリクス（PPM）は，製品が徐々に高度化・効率化された製造段階へと移行し，工業化されていく過程の理解に役立つ．このフレームワークがサービスの工業化にも当てはまるかどうかを検討することは有益である．サービスの工業化もまた，アウトプットの量や種類に依存して，産業ごとで大きく異なる．図24.1に示すように，PPMは生産プロセスと製品がともに進化する過程を分析するものである．生産プロセスには，主に次の四つの段階が存在する．

- 注文生産：チームやプロジェクトごとの生産
- バッチ：小規模もしくは大規模なバッチ生産
- 生産ライン技術：大量生産
- 連続的プロセス：生産フロー

		製品の構造			
		I 少量 標準化の度合い低 独自	II 少量 複数の製品	III 量が多く 少数の主要な製品	IV 大量 標準化の度合い高 コモディティ製品
プロセスライフサイクルの段階	I 寄せ集めのフロー （注文生産）	最高級フランス料理レストラン 伝統的なレストラン			
	II 断続的なフロー （バッチ）		即席料理のカフェ		
	III 結合されたフロー （生産ライン）			ステーキハウス ピザハット	
	IV 連続的なフロー				バーガーキング マクドナルド

図 24.1　製品プロセスマトリクス（PPM）をサービスに当てはめる

これらの段階は，AbernathyとUtterbackが示したPLCの進化における変化に対応づけられる．PPMは，ライフサイクルの各段階における主要な課題と能力を明らかにしている点で使いやすい．また，企業がPPMにおける自身の位置づけを変えるには，どのような製品やプロセスを選択すべきかも示されている．標準化された少数の製品を大量に生産するプロセスへと移行するに従って，企業の競争上の優位性の中心は，生産の柔軟性やカスタム化の能力から，標準化やコスト削減へと変化する．企業によっては，PPMモデルが示す，製品の多様性からプロセスの標準化への移行は選ばず，PPMのある段階に留まることを好むかもしれない[2]．

　PPMは製造業について理解するために作られたものであるが，HayesとWheelwrightはレストラン業を例に挙げて，PPMがサービスにも適用可能であることを示した．ミシュランの星がつけられるような高級レストランは，PPMの左上に位置づけられ，高い値段で高品質なカスタムメイドの食事を提供する．伝統的な即席料理のカフェは，標準化された多種類の食べ物を少数ずつバッチプロセスによって作る．ファーストフードレストランは右下に位置づけられる．例えば，マクドナルドやバーガーキングは大量生産技術を採用し，標準化されたメニューを大量かつ低コストで提供することに成功している[3]．

　この例は，個々の顧客の異なるニーズに応えるカスタムサービスを提供するには，大量生産技術は適用できないことを示している．ファーストフードチェーンはほとんど連続的なフローモデルで運用されるが，高級レストランは注文生産や手作業で運営され，顧客それぞれの非常に特化されたニーズに応える必要がある．

　PPMを用いると，分量や多様性に基づいて異なる種類のサービスビジネスの活動を区別し，位置づけることができる．リテールバンキングや低コストの航空会社は大量市場を扱うものであり，標準化され，コスト主導であることが多い．これに対して，プライスウォーターハウスやマッキンゼーのような企業が提供する知識集約型の専門サービスは，サービスの質とカスタム化されたソリューションがより重要な要素となるような市場を対象としている．PPMの修正版では，サービスプロセスの大量化とオファリングの標準化のための技術を採用することで，サービスの工業化がどのように実現されるかを示している．

　PPMはまた，製品とサービスを組み合わせたバンドルパッケージや，統合ソリューションとして提供されるものを分析する際にも用いることができる (Wise & Baumgartner, 1999; Davies, 2004; Davies et al., 2006)．これらは，個々の顧客の特定の課題を解決するために，物理的な製品の周りをサービスで包むことで付加価値をつけるものである．これらの製品とサービスの組み合わせは，一度限りのものから完全に標準化されたオファ

---

[2] Schmenner (1986) も参照されたい．彼は類似のモデルにおいて，サービスビジネスが「サービスプロセスマトリクス」内をどのように移行するかを示した．このモデルでは，PPMとは逆に，生産性の向上は右下（カスタム化と労働集約の度合いが高い）から左上（カスタム化と労働集約の度合いが低い）の象限への移行によって得られる．

[3] しかし，これら二つのファーストフードチェーンは，伝統的にやや異なる戦略をとってきた．マクドナルドが自動化された組立プロセスを使って標準的な製品を提供することで「在庫に応じて生産する」のに対して，バーガーキングは「オーダーに応じて生産する」ことでピクルス，オニオン，調味料などの使用を顧客が選べるようにし，個々の注文に応じた調理をすることにより多少とも柔軟でカスタム化されたオファリングを提供している．これら二つのサービスオファリングの主な違いは，顧客側の受け止め方にある．バーガーキングは，プロセスへの影響が小さくて済む部分で製品やサービスの選択肢を提供して，顧客側の受け止め方を変えようとしたのである．

リングまで，多岐にわたる．例えば，ロールスロイス社は個々の航空会社向けに高度にカスタム化された "power by the hour" ソリューション[4]を提供し，少数マーケットで競争している．このソリューションには，ジェットエンジンの販売やリース，グローバルな IT ネットワークによる個々のエンジンのフライト中の性能モニタリング，そして，これらを保守・修理・更新するサービスの提供が含まれている．

大量市場では，製品は消費者金融，保守契約，短期補償などの標準化されたアフターサービスと組み合わされる．これらのサービスは，新車，冷蔵庫，家庭用ボイラーなどと一緒に購入される．顧客はそれぞれ，標準化されたオプションメニューから自分のニーズに応じてサービスを選択する．例えば，産業用ベアリング（摩擦を軽減する機械部品）の製造業者であるスウェーデンの SKF 社は，低コストの経済圏が作る安価なベアリングによるコモディティ化によって，その存在を脅かされていた（Marsh, 2007）．SKF 社はこの脅威に対して，顧客の問題を解決する能力や，製品に付加価値を持たせる能力を向上させることで対抗した．SKF 社の販売エンジニアは顧客の要求を見つけ出し，技術やサービスの適切なソリューションを五つのプラットフォーム（ベアリング製品，潤滑，シール，エレクトロニクス，サービス関係技術）の中から提供する．これらのプラットフォームは，個々の顧客のニーズにあわせて調整可能である．インターネットの出現によって，標準化された製品と付加価値のあるサービスとの組み合わせの範囲は広がった．例えば iPod と iTunes は，インターネットから音楽をダウンロードする製品とサービスとを統合したものとして提供されている．

図 24.1 の右下から左上の象限に移行するに従って，知識の性質は高度に標準化・明文化されたもの（再現可能なサービスの製造方法や，サービスビジネスのフランチャイズをも可能にするようなもの）から，カスタム化されたプロセスと暗黙の知識（ミシュランの星つきシェフのように，個人の経験や知見，専門知識に結び付いたもの）への依存度が強くなる．明文化された知識を独占できる可能性は低いが，暗黙の知識への依存はオファリングを製品化し，その提供方法を工業化する上で文化的・実務的な課題をもたらす．競争上，サービスビジネスが自身のサービスを差別化しつつ，オファリングを産業化しようとする場合，これは大きな課題になる．一方，サービスビジネスがコストリーダーシップや市場の関心について競争している場合には，マトリクス上での自身の位置を変えなくても，その場でオファリングを改善することができる．

24.4　モジュール化とシステムインテグレーションの役割

企業は製品設計を標準化する際，顧客の様々なニーズにあわせて容易に構成・再構成が可能なモジュール部品を用いることによって，（コンポーネントの）大量生産のコストメリットと，柔軟性の高さや最終的な製品のカスタム化とを両立することができる．製品のコンポーネントを標準化し，コンポーネントをシステムに結合するインターフェースの互換性を実現することは可能であり，顧客や市場の異なる需要に応じて，複数のコンポーネントを事前に定められた様々な方法で選び，調整・統合することができる．モジュール化は，価格とカスタム性のトレードオフに対する解決方法である．これによ

4．【訳注】一定飛行時間ごとの保守サービス．

り，標準化されたコンポーネントを製造する際，規模の経済および範囲の経済のコストメリットを提供しつつ，最終的な製品の高度なカスタム化を提供することができる．

製品のモジュール化とプラットフォーム化のアプローチ（Baldwin & Clark, 2000; Gawer & Cusamano, 2002; Cusumano & Gawer, 2002）は，いまや大量生産産業におけるコンポーネントや製品の標準化で幅広く用いられている．例えば，標準化された消費者向けの商品である自動車やPC，携帯電話は，モジュール化されたコンポーネントから作られており，それらのコンポーネントが決められた設計に従っている限り，最終的な製品に容易に統合することができる．しかし，防衛システム，化学プラント，携帯ネットワーク，航空機のエンジンなど，少数の複雑な製品を提供する産業では，モジュール化に限界がある．特定の運用上の要件にあわせて最終的な製品をカスタマイズする必要があるため，製品，コンポーネント，インターフェースのレベルで，高度なカスタム化を必要とする（Brusoni et al., 2001; Prencipe et al., 2003）．

モジュール化とプラットフォーム化における文献は，ほとんど例外なく製造業の製品に関するものであるが，初期の産業マーケティングの文献においては，このようなアプローチが製品とサービスを組み合わせたオファリングにも適用できることが示唆されている（Mattson, 1973; Hannaford, 1976; Davies et al., 2007）．組み合わせた結果は，それぞれ製品とサービスのコンポーネントからなる完全なシステムを形成する．

- ハードウェアつまり「製品コンポーネント」は，システム全体における特定の機能を形成する物理的な技術部品であり，
- ソフトウェアつまり「サービスコンポーネント」は，製品を設計・構築・運用・保守する活動を通じて提供される顧客の問題を解くための知識や無形の人間の努力である．

製品コンポーネントと同様，サービスは標準化，単純化，ルーチン化された運用方法へと進化させることができる．顧客のリクエストに対してそれぞれアドホックに提供するのではなく，サービスを開発し，ルーチンとして「パッケージ化」し，反復可能なプロセスとして実施することが可能である．しかし，製品の場合と同様に，サービスが非常に複雑な状況では標準化に限界がある．なぜなら，サービスは航空会社，電話会社，鉄道会社などの特定の顧客のニーズにあわせて個別に設計・調整され，鉄道の保守サポートのように，特定の製品の一生における段階にあわせて独自に提供されることが多いからである．

システムの提供に関する特性は，買うかあるいは自分で作るかという顧客の決定に依存する．図24.2に示すように，産業マーケティングの文献では，（製品やサービスの）「コンポーネントの販売」と「システムの販売」を区別している．コンポーネントの販売者は一つもしくは少数のコンポーネントに集中し，狭い範囲のコンポーネントを多くの顧客に供給することで，「特化型の経済」による利点を追求する．システムの販売者は，垂直統合によりシステムの全コンポーネントを提供する．顧客はシステム全体をベンダーから購入することもできるし，サプライヤーからコンポーネントを買って自分でシステムとして組み合わせ，システムの運用・保守に必要な専門スキルやリソースを社内に育成することもできる．例えば1980～1990年代，アメリカンエキスプレスのようなIBMの顧客は，数多くの異なるサプライヤーからのコンポーネントを組み合わせ，

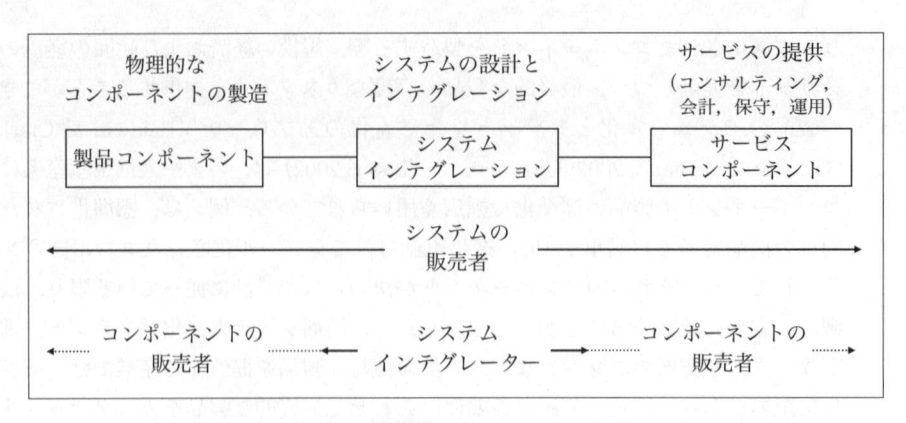

```
物理的な            システムの設計と        サービスの提供
コンポーネントの製造  インテグレーション      （コンサルティング，
                                            会計，保守，運用）

  製品コンポーネント  →  システム          →  サービス
                        インテグレーション      コンポーネント

              ←――――――― システムの ―――――――→
                        販売者

   コンポーネントの      システム          コンポーネントの
   販売者        ←――  インテグレーター  ――→  販売者
```

図 24.2 システム販売者とシステムインテグレーター

それらをソリューションとして自社で組み立てて動作させていた（Gerstner, 2002）.

システムの販売者によるオファリングは「閉じたイノベーションのモデル」（Chesbrough, 2003）の例であり，単独のベンダーによるシステム，または「販売者の設計によって」内部開発された技術，製品，サービス，プロプライエタリなインターフェースを包含するシステムに基づいている．システムの販売者は，在庫管理，IT，航空機エンジン，フライトシミュレータなど，以前は顧客の組織内での運用活動に含まれていたシステムに対する責任を引き継ぐ．システムがこのような形でアウトソーシングされる場合，顧客は単にシステムを購入するだけではなく，IT ネットワークの運用のような，システムが時間とともに顧客に提供するであろう「利点への期待」も購入するのである（Levitt, 1983）．システムの販売者は，新たな製品やサービスの導入により，購入コストの削減，運用性能の改善，システム拡張の促進など，顧客がどのような価値を獲得するかを明らかにする責任がある．

複雑なシステムの同定，組立，インテグレーション，テストにおける潜在的な価値を考えると，サービスに向けて進化するとともに，新しい種類の付加価値を持つプレーヤー，すなわちシステムインテグレーターの参入が促進される．システムインテグレーターは，サプライチェーンの先頭に立つ組織である．システムインテグレーターは，製品コンポーネントを組み立てるだけでなく，システム全体の設計，外部サプライヤーのネットワークから供給される製品とサービスコンポーネントの選択・連携，コンポーネントから機能するシステムへの統合，および将来世代の技術やシステムのアップグレードに追従するための継続的な知識の進歩に責任を持つ（Brusoni et al., 2001; Prencipe et al., 2003）．この外部ネットワークは，顧客に価値をもたらすために組み合わされるコンポーネントの能力と範囲を拡大する（Galbraith, 2002b）．例えば，ボーイング社は機体のコア部品の設計と製造を続けてはいるものの，主として機体組立のシステムインテグレーターであり，部品の 80% は世界中の専門製造業者との契約で入手している．

アウトソーシングと「オープンなイノベーション」で特徴づけられる産業において，システムインテグレーターは，上流での技術製品開発と下流での顧客要求および変化の激しいマーケットを結合し，対応づけるという独自の位置づけを持つ（Chesbrough, 2003; Chesbrough, 2006）．産業組織におけるシステムインテグレーターのモデルは，システムやコンポーネントレベルでの専業化の利点を強調するものであり，その利点は，

多数の外部企業により供給されるモジュール化されたコンポーネント，標準化されたインターフェース，そして複数ベンダーの技術をインテグレーションする能力に基づく（Prencipe et al., 2003; Davies et al., 2007）．システムインテグレーターは伝統的なシステム販売者の領域を越え，顧客の設計・構築・運用の活動を引き継いで，付加価値の高い統合ソリューションを提供する．これには，既存および新規マーケットにおける顧客のビジネスの発展を助ける戦略コンサルティングや会計上の支援の提供も含まれる（Davies, 2004）．

過去10年にわたってシステムの販売者が，（自社ですべてやる）「垂直統合」企業から他者の活動を利用したインテグレーターへと変化する例が増えてきた（Hobday et al., 2003; Hobday et al., 2005）．システム販売者からシステムインテグレーターに移行した企業の例として，IBMが挙げられる．1960～1970年代，IBMは垂直統合企業であった．IBMのSystem/360はモジュール化設計に基づいていたが，ソフトウェアコンポーネントとインターフェースはプロプライエタリであった．顧客がIBMのコンピュータをいったん購入すると，そのオペレーティングシステムの複雑さゆえに他のベンダーへの移行は難しかった．顧客は，IBMのハードウェアとソフトウェアおよびそのサービスサポートに閉じ込められていた．1980年代までには，新たな組織モデルが垂直統合の伝統的な利点を脅かすようになった．多くの専門サプライヤーがモジュール化されたコンポーネントを提供し，IBMの支配的な地位を脅かし始めた．IBMのCEOだったルイス・ガースナーはサービスへ移行する戦略を実行する一方，（HP，Microsoft，Sunなどの）競合ベンダー製品に対する設計・統合・サポートを提供することで，自社技術への依存を削減した[5]．

システムインテグレーターは，コアとなるテクノロジー，製品，サービスをインテグレーションする能力を自社に維持しながらも，アウトソーシング可能なコンポーネントは何かを理解しなければならない．彼らの目的は，根本的には完成したソリューションの価値がコンポーネントとなる部品の価値の合計を上回るようにすることである．システムインテグレーションは，製造業だけではなくサービスビジネスにとっても魅力的である．例えばBT，EDS，LogicaCMG，Atkinsのように自前の製造能力をまったく持たない企業は，多数の外部サプライヤーから提供される製品やサービスのシステムインテグレーターになることに注力している．

このことを別の視点から見るために，Apple社のiPodについて考えてみよう．iPodの構成部品の中に特別新しいものはない．しかし，装置の速度や使いやすさがiTunesのオンラインサービスと結び付くことにより大きな価値が生まれた．特にApple社の株主にとっては大きな価値である．最近行われたiPodの分解分析の結果[6]が示すように，iPodにおける付加価値のほとんどはApple社のものになっており，システムの部

---

[5]. この動きに関するGerstner（2002）の評価では，彼がAmerican Express社にいたときに得たIBMの大口顧客の一人としての経験に焦点を当てた．IBMの顧客であるAmerican Expressの運用の主要な部分はITに依存しており，ガースナーはITの世界がどれほど複雑かをよく知っていた．彼はこの経験的な（言い換えれば暗黙の）知識から，わけがわからないほど複雑なこの環境の中で顧客がミッションクリティカルなタスクを達成するのを助けることで，IBMが顧客に価値を提供できる可能性があることを知っていた．

[6]. Apple社のiPodの部品表とその結果の利益がどう配分されているかの詳細な分析については，以下の文献を参照されたい．"Who Captures Value in a Global Innovation System? The case of Apple's iPod" by Greg Linden, Kenneth L. Kraemer, Jason Dedrick, a Personal Computing Industry Center（PCIC）working paper, UC Irvine, June 2007.

品を提供した部品メーカーは利益をほとんど得ていない（東芝のハードディスクドライブは特別な例外である）．

システムインテグレーターがサービスにおいて新しい有用なシステムを設計するためには，複雑な知識を個々の例の中で分解し，統合し，再結合し，再利用する方法を学ばなければならない．再利用可能かもしれない明文化した知識の断片の個数が増えると，それらの断片から作ることができるサービスの範囲も広くなる．これには良い点も悪い点もある．知識の要素が増加すると，要素の組み合わせ方の可能性は指数的に増大する．これが意味することは，複雑性の増加が（少なくとも理論的には）適用範囲の増加を上回る可能性である．

以下で議論するように，システムインテグレーターが直面する主要な課題は，部品，最終的な製品，システムにおいて，どのようにしてカスタム化と標準化のバランスをとるかを理解することである．顧客のニーズに対応する際，顧客に特化したカスタム化をせずにモジュールを再利用して済ませるべきなのは，どのような場合か？ 既存の（明文化された）知識を再利用すれば開発コストは少なくて済むし，量が増えた場合にもスケーラブルに対応できる．一方，カスタム化すれば，顧客が抱える問題の状況に対してより密接に結び付いたもの（したがって，そこには暗黙の知識が多く含まれる）になるが，スケーラビリティを限定することにもなる．重要な要素は，個々の状況ごとに異なる可能性が高いからである．

顧客のビジネスプロセスを理解することは必要であるが，サービスにおけるイノベーションの課題はそれだけではない．上で述べたように，顧客はサービスプロセスの中の様々な場所でサプライヤーとインタラクションしなくてはならない．したがって，もう一つビジネスプロセスにマッピングする必要があるのは，体験ポイントという考え方である．体験ポイントとは，顧客とサプライヤーがサービスをやり取りする際の接触点である．これらのポイントで，サプライヤーが用意した選択肢の中から顧客がいずれかを選び，その選択に応じてやり取りを異なる領域へと進める．同じ業種の顧客であっても，同じ体験ポイントを共有するとは限らない．

サービスにおいて，インテグレーションが非常に重要になるのはこの点である．製品が主体のビジネスでは，商品の最終的な設置と顧客プロセスへのインテグレーションは顧客に任されている．サービスビジネスでは，商品のインテグレーションの役割を顧客に代わって行うことが顧客にとっての利点となる．したがって，サプライヤーによる効果的なインテグレーションにより，顧客との共創が可能になる．そのような例の一つは，ロンドン地下鉄の車両の大部分を提供しているシステムインテグレーターのAlstom社である．Alstom社は，ロンドン地下鉄交通局との協業によって250項目もの製品改善点を抽出し，これによって車両の稼働可能時間を向上させて，耐用期間全体でのサービスコストを削減した．これにより，交通局は予備として余分に保持する車両数を削減しつつ，サービスの稼働率向上を実現できた．

PLCにおける複雑性の管理は，サービスのためのビジネスモデルの設計と実装における重要な課題も提示している．サプライヤーがシステムインテグレーションの課題を引き受けながら，それでも顧客により良い取引を提供できるのはどういうことだろうか？ これが実現しうるのは，顧客が自身のプロセスを変化させ，その結果としてサプライヤーが完全なソリューションを提供できる場合だけである．顧客はもはや，組織内

の保守要員や内部のITスタッフなどを必要としないかもしれない．このようなプロセスの変化により，サービスにおけるイノベーションはWin-Winの結果をもたらすことができる．これは，顧客とサプライヤーの間の共創におけるさらなる側面であり，この側面は顧客プロセスを合理化し，システムのコストを削減するものである．

24.5　オープン性の役割

　オープンなイノベーションのモデルでは，企業は内部・外部の知識源を使って，新たなアイデアを商用の製品やサービスに変える．市場へのルートには内部・外部双方のものがありうる．Chesbrough（2003）は，主に製造業企業のオープンなイノベーションを使った新製品の開発・商用化に関心を持っていたが，彼のアプローチはサービスにも有用に適用できる．例えば，BBCなどの伝統的な放送事業者は，新たなデジタルメディアの技術や市場の急増への対応という課題に直面している（Bessant & Davies, 2007）．BBCは，もはや自身の組織内に業界トップの地位を維持するための「研究開発」能力がないことを認識し，「BBCバックステージ」と呼ばれるオープンなイノベーションの実験プロセスを通じて多数の外部の個人や企業と協力するための，一種のオープンソースコミュニティを設立した．外部の開発者に対しては，2005年5月に設立されたウェブサイト（ニュースの実況フィード，天気予報，TV番組表を提供している）を使用して革新的なアプリケーションを作ることを歓迎している．

　システムの販売者からシステムインテグレーターへの移行に従い，オープン性はサービス企業のイノベーションのプロセスにおいて，はるかに重要な役割を持つことになる．PLCの早期の段階では，インテグレーターは自身の知識とリソースのほかに，インテグレーションの仕事の達成に十分な知識を持っていない．これは，インテグレーターが事実上はシステムの販売者としてしか機能していないことを意味する．後の段階でイノベーションが広く理解されるようになると，暗黙の知識は徐々に明文化された知識へと変換され，顧客とサプライヤーの間で互いのニーズと能力をそれぞれうまくコミュニケーションできるようになる．

　図24.3は，製品・サービスのオファリングにおけるイノベーションの動きを大幅に単純化して示したものである．製品とサービスの組み合わせは，それぞれ固有のライフサイクルの性質を持つ．しかし，この図では，システムの販売者が初期に提供するクローズドで高度にカスタム化されたソリューションから，様々な専門のコンポーネントサプライヤーとシステムインテグレーターが後の開発段階で提供するよりオープンで標準化されたソリューションへと，時間とともに重点が移行する様子が示されている．

　オープン性が非常に価値を持つのは，後期の開発段階である．イノベーションは，それを構成する部品に分解できるものになり，ある部品の変更はシステムの他の部分にほとんど影響しない．垂直専業が価格と性能の改善を可能にするため，ここではモジュール性が支配的な力を持つ．これはシステムインテグレーターが活躍できる状況である．共創は完全に実行可能である．ただし，カスタム化されるものの大部分が，他の顧客にもほとんど追加コストなしで移転できるという条件がつく．

　モジュール性に関する利点は，より多数の企業が市場に参加することで生じる．よ

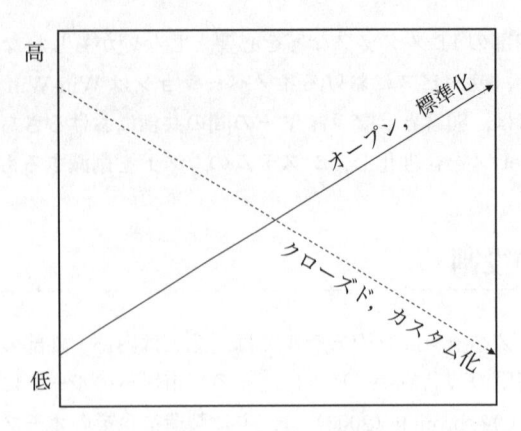

初期	成熟期
クローズドなイノベーション	オープンなイノベーション
システムの販売者	システムインテグレーター
垂直統合	専業化
独自・1回限り	標準化
アドホック	反復可能
全体	モジュール性

図 24.3　製品・サービスのライフサイクルの動き

り多くの知識がより多くの参加者に拡散することで，産業知識を利用し結合する様々な方法を，より多くの企業によって並行して実験できるようになる（Baldwin & Clark, 2000）．インテグレーターは，内部の知識だけで外部の膨大なオファリングの可能性と競合することはできない．内部の知識とリソースは深いものかもしれないが，その範囲は必然的に限定される．知識の結合と実験は企業内で順次進行するだけで，市場のように並行して起こるわけではない．システムの販売者にとって進歩の唯一の方法は，内部と外部の両方の知識のインテグレーターになることである．

　統合の役割を効果的に行うには，高度なシステム知識やシステム作業の様々な要素，そしてどうすればそれらを有用な形で結び付けられるかについての知識が必要になる．システム全体（およびそのさらなる発展）に対する考慮をせずに，システムの特定の部品だけに取り組む企業は，「モジュール性の罠」（Chesbrough & Kusunoki, 2000）に陥るリスクがある．この罠は，各部分をシステム全体へと結ぶ設計ルールやインターフェースが時間とともに進歩し，それによって企業がシステムのアーキテクチャ上の進化における本質的な知識を失って不利になるというものである．

　システムインテグレーターは，上流の技術や製品の供給源を下流の市場需要，ニーズ，期待に対応づけるため，複雑でインタラクティブな結合プロセスを達成する知識を組織内に発達させなくてはならない．多くのサービスビジネスは正式な研究開発部門を持たないが，顧客の期待やニーズに応えるイノベーションを識別，作成，提供するために，似たような活動に取り組んでいる．サービスにおいてイノベーションを引き起こし，形成するためには，技術よりも顧客の意図を指向したオープン性のほうが重要かもしれない．顧客の開拓や「市場対面型のイノベーション」の成功に不可欠な能力の例として，ユーザーのニーズに関する詳細な知識，個々の顧客の問題の識別・解決能力，顧客とソリューションを共創する能力などが挙げられる．価値の高いサービスを提供する

ことで，物理的な製品よりも高い売上や利益率が持続するとともに，顧客や，製品の設置基盤のエンドユーザーと長期の関係を築くことができる．こうして，長期間にわたるイノベーション源により，長期のロイヤルティと顧客の囲い込みの機会が得られる．

複雑な工業製品の共創においては，顧客のフィードバックはB2Bの関係に閉じたものではなくなる．顧客の体験は，インターネットを通じてフロントエンドの設計者にフィードバックされ，カスタム化された大量生産製品（Lampel & Mintzberg, 1996）や顧客の私的な体験（Voss, 2003）の共創も可能になる．カスタム化された大量市場向けのソリューションは個々のニーズに応えるため，製品とともに構成可能かつ標準化されたオプションとしてサービスを提供する．

したがって，インテグレーターにとってのオープン性は，幅広いシステム知識を必要とすることを意味する．この知識で武装し，有用なオファリングに貢献するかもしれない多数の外部サプライヤーや顧客への必要なつながりを持つことで，インテグレーターは顧客に対して「総合ショップ」を提供することができる．この結果，顧客は自身のプロセスを変化させることが可能になり，インテグレーターの手助けによりコストの節約や新たな能力が得られる．このように，インテグレーターは市場に貢献する際のオープン性によって，範囲の経済を活用できる．

24.6　組織構造の役割

これまでに明らかにしたサービスの要素，すなわち，明文化された知識と暗黙の知識の混合，複雑性の役割，アーキテクチャのスケーラビリティを上げることによって明文化された情報をシステム化する能力，そして顧客との共創などは，すべてサービスにおけるイノベーションを組織化する上で強い意味合いを持っている．組織が顧客の特定のニーズに対してソリューションを共創するためには，顧客との密接さが必要である．組織は，顧客に幅広いサービス統合の能力を提供し，自身を通じて広範囲のオファリングを顧客が使えるようにしたいはずである．この意味で，組織は大量かつ多様な顧客のニーズに対応するために，相当な「規模の経済」を生み出す必要があるだろう．

このように，顧客の依頼を受けて集められた様々な要素を調和させることにより，価値を生み出すことと獲得することの両方について，強力な手段が得られる．価値は何よりもまず，顧客のためのワンストップのソリューションを作り上げる能力から生じる．これによって，顧客の時間と手間を大幅に節約することができ，最初の販売と導入の後にも，より良いサポートやサービスが可能になる．そのような能力に対して，顧客は割り増し料金を支払ってもよいと考える可能性が高い（より正確には，市場における顧客セグメントの多くが，そのような能力に対して割り増し料金を支払う）であろう．これは，コストではなく，価値に基づいた組織の変化を可能にする．

標準化からカスタム化までの幅広いオファリングに基づき，顧客中心のサービスやソリューションを提供するための新たな組織構造の形が生じている．上に述べたように，これらの新しい組織構造は標準化とカスタム化のトレードオフを解決するように設計されており，「すぐにソリューションとして使える」標準化されたコンポーネントを作ることを担当する．そのようなコンポーネントは，完全にカスタムなコンポーネントで作ら

れたソリューションよりもずっと低いコストで結合・再結合が可能である（Galbraith, 2002a,b）．各ソリューションは，再利用可能で提供が容易な，標準化された製品やコンポーネントのモジュールを利用して，顧客独自の要件に対応した調整を行う．

　IBM, Sun Microsystems, ABB, Nokia, Ericsson など，サービスビジネスを拡大させた大企業の中には，効率的で反復可能なソリューション提供のために設計された「フロント・バック」構造を形成するように再組織化した例が見られる（Galbraith, 2002a,b; Davies et al., 2006）．伝統的な組織構造では，運用組織が製品やブランド，地理的な並びに沿って組織されていた．これに対して，これらの企業は「フロント」の接客部隊を組織し，個々の顧客のためにカスタム化されたソリューションを開発し，パッケージングし，提供するようになった．伝統的な製品ベースの部門は，すぐにソリューション化可能な標準化されたコンポーネントを提供する「バック」エンド組織として再編された．これらのコンポーネントは，しばしば個々の顧客のために容易に構成可能な共通技術および製品プラットフォームとして開発された．これに加えて，企業によっては，IBM グローバルサービスや Ericsson グローバルサービスのようなサービス部門を作ったところもある．この部門は，サービス，能力，プロセス，サービスの信頼性保証，価格決定，リソースを裏側で提供する．サービスは，カスタム化されたソリューションとして製品に容易に組み合わせられるような，単純で一貫した，理解しやすいポートフォリオへと発展させる必要がある．いずれのタイプのバックエンド組織も，フロントの組織が様々な組み合わせで混合して対応させることができる，すぐにソリューション化可能なコンポーネントを提供する．フロントとバックの運用組織の間の知識とリソースのインターフェースの流れは，「戦略本部」により管理される．この「再構成可能な組織」により，技術，コンポーネントの供給源，顧客ニーズなどの継続的な変化に適応し，対応することができる．例えば Ericsson（世界最大の携帯電話ネットワークプロバイダー）は，1999 年から Ericsson グローバルサービスと Ericsson システムというバックエンド組織を作り，Ericsson Vodafone のような携帯ネットワークの大口顧客の要件に特化した 28 のマーケット部署と個々のフロント組織を形成した．

　垂直統合したシステムの販売者の場合，これらの部署は組織内に留まっている．システムインテグレーターも自身のバックエンド組織を作ることが多いが，彼らはしばしば外部サプライヤーとパートナーシップを結び，技術，製品，アプリケーション，サービスにおいて長期間にわたって信頼できる後方支援能力の供給を受ける．フロントの組織は，顧客ごとに新たな構成を作るのではなく，ポートフォリオから選ばれた製品と開発前のサービスのプラットフォームを使ってソリューションを提供する．Ericsson は，ソリューションにおけるサービスコンポーネントの 75% は既製の再利用可能なコンポーネントでまかなえると推定している．残りのサービスは，フロント組織によって顧客との接触時にカスタマイズする必要がある．

　ソリューションに含まれるコンポーネントのうち，標準化された部分とカスタム部分の割合は，市場の性質（例えば産業製品か消費者向け製品かなど）によって異なるだろう．大量生産の産業では，製品は通常，あらかじめ決まったサービスを含む標準化されたバンドルとしてだけ提供される．複雑な工業製品産業の提供においては，提供されるソリューションは大企業や機関・政府の顧客組織におけるニーズ，能力，洗練度によって大きく異なる．例えば，Virgin Mobile 社や Virgin Trains 社のように経験が少なく内

部システムへの関与能力が限定されている顧客は，完全に標準化されたオファリングからなるソリューションを求めることが多い．経験が豊富で洗練された顧客は，自分のニーズが標準化されたソリューションでは満たされないことに気づくかもしれない．

　カスタム化と標準化を重視する度合いは製品のライフサイクル（PLC）によっても変化する．PLCの展開の初期段階では，企業は完全にカスタム化されたソリューションを提供することで強いインセンティブを得る．なぜなら，オファリングによって競合相手と差別化できるからである．フロントの組織は，独自で革新的なソリューションへの顧客の期待にそれぞれ応えることによって動くが，カスタム化へ重点を置きすぎるとソリューションの反復性を妨げる可能性がある．技術や製品が成熟するにつれて，標準化と反復がより重要になる．初期の顧客の体験から得られる知識を，より多くの顧客プロジェクトで共有，明文化，再利用しなければならない．初期ソリューションを開発するコストは，それが標準化または成熟したオファリングとなるまでコンポーネントを複製することによって取り戻す．例えば，Ericsson社は新世代の技術を商業化するために，製品ライフサイクルの初期にVodafone社やT-Mobile社といったトップの顧客と密接に協業することで，高度にカスタム化されたソリューションを開発している．技術が成熟するとともに，顧客に提供するカスタム化されたソリューションの中で，モジュール化された製品やサービス群から作られる部分が増加していく．

　バックエンドの組織をうまく編成するポイントは，規模の経済に由来する．これは，フロントの組織構造では範囲の経済が本質的であったことと対照的である．プロセスは，扱う取引が増えるほど，それらを効率的に処理できるようになる．企業は，これらのプロセスを設計して実行するために，いっそうの自動化とプロセス改善に投資することができる．大量であることで，プロセスの設計やセットアップの固定コストをより多くの取引で分割返済することが可能になり，数が増えるほど取引当たりのコストは下がる．同時に，企業はプロセスエンジニアリングに投資し，プロセスの信頼性，可用性を高め，需要に対応してこれらのプロセスをスケーラブルにするだろう．

　バックエンド組織は，非常に大量の取引を扱うプロセスを活用する能力と意図を持つ．なぜならば，これらが最も低コストで，信頼性・可用性が高いからである．この「最高クラスの」プロセスを，非常に大きな規模で維持するのに十分な活動を行える組織は少ない．他のほとんどの組織は，そのような能力を提供する組織とパートナーシップを結ぶことになるだろう．一方で，この取引規模に達するのに十分な量を集めようとしている組織に後方支援を提供する組織が必要である．これも別の種類のオープン性である．Amazon社のような企業は，いまやウェブを介したバックエンドの取引プロセスのサービスを，Elasticクラウドコンピューティングサービスを通じて提供している．Amazon社のElasticクラウドサービスは，企業にワールドクラスのITプロセスへのアクセスを提供し，そのようなインフラを開発・維持するためのコストと手間から企業を解放する．さらに，Amazon社はインフラを他社にオープンにして売上を増やすことと，より大きな規模でインフラのコストを共有することの双方によって明らかなメリットを実現している．このようなやり方によって，Amazon社は内部コストを下げながら売上を増やしているのである．

24.7　結論

　この章は，サービスおよびサービスにおけるイノベーションが先進経済にとってますます重要になっていることを明確に示している．サービスのイノベーションに関して，製品管理に関する文献から多くを学ぶことができる．しかし，先進的なサービスビジネスに内在する課題を把握するには，製品の世界とは異なる重要な部分が不可欠である．

　この章では，そのような相違点の五つに焦点を当てた．複雑性の役割は，複雑な製品ではしばしば重要であるが，無形のサービスについて議論する際にはますます深刻になる．明文化された知識と暗黙の知識の役割はより大きくなり，標準化とカスタム化のトレードオフはより本質的になる．

　第二の相違点は流動性の役割に関するものであり，サービスのイノベーションが技術や製品のライフサイクルとどのように異なるかという点にある．ライフサイクルの初期の段階はシステムの販売者が有利になりがちだが，後の段階ではシステムインテグレーターに優位性が移る．関連して，モジュール性とシステム統合の概念もまたこの変化を促進する．なぜなら，外部からの参加者たちによるオファリングは，最も豊富にリソースを持ったシステムの販売者と比べても，圧倒的に豊富で強いからである．

　また，サービスのイノベーションにおいては，オープン性も重要である．オープン性は二つの異なる役割を果たす．一つは規模の経済を活用して，顧客が一度にすべてを獲得できるようにする役割である．もう一つは範囲の経済を利用して，膨大な量と，高信頼性・高可用性を非常に低コストで達成する役割である．ここでのオープン性は，そのような能力を持つ他者と同盟を結ぶか，能力を自身で築き，自分のリソースの使用を他者と共有することを必要とする．

　これら四つの相違点の結果として，五つ目の相違点が組織構造に生じる．イノベーションをもたらすサービスの組織は，自身を取り巻く外部知識の資産の特定・入手・活用に必要な背後のシステム知識に気を配らなければならない．そのような組織では，外部を無視して内部で構築しようとする「自社開発主義」現象を避けなければならない．そして，自身のビジネスにおける顧客対面の側面とバックエンド取引の側面の両方をうまく考慮して，市場における規模の経済と範囲の経済の両方を達成する．

参考文献

Abernathy, W.J. and J.M. Utterback (1978), 'Patterns of Industrial Innovation', *Technology Review,* Vol. 80, No. 7, 40-47.

Baldwin, C.Y. and Clark, K.B. (2000), *Design Rules: The Power of Modularity,* The MIT Press: Cambridge, Mass.

Barras, R. (1986), Towards a theory of innovation in services, *Research Policy,* 15, 161-173.

Basole, R. C., W. B. Rouse. (2008). Complexity of service value networks: Conceptualization and empirical investigation. *IBM Systems Journal 47*(1).

Bessant, J. and Davies, A. (2007), 'Managing Service Innovation', DTI Occasional Paper, No. 9, *Innovation in Services,* 65-94.

Brusoni, S., Prencipe, A., and Pavitt, K. (2001), 'Knowledge specialization and the boundaries of the firm: why do firms know more than they make?', *Administrative Science Quarterly* Vol. 46, 597-621.

Chesbrough, H. (2005) Toward a science of services. *Harvard Business Review,* 83, 16-17.

Chesbrough, H. and J. Spohrer (2006) A research manifesto for services science. *Communications of the ACM. 49(*7). July. 35-40.

Chesbrough, H.W. (2003), *Open Innovation: The New Imperative for Creating and Profiting from Technology*, Harvard Business School Press, Boston, Mass.

Chesbrough, H.W. (2006), Open Business Models: How to Thrive in the New Innovation Landscape, Harvard Business School Press, Boston, Mass.

Chesbrough and Kusunoki, (2001), The Modularity Trap: Innovation, Technology Phase-Shifts and the Resulting Limits of Virtual Organizations", with in Ikujiro Nonaka and David Teece, *Managing Industrial Knowledge*, Sage Publications, 2001.

Cusumano, M.A. and A. Gawer (2002), 'The elements of platform leadership', *MIT Sloan Management Review*, Spring 2002, 51-58.

Cusumano, M. and F.F. Suarez, (2007), Product, Process, and Service: A New Industry Lifecycle Model, http://web.mit.edu/sis07/www/cusumano.pdf

Davies, A. (2004), 'Moving base into high-value integrated solutions: a value stream approach', *Industrial and Corporate Change*, Vol. 13, No. 5, 727-756.

Davies, A., Brady, T. and Hobday, M. (2006), Charting a path toward integrated solutions, *MIT Sloan Management Review*, Spring 2006, 39-48.

Davies, A., Brady, T. and Hobday, M. (2007), 'Organizing for solutions: systems seller vs systems integrator', *Industrial Marketing Management,* Special Issue 'Project marketing and marketing solutions', 36: 183-193.

Drucker, P. (1991). The New Productivity Challenge. *Harvard Business Review,* November-December 1991 69-79.

Galbraith, J. R. (2002a), 'Organizing to Deliver Solutions'. *Organizational Dynamics,* 31/2, 194-207.

Galbraith, J. R. (2002b). *Designing Organizations: An Executive Guide to Strategy, Structure, and Process,* San Francisco: Jossey-Bass, Wiley.

Gawer, A. and M. A. Cusumano (2002), *Platform Leadership: How Intel, Microsoft and Cisco Drive Industry Innovation,* Boston: Harvard Business School Press.

Gerstner, L. V. (2002), *Who Said Elephants Can't Dance? Inside IBM's Historic Turnaround* London: Harper Collins Publishers.

Hanniford, W.J. (1976), 'Systems selling: problems and benefits for buyers and sellers', *Industrial Marketing Management,* (5), 139-145.

Hax, A. C. and Wilde, D. L. (1999). 'The Delta Model: Adaptive Management for a Changing World'. *Sloan Management Review,* Winter: 11-28.

Hayes, R.H., and Wheelwright, S.C. (1984), *Restoring our Competitive Edge: Competing through Manufacturing,* John Wiley & Sons: New York.

Heskett, J. L., Jones, T. O., Loveman, G. O., Sasser, W. E., Schlesinger, L. A. (1994). Putting the service profit chain to work. *Harvard Business Review,* 72, 164-174.

Hobday, M., Prencipe, A. and Davies, A. (2003), 'Introduction' , in A. Prencipe, A. Davies and M. Hobday (eds.), *The Business of Systems Integration*, Oxford: Oxford University Press,

1-12.

Hobday, M., Davies, A. and Prencipe, A. (2005), 'Systems Integration: A Core Capability of the Modern Corporation', *Industrial and Corporate Change*, Vol. 14, 1109-1143.

Horn P. (2005) "The New Discipline of Services Science". *BusinessWeek,* January 21, 2005.

IfM and IBM. (2007) *Succeeding through Service Innovation: A Discussion Paper.* Cambridge, United Kingdom: University of Cambridge Institute for Manufacturing. ISBN: 978-1-902546-59-8.

Lampel, J., and Mintzberg, H. (1996), 'Customizing Customization', S*loan Management Review* Vol. 38, No. 1, 21-30.

Levitt, T. (1976), 'The Industrialization of Service', *Harvard Business Review,* Vol. 54, No. 5, 63-74.

Levitt, T. (1983). 'After the sale is over...' *Harvard Business Review* **61** 87-93.

Lusch, R.F., Vargo S.L., and Wessels, G. (2008). Toward a conceptual foundation for service science: Contributions from service-dominant logic. *IBM Systems Journal: Service Science, Management, and Engineering, 47*(1), 5-14.

Marsh, P. (2007), 'Back on a roll in the bearings business', *Financial Times,* 6 February 2007.

Mattson. L-G. (1973), 'Systems selling as a strategy on industrial markets', *Industrial Marketing Management,* Vol. 3: 107-120.

Normann, R. (2001). *Reframing Business: When the Map Changes the Landscape.* Wiley, Chichester, New Sussex.

Normann, R. & Ramirez, R. (1993). From value chain to value constellation: Designing interactive strategy. *Harvard Business Review, 71*, 65-77.

Quinn, J. B., Baruch, J. J., and Paquette, P.C. (1987) Technology in Services. *Scientific American. 257*(2). December.

Quinn, J. B. (1992). *Intelligent Enterprise: A Knowledge and Service Based Paradigm for Industry.* New York: The Free Press.

Pine, II, B.J., & Gilmore, J.H., *The Experience Economy: Work is Theatre & Every Business a Stage*, Boston, MA: Harvard Business School Press (1999).

Prahalad, C. K. and Ramaswamy, V. (2000). 'Co-opting Customer Competence'. *Harvard Business Review*, January-February: 79-87.

Prencipe, A., Davies, A. and Hobday, M. (2003) (ed.) *The Business of Systems Integration,* (2003). Oxford: Oxford University Press.

Schmenner, R. W. (1986). How Can Services Businesses Survive and Prosper?. *Sloan Management Review*, Spring 1986, 27 (3) 21-32.

Slywotzky, A. J. (1996). *Value Migration: How to Think Several Moves Ahead of the Competition* Boston, MA: Harvard Business School Press.

Slywotzky, A. and Morrison, D. J. (1998). *The Profit Zone: How Strategic Business Design Will Lead You to Tomorrow's Profits.* Chichester: John Wiley & Sons.

Utterback, J.M. (1994), *Mastering the Dynamics of Innovation: How Companies Can Seize Opportunities in the Face of Technological Change,* Harvard Business School Press: Boston, Mass.

Vargo, S. L. & Lusch, R. F. (2004). Evolving to a new dominant logic for marketing. *Journal of Marketing, 68*, 1-17.

Voss, C.A. (2003), 'Rethinking paradigms of service – service in a virtual Environment', *Inter-

national Journal of Operations and Production Management, Vol. 23, No. 1, 88-104.

Wise, R. and Baumgartner, P. (1999), 'Go Downstream: The New Profit Imperative in Manufacturing'. *Harvard Business Review*, September-October: 133-41.

Womack, J. P. and Jones, D. T. (2005) *Lean Solutions: How Companies and Customers Can Create Value and Wealth Together*. Free Press. New York, NY.

第25章

法律はサービスイノベーションにどのような影響を与えるか

☐ Pamela Samuelson
School of Law
University of California, Berkeley

　知的財産法，契約法，不法行為法[1]は，サービス分野で起きるイノベーションの度合いに影響を与える．法律が厳しく適用されるとサービスイノベーションへの投資が阻害されるが，一方で法律が緩すぎても健全なイノベーションへの投資の量が最適ではなくなってしまう．知的財産権は，製造業分野においては強力に保護されてきたが，それに比べるとサービス分野での保護はずっと弱かった．例えば，サービスは技術的ではないという理由で特許の対象外とされていた．ウェブサービスなどのデジタル情報サービスについては，特許性があるどうかはまだ確定しておらず，多くの議論を呼んでいる．契約法と不法行為法も工業製品に関しては厳密に定められているが，サービスに関してはそうではない．また，デジタル情報サービスが出現したことで，既存の契約法・不法行為法をデジタル情報サービスに対して適用するべきか，それともデジタル情報サービスにおけるイノベーションの促進のために新たな法律を制定するべきかという課題も発生している．

25.1　はじめに

　21世紀の最初の10年，デジタル情報サービスは驚異的な成長を果たした（Triplett & Bosworth, 2004）．この技術的発展によって実現したサービスの例として，ATM，オンラインショッピング，オンライン予約システム，ソフトウェアシステムのサポート，そしてサプライチェーンやビジネスシステムの自動化を実現したウェブサービスなどがある（Cohen, 2007）．
　一方で，デジタル情報サービスにおいて社会的に最適なレベルのイノベーションを実現するために，研究開発への投資にどの程度の量が必要なのかはほとんどわかっていな

---

[1]　【訳注】いずれもアメリカ合衆国の法律．

い．また，デジタル情報サービスのイノベーションおよびイノベーションのための投資に対して，知的財産法・契約法・不法行為法がどのように影響するかもよくわかっていない[2]．

この章では，18世紀から19世紀にかけての製造業全盛期において経済成長とイノベーションを推進してきた法的な枠組みが，新しく出現したデジタル情報サービスに対しても適切かどうかを考察する．例えば，デジタル情報サービスにおけるイノベーションは，機械におけるイノベーションと同様に特許で保護するべきだろうか？この質問への答えは，サービスイノベーションがどの程度技術に依存するかによって決まるのだろうか？歴史的に消費者を欠陥製品から守ってきた契約法・不法行為法をデジタル情報サービスにも拡張するべきだろうか？契約法・不法行為法にどのような拡張をすると，デジタル情報サービスにおける望ましいレベルのイノベーションを実現できるのだろうか？

知的財産法は，イノベーションの所有権を定め，無許可の第三者による商業利用を排除する権利をイノベーターに与えるものである．このことが，イノベーションへの投資の重要な動機づけになっていると考えられている．一方で，契約法や不法行為法もイノベーションを推進する要因になっている．これらの法律は，製品やサービスの欠陥に対する責任の所在を定めている．過剰な法的責任はイノベーションへの投資を抑制してしまうが，弱すぎると安全な製品やサービスのための投資を減らすことになる．

19〜20世紀，法律は「製品」（工業製品など）と「サービス」とを比較的厳密に区別していた．この区別は，知的財産法や契約法・不法行為法においても非常に重要である．ところが，デジタル情報サービスは，ある意味で製品とサービスの両方の特徴を持っていると言える．そのため，この比較的新しい技術的なサービス分野を知的財産法や契約法・不法行為法でどのように扱うべきかについては曖昧な部分がある．

25.2　製品やサービスに影響を与える知的財産法

一般に知的財産法は，サービスの提供に関するイノベーションよりも，製品の製造に関するイノベーションの推進に，より重要な影響を与えてきた．これには，歴史上の理由と経済上の理由，そして政策上の理由がある．デジタル情報サービスの規制のために知的財産法はどのように進化するべきか，また，知的財産法の有無によってデジタル情報サービスにおけるイノベーションが推進するかどうかは，まだよくわかっていない．

25.2.1　製造業分野における知的財産法の伝統的な役割

知的財産法は，製造業分野におけるイノベーションに対する投資を高いレベルで維持するために重要だった．通常，製造技術では製品の開発・商品化に多くのコストがかかるが，一度商品化されると安価かつ容易にそのイノベーションを複製できてしまう．これは，販売されている製品自身を見ただけで製造のノウハウがわかってしまうような場

---

[2]　本章の内容は私がよく知っているアメリカ合衆国の法律をもとにしているが，他の国（特に先進国）の司法においても，本章に関連するような基本的な項目は共通だと思われる．

合に特に顕著である．例えば，製品の新しい特徴や改良された特徴は，その製品を見るだけですぐにわかるか，簡単なリバースエンジニアリングによって発見できることがある．

知的財産法がなければ，競合企業は処罰されることなく自由にイノベーションをコピーすることができる．その結果，研究開発への投資の回収が難しくなり，さらなるイノベーションへの投資が困難になる可能性がある．複製品を作った競合企業は，そのイノベーションのための研究開発費用を負担する必要がないので，同一もしくはそれに近い製品をより安価に提供してイノベーターの売上を奪うことができる．知的財産法は，イノベーターに一定期間の排他的な権利を与えることで，競合企業による横取りが市場そのものを破壊してしまうことを防いでいる．イノベーターは通常，そのイノベーションを含む製品を合法的に販売したり，その知的財産の使用許諾を他社に与えたりすることができる唯一の企業となることで，研究開発への投資を回収する．

特許法は，新規性・進歩性のある機械，製造物，組成物，そして技術的なプロセス[3]を保護している．特許保護の資格を得るためには，企業は特許庁に申請して，政府の審査官によって特許基準を満たすかどうかの審査を受ける必要がある．出願には，そのイノベーションの内容，従来技術との差分，そして実施例を公開し，その分野の技術者がその出願を読めば（出願書類は，審査官の審査によって特許基準を満たしていると認められると，政府によって公開される[4]），そのイノベーションを実施できるようにする必要がある．このようにイノベーションを公開することと引き換えにして，特許権の所有者は，そのイノベーションを他者が作成・利用・販売することを最大20年間にわたって排除できるのである．現在広く使われている技術の多くは，特許によって保護されている．

営業秘密法も，製造業のイノベーションを守るために広く使われている．化学式，設計図，金型，製品を作るための道具，設計の詳細など，リバースエンジニアが容易でないものは，営業秘密として守られることが多いものの例である．また，特許化には費用がかかること，公開する必要があることを理由として，イノベーションを特許化せず秘密にしておく場合もある．一方で，商業的には重要なイノベーションだが特許保護の要件を満たしていない（発明としての技術的進歩が少ないなど）という理由で営業秘密とされることもある．

著作権と商標も，多くの工業製品の保護のための非常に重要な仕組みである．著作権保護は独自の著作物に対して自動的に発生するものであり，主に本の著者や出版社，写真家，レコード会社，DVDビデオの製作会社などを彼らが販売する著作物の不正コピーから保護している．商標権もまた，製品の製造業者を保護している．商標権により，特定の製品を表す言葉やシンボルと類似したものを他社は使用できない．コンピュータのIBM，車のフォード・モーター，コピー機のゼロックスなどは強力な商標を数多く保持しており，その製品が持つ信頼感に競合他社が便乗して不公平な競争を行うことを防いでいる．

---

3. 【訳注】米国の法律では，特許性があるものとしてこの四つのカテゴリを挙げている．
4. 【訳注】日本の場合は，審査を行う前に，申請後一定期間が経った段階で公開される．

25.2.2　サービス分野における知的財産法の伝統的な役割

　知的財産法がサービス分野においてまったく役に立っていないというわけではないが，果たしてきた役割はずっと少ない．多くのサービス提供者（高級レストランのシェフや金融アナリストなど）は彼らのイノベーション（レシピやアルゴリズム）を営業秘密にしているし，商標にも強く依存している（例えば金融サービスにおけるメリルリンチの牛のロゴ，ファーストフードにおけるマクドナルドのゴールデンアーチ）．しかし，特許や著作権は通常，サービスイノベーションには適用できない．

　サービスは「機械」「製造物」「組成物」[5]のいずれでもなく，一般に特許の対象外だとされている．一般的にサービスは，ある目的を達成するための方法として記述できるが，比較的最近まで，裁判官や特許の専門家の間では技術的な手続きだけが特許保護の対象だとされていた（Pollack, 2002）．サービスは，一般には技術的ではないと見なされてきた．確かに，サービスが技術的な側面を持っているという概念は新しく，だからこそ最近の論文 "Technology Infusion of Service Encounters" があっという間に何百と引用されるような有名な論文になったのだろう（Bitner et al., 2000）．

　サービスには通常，著作権法による保護もない．多くの革新的なサービス（例えば銀行業，コンサルティング，自動車修理，ヘアスタイリング，弁護士サービスなどを提供するための独創的な方法）は，著作権の意味での「表現」ではなく（すなわち，文学や芸術に属する創作的表現ではなく），それゆえ著作権法の保護対象とはならない[6]．一方で，サービスが目に見えないものだからこそ，サービス提供者は特定のサービスの提供や共創を表すために目に見えるもの（顧客が特定のサービスを受けたことを示す証書など）を提供してきた（Bitner et al., 2008）．

　たとえサービスが著作権の意味での表現として扱える場合（すなわち講演や演劇の形で芸術的・文学的に感情を表現した場合）であっても，そのままでは米国などの著作権法の対象にならないことがある．なぜなら，著作権法の保護を受けるためには，著作物（歌や演劇，ダンスなど）は目に見える表現手段で「固定」される（書き留める，テープに録音する，描画するなど）ことが求められる場合があるからである[7]．すなわち，この固定によって，無形のものやサービスを製造物へと変化させるのである．ひとたび固定された（すなわち製造された）ものが作られれば，それを提供するサービス，例えば演劇や歌の上演などにも著作権が適用されるようになる．このように著作権法は，稀にではあるがいくつかのサービス提供の競争に関係している．

---

5. 合衆国法典第35編第101条（setting forth these categories of patentable subject matter）．
6. 合衆国法典第17編第102 (a) 条（copyright protection extends to original works of authorship），第102 (b) 条（excluding methods and processes from the scope of copyright protection）参照．ただし，米国などの著作権法ではコンピュータプログラムは「著作物」と見なされているため，サービスを提供するためのコンピュータプログラムは著作権保護の対象となる．
7. 合衆国法典第17編第101条（defining "fixation"），第102 (a) 条（requiring fixation）．ただし，いくつかの国では，音楽やダンスの上演（すなわち，それらを提供するサービス）も著作権保護の対象になる．

25.2.3　製造業分野とサービス分野で知的財産保護の役割はなぜ違うのか

　製造業と比較して，サービス業において提供者が知的財産保護に依存していないことには，いくつかの理由がある．まず，サービス業では通常，イノベーションのために直接的な投資を必要としない．製造業においては，イノベーションのために必要となるエンジニアチーム，研究所，高価な設備，臨床実験などが知的財産保護を必要とする要因となっているが，サービス業ではこれらを必要としない．単純に，回収すべき先行投資が少ないために，知的財産保護の必要性が少ないのである．この古典的なサービスイノベーションのモデルとは異なる例もある．ドイツ政府は最近，サービス設計を改善するための新しいサービスエンジニアリング技術の開発を推進するため，新しいサービスの研究開発を行う研究所に投資することを決定した (Spath et al., 2008)．ServLab として知られるこの研究所では，バーチャルリアリティ技術によるシミュレーションを用いて，サービスを実際に提供する前にその構想の評価をより強固に行う技術の研究を行っている．

　また，製造業のイノベーションと比較して，サービスイノベーションは模倣することが難しい場合がある．サービスイノベーターは多くの場合，サービスを競合他社より魅力的にするような独自の特徴（例えば，他の人には簡単にはできない特別なトレーニングや経験）を持っている．サービスイノベーターは，リードタイムや評判に関して他社に対する優位性を持っていて，そのことが知的財産保護の必要性を低下させている場合もある．また，サービスイノベーターは，目の前にある特定の問題に対する知見（例えば医者であれば手術のスキル，美容師であれば客ごとに最適な髪型を実現するスキル）に依存したイノベーションを行っており，製造業のように特定の項目の繰り返しではない．サービスイノベーターは，顧客との価値の共創に優れている (Lusch et al., 2008)．サービスの現場で生成された成果物，例えば証書やレストランのレシピは，それ自身は簡単に複製できるが，すぐに差別化されてしまう．さらに，いくつかのサービスは，その提供者が投資を回収する他の方法を持っているために知的財産保護に依存していない．例えば，弁護士は通常，サービスにかかった時間の総計に対して高価な弁護士報酬を請求している．

　ある種のサービスでは，専門的な価値があることによって知的財産権の必要性が小さくなっている場合もある．教師，司書，ソーシャルワーカー，保育士などはエンジニアや詩人と同じくらいクリエイティブな仕事をしているかもしれないが，その社会的・専門的価値が確立しているので，報酬の手段としては著作権保護に依存しないことが多い．

　また，プロフェッショナルコミュニティにおける社会的な基準によって，著作権保護の適用対象外とされることもある．ある医師が，新しい手術方法に関する特許を侵害したとして別の医師を告訴した際に，米国医師会とその会員の大多数がアメリカ連邦議会に対して働きかけを行い，医師が患者の治療をする際には特許侵害に関する法的責任を免除するように特許法を改正させた[8]．また，アメリカ連邦議会は著作権に関しても，

---

[8] 合衆国法典第 35 章第 287 条．

いくつかのサービスについては免除することを決めている（非営利の教育機関の教育課程における，授業での演劇上映など）[9]．

25.2.4 知的財産法はデジタル情報サービスに対してどのように適用されるべきか

　知的財産に関する実務者と学者は，特許や著作権保護をデジタル情報サービスにも適用するべきかについて，50年以上にわたって激しく議論してきた．議論の多くは，コンピュータソフトウェアをどのように保護すべきかに集中していた（Samuelson, 1984, 1990）．

　ソフトウェア保護に関する議論は1960年代から1970年代に特に激しく行われており，その頃は保護に懐疑的な意見が主流となっていた．特許商標庁は，アルゴリズムやデータ構造などのソフトウェアイノベーションには特許性がないと見なしていた．なぜならば，それらは手計算やコンピュータで実行する，思考上の（もしくは精神上の）過程だからである．転機となった決定として，1972年のGottschalk v. Benson事件の判決がある．合衆国最高裁判所は，2進化10進表現を純粋な2進形式に変換する方法の特許保護を求めるBensonの主張を，特許要件を理由に却下した[10]．裁判所は，基準とまではいかないものの，ある物理的な状態から他の状態へ変換する方法であれば特許性があるだろうと提言した．

　著作権局はコンピュータプログラムの登録を受理することを1960年代半ばに決定していたが，この決定は「ルール・オブ・ダウト」（「登録証明書は発行するが，プログラムに著作権があると確信しているわけではない」という立場）のもとに行われている．著作権局が機械による実行が可能なコードに対する著作権保護に懐疑的な理由は，コードが特定のタスクやサービスを行うために必要なステップに関する情報を伝達するだけでなく，実際にそのサービスを提供したり実行したりすることができるためである．一般に著作権保護は，機械の設計や機械的処理には適用されない（Samuelson, 1984）．

　プログラムは特許や著作権の制度にはきれいには当てはまらないが，開発コストが高く，しかも複製が容易なので，何らかの知的財産保護が行われるのが望ましいことは明らかだった．ソフトウェアのための独自の仕組みを作ることによって保護するというアイデアも議論されたが（Samuelson, 1984），その後，1980年代には機械実行可能な形式のコンピュータプログラムは著作権法で保護すべきという合意が形成された．そして，議論の中心は著作権保護の範囲を「厚く」すべきか「薄く」すべきかに移行した（Samuelson, 2007）．1980年代半ばから1990年代半ばにかけては，いくつかのソフトウェア会社が，プログラムの「構造，順序，構成」（structure, sequence, and organization; その後SSOとして知られるようになる）および「ルック・アンド・フィール」を複製されたとして訴訟を起こしている[11]．

---

9. 合衆国法典第17章第110 (5)条．
10. Gottschalk v. Benson, 合衆国判例集409巻63ページ (1972)．
11. ソフトウェアのSSOと「ルック・アンド・フィール」に関する主要な判例として，Whelan Associates, Inc. v. Jaslow Dental Lab., Inc., 連邦控訴裁判所判例集第2シリーズ第797巻1222ページ (3d Cir. 1986)（copying of file and data structures and manner of operation of some subroutines），およびLotus v. Paperback, 連邦地方裁判所判例集第740巻37ページ (D. Mass. 1990)（copying of command hierarchy and feel of spreadsheet program）の二つがある．

著作権に関するこの議論と並行して，特許に関しても1981年のDiamond対Diehr裁判に対する合衆国最高裁判所の判決に関して議論が行われた[12]．Diehrが申請したゴムの硬化法に関する特許では，そのうちの一つのステップにコンピュータプログラムが含まれていた．特許商標庁は，この申請内容における新規点はコンピュータプログラムにしかなく，コンピュータプログラムは特許要件を満たさないとして，この申請を却下した．これに対し，5対4の過半数で裁判所はDiehrが申請した手法には特許性があると判断した．多くの評論家は当初，Diehrの手法は物質をある物理的な状態から他の状態に変化させるものであり，Diehrがソフトウェア自体を特許にすることはないだろうと考えていた（O'Rourke, 2006）．

　1990年代半ばまでには，プログラムの機能的な部分に関する著作権保護の範囲は狭くてよいと裁判所が判断し[13]，著作権に関する議論は収束した．すなわち，著作権保護は，プログラムコードやユーザーインターフェースのうち，ゲームのグラフィックスなどの表現に関する部分には適用されるが，SSOや「ルック・アンド・フィール」などの機能的な設計には適用されないことになった．プログラムのイノベーションに対する著作権による保護が比較的少ないとわかったことで，特許申請が一気に増えることになった（Lerner & Zhu, 2005）．特許に関する控訴を担当する裁判所である連邦巡回区控訴裁判所が，Diehr社の裁判と特許要件に関して新しい解釈を行ったことにより，1990年代半ばまでにソフトウェアイノベーションに対する特許が数多く成立した．

　1998年，特許の保護対象を広げる大きな分岐点があった．連邦巡回区控訴裁判所がState Street Bank&Trust Co.対Signature Financial Group, Inc.裁判に対して，金融サービスを行うためのハブ＆スポーク構造のようなビジネスを行う方法は特許の保護対象になるとする判決を出したのである[14]．裁判所は，「この世で人の手によって作られたすべてのもの」は，それが「有用，具体的かつ有形の結果」を作り出す限り，特許の保護対象になるとした[15]．

　State Street Bank社に関する判決により，オークションの方法，電子商取引の方法，銀行や金融サービスの方法，法的な手続き，血液中の化学物質の量による健康診断の方法など，数多くのビジネスモデル特許が申請され，認められた[16]．例えば，Metabolite社が取得した特許では，患者の血液中のホモシステイン量の上昇と心臓疾患によるビタミン欠乏とを医者が関連づけると，この特許を侵害したことになる．Metabolite社はLab Corp.社を，特許の実施許諾なしに血液検査の結果を医師に提供し，医師が患者の健康診断を行う際の特許侵害に寄与したとして提訴した．Lab Corp.社は，同社に不利な結果となった連邦巡回区控訴裁判所の判決は，自然現象の発見（これは特許の保護対象にはならない）を特許として請求しているか否かを考慮していないとして裁量上

---

[12]. 合衆国判例集450巻175ページ（1981）．
[13]. 主な判例はComputer Assoc. Int'l, Inc. v. Altai, Inc.，連邦控訴裁判所判例集第2シリーズ第982巻693ページ（2d Cir. 1992）．
[14]. 連邦控訴裁判所判例集第3シリーズ第149巻1368ページ（Fed. Cir. 1998）．
[15]. 同文献1373ページ．
[16]. In re Bilski, 連邦控訴裁判所判例集第3シリーズ第545巻1001-1003ページ（Fed. Cir. 2008）（Mayer dissent, giving examples of non-technological inventions that had been patented after *State Street Bank*）などを参照．

訴[17]の申し立てを行い，合衆国最高裁判所はこれを受理した[18].

　裁判所は，最終的には意見を変えて訴えを退けたが，3人の裁判官がMetabolite社の特許は基本的な科学的発見を独占するものであり無効だと主張して反対意見をつけた[19]. 反対した裁判官らが科学に関する基本原理や自然現象が特許にならないと主張した理由は，効果がないからでも実現が困難だからでもなく，「過剰な特許保護は，特許や著作権保護の法的な目的である"科学や有益な技術の発展を促進"せず，むしろ妨げる」からだった[20]. 特許法は伝統的に，「基本的な科学原理を"知識の貯蔵庫の一部"として，自然法則の発見を"独占を許さずすべての人が自由に使える"ものとして扱っている」[21]. Metabolite社は，この特許は「有用，具体的かつ有形の結果」を作り出しており，連邦巡回区控訴裁判所のState Street Bank社に対する判決に則っていると反論したが，反対した裁判官らはそれに対して，裁判所はこの特許性の判断基準を保証しているわけではなく，それどころかこの判断基準は最高裁判所の判例に反していると指摘している．

　同じ年に行われた別の訴訟でKennedy検察官は，eBay, Inc. 対 MercExchange, L.L.C.裁判において，ビジネスモデル特許は「曖昧さを内包していて妥当性が疑わしい」として批判している[22]. このeBay社の裁判では，特許侵害訴訟においては基本的に差し止め命令を出すべきだとする連邦巡回区控訴裁判所の判決が，最高裁判所によって覆された．また，同じ年に行われたソフトウェア特許に関する別の裁判の口述弁論では，何人かの裁判官が，裁判所が許可した内容ではなかったにもかかわらず，ソフトウェアが特許対象になるかについて質問した．

　最高裁判所が連邦巡回区控訴裁判所に対して，特許要件の判断基準に失望していると警告したことは容易に理解できるだろう．この警告において最高裁判所は，控訴裁判所が基準を引き上げなければ，適切な控訴については即座に受け入れて，控訴裁判所での判決を覆すことで，特許商標庁が従っている基準を無効化すると伝えた．特許商標庁はこの警告に即座に従い，特許対象の問題に関する請求を，特許要件を理由に拒絶し始めた．

　Bernard Bilski氏は，彼が申請して拒絶されたビジネスモデル特許について連邦巡回区控訴裁判所に控訴したが，彼にとって残念な結果に終わった．Bilski氏は，彼が申請したエネルギーコモディティの価格変動リスクをヘッジする方法は，「有用，具体的かつ有形の結果」を作り出すもので，State Street Bank社に関する判断に基づけば，特許要件を満たしていると主張した．異例な措置として，連邦巡回区控訴裁判所はBilski氏の主張を大法廷で聞いた（すなわち，通常の3人の裁判官による審査員団ではなく，12人の裁判官全員による裁判を行った）．Bilski氏の主張を聞いた裁判官の過半数は，プ

---

17. 【訳注】最高裁での審理を求める申し立てのこと．
18. Lab Corp. of Am. v. Metabolite, Inc., 合衆国判例集第548巻124ページ（2006）（Breyer, J., dissenting from dismissal of Lab Corp.'s appeal）を参照．
19. 「私の意見では，請求項13は"自然現象の発見"の原則を合理的な範囲でどんなに狭く解釈しても無効だ」．同文献135ページ．
20. 同文献126-27ページ．
21. 同文献127-28ページ，Funk Bros. Seed Co. v. Kalo Inoculant Co., 合衆国判例集333巻127, 130ページ（1948）からの引用．
22. 合衆国判例集548巻388ページ（2006）．

ロセスが特許の保護対象となるのは「(1) 特定の機械や装置に結び付けられているか，または (2) 特定の項目を異なる状態や物に変形させる」場合のみ（MOT テスト）だとする最高裁判所の基準を彼の手法は満たしておらず，特許の保護対象とはならないと判断した[23]．

少なくとも 3 人の連邦巡回区控訴裁判所裁判官が，これに加えて，ビジネスモデル特許それ自身が特許対象ではないと判断した[24]．Mayer 裁判官は，Bilski 氏の請求をビジネスモデル特許だと見なした上で，「ビジネスモデルに対して特許を認めることは憲法上・法律上の根拠がなく，またイノベーションを促進するどころか阻害し，公有財産に属するイノベーションを侵害するものだ」とした[25]．彼の意見によれば，State Street Bank 社に関する判例は，ビジネスの方法は特許にならないとしていたそれまでの方針を不当に「投げ捨て」たとしている[26]．米国の憲法と特許法では技術的なイノベーションのみが特許対象であり，ビジネスモデルは「技術的・科学的なイノベーションに寄与しない」ために対象外だとされている[27]．Bilski 氏の例があってから，特許商標庁は，非技術的なビジネスモデルに関する特許請求や，さらにはソフトウェアイノベーションに関する特許請求を，特許要件を満たしていないという理由で数多く拒絶している．連邦巡回区控訴裁判所もまた，特許商標庁が特許要件を理由に，ビジネスモデル特許やソフトウェア特許，および他の非技術的な特許の請求を拒絶したことを支持している．Bilski 氏に対する連邦巡回区控訴裁判所の判決に反して，合衆国最高裁判所は，連邦巡回区控訴裁判所の判決の再審理を求める Bilski 氏の請求を認めた．Bilski 氏の手法は特許化できないと最高裁判所が判断する可能性はとても高いが，特許対象の範囲に関して，連邦巡回区控訴裁判所の判断とは異なる判断を示す可能性はある．

このように特許性の判断に関して，State Street Bank 裁判での解釈からより限定的な解釈へと大きな揺り戻しが起こった．Bilski 氏の裁判が決着しても，今度はデジタル情報サービスの特許性に関して裁判所がどのように判断することになるかはまだわからない[28]．

裁判所や解説者たちが行ったビジネスモデルやサービスに関する特許性の議論は，「サービス全般，その中でも特にデジタル情報サービスに関する特許は，イノベーションに対する投資を適切に維持するために必要なのか」という重要で根本的な疑問には，直接答えていない．State Street Bank 社の件で連邦巡回区控訴裁判所は，ビジネスモデル特許はイノベーションを促進するために有用だと断言したが，これには実例に基づく

---

23. In re Bilski, 連邦控訴裁判所判例集第 3 シリーズ第 545 巻 954 ページ（Fed. Cir. 2008）．
24. 同文献 966-76 ページ（Dyk, J., Linn, J. concurring），998-1011 ページ（Mayer, J. opinion）．Mayer 裁判官は，文献 998 ページで反対意見を述べているが，Bilski 氏の方法が特許対象でないことには賛成している．しかし彼は，過半数の裁判官が支持した，機械や変形に関する判断基準には反対している．Rader 裁判官も同様に Bilski 氏の方法は抽象的だとして特許対象としないことに賛成したが，機械や変形に関する判断基準に反対した（同文献 1011-15 ページ）．一人の裁判官だけが，Bilski 氏の方法の特許性を支持し，State Street Bank 社での判断基準を支持しようとした（同文献 976-98 ページ）．
25. 同文献 998 ページ．
26. 同文献 1000 ページ．
27. 同文献 1000-01 ページ．Mayer 裁判官はビジネスモデルを請求して拒絶された数多くの特許を判例として引用している（同文献 1001-03 ページ）．
28. 【訳注】2010 年 6 月に最高裁判所の判決が下り，Bilski 氏の上告は棄却された．一方で，プロセスの特許の判断基準は MOT テストに限定されないとし，またビジネスモデルも特許の対象になるとした．

根拠がない．ビジネスモデルを含む非技術的な特許に対して，最高裁判所が最近，懐疑的な立場をとっているのは，これらの特許がイノベーションを促進するどころか阻害すると考えているからであるが，これについても明確な証拠があるわけではない．Bilski氏の裁判では，控訴裁判所は以前のState Street Bank裁判での判断を否定したが，これは特許の対象をより厳密に解釈しなければ最高裁判所に判断を覆されることになるという理由が大きい．

学者の間でも，ビジネスモデルやソフトウェアの特許がその分野でのイノベーションを促進するために有用かどうかについては，意見が分かれている．最近の調査によると，ソフトウェアや電子商取引などのハイテク企業のうち，新興企業以外では80％以上が特許を保有または申請しているが，新興企業の約3分の2は保有も申請もしていない（Samuelson & Graham, 2010）．また，特許を保有している場合であっても，競争の優位性としての価値をほとんど感じていない．それでもいくつかのソフトウェア企業やインターネット企業は，特許には訴訟に対する保険としての価値や，財源の補助としての価値があると考えている（Mann, 2005）．

今日，デジタル情報サービス分野では数多くのイノベーションが行われている．ウェブ上のサービスは急増し，サービス提供者は顧客の体験を向上させるために，その裏側で数多くのイノベーションを採用している．デジタル情報サービスに対する知的財産保護をより強化したら，より多くのイノベーションが生まれるかというのは重要な問題だが，はっきりした答えはない．しかし，考慮すべき点として以下のようなものがある．第一に，いくつかのデジタル情報サービス提供者は，おそらく特許保護を必要としていない．例えばSalesforce.com社のような，ソフトウェアをサービスとして提供する企業は，サービスイノベーションの「肝」を社内に置いておくことができる．デジタル情報サービスが顧客のためにカスタマイズされてさえいれば，特許はおそらく必要にはならない．第二に，デジタル情報サービスを容易に複製できる形で市販している企業は，投資を回収するために特許を最も必要としている企業だと言える．第三に，革新的なデジタル情報サービス提供者は，先行者利益，ネットワーク効果，口コミ効果などの多くの要因によって，市場での優位性を維持しやすい（Graham et al., 2009）．第四に，サービスイノベーション特許のうちState Street Bankの時期（1998～2008）に発行されたものについては，Bilski裁判で最高裁判所が示した特許性の基準に合致していない限り，実質的には無効だと言えるだろう．第五に，サービス分野において，イノベーションやイノベーションへの投資の促進に対して知的財産保護が持つ効果は，知的財産の専門家が考えているよりも少ない可能性がある．

25.3　製品とサービスにおける欠陥に対する法的責任

契約法や不法行為法がイノベーションへの投資の促進や阻害に対してどのような影響を与えるかは，知的財産保護の場合ほどには明確ではない．しかし，大きな影響を与えることは間違いない（Alces, 1999）．契約法や不法行為法が強すぎる場合，例えば製品の欠陥によって顧客や他の人が被ったすべての損害に対して無制限の責任を負わされる場合，企業は製品の製造へ投資することや，すでにある欠陥のない安定した製品に新

しい革新的な機能を追加することは，リスクが大きすぎると判断するだろう[29]．一方，もし法的責任が軽すぎて，欠陥に対して責任を負うリスクがほとんどないと，企業が新しい設計に対して行う安全性向上のための投資は，理想的な規模よりも少なくなるだろう．適切な政策のゴールは，欠陥の少ないイノベーションを実現するための企業の投資を促進する程度に強く，かつイノベーションを実現する際のリスクを企業が許容できる程度に弱い，その中間点となる法律を見つけることである．

本節では製品とサービスに関して，契約法と不法行為法が18世紀から19世紀にかけてどのように発展してきたかを説明する．いくつかの重要な歴史的理由によって，製品に対する契約法と不法行為法はサービスに比べて厳しくなっている．デジタル情報サービスに対して契約法や不法行為法をどの程度厳しくするべきかについては，未確定の部分がある．デジタル情報サービスを工業製品と同じように扱うべきか，それとも従来のサービスのように扱うべきかは未確定であるが，デジタル情報サービスの提供者は顧客と結ぶ契約の中で，欠陥によって顧客に影響を与えた場合の責任に対して制限を設けている．これにより，サービスを提供するときに欠陥によって顧客に損害を与えることに対して，合理的な範囲の注意を払えばよいようにしている．

25.3.1 製品に関する契約法・不法行為法の発展

20世紀半ばまでの契約法では，欠陥製品によって引き起こされた損害に対する企業の責任が実質的に制限されており，製造業者に有利な法律だった（Gomulkiewicz et al., 2008）．製品の製造業者は，あらかじめ明確に保証していた性能（例えば「この車が時速150マイル出せることを保証します」）を達成できなかったのでない限り，欠陥製品に対する責任を負う必要はなかった．製造業者はまた，製品を仲介業者（例えば卸売業者や小売業者）経由で販売した場合の責任とも無関係だった．以前の契約法では，契約の当事者（製造業者から直接製品を購入した人）のみを保護の対象にしていたのである．

製造業者が製品に対して明確な保証をしていた場合であっても，契約法では製造業者の欠陥製品に対する責任が実質的に制限されていた．保証内容への明確な違反があった場合に顧客が受けることのできる補償は，その製品に対して実際に支払った金額（例えば1,000ドル）と，その製品の実際の価値との差額（例えば，欠陥によって価値が下がった50ドル分）とされていた．顧客は，あらかじめ特別に合意していた場合を除いて，製品の欠陥によって生産性が低下したことによる損失を補償させることはできなかったのである．

同様に，不法行為法も20世紀半ばまでは製造業者に有利だった（White, 1980; Owen, 2007）．欠陥製品は人や財産に対して物理的な損害を与える可能性があるが，その場合の過失に対する責任は，訴えられた企業が顧客に対する配慮を怠ったかどうかに依存していた．製造業者が製品の設計に際して何らかの注意を払っていたことを示すことができれば，通常はその責任から逃れることができた．また，購入者は，製品や製造業者の評判についてあらかじめ注意深く調査していることが求められていた．不法行為法で

---

[29]. そのため，多くの州では，製品の設計ミスなどの過失に対する懲罰的損害賠償の額に上限を設けている（例えば500万ドル以下）．

も，製造業者の欠陥製品に対する責任は制限されていた．製造業者がエンドユーザーに直接販売していない場合は契約の当事者とは見なされず，したがって何の義務も生じなかった．また，20 世紀前半までは，製造業者は第三者（例えば車に同乗していて事故にあった人）に関する責任も一般には負っていなかった．

製造業者はそれゆえ，欠陥製品について顧客に対して責任を負うことに関して，心配する必要はほとんどなかった．消費者保護に関する法律は 20 世紀半ばまではほとんど存在せず，また，マスメディアによる報道対象となる分野はかなり限られていたので，欠陥製品がもたらす損害によって悪評が広まることを企業が心配する必要もほとんどなかった．

しかし，20 世紀半ばまでに，契約法も不法行為法も大きく変化した．製造業者が消費者に直接販売するケースは稀だということを裁判所が認識したことにより，「当事者」に関する規則は無効化した．卸売業者や小売業者が製品には手を加えずにそのまま消費者に販売していた場合，欠陥製品によって消費者が受けた損害（例えば，車のブレーキの欠陥によって事故が発生し，消費者とその家族が重傷を負った場合など）に対して，製造業者が責任を負うのが妥当だと裁判官が判断するようになったのである．仲介業者を通して販売するだけで製造業者が責任を回避できることや，もしくは，消費者はまず小売業者に対して訴訟を起こし，次に小売業者が製造業者を訴える必要があるということは，ほとんどなくなった．さらに裁判所は，より慎重に設計したり保険をかけたりして欠陥製品のリスクを管理すべき立場にあるのは製造業者であり，したがって欠陥を避ける責任は製造業者が負うのが社会的に望ましいと判断した．

20 世紀半ばの契約法の発展で最も重要なことは，おそらく，1960 年代に統一商事法典（Uniform Commercial Code; UCC）の州議会による採択が各州に広がったことだろう．UCC の第 2 編は，製品の販売を規制するための契約に関する法律を規定している．例えば第 2 編の 2-313 節では，「契約の際に行われた，製品に関する事実の主張や，販売者から購入者に対して行われた約束はすべて，製品がその主張や約束に従うという明確な保証だと見なされる」と規定している．つまり，購入者が販売者と契約する際に，製品に関する記述やその見本，模型を参考にした場合，「保証」などの直接的な言葉が使われていなくても，これらも同様に製品の性質に対する明確な保証だと見なされるようになった．

さらに重要なものとして，第 2 編の中に「暗黙の保証」に関する規定がある．2-314 節では，業者が製品を一般に販売している場合，その製品が同種の製品として平均的なある程度の品質を備えており，その一般的な用途に適していることを暗黙的に保証していることになると規定している．さらに，購入者が特定の目的のために製品を探していることを知っていた場合，2-315 節によって，製品がその特定の目的に適しているという暗黙の保証があったと見なされる．

これらの規定によって，製造業者が欠陥製品に対して負う責任は重くなっているが，一方，2-316 節では，販売者が "as is" や "with all faults" などの表現を使うことで，これらの暗黙の保証を放棄することを許している．また，第 2 編により，販売者は契約時に適切な表現を用いることで，保証内容に違反したときの責任を制限することができる（例えば「購入者は，違反に対しての賠償額の上限を 100 ドルとすることに同意する」）．一方で，第 2 編は次のような規定によって消費者の利益を保護している．「販売者が保

証内容の違反に対する責任を大幅に制限していて，購入者と販売者の利益をともに保護するという同法の目的に反している場合，契約上の制限は無視され，第2編に規定された通常どおりの賠償が適用される」．

第2編の目的は，バランスのとれた規則を策定して，購入者と販売者が標準として参照できるようにすることであり，両者がともに望むのであれば，その合意条件が一般的な誠実義務[30]に反しない限り自由にそこから外れることができる．第2編はこのように，当事者が契約書の作り方を通じてリスクを管理することを許している．

20世紀半ばの不法行為法の発展のうち，製造業者に最も大きな影響を与えたものは，人や物に対する物理的な損害を引き起こした欠陥製品の製造業者に対して，不法行為法において厳格責任を採用する傾向が各州に広がったことである（Owen, 2007）．企業が製品の設計をする際に十分な注意を払ったかどうかに関係なく，製造業者は欠陥製品によって引き起こされた物理的な損害に対して厳格な責任を負うようになった．契約の保証が厳密に解釈されるようになったときと同様に，不法行為法における厳格責任も，製品設計の安全性を保証すべき立場にいる製造業者に対して設計の安全性に対する投資を促すための重要な方法だと考えられたのである．欠陥製品によって引き起こされる損害に対して保険をかけるべき立場にあるのは誰かという観点でも，消費者より製造業者が妥当である．

25.3.2　サービスに関する契約法・不法行為法

サービスの提供に関する契約法・不法行為法は，製品の提供に関する対応する法律に比べてずっと緩い．例えば，UCC第2編の保証に関する規則と同等のものは，サービスに関しては存在しない．サービスに関する規制において保証が重要視されない理由の一つは，製品の製造業者の場合と異なり，サービス提供者は通常，そのサービスの利用目的を顧客に明言することはないので，基準を定めるのが難しいことである．

美容師は，顧客にスタイリッシュな髪型を約束するかもしれない．弁護士は，顧客に目的の達成を約束するかもしれない．会計士は，税金還付の正確な申請を約束するかもしれない．そして外科医は，患者の扁桃腺や盲腸の切除を約束するかもしれない．しかしこれらの約束は，いずれも専門能力に基づくサービスを行うという約束以上のものではない．そのため，欠陥のあるサービスに対する責任を決めるにあたって，契約法や不法行為法における専門能力の扱いが重要になる．サービスに関する顧客満足は状況に依存する．おしゃれな美容室だったことが，髪型がスタイリッシュだと感じる理由の一つになっている場合もある．同じように，立派なオフィスであることが，専門性に対する信頼を顧客が感じる要因になり，専門サービスへの満足度に影響を与える場合がある．

法律の観点では，美容師，弁護士，会計士，外科医や，類似のサービス提供者は，顧客に対して，専門能力に基づいて求められたサービスを提供する義務しかない．この義務を怠ったことで損害が発生した場合，例えば美容師が不注意によりはさみで顧客を傷つけた場合，弁護士がある州の相続に関する法律を知らなかった場合，会計士が税率の

30.　【訳注】相手の利益を不当に侵害しないよう配慮する義務のこと．

計算を間違えた場合，外科医が患者の体内にスポンジを置き忘れた場合などは，その過失に対する法的責任が発生する．

　サービスの提供方法には提供者によってかなりのばらつきがあり，唯一の標準的なサービス提供方法はない．実際，入力と出力が設計どおりに決まっている自動セルフサービスやコンピュータによるサービスが登場するまで，サービス提供におけるばらつきは当然のことであり，一部では望ましいことだとも思われていた．サービス提供者はしばしば，最前線の従業員に対して，顧客にあわせたサービス提供するよう指導してきた（Lashley, 1995; Frei, 2006）．しかし，サービスにおけるばらつきの存在は，サービス提供者の能力評価を難しくしている．例えば，ある髪型がスタイリッシュかどうかは好みの問題があるだろう．ある弁護士は他の弁護士と異なる法律解釈をしているかもしれないが，それは必ずしも無能であることを意味しない．ある会計士は控除を受ける権利をアグレッシブに解釈するかもしれないが，他の会計士が異なる解釈をしたからといって前者が無能だとは限らない．外科医は難しい判断を頻繁に行う必要があり，異なる処置が適切だったかどうかを事後に判断することは困難である．

　製造業者が製品に対して提供する保証とは異なり，サービス提供者は，顧客が満足しなかった場合には返金や割引をしたり，無料での再提供を約束したり，場合によっては顧客が満足することを無条件に保証したりすることがある（Hart, 1988）．サービスに対する満足度は，顧客がサービスに対して期待していたものと提供されたものとの差によって決まる主観的なものである（Parasuraman et al., 1985）．実際，まったく同じサービスであっても，顧客によって別の印象になる可能性がある．飛行機のファーストクラスについて考えてみると，ある顧客はアップグレードを受けていて非常に満足している一方で，その隣の顧客は普段旅行に使っているプライベートジェットと比較して不満に思っているかもしれない．

　サービスの品質に対して基準を設けるための社会的な仕組みとして，サービス提供者に対する免許制度がある．美容師，弁護士，会計士，そして外科医などは通常，州の機関による免許を受けている．免許を受けるためには，実技によってその分野のプロフェッショナルとして必要な技能を身につけていることを示し，決められた試験によって必要な専門知識を身につけていることを示す必要がある．

　評判もまた，サービスの品質が特定のレベルに達しているかどうかを判断するために，とても重要である．例えばホテルでは，常連客の評判を良くするために，常連客に対して特別に良いサービスを提供することがある．Bloomberg 社やロイター社は，高品質の情報サービスを提供しているというとりわけ高い評判を得ており，その品質を維持することで競争上の優位性を得ている．また，BMW 公認のオートバイ修理サービスは，非公認のサービスよりも顧客を引き付けるだろう．もちろん，非公認でも公認サービス以上の品質を提供しているという評判があれば別である．多くの場合，サービスイノベーションはイノベーターの評判を向上させる．そのため，革新的な企業は，イノベーションによって得られた評判のアドバンテージを用いて顧客数を維持または拡大することによって，イノベーションへの投資を回収できる．

25.3.3 デジタル情報サービスに適用する契約法・不法行為法はどうあるべきか

デジタル情報サービスに対して，これまで何十年にもわたって製品の製造・販売，そしてサービスの提供を規制してきた契約法・不法行為法と同じものを適用すべきなのか，それとも別の法律を適用すべきなのか，まだはっきりしていない．二つの大まかな予想として，まず，仮にデジタル情報サービスがより技術的なものになれば，裁判所は製品に対しての契約法・不法行為法を使うだろう．また，デジタル情報サービスが人から人へのサービスに近づくか，またはそれを補助するものになれば，裁判所はこれまでサービスを規制してきた契約法・不法行為法を適用するだろう．しかし，いつの日か裁判所がデジタル情報サービスを専門に扱う法律を作る可能性もある．

この問題を提起した最初のデジタル情報サービスは，コンピュータソフトウェアだった．1980年代初め以降，コンピュータプログラムは工業製品とはまったく異なるものであり，契約法・不法行為法の適用は緩く行うべきだと，ソフトウェア開発者は強く主張した（例えば，すべてのプログラムには「バグ」があり，UCC第2編や不法行為法の厳格責任で問題になるような欠陥が存在することは避けられない）(Gomulkiewicz et al., 2008)．アメリカ法律協会はこのときすでに，製品のリースに関してはいくつかの規則を緩めた第2A編を採用することに同意していた．そこで，ソフトウェア開発者は，コンピュータプログラムの利用許諾の規制に対しても，新しく第2B編を作るよう働きかけた．

起草委員会は10年以上にわたってその提案を検討した．1990年代までには，電子情報を含む取引すべてを規制する法案として拡張され，これによってデジタル情報サービスも包含されると思われた．しかし1998年には，第2B編の提案はきわめて論争を呼ぶものになっていた．その理由の一つは，提案は開発者にとって非常に有利なものであるが，消費者の利益の保護には不十分だと思われたことである．このことが主な原因となって，アメリカ法律協会はこの法案の起草者から離脱し，この法案はUCITA (Uniform Computer Information Transactions Act) として再構成されることになった．UCITAは，発布後1年間に二つの州で採択されたが，関係するすべての取引を規制する統一法を制定するという当初の理念は頓挫した．

何らかの緩い契約法を求めるソフトウェア開発者の主張にもかかわらず，UCITAは明示的・暗黙的な商品性の保証の規則を含んでおり，実質的には第2編の保証に関する規則に近いものだった[31]．一方，UCITAは，情報コンテンツに関する保証については緩い規則を適用していた．情報コンテンツを収集，編集，加工，提供もしくは配布するコンピュータ情報業者は，利用者に対して「その情報コンテンツに，業者が合理的な注意を怠ったことによる不備がない」ことだけを保証すればよい[32]．また，その情報コンテンツがすでに公開されていた場合，および単に配布の経路もしくは編集者としての役割しか果たしていない場合は，そのような保証は発生しない[33]．提供者が何らかの時間と手間をかけた上で情報を提供した場合は，適切に免責している場合を除き，「提供者が合理的な努力を怠ったことが原因でその情報が利用者の目的達成に失敗することがな

---

[31] UCITA 第402条，403条．
[32] 同文献第404 (a) 条．
[33] 同文献第404 (b) 条．

い」ことを保証していると見なされる[34]．これらの保証は，ともに不法行為に関する注意義務と合理的な努力の原則に基本的には基づいており，欠陥製品に対して適用される厳密な契約法とは異なっている．

　UCITAが立法の世界でうまく行かなかった理由の一つは，その適用範囲に関してあまりに野心的だったことである．UCITAはソフトウェアライセンスを規制する法律として始まったが，その後，電子情報に関するすべての取引を規制する法律へと変化していった．この法律の影響を受けるいくつかの団体，例えば金融サービスや娯楽業界は，UCITAの対象から外すよう求めた．しかし，様々な分野から除外の要望が出たため，UCITAはきちんと設計された包括的な法律としての形を失い，実際には特別利益団体の活動によって生み出された法律のようになってしまった[35]．

　2004年，アメリカ法律協会はよりスコープを絞って，ソフトウェアに関する契約の原則を定めることを目的とした新しいプロジェクトを開始した．この原則は，裁判官がソフトウェアに対して契約法を適用するときに使いやすいものであるべきである．デジタル情報サービスに対しては，それがソフトウェアで実現されている限り，このアメリカ法律協会によって作られた原則が適用されるだろう（American Law Institute, 2008）．この原則は，UCC第2編のような明示的・暗黙的な商品性の保証を採用している．また，新しく導入された暗黙的な保証として，ソフトウェアが顧客に渡された時点で開発者が認識していた欠陥が含まれていないという保証がある[36]．

　この原則が作成されたことは，現在の経済環境は20世紀に契約法・不法行為法が「製品」と「サービス」とで分岐したときよりもずっと複雑であることを法律家に対して示唆している．デジタル情報サービスは，技術的な要素とサービスの要素を両方含んでいることがよくある．デジタル情報サービスの中には，明らかに従来の製品よりも従来のサービスに近いものもいくつかある．この例に特に当てはまるのは，特定の顧客向けにカスタマイズされたサービスや，個人に提供されるサービスの後方支援を行うためのもの，例えばホテルのデータベースやオンライン予約システムなどである．一方で，コンピュータ間のウェブサービスやソフトウェアで実装された組み込みサービス，例えば航空用電子機器などは，より製品に近い．

　一つの選択肢として，サービス指向のデジタル情報サービスはサービスとして扱い，技術指向のデジタル情報サービスは製品として扱う方法がある．他の選択肢としては，デジタル情報サービスは独特なものだと考えるべきであり，既存の仕組みに当てはめるのではなく，契約法や不法行為法を修正する必要があるという考え方がある．

25.4　おわりに

　この章では，重要な経済分野のイノベーションに対して法律が与える影響についてまとめた．知的財産保護は，革新的な技術の発展にきわめて重要である．このような保護がなければ，イノベーションへの投資が社会的に最適な基準より少なくなる可能性が高

---

[34]. 同文献第405 (a) 条．
[35]. UCITA第103 (d) 条（list of exclusions）．
[36]. 同文献第3.05条．

いだろう．サービスが特許法や著作権法で保護されることはめったにないが，サービス提供者が内部で行っている活動は営業秘密として守ることができるし，サービスの品質を示すためには商標が重要な役割を果たしている．1998年から2008年までの間は，特許がサービスイノベーションにおいても認められていたが，それ以降の開発者はサービスイノベーションの特許性について議論を求められている．いずれにせよ，特許保護の対象のサービスイノベーションにまで拡張すべきか否かを判断するには，まだデータが不足している．

　この章ではまた，欠陥製品による損害に苦しむ被害者を保護するために，契約法・不法行為法が発展してきたことを説明した．これらの法律では，製品の欠陥，特に人や物に対して物理的な損害を与えた欠陥の概念は，サービスの欠陥よりもはるかに厳密だった．その理由の一つは，製品の欠陥の発見がサービスの場合よりもずっと簡単だからである．この法律がデジタル情報サービスに適用できるようなものへと発展するのか，それともデジタル情報サービスが「製品」や「サービス」のどちらに近いかに応じて対応する規則を裁判所が適用し続けるのか，それはまだわからない．現在のところ，法的責任へのリスクが強すぎて，デジタル情報サービスのイノベーターがイノベーションへの投資を控えるようなことも，規則が緩すぎてデジタル情報サービスが欠陥だらけになるようなことも起きていない．したがって，バランスのとれた契約法・不法行為法の運用は，すでに実現しているか，もしくはもうすぐ実現される段階だと言える．

参考文献

Alces, P. (1999). W(h)ither warranty: the b(l)oom of products liability theory in cases of deficient software design *California Law Review*, 87(1): 269-304.

American Law Institute (2008). *Principles of the Law of Software Contracts*, Tentative Draft, No. 1.

Bitner, M.J., Ostrom, A., and Morgan, F. (2008). Service Blueprinting: A Practical Technique for Service Innovation. *California Management Review*, 50(3): 66-94.

Bittner, M.J., Brown, S., and Meuter, M. (2000). Technology infusion in service encounters, *Journal of the Academy of Marketing Science*, 28(1): 139-49.

Cohen, S. (2007). Ontology and taxonomy of services in a service-oriented architecture, *Microsoft Architecture Journal*, April 2007.

Frei, Frances X. (2006). Breaking the trade-off between efficiency and service. *Harvard Business Review*, 84(11): 93-101.

Geistfeld, M. A. (2008). *Essentials of Tort Law*, Aspen Publishers, New York.

Glushko, R.J. & Tabas, L. (2009). Designing service systems by bridging the "front stage" and "back stage," *Information Systems and E-Business Management*, 7 (in press).

Gomulkiewicz, R., Nguyen, X.T., Conway-Jones, D. (2008). *Licensing Intellectual Property: Law and Applications*, Aspen Publishers, New York.

Graham, S.J., Merges, R.P., Samuelson, P., and Sichelman, T. (in press). High Tech Entrepreneurs and the Patent System: Results of the 2008 Berkeley Survey. *Berkeley Technology Law Journal*.

Hart, C.W.L. (1988). The power of unconditional service guarantees. *Harvard Business Review*

66(4): 54-62.

Lashley, C. (1995). Toward an understanding of employee empowerment in hospitality services. *International Journal of Contemporary Hospital Management*, 7(1): 27-32.

Lerner, J. and Zhu, F. (2005). What is the impact of software patent shifts?: evidence from Lotus v. Borland, *Nat'l Bureau of Economic Research Working Paper No. 11168*.

Lusch, R.F., Vargo, S.L. and Wessels, G. (2008) Toward a conceptual foundation for service science: contributions from service-dominant logic. *IBM Systems Journal: Service Science, Management, and Engineering*, 7: 20-41.

Mann, R. (2005). Do Patents Facilitate Financing in the Software Industry? *Texas Law Review* 83(4): 961-986.

O'Rourke, M. (2006). The story of Diamond v. Diehr: toward patenting software, in Jane C. Ginsburg and Rochelle Cooper Dreyfuss (eds.), *Intellectual Property Stories*, Foundation Press, New York.

Owen, D.G. (2007). The evolution of products liability law, *Review of Litigation*, 26: 955-989.

Parasuraman, A., Zeithaml, V., and Berry, L.L. (1985). A conceptual model of service quality and its implications for further research. *Journal of Marketing*, 49(4): 41-50.

Pollack, M. (2002). The multiple unconstitutionality of business method patents, *Rutgers Computer & Technology Law Journal*, 28(1): 61-120.

Samuelson, P. (1990). Benson revisited: the case against patent protection for algorithms and other computer program-related inventions, *Emory Law Journal*, 39(4): 1025-1154.

Samuelson, P. (1984). CONTU revisited: the case against copyright protection for computer programs in machine-readable form, *Duke Law Journal*, 1984(4): 663-769.

Samuelson, P. and Graham, S. (2010). Software entrepreneurs and the patent system: Some results of the Berkeley Patent Survey, work in progress.

Samuelson, P. (2007). Why Copyright Excludes Systems and Processes From the Scope of Its Protection, *Texas Law Review*, 85(7): 1921-1977.

Spath, D., Ganz, W., Meiren, T., and Bienzeisler, B. (2008). Service Engineering—A Transdisciplinary Approach in Service Research, in Bernd Stauss, Kai Engelman, Anja Kremer, and Achim Lund (eds.), *Services Science Fundamentals, Challenges and Future Developments* 41-53. Springer, Berlin Heidelberg New York.

Triplett, J.E. and Bosworth, B.P. (2004). *Productivity in the U.S. Services Sector: New Sources of Economic Growth*, Brookings Institution Press, Washington D.C.

White, G.E. (2003). *Tort Law in America: An Intellectual History*, Oxford University Press, New York.

第 VII 部

展望

第26章

サービスの未来が現実になるとき

□ Evert Gummesson
　Stockholm University School of Business, Sweden

　　我々の考える未来はいつ現実になるのだろうか？ もうすでに来ているのか，それともまだなのか？ 本章では，サービスシステムや，新しく出てきたサービスサイエンスに関する重要な論点を明らかにする．今サービスで起きていることは，ずっと昔にもすでに起きている．それなのになぜ，これらの問題を今あらためて取り上げるのか？ それは，思い込みを排除し，保守的，儀式的，官僚的にならないようにするためである．我々は現在の状況を踏まえて生産的な観点でこれらの問題を捉え，それに従って行動するべきである．

　　本章は，サービスマネージメントからサービスサイエンスへの旅程表を提供する．訪問地には，私が従事してきた以下の場所が含まれている．すなわち，科学というよりは魔法としてのサービス部門，複雑さ・コンテキスト・変化を科学的なモデルや大学教育において扱うことの緊急性，複雑さを扱う上でのケーススタディとネットワーク理論の実用性，サービス接遇が価値共創のための一般的アプローチへ拡大されていることである．そして，最後にまとめて旅を終える．

　　我々は何を待っているのだろうか？ 未来？ その必要はない．我々はもうすでにその中にいるのである．

26.1　サービスマネージメントからサービスサイエンスへ

　　あらゆる物事が急速に発展していると言われ続けている．これを「証明」するものとして，遺伝子工学や情報技術がよく引き合いに出される．「発展」とは「良い」ことであり，すなわち，あらゆるものが急速に改善されていることを意味している．そろそろ「これは（いくつかの例外を除けば）間違っている」と誰かが言うべきときだろう．多くのものは，急速に変化してはいるが，良くなっているわけではない．単に変わっているだけである．

　　本章を執筆している時点では，時代情勢は決して普通とは言えない状態にある．2008年に金融危機が世界を襲い，金融システム，市場システム，医療制度，法律制度，エネルギー制度，政治制度，そして社会制度において，効率性，方向性，人間への配慮が欠

けていることがわかった．言い換えると，それらは我々が求めているサービスを提供していなかった．

　我々は，学術研究や教育においても，ビジネスや政治の現場においても，頭を柔軟にしてイノベーティブかつ起業家的になる必要がある．我々は地に足を着けて，社会のすべての利害関係者のことを考えた上で，生活に価値を生み出すものに取り組む必要がある．利害関係者には，顧客，供給業者，市民，従業員，株主などがいる．科学やビジネス，政治の世界には，実に多くの愚者や悪者がいる．

　また，「間抜けな顧客」というのもいる．彼らは間違った場所で道路を横断し，サービスの共創を台無しにする（Lovelock & Wirtz, 2007, p.250）．しかし，この世は暗闇や悪夢ばかりではない．素晴らしいことを実現する素晴らしい人間もいる．多くの分野で持続可能なビジネスや公的な取り組みが行われており，サービスの研究や教育，実務において正しいことをしようという善意はあふれている．建設的かつ現実的な心で見れば，サービスシステムは改善の可能性を大いに持っているのである．

　サービスに関する研究は1970年代に始まり，1980年代に全盛期を迎えた．このころは，それまでに蓄積されていた知識を文書化し，概念化し，普及させる必要があった．書籍，会議，教育課程が急速に整備されたが，私はこれらの学術成果に対してフラストレーションがたまるのを感じていた．一部のアイデアが「トップジャーナル」を通じてとても強く推進されることで，他の成果が阻害されることになったのである．私は著者やジャーナルだけを非難するわけではない．読者も同様に，誠実さや熟考を欠いて主流派に流れたことを非難されるべきである．それは共創ではあったが，必ずしも価値の共創ではなかった．我々は今もなおこのことに悩まされている．サービスマーケティングに関する本の多くは，いまだに1980年代の神話を伝えているのである．

　サービスマーケティングに関する研究やその実践例の多くは，「サービスドミナントロジック」ではなく，顧客満足に関する様々な指標と基準に注目した「サーベイドミナントロジック」になっていた．このロジックは，限られた仮定，単純化，統計的推論，整数値，小数値，平均，分散，確率，指標によって，部分的に見せかけの精密さを提供するが，それらはほとんど統合されておらず，理論に貢献できるものはなかった．サーベイドミナントロジックは，一見科学的な質を担保しているかのように思われたことによって普及したのである．これらは便利なものでもある．サーベイは教育課程の形式やジャーナルのレビュープロセス，大学教授の任期制度にとてもよく合っている．サーベイを行うことで，特定の例に関しては明確なデータを得ることができる．そのため，コンサルタントの業務を行う際には便利であるが，そこから得られる一般的な知識は限られている．一般的に，正しい知識を効率的に得るためには，体系的な事例研究と，研究者自身が持っている顧客，市民，従業員としての経験をもとにする必要がある．

　私がある本の一章として執筆し，その後ジャーナルで発表し，その年の最優秀論文賞に選ばれた論文がある（Gummesson, 1991）．このジャーナルは学術的なトップジャーナルではなく実務者向けのジャーナルであったため，学術論文からはめったに引用されない．この論文で私は「すべての組織は，割合は異なるものの，製品とサービスの両方を生み出し販売している．また，顧客は効用とニーズの実現を購入しているのであり，製品やサービスそれ自体ではない」と主張した．これは私が初めて主張したわけではなく，ほかの人もすでに同じことを言っていた．Wyckham et al.（1975）は同様の主張を

していたが，誰にも注目されなかった．私はさらに，コンピュータソフトウェアの品質は未熟で不十分だと主張した．これは今もまだ変わっていない．このことは，サービスサイエンスがサービスシステム開発に新しいアプローチを提供できていることの理由の一つになっている．

　私がこのことを強く主張したのは，学術研究や出版の世界における偏重主義や儀式主義が成長を著しく阻害し，優先順位を捻じ曲げているからである．私はこのことに耐えられないし，また耐えるべきではないだろう．

　Fisk et al.（1993）は，サービスの研究は這い回りの段階（1980年以前），四足歩行の段階（1980〜1985年）を経て，今は直立歩行の段階にいると述べた．これは，米国の研究に対する考察であるだけでなく，国際的に有意義な主張である．この主張は，当時の状況を踏まえると，非常に理にかなっているように思われた．

　経緯を詳細に伝えることは難しいが，サービスの研究と企業間取引（B2B）マーケティングによって，リレーションシップ（関係），ネットワーク，相互作用は非常に興味深いものになった．このことは，これまで閉鎖的だった部屋に新しいドアを開け，我々の視野を広げた．それは，すでに動き出していたサービスマネージメントリサーチと部分的に並行する流れを生み出した．私は心を強く動かされ，研究分野をリレーションシップの方向へと向かわせることになった．

　個人的な経験を通して，我々は個人的なリレーションシップや商業的なリレーションシップとは何かを直感的に理解できる．リレーションシップに2人以上の人や二つ以上の組織が関係すると，すぐに複雑さが現れて，リレーションシップのネットワークになる．リレーションシップの中で起きていることは相互作用と呼ばれる．リレーションシップマーケティングやCRM（customer relationship management），一対一マーケティングは，そこから出てきた最もよく知られているアプローチである．

　私はリレーションシップマーケティングを次のように定義した．「リレーションシップマーケティングは，リレーションシップのネットワークにおける相互作用である」（Gummesson, 2008a）．この定義はマーケティングのエッセンスとそのDNAを取り入れるため，他の定義より広くかつ一般的なものにしてある．同じ文献において，私はCRMを以下のように定義した．「CRMはリレーションシップマーケティングの価値であり戦略である．それはコンシューマー・サプライヤーの二者関係を重視することにより成立し，いまや実用的なアプリケーションとなっており，人間の行為と情報技術の両方に依存している」（Gummesson, 2008a）．CRMは頻繁にコンピュータソフトウェアと関連づけられているが，私はCRMをテク（技術）とタッチ（触れ合い）の問題として捉えることを強く推している．ハイテク・ハイタッチという表現がある（Naisbitt, 1982）が，私はハイテク・ロータッチ，ローテク・ハイタッチ，ローテク・ロータッチとあわせて2×2のマトリクスとして捉えるほうが妥当だと考えている．これらの組み合わせについては，本章のあとのほうで例示している．リレーションシップマーケティングとCRM，およびそれらとサービスとの関係についての詳細は，Storbacka & Lehtinen（2001），Payne & Frow（2005），Grönroos（2007a,b），Mele（2007），Quero（2007）に書かれている．

　我々が住んでいる現実世界は複雑であり，サプライヤーとコンシューマー間の二者関係では十分に捉え切れない．この考え方を肯定するものとして，S-D（サービスド

ミナント）ロジックの基盤の 9 番目（Vargo & Lusch, 2008）では「価値創造の背景にあるのは，ネットワークのネットワーク（資源統合者）である」と定義されている．私はネットワークの複雑さを明確にするために，一対一マーケティングの概念を用いて以下のように多対多のマーケティングを表現した．「多対多のマーケティングは，マーケティングのネットワークとしての性質を記述し，分析し，それを利用するものである」(Gummesson, 2009)．ネットワークアプローチに関する最近の文献としては，Kohlbacher（2007）および Wilkinson（2008）がある．

ノルディックスクールは北ヨーロッパの研究者，教育者，コンサルタント，および実務者からなる非公式なコミュニティであり，サービスおよびリレーションシップのマーケティングとマネージメントに関する貢献（Fisk et al., 2000; Grönroos, 2006）で知られている．これまではリレーションシップと相互作用を主な対象としていたが，いまや次のステップである，ネットワークおよび多対多のリレーションシップへと進む必要がある．

私の著書 *Total Relationship Marketing* を第 3 版（Gummesson, 2008a）に改訂するにあたって私が注力したのは，S-D ロジックと新しいサービスサイエンスとを私のアプローチに統合することだった．この本ではリレーションシップマーケティングをより全体論的に扱っている．単純に一つのカスタマー/サプライヤー間の関係ではなく，核となる包括的な 30 の関係（30R）に着目したのである．それらは当事者間の関係とその関係の性質との組み合わせであるということを，私はビジネスの実務と理論から見つけた．これは，より注目された多対多のネットワーク理論に対する先行事例となっている．マーケティングがどのようにして新たな発展に適応してきたかをまとめた簡潔な論文としては，Ballantyne & Varey（2008）がある．

26.2 人類を月に送ることには成功した ——今度はサービスを地球に持ってくるときだ

1960 年代にアメリカとソビエト連邦との間で行われた宇宙開発競争において，ケネディ大統領は「人間を月へ送る」という明確なゴールを設定した．物事を実現するには壮大なビジョンが必要で，段階的な技術的進歩だけでは十分な勢いや目的意識，リソースを得ることはできなかった．ご存知のとおりこのゴールは達成され，1969 年にニール・アームストロングが左足を月に降ろして次のように言った．「これは一人の人間にとっては小さな一歩だが，人類にとっては大きな飛躍だ」．サービスに関しては，1990 年代には直立歩行をしていたにもかかわらず，まだこのようなロケットサイエンスにはなっていない．だからこそ，今こそ誰かが大統領のような力とカリスマ性を持ってゴールを設定し，指示を出すべきときである．「サービスを地球に持ってこよう」と．人類にとって偉大なサービスの飛躍を遂げるべきときはもう来ているのである．

上記のように表現されてこそいないが，2004 年に二つの流れから現れたビジョンがある．一つは学会において権威とカリスマ性を持った *Journal of Marketing* から，もう一つは産業界において権威とカリスマ性を持った IBM からである．二つの別々の家庭で生まれたサービスの申し子，S-D ロジックとサービスサイエンスである．

本ハンドブックの他の章でもサービスサイエンスとS-Dロジックについて述べているが，ここでは，私の原点をなしている表現を述べさせてほしい．サービスサイエンスは，IBMが将来においてより良いサービスを提供し，さらには世の中全般のシステムを改善するための確かな基盤を作る長期的なプログラムである．技術分野の学校やそこでの研究・教育に焦点を当てた結果，世の中ではサービスが経済成長の牽引役だと考えられていたにもかかわらず，サービスは教育・研究の対象にはなっていなかったことがわかったのである．これはビジネススクールでも同じだった．S-Dロジックは，1970年代からビジネススクールで扱っていたサービス研究から実際に適用可能な部分を融合したものであり，サービスマネージメント，サービスマーケティング，サービス品質，サービスオペレーションなどの名前で研究されていた成果が含まれている．

これら二人の申し子を生み出した親は共通の遊び場を見つけ，二人は親友となった．S-Dロジックはそれまでの学説を覆す基本原理となり，サービスサイエンスのプログラムは実際の適用のための手段となった（Maglio & Spohrer, 2008; Spohrer & Maglio, 2009）．一方で，方法論についての3人目の申し子が必要とされている．複雑な現実を理解して行動を起こすことに役に立つ，優れた二つの研究手法，ネットワーク理論と事例研究である．この二つは本章の至るところに登場する．

変化が起きている最中に，その変化が単に一時的な，繰り返される変化の一つにすぎないのか，それとも転換点や飛躍的な進歩，パラダイムシフトであり，状況が一転しようとしているのかを見極めることは難しい．1980年代終わりのソビエト連邦やベルリンの壁の崩壊は，専門家でも予知できなかった．2008年に猛威を振るうことになる金融界の雷雲が，2007年にすでに集まってきていることに気づいていた専門家はほとんどいなかった．大学教育を受けていないタイの地元の象と蛇が津波に気づいて山の上へと避難していたとき，学位を持つ人を含め多くの西洋の観光客が「巨大な波」を携帯電話で撮影するために山から駆け下りてきていた．我々は実際にどの程度の知性を持っているのだろう？ ローテク・ハイタッチがハイテク・ロータッチに勝っていたのである．さて，何が価値を生む知識で，何がそうでないのだろうか？

26.3　サービス部門：過去の分野は未来を導いてはくれない

S-Dロジックとサービスサイエンスによって，我々は歴史的なサプライヤー中心の考え方である製品とサービスの分離から解放され，生み出される価値に意識を集中できるようになった．サプライヤーにとっては価値とは財政的な概念である．すなわち，付加価値はコストによって計算され，交換価値が価格を決定する．一方，消費者にとっては価値とは使用価値すなわちサービスにおける価値を意味する（詳細はRavald, 2008を参照）．

研究や実務を実行可能なものにするために，我々は類似の性質を持った物事をまとめて分類する．この分類は，有意義なものを使って，かつ時とともに変化させなければ，思考上の妨げになってしまう．まず，経済という概念が登場して発展し，漁業・狩猟・林業などに分類された．その後鉱業が生まれ，やがて製造業が出てきた．19世紀から20世紀前半までは，農業と工業が主要な経済分野だった．これらの分類に当てはまら

ないものは雑多なものとして一つのビンに入れられ，その他のもの，不可視のもの，無形のものなどと呼ばれていた．これは，ごみの分別が一般的になる前はすべてのごみを混ぜて同じごみ箱に入れていたのと似ている．そして，このごみ箱が後に，サービス産業と名づけられたのである．

サービスは，アダム・スミス（1723〜1790）やおそらくそれ以前の人たちによっても長い時間をかけて分析されてきた．カール・マルクスなどの共産主義者はサービスを非生産的なものとして扱い，資本主義経済においては事実上存在しないものと見なしていた（詳細は Delaunay & Gadrey, 1992 を参照）．サービスはマネージメントやマーケティングの一部とはならずに，1970年代の終わりまでは研究者も十分な人数は現れなかった．単数形の service と複数形の services がどう違い，どのように比較されるかは，Edvardsson et al.（2005）に書かれている．

しかし，時代が変わり，サービスの「ビン」に含まれるものは，西洋では従業員の80〜90%，新規雇用者では100%を占めるようになった．すべてを一つの分類にまとめていると，それ以上には区別されない．特に分類が曖昧で適当に決められていて，多様な物事を含んでいる場合，そして歴史的な慣例によってサービスと呼んでいたものと工業製品・農産物とを分離せず，常に組み合わせて購入していた場合，それ以上には区別されないのである．今日における経済の形式的な分類は，古い都市の遺跡のようなものになっている．歴史学者や考古学者にとっては，そして，写真を撮ってアイスクリームとTシャツを買いに来る観光客にとっては，素晴らしい場所である．政治家や教授がどうしてそんなものに騙されているのだろうか？ 間主観的に認められている神話に従っている間は救われるように感じるのかもしれない．広く受け入れられ，ほとんどのサービスサイエンスの本に掲載されている神話として，以下のようなものがある．

- サービスには無形性，異質性，同時性，消滅性がある．この主張にははっきりした根拠がないとされている．Lovelock & Gummesson（2004），Vargo & Lusch（2004），Gummesson（2007a）を参照．
- 製品の品質はわかりやすいが，サービスの品質は難しい．この主張は，製品は容易に制御できる機械を用いて標準化された部品で製造され，サービスは人間によって提供されるという古い考えに基づいている．似たような古い考え方として，「製造業には巨額の投資が必要だが，サービスには必要ない」というものがある．
- サービスのマーケティングと製品のマーケティングは独立した異なるものである．そんなことはもうない，これはバリュープロポジションのマーケティングに関する話でしかない．
- 純粋な製品から純粋なサービスまでを網羅する共通の物差しがある．これは素晴らしいことに聞こえるかもしれないが，どうやって戦略や行動に活かすのかが明確ではない．この「連続体」では，純粋な製品の例として衣類を，純粋なサービスの例として精神科医への面会を挙げている．しかし，衣服の周りにはサービスがあふれている．販売店に関してのみならず，ファッションショーやブランド戦略の魔法などがある．そして精神疾患の治療法は，精神科医が処方する薬剤製品によるところが大きい．

- サービス部門は成長しており，製造部門や農業部門は縮退している．そこで考慮すべき点として，我々は
    - かつてないほどの大量生産・大量消費を行っており，
    - かつてないほどの豊かな食事により肥満になっていて，しかし同時に必要な栄養が欠乏しており，
    - 基本的なサービスである全員への医療，手ごろな価格での高齢者診療，良い教育，実用的な法体系などが欠如している．

サービス部門だけの特殊な事例とされていたことは，いまや普遍的なことになった．しかし，いまだに大量の文献や教育において，これらは特殊な例として扱われている．新規雇用に関する以下の分析結果をもとに，製品とサービス，製造部門とサービス部門との相互依存関係について考えてみよう．

2000年代初めの米国における住宅ブームでは，建築，建築資材，不動産，ローン仲介業，家具・電化製品の製造や流通，生活雑貨，建築，インテリアデザインなどにおいて，約百万件の雇用を生み出した．一方で，情報テクノロジーの破たんによってそれよりも多くの人が解雇された．新たな雇用は医療サービスにおいても生まれたが，薬剤師においてはわずかであり，医療機器や医療用品においてはまったくなかった．2001年から2006年までの間に米国の医療分野で生まれた雇用は，民間・政府の病院，診療所，介護施設，医療保険，診断研究所における170万件だった．それ以外の民間サービス部門では，雇用は生まれなかった．政府関係のうち医療以外の分野では70万件の雇用が生まれ，そのうち約50万件は教育だった（Mandel, 2006に基づく）．

これらの各経済分野における劇的な変化は，全体の統計からは見ることができない．一部の分野において雇用が増えたり減ったりしているのであり，「サービス部門によって雇用が生み出された」という主張には意味がない．

私は，「サービス部門」を分解し，それぞれの名前で呼ぶよう提案したい．レストランを例にとってみよう．今日ではレストランはサービス部門に分類されているが，その中には農産物や工業製品，厨房が含まれている．様々な種類のレストランについて議論することもできるし，例えばスーパーマーケットで購入して公園のベンチで食べる弁当も類似の分野として扱うことができるだろう．同様に医療について話すこともできるが，それを一般化することはできない．医療はあまりにも多様で，その数多くの構成要素の間にはほとんど共通点が存在しない．

26.4 事例研究とネットワーク理論に必要な三つの要素：複雑さ，コンテキスト，変化

今日の社会科学における優先課題は，複雑なシステムと，その人間的・社会的・技術的・環境的側面を理解することだろう．これらを理解するためには，適切な方法や技術を用いる必要がある．社会科学に利用できて，かつ現実世界の複雑さを扱えて科学的要求を満たすものは，私が知る限り二つしかない．事例研究とネットワーク理論である．これらはサービスという新しい概念を扱うための最も進んだ，包括的かつ有益な道具である．この二つの手法の詳細や応用例についてこの章で扱うことはしないが，その基本

理念や技法については説明する．詳しい議論や比較については Gummesson（2007b）を参照してほしい．

　複雑性（complexity）という言葉の由来は，ラテン語で「ネットワーク」を意味する complexus であり，その動詞形の complecti は「絡み合う」という意味である．「システム」（system）という言葉は，ギリシア語で「多くの部品からなるもの全体」を意味する systema から来ている．「コンテキスト」（context）は，ラテン語で「合流すること」を意味する contexere に由来する．

　これらの言葉と，「生態学」（ecology）や「全体論」（holism）などのいくつかの言葉は，明らかに同じ種類に属する．システムという言葉は一般的・総称的な意味で，例えば「サービスシステム」のように利用する．一方，ネットワーク理論におけるネットワークや事例研究は，分析や議論の基盤として使われる．

　（S-D ロジック以前における）サービスは，アクティビティ，プロセス，チェーンであるとされている．これはとても正しいが，特定の側面しか表現しておらず，莫大な複雑さと非線形性を考慮していない．この世界は少数の，明確に定義された，一直線に説明できる要素だけで成り立っているわけではない．（S-D ロジックの枠組みにおける）サービスは，アクティビティでも，プロセスでも，チェーンでもない．それは，価値を創造するネットワークでできている．

　複雑なシステムとは何だろう？　システムがうまく動作し，熟練していない従業員でも操作できていると，我々は複雑なシステムを平凡なことだと勘違いし，動作するのが当然のことだと思ってしまう．我々は，人々が「単純な」処理をしているときでも，無意識のうちに多くの物事やアクティビティを同時に扱い，状況に柔軟に対応していることを忘れがちである．最も単純なシステム，例えば地下鉄の切符を販売するシステムであっても，複雑な要素で構成されている．特に共創に関わる顧客にとっては，そのシステムに慣れていないうちは，とても複雑である．

　　　ある夏の夜，私は友人に会うための旅行でイタリアのミラノ地下鉄を利用した．Centrale という駅から目的地の Moscova まで，グリーンラインで数駅の道のりだった．大したことじゃない．しかし，まず自動券売機で切符を買う必要がある．私がミラノ地下鉄を最初に利用したのは 2 年前のことだった．そのときは，プラダ（あるいはグッチ？）のスーツを着ておしゃれな鞄を持って切符を買っていた紳士が，私が困っていることに気づいて切符の買い方を教えてくれたのだった．私はイタリア語を読めないが，券売機の説明ぐらいなら何とか解読できるかもしれない．かすかな望みでしかない．まず，私は自分を元気づけるところから始めた．「さあ，地下鉄まで来たぞ！」と．ところが，システムが変わってしまっていた．自分では切符を買うことができず，アルバニアから来たという若い学生に教えてもらった．駅の案内には書かれていなかったが，券売機のボタンは一度押しただけではだめで，二度押さなければならなかったのである．こうして切符は手に入った．もうシステムの流儀と特性はわかったので，もし次回までにシステムが変わっていなければ，次はもう少し簡単にできるだろう．このことはミラノの住人にとって問題になるだろうか？　おそらくならないだろう．しかし，ミラノには毎年何百万人もの旅行客がやってくる．ミラノはイタリア北部にある

工業の拠点であり，ファッションの中心地であり，世界中で有名なオペラハウスのスカラ座がある．

券売機はハイテクだが，ハイテクの要素とローテクの要素とがある．自動化の決断をして機械を設計・構築・導入することは時間がかかる，面倒でお金もかかることだっただろう．彼らは何百，あるいは何千もの人を配置転換し，おそらく労働組合の反発に会い，組織上・文化上の改革を行ったのだろう．共創における新たな役職も必要となる．新しいサービスシステムが動くためには，新しいソフトウェアが必要になる．技術，新しいシステムのアイデア，公平な運賃を決める政治的な争いなどによって，変化は起こり続ける．

地下鉄の例は，単純なサービスであっても複雑であることを示している．戦後ドイツの若いヒッチハイカーであった私は，古いことわざを学んだ．「こんなにも美しく複雑な事柄を，なぜ単純にしてしまうのか」．これは浮世離れした学術界で交わされる高尚な用語や理論についての皮肉である．実用主義の科学者や熱心な実務者の立場から考えれば，もっと違ったやり方があるはずである．複雑な機能を加えるのではなく，サービスの本質を見極めて，ユーザーが扱いやすいものにすればよい．複雑さと単純さは切り離すことができない．それらは陰と陽の関係にある．

発券機はスピーディな発券と支払いを実現する．一方で，発券機に使われているプラスチック，スズ，紙，説明書，数字などが協調して動作するように設計することは難しい．さらに，発券機は実際のオペラや地下鉄の交通システムの入口でしかない．すべての電車，線路，プラットフォーム，そして電線が一緒になって，毎分何千もの乗客とやり取りしながら動作するように調整することは，気が遠くなるような話である．

医療の話に移ろう．医療サービスは我々の生活と健康に大きな影響を与える．医療は，効果が直感的でわかりやすい例であるが，我々の医学知識は限られている．医療はサービスの共創についてのわかりやすい例であるにもかかわらず，医者が何かをすることで患者の状態が良くなるという形で捉えられていて，医者はオペラントリソースであり，患者は取り扱われる対象，すなわちパッシブリソースとされている．医療は時にはうまく働き，また場合によっては「ミラクル」が起きて，心臓移植した後の患者が多少の不自由はあっても良い生活を送れる場合もある．医療は，世界中の多くの政府と市民にとって頭痛の種である．この頭痛に対して，これまでに多くの「薬」が継続的に処方されてきたが，有効な鎮痛薬とはなっていない．この「薬」には，組織改革，より多くの資金，さらなる研究，より多くの医者，より多くの装備，順調な事業計画などが含まれる．医療費がGNPに占める割合は，ヨーロッパで7〜10%，米国では16%になっている（Kotler et al., 2008, p.49）．医療の一部のサブシステムやコンポーネントはうまく動いているかもしれないが，医療は首尾一貫した信頼できるサービスだとは言えない．もっと現実に即して言えば，医療システムは，問題を抱えた，見せかけの，不完全なシステムである．

医師や看護師，他の医療スタッフは，例えばレストランのハンバーガー調理係，弁護士，地下鉄の清掃係，オペラ歌手，海兵隊員と一緒にサービス部門という分類にまとめられている．これは明らかに無意味である．「医療」という小分類ですら怪物である．「医療」は巨大かつ多様であり，単なる鎮痛薬の処方も医療であるし，交通事故に遭っ

た患者の8時間に及ぶ外科手術とその後の通院，場合によっては一生続く後遺症をケアしていくのも医療である．医療の範疇の中には何千ものサービスシステムが含まれているのである．ここで，この医療の複雑さとネットワークとしての側面を表している例を示そう．

　82歳になるアンは，加齢を原因とする23種類の疾患を医者に診断されていた．この中には慢性疲労，物忘れ，視力と聴力の低下などがあった．これは特殊な例ではない．人は加齢によって健康上の問題を抱えるものであり，医療資源の大部分は高齢者によって利用されている．アンは41の要素からなる11種類の治療を経験しており，1年の間だけでも55人の専門家による7種類の治療を受けていた．5人の医者から毎日飲む薬を9種類，必要なときに飲む薬を2種類処方されていた．彼女はマッサージと体操教室に通い，社会福祉士が週に2回家に来て彼女の世話をしていた．担当の介護士は短い期間で交代することが多く，また，担当の介護士が病気や休暇のときには他の人が代わりに来ていた．そのため，おそらくアンにとって最も価値があるであろう個人的な信頼関係を介護士との間に作ることはできなかった．彼女は社会保険事務所の人たちとも関わりがあったが，彼らもまた，やって来てはすぐに去って行った．彼女が1年の間に関わった人の数は，70人の医療関係者と数十人の救急隊員やタクシー運転手，受付係，薬剤師など，あわせて100人にもなった．アンには家族はいなかったが，ときどき近所の人や友人が手助けに来てくれた．

　23種類の疾患に対して，9＋2種類の薬と100人の人間が一緒に何らかの価値とサービスを生み出すためには，治療計画やネットワークに関する高度なマネージメントが必要になる．このようなマネージメントを実現するためには，(1)訓練，(2)実践，(3)多くの作業を同時に処理する能力，(4)飛び抜けた健康と膨大なエネルギーが必要になる．アンはそのいずれも持っていなかった．この例は，いったいどんな種類のサービス，サービスシステム，価値の例だと言えるだろうか？　正直に言って，このサービスシステムは官僚と専門家が引き起こした災害である．そしてこの例は，今日の高齢者介護のサービスシステムをとてもよく表している．

　一つ慰めとなるのは，アンが住んでいるスウェーデンでは医療が国民の権利として認められていて，基本的に無料で利用できることだった．そうでもなければ，ビル・ゲイツやウォーレン・バフェットでない限り，何年にもわたってその費用をすべて負担することはできないだろう．スウェーデンでは，医療は主に医者と看護師の領域であるが，徐々に政治家・役人・投資家が関与することが増えてきている．しかし，法律家や保険会社は（まだ）変化していない．（Akner, 2004より）

アンが持っているサービスへの要求を理解し，使用価値を共創するためには，彼女が置かれている複雑な状況を，共感を持って深く理解する必要がある．これは，事例研究やネットワーク理論では実現できるが，サーベイでは実現できない．すべてのサービスはサービスシステムのコンテキストにおいて出現する．地下鉄の券売機と医療サービスの二つの事例は，まったく異なるコンテキストにおける異なる度合いの複雑さを例示し

ている．アンの状況では，専門家のスキルや個性に対する基準の変化も起きるし，彼らの気分の変化もあるだろう．また，アンのネットワークのノードやリンクも，常にではないにせよ変わり続けている．

26.5 価値の共創：サービス接遇の拡大

サービスマネージメントやマーケティングの伝統的な教科書では，サービス接遇という言葉は，サービス業者の前面に立つ従業員と顧客との間の対面での相互作用を表している．これは，この相互作用の間にサービスが生産され，提供され，消費されるという考え方に基づいたものである．しかし，これは特殊な例を一般例と誤解している．私はこれまで，提供者と顧客の相互作用の拡張というコンテキストでサービス接遇を説明してきた．すなわち，サービス提供における顧客同士（customer-to-customer; C2C）の相互作用，サービススケープやその中にあるものとの相互作用，そして最も重要なサービスシステムとの相互作用へと拡張して考えることができる．サービスシステムはさらに，その内部のフロントラインの従業員，バックオフィス，管理職などにおける内部接触，さらに一般に社会におけるインフラや競合他社との接触も含んでいる．

S-Dロジックでは，サービス接遇の範囲を，価値の共創のすべての側面，およびバリュープロポジションのすべての側面へと拡大した．これはサービスサイエンスも同じである．共創とは，サービス接遇における単なる相互作用ではないことを理解する必要がある．バリュープロポジションを設計する際には，以下の問いに答える必要がある．

- 誰が顧客で誰が提供者か？
- 提供者が得意なことは何か？
- 顧客が得意なことは何か？
- サードパーティが得意なことは何か？
- 何を単独の（個人が行う）アクションとするべきか？
- 何を二者間の相互作用とするべきか？
- 何を複数での（ネットワークの）相互作用とするべきか？
- 何をC2Cでの相互作用とするべきか？
- 何を対面での相互作用とし，何を音声での，電子メールでの，インターネットでの，携帯電話のショートメールでの，そして機械での相互作用とするべきか？
- 人間が得意なことは何か？
- テクノロジーが得意なことは何か？
- サービスが無視されている無人地帯はあるか？

この新しいサービスロジックでは，顧客と提供者は異なるタスクを行うものの，その役割は統合されている．マーケットには以下の種類の提供者がすでに存在している．

- 企業
- 国や地域の政府，およびEUのような多国間にわたる巨大な政府
- 上記2種類が失敗した領域における，もしくは上記2種類の補完としての，NGOや任意団体

B2B では，サプライヤーは同時にコンシューマーにもなる．交換価値と使用価値の両方が発生し，それらを文脈価値として説明したほうがうまく説明できる（Vargo et al., 2008）．B2C では，以下の二つがある．

- 消費者
- 市民

従来，これらはエンドユーザーと呼ばれていた．多対多の関係では，その役割は単体の顧客としての役割から，家族，友人，隣人などとのソーシャルネットワークとしての役割へと広がった．市民の役割は商業的な消費者，すなわち当然の権利として政府からサービスを受けるだけの役割ではなくなった．共創を前提とする新しい枠組みでは，顧客や市民もまた使用価値を通してサプライヤーとなり，主導権を握ることができる．従来の略語 B2C は，C2B とあわせて補完するか，もしくは B2C/C2B に置き換えるべきである．

以下に示す「大惨事」の例は，上で示した共創の特徴をよく表している．S-D ロジックとサービスサイエンスシステム，さらにはネットワークと事例による考え方をわかりやすく示している．

金曜日の夜に冷蔵庫が故障した．危機が迫っていた．我々がそのことに気づいたのは偶然だった．冷蔵庫が異常を通知することはなく，黙って停止していた．アラーム機能はなかったのである．なぜ，ないのだ，エレクトロラックス[1]？「こんにちは，私はエレクトロラックスの CEO のアンです．申し訳ありませんが，あなたの冷蔵庫は停止しました．良い面について言えば，あなたの冷蔵庫は想定されていたよりもずっと長く，25 年と 134 日間もの間完璧に動作していました．あなたはきっと，今すぐ新しい冷蔵庫が欲しいでしょう．それでしたら，我々の製品ラインを www.electrolux.se にてご覧いただけます．あなたがこの報告を見逃すことがないように，同じものを電子メールと携帯電話のショートメールでお送りします」とでも言ってほしかった．それこそが CRM システムだろう？ それとも CRM システムは現実には機能していないのか？ この危機においては，サプライヤー側では共創のための努力が行われていなかった．

さて，どうしよう？ そのままにして，保険にできる限りカバーさせることもできる．いずれにせよ，土曜日の午後には中身が臭うようになるだろうから，その前に冷蔵庫を家の外に出さなければならない．冷蔵庫の古さを考えると，修理するという選択肢はない．まずは食料を保護することを考えたほうがよいだろう．その多くは自然素材を使った手作りだから，スーパーマーケットで買い直すことはできないのだ．救助活動は数時間以内に行う必要がある．

我々は，まず一部の食品を小さい冷蔵庫に詰め込み，そして近くの住人から順に助けてくれる人を探した．まず，道を渡ったところに住んでいる高齢の女性ダグマーが一部を引き受けてくれた．さらに 2 か所，ガレージに余った冷蔵庫を持っている 4 人家族と，2 軒隣のグンナーとイングリッドにも頼んだ．それでもまだいくつかの食料が残っている．すぐ近くにいる他の隣人たちのうちいくつ

---

1. 【訳注】家電メーカーの名前．

かの家は電気が消えており，また何軒かはこの手の手助けを頼めるほどの近所付き合いはなかった．私は市内に住む娘に電話して，その家まで車で15分かけて行った．

　もちろんこれは想定外の面倒な事態である．事前の筋書きはなく，それでいて即座に行動する必要があった．我々だけでは対処できず，ソーシャルスキルや他の人の協力を活用する必要があった．そこに含まれていたのは，家族，友人，隣人のネットワークの中の10人である．これらのノードとリンクは，私と妻を中心とし，かつ管理者とする暫定のサービスシステムを形成した．ここまでのところでは，これらはすべて顧客と市民の領域で発生しており，サプライヤーはまだ見えてきていない．価値の共創におけるC2Cでの相互作用である．

　B2C，あるいはC2Bの相互作用は，土曜日の朝に開始された．妻がインターネットで，我々が必要としていた型の冷蔵庫と，それを発送できる販売店を発見した．ウェブサイト上で詳細を確認でき，我々に適切だと思われるものが，エレクトロラックスの製品ラインの中に一つあったのである．我々はバリュープロポジションを比較した上で発注した．ここで比較したものの中には，メーカーの製品仕様に書かれている多数の特徴や，配送，設置，古い冷蔵庫の廃棄などの費用を含めた販売店の価格などがあった．

　「エレクトロラックスからの配送があるのは毎週水曜日です」と販売店は伝えてきた．「そのため，今度の木曜日にはお客様にお届けできます」．二つのネットワーク，すなわち家族と隣人で構成されるC2Cソーシャルネットワークと，サプライヤー側のメーカーと小売店で構成されるネットワークとが統合し，B2C/C2Bの相互作用が行われるようになった．我々はC2Cネットワークに，食料を木曜日まで預かってもらうように頼む必要があった．「ネットワークの隊長」として，我々は食料の運搬に時間を費やしたし，そうせざるを得なかった．これは悩ましい事態ではあったが，親切な人たちが相互扶助に応じてくれるといううれしい側面もあった．

　サービスに関する文献では「物理的な製品は触ることができるので，顧客は容易にその品質を評価できるが，サービスは触れないため難しい」とよく主張しているが，冷蔵庫の物理的な品質を評価することは不可能だった．この主張ではサービスと製品とが異なると言いたいのだろうが，これは間違っている．物理的な製品が仕様を満たしているかどうかを確認できるのは，大きさのようにはっきりしている一部の要素だけである．我々の古い冷蔵庫の品質も，あとになってからでなければ評価できなかった．

　水曜日に販売店から電話があり，エレクトロラックスからの配送が今週には間に合わなかったため，翌週の木曜日まで待ってほしいと言われた．納期は2倍になり，2週間にまで延びたのである．隣人と娘に再度連絡をした．翌週の木曜日に配送業者がやって来て，我々のB2C/C2Bネットワークの三つ目の要素として加わった．彼らは古い冷蔵庫を地下から搬出し，新しい冷蔵庫を持ってきた．階段や狭い入口を通して冷蔵庫を運ぶのは大変な作業である．新しい冷蔵庫が開封されたとき，我々はその前面に三つの大きな穴が開いていることに気がついた．彼らはもう一度冷蔵庫を梱包し，「次の木曜日にお持ちします」と言った．そし

て次の木曜日に運送会社が再びやってきて，ようやく設置が完了した．すでに3週間が経過していた．我々は金曜日から食料の回収を始めたが，グンナーとイングリッドは田舎に帰っていて，戻ってきたのはさらに翌週の木曜日となり，ダグマーは日曜の夜まで外出していた．古い「使用人」がギブアップしてから，すべての食料が戻ってくるまでに，約4週間も経過していた．（Gummesson, 2008bより）

この大惨事の体験において（マーケティングの人たちは，「体験」こそが我々が購入しているものだと主張している），我々はC2C，B2C/C2B，そしてB2Bのネットワークを構築した．これらのネットワークが状況から連想されるものであることは明らかだが，バリュープロポジションとその実現においても互いに依存している（Gummesson & Polese, 2009）．我々は，まずソーシャルネットワークから始めて，次にコマーシャルネットワークを活用した．コマーシャルネットワークは当初は大勢が関係していたが，調査の過程でエレクトロラックス，販売店，運送会社の3者にまで削減された．ネットワークの全体図を図26.1に示す．

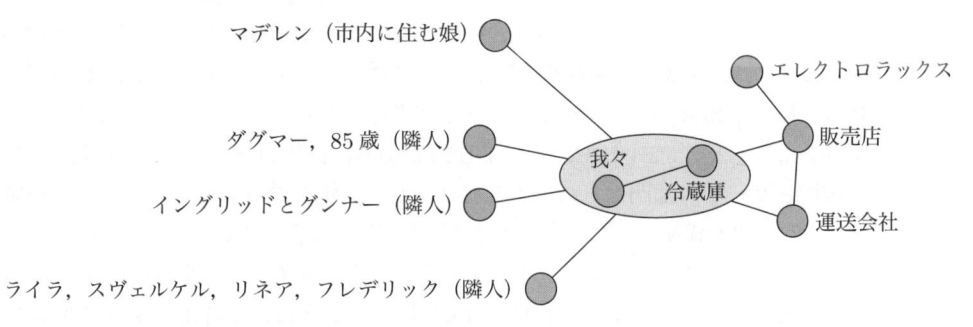

図26.1　大惨事の例におけるネットワーク（Gummesson, 2008bより許可を得て転載）

しかし，ネットワークの複雑さはこれで終わりではない．それぞれのノードはまた別のネットワークを内包している．原理的に，ネットワークはスケールフリーである．つまり，制限を設けない限りは終わりがない．したがって，より多対多のネットワークをより正確に表現すると，図26.2のように，各ノードをより深いレベルのネットワークで表す必要がある．我々は，単一のシステムの中で生活しているわけではなく，多数のシステムからなるネットワーク同士を結ぶネットワークと常に関わっているのである．これらのいくつかは多くの場合においてうまく機能し，いくつかは異常を起こしてユーザーにとって苛立たしいものとなり，またいくつかは異常であることが役割であるかのように振る舞っていて，何十年経っても改善していない．仮にこの大惨事の説明や分析がネットワークの深いレベルにまで浸透しないとしても，少なくともサービスやリレーションシップマーケティング，CRMの文献，そして言うまでもなく主流のマーケティングマネージメントや消費者行動に関する文献に書かれているものよりもずっと現実的である．また，ハイテクの観点で付け加えると，冷蔵庫もまたもっと大きなネットワークである電力網のノードであり，各地にある電力供給者とつながっている．ネットワークの各ノードは，互いに複数の言語を話す必要がある．我々はグローバルにつながっている，さらには地球村に住んでいる，と繰り返し教えられてきた．新しい情報技術に

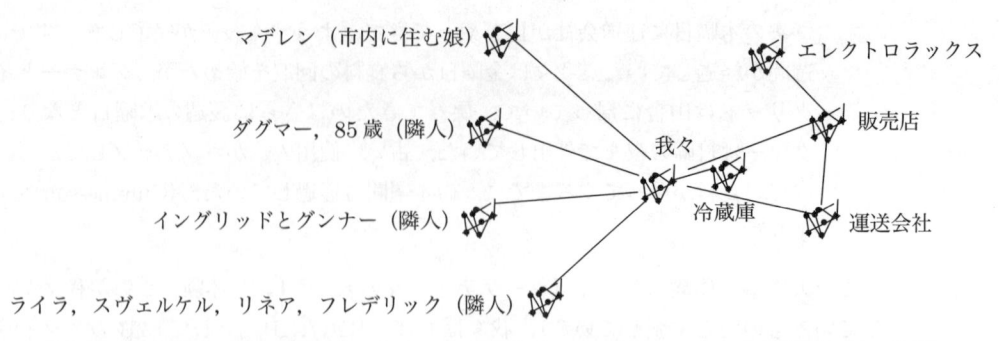

```
マデレン（市内に住む娘）        エレクトロラックス

ダグマー，85歳（隣人）          販売店
                    我々
イングリッドとグンナー（隣人）
                    冷蔵庫    運送会社

ライラ，スヴェルケル，リネア，フレデリック（隣人）
```

図 26.2　大惨事の例におけるネットワークの拡張（Gummesson, 2008b より許可を得て転載）

よって，このことは我々の日常になりつつある．我々が暮らす世界は単純ではなく，どんどん複雑になっている．我々は体系づけられた全体の中の一部であるが，一方でサービスシステムは依然としてばらばらになっており，全体（whole）というよりはむしろ穴（hole）として説明したほうがよいくらいである．

バリュープロポジションとは何だったのか？ 共創の過程で誰が何をしたのか？ サービスシステムはどの程度効率的で，それは誰にとっての効率だったのか？ 使用価値のプロセスで，顧客は何を求めていたのか？ プロポジションを構成するのは，製品，サービス，情報，知識，ソフトウェア，そしてあなたが持っているものである．プロポジションには C2C，C2B/B2C，そして B2B があり，伝統的な経済分析の定義における製造部門とサービス部門はそれにより統合された．恒久的なネットワークから一時的なネットワークを構築し，多対多の相互作用を実現した．そこにはバランスのとれた中核が必要で，それによってネットワーク中の各関係者がメリットを得られるようになる．ビジネスの面ではお金が，社交的な面では困ったときに助け合える良い関係の継続が，それぞれメリットとなる．こうして複雑さ，コンテキスト，そして変化が現れるのである．

26.6　サービスマネージメントからサービスサイエンスへ：（現時点での）最後の言葉

本章ではサービスの課題について説明した．主要なメッセージを以下にまとめる．

- 研究者や実務者を交えた数多くの教育コースや会議があるにもかかわらず，企業や政府組織においてサービスが一般に改善されているか否かを判断することは簡単ではない．もちろん，個々のケースでは改善しているものもある．いくつかの組織では，顧客との共感と常識によって素晴らしいサービスを提供している．また，このような継続的な改善と経営コミットメントを実現する実行可能な戦略を，サービスマネージメントと品質マネージメントから習得した組織もある．一方で，これらの教えを無視して失敗した組織もある．しかし，このサービスの複雑さは膨大で，グローバル化とシステムの拡大によってさらに複雑になっていく．一般論としてまとめると，サービスシステムの品質を早急に改善して，真に

価値を生み出すものにする必要がある．この目標を達成するために，サービスサイエンスが必要なのである．

- 「製品」と「サービス」，そして「サービス部門」という分類は不適切である．理由の一つは，これらが曖昧な現象を扱っていることであり，もう一つは，この伝統と惰性による区分を変える必要があることである．このような見せかけの経済分類を取り除かなければ，決断や行動を間違った方向に導くことになる．我々はホテルや経営コンサルタント，航空エンジン，プロのフットボール選手，ピザ屋，そしてそれらの派生を，それぞれ固有の名前で呼んで直接扱う必要がある．

- S-D ロジックにおいては，サービスは何らかの価値の結果として扱われている．サプライヤーが「価値の提供」を行うだけではなく，顧客の利用と消費の過程で「価値の実現」が発生する．サプライヤーとコンシューマーは，ともに「価値の共創者」である．顧客が積極的に行う価値創造への投資に対する理解も進んでいる．サービスマーケティングやマネージメント，S-D ロジック，マーケティングのための合理的な手法，インターネットの発達，C2C の相互作用に対する理解の進展，これらすべてのものが，サプライヤーとコンシューマーの役割の再構築を体現する概念上・実際上の重要な証拠である．

- 我々が「サービス接遇」について学んだことは，伝統的な意味でのサービスに限らず，すべてのバリュープロポジションとサービスシステムに適用できる．学術上の理論であるサービスサイエンスは，一般的な戦略と個別の戦略を提供する必要がある．我々はその類似性に注意して，そこから知見を得る必要があるが，また同時に，その違いにも注意して，個別の用語を用いて個別の事情を考慮した上で，それぞれのコンテキストを扱う必要がある．それぞれに固有の状況に応じて，個別に調整した戦略を立てる必要があるのである．非常に特別な状況もあるし，部分的にのみ特別な状況もあるが，その違いを生み出す要因においては，製品とサービスの間に差はない．無形性，異質性，同時性，消滅性（製品対サービスという偽りの世界を作るために使われ続けてきた概念）は，バリュープロポジションを特徴づける数多くの性質のごく一部でしかない．これらによって製品とサービスが意味のある形で区別されるようなことは決してない．

- リレーションシップ，ネットワーク，相互作用という重要な概念が，リレーションシップマーケティング，CRM，一対一マーケティング，多対多マーケティング，そして B2B マーケティングの中から生まれてきた．これらの考え方は，生活の本質をつかんだ普遍的なものである．生活とは，我々が相互作用を行うリレーションシップのネットワークなのである．サービスシステムや価値創造の中で実用的に使うためには，個別のマネージメントやシステムアプリケーションに対してこれらを適合させる必要がある．

- 複雑性 (complexity)，コンテキスト (context)，変化 (change) は，サービスサイエンスで取り組むべき重要な三つの C である．ネットワーク理論と事例研究は，複雑性を取り扱うための最も建設的な考え方であり，扱いやすいテクニックでもある．多対多の概念はネットワーク理論と現実のマーケティングを融合させるためのものである．サービスサイエンスにおける「サーベイドミナントロジック」はやめて，三つの C を扱うネットワークの例を徹底的に採用するべきである．

- 顧客はバリュープロポジションのネットワークの中で生活しており，それによって複雑性が増大している．ホテルのサービスなどを例として，バリュープロポジションは単体で，よくサイエンスの対象にされている．しかし，顧客は，一つのプロポジションから次へというように，整理された順序でサービスを求めているわけではない．異なるサービスシステムが個別の組み合わせで使われているような，サービスの「蜘蛛の巣」の中で生活しているのである．ある瞬間にはある一つのサービスシステムのネットワークが使われており，残りは待機している．
- 技術の拡大，特に情報技術の拡大とハイテクの概念の広がり，そして統合システムが人間よりも生産的になったことによって，技術（テク）と触れ合い（タッチ）のバランスへの注目がより決定的になってきている．我々は現実を見て，ローテク・ハイテクはそれぞれロータッチ・ハイタッチと最適な組み合わせで共生していることを認める必要がある．
- 顧客中心の考え方はマーケティングにおいて進められてきたが，サービスやネットワークの観点での主な焦点にはなっていない．また，株主にとっての価値や従業員満足度も，組織にとっての指針としての立場を確立していない．現実的な代替案は，単独の関係者を中心に考えることをやめてバランス中心に考えること，すなわち，利害関係者とネットワークの手法を用いて複数の関係者の興味を仲裁することである．
- まだ概念的に一貫性を持って見極められてはいないが，すでにマネージメントにおいてはパラダイムシフトが起き始めているため，研究の優先順位や教科書，教育課程も今より速いペースで対応していく必要がある．物事がとても速く変化していて，サービス研究や教育にはまだ反映し切れていない．サービスサイエンスやS-Dロジックは2004年に現れ，前例のないほどのブレイクスルーを研究に与えた．しかし，マーケティングやサービスに関する最近の教科書においては，しばしば紹介されていなかったり，最近の知識が反映されていなかったりする．ネットワーク理論は，それよりも長期間にわたってB2B研究や多対多マーケティングの周辺領域として存在するが，こちらもほとんど言及されていない．

　これらが私の遺言になったとしても，「臨終名言集」に載るようなものではない．これらはあくまで現時点での話である．2009年にはいくつかの情報源から，欧米経済が底なし沼に落ちそうになっていると主張されていた．これは金融アナリストやシンクタンクによるものだが，似たようなことはマヤの予言やヴェーダ哲学，ネイティブアメリカンの文化，アボリジニー，その他古代文明として我々が調査したものにも含まれている．我々は今，現代において経験したことがないほど長くて深い不景気の底にいて，そこから回復しようとしているのかもしれない．将来がどんなものになったとしても，それを生き延びたあとで同じ世界に戻ってくることはない．場合によっては，まったく新しい世界秩序を作ることになるかもしれない．

　どんなシナリオでどんな結末になったとしても，より発展したサービスサイエンスやより優れたサービスシステムによって，これまでより良い状態になると私は確信している．

参考文献

Akner, G. (2004). *Multisjuklighet hos äldre*. Malmö, Sweden: Liber.

Ballantyne, D. and Varey, R.J. (2008). The service-dominant logic and the future. *Journal of the Academy of Marketing Science*, 36 (1), 11-14.

Delaunay, J.-C. and Gadrey, J. (1992). *Services in Economic Thought*, Boston, MA: Kluwer.

Edvardsson, B., Gustafsson, A. and Roos, I. (2005). Service portraits in service research: a critical review. *International Journal of Service Industry Management*, 16 (1), 107-121.

Fisk, R. P., Brown, S. W. and Bitner, M. J. (1993). Tracking the Evolution of the Services Marketing Literature. *Journal of Retailing*, 69 (Spring), 61-103.

Fisk, R. P., Grove, S.J. and John, J., eds. (2000). *Services Marketing Self-Portraits*. Chicago, IL: American Marketing Association.

Grönroos, C. (2006). On defining marketing: finding a new roadmap for marketing. *Marketing Theory*, 6, (4), 395-417.

Grönroos, C. (2007a). *Service Management and Marketing: Customer Management in Service Competition*. Chichester, UK: Wiley (3rd edition).

Grönroos, C. (2007b). *In Search of a New Logic for Marketing*. Chichester, UK: Wiley.

Gummesson, E. (1991). Service Quality – A Holistic View. *The Journal of the Quality Insurance Institute*, July, 41-50.

Gummesson, E. (2007a). Exit *Services* Marketing – Enter *Service* Marketing. *Journal of Customer Behaviour*, 6 (2),113-141.

Gummesson, E. (2007b). Case study research and network theory: Birds of a feather. *Qualitative Research in Organizations and Management*, 2 (3), 226-248.

Gummesson, E. (2008a). *Total Relationship Marketing*. Oxford: Elsevier/Butterworth-Heinemann (3rd edition).

Gummesson, E. (2008b). Quality, service-dominant logic and many-to-many marketing. *The TQM Journal*, 20 (2),143-153.

Gummesson, E. (2009). *Marketing As Networks: The Birth of Many-to-Many Marketing*, Publishing House Djursholm, Stockholm.

Gummesson, E. and Polese, F. (2009). B2B is not an island. *Journal of Business and Industrial Marketing*, 24 (5-6), in press.

Kohlbacher, F. (2007). *International Marketing in the Network Economy*. Houndmills, UK: Palgrave/Macmillan.

Kotler, P., Shalowitz, J. and Stevens, R. J. (2008). *Strategic Marketing for Health Care Organizations*. San Francisco, CA: Jossey-Bass.

Lovelock, C. and Gummesson, E. (2004). Whither Services Marketing? In Search of a Paradigm and Fresh Perspectives. *Journal of Service Research*, 7 (1), 20-41.

Lovelock, C. and Wirtz, J. (2007). *Services Marketing: People, Technology, Strategy*. Upper Saddle River, NJ: Pearson/Prentice Hall, (6th edition).

Maglio, P.P. and Spohrer, J., (2008). Fundamentals of service science. *Journal of the Academy of Marketing Science*, 36 (1),18-20.

Mandel, M. (2006), What's Really Propping Up The Economy. *Business Week*, September 25, 54-62.

Mele, C. (2007). The synergetic relationship between TQM and marketing in creating customer value. *Managing Service Quality,* 17 (3), 240-258.

Naisbitt, J. (1982), *Megatrends.* New York, NY: Warner Books.

Payne, A. and Frow, P. (2005). A Strategic Framework for Customer Relationship Management. *Journal of Marketing,* 69 (October), 167-176.

Quero, M. J. (2007). Relationship marketing and services marketing: Two convergent perspectives for value creation in the cultural sector. Empirical evidence on performing arts consumers in Spain. *International Review on Public and Non Profit Marketing,* 4 (1-2) (December), 101-115.

Ravald, A. (2008). *Hur uppkommer värde för kunden?* Helsinki, Finland: Hanken School of Economics.

Spohrer, J. and Maglio, P. P. (2009). Service Science: Toward a Smarter Planet. In Service Engineering, ed. Karwowski & Salvendy. Wiley: New York, NY.

Storbacka, K. and Lehtinen, J. R. (2001). *Customer Relationship Management.* Singapore: McGraw-Hill.

Vargo, S.L. and Lusch, R.F. (2004). The Four Service Marketing Myths: Remnants of a Goods-Based, Manufacturing Model. *Journal of Service Research,* 6(6), May, 324-35.

Vargo, S.L. and Lusch, R.F. (2008), Service-dominant logic: continuing the evolution. *Journal of the Academy of Marketing Science,* 36 (1), 1-10.

Vargo, S.L., Maglio, P.P. and Archpru Akaka, M. (2008). On value and value co-creation: A service systems and service logic perspective. *European Management Journal,* 26, pp. 145-152.

Wilkinson, I. (2008). *Business Relating Business.* Cheltenham, UK: Edward Elgar.

Wyckham, R. G., Fitzroy, P. T. and Mandry, G. D. (1975). Marketing of Services. *European Journal of Marketing,* 9 (1), 59-67.

第27章

サービスの進化と未来
——学際的領域としての構築と普及

- **Raymond P. Fisk**
  Texas State University - San Marcos
- **Stephen J. Grove**
  Clemson University

　　　　　　　　本章では，サービスという分野の二つの時代をまたいだ進化の出現と成長，そして学際的な領域への広がりについて述べる．最初の時代では生物進化のたとえを用いて，サービスマーケティングの分野における這い回り（crawling out），四足歩行（scurrying about），そして直立歩行（walking erect）に至る3段階の発展について述べる．次の時代では，サービスの領域がサービスマーケティング以外にも急速に拡大していく．この時代については，社会進化のたとえを用いると，道具の作成，言語の創造，コミュニティの形成というさらなる3段階の発展とも言える．SSME（service science, management, and engineering）の現状やサービスアートを追加するアイデア，顧客に奉仕する必要性，そしてサービスコミュニティを形成するためのミームについて議論を行い，サービス領域の未来としてのコミュニティ形成について詳細に説明する．我々がここで想定しているサービス領域とは，顧客中心であり，学際的かつ共同作業的なものである．

27.1　はじめに

　本章では，サービス領域の発展に関する歴史を説明し，この領域の将来についての推測についても述べる．このようなサービス領域の歴史について語るために，生物や社会の進化の概念を用いる．進化というのは，生命の形態が時間とともにどのように変化してきたかに関する由緒ある科学的説明である．そのため，サービス領域の物語を語るために進化のメタファーは強力な道具となる．なぜなら，サービスは人類による，人類のための，人類に関するものとして作られたからである．
　昔からいろいろな学問領域において，生物進化からインスピレーションを得て自分たちの構想をまとめるということが行われてきた．社会学者のJohn Turnerは以下のように述べている．

> 生物学上の発見がその時代の社会や知識人の感覚に大きな影響を与えたのは，19世紀の出来事だった．… 特にウォレスとダーウィンの理論の結論である進化の概念が，知識人や社会に大きな論争を引き起こした．この社会と知識層の空気の中で社会学が自意識のある学問領域として誕生したのであるから，社会秩序の概念が生物学の先入観に影響を受けたのも驚くことではない．（Turner, 1978, p.20）

最近では，2003年のTED国際会議における "How Science is Like Democracy"（科学はどれくらい民主主義に似ているか）という講演で，「我々が持っている社会についての概念は，時間と空間に対する我々の理解と類似性がある」（Smolin, 2003）と物理学者のLee Smolinが述べている．彼は類似した三つの段階として，1) 階層的な宇宙，2) ニュートン物理学による「リベラル」な宇宙，3) 現在の相対的/多元的な宇宙を示した．Smolinは三つ目の段階について，「宇宙はただ進化し続ける相互関係のネットワークでしかない」と補足している．もし，社会学と物理学がそれぞれ相互関係の進化として表現できるのであれば，サービス領域の過去と現在，そして未来を説明するために進化の概念とメタファーを用いることができるとも考えられる．なぜならば，サービスにとっても相互関係は鍵になるからである．

27.1.1　人類の歴史におけるサービス

サービス領域の物語を話す前に，サービス領域が生まれる前の何世紀にもわたる人類の歴史について簡単に振り返っておく必要があるだろう．人類は，地球上をおよそ25万年もの間歩き続けてきた．20世紀になって学者たちがサービス経済に注意を向けるようになるはるか以前から，多くの種類のサービス活動が人類の文化と文明の発展の重要な一翼を担ってきた．サービスは人々のために実行される．それは，サービス活動が社会学者によって人類の文明の基盤とされた五つの社会構造，すなわち，家族，教育，政府，経済および宗教の中に組み込まれていることを意味している（Poponoe, 1980）．サービスの構成要素に関するほとんどの分類では，教育，政府，宗教をサービスであるとしている（Fisk, Grove, & John, 2008）．さらには，農業と工業の経済だけではなく，人類の文明が成長するためには金融や交通，通信といった機能的なサービスが必要不可欠であった．最後に，家族というものは，人類の文化における生物的および社会的に最も重要な構成単位であるだけでなく，基本的なサービスの構成単位でもある．サービスは人間の相互関係と相互作用を含むものであり，その土台は家族構造の文脈の中で学ぶことができる．まとめると，五つの基盤となる社会構造の中で実施されるサービスが，人類の文化と文明の発展に必要不可欠であったと言える．

27.1.2　サービスサイエンスなのかサービス知識なのか？

本ハンドブックは「サービスサイエンス」（service science）に関するものである．二つの単語は，どちらもラテン語を起源に持つ（Merriam-Webster, 2003）．サービスの起源となったラテン語はservusであり，「奴隷や召使，農奴」を意味している．一方，サイエンスはラテン語のscientiaを起源としており，「知識」を意味している．つまり，古代のラテン語では，servus scientiaは奴隷の知識という意味になるのかもしれない．こ

の二つの単語の語源は，何世紀もの間にまったく異なる変化を遂げていった．「サービス」という言葉は，従属的な身分にある人々を指すものから発展して，広く他人のために行われる活動を表すようになった（人によっては，まだ，サービスという言葉は良くない意味合いを持っており，そのために，サービス経済に関して学ぶことをためらわせてしまうこともある）．その一方で，「サイエンス」という言葉は一般的な知識という意味から発展して，厳密な調査方法を用いて発見された，明確に区別された種類の知識を意味するようになった．

今日，「サービスサイエンス」という言葉を使っている人の多くは，「サービス」を最も現代的な意味で用い，「サイエンス」という言葉を古い意味で用いているように思われる．さらには，サービス領域に新たに加わった多くの人々にとっては，「サービスサイエンス」という言葉はサービス領域全体を示すための省略表現になってしまっている．これは多少意見の分かれるところかもしれないが，我々としてはこの考えには強く異議を唱えたい．サービス領域全体を「サービスサイエンス」と呼ぶのは正確ではなく，そして逆説的なことに科学的でもない．そうではなく，サービス領域の命名法は，生物学で用いられる科学的命名法と似た論理で構築すべきであると我々は提案する．属と種による分類体系は，非常に広い範囲にまたがる生命体に柔軟に対応することができる．この論理を用いると，「サービス」という言葉は属に相当すべきであり，膨大な数の属と種の分類が可能となる．種のほうは，サイエンスやマネージメント，工学などに相当することになる．要するに，サービス領域はサービスの知識の柔軟な分類を可能とし，促進するような命名法を採用すべきである．

「サイエンス」という言葉は，いつの日かその元の意味である「知識」へと立ち戻るかもしれない．しかしながら，この章では混乱を避け，より正確を期するために，サービスの知識全体を指すときには，「サービスサイエンス」の代わりに「サービス知識」という語句を用いる．この章では，サービスサイエンスやサービスマネージメント，サービス工学，サービスアートといった語句をサービス知識の一部として，より厳密な形で用いる．

27.1.3 サービスと顧客の役割についての初期の思索

国内総生産にサービスが占める割合が 50% を上回っているという経済データの中，経済学者たちは，まず 20 世紀におけるサービス活動が経済に及ぼしている影響について調査することから始めた．コーリン・クラーク（1957）はサービス活動が国内総生産に与える影響について示した最初の経済学者である．お金のやり取りだけが注目され，家族や教育，政府，宗教で実施された多くのサービスについては測定されていなかったために，20 世紀になるまで経済データにおいてサービス活動が目立つことはあまりなかった．20 世紀の経営学者の多くは，新しく生まれつつあったサービス経済をあまり支持していなかった．時には「ディズニーの経済」や「マクドナルドの経済」という言い方で，サービス経済は重要なものではないとほのめかしたりもした．ほかにも，サービス経済は低スキル・低賃金の経済だという批判もあった．幸いなことに，経済学者全員が敵対的ということもなかった．サービス経済に関して最も先進的なマーケティング学者の一人である George Fisk（1967）は以下のように書いている．

> 今この瞬間，人類は新たな飛躍，すなわちサービス革命を迎えようとしている．産業革命において筋肉の力が機械に取って代わられたのとまったく同じように，今度はアイデアとサービスの生産において機械が人の心に置き換わるであろう．

　Fisk が 1967 年にこの見解を記したとき，コンピュータと通信のテクノロジーが今日の高性能な携帯サービスツールにまで凝縮されることを予測することはできなかった．それにもかかわらず，彼の記述はどのようにテクノロジーがサービス経済を一変させたのかをうまく捉えている．

　マーケティングの学問領域は 20 世紀に確立されたが (Bartels, 1976; Sheth & Gardner, 1984)，その一つの側面である応用経営の学問領域は，顧客に特に重点を置いている．20 世紀において最も影響力を持つ経営学者の一人であるピーター・ドラッカーは，こうした顧客志向の強力な提唱者である．例えば，ドラッカーは古典的著作である *The Practice of Management* (1954)[1] において，「経営の目的の妥当な定義はただ一つ，それは顧客を創造することである」(p.37) と述べている．同様に，著名なマーケティング学者である Ted Levitt (1960) は，古典的な "Marketing Myopia"（近視眼的マーケティング）という論文において，顧客志向ではなく商品志向になってしまうと，企業が衰退する危険があると述べている．マーケティングで顧客に重点を置くことは，マーケティングの学問領域においてサービス研究を早く立ち上げるために本質的に必要な条件であったことは間違いない．

27.1.4　本章の構成

　本章では，サービスという現象の学術的研究において，サービスマーケティングやサービスマネージメントにおけるその起源から工学や科学，芸術への広がりに至る発展がどのようになされたのかを調査する．サービス領域の発展における二つの発展の時代について，進化論のメタファーを用いて述べる．最初の時代において生物進化のメタファーが，「這い回り」「四足歩行」「直立歩行」の 3 段階の分類に従ってサービスマーケティングの文献の発展を述べるために用いられている．次の時代においては，社会進化のメタファーを用いて，サービス領域がサービスマーケティングとマネージメントから急速に拡大していったことについて述べる．そこでの三つの段階は，「道具の作成」「言語の創造」「コミュニティの構築」として分類される．コミュニティの構築の節（27.4 節）では，サービス領域の未来についての我々の展望を述べる．そこでは，SSME (service science, management, and engineering) の現状やサービスアートを追加するというアイデア，顧客に奉仕する必要性，そしてサービス行動主義や電子的なネットワークといったサービスコミュニティを形成するためのミームについて議論を行う．我々が予見しているのは，顧客中心で学際的かつ共同的なサービス領域である．

1.　【訳注】ドラッカー名著集 2, 3『現代の経営』上・下，ダイヤモンド社 (2006).

27.2　最初の時代：サービスマーケティング

Fisk, Brown, & Bitner (1993) は生物進化のメタファーを用いて，サービスマーケティングの領域の発生と発展を「這い回り」「四足歩行」「直立歩行」の3段階に分けて述べている．図27.1はその3段階を図示している．這い回りの段階（1980年以前）は，原始の湿地を這い回っていた最初の両生類に類似している．この段階では，初期のサービス学者がサービスマーケティングの領域を作り出し，その生存権を守っていた．四足歩行の段階（1980〜1985年）は，我々霊長類の祖先に特徴的な慌しい活動を反映している．この段階では，急速に成長する熱狂的な研究コミュニティがサービスマーケティングの基本構造をもとにして速い速度で広がっていった．直立歩行の段階（1986〜1992年）は，四足で駆け回る霊長類から二足歩行する初期の人類への進化的変遷に似ている．この時期，サービスマーケティングの領域はマーケティングの学問領域の内外で一定の正当性を獲得していた．以下のまとめは，Fisk, Brown, & Bitner (1993) をもとにしている．

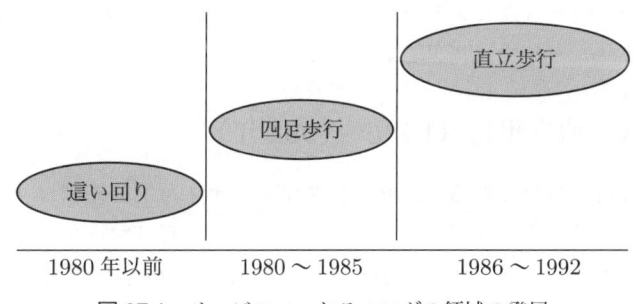

図27.1　サービスマーケティングの領域の発展

27.2.1　這い回り（1980年以前）

這い回りの段階の始まりは，世界の様々な場所で何人かのマーケティング学者がサービスマーケティングのトピックについて研究を始めたころである．この初期のサービス学者たちは，非常に大きなリスクを負っていた．その多くは彼らの研究経歴の初期の段階に集中していた．サービスマーケティングのトピックにおいて論文投稿はあまり受け入れてもらえなかったが，それでも研究者たちは耐え続けた．這い回りの段階の文献の大半は，本質的に概念的なものであった．シティバンクの幹部であった Lynn Shostack (1977) による *Journal of Marketing* の画期的な論文によって，サービスマーケティングの領域の未来が変えられた．Shostack は，アカデミックなマーケティングの学問領域は近視眼的であり，サービスセクターのマーケティングマネージャーにとって有益なガイドラインを提供できないと主張した．Shostack の見解は多くの初期のサービスマーケティング学者に刺激を与える掛け声となり，この領域の急速な成長を促す助けとなった．這い回りの段階のクライマックスは，マーケティングの学問領域における「サービスマーケティングは本当に異なるものなのか？」という疑問についての激しい論争であった．この論争の中核にあるのは，サービスマーケティングはマーケティングの学問領域の中で独立した部分領域として存在しなければならないのかという問いかけである．

27.2.2　四足歩行（1980〜1985年）

　四足歩行の段階になると，サービス学者たちの活発な共同体が生まれた．この時期には，サービスについての多くの国際会議や論文，学位論文，そして何冊もの書籍が現れた．同時に，American Marketing Association によって最初のサービスマーケティングの国際会議が開催され，サービス研究に同じく熱意を抱く北米とヨーロッパの学者や企業の人々が初めて出会う機会にもなった．これらの初期の国際会議によって，サービス研究コミュニティの形成が可能となった．また，この時期に，Christopher Lovelock (1984) によってサービスマーケティングの最初の教科書が出版されたが，これによってこの領域の研究がますます正当なものとなり，サービスマーケティングについて学ぶ学生の人数も増加した．4 本の影響力のある論文がこの期間に発表され，*Journal of Marketing* に掲載された（Lovelock, 1983; Parasuraman, Zeithaml, & Berry, 1985; Solomon et al., 1985; Zeithaml, Parasuraman, & Berry, 1985）．この論文誌は，マーケティングの学問領域で間違いなくトップの論文誌と言えるだろう．ほかに特筆すべき出来事としては，Stephen Brown によってアリゾナ州立大学にサービス研究のための最初の学術的研究センターが創設されたことが挙げられる．これは現在，Center for Service Leadership として知られている．

27.2.3　直立歩行（1986〜1992年）

　直立歩行の段階になると，サービスマーケティングの領域はマーケティングの学問領域の中で高い評価を受けるようになった．サービスマーケティングにおける現象の研究を専門とするサービスの国際会議や論文，学位論文，書籍の数は急速に増え続けた．これには，北米とヨーロッパにおける多くの国際会議とシンポジウムも含まれている．この時期における研究はより実証的で，学際的になっていた．おそらくこの時期における最も注目すべき定量的研究は，SERVQUAL スケール（Parasuraman, Zeithaml, & Berry, 1988）であろう．これは，サービスの測定スケールを作り出す最初の重要な試みであり，サービスの品質を測定するための最初のツールを提供した．SERVQUAL によって，測定に重点を置いた新しい研究の波が引き起こされた．

　サービスの進化における次の時代を調べる前に，なぜマーケティングがサービス現象を調査，明確化，そして研究する最初の学問領域の一つであったのかを深く考えることには価値がある．以前に述べたように，マーケティングの領域では顧客を中心に考えることが本質的であり，その必要性もあった．それゆえに，マーケティングのマネージャーとマーケティングの学識者は，サービス経済が拡大するにつれ，顧客を巻き込んだ多くのサービスの失敗や成功をすぐに知ることになった．さらには，北米とヨーロッパにおけるマーケティングのマネージャーと学識者が，これらの問題にほぼ同時に取り組んでいたことにも注目しておきたい．

27.3　次の時代：新たな学際的領域の出現

　Fisk, Brown, & Bitner (1993) が最初の時代について記した後，サービス領域に驚くべき変化が生じた．2番目の時代のこの変化を捉えるために，引き続き進化のメタファーを使ったアプローチを用いるが，メタファーの種類は生物のものから社会進化へと移行する．生物進化は生命体の変化を描いていたが，社会進化は人類の文化における変化を描く．単純な進化の用語を用いれば，メタファーは遺伝子からミームへと移行する．「ミーム」という言葉は，Richard Dawkins (1976) によって「模倣の単位」(p.206) を示すために導入された．ミームは世代を越えて学習され伝えられていく文化的情報から構成される．ミームの概念についての調査は継続されている（Aunger, 2002; Blackmore, 1999; Bloom, 2000; Brodie, 2004; Distin, 2005）．このミームの概念に基づくと，社会進化の段階およびそれによるミームの拡散は，生物進化の段階のような不連続なものにはならない．その代わり，それぞれの社会進化の段階は，文化の進化に従って累積されていく．

　サービスマーケティングがマーケティングの学問領域の中で部分領域として確立されて以降，サービスミームの創造と共有があらゆる場所で行われていることが，この領域の発展の中の次の時代において明確になってきた．サービスマーケティングにおける最近の変化は，ミームがマーケティングの学問領域にまたがって拡散していることを示している．さらに重要なことは，こうしたミームがより広く学際的なサービス領域の出現にとって鍵となる要素であることである．

　より広いサービス領域の社会進化は，「道具の作成」「言語の創造」「コミュニティの構築」という三つの段階によって述べることができる．これらの分類は，サービス学者の Stephen W. Brown と Mary Jo Bitner の助けを借りて作られた．図 27.2 はその 3 段階を示している．道具の作成の段階では，サービス領域を洗練するための多くの技術的な道具が開発された．言語の創造の段階では，サービスマーケティングとサービスマネージメントに関連した用語が広く普及し始め，新しい言語の創作者が現れた．コミュニティの構築の段階では，アカデミアと実務領域のどちらにおいても，様々なバックグラウンドや視点を持ったサービスの研究者の仕事を支援する社会構造が現れた．

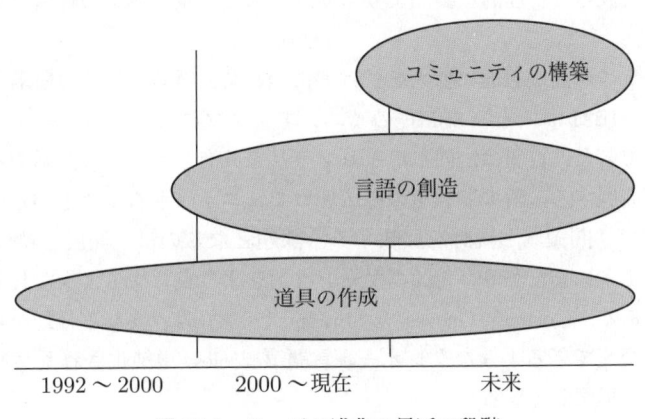

図 27.2　サービス進化の最近の段階

27.3.1　道具の作成

　道具の作成の段階では，急速にテクノロジーが向上したことにより，ほとんどのサービス産業において顧客に提供するサービスの洗練度を改善することができた．これらのテクノロジーの中でも特に顕著なものとして，インターネットと多くのウェブ上のサービスがある．また，テクノロジーの進歩によって，顧客と組織の間のインターフェースをサポートする多くのセルフサービスのテクノロジーが可能となった．研究者は，サービスにおいてどれだけテクノロジーへの対応が可能となっているか（Parasuraman, 2000），そして顧客と企業の関係性の構築と維持においてセルフサービスのテクノロジーが果たす役割（Meuter et al., 2000）について調査を始めた．それに加えて，この段階の間に多くの新しいツールが開発され，サービスの顧客と組織に関する研究が洗練された（例えば，Rust, Zahorik, & Keiningham, 1995）．これらの中には，多くの測定スケールやデータ解析手法が含まれる．

　うまくいったサービスのミームは出現し続け，使われ続けている．道具の作成の段階は，サービスの領域がより広く発展するための土台を構築する手助けとなった．様々なバックグラウンドの新しいサービス研究者の流入と，彼らのスキルを形作る道具は，この領域をさらに飛躍させるであろう．

27.3.2　言語の創造

　言語の創造の段階では，サービス学者とマネージャーのコミュニティにまたがってコミュニケーションを行ったり，知識を共有したりするための専門的なサービスの言語が出現する．サービスマーケティングから来た多くの専門用語やフレーズ，概念が，昔とは違ってマーケティングの学問領域の中でもありふれたものとなった．これらの用語の例としては，サービス接遇やサービス品質，サービス劇場，サービス経験，サービススケープ，サービスブループリント，サービスリカバリーなどがある．サービスの用語が広い学問領域に拡散するとともに，徐々にマーケティング一般の言語にもなってきている．このような変化を最もよく表す証拠は，おそらく Vargo & Lusch（2004）が提唱したサービスドミナントロジックだと思われる．*Journal of Marketing* の画期的な論文において，彼らは物理的な製品よりもサービスこそがすべての経済交流の基礎であると主張した．

　サービス研究が急速に拡大を続けるにつれて，言語の創造の段階も急速に進化し続けている．IBMは，そのSSMEのイニシアティブによって新しいサービス言語に大きく貢献してきた．言語は，同じボキャブラリを共有して互いに会話する人間が多ければ多いほど発展する．新規参入者の幅広いコミュニティからでき上がるサービス言語は，広い範囲の学問領域と視野を反映する．課題となるのは，発展を続けるサービス研究コミュニティにまたがるコミュニケーションをより良くするような共通の言語を作り出すことである．Gorman, Groves, & Shrager（2004）は，異なる分野から来た専門家たちが互いに交流できるようなクレオール言語（créoles; 単純化された共通の言語）を使用することを提案している．

27.4　サービス領域の未来：コミュニティの構築

　コミュニティの構築の段階では，我々はサービス領域の未来を予測する．サービス現象の研究が，マーケティングおよびマネージメントにおける起源からより広い領域の探究へと広がるにつれ，サービス領域は急速に拡大を続けている．サービス領域の参入者の数やその学習の範囲が非常に大きくなると，関連する学問領域の境界やサービス自体の領域がわからなくなり，チャンスだけでなく危険も生じてくる．要するに，広がっていくサービス領域は重大な岐路に近づいているのである．

　人類の歴史を通じて，学問領域は知識の創造と普及に不可欠な役割を果たしてきた．個々の学問領域は排他的な所有権を主張し，その領域の中で作り出された知識を独占しがちである．しばしば学問領域は，その知識の境界を国家がその領土に対してするのと同じように扱っているように見える．学問領域であれ国家であれ，その境界をめぐって激しい議論が起こりうる．また，学問領域は互いに孤立しようとする傾向が見られる．この領土に関する現象は，知識の「サイロ」のメタファーによって表現されることがある．

　学問領域に存在する境界や孤立は，イノベーションや進歩の妨げとなる．サービス領域に最善の発展をもたらすためには，サービスに興味を持つすべての学問領域にわたって知識を交流させ，共有する必要がある．このような目標に近づくためには，学問領域の境界をまたいで経験を共有する「商圏」が確立されなければならない（Gorman, Groves, & Shrager, 2004）．学問領域を隔てる境界をあえて曖昧にするように努めることが望ましい．このような試みの一つは，Campbell（1969）によるすべての知識に対する「魚鱗」のメタファーに見ることができる．Campbell は，学問領域のコンテンツは魚の鱗のように重なり合っているべきだと主張した．学問領域をまたいだ共有と協力によって，知識を生み，特定の学問領域の利益を考える前に顧客のニーズに応えるような研究コミュニティを作り出すことが可能となる．我々の種が直面している重要な問題は，どのような単独の学問領域よりも大きく，分野横断的な解が必要である（Klein et al., 2001）．

　本節では，SSME の現状を分析し，このサービスの学問領域の核となる組み合わせにサービスアートを加えることを提案する．また，顧客の役に立つことがすべてのサービスの学問領域の共通の目的であるべきことを議論し，サービスコミュニティを構築するための二つのミームを提供する．

27.4.1　SSME

　Jim Spohrer を中心として，IBM は SSME のイニシアティブを通じてサービスコミュニティの構築に大きな役割を果たしてきた．SSME のイニシアティブでは，サービスの現象に見られる複雑性の理解に役に立つ観点やツールを豊かにすることを目的とした．IBM がスポンサーになった活動は，例えば国際会議やワークショップ，書籍およびウェブ上で利用可能な大量の電子的な資料群などである．

　20 世紀において，IBM はコンピュータサイエンスの学問分野を作り上げる活動を支援した．コンピュータサイエンスの発展では，現在サービス領域の土台を構成している

ほど多くの分野を必要とはしなかった．そのため，いま出現しつつあるサービス領域は，これまでよりもさらに学際的なやり方で発展することになる．以前述べたように，サービスマーケティングとサービスマネージメントは，サイエンスや工学に含まれる分野がサービスの問題に取り組むよりずっと前に発展してきたサービス領域の最初の一部分であった．サービス領域がマーケティングやマネージメントにおけるその原点を越えて広がると，サービス工学やサービスサイエンスの学者たちも，すべてのサービスの目的は顧客のニーズに応えることだという観点を受け入れることが必要となった．この節の残りでは，SSME の三つの領域，すなわちサービスサイエンス，サービスマネージメント，サービス工学について考える．

■ サービスサイエンス

サービスサイエンスについては，ほかにも多くの著者（Chesbrough & Spohrer, 2006; Glushko, 2008; Hefley & Murphy, 2008; Larson, 2008; Lusch, Vargo, & Wessels, 2008; Maglio & Spohrer, 2008; Spohrer & Maglio, 2008; Stauss et al., 2007）が書いているが，ここではより歴史的なアプローチを試みたい．27.1 節で述べているように，サービスは人間のために実行されるものであり，サービスはその始まりから人間の歴史の一部であった．それゆえに，サービスサイエンスの議論は，すべての人類に適用された最古の科学である社会科学から始めるべきである．

社会科学には，例えば人類学や経済学，心理学，社会学といった分野が含まれる．いろいろな意味で，もし我々自身が人類でなかったのなら，科学を人類に適用することはもっと容易だったであろう．人間の持つ偏見や先入観によって，我々の観察能力はしばしば歪められてしまう．人類を研究する科学者にとって，彼ら自身をその科学的研究から客観的に分離することは，多くの場合において困難である（Miller, 1972; Rosenthal, 1967）．

初期の社会科学では，サービスの現象に直接重点を置いたものはなかった．科学の理想の世界では，社会科学がサービスの現象を記録し，分類する最初のものになるはずだった．データはどこにでもあったが，それでもサービス活動の重要性は認知されなかった．人間の現象に対する狭い視野のせいで，様々な社会科学の注意がそらされているかのようであった．例えば，人類学の分野は何十年もの間，原始的な文化に重点を置き，最近になってやっと近代の文化にも注意を払うようになった．経済学の分野では，初期の理論の多くが「合理的な人間」という仮定をその基礎としていた．この仮定は経済理論をわかりやすいものにしたが，人間の行動の繊細さを失っていた．心理学の分野では，初期の研究のほとんどは異常心理に向けられており，比較的最近まで顧客心理のような題材は無視されていた．社会学の分野では，ちょっと前まで人間の行動における非営利的な側面は放置されていた．要するに，サービス活動は重要とは受け止められていなかったのである．おそらく，"servus" というラテン語の語源に含まれていたような偏見があったのだろう．

コンピュータサイエンスの分野は，20 世紀のコンピュータ技術の最初の世代によって生み出された．その名前が証言しているように，コンピュータサイエンスの重点はコンピュータにあるのであって，それを作ったり使ったりする人類ではない．しかしながら，この分野が発展するにつれて，より多くの注意が人間とコンピュータ間のインター

フェースにも払われるようになってきた．それゆえ，コンピュータサイエンスもサービスサイエンスを構成する部品となるべきであるので，この節に含まれている．

サービスサイエンスはどうあるべきか？ 新しい科学的分野として，サービスサイエンスは人間中心であるべきである．さらには，サービス組織や従業員，技術だけではなく，対応する対象の顧客に重点を置く必要がある．そのためには，顧客対応に関する経済学および人類学，心理学，社会学といった領域における既存の社会科学を統合する必要がある．また同様に，どのようにコンピュータが顧客のニーズに応えるのかに焦点を置いた分野として，コンピュータサイエンスを発展させる必要がある．

■ サービスマネージメント

サービスマネージメントという分類は，ここではサービス組織を管理する企業経営の学問領域を指すために用いられる．これには，（オペレーションやヒューマンリソースマネージメントも含む）一般的なマネージメントやマーケティング，経理，ファイナンスも含まれる．経済学も企業経営の学問領域の基礎となる領域と考えられているため，ここに含まれる．サービスマーケティングとサービスマネージメントがごく初期のサービス指向の領域であり，それぞれの学問領域の中で重要な学問の部分体となっているにもかかわらず，いくつかの他の企業経営の学問領域は，あまりサービスに注意を払ってこなかった．経理や経済学，ファイナンスは，現代のサービス経済が持つ意味をほとんど見過ごしていた．その歴史の大部分で経理や経済学，ファイナンスは，人間が合理的に行動するという古典的な（さらには非科学的な）仮定を共有してきた．対照的に，最も人間を基盤とした企業経営の分野であるマーケティングとマネージメントは，「合理的な人間」というロジックを完全に採用することは決してなかった．この二つの分野の初期の研究者は，人間の行動ははるかに複雑であると見ていた．

近年，経理や経済学，ファイナンスの分野は，人間行動のより広い理解に向けて進展している．行動の研究は，経理（Riahi-Belkaoui, 2001），経済学（Allison, 1983; Ariely, 2008），ファイナンス（Goldberg & von Nitzsch, 2001）の分野に根づいてきている．「限定合理性」の概念は，これらの分野のロジックの一部となっている．人間の精神や人間の行動にあまり慣れていない経理や経済学，ファイナンスのシステムにおける意図しない欠陥を防ぐためには，明らかに人間の複雑性に対するより深い理解が必要とされる．こうした基幹的な企業経営の分野が幅広い人間の複雑性を受け入れるにつれ，これまでのサービス経済において無視したり見過ごしたりしていた問題への取り組みが進むだろう．

■ サービス工学

工学はしばしば「応用科学」として述べられるが，この記述は工学分野における知識の応用の重要性を強調したものである．工学は物理的な実体の工学，例えば化学工学，機械工学，電子工学といったものにフォーカスする傾向がある．このように，工学の分野は農業や工業の時代と歴史的なつながりを持っている．さらに工学は，コンピュータサイエンスの分野と同様のフォーカスを持っている．これは，人間よりも物理的な物へのフォーカスである．工学は人間のために行われるが，工学の訓練や実務は人々のニーズよりもテクノロジー中心になりがちである．この問題は，最近 Grasso と Martinelli と

いう二人の工学者によって取り上げられた．彼らは，「この発展を続ける世界において，学問領域をまたいで広い思考ができ，すべてのデザインの挑戦の核心にある人間の様相について考えることができる，新しい種類のエンジニアが必要とされている」（Grasso & Martinelli, 2007, p.B8）と論じた．

サービス工学は，伝統的なエンジニアにはかなり型破りのアイデアである．そのため，工学の分野にとってサービス工学を完全に受け入れることは困難である．人間のニーズに応えることがサービス工学の焦点になっているので，人間工学や生産工学，プロセス工学，ソフトウェア工学のような工学に含まれる部分領域が特に重要になる可能性が高い．

27.4.2　サービスアート

2007 AMA Frontiers in Service Research Conference において，サービスアートをもう一つのサービス領域として加えるべきだという主張がなされた（Fisk et al., 2007）．芸術は，建築やダンス，デザイン，描画，映画，言語，文学，音楽，オペラ，絵画，写真，詩，彫刻，演劇といった多くの部分領域を含む．芸術を分類する多くのやり方があるが，サービスに特に関連しているのは，一時的な芸術と永続する芸術の間の区別である（Wilson, 2001）．「一時的」な芸術には，印象や刺激の瞬間の移ろいが伴う．これらはパフォーマンスアートとして知られている．「永続的」な芸術には触れることができ，一度芸術家の手を離れると不変となる完成品が含まれる．これらは視覚芸術や文学として知られている．しかしながら，一時的および永続的な芸術形態のどちらも，人間の経験の理解に重点を置き，それを反映している．そして，これらの芸術形態はサービスエクセレンスを構築し提供するための価値ある洞察の重要な源を表現している．それゆえに，芸術の題材と学者の幅広い分布が，包括的なサービスの学問領域の発展に含められるべきである．

出現しつつある SSME のイニシアティブに対して，芸術は何に貢献できるのだろうか？　芸術と同じように，サービスデリバリーシステムには望ましい顧客経験を作り出し，顧客と感情でつながることが含まれる（Haeckel, Carbone, & Berry, 2003; Wilburn, 2007）．そのため，芸術は組織と顧客のインターフェースをデザインし，実装するための指針を与えてくれる．芸術を，サービスドメインをさらに発展させるアイデアの源とする四つの大きな理由が存在する．

第一に，芸術は美学と美しさに関係している．美学と美しさは，人に訴えかけるサービスシステムを計画して実装するために不可欠である（Postrel, 2004）．視覚芸術とパフォーマンスアートはどちらも，多様なサービスのデザインとデリバリーにおける美学をより豊かにすることに貢献できる．それは，これらのサービスが現実世界とサイバースペースのどちらで提供されても同じである．

第二に，芸術は創造性から湧き出るとともに，創造性に強くフォーカスしている．創造性は，新しいアイデアや概念を創造して適用するために必要な，多面的な現象である．関連したテーマとして，イノベーションと独創性は最も尊敬される人間の資質の一部である．近年の研究によると，芸術の訓練によって個人の創造性を高めることができる（Pink, 2005; Robinson, 2001）．また，「音楽の訓練や音楽に没頭することによって脳

の様々な部分の活性を高める」（Sacks, 2007）ことが創造性へとつながることも示されている．こうした成果や，そこへとつながる芸術に関係したプロセスは，組織と顧客の相互作用やサービススケープデザイン，サービスプロセスの改善といった領域でのサービスワーカーとマネージャーのパフォーマンスを向上するための，重要な意味合いを持っている．

　第三に，芸術には人間の感情をかき立てる力があり，喜びや満足，驚き，興奮といったポジティブな感情（Richins, 1997）を人間の経験として届けることができる．感情は人々の人生経験の中核をなしており，サービス接遇の強い特徴である（Haeckel, Carbone, & Berry, 2003）．それゆえに，現実世界であれ 仮想サービススケープ（e-servicescape）（Hopkins, Grove, & Raymond, 2005）であれ，サービス状況における特徴としてポジティブな感情を際立たせることは重要である．同様に，サービス従業員の感情資本（Thompson, 1998）に投資することにも意義がある．そのためには，サービス組織は感情的な反応を作り出すことに関する洞察を得るために，視覚芸術とパフォーマンスアートにおいて見出された原理と実践について学ぶべきである．

　芸術を含めるべき4番目の理由は，何世紀もの豊かな歴史から得たインスピレーションと指導のための能力を身につけているからである．能力の活用はすべての人間の努力の基本的な一面ではあるが，芸術は，その創造的な表現に必要な専門技術を注意深く真摯に獲得することを特徴としている．この専門技術により，最終的に観客の経験に影響するコミュニケーションの形態に至る．サービスは顧客の経験を作り出すことに関わっているので，サービス組織において用いることのできる有益な能力を獲得するためには芸術から学ぶべきである．

　これらの四つの理由は，芸術を科学やマネージメント，工学から区別する助けとなり，また，出現しつつあるサービス領域のための新しい概念やツールの源としても使える．IBMのサービス知識における役割に対して公正を期すなら，最新のバージョンのIBMの解説記事やプレゼンテーションではService Science, Engineering, Management, and DesignをSSMED（Spohrer & Kwan, 2007）と表現していることを述べておくべきだろう．デザインは応用美術と呼ばれるものの一部であるので，これは芸術関連領域からの最初の参入となる．我々は，デザインがサービス領域に含まれるべきだということに同意するが，他の多くの芸術も十分その必要があると考えている．

27.4.3　顧客への奉仕

　ニューヨーク州パラセイズで開催されたIBMのSSME国際会議において，マーケティング学者のRoland Rustは，サービス知識における顧客と収益へのフォーカスを含む広い視点が必要であると主張した（Rust, 2006）．Rustは，サービス領域が顧客や収益へのフォーカス，その他多くのものを含むのに十分なほど広範囲であるべきだというアイデアに対応する「大きなテント」というメタファーを提案した．2007 AMA Frontiers in Service Research Conferenceでは，Rustの大きなテントのメタファーの導入には，サービス知識の屋根を支えるために5本の「テントの柱」を建てる必要があることを議論し，この屋根の下にあるであろう様々な活動について述べた（Epworth et al., 2007）．

IBMのSSMEイニシアティブに応じ、そして、芸術に関する我々の議論を取り入れて、我々はサービスの「大きなテント」を支え、そしてサービス知識の広い視点に貢献する4本の側柱を心に描いている。この4本の側柱とは、サービスの異なる視点をもたらす四つの大きな学問領域、すなわち芸術、科学、マネージメント、そして工学である。この4本の側柱は最終的に、顧客に応えるための入力と指示を与えることになる。最初の側柱はサービスアートを表しており、それには（劇場や音楽のような）パフォーマンスアートや（映像や絵画のような）視覚芸術、建築、デザインが含まれる。2本目の側柱はサービスサイエンスを具体化したもので、心理学や社会学、人類学、エルゴノミクス、システム科学、コンピュータサイエンスを取り入れている。3本目の側柱は、マーケティングやオペレーション、ヒューマンリソース、ファイナンスを含むサービスマネージメントからなる。最後の4本目の側柱はサービス工学に関連し、生産工学やプロセス工学、ソフトウェア工学、エルゴノミクスを含む。それぞれの側柱はその側柱の一般的な目的に関連する他のエリアを含む可能性もある。つまり排他的な性質にならずに、むしろ様々な部分領域を受け入れている。4本の側柱に加えて、テントの中心に5本目の太い柱があり、我々はそれを「顧客への奉仕」と呼んでいる。中心の柱を「顧客への奉仕」と呼ぶのは、顧客のニーズと要求に応えることがすべてのサービス領域が第一に考えるべきことであるという論理に基づいている。本質的に、5本目の柱は様々なサービスの部分領域を顧客への奉仕の追求という点で統一することにつながっている。これら5本のテントの柱の間の関係が、図27.3に描かれている。

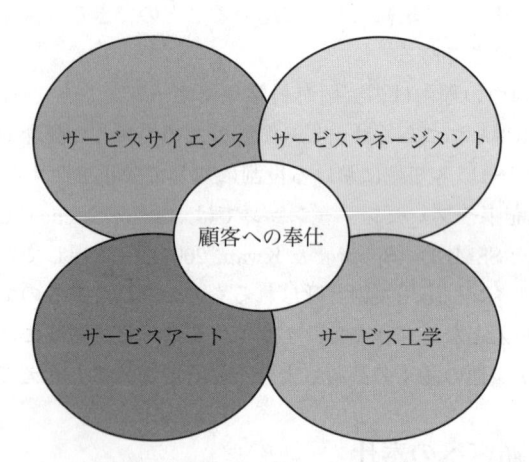

図27.3　統一されたサービスの視点

学問領域の四つの集合は、それぞれ顧客への奉仕に関わる知識を作り出している。かいつまんで言うと、芸術の学問領域はサービスパフォーマンスを生み出すための洞察をもたらし、科学の学問領域はサービスデリバリーシステムを客観的に理解するための方法を提供し、マネージメントの学問領域はサービスを提供するための指針を与え、工学の学問領域はサービスをデザインするための指導を行う。それぞれのケースにおいて、顧客に奉仕することは、どのサービス領域においても知識の発展の中心であるべきである。

これらすべての学問領域を顧客に奉仕する必要性に結び付ける論理は、マーケティン

グのコンセプトに根ざしている．顧客に焦点を置くことは，長期的な組織の成功のために必要である（Kohli & Jaworski, 1990）．組織はしばしば顧客を個人として見られなくなってしまい，顧客をマーケットセグメントやターゲット市場，アセットといった非人間的な用語で記述し始める．そのような組織の行動は，顧客を過小評価し，おとしめることになる（Grove, John, & Fisk, 2006）．結局のところ，顧客は組織に注がれる収益の源である．「顧客への奉仕」という言い回しは，顧客との価値の共創の最初の段階を強調している．マーケティングの分野が存在する理由の中心にあるのは，顧客同士による交換の始動の必要性である．要するに，誰かが共創のプロセスを始める必要がある．顧客のニーズに応える統合された試みを注意深く開始する組織は，安定した顧客との価値の共創を達成できる可能性が高い．

27.4.4　サービスコミュニティ構築のためのミーム

サービスコミュニティには，非常に多彩なアイデアを扱う多方面の取引所の発展が必要である．社会科学の歴史の初期に見られたように，人類は伝統的な思想の正当性を受け入れる傾向があり，それによって知識の成長が鈍ることもありうる．物理学者の Lee Smolin（2003）は，科学は民主主義のようなものであるべきだと主張した．彼はまた，民主主義は敬意と反逆を受け入れなければならないとも主張した．伝統的な知識への敬意は不可欠であるが，反逆の精神も新しい知識の発見のために必要である．

サービスコミュニティを構築するための二つのミームが知られている．サービス行動主義は人間と人間をつなぐミームであり，サービスコミュニティの参加者に対して，コミュニティの構築と維持のために行動的に貢献することを求めている．電子的なネットワークは人間−コンピュータ−人間という経路のミームである．こうしたネットワークは，人間のポテンシャルをコンピュータの支援によって拡大し，サービス知識の様々な学問領域と地球上の至るところに拡散している参加者からなるコミュニティを支え，つなげるために必要不可欠である．

■ サービス行動主義

行動主義は，多元的で包括的なサービス領域を構築するために必要である．IBM の SSME イニシアティブの一環として Jim Spohrer は，IBM のような企業が追求するサービスの成長を促進するためには，T 型の人材が必要であるという考えを広めている．このような人材は，中心となるサービス領域において深く掘り下げて訓練されているが，同時に広いサービス分野をまたいで基礎的な知識とコミュニケーション能力を有している．我々は，このメタファーをサービス領域の社会進化における第 3 段階である「コミュニティの構築」へと広げる．「T 型」は，両腕を外へ水平に広げることで誰でも作ることができる．隠喩的には，T 型のサービス学者は彼らの腕を他の T 型の学者に向けて広げ，協同研究やサービス知識の共有を呼びかけている．

すでに「T 型」である学者は，もともと習熟しているところから遠く離れた分野で T 型のコラボレーションを探求すべきである．六つのソーシャルネットワーキングの組み合わせの集合が，コラボレーションの可能性の最初のステップである．この組み合わせは，科学とマネージメント，科学と工学，科学と芸術，マネージメントと工学，マネージメントと芸術，工学と芸術である．三つあるいはそれ以上のサービス知識の分野をつ

なげることによって，もっと多くの複雑なコラボレーションの可能性が生まれる．一般的なコラボレーションに加えて，もっと多くの個別のコラボレーションの組み合わせが必要である．一例としては，Ray Fisk（サービスマーケティング）と João Falcão e Cunha（ソフトウェア工学），Lia Patricio（サービス工学）らが数年にわたって，電子的サービスのための人間とコンピュータ間のインターフェースを改良するための学際的な方法について，協同研究を行った（Patricio, Fisk, & Cunha, 2003, 2008）．コラボレーションの別の例としては，ServLab と Vitamin T の連携が挙げられる．ServLab は Fraunhofer Institute for Work, Economy, and Organization（フラウンホーファー労働経済・組織研究所）におけるサービスシミュレータである．Vitamin T は経営劇場企業である（Vitamin T, 2008）．彼らはともにサービス環境とサービスパフォーマンスのより現実的なシミュレーションを作っている．

国際的なサービスコミュニティを現実のものとするためにも，サービスマーケティングのコミュニティがこれほど急速に成長することに一役買った精神を見習うべきである．サービスマーケティングのコミュニティは非常に友好的な場として始まり，広い分野の試みや世界各地からの新しい人たちに参加を促し，歓迎した．このオープンネットワーキングの方法は，サービスマーケティングの成長と広がりを加速することになった．さらに広いサービス領域を構築するためには，おそらく「導入プログラム」が必要とされる．昔からのサービス領域（例えば，マーケティングやマネージメント）の人間は，新たなサービス工学者や科学者，芸術家を「導入」しなければならない．こうした導入は，接触の開始やアイデアの交換，そしてサービス研究プロジェクトにおけるコラボレーションの機会を発見するとともに，収益増加をもたらす顧客中心のサービス文化の重要性について新たなサービス領域の人たちに教える必要があるだろう．

サービス研究のための学術センターやサービス知識の普及のための専門職協会が，広まり始めている．これらのセンターや協会に参加している学者と実務家のネットワークの広がりから，将来の可能性を垣間見ることができる．こうした組織は，より大きなT型の学者やコラボレーションからなるサービスコミュニティの発展において，重要な役割を担うであろう．

■ 電子的ネットワーク

グループコラボレーションは少なからぬ注目を浴びてきたが，それについては最近出版された The Global Brain（Nambisan & Sawhney, 2007）という書籍によく書かれている．より広いサービス領域のためには，学際的，多領域，分野横断的な協同アプローチが必要とされる．このため，より多くのサービスビジネスや広い学問領域，世界のより多くの場所からの新しい参加者を積極的に募集することが必要となる．本当の成功のためには，共創の精神により，こうしたコラボレーションに顧客も含める必要がある．

幅広いサービスコミュニティの構築には，学界やビジネス，顧客まで届く電子的ネットワーキングのツールを採用することも必要となる．近年，ソーシャルネットワーキングを促進するインターネット上のツールがいくつか開発された．これらのツールには，Facebook や My Space，Twitter などが含まれる．同じような電子的なネットワーキングのツールが，サービス領域において学界，ビジネスおよび顧客の間で全領域におけるコラボレーションを促進するために必要である．だが，ビジネスの目的にフォーカスし

たソーシャルネットワーキングのサイトは少ない．最も有名なサービスは LinkedIn で，4100 万人の会員が登録している．「LinkedIn は 170 の産業と 200 の国々を代表する，世界中の経験豊富な専門家を相互接続するネットワークである」(Linkedin.com, 2009)．Service Research and Innovation Institute（http://www.thesrii.org/）はサービス領域において作られたものであり，Service Research and Innovation Initiative の電子的な発展形でもある．これは，IBM, Oracle, Technology Professionals Service Organization, および Service & Support Professionals Association によって始められた．彼らのウェブサイトには以下のように記述されていた．

> このサイトは，サービスの「探求者」と「解決者」のコミュニティが，世界に広がるサービス経済にさらなるイノベーションをもたらすよう協力するために集まる拠点である．SRIC は産業界と政府，そしてアカデミアが情報を共有し，仲間とつながり，そしてサービス研究やイノベーションのアイデア，ベストプラクティスにおいて協同することを可能とするオンラインコミュニティである．

電子的ネットワークは，知識を蓄えるためのシステムを可能とする．様々な形態の電子的知識コラボレーションが生まれている．Wikipedia は協同による百科事典であり，「活発な寄稿者が 75,000 人以上存在し，260 以上の言語で書かれた 13,000,000 を超える記事の編纂を行っている」(Wikipedia.com, 2009)．学術論文のための関連した事業として arXiv.org（2008）がある．物理学や数学，コンピュータサイエンス，定量生物学，統計学における 500,000 以上の電子文書へのオープンアクセスを提供している．より広いサービス領域には独自のオープンアクセスによる知識保管プロジェクトが必要である．それには，*Encyclopedia of Life*（2008）と似たような構造が必要である．この試みは，「地球上に存在する生命に関するすべての情報を，インターネットを通じて仮想的に体系化し，利用できるようにするものである．中核にあるのは一連のウェブサイトであり，そのそれぞれが約 180 万の既知の種を扱っている」．サービス領域において *Encyclopedia of Service* とでも呼べるような試みは，サービスサイエンスやサービスマネージメント，サービス工学，サービスアートのための記述から始まるであろう．

27.5　結論

本章では，サービス領域の進化をその始まりから現在に至るまで述べ，その未来について議論した．サービス領域は二つの時代を経てきた．最初の時代において，サービスの進化は生物進化のメタファー，すなわち遺伝子をよりどころにして語られた．この時代のサービス領域は「這い回り」「四足歩行」「直立歩行」の 3 段階にわたって進化した．2 番目の時代では，サービスの進化の現在と未来の段階について，社会進化のメタファー，すなわちミームを用いて詳しく述べた．この時期においては「道具の作成」「言語の創造」「コミュニティの構築」という三つの段階にわたって領域の進化が見られたが，最後の段階については現在も進化を続けている．

発展を続けるサービス領域にあわせて，学者とビジネスリーダーおよび顧客の学際的な協同コミュニティを支援するサービスコミュニティを構築しなければならない．また，我々は，大きなテントのメタファーを用いて，サービスサイエンスやサービスマ

ネージメント，サービス工学，サービスアートを含む広い学問領域からのサービス知識の大きな屋根について述べた．サービス領域を協同コミュニティとして発展させるためには，多くの分野のサービスの問い合わせを橋渡しする共通のサービス言語を通じてコミュニケートできるT型の人材が必要である（そこには芸術出身の人たちも含まれる）．そのようなT型の人材は，従来の孤立したサービス知識のサイロを，サービス理解により相互接続されたネットワークへと変化させることができる．

このような学際的な転換が起こりつつある中，関係するサービスの学問領域はどれも顧客への奉仕に重点を置くことを受け入れ，研究を続けるべきである．もし，サービスマーケティングとサービスマネージメントだけが顧客中心で考えられる分野なのだとしたら，新しいサービス領域の繁栄はない．どのようなサービスであっても，その目的は顧客のニーズに応えることにある．結局のところ，顧客がいなければ，実施されるサービスも存在しないのである！

参考文献

Allison, James (1983), *Behavioral Economics*. New York: Praeger Publishers.

Ariely, Dan (2008), *Predictably Irrational: The Hidden Forces that Shape Our Decisions*. New York: Harper.

ArXiv.org (2008), http://arxiv.org/, Accessed on December 3, 2008.

Aunger, Robert (2002), *The Electric Meme: A New Theory of How We Think*. New York, NY: The Free Press.

Bartels, Robert (1976), *The History of Marketing Thought* (2nd ed.). Columbus, Ohio: Grid, Inc.

Blackmore, Susan (1999), *The Meme Machine*. Oxford, UK: Oxford University Press.

Bloom, Howard K. (2000), *Global Brain: The Evolution of Mass Mind from the Big Bang to the 21st Century*. New York: John Wiley & Sons, Inc.

Brodie, Richard (2004), *Virus of the Mind: The New Science of the Meme*. Seattle, Washington: Integral Press.

Campbell, Donald T. (1969), "Ethnocentrism of Disciplines and the Fish-Scale Model of Omniscience," in *Interdisciplinary Relationships in the Social Sciences*, Muzafer and Carolyn W. Sherif Sherif, ed. Chicago: Aldine.

Chesbrough, Henry and Jim Spohrer (2006), "A Research Manifesto for Services Science," *Communications of the ACM*, 49 (7), 35-40.

Clark, Colin (1957), *Conditions of Economic Progress* (Third ed.). New York: MacMillan.

Dawkins, Richard (1976), *The Selfish Gene*. New York: Oxford University Press, Inc.

Epworth, Roger, Raymond P. Fisk, Stephen J. Grove and Michael J. Dorsch (2007), "Pitching a Big Tent for Service Knowledge: Arguments for a Pluralistic Approach," Presented at the *2007 AMA Frontiers in Service Conference*, San Francisco, California.

Distin, Kate (2005), *The Selfish Meme: A Critical Reassessment*. New York: Cambridge University Press.

Drucker, Peter (1954), *The Practice of Management*. New York: Harper & Brothers Publishers.

Encyclopedia of Life (2008), http://www.eol.org/, Accessed on December 15, 2008.

Fisk, George (1967), *Marketing Systems: An Introductory Analysis*. New York: Harper & Row.

Fisk, Raymond P., Stephen W. Brown and Mary Jo Bitner (1993), "Tracking The Evolution of the Service Marketing Literature," *Journal of Retailing*, 69 (Spring), 61-103.

Fisk, Raymond P. Stephen J. Grove, Aidan Daly, Walter Ganz (2007), "Service Arts: Broadening the Services Field," Presented at the *2007 AMA Frontiers in Service Conference*, San Francisco, California.

Fisk, Raymond, Stephen J. Grove, and Joby John (2008), *Interactive Services Marketing* (3rd ed.). Boston: Houghton Mifflin.

Glushko, R. J. (2008), "Designing a Service Science Discipline with Discipline," *IBM Systems Journal*, 47 (1), 15-27.

Goldberg, Joachim and Rüiger von Nitzsch (2001), *Behavioral Finance* (Adrianna Morris, Trans.). Chichester, England: John Wiley & Sons, Ltd.

Gorman, Michael E., James F. Groves, Jeff Shrager (2004), "Societal Dimensions of Nanotechnology as a Trading Zone: Results from a Pilot Project," in *Discovering the Nanoscale*, D. Baird, A. Nordmann and J. Schummer, eds. Amsterdam: IOS Press.

Grasso, Domenico and David Martinelli (2007), "Holistic Engineering," *The Chronicle of Higher Education*, March 16, B8-B9.

Grove, Stephen J., Joby John and Raymond P. Fisk (2006), "Back to the Future: Putting the People Back in Marketing," in *Does Marketing Need Reform?*, Jagdish N. Sheth and Rajendra S. Sisodia, eds., New York, NY: M. E. Sharpe, 306-311.

Haeckel, Stephan H., Lewis P. Carbone and Leonard L. Berry (2003), "How to Lead the Customer Experience," *Marketing Management*, Vol. 12 (1), 18-23.

Hefley, Bill and Wendy Murphy Ed. (2008), *Service Science, Management and Engineering: Education for the 21st Century*. New York: Springer.

Hopkins, Christopher, Stephen J. Grove and Mary Anne Raymond (2005), "Retailing in Cyberspace: The Impact of E-servicescape Design, Involvement and Familiarity on Customer Response," *Proceedings of the Society for Marketing Advances*, W. K. Kehoe and L. K. Whitten, eds. Charlottesville, VA: University of Virginia.

Klein, Julie Thompson, Walter Grossenbacher-Mansuy, Rudolf Häberli, Alain Bill, Roland W. Scholz, Myrtha Welti Ed. (2001), *Transdisciplinarity: Joint Problem Solving among Science, Technology, and Society*. Basel, Switzerland: Birkhäuser Verlag.

Kohli, Ajay K. and Bernard J. Jaworski (1990), "Market Orientation: The Construct, Research Propositions, and Managerial Implications," *Journal of Marketing*, Vol. 54 (April), 1-18.

Larson, R. C. (2008), "Service Science: At the Intersection of Management, Social, and Engineering Sciences," *IBM Systems Journal*, 47 (1), 41-51.

Lusch, Robert F., Stephen L. Vargo, and Gunter Wessels (2008), "Toward a Conceptual Foundation for Service Science: Contributions from Service-Dominant Logic," *IBM Systems Journal* 47 (1), 5-14.

Levitt, Theodore (1960), "Marketing Myopia," *Harvard Business Review*, 38 (July-Aug), 45-56.

Linkedin.com (2009), http://www.linkedin.com. Accessed on June 2, 2009.

Lovelock, C. H. (1983), "Classifying Services to Gain Strategic Marketing Insights," *Journal of Marketing*, 47 (3), 9-20.

Lovelock, Christopher (1984), *Services Marketing: Text, Cases and Readings*. Englewood Cliffs, New Jersey: Prentice-Hall, Inc.

Maglio, Paul P. and Jim Spohrer (2008), "Fundamentals of Service Science," *Journal Academy of Marketing Science*, 36 (1), 18-20.

Matravers, Derek (1998), *Art and Emotion*, New York, NY: Oxford Press.

Merriam-Webster (2003) in Merriam-Webster's Collegiate Dictionary. Eleventh ed. Springfield, MA: Merriam-Webster, Incorporated.

Meuter, Matthew L., Amy L. Ostrom, Robert I. Roundtree, and Mary Jo Bitner (2000), "Self-service Technologies: Understanding Customer Satisfaction with Technology-Based Service Encounters," Journal of Marketing, 64 (3), 50-64.

Miller, Arthur G. Ed. (1972), *The Social Psychology of Psychological Research*. New York: The Free Press.

Nambisan, Satish and Mohanbir Sawhney (2007), *The Global Brain: Your Roadmap for Innovating Faster and Smarter in a Networked World*, Upper Saddle River, NJ: Wharton School Publishing.

Parasuraman, A. (2000), "Technology Readiness Index (TRI): A Multiple-Item Scale to Measure Readiness to Embrace New Technologies," *Journal of Service Research*, 2 (4), 307-320.

Parasuraman, A., Zeithaml, Valarie A., and Berry, Leonard L. (1985), "A Conceptual Model of Service Quality and Its Implications for Future Research," *Journal of Marketing*, 49 (Fall), 41-50.

Parasuraman, A., Zeithaml, Valarie A., and Berry, Leonard L. (1988), "SERVQUAL: A Multiple-item Scale for Measuring Consumer Perceptions of Service Quality," *Journal of Retailing* 64 (Spring), 12-37.

Patrício, Lia, Raymond P. Fisk, and João Falcão E Cunha (2003), "Improving Satisfaction with Bank Service Offerings: Measuring the Contribution of New Delivery Channels," *Managing Service Quality*, 13 (6), 471-82.

Patrício, Lia, Raymond P. Fisk, João Falcão e Cunha (2008), "Designing Multi-Interface Service Experiences: the Service Experience Blueprint," *Journal of Service Research*, 10 (4), 318-34.

Pink, Daniel (2005), *A Whole New Mind: Why Right-Brainers Will Rule the Future*. New York: Riverhead Books.

Popenoe, David (1980), *Sociology*. 4th ed., Englewood Cliffs, NJ: Prentice-Hall, Inc.

Postrel, Virginia (2004), *The Substance of Style: How the Rise of Aesthetic Value Is Remaking Commerce, Culture & Consciousness*. New York: Perennial.

Riahi-Belkaoui, Ahmed (2001), *Behavioral Management Accounting*. Westport, Connecticut: Quorum Books.

Richins, Marsha L. (1997), "Measuring Emotions in the Consumption Experience," *Journal of Consumer Research*, 24 (September), 127-146.

Robinson, Ken (2001), Out of Our Minds: Learning to Be Creative. Chichester, UK: Capstone.

Rosenthal, Robert (1967), "Unintended Communication of Interpersonal Expectations," *The American Scientist*, 10 (8), 24-26.

Rust, Roland T. (2006), "SSME—Let's Not Forget About Customers and Revenue," Presented at the *IBM SSME Conference*, New York, New York.

Rust, Roland T., Anthony J. Zahorik, and Timothy L. Keiningham (1995), "Return on Quality (ROQ): Making Service Quality Financially Accountable," *Journal of Marketing*, 59 (2), 58-70.

Sacks, Oliver (2007), *Musicophilia: Tales of Music and the Brain*. New York: Alfred A. Knopf.

Service Research & Innovation Community (2009), http://forums.thesrii.org/srii. Accessed on June 2, 2009.

Sheth, Jagdish N. and David M. Gardner (1984), "History of Marketing Thought: An Update," in *Marketing Theory: Distinguished Contributions*, Stephen W. Brown and Raymond P. Fisk, ed. New York: John Wiley & Sons, Inc.

Shostack, G. Lynn (1977), "Breaking Free from Product Marketing," *Journal of Marketing*, 41 (April), 73-80.

Smolin, Lee (2003), "How Science is Like Democracy," Presented at TED Conference, February, Monterey, California.

Solomon, Michae R., Surprenant, Carol, Czepiel, John A., and Gutman, Evelyn G. (1985), "A Role Theory Perspective on Dyadic Interactions: The Service Encounter," *Journal of Marketing* 49 (Winter), 99-111.

Spohrer, Jim and Stephen W. Kwan (2008), "Service Science, Management, Engineering and Design (SSMED): Outline and References," in *The Future of Services: Trends and Perspectives* Dieter and Walter Ganz Spath, ed. Munich, Germany: Hanser.

Spohrer, Jim and Paul P. Maglio (2008), "The Emergence of Service Science: Toward Systematic Service Innovations to Accelerate Co-Creation of Value," *Production and Operations Management*, 17 (3), 238-46.

Stauss, Bernd, Kai Engelmann, Anja Kremer, Achim Luhn Eds. (2007), *Services Science: Fundamentals, Challenges and Future Developments*. New York: Springer.

Thompson, Kevin (1998), *Emotional Capital*, Oxford, UK: Capstone Publishing.

Turner, Jonathan H. (1978), *The Structure of Sociological Theory* (Revised Edition). Homewood, Illinois: The Dorsey Press.

Vargo, Stephen L. and Robert F. Lusch (2004), "Evolving to a New Dominant Logic for Marketing," *Journal of Marketing*, 68 (January), 1-17.

Vitamin T (2008), http://www.vitamint4change.de. Accessed on November 22, 2008.

Wikipedia .com (2009), http://www.wikipedia.com. Accessed on June 2, 2009.

Wilburn, Morris (2007), *Managing the Customer Experience*, American Society for Quality, Milwaukee, WI: Quality Press.

Wilson, Edwin (2001), *The Theater Experience*, Eighth Edition, New York, NY: McGraw-Hill.

Zeithaml, Valarie A., Parasuraman, A., and Berry, Leonard L. (1985), "Problems and Strategies in Services Marketing," *Journal of Marketing*, 49 (Spring), 33-46.

第28章

交易圏，規範的シナリオ，そしてサービスサイエンス

□ Michael E. Gorman
　University of Virginia

　本章では，社会技術システム（socio-technical system）を良い方向に変えるために，どのようにサービスサイエンスを用いることができるかを考察する．社会技術システムとは，技術的活動と人的活動が密接に関連している様子を表すために，科学技術（science and technology studies; STS）の文献において使用されている用語である．また，良い方向とは，生活の質の向上と，その質の向上へと貢献するサービスの収益を増大させることをここでは意味する．なぜならば，社会的な価値を高めることは収益の源を作り出す一つの方法だからである．

　このような良い方向への変化を活発に推進し，多数のステークホルダーにとって有益なものとする方法は，GibsonとSchererによるシステム技法の説明において導入された概念である規範的シナリオ（Gibson, Scherer, & Gibson, 2007）を作成することである．規範的シナリオとは，ステークホルダー自身にとっての望ましい未来の状況を示すシナリオである．異なるステークホルダーはしばしば異なる規範的シナリオを持つことになるが，これらの違いを解消する手段については，28.1.1項の交易圏のセクションにおいて議論する．一方で，記述的シナリオが存在する．これは現在の状況の記述であり，それゆえ適度な詳細さで明確に記述されるべきシナリオである．記述的シナリオから考える限り，変化は不可能に見えるだろう．つまり，有益な変化を推進するためのシステム技法の最良の使い道は，この規範的シナリオを用いて変化への推進力と緊迫感を作り出すことから始めることなのである．

28.1　協業者としてのIT：規範的シナリオの例

　1960年，J. C. Lickliderは人間とコンピュータの間の共生関係について取り上げ，コンピュータは「その能力をもって我々を補ってくれる同僚」となることが望ましいという目標を提示した（Waldrop, 2001, p.176）．今，この目標に向けたささやかな第一歩として，おそらく現存する技術で実現できる規範的シナリオの一つを提供してみよう．私のノートブックコンピュータ，ブラックベリー，そしてその他の様々な機器が，あるITシステムに接続されている．そしてこのITシステムは，私自身の能力を補う次のよう

な機能を提供してくれるとする．

- 自分自身との対話，あるいは他の人々との交流，データベースの中から必要な情報を見つけてくれる．
- 文献のリファレンスを賢く管理する．リファレンスに適したフォーマットを教えてくれて，修正もしてくれる．
- スケジュールのバッティングを調整するように，強調表示してくれる．
- 旅行の添乗員のように，私が道に迷っているときには地図を表示し，どの旅行者も必要とするような定番フレーズを訳しながらガイドしてくれる．
- 私が使用している IT システムのバックエンドに関する厄介事から私を解放し，オペレーティングシステムや大学関連システム，セキュリティ問題，そしてこれらと連動している個々のソフトウェアの動作を監視してくれる．一方，フロントエンドでは，私にインテリジェントなアシスタントシステムを提供し，このフロントエンドシステムが詳細な事柄に対処して，私が関与しなければならないときのみ知らせてくれる[1]．

このシステムのバックエンドには，莫大なデータを利用することで，自然言語による質問に対しても回答できる質問応答システムとしての能力が含まれるだろう．この方向の試みとして，ウルフラムプロジェクト (http://www.wolframalpha.com/) や IBM におけるワトソンプロジェクト (http://www.research.ibm.com/deepqa/) が進められている．ワトソンの規範的シナリオは，ジェパディ（米国のクイズ番組）で対戦する能力を持つコンピュータである．このシナリオは，コンピュータ技術の観点からは意義深いが難しい目標でもある．しかし，この新しいテクノロジーがそのテクノロジーを含むシステム全体を変化させていく様子を想像させることこそが，規範的なシナリオの有用な用い方なのである．

規範的なシナリオを作成していくと，「なぜ？」という類の問いについて考えていかざるを得ない．直近の個人的なケースを持ち出すならば，私はどのように働きたいのか，そしてそれはなぜなのかについて考えさせられる．また，社会一般の観点から述べれば，各々の新しいテクノロジーがより良い世界を生み出すのか，それは誰にとっての良い世界なのかについて，我々皆が考えていくことが求められている．これらの問いは，伝統的には倫理学的な領域の問いと見なされる．しかし同時に，新しい市場を創出するというサービスサイエンスの目的の一つを実現させるものでもある (Rust & Chung, 2006)．

28.1.1 私の IT の現状：記述的シナリオの例

私は机に向かって，Arnold Pacey が「中途半端な技術」(Pacey, 1989) と名づけたものたちを使って作業をしている．インターネットに接続されたラップトップコンピュータにログインすれば，オンラインで作業を進めることができて，世界中とコミュニ

---

[1]. フロントエンドサービスとバックエンドサービスおよびその相互作用のさらなる情報については，オンラインで入手可能な Glushko と Tabas の "Bridging the 'Front Stage' and 'Back Stage' in Service System Design" を参照 (http://repositories.cdlib.org/ischool/2007-013/)．

ケーションをとることができ，また，ほとんどのようなトピックに関しても，たくさんの情報にアクセスできる．しかし，これでは本来果たすべき機能の半分にも満たない．

- ラップトップを使用するために私は机に向かわなければならないし，また，順序正しくタイピングしなければならない．机に向かい続けることは，我々にとって体に悪いことの一つであろう．また，マウスとトラックパッドは，私の手首には良くない．
- コンピュータ自身は，一部に障害を負ったサヴァン症候群患者[2]のようなものである．データや情報に関して驚くべき記憶力を発揮するが，ハードディスクのクラッシュなどが起これば，すべての情報を失ってしまう．
- 現状，ITのバックエンドに関わる問題，つまりセキュリティの問題や，生産性を大幅に落とす原因となっている周辺機種との互換性や接続性のような問題に対処するためには，問題が起こるたびにほぼ半日を費やさざるを得ない．
- 私は常に，物事の依頼や回答を求める電子メールを受け取っているが，それらのいくつかは先送りしなければならない．このことは，実際には，私のメールボックスから消えてしまうという意味である（この原稿の当初の締め切りのように）．一方，会話の冒頭で「私のメールは届きましたか？」と尋ねられることが多々ある．私の認識機構は，応答を求める連絡事項の数と，それらをマルチタスク的に処理し即座に返信しなければならないという重圧に圧倒されている．このような状況において，インターネットの素晴らしさ（不断の連結性）が，私の認識機能や社会機能と対立してきている．
- 私は以前，不完全な二つの文献引用プログラムを使用していた．それらは間違った処理を行い，常に多くの仕事を私に残していた．
- 私が現在行っている作業の多くは，秘書やトラベルエージェントのようなサービス供給者の助けを借りて，社会システムの中で処理できてしまうはずである．これらの供給者は常に存在しているが，彼らの役割は制限されているので，私は私自身の管理スタッフでありトラベルエージェントでなければならない——もし可能なら，そのような役割から私自身を解放したい．

言い換えれば，現在私が持っているのは，絶え間なく認識していなければならない全体システムに緩やかに結合された人工物の集まりなのである．つまり，私の認識をその情報システムに差し向けるという作業を，私は毎日しなければならないのである．

　私が欲しいのはサービスである．つまり，私から学び，シームレスな形で私とともに作業し，私の（数々の）欠点を補うシステムである．上述した中途半端なテクノロジーの利点は，（少なくとも私のように，めったにオフィスアシスタントを持たない人にとっては）その欠点を上回るものである．そのようなアシスタントの能力をITの中に組み立てることは，これら中途半端なテクノロジーを高度な知的能力を持つアシスタントに仕立て上げる．モデリング，文献検索，数理解析，そしてその他の発見的な能力を一つのシステムに同期し，このシステムを用いることで，分散し共有された認識シス

---

2. 【訳注】サヴァン症候群とは，知的障害を持つが，ごく特定の分野に限って優れた能力を発揮する者の症状．

テムを我々が持つことができるのであれば，そのようなシステムは，インテリジェントな協業者となるだろう．

これらの機能の多くは，この地球上のどこかで実現されるであろう．古い論点は，これらの機能のどの部分をITが担当して，どの部分を人間が担当するかというものであったかもしれない．新しい論点は，この人間とITの差異が重要なのかという問題であり，この論点が，ナノ，バイオ，情報，認識テクノロジーを通して我々が人間と考えるものと，今日ITと呼んでいるものを結合する方法を与えるのである（Spohrer & Engelbart, 2004; Spohrer, McDavid, Maglio, & Cortada, 2006）．

■ 多数のステークホルダーの規範的・記述的シナリオを開発する能力

先に述べた例の中で，私は規範的そして記述的シナリオを例示するために，意図的に自分の経験を用いた．これらのシナリオを適切に例示する一つの方法は，ユーザーのニーズを満たしうる，デジタル/人間が提供するバラエティに富んだ個人向けの個別のサービスである．しかし，サービスサイエンスを通して社会技術システムを有益なやり方で変えていくためには，複数のステークホルダーとの協議が必要になってくるであろう．私は私自身がどのような協業的システムを求めているのかをイメージできるが，他のユーザーはどうだろうか？ そのようなシステムのバックエンドを管理しなければならない人々はどうだろう？ 私が思い描いているシナリオは世界的な規模で描けるだろうか？ それとも単に私自身の文化的な価値や個人的な好みを示すだけだろうか？ ステークホルダーの協業を推進するサービスシステムをともに発展させていくためには，明らかに多数のステークホルダーとの協議が必要になる．

■ 交易圏

異なる価値や観点，習慣を持っているステークホルダーは，（知識の）交易圏（trading zone）を通じて知識を交換して互いに歩み寄ることができる．Peter Galisonはレーダーと粒子加速器の開発について研究を行い，異なる専門知識を持つコミュニティが協働するためには交易圏を発展させなければならないことを発見した（Galison, 1997）．例えば，科学者やエンジニア，軍の指導者たちは，解決にあたってまったく異なる仮説を立てたレーダーの問題に遭遇した．レーダーの開発の間，軍部はしばしばMITのラボに対して，単に彼らの仕様に沿う形，言い換えれば，軍部の規範的シナリオに合致する形で，装置を開発させようとしていた．著名な物理学者であるI. I. Rabiは，「レーダーをよく知る人を呼び戻しなさい．その次に，海軍をよく知る人，航空機をよく知る人，戦術をよく知る人を連れてきなさい．そうすれば，我々はあなたが必要としているものについて話すことができるでしょう」と海軍の役人に返答した．Rabiは軍のトップダウンの決定モデルを交易圏，つまり，多くの専門家が新しいテクノロジーを協働して発展させていくために知識とリソースを共有する場所へと変化させたのである．サービス科学者は，新しく現れた問題の解決方法や新しい機会の利用方法をともに発展させていくために，異なる分野や異なるステークホルダーの間での交易圏の発生を促進する必要がある．

Galisonによれば，交易圏では，専門分野の垣根を越えて協調していくための共通言語が必要とされる．最初はジャーゴン（業界の専門用語），次にピジン（異なる言語の

間に発生する簡単な言い回し），そして最終的には完成されたクレオール（混合言語）となる[3]．クレオールは二つかそれ以上の言語の混合言語であり，次の世代に教えられていくものである．そして，クレオールからは最終的に新しい言語が現れうる．この種の共通言語は，サービスに関わる複数の領域を統合するためにも（特にそのような統合を学際的に行おうとするならば）欠かせないものとなるだろう．

■ 相互作用活性的な専門性

交易圏を活性化するもう一つの方法は，メンバーの中の誰か，この場合はサービス科学者が，本格的な対話を促進するために交易圏の中に存在する異なる見方や専門性を十分に理解できるようになることである（Collins, Evans, & Gorman, 2007）．この種の能力は「相互作用活性的」であると言われている．なぜなら，その本質が，他の専門分野のコミュニティに属し，かつそのコミュニティの言語を用いている人と相互にやり取りを行う能力にあるからである．相互作用活性的な能力を持つ専門家は，他の専門領域について「行うべきことをきちんと言葉にすること」ができる，つまり，他の専門領域での前提知識やそこでの実践について十分に理解することができて，「行うべきことを実際に行う」ことなく（例えばリサーチ活動を実際に行うのではなく），賢明な（リサーチ戦略に関する）示唆を与えることができる．Harry Collinsは，重力波の物理学者コミュニティにおいて，このことを実行できた（Collins, 2004）．

実際，相互作用活性的な能力を持つ専門家は，トレーディングの仲介者のような役目を果たし，専門領域やステークホルダーのコミュニティ間を横断したやり取りを促進することができる．しかしながら，良いトレーディングの仲介者であるためには専門知識を共有する以外のスキルも要求される．相互作用活性的な専門性はT字型専門性と類似している．IBMは，相互作用活性的な専門性よりも漠然としたものになることに留意しつつ，T字型の概念を，技術的知識を縦軸に，ビジネス知識を横軸に分類した専門性として示した（Glushko, 2008）．この場合，相互作用活性的なトレーディング仲介者は，T字型の長い「足」，つまり一つの領域の深い専門性を持ち，T字の短い横棒により示される少なくとも一つの他の専門分野コミュニティの人々と相互のやり取りを行って交流を促進させるのに必要な「ソフトスキル」を持つ．「SSMEの素養」とは，サービスの重要性を理解し，サービスを革新するスキルを持って，実際にそれらを適応できる人材を育成するために本質的に重要であると我々が考えている素養であり，これには，サービスサイエンスの主要な領域を横断して相互にやり取りできるスキルを含まなければならない．この相互作用活性的スキルは，専門領域を横断する問題を構築し，本質的な解決案を議論するための概念や語彙の習熟を可能にする[4]．

---

[3] 科学哲学者のトーマス・クーンも，このような複数の種類の専門分野や実践の境界を横断するときには，少なくとも共通のジャーゴンを用いて作業することが重要であると認識しており，次のように記している．「コミュニケーションが断絶している状況にいる人々ができることは，互いを異なる言語を持つコミュニティのメンバーであると認識し，その上で通訳者になることである．グループ内部とグループ外部で使用されている言葉の違いそれ自体を問題の主題として捉えることで，初めて，各々のコミュニティの中では問題なく使用されるのにグループ外部の議論では中心的な障害となってしまう言葉の表現や言い回しを発見しようと試みることができるのである」（Kuhn, 1962, p.202）．

[4] "Succeeding thorough service innovation: Developing a service perspective on economic growth and prosperity", *Cambridge Service Science, Management and Engineering Symposium*, Cambridge University, July 14-15, 2007 を参照．

教育に関する私の規範的シナリオの一つを通して，商業圏と相互的作用的な専門性について見てみよう．

28.1.2　没頭体験と本格的なゲーム

　大学教授としての私の目標は，教育環境のデザイナーとなって，自ら学ぼうとしている学生たちにその足場を提供することである．私の規範的シナリオは，いまだ講義や読書，ディスカッションで構成されているが，それは学生たちがアイデアを実行に移すことを促す環境作りの一環でもある．ちょうどLicklider が共同コンピューティング（collaborative computing）の規範的シナリオの概要を60年代に示したように，George Leonard も教育のデザインに関して，スタートレックのホロスーツを思い出させるような規範的シナリオの概要を示した（Leonard, 1968）．この「ホロスーツ」経験の目的は，異なる地域環境を学生たちに経験させること，つまり，おそらく世界の異なる地域の村の，異なるエコシステムの異なる文化を経験させることであった．

　関連した手法として，授業のテーマに関係する事項に対して，学生たちが個人もしくは集団で戦略的な意思決定を行いながら，没入してプレイできるゲームのような環境を作り上げるというものがある．私は4年生の技術コースで，学生たちに文明とその持続可能性について教えており，Jared Diamond の書籍（Diamond, 2005）（ある文明はなぜ崩壊し，別のある文明はなぜまがりなりにも持続できたのかを述べている）を使用しているが，この本の読解を補完するシビライゼーション IV（Civilization IV game）[5]を設計したいと思っている．これは，ダイヤモンドのような現実的な有限の資源によって説明される変数群や，文明化により侵略が広がっていく様子，温室効果ガスの上昇のような世界規模で共同体に影響を与える出来事を含むものとなるだろう．

　十分な資源を持たない文明が利用できる一つの選択肢は，サービスドミナントロジックに移行することである．このロジックのもとでは，資源や商品は，サービスを提供する手段と見なされる．「サービスドミナントロジック」は，その主要な関心の対象をオペランド資源からオペラント資源へと転換させる．ここで，オペランド資源とは，他のより動的な資源によって作用されることでより役立つものになる有形で静的な資源であり，オペラント資源とは，他の資源（オペランド，オペラント資源をともに含む）に作用することでサービスの提供を通して価値を作り出す動的な資源である．重要な点は，静的なオペランド資源は通常有限であり，非再生的であるが，動的な資源は多くの場合繰り返し使えるだけでなく，補充・複製が可能で，また，新しいオペラント資源を追加して作り出すこともできることである．この転換は，実際のグローバル経済における社会福利の問題や，資源の持続可能性の問題に対して，重要な含意を持っている（Lusch, Vargo, & Malter, 2006, p.267）．切迫した静的な資源の不足に対して社会がとりうる一つの対応は，オペラント資源の，つまり，なくてはならないグローバルなサービスの提供者になることに注力することである．このオペラント転換は，持続可能な文明のマネージメント訓練のためのシビライゼーション IV においても，選択肢の一つとなるだろう．

5.　【訳注】文明をモチーフとしたストラテジーシミュレーションゲームのシリーズ4作目の名称．

顧客とサービス提供者の関係を理解するために特別に設計されたシミュレーションの中で，学生や実務家たちに，実際の顧客やAIシミュレータとして実装されている顧客，さらには，セカンドライフなどの環境にいる学生たちによるチームとともに働くサービス科学者の役割を与えることができるだろう．このシミュレーションにおいて，現実に存在する異なるシステム間の相互作用をあらかじめ組み込んでおくことも可能である．例えば，環境的な制約や政治的な制約を表している相互作用である．もっとも，これらの制約は連邦議会やEPA（経済連携協定）のような役割でプレイする学生グループにとっては，自ら関与していかなければならない事柄である．

　すべてのサービス提供者，すべてのサービス受給者が，私の規範的シナリオに同意するわけではないだろう．例えば，学生のうち何人かはこのようなゲーム環境においてはよく学ぶことができないかもしれない．少なくとも，彼らがそのような環境を経験する準備ができる前には，前工程や講義で学んだことを考察し，ゲームのような他の教育環境に移行するための時間が，かなり必要になるかもしれない．しかしながら，このようなゲームにおいて，教師やゲームの運営管理官，学生，そしてゲーム参加者らに関与しながら，サービス科学者は，規範的シナリオを共同で構築し，交易圏を活性化することができるのである．

■ 推移シナリオ

　交易圏への参加者が規範的シナリオに同意した時点で，彼らが規範的なものから記述的なものを振り返り，現状からあるべき望ましい状態への推移の仕方を理解していく過程をサービス科学者は助けることができる．重要なことは，規範的に想定される望ましい状況がその重要性においてとても差し迫ったものであること，そして，現状の記述的なシナリオの観点から変化を考えた場合に生じると想定されるあらゆる反発が，結局は解決されるであろうことを参加者たちに認識させることである．標準的となっている運営上の手続きはとても動かしがたく，しばしば官僚制度に守られて定着している．それゆえ，変化を生じさせるためには，参加者が喜んで受け入れるような，代わりとなる運営手続きを示す能力が必要となる．

　また，規範的シナリオは，それ自体が変化を妨げるものである．そのため，闇雲な試行錯誤を行って混乱を生じさせるのではなく，参加者と交渉を行い，物事がどのようにあるべきなのかについての一つのビジョンを是認することが要求される．交易圏のメンバーは，彼らの目標への進捗を測る指標や計測器の開発を促されるべきであり，そしてまた，新しい可能性が現れてくるたびに目標自体を更新していくことも促されるべきである．このように，規範的シナリオは動的なものであり，つまり，常により良いものへと向かう推移の中にあるのである．

28.1.3　推移の仲介者としてのサービス科学者——そして変革

　サービス科学者は，適切な相互作用を活性化させるための専門性を発達させながら交易圏を作り出し管理していかなければならないだろう．これらの交易圏をどのように作り，どのように管理するかに関する実証的な研究を行っていくことが，サービスを科学の対象とすることになる．この種の適応的な管理は，規範的シナリオや推移シナリオの構築に適用されるだけでなく，サービス科学者が交流圏を作成するためのプロセスにも

適用されるだろう．一つのアプローチは，顧客とサービス提供者によって形成される類の交易圏の研究に，クリティカルインシデントテクニック（Zsambok & Klein, 1997）を適用するといったものになるかもしれない．クリティカルインシデントインタビューでは，ことに当たる際に通常使われない技能や判断が要求されるようなクリティカルな状況について，専門家に話をしてもらう（Klein, 1999）．この手法を用いれば，交易圏においてメンタルモデルやメンタルメソッドの差異，もしくは言語の差異を解消しなければならないようなクリティカルな状況に光を当てることができるだろう．同時に，クレオールの発達において重要となる状況や，飛躍的な進展が協業の結果として生み出されるために重要となる状況を特定するために使用できるかもしれない．

この種のインタビューの大きな弱点は，人間の記憶が再建的であるために，意図せずとも情報提供者に後知恵のバイアスがかかってしまうことである．これを是正する処置として，ブログや日記からのデータと連携している事柄を観察するなどして，クリティカルインシデントインタビューを補完する必要があるかもしれない．

サービス科学者は，Jeff Shrager（分子科学における自身の技能獲得の過程を記録していくために日記法を発達させた認知科学者）が薦めているような，ある種の日記を継続して記す訓練を受けることがあるかもしれない（Shrager, 2005）．そのようなサービス科学者は，以下のことを実行できるだろう．

1. 自分自身の相互作用活性的な専門性の習得を記録すること
2. 自分自身とグループとのやり取りの記録，研究所などへの訪問の記録，学生たちへの指導を補助するような取り組みの記録などをノートにとっておくこと
3. 知識の交易圏がどのように推移したか，また，可能性としてどのような推移があり得たかを示すために，問題-行動グラフ（problem-behavior graph）を構築すること

問題-行動グラフは認知科学者により使用されるものであり，個別の問題解決の手順を，問題の解決過程における異なった状態と，その状態を変化させてゴールへ向かわせるための操作や活動からなる，枝分かれした木の形の図に表したものである（Ericsson & Simon, 1984）．この手法は，アレクサンダー・グラハム・ベルによる電話関連特許と，実際に見られた電話機器の進展の様子をグラフ化する際に使用されている（Gorman, 1997）．また，マイケル・ファラデーの発見の道筋をコンピュータでトラックしていく際にも利用された．

サービス科学者が新しいテクノロジーを交易圏の参加者と共同で進展させるに従って，その成功から生み出されるより高い期待が規範的シナリオを変化させることになるだろう．また，破壊的で突飛な新しい社会技術的解決法が現れて，我々の予想を異なるものへと変えていくだろう．

変化を生じさせるその他の原因は，多様なサービスシステム間での相互作用であろう．教師たちはその他の社会から隔離して存在しているわけではなく，同様に，何かしら状況を改善しようと努めている他のグループ，例えば，財源を得て世界中の市場で買い物ができることを望み，子供たちがもっと良い教育を受けられることを望む発展途上国の女性たちも，その他の社会から孤立して存在しているわけではない．健康管理の問題と同様に，教育の問題も複雑な適応システムなのである（Rouse, 2008）．

■ 価値の違いが規範的シナリオを阻むときには

複数の職業や産業，文化，グループに関与していくとき，規範的シナリオ間に矛盾や誤解が増えてくる．ここにおいては，文化的な価値の問題に直面しているのである．サービス科学者は，この種の価値の相違を含んでいる交易圏を管理していかなければならない．この目標達成のためには，サービス科学者は倫理的想像力（moral imagination）（Johnson, 1993）を活発にしていく必要があるだろう．我々が多くの倫理的な推論を行う際，その推論の基礎となっているモデルはしばしば暗黙的であり，我々自身の実際の様子と混同されてしまうことがよくある．倫理的想像力は，様々な現実や真実が各々の人々が持っている見解であるという認識から始まる．私自身が一つの見解を持っているのだと理解した時点で，他人の見解を即座に拒絶することなく耳を傾けることが可能になる．そのとき，我々は互いから学ぶことができる状態に至るのである．しかし，「私だけが現実を見ているのであって，他の人は一つの見解を持っているにすぎない」と私が考えているのだとしたならば，そこに深いコミュニケーションの可能性はない．教育技術に適用するのであれば，倫理的想像は，交易圏で活動しているサービス科学者たちに，彼らの顧客が必要としているものについての彼ら自身の考えを括弧の中に入れ（判断を保留し），そして他の可能性を持つ見解に耳を傾けることを要請するものとなるだろう．しかし，耳を傾けることは必ずしも同意することではない．サービスサイエンスが独自の専門性を持つ分野になるに従って，顧客が問題のより良い定義を示すことができるように，また，顧客がその判断や決断の末に起こりうる結果を示せるように，サービス科学者が支援を行うことが可能になっていくだろう．その際，知識の交易圏の考え方は大いに役立つものとなる，なぜならば，顧客が直面することになるのは，新しい解決法がもたらすと期待される利益に関する異なる見解だからである．そこで必要とされるのは，これらの異なる期待を皆が理解できる形で明瞭に示すスキルである．

将来有望な技術の一つは，アリゾナ州立大学のデシジョンシアター（http://dt.asu.edu/）である．そこでは，例えば交易圏内にいる参加者は，アリゾナ州都フェニックスの将来についての彼ら自身の想定事項を，3D イメージング機能が備えられた部屋の中で可視化することができる．参加者たちは，これらの規範的シナリオをセカンドライフ，もしくはこの目的のために特別に作られたオープンなシミュレーション環境上に実現することもできるだろう．

最終的に合意という結果は出ないかもしれない．むしろ，その代わりにステークホルダーは，彼ら自身のほかとは異なる自由を最大化する独自の未来のシナリオを好むかもしれない．結局，ほかの異なる支援団体などとともに，多様なサービスとしてのソリューションを共同展開する結果になることは，十分にありうるだろう．しかしながら，このサービスソリューションを異なるステークホルダーのために最適化することは，サービスを実現するシステムレベルでの機能不全を引き起こすだろう．

継続して実践を反復し，改善してくことは，Gibson と Scherer による手法に含まれているし，サービスサイエンスの考え方にも組み込まれている．これらの反復は，特定の会社とその顧客のような局所的なサブシステムの制約だけではなく，より大きく複雑なシステムの相互作用効果の影響も考慮して行われなければならない．例えば，先に私が概要を示したユーザーと教育に関する規範的シナリオでは，エネルギー消費に対する影響のような，環境に関する効果を考慮していなかった．講演者を仮想的な場に連れてく

ることを私が好む理由の一つは，それが燃料の（そして旅費の）節約になるからである．しかし，この考えにおいては，IT を可能にしているバックエンドのハードウェアを稼働させるエネルギーのコストを計算に入れているわけではない．この種のエネルギーの計算は，サービスシステムの解析において重要な部分を占めることとなるだろう．

　仮想的な交易圏にかかる，潜在的で見えないコストもある．取引や商業の大きな部分は，伝統的な握手やハグ，契約を結ぶための食事会に依存しているのでないだろうか？より説得力のあるコンピュータによるシミュレーションや環境が，仮想的ではない現実の環境を維持していくことへの学生たちの関心を減らしてしまわないだろうか？

　サービス科学者は，価値あるいは結果を決定づけることはできないが，プロセスの手助けをすることはできる．このプロセスの中で顧客は，個別の目標の達成を優先することが規範的シナリオを台無しにしかねないレベルの（例えば，それらの規範的シナリオが依存しているある種の生態系を崩壊させてしまうといった）相互作用を引き起こすことがあることを理解できるようになる．究極的には，サービスシステムは障害からの回復力を持ったレジリエントなものになる必要がある（Folke, Hahn, Olsson, & Norberg, 2005）．というのも，最も予見力のあるエンジニアであってさえ，システムレベルのすべての相互作用の結果を予見することは不可能だからである[6]．サービス科学者は，敏捷性（agility）を目的に据えることで，システムのレジリエンスを促進させることができるのである（Rouse, 2008）．

　サービスサイエンスそれ自体は，多種多様な分野からのサービス提供者の間に成り立っている交易圏の集まりにより構成されている．これらの交易圏によりもたらされる一つの結果は，クレオール言語ならびに新たな分野へと通じる相互作用活性的な専門性の形成である．サービス科学者たちはすでにその分野がどのようにあるべきかを議論しており，有望な大学にはサービスサイエンスの履修課程が設けられている（Hidaka, 2006）．これらのサービスサイエンスの履修課程における個々の実験は，受講生たちがその内容や方法論だけでなく，規範的な展望をも共有するような交易圏を形成するように関連づけられるべきである[7]．

参考文献

Collins, H., Evans, R., & Gorman, M. (2007). Trading zones and interactional expertise. *Studies in History and Philosophy of Science, 38*(4), 657-666.

Collins, H. M. (2004). *Gravity's shadow : The search for gravitational waves*. Chicago: University of Chicago Press.

Conant, J. (2002). *Tuxedo park: A wall street tycoon and the secret palace of science that changed the course of world war II*. New York: Simon & Schuster.

---

[6] Taleb（2007）は，予測しようと努めるというより，驚くべき事態に対する準備が必要だと論じている．レジリエントなシステムにおいては，システムのコンポーネント同士が密接には結合されていないため，サブシステムのコンポーネントの不具合がシステム全体の障害を引き起こすことはない（Perrow, 1984）．

[7] ある程度ではあるが，このような試みは Frontiers in Service などの会議において，正式ではない形ですでに始められている．しかしながら，これらの試みは，サービスサイエンスに関するケンブリッジ声明（A Research Manifesto for service science）を生み出した類のワークショップを開催することにより加速されていくだろう．

Diamond, J. M. (2005). *Collapse : How societies choose to fail or succeed.* New York: Viking.

Ericsson, K. A., & Simon, H. A. (1984). *Protocol analysis : Verbal reports as data.* Cambridge, Mass.: MIT Press.

Folke, C., Hahn, T., Olsson, P., & Norberg, J. (2005). Adaptive governance of social-ecological systems. *Annual Review of Environmental Resources, 30,* 441-473.

Galison, P. (1997). *Image & logic: A material culture of microphysics.* Chicago: The University of Chicago Press.

Gibson, J. E., Scherer, W. T., & Gibson, W. E. (2007). *How to do systems analysis.* Indianapolis: Wiley.

Glushko, R. J. (2008). Designing a service science discipline with discipline. *IBM Systems Journal, 47*(1), 15-28.

Gooding, D. C., & Addis, T. R. (1993). *Modelling faraday's experiments with visual functional programming 1: Models, methods and examples.*

Gorman, M. E. (1997). Mind in the world: Cognition and practice in the invention of the telephone. *Social Studies of Science, 27 Number 4,* 583-624.

Gorman, M. E. (2008). Service science, management and engineering: A way of managing sociotechnical systems. In W. E. Hefley, & W. Murphy (Eds.), *Service science, management and engineering: Education for the 21st century* (pp. 77-82). New York: Springer.

Hidaka, K. (2006). Trends in services sciences in Japan and abroad. *Quarterly Review, 19*(4), 39.

IfM, & IBM. (2008). Succeeding through service innovation: A service perspective for education, research, business and government. *University of Cambridge Institute for Manufacturing, Cambridge.*

Johnson, M. (1993). *Moral imagination.* Chicago: University of Chicago Press.

Klein, G. (1999). *Sources of power: How people make decisions.* Cambridge, MA: MIT Press.

Kuhn, T. S. (1962). *The Structure of scientific revolutions.* Chicago: The University of Chicago Press.

Leonard, G. B. (1968). *Education and ecstasy.* New York: Delacorte Press.

Lusch, R. F., Vargo, S. L., & Malter, A. J. (2006). Marketing as service-exchange:: Taking a leadership role in global marketing management. *Organizational Dynamics, 35*(3), 264-278.

Pacey, A. (1989). *The culture of technology.* Cambridge, MA: MIT Press.

Perrow, C. (1984). *Normal accidents.* New York: Basic Books.

Rouse, W. B. (2008). Health care as a complex adaptive system: Implications for design and management. *BRIDGE-WASHINGTON-NATIONAL ACADEMY OF ENGINEERING-, 38*(1), 17.

Rust, R. T., & Chung, T. S. (2006). Marketing models of service and relationships. *Marketing Science, 25*(6), 560-580.

Shrager, J. (2005). Diary of an insane cell mechanic. In M. E. Gorman, R. D. Tweney, D. C. Gooding & A. Kincannon (Eds.), *Scientific and technological thinking* (pp. 119-136). Mahwah, NJ: Lawrence Erlbaum Associates.

Spohrer, J. C., & Engelbart, D. C. (2004). Converging technologies for enhancing human performance: Science and business perspectives. In M. C. Roco, & C. D. Montemagno (Eds.), *The coevolution of human potential and converging technologies* (pp. 50-82). New York: The New York Academy of Sciences.

Spohrer, J. C., McDavid, D., Maglio, P. P., & Cortada, J. W. (2006). NBIC convergence and technology-business coevolution: Towards a services science to increase productivity capacity. In B. Bainbridge, & M. C. Roco (Eds.), *Managing nano-bio-info-cogno innovations: Converging technologies in society* (pp. 227-253). Dordrecht, The Netherlands: Springer.

Taleb, N. (2007). *The black swan : The impact of the highly improbable* (1st ed.). New York: Random House.

Waldrop, M. M. (2001). *The dream machine : J. C. licklider and the revolution that made computing personal.* New York: Viking.

Zsambok, C., & Klein, G. (1997). *Naturalistic decision making.* Mahwah, N.J.: Lawrence Erlbaum Associates.

第29章

Cambridge–IBMによる
SSMEホワイトペーパー再考[1]

☐ **James C. Spohrer**
Global University Programs, IBM, San Jose, California, USA

☐ **Mike Gregory**
Institute for Manufacturing
University of Cambridge, Cambridge, UK

☐ **Guangjie Ren**
Institute for Manufacturing
University of Cambridge, Cambridge, UK

　2007年7月，IBMとケンブリッジ大学の製造研究機構（IfM）はBAEシステムズとともに，現在立ち上がりつつあるSSME（service science, management and engineering）の領域における重要課題に対処するために，主要大学と著名な実務家を集めて2日間のシンポジウムを開催した．このシンポジウムでは，世界各地で実施された百人以上のインタビューの結果も含めて，世界の大学や産業界，政府のためのホワイトペーパーが作成された（IfM & IBM, 2008）．そのレポートでは，(1)学問領域間の強い協業を通じて，SSMEの研究と教育における独立した対象としての発展と，(2) 2015年までに世界的にサービスリサーチと教育への投資を倍増させるための，国主導のサービスイノベーションロードマップ（SIR）の策定を求めている．このホワイトペーパーが公開されてから，目覚しい発展が起きている．多くの大学がSSMEのコースを始めるとともに，様々な政府がSIRのレポートを発表している（これらの活動のリストについては章末の附記IとIIを参照）．本章ではホワイトペーパーの最新の概要について述べ，そのもととなるSSMEの関係者への提言を振り返る．

---

[1]. 謝辞：ケンブリッジ大学の製造研究機構（IfM），IBM，BAEシステムズおよびUS NSF基金 IIS-0527770の支援に感謝します．とりわけ，シンポジウムの参加者，調査員，回答者の皆さんの尽力に感謝します．オリジナルのホワイトペーパーの附記IIとIIIには，百人を超える全員の名前がリストされています（IfM & IBM, 2008）．この多様なバックグラウンドを持った，多文化かつ多領域なグループが，どのようにこの分野を前進させられるかという点について顕著な共通性を持った見方を示し，それは継続中の議論の観点についても同じである（オリジナルのホワイトペーパーの附記VIII：継続中の議論を参照）．

29.1　要旨

「イノベーション」はテクノロジーにほぼ限定して用いられてきた用語であるが，現在，徐々にサービスに関連して用いられるようになってきている（Miles, 2003）．世界経済に占める比率を拡大し続けている［サービスシステム］[2]とは，［人間］，［テクノロジー］，［組織］，そして［共有情報］の動的な構成物であり，顧客や提供者，その他の［利害関係者］のために価値を創造し，提供している（Spohrer et al., 2007）．グローバリゼーションや人口構造の変化，さらにテクノロジーの発展のおかげで，今日のサービスシステムはかつてないレベルのスケールと複雑性，相互依存性を持つようになってきている．増大するサービスの重要性と加速を続ける変化の速さによって，いまや［サービスイノベーション］は教育や研究における学術界と同じく，ビジネスと政府における実務家にとっての最大の課題となっている（Chesbrough & Spohrer, 2006）．

そのことに対応して，［SSME］つまり［サービスサイエンス］が，サービスシステムに関する我々の知識を向上させることを目的として，独立した分野として現れようとしている（IBM, 2005）．この動きが目指すものは複雑なサービスシステムに潜む論理の発見であり，また，サービスイノベーションのための共通の言語や共有されるフレームワークの確立である．この目的を達成するためには，分断された領域だけで研究することは，もはや許されない．［学問領域間］へのアプローチをとる必要がある．さらに，知識とスキル開発を促進するために，政府と産業界はサービスリサーチと教育への投資を倍増すべきである．

サービスサイエンスを発展させることはたやすいことではない．優秀な研究者や上級管理職の専門性，彼らの経験をもとに，このホワイトペーパーはサービスサイエンスに関する注意を喚起して検討基準を確立するための出発点を提供する．より具体的には，下記の示すような相互に関連した提言が挙げられる．

- **教育機関に対して**：様々な学問領域の卒業生が［T型の専門家］あるいは［適応的イノベーター］となれるようにする．SSMEの教育プログラムと資格認定を促進する．高等教育におけるモジュール化された定型のSSMEカリキュラムを開発し，他のレベルの教育にも拡張する．SSME教育のための新しい指導方法を見つける．
- **研究機関に対して**：サービスリサーチに関する学際的で異文化間のアプローチを開発する．大きな研究テーマを通じて学問領域間をつなぐ橋を構築する．サービスシステムと［価値提案］の基本概念を確立する．サービスシステムの性質と行動を理解するためのデータセットを実務家と協同して作成する．サービスシステムのためのモデリングとシミュレーションツールを作成する．
- **企業に対して**：T型の専門職のための雇用ポリシーとキャリアパスを確立する．サービスイノベーションへと通じる既存のアプローチを調査し，サービスシステム研究のためのグランドチャレンジを与える．サービスシステム研究のための予算を提供する．産学連携を強化するために必要な，適切な組織の変更を考慮する．持続可能性の基準を組み込むために，利害関係者と協働する．

2.　［　］で囲まれた語句は，章末の用語集で定義されている．

- 政府に対して：サービスイノベーションを促進し，SSME教育と研究のための予算を提供する．政府機関にサービスサイエンスの価値を明示する．知識主導のサービス活動における適切な評価基準と信頼できるデータを作成する．公共サービスシステムをより包括的で，市民目線のものとする．SIRを策定するために，他の利害関係者とともに公聴会やワークショップ，説明会を開催する．

サービスサイエンスはいまだその初期段階にある．しかしながら，これらの提言が取り入れられることにより，その発達が加速し，将来，サービスイノベーションから恩恵（例えば，スマータープラネット）が得られることを我々は確信している．

この章の構成は，図29.1のようになっている．

29.2 増え続ける需要	29.3 領域の定義	29.4 共通基盤とギャップ	29.5 ギャップを埋める	29.6 提言
サービスイノベーション	サービスシステム	サービスサイエンス	利害関係者の優先事項	本ホワイトペーパーは出発点を提供する
サービスにおけるGDPと雇用の増加	価値の共創を可能にする顧客と供給者の相互作用	複雑なサービスシステムの根底にある原理を発見すること	教育　スキルとマインドセット	教育プログラムと資格認定を開発する
サービスの品質と生産性	リソース（人材，テクノロジー，組織，情報）の動的な構成	サービスシステムを体系的に創造し，拡大し，改善する	研究　知識とツール	学問領域間のアプローチを促進する
環境への配慮と持続可能性	サービスシステムの増大し続けるスケールや複雑性および相互接続性	既存の学問領域によって築かれた共通基盤	企業　雇用と協業	サービスの教育と研究におけるR&Dへの投資を倍増させるサービスイノベーションロードマップを策定し，改善する
都市化と高齢化社会	B2B, B2C, C2C, B2G, G2C, G2Gにおけるサービスネットワーク	学術研究と実務のツールにおける進展	政府　政策と投資	
グローバリゼーションとテクノロジーの発展		知識とスキルにおけるギャップ		
企業や政府，個人にとっての機会				

サービス研究と世界的なトレンド，継続中の議論に関する定義と歴史，展望に関する用語集

図29.1 サービスイノベーションを通じた成功に向けて：前進のためのフレームワーク

29.2 はじめに

29.2.1 サービスイノベーションへの増え続ける需要

サービスの成長[3]が産業界で広く認識されていったことと対照的に，サービスシステムについての我々の理解は初歩的なところに留まっている．今日のサービスシステムは，ますます拡散しながらも相互接続されており，その有効性や効率，持続可能性は何十億人もの人々にとって重要な意味を持つ．経済的な要素に加えて，サービスシステムは我々の社会や環境，政治の側面における価値によって複雑なものとなっている．

---

[3]. サービスの成長という言葉には，伝統的な統計による経済におけるサービスセクターの成長という意味のほかに，農業セクターと製造セクターにおけるサービス活動の成長という意味もある（Vargo & Lusch, 2004）．

農業と製造業の改善のために科学，マネージメント，そして工学が適用されたことにより，病害に強い農作物から自動車やパーソナルコンピュータに至るまで，素晴らしい製品が柔軟かつ効率的に製造できるようになり，広く普及した（Cohen & Zysman, 1988）．その結果，より多くの時間とより多くのリソースが，製造自体よりも，製品の検討や入手，導入，保守，アップグレード，そして廃棄に使われるようになった（Womack & Jones, 2005）．こうした傾向によって，漸進的なものも急進的なものも両方含めて，サービスイノベーションのための多くの機会が与えられた．

最初に，サービスイノベーションは顧客と供給者間の相互作用を向上させ，組織が利害関係者とともに価値を作り出す能力を高めることができる．これはしばしば，より良いセルフサービスの形で，携帯やウェブブラウザ，Kiosk のような新デバイスを通じて，待ち時間ゼロで年中無休，24 時間利用できる形となって現れる．サービスイノベーションの恩恵は，医療や教育といった行政プログラムへも広がるだろう．家庭や個人にとって，サービスイノベーションは生活の質の向上や，高齢化社会のような重要な問題への対処に必要なものである．ネット社会では，Amazon や Google といった新しいサービスモデルが，意思決定や他の多くの分野における我々の行動を変化させ続けている．

29.2.2　必要とされる新しいスキルと知識

高まりつつあるサービスイノベーションへの要求は，それを支えるスキルや知識基盤に関する多くの示唆を与える（NAE, 2007）．多様でグローバルなリソースを理解し，それを整理することのできる人材が必要とされている．非常に多くの場合，これらのリソースへのアクセスには先進的な情報通信技術（ICT）と新しいビジネスモデルが用いられる．そうしたスキルを持ち，サービスシステムにおけるイノベーションの継続的な流れを特定し，実現させる人材は，［適応的イノベーター］と呼ばれる（Council on Competitiveness, 2008）．サービスイノベーションへの要求があることは，農業や製造業における科学やマネージメント，工学の必要性がなくなったことを意味するわけではない．しかし，イノベーションのスコープが製品から離れようとしている現在，我々は適切なスキルと知識の準備をしなければならない（BHEW, 2008）．

29.2.3　サービスサイエンス：新たな領域

現在の経済においてサービスの存在感が増したことにより，研究者も次第にサービス関連の研究に取り掛かり始めた．サービスに対する研究は 1940 年代にまでさかのぼれるが，重要な発展が見られるのは 1970 年代の終わり，サービスリサーチが製品中心の概念や理論から解き放たれてからである（Fisk et al., 1993）．いまや SSME[4] の分野は広い範囲のテーマを網羅し，例えば［サービス経済］，［サービスマーケティング］，［サー

---

[4]　顧客経験におけるデザインとアートの不可欠な役割を考慮し，SSME（service science, management and engineering）は SSMED，あるいは SSMEA（service science, management, engineering and design/arts）へと必然的に拡張されうる．最近の著作（Spohrer & Kwan, 2008; Spohrer & Maglio, 2009）では，SSMED という用語は 10 の基本的な概念，すなわち生態系，要素，相互作用（ネットワーク），成果（interact-serve-propose-agree-realize; ISPAR），価値提案による相互作用，ガバナンスメカニズムによる相互作用，ステークホルダー，評価基準，リソース，アクセス権の議論とともに用いられた．

ビスオペレーション］，［サービスマネージメント］，［サービス工学］，［サービスコンピューティング］，［サービス人材マネージメント］，［サービスソーシング］，［サービスデザイン］など多数が含まれる．しかしながら，本当の進展が達成されるとすれば，より統合されたアプローチが必要とされる．

29.2.4　キーコンセプトと世界観

サービスサイエンスには四つのキーコンセプトがある．それは，サービスシステム（要素），価値提案（相互作用），適応的イノベーター（個人の特性），そして，SSME の卒業生（教育面）である．これらのコンセプトは，工場（要素），取引（相互作用），問題解決者（個人の特性），［STEM］（科学・技術・工学・数学）卒業生（教育面）からなる旧来のコンセプトをサービスの観点から再構成したものである．この四つのコンセプトに基づけば，ビジネスと社会の変化する展望は，価値提案を通じて価値の共創のために相互作用するサービスシステムの要素から構成される，大きな世界的エコシステムとして見ることができる（Anderson et al., 2007）．ふさわしい特性を持つ個人が複雑なサービスシステムにおいて要求される役割を果たし，今度は各サービスシステムがさらに複雑な［サービスネットワーク］において役割を果たす．新たな課題やチャンスが訪れたとき，個々の人々はサービスシステムを変化させたり，改善したり，作り出したりしたいと望むかもしれない．このような世界観において適応的イノベーターは，その SSME の知識とスキルから恩恵を受けるであろう（Spohrer & Maglio, 2009）．

29.3　論拠の明確化と領域の定義

29.3.1　サービスシステムとは何か？

サービスシステムはリソース（人，テクノロジー，組織，共有情報）により動的に構成されている．最初の相互作用は，それぞれ自分たちの独自のリソースの集まりを持った供給者と顧客との接点において発生する．さらに，ICT の進歩に伴い，顧客の間の相互作用と供給者の間の相互作用もまた広く行き渡るようになる．挙動を説明し予測することが困難である複雑系が，相互作用によって作られる．わかりやすい例として，現在の世界的な金融危機は米国のサブプライムローンから始まったが，その後急速に世界中に波及し，多くの国の経済を停滞させた．

29.3.2　なぜ我々はサービスシステムに興味を持つのか？

我々は，銀行や通信，輸送，医療のような様々なサービスシステムと，毎日のように相互作用を経験する世界に生きている．サービスの質が悪いと，我々はフラストレーションなどを感じる．生産性が悪い場合には，より多くの費用が必要となる．それでもなお，この企業から消費者（B2C），あるいは政府から市民（G2C）というサービスシステムの観点は，氷山の一角にすぎない．ほとんどの消費者や市民からは見えないが，企業から企業（B2B），企業から政府（B2G），政府から企業（G2B）という環境における

サービスシステムもまた，非常に大きな変化と成長を経験している．

2006年，人類の歴史上初めて，世界全体におけるサービスの雇用（42%）が，農業の雇用（36.1%）と製造業の雇用（21.9%）を上回った（ILO, 2007）．もし，製造業におけるサービス活動まで考えたなら，この数字でさえ過小評価となる．しかしながら，サービスセクターが多くの先進国のGDPと雇用の2/3を超える割合を占めていながら，サービスへの投資はR&Dの支出全体において1/3以下にしかならない（RTI international, 2005）．このミスマッチにより，サービスの課題に対応することが困難になっている．

世界経済において競争を続ける企業は，対処しなければならない多くの問題や課題についてよく知っている．サービスパフォーマンスは，［フロントステージ］と［バックステージ］の両方の要素に依存している（Teboul, 2006）．「フロントステージ」は，供給者と顧客の接点に関与している．複数の顧客との接点と多様なコンタクトチャネルが存在するとき，どのように顧客満足度を確保することができるだろうか？「バックステージ」はオペレーションの効率に関与している．熟練した従業員や先進のテクノロジー，合理化されたプロセス，そして頑健なグローバルソーシング関係を通じて，どのように生産性を改善することができるだろうか？ ほかの何よりも企業が知りたいと望むのは，どのようにすればシームレスに統合されたやり方で巨大化したサービスネットワークを管理できるかである（Allee, 2002; Nambisan & Sawhney, 2007）．サービス企業だけがこれらの問題を持っているわけではない．製造業もまた，［サービス化］への道のりに踏み出しており，同じ問題を理解することを切望している（Ren, 2009）．

同様に，政府機関や非営利組織も，より良い公共サービスを提供するという差し迫った必要性を感じている（Collins, 2006）．商業的な競争の代わりに，透明性や公平性，説明責任が求められている．家庭については，より良い教育や医療，資産運用を求めるニーズが広く認識されるようになっている．さらに，環境問題への関心もすべての人々の課題として高まっている．個人や家庭，非営利組織，政府機関，企業を取り巻くリソースの集積が，研究し，デザインし，設計し，管理するべき膨大な数のサービス相互作用を創造している．

29.3.3　サービスサイエンスにおける展望は何か？

実際の課題に取り組むためにできることは，我々がサービスシステムをどれだけ理解しているかにかかっている．しかしながら，IT産業と異なり，「予測可能なパフォーマンスの向上を図るために，組織はどのような投資を行えばよいか」という指標になる，［ムーアの法則］で示されるようなロードマップは，サービスの領域には存在しない．その結果，我々は以下のことについてあまり知識を持たない．(1) サービスシステムにおいて重要なパフォーマンス指標（例えば，売上，マージン，成長率，顧客満足度，生産性，イノベーション，生活の質，社会責任，環境における持続可能性，法規制の順守）を継続して向上させるためには，どのように投資すればよいのか？ そして，(2) 創造的な価値提案や改良されたビジネスモデルとともに，新しいサービスオファリングをどのように開発すればよいのか？

したがって，サービスサイエンスの展望は，複雑なサービスシステム（および，それらをサービスネットワークに結び付ける価値提案）の根底にある原理を発見することに

ある．サービスサイエンスは，サービスシステムで行われているイノベーションを支援する，理路整然とした知識体系を構築するための構造と厳密性を提供しなければならない．この目的を達成するために，以下の疑問に答える必要がある．

- サービスシステムのアーキテクチャは何か？
- 単純な要素からどのように階層的な複雑性と多様性が構築されているのか？
- どのようにすればサービスシステムの起源，ライフサイクル，持続可能性を最もよく理解できるのか？
- どのようにしてサービスシステムは相互作用と価値の共創を最適化できるのか？
- なぜ，サービスシステムの内部およびシステム同士の相互作用が際立った成果を導けるのか？

それぞれの疑問について，今日，我々は多数の学問領域に分散した断片的な答えを持っているが，まだ全部がひとまとまりにはなっていない．そのため，サービスサイエンスは，サービスイノベーションのための知識と道具を適応的イノベーターに与えつつ，統合と最適化と持続可能性のための動機や方法，能力を提供することが望まれている．

29.3.4 サービスサイエンスの利害関係者は誰か？

サービスサイエンスの利害関係者には，複雑なサービスシステムに依存する個人と組織の両方が含まれる．企業は，サービス収益や利益率を向上させることを望んでいる．非営利組織は，求められるサービスを継続的に提供することを望んでいる．国および地方の政府は，高いスキルを持った労働人口を創出し，市民の競争力と生活の質を向上させるインフラの開発することを望んでいる．これらの利害関係者はサービスイノベーションのための知識とスキルを必要としているが，それでも意見が食い違うことがある（Reich, 2007）．広い範囲の学問領域や専門職に関わる知識労働者（大学や同様の専門職）もまた，重要な利害関係者である．もちろん，学問領域と専門家からなるシステムも，変化し続けるサービスシステムの様相との関連を維持し続けたいのであれば，同様に進化する必要がある（Abbot, 1988）．

29.3.5 なぜ今か？

人口変動やテクノロジーの発展，グローバルソーシングといった世界的なトレンドによって，我々は物事を行うための新しい方法を創造するという課題に直面している．我々がより多くのテクノロジーを手に入れ，グローバルに統合（相互接続）されるようになるに従って，多くの新しい挑戦や機会が生じる．物理や化学，生物，認知科学，コンピュータサイエンスは，現代におけるサービスシステムの生態系の発展を可能とした科学の一部である．サービスサイエンスは，これらの初期の科学が過去に証明してきたように，将来，同じくらい重要なものになる可能性を持っている（Spohrer & Maglio, 2009）．しかしながら，サービスシステムシミュレーションのためのコンピュータ支援のデザインのような現在のサービスサイエンスのツールは，多額の投資を必要とするであろう．

29.4 共通基盤の認識とギャップの同定

29.4.1 既存の理論によりどのような共通基盤がすでに築かれているか？

サービスシステムを形作るために用いられるリソースは，サービスサイエンスを発展させるための有益な出発点となる．これらは以下の四つのクラスタに分割できる．

- 企業と組織：主に経営学部（マーケティング，オペレーションズマネージメント，オペレーションズリサーチ，経営科学，サプライチェーンマネージメント，イノベーションマネージメント）において研究されてきた．
- テクノロジー：主に理学部と工学部（生産工学，コンピュータサイエンス，統計的制御理論）において研究されてきた．
- 人：主に社会科学と人文科学の学部（経済学，認知科学，政策科学，デザイン，人文科学，芸術）において研究されてきた．
- 共有情報：主に情報系の学部（コミュニケーション，経営情報システム，ドキュメント工学，プロセスモデリング，シミュレーション）において研究されてきた．

ホワイトペーパー（IfM & IBM, 2008）では，建築学から総合的品質管理（total quality management; TQM）まで35の学問領域をリストアップし，それぞれを上記四つのタイプのリソースに関連づけている．その後，学問領域とリソースタイプの間の関係について，さらに進んだ説明が多くの文献によってなされている（Spohrer & Kwan, 2009; Spohrer & Maglio, 2009）．

サービスシステムの基礎となる構成要素と，我々の現在のサービスシステムの生態系を形作るためにそれらの構成要素を組み合わせる方法の探究は，かなり進行している．サービスシステムがどのように記述できるか，そしてその振る舞いはどのように説明できるかに関する規範を構築する先駆的な試みとしては，ほんの数例ではあるが，顧客接触モデル（Chase, 1978），サービス品質GAPSモデル（Parasuraman, 1985），［サービスドミナントロジック］（Vargo & Lusch, 2004），サービスの統一理論（Sampson, 2001），リースとしてのサービス（Lovelock & Gummesson, 2004），ワークシステム手法（Alter, 2006）などが挙げられる．これらによって，関連するアクセス権や，サービス内容合意書，標準およびプロトコル，安全防護機構，知的所有権，障害回復手法とともにリソースの分類スキームの最初の成果が生まれた．これらはまた，複数の利害関係者（顧客，供給者，権威，競争相手，犯罪者，被害者など）によるサービスシステムのパフォーマンス（品質，生産性，コンプライアンス，持続可能性など）の測定についての視点において，基礎となる見方を提供している．

それと同時に，実践的用途のためのツールや手法，データセットも出現している（例えば，IBMによるComponent Business Modellingのアプローチやツールキット）（Sanz et al., 2006）．仕事やビジネス上の実践を支援する情報技術としての「サービス」の記述にサービス指向アーキテクチャ（SOA）を用いるケースは増加しており，広く受け入れられている．さらに広く見ると，産業の進化をモデル化するための新たな発展がある．この発展は，歴史的視点からの関心を持つ経済学者や組織理論の研究家の間で興味を集めている（Beinhocker, 2006）．

29.4.2 知識ギャップはどこにあるか？

昨今の重要な進展にもかかわらず，サービスサイエンスの展望が得られるのは，10年以上先だろう．その一つの理由は，個別の学問領域の中に課題があることである．例えば，オペレーションズリサーチと生産工学では，しばしば行列に並ぶ人々をモデル化するが，このモデルでは人々を，時間の経過に伴って学習し適応することができる感情的で心理学的な存在として考えていない（例えば，Mansfield, 1981）．コンピュータサイエンスや情報科学ではしばしば，十分理解された環境変化を基盤として情報システムのアーキテクチャをモデル化しているが，戦略の変化や予測可能な技術発展に情報システムが事前に対応できるように配慮した管理メカニズムについては，あまり理解が進んでいない．

同じように，経済学や経営戦略は予測可能なイノベーションに適応する必要がある（例えば，Christensen et al., 2004）．サービスマネージメントとサービスオペレーションは，サービスシステムの規模の拡大とライフサイクルの進展に関する優れた知見を創出する必要があるだろう（Normann, 2001）．法学と政治学は，社会イノベーションと，法律によってサービスシステムの生産性を向上させる方法について，より深く理解する必要がある（March, 1991）．複雑系工学は，サービスシステムの頑健性へのより明確な洞察を提供しなければならない（Sterman, 2000）．最後になったが，一番大切なこととして，これらすべての学問領域と分野を包括する統合が究極の課題として残っている．

学術機関は学問領域とその部分領域（あるいは研究分野）に従って構造化されるという伝統が，現在の状況の原因となっている．図29.2 に示されるように，サイロ化された大学は専門に特化した対象についてのより深い理解を促進している．制度自体や予算を支出する関係者が期待していることも，その学問領域の中で大学が研究を行い，講義を提供することである．しばしば似たような問題に取り組んでいるにもかかわらず，それぞれの学問領域や学部は，通常，想定内の関心やパラダイム，方法論しか持っていない．長い時間のうちに，大学は学際的な研究を，非常にリスクが高くキャリアを傷つける可能性があるものと見なすようになっている．

その結果，サービス研究はしばしばアンバランスになっている．マーケティングの観点から見た顧客，あるいは経営の観点から見た供給者のどちらかに焦点を置いた研究に

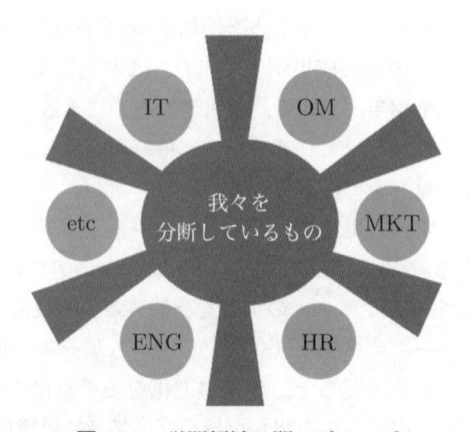

図 29.2 学問領域の間のギャップ

偏る傾向がある．これは，専門化される傾向が強い権威のある論文誌に反映され，さらに誇張される．例えば，オペレーションズマネージメントの論文誌の中でサービスのトピックを扱っている論文は20%に満たない．一方で，サービスの論文誌におけるオペレーションの研究も同じような状況である（Johnston, 2007）．さらには，それぞれの学問領域は特定のセクターに重点を置く傾向もある．マーケティング科学の領域ではB2C（企業から顧客）に関心を持ち，経営学の領域ではB2B（企業間）に関心を持つことが多い（Johnston, 2005）．徐々に，大学がもたらす研究の成果と，実務における関心の間のギャップが拡大している．

29.4.3　スキルのギャップはどこにあるか？

同様に，ふさわしいスキルを持った人材の供給も徐々に不足してきている．20世紀の教育の役割の大部分は，学生に就職の準備をさせることであった．大学は，専門知識を持った人材を生み出すことによって見返りを受けてきた．しかしながら，サービスシステムの複雑性が増すにつれ，21世紀の教育はより広い役割が必要とされる．つまり，学生を適応的イノベーターとして育成することが大学に求められるようになった（NAE, 2007）．

適応的イノベーターも，やはりその基本となる学問領域で教育される．しかしながら，同時に，複数の学問領域の中で物事を考え行動する能力もまた，鍛えられることになるのである．彼らは，機能のサイロをまたいでコンセンサスを構築し，組織間や異文化間の環境において働くことができる．彼らは，必ずしも同じバックグラウンドを持っていない専門家ともコミュニケーションをとることができる．彼らは，知性と精神力，さらにソーシャルキャピタルの要素に支えられる［サービスマインドセット］を持っている．彼らは，個別の職務や部署に結び付いた競争の論理ではなく，統合的な「サービスの論理」によって行動している．このような適応的なイノベーターは，サービス経済の成長に伴って供給不足となっている（Council on Competitiveness, 2008）．

29.5　ギャップを埋めるための共同作業

29.5.1　ギャップに対処するために可能なアプローチは何か？

複雑なサービスシステムを扱うために必要な知識とスキルにおけるギャップの存在は，研究と教育に対する我々のアプローチを見直す必要があることを意味する．図29.3は，このギャップに対処するための三つの可能な方向を示している．ある人たちは，サービスサイエンスを［学際的］な「上位集合」であり，まだ賛同されていないにせよ，すべての適切な学問領域や機能を包含するものと見なしている．一方で，サービスサイエンスは学際的な「部分集合」であり，大きな学問領域や機能から選択された要素のみを含むものであると見なす人たちもいる．さらには，サービスサイエンスは学問領域間の活動であり，［分野横断的］で，［学問領域を越えた］協業を基礎として，様々な領域を連結・統合して新たな知識の適切な集合を作り出す試みであると見なすことも可能である．

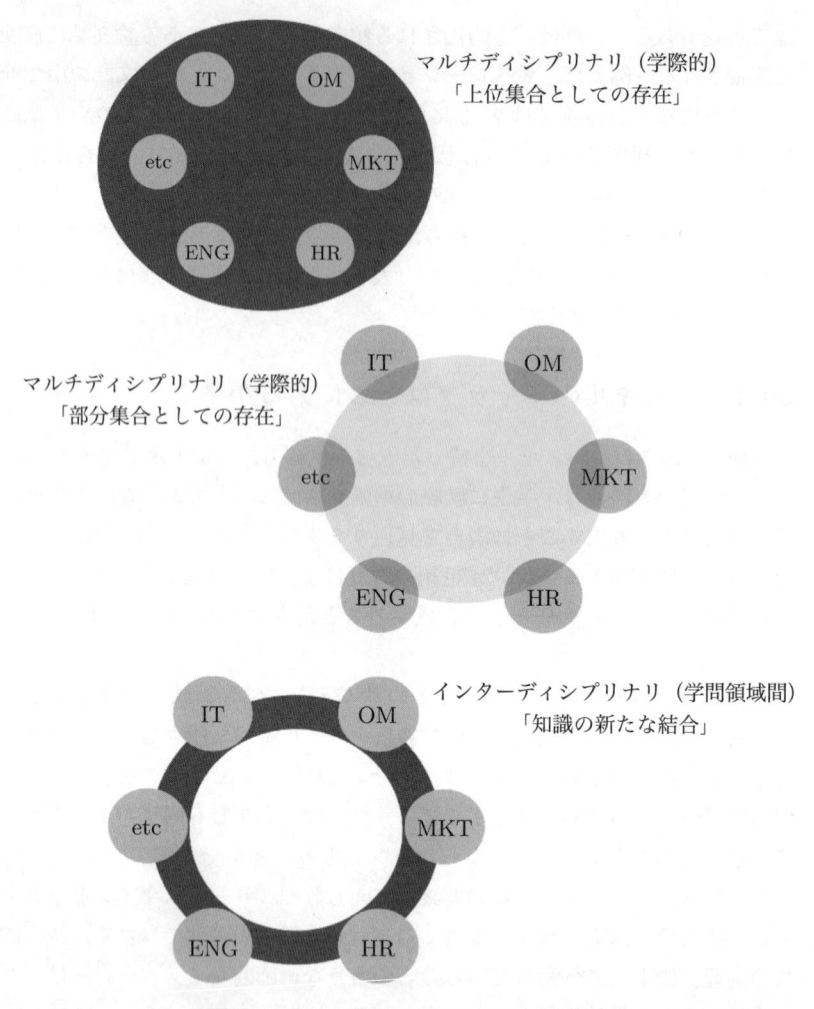

図29.3　サービスサイエンスの三つの見方

　我々は本章において，学問領域間のアプローチを支持している．統合への多くの障壁が強く根づいているため，これらの障壁を取り除く試みは大きな労力を必要とするだけではなく，当初の目的であった橋渡しをするという活動を損なわせさえする．それゆえ，障壁を乗り越える一つの方法は，その存在を受け入れ，それらの上に連結・統合の橋を作ることである．このアプローチによって，以下のものがもたらされる．

　　そうした学問領域が個別に活動していても実現できない顧客と利害関係者のための価値の創造を組織が行う方法にイノベーションをもたらすために，コンピュータサイエンス，オペレーションズリサーチ，生産工学，経営戦略，マネージメント科学，社会学，法学といった要素を統合する科学，工学，およびマネージメントの学問領域を教育するためにデザインされたカリキュラムと訓練そして研究プログラム（US Congress HR 2272, 2007）

　アダム・スミス（1776）は，労働者（専門家）の分業と，その分業が国の富の生産に果たす役割に関する探求から，近代経済学の基盤を構築した．今日では，専門化による

分業のみが国による価値創造の力を強化するための唯一の答えではない．持続可能な形で国の富を成長させるためには，我々はより体系化されなければならない．我々はサービスシステムを創造し，改善し，持続可能とするために，専門化と統合の両方を必要としている．

29.5.2　知識のギャップに対処する機会はどこにあるのか？

学問領域間の活動は新しいわけではない（例えば，Deny et al., 2005）．実際，多くの大学で，しばしば産業界と深く連携して学問領域をまたぐ活動が行われてきた．学問領域間の障壁に対処する機会は，あらゆるレベルにおいて存在している．

- 個人レベル：大学や企業，政府のリーダーは，学問領域間の研究の価値を強調し，専門領域や学問領域を逸脱することに伴うリスクを軽減するには，良い位置にいる．ビジネスだけではなく，社会をも良くする可能性を持つサービスサイエンスは，様々な人材をこの分野に集められるだけの魅力がある．
- プロジェクトレベル：学問領域間の相互作用は，プロジェクトレベルで発生する．ケーススタディという形式での模範的なサービスシステムの改善プロジェクト（例えば，Yという社会的制約のもとで将来のXをデザインする）は，学問領域や部門を越えた共通の目的を持つ協力的な振る舞いを，より促進することが可能である．
- ビジネス相互作用：ビジネス機会は，既存の学問のはざまにある機能横断型のチームを通じて，最もよく探求されている．そのため，企業は，適応力があって実践的な成果を大学の研究者が出せるよう，魅力的な課題や実際のデータを提供することができる（例えば，Yというビジネスの実態を反映して，将来のXをデザインする）．
- 学術論文誌：サービスリサーチの分野において権威のある論文誌は，学術研究の傾向やアジェンダを定めることに大きな影響力を持つ．これらは，学問領域間の研究を促進するための独特な位置にいると言える．主要な専門の論文誌に対して，学問領域間のトピックについて特集号を発行することを推奨するべきである．また，ウェブ上でのコミュニケーションも，一つのツールとして有益である（例えば，http://www.ssglobal.org/）．
- 資金提供機関：物理や数学の特定の分野を除けば，複数のエリアを統合するお金のかからない理論を構築する方法は，あまり知られていない．学問領域特有の研究のほかにも，共同研究や共同報償といった仕組みを通じて，学問領域間のサービスリサーチを支援するための資金が提供されるべきである．

29.5.3　スキルのギャップに対処する機会はどこにあるか？

学問領域をベースとした教育は，現代の大学において必須の役割として残るであろう．しかし，スキルギャップを縮め，より多くの適応的イノベーターを生み出すためには，大学は，SSMEにおける学問領域間の必要科目の資格を取得できる機会を学生に与えるべきである．このような資格は卒業生が主要な概念と必須のボキャブラリを備える

助けとなり，他の学問領域をバックボーンとする共同研究者との間で，サービスシステムのデザインや改良について議論ができるようになる．産業界では，このような人材をT型の専門家と呼んでいる．彼らは，もともとの専門の学問領域における問題を解決する深い知識を持つと同時に，他の広い範囲の学問領域や機能分野をバックボーンとする専門家と交流したり相互理解したりすることができる（Leonard-Barton, 1995）．

広く認められた SSME のプログラムは，サービスイノベーションを創出するために協働する能力を持った，大勢の（多くの本来の学問領域からの）T型の専門家を確実に安定供給する手助けとなるであろう．産業界全体に及ぶ改善プロジェクトやパフォーマンス評価の能力を含む，SSME の資格を持った卒業生は，サービスイノベーションのプロジェクトに参加するチャンスがあれば，「直ちに取り組む」準備がしっかりできており，顕著な貢献を見せるであろう（Spohrer & Kwan, 2009）．

学問領域間の履修コースを構築するためには，非常に大きな労力が必要となる．なぜなら，異なる学部のメンバーが長い期間にわたって持続可能な形で一緒に働くことは，非常に困難だからである．教育におけるイノベーションは一人か二人の人間の努力に依存していることが多いため，脆弱である．学問領域間のプログラムは，従来のものと比べて編成することも困難で，立ち上げにも維持にもより多くの費用がかかる．これらのプログラムのデザインや実施を急速に進展させるには，産業界と政府からの支援や人材の派遣が必要となる．

29.6　提言

先進国の経済において，GDP および雇用の 2/3 以上にサービスセクターが貢献しているにもかかわらず，サービスセクターにおける R&D への投資は R&D 支出全体の 1/3 以下にしかならない（RTI, 2005）．このアンバランスを解消するために，国の SIR[5] のさらなる進展を早急に促し，2015 年までにサービスセクターにおける R&D への投資を倍増させなければならない．パブリックプライベート研究パートナーシップ（Public Private Research Partnerships; PPRP）プログラムにおいて，サービスシステムの改善を支援する，例えばスマータープラネットを作り出すように働きかける必要がある．以下の提言は，国がそれぞれの SIR レポートを作成して最新に保つように，すべての利害関係者とより包括的な会話をするための出発点として述べられたものである．

29.6.1　教育への提言

- 従来の個別の学問領域の卒業生が，T型の専門家，すなわち，サービスマインドセットを持った適応的なイノベーターとなることを可能とする．
  希望するのであれば，サービスサイエンスについて学び，T型の専門家になるための機会をすべての学生と社会人に与えるべきである．これは，既存の学問領域に SSME の専門家を迎えることで達成できる．適応的イノベーターとして，彼

---

[5] イノベーションロードマップの例としては，オリジナルのホワイトペーパー（IfM & IBM, 2008）の Appendix VII "Example of innovation roadmap" や，この章の附記 II を参照．

らはサービスイノベーションの基盤についての優れたバックボーンを持つことになるだろう．［サービスマインドセット］により，学問領域や機能，文化のサイロを越えたプロジェクトチームにおいて，彼らの能力が有効に発揮される．研究の進展によりサービスシステムの真の統合理論が構築されるに伴って，サービスサイエンスの学習者たちは，21 世紀における世界的に統合されたサービス主体の経済で成功すべく，訓練されたシステム思想家となっていく．

● SSME の資格を持つ卒業生への産業界の求人と連動した，SSME 教育プログラムを推進する．

SSME の資格は，サービスサイエンスの主な学問領域を包含した［相互作用のスキル］を含むべきである．そのようなスキルは，複数の学問領域を越えて問題を規定し，可能な解を議論するための概念とボキャブラリの習熟を可能とする (Collins & Kusch, 1999)．サービスサイエンスの主要な学問領域には，サービス経済やサービスマーケティング，サービスオペレーション，サービスマネージメント，サービス品質（特に顧客満足），サービス戦略，サービス工学，サービス人材マネージメント（特に専門のサービス企業において），サービスコンピューティング，サービスサプライチェーン（特に eSourcing），サービスデザイン，サービス生産性，サービス測定が含まれる．

● すべてのレベルで良い教育とされる，モジュール化されたテンプレートベースの SSME カリキュラムを開発する．

SSME の資格には，テンプレートによるカリキュラムのモデルを使ったり，異なる学部や講義を組み合わせたり外したりすることが可能なモジュールを指定できるようにすべきである．実践的，あるいは企業による実務研修プロジェクトは，学生のサービスマインドセットを構築し，部門を横断する問題を即座に解決する能力を獲得させるために必要不可欠である．実務研修プロジェクトは，活動中のサービスシステムを理解するための訓練を学生に行わせる．そうしたプロジェクトの設計と提供は，理想的に言えば産業界や政府，そして異なる大学（文化）を含む様々な領域から参加者を募るべきである．初等教育や中等教育にも注意を払わなければならない．サービスサイエンスの研究所の空間設計としては，（理想的にはビデオ会議の技術を用いて）離れた場所の共同研究者とも学際的なプロジェクトチームとして一緒に働けるようにするべきである．プロジェクトは現実世界や仮想世界，そしてシミュレートされた世界のサービスシステム同士のつながりを強化しなければならない．

● 全産業にわたる SSME 教育のための新たな教育手法を探求する．

SSME の資格は，オンラインの e ラーニングや仮想世界を含む広い範囲のチャネルからアクセスできるようにするべきである．公共セクター（政府や安全，医療，教育，環境，娯楽），商業セクター（小売やチェーン，もてなし，娯楽），情報セクター（金融や銀行，コンサルティング，職業，メディア，インターネット），インフラセクター（運輸，通信，公共施設，建設，製造，鉱業）を含む現代経済の主要なセクターにおける事例やシミュレーション，研究所の活動へのアクセスを提供すべきである．

29.6.2　研究への提言

- 既存の学問分野および異文化を取り入れたサービスリサーチへの包括的なアプローチを開発する．

  多くの先駆的なサービスリサーチの論文誌や国際会議では，これが最優先事項であると明言されている．しかしながら，さらに優先されるべきなのは，この新興の分野において既存の学問分野および異文化を取り入れた研究を実際に促進できた試みを把握し，正当に評価することである．

- グランドチャレンジ型研究を通じた学問領域の間の架け橋を構築する．

  良いアーキテクチャを用いれば，複雑な問題を分離可能な要素へと還元することができる．しかしながら，分解が完全には有効でなかったり，それに関連した膨大な複雑性を伴う場合，より深い基礎的な理解がしばしば必要とされる．複数の学問領域からの研究者は，特に複数の学問領域に及ぶグランドチャレンジ型研究の文脈において，学問領域の間を連携させる機会を探求すべきである．

- 基本的なコンセプトとして，サービスシステム（要素）と価値提案（相互作用）を確立する．

  すべての科学は，研究対象と，その研究対象間の相互関連において，自分の研究領域の境界を定義しなければならない．サービスシステムと顧客価値は，サービスサイエンスにとってまさに出発点となっているのである．

- サービスシステムの性質と振る舞いをより理解するためのデータセットを作るために，実務家と協業する．

  サービスシステムに関する多くの実世界データは，しばしばそれに関連した財産的価値やセキュリティ上の問題を持っている．データの機密的特性によっては，保管や公表のための新しい方法が必要とされるかもしれない．他の多くのテーマとは異なり，サービスサイエンスの研究者は特定の目的のためのデータ共有について，適切な法的，社会的，経済的な慣習を確立するために労力を費やさなければならない．

- サービスシステムの完結した生態系のためのモデリングとシミュレーションツールを構築する．

  おそらく，他のどのテーマよりも，サービスサイエンスの発展は可能性のあるサービスシステム設計についてのモデルとシミュレーションに依存している．そこでは，局所最適は必ずしも全体最適を導かない（Ricketts, 2007）．データがすぐに利用可能とならない場合，サービスの実務家はその意思決定プロセスを支援するために，シミュレーションやコンピュータ支援設計（CAD）を必要とする．

29.6.3　企業への提言

- T 型の専門家の雇用方針やキャリアパスを確立する．

  企業は T 型の専門家のためのキャリアパスを定義し，SSME の資格の要否を採用において明示すべきである．こうすることによって，大学のプログラムの需要が明確になり，学問領域間におけるサービスサイエンスのコミュニティの形成が促進されるだろう．

- サービスイノベーションへの既存のアプローチをまとめ，サービスシステムリサーチのためのグランドチャレンジを提案する．

    企業において，現在発生しているサービス活動の理解やモデル化，測定は，すでに実施されている．それらは，例えば活動基準原価計算やサービス指向アーキテクチャ（SOA）などによる．進展が見込まれるにもかかわらず驚くほど知られていない方法として，(a) サービスイノベーションのために最適な投資を行う方法（Ricketts, 2007），(b) サービスの収益増加に伴って利幅を拡大する方法（Spohrer et al., 2007），(c) サービスシステムの複雑性を体系的に緩和する方法，(d) プライバシーを守り，競争優位を保つために内部・外部と共有して利用できる評価システムを設定する方法（Spitzer, 2007）が挙げられる．これらの問題は，グランドチャレンジの候補に入る．

- サービスシステム研究へ資金を提供する．

    企業は，地方公共団体・企業・大学が win-win-win の関係を築くスマートウォーターシステムやスマート交通システムに重点を置いた地域のパブリックプライベート研究パートナーシップ（PPRP）を通じて，サービスシステム研究のためのリソースを提供すべきである．企業はまた，SRII（Service Research and Innovation Initiative）のようなグローバルな組織を通じて，産業の分科会（SIG）の取り組みに資金を提供することもできる．現在のレベルのサービスリサーチへの投資を比較検討することが出発点となるだろう．

- 産学連携を強化するための適切な組織体制を構築する．

    企業はまた，従業員が SSME に関連する SIG の組織や国際会議に参加したり，最新のプロジェクトやケーススタディを用いて大学の SSME プログラムを支援したりすることを奨励することもできる．ツールや手法，データセットの開発や共有は，産学連携における重要なトピックである．

- 持続可能性の評価を取り入れ，実施可能な SIR を作成する．

    持続可能性が世界的な課題としてよりいっそう緊急度を増している中，企業はこの機会に利害関係者の価値の定義を拡大するべきである．サービスイノベーションのためのロードマップには，最新のパフォーマンス評価基準と，よりバランスのとれた効率性，有効性，持続可能性が含まれるべきである．

29.6.4　政府への提言

- 経済の全領域に対してサービスイノベーションを推進し，SSME の教育と研究への投資を促進する．

    重点的な研究開発によって科学が発展し，長い目で見た実務的な利益とともに知識体系の構築が可能となることは，歴史上繰り返し示されてきた．サービスリサーチにおける分散した学問領域は，統合された理論に手の届くところまで発展している．大学を中心としたサービスサイエンスの研究に対する国の資金提供は非常に重要であり，これは経済と社会にとっても広い範囲の利益をもたらす．現在のレベルのサービスリサーチへの投資を比較検討することが出発点となるだろう．

- スマータープラネットを実現する国家プロジェクトにおいて，サービスサイエンスの価値を示す．

   国によっては20%以上もの雇用を生み出している政府のサービスシステムを改善すれば，他の経済にも派生効果を及ぼすであろう．スマートな交通システムや水管理システム，医療システム，教育システム，エネルギーシステム，環境雇用イニシアティブは，ツールや手法，データセットを生み出し，パブリックプライベート研究パートナーシップ（PPRP）を促進することができる．

- サービスイノベーションのための先進事例を支える，セクターを越えた知識主導のサービス活動における妥当な測定と信頼できるデータを開発する．

   サービス品質や生産性，法規制の順守，持続可能なイノベーションをより理解するために，複数の経済セクターにわたるサービス活動を測定することは，重要な出発点である．雇用やスキル，キャリアパス，輸出，投資，価格設定，ITが可能とするサービスなど，サービス経済の複数の面に関する国主導のデータ収集には，より多くの資金が必要である（Innovate America, 2004）．

- 政府のサービスシステムをより包括的で市民対応のものとする．

   特に政府のサービスシステムについては，参加している市民によるあらゆる側面からの再検討が必要である．供給側が中心となった視点から市民中心の視点へと変革することが，その第一歩として望まれる（Clarke et al., 2007）．

- 国のSIRの報告書を作成するために，公聴会やワークショップの開催を促す．

   サービスシステムの継続的な改善には，産官学の利害関係者に焦点を合わせ，それらを連携させるための投資のロードマップが必要である．施行，転換，改革という三つのカテゴリにおいて投資は必要である（March, 1991）．知識経済（知識創造）とサービス経済（価値創造への知識の適用）の成長を体系的に支援できるような投資，法的整備，政治発動に重きが置かれるべきである．それらはどちらもイノベーション経済にとって必要とされる（Bell, 1973）．

最後に我々は，SSMEに関連した教育や研究を発展させ，サービスイノベーションにおける現在進行中の投資のガイドとなるSIR報告書をまとめ，改訂するために，これらのリコメンデーションに沿って活動している国や大学，企業を称賛したい．

29.7　用語集

SSME　　service science, management and engineering の略．SSMEあるいは短くサービスサイエンスは，新興の分野である．ここには，科学，工学，マネージメントおよびデザインの学問領域を扱えるように個人を教育することを目的としてデザインされたカリキュラムやトレーニング，研究プログラムが含まれる．これらの学問領域は，コンピュータサイエンス，オペレーションズリサーチ，生産工学，ビジネス戦略，マネージメント科学，社会学および法学などから各要素を統合したものである．その目的は，そうした学問領域が別個に取り組んでも達成できない，顧客と利害関係者のために組織が価値を創造する方法についてのイノベーションを促進することにある．

STEM　　science, technology, engineering and mathematics の略．STEM 分野は，現代社会を裏から支える原動力であると広く考えられている．STEM の労働力は，多くの政府や大学，そして企業組織からもたらされる，国家のイノベーション能力と長期的な競争力の鍵になるものであると見なされている．

T 型の専門家　　本来の学問領域における専門的思考スキルを持ちつつ，他の様々な学問領域あるいは職能領域をバックボーンとする専門家との相互作用を実現する複雑なコミュニケーションスキルをも併せ持ち，そのスキルを用いて困難な問題を解決することができる人材（［適応的イノベーター］を参照）．

学際的（マルチディシプリナリ）　　二つ以上の既存の独立した学問領域（例えば，物理学と生物学）に関連していること．個々の学問領域の知識は，それぞれ独立していて，付加的なものであると見なされる．

学問領域間（インターディシプリナリ）　　二つ以上の学問領域を連結，接続，あるいは統合する新しい知識の創造（例えば，生物物理学）．

学問領域を越えた（クロスディシプリナリ）　　ある学問領域を他の学問領域の観点から指導すること（例えば，詩人のための物理学）．一つの学問領域の知識が，それを通してもう一つの学問領域を学習するためのレンズとして用いられる．

価値提案　　サービスシステムが他者に示し，提供しようとする利益とソリューションの具体的なパッケージ．分業は，多くの価値提案の根源となるものである．伝統的な経済とマーケティングの定義によると，価値提案は製品（モノ）あるいはサービス（活動）のどちらかに制限されるかもしれない．しかしながら，現代的意味において，サービスとは製品とサービスの双方を含む価値共創である．

　価値提案は，競合する代替案との比較において，主要な差異を強調する．価値提案は，潜在的な顧客が提案者の能力を信用しない，あるいはその提案が法律や組織の方針に違反していると考えられるために拒絶されるかもしれない．また，セルフサービスや競合による提案などの選択肢が選ばれたために，拒絶されるかもしれない．価値提案に関するデザインや提案，交渉，実現，解決のための議論は，サービスシステムの形成と改善において不可欠な部分である．

共有情報　　サービスシステムの観点からは，公式の契約関係を構築する能力を持っていないアクセス可能な概念的リソース．言語，法律，評価基準，手法，プロセス記述，標準などが含まれる．これは，成文化して明示的な情報へと変換することができる．もし，人間があるものについて語り，それに名前をつけることができるのであれば，コミュニケーションの観点から，それは一種の共有情報である．

顧客サービスシステム　　顧客や消費者の視点から見たサービスシステム．顧客サービスシステムは，win-win の関係になるような価値の共創の機会を見つけるために，サービス提供者の価値提案を探し求める．例えば，顧客は現在自分で行っている作業（セルフサービス）をサービス提供者に任せることができるし，知識・能力・権限の不足により自分では解決できない問題をサービス提供者に外注することもできる．あるいは，待望していた新サービスの提供者を発見することもあるかもしれない（デマンドイノベーション）．

サービスあるいはサービス活動
1. 古典的：経済的余剰を示す．物理的な製品の譲渡や生産を伴わない，あらゆる経済的な交換や生産プロセス．非生産的な労働．
2. 近代的：ある主体が，他の主体の利益のために非強制的（互いに同意し，互いに有益）なやり方を用いて能力（知識，スキル，リソース）を適用すること．
3. 近代的：価値の共創の相互作用（主に，価値の共創の成果の期待に基づいて，フロントステージおよびバックステージの活動を直接的あるいは間接的に立ち上げる集団として明確に定義された顧客と提供者という主体を伴う）．
4. 近代的：ある集団が他の集団に提供する経済的活動であり，一般的には，受け手自身あるいは購入者が責任を持つ対象物や他の資産に望ましい変容をもたらすために，時間を基準とした行動を用いる．サービス顧客は，金銭，時間，労力と引き換えに，商品や労働，専門スキル，施設，ネットワークおよびシステムへのアクセスから価値を得ることを期待する．しかしながら，通常，関連するいかなる物理的要素の所有権も得ることはない．

サービスを象徴するものは，以下のように多数ある．外部顧客（市場ベース）および内部顧客サービス．直接的および間接的な顧客と提供者の相互作用．自動化されたサービス，ITを活用したサービス，自動化されていないサービス．カスタマイズされたサービス，一部カスタマイズされたサービス，カスタマイズされていないサービス．反復的および非反復的サービス．長期的および短期的サービス．セルフサービスの責任が様々な度合いで伴うサービス．

サービスイノベーション　既存のサービスシステムの改良（漸進的イノベーション）や新しい価値提案の創造（提案），新しいサービスシステムの創造（急進的イノベーション）を目的としたテクノロジーイノベーション，ビジネスモデルイノベーション，社会組織イノベーション，およびデマンドイノベーションの組み合わせ．しばしば急進的なサービスイノベーションは，多くの新規顧客（公教育においては学生，特許システムにおいては発明家，金融市場においては小口投資家）を生み出す．サービスイノベーションはまた，既存のサービス要素の新しい組み合わせから生じることもある．

　サービスイノベーションの例として，以下が挙げられる：オンラインでの確定申告，eコマース，ヘルプデスクのアウトソーシング，音楽ダウンロード，ロイヤルティプログラム，家庭用医療検査キット，携帯電話，公社債投資信託，ATMおよびチケットKiosk，バーコード，クレジットカード，仲裁，フランチャイズチェーン，分割払い，リース，特許制度，公教育，複利貯蓄口座．

サービスオペレーション　顧客の入力を重要な要素として含んだ，価値を創造する（仕事の）プロセスについての研究．ここでは，オペレーションズリサーチや生産工学，マネージメント科学，オペレーションズマネージメント，人材管理，リーンメソッド，シックスシグマ品質手法，ロジスティクス，サプライチェーンマネージメントのツールや手法が用いられたり，拡張されたりする．

サービス化　製造業者が，製品主導からサービス指向のビジネスモデルへ移行するプロセス．例えば，ジェットエンジンを販売する代わりに，顧客がエンジンの推進力を利用することに対して製造業者が課金するサービス提案を開発することが挙げられる．

サービス経験とサービス成果　サービスの相互作用あるいは関係性のプロセスと，結果に対する顧客の認識．この認識の大部分は顧客の期待に基づいているため，プロセスと結果に対する顧客の評価には客観的な要素とともに主観的な要素も常に存在している．期待は時間とともに増大する可能性があり，結果として客観的な評価が変わらなかったとしても，サービス経験の評価の低下につながるかもしれない．サービスの不具合をうまく挽回することは，反復サービスの特定の条件下において，提供者にとっての顧客の生涯価値の増大につながることも知られている．

サービス経済　経済におけるサービス活動の定義と評価基準．典型的な評価基準には，生産性，品質，法規制の順守とイノベーションが含まれる．

サービス工学　新しいサービス提案の開発とサービスシステムの改良を行うためのテクノロジー，方法論，ツールの適用．

サービスコンピューティング　顧客–提供者の相互作用を支援するための情報技術（IT）の活用．このトピックには，ウェブサービスやeコマース，サービス指向アーキテクチャ（SOA），セルフサービステクノロジー（SST），サービスとしてのソフトウェア（SaaS），IT インフラストラクチャライブラリ（ITIL）が含まれる．

サービスサイエンス　SSME (service science, management and engineering)（[SSME]を参照）という新しい学問領域の包括的用語であり，真実を探求する困難の象徴として名づけられている．サービスサイエンスは，サービスシステムと価値提案についての研究である．多くのサービス研究エリアとサービスの学問領域を統合したものであり，これらには，サービス経済，サービスマーケティング，サービスオペレーション，サービスマネージメント，サービス品質（特に，顧客満足），サービス戦略，サービス工学，サービス人材マネージメント（特に，専門的なサービス企業におけるもの），サービスコンピューティング，サービスサプライチェーン（特に e ソーシング），サービスデザイン，サービス生産性，およびサービス評価測定が含まれる．

サービスシステム　サービスシステムは，リスクと価値共創のバランスをとりつつ，サービスを創造して提供するリソース（人材，テクノロジー，組織，および共有情報）の動的な構造である．そのダイナミクスは，部分的には人間を含むすべてのシステムで生じる進行中の調整と交渉によるものである．人間は，サービスシステムにおける価値とリスクの究極の決定者である（一つには，人間は権利と責任を持った法的主体であるからである）．

サービスシステムは複雑適応系である．これらはまた，内部により小さいサービスシステムを持つと同時に，より大きいサービスシステムにも含まれる（[利害関係者] を参照）いわば「システムのシステム」である．これらは通常，他のサービスシステムと価値提案を通じて相互作用し，拡張されたバリューチェーンやサービスネットワーク（[サービスネットワーク] を参照）における安定した関係性を構築することもある．

公式のサービスシステムは，他のサービスシステムと法的拘束力を持つ契約を結ぶことができる法的主体である．非公式のサービスシステムは，その内部の個人は可能かもしれないが，契約を結ぶことはできない．

サービス人材マネージメント　サービス活動への人材マネージメントの適用．この用語は，多くの社会学者や，人間をリソースとして語ることが適切ではないと信じる人た

ちからは拒絶されている．「人間関係マネージメント」という用語がより適切な候補として見なされることもある．多くのサービス企業は，価値のある顧客を扱うやり方と同様に従業員を扱うというモットーを持っている．

サービスソーシング　サービス活動を自前で準備するか，あるいは外部から購入するかに関する意思決定．アウトソーシング，契約，サービスレベル合意，およびビジネス対ビジネスのオンラインマーケットが含まれる．

サービスデザイン　特に品質や満足度，経験の認識を強調して，新しいサービスシステムとサービス活動を創造するためにデザインの手法とツールを適用すること．

サービスドミナントロジック　サービスドミナントロジックでは，サービスシステムが価値提案を創造し，提案し，実現するために，サービス（単数形のservice）には価値の共創の相互作用が含まれると主張されている．この相互作用には，モノや行動，情報，および他のリソースが含まれうる．また，価値提案は，資産共有や情報共有，ワークシェアリング（活動），リスク共有，さらには顧客−提供者の相互作用において価値を創造できるその他の共有概念から構成されている．サービスサイエンスは，サービスドミナントロジックの世界観を受け入れている．

サービスネットワーク　サービスシステムネットワークとも呼ばれる．サービスシステムが他のサービスシステムと接続されるとき，これらは関係性のネットワークを形成し，いくつかの関連する価値提案を持ちうる．社会ネットワーク分析（サービスシステムとしての人間）と価値ネットワーク分析（サービスシステムとしての企業）は，頑健性，持続可能性などの性質についてサービスネットワークを解析するツールとして用いることができる．

サービスマーケティング　顧客−提供者の価値を創造する相互作用，成果，および関係性の研究．ここでは，マーケティングのツールや手法が用いられたり，拡張されたりする．これは，サービスや価値がモノ（製品）あるいは活動（サービス）のどちらから生じるかにかかわらず，サービス（あるいは価値）となっているすべての経済活動の成果に重点を置きながら，徐々に「サービス（複数形のservices）マーケティング」を置き換えている．

サービスマーケティングの概念は，関係性マーケティングと顧客関係性マネージメントに支えられている．どちらも，主に顧客と提供者の二者間の関係および多対多のマーケティングという新しいコンセプト（ネットワークおよび利害関係者の観点）に重点を置いている．

この学問領域では特に，品質と顧客満足度，需要予測，マーケットセグメンテーションと価格設定，顧客生涯価値，および持続可能な価値提案のデザインが重要視されている．

サービスマインドセット　大学の学問領域と企業の部門をまたいだチームワークを可能にする相互作用スキルと結び付いた，顧客と提供者の相互作用（サービスシステムと価値提案）のイノベーションへ向けた姿勢．これは，適応的イノベーターの特徴の一つでもある．

サービスマネージメント　マネージメント手法およびツールのサービスシステムとサービス活動への適用と拡張であり，サービスオペレーション（供給能力）とサービス

マーケティング（顧客需要）の洞察を統合した能力と需要のマネージメントを含む．

システムおよびシステム世界観　システムとは，時間経過とともに相互作用を行い，成果（主体への内的変化およびシステムの一部あるいはシステム全体への外的変化）をもたらす主体（要素あるいはコンポーネント）による動的な構造である．物理的，化学的，生物的，計算機的，認知的，経済的，法的，社会的なサービスや，あるいはその他のあらゆるタイプのシステムの研究は，一般的に，興味のある主体との相互作用や成果への言及から始まる．還元主義科学では，それによってシステムの主体が構成される（新しいアーキテクチャ）ような，より基礎的な構成単位を発見しようとする試みが行われ，観測される多様性について，より単純で，より端的な説明を見つけることがしばしば目的となる．

　複雑適応系では，主体は寿命を持ち，時間が経つにつれ主体のタイプが予測困難な形で変化していく．サービスサイエンスでは，サービスシステムとして知られている主体の進化について研究を行い，それらは価値提案を通じて相互作用し，（規範的には）価値共創の成果をもたらす．その進化について理解することにより，社会システムから経済システム，政治システムから法的システム，そして認知システムから計算機システムへの移行の解明につながるかもしれない．こうした移行は，モチベーションと調整の問題を解くための，増加し続ける共有情報の量に大きく依存する．

製品ドミナントロジック　サービス（複数形）と製品を，二つの異なる価値創造のメカニズムとして考える，従来の経済による世界観．

相互作用のスキル　知識ドメインや学問領域の境界を越えて意思疎通する能力をいい，複雑なコミュニケーションのスキルと呼ばれることもある．必ずしも深い寄与専門性を持っている必要はない．寄与専門性により，専門家は学問領域における知識を拡大することができる．

組織　サービスサイエンスの観点から定義される組織とは，公式な契約による関係や非公式な約束による関係を構築する能力を持った，利用可能な非物質的リソースである．組織自体が，公式あるいは非公式なサービスシステムである．公式なサービスシステムである組織は，契約したり権利を所有したりすることができる法人であり，会社や政府機関が含まれる．非公式なサービスシステムである組織には，オープンソースコミュニティや一時的なプロジェクトチーム，ワーキンググループが含まれる．

提供者サービスシステム　提供者（［利害関係者］を参照）の観点から見たサービスシステム．提供者サービスシステムは，一貫して，利益が出るように（ビジネスの文脈），あるいは持続可能なように（ビジネス以外の文脈），競合する選択肢と比べて顧客のニーズにより良く応えることを目的としている．提供者サービスシステムは，既存の価値提案を改良，あるいは新しい価値提案を創造するために，［顧客サービスシステム］についての深い知識（彼ら自身のサービス活動や未解決の問題，およびその願望）を探求する．

適応的イノベーター　その職業人生の間に多くのプロジェクトで果たすであろう役割において，起業家的であり，システム思考もできる人材．20世紀においては，専門特化された問題解決を行う人々は，その専門知識の深さから「I型」の専門家とも呼ばれた．彼らとは対照的に，21世紀の適応的イノベーターは，本来の学問領域にも基礎を置き

つつ，ビジネスやテクノロジー，社会科学など複数の領域全般にわたってコミュニケーションをとることができる優れたスキルも持っている．そのため，T 型の専門家と呼ばれることもある．

テクノロジー　サービスシステムの観点からは，テクノロジーとは公式の契約関係を構築する能力を持っていない，アクセス可能な物理的リソースを指す．人間が作ったすべての物理的な人工物や，サービスシステムの利害関係者が利用可能な環境の一部が含まれる．テクノロジー（物理的）と共有情報（成文化された概念）は，サービスシステムが所有し，価値交換において他者にアクセス権を提供できる重要な二つの資産である．

人間　サービスシステムの観点から定義される人間とは，知識と能力と権限を持ち，他のサービスシステムとの契約（公式の価値提案）や約束（非公式の価値提案）を創造できる法的主体である．人間は，（例えばテクノロジーや共有情報といった）資産を持つことができる．また，多くのサービスシステムにおける役割を担うもの（[利害関係者] を参照）として現代社会に存在している．人間は，時が経つにつれて知識と能力を習得し変化させることができ，複雑かつ適応的である．人間は固有のライフサイクルと寿命を持っている．さらに，価値提案を創造するために利用可能なリソースでもある．彼らはまた，サービスシステムの最小の単位でもあり，リソースを構成し，他のサービスシステムとの相互作用を通じて価値を創造することができる．

バックステージのサービス活動　顧客との直接の相互作用を持たない活動．例えば，銀行の事務管理部門の仕事であったり，教師が学生のための教材を作成することであったりする．情報処理は，典型的なバックステージのサービス活動である．

フロントステージのサービス活動　顧客と直接相互作用を持つ活動．例えば，医者による患者との会話や診察や，教師による学生への講義が該当する．顧客コミュニケーションは，典型的なフロントステージのサービス活動である．

分野横断的（トランスディシプリナリ）　既存の学問領域の知識を超越，あるいは拡大していること．例えば，記号推論や一般システム理論は，すべての学問領域に適用可能であると考えられており，それゆえに分野横断的知識に分類される．

ムーアの法則　1 チップ当たりのトランジスタの数は約 2 年ごとに倍になるという予測．1965 年にインテルの共同創業者である Gordon Moore が提唱し，40 年以上にもわたって実証され続けている．

利害関係者　利害関係者には，サービスシステムの参加者と，間接的に影響を受けるその他の人々が含まれる．「名前を持つ参加者」である利害関係者は役割分担者とも呼ばれ，サービスシステムにおいて名前のある役割を果たすことになる人間あるいは他のサービスシステムである．

すべてのサービスシステムにおける主要な二つの役割は，顧客と提供者である．成功する価値提案を創造するためには，関係当局や競合者の役割について考えておくことも重要である．役割分担者の例としては，企業における従業員と顧客，国家における政治家と市民，学校における教師と生徒，病院における医師と患者，家庭における親と子が挙げられる．

29.8　附記

■ 附記 I：大学でのイニシアティブ

表 29.1 は，SSME に関連した大学でのイニシアティブの例を示している．2009 年 4 月時点で，50 か国 250 大学が関連研究を行っていた．

表 29.1　世界の大学におけるサービスサイエンス関連活動事例

University	SSME initiatives
Arizona State University (USA)	Center for Services Leadership
Bahcesehir University (Turkey) and Northeastern University (USA)	Information Technologies Service Management
Carnegie Mellon University (USA)	IT Services Qualification Center
Howe School of Technology Management (USA)	Service Management tracks, Master of Science in Information Systems
Karlstad University (Sweden)	Master Programme with a Profile in Service Science
Masaryk University (Czech)	SSME Master Degree in the Faculty of Informatics
Michigan Technological University (USA)	Service Systems Engineering courses for undergraduate studies
National Tsing Hua University (Taiwan)	Institute of Service Science
North Carolina State University (USA)	Service Engineering concentration, MS in Computer Networking; Service Management and Consulting concentration, MBA
Ohio State University (USA)	Initiative for Managing Services, Fisher College of Business
Peking University (China)	Department of Service Science and Engineering
Politecnico di Milano (Italy)	Service Engineering and Technologies Master Program
San Jose State University (USA)	SSME Undergraduate and MBA concentration
Swiss Institute of Service Science (Switzerland)	Zurich University of Applied Sciences, University of Applied Sciences Western Switzerland and University of Applied Sciences North-West Switzerland
University of Cambridge	Service and Support Engineering Programme
University of Manchester (UK)	SSMEnetUK
University of Porto (Portugal)	Master in Services Engineering and Management
University of Alberta (USA)	Service Systems Research Group
University of California at Berkeley (USA)	Information and Service Design Program
University of California at Merced (USA)	Minor in Service Science and Management
University of California at Santa Cruz (USA)	Knowledge Services and Enterprise Management
University of Maryland (USA)	Center for Excellence in Service
University of Pennsylvania (USA)	Fishman-Davidson Center for Service and Operations Management
University of Sydney (Australia)	IT Professional Services course
東京大学（日本）	サービスイノベーション研究会

■ 附記 II：サービスイノベーションロードマップ

　表 29.2 は，国によるサービスイノベーションロードマップ（SIR）報告書から，いくつかを示している．これらのレポートは，利害関係者に重点を置いて連携を促し，過去と将来のサービスイノベーションの投資の基準を定め，そして，これまでの進展や試みを報告するためのものである．さらに，スマータープラネットの実現に必要なサービスシステムの改善のために，パブリックプライベート研究パートナーシップ（PPRP）プログラムの基礎を築いていくことも目的の一つである．

表 29.2　世界各国におけるサービスイノベーションロードマップ事例

Nation	Service Innovation Roadmap title	Year
Finland	Serve - Innovative Services Programme, Tekes	2006
USA	Service Enterprise Systems Program, National Science Foundation	2006
USA	Study of Service Science, The National Competitiveness Investment Act	2007
UK	Supporting innovation in services	2008
Netherlands	Service innovation and ICT: vision and ambition	2008
Ireland	Catching the Wave: A Service Strategy for Ireland	2008
Australia	Science and Technology-Led Innovation in Services for Australian Industries	2008
Korea	Measures to Vitalize R&D in Service Industry	2009

参考文献

Abbot, Andrew (1988) The System of Professions: An Essay on the Division of Expert Labor. University of Chicago Press. Chicago, IL.

Allee, Verna (2002) The Future of Knowledge: Increasing Prosperity through Value Networks. Butterworth-Heinemann.

Alter, S. (2006). The Work System Method: Connecting People, Processes, and IT for Business Results. Larkspur, CA: Work System Press.

Anderson, J.C., N. Kumar, and J. A. Narus (2007) Value Merchants: Demonstrating and Documenting Superior Value in Business Markets. Harvard Business School Press. Cambridge, MA.

Beinhocker, Eric D. (2006) The Origin of Wealth: Evolution, Complexity, and the Radical Remaking of Economics. Harvard Business School Press. Cambridge, MA.

Bell, Daniel (1973) The Coming of the Post-Industrial Society: A Venture in Social Forecasting. Basic. New York, NY.

Board on Higher Education and Workforce (BHEW) (2008) Science Professionals: Master's Education for a Competitive World. Committee on Enhancing the Master's Degree in the Natural Sciences. The National Academies Press. Washington, DC.

Chase, R. B. (1981). The customer contact approach to services: theoretical bases and practical extensions. Operations Research, 29(4): 698-706.

Chesbrough, H. and J. Spohrer (2006) A research manifesto for services science. Communications of the ACM. 49(7). July. 35-40.

Christensen, C., S. D. Anthony and E. A. Roth. (2004). Seeing What's Next: Using Theories of

Innovation to Predict Industry Change. Boston: Harvard Business School Press.

Clarke, J., J. E. Newman, N. Smith, E. Vidler and L. Westmarland. (2007). Creating Citizen-Consumers: Changing Publics and Changing Public Services. London: Sage.

Cohen, S. S. and J. Zysman (1988) Manufacturing Matters: The Myth of the Post-Industrial Economy. Basic, New York.

Collins, H. and M. Kusch (1999) The Shape of Actions: What Humans and Machines Can Do. MIT Press. Cambridge, MA. (See also: http://en.wikipedia.org/wiki/Interactional_expertise).

Collins, J. (2006). Good to Great and the Social Sector. London: Random House.

Council on Competitiveness. (2008). Thrive: The Skills Imperative, Washington D.C.: Council on Competitiveness.

Derry, S. J., C. D. Schunn and M. A. Gernsbacher. (2005). Interdisciplinary Collaboration: An Emerging Cognitive Science. London: Psychology Press.

Fisk, R. P., S. W. Brown, and M. J. Bitner. (1993). Tracking the Evolution of the Service Marketing Literature, Journal of Retailing, 69 (1):61-103.

IBM (2005). Services Sciences: A new academic discipline? Available at http://almaden.ibm.com/asr/SSME/facsummit.pdf

IfM and IBM. (2008). Succeeding through Service Innovation: A Service Perspective for Education, Research, Business and Government. Cambridge, United Kingdom: University of Cambridge Institute for Manufacturing. ISBN: 978-1-902546-65-0.

Innovate America (2004) Report of the National Innovation Initiative, December.

International Labour Organisation (ILO). (2007). Key Indicators of the Labour Market (KILM), 5th edition.

International Labour Organization (ILO). (2008). Global Employment Trends 2008. Available at http://www.ilocarib.org.tt/portal/images/stories/contenido/pdf/LabourMarketInformation/get08.pdf

Johnston, R. (2005). Service operations management: from the roots up. International Journal of Operations and Production Management, 25 (12), 1298-1308.

Johnston, R. (2007). The internal barriers to service quality: reviving TQM. POMS Service College Conference, London, UK, 12-13 July 2007.

Leonard-Barton, D. (1995). Wellsprings of Knowledge: Building and Sustaining the Sources of Innovation. Boston: Harvard Business School Press.

Lovelock, C., & Gummesson, E. (2004). Whither services marketing? In search of a new paradigm and fresh perspectives. Journal of Service Research, 7(1): 20-41.

Mansfield, J. W. (1981). Human factors of queuing: a library circulation model, Journal of Academic Librarianship, 6(6): 342-4.

March, J.G. (1991) Exploration and exploitation in organizational learning. Organizational Science. 2(1).71-87.

Miles, I. (2003). Services Innovation: coming of age in the knowledge-based economy. In B. Dankbaar (Ed.), *Innovation Management in the Knowledge Economy* (pp. 59-82). London: Imperial College Press.

National Academy of Engineering. (2007). Rising Above the Gathering Storm: Energizing and Employing America for a Brighter Economic Future. Washington D.C.: National Academies Press.

Nambisan, S. and M. Sawhney (2007) The Global Brain: Your Roadmap for Innovating Faster and Smarter in a Networked World. Wharton School Publishing.

Normann, R. (2001) Reframing Business: When the Map Changes the Landscape. Wiley, Chichester, New Sussex.

Parasuraman A., V. A. Zeithaml, and L. L. Berry. (1985). A conceptual model of service quality and its implications for future research. Journal of Marketing, 49(4): 41-50.

Reich, Robert (2007) Supercapitalism: The Transformation of Business, Democracy, and Everyday Life. Knopf. New York, NY.

Ren, Guang-Jie (2009) Service Business Development in Manufacturing Companies: Classification, Characteristics and Implications. Doctoral Dissertation. University of Cambridge, Cambridge, United Kingdom.

Ricketts, J.A. (2007) Reaching the Goal: How Managers Improve a Services Business Using Goldratt's Theory of Constraints. IBM Press. New York, NY.

RTI international. (2005). Measuring Service-Sector Research and Development. RTI Project Number 08236.002.004.

Sampson, S. (2001). Understanding Service Businesses: Applying Principles of Unified Services Theory, New York: John Wiley and Sons.

Sanz, J. L., N. Nayak, and V. Becker (2006). Business Services as a New Operational Model for Enterprises and Ecosystems. The 8th IEEE International Conference on E-Commerce Technology and The 3rd IEEE International Conference on Enterprise Computing, E-Commerce, and E-Services (CEC/EEE'06), 2006.

Smith, A. (1776). An Inquiry into the Nature and Causes of the Wealth of Nations. London:Methuen & Co.

Spitzer, Dean R. (2007) Transforming Performance Measurement: Rethinking the Way We Measure and Drive Organizational Success. AMACOM.

Spohrer, J. & Kwan, S. K. (2009). Service Science, Management, Engineering, and Design (SSMED): An Emerging Discipline - Outline & References. Int. J. of Information Systems in the Service Sector, 1(3).

Spohrer, J. & Maglio, P.P. (2009). Service science: Toward a smarter planet. W. Karwowski & G. Salvendy (Eds.), Introduction to service engineering.

Spohrer, J, Maglio, P.P., Bailey, J., Gruhl, D. (2007). Steps towards a science of service systems. IEEE Computer, 40(1), pp. 71-77.

Sterman, John D. (2000) Business Dynamics: Systems Thinking and Modeling for a Complex World. Irwin McGraw-Hill. Boston, MA.

Teboul, J. (2006) Service Is Front Stage: Positioning Services for Value Advantage. INSEAD Business Press, Palgrave MacMillan.

Vargo, S. L. and R. F. Lusch. (2004) Evolving to a New Dominant Logic for Marketing. Journal of Marketing, 68, 1-17.

Womack, J. P. and Jones, D. T. (2005) Lean Solutions: How Companies and Customers Can Create Value and Wealth Together. Free Press. New York, NY.

第30章

日本におけるサービスサイエンスの動向[1]

☐ 日高一義
　IBM 東京基礎研究所

　この章では，サービスイノベーションおよびサービスサイエンスに関する日本の大学や政府の最近の状況を報告する．大学，政府の研究所，および行政に携わる人々は，新たな経済成長のためのアイデアを追い求めているが，この傾向は 2008 年後半の経済危機以来いっそう強くなっている．サービスイノベーションは，この新しいアイデアを追求する領域として有力な候補と考えられる．また，サービスサイエンスは，このサービスイノベーションにおける基礎的な知識体系を構築するものとして，大変に有用であるように思われる．

30.1　はじめに

　2005 年に日本にサービスサイエンス（service science, management, and engineering; SSME，以下サービスサイエンスと表記）という言葉が紹介されてから，この新たな学術エリアは人々の関心を引き付けてきた（Hidaka, 2006）．それは，日本において新たな経済成長の牽引車が求められており，サービスサイエンスがその基礎を提供できるのではないかと期待されてきたからであると思われる．

　日本経済におけるサービス活動は，国内総生産（図 30.1）においても就労人口（図 30.2）においても伸びている．この傾向は，サービス産業の発展と製造業におけるサービスの進展により加速されている．しかしながら，表 30.1 に示すように，サービス産業の労働生産性の伸び率は他の国より低く，このことは，日本の製造業の労働生産性の伸び率が他の国より高い水準にあることを考えれば，日本の顕著な負の特色となっている．このサービス業の労働生産性の低さは，日本経済の深刻な問題と見なされ，サービス業の労働生産性の向上を目指す新たな政策が打ち出されている（Ministry of Economy, Trade, and Industry, 2007）．

　ドラッカーは，高い労働生産性の知識集約的ビジネスと低い労働生産性のサービスビジネスとの対立が，ポスト資本主義社会の新たな対立構造を生み出すことを指摘して

---

[1]. 【訳注】本章の内容は 2009 年時点の情報に基づいている．

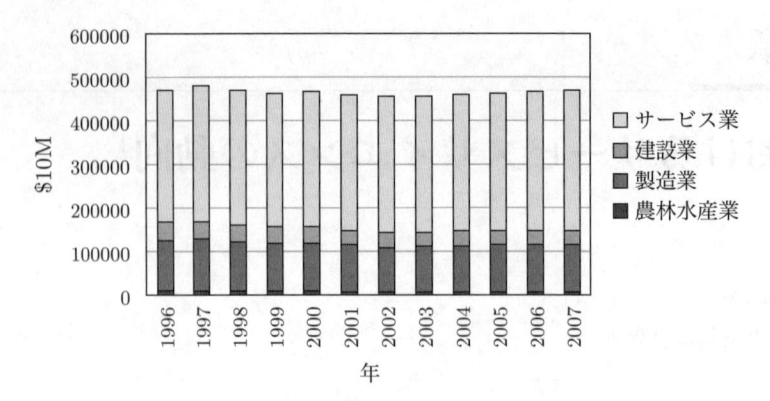

図 30.1　日本における国内総生産の推移（内閣府資料 2009）

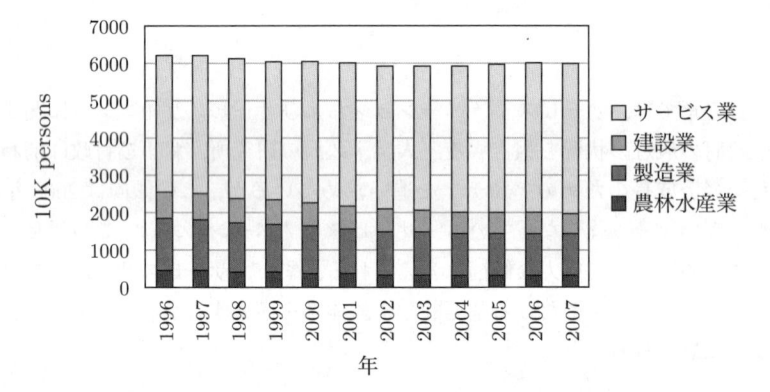

図 30.2　日本における就労人口の推移（内閣府資料 2009）

表 30.1　労働生産性の伸び率（1995〜2003）（経済産業省資料 2007）

	アメリカ	イギリス	ドイツ	日本
製造業	3.3%	2.0%	1.7%	4.1%
サービス業	2.3%	1.3%	0.9%	0.8%

いるが（Drucker, 1993），ある意味では日本はすでにこの状況に達しているのかもしれない．

　サービスサイエンスはポスト資本主義社会への道程における社会，産業の問題を解決する役割を果たすことが期待されているとも言える．サービスサイエンスの役割として，二つのものが考えられる．それは，(1) より良いサービスのための科学としての役割，すなわち科学的・工学的手法の適用により現在のサービスを改善するための知識と方法論を提供することと，(2) 新たなサービスのための科学としての役割，すなわち新たな価値を共創するプロセスの開発を通じた，新たなサービスビジネスを創造するイノベーションの方法論を提供することである．

　サービスサイエンスの研究領域には，以下のものが含まれる．

- サービスイノベーションを評価する方法とツールの開発
- サービス価値を定量的評価する方法とツールの開発

- サービス価値のモデル化と最適化
- サービス知の視覚化と定式化
- サービスの生産性を向上するテクノロジーの開発
- サービスの価格を設定するためのモデルの構築と方法の開発
- サービスの生産性を測定するメトリクスの定義と測定方法の開発
- サービスのテスト
- サービスプロジェクトのリスク管理
- サービス実行組織のパフォーマンス分析
- サービスイノベーションにおける多様な知識を統合する方法

　日本人も他国の人たちも，日本の旅館やレストランなどに顕著に見受けられる「おもてなし」の先進性は認めている．しなしながら，これらの優れたサービスは，きわめて人手に依存した無形な高付加価値に基づく．それらは，サービス従事者の個人的な信念の賜物であり，ビジネスと日本文化の調和によりなされており，環境に優しい持続性の高いサービスビジネスである場合が多い．それゆえ，日本におけるサービスサイエンスへの重要な問いかけの一つは，「日本のサービス実践の優れた側面である無形の高付加価値を，西欧的な生産性重視の世界の中で，いかにして訴求できるか？」である．これは，「日本的なおもてなしの良さを通して，我々日本人はいかにして国際競争力を身につけることができるのか？」というと問いかけでもある．

30.2　日本の大学におけるサービスサイエンス

30.2.1　サービスイノベーション人材育成

　2007年から文部科学省は大学においてサービスイノベーターを育成するプログラムを開始した．このプログラムにより13大学が公的資金の投資対象となり，サービスサイエンスの教育に現在取り組んでいる．開発された各大学の教育資料は，最終的には他の大学に公開される予定である[2]．以下が各大学の活動の概要である．

■ 東北大学

　サービスの生産性を業界レベルと企業レベルの双方において評価でき，また新たなサービスを創造することもできるサービスイノベーションマネージャーを育成することを目的とする．数理科学，工学，経済学，経営学などの統合によってなされる新たな教育プログラムを開発するとともに，サービス生産性を計測し，評価し，改善するプロジェクトを立ち上げる．

■ 筑波大学

　筑波大学の経営学修士課程において，顧客視点のビジネスイノベーションを実現するための分野融合的教育プログラムを構築する．また，高度なサービス実践家を育成する

---

[2]. 【訳注】2012年時点でこのプログラムは終了し，結果および成果物は，http://www.mext.go.jp/a_menu/koutou/service/index.htm で公開されている．

ためのサービスイノベーション教育データベースを構築する．最終的には，他の大学や企業に提供できる教育プログラムを開発する．

■ 東京工業大学

サービスの設計，評価，およびイノベーションを科学技術に基づき実現することを通じて社会サービス価値を創造できる人材を育成することを目指す．21世紀の大学院における分野横断的な教養教育プログラムの確立を目指す．

■ 西武文理大学

ケースメソッドに基づくパッケージ化された教育プログラムを開発する．分析，決定，創造の能力を備えたサービス実践におけるミドルクラスのマネージャーの育成にフォーカスしたカリキュラムを開発する．

■ 明治大学

サービスイノベーターを育成するカリキュラムを開発するために，サービスイノベーションを二つのレイヤーに分けて考える．第1層は標準化を指向する論理層であり，第2層は例外や暗黙知を取り扱う個別化層である．第1層のイノベーションのために経営学，サービスマネージメントの理論，情報学，行動科学に基づく統合的知識を提供し，第2層のイノベーションのために暗黙知の科学に取り組む．

■ 京都大学（経営管理大学院）

高品質サービス社会をリードするサービスクリエイティブクラスの人材を育成するために，人類学と情報技術に基づくサービス価値創造のための教育プログラムを開発する．

■ 京都大学（薬学研究科）

ユビキタス健康社会の最新ニーズに対応した実践型人材育成のための教育プログラムを開発する．

■ 滋賀大学

公共的対話と知的共同作業をベースにイノベーティブな「心の習慣」と「イノベーション評価能力」を養成し，地域的競争力の強化に役立つ人材育成教育プログラムを開発する．

■ 神戸大学

サービスイノベーションを定式化し分類することを通じて，ケースメソッドに基づくビデオ教材を開発することを目指す．サービス産業における価値創造・獲得を果たすイノベーション創出のための人材育成プログラムを目指す．

■ 北陸先端科学技術大学院大学

大学院知識科学研究科における技術経営に併設して，サービス経営（management of service）を設立する．科学技術，人間科学，社会科学，経済学からのアプローチによる，サービスイノベーションのすべての局面に対応したプログラムを開発する．

■ 慶応大学

IBM BCS（Business Consulting Services）の協力を得て，知識集約型プロフェッショナルビジネスサービスにおけるサービスリーダー育成のためのインターンシッププログラムを開発する．

■ 早稲田大学

金融工学の知見に基づく金融マーケットシミュレータを開発する．世界記入市場で活躍できるサービスリーダーを育成するためのシミュレータを用いた教育プログラムを開発する．

■ 関西大学

数理科学およびデータマイニングのスキルを身につけ，ビジネスプロセスを的確に分析できるようなビジネスコンサルタントを育成するための教育プログラムを開発する．

30.2.2 東京大学サービスイノベーション研究会

東京大学産学連携本部が主催するサービスイノベーション研究会は，サービスイノベーションに関する調査研究を行い，最終報告書と提言をまとめた（University of Tokyo, 2009）．この研究会は，情報科学，工学，人文科学，社会科学など多岐にわたる学問分野の教員，および日本の代表的な IT 企業のビジネスおよびテクノロジーのリーダーで構成されていた．

この研究会の研究対象は，情報技術に深く関係したサービスにおけるイノベーションである．研究会はサービスを科学することの重要性を認識し，サービス情報基盤を構築することを提案している．サービス情報基盤は情報に基づくサービスシステム一般に共通の基本的知識と方法，ツールの集合体である．この情報基盤はサービス提供者がサービスの問題解決を行うために必要な具体的なツールを提供する．サービスイノベーションにとってきわめて重要な研究エリアは，(a) 人間の心理および行動，(b) 巨大データの取り扱い，(c) システムの複雑性，(d) 進化と変異の取り扱い，(e) 合意形成とシステム設計などである．

30.3　産業における動向

30.3.1　経済産業省の政策

2006 年に，経済産業省は経済成長戦略大綱を設定した．この大綱の中で，同省は国内総生産の成長率の目標を 2.2% に設定している．この成長を成し遂げるためには，日本の戦略的重要領域として，(a) 国際競争力の強化，(b) 情報技術を用いたサービス産業の生産性の向上，(c) 地方経済と中小企業の活性化，(d) 改革の断行による新たな需要の創出，(e) 社会インフラへの投資を挙げている．2008 年の世界金融危機以降，日本経済の成長率は目標をはるかに下回っている．それゆえ，サービスイノベーションに対する期待がいっそう高まっているとも言える．この大綱を実現するために，経済産業省は，

サービスイノベーションを促進するための研究・開発を推進するプログラムを実施している．

30.3.2　産業技術総合研究所サービス工学センター

2008 年に産業技術総合研究所は，サービス工学センターを設立した．このセンターは，サービス提供者の生産性の向上と，サービス消費者にとってのサービス品質の向上を，サービス工学のアプローチを開発することにより目指す．彼らは，(a) サービス提供現場における提供者と消費者の相互作用の観察，(b) データの分析，(c) モデルの構築，(d) システム設計，(e) システムのサービス現場への適応，(f) a〜e の反復，というアプローチにより，方法論とツールの開発を目指している．

30.3.3　日本 IBM

日本 IBM は，SSME University を開設し，学会・産業界からの講演を中心とした，大学教員向けの一連のセミナーを行っている．

30.4　邦訳に伴う補足

2010 年より，科学技術振興機構社会技術研究開発センターにより，問題解決型サービス科学研究開発プログラムが実施され，競争的資金導入による本格的なサービス科学の研究開発が行われるようになった (http://www.ristex.jp/examin/service/index.html)．2012 年には，サービス学会（Society of Serviceology）が設立され，サービスサイエンスに関する学術的なコミュニティに大きな進展が見られた (http://ja.serviceology.org/)．

参考文献

Cabinet Office, Government of Japan (2009). *Annual Report on National Accounts.* Available at http://www.esri.cao.go.jp/jp/sna/h19-kaku/21annual-report-j.html

Cabinet Office, Government of Japan (2009, Jun). *Quarterly Estimates of GDP*: Jan. - Mar. 2009 . Available at http://www.esri.cao.go.jp/jp/sna/qe091-2/main1.pdf

Drucker, P. F. (1993). *Post Capitalist Society.* New York: HarperCollins.

Hidaka, K. (2006). Trends in Services Sciences in Japan and Abroad, *Science & Technology Trends Quarterly Review* No.19, pp. 35-47, National Institute of Science and Technology Policy, Ministry of Education, April 2006.

IBM Japan (2009). SSME University, Available at http://www-06.ibm.com/software/jp/academic/skills/ssme/ssme2009.html

Ministry of Economy, Trade, and Industry (2007). *Towards Innovation and Productivity Improvement in Service Industries.* Commerce and Information Bureau, Service Unit, Japanese Ministry of Economy, Trade, and Industry, April 2007. Available at http://www.meti.go.jp/english/report/downloadfiles/0707ServiceIndustries.pdf

Ministry of Economy, Trade, and Industry (2006). *New Economic Growth Strategy of Japan*

Available at http://www.meti.go.jp/policy/economic_oganization/s_senryaku.html

University of Tokyo (2009), *Towards the Establishment of an Informatical Foundation of Services to Realize Innovation*, Service Innovation Research Initiative, Division of University Corporate Relations, University of Tokyo. Available at http://www.ducr.u-tokyo.ac.jp/service-innovation/pdf/090331teigen-en.pdf

経済成長戦略大綱, http://www.meti.go.jp/topic/downloadfiles/e60713cj.pdf

第31章

イノベーションとスキル
――将来のサービスサイエンス教育

- **Linda Macaulay**
  Centre for Service Research
  Manchester Business School
  The University of Manchester
- **Claire Moxham**
  Centre for Service Research
  Manchester Business School
  The University of Manchester
- **Barbara Jones**
  Manchester Institute of Innovation Research
  Manchester Business School
  The University of Manchester
- **Ian Miles**
  Manchester Institute of Innovation Research
  Manchester Business School
  The University of Manchester

　Maglio & Spohrer（2008）は，複数の領域をまたぐ能力とスキルを育成し，柔軟で問題解決力に富む人材を供給することの必要性を論じている．このことに異論の余地はないが，サービス経済における主要なスキルエリアや，スキル要件と教育のあり方との間の関係などについての理解は，いまだ十分ではない．本章では，サービスの範囲と多様性について論じ，より高度なスキルと知識の需要についての見通しを示す．コンテキスト，内容，構成という観点で，教育のあり方を検討し，複雑なサービス経済からの要求に応えられる高等教育を実現する上での課題について論じる．

31.1　はじめに

　現代社会はサービス経済として広く知られており，実際，ほとんどのOECD（経済協力開発機構）加盟国において，サービスセクターが，雇用と付加価値の大半を占めている．経済の全セクターにおいてサービス業務が浸透してきており，多くの製造業やその他の企業において，「製品サービス」（アドバイス，アフターセールス，モノ製品を補

完するサービス）に真剣に取り組んでいる．多くの製造業企業は，このようなサービス活動や製品の組み合わせが，彼らの従来のモノ製品への集中に取って代わったと見ている（Spring & Araujo, 2009）．サービスは経済活動の究極の対象であるという考え方が，非常に多くの経営哲学に新しい方向を与えた．この変革（新しい「サービスドミナントロジック」（Vargo & Lusch, 2004））は，多くの従来確立されていたアプローチや慣習の見直しを迫っている．新しい知識を必要とするトピックを切り開くとともに，教育やトレーニングを通じて，どのような既存の知識が互いに統合され意思疎通が図られるべきかを，一般的に明らかにしている．

高等教育にとっての課題は，新しい「サービスサイエンス」という学問分野を作り上げ（Horn, 2005），将来のサービス経済のニーズを満たすカリキュラムを設計することである．このタスクは非常に複雑である．なぜなら，大学は将来のスキル要件だけでなく，業務組織の様々な将来のシナリオを想定して，その中で必要となるスキルの組み合わせを考慮しなければならないからである．

新たに立ち上がったサービスサイエンスのプログラムの例はあるが，その多くは，単一の学問分野（例えば，サービスマーケティング）に立脚しているか，さもなければ既存のプログラムの漸進的な改良に留まっている．このため，サービス経済の複雑なニーズに応えるカリキュラムを設計することにもっと注力するべきであると主張されている．サービスサイエンスは本質的に学際的であるが，その一方で，サービス企業は，深い専門知識と広範なスキルを併せ持つ人を必要としている．すべての企業が同じ要件を持っているわけではない．例えば，知識集約型サービス，技術サービス，プロフェッショナルサービス，ビジネスに関連した創造的サービスは，すべて，非常に異なるコンテキストをサービス教育に要求している．

業務組織の常に変化し続ける性質が，教育者にさらなる課題を提示する．ますます多くのサービス従事者が，作業プロセスが絶え間なく再設計されているような革新的なプロジェクト作業を通じて，自らのスキルを磨いている．サービス活動は，組織や国境をまたいで活動するチームや個人のネットワークとプロジェクトベースの仕事により実施されるようになってきている．教育における課題は，複数のプロジェクトチームに参画する能力とともに，柔軟性，創造性，イノベーション，問題解決の質を高めることにつながるカリキュラムを設計することである（Maglio & Spohrer, 2008）．

ケンブリッジ大学で行われた初期の取り組み（IfM & IBM, 2007）では，学問分野としてのサービスサイエンスを作り上げるための，三つの考えうるアプローチについて議論がなされた[1]．

1. 「スーパー」マルチディシプリナリ ── 妥当であればまだ合意されていない学問分野や機能もすべて取り込むアプローチ
2. マルチディシプリナリ ── 主要な学問分野や機能の要素を取り込むアプローチ
3. インターディシプリナリ ── 学問分野間の協業に基づき様々な学問分野を一体化することを試みるアプローチ

本章では，ヨーロッパのサービス産業における将来のニーズに焦点を当てることで，

---

[1] 【訳注】三つのアプローチのより詳細な説明については，第29章を参照．

学問分野としてのサービスサイエンスに関する議論に貢献したい．また，将来のニーズと教育の構成を結び付けることで，サービスサイエンスのカリキュラムにも貢献したい．

　本章は三つの部分からなる．31.2節では，サービスを生み出す様々な方法や，サービス活動の幅広さといった，サービスの多様性について説明する．サービスの業務については従来から定義が存在しており，様々なセクターにおける新卒採用のレベルを分析する際などに使われている．しかし，従来のスキルの定義は，仕事の技術要素や必要なトレーニングのレベルに基づいていて，もはや将来のサービス経済にとって十分とは言えない．31.3節は，より高度なスキルと知識の需要の見通しを提示し，将来の業務組織についてのいくつかのシナリオや，将来の経済のニーズに適したより複雑なスキルプロファイルの分類について議論する．31.4節では，これらのニーズに即し，また，個人と企業の双方にとって妥当で価値ある投資となるようなサービスサイエンスのカリキュラムを作る上での，高等教育の課題を議論する．

31.2　サービスの多様性

　サービスは，様々な方法で，立ち上げられ提供される．多くの従来のサービスマネージメントは，人対人のサービスに関する分析である．ここでのサービスインタラクションは，主として，クライアントと人間のサービス提供者との間のインタラクションを指す．人対人のサービスシステムでは，この二者間のインタラクション以上のものが必然的に含まれる．サービスシステムのアーキテクチャには，専用の建物や物理的インフラという「サービススケープ」や，物質的ツールによる支援が含まれる（例えば，手術，授業，レストラン，輸送設備を想像してほしい）．また，サービス提供者は，人とITシステムを結び付ける形態にますます移行してきた．人とITシステムが連携する形態では，人々は，ワークステーション，ウェブサイト，その他のITエージェントやインターフェースとやり取りし，サービスを得る．それは，背後の承認，梱包，発送，その他の中心的サービスの遂行に人間が関わっているかどうかによらない．ITシステム同士は，ITシステム間連携のフレームワークの中で連携している．例えば，金融サービスにおける「ロボットトレーディング」，より馴染みのある例では，自動的にニュースフィードやその他の情報リクエストの更新を行う検索エンジン，eBayを自動化しているオークションソフトウェアなどが挙げられる．ただし，人対人のサービスが一方的にIT間のサービスに移行すると考えるのは，単純化しすぎた見方である．イノベーションはしばしばこの方向のトレンドを支援するが，その一方で，逆向きの力もある．例えば，顧客との直接の接触の多さ（ハイタッチ）が，技術の高度さ（ハイテク）よりも高く評価されることがある．イノベーションが，新しい人対人のサービスを生み出すことも可能なのである．

　サービスは非常に多様であり，特定のサービスセクターの内外を問わず，提供されるサービスのタイプやサービスの提供手段には，かなりのばらつきがあることに気づく．通常，あらゆる業種のあらゆる領域において，様々な種類のサービス活動を構成し，生産のシステムとして組織化している．これは，その主要な最終製品がモノかサービスか

によらない．生産者/消費者/公共サービス，知識集約とその他サービス（現在 OECD や CEC のアナリストの間でよく使われているアプローチ）など，サービスの分類方法は数多く存在するが，サービスセクターの分類に関するこれらの統計学者の試みは，非常に有用な議論のための出発点を提供してくれる．ヨーロッパの経済活動の統計分類 (NACE) などの現在の産業分類体系は，産業分類の国際体系（International System of Industrial Classification; ISIC）などの以前の枠組みよりも，サービス産業についてはるかに詳細な説明を提供している．NACE の最上位分類では，九つの項目を識別している．

1. G：卸売・小売取引（トレードサービス），および自転車・バイク・個人/家庭用品の修理
2. H：ホテルとレストラン（ホテル（HOtel），レストラン（REstaurant），ケータリング（CAtering）をつないで HORECA とも呼ばれる）
3. I：輸送・保管・通信
4. J：金融仲介
5. K：不動産・賃貸・ビジネス活動（統計分析ではしばしば J と K は，FIRE（Finance, Insurance, and Real Estate）グループとして一つにまとめられる．また，知識集約型ビジネスサービス（knowledge intensive business service; KIBS）は，「ビジネス活動」の中に位置づけられる）
6. L：公共行政・防衛，および義務的な社会保障
7. M：教育
8. N：医療・福祉
9. その他のコミュニティ/社会的/個人的サービス活動（多くの創造的で文化的な活動を含む．KIBS の一部も含まれる）

当初これらの産業は，分類後の残りの産業として位置づけられていたため，非常に多様であるにもかかわらず，サービスという一つのグループにまとめられている．20 世紀半ばの統計家たちが，主要な富の生産者であると見なした産業を分類した後に，残ったものがサービスである．しかし，今日，第 1 次産業や第 2 次産業と違って原材料や有形の人工物を生産しないということだけではない，いくつかの共通点をサービス産業は有している．無形の製品を生み出すことやクライアントとの密なやり取りなどの，サービスのよく知られた傾向に加え，我々はサービスを，何らかの対象に対して広範な変換をもたらす活動として分類することができる．サービス活動は通常，原材料（第 1 次産業）や形のある人工物（第 2 次産業）を作り出すのではなく，何らかの実体の状態を変換させる．大雑把に言えば，サービスプロセスが状態を変換させる実体は，3 種類存在する．

1. 形のある人工物：貨物輸送サービスや修理・保守・倉庫サービスなどにより，移動・保管・保守され，操作される．人工物には物品や建物，さらには公園などが含まれる．
2. 人：人の健康，社会福祉，容姿の状態は，いくつかの公共サービスや大半の個人向けサービスの中心的な関心事である．獣医サービスやいくつかの環境改善サービスなど，人以外の生物に類似の変化をもたらすものも含まれる．
3. シンボル：データの作成・伝達・処理，情報の提供・解釈，知識の生成・再現などのサービスがシンボルに対して実施される．例えば，金融サービスは財産権に

関する情報を処理し，電気通信サービスは情報を保管・移動し，コンサルティングサービスはアドバイスを提供する．

この3種類の単純な分類は，技術的イノベーションのタイプの差異と共通点を明確にするという点において，サービス産業の効果的なグループ分けを可能にする．特に，前述の九つのサービス項目において，IT が情報の処理および情報サービスの提供の中心的な役割を果たしていることがわかる．もちろん IT は，シンボル処理が本質であるサービス（特に金融サービス，通信，知識集約ビジネス）の中で，とりわけ注目されている（Miles, 2008）．とはいえ，すべてのサービスはその提供プロセス（例えば多様な形態のオフィスワーク）において情報処理を伴い，また，多くのサービスの本質は，情報を作り出してエンドユーザーに提供することである．このため，IT に基づくサービス，あるいはサービス内部のイノベーションは，IT 業界とサービス業界の双方から相当な注目を集めてきた．この IT に基づくイノベーションが，サービスに関する新たな学問を確立しようという試みを育む有効な触媒として働いたのである．

サービスにおける多くの初期の研究は，前述の HORECA などの，比較的熟練度を必要としない物理的で個人向けのサービスに焦点を当てていた．「サービスマネージメント」や「サービス品質」に関する研究が昔から数多く存在した．ここで，言及すべきことが2点ある．第一に，他の経営コンサルティングやコンピュータサービスなどと比べ，非常に多様なタイプのサービスがひとまとめにされたことは，サービスの研究領域の断片化を説明するのに役立った．非常に単純に言えば，それまでは，解決すべき意味のある共通の課題が，ほとんど認識されていなかった．最近になり，e コマースのウェブページのような領域において実績を積み，作り込まれた SERVQUAL 評価手法のような，サービス品質に関するアプローチを目にするようになった．短期的にも長期的にも，方法やコンセプトのさらなる発展的な普及が見込まれるようになったのである．

第二に，これらの例は，スキルと知識に関するサービス間の重要な差異を浮き彫りにしている．いくつかのサービス産業は，労働力の最大比率が低スキル労働者で構成されているという特徴を持つ．これは，しばしば，サービスの生産性がなかなか改善しないことの部分的な説明とされ，おそらく，サービス業がしばしば軽視される一つの理由である．対照的に，他のいくつかのサービス産業は，労働力に占める大卒の比率という点で最も知識集約的な領域である．また，産業界の求人情報によれば，広範な専門エリアをまたぐプロフェッショナルやエキスパートをマネージメントするスキルを有した従業員が切望されていることは，きわめて明白である．多くの新しいサービス業務で必要とされるスキルの特徴については，より多くの証拠が必要である．スキルプロファイルや能力要件を文書化する上で，我々のフレームワークは，まったく不十分である．スキル要件やそのマネージメント方法に関するさらなる理解が，まず必要である．

彼らの貢献を建設的につなぎ，合成する際には，焦点とアプローチに様々なものがありうることを認識する必要がある．現在のサービスに関する研究はきわめて断片化している．例えば，サービスイノベーション研究は，典型的には業界レベルで実施される．しかし，今日，個別企業レベルでの新サービス開発をただ場当たり的に分析するケースが増えつつあるこの文脈で，「新製品開発に関する方法論の多様性と洗練度（の高さ）とは対照的に，新たなサービスの開発に関する事例や方法論の洗練度は，サービ

スイノベーションの重要性に比べて不十分である．新しいサービス開発に関する研究の大半は，現状の実践を批判しているにすぎない」(Ginzberg et al., 2007)．この評価は，興味深いので言及しておきたい．これは，成長や福祉の重要な要素としてサービスイノベーションに払われている関心に対して，イノベーションがどのように実行されるか，また，どのように実行されたほうがよいかという関心（よりマネージメントに着目した研究）が不十分であることを暗に意味する．サービスイノベーションとはこういうものではないという分析は多分にあるが（R&D や R&D タイプのマネージメントプロセスとは別物であるなど），サービスイノベーションが実際の状況の中でどのような形態をとっているかの実例報告はあまりない．しかしながら，このような実例報告こそが，いかにしてサービスシステムが進化するかを理解する上で不可欠なのである．

　サービス研究の断片化は，異なる視点からサービスを考察したり，あるサービスのみを他と切り分けて探求しようという文献の中でよく見受けられる．おそらく断片化が進んでしまったのは，サービスの多様性だけでなく，学問を分類したり統計をとったりする際に，サービスが相対的に周縁として位置づけられてきたことに起因する．SSME の必要性に関する主張や，「サービスドミナントロジック」を取り入れることに対して多くの賛同を得るまでには，長い時間を要した (Hunt, 2004)．実際，今も議論の流れが変化していることが確認されており，サービスの専門家はサービスの独自性を主張しつつも，徐々にサービス業と製造業のアプローチや活動の統合を主張する立場に変化しつつある．これは，名目上の最終製品が何であるかにかかわらず，生産活動がサービスとモノの両方にまたがって連鎖している傾向を部分的に踏まえている．このため，「製品サービスシステム」という専門用語が使用されることも，ときどきある．ただ，サービスは活動であると同時に製品でもありうるため，もしかすると紛らわしい表現かもしれない．

　すべてのタイプの企業は，社内向け，顧客向け，パートナー向けに（アフターセールスサービスから研究支援サービスまでの）サービスを提供している．サービスとは，一つの当事者が他者（セルフサービスの場合は自分自身）のために引き受ける仕事，もしくは，その仕事の成果（顧客の輸送，娯楽，作成物の注文・修理・保管やその他の変化の提供）を表現するために使用される言葉である．形のある商品と同様に，企業や産業，行為や職業に当てはめ，サービスを数えられる対象として複数形の services で表現した言葉は，よりいっそう曖昧である．単数形の service も複数形の services も，それらの職業プロファイルは非常に多様である．低スキルの活動がある一方で，どのセクターでも，大卒の従業員が最大比率を占めるものがある（図 31.1 を参照）．

　サービスの仕事は，すべてのセクターにおいて，あるいはセクターをまたいで，至るところに存在する．図 31.1 の UK Community Innovation Survey 2006 のデータは，イギリスの企業を標準業界分類 (Standard Industrial Classification; SIC) コードで分類し，総従業員数に占める大卒の比率を示している．この数字は，技術ベースの KIBS とプロフェッショナル KIBS のビジネスサービスで特に際立っている．この調査（雇用者側からの回答に基づく）では，2004〜2006 年の 3 年間について，組織やマーケティングのイノベーションだけでなく，製品やプロセスのイノベーションに関する情報を集めている．大半の質問は，新規または著しく改良された物品やサービス，もしくは，新規または著しく改良されたプロセス，物流，流通の実施を対象としている．

　従来のスキル定義は，仕事の技術要素や必要なトレーニングのレベルに基づいてい

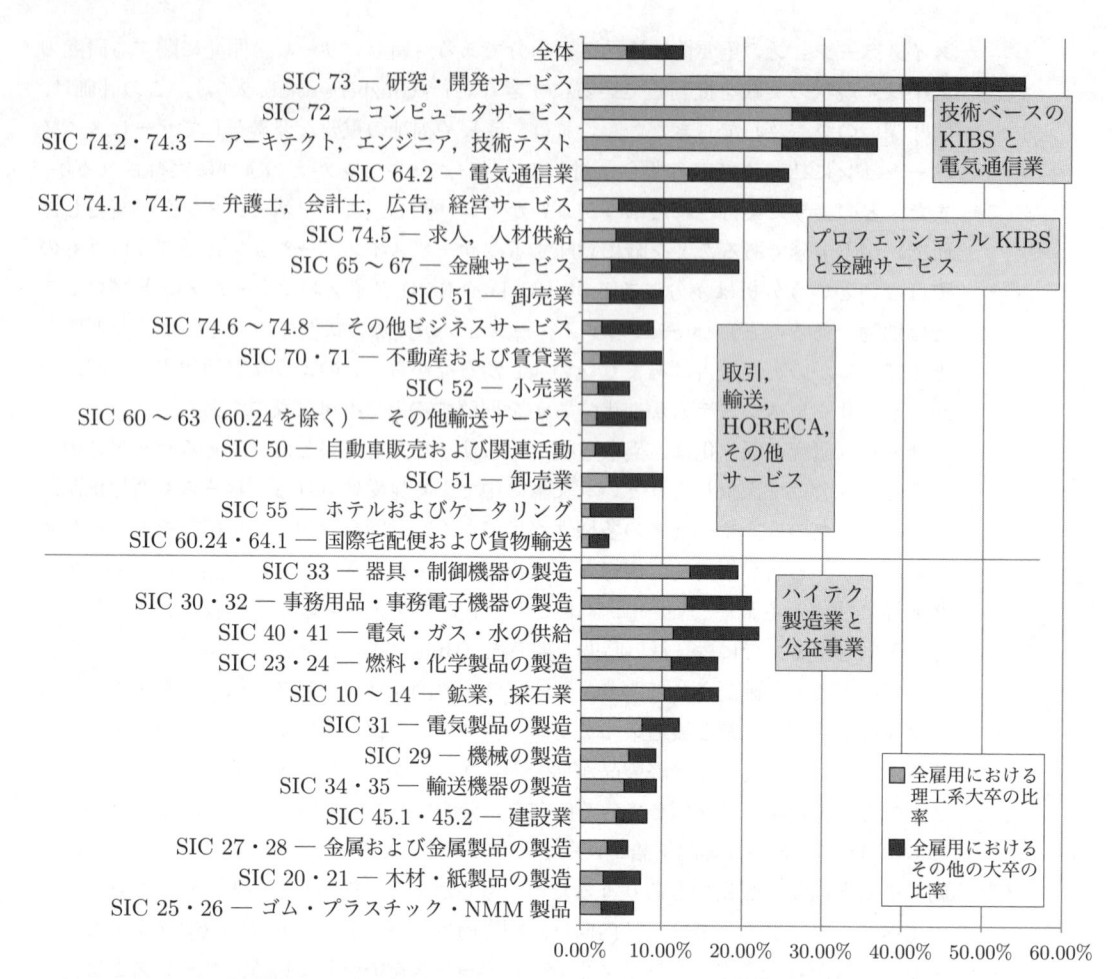

図 31.1　UK Community Innovation Survey 2006 の職業データ

て，サービスにおける新しい役割を担う上で必要な能力全体を十分にはカバーしていない．将来の「サービス経済」が，広範囲の専門職において，従来のスキル定義とは異なるスキルと能力を必要とすることは明らかである（Miles, 2005）．教育者や指導者にとっての課題は，必要な，あるいは将来必要になると思われるスキルや能力が何であるかを分解して明確化することと，適切な教育の実践でそのニーズに応えることである．

31.3　将来必要とされるスキルの需要の見通し

ヨーロッパの革新的なサービス産業における将来のスキルニーズ理解の予備調査として，European Techno-Economic Policy Support Network の調査（Miles et al., 2009）が委託実施された．この調査は，技術的なイノベーションの観点から，知識集約型サービス活動（knowledge-intensive service activities; KISA）に焦点を当てた．調査の主目的は，KISA における将来のスキル要件をより良く理解するためにはどのような研究が必要であるかを問題提起し，計画を立案することであった．KISA の概念は比較的新しい．KISA は「製造業もしくはサービス業の企業によるサービス活動の提供およびそれらの

統合であり，単独もしくは製造されたモノと組み合わせて実施される」と，経済協力開発機構（OECD）によって定義されている．KISA は，民間企業もしくは公共部門によって提供される．典型的な例としては，研究開発サービス，経営コンサルティング，IT サービス，ヒューマンリソースマネージメントサービス，知財関連事項の法律サービス，会計・財務サービス，マーケティングサービスなどが挙げられる．

KISA のコンセプトが導入された一因として，広く用いられていた KIBS（knowledge-intensive business service; 知識集約型ビジネスサービス）の考え方に限界があるという認識があった．KIBS は，民間企業や公共団体のビジネスプロセスを支援するサービスの提供に特化した企業である．これらは 3 種類の幅広いカテゴリ，すなわち，i) 技術サービス（コンピュータサポート，研究開発，エンジニアリング，工業製品やプロセスの設計など），ii) プロフェッショナルサービス（会計事務，法律サービス，市場調査），iii) ビジネス関連の創造的サービス（特に広告に分類されるもの．ただし，アーキテクチャや設計の要素も含む）．KIBS の考え方の限界は，専門家を抱える企業により提供され，他の組織に販売されているサービスのみを KIBS が扱っており，組織内の社員によって社内で提供される類似のサービスが考慮されていないことにある．KISA のコンセプトには，これらの社内サービスが含まれている．実際，すべてではないとしても，大半の専門職は，KISA として考えることができる．

図 31.2，図 31.3 は，産業別およびスキルレベル別の雇用予測を示す．ビジネスおよびその他サービス業，非市場サービス業（例えばボランティアサービス）において，高

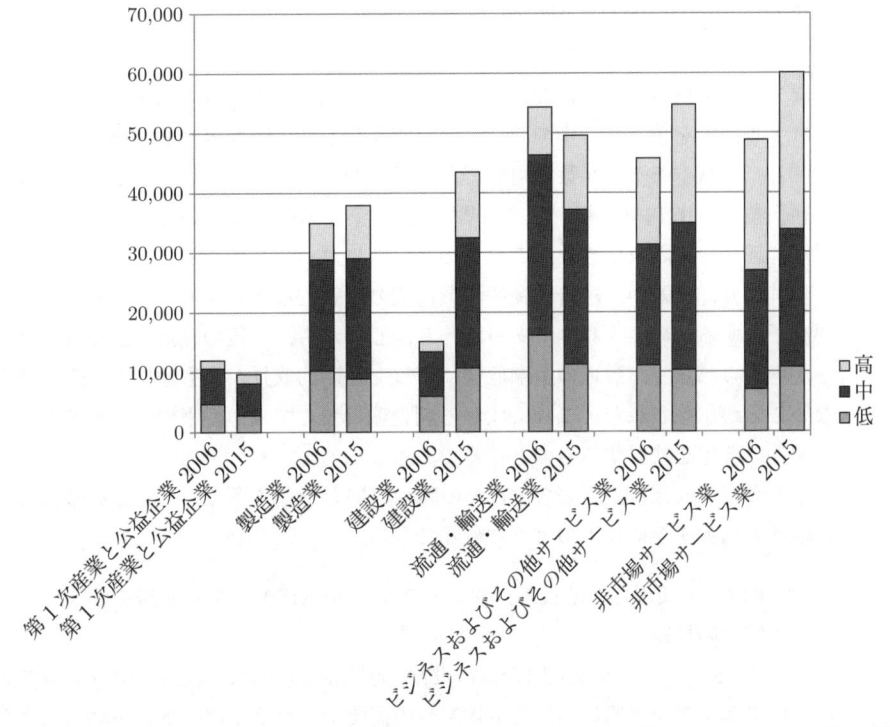

図 31.2 産業別およびスキルレベル別の雇用予測：高・中・低の 3 段階のスキルレベルごとの雇用の実数と予測（ヨーロッパにおける将来のスキル需要の中期的統合レポート（2008），CEDEFOP Luxembourg EC の pp100-103 の表 34a/34b に基づき作成）

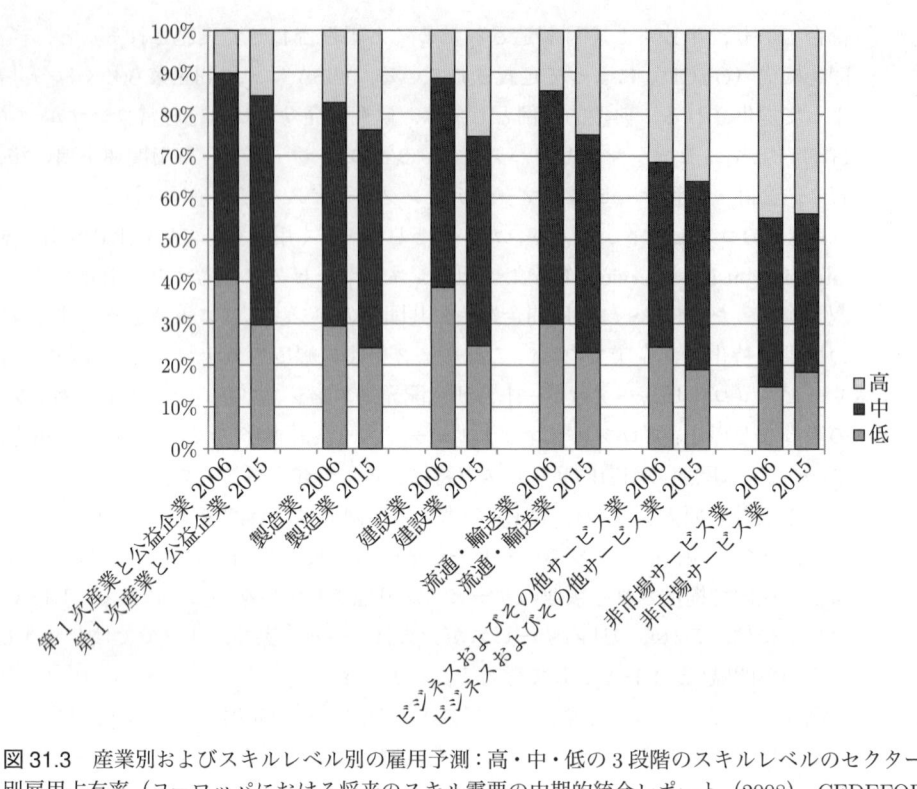

図 31.3 産業別およびスキルレベル別の雇用予測：高・中・低の3段階のスキルレベルのセクター別雇用占有率（ヨーロッパにおける将来のスキル需要の中期的統合レポート（2008），CEDEFOP Luxembourg EC の pp100-103 の表 34a/34b に基づき作成）

度なスキルを持つ大卒の需要が増大することが際立って予測されている．

　スキル需要を予測する中で，特定の専門職やより広範な専門的業務の需要のトレンドに関して，基本モデルが策定可能であることが見出された．いくつかの専門職（主に情報通信技術（ICT）関連）と一般的な専門的業務の両方について，定量的な需要トレンドが詳細に分析されてきた．これらのケースにおいて，主たるアプローチは，トレンドを単純に外挿するか，経済成長や産業構造の一般的なトレンドの結果として従業員の需要を予測するかのいずれかであった．しかしながら，今後の経済発展には広範なパターンが考えられる上，最近の金融危機によって長期的成長が最も適切な未来予測とは言えないことが示唆された．これに代わる調査項目としては，従来の仕事や産業ごとのスキル要件の変化を検討するものとなるであろう．

　この調査の成果は，将来の KISA の職の発展を形作る多くの推進力を指摘した．主たる推進力は大まかに以下のように分類できる．

1. KISA で使用される技術，クライアントが KISA による支援を必要としている領域での技術．
2. KIBS セクターの組織（企業の役割（専門化と統合），大きさ，オフショアの使用）．
3. クライアント側における KISA への需要や，クライアントの戦略（および経営哲学）．戦略との関連としては，KISA の内製化と KIBS への外注化，海外の KIBS の利用などによる社内の KISA のオフショアリング，他社に向けた KISA の商業提供などが挙げられる．

4. 技術変化，法規，市場の混乱，経済成長やクライアント企業の内製化のレベルなど，需要に影響を与える要素．
   5. KISA のスキルのトレーニングの利用可能性と品質，トレーニング提供の形態（OJT，正式機関でのトレーニング，生涯学習など）．

さらなる興味深い調査の成果は，非常に革新的なサービス企業の KISA に関するものである．これらの企業は，仕事のパターンを生産するチームを抱えている．通常，仕事のパターンの形式化や，異なる状況下での再現は容易ではない（ただし，システムの技術要素については高度に明記可能かもしれない）．これらの革新的サービス企業は，革新的な新システムの多くの側面を同時に発展させる必要性に迫られるため，発展する知識を取り扱わなければならない．したがって，資格やスキルを評価するためのいかなるベンチマーク手続きも，このようなケースに対応できるよう十分に柔軟でなければならない．

スキルが高まるであろう革新的なプロジェクトに参加するサービス従業者が増えていることは，注目に値する．プロジェクトでどのような労働が必要かは，プロジェクトが開始して作業プロセスが再設計されるまで決められない．このように仕事のやり方が継続的に変化していることは，カリキュラムやトレーニングの開発を本当に難しくしている．

Miles & Jones（2008）は，サービスに関連する仕事を行う組織として，以下に概説する，プロフェッショナルコミュニティ，場所固定型クラスタ，組織的集合体という三つシナリオを識別した．

- **シナリオ1：プロフェッショナルコミュニティ** —— ネットワークは主にボトムアップで形成される．プロフェッショナルたちが集まり，仮想的な組織として，特定のプロジェクトに関する活動を実施する．プロフェッショナルたちの特定の集団はこのようなやり方で協業し，いくつかのプロジェクトを経ながらその構成を変化させていく．協業は，信頼，そして互いの能力・業績・独創性などを信じられるか，などに基づく．このシナリオにおけるすべての参加者が対等であったり，単独の個人であったりするとは限らない．他より大きいエージェント，例えばシステムインテグレーター，株式仲買人，情報センターなども含まれるであろう．このシナリオでは，そのようなプレーヤーが多数存在し，力が広く分散されている．プロフェッショナルコミュニティは動的なネットワークと見なすことができ，また，局所的である場合も地理的に拡散している場合もある．
- **シナリオ2：場所固定型クラスタ** —— このシナリオでは，地方政府や他の地域関係者により実施されている取り組みから，かなりの影響を受ける．そのような取り組みは，取引コストを下げ，共同施設を提供し，さらには交付金・調達・地域の比較優位などをもたらす．このネットワークは，連絡や伝達に情報技術を大いに活用する．ただし，このシナリオにおける KISA のプロフェッショナルたちは，通常互いに面識があり，よく通じ合っていて，またたいてい同じ都市圏や地域に居住している（ただし，地域をまたいで協業する仕組みが存在することもある．例えば，公共プロジェクトや，二つの地域経済間にバリューチェーンの関係がある場合など）．通常，場所固定型クラスタは地域的で，時間軸に対して安定

的である．

- **シナリオ 3：組織的集合体** —— ここでは，主に大企業（もしくは企業グループ）の集合で構成される長期的な戦略パートナーシップがネットワークを確立し，共通技術や標準を開発・普及させるための基盤となる．多様なビジネス関係が共存しやすい．持ち株会社，分割子会社，合弁会社，共通のクライアントに対する大規模プロジェクトでの協業（公共の資金調達代行を含む）などである．この関係では，主としてバリューチェーンの周りで「垂直」に組織されるかもしれない．ただし，他の構造も可能である（例えば多くの経済産業を網羅する東アジアの財閥構造）．規模の大きいプレーヤーは，例えば，知的財産や共通ツール・標準，その他にの取り決めなど，重要な統治の役割を果たすであろう．組織的集合体は，拡張されたネットワークである一方，通常，時間軸に対して安定的である．

上述した三つの将来シナリオと一緒に，コンピテンシー（スキルの具体的な組み合わせ）についても考える必要がある．具体的なスキルの組み合わせはおそらく無限に存在するが，いくつかの理想的なスキルプロファイルのタイプが識別されてきた（Miles & Jones, 2008）．この研究は，スキルの各種グループへの分類に基づいており，特定の KIBS に特有な専門的スキルと，一般的なスキルとの両方が存在することを示している．特定の KIBS とは，会計，建築，コンピューティングサービスなどを指す．一方，一般的スキルとは，人々，プロジェクト，組織間・個人間の関係，コミュニケーションといったもののマネージメントと結び付いたスキルである．これらは，明らかにいくつかのタイプのマネージメント専門職の専門性であるが，クライアントに提供される特定の KIBS に特有な活動ではない．スキルプロファイルの集合のタイプを図 31.4 に示す．

図 31.4 スキルプロファイルの予備的分類（Miles & Jones, 2008）

1. **スペシャリスト**：高度に専門分野に特化した，古典的なプロフェッショナル労働者．特定の技術エリア，例えば法律，コンピュータソフトウェア，建築などに非常に深いスキルを有する一方，組織内で業務を行う上で必要となる他のスキル，例えばプロジェクトマネージメント，マーケティング，対人コミュニケーション，資源配分などについては，比較的浅いレベルに留まる．
2. **ジェネラリスト**：おそらく古典的な部長職であり，広く浅いスキルを有する．組織のサービスを特徴づける専門知識というよりも，プロジェクトマネージメント，マーケティング，対人コミュニケーション，資源配分などに関するスキルが中心となる．
3. **T 型**：このカテゴリは，新たなスキルプロファイルである．スキルプロファイル

の調査ワークショップに参加した実務家たちは，深いスペシャリスト知識とそれを補完する広いジェネラリスト知識を併せ持つ人材が求められていると述べた．つまり，サービスを管理したり売り込んだりすることもでき，また，深い技術的専門性も身につけている人材である．

4. π型：この仮説的なプロファイルは，特定の技術的専門エリアで深い技術スキルを発揮するだけでなく，マネージメントと，他の専門エリアでさらに一つ以上の深い知識を有する人を指す．
5. 楔型：このプロファイルはジェネラリスト，T型，π型の中間に位置する．いくつかの領域において適度に深い知識，2〜3の領域においてより深いスキル，そしてジェネラリスト的能力を併せ持つ．

このプロファイルの議論は，スキルとその組み合わせに関する課題の有益な解明につながる．また，業界，職種，コンテキストを横断して効果的に使用できるフレームワークの確立が必要であることも明らかにしている．スキルクラスタとスキルプロファイルの構成要素は，技術的・組織的変更によって絶えず再構成されるため，プロファイルを過度に静的・厳格に扱うべきでないことは明らかである．個人レベルでのスキルプロファイルやコンピテンシーを検討することに加えて，職場，組織，グループ，チームにおいて異なるスキルがどのように統合されるかを考察できることが不可欠である．

各シナリオは，スキルの特定の組み合わせも必要としている．最近の研究により，四つの主要なスキルエリアが明らかになった．すなわち，i) 一般的・専門的スキル，ii) 経営者的・起業家的スキル，iii) IT関連の技術スキル，iv) IT以外の専門作業の技術スキルである（Miles et al., 2009）．表31.1に，識別された三つのシナリオごとのスキル要件を示す．

本節では，最近のヨーロッパにおける業界別，スキル別の雇用予測に基づいて，作業組織に関する将来シナリオや，将来スキルプロファイルなど，将来のスキル需要について議論してきた．需要予測は複雑であり，さらなる調査を必要とするが，サービス産業横断的に，適応性があり多能的で高度な知識を持つ労働力が求められていることは明らかである．高等教育の課題はこれらの要件を整合性のある学問分野とカリキュラムのポートフォリオへと翻訳することである．

31.4 高等教育における課題

教育は個々人を対象として，その人の知識・理解・能力を，現在のレベルから将来求められるレベルまで引き上げることを支援する．教育者の課題は，経済のみならず個人のニーズに合致したプログラムを設計することである．将来のカリキュラムを設計する際には，三つの主な要因を考慮すべきだと議論されている．すなわち，(i) 各個人が卒業後に就く将来の仕事環境のコンテキスト，(ii) 教材の中身と適切な知識やスキルを得たい個人への教材の提供の仕方，(iii) 個々人が現在の到達レベルから次のレベルに進むことを可能にする学習の構成である．

コンテキストは作業組織の将来シナリオや，サービスサイエンスのプロフェッショナ

表 31.1 将来シナリオとスキル要件

スキル	共通の特徴	シナリオ		
		1. プロフェッショナルコミュニティ	2. 場所固定型クラスタ	3. 組織的集合体
一般的・専門的スキル	先進的で専門化した技術スキルを持つ,いくつかの非常に高度なプロフェッショナルへの需要.ただし,より一般的には,対人能力やマネージメント能力を伴う多能的なプロフェッショナル(T型,π型,楔形)への需要.	進化するチームを見出して順応させることが重要な要件であるため,一般的スキルを持たない非常に高度なプロフェッショナルへの需要は比較的少ない.	地域ごとに様々であることが多い.一般的には,シナリオ1と3の中間のスキル要件である.	より大きな組織では,一般的スキルの代替が可能なため,一般的スキルを持たない高度なプロフェッショナルへの需要が相対的に高い.仕事をより高度に分割する余地があることは,先進的なプロフェッショナルを支援する関連専門職の余地があることを意味する.専門的労働者に対する多能的なマネージャーが必要とされる.
経営者的・起業家的スキル	複雑な協定の中で多くのタスクをまとめる必要があるため,高い需要があるスキル.	起業家的スキルおよび対人関係スキル,特に顧客対応スキルが重要.チームワークと自律性が不可欠である.	専門性の高さや,地域の意思決定の質に依存して,地域ごとに様々である.一般には,シナリオ3よりもシナリオ1に近い.	大組織における作業の複雑な分割を伴う中で働く能力が重要である.
IT関連の技術スキル	すべてのシナリオで需要が(特に,経済成長と技術変化の速さと同じペースで)増加している.技術変化が減速すると,技術関連スキルを有するいくつかのスペシャリストは,より一般的なコンピテンシーの一部となり,需要が低下するはずである.	IT関連スキル(ITシステムの利用者のスキルを含む)が広範囲にわたって必要とされる.オープンスタンダードを用いて働き,自身の仕事のためにシステムを設計・統合する能力が高い価値を持ちつつある.	いくつかの地域では,ITサポートがクラスタへのサービスとして,準公共サービス的に提供される.ユーザースキルの必要性の伸びは緩やかになるかもしれない.	先進的なITベースの支援システムが組織ネットワーク内で広まるのにあわせて,ユーザースキルの必要性の伸びは緩やかになる.ただし,新システムの取り込みには予想以上のスキルを要するため,学習期間が必要になりやすい.
IT以外の専門作業の技術スキル	すべてのシナリオにおいて,先進的な専門的スキルの需要が高まっている.これは,技術的・組織的な,広範な社会経済的変化に関連する課題と専門知識に起因する.	深い知識が必要とされる一方,多様な領域の知識を組み合わせて,新しい創造的なソリューションを生み出す能力も必要とされる.もしかすると,π型の専門家が特に該当するかもしれない.	成功していない地域ほど,ルーチン的なKISAや専門作業への要件が支配的かもしれない.成功している地域ほど,よりシナリオ1に類似したモデルになるかもしれない.	さらなる効率化の中で,仕事の分割が進み,特に専門労働者を支援する補助的専門職や関連専門職が生み出される.ITベースの支援システムにより専門知識を収集する試みも行われている.

ルが働くことになる状況を考慮している.

- 特定のプロジェクトに関して,ダイナミックなネットワークの中で仮想的な組織として集うプロフェッショナル
- しばしば中小規模の組織において,時間軸に安定なネットワークの中で,地域の場所固定型クラスタとして働くプロフェッショナル
- 長期の戦略的提携を伴う大組織において,通常は時間軸で安定なネットワークの中で働くプロフェッショナル

いずれのシナリオも，カリキュラムの設計に関して意味合いがある．例えば，地理的に分散したチーム同士で作業することや，組織をまたぐ作業を理解すること，文化的な違い，ネットワークがどのように形成され機能するかに関する知識などが挙げられる．
　一つのプログラムは，特定の個人グループのニーズに応えるために，一つのシナリオに焦点を合わせるかもしれない．しかし，将来シナリオのコンテキストに明示的に取り組むことこそが，サービスサイエンスのカリキュラム設計の複雑な課題を一つ乗り越えることにつながるであろう．
　カリキュラムは，将来の知識・スキルの要件を満たす必要があり，カリキュラムの中身はその趣旨に合ったものでなければならない．Glushko（2008）は，新しい専門領域としてのサービスサイエンスと，新しいカリキュラムとしてのサービスサイエンスを区別している．「専門領域とは，研究に値する問題は何か，どのように研究されるべきか，および，問題に関する知見や理論を評価できる基準について，あるレベルの合意がなされている，統合的な研究領域のことである」（Glushko, 2008）．
　一方，カリキュラムとは，「学生に，いくつかの特定の知識・スキル体系を教え込むための勉強のプログラムである」（Glushko, 2008）．
　理想的には，まず専門領域が，知識体系に合意した主要なステークホルダーにより開拓され，カリキュラムや学習プログラムがそれに続くべきである．サービスサイエンスの場合，専門領域としての主要な見解が確立する前に，もしくは，せいぜいそれと同時に，カリキュラムの議論が推進されてきた．
　先に述べた議論により，四つの主要なエリアが識別できる．

- 一般的スキルと専門的スキルの両方を兼ね備えた多能的人材の必要性．
- 経営者的・起業家的スキル，顧客対応スキル，自律性，チームワーク，対人関係スキルを兼ね備えた人々の必要性．
- IT 関連の技術スキルと専門職固有スキルの両方を高いレベルで兼ね備えた人々の必要性．
- サービス固有の知識と理解．例えば，サービスのコンセプト，方法，システムなど．主要なコンセプトとしては，例えば，Lusch et al.（2008）によって提案されたサービス中心の概念的共通基盤，Spohrer et al.（2008）によるサービスサイエンスの基本的な抽象概念としてのサービスシステム，Glushko（2008）によるサービスライフサイクル，そして，適切な研究方法が挙げられる．

　図 31.5 は，サービスサイエンスのカリキュラムの中身を例証している．表 31.1 で論じたように，個々の特定の要件はシナリオに依存しており，それゆえ，カリキュラムの中身はコンテキストに沿って考えるべきである．
　教育構成は，教育を個人に提供するメカニズムとして国際的に理解される．主要なコンセプトには以下が含まれる．

- 学部課程（UG）―― 特定のテーマにおいて，主要な原理の知識と理解を築く．
- スペシャリスト向け修士課程（MSc）―― 特定のテーマ領域のさらに踏み込んだ理解を築く．
- 経営学修士（MBA）―― ビジネスコンテキストにおける理論と実践に関する広範な理解を提供する．

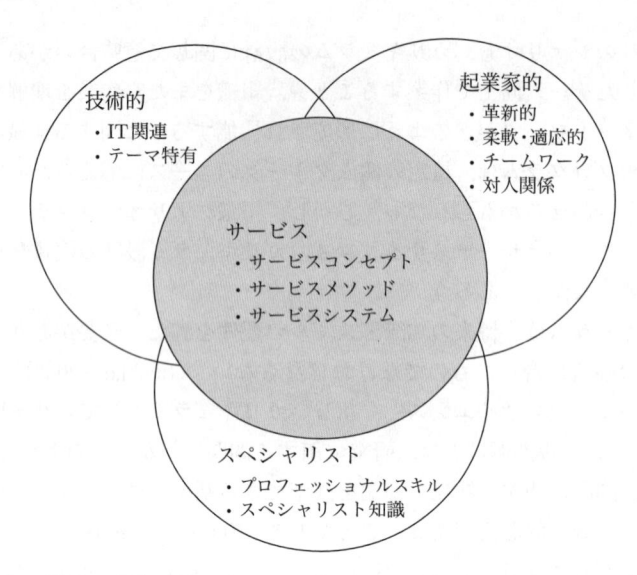

図 31.5 カリキュラムの中身（A Framework for Service Science Curriculum（2008）を改編）．
http://www.ssmenetuk.org/docs/ssme_framework.pdf（BT, HP, & IBM, 2007）

- エグゼクティブ MBA —— さらなるスペシャリスト知識を築き，特定の業務実践や要件を理解する．
- 哲学博士（PhD）—— スペシャリストのテーマ領域で踏み込んだ研究を行い，その領域での独自の研究に貢献する．
- 経営学博士（DBA）—— ビジネスコンテキストの中で，詳細な研究と発見を行い，ビジネス上の知識に貢献する．
- 職務経験に基づく修士課程および継続的専門的能力の開発 —— 職場での実践や経験を集約し，高めることにより，修了証書や卒業証書を与える．

表 31.2 に示すように，各教育構成は通常，異なるレベルの認識，知識，理解，実践的プロジェクト作業，経験的学習，職場実践，研究を提供するであろう．

表 31.2 教育構成と，認識・知識・理解のレベル

目標市場/レベル	学部課程	スペシャリスト向け修士課程	経営学修士	エグゼクティブ MBA	哲学博士経営学博士	職務経験に基づく修士課程
認識	Yes	Yes	Yes	Yes	Yes	Yes
知識/理解	Yes	Yes	Yes	Yes	Yes	Yes
実践的プロジェクト/経験的学習	Yes	Yes	Yes		Yes	
職場実践			Yes	Yes		Yes
研究とイノベーション					Yes	

これらの教育構成は，図 31.4 で識別された一つ以上のスキルプロファイルの向上支援を各個人に提供することができる．表 31.3 にどの組み合わせの構成が，どのような範囲のプロファイルの開発を支援するかを示している．

表 31.3 教育構成とスキルプロファイルの関係

スキルプロファイルと構成	新規参加者	スペシャリスト	ジェネラリスト	T型	π型	楔型
学部課程	X	X	X	X	X	X
スペシャリスト向け修士課程	X	X		X	X	X
経営学修士			X	X	X	X
エグゼクティブMBA					X	X
職務経験に基づく修士課程		X				
経営学博士					X	X
哲学博士		X				

　表31.3の示唆の一つは，T型，π型，楔形のスキルプロファイルを身につけるためには，各人は教育と経験を長年にわたって積む必要があるということである．Davis (2008) は，今日のビジネススクールを「マーケティング，ファイナンス，会計，業務管理といった機能的学科によって組織され，互いにほとんどインタラクションがない」と評した．この光景は多くの大学において共通して観察され，「サイロ」化されたカリキュラムをもたらしている．このため，各人は，多能的スキルプロファイルを身につけるために，多くの分離したスクールや学科のコースに出席しなければならない．Maglio et al. (2006) や IfM & IBM (2007) の継続的な取り組みにもかかわらず，サービスサイエンスの学問領域の定義とそれに続くカリキュラムの定義は，いまだに解決していない．従来の教育を受けた個人を，多能的で適応的なサービスサイエンティストに効率的に変化させるためには，急を要する課題である．

31.5　おわりに

　ケンブリッジでのワークショップで見出されたことは今も正しい．「複雑なサービスシステムを扱うために必要な知識とスキルのギャップを埋めるためには，研究や教育に対する我々のアプローチを見直さなければならない」(IfM & IBM, 2008)．
　本章では，この議論をさらに深めるべく，将来のスキルを識別する上での複雑さを分析し，サービス産業のコンテキストに固有の要件があることを強調した．また，将来のサービス組織に必要とされるスキルプロファイルを識別した．
　サービスサイエンス教育におけるコンテキストの理解は，大学とともに，公共・民間産業の組織がより高いレベルで関与することや，OECDのようなスキル予測機関の報告にもっと注目することにより，大きく促進されるであろう．
　大学プログラムの中身を明文化することは，全体としての学問領域の発展に寄与する．このため，例えば大学の研究センターやサービスリサーチイノベーションコミュニティ (www.thesrii.org) などに主導される研究であるべきである．IBMのSSMEに関するアカデミックイニシアティブを通じて構築されつつあるように，アカデミアと実践者がカリキュラムの中身を共創し交換する実践的なコミュニティへのニーズが明らかに存在する．新しい教育構成では，サービスサイエンス教育の提供を迅速化するために，例えば，職場での継続的なプロフェッショナル開発，eラーニング，没入型3D仮想世界

などを検討する必要があるかもしれない．

　職業訓練，プロフェッショナル/アカデミック教育，認定に関する既存システムは，社会や経済に深く組み込まれた統治システムであり，結果として広く異なるものとなっている．サービスサイエンス教育への現在のアプローチは，教育を提供する側が主導しており，大学側の視点により経営学修士のような既存の教育製品を用いて設計されている．複雑で変化するサービス経済により適切な，新しいサービス指向の教育構成にはどのようなものがあるだろうか？

　本章では，将来のサービス経済に不可欠なスキルと知識を提供する，需要側が主導する教育の必要性を確認した．高等教育の課題は，個人と企業の双方にとって妥当で投資の価値がある，サービスサイエンスのカリキュラムを作り上げることである．

参考文献

BT, HP and IBM. (2008). A framework for service science curricula. SSMENetUK Curriculum Conference, University of Manchester, UK. http://www.ssmenetuk.org/docs/ssme_framework.pdf. Accessed 16 June 2009.

Carman, J.M. (1990). Consumer perceptions of service quality: An assessment of SERVQUAL dimensions. *Journal of Retailing,* 66(1), 33-55.

Davis, M. M. and Berdrow, I. (2008). Service science: catalyst for change in business school curricula. *IBM Systems Journal, 47(1), 29-39.*

Ginzburg, I., Higgins, A., and Lichtenstein, Y. (2007). Looking for the Locus of Innovation in New Service Development. *Proceedings of the 40th Hawaii International Conference on System Sciences.* Hawaii, USA, IEEE Computer Society, 230-236.

Glushko, R. J. (2008). Designing a service science discipline with discipline. *IBM Systems Journal,* 47(1), 15-27.

Horn P. (2005). The New Discipline of Services Science http://www.u.arizona.edu/~jlzhao/SIRE/Busienssweek%20Jauary%2021%202005%20Services%20Science.pdf. Accessed June 16, 2009.

Hunt, S. D. (2004). On the Service-Centered Dominant Logic of Marketing. *Journal of Marketing,* 68, 18-27.

IfM and IBM. (2007). Succeeding *through Service Innovation: A Discussion Paper.* Cambridge, United Kingdom: University of Cambridge Institute for Manufacturing. ISBN: 978-1-902546-59-8.

Lusch, R.F., Vargo S.L., and Wessels, G. (2008). Toward a conceptual foundation for service science: Contributions from service-dominant logic. *IBM Systems Journal: Service Science, Management, and Engineering, 47*(1), 5-13.

Maglio,P and Spohrer, J. (2008). Fundamentals of Service. *Journal of the Academy of Marketing Science* 36, 18-20.

Maglio, P. P., J. Kreulen, S. Srinivasan, and J. Spohrer.(2006). Service systems, service scientists, SSME, and innovation. *Communications of the ACM* 49(7), 81-85.

Miles, I., 2008. Patterns of innovation in service industries. *IBM Systems Journal,* 12 (1), 115-120.

Miles, I. and B. Jones. (2008). Innovation in the European service economy - scenarios and implications for skills and knowledge, European Techno-Economic Policy Support Network. http://www.eteps.net/projects.htm. Accessed 16 June, 2009.

Miles, I. (2005). Knowledge intensive business services: prospects and policies, *Foresight,* 7(6), 39-63.

Spohrer, J, P. P. Maglio, J. Bailey, D. Gruhl. (2007). Toward a Science of Service Systems *Computer,* 40(1), 71-77.

Spring, M. and Araujo, L. (2009). Service, services and products: rethinking operations strategy. *International Journal of Operations and Production Management,* 29(5), 444-467.

Vargo, S. L. and R. F. Lusch. (2004a). Evolving to a New Dominant Logic for Marketing. *Journal of Marketing,* 68 (January), 1-17.

索引

■ 数字・記号
30 の関係　594
6P's　157
π 型　692

■ C
CHIP　458
CIS　490
CRM　199, 593

■ H
HCM　417

■ I
ICT　515
IHIP　113
ISIC　684
IT アウトソーシング　283
IT 以外の専門作業の技術スキル　692
IT 関連の技術スキル　692

■ K
KIBS　492, 521, 688
KISA　687

■ N
NACE　684
NSD　497

■ P
PLC モデル　552
PMP　419
PPT アプローチ　91

■ S
SERDUCT　391
SERVQUAL　197
servuction　488
SI　484
SIC　686
SIR　645
SLA　422
SME　279, 420
SSME　661
Star 構造　429
STEM　662

■ T
TKIBS　492
T 型　691
　　──の専門家　662

T 字型専門性　637

■ U
UK Community Innovation Survey 2006　686
UST　103, 106, 108

■ W
WEO　427
WFA　417
WFM　415, 416
what-if シナリオ　424

■ Z
Z モデル　169

■ あ
アウトソーシング　408

■ い
異質性　114, 458
一対一マーケティング　593
一般的・専門的スキル　692
イノベーションの流動性　553
医療事業　447
インターディシプリナリ　662, 682

■ え
営業秘密法　573
エンタープライズリソースプランニング　416

■ お
オファリング　159
オフショアリング　408
オペラント資源　638
オペランド資源　638
オペレーションマネージメント　32, 51

■ か
階層的 k 平均法　420
改良型イノベーション　520
学際的　662
学問領域間　662
学問領域を越えた　662
確率的最適制御問題　433
確率的損失ネットワーク　425
カスタム化　563
価値化プロセス　153
価値提案　662
価値の共創　31, 151, 181, 465, 575, 601
環境起業家　523
還元論的視点　440

■き

記号変換サービス　489
擬似サービス　118
技術サービス　688
技術的イノベーション　508
記述的シナリオ　633
期待　39
規範的シナリオ　633
規模の経済　557
ギャップモデル　192
急進的なイノベーション　520
境界オブジェクト　278, 289
境界層　35
共創　458
共有情報　662

■く

楔型　692
グッズドミナントロジック　166
クライアント価値　465
　　　──上昇　466
クラウドコンピューティング　412
クリーク　428
クリティカルインシデントテクニック　640
クロスディシプリナリ　662

■け

経営者的・起業家的スキル　692
形式化イノベーション　521
契約締結　283
契約法　571

■こ

交易圏　636
交換価値　602
工業化　399
小売業　447
顧客価値　375
顧客ギャップ　193, 196
顧客サービスシステム　662
顧客志向　614
顧客接触　12
　　　──アプローチ　11
　　　──混合戦略　14
顧客層　35
顧客ベース　332
顧客満足度　197
顧客ロイヤルティ　197
コミュニケーションギャップ　206
コモディティ化　405
コンバージェンス　409
コンピテンシー　691
コンピューティングプラットフォーム　459
コンピング　200

■さ

サービス　154, 159, 181
　　　──あるいはサービス活動　663
　　　──のIHIP特性　156
　　　──の共創　592
　　　──の二面性　87
　　　──の品質　197
　　　──の不確定性　475
　　　──の魅力　332
サービスアート　622
サービスアプライアンス　121
サービスイノベーション　122, 158, 484, 663
　　　──ロードマップ　645
サービスオペレーション　157, 415, 595, 663
サービスオペレーティングシステム　460
サービス化　663
サービス回復パラドックス　38
サービス活動　486
サービス経験　197
　　　──とサービス成果　664
サービス経済　664
サービス工学　377, 664
　　　──アーキテクチャ　379
　　　──アーキテクチャの成果　381
　　　──アーキテクチャのプロセス　385
サービスコミュニティ　619
サービスコンピューティング　664
サービスサイエンス　77, 182, 591, 612, 664
サービス産業　371
サービスシステム　171, 458, 664
　　　──エンティティ　152, 168, 171, 181
サービス人材マネージメント　664
サービススケープ　683
サービス性能のギャップ　203
サービス接遇　601
サービスソーシング　665
サービス知識　613
サービス提供能力　316
サービスデザイン　158, 665
サービスデリバリーシステム　440, 458
サービスドミナントロジック　43, 104, 166, 550, 593, 638, 665, 682
サービス内容合意書　422
サービスネットワーク　665
サービスバックログ　315
サービスバンドル　77
サービス標準　325
サービス品質のギャップモデル　192
サービスプラットフォーム　459
サービスブループリンティング　278
サービスプロセス　107
サービスマーケティング　156, 592, 615, 665
サービスマインドセット　665
サービスマネージメント　591, 665
サービスロジック　51
サービスワールド　78
再結合型イノベーション　521
最終クライアント価値　466
最終プロバイダー価値　466
最適学習　157
サブグラフ構造　428
サプライチェーン　110, 408
差別化　508, 516
残業　316

索引

■し
ジェネラリスト　691
時系列グラフモデリング　433
システムインテグレーション　556
システムインテグレーター　558
システムおよびシステム世界観　666
システムダイナミクスモデリングメソッド　307, 308
持続可能性　511
持続可能な発展　507
実践ダイアグラム　274
　　　　──アプローチ　277
実践的アプローチ　273, 274
社員情報　431
社会起業家　523
社会技術システム　633
ジャスト・イン・タイム方式　117
使用価値　602
消費者行動理論　519
商標　573
情報サービス　400
情報集約サービス　404
情報処理サービス　513, 517
情報通信技術　515
情報量　443
消滅性　114, 458
初期クライアント価値　466
初期プロバイダー価値　466
事例研究　595
人材管理　51, 417
人的資源　43
人的資本　310
人的変換サービス　489
心理的契約　41

■す
推移シナリオ　639
「スーパー」マルチディシプリナリ　682
スキルプロファイル　691, 695
スケジューリング　422
スペシャリスト　691

■せ
生産（実装）　283
生産システム　90
生産性　404
製造サービス　84
製造資源計画　416
製品サービス　681
製品デリバリーシステム　440
製品ドミナントロジック　666
製品の標準化　401
製品のライフサイクルモデル　552
設計と開発　378
設計と基準のギャップ　201
セルフサービス　16, 195, 205
全体論的視点　440
専門家の推薦　428

■そ
増加型イノベーション　520
相互作用　593
　　　　──活性的　637
　　　　──活性的な専門性　637
　　　　──のスキル　666
ソーシャルネットワーク　428
　　　　──グラフ　428
ソシオテクニカルシステム理論　278
組織　666
　　　　──構造　390, 391
　　　　──的集合体　691
ソフトウェアイノベーション　576
ソリューション　371

■た
大量生産　406
多対多のマーケティング　594
多目的最適化　434

■ち
知識起業家　523
知識集約型業務　274
知識集約型サービス活動　687
知識集約型ビジネスサービス　517, 521, 688
知識処理サービス　513
知識探索者　429
知識提供者　429
知的財産法　571
超起業家　523
調和層　35
著作権　573

■て
提供者ギャップ　193
提供者サービスシステム　666
定性的相互依存分析　383
適応的イノベーター　666
テクノロジー　667
　　　　──レディネス　196
デジタルコンバージェンス　409
手抜き　316
デリバリー　283
電子データ交換　403

■と
統一サービス理論　103, 108
統一商事法典　582
同化　508, 515
統計的関係学習　433
統合的サービスマーケティングコミュニケーション　206
同時性　114
ドミナントロジック　550
トランスディシプリナリ　667

■に
ニーズ　39
人間　667

■ ね

ネットワーク　593
　　──理論　594

■ は

ハイコンタクトのサービスシステム　12
ハイタッチ　593
ハイテク　593
場所固定型クラスタ　690
バックオフィス　12, 35
バックステージのサービス活動　667
破滅へのスパイラル　334
パラダイム　103
バリューチェーン　444
バリューネットワーク　444
バリュープロポジション　596
範囲の経済　557
半教師あり学習　433

■ ひ

ビジネス関連の創造的サービス　688
ビジネスモデル特許　577
ヒューマンリソースマネージメント　32
標準化　563
標準業界分類　686
疲労　318

■ ふ

フォーマルモデル　459
複雑システム　444
複雑度　441
複雑ネットワーク　444
物質の処理サービス　512
物理記号システム　174
不法行為法　571
プリセールス　283
ブルントランド委員会報告書　511
プロジェクト情報　431
プロジェクトテンプレート　431
プロジェクトの人員配置　428
プロバイダー価値　466
　　──上昇　466
プロフェッショナルコミュニティ　690
プロフェッショナルサービス　688
フロントオフィス　12
フロントステージのサービス活動　667
文脈価値　602
分野横断的　667

■ へ

変換　486

■ ほ

ホワイトペーパー　645

■ ま

マーケティング　614
待ち行列ネットワークモデル　423
マッチング　421
マルチディシプリナリ　662, 682

■ み

ミーム　617

■ む

ムーアの法則　667
無形性　114, 458

■ も

燃え尽き症候群　318
問題-行動グラフ　640

■ り

利害関係者　667
リスニングギャップ　198
リソース　463
　　──の需要予測　420
　　──マネージャー　462, 464
リレーションシップ　593
　　──マーケティング　199, 593
倫理的想像力　641

■ れ

レベル1サポート　423
レベル2サポート　423
レベル3サポート　423
連続体　596

■ ろ

労働力管理　415
労働力受容計画問題　424
労働力の進化と最適化　427
労働力分析　417
ローコンタクトのシステム　12
ロータッチ　593
ローテク　593

■ わ

ワークシステム　163
ワークプレッシャー　316

謝辞

　この翻訳の企画に強くご賛同いただくとともに貴重なご助言をいただきました，科学技術振興機構 研究開発戦略センター長の吉川弘之先生に心より感謝を申し上げます．

　IBM 東京基礎研究所サービスサイエンスハンドブック翻訳チームを，強いリーダーシップのもとにまとめていただいた板倉真由美氏と，多忙な業務の合間に根気強く私と翻訳作業に関わっていただいた翻訳チームの，岩間太氏，上田容子氏，荻野紫穂氏，片岡利枝子氏，勝野恭治氏，加納真氏，竹内広宜氏，中島千穂子氏，中村大賀氏，中村祐一氏，水田秀行氏，水野謙氏に，心より感謝を申し上げます．

　また，日本語ニュアンスチェックをしていただいた西海聡子氏，訳語統一にご協力いただいた Scott Trent 氏に心より感謝を申し上げます．

　2 年に及ぶ翻訳，出版の作業に熱心に携わっていただき，この重要な書物を世に出すことに多大な貢献をされた東京電機大学出版局の菊地雅之氏，吉田拓歩氏に心より感謝を申し上げます．

日高一義

【監訳者紹介】

日高一義（ひだか・かずよし）

東京工業大学大学院イノベーションマネジメント研究科教授．博士（理学）．1984 年 日本アイ・ビー・エム株式会社東京基礎研究所入所．最適化技術，離散アルゴリズム，数理解析技術，ビジネスソリューション，計算組織論などの研究プロジェクトの指揮にあたる．IBM Research ワトソン研究所の戦略部門での海外勤務を経て，東京基礎研究所ビジネスサービスリサーチ担当に就任．2009 年 8 月 北陸先端科学技術大学院大学教授．文部科学省科学技術政策研究所客員研究官．科学技術振興機構 社会技術研究開発センター 問題解決型サービス科学研究開発プログラム プログラムアドバイザー．サービス学会理事．IEEE 会員．情報処理学会会員．日本オペレーションズ・リサーチ学会会員．SRII Japan Chapter 代表．2010 年 10 月より現職．

【訳者紹介】（50 音順）

板倉（鎌田）真由美（いたくら（かまた）・まゆみ）
　東京大学大学院総合文化研究科広域科学専攻博士後期課程修了
　　博士（学術）
　　日本マイクロソフト株式会社デベロッパー&プラットフォーム統括本部

岩間太（いわま・ふとし）
　東北大学大学院情報科学研究科情報基礎科学専攻博士課程修了
　　博士（情報科学）
　　日本アイ・ビー・エム株式会社東京基礎研究所

上田容子（うえだ・ようこ）
　　日本アイ・ビー・エム株式会社 Global Business Services

荻野紫穂（おぎの・しほ）
　東京女子大学大学院文学研究科日本文学専攻専門分野国語学修了
　　武蔵大学経済学部経営学科教授

片岡利枝子（かたおか・りえこ）
　北陸先端科学技術大学院大学知識科学研究科技術経営専攻博士前期課程修了
　　日本アイ・ビー・エム株式会社東京研究所

勝野恭治（かつの・やすはる）
　筑波大学大学院システム情報工学研究科リスク工学専攻博士後期課程修了
　　博士（工学）
　　日本アイ・ビー・エム株式会社東京基礎研究所

加納真（かのう・まこと）
　東京大学大学院工学系研究科先端学際工学専攻博士後期課程修了
　　博士（工学）
　　A.T. カーニー株式会社

竹内広宜（たけうち・ひろのり）
　慶應義塾大学大学院理工学研究科開放環境科学専攻後期博士課程修了
　　博士（工学）
　　日本アイ・ビー・エム株式会社東京基礎研究所

中島千穂子（なかじま・ちほこ）
　立教大学文学部フランス文学科卒業
　日本アイ・ビー・エム株式会社 Technical Leadership 金融クライアント IT 推進

中村大賀（なかむら・たいが）
　メリーランド大学コンピューターサイエンス学科博士課程修了
　PhD（Computer Science）
　IBM Almaden Research Center

中村祐一（なかむら・ゆういち）
　大阪大学大学院工学研究科応用物理専攻博士課程修了
　博士（工学）
　日本アイ・ビー・エム株式会社東京基礎研究所

水田秀行（みずた・ひでゆき）
　東京大学大学院理学系研究科物理学専攻博士課程修了
　博士（理学）
　日本アイ・ビー・エム株式会社東京基礎研究所

水野謙（みずの・けん）
　早稲田大学大学院理工学研究科情報・ネットワーク専攻修士課程修了
　株式会社インターファクトリー

サービスサイエンスハンドブック

2014年4月20日　第1版1刷発行　　　　　　　　ISBN 978-4-501-62860-4 C3034

編　者　Paul P. Maglio, Cheryl A. Kieliszewski, James C. Spohrer
監訳者　日高一義
訳　者　IBM東京基礎研究所サービスサイエンスハンドブック翻訳チーム
　　　　© Hidaka Kazuyoshi et al. 2014

発行所　学校法人 東京電機大学　　〒120-8551　東京都足立区千住旭町5番
　　　　東京電機大学出版局　　　　〒101-0047　東京都千代田区内神田1-14-8
　　　　　　　　　　　　　　　　　Tel. 03-5280-3433(営業)　03-5280-3422(編集)
　　　　　　　　　　　　　　　　　Fax. 03-5280-3563　振替口座00160-5-71715
　　　　　　　　　　　　　　　　　http://www.tdupress.jp/

[JCOPY]　<(社)出版者著作権管理機構 委託出版物>
本書の全部または一部を無断で複写複製（コピーおよび電子化を含む）することは，著作権法上での例外を除いて禁じられています。本書からの複写を希望される場合は，そのつど事前に，(社)出版者著作権管理機構の許諾を得てください。また，本書を代行業者等の第三者に依頼してスキャンやデジタル化をすることはたとえ個人や家庭内での利用であっても，いっさい認められておりません。
［連絡先］Tel. 03-3513-6969，Fax. 03-3513-6979，E-mail: info@jcopy.or.jp

制作：㈱グラベルロード　印刷・製本：新灯印刷㈱　装丁：小口翔平(tobufune)
落丁・乱丁本はお取り替えいたします。　　　　　　　　　　Printed in Japan

Paul P. Maglio ほか編，日髙一義監訳『サービスサイエンスハンドブック』第 1 版 1 刷

訂 正 版

目次および索引に記載されているページ数に誤りがありました．
正しくは本冊子をご参照ください．

東京電機大学出版局

目次

推薦のことば　iii
訳者序文　v
序文　viii
はじめに　xi
著者紹介　xiii

序章　はじめに──ハンドブックの意義
1　サービスサイエンスは価値の共創についての研究である 1
2　本ハンドブックの構成 3
　　参考文献 6

第Ⅰ部　背景：起源

第1章　再検討：顧客はサービスオペレーションに組み込まれているのか？──サービスと顧客の接触理論の背景と今後の展開
1.1　製造業とサービスシステムの分類 10
1.2　ハイコンタクトがデザイン決定に及ぼす影響 12
1.3　現在の顧客接触戦略を分析するための質問 13
1.4　概念の適用 14
1.5　著者からのコメント（2008年）：顧客接触理論とサービス分類の今後の展開 15
　　参考文献 16

第2章　サービスプロフィットチェーン──満足度からオーナーシップへ
2.1　サービスプロフィットチェーン 17
2.2　戦略的サービスビジョン 19
2.3　現在の状況：満足度からオーナーシップへ 21
2.4　今後の課題 23
　　参考文献 26

第3章　サービスのゲームに勝つために ── 価値共創のルールを再考する

- 3.1 はじめに 28
- 3.2 サービスのコモディティ化を回避したのも束の間… 29
- 3.3 ［第1章］ゲームのルールを極めて，勝てるサービス組織を築く 32
- 3.4 顧客層：［第2章］顧客の期待に応える 34
- 3.5 顧客層：［第3章］顧客のニーズの尊重 36
- 3.6 顧客層：［第4章］顧客の才能の活用 39
- 3.7 境界層：［第5章］採用とトレーニングを通じたパーソナルコンタクトの管理 41
- 3.8 境界層：［第6章］報奨を通じたパーソナルコンタクトの管理 44
- 3.9 境界層：［第7章］顧客が触れる非パーソナルコンタクトの管理 47
- 3.10 調和層：［第8章］顧客中心のサービスシステムの設計 48
- 3.11 調和層：［第9章］サービス文化の醸成 50
- 3.12 サービスの成功とは，引き続き「人対人のゲーム」を制することである 52
- 参考文献 53

第4章　カスタマーエクイティ ── 顧客の価値を高めて企業の価値を活性化させる

- 4.1 はじめに 56
- 4.2 顧客生涯価値とカスタマーエクイティ 57
- 4.3 カスタマーエクイティと時価総額 61
- 4.4 カスタマーエクイティのモデル化と活性化 62
- 4.5 実現に向けた問題点 64
- 4.6 おわりに 70
- 参考文献 70

第5章　サービスワールド ──「サービスの二面性」と「製造サービス」経済の台頭

- 5.1 序論 73
- 5.2 製造業におけるサービス：ギャップを埋めるもの 76
- 5.3 用語と計測方法の問題：制約要因と実現要因 78
- 5.4 製造業からサービス，そして「製造サービス」へ 81
- 5.5 「サービスの二面性」：製造に関わるサービスと製品に関わるサービス ... 84
- 5.6 全体的製造とサービスの二面性：プロジェクトとタスクのアプローチ ... 85
- 5.7 サービスの二面性を計測するには 89
- 5.8 結論 89
- 参考文献 91

第 II 部　背景：理論

第 6 章　統一サービス理論 —— サービスサイエンスのためのパラダイム

    6.1　パラダイムの必要性 98
    6.2　統一サービス理論（UST） 101
    6.3　UST と IHIP の関係 109
    6.4　その他の UST 関連事項 113
    6.5　サービスイノベーション 117
    6.6　まとめ 118
        参考文献 118

第 7 章　サービスドミナントロジックによるサービスサイエンスの促進 —— 解説と概念構築

    7.1　はじめに 122
    7.2　サービスサイエンスに関する対照的な二つの論理 123
    7.3　サービスサイエンスにおける S-D ロジックの役割 128
    7.4　S-D ロジックの用語によるサービスサイエンスの促進 132
    7.5　サービスサイエンスの確立に向けて 141
        参考文献 142

第 8 章　サービスシステムの科学 —— 価値と記号

    8.1　序論：価値と記号 145
    8.2　背景：込み入った歴史 148
    8.3　サービスシステムの複雑な次元 165
    8.4　進展させること：構造とメカニズムの共進化 168
    8.5　結論 174
        参考文献 176

第 III 部　研究と実践：デザイン

第 9 章　サービス品質のギャップモデルに対するテクノロジーの影響

9.1　はじめに 184
9.2　サービス品質のギャップモデル 185
9.3　テクノロジーとサービス 187
9.4　個々のサービスギャップ戦略に対してテクノロジーが与える影響 189
9.5　おわりに 201
　　　参考文献 202

第 10 章　サービスシステムデザインのための七つのコンテキスト

10.1　はじめに 205
10.2　「情報集約型」サービス 207
10.3　サービスデザインのための七つのコンテキスト 207
10.4　情報集約型サービスシステムのためのデザインコンセプトと方法 .. 219
10.5　サービスシステム設計事例："Bookland" 223
10.6　結論と今後の研究 228
　　　参考文献 229

第 11 章　エンタープライズサービスシステム設計のための
　　　　　　 ビジネスアーキテクチャ

11.1　動機 234
11.2　背景 235
11.3　ビジネスアーキテクチャ 236
11.4　現在までに提案されている BA アプローチ 239
11.5　調査結果 252
11.6　結論 260
　　　参考文献 261

第 12 章　サービスの実践的アプローチ
　　　　　　 ――高度に協調化された知識集約型サービスシステムにおける
　　　　　　　　 人，活動，情報

12.1　はじめに 264
12.2　実践的アプローチ 265
12.3　ケーススタディ：IT アウトソーシングにおける組織的な取り組み .. 274
12.4　考察と今後の方向性 279
　　　参考文献 281

第 IV 部　研究と実践：運用

第 13 章　オペレーションズマネージメントの領域における
　　　　　　サービスサイエンスの軽視

13.1　はじめに 286
13.2　オペレーションズマネージメント研究がサービス領域をおろそかにしている理由 288
13.3　何をすべきか 293
　　　参考文献 295

第 14 章　悪循環と好循環
　　　　　　──知識ベースサービスにおけるヒューマンリソースダイナミクス

14.1　はじめに 298
14.2　サービスキャパシティ 300
14.3　タスクの進行とワークプレッシャー 305
14.4　残業の副作用：疲労と燃え尽き症候群 308
14.5　手抜きの副作用：品質の低下と標準の劣化 312
14.6　市場のフィードバック 322
14.7　金銭面でのプレッシャー 325
14.8　推奨される方策 327
14.9　おわりに 331
　　　参考文献 332

第 15 章　サービスサイエンス──テレコムサービスの観点から

15.1　はじめに 334
15.2　サービスサイエンスの概念と原則 335
15.3　テレコムサービス開発 339
15.4　テレコムサービスプロセス 341
15.5　次世代ネットワーク 348
15.6　テレコムサービスイノベーション 350
15.7　まとめ 355
　　　参考文献 356

第 16 章　サービスエンジニアリング
　　　　　　──新しいソリューション設計のための総合学術フレームワーク

16.1　序論：ソリューションの効率化を目指した産業転換 360
16.2　ソリューション設計への体系的な取り組みのためのサービスエンジニアリング
　　　フレームワーク 366
16.3　新しいソリューションを目指す組織的なアーキテクチャ 380
16.4　まとめ 382
　　　参考文献 382

第 V 部　研究と実践：デリバリー

第 17 章 情報サービスの工業化

- 17.1 はじめに ... 388
- 17.2 製造業の工業化 ... 389
- 17.3 情報プロセスの工業化 ... 390
- 17.4 サービスの工業化を推進するもの，および工業化の戦略について ... 392
- 17.5 工業化がもたらすもの ... 393
- 17.6 工業化と雇用の関係 ... 394
- 17.7 産業界の再編 ... 396
- 17.8 情報連鎖の融合，垂直方向の分化，および水平方向の統合化 ... 398
- 17.9 情報サービスの規模，範囲，構造 ... 400
- 17.10 おわりに ... 401
  - 参考文献 ... 402

第 18 章 サービス経済における労働力分析

- 18.1 はじめに ... 404
- 18.2 労働力分析の基礎：IBM 社におけるケーススタディ ... 407
- 18.3 サービスのライフサイクルにおける統合された労働力分析 ... 409
- 18.4 次世代の労働力分析 ... 415
- 18.5 考察と今後の課題 ... 421
  - 参考文献 ... 423

第 19 章 製品やサービスの複雑なデリバリーシステムを理解する

- 19.1 はじめに ... 427
- 19.2 全体論的視点 ... 428
- 19.3 還元論的視点 ... 431
- 19.4 モデルの利用法と価値 ... 439
- 19.5 まとめ ... 440
  - 参考文献 ... 442

第 20 章 サービスデリバリーのフォーマルモデル

- 20.1 はじめに ... 445
- 20.2 サービスデリバリーシステムとコンピューティングシステムの比較 ... 447
- 20.3 提案モデル ... 448
- 20.4 モデルの定性的な応用例 ... 455
- 20.5 サービスのシミュレーション実験 ... 459
- 20.6 考察と関連研究 ... 463
- 20.7 結論 ... 464
- 20.8 付録 ... 465
  - 参考文献 ... 467

第 VI 部　研究と実践：イノベーション

第 21 章　サービスイノベーション
- 21.1　はじめに：二重の曖昧性 470
- 21.2　サービス活動，産業，企業におけるイノベーション 473
- 21.3　サービスイノベーションのマネージメント 481
- 21.4　結論と考察 486
- 　　　参考文献 487

第 22 章　サービスにおけるイノベーションと起業家精神
　　　　　——持続可能な発展に対する産業・技術主義的な考えを越えて
- 22.1　はじめに 494
- 22.2　サービスと持続可能な発展：類似点と概念的な考えの合致 497
- 22.3　サービス内のイノベーションと持続可能な発展 501
- 22.4　サービスによるイノベーションと持続可能な発展 508
- 22.5　イノベーションに基づいたサービスにおける起業家精神と持続可能な発展 510
- 22.6　まとめ 511
- 　　　参考文献 512

第 23 章　サービスのイノベーションと，顧客との共同開発
- 23.1　はじめに 517
- 23.2　サービスロジックと顧客との価値の共同生産 518
- 23.3　顧客の役割の変化 521
- 23.4　サービスドミナントロジックを通じた価値創造における顧客の役割 521
- 23.5　組織から見た顧客の捉え方 523
- 23.6　議論とまとめ 528
- 　　　参考文献 530

第 24 章　サービスのイノベーションを促進する五つのキーコンセプト
- 24.1　はじめに 533
- 24.2　複雑性の役割 536
- 24.3　流動性の役割：製品からサービスへ 538
- 24.4　モジュール化とシステムインテグレーションの役割 542
- 24.5　オープン性の役割 547
- 24.6　組織構造の役割 549
- 24.7　結論 552
- 　　　参考文献 552

第 25 章　法律はサービスイノベーションにどのような影響を与えるか
- 25.1　はじめに 556
- 25.2　製品やサービスに影響を与える知的財産法 557

25.3 製品とサービスにおける欠陥に対する法的責任 565
25.4 おわりに 571
　　参考文献 572

第 VII 部　展望

第 26 章 サービスの未来が現実になるとき
26.1 サービスマネージメントからサービスサイエンスへ 576
26.2 人類を月に送ることには成功した――今度はサービスを地球に持ってくるときだ 579
26.3 サービス部門：過去の分野は未来を導いてはくれない 580
26.4 事例研究とネットワーク理論に必要な三つの要素：複雑さ，コンテキスト，変化 582
26.5 価値の共創：サービス接遇の拡大 586
26.6 サービスマネージメントからサービスサイエンスへ：(現時点での) 最後の言葉 590
　　参考文献 593

第 27 章 サービスの進化と未来――学際的領域としての構築と普及
27.1 はじめに 595
27.2 最初の時代：サービスマーケティング 599
27.3 次の時代：新たな学際的領域の出現 601
27.4 サービス領域の未来：コミュニティの構築 603
27.5 結論 611
　　参考文献 612

第 28 章 交易圏，規範的シナリオ，そしてサービスサイエンス
28.1 協業者としての IT：規範的シナリオの例 616
　　参考文献 625

第 29 章 Cambridge–IBM による SSME ホワイトペーパー再考
29.1 要旨 629
29.2 はじめに 630
29.3 論拠の明確化と領域の定義 632
29.4 共通基盤の認識とギャップの同定 635
29.5 ギャップを埋めるための共同作業 637
29.6 提言 640
29.7 用語集 644
29.8 附記 651
　　参考文献 652

第 30 章 日本におけるサービスサイエンスの動向

- 30.1 はじめに 655
- 30.2 日本の大学におけるサービスサイエンス 657
- 30.3 産業における動向 659
- 30.4 邦訳に伴う補足 660
- 参考文献 660

第 31 章 イノベーションとスキル――将来のサービスサイエンス教育

- 31.1 はじめに 662
- 31.2 サービスの多様性 664
- 31.3 将来必要とされるスキルの需要の見通し 668
- 31.4 高等教育における課題 673
- 31.5 おわりに 677
- 参考文献 678

索引 681

謝辞 685

索引

■ 数字・記号
30 の関係　579
6P's　151
π 型　673

■ C
CHIP　446
CIS　477
CRM　192, 578

■ H
HCM　406

■ I
ICT　502
IHIP　108
ISIC　665
IT アウトソーシング　274
IT 以外の専門作業の技術スキル　673
IT 関連の技術スキル　673

■ K
KIBS　479, 508, 669
KISA　668

■ N
NACE　665
NSD　484

■ P
PLC モデル　538
PMP　408
PPT アプローチ　88

■ S
SERDUCT　380
SERVQUAL　190
servuction　475
SI　471
SIC　667
SIR　628
SLA　411
SME　270, 409
SSME　644
Star 構造　418
STEM　645

■ T
TKIBS　479
T 型　672
　　──の専門家　645

T 字型専門性　620

■ U
UK Community Innovation Survey 2006　667
UST　98, 101, 103

■ W
WEO　416
WFA　406
WFM　404, 405
what-if シナリオ　413

■ Z
Z モデル　163

■ あ
アウトソーシング　397

■ い
異質性　109, 446
一対一マーケティング　578
一般的・専門的スキル　673
イノベーションの流動性　539
医療事業　435
インターディシプリナリ　645, 663

■ え
営業秘密法　558
エンタープライズリソースプランニング　405

■ お
オファリング　153
オフショアリング　397
オペラント資源　621
オペランド資源　621
オペレーションマネージメント　28, 48

■ か
階層的 k 平均法　409
改良型イノベーション　507
学際的　645
学問領域間　645
学問領域を越えた　645
確率的最適制御問題　422
確率的損失ネットワーク　414
カスタム化　549
価値化プロセス　147
価値提案　645
価値の共創　28, 145, 175, 453, 560, 586
環境起業家　510
還元論的視点　428

682　索引

■き
記号変換サービス　476
擬似サービス　113
技術サービス　669
技術的イノベーション　495
記述的シナリオ　616
期待　36
規範的シナリオ　616
規模の経済　543
ギャップモデル　185
急進的なイノベーション　507
境界オブジェクト　269, 280
境界層　32
共創　446
共有情報　645

■く
楔型　673
グッズドミナントロジック　160
クライアント価値　453
　　　——上昇　454
クラウドコンピューティング　401
クリーク　417
クリティカルインシデントテクニック　623
クロスディシプリナリ　645

■け
経営者的・起業家的スキル　673
形式化イノベーション　508
契約締結　274
契約法　556

■こ
交易圏　619
交換価値　587
工業化　388
小売業　435
顧客価値　364
顧客ギャップ　186, 189
顧客サービスシステム　645
顧客志向　598
顧客接触　11
　　　——アプローチ　10
　　　——混合戦略　13
顧客層　32
顧客ベース　322
顧客満足度　190
顧客ロイヤルティ　190
コミュニケーションギャップ　199
コモディティ化　394
コンバージェンス　398
コンピテンシー　672
コンピューティングプラットフォーム　447
コンピング　193

■さ
サービス　148, 153, 175
　　　——あるいはサービス活動　646
　　　——のIHIP特性　150
　　　——の共創　577
　　　——の二面性　84
　　　——の品質　190
　　　——の不確定性　463
　　　——の魅力　322
サービスアート　606
サービスアプライアンス　116
サービスイノベーション　117, 152, 471, 646
　　　——ロードマップ　628
サービスオペレーション　151, 404, 580, 646
サービスオペレーティングシステム　448
サービス化　646
サービス回復パラドックス　35
サービス活動　473
サービス経験　190
　　　——とサービス成果　647
サービス経済　647
サービス工学　366, 647
　　　——アーキテクチャ　368
　　　——アーキテクチャの成果　370
　　　——アーキテクチャのプロセス　374
サービスコミュニティ　603
サービスコンピューティング　647
サービスサイエンス　74, 176, 576, 596, 647
サービス産業　360
サービスシステム　165, 446, 647
　　　——エンティティ　146, 162, 165, 175
サービス人材マネージメント　647
サービススケープ　664
サービス性能のギャップ　196
サービス接遇　586
サービスソーシング　648
サービス知識　597
サービス提供能力　306
サービスデザイン　152, 648
サービスデリバリーシステム　428, 446
サービスドミナントロジック　40, 99, 160, 536, 578, 621, 648, 663
サービス内容合意書　411
サービスネットワーク　648
サービスバックログ　305
サービスバンドル　74
サービス標準　315
サービス品質のギャップモデル　185
サービスプラットフォーム　447
サービスブループリンティング　269
サービスプロセス　102
サービスマーケティング　150, 577, 599, 648
サービスマインドセット　648
サービスマネージメント　576, 648
サービスロジック　48
サービスワールド　75
再結合型イノベーション　508
最終クライアント価値　454
最終プロバイダー価値　454
最適学習　151
サブグラフ構造　417
サプライチェーン　105, 397
差別化　495, 503
残業　306

■し

ジェネラリスト　672
時系列グラフモデリング　422
システムインテグレーション　542
システムインテグレーター　544
システムおよびシステム世界観　649
システムダイナミクスモデリングメソッド　297, 298
持続可能性　498
持続可能な発展　494
実践ダイアグラム　265
　　　――アプローチ　268
実践的アプローチ　264, 265
社員情報　420
社会起業家　510
社会技術システム　616
ジャスト・イン・タイム方式　112
使用価値　587
消費者行動理論　506
商標　558
情報サービス　389
情報集約サービス　393
情報処理サービス　500, 504
情報通信技術　502
情報量　431
消滅性　109, 446
初期クライアント価値　454
初期プロバイダー価値　454
事例研究　580
人材管理　48, 406
人的資源　40
人的資本　300
人的変換サービス　476
心理的契約　38

■す

推移シナリオ　622
「スーパー」マルチディシプリナリ　663
スキルプロファイル　672, 676
スケジューリング　411
スペシャリスト　672

■せ

生産（実装）　274
生産システム　87
生産性　393
製造サービス　81
製造資源計画　405
製品サービス　662
製品デリバリーシステム　428
製品ドミナントロジック　649
製品の標準化　390
製品のライフサイクルモデル　538
設計と開発　367
設計と基準のギャップ　194
セルフサービス　15, 188, 198
全体論的視点　428
専門家の推薦　417

■そ

増加型イノベーション　507
相互作用　578
　　　――活性的　620
　　　――活性的な専門性　620
　　　――のスキル　649
ソーシャルネットワーク　417
　　　――グラフ　417
ソシオテクニカルシステム理論　269
組織　649
　　　――構造　379, 380
　　　――的集合体　672
ソフトウェアイノベーション　561
ソリューション　360

■た

大量生産　395
多対多のマーケティング　579
多目的最適化　423

■ち

知識起業家　510
知識集約型業務　265
知識集約型サービス活動　668
知識集約型ビジネスサービス　504, 508, 669
知識処理サービス　500
知識探索者　418
知識提供者　418
知的財産法　556
超起業家　510
調和層　32
著作権　558

■て

提供者ギャップ　186
提供者サービスシステム　649
定性的相互依存分析　372
適応的イノベーター　649
テクノロジー　650
　　　――レディネス　189
デジタルコンバージェンス　398
手抜き　306
デリバリー　274
電子データ交換　392

■と

統一サービス理論　98, 103
統一商事法典　567
同化　495, 502
統計的関係学習　422
統合的サービスマーケティングコミュニケーション　199
同時性　109
ドミナントロジック　536
トランスディシプリナリ　650

■に

ニーズ　36
人間　650

■ね

ネットワーク　578
　　――理論　579

■は

ハイコンタクトのサービスシステム　11
ハイタッチ　578
ハイテク　578
場所固定型クラスタ　671
バックオフィス　11, 32
バックステージのサービス活動　650
破滅へのスパイラル　324
パラダイム　98
バリューチェーン　432
バリューネットワーク　432
バリュープロポジション　581
範囲の経済　543
半教師あり学習　422

■ひ

ビジネス関連の創造的サービス　669
ビジネスモデル特許　562
ヒューマンリソースマネージメント　29
標準化　549
標準業界分類　667
疲労　308

■ふ

フォーマルモデル　447
複雑システム　432
複雑度　429
複雑ネットワーク　432
物質の処理サービス　499
物理記号システム　168
不法行為法　556
プリセールス　274
ブルントランド委員会報告書　498
プロジェクト情報　420
プロジェクトテンプレート　420
プロジェクトの人員配置　417
プロバイダー価値　454
　　――上昇　454
プロフェッショナルコミュニティ　671
プロフェッショナルサービス　669
フロントオフィス　11
フロントステージのサービス活動　650
文脈価値　587
分野横断的　650

■へ

変換　473

■ほ

ホワイトペーパー　628

■ま

マーケティング　598
待ち行列ネットワークモデル　412
マッチング　410
マルチディシプリナリ　645, 663

■み

ミーム　601

■む

ムーアの法則　650
無形性　109, 446

■も

燃え尽き症候群　308
問題-行動グラフ　623

■り

利害関係者　650
リスニングギャップ　191
リソース　451
　　――の需要予測　409
　　――マネージャー　450, 452
リレーションシップ　578
　　――マーケティング　192, 578
倫理的想像力　624

■れ

レベル1サポート　412
レベル2サポート　412
レベル3サポート　412
連続体　581

■ろ

労働力管理　404
労働力受容計画問題　413
労働力の進化と最適化　416
労働力分析　406
ローコンタクトのシステム　11
ロータッチ　578
ローテク　578

■わ

ワークシステム　157
ワークプレッシャー　306